위촉오 삼국사

중세 봉건시대의 개막, 184-280

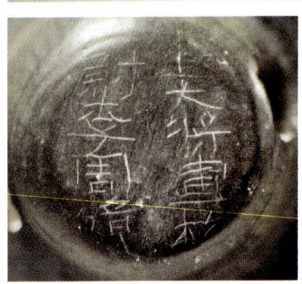

[도판 1] 삼국시대의 청동 거울

    직경 13.1cm, 가장자리 두께 0.35cm
    호북성(湖北省) 악주시박물관(鄂州市博物館) 소장
    악주시 악강오리돈공지(鄂鋼五里墩工地) 14호묘에서 출토.
    황초 2년(221)에 제작된 청동거울. 중앙에는 "상대장군 교위 이주의 거울"(上大將軍校尉李周鏡)이라는 글씨가 새겨져 있다. 이 거울의 소유주인 교위(校尉) 이주(李周)가 모신 상대장군(上大將軍)은 육손(陸遜)으로 추정된다.

〔도판 2〕삼국시대의 화폐

북경예술박물관(北京藝術博物館) 소장.
1. 위 오수전(五銖錢): 직경 2.53cm, 두께 0.18cm. 한대의 화폐를 계속 사용.
2. 오 대천오백전(大泉五百錢): 직경 3cm, 두께 0.15cm. 오 가화 5년(236) 주조.
3. 오 대천당천전(大泉當千錢): 직경 2.6cm, 두께 0.1cm. 오 적오 원년(238) 주조.
4. 촉 직백오수전(直百五銖錢): 직경 2.74cm, 두께 0.27cm. 촉 건안 19년(214) 주조.
5. 촉 직백전(直百錢): 직경 1.93cm, 두께 0.11cm. 건안 19년(214) 주조.
6. 촉 오수전(五銖錢): 직경 2.5cm, 두께 0.15cm. 주조년도 미상.

〔도판 3〕 위의 옥배(玉杯)

바닥 직경 4cm, 높이 13cm, 구경 직경 5cm.
낙양박물관(洛陽博物館) 소장.
하남성(河南省) 낙양시(洛陽市)에서 출토. 위 정시 8년(247)에 화전(和田)에서 생산된 옥으로 제작.

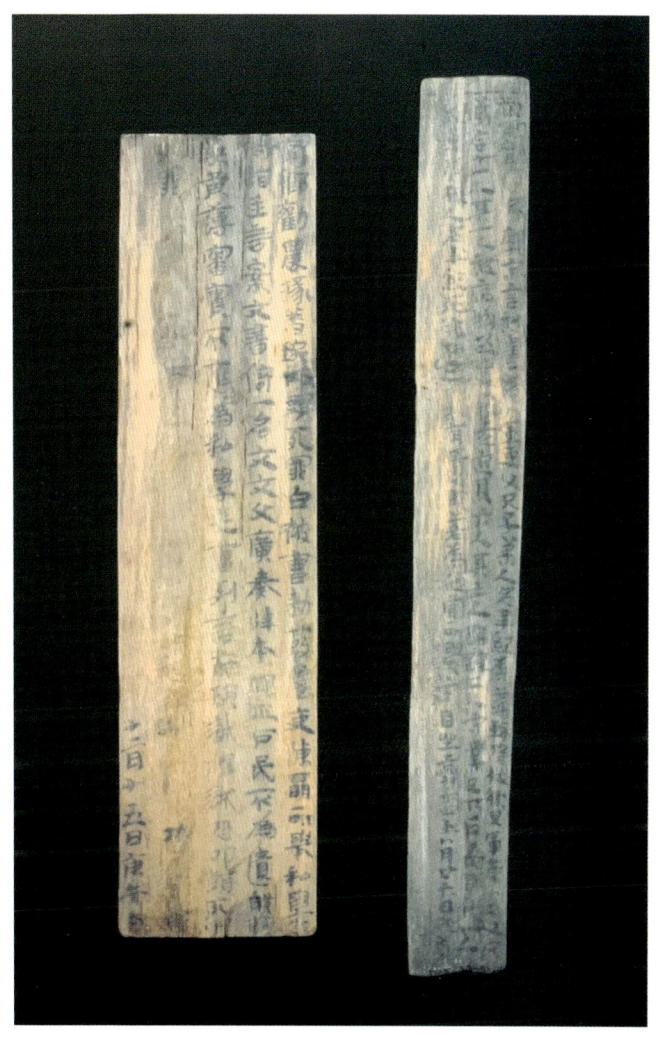

〔도판 4〕 오의 호적 간독(簡牘)

가로 6cm, 세로 23.6cm/가로 3.2cm, 세로 26.5cm.
호남성(湖南省) 장사시간독박물관(長沙市簡牘博物館) 소장.
호남성 장사시에서 출토.

[도판 5] 오의 장수 주연의 목제 명함

가로 3.4cm, 세로 24.8cm, 두께 0.6cm, 무게 20g.
안휘성(安徽省) 마안산시박물관(馬鞍山市博物館) 소장.
안휘성 마안산시의 주연 묘소에서 출토. 삼국시대에 보편적으로 사용되던 명함의 형태로 총 14매가 출토되었으며, 문구는 다음의 세 가지이다.
"제자 주연이 재배하고 문안을 여쭙니다. 자는 의봉"(弟子朱然再拜問起居字義封)
"고장현의 주연이 재배하고 문안을 여쭙니다. 자는 의봉"(故鄣朱然再拜問起居字義封)
"단양군의 주연이 재배하고 문안을 여쭙니다. 고장 출신. 자는 의봉"(丹陽朱然再拜問起居故鄣字義封)

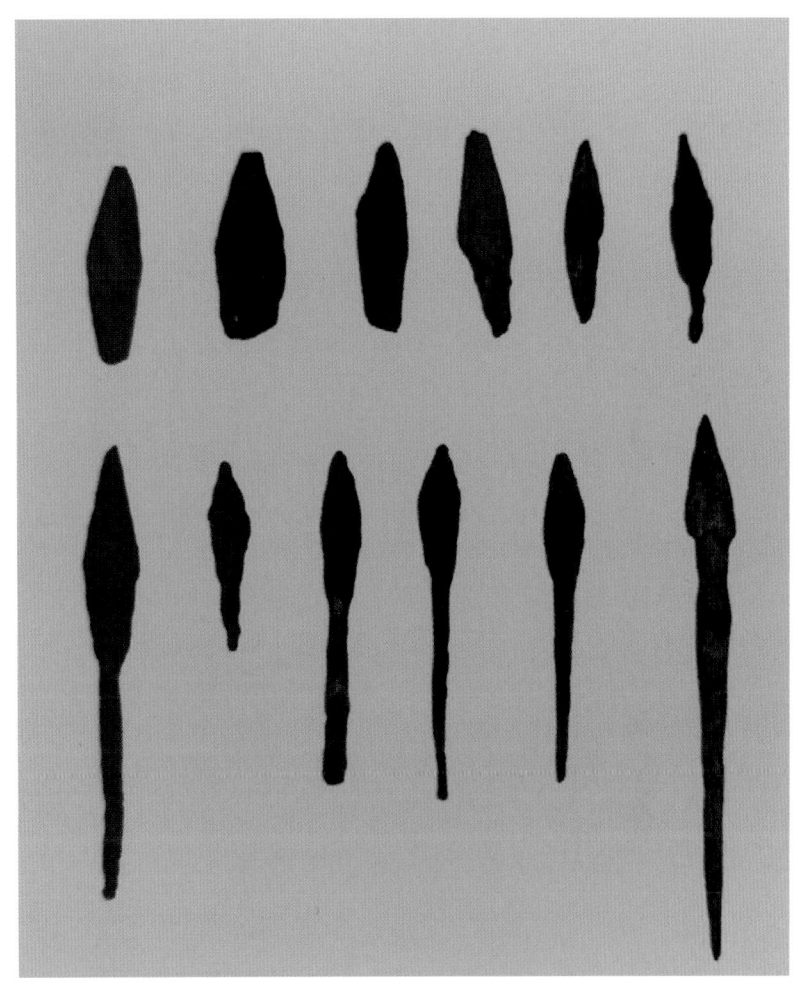

[도판 6] **적벽대전 현장에서 발견된 철제 화살촉**

    길이 3.6~11.7cm.
    호북성(湖北省) 적벽시박물관(赤壁市博物館) 소장.
    호북성 적벽시의 적벽산(赤壁山), 남병산(南屛山), 금란산(金鸞山)에서 출토.

〔도판 7〕 백제성(白帝城)

중경시(重慶市) 봉절현(奉節縣) 구당협(瞿塘峽)의 장강 북안(北岸)에 위치.
유비가 이릉전투에서 패하여 백제성으로 물러나 이곳을 영안궁(永安宮)으로 개명한 후, 이곳에 머물다가 병사했다.

위촉오 삼국사

중세 봉건시대의 개막, 184-280

허쯔취안(何兹全) 지음
최고호 옮김

위촉오 삼국사
중세 봉건시대의 개막, 184–280

2019년 9월 30일 초판 1쇄
2021년 2월 15일 초판 2쇄

지은이	/	허쯔취안(何茲全)
옮긴이	/	최고호
펴낸이	/	양휘웅
디자인	/	커뮤니케이션 꾼
인쇄·제본	/	한영문화사
펴낸곳	/	**모노그래프**
등록일	/	2011년 11월 11일(제 311-2013-000072호)
주 소	/	서울특별시 은평구 서오릉로 18길 5-1, 2F(우편번호 03326)
전 화	/	02-2274-7845
팩 스	/	02-2274-7846
전자우편	/	monographs@naver.com
블로그	/	monograph.kr
페이스북	/	monograph7845
인스타그램	/	monograph_press

값 33,000원
ISBN 978-89-98309-04-6 93910

이 도서의 국립중앙도서관 출판예정도서목록(CIP)은 서지정보유통지원시스템 홈페이지(http://seoji.nl.go.kr)와
국가자료종합목록 구축시스템(http://kolis-net.nl.go.kr)에서 이용하실 수 있습니다.
(CIP제어번호 : CIP2019033551)

三國史 ⓒ 2011 by 何兹全

All Rights Reserved

Translation rights arranged by People's Publishing House

through Shinwon Agency Co., Korea

Korean Translation Copyright ⓒ 2019 by Monograph Press

이 책의 한국어판 저작권은 신원에이전시를 통해 People's Publishing House와 독점 계약한 '모노그래프'에 있습니다. 저작권법에 의하여 한국 내에서 보호를 받는 저작물이므로 무단전재 및 무단복제를 금합니다.

일러두기

1. 이 책은 고(故) 허쯔취안(何玆全)의 『三國史』(北京: 人民出版社, 2011.3)를 완역한 것이다.

2. 이 책의 중국어 표기는 모노그래프의 자체 표기원칙에 따른다. 이 원칙에 따라, 중국의 지명과 책명은 시대와 상관없이 우리 한자음으로 표기한다. 인명은 과거인과 현대인을 구분하여 과거인은 종전의 한자음대로 표기하고, 현대인은 현행 외래어표기법에 따라 표기한다. 단, 과거와 현대의 구분 시점은 한중수교가 이뤄진 1992년을 기준으로 한다(모노그래프의 중국어 표기원칙에 관한 자세한 설명은 monograph.kr를 참조).

3. 전통적인 중국의 왕조 지칭법에 따라, 원서에서 지은이는 전한(前漢)을 '서한'(西漢)으로, 후한(後漢)을 '동한'(東漢)으로 표기하고 있다. 또한, 종종 위나라를 '조위'(曹魏)로, 촉나라를 '촉한'(蜀漢)으로, 오나라는 '동오'(東吳) 또는 '손오'(孫吳)로 표기하고 있다. 이 책에서도 지은이의 표현을 존중하여 대체로 그 표기를 그대로 따랐다.

4. 지은이가 인용한 사료를 해석하면서 독자의 이해를 돕기 위해 사료를 부연하여 설명한 부분은 괄호를 넣어 표기했다.

5. 원서에서 지은이는 따로 주석을 달지 않았으나, 가독성과 편의를 위해 지은이가 괄호 속에 인용한 서지사항과 사료 원문 등은 후주(後註)로 처리했다.

6. 각주 형태의 주는 모두 옮긴이가 독자의 이해를 위해 추가로 설명한 부분이다. 특히, 원서에서 언급된 인명이나 관직명에 대해서는 정황상 필요하다고 생각되는 경우에만 간략하게 각주를 달았다.

7. 본문 중에서 지은이가 당시 지명을 언급할 때 병기한 현재의 지명, 당시의 연호를 언급할 때 병기한 서력 연도는 모두 글자의 크기를 줄이고 별색으로 표시했다.

8. 지은이가 인용한 사료의 원문은 현재 널리 통용되는 중화서국(中華書局)의 이십사사(二十四史) 표점본(標點本)이 아니라, 백납본(百衲本) 또는 삼국지집해본(三國志集解本)이다. 따라서 지은이가 머리말에서 밝힌 것처럼, 간혹 원문의 한자나 표점의 형태에서 중화서국본과 약간의 차이가 있다. 옮긴이는 대체로 지은이가 활용한 원문과 표점을 따랐으나, 번역 과정에서 명확한 오류라고 생각되는 몇몇 부분은 '중화서국본'을 참조하여 수정했다.

목 차

18	머리말

1. 황건적의 봉기
- 27 | 1. 시대적 배경
- 34 | 2. 태평도
- 38 | 3. 봉기와 실패

2. 동탁의 난
- 51 | 1. 환관과 외척의 마지막 투쟁
- 58 | 2. 동탁의 등장과 '동방' 지역 군대의 봉기
- 68 | 3. 동탁의 피살과 관중의 파괴

3. 조조와 원소의 승부
- 75 | 1. 조조와 원소의 출신 배경
- 82 | 2. 천자를 끼고 제후를 호령하다
- 88 | 3. 조조의 둔전
- 93 | 4. 원소의 실기

4. 관도대전
- 101 | 1. 당시 사람들의 승패 예측
- 105 | 2. 관도대전의 서막
- 113 | 3. 관도대전
- 122 | 4. 조조의 하북 평정

5. 적벽대전: 천하삼분의 출현
- 129 | 1. 전쟁 전의 형세
- 146 | 2. 손권과 유비의 연합
- 157 | 3. 적벽대전과 형주의 분할

6. 조조의 관중 획득
- 167 |

7. 유비의 익주 획득
- 179 | 1. 유장의 인자함과 유약함
- 184 | 2. 유비의 촉 입성
- 190 | 3. 유비의 익주 탈취

8. 조조와 유비의 한중 쟁탈전	201	1. 장로의 정교합일 통치
	205	2. 조조의 한중 점령
	208	3. 유비의 한중 탈취
9. 손권과 조조의 회남 쟁탈전	217	
10. 손권과 유비의 형주 쟁탈전	231	1. 반드시 쟁취해야 할 땅
	238	2. 여몽의 형주 습격 작전
	254	3. 이릉 전투
11. 삼국의 정립	261	
12. 위의 사회와 정치	269	1. 자연경제
	279	2. 둔전, 둔전객, 사가
	296	3. 호족과 의부민
	307	4. 관대한 정치와 가혹한 정치
13. 오의 사회와 정치	323	1. 강남의 개발
	345	2. 병권의 세습화
	355	3. 호족과 유력 가문
	360	4. 정치적 비극
14. 제갈량의 촉한 통치와 남정북벌	383	1. 제갈량의 촉한 통치
	397	2. 남중 정벌
	413	3. 북벌
	430	4. 촉한의 유학
15. 건안문학	439	1. 시대와 전통
	442	2.「위초중경처작」과 채문희의「비분시」
	456	3. 조조 부자
	466	4. 건안칠자

16. 사마의의 정권 탈취	471	1. 사마의의 출신과 출세
	484	2. 정변과 권력의 탈취
	508	3. 사마씨 정권 탄생의 사회적 기초
17. 조씨와 사마씨의 유혈투쟁	517	1. 이풍·하후현의 피살과 조방의 폐위
	524	2. 관구검의 회남 거병
	534	3. 제갈탄의 회남 거병
	548	4. 고귀향공의 피살
18. 현학의 흥기	553	1. 유학에서 현학으로
	562	2. 하안과 왕필
	569	3. 혜강과 완적
19. 촉한의 멸망	581	1. 촉한의 후반기
	592	2. 종회·등애의 촉한 섬멸
20. 손오의 멸망	609	1. 잔인하고 포악한 손호
	615	2. 오의 멸망과 서진의 삼국 통일

635	맺음말	641	주	710	부록
728	참고문헌	731	옮긴이의 말		
737	펴낸이의 말	764	찾아보기		

지도 목차

33	〔지도 1〕	동한 말기의 주 경계
39	〔지도 2〕	오두미도와 태평도의 활동 지역
45	〔지도 3〕	황건적의 난
63	〔지도 4〕	동탁 토벌군의 세력 형세
67	〔지도 5〕	동탁과 조조의 형양 전투
77	〔지도 6〕	동한 말기의 군벌 형세(199년 11월)
89	〔지도 7〕	공손찬과 원소의 역경 전투
109	〔지도 8〕	백마 전투
111	〔지도 9〕	연진 전투
119	〔지도10〕	관도대전
127	〔지도11〕	여양 전투와 원상·원담 형제의 분열
149	〔지도12〕	장판파 전투
159	〔지도13〕	적벽대전
161	〔지도14〕	유비의 형주 공략
165	〔지도15〕	적벽대전 이후의 형주 분할
171	〔지도16〕	조조의 관중 공략
191	〔지도17〕	유비군과 유장군의 전투
195	〔지도18〕	유비의 익주 점령
209	〔지도19〕	조조와 장로의 전투
211	〔지도20〕	유비군과 조조군의 하변·마명각 전투
214	〔지도21〕	유비와 조조군의 정군산 전투
225	〔지도22〕	손권과 장료의 합비·유수구 전투
249	〔지도23〕	관우와 여몽의 번성 전투
255	〔지도24〕	촉한과 오의 이릉 전투
267	〔지도25〕	삼국의 정립(262년)
403	〔지도26〕	제갈량의 남중 정벌
417	〔지도27〕	가정 전투
425	〔지도28〕	기산 전투
531	〔지도29〕	관구검의 반란
541	〔지도30〕	제갈탄의 반란
589	〔지도31〕	강유의 북벌
601	〔지도32〕	위의 촉한 공략 노선
627	〔지도33〕	진의 손오 공략 노선

도판 목차

	〔표지 도판〕	삼국청동마
2	〔도판 1〕	삼국시대의 청동 거울
3	〔도판 2〕	삼국시대의 화폐
4	〔도판 3〕	위의 옥배
5	〔도판 4〕	오의 호적 간독
6	〔도판 5〕	오의 장수 주연의 목제 명함
7	〔도판 6〕	적벽대전 현장에서 발견된 철제 화살촉
8	〔도판 7〕	백제성
50	〔도판 8〕	동한 말기의 석벽사
74	〔도판 9〕	'동부경'의 동반
166	〔도판 10〕	오의 미늘창과 창
177	〔도판 11〕	마초의 묘비석
234	〔도판 12〕	형주 고성
322	〔도판 13〕	허도 고성 유적터
459	〔도판 14〕	'곤설' 석각 탁본
603	〔도판 15〕	촉한의 잔도

머리말

이 책 『위촉오 삼국사』는 원래 1984년도에 중국 교육부(敎育部)에서 대학교 인문계 학생의 교재로 지정하기로 한 책이었다. 그러나 당시에 원고의 상당 부분을 썼지만, 미처 완성하지 못했다. 다른 일에 몰두하느라 방치했기 때문이다. 그러다가 최근 2년 동안 다시 정리하여 썼는데, 쓰다 말기를 반복하다가 이제야 비로소 완성하게 되었다. 시간이 흐르고 상황이 변해서인지, 요 몇 년 사이에는 대학의 인문계 교재가 그다지 중요하게 생각되지 않는 듯하다. 하지만 어쨌든 이 책은 내가 교재, 특히 대학의 인문학도를 위해 교재로 저술한 것이다.

10여 년을 질질 끌면서 이 책을 썼지만, 나는 확실히 한참을 고심하고 궁리해서 썼다. 훌륭한 대학 교재를 쓰기란 분명 쉽지 않은 일이기 때문이다. 역사 교재가 되려면, 두 가지 측면의 내용을 포함해야 한다. 하나는 기본적인 역사 사실이고, 다른 하나는 역사 사실에 대한 정확한 이해와 인식이다.

역사 사실의 서술은 쉽지 않다. 역사 사실이 객관적으로 존재할 때는 단 하나의 사건일 뿐이다. 그러나 일단 인간의 심리가 반영되고 인간의 손을 통해 서술을 거치게 되면, 하나의 역사 사실도 여러 가지로 변화할 수 있다. 진시황(秦始皇)은 한 사람일 뿐이고, 그의 인생역정도 딱 하나의 길이었을 뿐이지만, 고금(古今) 역사가들의 손끝에서 나온 진시황은 수백수천 명이며, 크게 구별해 봐도 좋은 사람과 나쁜 사람의 두 가지 모습으로 나타난다. 또 조조(曹操) 같은 사람은 한 사람일 뿐이지만, 역사가의 손을 거친 조조는 여러 모습을 지닌다.

역사 서술이 이런 것이라면, 역사에 진실이란 것이 있을까? 그런데도 역사를 배우는 것이 무슨 의미가 있을까? 조급할 필요는 없고, 낙담할 필요도 없다. 역사를 공부하는 것은 의미가 있으며, 역사학도 큰 쓸모가 있는 학문이다.

인류 사회의 역사가 발전함에 따라 인류의 이성은 진보했고, 역사에 대한 인간의 인식도 조금씩 우매함에서 벗어나 객관적인 역사 사실의 진면목을 점차 인식할 수 있게 되었다. 물론 여기서도 한 가지 사실을 분명하게 말해야 한다. 즉 절대의 객관적 진실과 절대의 진리는 영원히 인식할 수 없다는 점이다. 객관이란 것 역시 끊임없이 변화하기 때문이다. 우리가 인식할 수 있는 것은 상대적 진리일 뿐이다. 하지만 상대적 진리는 한 걸음씩 절대 진리에 접근할 수 있다. 인간이 상대적 진리를 인식하여 차츰 절대적 진리에 근접할 수 있다면, 그것만으로도 이미 대단한 일이다. 한번 생각해보자. 오늘날 인류의 과학이 객관적인 우주의 진리를 얼마만큼이나 인식할 수 있는가? 그러나 현대 과학의 수준은 이미 엄청나다. 인간은 이미 하늘을 날 수 있고, 또 지구를 넘어 달까지 비행할 수 있다. 끊임없이 진보하여 절대적 진리에 접근할 것이라는 사실쯤이야 더 말할 필요가 있겠는가! 역사도 이와 마찬가지이다. 역사에 대한 인간의 인식은 한 걸음씩 역사적 진실에 접근할 것이다. 오늘날의 인류는 꽤 똑똑하고 지혜롭지 않은가? 인류 역사에 대한 인식은 옛날 사람과 비교할 수 없을 정도로 훨씬 뛰어나다. 역사에 대한 인간의 인식은 점차 '투명한' 수준에까지 접근할 수 있을 것이다. 앞으로 진시황에 대한 인식, 조조에 대한 인식도 점차 '하나'의 모습에 접근할 수 있을 것이다.

한 가지 이야기를 해보자. 어떤 사람이 길을 가다가 교통법규를 위반했다가, 경찰에게 붙들려 한바탕 싫은 소리를 들었다. 분을 이기지 못한 이 사람은 길을 건넌 뒤 고개를 돌려 경찰에게 씩씩거리며 소리쳤다. "너도 결국은 내 손바닥을 못 벗어날걸!" 경찰은 너무 의아해서 속으로 이 사람이 뭐 하는 사람인지 궁금했다. 이 사람을 쫓아간 경찰은 그를 붙잡아 다시 따져 물었다. 그랬더니 그는 자신이 화장터에서 일하는 사람이라고 말했다. 이것은 그저 우스갯소리에 불과하다.

그런데 우리 역사가야말로 "당신이 누구든 역사의 비판을 벗어날 수 없고, 역사가의 손바닥을 벗어날 수 없다!"라고 진정으로 말할 수 있다. 처칠도, 스탈린도 결국은 역사적 논의와 평가를 피할 수 없었다. 해당 인물의 사망 직후에 평가할 수는 없다 하더라도, 언젠가는 역사적 논의와 평가를 할 날이 있게 마련이다. 누가 논의하고 평가하는가? 역사가 논의하고, 역사가가 평가한다.

'하느님'은 역사학과 역사학자에게 두 가지 사명을 부여했다. 첫 번째 사명은 역사를 연구하고 역사적 인식과 경험을 총정리하여, 역사와 사회, 그리고 인류 자아에 대한 인식을 높이는 것이다. 두 번째 사명은 역사를 총정리하여 얻은 경험과 인식을 보급하여 역사적 경험과 인식이 인류 전체의 문화적 자산이 되게 함으로써, 인류가 야만 상태에서 벗어나 문명세계로 진입하게 하는 것이다. 역사문화가 없는 민족은 우매한 민족이며, 문화적 소양이 없는 사람은 우매한 사람이다.

과학은 중요한 학문이다. 과학기술이 없다면, 경제건설과 사회진보는 공염불에 지나지 않는다. 그러나 건설하는 도로와 노선은 정치가가 결정한다는 사실에 주의해야 한다. 지난날을 거울로 삼아 앞날을 예측하고 과거와 미래를 전체적으로 조망하는 능력을 갖추지 못한 정치가는 국민을 잘못된 길로 인도할 수 있다. 지도자가 한 번이라도 실수하면, 과학자와 기술자가 10년, 때로는 20년 동안 심혈을 기울인 구상이 하루 아침에 물거품이 될 수 있다. 그렇다면 정치가는 과거와 미래를 전체적으로 조망하는 능력을 어디에서 배울 수 있을까? 역사를 배우고, 문학을 배우고, 철학을 배우고, 인류가 축적해 온 일체의 지식과 지혜를 배워야 한다. 한마디로 말해서, 문화적 소양과 자질을 갖춰야 한다. 그중에서도 역사 지식은 가장 중요한 콘텐츠이다.

경제건설이 고조되고 있는 상황에서 과학기술의 중시는 필연적이고 당연한 일이다. 문제는 사회과학과 인문과학 역시 소홀하게 대접해서는 안 된다는 점이다. 사회과학과 인문과학을 홀대하다 보니, 천재는 모두 과학기술 분야로 투신하여 인문계에는 죄다 이류·삼류의 자질을 가진 학생만 남았다. 이렇게 계속되다 보면 위험이 발생할 수 있고, 결국은 비극을 초래할 수도 있다. 이런 의미에서 말하자면, 교재를 쓰고 대중적인 읽을거리를 쓰는 행위는 역사 지식을 통해 사람의 문화적 자질과 소양을 높일 수 있는 작업이다. 따라서 두 작업 모두 대단히 중요한 일이다. 역사는 배울 가치가 아주 큰 학문이다.

『위촉오 삼국사』의 서문을 작성하다가 느낀 바가 있어 붓 가는 대로 쓰다 보니 이러저러한 내용을 적게 되었다. 한번 읽어 보고서 동의하지 않아도 좋다. 요즘 역사를 공부해서는 밥도 제대로 먹을 수 없는 상황이라, 학생들도 역사를 공부하지 않는다. 그러나 나는 오히려 역사를 공부하고, 역사 지식을 널리 보급하며, 역사적 경험을 전파하는 일이 지극히 중요한 작업이라 생각한다. 이미 역사를 공부하는 사람이라면, 배를 곯더라도 동요하지 말고 굳게 연구에 매진해야 한다. 또한, 역사를 공부하지는 않았지만 총명하고 재능 있는 사람들 역시 역사학 안으로 들어와야 한다. 역사는 민족의 가장 중요한 근원이자 지혜의 원천이므로, 역사학 연구자의 대를 끊어지게 해서는 안 된다.

다시 『위촉오 삼국사』로 화제를 돌리자. 나는 이 책을 쓰면서 사마천(司馬遷)을 본받으려고 했다. 고염무(顧炎武)는 일찍이 "옛날 사람의 역사 저작 중, '논단'(論斷, 추론을 통한 판단)에 의존하지 않으면서 서술 속에서 곧바로 자신의 의도를 드러내는 것은 오직 태사공(太史公, 사마천)만이 할 수 있는 능력이었다."라고 말했다. 역사는 사실(事實)이고, 역사 서술은 사실의 서술이다. 그렇지만 작자는 아무래도 자신만의 감정과 성향이 있을 수밖에 없으며, 작자마다 자신이 인식하지 못하는 부분이 있을 수 있다. 손가락 하나로 눈을 가리면, 아무리 큰 태산(泰山)도 보이지 않는 법이다. 작자는 역사에 대해 자기만의 견해와 논단을 가질 수 있다. 고염무는 고금의 역사가 중에서 논단을 서술 속에 녹여 넣어 역사를 서술하는 것이 사마천만 할 수 있는 능력이라고 생각했다. 나는 동서고금의 역사 서술과 저작 중에 작자의 주관적 사상(저자의 편견이라고 할 수도 있겠다)에 영향을 받지 않고 저술된 것은 없다고 생각한다. 어떤 저자의 저작이든 모두 자신의 사상·감정·성향이 반영되어, 작자가 인식하지 못한 부분이 있기 마련이다. 고염무가 "서술 속에 논단을 깃들게 한다."고 표현한 정신과 내가 체득한 깨달음의 본질은 이렇게 표현하는 것이 좋을 것 같다. 즉, "다른 사람이 쓴 역사와 다른 사람이 쓴 인물 전기를 읽으면 대체로 산송장처럼 무기력하고 생기 없게 느껴지지만, 사마천이 쓴 전기 속 인물은 살아 있는 사람처럼 생동감 넘친다."

나는 사마천을 본받으려는 생각에 논단을 서술 속에 깃들게 하려고 했지만, 그렇게 할 수 없었다. 후일 나는 사마천도 서술 속에 논단을 완벽히 깃들게 할 수는 없었다는 사실을 깨달았다. 서술 속에 논단을 깃들게 한다고 해서, 서술 이외에 따로 논단을 덧붙이는 방식을 배제하는 것은 결코 아니다. 사마천은 항상 '태사공왈'(太史公曰)이라는 표현방식을 덧붙여 자신의 의견을 표명했다. 의견의 표명은 대체로 역사를 저술하는 사람이 피할 수 없는 일이다. 나는 삼국의 역사를 쓰면서, "삼국의 역사는 삼국의 역사적 사실을 쓰는 것"이라는 기본 노선을 견지할 수 있다면 좋다고 생각했다. 나는 "서술 속에 논단을 깃들게 하는 것"을, 영혼이 깃들지 않은 산송장처럼 무기력하고 건조하게 역사를 서술하지 않고 마치 살아 있는 사람이 활동하는 것처럼 생동감 있게 서술하는 것이라고 이해했다.

나의 논점과 분석은 매우 많다. 다른 사람의 주장을 인용하여 주석으로 밝힌 것을 제외하면, 대체로 모두 나의 '일가지언'(一家之言, 독창적인 주장)이다. 나는 독서량이 적어 다른 사람의 저작은 많이 읽지 못했고, 또 일부는 7~8년 전에 쓴 것이라 다른 사람의 견해인데도 주석으로 밝히지 못한 부분이 있다. "영웅의 생각은 대략 같다."(英雄所見略同)는 말이 있듯이, 학자들의 견해는 대체로 비슷하다고 생각해 주면 고맙겠다. 이 책 『위촉오 삼국사』는 교재이지 전문저작은 아니다. 그러나 내가 삼국의 역사를 연구하며 얻은 깨달음과 이해와 인식은 이 책에 거의 모두 들어가 있다.

    나는 되도록 생생하고 알기 쉬운 문장을 추구했고, 문장의 가독성과 흡인력에 신경을 썼다. 그래서 독자들이 흥미를 갖고 읽을 수 있도록 관심을 기울였다. 그런데 한 가지 모순이 있다. 내가 고대의 역사기록을 그대로 인용한 부분이 너무 많다는 점이다. 내가 이렇게 한 이유는, 만약 대학교의 사학과에서 '삼국시대사' 과목을 개설한다면 틀림없이 고학년의 선택과목일 것으로 생각했기 때문이다. 그런데 최근 몇 년 사이에 대학교 사학과의 교과 과정에서 잘 주의하지 않는 문제가 있는데, 그것은 바로 학생들에게 고문헌을 읽는 훈련을 중시하여 가르치지 않는 점이다. 대학의 사학과 학생이 어떻게 약간의 고서(古書)도 읽지 않을 수 있는가? 세계사 전공이든 근현대사 전공이든, 대학의 사학과 졸업생이 『사기』(史記)와 『자치통감』(資治通鑑)조차 들춰보지 않았다면, 그야말로 졸업생 자격을 갖췄다고 볼 수 없다. 그리고 나는 고대인이 쓴 역사도 매우 생동감 넘친다고 생각한다. 오히려 내가 현대 중국어로 번역한 문장보다도 생생하고 가독성 있을 것이다. 현대 중국어로 고쳐 쓰지 않으면 생동감 넘치는 활력과 가독성을 높일 수 있고, 한문을 읽는 효과도 있는데, 이걸 굳이 현대 중국어로 번역할 필요가 있겠는가?

    같은 이유에서 나는 '건안문학'을 다룬 15장에서 고시(古詩) 몇 수(首)와 왕찬(王粲)·조식(曹植) 등이 창작한 시를 선별하여 실었다. 이들의 시는 모두 인구에 회자되는 명작으로, 과거의 학인(學人)들은 대부분 입에

• 양측의 견해가 일치할 때 자주 사용하는 표현으로, 『삼국지』 「촉서·방통전」의 배송지주(裴松之注)에 인용된 『강표전』(江表傳)에 처음 나오는 말이다.

서 술술 나올 정도로 암송했다. 대학생이라면, 특히 사학과의 대학생이라면 이런 정도의 시를 읽는 교양은 갖춰야 하겠기에 성가심을 마다치 않고 뽑아서 수록했다.

삼국의 역사를 공부하기로 한 이상, 우선 진수(陳壽)의 『삼국지』(三國志)를 소개하는 것이 자연스럽겠다. 왜냐하면, 현재 우리가 알 수 있는 삼국시대의 역사적 사실 중에 80~90퍼센트는 『삼국지』가 그 출처이기 때문이다.

진수는 촉한(蜀漢) 출신이다. 그는 촉한이 멸망하고 서진(西晉)이 들어선 후 『삼국지』를 저술했는데, 당시 사람들은 그가 "사건의 서술에 뛰어나 훌륭한 역사가의 재능을 지녔다."고 평가했다. 청대의 역사학자 왕명성(王鳴盛)과 주이준(朱彝尊)은 진수가 상세하고 확실하게 사건을 기록하여 곡필하지 않았다고 칭송했다. 그에 대한 평가는 이처럼 매우 좋다. 어떤 사람은 진수가 제갈량(諸葛亮)에 대해 "기발한 계략을 발휘하는 면에 약점이 있었고, …… 임기응변하는 군사적 전략은 그의 장기가 아니었다."라고 한 평가를 두고, 진수가 고의로 제갈량을 폄훼하여 개인적인 원한을 갚았다고 하는데•(진수의 부친은 마속의 참군으로, 마속이 주살될 때 그의 부친도 이 사건에 연좌되어 머리카락이 깎이는 곤형을 받았다), 이는 진수를 모함하는 말이다. 제갈량은 위대한 정치가였지만, 훌륭한 전략가는 아니어서 그다지 전쟁에 능하지 못했다. 진수의 평가는 공정하다.

오히려 『삼국지』의 결점은 너무 간략한 내용에 있다. 그래서 남조(南朝) 유송대(劉宋代)의 배송지(裴松之)는 송 문제(文帝)의 명을 받들어 『삼

• 국내에서도 소설가 이문열 등이 이런 주장을 하고 있다. 특히 그는 자신이 평역한 『삼국지』에서 "진수의 부친이 진식(陳式)이고, 진식이 마속 사건으로 요참(腰斬)을 당했다."라고 주장했는데, 이는 모두 근거 없는 낭설이다. 마속 사건 이후에도 진식은 음평군(陰平郡)과 무도군(武都郡)을 공격할 때 중임을 맡았다는 기록이 있고, 진수가 『삼국지』에서 진식을 언급할 때 '피휘'(避諱, 존경의 의미로 군주나 부친의 본명을 언급하지 않고 다른 글자로 바꿔 적는 행위)하지 않았다. 만약 진식이 진수의 부친이었다면, 진수는 부친의 본명을 언급하지 않고 피휘했을 것이다(편집자 주).

국지』에 주석을 달았다. 동진(東晉) 이후로 삼국시대사와 관련된 사료가 점점 증가했으므로, 배송지는 그런 사료를 광범위하게 수집했다. 그의 『삼국지』 '주석'은 실제로는 『삼국지』의 '보완'(補完)이었다. 배송지는 『삼국지』에 가장 큰 공헌을 한 사람이다. 『삼국지』를 읽을 때는 반드시 배송지의 주석을 함께 읽어야 한다.

나는 여기에 읽어야 할 참고서로, 사마광(司馬光)의 『자치통감』 권(卷) 59~81까지의 부분을 특별히 추천한다. 사마광은 이 부분에서 황건적(黃巾賊)의 봉기부터 서진이 통일을 이룬 시기까지의 역사를 다루고 있는데, 이 시기가 바로 내가 이 책 『위촉오 삼국사』에서 다루는 부분이다. 『자치통감』의 수려한 문장은 고금의 사람들이 이구동성으로 칭찬하는 부분이다. 물론 사마광이 나보다 잘 쓴 부분이 훨씬 많을 것이고, 이런 문장력은 내가 나서서 감히 선현과 비교할 수 없는 부분이다. 그러나 나 역시 지나치게 내 책을 비하하고 싶지 않다. 논점과 분석의 측면에서는 내가 사마광보다 더 뛰어날 것이다. 왜냐하면, 그는 11세기 사람이고 나는 20세기 사람이기 때문이다. 그렇지 않고서야, 굳이 독자에게 내 책을 사서 읽어달라고 요구할 필요가 있겠는가? 형편없는 책을 읽으라는 요구야말로 독자의 시간과 돈을 낭비하는 일이 아니겠는가!

나는 현대인이 쓴 삼국역사나 위진남북조사 중의 삼국시대 부분을 소개하지 않았다. 그 부분은 독자들이 도서관에 가서 찾아보거나 서점에서 사볼 수 있을 것이다. 부록에서 나는 몇 편의 논문을 소개했다. 그중 일부는 깨우침을 주어 독자들이 참고할 만하고, 일부는 내가 특히 애착하는 논문들로 대체로 내용이 충실하다.

한 가지 설명이 필요한 부분이 있다. 본문에서 '이십사사'(二十四史)

- 중국 역대 왕조에서 편찬한 24종의 역사서. 역대 왕조에서 정통성을 갖춘 역사서라고 생각했으므로, '정사'(正史)라 불렸다. 모두 기전체(紀傳體) 방식을 채택하여 저술했고, 『사기』, 『한서』, 『후한서』, 『삼국지』를 시작으로 『송사』(宋史), 『요사』(遼史), 『금사』(金史), 『원사』(元史), 『명사』(明史)까지 이어진다.

를 인용할 때, 내가 수시로 이용한 것은 백납본(百衲本)˙ 또는 삼국지집해본(三國志集解本)˙˙이었다. 그래서 현재 널리 통용되는 중화서국(中華書局)의 '이십사사' 표점본(標點本)˙˙˙과 글자가 간혹 다른 부분이 있을 것이다. 독자 여러분의 이해를 바란다. 두서없이 여러 내용을 적어 서문으로 삼는다.

1993년 8월 20일
허쯔취안(何玆全)

- ˙ 동일한 제목의 서적의 판본이 다양할 때, 각 판본을 대조·교감(校勘)하여 집성한 텍스트를 말한다. 지은이가 참조한 백납본은 1936년에 장원제(張元濟, 1867~1959)가 상무인서관(商務印書館)에서 완성한 백납본 이십사사(二十四史)이다.
- ˙˙ 근대의 저명한 장서가이자 학자인 노필(盧弼, 1876~1967)이 1930년대에 초고를 완성하여 1957년에 출간한 판본. 『삼국지집해』는 가장 상세한 『삼국지』의 주석본으로, 광범위한 자료수집과 함께 자신의 견해까지 포함한 『삼국지』 주석의 결정판이자, 『삼국지』 연구의 필독서이다.
- ˙˙˙ 중국의 대표적인 출판사인 중화서국에서 출간한 이십사사 표점본은 현재 가장 널리 통행되고 있는 판본으로, 원문에 정교한 표점과 교감을 더하여 학계의 표준이 되고 있는 정본이다.

황건적의 봉기

1. 시대적 배경

통일제국이었던 동한(東漢)의 와해와 분열 국면의 출현을 논의하려면, 황건적(黃巾賊)의 폭동부터 시작해야 한다. 그런 점에서 『삼국연의』(三國演義)는 황건적의 폭동부터 이야기를 시작함으로써 나름대로 안목과 식견을 보여준다. 황건적의 폭동이 일어난 것은 동한의 정치적 부패, 관리의 탐오(貪汚), 상인의 불법적 토지 점거에 따른 결과이자, 백성이 편안한 삶을 영위하지 못하고 막다른 궁지에 몰리게 된 결과였다.

  중국역사에서 대체로 한 가문이 천하를 얻어 황제가 되면, 초창기에는 군신(君臣) 상하가 치국을 위해 열과 성을 다하고, 관리의 탐오와 부패를 엄히 다스린다. 또, "물은 배를 띄워 줄 수 있고 뒤엎어 버릴 수도 있다."는 이치를 잘 깨닫고 되도록 요역(徭役)과 부세(賦稅)를 줄여 백성에게 부담

- 우리에게 통상 소설 『삼국지』라고 알려진 책을 가리키며, 이 책에서는 정사 『삼국지』와의 혼동을 피하기 위해 일괄 『삼국연의』로 표기한다.
- 『공자가어』(孔子家語)에서 인용한 말로, 원문은 '수가재주, 역가복주'(水可載舟, 亦可覆舟)이다. 백성은 물이고 군주는 그 위에 떠 있는 배와 같아서, 평상시에는 온화하다가도 군주의 정치가 올바르지 않으면 언제든 그 군주를 무너뜨릴 수 있음을 경고하고 있다.

을 덜어줌으로써, 백성이 평화롭고 즐겁게 살아갈 수 있도록 한다. 그렇지만 길면 100년에서 수십 년, 짧으면 10년에서 20년에 걸쳐 편안한 삶이 이어지면 통치자는 다시 타락한다. 관리의 통치가 부패하고 부역이 무거워 살길이 막막해지면, 백성은 이판사판의 심정으로 행동하고 대란의 징조가 점차 드러난다. 그리하여 황제는 타도되고 왕조도 전복된다.

새하얀 대지의, 아무것도 남지 않은 허섭스레기 위에 새로운 왕조가 다시 건립된다. 군주와 신하가 다시 치국을 위해 노력하고, 사회는 다시 안정된 시기를 유지한다. 그러다가 다시 부패하고 백성이 또 들고일어나면, 왕조는 예전처럼 전복되고 새로운 왕조가 세워진다. 순환에 순환을 거듭하면서 왕조의 교체는 멈추지 않는 것이다. 물론 이것은 역사 발전의 커다란 형세에 관해 말한 것이다. 자세히 살펴보면, 순환하는 과정에서도 사회는 변화하고 발전하며 진보한다. 결코 고인 물처럼 정체된 상태는 아니다. 역사순환론은 잘못된 주장이다.

동한왕조는 안제(安帝) 이후 정치부패가 점차 심각해졌다. 외척(外戚)과 환관(宦官)이 권력과 이익을 두고 다투었다. 대권을 차지한 외척은 친분 있는 사람과 일가붙이에게 관직을 주었다. 환관이 대권을 차지해도 마찬가지였다. 한 무리가 올라가면, 다른 한 무리가 떨려 내려왔다. 관직에 올라간 무리는 부유하고 신분도 높았다. 고통과 피해를 보는 쪽은 언제나 백성이었다.

정부의 관리 외에 상인들도 백성을 괴롭혔다. 전국시대(戰國時代) 이후로 상업은 교환경제가 발전했다. 상업 발달, 도시 건설, 서민층의 지식 증가로, 지적(知的) 문화 역시 그에 따라 진보했다. 도시는 인류 문화의 원천이라 할 수 있다. 도시 생활은 사상·지혜·문화를 인간에게 가져다주었다. 농업·목축업에 관련된 지식을 제외하면, 모든 시대를 통틀어 세계 여러 민족의 문화는 전부 도시에서 발생했다.

그러나 교환경제의 발달은 좋은 일이었지만, 나쁜 결과도 초래했다.

도시경제가 발달한 결과, 어쨌든 상인은 이득을 얻고 농민은 손해를 보았다. 상인은 갈수록 부유해졌지만, 농민은 나날이 가난해졌다.

상업이 발달하지 않은 농업사회에서 왕족·귀족과 고관대작들은 농민이 생산한 물품을 징수할 뿐이었다. 농민이 무엇을 생산하든, 그들은 그 생산물을 징수했다. 왕족·귀족과 고관대작들이 많은 생산품을 거둘수록, 그들의 생활은 농민보다 훨씬 풍족해질 뿐이었다. 상품경제의 출현과 발전 이후, 생산품의 판로와 경쟁력을 확보하기 위해서는 생산품의 품질을 더욱 높여야만 했다. 그렇지 않으면 팔 수 없었다. 생산품이 팔리지 않으면, 상인은 밑지거나 심한 경우 파산하는 고통을 겪어야 했다. 그래서 생산품은 반드시 그 품질이 대단히 훌륭해야 했다. 정교하고 아름다운 물품의 자극과 유혹에 휩싸인 왕족·귀족·관리들의 욕망은 더욱 커졌다. 그들은 맛있는 음식, 좋은 옷, 좋은 집, 좋은 물건을 추구했다. 사마천은 당시의 상황을 다음과 같이 서술했다.

> 신농씨(神農氏) 이전(의 상황)은 내가 알 수 없다. (그러나) 『시경』(詩經)과 『서경』(書經)에 기술된 순(舜)과 우(禹)(의 봉지) 이후(의 상황)에 관해 말하자면, (사람들은) 귀와 눈으로는 음탕한 소리와 여색(女色)을 지독히 탐닉하고, 입으로는 온갖 고기를 모두 맛보려고 한다. 몸은 방탕과 쾌락에 빠져 있고, 마음속으로는 권세와 재능으로 이룩한 영화(榮華)를 뽐내고 자랑한다. 이처럼 저급한 풍조가 백성을 물들인 지 이미 오래되었다. 그래서 집집이 다니면서 아무리 훌륭한 말로 계도해도 결국은 교화할 수 없다.[1]

이처럼 아름다운 것을 추구하고 조악한 것을 싫어하는 마음은 인간의 욕망이라 누구도 막을 수 없었다. 그래서 집집마다 다니면서 절약의 필요성을 강조해도, 아무도 그 말을 들어주지 않았다.

상인은 돈에 의지하여 집안을 일으키고 부를 쌓았다. "소매가 길어야 춤을 잘 추고, 돈이 많아야 장사를 잘한다."라는 말처럼, 수중에 돈이 많을수록 장사를 크게 벌일 수 있고, 돈도 더 많이 벌 수 있다. 자본과 교역을 통해, 상인은 농민의 토지와 재산을 자신의 손아귀에 그러쥐었다. 왕족·귀족·관리는 권력에 의지하여 집안을 일으키고 부를 쌓았다. 그들은 권력을 손에 쥐었으므로, 명령을 내리기만 하면 곧바로 농민의 재산을 자기의 재산으로 만들 수 있었다. 가렴주구(苛斂誅求)와 불법 강탈은 더 말할 나위가 없었다.

상인이 돈에 의지하고 관리가 권력에 의지했다면, 돈과 권력 가운데 무엇이 더 대단할까? 이 문제는 두 가지 측면으로 나누어 살펴봐야 한다. 형식적으로 보면, 정부의 관리가 더 강력했다. 관리는 권력과 세력을 가졌으므로, 명령을 내려 농민을 가혹하게 수탈하거나 사지(死地)에 몰아넣을 수도 있었다. 그들은 정치적 수단을 동원하여 상인의 재산을 몰수할 수도 있었다. 이렇게 보면 관리가 더 강력하다. 그러나 한층 더 깊이 들어가 고찰해보면, 정부의 관리가 돈과 재물을 소유하려는 욕망을 지닌 이유 역시 상품교환 경제의 산물이었다. 상품 생산의 자극이 없었다면, 관리 또한 '토지'에 기반한 삶에 만족했을 것이다. 그러니까 교환경제의 발전은 관리가 금전을 추구하는 사회의 기초였다.

토지를 잃은 농민은 농촌에서 살아갈 방도가 없었다. 그들은 사회 이곳저곳을 떠돌다가 어쩔 수 없이 도시로 모여들었다. 서한(西漢) 초기부터 유랑민은 커다란 사회 문제였다. 문제(文帝) 연간에 조조(晁錯)는 이미 "이는 바로 상인이 농민의 토지를 강탈하여 농민이 떠돌아다니게 되었기 때문"이라고 했다. 원제(元帝) 연간에 공우(貢禹)도 "백성이 '본업'(本業, 농업)을 버리고 '말업'(末業, 상업)을 좇으니, 농사짓는 사람은 전체 인구의 반도 안 된다."라고 했다. 공우의 말은 어쩌면 과장되었을 수 있다. 하지만 일개 대신(大臣)이 황제에게 올리는 상소에서 터무니없는 말을 했을 리는 없다. 따라서 이런 말을 할 수 있었다면 그야말로 놀랄 만한 발언이다.

동한의 건국 이래 유랑민의 행렬은 끊이지 않았다. 안제(安帝) 이후, 이러한 상황은 갈수록 심각해졌다. "백성은 정처 없이 떠돌며 길에서 곤경을 겪었고"[5], "오랜 거처를 버리고 …… 길에서 곤궁을 겪었으며"[6], "늙은이와 어린아이가 길가에 버려졌고"[7], "백성이 흩어져 달아나 가호(家戶)가 모두 없어졌고"[8], "만백성이 굶주려 떠돌았으며"[9], "백성은 정처 없이 떠돌았고"[10], "백성은 굶주리고 궁핍해져 길에서 정처 없이 헤매었다"[11]. 이런 유의 표현은 역사서에 끝도 없이 기록되어 있다.

길을 떠돌아서는 결코 생존 문제를 해결할 수 없다. 그래서 수많은 유랑민이 도시로 모여들었다. 어쨌든 농촌보다는 도시 생활이 그나마 생활하기에 나았다. 소규모 수공업이나 행상에 종사하면 그래도 입에 풀칠할 수 있었기 때문이다. 진흙으로 인형이나 개·수레·말 모양의 장난감을 만들어 팔아도 살아갈 수 있었다. 이렇게 되자 서한 시기의 도시는 대규모 인구를 먹여 살리게 되었다. 동한 전기의 왕부(王符)는 이렇게 말했다.

> 요즘의 모든 풍속은 근본인 농업을 버리고 상업을 좇는다. 우마(牛馬)와 수레가 길을 가득 메우고, '게으름을 피우며 잔재주로 남에게 사기를 치는 사람'이 도읍에 가득하다. 본업에 힘쓰는 자는 적고, 농사도 짓지 않고 먹고 사는 사람은 많다.[12]

그의 추정에 근거하면, 당시 인구의 90퍼센트 이상은 도시에서 일하거나 도시를 떠돌아다녔다. 왕부는 또 이렇게 말했다.

> 근래 낙양(洛陽)을 살펴보면, 말업(상업)을 생계수단으로 삼는 사람이 농부

• 이현(李賢)의 주장에 근거하여 "조각 등의 수공예 기술로 한가롭게 놀고먹는 사람"으로 해석하는 예도 있다.

보다 열 배가 많고, 거짓을 일삼고 빈둥거리는 사람이 장사에 종사하는 사람의 열 배이다. 그렇다면 농부 한 사람이 농사를 지어 100명이 먹고, 아녀자 한 사람이 길쌈하면 100명이 옷을 입는 격이다. 한 사람의 수고로 100명의 수요에 맞춰야 하니, 어느 누가 공급할 수 있겠는가? 천하의 모든 군(郡)과 현(縣), 수만 개의 도시가 거의 모두 이와 같다.[13]

왕부의 추정에 따르면 동한 인구의 90퍼센트가 도시에 살았다고 하는데, 이 추정은 다분히 과장되었다. 그러나 공우도 "농사짓는 사람은 전체 인구의 반도 안 된다."고 했다. 따라서 서한대와 동한대에 도시거주 인구가 상당히 많았다는 사실에는 문제가 없어 보인다.

대규모 인구가 도시로 유입되는 것에도 포화점은 있었다. 어느 정도의 숫자, 즉 포화점을 넘어서면 도시도 백성을 부양할 수 없었다. 도시의 인구는 여전히 유랑의 길을 걸어야 했다. 이러한 상황은 서한 말기에 이미 나타났다. 애제(哀帝) 연간, 포선(鮑宣)은 글을 올려 "백성은 유랑하여 성곽을 떠나고 도적은 도처에서 일어난다."[14]고 했다. 또한, 성제(成帝)는 책방진(翟方進)에게 책서(册書)•를 내려 "근래 군국(郡國)••의 곡식이 꽤 영글었는데도 백성 중에 넉넉하게 먹지 못하는 사람이 아직도 많다. 앞서 성곽을 떠난 사람들이 아직 다 돌아오지 않았다."[15]라고 했다.

서한이 이런 상황이었다면, 동한은 더욱 심각한 지경이었다. 그런데 왜 백성의 유랑을 두고 "성곽을 버렸다."라고 표현했을까? 이것은 아무래도 도시에 거주한 인구가 많았음을 설명하는 것 같다. 서한 시기에 백성은 곤궁해지면 농촌을 떠나 도시로 도망하여 그럭저럭 살아갈 수 있

• 고대의 제왕이 책립(册立)이나 봉증(封贈) 등의 사안에 내리던 조서.
•• 한대의 '군'은 천자의 직할지로 태수(太守)가 통치했고, '국'(國)은 제후의 봉지(封地)로서 조정에서 임명한 국상(國相)이 통치를 맡았으며, 봉지의 군주는 대개 실권이 없었다. 군과 국은 행정적으로 대등하여 '군국'으로 병칭되었다. 또한, 군국은 전체 행정구역을 가리키는 말이기도 하다.

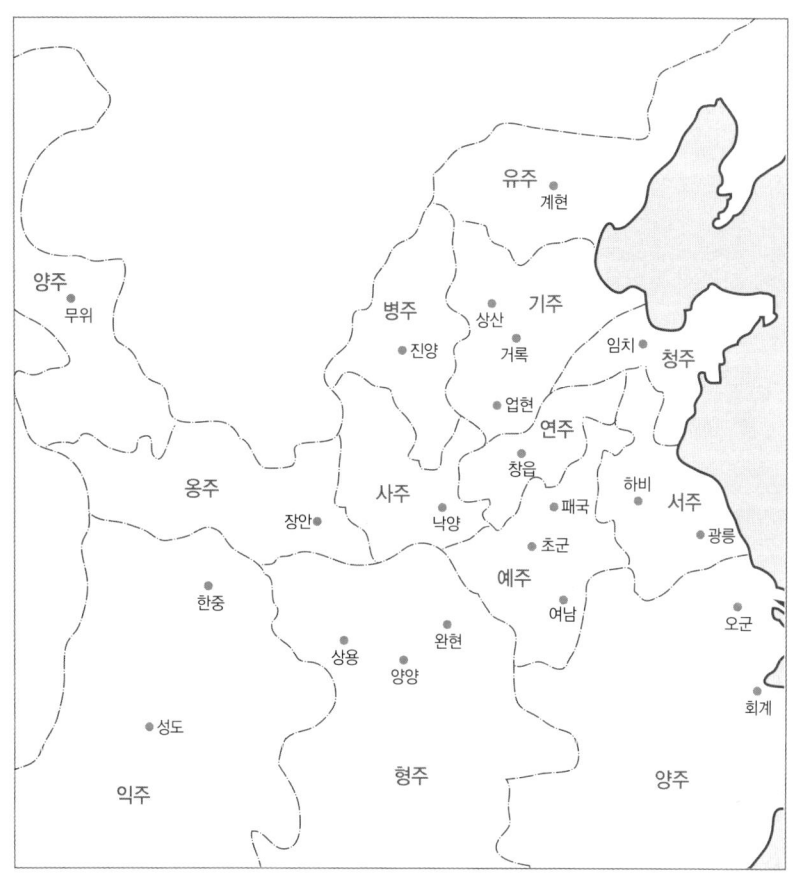

〔지도 1〕 동한 말기의 주 경계

었다. 그러나 도시에서도 살 수 없어 도시를 떠나야 하는 상황이 되었을 때는 큰 문제가 되었다. 황건적의 봉기는 유랑민의 특성을 매우 강하게 띠고 있었다. 영제(靈帝) 연간, 사도(司徒) 양사(楊賜)는 그의 연속(掾屬)• 유도(劉陶)에게 이렇게 말했다.

> 장각(張角) 등은 사면을 받았음에도 뉘우치지 않고, 점점 세력을 키우고 있네. 지금 만약 각 주·군에 명령하여 그들을 추격·토벌하게 하면, 더욱 소요를 일으켜 근심이 더욱 빨리 이뤄질까 걱정이네. 우선 각 자사(刺史)와 군수(郡守)에게 엄히 명령하여 황건적 일당에서 유랑민을 구분한 다음, 이들을 호송하여 원래 살던 주·군으로 돌려보냄으로써 황건적 일당을 고립·약화하려 하네. 그런 다음 그 수괴를 주살한다면 힘들이지 않고도 천하가 평정될 것이네.[16]

유랑민을 원래의 거주지로 돌려보내면, 황건적 세력을 고립·약화할 수 있다는 주장은, 장각 집단이 대부분 유랑민이었음을 보여준다.

2. 태평도

농민은 각지에 흩어져 있어, 그들을 조직화하기란 쉽지 않았다. 예로부터 농민의 조직화는 대부분 신앙에 근거하여 이루어졌다. 동한의 유랑민 폭동은 항상 '요적'(妖賊)이라 불렸다. 사료에는 양가(陽嘉) 원년[132년] 3월에 "양주(揚州) 6개 군의 요적 장하(章河) 등이 49개 현을 노략질했다."[17]

• 한대의 관리들이 자신의 업무보조를 위해 조정의 임명 없이 직접 발탁하여 등용한 하급 관리.

라는 기록이 있다. 또 화평(和平) 원년[150년] "2월, 부풍(扶風)의 요적 배우(裴優)[18]가 황제를 자칭"했고, 연희(延熹) 8년[165년] 10월, "발해(渤海)의 요적 개등(蓋登) 등이 태상황제(太上皇帝)라고 칭했다.[19]"는 기록이 있다. 여기에서 '요'(妖)가 가리키는 것은 종교에 대한 신앙이다. 대체로 농민의 폭동에 종교활동이 포함되었을 때 '요적'이라 지칭되었다.

동한 말기, 농민에게 널리 전파되어 큰 세력을 얻은 종교는 도교(道敎)로, '천사도'(天師道)라 불렸다. 도교는 중국인이 스스로 창립한 종교이다. 도교는 노자(老子)가 창시했다고 하지만, 종교조직의 확립은 오히려 불교 전래의 영향을 받았다. 불교는 서한 후기에 중국에 전래했다. 장건(張騫)은 서역(西域)을 왕래할 때에 일찍이 대하(大夏•)를 들렀는데, 견독(身毒, 즉 인도)을 통해 그곳에 전해진 촉포(蜀布••)와 공장(邛杖•••)을 보았다. 촉포와 공장이 인도로 들어간 경로를 따라 불교도 중국으로 들어왔을 가능성이 있다. 동한 초기에 백마사(白馬寺)에서 불경을 번역했다는 기록이 정사(正史)에는 보이지 않지만, 광무제(光武帝, 유수劉秀)의 아들 초왕(楚王) 유영(劉英)이 불교를 믿었다는 기록은 정사에 보인다.[20]

동한 말엽, 착융(笮融)은 서주(徐州)에 불교사찰을 세우고 대대적으로 포교 활동을 벌였다.[21] 불교 조직을 모방하여 중국인은 도교를 창조했다. 동한대에 '요적'이 활동한 과정은 아마도 도교가 창립되는 과정이었을 것이다. 동한 후기에 도교는 오늘날의 산동(山東)과 강소(江蘇)의 연해 지역에서 이미 전파되어 활동했다. 범엽(范曄)은 다음과 같이 서술하고 있다.

•   고대 그리스인들이 힌두쿠시산맥과 아무다리야강 사이에 세운 왕국 박트리아(Bactria, 246~138 B.C.).
••   삼으로 짠 직물의 일종으로, 서한 시기 촉(蜀) 지역의 특산품이었다.
•••   사천성(四川省) 공래(邛崍) 특산의 대나무 지팡이.

순제(順帝) 연간[126~144년], 낭야(琅邪)[오늘날의 산동성 임기(臨沂)] 출신의 궁숭(宮崇)이 궁궐에 들어와 자기 스승 간길(干吉)이 곡양천(曲陽泉)[오늘날의 강소성 술양(沭陽)의 동남쪽] 가에서 얻은 신서(神書) 170권을 바쳤는데, 모두 옥색 비단 위에 홍색의 선을 그어 행간을 나누었고 청색의 제첨(題簽)에 홍색 글씨로 『태평청령서』(太平淸領書)라고 적혀 있었다. 책의 내용은 음양오행설(陰陽五行說)을 근거로 삼아 무당의 잡스러운 말이 많았다. 담당 관리가 궁숭이 바친 책이 요망하고 불경하다고 상주하고, 그 책을 수거하여 보관했다. 후일 장각도 그런 책을 꽤 가지고 있었다.[22]

상술한 내용이 바로 태평도(太平道)이다. 동한 말년에 민간에 전파된 종교로는 태평도 외에 오두미도(五斗米道)가 있었다. 두 종교 모두 도교(당시에는 '천사도'로도 불림)의 지파이다. 사료에는 다음과 같이 기록되어 있다.

희평(熹平) 연간[172~178년]에 요적이 크게 일어났는데, 삼보(三輔) 지역에서 낙요(駱曜)가 활동했다. 광화(光和) 연간[178~184년]에 동방(東方)에는 장각이 있었고, 한중(漢中)에는 장수(張脩)가 있었다. 낙요는 백성에게 면닉법(緬匿法)을 가르쳤고, 장각은 태평도를 일으켰으며, 장수는 오두미도를 일으켰다.[23]

병은 인생에서 겪는 최대의 고통이다. 가난한 사람이 병이 들었을 때, 의원을 찾아가 약을 살 돈이 없다면 더욱 비참하다. 따라서 민간에서 일어나 전파된 종교는 의료 행위와 질병 치료를 구실로 세상과 인간

- • 몇몇 사료에서는 우길(于吉)이라고 되어 있다.
- •• 표지에 서명을 써서 붙인 종잇조각.
- ••• 한대(漢代)에 수도 부근에 설치한 세 곳의 행정 구역. 경조(京兆)·좌풍익(左馮翊)·우부풍(右扶風)을 이른다.
- •• 고대에 섬서성(陝西省) 이동의 지역을 일컫는 말.
- ••• 고대의 전설로 전하는 일종의 은신술.

의 구원이라는 교의를 선전하기 마련이다. 불교도 그랬고, 기독교도 마찬가지였다. 이것은 종교가 사람들의 신앙과 믿음을 얻는 가장 좋은 방법이었다. 동한 말기의 태평도와 오두미도는 모두 의료 행위에 의지하여 민간에서 활동했다. 사료는 이렇게 기록하고 있다.

> 태평도라는 종교에서는 태평도사(太平道師)가 구절장(九節杖)을 짚고 주문을 외우며 병자에게 머리를 조아려 자기 잘못을 반성하게 했다. 그런 다음 부수(符水)를 마시게 했는데, 병을 얻었다가 얼마 안 되어 자연스레 치유된 사람이 있으면, 이 사람은 도를 믿는 사람이라 했다. 그러나 병이 낫지 않은 사람이 있으면, 도를 믿지 않기 때문이라고 했다. 장수의 방법도 대체로 장각과 같았다. (우선) 조용한 방을 마련하여 환자를 방안에 데려다 놓고 (환자에게) 자기 허물을 반성하게 했다. 또 (몇몇) 사람들을 간령제주(姦令祭酒)에 임명했는데, (이들은) 제주 중에서도 『노자』(老子) 5000자를 전문적으로 공부하여 (신도들이 『노자』를) 모두 익히도록 가르치는 임무를 맡았으므로 (특별히) '간령제주'로 불렸다. (또한,) 귀리(鬼吏)를 두었는데, (그들은) 환자를 위해 기도하는 소임을 담당했다. 기도 방법은 환자의 성명을 적고 죄를 인정한다는 (환자의) 의사를 밝히는 식이었다. (귀리는) 세 통의 문서를 만든 다음, 한 통은 하늘에 바친다며 산 위에 두었고, 한 통은 땅에 묻었으며, 마지막 한 통은 물에 던져 넣었으니, 이것을 '삼관수서'(三官手書)라 했다. 환자의 집에서는 (치료의 대가로) 쌀 다섯 말을 내는 것이 일반적이었으므로, (귀리를) '오두미사'(五斗米師)라 불렀다.[24]

장각은 질병 치료와 백성 구제를 빌미로 민간에 종교를 전파하며, 암암리에 농민을 조직하여 폭동을 준비했다. 사료에서는 이렇게 기록하고 있다.

- 부적을 태워 생긴 재를 섞은 물.

거록(巨鹿) 출신의 장각은 자신을 '대현량사'(大賢良師)라고 불렀다. (그는) 황로(黃老)의 학설을 신봉했고, 제자를 양성하면서 무릎을 꿇고 절을 하며 잘못을 고백하게 했다. 부수와 주문으로 병을 치료했는데, 병자 중에 치유된 사람이 꽤 많아지자, 백성이 그를 믿고 따랐다. 그러자 장각은 제자 8인을 사방으로 보내어 '선도'(善道, 올바른 방법)로 천하를 교화한다고 했으나, 날이 갈수록 사람들은 서로 속고 속이게 되었다. 10여 년 사이에 신도는 수십만 명으로 늘어났다. 각 군국 사이에서 서로 연결되어 청주(青州)·서주·유주(幽州)·기주(冀州)·형주(荊州)·양주·연주(兗州)·예주(豫州) 등 여덟 주에서 호응하지 않은 사람이 없을 정도였다. 그러자 (장각은) 마침내 삼십육방(三十六方)을 설치했다. 이른바 '방'은 장군의 칭호와 같았다. 대방(大方)은 1만여 명이었고, 소방(小方)은 6000~7000명 정도로 조직되었으며, 각각 두목을 세웠다.[25]

대체로 폭동의 준비는 이미 갖춰져 있었다.

3. 봉기와 실패

동한 조정의 관리 중 일부는 일찍부터 태평도의 활동을 의심하고 우려했다. 앞서 인용한 것처럼, 사도 양사는 휘하의 부관 유도에게 "장각 등은 사면을 받았음에도 뉘우치지 않고, 점점 세력을 키우고 있다."고 말했고, 유도 역시 양사의 의견에 찬성했다. 양사는 결국 영제에게 글을 올렸다. 나중에 유도 또한 대신들과 연명으로 다음과 같은 상소를 올렸다.

장각 도당은 숫자를 헤아릴 수 없을 만큼 많습니다. 전(前) 사도 양사가 (황제께) '각 주와 군에 엄히 명령하여 유랑민을 호송하여 고향으로 돌려보내라'

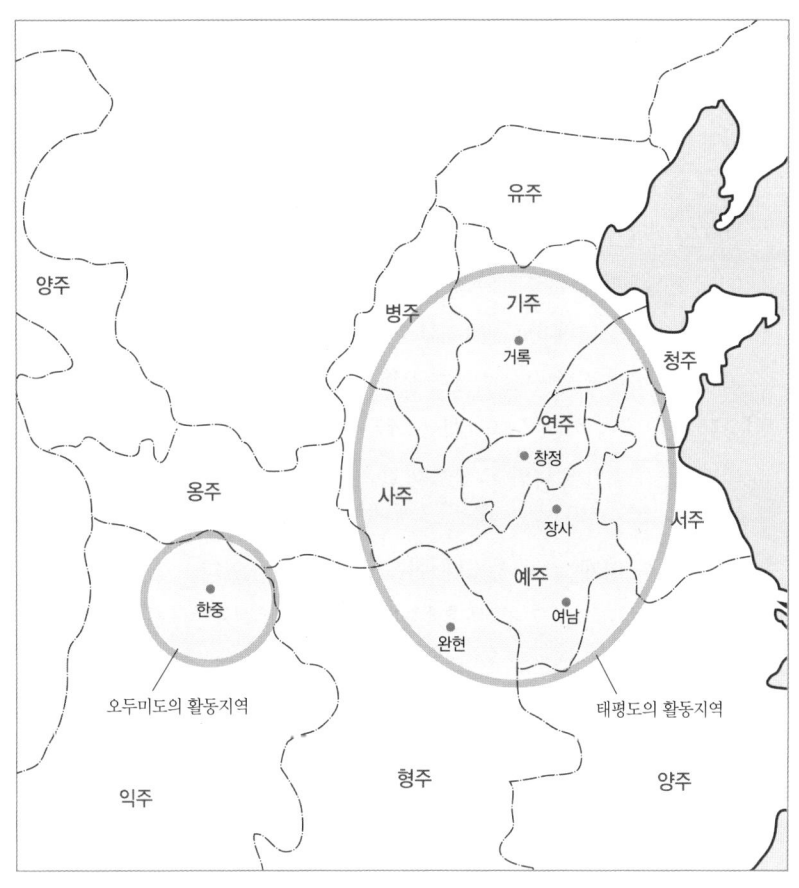

[지도 2] 오두미도와 태평도의 활동 지역

는 (내용의) 조서를 내려주십사 상주했으나, 마침 양사가 자리에서 물러나는 바람에 더는 장각 등의 체포가 이뤄지지 않았습니다. 비록 (그들은) 사면령을 받았지만, (그들의 반란) 모의는 사라지지 않고 있습니다. 사방(의 민중)은 암암리에 장각 등이 몰래 경사(京師)에 들어와 조정을 노리고 있다고 말하니, 겉으로는 입에 발린 소리를 하면서도 금수처럼 음흉한 생각을 지닌 사람들이 (이에) 은밀하게 호응하고 있습니다. 각 주와 군에서는 (이런 소문을) 금기시하며 조정에 보고하려 하지 않아, 그저 소문을 퍼뜨리기만 하고 공문으로는 주고받지 않으려고 합니다. 마땅히 분명한 조서를 내려 많은 현상금을 내걸어 장각 등을 찾게 하고, (체포한 관리에게는) 국가의 토지로 포상하십시오. 감히 회피하는 관리가 있다면 그(장각)와 같은 죄로 다스리십시오.[26]

그러나 우둔한 영제는 이 상소에 귀를 기울이지 않았다.

장각은 광화(光和) 7년[184년, 즉 중평(中平) 원년 갑자년으로, 황건적을 평정한 뒤 연호를 고침]에 거사 준비를 했다. 황건적 일당은 "푸른 하늘이 이미 죽었으니, 마땅히 누런 하늘이 서리라. 해는 (마침) 갑자년이니, 천하가 매우 길하리라.[27]"라고 떠들고 다녔다. 또 그들은 "경성(낙양)의 관청 대문과 각 주·군의 관부(官府)에 백토(白土)로 글씨를 썼는데, 모두 '갑자'란 글자였다.[28]" 봉기의 구체적인 계획은 다음과 같았다.

대방 마원의(馬元義) 등이 먼저 형주와 양주에서 수만 명을 모으고, 업성(鄴城)오늘날의 하북성(河北省) 자현(磁縣)의 남쪽에서 거사를 감행하기로 약속했다. 마원의는 자주 경사(낙양)를 왕래하면서 중상시(中常侍)•• 봉서(封諝)·서봉(徐奉) 등과 내통하여, 3월 5일에 (경사의) 안팎에서 동시에 봉기하기로 약속했다.[29]

• 　동한의 수도 낙양을 지칭함.
•• 　황제의 측근에서 시종하는 환관으로, 조명(詔命)의 전달과 문서의 처리를 맡았으며, 실권이 대단했다.

그런데 불행히 내부의 배반자가 나타났다. "장각의 제자인 제남(濟南) 출신의 당주(唐周)가 글을 올려 고발하자, 마원의는 낙양에서 거열형(車裂刑)을 당했다. 영제는 당주의 고발 문서를 삼공(三公)과 사예교위(司隸校尉)에게 내려보내고, 구순령(鉤盾令) 주빈(周斌)에게 삼부(三府) 소속의 관병을 이끌고 가서 궁성 내의 수비를 맡은 직위(直衛)와 백성 중 장각의 사도(邪道)를 신봉하는 사람을 조사·검증하게 하여, 1000여 명을 주살했다. 또한, 기주의 상황을 철저히 추궁하고 조사하여 장각 등을 추포(追捕)하게 했다.[30]"

거사가 이미 발각된 것을 안 장각은 황급히 기한을 앞당겨 봉기하지 않을 수 없었다. 그는 "밤낮으로 급히 여러 방(方)에 명령을 내려 일시에 함께 들고 일어났다. 모두 누런 두건을 둘러 표식으로 삼으니, 당시 사람들은 그들을 '황건적'이라 불렀고, 또 '아적'(蛾賊, 나방떼)이라고도 했다. 그들은 사람을 죽여 하늘에 제사를 지냈다. 장각은 '천공장군'(天公將軍), 장각의 아우 장보(張寶)는 '지공장군'(地公將軍), 장보의 아우 장량(張梁)은 '인공장군'(人公將軍)이라 칭했다.[31]" 황건적은 그 명성과 위세가 대단하여, "가는 곳마다 관부를 불태우고, 마을을 약탈했다. 각 주·군은 거점을 잃고, 지방관은 대부분 달아났다. 열흘 남짓한 사이에 천하 사람들이 호응하니, 경사(낙양)가 큰 충격에 휩싸였다.[32]"

동한 정부는 황급히 수비군을 배치했다. 하남윤(河南尹) 하진(何進)

- • 동한 왕조에서 국가의 군정(軍政) 업무를 공동으로 책임지던 최고위 직책인 태위(太尉)·사도(司徒)·사공(司空)을 함께 일컫는 말
- •• 한대에 수도와 수도 부근을 감독하던 감찰관.
- ••• 소부(少府)에 속한 관직으로, 궁궐 내 원유(苑囿)에 관한 제반업무를 맡았다.
- ∷ 삼공이 개설한 부서의 총칭. 삼공은 모두 부서를 개설할 수 있었다.
- ∴ '아'(蛾)를 '의'(蟻, 개미)의 통가자(通假字)로 보아, '의적'(蟻賊, 개미떼)이라고도 한다. '아적'이든 '의적'이든, 모두 전통왕조에서 농민반란군을 폄훼하여 부르던 멸칭이다.

을 대장군(大將軍)으로 삼아 좌·우 우림군(羽林軍)과 오영(五營)의 군사를 인솔하고 도정(都亭)에 주둔하며 수도를 방어하게 했다. 아울러 수도 주변의 함곡관(函谷關)·대곡관(大谷關)·광성관(廣城關)·이궐관(伊闕關)·환원관(轘轅關)·선문관(旋門關)·맹진관(孟津關)·소평진관(小平津關)에 도위(都尉)를 배치하여 수도의 외곽을 지키게 했다.

영제는 신하들을 소집하여 회의를 열었다. 북지태수(北地太守) 황보숭(皇甫嵩)은 "마땅히 당고(黨錮)를 해제하고 중장부(中藏府)의 돈과 서원(西園)의 양마(良馬)를 더 많이 풀어 군사들에게 나눠줘야 한다고 생각했다.³³" 영제는 중상시 여강(呂强)에게 계책을 물었다. 여강은 "당고가 오랜 세월 동안 계속되어 사람들의 감정에 원한이 많습니다. 만약 오랫동안 사면하지 않아 (이들이) 경솔히 장각과 공모하게 된다면 변란의 세력이 더욱 커질 것이니, 그때는 후회해도 만회할 수 없을 것입니다.³⁴"라고 했다. '당고'란 무엇인가? 원래 환제(桓帝)·영제 연간에 전횡을 일삼던 환관들은 애국적 지식인들을 공격하여, 죽이고 가두거나 변방으로 귀양 보냈다. 당인(黨人)과 그들의 문생(門生)을 비롯해 옛 속관(屬官)·부형·자제들이 모조리 면직되었고, 이들의 관계 진출은 평생 좌절되었다. 이것이 당고이다.

- • 제왕이나 수도를 보위하는 군대. 금위군(禁衛軍)이다.
- •• 보병교위(步兵校尉)·둔기교위(屯騎校尉)·장수교위(長水校尉)·월기교위(越騎校尉)·사성교위(射聲校尉)가 거느린 부대. 주로 수도와 성 외곽의 수비를 담당했다.
- ••• 고대에 여행자에게 제공하던 숙소.
- ⁑ 원래 전국시대에 도위는 장군 바로 아래의 직책이었으나, 동한대의 도위는 그 역할이 축소되어 반란 등이 일어날 때 각 지역에서 임시로 임용했다가 사건이 완료하면 폐지하는 임시장교였다.
- ⁂ 한대 황제의 개인금고.
- ⁂⁂ 한대 황실의 원림인 상림원(上林苑)의 별칭.
- ⁂⁂⁂ 전통시대 중국에서는 과거급제자가 자신의 시험을 주관한 주고관(主考官)에게 가르침을 받았다는 의미에서 '문생'이라고 자칭했다. 문생과 주고관 사이에는 사제관계가 형성되어 상당히 밀접한 유대관계가 이어졌다.

영제는 시재(私財)를 많이 축적했다. "중상방(中尙方)에서는 각 군의 보물을 긁어모았고, 중어부(中御府)에는 천하의 비단을 쌓아 두었으며, 서원에 대사농(大司農)이 관리하던 재물을 끌어다 두었고, 중구(中廐)에는 태복(太僕)이 관리하는 말을 모아 두었다."[35] "군국에서 진귀한 공물이 올라올 때마다 먼저 내서(內署)로 보내게 했는데, 그것을 '도행비'(導行費)라 했다."[36] 황보숭이 말한 중장부의 돈과 서원의 양마는 곧 중상방·중어부·서원·중구에 모아놓은 영제의 사재였다. 막강한 적수가 눈앞에 나타나자 두려움을 느낀 영제는 할 수 없이 황보숭과 여강의 건의를 받아들여, 천하의 당인들을 사면하고 변경지역으로 귀양 보냈던 당인 및 그의 처자식과 친구들을 풀어주었다.

농민반란군은 하북(河北)·영천(潁川)·남양(南陽)의 세 지역에 몰려 있었다. 하북군은 장각 삼 형제가 직접 통솔했고, 영천군은 파재(波才)가, 남양군은 장만성(張曼成)이 이끌었다. 동한 정부는 천하의 정예병을 동원하여 농민군에 대응했다. 좌중랑장(左中郞將) 황보숭과 우중랑장(右中郞將) 주준(朱儁)에게 오교(五校)가 거느린 기병(騎兵)과 삼하(三河)에 주둔한 기병 및 모집한 정예병 중 4만 명을 징발하게 하여, 두 사람이 각각 한 부대씩 인솔하고 가서 함께 영천의 황군군을 토벌하게 했다. 이와 별도로 북중랑장(北中郞將) 노식(盧植)을 파견하여 하북의 황건적을 토벌하게 했다.

- • 한대에 궁중의 각종 물건을 제작하고 잡역을 맡아 처리하던 곳.
- •• 한대에 궁중에서 의복의 제작과 세탁 등을 맡은 곳.
- ••• 한대에 조세·전곡(錢穀)·염철(鹽鐵) 등 국가재정의 수지를 관리하는 대신.
- :: 한대 궁중의 거마방(車馬房).
- ⁝ 진·한대에 황제의 수레와 마필을 관리하던 관원. 후대에는 정부의 목축 업무를 전담했다.
- ⁝⁝ 황실 창고의 의복과 일용기물(日用器物)을 관장하는 관서.
- ⁝⁝⁝ 보병교위·둔기교위·장수교위·월기교위·사성교위의 총칭.
- ⁝⁝⁝⁝ 한대에 하내(河內)·하동(河東)·하남(河南) 3군을 합쳐 부르던 명칭.

주준은 진군하여 파재와 싸웠으나 패배했고, 황보숭은 장사(長社)오늘날의 하남성(河南省) 장갈현(長葛縣)에 주둔했다. 파재는 진격하여 황보숭을 포위했다. 황보숭의 병력은 적었고, 군사들은 모두 공포에 빠졌다. 황건군은 초지(草地)에 군영(軍營)을 만들었는데, 마침 큰바람이 부는 날이었다. 황보숭은 크게 기뻐하며, 부대를 두 조로 나누었다. 한 조는 샛길을 통해 황건군의 배후로 나와 불을 붙이며 후방에서 진격해 들어갔고, 다른 한 조는 북을 치고 함성을 지르며 기세등등하게 성 밖으로 나온 다음 불을 놓으며 황건군의 전면을 공격했다. 불길은 바람을 타고 크게 번졌고, 여기에 앞뒤로 협공하니, 황건군은 큰 혼란에 빠졌다. 마침 기도위(騎都尉) 조조(曹操)가 군대를 이끌고 당도하여 황보숭·주준·조조의 삼군이 협공하니, 파재의 군대는 대패했고 도륙된 자들이 수만 명이었다. 황보숭은 여세를 몰아 양적(陽翟)에서 파재를 추격했다. 그는 또 군대를 나누어 여남(汝南)·진국(陳國)·서화(西華)에 있는 황건적을 향해 진격했다. 황건군은 패배하여 일부는 전사하고 일부는 투항했다. 영천·여남·진국 3군(郡)의 황건적은 모두 진압되었다.

　　북중랑장 노식은 하북 거록(巨鹿)오늘날의 하북성 평향(平鄕)의 서남쪽의 황건군을 공격하여 연전연승을 거뒀고, 1만여 명을 참수했다. 장각은 광종(廣宗)오늘날의 하북성 위현(威縣)의 동쪽으로 퇴각하여 그곳을 수비했고, 노식은 광종을 포위했다. 영제는 소황문(小黃門)˙ 직책을 맡은 환관을 파견하여 시찰하게 했는데, 환관이 노식에게 뇌물을 요구하자 노식은 이를 거부했다. 소황문은 낙양으로 돌아가 영제 앞에서 노식을 헐뜯었다. 대로한 영제는 함거(檻車)˙˙를 보내 노식을 낙양으로 소환했다. 그리고 동중랑장(東中郎將) 동탁(董卓)을 파견하여 노식을 대신하게 했다. 동탁이 공을 세우지 못하

˙　　한대에 황제의 조서를 전달하는 임무를 맡은 환관으로, 황문시랑(黃門侍郎)보다 품계가 낮았다.
˙˙　죄인을 실어 나르던 수레.

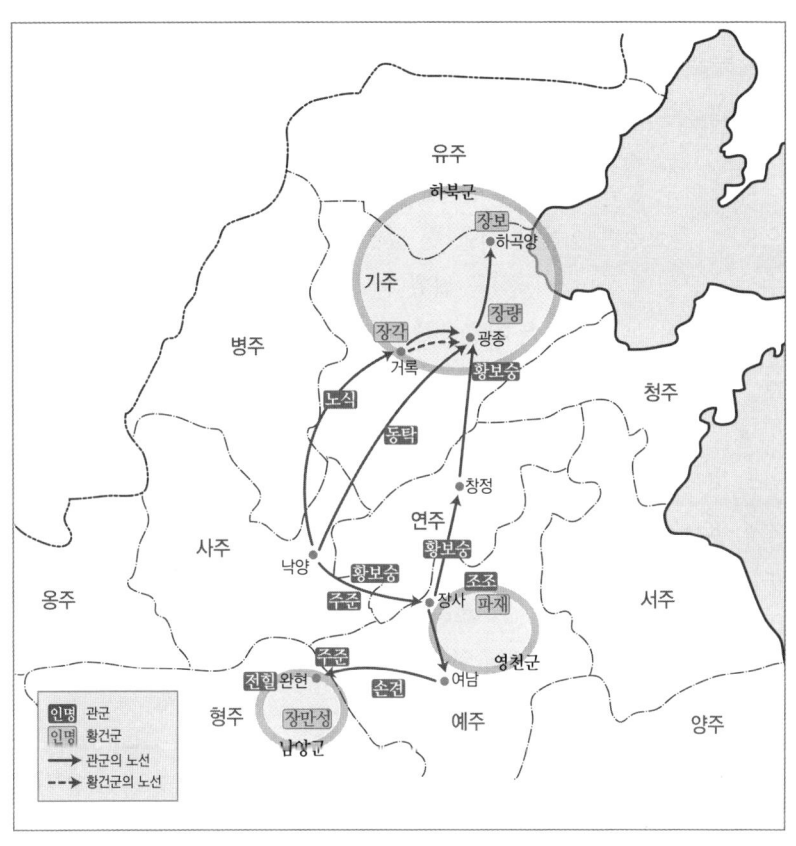

〔지도 3〕 황건적의 난

자, 영제는 다시 조서를 내려 황보숭에게 동탁을 대신하게 했다. 황보숭의 대군은 하남에서 하북으로 이동했다.

황보숭이 하북에 도착했을 때 장각은 이미 죽은 뒤였다. 황보숭은 장각의 아우 장량과 광종에서 싸웠다. 장량의 군대가 용감한 정예병이었으므로, 황보숭은 이들을 꺾을 수 없었다. 이튿날, 황보숭은 군대를 철수하여 군영에 들어가 휴식을 취했다. 장량의 병사들이 피곤에 지쳐 느슨해진 것을 본 황보숭은 한밤중에 부대를 정비한 후 동이 틀 때쯤 병력을 이끌고 장량의 군대를 향해 돌진했다. 황보숭은 아침 끼니때까지 전투를 벌여 장량군을 대파했다. 장량은 전사했고, 황건군은 전장에서 피살된 병사가 3만 명, 황하(黃河)에 빠져 죽은 병사가 5만 명이었다. 황보숭은 장각의 관을 쪼개 시신을 꺼낸 다음, 목을 베어 그 머리를 낙양으로 보냈다. 황보숭은 또 하곡양(下曲陽)오늘날의 하북성 진현(晉縣)의 서쪽에서 장각의 아우 장보를 격파하여 그를 죽였고, 10여만 명의 장보군을 참수하거나 포로로 잡았다. 장각이 직접 거느린 하북의 황건군은 전부 섬멸되었다.

남양의 황건군은 장만성(張曼成)의 지휘 아래 백일 남짓 완성(宛城)을 포위·공격했으나 함락하지 못했다. 6월, 장만성은 남양태수 진힐(秦頡)의 공격을 받아 죽었다. 잔여 무리는 다시 조홍(趙弘)을 우두머리로 삼았는데, 그 숫자가 10여만 명이었다. 그들은 완성을 공격하여 함락했다. 주준 등이 완성을 포위하자, 조홍이 나와 싸우다가 주준에게 피살되었다. 황건군은 다시 한충(韓忠)을 우두머리로 추대하여 계속 성을 굳게 지켰다. 주준이 완성을 공파(攻破)하니, 한충은 퇴각하여 작은 성에 주둔하다가 주준에게 패했다. 이때 만여 명이 죽었고, 한충도 살해되었다. 남은 무리는 손하(孫夏)를 우두머리로 추대한 후, 완성으로 돌아가 그곳을 점거했다. 이후 그들은 주준과 사마(司馬) 손견(孫堅)에게 격파되었다. 손하가 달아났지만, 주준은 서악(西鄂)오늘날의 하남성 남양시(南陽市)의 북쪽 정산(精山)까지 손하를 추격하여 손하의 군대를 대파하니, 죽은 사람이 1만여 명이었다. 남양의 황건군은 이렇게 사라졌다.

황건적은 2월에 봉기했는데, 11월이 되자 영천·하북·남양 세 지역의 황건군은 전부 소탕되었다. 12월, 동한의 황제는 광화 7년을 중평(中平) 원년으로 고쳤다. 역사에서는 황건적이 중평 원년에 봉기했다고 기록하고 있지만, 실제로 당시에는 광화 7년이라 했다. 사건이 종료된 뒤에 중평 원년으로 바꾼 것이다.

황건군의 주력은 진압되었지만, 그 뒤에도 각지의 황건군은 여전히 종종 봉기했다. 이런 일은 10여 년간 계속되었다. 중평 2년^{185년}에는 하북에서 흑산군(黑山軍)이 봉기했는데, 그 수가 백만 명에 달했다. 흑산에서 일어난 농민군도 황건적과 같거나 비슷한 종교를 믿었을 것이다.[37]

중평 5년^{188년} 2월에는 황건적 곽대(郭大) 등이 하서(河西) 백파곡(白波谷)^{오늘날의 산서성(山西省) 양분현(襄汾縣)의 서남쪽}에서 궐기하여, 태원(太原)과 하동(河東)을 공격했다. 4월에는 여남 갈피(葛陂)의 황건적이 군·현을 공격하여 함락했다. 6월에는 익주(益州)의 황건적 마상(馬相) 등이 익주자사 극검(郄儉)을 공격하여 죽이고 천자(天子)를 자칭했다. 또 파군(巴郡)을 공격하여 파군태수 소부(趙部)를 죽였다. 10월에는 청주와 서주에서 황건적이 다시 일어나, 군·현을 공격했다. 이 1년 동안, 각지에서 '적'(賊)이라 불린 반란군이 많이 일어났지만, 그들과 황건적의 관련 여부는 알 수 없다.

헌제(獻帝) 초평(初平) 2년^{191년} 12월, 청주(青州)의 황건적이 태산(太山)을 공격하자 청주태수 응소(應劭)가 격파했다. 황건적은 발해(渤海)를 전전하며 전투를 벌였다. 초평 3년^{192년}, 청주의 황건적은 동평(東平)에서 연주자사(兗州刺史) 유대(劉岱)를 공격하여 죽였다. 동군태수(東郡太守) 조조가 수장(壽張)에서 황건적을 대파하자, 궁지에 빠진 황건군은 조조에게 투항했다. 이때 거병한 청주의 황건적은 숫자도 많고 세력도 강했다. 진수는 청주병에 대해 이렇게 설명하고 있다.

청주의 황건군 1백만 명이 연주로 밀어닥쳐 임성(任城)오늘날의 산동성 제녕시(濟寧市)의 국상(國相) 정수(鄭遂)를 죽이고, 방향을 바꾸어 동평으로 들어갔다. 유대가 출병하여 그들을 공격하려 하니, 포신(鮑信)이 이렇게 간언했다. "지금 적군의 수는 1백만 명이고, 백성은 모두 두려워 떨고 있으며, 사졸들은 싸우려는 의지가 없으니, (직접) 대적할 수 없습니다. 제가 살펴보니, 적군은 많은 사람이 무리를 이뤄 함께 진군하는데도 군중에 치중대(輜重隊)가 따로 없어, 오직 노략질로 물자를 조달하고 있습니다. 지금은 군사력을 비축하여 우선 굳게 지키는 것이 좋겠습니다. 저들은 싸우려 해도 기회를 잡지 못하고 공격 또한 할 수 없어, 그 세력이 반드시 흩어질 것입니다. 그런 다음 정예병을 선발하여 그들의 요충지를 점거하고 그들을 공격하면 격파할 수 있습니다." (그러나) 유대는 (포신의 간언을) 따르지 않고 출전했다가 결국 피살되었다. 그러자 포신은 연주의 관리 만잠(萬潛) 등과 함께 동군(東郡)으로 가서 태조(太祖, 조조)를 맞이하여 연주목(兗州牧)을 겸임하게 했다. (연주목을 맡은 태조는) 진군하여 수장 동쪽에서 황건적을 공격했다. 포신은 분전하다가 죽었고, (태조는) 가까스로 적을 격파했다. …… (태조가) 제북(濟北)까지 황건적을 추격하니, (황건적은) 항복을 청했다. 겨울, (태조는) 투항한 병졸 30여만 명과 남녀 100만여 명을 받아들였고, 그중 정예병을 거두어 '청주병'(青州兵)이라 불렀다.[38]

건안(建安) 12년[207년]까지도 황건군의 여파는 가라앉지 않았다. 이 해 10월, 황건군은 제남왕(濟南王) 유윤(劉贇)을 죽였다.[39] 제남국의 치소(治所)는 동평릉(東平陵)오늘날의 산동성 역성(歷城)의 동쪽에 있었고, 제남국은 청주에 속했으므로, 제남왕을 죽인 세력 역시 청주의 황건적이었다.

• 중국 고대 지방 정부의 행정관아가 있던 행정중심지.

황건군을 정복한 정부군 중에서 가장 강력한 군대는 황보숭의 부대였다. 황건 봉기군의 세 부대 중 두 부대, 즉 영천군과 하북군이 모두 황보숭에게 진압되었다. 황보숭은 안정(安定) 조나(朝那) 출신이었다. 그는 강족(羌族)과의 전투에서 공을 세운 명장 황보규(皇甫規)의 조카이자 황보절(皇甫節)의 아들이었다. 황보절은 일찍이 안문태수(雁門太守)를 역임했고, 황보숭은 북지태수(北地太守)에 임명되었다. 안문과 북지는 모두 변경의 군(郡)이다. 황보씨 일가는 모두 군사적 능력으로 출세한 집안이었다.

기세등등하던 황건적 농민폭동의 주력군은 1년 만에 진압되었지만, 그 잔당은 10여 년 동안 세력을 유지했다. 황건적이 동한제국을 무너뜨리고 황천(黃天)의 왕조를 세우지는 못했다. 그러나 황건적 때문에 동한제국 황실의 위엄이 땅에 떨어지고 지방세력이 강대해져, 사분오열과 군웅할거의 상황이 도래하게 되었다.

〔도판 8〕 동한 말기의 석벽사(石辟邪)

    높이 114cm, 길이 172cm, 너비 44cm.
    낙양고대예술관(洛陽古代藝術館) 소장.
    하남성 낙양시 이천팽파고둔촌(伊川彭婆古屯村)에서 출토. 석벽사는 호랑이와 표범과 비슷한 몸에 날개가 있으며, 이빨이 날카롭고 턱 밑에 수염이 난 것으로 알려진 고대 전설 속의 신수(神獸)이다.

동탁의 난

1. 환관과 외척의 마지막 투쟁

황건 농민군이 진압되자 제국은 표면상으로 안정을 회복했다. 영제는 전처럼 흐리멍덩하게 놀기만을 일삼았고, 환관은 계속 권력을 휘둘러 국가와 백성에게 재앙을 초래했다. 중상시 장양(張讓) 등 20인은 자기들이 황건적 토벌에 공이 있다고 떠들어, 모두 열후(列侯)에 임명되었다.

중평 6년[189년], 영제가 사망했다. 영제에게는 두 아들이 있었다. 하나는 하황후(何皇后) 소생의 황자(皇子) 유변(劉辯)이었고, 하나는 왕미인(王美人) 소생의 황자 유협(劉協)이었다. 유협을 좋아하고 유변을 싫어한 영제는 유변이 "경박하고 위엄이 없어 군주가 될 수 없다."[1]고 생각했다. 하지만 황후가 총애를 받았으므로, 황후의 오빠 하진은 대장군, 하진의 동생 하묘(何苗)는 거기장군(車騎將軍)이 되어 병권을 장악했다. 영제가 죽기 전에 신하들은 황태자의 책립을 청했으나, 영제는 꾸물거리며 결정을 내리지 않았다. 그는 병이 위중하여 임종할 즈음에야 비로소 황자 유협을 환관 건석(蹇碩)에게 부탁했다.

건석은 건장하고 무예에 재능이 있어 영제의 신임을 받았고, 금병(禁兵) 일부의 병권도 장악하고 있었다. 영제가 황자 유협을 건석에게 부탁했을 때, 그의 의도는 황자 유협을 후사로 세우려는 것이었을까? 아니면 건석에게 황자 유협의 보호를 부탁하려 했던 것일까? 이는 단언하기 어렵다. 어쩌면 황자 유협을 후사로 세우려는 의도였을 수도 있다. 하진은 수중의 군대를 믿고 한발 앞서 황자 유변을 황제로 세웠다. 하태후(何太后)가 정사를 맡아 보았고, 하진과 태부(太傅) 원외(袁隗)가 함께 정무를 보좌하여 녹상서사(錄尙書事)를 맡았다.

건석은 하진의 주살을 모의했는데, 누군가가 하진에게 이를 밀고했다. 하진은 건석을 잡아 죽이고, 건석의 병권도 장악했다. 조정 금군의 통수권은 모두 하진의 손에 들어갔다. 하진은 환관 세력의 압살을 꾀하여, 명문거족 출신인 사예교위 원소(袁紹)와 은밀히 일을 꾸몄다. 원소는 하진에게 이렇게 말했다.

> 과거에 두무(竇武)가 황제의 총애를 받는 환관들을 주살하려 하다가 도리어 해를 입었던 것은 그의 말이 누설되었고 오영(五營) 소속의 군관들이 환관을 두려워하여 복종했기 때문입니다. 지금 장군께서는 황제의 외숙이라는 권위가 있으시고, 형제가 모두 강한 군대를 거느렸으며, 휘하의 장수와 군관들은 모두 영준한 명사로서 (장군을 위해) 기꺼이 온 힘을 다하고 목숨까지 바치고자 합니다. 그래서 모든 일이 (장군의) 수중에 달려 있으니, 이는 하늘이 돕는 때입니다. 장군께서는 마땅히 천하를 위해 일거에 후환을 제거하여 후세에 명성을 남기소서.

하진의 가족들은 환관을 죽여 없애는 계획에 모두 반대했다. 하태후가 제일 먼저 반대했다. 하태후는 "환관이 궁중의 일 전체를 관리하는 것은 예

● 동한대에 창설된 직위로서, 하나의 독립적 직위가 아니라 조정의 중요한 관직을 맡은 사람이 겸직했다. 동한 말년에는 녹상서사가 실권을 장악한 중신이 맡아야 할 필수조건이 되었다.

전부터 지금까지 이어져 온 한실(漢室)의 오랜 관례이니, 없앨 수 없다."고 했다. 하진의 동생 하묘와 모친 무양군(舞陽君)도 동의하지 않았다. 하묘는 하태후에게 "대장군이 독단적 결정으로 좌우의 사람들을 함부로 죽이고 권력을 장악한다면 사직(社稷)을 약하게 만들 것"이라고 말했다.

하진 일가는 환관의 도움을 받은 적이 있었다. 하진은 남양군 완현(宛縣)오늘날의 하남성 남양시 출신으로, 한미한 가문에서 태어나 백정으로 일했다. 동한의 황후들은 대부분 명문거족 출신이었고, 소수 몇 사람의 집안만이 변변치 못하고 한미했다. 하태후가 바로 이처럼 한미한 집안 출신이었다. 하태후가 궁궐에 들어오고, 또 황후의 자리까지 오를 수 있었던 것은, 환관의 도움에 힘입은 바가 컸다. 하묘는 하진에게 이렇게 말했다.

> 처음에 함께 남양에서 왔을 때는 (우리) 모두 가난하고 미천했는데, 궁중의 환관 덕분에 부귀를 이뤘습니다. 나랏일이 어찌 쉽겠습니까? 엎지른 물은 다시 담을 수 없는 법입니다. 신중히 생각하고 환관과도 잘 지내야 할 것입니다.

환관을 죽여 없애는 문제에 대해 하후(何后)와 하후의 모친이 반대하고 하묘도 반대한 마당에, 왜 하진은 독단적으로 이런 주장을 했을까? 역사서에는 아무런 기록이 없고, 찾아볼 만한 아무런 단서도 없다. 조정의 사인군자(士人君子)를 비롯해 명문 귀족과 일반 백성까지 모두 환관에게 호감을 품지 않았다. 하진은 다분히 이러한 분위기의 영향을 받아 환관을 반대했던 듯하다. 그는 아마도 사대부의 대열 속으로 비집고 들어가려고 했던 것 같다. 그는 환관을 반대하고 명문가와 호족에게 의지했다. 그는 특히 4대에 걸쳐 삼공(三公)을 배출한 여남(汝南)의 원씨(袁氏) 집안을 믿고 신뢰했다. 하진은 정권을 잡자마자 곧바로 태부 원외를 발탁하여 그와 함께 국정을 보좌하며 녹상서사를 맡았다. 아울러 원소와 원술(袁術) 형제를 후대했다. 범엽은 다음과 같이 서술하고 있다.

원씨는 여러 대에 걸쳐 대단한 지위와 명망을 누렸고, 천하의 인심이 그들에게 쏠려 있었다. 게다가 원소는 평소 사인(士人)의 양성을 좋아하여 호걸을 얻어 기용할 수 있었다. 그(원소)의 사촌 동생인 호분중랑장(虎賁中郎將) 원술 또한 기개와 협의를 숭상했으므로, (하진은) 그들을 모두 후대했다.[6]

하진이라는 사람은 결코 웅대한 재략(才略)을 지닌, 지모(智謀)가 뛰어난 사람은 아니었다. 범엽은 그가 "대외적으로 대단한 명성을 얻었지만, 내면은 결단력이 부족했다."[7]고 했다. 하진은 집안 전체의 반대 때문에, 환관 척결의 일에 대해 우물쭈물하며 오랫동안 결행하지 못했다.

원소는 다시 하진에게 "사방의 맹장(猛將)과 여러 호걸을 많이 불러들여, (그들) 모두에게 병력을 이끌고 수도로 진군하여 태후를 압박하게"[8] 하라고 획책했다. 이른바 '맹장'이란 대체로 동탁을 가리켰다. 원소가 하진을 위해 세운 이 계책은 사실 그렇게 훌륭하지 않았다. 주부(主簿) 진림(陳琳)은 하진에게 이렇게 말했다.

지금 장군께서는 황실의 위력을 거머쥐고 병권을 장악하여 위풍당당하시고, 대소사를 (장군의) 재량껏 처리하시니, 이것은 마치 큰 화로의 불로 터럭 하나 태우는 것(처럼 쉬운 일)입니다. …… 그런데도 도리어 유리한 무기를 버리고 다시 외부의 도움을 구하고 있습니다. 대군이 모이면 강한 자가 영웅이 될 것입니다. (이는) 마치 무기를 거꾸로 잡은 채 자루 부분을 남에게 내어주는 꼴이니, 틀림없이 공(功)은 이루지 못하고 화근만 될 뿐입니다.[9]

시어사(侍御史) 정태(鄭泰, 즉 정태鄭太)도 이렇게 말했다.

동탁은 포악·잔인하고 불의하며, 마음속의 욕망이 끝이 없습니다. 만약 조정의 정사를 그에게 의지하고 중대한 일을 (그에게) 맡긴다면, 장차 그의 방종하고 흉악한 욕망이 반드시 조정을 위태롭게 할 것입니다. 명공(明公, 하진)께서는 외척이자 덕행을 갖춘 중신으로서 아형(阿衡)의 권세를 붙잡고 계시니, (명공의) 의지대로 단독으로 결단을 내려 죄 있는 사람을 주살하십시오. 동탁에게 기대어 (그의) 지원에 도움을 받으려는 생각은 진정 옳지 않습니다.[10]

당시의 상황에서 환관의 척결에 외부의 힘이 필요 없다는 점은 너무도 자명한 이치였다. 그러나 원소의 건의나 하진이 이를 받아들인 것을 보면 두 사람이 얼마나 용렬했는지 알 수 있다.

하진은 의심도 많아 쉽게 결단을 내리지 못했다. 그는 어떻게 해야 좋을지 알지 못했다. 하진의 변심을 염려한 원소는 하진에게 "상호비방과 모함이 기정사실이 되었고, 그 형세도 이미 드러난 상황입니다. 일을 지체하면 변고가 생기는 법인데, 장군은 또 무엇을 기대하여 일찌감치 결단하지 않으십니까?"[11]라고 압박했다.

하진은 정신적으로 이미 명문거족 출신인 원소의 명성과 위엄에 압도되었다. 하진은 원소의 의견을 받아들여 그를 사예교위에 임명하고, 그에게 가절(假節)의 권한을 주어 상부의 명령에 상관없이 단독으로 결정을 내리고 실행하게 했다. 원소는 또 사람을 동탁에게 파견하여 속히 낙양으로 진군하라고 재촉했다. 원소가 이처럼 서투른 계책을 낸 것은 사실 그가 용렬했기 때문이다.

하진은 입궁하여 하태후를 알현하고 상시(常侍)들을 모두 주살할 것을 요청했다. 환관들은 사태가 긴박하게 진행되어 자기들의 죽음이 눈앞에 있음을 깨달았다. 그들로서는 하진이 입궁하는 기회를 놓칠 수 없

- • 원래 상대(商代)의 관직명. 국정을 맡아 보필하는 재상(宰相)이었던 이윤(伊尹)을 가리키는 말이었으나, 후대에는 제왕을 보좌하는 중요한 권한을 가리키는 말로 쓰인다.
- •• 동한 말기와 위진남북조시대에 장수에게 휘하의 관리를 참수할 수 있는 권한을 주는 것. '가절'의 권한을 받은 장수는 전시에 군법을 위반한 병사를 주살할 수 있었다.

었다. 그들은 하진이 태후를 알현하고 궁을 나가려 할 때, 그를 가로막고 다음과 같이 호되게 꾸짖었다.

> 천하가 혼란하고 불안한 것은 우리만의 죄가 아니오. 선제(先帝, 영제)께서 일찍이 태후와 (사이가) 좋지 않아 거의 태후를 폐위하려고 할 때, 우리는 눈물을 흘리며 태후를 구했소.• 우리 각자가 가재(家財) 천만금씩을 내어 예물을 마련해 선제의 마음을 기쁘게 해드렸던 것은 오로지 경(卿)의 집안에 의탁하고자 해서였소. (그런데) 이제 도리어 우리의 씨를 말리려 드니, 너무 심하지 않소? 경은 궁성(宮省) 안이 더럽다고 말했는데, 공경(公卿) 이하의 관원 중에 충성스럽고 청렴한 사람이 누가 있소?[12]

환관이 비록 악했다고 하지만, 그들의 이 몇 마디 말은 훌륭한 꾸짖음이었다. 동한 말년의 독직과 부패가 어찌 환관뿐이었겠는가? 조정에 가득한 문무백관 중에 충성스럽고 청렴한 사람이 누가 있었는가? 환관이 이렇게 하진을 욕하자, 하진도 할 말이 없었다. 결국, 환관들은 전각(殿閣) 앞에서 하진을 참수했다. 환관들은 궁 안에서 전임 태위 번릉(樊陵)을 사예교위로, 소부(少府)•• 허상(許相)을 하남윤에 임명하는 조서를 내렸다.[13] 사예교위와 하남윤은 수도의 군정(軍政) 대권을 관할하는 직책이었다. 상서(尚書)는 조서를 받고는 조서의 내용에 거짓이 있다고 의심하며, 대장군이 궁을 나와 사안을 논의해야 한다고 요구했다. 환관들은 하진의 머리를 상서에게 던지며, "하진이 모반하여 이미 복주(伏誅)되었다.[14]"라고 말했다.

하진의 부하들은 하진의 피살 소식을 듣자, 군대를 진군하여 궁문을

• 하태후가 진류왕(陳留王)의 모친인 왕미인(王美人)을 독살하자, 황제가 노하여 하태후를 폐위하려고 했는데, 환관들의 도움으로 폐위를 면한 사건을 말한다.
•• 궁정에서 쓰는 의복·보물·음식·의료 등의 업무를 맡은 고위 관리.

공격했다. 원술은 불을 놓아 궁성을 불살랐고, 원소는 "환관들이 임명한 사예교위 허상을 참수했으며,[15] 결국 군사를 이끌고 환관들을 사로잡아 노소를 불문하고 모두 죽이니, …… 이때 죽은 사람이 2000여 명이었다."[16]

환제·영제 연간에 권력을 틀어쥔 환관은 당인(黨人) 관련 옥사(獄事)를 대규모로 일으켰다. 그들은 조정의 대신·사대부와 그들의 가솔·문생 및 옛 속관을 주살하거나 귀양 보내, 그들이 평생 관계에 진출하지 못하게 할 만큼 그 권세가 참으로 대단했다. 그러나 시간이 얼마 지나지 않은 상황에서 원소는 썩은 나무를 꺾듯 손쉽게 그들을 잡아 죽였다.

본래 환관은 황권(皇權)의 부속품에 지나지 않아 황제에게 권력이 있으면 환관도 권력이 생겼다. 즉, 황권이 강대하면 환관의 권력도 커지고, 황권이 쇠락하면 환관도 의지할 권력이 없어져 그야말로 호가호위(狐假虎威)일 뿐이었다. 황건적의 폭동 이후, 지방 세력이 강해지고 명문가와 호족이 흥기하자 황권은 쇠락했다. 원소는 안중에 황제도 없고, 황제가 내리는 조령(詔令)도 무시할 만큼 기고만장했으므로, 환관 나부랭이야 두말할 나위가 없었다. 원소는 군사들이 환관을 마구 잡아 죽여도 내버려 두었다. 마치 소 삽는 칼로 닭을 잡은 꼴이었다.

원소 등이 환관을 살육하고 궁문을 불태우자 환관들은 놀라 허둥대며 어쩔 줄을 몰랐다. 환관의 우두머리인 장양 등은 곧바로 한밤중에 소제(少帝)와 진류왕(陳留王) 유협을 비롯한 수십 명을 데리고 낙양 북문을 걸어 나와, 소평진(小平津)으로 달아났다. 워낙 창졸간에 일어난 일이라 대신들은 뒤따르지 못했다. 상서 노식, 하남중부연(河南中部掾) 민공(閔貢)이 소식을 듣고 달려와, 장양 등에게 "지금 빨리 자결하지 않으면 내가 너희를 쏘아 죽이겠다."[17] 라고 말하며 꾸짖었다. 앞에는 황하가 버티고 있고 뒤에는 병사들이 추격해 오자, 퇴로가 막힌 환관들은 소제에게 머

• 오늘날의 하남성 맹진현(孟津縣) 동북쪽 황하(黃河) 근처. 동한 영제 연간에 이곳에 관(關)이 설치되었다.

리를 조아려 하직하고 모두 강물에 몸을 던져 자살했다. 동이 트자 도착한 조정의 신하들과 동탁은 소제와 진류왕을 맞이하여 궁궐로 돌아갔다.

2. 동탁의 등장과 '동방' 군대의 봉기

동탁은 농서군(隴西郡) 임조현(臨洮縣)오늘날의 감숙성(甘肅省) 민현(岷縣) 출신이다. 농서 일대는 동한 후기의 백 년 동안 끊임없이 강족(羌族)과 싸움이 벌어졌던 지역이었다. 이 일대의 사람은 잦은 전투로 체력이 단련되어 있었고, 억세고 사나웠으며, 싸움에 능했다. 정태는 일찍이 동탁에게 이렇게 말했다.

> 관서(關西) 지역의 여러 군(郡)은 전쟁에 상당히 익숙하며, 최근에는 여러 차례 강족과 싸워왔습니다. (심지어) 부녀자들도 창을 잡고 활과 화살을 끼고 다닐 지경인데, 하물며 그처럼 건장하고 용감한 (관서의) 병사들이 전투하는 방법도 잊은 사람들을 대적하지 못하겠습니까?[18]

동탁이 거느린 군사는 대부분 관서 양주(涼州) 일대 출신이었다. 정태는 동탁에게 이렇게 말했다.

> 천하에서 강대하고 용맹하여 백성이 두려워하는 사람들로는 병주(并州)와 양주 사람, 흉노(匈奴)와 도각(屠各)• 및 황중(湟中)•• 지역에서 귀순한 사람들, 그리고 서강(西羌)의 여덟 종족이 있습니다. 그런데 명공(동탁)께서 그들을 포용하여 부하로 삼으셨습니다.[19]

• 동한대 서북부의 변경으로 흉노족이 밀집 거주하던 집성촌.
•• 오늘날의 청해(靑海) 황수(湟水) 일대로, 한대에 강족·한족·호족 등이 잡거하던 지역.

동한 말엽, 강족·황건군과 전투를 벌일 때 싸움에 능했던 장수들은 대부분 양주 출신이었다. 황보규는 안정군 조나현(오늘날의 감숙성 고원(固原)의 동쪽) 출신, 장환(張奐)은 주천군(酒泉郡) 주천현(오늘날의 감숙성 주천) 출신, 단영(段熲)은 무위군(武威郡) 고장(姑臧)(오늘날의 감숙성 무위) 출신이었고, 황보숭 역시 안정군 조나현 출신이었다. 황보숭이 황건군을 토벌할 때 거느린 병사들은 대부분 '천하의 정예병'과 '오교가 거느리거나 삼하에 주둔한 기병'으로서, 대다수가 관서 출신이었다.

낙양으로 돌아가는 길에 동탁은 소제에게 "화란(禍亂)이 일어난 이유[20]"를 물었는데, 소제는 "대답을 제대로 하지 못했다."[21] 동탁이 다시 진류왕 유협에게 묻자, 진류왕은 "화란의 자초지종을 빠짐없이"[22] 대답했다. 동탁은 진류왕을 좋아하여, 소제가 "어리석고 나약하니 종묘를 받들어 천하의 주인이 될 수 없다."[23]고 생각했다. 이때 동탁은 이미 소제를 폐위하고 진류왕을 옹립할 생각을 품었다. 낙양으로 돌아와 사공(司空)이 되었다가 다시 태위(太尉)로 승진한 동탁은 "결국 소제를 폐위하여 홍농왕(弘農王)으로 삼고, …… 영제의 막내아들인 진류왕을 세워"[24] 황제로 삼았다. 이가 바로 헌제(獻帝)였다. 동탁 자신은 상국(相國)이 되었다.

동탁은 변방의 무인 출신으로, 성정이 거칠고 사나우며 잔인했다. "당시 낙양성 안에 살던 황족들의 저택은 서로 연결되어 있었고, 황금과 비단 등의 재산이 집집마다 넉넉히 쌓여 있었다. 동탁은 병사들을 풀어 (그들에게) 저택 안으로 마구 들어가 부녀자를 겁탈하고 재물을 약탈하게 하니, 이것을 일러 '수뢰'(搜牢)라고 했다."● 동탁은 "일찍이 양성(陽城)에 군[25]

● '수뢰'라는 단어의 해석은, 특히 '뢰'(牢) 자의 해석을 두고 역대로 의견이 분분하다. 당대의 이현(李賢, 655~684)은 '뇌고'(牢固)라는 단어에 "샅샅이 찾아 거둬드리다."라는 뜻이 있으며, '뢰'는 '록(漉, 술 따위를 거르다)의 의미도 있다고 했다. 청대의 주수창(周壽昌, 1814~1884)은 '뢰'가 '늠식'(廩食, 녹봉)의 의미로서, '수뢰'는 "물자를 샅샅이 뒤져[搜] 자기 부하들의 녹봉[牢]으로 지급했다."라는 뜻으로 해석한다(王先謙, 『後漢書集解』, 中華書局 影印本 p.816 참조). 그러나 근대의 곽재이(郭在貽, 1939~1989)는 이현의 주석이 억측에 불과하고, 노략질한 물건과 여자를 그저 녹봉 지급에만 썼다는 주수창의 설도 무리가 있다고 주장했다. 그는 '뢰'를 '루'(摟, 끌어모으다)로 해석하여 "물자를 샅샅이 뒤져 모두 끌어모았다."라고 해석했다(『魏晉南北朝史書語詞瑣記』, 『中國語文』, 1990-5 참조).

대를 파견한 적이 있었다. 때는 마침 토지의 신에게 제사를 올리는 2월이어서 백성들이 각자의 사(社) 앞에 모였는데, (동탁의 병사들이) 모두 달려들어 (그곳에 모인) 남성들의 머리를 베었고, (백성의) 수레와 소에 올라탄 다음 부녀자와 재물을 실었으며, 잘린 남성의 머리통을 수레의 끌채와 바퀴의 굴대에 매단 채로 긴 행렬을 이루며 낙양으로 돌아왔다. (그리고는) 도적을 공격하여 큰 승리를 얻었다고 말하고, '만세'(萬歲)를 불렀다."[26] 이 얼마나 거칠고 사나우며 잔인한 행위인가!

동탁이 처음 낙양에 올 때 데려온 군사는 불과 3000명이었다. 그래서 누군가가 원소에게 동탁이 수도 낙양에 온 지 얼마 되지 않아 아직 기반이 확고하지 않으니, 이 기회에 신속히 동탁을 주살하자고 건의했다. 그러나 원소는 감히 그렇게 하지 못했다.

동탁은 서쪽 변방에 살던, 거칠고 사나운 사람이었다. 그는 수도에 와서 천자를 폐위하고 사람을 죽이는 것을 낙으로 여겨 사람들을 두렵게 했다. 하지만 그는 강대한 세력을 지닌 동방 명문거족들의 드넓은 바다에 뛰어든 상황이라, 여전히 세력이 미약했다. 이처럼 거칠고 사나운 동탁이었지만, 그도 동방에 자리한 명문거족들의 협력을 얻고 싶었다. 그는 "사도 황완(黃琬), 사공 양표(楊彪)와 함께 부질(鈇鑕)을 가지고 대궐로 들어가 글을 올려, 진번(陳蕃)·두무(竇武)를 비롯한 여러 당인의 사건을 재조사하여 규명해달라고 요구함으로써 민심의 여망에 부응했다. 그리하여 진번 등의 작위를 모두 회복시켰고, (그들의) 자손을 발

- 토지신에게 제사를 지내는 묘당(廟堂).
- 원래 '만세'는 사람들이 축하할 때 부르는 구호로, 신분에 상관없이 통용되었다. 그러나 동한대에는 이미 황제 앞에서만 부를 수 있는 구호였다. 따라서 동탁의 병졸들이 동탁 앞에서 '만세'를 외친 행위는 참람(僭濫)된 행위였다.
- 1장 2절의 각주에서도 언급했듯이, 당시의 '동방'은 오늘날의 섬서(陝西) 이동의 지역을 총칭하는 말이었다.
- 고대에 사람을 요참(腰斬)하여 죽일 때 사용하던 형구.

탁하여 등용했다."²⁷

동탁은 또 동방의 사대부를 등용하여 조정의 공경과 지방의 자사·군수로 임명했다. "동탁은 평소 환관들이 충성스럽고 선량한 사람들을 살해하여 천하의 사람들이 모두 미워한다는 사실을 잘 알고 있었다. 그는 자신이 국정을 장악한 후 무도한 짓을 벌였지만, 그래도 자신의 성격을 참고 감정을 절제하여 많은 인사를 발탁했다. (그는) 이부상서(吏部尚書)로 한양(漢陽) 출신의 주필(周珌)을, 시중(侍中)으로 여남 출신의 오경(伍瓊)을, 상서로 정공업(鄭公業, 즉 정태)을, 장사(長史)로는 하옹(何顒) 등을 임명했다. 또한, 처사(處士) 순상(荀爽)을 사공(司空)으로 삼았다. 당고(의 화)에 연루되었던 진기(陳紀)·한융(韓融)의 무리는 모두 구경(九卿)이 되었다. 은거하여 등용되지 않던 사람도 대부분 영예롭게 발탁되었다. 상서 한복(韓馥)은 기주자사로, 시중 유대는 연주자사로, 진류(陳留) 출신의 공주(孔伷)는 예주자사(豫州刺史)로, 영천 출신의 장자(張咨)는 남양태수로 임명되었다. 동탁이 좋아하고 아끼던 사람은 모두 돋보이는 고위직에 오르지 못했고, 그저 장교로 임용되었을 뿐이었다."²⁸

동방이 명문거족은 모두 동탁을 무시했다. 그늘은 그와 함께 일하기를 원하지 않았고, 그의 부하가 되는 것은 더더욱 원치 않았다. 그래서 원소는 기회를 틈타 기주로 달아났다. 그러나 동탁은 여전히 동방 유력 가문의 리더였던 원소를 자기편으로 영입하고 싶었다. 주필과 오경도 동탁에게 이렇게 말했다.

(황제의) 폐위 문제 같은 대사는 보통 사람이 관여할 부분이 아닙니다. 원소는 대체(大體)를 깨닫지 못하고 이 일이 두려웠기 때문에 달아난 것이며, 다른 의도가 있지는 않습니다. 지금 급하게 현상금을 걸(고 그를 잡으려고 하)면, 형세는 필시 (그가) 반란을 일으키게 할 것입니다. 원씨 가문은 4대에 걸쳐 은덕을 베풀어, (그 집안의) 문생과 옛 속관들이 천하에 두루 퍼져 있습니다. 만

약 (원소기) 호걸들을 거두고 병마를 모아 각지의 영웅이 이에 호응하여 일어 난다면, 효산(崤山) 이동의 지역은 공(동탁)의 소유가 아닐 것입니다. 차라리 그(원소)를 사면하고 한 군의 태수로 임명한다면, 그는 죄를 면했다고 기뻐할 것이니, 필시 후환이 없을 것입니다.[29]

동탁은 주필·오경의 말을 듣고, 원소를 발해태수(渤海太守)에 임명했다.

명문가와 호족 세력은 동한 왕조의 분열과 할거(割據)를 일으킨 사회적 기초였다. 동한 말년에 이르러 명문가와 호족 세력은 이미 강대해졌다. 그들은 한실의 황제를 열렬히 떠받들지 않았고, 황제의 조령을 열심히 수행하지도 않았다. 그들은 이미 황권의 속박을 받으려 하지 않았다. 원소가 환관을 주살한 일은 정국(政局)의 형세 변화를 뚜렷하게 보여주는 사건이었다. 황권이 강대할 때는 환관이 황제의 명을 가탁하여 대신을 주살하고 그들의 친척과 친구를 평생 금고형에 처했어도, 감히 아무도 반항하지 못했다.

그러나 하진이 피살된 후, 원씨 형제들은 대담하게 궁문을 불태우고 궁궐로 진입하여 환관을 몰살했다. 다른 이유가 있어서가 아니라, 황권이 쇠락했기 때문이었다. 바로 이런 때에 어떻게 동탁 같은 서쪽 변방의 일개 무인 따위가 감히 조정의 대권을 탈취하여 막중한 자리를 차지하고, 동방의 명문가와 조정의 대신들에게 자기의 명령을 듣도록 한단 말인가! 동탁의 황제 폐위는 명문거족들에게 때마침 적절한 구실을 선사했다. 그들은 동탁을 토벌하여 한실을 부흥한다는 명분으로 분열과 할거라는 실제 목적을 단행했다. 백성·통일·조정이 그들과 무슨 상관이 있었겠는가!

초평 원년[190년], 동방 각지의 자사와 군수들이 동탁의 토벌을 명분으로 군대를 일으켰다. 거병(擧兵)에 참가한 사람은 발해태수 원소, 후장군(後將軍) 원술, 기주목 한복, 예주자사 공주, 연주자사 유대, 진류태수

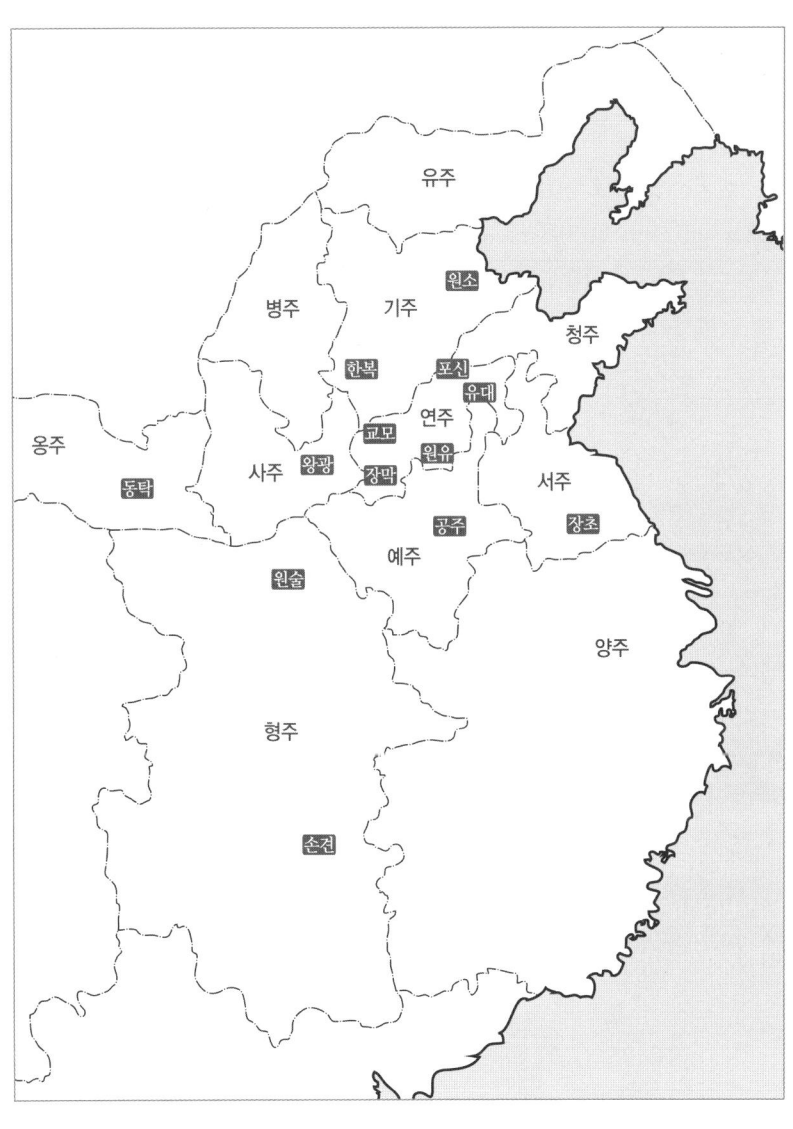

[지도 4] 동탁 토벌군의 세력 형세

장막(張邈), 광릉태수(廣陵太守) 장초(張超), 하내태수(河內太守) 왕광(王匡), 산양태수(山陽太守) 원유(袁遺), 동군태수(東郡太守) 교모(橋瑁), 제북상(濟北相) 포신 등이었다. 그들이 거느린 군사는 각기 수만 명이었다.

원소와 왕광은 하내군의 치소는 오늘날의 하남성 무척(武陟)의 서남쪽에, 원술은 노양(魯陽)군의 치소는 오늘날의 하남성 노산(魯山)에, 공주는 영천군의 치소는 오늘날의 하남성 우현(禹縣)에, 한복은 업성오늘날의 하북성 자현(磁縣)의 남쪽에 주둔했고, 나머지 군대는 모두 산조(酸棗)오늘날의 하남성 연진(延津)의 서남쪽에 주둔했다. 이들은 맹약(盟約)을 정하고, 원소를 맹주(盟主)로 추대했다.

동방에서 군대가 들고 일어나자, 동탁은 장안(長安)으로 천도를 결정했다. 동탁은 아마도 낙양이 동방에서 가까워 지리적으로 전선(前線)이었으므로, 멀리 떨어진 관중(關中) 지역에 위치하여 비교적 안전한 장안이 더 나은 곳이라고 생각했던 것 같다. 그는 서방(西方) 사람이고, 그의 세력은 서방에 있었으므로, 장안으로 천도하는 편이 그에게 더 유리했다. 어쩌면 동탁은 자신이 관중으로 물러나면, 동방 지역의 세력이 분열되어 서로 싸우고 죽이기 시작할 것으로 생각했을 수도 있다. 어쨌든 동탁은 장안으로 천도를 결정했다.

그러나 조정의 신하 대부분은 동방 지역 출신들로, 재산과 장전(莊田)이 모두 동방에 있었으므로, 다들 천도를 원치 않았다. 이부상서 주필과 여남 출신의 시중 오경이 단호하게 간언했다. 동탁은 크게 노하여 이렇게 말했다.

내가 처음 입조(入朝)했을 때 (너희) 두 사람이 덕 있는 인사의 등용을 권유하여 그대로 따랐더니, (등용된) 인사들이 관직에 올라서는 군대를 일으켜 (나를) 해치려고 한다. 이것은 (너희) 두 사람이 나를 팔아먹은 것이지, 내 어

• 황실·귀족·지주·관료·사찰 등에서 점유하여 경영하던 대토지.

찌 (너희를) 저버린 것인가!³⁰

동탁은 결국 주필과 오경을 참수했다. 그러자 다른 사람들은 감히 다시 말하지 못했다. 동탁은 마침내 헌제와 여러 신하를 협박하여 장안으로 천도했다.

동방 지역의 자사와 군수들은 하내·산조·노양 등지에 각자 주둔하면서 형세를 관망할 뿐, 누구도 진격하려 하지 않았다. 조조만이 힘껏 싸우자고 주장했다. 그는 원소에게 이렇게 말했다.

의병(義兵)을 일으켜 폭동을 토벌하기 위해 수많은 사람이 이미 모였는데, 여러분은 (아직도) 무엇을 의심하시오? …… 지금 (동탁이) 궁실을 불사르고 천자를 겁박하여 천도하니, 온 천하가 놀라 떨면서 누구에게 의지해야 할지 모르오. 이는 하늘이 (동탁을) 망하게 하려는 시기요. 일단 싸우기만 하면 천하가 평정될 것이니, (이 기회를) 놓칠 수 없소.³¹

아무도 조조의 말을 듣지 않자, 소소는 결국 단독으로 군대를 이끌고 서쪽으로 진격했다. 그러나 그의 병력은 너무 적었으니, 어찌 동탁의 적수가 되었겠는가! 조조는 첫 싸움에 불리해졌고, 사졸 중에 죽거나 다친 사람도 너무 많았다. 조조 자신도 날아온 화살에 맞아 결국 산조로 퇴각했다.

당시 산조에 주둔한 10만여 명의 병력은 날마다 성대한 연회를 벌일 뿐, 공격할 생각을 하지 않았다. 조조는 그들을 책망하고, 그들에게 다음과 같은 계책을 내놓았다.

여러분은 나의 계책을 들어보시오. 발해태수(원소)께서는 하내군의 병력을 인솔하여 맹진(孟津)으로 접근하시고, 산조의 여러 장군께서는 성고(成皐)

를 지키고 오창(敖倉)을 점거하며 환원관(轘轅關)과 태곡관(太谷關)을 봉쇄하여 (낙양 주변의) 험준한 요충지를 완전히 통제하시오. 그리고 원 장군(원술)께서는 남양군의 군대를 이끌고 단수현(丹水縣)과 석현(析縣)에 주둔하다가 무관(武關)으로 쇄도하여 (동탁의 후방인) 삼보 지역을 두려움에 떨게 하시오. (각 군대는) 모두 보루(堡壘)를 높고 견고하게 쌓되 적들과 싸우지 말고, 의병(疑兵)˙을 더욱 늘려 천하에 형세를 보여주어, 정의로써 반역의 무리를 주멸하면 (천하는) 곧바로 평정할 수 있소이다. 지금 (우리) 군대가 대의(大義)에 따라 움직이는데, 의심을 품고 나아가지 않는다면 천하의 기대를 저버리는 것이오. (그렇게 되면) 저는 여러분이 부끄러울 것 같소이다.[32]

조조가 이렇게까지 말했지만, 그의 말을 들어주는 사람은 아무도 없었다. 조조는 휘하에 병사가 적었으므로 직접 양주(揚州)로 가서 병사를 모집했고, 돌아온 후에는 하내로 가서 원소에게 의탁했다. 산조의 여러 장수는 내부적으로 불화하여 서로 편을 갈라 싸웠고, 군량미가 다 떨어지자 각자 흩어져 자기가 원래 있던 주·군으로 돌아갔다. 이때부터 동한 제국은 와해하여, 분열과 할거의 국면에 접어들었다. 조비(曹丕)는 당시의 혼란한 형세를 이렇게 기록했다.

초평 원년[190년], 동탁이 황제(소제)를 죽이고 태후(하태후)를 독살하여 왕실을 무너뜨렸다. 이때 천하는 이미 중평 연간[184~188년]의 정치에 고통을 받아왔고, 동탁의 흉악하고 패역(悖逆)한 행동을 미워했다. 집집마다 난리를 걱정했고, 사람들은 위기감을 느꼈다. 산동(山東)˙˙의 지방관들은 모두 『춘추』(春秋)의 의리에 따라, "위(衛)나라 사람들이 복(濮)에서 주우(州吁)를 토벌한

• 적을 속이기 위해 가짜로 만들어 배치한 군대.
•• 함곡관(函曲關) 이동의 지역으로 관동(關東)이라고도 했다. 오늘날의 산동성 지역이 아님.

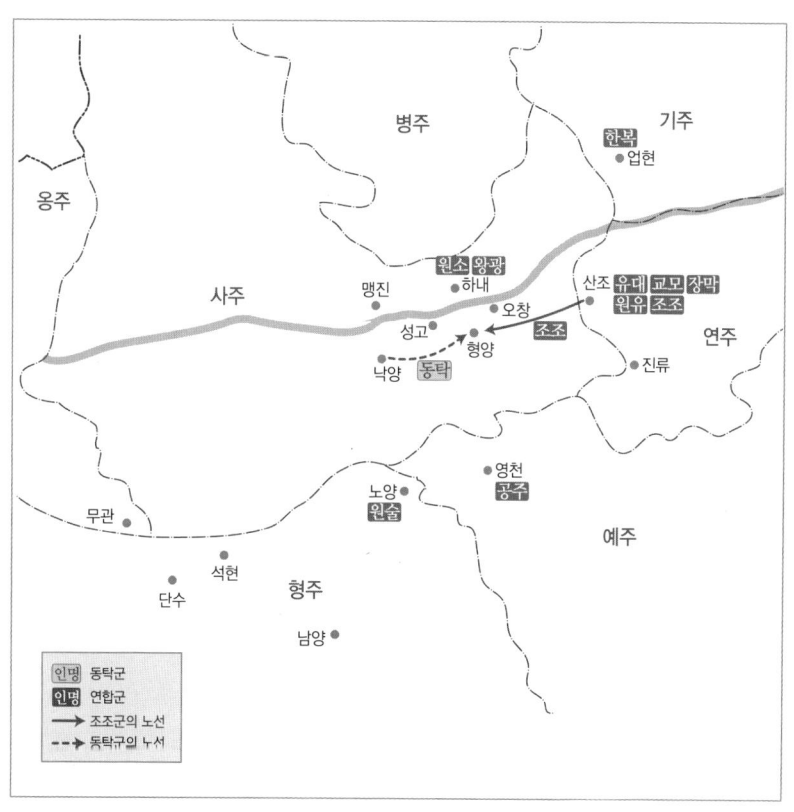

〔지도 5〕 동탁과 조조의 형양 전투

2. 동탁의 난

67

것처럼" 사람들이 모두 도적을 토벌해야 한다고 말했다. 그래서 그들이 의로운 군대를 대거 일으키니, 이름난 호걸과 부강한 가문들은 바람처럼 빠르게 운집하여 1만 리 밖에서 달려왔다. 연주와 예주의 군사들은 (동탁의 군대와) 형양(滎陽)에서 싸우고, 하내의 갑사(甲士)들은 맹진에 주둔했다. 동탁은 결국 어가(御駕)를 움직여 서쪽의 장안으로 천도했다. 그래서 산동에서 큰 세력을 가진 사람들은 군·국을 연달아 차지했고, 중간 정도의 세력가는 성읍(城邑)을 포위하여 차지했으며, 작은 세력을 가진 사람은 농지를 모아, 서로 병탄하고 멸망시켰다.[33]

이 글은 어지럽게 할거한 당시 동방의 형세를 잘 묘사한 기록이다. 강대한 세력을 가진 사람은 주·군에 할거하고, 중간 규모의 세력은 현읍(縣邑)에 할거하며, 세력이 미약한 사람도 향리(鄕里)에서 왕이라고 참칭하니, 동한제국은 이렇게 무너졌다.

3. 동탁의 피살과 관중의 파괴

관중(關中)의 상황을 안정시키고 자신의 권력을 굳건히 하기 위해, 동탁은 어쩔 수 없이 명망을 갖춘 조정의 옛 대신들을 등용해야 했다. 그러나 동탁은 거칠고 사나웠고, 남들에게 무례했으며, 걸핏하면 사람을 죽였다. 그래서 조정 관원들은 상하를 막론하고 모두 공포와 불안에 떨었고,

---

• 춘추시대 위나라의 대부(大夫) 주우(州吁)가 이복형인 위 환공(桓公)을 시해하고 스스로 임금이 되자, 위나라 사람들이 주우를 복(濮)으로 유인하여 그곳에서 없앤 사건을 말한다.

•• 함곡관 이서의 지역으로, 대체로 전국시대 진(秦)의 옛 땅. 그 범위가 일정치 않아 때로는 진령(秦嶺) 이남의 한중(漢中)과 파촉(巴蜀)을 포함하기도 했고, 어떨 때는 섬북과 농서 지역을 포함하기도 했다.

관동(關東)의 사대부들은 그에게 협력하기가 매우 어려웠다.

사도 왕윤(王允), 사예교위 황완 등은 은밀히 동탁의 암살을 모의했다. 동탁은 중랑장(中郎將) 여포(呂布)를 총애했는데, 그는 무예가 출중하여 승마와 궁술에 능했고, 누구보다도 힘이 좋았다. 동탁은 외출할 때 항상 여포에게 자신의 뒤를 따르게 했다. 그런데 동탁은 성격이 강퍅했다. 한번은 여포가 동탁의 의도에서 조금 벗어나자, 동탁이 여포에게 수극(手戟)을 던진 적도 있었다. 여포는 항상 동탁의 주위를 따르며 시위(侍衛)했으므로 동탁의 곁에서 시종하는 기첩(妓妾)과 교제할 기회가 있었고, 결국 그 기첩과 부적절한 남녀관계를 맺게 되었다.『삼국연의』에서는 이 부분을 과장되게 묘사하여 여포가 초선(貂蟬)을 희롱한 이야기를 창작했다. 여포는 이 소식이 동탁의 귀로 들어갈까 두려워, 항상 전전긍긍하며 불안해했다. 왕윤이 평소 여포를 잘 대해 주자, 여포는 왕윤에게 심중의 고민을 털어놓으며 그에게 대책을 청했다. 이 요청은 왕윤의 마음속 염원과 딱 들어맞았고, 그 둘은 결국 동탁을 죽일 계획을 세웠다.

초평 3년[192년] 4월에 중병에서 조금 회복된 헌제가 미앙궁(未央宮)에 신하들을 불러 모으니, 동탁이 입궁하여 알현했다. 동탁은 여기서도 자신의 신변 안전을 위한 조치로, 여포에게 군사를 이끌고 자신의 곁에서 따르게 했다. 또 병력을 길 양쪽에 늘어세웠다. 동탁의 군영에서 궁궐까지 왼쪽에는 보병이, 오른쪽에는 기병이 배치되어, 배치된 병사들이 동탁의 주변을 호위했다. 왕윤과 여포도 미리 대비책을 마련했다. 그들은 북액문(北掖門) 안에 용사들을 매복시켰다가 동탁이 입궁한 뒤에 손을 쓸 작정이었다.

동탁이 북액문으로 들어오자, 여포와 한패인 기도위 이숙(李肅)이 극(戟, 갈래창)으로 동탁을 찔렀다. 동탁은 겉옷 속에 호신용 갑옷을 받쳐 입어 찔리지는 않았지만, 팔에 상처를 입고 수레 아래로 거꾸러졌다. 동탁이 "여포는 어디 있느냐?"[34]라고 크게 소리치자, 여포는 그 소리를 듣고 나와 "(황제의) 조칙을 받들어 적신(賊臣)을 토벌하노라!"라고 말하고 창으로 동탁을 찔렀고, 사졸들이 달려들어 동탁을 죽였다.

동탁의 피살 소식이 궁궐 밖으로 퍼지자, 사졸들은 모두 만세를 불렀고, 백성은 길에서 춤추며 노래했다. 장안성 안의 부유층 백성은 주옥(珠玉)과 옷가지를 팔아 술과 고기를 사서 서로 축하했다. 동탁이 본디 뚱뚱했는데, 백성들은 동탁의 배꼽에 심지를 꽂아 그를 불태웠다.

동탁은 죽기 전에 심복 장수 우보(牛輔)에게 교위(校尉) 이각(李傕)·곽사(郭汜)·장제(張濟)를 거느리고 섬현(陝縣)오늘날의 하남성 섬현으로 가서 주둔하게 했다. 그런데 동탁이 죽고 우보가 측근에게 살해되자, 이각과 곽사 등의 무리는 의지할 곳이 없어졌다. 그들은 왕윤에게 자기들의 사면을 요청했다. 그러나 왕윤은 강퍅하고 독선적이며 임기응변을 몰랐다. 그는 한 해에 두 차례의 사면은 있을 수 없다고 생각하여 불허했다. 이각과 곽사는 두려워서 갈팡질팡했고, 아무런 대책도 없어 어쩔 줄을 몰랐다. 무위(武威) 출신의 토로교위(討虜校尉) 가후(賈詡)가 당시 이각과 곽사의 군영에 있었는데, 그는 지략이 넘치는 사람이었다. 그는 이각과 곽사에게 이렇게 말했다.

> 소문에 의하면, 장안성 내에서는 양주(涼州) 출신을 전부 주살하는 방안을 논의하고 있다고 합니다. 여러분께서 만약 군대를 버리고 단독으로 행동한다면, 일개 정장(亭長) 따위도 여러분을 생포할 수 있습니다. 차라리 함께 서쪽으로 진격하여 장안을 공격함으로써 동공(董公, 동탁)의 복수를 하는 게 좋겠습니다. …… 만약 일이 여의치 못하면, (그때) 달아나도 늦지 않을 것입니다.

이각과 곽사는 가후의 말을 듣고, 그것만이 살길이라 생각하여 이렇

• 한대에 10리마다 설치했던 정(亭)의 책임자. 치안과 민간 업무의 처리를 담당했다.

게 판단한다. "조정에서 우리를 사면하지 않으니, 우리는 죽음으로 그들과 싸워야 한다. 만약 장안을 공략해서 이기면 천하를 얻을 것이고, 이기지 못해도 삼보 지역의 부녀자와 재물을 노략질한 후 서쪽에 있는 고향으로 돌아가면 그래도 생명을 연장할 수 있다.[37]"

양주 출신의 병사들은 모두 이각과 곽사를 좇아 살길을 찾길 원했다. 그래서 수천 명이 결맹(結盟)한 채, 밤낮으로 북을 울리며 서쪽으로 진군했다. 그들은 지나는 곳마다 추가로 병사들을 받아들여, 장안에 도착했을 때는 그 숫자가 이미 10여만 명이었다. 그들은 장안을 포위·공격했다. 여포의 부하인 '수병'(叟兵, 사천 출신의 용병)들이 성안에서 내통하여 성문을 열고 항복하자, 양주병은 일거에 장안으로 진입했다. 패배한 여포는 관동으로 도주했고, 왕윤은 살해되었다. 헌제와 신하들은 이각과 곽사의 손아귀에 있게 되었다.

이각과 곽사 등은 지성과 교양이 없는 무인으로서, 우매하고 무지했다. 그들은 장안을 차지한 지 얼마 후, 쌍방을 의심하고 시기하여 서로 싸우기 시작했다. 이각은 헌제를 겁박하여 자신의 군영으로 데려갔고, 곽사는 조정의 대신과 공경들을 위협하여 억류했다. 이각과 곽사의 싸움과 살육으로 피해를 본 쪽은 장안과 관중의 백성이었다. 장안성에서는 "사람이 사람을 잡아먹어 백골이 쌓였고, 악취와 오물이 길에 가득했으며,[38]" "2~3년 만에 관중에 인적이 끊길 정도[39]"였다. 아마도 이런 표현은 과장된 것이겠지만, 관중과 장안 백성의 고난은 분명 매우 혹독했다.

흥평(興平) 2년[195년], 이각의 장수인 양봉(楊奉)이 이각을 배반하고 장안 동쪽에 주둔했다. 7월, 이각의 동의를 얻은 헌제는 장안을 벗어

• 동한과 삼국시대에 수(叟) 지역 사람들이 군대에 자원하여 용병으로 활약했는데, 이들은 전투에서 매우 용맹하여 특별히 '수병'이라고 불렀다. 당시에 '수(叟)'는 오늘날의 감숙·사천·운남·귀주 일대에 분포하던 여러 소수민족을 통칭하는 말이다. 특히 이들은 사천에 많이 거주하여, '촉병(蜀兵)'으로도 불렸다.

나 동쪽의 낙양으로 돌아왔다. 하지만 헌제가 장안성을 나가자마자, 후회한 이각과 곽사는 군사를 이끌고 헌제를 추격했다. 헌제는 양봉에게 의탁하여 그의 보호를 받으며 홍농(弘農)오늘날의 하남성 영보시(靈寶市)의 북쪽을 경유하여 조양(曹陽)에 도착했다. 그러나 이각과 곽사의 추격병이 당도했고, 양봉의 군대는 이들에게 패했다. 헌제는 동쪽으로 도망하여 맹진까지 걸어갔고, 황하를 건너 대양(大陽)에 도착했다. 양봉 등은 헌제를 받들어 안읍(安邑)오늘날의 산서성 하현(夏縣)의 서쪽에 잠시 주둔했다. 헌제가 임시로 머물던 곳은 가시나무로 마당을 두른 민가였다. 황제와 신하가 회견할 때, 병사들은 모두 울타리 밖을 에워싸고 구경하며 서로 밀치고 와자지껄 떠들며 웃어댔다. 어떤 장교는 술과 안주를 가지고 황제를 찾아와 술을 마시기도 했다. 시중이 이들을 제지하면, 이들은 소리를 지르며 소란을 피웠다.

　이듬해[96년] 정월, 헌제는 연호를 건안(建安)으로 고쳤다. 7월, 헌제는 비로소 낙양으로 돌아왔다. 노상에서 꼬박 1년을 돌아다니며 온갖 고초를 다 겪은 뒤였다. 그러나 그는 결국 오랜 도읍지였던 낙양으로 돌아왔다. 이해 9월, 조조가 낙양으로 직접 와서 헌제를 영접하여 허현(許縣)오늘날의 하남성 허창시(許昌市)의 서쪽에 도읍했다. 이때부터 헌제는 허도(許都)에서 25년 동안 황제의 자리에 있었다. 이 20여 년 동안 그의 생활은 안정적이었지만, 뜻대로 되지 않는 일이 많았다. 이 시기가 바로 역사상 유명한 '건안시대'이다. 백성의 입장에서 이 시기는 전란의 와중에도 안정된 시대였다.

　헌제를 호송하고 관중을 벗어나 낙양에 온 양봉은 본디 황건군의 지파인 백파적(白波賊)의 한 부대를 거느린 우두머리였다. 범엽은 "이각의 장수 양봉은 본래 백파적의 괴수였다."라고 기록하고 있다.[40] 양봉은

- 백파(白波)는 원래 골짜기 이름으로서, 오늘날의 산서성 양분현 영고진(永固鎭)에 있다. 중평 5년(188년)에 황건군의 잔당인 곽대(郭大) 등이 이곳에서 봉기했으며, 역사에서는 이들을 '백파적'이라 불렀다.

양봉(楊鳳)으로 기록할 수도 있었다. 사료에서는 이렇게 말하고 있다.

> 장각이 반란을 일으켰을 때, 흑산(黑山)·백파(白波)·황룡(黃龍) …… 비연(飛燕)·백작(白爵)·양봉(楊鳳)·우독(于毒) 등이 각각 군사를 일으켰다. (이들 중) 큰 집단은 2~3만이었고, 작은 집단도 수천 명 이상이었다. 영제는 (이들을) 토벌할 수 없어서, 결국 사자(使者)를 보내 양봉을 흑산교위(黑山校尉)로 임명하여 여러 산적을 이끌게 했고, 그에게 효렴(孝廉)과 계리(計吏)를 천거할 수 있게 했다. 나중에는 결국 (천거된 사람이) 점점 늘어나 더 이상 셀 수 없을 지경으로 많아졌다.[41]

양봉은 헌제를 호위하여 낙양으로 돌아오는 길에 이각과 곽사의 추격을 받자, 백파군에게 구원을 요청했다. 사료에는 양봉이 "몰래 하동으로 밀사(密使)를 보내 옛 백파적의 괴수인 이악(李樂)·한섬(韓暹)·호재(胡才)를 부르니, …… 그들이 공동으로 부하 수천 기(騎)를 거느리고 전진하여 동승(董承)·양봉이 함께 이각 등을 공격하여 크게 격파했다.[42]"라고 했다.

　백파적의 수괴였던 양봉의 일화를 간략하게 언급한 이유는 황건적의 폭동이 비록 1년 만에 진압되었지만, 그 영향력은 여러 방면에 걸쳐 있었음을 설명하기 위해서였다. 동한 말년의 역사 속에서 황건군의 그림자는 어디서든 볼 수 있었다.

〔도판 9〕 '동부경'(董府敬)의 동반(銅盤)

　　　　높이 4cm, 구경 21cm, 바닥지름 8.6cm, 무게 0.448kg
　　　　호북성 양양시 박물관 소장.
　　　　호북성 양양시 번성구 채월대형전실묘에서 출토. 이 쟁반에 새겨진 '동부'(董府)는 동탁이 집안에 사사로이 설치한 부서(府署)로 추정된다. 발굴 당시 이 쟁반에는 닭뼈가 담겨 있었다.

조조와 원소의 승부

1. 조조와 원소의 출신 배경

건안 원년^{196년} 7월, 헌제가 낙양으로 돌아왔다. 이 당시 관동의 형세를 보면, 기주를 확실하게 차지한 원소가 세력이 가장 컸고, 연주·예주를 점유한 조조도 강력한 병력을 보유했다. 이밖에도 남양에는 장제·장수(張繡), 형주에는 유표(劉表)가 있었고, 원술은 회남(淮南), 유비(劉備)와 여포는 서주에 있었으며, 손책(孫策)은 강동(江東)을 점거했다.

원소는 여남 여양(汝陽)^{오늘날의 하남성 상수(商水)의 서남쪽} 출신이었다. 그의 고조부 원안(袁安)은 장제(章帝) 연간에 사도를 지냈으며, 원안 이후 4대에 걸쳐 삼공을 배출하여 원씨의 "문생과 옛 속관이 천하에 널리 퍼져 있었다."¹ 원소의 모친이 사망하자 고향인 여남으로 시신을 옮겨 장례를 치렀는데, 그때 사방에서 달려온 조문객이 3만 명이었다.² 원씨 가문은 동한 말기에 그야말로 "그 세력이 천하를 압도한"³ 명문거족이었다.

원소가 장안에서 동방으로 달아난 후, 동탁은 그를 자기편으로 끌어들이기 위해 그를 발해태수로 임명했다. 이후 원소는 다시 한복에게서 기주를 빼앗았다. 당시 기주는 동방의 여러 주 중에서 비교적 부유한 지역이었다. 한복이 원소에게 기주를 넘겨주려고 할 때, 그의 부하들은 그를 이렇게 말릴 정도였다.

> 기주가 궁벽한 지역이기는 해도, 군사가 1백만 명이고, 양식은 10년을 버틸 수 있습니다. 원소는 타지인 기주에 얹혀 지내며 곤궁에 처한 군대를 이끌고 있는 상황이라, 우리의 콧김만 살피고 있는 형편입니다. 비유하자면 그는 우리 품에 안긴 갓난아이와도 같으니, 그가 먹는 젖만 끊어도 바로 굶겨 죽일 수 있는 형국입니다. 어째서 기주를 그에게 주려고 하십니까?[4]

조조는 원소를 물리치고 기주를 획득한 후, 최염(崔琰)에게 "어제 그대들 주(州)의 호적을 점검해보니, 30만 명의 군사를 얻을 수 있었소.[5]"라고 말한 바 있다. 이상의 내용은 모두 기주가 당시의 다른 주들에 비해 비교적 부유한 지역이었음을 설명하고 있다.

하북을 차지하여 근거지로 삼는 일은 원소의 숙원이었다. 원소와 조조가 거병하여 동탁을 토벌할 때, 두 사람은 한 차례 한담을 나눈 적이 있었다. 원소가 조조에게 "만약 일이 성공하지 않으면, 어느 지역이 근거지로 삼을만한 곳일까요?"라고 물었다. 조조가 "족하(足下)께서는 어떻게 생각하십니까?"라고 반문했다. 원소는 "내가 남쪽으로 황하에 의지하고, 북쪽으로는 연(燕)·대(代) 지역에 의지하며 융적(戎狄)의 무리를 아우른 뒤, 남하하여 천하를 다툰다면, 아마도 성공할 수 있지 않겠소?[6]"라고 말했다.

기주를 차지한 후, 원소의 종사(從事) 저수(沮授)는 원소에게 이렇게 말했다.

• 당시 원소의 군대는 한복에게서 재정지원을 받았지만, 충분하지 못해서 오디를 먹으면서 버티는 상황이었다.

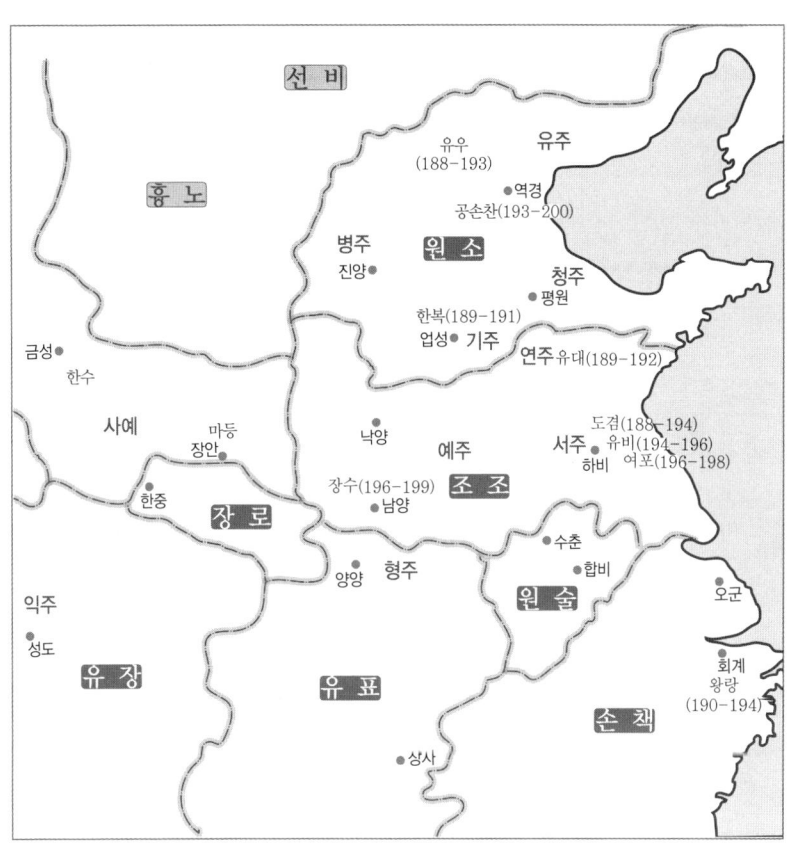

〔지도 6〕 동한 말기의 군벌 형세(199년 11월)

장군께서는 약관(弱冠)의 나이에 조정에 등용되어 천하에 이름을 드날리셨고, (동탁이 멋대로) 황제를 폐위했을 때는 충의의 마음으로 분연히 일어나 반대하셨습니다. (또한, 장군께서) 단기(單騎)로 (낙양을) 빠져나오니, 동탁이 마음속으로 두려워했습니다. (장군께서) 황하를 건너 북상하자, 발해군(의 관리와 백성들)은 모두 땅에 엎드려 장군께 머리를 조아렸습니다. (지금 장군께서) 일군(一郡)의 병마를 일으켜 기주의 민중을 모으니, 그 위엄이 하삭(河朔)에 진동하고 명성은 천하에 드날립니다. 비록 (지금) 황건적이 난을 일으켰고 흑산적도 발호(跋扈)한 상황이지만, (장군께서) 군대를 일으켜 동쪽으로 진격하면 청주(의 황건군)는 일거에 평정할 수 있습니다. (또한,) 돌아오면서 흑산적을 토벌하면 (반군의 수령인) 장연(張燕)도 멸망할 것입니다. (그런 다음) 군대를 이끌고 북상한다면 공손찬(公孫瓚)은 틀림없이 기반을 상실할 것이고, (무력으로) 북방의 소수민족들을 위협하면 흉노는 필시 복종할 것입니다. 황하 이북을 소탕하여 네 주(州)의 땅을 병합하고, 영웅의 자질을 갖춘 인재를 널리 모으고 백만 군사를 보유하며, 서경(西京, 장안)에서 천자의 어가를 맞이하고 낙양에 종묘(宗廟)를 복구하십시오. 그런 다음 (천자의 명의로) 천하를 호령하고 조정에 복종하지 않는 자를 토벌하십시오. 이러한 위세로 상대와 겨룬다면 누군들 장군을 대적할 수 있겠습니까? (장군께서는) 몇 년 안에 이러한 공업을 어렵지 않게 이루실 것입니다.

그러자 원소는 "이것이 바로 내 생각이오."라고 말했다. 원소의 마음이 저수의 생각과 같았는지, 같지 않았는지는 다른 차원의 문제이다. 그러

- • 이것은 원소가 발해태수가 된 것을 가리킨다. 원소를 발해태수로 임명한 것은 동탁이었지만, 저수는 원소를 치켜세우기 위해 현실을 미화하고 있다.
- •• 황하 중·하류 이북의 지역.
- ••• 기주·청주·유주·병주 등 황하 이북의 네 주.

나 어쨌든 원소는 기주를 차지함으로써 일찍부터 품었던 이상을 실현할 토대를 마련했으므로, 마음속으로 기뻐한 것은 틀림없는 사실이다. 이때의 원소는 그야말로 자신감에 차 있었다. 원소는 동방에 할거한 채 영웅이라 칭하는 군웅(群雄) 중에서도 가장 강대한 세력이었다.

조조(曹操)라는 사람은 중국인이라면 누구나 잘 알고 있는 인물이다. 그는 패국(沛國) 초현(譙縣)오늘날의 안휘성(安徽省) 박현(亳縣) 출신이다. 조조의 조부 조등(曹騰)은 환제 연간에 중상시와 대장추(大長秋)를 지냈고, 비정후(費亭侯)에 봉해졌다. 조조의 부친 조숭(曹嵩)은 조등의 양자였다. 어떤 기록에서는 조숭이 하후씨(夏侯氏) 집안의 자식이며, 후일 조조의 대장이 된 하후돈(夏侯惇)의 숙부라고 말하고 있다. 조씨와 하후씨 두 집안의 관계로 볼 때, 이것은 가능한 이야기이다.[9] 조조는 어려서부터 "기지가 있고 상황 파악이 빨랐으며 권모술수가 있었다."[10]

동한 말년에는 인물을 품평하는 풍조가 매우 성행했다. 이것은 당시의 정치 부패가 불러일으킨 풍조였다. 사대부 계급은 정치적으로 압박을 받으면서도 당시의 여러 사건에 관한 관심을 거둘 수 없었고, 결국은 격분하여 정치와 인물을 품평했다. 그리고 정치를 평론할 수 없게 되자, 인물에 대한 품평만 남게 되었다. 범엽은 이 상황을 이렇게 묘사했다.

> 환제·영제 연간에 황제는 어리석고 정치는 어지러워 나라의 명운이 환관들에게 맡겨졌고, 사대부들은 그들과 함께 관직에 있는 것을 부끄러워했다. 그래서 필부들은 (세태에) 격앙하여 분개하고, (은거한) 처사들은 멋대로 (조정을) 비난하니, 마침내 인물의 평가를 장려하여 서로 모여 (인물을) 품평했으며, 공경대부들을 평가하고 집정자의 행동을 재단했다. 고집스러운 (비타협적) 풍조는 이때부터 유행했다.[11]

범엽의 말은 일리가 있었다. 당시 여남에는 월단평(月旦評)의 관행이 있었다. 월단평은 당시의 사건과 인물을 매월 한 차례씩 비평하는 것이었다. 동한 말엽에 여남은 인재가 모여 있던 지역으로, 당시에 "여남과 영천에는 빼어난 인사가 많다.¹²"는 말이 유행할 정도였다. 사람이 모여들자, 월단평이 등장할 수 있었다. 월단평의 대표 격인 허소(許劭)는 조조를 두고 "그대는 치세의 능신(能臣), 난세의 간웅(奸雄)¹³"이라고 품평했다. 조조는 자신에 대한 허소의 평가에 동의하여, 이 말을 듣고는 매우 기뻐했다.

　동한의 환관은 양면적인 속성을 지녔다. 그들은 한편으로 부패하고 간사하여 사대부들의 미움을 받았지만, 다른 한편으로 황제의 권력을 옹호하며 명문거족(외척은 대표적인 명문거족)과 대항했다. 환관들은 "오로지 왕실을 근심했고 호족이 결성한 붕당을 섬기지 않았다.¹⁴" 조조는 환관의 속성 중에서 이 후자의 속성을 계승했다. 그는 20세에 효렴(孝廉)으로 천거되어 낭(郞)•이 되었고, 낙양의 북부위(北部尉)••에 제수되었다. 조조는 "처음 (북부)위의 관아에 부임하자마자 사방의 문을 보수했다. (그런 다음) 오색의 몽둥이를 만들어 문의 좌우에 각각 10여 개씩 매달아 놓고는, 법령을 위반한 사람이 생기면 아무리 권세가 있는 사람도 피하지 않고 모두 때려죽였다. 수개월 뒤 영제가 총애하는 환관 건석의 숙부가 야간에 나다니자, 곧바로 죽였다. 그 후 도성 안 사람들은 행동거지를 조심하며, 감히 (법령을) 위반하는 사람이 없었다.¹⁵"

　그는 환관 집안 출신이었지만, 사대부 집단에 다가가기 위해 진력했다. 그가 교유한 사람은 대부분 명문거족 출신의 명문가 사대부였다. 그는 청년 시절 원소와 절친한 친구 사이였다. 불법을 저지르는 환관에게 그는 타격을 입혔다. 야간에 돌아다녀 법령을 위반한 환관 건석의 숙부

• 　황제를 시위(侍衛)하는 관원의 총칭으로, 중랑(中郞)·시랑(侍郞)·낭중(郞中)의 구분이 있었다.
•• 　낙양 북부의 치안 유지를 맡은 관리.

를 몽둥이로 쳐 죽인 사건이 그러한 일례였다.

조조는 황건적 토벌 전쟁에 참가하여, 영천에서 황건적과 전투를 벌였다. 전투 후 그는 제남상(濟南相)으로 승진했다. "(제남)국(國)이 관할하는 십여 현에서는 (현의) 관리 대다수가 권세 높은 귀척(貴戚)에게 아부했고, 수뢰와 독직이 횡행할 만큼 관리들이 멋대로 행동하여 그 악명이 자자했다. 이에 (조조가) 조정에 상주하여, 그중 여덟 명의 직위를 파면했다. 또한, (예제에 적합하지 않은) 음사(淫祀)를 금지하니, 간사하고 못된 자들이 달아나거나 자취를 감추어 군(郡)의 (관할) 경내 질서가 안정되었다.[16]"

환관의 주살을 도모한 하진은 원소의 건의를 받아들여 동탁을 수도로 불러들였다. 조조는 이에 반대했다. 그는 이렇게 생각했다. "환관은 예나 지금이나 당연히 필요한 직책이다. 다만 군주가 그들에게 권세와 총애를 부여하여 이런 사태에 이르지 않게 하면 그뿐이다. 기왕에 그들의 죄를 다스리게 되어 원흉(元凶)을 주살해야 한다면, 옥리 한 사람이면 충분하다. 어째서 번거롭게 변방의 장수를 부르려 하는 것인가? 저들을 모조리 주살하려다 보면 반드시 일이 발각될 것이니, 내가 보기에 이 일은 실패힐 것이다.[17]"

중평 6년[189년], 하진이 환관에게 피살되었고, 동탁이 수도 낙양으로 진입하여 낙양이 대혼란에 빠졌다. 그러자 조조는 이름을 바꾸고 몰래 동쪽으로 이동했다. 그는 진류(오늘날의 하남성 진류)에 도착한 뒤, 가재(家財)를 털어 의병을 모집했다. 12월, 그는 기오(己吾)(오늘날의 하남성 영릉(寧陵)의 서남쪽)에서 군대를 일으켜 동탁의 토벌에 나섰다.

몇 년의 혼전을 거쳐 헌제가 낙양으로 귀환할 당시, 조조는 이미 청주의 황건적을 격파하여 항졸(降卒) 30만 명과 남녀 1백여만 명을 받아들인 상태였다. 또 그는 원술·도겸(陶謙)·여포를 격파하고, 연주를 차지

- 관아에서 정식으로 비준하지 않은 대상에 대한 제사활동.

하여 연주목에 임명되었다. 그는 헌제를 맞이하여 허현에 도읍한 뒤[196년], 다시 예주를 점령했다.

청년기에 친구 사이였던 원소와 조조는 힘을 합쳐 동탁을 토벌했다. 건안 연간[196~219년] 이전, 동방 지역에서 군벌끼리 혼전을 벌이던 와중에도 두 사람은 언제나 힘을 합쳤다. 원소는 일찍이 "조조가 죽을 뻔한 적이 여러 차례였는데, 그때마다 내가 구원하여 살려 주었다."[18]라고 말한 적이 있었다. 그러나 건안 연간 이후로 두 사람의 갈등은 커졌다. 두 사람은 천하를 제패하기 위해 결사적으로 싸웠다.

2. 천자를 끼고 제후를 호령하다

헌제는 장안에서 낙양으로 도피하는 길에 적잖은 고생을 겪었다. 원소의 모사 저수는 일찍이 원소에게 헌제를 맞이하여 업성에 도읍을 정하라고 권유했다. 저수는 이렇게 말했다.

> 장군(원소)께서는 누대에 걸쳐 천자를 보필한 가문의 자제로, 대대로 충의를 이어 오셨습니다. 지금 조정은 파천(播遷)하여 유랑하고, 종묘는 파괴되었습니다. 여러 주·군의 행태를 보아하니, 겉으로는 의병을 일으켰다고 명분으로 내세우고 있어도 속으로는 상대의 멸망을 도모하고 있으니, 군주를 보호하고 백성을 구제하려는 사람이 없습니다. 또한, 이제 주성(州城)이 대략이나마 안정되었으니, 어가를 맞이하여 업도(鄴都)에 궁궐을 두어야 합니다. 천자를 끼고 제후를 호령하며, 군마를 양성하여 입조하지 않는 자들을 토벌한다면 누가 막을 수 있겠습니까![19]

그러나 원소의 또 다른 모사 곽도(郭圖)와 순우경(淳于瓊)은 이를 반대하며 다음과 같이 주장했다.

> 한실은 쇠퇴한 지 이미 오래되었으니, 지금 부흥시키려고 해도 너무 어렵지 않겠습니까? 또한, 현재 영웅들이 각 주·군을 차지하여 (그들이 거느린) 병력이 종종 수만 명을 헤아릴 정도입니다. 이른바 "진(秦)이 사슴을 잃어버렸으니, 먼저 차지한 사람이 왕이 되는" 형국입니다. 만약 천자를 맞이하여 가까이 두신다면, 언제나 표문(表文)을 (천자에게) 올려 아뢰어야 할 것입니다. (천자의 조령을) 따르자니 (장군의) 권력이 약해질 것이고, (이를) 거스르자니 (천자의) 명을 거역하는 일이 되니, 좋은 계책이 아닙니다.[20]

그러자 저수는 곽도와 순우경의 주장을 이렇게 반박했다.

> 지금 조정을 맞이하는 행동은 지극히 의로우며, 시의적절한 대계(大計)입니다. 만약 서둘러 도모하지 않으면 반드시 선수를 치는 사람이 있을 것입니다. 권력은 실기(失機)하지 않는 것이 중요하고, 공(功)을 세우는 행동은 신속함과 민첩함에 달려 있으니, 장군께서는 잘 생각하시기 바랍니다.[21]

원소는 애당초 동탁이 소제를 폐위하고 헌제를 옹립하자, 이를 반대하던 입장이었다. 그래서 그는 곽도와 순우경의 말을 듣고, 헌제를 영접하지 않았다. 『헌제전』(獻帝傳)과 『후한서』(後漢書)에서는 모두 곽도가 헌제를 맞아들이는 일을 반대했다고 서술했다. 그러나 진수는 오히려 "애초부터 (헌제를) 천자로 옹립한 것은 원소의 의도가 아니었다.

- 『사기』, 「회음후전」(淮陰侯傳)에 "진나라가 사슴을 잃어버리자, 천하가 모두 사슴을 쫓았다."(秦失其鹿, 天下共逐之.)라는 내용이 있다. 여기에서 사슴은 "황제의 자리 또는 권력", "백성의 신망" 등을 상징한다.

그런데 (천자가) 하동에 머물자, 원소는 영천 출신의 곽도를 천자에게 사신으로 보냈다. (천자를 알현하고) 돌아온 곽도가 천자를 맞이하여 업에 도읍을 정하자고 권유했으나, 원소는 이 제안을 따르지 않았다."라고 기록하고 있다. 진수의 이 기록은 『헌제전』과 『후한서』의 기록과 다르다. 사마광은 『자치통감』에서 『헌제전』과 『후한서』의 기록을 따라 기술했다. 나도 이 책에서 『헌제전』, 『후한서』, 『자치통감』의 기록을 따랐다. 곽도의 전후 행동을 살펴보면, 그가 헌제의 영접을 주장했을 가능성은 희박하기 때문이다.

원소가 채택한 제안과 채택하지 않은 제안을 통해, 우리는 원소의 속마음을 엿볼 수 있다. 곽도와 순우경이 제시한 "진나라가 사슴을 잃어버렸으니 먼저 차지한 사람이 왕이 된다."는 발언은 원소에게 매우 듣기 좋은 말이었다. 원소가 헌제의 영접을 원하지 않았던 근본 원인은 그 자신이 황제가 되고 싶었기 때문이었다. 황제가 되고 싶은 사람이 황제를 맞이한다면 그 결과가 어떻게 되겠는가? 그래서 그는 헌제를 맞이하지 않았던 것이다.

원소를 깎아내리려는 의도에서 그가 황제가 되려는 마음을 품었다고 말한 것은 아니다. 건안 원년[196년], 원소는 협잡을 부려 한복에게서 기주를 빼앗고, 은밀히 주부(主簿) 경포(耿苞)를 시켜 자기에게 "적덕(赤德, 한조漢朝를 지칭)은 쇠약하고 원씨는 토덕(土德)으로 즉위한 왕의 후손이니, 하늘의 뜻에 마땅히 따라야 합니다."라고 보고하게 했다. 원소가 경포의 은밀한 보고를 부하들에게 보여주니, 부하들은 매우 놀라 요망한 말을 한 경포를 죽이자고 주장했다. 원소는 마지못해 경포를 죽였지만, 황제가 되려는 원소의 야심도 드러났다.

원씨 일족 중에서 황제가 되려고 한 사람은 원소만이 아니었다. 원술도 황제가 되고 싶어 했고, 그는 실제로 황제가 되었다. 그러나 당시에 누구도 원술을 지지하지 않았고, 결국 그는 조조에게 패배했다. 원술은 길을 돌아 청주로 가서 원소에게 의탁하려고 했으나, 뜻밖에도 도중에 병에 걸려 사망했다. 임종 직전에 그는 원소에게 서신을 보내, "원씨가 천명을 받아 제왕이 된다는 사실은 상서로운 징조로도 명확히 드러났습니다."라고 전했다. 그리고는 원소에게 칭제(稱帝)할 것을 권유했다. 원소도 "은연중에 원술의 견해에 동의했다."

원소는 헌제를 맞이하지 않았으나, 조조는 맞이하기로 결정했다. 조조의 모사 순욱(荀彧)도 조조에게 헌제를 맞이하도록 권유했다. 순욱은 이렇게 말했다.

> 천자께서 파천(播遷)하신 이래 장군(조조)은 앞장서서 의병을 일으켰습니다만, 산동 일대의 전란 때문에 멀리 관우(關右) 지역으로 달려가(서 천자를 영접하)지 못했습니다. 그러나 (장군은) 여전히 장수를 따로 파견하여 위험을 무릅쓰고 (조정과) 연락을 취하셨습니다. (그러니 장군은) 비록 외지에서 전란을 막고 있지만, 마음은 언제나 왕실을 생각하고 계신 것입니다. 이것은 장군이 천하를 바로잡으려는 일관된 평소의 의지입니다. 이제 천자의 어가가 (낙양으로) 돌아왔지만, 동경(東京, 낙양)은 초목만 우거진 폐허입니다. 충의지사(忠義之士)는 (조정의) 근본을 계속 보존하려는 생각이 있고, 백성들은 옛 군주를 생각하며 더욱 슬퍼합니다. 만약 이 기회를 이용하여 (장군이) 주상(主上)을 받듦으로써 백성들의 여망을 따르는 행동은 천하의 대세에 순응하는 일입니다. 지공무사(至公無私)의 정신으로 천하의 영웅호걸을 복종시키는 것은 원대한 지략입니다. 대의(大義)를 품고 탁월한 인재를 영입하는 일은 최고의 덕행입니다. (지금) 비록 천하에 복종하지 않는 사람들이 있지만, 반드시 큰 후환이 될 리가 없다는 점은 자명합니다. 한섬과 양봉(두 사람은 당시 헌제를 시위하던 인물) 따위가 감히 무슨 해를 끼치겠습니까? 만약 제때 (천자의 영접을) 결정하지 않는다면 각지의 사람들이 야망을 품을 터이니, 나중에 이

• 동관(潼關) 이서의 지역. 여기서는 구체적으로 헌제가 머물던 장안을 가리킨다.

일을 도모하려고 해도 손쓸 겨를이 없을 것입니다."[26]

　물론, 조조는 온순하고 너그러운 사람이 아니었다. 그는 "치세의 능신이자, 난세의 간웅"이었다. 그가 처한 시기는 난세였고, 그래서 그는 간웅의 면모를 드러내었다. 그는 헌제를 영접하여 손에 넣는다면, "(천자의 조령을) 따르자니 권력이 약해질 것이고, 거스르자니 (천자의) 명을 거역하는" 상황이 일어나지 않을 것이고, 오히려 "천자를 끼고 제후를 호령하며, 군마를 양성하여 입조하지 않는 무리를 토벌"하는 이득을 얻을 수 있다고 예상했다.

　원소는 헌제를 영접하는 일과 자신이 황제가 되는 일 사이에 모순이 존재하지 않으며, 헌제의 영접이 오히려 자신이 황제가 될 수 있도록 여건을 조성해준다는 생각을 전혀 하지 못했다. "(천자의 조령을) 따르자니 권력이 약해질 것이고, 거스르자니 (천자의) 명을 거역하게 된다."는 주장은 말도 안 되는 소리였다. 헌제를 맞이하여 수중에 둔다면 헌제는 꼭두각시에 불과한데, 어떻게 천자의 명을 따르고 말고 하는 문제가 생겨날 수 있었겠는가? 조조는 원소보다 식견이 훨씬 뛰어났.

　저수·순욱·제갈량은 모두 삼국시대에 첫손에 꼽힐 만큼 지혜로운 인물이었다. 그러나 세 사람의 운명은 전혀 달랐다. 저수는 원소를 만나, 지혜를 발휘하지도 못하고 의심만 받았다. 그는 관도대전(官渡大戰)에서 조조에게 사로잡혔지만, 항복하지 않고 죽음을 택했다. 순욱은 조조를 만나, 그야말로 대단한 신임을 얻었다. 그러나 "군자는 도덕적 기준으로 다른 사람을 사랑한다."더니, 결국 그는 조조가 왕을 참칭하려는 행위에 반대하다가 조조의 핍박을 받아 죽었다. 오직 제갈량만이 유비와 군신(君臣)으로서 마음이 잘 맞았다고 할 수 있다. 유비는 임종하면

● 『예기(禮記)』 「단궁상(檀弓上)」 편의 "군자애인이덕(君子愛人以德)"을 인용한 말.

서 제갈량에게 자식을 부탁할 만큼 그를 의심하지 않았고, 제갈량도 유비를 위하여 죽을 때까지 온 힘을 다 바쳤다. 이 내용은 뒤에 서술할 내용이므로 잠시 묻어두기로 한다.

7월, 헌제가 낙양에 도착했다. 9월, 조조는 몸소 낙양으로 가서 헌제를 영접하고 허현오늘날의 하남성 허창시(許昌市)의 서쪽에 도읍을 세웠다. 조조는 원래 연주를 차지하여 연주목이었는데, 이제 다시 예주를 점령하고 허현을 도읍으로 삼아 천자를 끼고 제후를 호령했다. 그러자 관중의 마등(馬騰)과 한수(韓遂)도 모두 그에게 귀순했다. 후일 원소는 자신에게 불리한 조정의 조령을 접할 때마다, 헌제를 맞이하여 업성에 정도(定都)하지 않았던 자신의 실책을 후회했다. 원소는 조조에게 헌제를 견성(鄄城)오늘날의 산동성 견성의 북쪽으로 이주하게 하고 견성을 도읍으로 삼자고 요구하여 헌제를 자기 주변에 두려고 했지만, 조조는 원소의 말을 전혀 듣지 않았다. 이 일은 당연히 원소를 분노케 했다.

당시 유주에는 공손찬이 있었다. 원소와 공손찬은 여러 해 동안 전쟁을 벌였다. 건안 4년[199년], 원소의 대군이 유주의 역경(易京)오늘날의 하북성 웅현(雄縣)의 서북쪽에서 공손찬을 포위했다. 역경은 대단히 견고했다. 공손찬의 방어 방식은 다음과 같았다.

(공손찬은) 주위에 참호 열 곳을 파고 참호 안에 흙으로 높은 대(臺)를 쌓았다. (대의) 높이는 모두 대여섯 길이었고, 대 위에는 망루를 세웠다. 참호의 중앙에 쌓은 대는 특히 높아 (그 높이가) 열 길이나 됐는데, (공손찬) 자신이 그곳에 거처했으며, 곡식 3백만 곡(斛)을 쌓아 놓았다. 공손찬은 "…… 병법에는 (높은) 망루 100기(基)을 점거한 적수는 공격할 수 없다고 했다. 지금 우리가 쌓은 누대(樓臺)가 1000기 이상이니, 비축한 이 곡식을 다 먹게 될 즈음이면 천하의 일이 어떻게 결정될지 알 것이다."라고 주장했다.[27]

원소는 지하로 갱도를 뚫어 공손찬이 쌓은 망루를 파괴하고, 점차 공손찬이 기거한 참호 중앙의 토대(土臺)에 접근했다. 공손찬은 자신이 결국 패배할 것을 깨닫고, 처자식을 죽인 다음 자살했다.

원소는 마침내 유주를 차지했다. 공손찬은 약간 바보스러웠다. "높은 망루 100기를 점거하고 있으면 공격할 수 없다."는 병법상의 말을 철석같이 믿은 그는 1000기가 넘는 망루를 세운 다음, 그 안에 들어가 살면 만전을 기할 수 있다고 생각했다. 그는 자신이 세운 망루가 원소의 지하 갱도에 무너져, 결국 목숨과 명성을 잃으리라고는 전혀 생각하지 못했다. 동탁도 비슷한 꿈을 꾼 적이 있었다. 그 역시 일찍이 "미오(郿塢)를 쌓았는데, 높이가 장안성과 같았으며, 30년을 버틸 곡식을 비축했다. 동탁은 '일이 성공하면 천하에 웅거하고, 성공하지 못하면 이 미오만 지켜도 천수를 누릴 수 있다.'고 했다."[28] 그러나 동탁은 죽었고, 미오는 동탁을 구할 수 없었다. 역경도 공손찬을 구하지 못했다. 다만 이를 통해 우리는 방어용 보루를 쌓아 수비하는 방식이 당시에 매우 성행한 전투 방식이었음을 짐작할 수 있다.

원소는 유주를 점령한 후, 다시 동서로 영토를 확장했다. 그는 장남 원담(袁譚)을 청주자사로, 차남 원희(袁熙)를 유주자사로, 외조카 고간(高幹)을 병주자사로 임명하여, 하북의 4주를 전부 확보했다. 그는 하북 4주의 영토를 보유하고 강력한 병마를 확보하자, 점차 교만해졌다. 그의 마음속에서는 황하를 건너 조조를 섬멸하고, 나아가 중원과 천하를 통일하겠다는 야심이 점차 무르익고 있었다.

3. 조조의 둔전

헌제를 맞이하여 허현에 도읍한 첫해인 건안 원년[196년], 조조는 중대한

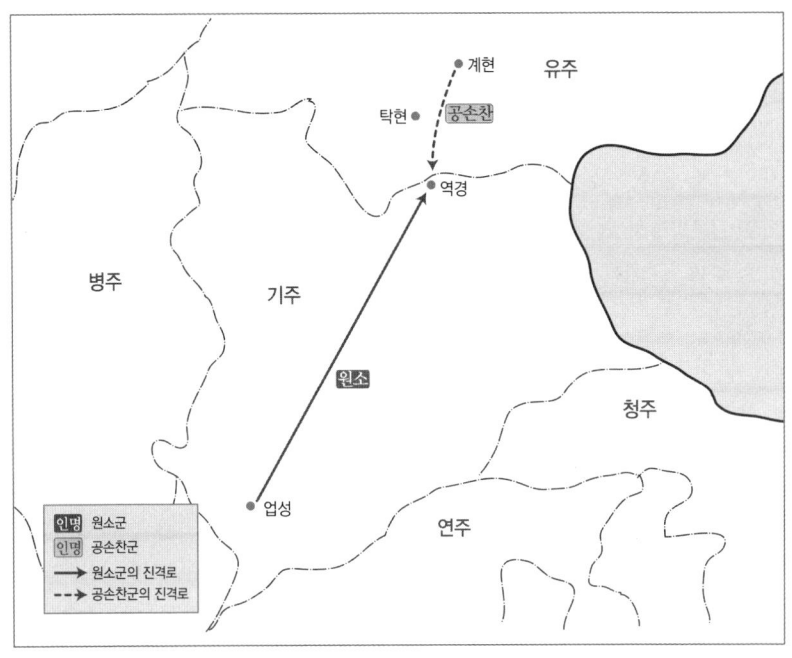

[지도 7] 공손찬과 원소의 역경 전투

사업을 시작했다. 이 사업은 허현 일대에서 둔전(屯田)을 시작한 것을 말한다. 헌제를 맞이하여 허현을 도읍으로 정함으로써, 조조는 정치적 측면에서 한 걸음 우위를 차지했다. 그가 천자를 끼고 제후를 호령하자, 각지에 할거한 세력들은 황명을 듣지 않을 수 없었다. 또 조조는 허현 일대에서 둔전을 시작하여, 경제적 문제, 특히 군량 문제를 해결함으로써 군대를 정예화하고 군량을 충분히 확보하여 강성해지기 시작했다.

동한 말기의 전란은 생산력을 매우 심하게 파괴했다. 백성은 유랑하다가 죽거나 다쳤고, 농지는 경작되지 않았다. 백성의 삶은 극도로 고단해졌고, 사람이 사람을 잡아먹는 현상까지 나타날 지경이었다. 사료에서는 이런 상황을 다음과 같이 묘사했다.

> 흉년과 난리가 겹치게 되자, 대체로 양곡이 부족했다. (그런데) 많은 군대가 동시에 봉기하여 (각 군이) 1년을 버틸 식량 계획도 마련하지 못하자, (병사들은) 굶주리면 노략질하고 배부르면 남는 식량을 버렸으며, (군대가) 와해되어 (사방을) 떠돌았다. (그래서) 적들(의 공격)이 없었어도 스스로 파멸한 사람이 셀 수 없이 많았다. 원소가 하북에 머물 때 (그의) 병사들은 오디를 먹으며 연명했고, 원술은 장강(長江)·회수(淮水) 일대에 머무는 동안 민물조개를 캐다가 병사를 먹였다. 백성이 (굶주려) 서로 잡아먹으니, 마을마다 음산하고 적막했다.[29]

조조의 둔전은 이러한 상황의 압박으로 등장하게 되었다. 둔전의 설치를 건의한 것은 조지(棗祗)였고, 둔전 업무를 완수한 것은 한호(韓浩)와 임준(任峻)이었다. 진수는 "이해[전안 원년(196년)]에 조지와 한호 등의 건의로, 비로소 둔전을 설치했다."[30]라고 서술했다. 또, "당시 (둔전 설치의) 손익을 두고 대토론을 벌였는데, 한호가 마땅히 둔전을 서둘러 시행해야 한다고 주장했다."[31]라는 기록이 있다. 진수는 또 다음과 같이 서술했다.

이 당시 해마다 기근과 가뭄이 들어 군량미가 부족했다. 우림감(羽林監)이던 영천(潁川) 출신의 조지가 둔전의 설치를 건의했다. 태조(조조)는 임준을 전농중랑장(典農中郎將)에 임명하고, 백성을 모집하여 허현 일대에서 둔전을 시행하게 하여 곡식 백만 곡(斛)을 수확다. (이후) 각 군(郡)에서 모두 (둔전 관리 업무를 맡은) 전관(田官)을 두니, 몇 년 사이에 (둔전이 설치된 지역에서) 비축한 곡식이 창고마다 가득 찼다. …… 군대와 국고의 양식이 넉넉해진 것은 조지의 제안으로 시작되어 임준의 손으로 완성되었다.[32]

허현 일대의 둔전 건설 과정에서 조지·임준·한호 세 사람의 공이 컸다. 한호는 둔전을 제안한 토론에 참여했고, 둔전의 신속한 완성에 큰 힘을 들였다. 임준은 둔전이라는 대사업을 완성하는 데에 가장 공로가 큰 사람으로, 그가 맡은 전농중랑장은 둔전 관련 업무를 총괄하는 관직이었다. 조지는 둔전의 설치를 건의한 주요 인물이자, 둔전 관련 법규를 제정한 사람이었다. 조지는 둔전제(屯田制)의 확립에 큰 공로를 세웠지만, 애석하게도 요절했다. 후일 조조는 다음과 같은 영(令)을 내렸다.

> 진류태수 조지는 천성이 성실하고 유능했다. 애초에 (나와) 함께 의병을 일으켰을 때부터 여기저기 다니며 (적을) 무찌르고 토벌했다. 나중에 기주에 있던 원소도 조지를 탐내어 얻고자 했다. 조지는 나를 깊이 따르고 의지했으므로, (나는) 그에게 동아령(東阿令)을 맡겼다. 여포의 난이 일어나 연주가 모두 배반했을 때, 오직 범현(范縣)과 동아현(東阿縣)만 건재했던 것은 조지가 병력을 거느리고 성을 점거한 역량 때문이었다. 그 후 대군의 군량이 부족해지자

* 우림(羽林)은 한대 금군(禁軍)의 하나로, '깃털처럼 빠르고 숲처럼 많다'는 의미에서 붙여진 것이다. 우림중랑장(羽林中郎將)이 책임자였고, 그 밑에 우림좌감(羽林左監)과 우림우감(羽林右監)이 있었다.
** 이 영은 조지의 아들 조처중(棗處中)에게 작위를 내리고 조지의 제사를 명령하는 내용의 「가조지자처중봉작병사지령」(加棗祗子處中封爵並祀祗令)이다.

동아현의 곡식을 얻어 연명할 수 있었으니, (이것 또한) 조지의 공이었다. 황건적을 무찌르고 허현을 평정하여 적의 자산을 얻자, 둔전제를 확립해야 했다. 당시에 (둔전제를) 논의한 사람들은 모두 (둔전민屯田民이 빌려 간) 관우(官牛)의 마릿수를 계산하여 곡물을 징수해야 한다고 주장하여, 전과(佃科)의 규정이 정해졌다. (그러나 이 규정을) 시행한 뒤, 조지는 상소를 통해 (빌려준) 관우(의 마릿수)에 따라 전조(田租)를 거두면 풍년에도 징수량을 늘릴 수 없고, 홍수나 가뭄 등의 재해라도 발생하면 (전조를) 면제해줘야 하므로 매우 불합리한 정책이라고 주장했다. (조지는) 여러 차례 (내게) 와서 이렇게 말했지만, 나는 그래도 예전과 같아야 하며, 풍년이 들어도 다시 규정을 개정할 필요가 없다고 생각했다. 그런데도 조지는 자기주장을 고집하니, 나는 어찌할 바를 몰라 순(荀) 영군(令君, 순욱)과 상의하게 했다. 당시에 전 군제주(軍祭酒) 후성(侯聲)은 "(빌려 간) 관우(의 마릿수)에 따라 (전조를) 거두는 것은 관전(官田)(의 면적)을 (확대하기) 위한 계책이며, 조지의 논의대로 한다면 관(官)에는 이로우나 둔전민에게는 불리하다."고 주장했다. 후성은 이런 생각을 품고 의견을 말함으로써, 영군(순욱)을 헷갈리게 했다. 그런데도 조지는 확신을 품고, 자신의 계획에 근거해 의견을 개진하며 '분전지술'(分田之術)을 주장했다. 나는 마침내 그의 의견을 수긍하고, 그를 둔전도위(屯田都尉)에 임명하여 둔전 업무를 시행하게 했다.

- • 구체적으로는 적들이 보유하던 경우(耕牛)와 농기구 등의 재물을 가리킨다.
- •• 관전(官田)에서 전세(田稅)를 거두는 규정.
- ••• 순욱을 가리킴. 순욱은 당시 수상서령(守尙書令)이었으므로 '영군'으로 불렸다.
- ▪▪ 빌려준 관우의 숫자에 따라 조세를 거두면, 둔전에 종사하는 농민들은 개간 등을 통해 황무지인 관전의 경작 면적을 넓혀 결국 수익을 증가시키게 된다는 것이 후성의 주장이다.
- ▪▪▪ 각 둔전의 실제 수확량에 따라 전조를 거두는 방식. 당시의 규정에 따르면, 관우를 빌려 간 둔전민이 수확량의 4할을, 관부가 6할을 차지했다. 관우를 빌리지 않았으면 관민(官民)이 각각 5:5로 수확량을 나눴다.

이 영의 다음 부분에서 조조는 이렇게 말했다. "그 당시에 해마다 큰 풍년이 들었다. 훗날 마침내 이 (조지의 주장) 덕분에 둔전을 확대하여 군수 물자를 풍족하게 마련하게 되었으며, 반역의 무리를 무찔러 천하를 평정함으로써 왕실을 융성하게 했다. 조지는 이렇게 큰 공적을 세웠으나, 불행히도 요절했다."[34] 조조는 둔전의 역할을 높이 평가했다. 이렇게 그는 반역의 무리를 섬멸하고 천하를 평정한 공로를 모두 둔전의 공으로 돌렸다.

4. 원소의 실기

건안 4년[199년] 3월, 원소는 공손찬을 이기고 기주를 차지하자, 곧바로 정병 10만 명과 기병 1만 명을 선발하여 조조를 공격할 준비를 했다. 이때 출병하는 것은 원소에게 불리했다. 모사 저수·전풍(田豐)이 이러한 점을 지적하며, 원소에게 다음과 같은 계책을 건의했다.

> 병사들이 출정한 지 수년이 지났고, 백성은 피폐해졌으며, 창고에는 쌓인 양식이 없고, 부세와 요역은 한창 극심하니, 이런 상황이야말로 국가의 깊은 우환입니다. 먼저 사신을 보내어 천자께 전리품을 올리고, 농사에 힘쓰며 백성을 편안하게 해야 합니다. 만약 사신을 보낼 수 없다면, 표문을 올려 조씨(조조)가 우리와 조정의 소통을 막고 있다고 알리십시오. 그런 다음 여양(黎陽)에 진주(進駐)한 채로 점차 하남(河南)까지 세력을 넓히고, 전선(戰船)을 더 건조하고 무기를 손질하십시오. 그리고 정예 기병을 나누어 보내 변경 지역을 초토화하십시오. (그렇게 되면) 저들은 안정을 얻지 못하고, 우리는 편안함을 누릴 것입니다. 3년 이내에 모든 일이 쉽게 평정될 수 있을 것입니다.[35]

- 원소와 공손찬이 수년에 걸쳐 전쟁을 치른 것을 가리킴.

심배(審配)와 곽도는 이에 반대하며, 이렇게 말했다.

> 병법에 따르면, (병력이 적보다) 10배 많으면 포위할 수 있고, 5배 많으면 공격할 수 있으며, 엇비슷하면 맞붙어 볼 수 있다고 했습니다. 지금 명공(원소)의 뛰어난 무용과 하삭(황하 이북 일대)에 주둔한 강병(强兵)으로 조씨(조조)를 정벌한다면, 비유컨대 (수월하기가) 손바닥을 뒤집는 것과 같습니다. (하지만) 지금 적시(適時)에 취하지 않으면, 훗날에는 도모하기 어려울 것입니다.[37]

교만한 원소는 심배·곽도의 말만 듣고, 저수·전풍의 말에는 귀를 기울이지 않았다. 원소는 조조를 공격하려 했으나, 기회를 잡지 못했다. 원소는 허도를 공격하겠다고 선언해 놓고도 즉각 출병하지 않았다. 조조는 오히려 이 시간을 이용하여 몇 가지 방어와 진격 준비를 통해, 방어의 역량을 굳건히 하고 강화했다. 건안 4년(199년) 8월, 조조는 여양(黎陽) 오늘날의 하남성 준현(浚縣)의 북쪽으로 진격했고, 장패(臧覇) 등에게는 군대를 이끌고 청주로 진입하여 원담이 동방에서 진격해 오는 것을 막게 했다. 장패는 태산(泰山)에서 세력을 키운 사람으로, 이 지역에 세력과 사회적 기반이 있었다.[38] 장패가 동방을 방어했기 때문에, 원소가 청주를 통해 허도를 공격하려고 해도 성공의 가능성은 크지 않았다. 조조는 황하 이남과 관도(官渡)에 병력을 주둔시켜 방어진을 구축했으며, 자신은 허도에 주둔하며 방어를 갖췄다.

조조는 관중에도 조치를 취했다. 그는 위기(衛覬)를 관중에 파견하여, 관중을 안정시키게 했다. 위기는 관중에서 소금전매 정책을 부활시켜 그 수입으로 경우(耕牛)를 구매하고, 이를 사방의 유랑민에게 제공하

- 구체적으로는 『손자』(孫子) 「모공편」(謀攻篇)의 내용이다.

여 농사짓는 데 활용하게 하자고 건의했다. 동탁의 난이 일어났을 때, 관중 지역에서 유랑하여 형주로 도망한 백성은 10여만 호(戶)였다. 관중이 차츰 안정되자, 유랑민은 대부분 고향으로 돌아왔다. 당시 관중은 무장 마초(馬超)와 한수 등이 차지한 채 군림하고 있었다. 고향에 돌아온 유랑민들은 살아갈 방도가 없었으므로, 대부분 군대에 편입되어 병사가 되었다. 각 군·현은 가난하고 약하여 그들과 싸울 힘이 없었다. 유랑민에게 경우가 있으면 편안히 거주하며 생산에 종사할 수 있었으므로, 굳이 군대에 의탁하여 병사가 될 필요가 없었다. 위기는 또 사예교위를 관중에 머물게 하여, 관중의 행정책임자로 삼자고 건의했다. 이 두 가지가 실행되면, 관중의 군·현과 백성의 힘이 날로 강해지고, 무장세력은 약화할 수 있었다. 조조는 위기의 건의를 받아들였고, 그의 세력은 점차 관중까지 확장되었다.

    남양의 형세 변화는 조조에게 더욱 유리했다. 이때를 전후로 남양을 차지하고 있던 인물은 장수(張繡)였다. 장수는 원래 건안 2년[197년]에 조조에게 투항했다. 그런데 조조가 장수의 숙부인 장제(張濟)의 처를 아내로 맞이한 일에 원한을 품었던 장수는, 반란을 일으켜 조조의 맏아들 조앙(曹昂)을 살해했다. 조조는 곤궁에 빠져 달아났다. 장수는 유표와 연합하여 여러 차례 조조와 전투를 벌였다.

    원소는 허도를 공격하기 위해, 사람을 보내 장수와 연락했다. 장수의 모사 가후는 장수의 면전에서 원소의 사자에게 이렇게 말했다. "돌아가 원본초(袁本初, 본초는 원소의 자)에게 유감의 뜻을 전하시오. (원소는) 형제도 포용하지 못하는데, 어찌 천하의 (걸출한) 국사(國士)를 포용할 수 있겠소?" 여기에서 형제란 원술을 가리킨다. 장수는 매우 놀라 "어떻게 이런 말까지 하셨소!"라고 하고, 다시 목소리를 낮춰 가후에게 "그렇다면 누구에게 의탁해야 하오?"라고 물었다. 그러자 가후는 "조조를 따르는 것이 좋겠습니다."라고 말했다. 장수가 "원소는 강하고 조조는 약하며, 또 나는 조조와 원수 사이인데, 내가 왜 그를 따라야 하오?"라고 하자, 가후는 다음과 같이 대답했다.

> 이것이 바로 (조조를) 따라야 하는 이유입니다. 조공(조조)은 천자를 받들어 천하를 호령하고 있으니, (이것이) 조공을 따라야 하는 첫 번째 이유입니다. 원소는 강성한데 우리가 소수의 군대로 그를 따른다면, (원소는) 틀림없이 우리를 중시하지 않을 것입니다. 조공은 군세가 약하여 우리를 얻으면 반드시 기뻐할 것이니, (이것이) 우리가 조공을 따라야 하는 두 번째 이유입니다. 패업(霸業)이나 왕업(王業)을 이루려는 의지를 품은 사람은 원래 개인적인 원한을 버리고 천하에 (자신의) 덕을 밝히려고 하니, (이것이) 우리가 조공을 따라야 하는 세 번째 이유입니다. 장군께서 (이런 점을) 의심하지 않기를 바랍니다.[44]

가후의 말을 들은 장수는 조조에게 투항했다. 매우 기뻐한 조조는 가후의 손을 잡고 "내가 천하 사람에게 신뢰와 중시를 받은 것은 그대 덕분이오."라고 말했다. 조조는 가후를 집금오(執金吾)[45]에 임명하고, 도정후(都亭侯)에 봉했다.

장수의 군사는 대부분 양주병(涼州兵)으로, 개개인이 용맹하고 전투에 능했다. 남양은 허도의 남쪽에 있었고, 장수와 유표는 우호 관계에 있었다. 그래서 두 세력은 줄곧 힘을 합쳐 조조에게 대항했다. 장수가 남양에 있으면 원소와 손을 잡고 남북 양쪽에서 조조를 협공할 수 있었으므로, 조조에게는 커다란 걱정거리였다. 그런데 장수의 투항으로, 배후 공격에 대한 조조의 염려는 해소되었다. 게다가 장수의 양주병을 얻음으

• 진한대에 금병(禁兵)을 거느리고 수도와 궁성의 보위를 맡은 관원

로써, 조조의 전투력은 대폭 증강되었다.

건안 4년[199년]과 건안 5년[200년]에 걸쳐, 조조는 유비(劉備)와 서주를 두고 공방을 벌였다. 유비는 자가 현덕(玄德)으로, 탁군(涿郡) 탁현(涿縣)_{오늘날의 하북성 탁현} 출신이며, 한 경제(景帝)의 아들인 중산정왕(中山靖王)의 후예였다. 그러나 유비의 대(代)에 이르러서는 이미 일반 백성으로 전락했고, 집안 형편도 매우 빈곤했다. 부친을 일찍 여읜 유비는 유년 시절부터 모친을 따라 "짚신 판매와 자리 짜기를 생업으로 삼았다.[46]" 유비는 어려서부터 독서를 좋아하지 않았고, 개와 말, 음악, 화려한 의복 등을 좋아했다. 그는 "말수가 적고, 다른 사람을 잘 존중했으며, 기쁨과 분노를 얼굴에 드러내지 않았다. 또한, 호걸·의인과 사귀기를 좋아했다.[47]"

이상의 기록으로 유비의 출신 배경과 세력기반은 원소나 조조와 비교조차 불가능함을 알 수 있다. 원소는 4대에 걸쳐 삼공을 배출한 명문거족 출신이었고, 조조도 관료 가문 출신이었지만, 유비는 그렇지 않았다. 황건군을 진압할 때 조정에서 서원팔교위(西園八校尉)를 설치했는데, 원소는 중군교위(中軍校尉)였고, 조조는 전군교위(典軍校尉)였다. 그러나 이때의 유비는 황건군 진압에 참여한 공로로 겨우 안희현위(安喜縣尉)에 임명되었다. 유비는 유년 시절에 공손찬과 함께 노식의 문하에서 배운 적이 있었고, 동탁 토벌에 참여한 뒤에는 공손찬의 도움을 받아 임시로 평원현령(平原縣令)을 맡았었다. 이후 유비는 도겸을 구원한 공이 있어, 도겸의 추천으로 예주자사가 되었다. 도겸은 병이 위독해지자, 유비에게 서주를 넘겨주었다. 건안 원년[196년], 조조는 헌제를 맞이하여 허현에 도읍을 정하고, 유비를 진남장군(鎭南將軍) 겸 의성정후(宜城亭侯)로 삼았다.

이때 와서야 유비는 차츰 명성을 얻기 시작했고, 발판으로 삼을 만한 주(州) 하나를 확보했다. 그러나 그의 기반은 여전히 불안정했다. 조조와 연주를 놓고 다투다 패하여 유비에게 의탁한 여포는, 유비가 우이(盱眙)·

회음(淮陰) 일대에서 원술과 전투를 벌이던 때를 틈타 서주를 습격해 빼앗았다. 그리고 여포는 유비를 소패(小沛)오늘날의 강소성 패현(沛縣)에 주둔하게 했다. 유비가 소패에 있는 동안 그에게 모여든 사졸은 1만여 명이었다. 유비가 자신에게 이롭지 않음을 두려워한 여포는 출병하여 유비를 공격했다. 패주한 유비는 조조에게 의탁했다. 그러자 조조는 유비를 예주목에 임명했다. 조조는 여포를 공격하여 죽인 뒤에도 유비에게 서주를 돌려줄 마음이 없었다. 대신 그는 유비를 좌장군(左將軍)으로 삼아, 허도에 거주하도록 했다. 당시 어떤 사람이 조조에게 유비를 죽여 후환을 남기지 말라고 권유했다. 그러자 조조는 "지금은 한창 영웅을 거둘 때이다. 한 사람을 죽여 천하의 인심을 잃어버려서는 안 된다."라고 했다.

조조도 유비가 남의 밑에 있을 사람이 아닌 영웅임을 진작부터 인식하고 있었다. 그래서 그의 예우에 매우 신경을 썼다. 출타할 때는 함께 수레를 타고, 실내에 앉을 때는 자리를 같이할 정도였다. 조조는 일찍이 유비와 술을 마시며, 차분하게 천하의 영웅을 논한 적이 있었다. 그는 유비에게 이렇게 말했다. "지금 천하의 영웅은 오직 사군(使君, 유비)과 나뿐이요. 본초(원소) 같은 무리는 거론할 가치도 없소."

원술은 회남에서 황제를 참칭했으나, 누구도 그를 지지하지 않아 고립 상황에 빠졌다. 결국 그는 궁지에 몰리자, 북쪽으로 가서 원소에게 의탁하려 했다. 건안 4년[199년] 겨울, 조조는 유비에게 군대를 이끌고 서주로 가서 원술을 도중에 요격(邀擊)하게 했다. 조조의 모사 곽가(郭嘉) 등은 이 소식을 듣고 서둘러 조조에게 달려가 "유비를 풀어놓아서는 안 됩니다."라고 했다. 조조도 이를 후회했으나, 이미 추격한들 그를 돌아오게 할 수 없었다.

- 한대에 태수·자사 등 주·군의 행정장관을 일컫는 호칭.

유비는 서주에 도착했고, 원술은 병사했다. 유비는 허도에 머물 때, 거기장군 동승(董承) 등이 조조를 타도하기 위해 주도한 비밀 모의에 가담했다. 유비가 원술을 공격하려고 서주로 나온 뒤, 비밀 모의가 누설되어 동승 등은 피살되었다. 유비는 서주에 도착하자마자, 서주를 점거하고 조조에 반기를 들었다. 당연히 유비는 남의 밑에 오래 있을 사람이 아니었고, 조조도 오랫동안 유비를 포용할 수 없었다. 유비가 서주로 간 것은 마치 새장 속의 새가 숲으로 돌아간 것과도 같았다. 설령 동승의 비밀 모의가 탄로 나지 않았다 해도, 유비는 돌아가지 않았을 것이다. 유비는 서주에 오자마자 북방의 원소와 연합했다.

조조는 원소와 유비를 깊이 파악하고 있었다. 유비가 자신을 배반했다는 소식을 들은 조조는 건안 5년^{200년} 정월에 즉시 서주로 진군했다. 여러 장수가 모두 그를 만류하며 "공(公)과 천하를 다투는 사람은 원소입니다. 이제 원소가 한창 (공격하러) 오려는 참인데, 이를 버려두고 동쪽으로 진격했다가 원소가 우리의 배후라도 노린다면, 어떻게 되겠습니까?"[51]라고 했다. 그러자 조조는 이렇게 대답했다. "유비는 인걸이네. 지금 공격하지 않으면 반드시 후일의 근심거리가 될 사람이네. 원소는 큰 의지가 있어도 상황 판단이 더디므로 틀림없이 움직이지 않을 걸세."라고 했다.[52]

유비는 서주를 얻은 지 얼마 되지 않아 수만 명의 병력을 모았다. 그러나 이들은 모두 오합지졸이었으므로, 정예병인 조조군에 대적할 수 없었다. 유비는 대패했고, 그의 부인은 사로잡혔으며, 관우(關羽)는 투항했다. 유비는 하북으로 달아나, 원소에게 의탁했다. 조조는 회군하여 관도에 주둔했으나, 원소는 시종일관 움직이지 않았다.

원소의 부하 중에서도, 조조가 동쪽으로 유비를 정벌하러 갔을 때가 바로 허도를 공략할 기회라고 생각한 사람이 없지는 않았다. 전풍은 원소에게 허도를 급습할 것을 권했으나, 원소는 이 의견을 듣지 않았다. 원소는 조조를 공격해야 할 순간이 왔었는데도, 다시 한 번 좋은 기회를 놓쳐 버렸다.

반년 동안 조조는 각 방면에 적절한 준비를 마쳤다. 우선, 장패에게 정예병을 이끌고 청주로 들어가, 원소가 동진하여 허도를 공격하는 루트를 막게 했다. 또한, 관중 지역의 여러 장수들을 모두 안무(按撫)하여 일시적으로 원소와 연합할 수 없게 했고, 장수(張繡)의 투항으로 배후 공격에 대한 걱정은 던 상태였다. 마지막으로, 유비를 격파하여 배후에서 자신을 습격할 수 있는 강적을 없앴다. 모든 준비가 잘 이루어지자, 조조는 관도로 돌아가 원소를 맞아 싸우기 위한 부대 배치를 완료했다.

건안 5년[200년] 2월, 원소가 진격했다. 원소와 조조 둘 중 누가 승리를 거두고, 누가 북방을 통일할 것인지를 결정할 관도대전은 이렇게 시작되었다.

관도대전

관도대전은 건안 5년[200년] 2월,
원소가 여양으로 진격하면서 시작되어,
같은 해 10월에 원소군이 크게 궤멸되며 끝이 났다.
장장 8개월이 걸린 혈투였다.

1. 당시 사람들의 승패 예측

전쟁이 벌어지기 직전에 이미 적잖은 사람이 전쟁의 승패를 점쳤다. 조조 자신은 매우 확신에 차서 이렇게 예상했다. "내가 원소라는 위인을 잘 알고 있소. (원소가) 포부는 커도 지혜가 적고, 겉모습은 강경하지만 속으로는 겁이 많으며, 질투심이 많고 이기기를 좋아하여 위엄은 적은 편이오. (따라서) 병력이 많아도 업무 분담이 분명하지 않고, 장수들은 교만하며 정책과 법령이 통일되어 있지 않소. (그러니 그가 관할하는) 지역이 넓고 양식이 넉넉하다고 해도, 우리의 제물로 삼기에 딱 좋소."[1]

조조는 어려서부터 원소와 교유하여, 원소에 대해 뼛속까지 잘 알고 있었다. 위에서 인용한 조조의 분석처럼, 원소의 필패(必敗)는 매우 설득력 있다고 할 수 있다. 그러나 우리는 조조 개인의 평가에만 의존할 수 없다. 원소 역시 자신의 틀림없는 승리를 확신했을 것이기 때문이다. 가장 바람직한 방법은 다른 사람의 평가를 살펴보는 것이다.

당시 식견을 갖춘 인사들은 대부분 조조의 승리와 원소의 패배를 예상했다. 순욱은 조조에게 이렇게 말했다.

과거의 성공과 실패 사례를 살펴볼 때, 확실하게 재능이 있는 사람은 비록 (당장은) 약해도 반드시 강해집니다. 그러나 그런 (재능 있는) 사람이 아니면 비록 (당장은) 강해도 쉽게 약해지는 법입니다. (이런 사례는) 유방(劉邦)이 살아남고 항우(項羽)가 패망한 것으로도 충분히 알 수 있습니다. 지금 공(조조)과 천하를 다투는 사람은 오직 원소뿐입니다. 원소의 모습은 겉으로는 관대하지만 속으로 질투가 많고, 인재를 임용하고도 그들의 마음을 의심합니다. (그러나) 공께서는 사리에 통달하고, (인재를 등용할 때) 격식에 얽매이지 않아 오로지 재능의 합당함을 기준으로 삼으시니, 이것은 도량의 측면에서 (원소보다) 뛰어나십니다. 원소는 생각이 둔하고 결단력이 부족하여, (일을 처리할 때) 항상 적기를 놓치는 실수를 합니다. (그러나) 공께서는 대사(大事)를 맞아 과감하게 판단을 내리실 능력을 갖추셨고, 임기응변에 능해 고정된 편견이 없으시니, 이것은 지략의 측면에서 (원소보다) 뛰어나십니다. 원소는 군대의 통어(統御)가 지나치게 느슨하고 군법과 군령이 확립되어 있지 않아, 사졸은 많아도 사실상 활용하기 어렵습니다. (그러나) 공께서는 군법·군령을 이미 분명하게 제정하고 상벌을 반드시 시행하여, 사졸이 적어도 모두 다투어 목숨을 걸고 전투에 임하니, 이것은 무략(武略)의 측면에서 (원소보다) 뛰어나신 점입니다. 원소는 대대로 이어온 가문의 지위와 명망을 내세우고, 기품 있는 모습으로 지혜로운 척 가식을 떨어 명예를 얻었습니다. 그러므로 능력도 없으면서 허명(虛名)을 좋아하는 인사들이 대부분 그에게 의탁했습니다. (그러나) 공께서는 지극한 인정(仁情)으로 사람을 대하시고, 진실한 마음을 추구하며 허울뿐인 미명(美名)을 추구하지 않으십니다. (또한.) 모든 행동이 신중하고 검소한 생활을 하면서도 공을 세운 사람에게는 인색함이 없습니다. 그러므로 성실하고 정직하며 실무능력을 갖춘 천하의 인사들이 모두 공에게 등용되기를 원합니다. 이것은 덕행의 측면에서 (원소보다) 뛰어나십니다. 이 네 가지의 우위를 바탕으로 천자를 보필하고, 정의를 받들어 (불의를) 정벌하면, 누가 감히 따르지 않겠습니까? 원소가 강하다 한들, 그가 무엇을 할 수 있겠습니까!

양주종사(涼州從事) 양부(楊阜)가 허도에 사신으로 갔다가 관우(關右)로 돌아오자, 여러 장수가 그에게 조조와 원소의 승패가 어떻게 될 것인지를 물었다. 그러자 양부는 이렇게 대답했다.

원공(袁公, 원소)은 관대하지만 과감하지 못하고, 모략을 좋아하면서도 결단력이 부족합니다. 과감하지 못하면 위엄이 없고, 결단력이 부족하면 뒷일을 그르치는 법입니다. (따라서 원공은) 지금은 비록 강해도, 결국 대업을 이룰 수 없습니다. 조공(조조)은 웅대한 재능과 심원한 지략을 갖추고 있고, 추호도 머뭇거림 없이 적시에 결단을 내리며, 군법과 군령이 일관되고 병력은 정예병입니다. 또한, 파격적으로 인재를 등용하고, 소임을 맡은 사람들도 각자 최선을 다하니, 반드시 대업을 이룰 능력을 갖춘 사람입니다.

원소의 모사인 저수와 전풍 같은 사람도 원소가 반드시 패하거나 패할 가능성이 있다고 생각했다. 전풍은 원소에게 다음과 같이 간언했다.

조조가 이미 유비를 격파했다면, 허도 일대가 더는 비어 있지 않을 것입니다. 또한, 조조는 용병에 능하여 변화가 무궁하니, 병력이 적더라도 가볍게 생각해서는 안 됩니다. 지금은 장기전을 펼치며 대치하는 편이 좋습니다. 장군(원소)께서는 험준한 산하(山河)에 의지하고, 네 주(州)의 병력을 보유한 채, 밖으로는 (각지의) 영웅과 연합하고 안으로는 농사와 전쟁의 준비에 힘쓰십시오. 그런 다음 정예병을 뽑아 (몇 개의) 기습부대로 나눈 다음, (적의) 허점을 노려 번갈아 출동시켜서 하남(河南) 일대를 어지럽히십시오. (그래서 적군이) 우측을 구원하면 (우리는) 적의 좌측을 공격하고, (적군이) 좌측을 구원하면 (우리는) 적의 우측을 공격하십시오. 그러면 적들은 대응에 급급하여, 사람들이 본업에 충실하지 못할 것입니다. (그렇게 되면) 우리는 큰 수고를 들이지 않아도 저들은 이미 피로할 것이니, 3년 이내에 싸우지 않고도 이길 수 있습니다. (그런데) 지금 필승의 전략을 버리고 한 번의 전투로 승패를 결판내려고 하시니, (그랬다가) 만약 뜻대로 되지 않는다면 후회하신들 소용없을 것입니다.[4]

저수는 원소를 따라 출전했다. 그는 떠나기 전에 일족을 모아놓고 가산(家産)을 나누어주며 "권세가 있으면 그 위엄이 떨치지 않는 곳이 없지만, 권세가 사라지면 한 몸도 지키지 못하는 법이다. 슬프구나!"라고 했다.[5] 그의 동생 저종(沮宗)이 "조조의 병마가 우리의 적수가 못 되는데, 형님은 무엇을 걱정하십니까?"라고 물었다.[6] 그러자 저수는 이렇게 말했다.

조연주(曹兗州, 조조)의 탁월한 지략에다가 천자를 호위하는 것까지 명분으로 이용하니, 우리가 비록 백규(伯珪, 공손찬의 자)를 이겼어도 병사들은 사실 피로에 지친 상황이다. 게다가 주군(원소)은 교만하고 장수들은 사치스러우니, (우리) 군의 궤멸은 바로 이번 전쟁에서 일어날 것이다. 양웅(揚雄)은 "여섯 나라가 어지럽게 싸우더니, (결국) 영씨(嬴氏)를 위해 희씨(姬氏)를 약하게 한 꼴"이라고 말했는데, 바로 지금과 같은 상황을 일컫는 말이로다![7]

조조의 모사인 곽가도 조조·원소의 우열을 평가했는데, 그의 의견도 대체로 순욱의 의견과 같았다. 이것은 당시 전략가들의 생각이 대체로 같았기 때문일 수도 있고, 어쩌면 승자의 기록만 남았기 때문일 수도 있다. 순욱·곽가·저수·전풍은 모두 삼국 시기에 일류급의 재주와 지혜를

● 양웅의 『법언(法言)』, 「중려(重黎)」 편에 나오는 문장이다. 영씨는 진나라를, 희씨는 주(周)나라를 가리킨다. 전국시대의 여섯 나라가 어지럽게 싸우며 주나라의 권위를 흔든 행동이, 결국은 진나라가 천하를 통일하는 데에 도움을 주었음을 말한다. 여기에서 저수는 원소가 힘을 들여 공손찬을 무너뜨린 것이 결국 조조에게 도움을 준 꼴임을 비유하고 있다.

갖춘 인사들이었다. 그들의 견해는 당시 높은 수준의 지략과 혜안을 지닌 식자층의 의견을 대표했다.

2. 관도대전의 서막

관도대전은 다음과 같은 세 차례의 주요 전투로 이루어졌다. (1) 백마(白馬)오늘날의 하남성 활현(滑縣)의 동쪽의 포위 격파 작전. (2) 연진(延津)오늘날의 하남성 연진현의 북쪽 전투. (3) 관도오늘날의 하남성 중모현(中牟縣)의 북쪽에서 벌인 주력 간의 결전. 그중에서 백마의 포위돌파 작전과 연진 전투는 관도에서 벌어진 주력 결전의 서막이라고 볼 수 있다.

건안 5년200년 2월, 원소는 대장 안량(顔良)에게 백마에서 조조의 별장(別將) 유연(劉延)을 공격하게 하고, 자신은 대군을 직접 이끌고 여양오늘날의 하남성 준현(浚縣). 당시의 황하는 여양과 백마 사이를 흘러. 여양은 하북, 백마는 하남에 있었음에 진주하며 황하를 건널 준비를 했다.

여러 사료는 관도대전 동안 원소가 전투에 투입한 총병력이 10만 명이었다고 기록하고 있다. 진수도 원소가 "정예병 10만 명, 기병 1만 명을 뽑아 허도를 공격하려고 했다."고 기록했다. 조조가 투입한 병력은 여러 책에서 대부분 1만 명을 넘지 않았던 것으로 기록하고 있다. 진수는 "당시 공(조조)의 군사는 1만 명을 넘지 않았는데, 부상자가 그중 열에 두셋이었다."라고 기록했고, "공(조조)은 십분의 일의 병력으로 거점을 확보한 채 버티고 있습니다."라고 한 순욱의 발언도 언급했다. 그러나 배송지는 조조의 병력이 1만 명을 넘지 않았다는 견해에 동의하지 않았다. 배송지는 다음과 같이 주장했다.

위 무제(조조)가 처음 거병했을 때, (그는) 이미 군사 5000명을 거느리고 있었다. (이때) 이후 (조조는) 백전백승했고, 패배한 경우가 열 번 중 두세 차례뿐이었다. (조조는) 황건적을 격파한 한 차례의 전공만으로 항복한 병졸 30여만 명을 받아들였으며, 그밖에도 병력을 합병한 경우는 이루 기록할 수 없을 정도(로 많)다. (따라서) 비록 출정한 전투에서 손상된 병력이 있었더라도, (그의 병력이) 이렇게 적을 리는 없다.[11]

배송지는 또 몇 가지 실례를 들어, 조조의 병력이 "그렇게 적을 리 없는" 이유를 설명했다. 그는 조조의 병력이 1만 명을 넘지 않았다는 주장을 두고, "(역사를) 기술한 사람이 적은 병력(으로 전공을 거둔 조조)의 탁월함을 보여주려고 한 것이지, 사실적인 기록이 아니"[12]라고 생각했다.

배송지의 견해가 아마도 실상에 부합할 것이다. 관도대전은 조조의 성공과 실패는 물론이고 생사까지 걸린 일전(一戰)이었으므로, 조조는 반드시 전력을 기울여야 했을 것이다. 후방에는 치안에 필요한 최소한의 병력만 남긴 채, 반드시 전력을 전쟁에 투입해야 할 상황이었다. 전쟁 직전에 조조에게 귀순한 장수(張繡)도 곧바로 군대를 이끌고 전투에 투입될 정도였다. 진수는 "관도대전에서 장수가 힘껏 싸워 공을 세웠으므로, 파강장군(破羌將軍)으로 승진했다."[13]라고 기록했다. 장수의 인솔로 관도대전에 투입된 병력이 적어도 수천 명은 되었으리라고 추정할 때, 조조의 "병력이 1만 명을 채 넘지 못했고, 그중 부상자가 열에 두셋 정도"였다는 주장은 그 추정 수치가 너무 적다. 그러나 조조의 병력이 원소보다 적었다는 사실은 전혀 문젯거리가 될 사안이 아니다.

조조는 이처럼 존망(存亡)이 걸려 있는 전쟁을 어떻게 맞이했을까? 먼저 그는 어떻게 백마의 포위를 돌파했을까? 책략가 순유(荀攸)는 다음과 같은 계책을 올렸다.

현재 (우리의) 병사가 적어 (원소군과) 대적할 수 없으니, 저들의 군세를 분산해야 이길 수 있습니다. 공께서 연진에 도착하면, 마치 황하를 건너 저들의 배후를 공격할 것 같은 모양새를 취하십시오. (그러면) 원소는 필시 서쪽으로 가서 대응하려 들 것입니다. 그런 다음 가볍게 무장한 부대가 백마를 기습하여 저들이 대비하지 못한 틈을 타 공격한다면, 안량을 생포할 수 있습니다.[14]

조조는 대체로 순유의 계책대로 백마의 포위를 뚫는 작전을 폈다. 이른바 "저들의 군세를 분산해야 이길 수 있다."는 순유의 발언은 원소의 병력을 반드시 분산시켜야 한다는 점을 강조한 것이다. 연진은 백마의 서남쪽에 있다. 순유의 건의는 다음과 같이 정리할 수 있다. 조조가 병력을 이끌고 연진으로 가는 행동은 허장성세이다. 마치 연진에서 황하를 건너 북상하여 원소군의 배후를 습격하려는 모양새를 취함으로써, 원소가 군대를 나눠 서쪽으로 보내 이에 응전하게 유인하고, 그런 다음 자신은 병력을 집중하여 신속하게 행군하여 백마를 포위한 원소군을 기습하는 것이다.

조조는 순유의 건의를 받아들여, 계획에 따라 일을 진행했다. 원소는 조조군이 연진으로 이동하는 것을 보고, 조조군이 연진에서 황하를 건너 자신의 배후를 습격하려는 의도라고 생각하고, 병력을 나눠 서쪽으로 보내 응대하게 했다. 그런데 조조는 원소가 이미 병력을 나눠 서쪽으로 갔다는 소식을 듣고, 즉시 연진에서 방향을 틀어 백마로 급히 행군했다. 조조군이 백마에서 10여 리 밖까지 당도했을 때, 안량은 그제야 소식을 듣고 매우 놀랐고 서둘러 나와 응전했다. 조조는 안량군을 대파했고, 전투에서 안량을 참수했으며, 마침내 백마의 포위를 풀었다. 그리고는 백마의 병졸과 민간인을 이주시켜 황하를 따라 서쪽으로 철수하게 했다.

백마 전투에서 조조가 승리할 수 있었던 이유는 다음의 몇 가지로 종합할 수 있다. 첫째, 조조군이 주도권을 완전히 잡았고 원소군은 피동적인 위치에 처했기 때문이다. 조조가 원소군의 병력을 분산하려고 하자, 원소는 마치 "조조의 명령에 따르기라도 하듯이" 병력을 분산했다. 적군의 속이는 동작에 현혹된 원소는 조조가 연진에서 황하를 건너려 한다고 생각하고, 병력을 나눠 적과 맞서려고 서쪽으로 이동했다가 속임수에 걸렸다.

둘째, 조조가 우세한 병력을 집중하여 적을 각개격파하는 작전을 채택했기 때문이다. 작전에 동원된 병력 전체를 따져보면, 원소군은 강하고 조조군은 약했으며, 원소군은 많고 조조군은 적었다. 만약 조조가 직접 출병하여 백마의 포위를 풀려고 했다면, 원소의 대군은 필연적으로 여양에서 황하를 건너 증원되었을 것이다. 병사도 적고 세력도 약한 조조는 백마의 포위를 풀 수도 없었을 뿐만 아니라, 전군이 격파되거나 섬멸될 위험도 있었다. 조조군은 연진에서 황하를 건너는 척하여, 원소군이 군대를 나눠 서쪽으로 가도록 유도했다. 이것은 한편으로는 원소군의 병력을 분산했고, 다른 한편으로는 원소의 대군이 잠시 여양에 주둔하며 형세를 관망하도록 유인할 수 있었다. 이렇게 조조가 병력을 집중하여 백마를 포위한 원소군을 격파할 때, 안량이 지휘한 부대는 아마 소수였을 것이다. 결국, 이 한 번의 전투로 안량의 부대는 전부 섬멸되었고, 주장(主將)인 안량도 전사했다.

셋째, 조조가 속전속결의 전술을 구사했기 때문이다. 이는 전장의 형세에 의해 결정된 것이자, 양측 병력의 현격한 차이에 의해 결정된 사항이기도 했다. 당시 황하는 여양과 백마의 사이를 지나며 흐르고 있었다. 그래서 여양은 하북, 백마는 하남에 있었다. 두 지역의 거리는 수십 리에 불과했다. 그래서 배에 대군을 태우고 황하를 건너는 일이 쉽지 않아 시간이 걸리기는 했지만, 턱없이 오랜 시간이 걸리지는 않았다. 이러한 조건 탓에 조조가 연진에서 백마로 이동하는 행군은 비밀스럽고 신속히 이뤄져야 했고, 작전도 빠르게 결정하여 진행되어야 했다. 그렇지

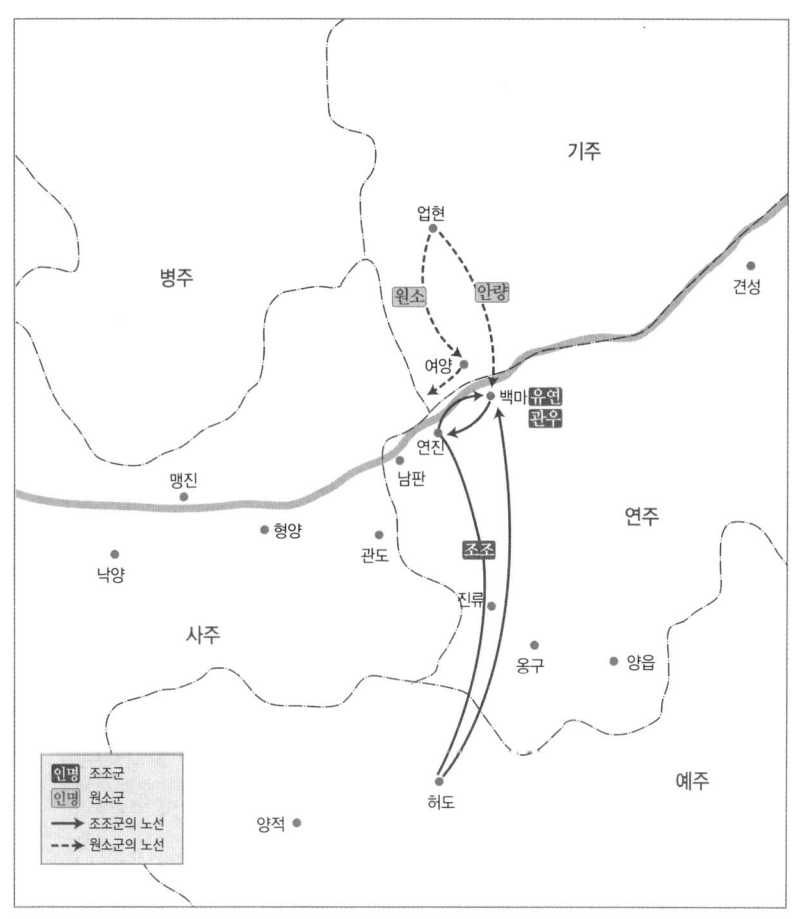

(지도 8) 백마 전투

않으면 여양에 있던 원소의 원군이 도착했을 때, 전투의 국면이 완전히 뒤바뀔 상황이었다. 속전속결이 조조의 승리 비결이었다.

조조가 백마에서 후방으로 철수할 때, 원소는 여양에서 황하를 건너 조조를 추격했고, 양측은 연진 남쪽에서 다시 전투를 벌였다. 조조가 또 한 차례 승리를 거뒀다. 진수는 이 전투를 다음과 같이 기록했다.

원소는 이때 황하를 건너 공(조조)의 군대를 추격하여 연진현 남쪽에 이르렀다. 공(조조)은 병력을 이끌고 남판(南阪) 아래에 주둔한 채 (병정에게) 보루(堡壘) 위에 올라가 (적의 동태를) 살펴보게 하니, (병정은) "대략 500~600명의 기병입니다."라고 보고했다. 그런데 잠시 후 (병정은) 다시 "기병이 점점 많아지고, 보병은 셀 수 없을 만큼 많습니다."라고 보고했다. 그러자 공(조조)은 "다시 보고할 필요 없다."고 했다. 그리고 기병들에게 말안장을 풀어 말을 놓아주게 했다. 이때는 백마에서 군수물자를 싣고 출발한 차량이 (한창) 운송 중이었다. 여러 장수는 적의 기병이 많으므로, (운송 중인 부대를) 영채(營寨)로 돌아가게 하여 (군수물자를) 보호하는 편이 좋겠다고 생각했다. (그러나) 순유는 "이것은 적을 유인하려는 의도인데, 왜 철수시키려고 하시오!"라고 했다. 원소의 기병 장수 문추(文醜)와 유비가 5000~6000명의 기병을 거느리고 차례로 달려왔다. 장수들이 다시 (조조에게) "말에 오르십시오."라고 아뢰었다. 공(조조)은 "아직 아니다."라고 했다. 잠시 후 (원소의) 기병은 점점 많아졌고, 그 일부가 (따로) 갈라져 이동 중인 물자로 향했다. (이때야) 공(조조)은 "됐다!"라고 했고, (조조의) 장수들은 비로소 모두 말에 올랐다. 당시 (조조의) 기병은 600명을 넘지 않았지만, 결국 (조조는 기병) 병력을 이끌고 (원소군을) 공격하여 대파하고 문추를 참했다. 안량·문추는 모두 원소의 명장이었는데, 두 차례의 전투로 모두 사로잡으니, 원소군이 매우 두려워했다.[15]

원소는 공손찬을 섬멸한 이후 교만해졌다. 범엽은 원소가 "이미 네

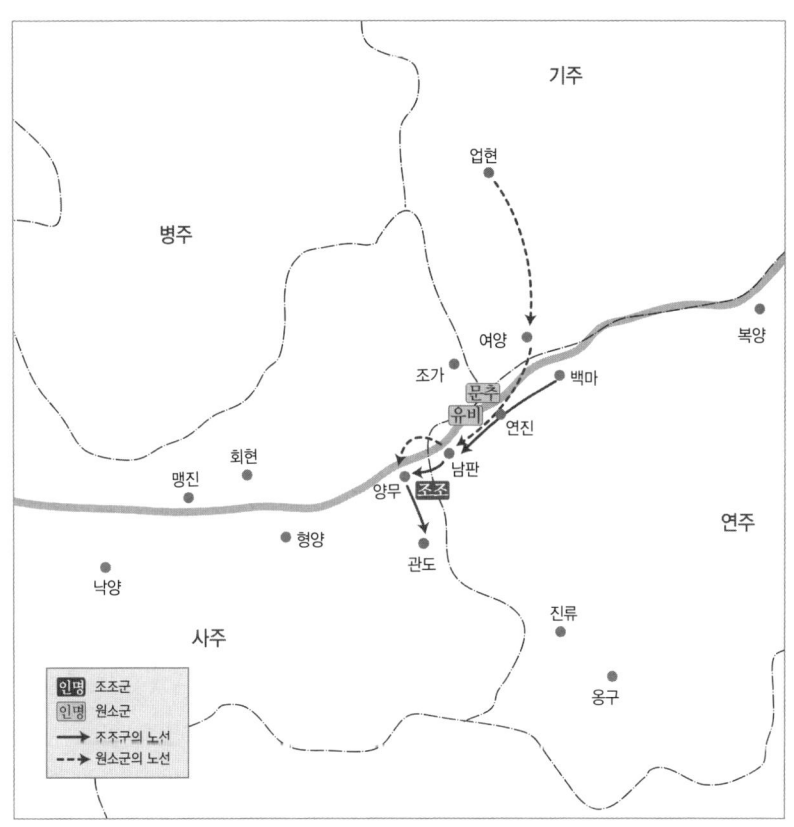

[지도 9] 연진 전투

주의 땅을 병탄하고 병력이 수십만 명이나 되자, 교만한 마음이 더욱 커졌다.[16]"라고 했다. 이때 원소가 직접 대군을 이끌고 남하하자, 진림은 원소를 위해 「토조조격주군문」(討曹操檄州郡文, 조조를 토벌하며 주·군에 보내는 격문)을 썼다. 이 격문에서는 조조가 감히 하북에 진입한 행위를 "사마귀가 넓적다리를 휘둘러 큰 수레의 길을 막으려는 꼴[17]"로 비유했고, 원소의 조조 토벌을 "마치 말라붙어 흩날리는 쑥 다발을 큰불로 태우고, 불씨 남은 숯불에 바닷물을 퍼붓는 것[18]"처럼 쉬운 일이라고 평가했다. 이 격문은 비록 과장된 말이지만, 원소의 교만한 마음을 정확하게 표출한 글이기도 하다. 심배와 곽도가 "지금 명공(원소)의 영명함과 위무(威武)로 하삭(황하 이북)의 강대한 병력을 연합하여 조조를 정벌한다면, 그 형세는 손바닥을 뒤집는 일처럼 쉽습니다.[19]"라고 한 의례적인 말은 원소가 듣기 좋으라고 한 이야기였다. 그는 다만 손쉬운 성공, 즉 일거에 조조를 섬멸하고 군대를 모아 허도에 입성하는 일만 생각했다.

저수는 원소의 교만을 절실히 느끼고 크게 근심했다. 저수는 출병에 앞서 원소에게 다음과 같이 간언했다.

> 난세를 구원하고 포악(暴惡)을 주멸하는 것을 일러 의로운 군대라 하고, 병력의 숫자와 강대함만 믿는 것을 교만한 군대라 합니다. 의로운 군대는 대적할 수가 없고, 교만한 군대가 먼저 멸망하는 법입니다.[20]

백마에서 패배를 당했음에도 불구하고, 원소의 두뇌는 전혀 냉철해지지 않았다. 그는 여양에서 황하를 건너 진군할 때도 여전히 오만한 기세로 적을 얕보며 자신이 반드시 이기리라고 생각했다. 저수는 황하를 건너

- 『한시외전』(韓詩外傳), 『회남자』(淮南子), 『장자』(莊子) 등에 수록된 '당랑거철'(螳螂拒轍)의 고사를 인용한 것이다.

며 탄식하기를, "윗사람은 교만한 마음이 넘치고, 아랫사람은 공을 세울 생각만 하나니. 아득한 황하여! 내가 다시 황하를 건너 돌아올 수 있을까?"라고 했다.[21]

교만한 군대는 필패하기 마련이다. 조조는 원소의 교만함과 원소군 장졸들의 전공 욕심과 재물 탐욕을 이용했다. 조조도 자기 부하들이 수적으로 열세지만 잘 훈련되었고, 위험한 상황에서도 더욱 용감하며 나약하지 않음을 잘 알고 있었다. 조조는 백마의 군수물자를 미끼로 던져주는 책략을 채택했다. 그래서 원소의 기병은 그 수가 많았지만, "(원소군의) 일부가 따로 갈라져 (조조군의) 이동 중인 물자로 달려갈" 때가 되자, 이미 대열이 흐트러져 오합지졸이 되었다. 진수는 "태조(조조)께서 …… 마침내 군수물자를 미끼로 적들을 유인하니, 적들은 다투어 물자로 달려가 대열이 어지러워졌다. 그러자 (태조께서는) 보병과 기병을 모두 공격에 나서게 하여, 적군을 대파했다."[22]라고 기록했다.

3. 관도대전

두 차례의 서전(緒戰)에서 승리를 거둔 조조는 침착하게 관도로 철군했다. 이것은 자발적인 전략적 철수였다. 관도에서 원소와 전투를 치르는 것이 조조에게는 유리했다. 관도는 이미 조조의 통제 구역 안으로 깊이 들어온 곳으로, 허도와 비교적 가까웠다. 조조에게는 방어선이 짧아지고, 보급로도 단축되었으며, 병력을 더욱 모을 수 있는 지역이었다. 반대로 원소의 처지에서는 적진 깊숙이 들어와, 병력이 분산되고 보급로가 연장된 꼴이었다.

원소는 관도대전을 과연 어떻게 치러야 했을까? 조조가 관도로 철군했을 때, 원소도 그에 따라 양무(陽武)오늘날의 하남성 원양(原陽)의 동남쪽로 진군했다. 이때 저수는 다시 다음과 같은 계책을 올렸다.

> 북방의 (우리) 군대는 숫자가 많지만 과감함과 강력함에서 남방(의 조조군)에 미치지 못합니다. 남방(의 조조군)은 양식이 모자라고 재물도 북방(의 아군)에 미치지 못합니다. (따라서) 남방(의 조조군)은 속전속결이 유리하고, 북방(의 아군)은 천천히 싸우는 편이 유리합니다. 천천히 지구전을 벌이며 시간을 끌어야 합니다.[23]

이것은 원소가 출병하기에 앞서 저수·전풍이 거듭 건의했던 작전 책략으로, 이러한 전법이 원소 측의 객관적인 상황에 부합했다. 이치대로라면, 두 차례의 적지 않은 전투에서 패배하고 대장 두 사람을 잃은 이후의 원소는 자신의 전략·전술을 반성해야 마땅했다. 그러나 원소는 저수의 의견을 조금도 진지하게 생각하지 않고, 단박에 거부해 버렸다.

건안 5년[200년] 8월, 원소는 양무에서부터 영채를 연결해가며 조금씩 전진하여, 관도에 접근했다. 그는 모래언덕에 의지하여 주둔했는데, 그 길이가 동서로 수십 리였다. 조조 역시 별도로 군영을 설치하여 이에 맞섰다. 8월부터 10월까지 원소와 조조 양군은 관도에서 두세 달 동안 서로 대치했다. 조조군은 수비하는 처지였고, 원소군은 공격하는 처지였다. 원소군은 숫자와 규모에서 우세였고, 조조군은 숫자와 규모 모두 약세였으므로, 조조군의 처지가 매우 어려운 상황이었다.

원소가 "높은 망루(望樓)를 만들고 토산(土山)을 쌓아 (조조의) 군영 안으로 활을 쏘자, (조조) 군영(의 병사들)은 모두 방패로 몸을 가렸고, 매우 두려워했다. 태조(조조)는 발석거(發石車)를 만들어 원소의 망루를 공격하여 모두 격파했다. 원소의 병사들은 이것을 '벽력거'(霹靂車)라 불렀다. 원소는 땅굴을 파서, 태조(조조)의 군영을 기습하려 했다. (그러자) 태조(조조)는 번번이 군영 안에 더 긴 참호를 파서 이를 막았다. …… 태조(조조)가 원소와 오랫동안 대치하자, 백성은 피폐했고, 많은 사람이 (조조를) 배반하고 원소에게 호응했으며, 군량도 부족했다."

조조는 일단 허도로 철수했다가 다시 원소와 결전을 벌이려고 했다. 그는 허도를 지키던 순욱에게 서신을 보내 이 문제를 의논했다. 순욱은 이에 동의하지 않으며, 철군은 위험한 계책이라고 주장했다. 순욱은 조조에게 끝까지 버티라고 권유하며, 이렇게 말했다.

지금은 군량이 적어도, 아직 초(楚)와 한(漢)이 형양(滎陽)과 성고(成皐) 일대에서 대치하던 때처럼 심하지는 않습니다. 당시 유방과 항우는 (누구도) 먼저 물러나려 하지 않았습니다. 먼저 후퇴한 사람이 그 기세가 꺾이기 때문이었습니다. 공은 십분의 일의 병력으로 거점을 확보한 채 버티고 있으며, 적의 급소를 누르고 전진하지 못하게 하신 지 이미 반년이 되었습니다. (적군의) 실정(實情)이 드러나 (그들의) 예봉이 이미 꺾이는 추세이니, 반드시 앞으로 변화가 생길 것입니다. 이는 바로 기책(奇策)을 사용할 시기이므로, 놓쳐서는 안 됩니다.

당시의 정황에 비추어 보면, 관도에서 철수하는 행위는 확실히 매우 위험했다. 만약 정말로 철수했다면 관도를 지키지 못하는 것은 물론이고, 허도 역시 지키기 어려웠다. 건안 12년[207], 즉 관도대전이 끝난 지 7년이 지난 후에도, 조조는 관도에서 철수하지 말라고 건의한 순욱의 공을 여전히 잊지 않았다. 그는 헌제에게 다음과 같이 표문을 올렸다.

- • 기계 원리를 이용하여 원거리의 적에게 돌을 연속으로 발사하는 일종의 무기.
- •• 그 소리가 '벽력(霹靂, 벼락) 소리처럼 컸기 때문에 붙은 이름이다.
- ••• 진대(秦代) 말기 유방과 항우가 천하의 패권을 다투며 형양과 성고 일대에서 오랫동안 대치했다. 결국, 두 사람은 천하를 나누어 홍구(鴻溝) 서쪽은 유방이, 동쪽은 항우가 다스리기로 약속했다. 항우가 이 일로 군사를 물렸는데, 유방은 마침내 이 기회를 이용하여 진격하여 항우를 패망시켰다.

옛날에 원소가 도성의 외곽까지 침입하여 관도에서 싸웠습니다. 당시 (신은) 병력이 적고 군량도 다하여, 허도로 돌아오려고 했습니다. (그래서) 순욱에게 서신을 보내 (이 일을) 의논했더니, 순욱은 신(의 의견)에 동의하지 않았습니다. (순욱이 신에게 관도에) 주둔하는 장점을 제시하고 (적진으로) 진격하여 토벌할 계책을 적극적으로 개진하여 신의 마음을 다시 북돋아 주니, (신은) 어리석은 생각을 바꾸어 마침내 대역(大逆, 원소)을 무찌르고 그의 군대를 무너뜨려 흡수했습니다. …… 만약 그때 신이 관도에서 퇴각했다면 원소가 반드시 큰 위세를 떨치며 진격하여, (아군이) 무너지는 모습만 보이고 (적군을) 제압하는 기세는 없었을 것입니다.[26]

이렇게 조조는 순욱의 의견을 듣고, 관도를 고수하려는 결심을 굳혔다. 원소도 일찍이 병력을 나누어 조조의 후방을 교란케 하려고 시도했다. 그는 유비를 여남 일대로 파견하여 현지 지방 세력과의 공조를 통해 조조의 후방을 노략질하게 했다. 처음에는 확실히 유비의 활동이 "허도 이남의 관리와 백성을 불안하게"[27] 했다. 그러나 유비는 "이제 막 원소의 군대를 거느리게 되었으므로, 병사들이 충분히 전투력을 발휘하도록 할 수 없었다."[28] 조조가 조인(曹仁)을 보내 이들을 공격하게 하니, 유비는 패하여 퇴각했다. 원소는 다시 별도로 한순(韓荀)에게 우회 습격으로 조인의 서쪽 퇴로를 끊도록 했으나, 한순 역시 조인에게 격파되었다. 원소는 더는 병력을 나누어 출격하지 않았다.

병력을 파견하여 조조의 후방을 교란하겠다는 전략은 본래 저수와 전풍이 원소에게 제시했던 건의였다. 그렇지만 이때는 이미 전혀 실정에 맞지 않는 대책이었다. 원소는 조조의 토벌을 호소하는 격문에서 "병주(고간의 군대)가 태항산(太行山)을 넘고, 청주(원담의 군대)가 제수(濟水)·탑수(漯水)를 건너며, (원소의 본진인) 대군은 황하를 타고 내려와 (조조를) 정면에서 공격하고, 형주(유표의 군대)가 완현(宛縣)·섭현(葉縣)으로 내려와 (조조의) 후방을 협공"하여, 사방에서 포위하는 형세를 만들자고 주장했다. 그러나 실제로 출병한 것은 원소가 직접 거느리고 여양에서 관도까지 온 일군(一軍)뿐이었다. 유표 측에서는 군사 행동을 잠시 중단하고 상황을 관망했다. 이른바 "유표는 출병을 허락하고도 오지 않는" 상황이었다.

건안 4년¹⁹⁹년 봄, 조조는 다시 하내(河內)를 점령하고 "위충(魏种)을 하내태수로 삼아, (그에게) 황하 이북 지역의 업무를 맡겼다." 그래서 병주에 있던 고간의 군대는 황하를 건너 남하할 수 없었다. 같은 해 8월, 조조는 이미 장패 등에게 정예병을 거느리고 청주에 들어가 동방을 방어하게 했다. 호삼성(胡三省)은 이렇게 말했다. "장패는 태산(泰山)에서 흥기하여 동방에서 영웅을 자처하던 사람이었으므로 (조조가) 그에게 방어를 맡긴 것이다. 원씨(원소)는 평원(平原)에서 동쪽으로 이동하고자 했으나, 그렇게 할 수 없었다."

청주자사는 원소의 맏아들 원담이었다. 그는 첫 출병부터 원소의 곁에 있었다. 원소는 애당초 청주에서 출병할 생각이 없었던 듯하다. 그렇지 않다면, 그는 틀림없이 원담을 청주로 보냈을 것이다. 원소는 허상성세로 조조를 사방에서 포위하겠다고 했으나, 실제로는 하나의 공격 루트만 있었다. 이러한 상황에서 유격대를 본진인 대군에서 멀리 떨어진 여남 일대까지 보내 활동하게 하면, 고립 상태에 빠질 수 있었다. 더군다나 조조는 일찌감치 이에 대한 준비와 계획을 마련해놓은 상황 아니었던가? 유비와 한순은 공격을 받아 무너지는 정도가 아니라, 전멸할 상황이었다.

건안 5년²⁰⁰년 9월, 원소의 군량을 운송하는 수레 수천 대가 군량을 싣고 관도로 향했다. 순유는 조조에게 "원소의 (군량을 실은) 운송 수레가 조만간 이를 텐데, 그 (수레의 운송을 맡은) 장수 한순(韓荀, 한맹韓猛 또는 한약韓若이라고도 함)은 용맹하지만 적을 경시하니, 공격하면 격파할 수 있습니다."라고 주장했다. 이에 조조는 서황(徐晃)과 사환(史渙)을 파견하여,

도중에 한순을 막고 공격하게 했다. 이들은 한순을 대파하고, 그가 운송을 맡은 수레를 불태웠다.

　겨울 10월, 원소는 다시 하북으로부터 군량을 실은 수레 1만여 대를 오게 했다. 대장 순우경 등이 병사 1만여 명을 이끌고 군량을 실은 수레의 호송을 맡았다. 군량을 실은 수레는 원소의 본영(本營)에서 북쪽으로 40리 떨어진 오소(烏巢)오늘날의 하남성 연진(延津)의 경계에 숙영(宿營)했다. 원소의 모사 허유(許攸)는 바로 이런 상황에서 조조에게 투항했다. 그는 조조에게 야음을 틈타 오소에 있는 원소의 군량미를 습격하자는 계책을 건의했다. 당시 조조는 군량이 거의 다 떨어져, 매우 다급한 상황이었다.

　허유의 계책을 받아들인 조조는 조홍(曹洪)과 순유에게 본영을 지키게 하고, 자신이 직접 "정예의 보병과 기병을 선발하여 (이들에게) 모두 원소군의 기치(旗幟)를 사용하게 하고, (병사에게) 하무를 물리고 말의 주둥이에 재갈을 물려 막은 다음, 밤에 샛길을 통해 출격했다. 병사들은 섶묶음을 안은 채 이동했는데, 지나는 도중에 누가 물어보면 '원공(원소)께서 조조가 후방의 군대를 노략질할까 염려하여 병력을 보내 방어를 보강하시는 것'이라고 대답하게 했다. (이 말을) 들은 사람은 사실로 믿어 모두 태연자약했다. (조조군이) 도착한 다음 (오소의 원소) 둔영(屯營)을 포위하고 크게 불을 놓으니, 둔영 안은 놀라 혼란에 빠졌다."[34] 날이 밝은 뒤 조조의 병력이 적은 것을 본 순우경이 처음에는 영문(營門)을 열고 출격했지만, 나중에는 둔영에 들어가 굳게 지켰다. 조조는 한동안 공격했으나 함락하지 못했다.

　원소는 조조가 오소의 둔영을 습격했다는 소식을 듣고, 조조의 대본영이 틀림없이 비었으리라 판단하여 조조의 본영을 공격하기로 했다. 원소는 아들 원담에게 "저들이 순우경 등을 공격했다고 해도, 우리가 저들의 본영을 공격하여 함락하기만 하면, 저들은 사실상 돌아갈 곳이 없을 것이다."[35]라고 말하고, 대장 장합(張郃)과 고람(高覽) 등에게 조조의

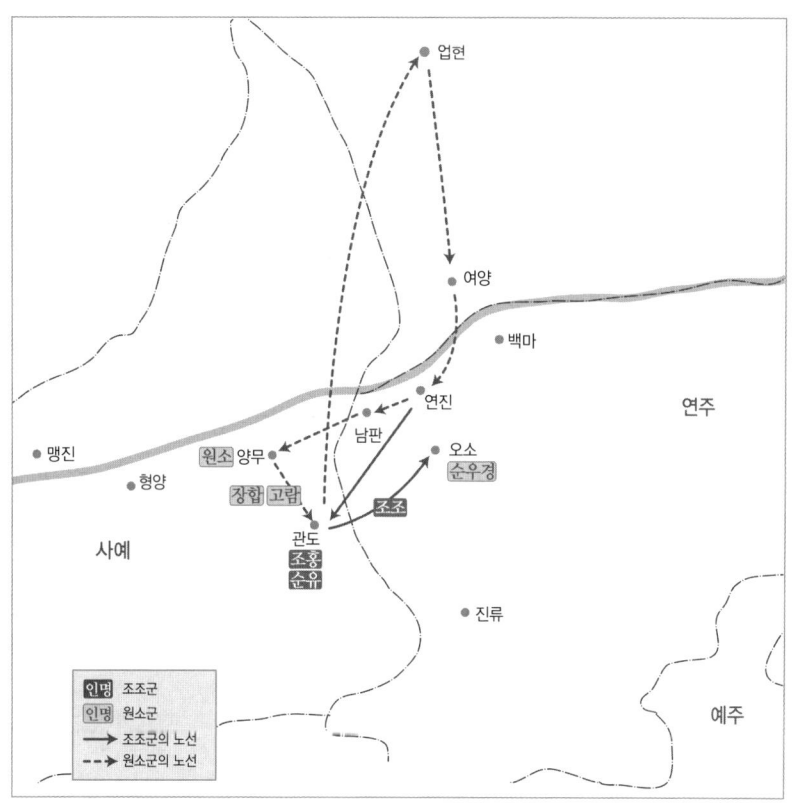

〔지도 10〕 관도대전

본영을 공격하게 했다. 장합은 이렇게 말했다. "조공(조조)의 병력이 정예병이니, (오소로) 갔다면 반드시 순우경 등을 격파할 것입니다. 순우경 등이 격파되면 장군의 대업도 끝장이니, 급히 병력을 이끌고 가서 구원해야 합니다."[36]

곽도는 이에 반대했다. "장합의 계책은 옳지 않습니다. 그(조조)의 본영을 공격하는 편이 낫습니다. 상황상 (조공은) 반드시 돌아올 것입니다. 이렇게 되면 (오소의 포위는) 구원하지 않아도 저절로 풀릴 것입니다."[37] 그러자 장합이 다시 반박했다. "조공의 군영은 견고하여, 공격해도 결코 함락할 수 없습니다. 만약 순우경 등이 포로로 잡히기라도 하면, 우리까지 모두 포로가 될 것입니다."[38] 느긋하고 과감성이 없으며, 계책 꾸미기를 좋아하나 결단력이 부족한 원소는 한편으로는 대군을 이끌고 조조의 본영을 공격하면서도, 다른 한편으로는 날쌘 기병을 보내 순우경을 구원하게 했다.

전방에 있는 순우경의 군영을 채 함락하지 않은 상황에서 다시 원소의 원군이 후방에서 몰려오니, 조조는 순식간에 양쪽에서 적을 맞이하게 되었다. 조조는 병력을 집중하여 먼저 순우경의 군영을 공격하기로 했다. "좌우에서 누군가가 '적의 기병이 점차 접근하니, 병력을 나누어 막으시지요.'라고 했다. 공(조조)은 노하여 '적이 등 뒤까지 접근하면, 그 때 고하라!'라고 했다. 사졸들은 모두 죽기를 각오하고 싸워 순우경 등을 대파하고 모조리 참수했으며,[39] "그들의 군량과 보화를 전부 불살랐다."[40] 순우경의 군대가 이미 격파된 것을 안 원소의 원군은 곧바로 궤멸했다.

곽도는 자기 계책이 실패한 것이 부끄러워, 오히려 장합을 모함했다. 그는 원소에게 "장합이 (우리) 군대의 패배를 기뻐하며, 불손한 말을 입밖으로 내놓았습니다."[41]라고 했다. 화도 나고 두렵기도 했던 장합은 고람과 함께 공성용(攻城用) 무기를 불태우고 조조에게 투항했다. 오소의 군량은 전소되고, 순우경이 피살되었으며, 장합과 고람이 조조에게 투항했다. 이 지경에 이르자, 원소의 패배는 기정사실이 되었다. 이 소식이 전해지자, 원소군은 크게 무너졌다. 원소는 아들 원담과 함께 하북으로 달아날 수밖에 없었다. 관도대전은 이렇게 마무리되었다.

원소가 관도대전에서 실패한 원인은 우선 교만한 마음으로 적을 가볍게 보았기 때문이었다. 군량의 운송과 보호는 전쟁에서 매우 중요한 업무이다. 군중에 하루라도 보급이 끊어지면 인마(人馬)가 먹지 못해, 전군이 붕괴하거나 혼란에 빠지는 위험이 발생한다. 군량과 마초(馬草)의 운송을 책임진 원소의 두 장군은 모두 교만하여 적을 경시했다. 한순은 "용맹하지만 적을 경시했고," 순우경은 "장수로서 교만하고 (그의) 사졸은 나태했다.^{42}" 이들보다 더 교만하고 적을 경시한 사람이 바로 전군의 통수권자인 원소였다. 그는 마지막까지도 과거의 교훈과 주변의 충고를 받아들이지 않았다. 한순이 운송하던 군량과 마초가 전소된 후 원소가 2차로 순우경에게 군량의 운송을 맡기자, 저수는 원소에게 "장군 장기(蔣奇)를 별도로 파견하여 (군량 운송 부대의) 외곽에서 지원군이 되게 하면, 조공(조조)이 (군량미를 노려) 훔치려는 상황을 막을 수 있습니다.^{44}"라고 말했다. 그런데도 원소는 이 의견을 따르지 않았다.

조조가 군량 전소 작전을 펼친 것은 과감한 시도였다. 전방에 아직 격파하지 못한 순우경의 부대가 있고, 후방에는 원소의 원군이 이미 도착한 상황이라, 조조의 처지는 대단히 위험했다. 이때 만약 조조가 "병력을 나누어 막는" 방법을 선택하여 병력을 양면으로 분산시켜 적을 맞이했다면, 전방과 후방 모두 병력 부족으로 적을 무찌르지 못하고 오히려 적의 협공을 받아 섬멸될 위험이 있었다. 이 중대한 기로에서 조조는 여전히 병력의 집중을 통한 각개격파의 작전 방침을 견지했다. 이것이 조조가 승리를 거두게 된 결정적인 책략이었다. "적이 등 뒤까지 접근하면, 그때 고하라!"라는 일갈은 대단한 결심과 용감함의 표현이었다.

조조는 다른 사람의 의견을 겸허히 수용할 줄 알았으나, 원소는 자기 고집대로 행동했다. 조조는 남의 충고를 잘 수용하는 성격이었고, 원소는 강퍅하고 자기만 옳다고 생각하는 성격이었다. 조조는 시비를 명확하게 가릴 줄 알았고, 적시에 즉시 결단을 내렸다. 그러나 원소는 좋고 나쁜 것을 구분하지 못할 만큼 우유부단하며 과단성이 부족했다. 이런 것들이 조조가 승리하고 원소가 패하게 된, 중요한 원인이었다.

4. 조조의 하북 평정

하북으로 돌아온 원소는 회한과 절망에 상심했고, 병고(病苦)에 시달리다가 1년도 채 지나지 않아 피를 토하고 죽었다. 원소가 죽자, 원씨 일족 내부의 모순과 부하들 사이의 갈등이 곧 폭발했다. 원소에게는 세 명의 아들이 있었다. 맏아들은 원담, 차남은 원희, 막내아들은 원상(袁尚)이었다. 원소와 그의 후처는 원상을 총애하여, 후계자로 삼으려 했다. 흥평 2년[195년], 원소는 맏아들 원담에게 형의 후사를 잇게 한 후, 청주자사로 내보냈다. 그의 이러한 행동은 원상을 후계자로 세우기 위한 준비임이 분명했다.

저수는 원소의 의도를 알아차리고, 원소에게 그렇게 하지 말 것을 권유했다. 그러자 원소는 "나는 네 아이에게 각각 한 주씩을 맡겨, 그들의 능력을 보려고 하오."[45]라고 했다. 저수는 밖으로 나와 "재앙은 필시 이 일로부터 시작될 것이다!"[46]라고 탄식했다. 원소는 차남 원희를 유주자사로, 생질(甥姪)인 고간을 병주자사로 임명했다. 이때 유주는 공손찬이 점거하고 있었고, 청주와 병주도 원소의 수중에 없었다. 원소의 이런 조치는 무력으로 땅을 공략하기 위한 행동일 뿐이었다.

원소의 모사 중에서 지략과 용병술을 따진다면 전풍과 저수를 으뜸으로 꼽아야 한다. 전풍은 거록(巨鹿) 출신으로 "임기응변의 지략이 매우 빼어났고, …… 폭넓은 독서로 식견이 높아 향리(鄕里)에서 명망이 높았다.[47]" 유비가 서주에서 조조에게 반기를 들었다가 실패하자, 원소는 출병하여 조조를 정벌하기로 했다. 전풍은 원소에게 잠시 출병하지 말 것을 권유했다. 원소는 그의 간언을 듣지 않았으나, 전풍은 고집스레 간했다. 분노한 원소는 전풍을 옥에 가두었다. 원소가 관도전쟁에서 패배한 후, 누군가가 전풍에게 "그대는 필시 중용되겠군요.[48]"라고 하자, 전풍은 이렇게 말했다.

> 공(원소)은 겉으로는 관대하지만, 속마음은 시기심이 많아 내 충정을 헤아리지 못했소. 그런데도 나는 여러 차례 직언으로 (원소의) 심기를 불편하게 했소. 만약 (원소가) 승리하여 기쁨에 취한다면 틀림없이 나를 용서할 수 있겠지만, 전쟁에 패하여 원망이 쌓이면 마음속의 시기심이 드러날 것이오. …… 지금은 이미 패했으니, 나는 살 가망이 없소.[49]

원소의 모사 봉기(逢紀)는 원소에게 "전풍이 장군(원소)의 패퇴 소식을 듣자, 손뼉을 치고 당당하게 웃으며 자기 예상이 적중했다고 기뻐했습니다.[50]"라고 말했다. 원소는 측근들에게 "내가 전풍의 간언을 받아들이지 않았다가, 정말로 (그에게) 비웃음을 사고 말았구나![51]"라고 하고는, 결국 그를 죽였다.

저수는 조조군에게 생포된 후, "나는 항복하지 않았소. 군사에게 사로잡혔을 뿐이오.[52]"라고 당당하게 소리쳤다. 조조는 저수에게 "본초(원소)는 지모가 없어서 그대의 계책을 쓰지 않았소. 지금 동란이 일어난 지 12년이 지났는데도 국가가 아직 안정되지 않았으니, 함께 (동란의 종식을) 모색해 봐야 마땅하오.[53]"라고 했다. 그러자 저수는 "숙부와 동생의 명줄을

- 『삼국지』 원문의 "叔父母弟"를 중화서국(中華書局)의 표점본에서는 "叔父·母·弟"라고 표점을 가하여 "숙부, 모친, 동생"으로 분석했으나, 지은이는 "叔父·母弟"로 표점하여 "숙부와 동생"으로 판단하고 있다. 상식적으로 판단해도, 숙부 다음으로 모친을 언급하는 것이 불합리해 보인다. 따라서 지은이의 표점을 존중하여 "숙부와 동생"으로 번역했음을 밝힌다.

원씨가 쥐고 있습니다. 만약 공(조조)의 특별한 배려를 받을 수 있다면, 조속히 (저를) 죽게 해주시는 것이 복입니다."라고 했다. 조조는 "내가 좀 더 일찍 그대를 얻었더라면 천하를 근심하지 않아도 되었을 것을!"이라고 탄식한 뒤, 결국 그를 풀어주고 후대했다. 저수는 후일 하북으로 도망하려고 했고, 그때 비로소 피살되었다.

동진대(東晉代)의 역사가 손성(孫盛)은 전풍과 저수를 논평하며, 두 사람이 원소를 위해 죽을 필요까지는 없었다고 주장했다. "군주는 인재를 살피는 일을 소중히 생각하고, 신하는 주군(의 역량)을 판단하는 것을 중시해야 한다."고 생각한 손성은 이렇게 주장했다.

> 대저 제후의 신하에게는 당연히 (주군의 자질에 따라) 거취를 결정할 자유가 있다. 더군다나 전풍은 원소에게 (진정한 의미의) 충순(忠純)한 신하도 아니지 않은가!(공식적인 황제와 신하의 관계가 아니라는 의미—지은이) 『시경』에서 "가리라. 장차 너를 떠나, 저 낙토(樂土)로 가리라." 라고 한 시구는 어지러운 나라를 떠나 도(道)가 있는 곳이면 갈 수 있다는 사실을 말한 것이다.

전풍과 저수 이외에도, 원소의 모사로는 심배·곽도·봉기·신평(辛評) 등이 있었다. 심배·곽도와 저수·전풍의 의견은 항상 달랐다. 봉기는 원소에게 전풍을 험담하여, 원소가 전풍을 죽이게 했다. 곽도는 원소에게 장합을 헐뜯고 비난하여, 분노한 장합은 조조에게 투항했다. 그들은 단결·단합하지 못했다. 심배·봉기와 신평·곽도는 분열하여 권력을 다투었는데, 앞의 두 사람은 원상의 편이었고, 뒤의 두 사람은 원담의 일파였다. 생전에 원소는 원상을 후계자로 삼는다는 사실을 명확하게 선언하지

• 『시경』(詩經), 「위풍·석서」(魏風·碩鼠)

않았다. 원소가 죽자마자, 각기 다른 두 아들을 지지한 두 당파는 권력투쟁을 전개했다. 원소의 유명(遺命)이라는 거짓 명분을 앞세운 심배·봉기는 한발 앞서 원상을 후계자로 옹립했다. 경쟁에 밀린 원담은 도망하여 여양에 주둔했다.

건안 8년²⁰³년, 조조가 여양을 공격하자, 원상은 여양을 구원하여 성 아래에서 조조와 전투를 벌였다. 패배한 원담·원상은 업성으로 퇴각했다. 조조는 업성까지 추격하여 그 일대의 보리를 거둔 다음, 병력을 이끌고 허도로 돌아왔다. 조조가 물러가자, 원씨 형제는 다시 내분을 벌였다. 원담은 싸움에서 패하여 군대를 이끌고 남피(南皮)오늘날의 하북성 남피의 북쪽로 돌아갔다. 원상이 남피를 공격하자, 원담은 평원오늘날의 산동성 평원의 남쪽으로 달아났고, 원상은 평원을 포위했다. 원담은 허도로 사람을 보내, 조조에게 원조를 청했다. 조조는 원담을 구원하여 여양까지 진격했고, 원상은 업성으로 퇴각했다.

건안 9년²⁰⁴년, 원상은 심배와 소유(蘇由)에게 업성을 지키게 한 후, 직접 병력을 이끌고 원담을 향해 진격했다. 조조는 병력을 이끌고 업성을 공격했다. 조조는 둘레가 40리(里)에 달하는 긴 참호를 파서 업성을 포위했는데, 참호의 넓이와 깊이가 각각 2장(丈)에 달했으며, 장수(漳水)의 물을 끌어다 참호를 채웠다. 2월부터 5월까지 업성 안에서 굶어 죽은 사람이 태반이었다. 원상은 업성을 구원하려고 돌아왔다가 조조에게 패하여 중산(中山)오늘날의 하북성 정현(定縣)으로 달아났다. 8월, 조조가 업성을 함락하고, 심배를 사로잡아 죽였다. 심배는 위군(魏郡)위군의 치소는 업성(鄴城)으로, 오늘날의 하북성 임장(臨漳)의 서쪽 출신으로, 대호족의 일원이었다. 조조는 「억겸병령」(抑兼併令)에서 이렇게 말했다. "심배의 종족(宗族)은 심지어 죄인을 숨겨주고 도망친 범법자의 주인 노릇까지 한 집안이다. (그런 가문 출신을 기용한 원소가) 백성이 (자신을) 친근히 여겨 의탁하고 (자기) 군대가 강성하기를 바랐던들, 어찌 가능했겠는가!"⁵⁸

당시 기주는 비교적 부유한 지역이었고, 기주의 배후에 있던 유주는 오환(烏桓)의 기병도 동원할 수 있었다. 동한의 초기부터 유주의 돌기(突騎)는 천하에서 이름난 정예병으로서, 광무제도 이들 덕택으로 천하를 얻었다. 그래서 원소는 처음 두각을 나타낼 때부터 하북의 유주·기주를 염두에 두었었다. 조조는 기주를 얻은 뒤, 별가종사(別駕從事) 최염(崔琰)에게 "어제 (기주의) 호적을 살펴보니, (인구가) 30여만 명에 달하더군. 역시 큰 주라고 할 만해."라고 했다.[59] 조조는 기주를 얻은 후, 즉시 스스로 기주목을 맡았고, 연주목 자리는 내놓았다.

조조가 원상에게 진격할 때, 원담은 다시 반기를 들었다. 조조는 평원과 남피에서 원담을 공격했다. 건안 10년[205년] 정월, 조조는 남피에서 원담을 격파하고, 그를 참수했다. 청주는 이렇게 평정되었다.

원상은 유주로 달아나 원희에게 몸을 맡겼다. 원희의 장수 초촉(焦觸)이 배반하여 원희와 원상을 공격하니, 원희·원상은 요서(遼西)의 오환에게 달아났다. 건안 12년[207년] 5월, 조조가 오환 정벌을 위해 무종(無終)[오늘날의 하북성 계현(薊縣)]에 당도했을 때, 홍수가 일어나 해안가 주변의 길이 통하지 않게 되었다. 7월, 조조는 전주(田疇)를 길잡이로 삼아, 군사를 이끌고 노룡새(盧龍塞)[오늘날의 하북성에 있는 희봉(喜峰)의 어귀로 추정]로 나왔다. 그는 산을 깎고 골짜기를 메워가며 500리 길을 이동하여, 백단(白檀)과 평강(平岡)[오늘날의 요령성(遼寧省) 능원(淩源) 일대]을 거쳐 선비족(鮮卑族)의 선우(單于)가 머물던 곳을 지나, 동쪽으로 유성(柳城)[오늘날의 요령성 조양(朝陽)의 남쪽]까지 진격했다. 조조의 대군이 갑자기 당도하자, 오환은 황급히 응전했다가 대패했다. 원상과 원희는 요동(遼東)의 공손강(公孫康)에게 달아났으나, 공손강은 원상과 원희를 참수했다.

조조는 유주를 평정하고, 오환을 정복했다. 조조가 업성을 공격할 때, 병주목 고간이 투항했다. 고간은 조조가 북상하여 오환 정벌에 나서자, 다시 반기를 들고 거병하여 호관(壺關)[오늘날의 산서성 장치시(長治市)의 북쪽]을 사

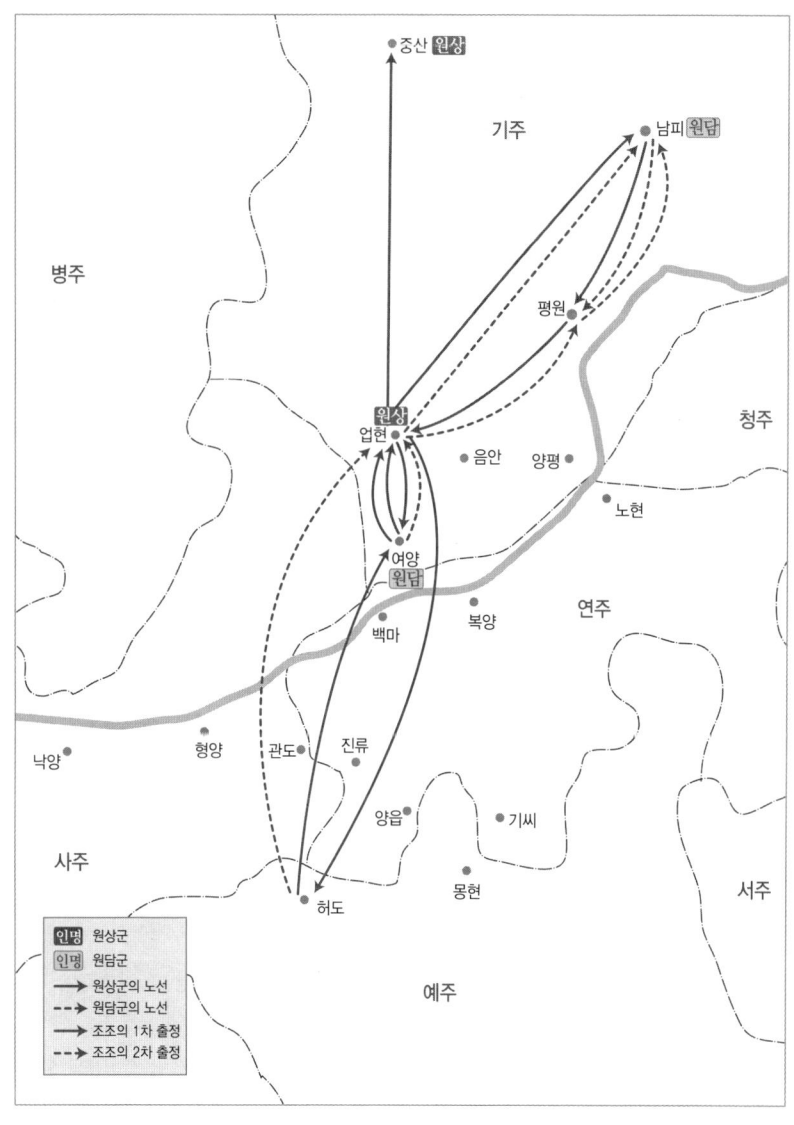

〔지도11〕 여양 전투와 원상·원담 형제의 분열

수했다. 건안 11년[206년], 조조가 고간을 정벌하자, 패배한 고간은 유표에게 의탁하려고 도주하던 길에 사로잡혀 피살되었다.

　북방이 평정되자, 조조는 한 걸음 더 나아가 전국을 통일하려고 했다. 남하하여 형주의 유표를 정벌하려는 조조의 계획은 그 일정이 앞당겨졌다.

5

적벽대전: 천하삼분의 출현

1. 전쟁 전의 형세

형주 정벌에 나선 조조에게 표면상의 적수는 유표였다. 그러나 잠재적인 적수는 유비와 손권(孫權)이었다. 유비는 당시 유표의 휘하에 몸을 맡기고 있었고, 손권은 이미 강동을 굳건히 차지한 상황이었다.

유표는 산양군(山陽郡) 고평현(高平縣)오늘날의 산동성 추현(鄒縣)의 서남쪽 출신이다. 그는 어려서부터 명성이 높아, 같은 군(郡)의 장은(張隱) 등 8인과 함께 '팔고'(八顧)라고 불렸다. 또 범방(范滂)·장검(張儉)·잠질(岑晊) 등의 8인과 더불어 '팔우'(八友)라 불렸고, '팔준'(八俊)이라고도 칭송되었다.[1] 그는 영제의 재위 기간에 북군중후(北軍中侯)가 되었고, 영제가 죽자 왕예(王叡)를 대신하여 형주자사가 되었다. 동탁의 난이 일어나자 관동의 호걸과 협객들이 병력을 일으켜 동탁을 공격했는데, 유표도 양양(襄陽)오늘날의 호북성(湖北省) 양양에서 거병했다. 장안으로 들어간 이각·곽사는 유표를 외곽의 지원 세력으로 끌어들이고자 그를 진남장군 겸 형주목

- '고'(顧)는 덕행으로 다른 사람을 교도하고 어루만진다는 의미.

(荊州牧)으로 임명했다.

유표가 처음 형주에 당도했을 때, 형주의 형세는 매우 불안정했다. 사마표(司馬彪)는 당시 상황을 이렇게 묘사했다. "유표가 처음 형주를 다스리게 되었을 때, 강남(江南)에는 종적(宗賊)(의 세력)이 왕성했고, 원술은 노양(魯陽)에 주둔하여 남양의 병력을 모두 장악한 상태였다. 오군(吳郡) 출신의 소대(蘇代)가 장사태수(長沙太守)로 있었고, 패우(貝羽)가 화용(華容) 오늘날의 호북성 잠강(潛江)의 남쪽의 현장(縣長)이었는데, (이들이) 각각 자신의 군대를 믿고 난을 일으켰다."

유표는 먼저 남군(南郡)의 의성(宜城) 오늘날의 호북성 의성으로 갔다. 그는 남군 출신의 괴월(蒯越)과 양양 출신의 채모(蔡瑁)를 초빙하여 형주를 안정케 할 대책을 상의했다. 이 두 사람은 모두 형주의 대호족 출신이었다. 채모는 비첩(婢妾)을 수백 명 거느렸고, 별장만 사오십 곳을 소유했다. 유표가 "종적들이 매우 극성하지만, 대중은 (그들을) 따르지 않으니, 만약 원술이 이런 상황을 이용한다면 반드시 재앙이 닥칠 것이오. 내가 병력을 징집하려고 해도 모으지 못할까 걱정이니, 이 대책을 어떻게 세워야 하겠소?"라고 말하자, 괴월은 이렇게 대답했다.

원술은 교만하고 지략이 없으며, 종적들은 대체로 탐욕스럽고 사납습니다. 제가 평소 돌봐주던 (종적의) 무리가 있는데, 사람을 보내 그들에게 이익을 제시하면 (그들은) 틀림없이 무리를 이끌고 올 것입니다. 사군(유표)께서 그들 중에 무도(無道)한 사람을 죽이고, 재주 있는 사람을 임용하여 위엄과 덕행을 (동시에) 보여준다면, (백성들은) 포대기로 아이를 업고라도 (열렬히) 모여들 것입니다. 병력이 모이고 백성이 따른 상태에서 남쪽으로는 강릉(江陵)을 점령하고 북쪽으로 양양을 지킨다면, 형주의 8군(郡)은 격문만 전달해도 평정할 수

● 동족 출신 위주로 결성된 지역의 도적 세력. 이에 대한 지은이의 상세한 해석이 아래에 보인다.

있습니다.⁴ (그렇게 되면) 공로(公路, 원술)가 온다 한들 어쩔 수 없을 것입니다.⁵

유표는 결국 괴월로 하여금 "사람을 보내 종적의 괴수를 유인하게 하여 (유표에게) 당도한 15명을 (유표가) 모두 참수하고, 그들의 (남은) 인마를 습격하여 탈취했다. 유독 강하(江夏)의 종적 장호(張虎)와 진좌(陳坐)⁶만이 병력을 이끌고 양양성을 점거했다. 유표가 괴월과 방계(龐季)를 보내어 이들에게 권고하니, (이들은) 결국 항복했다. (이렇게) 강남이 모두 평정되었다. ······ 유표는 드디어 양양에서 병력을 정비하며, 시세의 변화를 관망했다.⁷"

원술은 손견에게 유표를 습격하여 양양을 포위하게 했다. 손견은 이 과정에서 날아온 화살에 맞아 죽었고, 남은 군사는 퇴각했다. 원술은 병력을 이끌고 진류로 진입했다. 당시 견성(鄄城)에 주둔하고 있던 조조는 원소와 병력을 합쳐 원술을 공격했다. 연달아 패한 원술은 구강(九江)오늘날의 안휘성 회남시(淮南市)의 동쪽으로 패주하여, 결국 양주를 점거했다.

건안 원년196년, 관중에 있던 장제가 남양까지 와서 양성(穰城)오늘날의 하남성 등현(鄧縣)을 공격하다가 날아온 화살에 맞아 죽었다. 장제의 조카 장수가 장제의 병력을 수습하여 퇴각했다. 유표는 사신을 보내 장수를 초빙하여, 자신의 무례로 장제가 피살되었다고 자책했다. 장수는 결국 유표와 화해했다. 그는 남쪽의 완성(宛城)에 병력을 주둔시켜 막음으로써, 유표의 북쪽 울타리 역할을 했다.

이른바 강남의 '종적'(宗賊)에서 '종'(宗)의 의미는 그리 명확하지 않다. 청말(清末)의 학자 하작(何焯)은 '종'을 민족의 명칭으로 파악하여, '종'이 '파종'(巴賨)의 '종'(賨)과 같은 의미라고 생각했다. 당대(唐代)의 이현

* 파(巴)는 오늘날의 사천성 동부와 호북성 서부 일대에 거주하던 민족의 이름이자, 그 지역의 명칭이다. '파종'(巴賨) 역시 파인(巴人)이 거주하던 지역 또는 그 일대에 거주하는 사람을 지칭하며, 이들이 내던 부세를 의미하기도 했다. 파인이 부세를 '종'(賨)이라 불렀기 때문에, 이러한 이름이 붙었다고 한다.

(李賢)은 '종적'을 "종당(宗黨)이 함께 모여 결성된 도적"이라고 설명했다. '종'은 호족의 대종(大宗)이다. 그래서 기록 속에서도 '종부'(宗部) 또는 '종오'(宗伍)라 일컬었으니, 즉 대호족이 결성한 무장세력을 뜻한다.

서한 이래 호족 유력 가문의 조직은 점차 강대해졌다. 서한 말과 동한 말의 농민 폭동 시기에는 호족 유력 가문이 더욱 활약했다. 그들은 종족장(宗族長) 또는 세력 있는 가문을 중심으로 종족을 조직하고, 보루를 쌓아 자기 세력을 수호하거나 정치 투쟁에 참여했다. 이러한 호족 유력 가문의 무장 조직을 '종부' 또는 '종오'라고 불렀다. 그런데 남방의 소수민족 중에는 씨족촌락 조직이 훨씬 많이 보존되어 있었다. 그들은 씨족촌락을 기초로 스스로 세력을 단합하고 수호했으며, 병력을 바탕으로 무장투쟁을 일으켰다. 이들 남방 소수민족의 종족 조직이 훨씬 두드러져 보였기 때문에, 이들은 '종적'이라는 이름으로 더욱 불리게 되었다.

건안 3년198년, 장사태수(長沙太守) 장선(張羨)이 장사·영릉(零陵)·계양(桂陽)의 3군을 이끌고 유표에게 반기를 들었다. 유표는 군사를 보내 장선을 격파하고, 3군을 평정했다. 이 덕분에 유표는 영토를 넓혀 "남쪽으로는 오령(五嶺)에 접하고 북쪽으로는 한천(漢川)을 점령하여, 영역이 사방으로 수천 리에 달했고, 보유한 병력이 10여만 명이었다."

유표는 후한 말기의 명사이자, 당고에 연루된 인물로 당시에 명망이 높았다. 유표가 형주를 안정시킨 후, "관서·연주·예주의 학자와 문인 중 그에게 의탁한 사람이 대략 수천 명이었다. 유표가 (그들을) 위무하고 재정적으로 지원하니, (그들은) 모두 경제적 안정을 얻었다. (또한, 유표는) 바로 학교를 세우고 널리 유술(儒術)에 정통한 학자들을 불러들였다. (이들 중) 기모개(綦母闓)와 송충(宋忠) 등이 『오경장구』(五經章句)를 편찬했는데, 그 책은 '후정'(後定), 즉 최종 정본(定本)으로 불렸다."

유표는 공연히 명예만 높았지, 웅대한 재략을 품은 사람은 아니었다. 그는 전인(前人)이 이뤄놓은 업적을 수성(守成)할 수는 있었지만, 뜻을 세워 새롭게 성취할 수는 없는 사람이었다. 조조는 그를 이렇게 평가했다. "내가 여포를 공격할 때, 유표는 (우리를) 침략하러 오지 않았다. 관도에서 (원소와) 전쟁을 벌일 때에도, (그는) 원소를 구원하지 않았다. (그렇다면) 이 사람은 자신(의 안위)만 지키려는 도적에 불과하다."[12]

『후한서』의 편찬자인 범엽이 유표를 평한 말은 더욱 가혹하다. 그는 "유표가 도의가 남보다 뛰어나지 않으면서도 누워서 천운(天運)을 받아 천하삼분(天下三分)을 이룩하려 했으니, 사람이라기보다 마치 나무 인형과도 같았다."[13]라고 폄하했다. 범엽의 말인즉, 유표가 다른 사람을 뛰어넘는 도덕적 능력도 없으면서도 오히려 천명(天命)에 의지하려고 했고, 또 천하를 삼분하여 그 둘을 가졌던 문왕처럼 되려고 했으니, 이는 그야말로 나무 인형처럼 무지한 태도였다는 의미이다.

범엽은 유표가 "백성을 사랑하고 사인(士人)을 양성했으며, 차분하게 자신을 보위했다."[14]고 했다. 이 언급은 매우 공정하고 타당하다. 만약 조조를 "치세의 능신, 난세의 간웅"이라 표현한다면, 유표는 "치세의 현신(賢臣), 난세의 용인(庸人)"이라고 평가할 수 있다. 냉정하게 말해보자. 유표는 한말(漢末)의 난세처럼 천하가 혼란하고 백성이 도탄에 빠진 상황에서 10년 동안 형주에 평화를 유지했고, 그 덕분에 관중의 인구 중에서 형주로 도피한 인구만 해도 10여만 호(戶)였다. 또한, 관서·연주·예주 출신의 학자와 문인 중에도 대략 수천 명의 인사가 형주에 와서 그에게 의탁해 생활할 수 있었으며, 일부는 "모든 경제적 안정을 얻었다." 이렇게 본다면, 유표는 난세의 사인과 백성을 위해 좋은 일을 했다고 평가해야 한다.

관도전투에서 원소가 패배한 이후, 유비는 형주로 가서 유표에게 의

---

* 『논어』(論語)의 「태백」(泰伯) 편에는 "문왕은 천하를 삼분하여 그 둘을 가지고도 은나라를 섬겼다."(三分天下, 有其二, 以服事殷)라는 말이 있다.

지했다. 그는 북방에 머물면서 일찍이 도겸을 대신하여 서주를 관할했지만, 여포의 습격으로 서주를 잃고 조조에게 의탁했다. 두 번째로 서주를 맡아서도 다시 조조에게 패한 유비는 북쪽의 원소에게 몸을 맡겼다. 그는 북방에서 줄곧 확고한 기반을 잡지 못했다. 그의 실패에는 여러 가지의 주관적·객관적 원인이 있겠지만, 여기서는 논하지 않겠다. 그가 뛰어난 재능과 원대한 지략을 지닌 인물이었음은 당시 사람들도 공인한 바였다. 유비가 여포의 기습을 받고 조조에게 의탁하자, 조조의 모사 정욱(程昱)은 조조에게 이렇게 간언했다. "(제가) 보기에 유비는 뛰어난 재능을 갖추고 있고, 대중의 신망도 깊이 얻고 있습니다. (그는) 절대 남의 밑에 있을 사람이 아니니, 일찍감치 (제거할 방책을) 도모하시는 것이 좋겠습니다.[15]" 그러자 조조는 "바야흐로 지금은 영웅을 끌어들일 시기이니, 사람 하나 죽였다가 천하의 인심을 잃는 것은 옳지 않다.[16]"라고 했다.

　　조조는 역시 조조다웠다. 그는 확실히 다른 사람보다 한 수 위였다. 그는 유비에 대해서도 잘 알고 있었다. 그는 유비에게 "지금 천하의 영웅은 오직 사군(유비)과 나뿐이오. 본초(원소) 같은 무리는 거론할 가치도 없소.[17]"라고 했다. 이처럼 조조는 유비의 재량을 대단히 높게 평가하고 있었다. 건안 5년(200년), 조조가 동진하여 유비를 정벌하려고 할 때, 여러 장수는 모두 이렇게 만류했다. "공(조조)과 천하를 다투는 사람은 원소입니다. 이제 원소가 한창 (공격하러) 오려는 참인데, 이를 방치하고 동쪽으로 진격했다가 원소가 우리의 배후라도 노린다면, 어떻게 되겠습니까?[18]" 그러자 조조는 이렇게 대답했다. "유비는 인걸이네. 지금 공격하지 않으면 반드시 후일의 근심거리가 될 사람이야. 원소는 큰 의지가 있어도 상황 판단이 더뎌 틀림없이 움직이지 않을 걸세.[19]" 조조의 눈으로는 유비의 능력과 지략이 원소보다 훨씬 뛰어나 보였다. 그래서 조조는 유비를 공격하여, 유비가 결코 서주에서 자리를 잡지 못하게 한 것이다.

　　유표는 유비를 매우 융숭하게 예우했지만, 마음속으로는 그를 시기하고 의심했다. 유표는 "그(유비)의 사람됨을 꺼려 그다지 신뢰하지 않았다."[20] 유비가 수년 동안 형주에 머물며 거둔 최대의 수확은 제갈량과 친교를 맺고, 그의 도움과 지지를 이끌어 낸 일이었다. 제갈량은 낭야(琅邪) 양도(陽都)오늘날의 산동성 임기(臨沂)의 북쪽 출신으로, 숙부 제갈현(諸葛玄)을 따라 유표에게 의탁했다. 제갈현이 죽자, "제갈량은 남양(南陽)의 등현(鄧縣)에 거주했는데, 등현은 양양성에서 서쪽으로 20리 떨어진 곳에 있었으며, '융중'(隆中)이라 불렸다."[21]

제갈량이 머물던 '융중'이 양양 지역이었는지, 남양 지역이었는지는 아직도 논란이 일고 있다. 그가 거주한 '융중'은 확실히 남양군의 등현에 속했던 지역이라고 할 수 있다. 제갈량 본인이 스스로 "신은 본래 포의(布衣)로서, 남양에서 몸소 밭을 갈았습니다."[22]라고 말했기 때문이다. 하지만 남양군 등현에 속하던 이곳 융중은 한수(漢水)의 남쪽에 자리하여 오히려 양양과 가까운 곳이었다. 양양성에서 서쪽으로 겨우 20리가량 떨어져 있었기 때문이다. 결국, '융중'은 남양이라 해도 좋고, 양양이라고 할 수도 있다. 융중이 행정구역상으로는 남양에 속했지만, 지리상으로는 양양과 가까웠기 때문이다.

유비는 제갈량에게 세상으로 나와 자신을 도와달라고 요청하기 위해 일찍이 세 차례 융중을 방문했고, 그에게 계책을 물었다. 유비는 이렇게 말했다.

한 왕실이 기울어 쇠락하자, 간신(奸臣)이 국권(國權)을 찬탈하여, 주상(헌제)께서는 (도성을 나와) 몽진(蒙塵)한 상태입니다.• (그래서) 저는 (저의) 덕성과 역량을 헤아리지도 않은 채, 천하에 대의(大義)를 펼치려 했습니다. 그런데

• 당시 헌제는 후한의 수도인 낙양을 나와 허도로 가서 조조의 통제를 받고 있었다.

(저의) 지혜와 책략이 짧고 얕아, 결국은 좌절을 겪고 오늘에 이르렀습니다. 그러나 (제) 의지는 여전히 사라지지 않았습니다. 선생께서는 어떻게 해야 한다고 생각하십니까?[23]

그러자 제갈량은 이렇게 대답했다.

동탁(이 난을 일으킨) 이래 (각지의) 호걸이 전부 일어나니, 주·군을 차지하고 할거한 사람이 이루 헤아릴 수 없(을 정도로 많)습니다. 조조는 원소에 비해 명성이 약하고 병력도 적었습니다. 그런데도 조조가 결국 원소를 이기고 약자에서 강자로 변신할 수 있었던 이유는 천시(天時)(가 유리했기) 때문만이 아닙니다. (조조의 승리에는) 인위적인 노력도 발휘되었기 때문입니다. 지금 조조는 이미 백만 대군을 보유한 채 천자를 끼고 제후를 호령하고 있습니다. 이것으로 볼 때, 확실히 (조조와) 맞붙어 싸울 수는 없습니다. 손권이 강동을 점유한 것은 이미 3대째가 지난 상황입니다. (손권이) 점유한 지역은 지세가 험하고 백성이 (그를) 잘 따르며, 덕행과 재능을 갖춘 인재들이 그를 위해 일하고 있습니다. 이것으로 볼 때, (손권을) 원조 세력으로 삼을 수는 있지만 (그를 병탄할 방법을) 도모할 수는 없습니다. (우리가 머무는) 형주는 북쪽으로 한수·면수(沔水)에 의지하고, (수로 교통을 통해) 편리하게 남해(南海)까지 도달할 수 있으며, 동쪽으로 오군(吳郡)과 회계군(會稽郡)에 연결되고, 서쪽으로 (고대의) 파(巴)·촉(蜀) 지역과 통합니다. (따라서) 이곳은 기량을 펼치기에 적합한 (전략적) 요충지입니다만, 그 주인(유표)은 지켜낼 수조차 없습니다. 이것은 아무래도 하늘이 장군(유비)을 돕고 있는 것 같은데, 장군께서는 이런 점

- 남해는 오늘날의 광동성(廣東省)과 광서성(廣西省) 일대를 가리킨다. 형주의 남부에는 진수(溱水), 구수(漚水), 이수(灕水) 등의 강이 있는데, 모두 남해까지 맞닿아 있다. 일부 학자는 이 부분을 "남해의 풍부한 물자를 이용할 수 있다." 정도로 해석하기도 한다.

을 생각해보셨는지요? 익주는 험준한 요충지로 둘러싸여 있고, (그 내부는) 옥야(沃野)가 1000리이니, (물산이 풍부한) 천부(天府)의 땅입니다. (그래서 한 왕조의) 고조(高祖, 유방)께서는 이곳에서 제업(帝業)을 이루셨습니다. (그러나 익주를 다스리는) 유장(劉璋)은 어리석고 나약하며, 장로(張魯)가 (익주의) 북쪽에(서 위협하고) 있습니다. 인구가 많고 영토가 부유한대도 (유장은 백성을) 위문하고 구제할 줄 모르니, 지혜롭고 유능한 인사들은 모두 현명한 군주를 얻기를 바라고 있습니다. 장군(유비)께서는 황실의 후예로서 그 신의가 천하에 드러났고, 널리 영웅을 찾으며 현명한 인재에 목말라 있습니다. 만약 (장군께서) 형주·익주를 차지하신다면 험준한 그곳의 지세를 이용하여 지키며, 서쪽으로 여러 융족(戎族)과 우호 관계를 맺고, 남쪽으로 이민족인 월(越)의 각 족속을 위무하며, 대외적으로는 손권과 우호 관계를 맺고, 대내적으로는 정치에 힘을 쓰십시오. (그러다가) 천하의 형세에 변화가 생기면, 상장(上將) 한 사람에게 명하여 형주의 군대를 이끌고 완성·낙양으로 향하게 하고, 장군께서는 몸소 익주의 병력을 거느리고 진천(秦川)으로 출격하십시오. (그러면) 음식과 음료를 준비하여 장군을 환영하지 않을 백성이 누가 있겠습니까? 정말로 이렇게만 된다면, (장군의) 패업을 이룰 수 있고, 한 왕실도 부흥시킬 수 있습니다.[24]

유비는 반평생 분주히 떠돌았지만, 몸을 둘 곳이 없었다. 요샛말로 하자면, 그의 가장 큰 문제점은 명확한 정치 노선의 결핍이었다. 그는 제갈량의 말을 듣자, 그야말로 막힌 속이 일시에 탁 트이는 느낌이 들었다. 그래서 유비는 "내게 공명(孔明, 제갈량)이 있는 것은 물고기에게 물이 있는 것과 같다."[25]고 했다. 물고기는 물이 없으면 살 수 없지 않은가!

제갈량이 제시한 이러한 청사진이 바로 누구나 잘 알고 있을 만큼 역사적으로 유명한 '융중대'(隆中對)이다. 유비의 이후 활동은 대체로 이 '융중대'에서 제갈량이 제시한 노선을 따랐다. 그는 먼저 형주를 차지하고, 다시 익주를 점령했다.

손권은 이때 강동을 이미 점유한 상태였다. 강동에서 손씨의 기업(基業)을 일군 사람은 손책이다. 손권은 손견의 차남이었다. 손견에게는 손책·손권·손익(孫翊)·손광(孫匡)의 네 아들이 있었다. 초평(初平) 2년[191년], 원술이 손견에게 유표를 공격하게 했는데, 손견은 유표의 장수인 황조(黃祖)의 병사가 쏜 화살에 맞아 죽었다. 당시 손책의 나이는 17세였다. 그 후 손책은 원술에게 의탁했다. 손책은 소년기부터 재능이 출중했으며, 사람을 적재적소에 잘 활용했다. 원술은 항상 그에게 감탄하며 "내게 손랑(孫郎) 같은 아들이 있다면, 죽은들 무슨 여한이 있겠는가![26]"라고 할 정도였다.

당시 강동에 있던 유요(劉繇)가 병력을 보내어 원술을 막았다. 원술은 손견의 병력을 손책에게 돌려주고, 그에게 그 병력을 이끌고 가서 강동을 평정하게 했다. 손책은 장강을 건너 여러 지역을 다니며 전투를 벌였는데, 가는 곳마다 적을 격파하여 감히 그의 예봉을 당할 사람이 없었다. 유요는 군대를 버리고 달아나 숨었고, 강동의 여러 군수도 모두 성을 버리고 도주하니, 마침내 강동이 평정되었다.

손책은 소년 시절부터 다혈질이었고 행동이 경망스러웠으며, 항상 시종(侍從)과 멀리 떨어져 단기(單騎)로 내달렸다. 그러던 어느 날 또다시 혼자 말을 타고 나간 그는 허공(許貢)의 문객(門客)에게 공격을 받아 중상을 입었다. 허공은 원래 오군태수(吳郡太守)였는데, 손책에게 피살되었으므로, 허공의 문객이 주인의 복수를 한 것이었다. 손책은 죽음을 앞두고 장사(長史) 장소(張昭) 등에게 다음과 같이 당부했다. "중원이 한창 혼란한 상태이니, 오(吳)·월(越)의 병력과 삼강(三江)[•]의 견고한 방어선을 확보하면, 충분히 (천하 형세의) 성패를 관망할 수 있을 것이오. 공(장

● 오송강(吳淞江), 전당강(錢塘江), 포양강(浦陽江)을 합쳐 '삼강'이라고 하는 설도 있으나, 여기에서는 특정한 강이 아니라, 장강 하류 일대의 많은 지류를 총칭하는 말로 보인다.

소) 등이 내 동생을 잘 도와주시오!" 또한, 손권을 불러 그에게 인수(印綬)를 채우고는 이렇게 말했다. "강동의 병력을 이끌고 나가, 상대 진영과 대치한 상황에서 적절한 계책을 선택하고 천하의 군웅과 우열을 겨루는 일은 네가 나만 못하다. (그러나) 덕행과 재능을 갖춘 사람을 발탁하여 등용하고, (그들) 각자가 최선을 다하게 함으로써 강동을 지켜나가는 일은 내가 너만 못할 것이다."[28] 손책이 죽었을 때의 나이는 26세였고, 이때 손권은 19세였다.

손권의 가장 중요한 임무는 내부를 안정시키는 것이었다. 손권은 장소를 사부(師傅)로 예우했고, 주유(周瑜)·정보(程普) 등을 장수로 삼았다. 그가 재주와 지혜가 걸출한 인재와 명사를 초빙하자, 노숙(魯肅)과 제갈근(諸葛瑾) 등이 모두 그의 부름에 응해 왔다. 그는 또 여러 장수를 나누어 파견하여 산월(山越)을 진압하여 안정시키고, 자신에게 복종하지 않는 세력을 토벌했다. 부하들이 손권에게 진심으로 복종하니, 강동의 내부는 안정 속에서 점차 세력을 넓혀 나갔다.

주유는 자가 공근(公瑾)으로, 여강군(廬江郡) 서현(舒縣)오늘날의 안휘성 여강현의 서남쪽 출신이다. 손견이 동탁을 토벌할 때, 그는 서현으로 이주했다. 주유는 동갑이었던 손책과 친형제처럼 우애가 깊었다. 손책이 강동을 평정하는 과정에서, 주유는 혁혁한 무공을 세웠다. 그는 열과 성을 다해 손권을 도왔고, 그의 지지는 손권이 지위를 굳건히 하는 데 큰 역할을 했다. 진수는 당시 상황을 이렇게 서술했다.

> (손책이 죽었을) 당시에는 (손권이 장악한 지역이) 회계군·오군·단양군(丹楊郡)·예장군(豫章郡)·여릉군(廬陵郡)뿐이었다. 그나마 (이 5군 중에도) 깊숙하고 험한 지역은 아직 완전히 복종하지 않았고, 천하의 영웅과 호걸이라 할 인사들은 (강동의) 각 주와 군에 흩어져 있었으며, 빈객(賓客)으로 (강동에) 와서 의탁한 인사들은 (강동의) 안위에 따라 거취를 결정하겠다는 생각을 품고 있어 아직

(손씨 일족과) 공고한 군신 관계를 형성하지 않은 상황이었다. (반면) 장소와 주유 등은 손권이 함께 대업을 이룰만한 역량을 갖춘 사람이라고 생각했으므로, 충심으로 (그를) 따르고 섬겼다.[29]

손권이 장강 중류로 세력을 확장해가는 과정에서, 주유는 줄곧 핵심 인물이었다. 손책은 죽기 전에 주유를 중호군(中護軍) 겸 강하태수(江夏太守)강하군의 치소(治所)는 오늘날의 호북성 신주(新洲)에 있다. 당시 손책의 세력은 강하까지 미치지 못했으므로, 주유는 관직만 받았을 뿐 임지인 강하로 부임하지는 못했다.에 임명했다. 그는 손책을 수행하며 환현(皖縣)오늘날의 안휘성 잠산현(潛山縣)을 공격하여 함락했다. 그런 다음 다시 심양(尋陽)오늘날의 호북성 광제(廣濟)의 서북쪽으로 진격하여 유훈(劉勳)을 격파하고 강하를 토벌했으며, 돌아와 예장과 여릉두 군은 각각 오늘날의 강서성(江西省) 서쪽과 남쪽 일대을 평정하고 파구(巴丘)에 군대를 주둔한 채 수비했다.배송지는 『삼국지』, 「주유전」의 주석에서 "주유가 주둔한 지역은 당연히 현재의 파구현에 해당한다."라고 했다. 배송지가 말한, 이른바 "현재의 파구현"은 오늘날의 강서성 길안시(吉安市) 북쪽의 협강현(峽江縣)이다. 역대 학자들도 대부분 이 설에 동의한다. 그러나 주유는 줄곧 군사를 이끌고 장강 연안의 여러 지역에서 활동했다. 그가 외진 내륙 지역인 파구에 머물며 수비한 시간은 그리 오래였을 리가 없다.

노숙은 자가 자경(子敬)으로, 임회군(臨淮郡) 동성현(東城縣)오늘날의 안휘성 정원현(定遠縣)의 동쪽 출신이다. 노숙은 "집안의 재산이 넉넉했고, 천성이 베풀기를 좋아했다. 당시에 천하가 이미 혼란하니, 노숙은 집안일을 돌보지 않은 채 거액의 재물을 풀고 땅을 대량으로 내다 팔아 (마련한 돈으로) 곤궁한 사람을 구제하고 사인과 사귀는 일에 힘써, 고향 사람들의 큰 환심을 얻었다. 주유는 거소현(居巢縣)의 현장이 되자, 수백 명을 이끌고 일부러 노숙을 방문했고, (노숙에게) 자금과 양식을 요청했다. 노숙의 집에는 곳간 두 채에 가득 쌀이 있었는데, 각각 3000곡(斛)씩이었다. 노숙이 바로 곳간 한 곳을 지정하여 주유에게 (그곳의 쌀을) 주니, 주유는 그의 비범함을 더욱 깨닫게 되었다. 결국 (두 사람은) 서로 친교를 맺고, '교(僑)·

찰(札)과 같은 교문'을 나눴다. 원술이 노숙의 명성을 듣고, (노숙을) 동성의 현장으로 임명했다. 노숙은 원술에게 기강이 없어, (원술과) 함께 대업을 도모할 수 없다고 판단했다. 그래서 그는 (집안의) 노약자를 부축하고 의협심 있는 소년 100여 명을 거느린 채, 남쪽의 거소로 내려와 주유에게 의탁했다. 주유가 장강을 건너 강동으로 가자, (노숙은) 그와 동행했다."[31]

노숙은 동성 지역의 대호족이자 영웅호걸이었다고 할 수 있다. 그는 집안의 곳간 두 곳에 가득 쌀을 보관하고 있다가, 빌려달라는 사람이 나타나자 그 자리에서 곳간 한 채의 쌀을 내주었다. 이 얼마나 대단한 패기인가! 그는 재물을 풀고 땅을 대량으로 내다 팔아 마련한 돈으로 곤궁한 사람을 구제할 만큼, 부유하면서도 수전노처럼 굴지 않았다. 노숙이 손권을 처음 만난 자리에서, 손권은 그에게 이렇게 물었다. "공께서 몸소 왕림해 주셨으니, 어떻게 (저를) 도와주시겠습니까?"[32] 그러자 노숙은 다음과 같이 대답한다.

> 제가 가만히 생각해보니, 한조의 왕실을 다시 부흥시킬 수 없고, 조조도 갑자기 제거할 수는 없습니다. 장군(손권)에게 좋은 계책은 오직 강동 지역을 차지하여 정족지세(鼎足之勢)를 이룬 상태에서 천하의 형세에 변고가 생기기를 관망하는 것뿐입니다. 이와 같은 계획이라면, (마음에) 거리낄 일도 없습니다. 왜 그럴까요? 북방은 정말로 신경 쓸 일이 많기 때문입니다. (이렇게 북방의) 일이 많은 틈을 이용하여, (장군께서는) 황조를 무찔러 없애고 유표를 정벌하십시오. (그리하여) 장강 유역 전부를 점령하여 차지한 다음에 제왕의 칭호를 세우고 천하(의 제패)를 도모하십시오[33].

그러자 손권은 "지금은 한쪽 구석에서 힘을 다하여 한조에 보탬이 되기를 바랄 뿐이니, (공의) 이런 제안은 (제가) 할 수 있는 일이 아닙니다."[34]라고 했다. 손권의 이 말은 진심이 아니었다. 한조는 망해가는 중이었고, 한조가 결코 재기할 수 없다는 점은 당시의 식견 있는 인사라면 누구든 알 수 있는 사실이었다. 그러나 자신이 황제가 되려 한다고 공공연하게 말하고 싶더라도, 대부분의 사람은 거리끼는 바가 있었다. 오직 단 한 사람, 가장 어리석었던 원술만 조금도 지체하지 않고 회남에서 황제의 자리에 올랐지만, 결국 대의를 잃고 민심의 외면을 받다가 처량하게 죽고 말았다.

손권이 "지금은 한쪽 구석에서 힘을 다하여 한조에 보탬이 되기를 바랄 뿐이니, (공의) 이런 제안은 제가 할 수 있는 일이 아닙니다."라고 말한 것은 당시의 정세와 손권의 입장을 참작할 때, 표현할 수 있었던 최선의 발언이었다. 그러나 마음속으로 그는 노숙의 말을 듣고 매우 기뻤다. 그로부터 22년 뒤, 손권은 황제를 칭한 자리에서 공경들에게 이렇게 말했다. "예전에 노자경(노숙)이 일찍이 이 일을 언급한 적이 있었으니, (노숙은) 참으로 형세에 밝은 사람이었다고 할 만하오." 이 발언은 당시 노숙이 손권의 마음에 들었다는 사실을 설명하고 있다.

노숙의 구상은 장기적으로는 제호(帝號)를 확립하여 천하의 제패를 도모하고, 당장은 현실을 고려하여 강동을 기반으로 정족지세를 이루면서 천하의 변고를 관망하자는 것이었다. 그가 말한 '정족'(鼎足, 솥 밑에 달린 세 개의 발)은 손권을 제외하면 한 사람은 조조이고, 다른 한 사람은 형주의 유표였을 것이다. 세 세력의 한 축을 형성하는 것에서 통일로 나아가려는 이 노선은, 유표를 먼저 섬멸하여 장강 유역 전체를 점령한 다음 다시 조조와 천하의 패권을 다투려는 전략이었다. 노숙은 북방의 형세에 대해, "북방은 정말로 신경 쓸 일이 많다."고 예측했다. 이러한 이유로 그는 북방 세력과 충분히 싸울 수 있다고 판단했다.

당시의 형세에 대한 노숙의 판단과 천하 제패를 위한 그의 구상은 제갈량이 '융중대'에서 제시한 판단 및 천하 제패의 구상과 대체로 같았다. "영웅의 견해가 대체로 일치하듯이" 두 사람은 모두 먼저 천하를 삼분한 다음에 다시 통일을 노린다는 생각이었다. 두 사람의 차이점이라면,

제갈량이 손권과 우호 관계를 맺어 먼저 조조에 대항한다는 구상이었던 것에 반해, 노숙은 우선 장강 유역 전체를 장악하여 형주·익주를 선점한 다음에 다시 통일을 노리겠다는 생각이었다.

제갈량과 노숙의 계획은 겸병을 통해 통일로 나아가도록 노력하겠다는 주관적 구상이었다. 이러한 구상이 실현되기 위해서는 우선 주관적인 노력이 필요했고, 외부 조건의 출현도 필수적이었다. 제갈량은 주관적 노력을 "대내적으로 정치에 힘을 쓴다."라고 표현했다. 외부 조건이란 제갈량이 "천하의 형세에 변화가 생기다."라고 표현한 것, 노숙의 표현으로는 "천하의 형세에 변고가 생기기를 관망하는 것"이다. "북방은 정말로 신경 쓸 일이 많은" 곳이므로, "그런 신경 쓸 일이 많은 상황을 이용"할 수 있었다.

제갈량의 청사진이 형주의 7군 전체, 즉 유표의 할거 지역을 기초로 했다면, 노숙의 청사진은 강동 6군을 기초로 했다. 게다가 두 사람은 모두 "천하의 형세에 변화가 생기고" "천하에 신경 쓸 일이 많다는 점"을 전제조건으로 했다. 제갈량과 노숙의 청사진은 모두 실현 가능성이 있었고, 실현하지 못할 가능성도 있었다. "장강 유역 전체를 점령하여 확보한다."는 노숙의 구상은 실현할 수 없었고, "상장 한 사람에게 명하여 형주의 군대를 이끌고 완성·낙양으로 향하게 하고, 장군(즉 유비)께서는 몸소 익주의 병력을 거느리고 진천으로 출격하자."는 제갈량의 계획도 물거품이 되었다. 그러나 이것은 모두 이후의 대·내외적 형세와 조건의 변화 때문에 생긴 일이었다. 따라서 이것을 근거로 애당초 제갈량과 노숙의 청사진이 비현실적이고, 실현 가능성이 전혀 없었다고 단언할 수는 없다.

건안 13년[208년] 7월, 조조는 유표를 정벌하기 위해 남쪽으로 출정했다. 조조의 병력이 미처 형주에 도착하지 않은 상황에서, 유표는 8월에 병사한다. 유표는 생전에 이미 유비에 대한 의구심이 있었다.[36] 유표에게는 두 아들이 있었는데, 장남은 유기(劉琦), 차남은 유종(劉琮)이었다.

유표의 후처는 자기가 편애하는 유종을 후계자로 세우기 위해, 유기를 강하태수로 내보냈다. 유표가 죽자, 유종이 그 뒤를 이었다.

조조의 대군이 형주의 근처까지 쳐들어온 상황에서 싸워야 했을까, 투항해야 했을까? 유종의 부하 대다수는 유종에게 항복을 권했다. 유종이 "지금 (나는) 여러분과 (고대의) 초(楚) 전역을 점거하고 있거늘, 선군(先君, 유표)께서 물려준 기업(基業)을 지키며 천하(의 형세)를 관망하는 것이 어째서 불가합니까?"라고 묻자, 동조연(東曹掾) 부손(傅巽)이 이렇게 대답했다.

> 반역과 순응 사이에는 중요한 원칙이 있고, 강함과 약함 사이에도 정해진 형세가 있는 법입니다. 신하로서 군주에게 저항하는 것은 반역입니다. 최근에 점거한 (옛날) 초 지역을 기반으로 국가에 저항하는 일은 그 형세 상 도저히 감당할 수 없습니다. 유비에게 의지하여 조공(조조)에게 맞서는 것 역시 합당하지 않습니다. (이상의) 세 가지 측면에서 모두 (우리가) 열세인데, 조정의 군대와 맞서려고 하는 행위는 반드시 패망으로 이르는 길입니다.

가장 설득력 있었던 것은 이어진 부손의 다음 발언이었다.

> 만약 유비가 조공(조조)을 충분히 막을 수 없다면, 설사 (장군께서) 초 지역을 지켜낸다 한들 (장군) 스스로(의 힘으로) 존립하지는 못할 것입니다. (이와 반대로) 만약 유비가 조공(조조)을 충분히 막을 수 있다면, 그는 장군(유종) 밑에 있으려고 하지 않을 것입니다. 바라옵건대 장군(유종)께서는 망설이지 마십시오.

조조에게 패하면 자신을 지킬 수 없고, 조조를 이겨도 형주가 유비의 차지가 된다는 부손의 이 말은 매우 설득력이 있었다. 유종은 결국 투항하기로 마음먹었다. 원래 한수 이북의 번성(樊城)에 머물고 있던 유비는 유종이 조조에게 투항했다는 소식을 뒤늦게 듣고, 황급히 병력을 이끌고 양양을 지나 강릉을 향해 달아났다.

조조는 양양에 도착하여 유종을 청주자사에 임명했고, 유종의 부하들도 대체로 높은 벼슬을 받았다. 조조는 덕행과 재능을 갖춘 사람을 잘 발탁하여 임용했으므로, 인재들이 각각 알맞은 직위를 얻었다. 유표가 재직하던 시절에 형주로 모여든 인사들은 모두 적당한 관직에 안배되었다. 왕찬은 동탁의 난이 일어났을 때, 장안을 떠나 형주로 달아나 유표에게 의탁한 사람이었다. 유표는 그의 "외모가 못생기고, 몸은 허약하며, 사소한 것에 구애되지 않는 (자유분방한) 성격인 것을 보고는 그를 그다지 중용하지 않았다." 그러나 조조는 형주를 얻자마자, 왕찬을 승상연(丞相掾)에 임명하고 관내후(關內侯)의 작위를 내렸다. 조조가 한수 강변에서 부하들과 연회를 즐기던 어느 날, 왕찬은 술잔을 들어 조조에게 다음과 같은 축하의 말을 한다.

> 지난날 원소는 하북에서 거병했을 때, 많은 병력을 믿고 천하를 겸병하려는 뜻을 품었습니다. 그러나 (원소는) 현명한 인재를 좋아하면서도 중용하질 못했으므로, 걸출한 인재들이 그를 떠났습니다. 유표는 형초(荊楚, 형주)에 느긋하게 자리한 채 시세(時勢)의 변화를 관망하며, 스스로 서백(西伯)을 본받을 만한 인물이라고 생각했습니다. 형주로 피난한 인사들은 모두 천하의 준걸이었는데도, 유표는 (그들을) 제대로 활용할 줄 몰랐습니다. 그러므로 형주가 위태로운 지경에도 (그를) 보좌하는 사람이 없었습니다. 명공(조조)께서는 기주를 평정한 날에 수레에서 내려 즉시 (원소의) 갑병(甲兵)을 정돈하고 (원

---

* 형주가 선진(先秦)시대 초나라의 중심지역에 해당했으므로, '형초'라고 표현한 것이다.
** 주(周)의 문왕(文王)을 가리킴. 그는 탁월한 정치적 능력으로 많은 공적을 이룩하여, 아들 무왕(武王)이 후일 은(殷)을 멸망시키고 주(周)를 건국할 수 있는 토대를 마련했다.

소의) 호걸을 거두어 등용했으며, (이들의 능력을 바탕으로) 천하를 종횡무진으로 다니(며 활약하)셨습니다. (또한,) 장강과 한수 일대를 평정하시고는 (이곳의) 현명한 인재와 준걸을 초빙하여 그들을 관직에 앉힘으로써, 세상 사람들이 마음을 바꿔 (명공께서) 치세(治世)를 이루기를 앙망(仰望)하게 하셨습니다. (이렇게) 문무의 인재가 모두 등용되고, 영웅이 (명공을 위해) 온 힘을 다하게 하시니, 이는 (고대의) 삼왕(三王)이 이룩한 업적과 같습니다.[41]

조조·유표·원소 세 사람에 대한 왕찬의 포폄과 찬양은 솔직한 사실대로의 말이다. 그의 발언은 아첨하거나 떠받들어 주는 말이 아니라, 실제 상황을 반영한 것이었다. 조조는 유비가 강릉으로 갔다는 소식을 들었다. 강릉에는 무기와 군량이 비축되어 있었다. 유비가 강릉을 차지할 것을 걱정한 조조는 정예병 5000명을 뽑아 밤낮으로 하루 300여 리를 달리며 유비를 급히 추격했다.

2. 손권과 유비의 연합

조조가 유표를 정벌하고 유표가 병사했다는 소식이 전해지자, 강동 지역은 큰 혼란에 빠졌다. 노숙은 손권에게 다음과 같이 건의했다.

형초(형주)는 (우리) 지역(강동)과 인접해 있고, (장강의) 수류(水流)가 (형주의) 북부로 흐릅니다. (그리고) 외부는 장강과 한수가 둘러싸고 있고, 내부는 산과 언덕이 가로막고 있어, 금성철벽(金城鐵壁)의 견고함이 있습니다. (또한, 형

- 여기서는 장강과 한수 일대를 경유하는 형주 북부를 가리킨다.
- 중국 상고시대 왕조의 개창자인 하(夏)의 우왕(禹王), 은(殷)의 탕왕(湯王), 주의 문왕을 일컬음.

주는) 옥야(沃野)가 만 리이고, 사민(士民)이 부유합니다. 만약 (형주를) 점거할 수 있다면, 이는 제업을 이룰 토대가 될 것입니다. 지금 유표가 얼마 전에 세상을 떠났고, (그의) 두 아들은 본래 화목하지 않으며, 군중의 장수들도 각자 편이 갈렸습니다. 게다가 유비는 천하의 효웅(梟雄)으로 조조와 사이가 틀어져 유표에게 의지했지만, 유표는 그의 재능을 질시하여 중용하지 않았습니다. 만약 유비가 저들(유표의 두 아들)과 협심하여 상하가 서로 화목해진다면, 마땅히 (그들을) 안무(按撫)하고 (그들과) 우호적인 동맹 관계를 맺어야 합니다. (그러나) 만약 (양측의 사이가) 어그러진다면 당연히 따로 대책을 세워 대업을 이루어야 합니다. 바라옵건대, 제가 명을 받들고 가서 (유표의) 두 아들을 조문하고, 그들의 군중에서 실무를 맡은 사람을 위로하겠습니다. 아울러 유비에게 유표의 수하들을 위무하도록 권유하고, (우리와) 한마음 한뜻으로 힘을 합쳐 함께 조조에게 대응하자고 제안하면, 유비는 반드시 기뻐하며 명을 따를 것입니다. 만약 이 일이 성공할 수 있다면, 천하는 안정될 수 있습니다. (그런데) 지금 서둘러 가지 않는다면, 조조가 선수를 칠까 두렵습니다.[42]

이해 전안13년(208년) 겨울인 10월에 손권은 즉시 노숙을 파견했다. 노숙은 하구(夏口) 오늘날의 호북성 무한시(武漢市)에 도착했을 때, 조조가 이미 형주로 오고 있다는 소식을 들었다. 이에 그는 밤낮으로 길을 재촉하여 남군 오늘날의 호북성 강릉(江陵)에 도착했다. 그러나 유종은 이미 항복했고, 유비는 남하하고 있는 상황이었다. 노숙은 유비를 영접하기 위해 지름길로 달려가, 당양(當陽)의 장판(長坂) 오늘날의 호북성 당양의 동쪽에서 그와 만났다. 노숙은 유비와 연합하여 조조를 격파하기를 원한다는 손권의 생각을 대신 알렸다. 당연히 기뻐한 유비는 노숙을 따라 악현(鄂縣)의 번구(樊口) 오늘날의 호북성 악성(鄂城)로 가서 주둔했다.

제갈량은 노숙을 따라 동쪽으로 내려가, 시상(柴桑) 오늘날의 강서성 구강시의 서남쪽에서 손권을 만났다. 제갈량은 손권에게 이렇게 말했다.

천하가 매우 혼란하자, 장군(손권)께서는 군사를 일으켜 강동을 점거하셨고, 유예주(劉豫州, 유비) 역시 한수의 남쪽 하안(河岸)에서 병력을 수합하여 조조와 함께 천하를 다투고 계십니다. 지금 조조는 큰 어려움을 제거하여 대체로 이미 평정했고, 드디어 형주까지 격파했으니, 그 위세가 천하를 흔들 정도입니다. (그래서) 영웅이지만 능력을 펼칠 기반이 없었으므로, 유예주(유비)께서는 이곳까지 도피해 온 것입니다. 장군(손권)께서는 (자신의) 역량을 잘 헤아려 대처하십시오. 만약 오(吳)·월(越)의 병력으로 중원과 맞설 수 있다면, 일찌감치 그들과 관계를 끊는 것이 좋습니다. (그러나) 만약 대적할 수 없다면, 왜 무기를 버리고 갑옷을 벗은 채 (조조에게 투항하여) 신하가 되어 (그를) 섬기지 않으십니까! 지금 장군(손권)께서는 겉으로는 (조조에게) 복종하는 모습을 보이지만, 마음속으로는 망설이며 쉽게 결정하지 못하고 계십니다. 사안이 긴박한 상황 속에서도 결단을 내리지 않으신다면, 머지않아 재앙이 일어날 것입니다.[43]

이 말을 들은 손권은 제갈량에게 "만약 그대의 말과 같은 상황이라면, 유예주(유비)는 어째서 순리대로 (조조에게) 순응하고 그를 섬기지 않는 것이오?"라고 물었다. 그러자 제갈량은 이렇게 대답한다.[44]

전횡(田橫)은 제(齊)의 (일개) 장사(壯士)일 뿐이었지만, 오히려 의(義)를 지켜 굴욕적인 모습을 보이지 않았습니다. 더군다나 유예주(유비)는 왕실의 후예로, 빼어난 재주가 세상을 덮을 정도입니다. 많은 사람이 (그를) 사모하고 우러러보는 것은 마치 물이 바다로 흘러들어가는 것과도 같습니다. 만약 일

- • 조조가 여포·원소·원술 등의 할거 세력을 제거한 일을 가리킴.
- •• 삼국시대 손권이 점거한 강동지역은 선진시대 오·월의 옛 땅이었다.
- ••• 전횡은 전국시대 말기 제나라의 종실(宗室). 유방과 항우가 싸울 때, 스스로 제왕(齊王)이 되었다. 유방이 항우를 멸하자, 전횡은 500명을 이끌고 섬으로 달아났다. 유방은 사람을 보내 관작을 제안하며 그를 회유했다. 그러나 전횡은 치욕을 이기지 못하고 자살했다.

[지도12] 장판파 전투

이 성공하지 못한다면, 이것은 하늘의 뜻일 뿐입니다. (그렇다고) 어떻게 다시 그(조조)의 수하가 될 수 있겠습니까?[45]

이에 손권도 분연히 말했다.

나도 오 일대 전부와 10만 명의 병력을 갖다 바치고 남에게 통제를 받을 수는 없소! 내 계획은 결정되었소! 유예주(유비)가 아니면, 조조의 적수가 될 사람도 없을 것이오. 하지만 예주(유비)께서는 얼마 전에 패한 상황인데, 어떻게 이 난국을 감당할 수 있겠소?[46]

이에 제갈량은 이렇게 대답한다.

예주(유비)의 군대가 비록 장판에서 패했지만, 지금 돌아온 병사와 관우(關羽)의 수군을 합하면 정예병이 1만 명입니다. 유기가 규합한 강하의 병사 또한 족히 1만 명 이상입니다. 조조의 병력은 먼 길을 오느라 피로한 상태입니다. 듣자니, 예주(유비)를 추격하느라 (조조의) 경기병(輕騎兵)들은 하루 밤낮 동안 300여 리씩을 행군했다고 합니다. 이것은 이른바 "(아무리) 강한 쇠뇌(에서 발사된 화살)도 (최대 사정거리의) 끝에 이르면, 그 힘이 노호(魯縞)도 뚫을 수 없다."라고 일컫는 상황입니다. 그러므로 병법에서는 이런 상황을 기피하며, (만약 이런 상황에 처하면) "반드시 상장군(上將軍)을 무너뜨릴 것" 이라고 단언합니다. 게다가 북방 사람들은 수전(水戰)에 익숙하지 않고, 또 형주의 백성으로 조조에게 붙은 사람들은 병력의 기세에 눌린 것뿐이지, 결코 진심으로 복종한 것이 아닙니다. 지금 장군(손권)께서 만약 용맹한 장수에게 군사 수만 명을 이끌고 가서 예주(유비)와 함께 대책을 논의하여 협력하라고 명하신다면, 조조군을 격파하는 것은 확실합니다. 조조군은 패한다면, 반드시 북쪽으로 돌아갈 것입니다. 이렇게 되면 형주와 오의 세력이 강해

져, 정족지세가 조성될 것입니다. 성패의 관건은 바로 오늘에 달렸습니다.[47]

바로 이때 조조가 손권에게 서신을 보냈는데, 그 문투가 상당히 오만했다. 보내온 서신에는 이렇게 적혀 있었다.

근자에 (조정의) 명을 받들어 (반역의) 죄를 지은 자들을 토벌하는데, (우리 군대의) 깃발이 남쪽을 가리키자, 유종은 (스스로) 손을 묶은 채 투항하였소. (나는) 지금 수군 80만 명을 조련하고 있으니, 앞으로 장군(손권)과 오에서 만나 사냥이나 할까 하오.[48]

손권은 서신을 받고, 수하들과 대처 방안을 논의했다. 수하 중에 놀라거나 두려워하지 않는 사람이 없었고, 이들 대부분이 손권에게 조조를 영접하라고 권했다. 그들의 주장은 다음과 같았다.

조공(조조)은 이리나 호랑이 같은 (흉악한) 사람입니다. 그러나 한조의 승상이라는 명의에 기대어 천자를 끼고 사방을 정벌하면서, 걸핏하면 조정(의 명)을 핑계로 듭니다. 지금 그에게 저항하면, 사정은 더욱 꼬이게 됩니다. 또한, 장군의 형세로 (볼 때), 조조를 막을 수 있었던 것은 장강(이 방어막이 되었기) 때문입니다. 지금 조조는 형주를 얻어, 그 지역 전체를 점령했습니다. (애초에) 유표가 수군을 조련하여, 몽충(蒙衝)과 투함(鬪艦)이 수천 척 있었습니다. (그런데)

- • 『사기』, 「한안국전」(韓安國傳)에 나오는 말. '노호'(魯縞)는 노나라에서 생산된 비단으로, 매우 얇고 가벼워 쉽게 찢어지는 것으로 유명하다.
- •• 『손자』(孫子), 「군쟁」(軍爭) 편.
- ••• 폭이 좁고 긴 돌격용 전선. 소의 생가죽을 전선 위에 덮고, 기름과 옻을 발라 적의 칼과 화살을 막을 수 있게 했다. '몽충'(蒙衝)이라는 이름은 "가죽으로 덮고[蒙] 적진으로 돌격하는[衝] 것"에서 유래했다.
- ⁝⁝ 당시의 대형 전선.

조조가 (이 전선들을) 모두 띄워 장강 연안에 배치하고, 아울러 보병을 거느리고 수륙으로 함께 (공격해) 내려온다면, 이것은 장강이라는 험난한 지리를 이미 우리와 공유하는 형세입니다. 그러니 병력의 많고 적음은 더더욱 논할 것도 없습니다. 저희가 생각해 볼 때, 최상의 계책은 그를 영접하는 것입니다.[49]

앞장서서 조조를 영접하자고 주장한 사람은 장소였다. 그는 동한 말기의 명사로서, 팽성(彭城) 출신이었지만 강동으로 피난해 온 사람이었다. 손책은 강동을 차지한 뒤, 장소를 장사(長史) 겸 무군중랑장(撫軍中郞將)으로 임명했다. 손책은 문무에 관한 일체의 업무를 장소에게 일임했다. 손책이 죽자, 장소가 정무를 잘 맡아 처리한 덕분에 강동은 비로소 안정될 수 있었다. 사료에서는 당시 상황을 이렇게 묘사했다.

이 당시에 천하가 분열하여, (중앙의 통제를 받지 않고) 제멋대로 명령을 내리는 사람이 많았다. 손책은 강동을 다스린 시간이 짧아 (손책의) 은택이 아직 널리 베풀어지지 않았는데, 하루아침에 (갑자기) 죽고 말았다. 사대부와 백성은 모두 낭패하여 다른 마음을 품은 사람들이 꽤 있었다. (그러나) 장소가 손권을 보좌하여 백성을 안정시키자, 제후의 빈객 또는 (난을 피해 강동에 임시로 와 있던) 외부 인사들이 (각자의 자리에서) 능력을 발휘하여 저절로 안정을 찾았다.[50]

장소 등의 항복 주장은 손권의 수하들에게 상당한 중량감과 영향력이 있었다. 여러 사람의 의견을 듣고 있던 손권은 잠자코 있다가 자리에서 일어나 밖으로 나갔다. 여러 사람이 논의할 때, 노숙은 유독 아무런 말도 하지 않았다. 손권을 따라 밖으로 나온 노숙은 손권에게 이렇게 말했다.

방금 여러 사람의 논의를 자세히 들어보니, (모두) 완전히 장군(손권)께 해를 끼치려고만 하여 (저들과) 함께 대사를 도모할 수 없겠습니다. 지금 저는 조조를 맞이할 수 있지만, 장군(손권) 같은 경우에는 그럴 수 없습니다. (제가) 왜 이렇게 말씀을 드리겠습니까? 지금 제가 조조를 영접하면 조조는 당연히 저를 시골 고향으로 돌려보내 (고향 사람들의 평판에 근거하여) 저의 관직과 지위를 평가할 것이니, (그렇게 되면) 저는 그래도 하급 관아의 말단 종사(從事)가 되어 (나갈 때는) 우차(牛車)를 타고 이졸(吏卒)을 거느리며 사대부와 교유할 것입니다. (또한) 공을 쌓아 승진하면 여전히 주·군의 우두머리 자리를 놓치지 않을 것입니다. (그런데) 장군(손권)께서 조조를 맞이하면, 어느 곳에서 편안히 지내기를 바라십니까? 바라옵건대, 일찌감치 큰 계획을 결정하시고 여러 사람의 의논일랑 듣지 마십시오.[51]

노숙의 말은 솔직한 이야기였다. 정말로 조조에게 80만 명의 대군이 있었는지는 일단 차치하더라도, 어쨌든 조조는 최소한 20~30만 명의 병력을 보유하고 있었다. 손권의 가용 병력은 5~6만 명 정도였고, 아무리 많아도 최대로 동원할 수 있는 인원은 10만 명을 넘지 않았다. 조조는 그 지전에 청주를 얻어, 징깅의 험한 시리석 요건도 이미 손권과 공유하고 있었다. 손권의 여러 수하의 의식 속에 "조조를 맞아들인다는"(즉 '투항'한다는) 생각이 떠오른 것도 매우 자연스러운 일이었다. 노숙이 말한 것처럼, 그들은 조조를 맞이해도(즉 조조에게 투항해도) 예전처럼 관료가 될 수 있었다. 빠져나갈 퇴로가 없던 것은 손권뿐이었다. 손권이 분수에 맞게 본분을 지킨다면 평범하게 여생을 마칠 수 있지만, 만약 불만이라도 품는다면 죽음과 멸문지화를 면하기 어려웠다.

- • 동한대에는 사인(士人)을 선발할 때, 대체로 고향 사람들의 품평을 거쳐 지위의 고하를 결정했다.
- •• 동한대에는 주목(州牧)이나 자사(刺史)의 업무를 돕는 하급관리로 별가종사사(別駕從事史), 치중종사사(治中從事史), 병조종사사(兵曹從事史), 부종사사(部從事史) 등이 있었는데, 이들의 간칭이 '종사'였다.

노숙의 말을 들은 손권은 여러 수하의 논의를 생각하고는 매우 감격하여 이렇게 말했다.

여기 여러 사람이 주장하는 논의는 나를 매우 실망하게 했소. (그런데) 지금 경(노숙)이 원대한 계획을 분명하게 밝혀주니, 바로 나의 생각과 같소. 이는 하늘이 경을 내게 내려주신 것이오.[52]

당시 주유는 사신(使臣)의 임무를 띠고 파양(鄱陽)^{오늘날의 강서성 파양(波陽)의 동북쪽}에 가 있었는데, 노숙은 손권에게 주유를 불러들일 것을 권유했다. 주유는 조조와의 대결에 찬성했다. 많은 사람의 의견에 결사반대한 주유는 손권에게 이렇게 말했다.

조조는 비록 명의상으로는 한조의 승상이지만, 실제로는 한조의 간적(奸賊)입니다. 장군(손권)께서는 뛰어난 무공과 웅재(雄才)를 갖추셨고, 또한 부친(손견)과 형(손책)이 이룩한 공업(功業)을 기반으로 강동에 할거하고 있습니다. (할거한) 땅은 사방 수천 리이고, 정예 병력에 넉넉한 물자를 갖춰 영웅들이 기꺼이 (장군을 위해) 공적을 세우려고 하는 상황이니, 마땅히 천하를 종횡으로 치달리며 한조를 위해 잔학하고 부패한 세력을 제거해야 합니다. 더군다나 조조가 스스로 죽음을 자초하고 있는데, 어떻게 그를 맞이할 수 있습니까? 청컨대, (제가) 장군(손권)을 위해 (상황을) 예측해 보겠습니다. 지금 가령 북방 지역이 이미 안정되어 조조에게 아무런 내부의 근심 없다고 한들, (그가) 오랜 시일을 허비하며 전장으로 달려와 우리와 전선(戰船) 위에서 승부를 겨룰 수 있겠습니까? (그러나) 지금 북방 지역은 아직 평안하지 않고, 더구나 마초·한수가 아직 관서(關西)에 건재하여 조조의 후환이 되고 있습니다. 또한, (조조군은) 기병을 버리고 수군에 의지해 (선진시대의) 오·월(지역)과 우열을 겨루는데, (이것은) 본래 중원 지역(의 사람)이 잘할 수 있는 일이 아닙니다.

게다가 지금은 한창 추울 때라 말에게 먹일 건초가 없고, 중원의 병력을 내몰아 멀리 (고생스럽게 남방의) 강변에까지 오게 했으니, 기후와 풍토에 익숙하지 않아 틀림없이 질병이 생길 것입니다. 여기에서 (제가) 거론한 네 가지는 용병술에서 금기하는 사항인데도, 조조는 모두 (이런 위험을) 무릅쓰고 (원정을) 감행했습니다. 장군께서 조조를 사로잡을 기회는 바로 지금이어야 합니다. 제게 정예병력 3만 명만 주십시오. (저는) 하구에 진주하며, 장군을 위해 조조를 격파할 것을 보장합니다.[53]

손권은 이 얘기를 듣고 매우 기뻐하며, 이렇게 말한다.

늙은 도적놈이 한조를 폐하고 직접 황제가 되려고 마음먹은 지 오래되었고, (그가) 꺼리던 사람이라고는 원씨 두 사람과 여포·유표와 나뿐이었소. (그런데) 지금 몇몇 영웅은 이미 사라져 오직 나만 남게 되었으니, 나와 (저) 늙은 도적놈은 공존할 수 없는 상황이오. 그대는 당연히 (늙은 도적놈을) 공격해야 한다고 말하니, 내 생각과 매우 일치하오. 이는 하늘이 그대를 내게 주신 것이오.[54]

손권의 처지에서 조조를 영접하는 것은 죽음의 외길이라고 할 수 있었다. 노숙과 주유의 주전론(主戰論)은 손권의 생각과 일치하는 주장이었다. 그래서 손권은 노숙에게 "이는 하늘이 경을 내게 내려주신 것이오."라 하고, 주유에게는 "이는 하늘이 그대를 내게 주신 것이오."라고 했다.
노숙과 주유가 지지하자, 손권은 더욱 자신감을 얻었다. 이에 그는 칼을 뽑아 눈앞의 탁자를 내리쳐 쪼개며, "여러 장수와 관리 중에서 감

- • 조조군의 후방인 북방 지역이 안정되지 않은 점, 수전에 익숙하지 않은 점, 말에게 먹일 건초가 없는 점, 기후와 풍토에 익숙하지 않은 점을 가리킨다.
- •• 조조를 가리킴. 이때 조조의 나이는 54세, 손권은 27세였다.

히 또다시 조조를 영접해야 한다고 말하는 자가 있다면, 이 탁자와 똑같은 신세가 될 것이다!"라고 했다.[55]

그날 밤 주유는 다시 손권을 찾아가 이렇게 말했다.

사람들은 조조의 서신에서 수군과 보병이 총 80만 명이라고 말한 것만 보고 제각각 두려워하여 더 이상 (조조군의) 허실을 헤아리지 않으니, 이러한 논의를 한다 한들 전혀 의미가 없습니다. 이제 실상을 따져보면, 저들이 데려온 중원의 병력은 15~16만 명에 지나지 않습니다. 또 군사들은 이미 오래전부터 지친 상태입니다. (조조군이) 확보한 유표의 병력도 많아야 7~8만 명 정도일 뿐이며, (이들은) 여전히 머뭇거리며 망설이는 마음을 품고 있습니다. 지치고 병든 병졸로 머뭇거리는 마음을 가진 이들을 제어하니, 비록 군사의 숫자가 많아도 그다지 두려워할 만한 존재가 아닙니다. 정예병력 5만 명을 얻으면 우리 힘으로 충분히 제압할 수 있으니, 장군께서는 염려하지 마십시오.[56]

그러자 손권은 이렇게 말했다.

공근(公瑾, 주유)! 경이 이렇게 말해 주니, 내 생각과 딱 들어맞소. 자포(子布, 장소)와 문표(文表, 진송秦松)를 비롯한 여러 사람은 각기 처자식을 돌보려고 사사로운 생각을 품어, (내게) 깊은 실망을 안겨주었소. 오직 경과 자경(노숙)만 나와 같은 생각일 뿐이오. 이는 하늘이 경들 두 사람을 보내 나를 돕는 것이오. 5만 명의 병력을 갑자기 모으기는 어렵겠지만 이미 3만 명을 뽑아 놓았고, 전선과 군량 및 무기도 모두 갖춰졌으니, 경은 자경·정공(程公, 정보)과 함께 선봉으로 출발하시오. 나는 당연히 계속 인원을 징발하고 물자

- 송·원대의 역사가 호삼성에 따르면, 당시 강동의 여러 장수 중에서는 정보가 가장 연장자였다. 그래서 사람들은 모두 그를 '정공'이라고 불렀다고 한다.

와 군량을 많이 실어 보내어 후방에서 경을 돕겠소. 경(주유)이 (조조를) 처리할 수 있다면 정말 기쁘겠지만, 만일 여의치 않거든 군대를 돌려 내게로 오시오. 응당 내가 맹덕(孟德, 조조)과 결판을 내겠소.[57]

3. 적벽대전과 형주의 분할

주유·정보·노숙은 오의 병력을 이끌고 장강을 거슬러 올라가 유비군과 만났다. 양군은 계속 진격하여 적벽(赤壁)오늘날의 호북성 가어(嘉魚)의 서남쪽에서 조조군과 맞닥뜨렸다. 얼추 이때는 이미 음력 10월 말에서 11월 초경이라 한창 추운 겨울이었다. 북방의 조조군이 남방에 도착한 직후, 조조군 진영에 역병이 돌았다. 첫 번째 교전에서 전세가 불리해진 조조군은 장강 이북으로 퇴각했다. 주유군은 장강 이남의 기슭에 주둔했다.

주유의 부장 황개(黃蓋)는 주유에게 "지금 적군은 많고 아군은 적으니, 지구전을 펼치기 어렵습니다. 그러나 조조군의 전선을 보면 고물과 이물이 서로 연결되어 있어, 화공(火攻)을 하면 물리칠 수 있습니다."[58]라고 했다. 그리고 황개는 조조에게 서신을 보내어 투항할 뜻을 전했다. 서신의 내용은 다음과 같았다.

> 저는 손씨의 두터운 은혜를 입어 항상 (그의) 장수가 되었고, (제가 받는) 대우도 박하지 않았습니다. 그러나 돌아보면 천하의 일에는 대세가 있습니다. 강동 6군(郡)의 산월 사람들을 데리고 중원의 백만 군사에 맞서는 일이 중과부적(衆寡不敵)임은 천하 사람들이 모두 아는 바입니다. 동방(東方)의 장수와 관리들은 어리석든 지혜롭든 간에, 이 일이 불가함을 모두 알고 있습니다. 오직 주유와 노숙만 속이 좁고 무모하여, 마음속으로 (이러한 상황을) 이해하지 못할 뿐입니다. 지금은 투항하는 것이 현실적인 계책입니다. 주유가 통

솔하는 병력은 저절로 쉽게 궤멸할 것입니다. 교전하는 날 제가 선봉이 되면 마땅히 사세(事勢)에 따라 적절히 대응할 것이니, (조공을 위해) 목숨을 바칠 날도 머지않을 것입니다.[59]

개전한 날에 "황개는 먼저 날렵한 전선 10척을 준비했다. 그리고 그 안에 마른 억새풀과 섶을 싣고 어유(魚油)를 끼얹은 다음 붉은 천막으로 덮게 했다. 그리고 배 위에는 깃발과 (주장主將을 상징하는) 용(龍) 문양의 깃발을 꽂았다. 이때 동남풍이 거세게 불었으므로, (황개는) 10척의 전선을 최전방에 배치하여 강류의 중간쯤에서 돛을 올리게 했다. 황개는 횃불을 든 채 지휘관들에게 하달하기를, 병사들이 일제히 큰 목소리로 '항복합니다!'라고 고함치게 했다. 조조군은 모두 군영에서 나와 선 채로 (이 광경을) 지켜봤다. 북군(北軍, 조조군)과 (거리가) 2리 남짓 떨어졌을 때 (황개군은) 일제히 (배에) 불을 붙였다. 불길은 거세고 바람이 맹렬한 상황에서 (불붙은) 배들은 화살처럼 (빠르게) 돌진했다. 솟구친 화염은 굉장한 빛을 내며 북군의 배를 모두 불태웠고, 급기야 불길은 기슭 부근의 영채까지 번졌다. 주유 등은 날쌘 정예병을 거느리고 곧이어 그(황개)의 뒤를 이어 북을 울리며 대거 진격했다. 북군은 대패했고 조공(조조)은 달아났다."[60]

조조는 화용●오늘날의 호북성 잠강의 남쪽을 거쳐 강릉으로 퇴각했다. 유비는 화용도(華容道)로 장수를 보내 조조와 맞붙게 했다. 사료에는 다음과 같은 기록이 전한다.

공(조조)은 전선이 유비(군)에 의해 전소되자, 병력을 이끌고 화용도를 걸어서 회군했다. (그런데) 진흙탕에 막혀 길이 통하지 않았고, 하늘에서는 거센

● 어류에서 짜낸 기름으로, 고대에는 식용유 또는 공업유로 사용되었다.

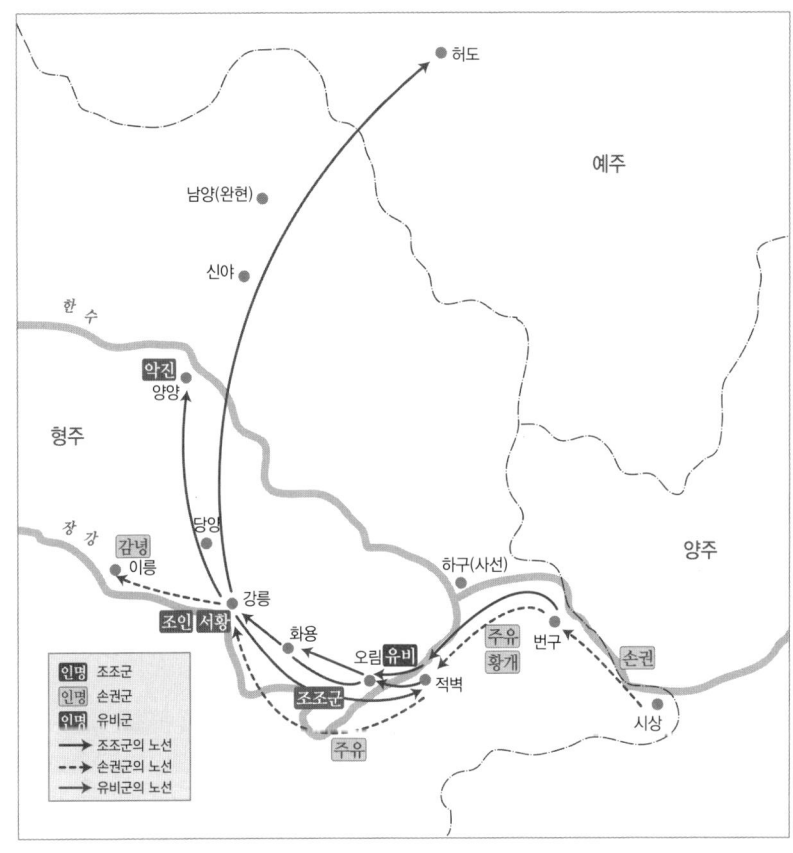

〔지도13〕 적벽대전

바람까지 불었다. (그래서 조조는) 지친 병사들을 전부 동원하여 풀을 지고 와 (진흙탕을) 메우게 하니, 그제야 기병들이 지나갈 수 있었다. 지친 병사들은 인마에 짓밟혀 진흙탕에 빠졌고, 죽은 사람이 매우 많았다. (그러나) 군대가 (화용도를) 빠져나오자, 공(조조)은 매우 기뻐했다. 장수들이 (그 이유를) 물으니, 공은 이렇게 대답했다. "유비는 나와 같은 부류이지만, 계책을 짜내는 것이 조금 늦다. 만약 일찍감치 불을 놓았다면 우리는 모두 살아남지 못했을 것이다." 유비도 뒤늦게 불을 놓았지만, 적기에 맞추지 못했다.[61]

손권과 유비는 수륙으로 나란히 진격하여 조조군을 추격했다. 조조는 조인과 서황을 강릉에 주둔시키고, 악진(樂進)에게 양양을 수비하도록 한 다음, 결국 병력을 이끌고 업성으로 돌아갔다.

주유는 조인을 공격하고, 별도로 감녕(甘寧)에게 이릉(夷陵)오늘날의 호북성 의창(宜昌)의 동쪽을 점령하게 했다. 유비는 황제에게 유기를 형주자사로 추천하는 표문을 올린 다음, 병력을 이끌고 남하하여 무릉(武陵)치소는 오늘날의 호남성(湖南省) 상덕(常德), 장사(長沙)치소는 오늘날의 호남성 장사시, 계양(桂陽)치소는 오늘날의 호남성 침현(郴縣), 영릉(零陵)치소는 오늘날의 호남성 영릉을 공략했다. 4군은 모두 유비에게 투항했다. 여강치소는 오늘날의 안휘성 여강의 남쪽의 군영을 이끌던 장수 뇌서(雷緒)가 수만 명의 병력을 이끌고 유비에게 의탁했다. 여강은 이미 손권의 세력 범위에 깊숙이 들어간 지역이었다. 그러나 뇌서가 여강의 군영을 이끌던 장수로서 병력을 이끌고 유비에게 의탁했다고 해서 유비가 여강 지역 전체를 차지한 것은 아니었다. 유비는 제갈량을 군사중랑장(軍師中郎將)으로 임명하여, 그에게 영릉·계양·장사 3군을 감독하고 그곳의 부세(賦稅)를 징수하여 군수물자를 확충하게 했다.

주유가 1년 남짓 조인을 공격하는 동안 조인군에서는 사상자가 속출했다. 건안 14년[209년] 겨울, 즉 적벽대전(赤壁大戰)이 종료된 지 딱 1년 만에 조인은 강릉을 포기하고 북방으로 돌아갔다. 손권은 주유에게 남

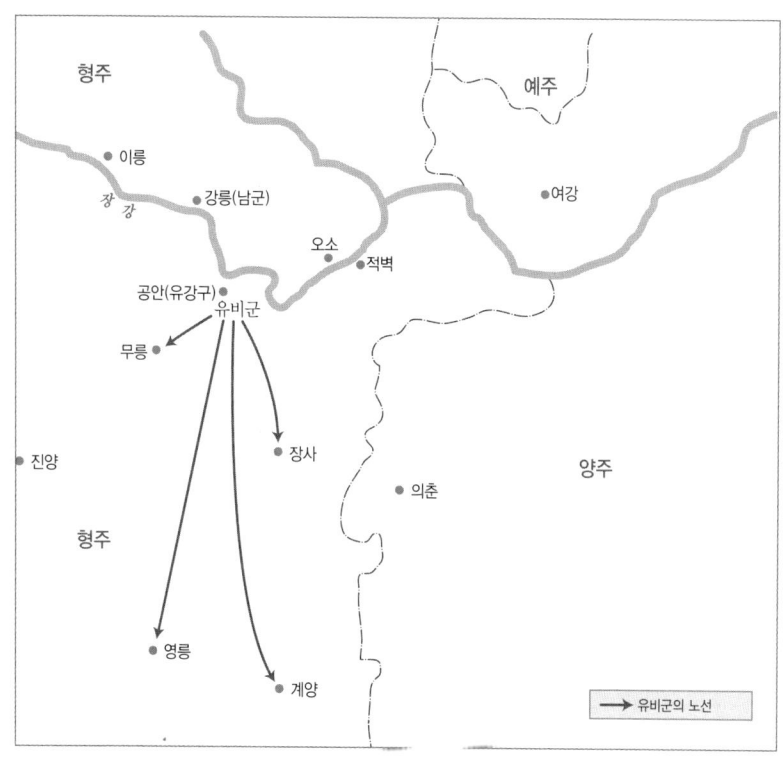

〔지도14〕 유비의 형주 공략

군태수를 겸하여, 강릉에 주둔하게 했다. 정보는 강하태수를 겸하여 사선(沙羨)오늘날의 호북성 무한시(武漢市)의 서남쪽을 다스리도록 했다. 유기가 죽자, 손권은 유비를 형주목으로 추천하는 표문을 올렸다. 유비는 장강 남안(南岸)의 유강구(油江口)에 주둔하며, 그곳을 공안(公安)오늘날의 호북성 공안으로 개명했다.

역사상으로 형주차용설(荊州借用說), 즉 손권이 유비에게 형주를 빌려주었다는 주장이 존재한다. 그러나 이 주장은 세밀하게 분석해 봐야 한다. 진수는 "유비가 경구(京口)로 와서 손권을 만나 형주의 관할권을 요구하자, 오직 노숙만 (유비에게) 형주를 빌려주어 공동으로 조공(조조)을 막자고 권유했다."라고 했다. 『한진춘추』(漢晉春秋)와 『강표전』(江表傳) 등에도 모두 유비의 형주차용설이 실려 있다. 『강표전』의 다음 기록은 형주차용설을 더욱 명확하게 말하고 있다.

> 주유는 남군태수가 된 뒤 (장강의) 남안(南岸) 지역을 나누어 유비에게 할양했다. 유비는 별도로 유강구에 군영을 세우고, (이곳의) 이름을 공안으로 고쳤다. (그러자) 유표의 관리와 문객들로 북군(조조군)에 속했던 사람들이 대부분 이탈하여 유비에게 투항했다. 유비는 주유가 넘겨준 땅이 작아 백성을 안정시키기에 부족하다고 생각하고, (후일) 다시 손권에게서 형주의 몇 개 군을 빌렸다.[63]

형주차용설은 다분히 강동에서 처음 유포한 것으로, 그다지 근거가 없는 주장이다. 형주는 원래 유표의 땅이었다. 유표가 죽었을 때 아들 유기는 여전히 살아 있었다. 그래서 유비가 황제에게 표문을 올려 유기를 형주자사로 추천한 것이다. 이것은 명분에 맞고 이치에도 합당한 사실로서, 손권이라 한들 반박할 근거가 없었다. 손권이 병력을 움직여 조조를 패퇴시켰다고 해서, 형주가 손권의 소유로 돌아가야 한다고 주장할 근거는 없었다. 게다가 적벽대전에서 주유가 이끈 강동의 병력은 3만 명이었고, 유기의 병력을 더한 유비의 병력도 2만여 명이었다. 적벽대전의 승리는 손권과 유비 두 세력이 공동으로 거둔 성과였다. "장강 남안 지역을 나누어 유비에게 할양했다."는 기록은 남군(南郡) 내 장강 이남의 연안 지역인 유강구를 공안으로 개칭한 일을 의미할 뿐이다. 무릉·장사·계양·영릉의 강남 4군은 유비와 제갈량이 자력으로 쟁취한 땅으로, 손권과는 무관했다. 손권은 수군 병력으로, 장강 연안을 따라 서쪽으로 군사력을 전개했을 뿐이었다. 손권의 병력은 원래 강남의 육상 4군까지 도달한 적이 없었다.

그러나 손권이 유비에게 땅을 빌려준 사실이 전혀 없었던 것은 아니다. 빌려준 일이 있기는 했다. 다만 빌려준 지역은 강릉 및 남군에 속한 장강 이북 지역뿐이었다. 적벽대전 이후, 손권은 주유를 남군태수로 삼았다. 건안 15년[210년], 병세가 위독해진 주유는 상소를 통해 "노숙은 지략이 충분히 대임을 맡길 만하니, 그가 저를 대신하게 해주시기 바랍니다."[64]라는 의견을 피력했다. 얼마 후 주유가 사망하자, 손권은 즉시 노숙에게 주유를 대신하여 군사를 이끌고 강릉에 주둔하도록 했고, 정보에게 남군태수를 겸직시켰다.

남군은 여전히 손권의 관할 아래에 있었으며, 아직 유비에게 빌려주지 않았다. 그러나 노숙은 주유의 직책을 대신한 뒤, "처음에는 강릉에 주둔하다가 나중에는 육구(陸口)오늘날의 호북성 가어(嘉魚)의 서남쪽로 내려가 주둔했다."[65] 노숙이 손권에게 형주를 유비에게 빌려주라고 권유한 시기는 당연히 이때일 것이다. 손권이 빌려준 지역은 강릉으로, 이곳은 남군의 장강 북부 지역이었다. 장강 남쪽 연안의 공안은 유비에게 넘겨준 곳이지, 빌려준 지역이 아니었다. 강남의 4군 역시 유비가 직접 토벌하여 평정한 지역으로, 결코 손권에게 빌렸던 땅이 아니다. 노숙은 강릉을 유비에게 빌려주고 난 뒤 비로소 육구로 물러나 주둔했고, 정보도 다시 강하군으로 이동했다.

　동한시대 형주에는 8개 군이 있었다. 그중 여릉은 늦게 설치되었고, 또한 때때로 폐지되기도 했다. 강북에 있던 남양군·남군·강하군 3군은 형주에서 인구가 가장 많고 비교적 경제도 발달한 지역이었다. 그중에서도 강릉과 양양이 중요한 요충지였다. 강남에 설치된 장사·영릉·계양·무릉 4군은 비교적 낙후되었다. 적벽대전 이후, 조조는 북방으로 물러갔지만 계속 강릉과 양양을 점거했고, 강릉에서 물러난 뒤에도 여전히 양양을 차지하고 있었다. 손권은 강하를 점유했고, 유비는 강남 4군과 남군의 절반(양양을 거점으로 하는 나머지 절반은 조조가 점거하고 있었음)을 점령했다. 적벽대전 이후 조조·유비·손권의 세 세력은 이렇게 형주를 분할했다.

　유비는 이때에 비로소 영토를 얻어 근거지를 확보했고, 삼국정립(三國鼎立)의 형세가 처음으로 등장했다. 세 세력 중에서는 조조가 가장 강했고, 손권이 그다음이었으며, 유비는 두 세력과 견주어 볼 때 최약체였다. 조조와 맞섰던 쪽은 주로 손권이었다. 영토상으로도 주로 손권과 조조가 경계를 맞대고 있었고, 유비는 아직 손권에게 예속된 상태였다.

● 　지은이는 전반적으로 형주차용설을 부정하고 있으며, 손권이 유비 세력에게 빌려준 땅은 남군의 일부인 강릉일 뿐이라고 주장한다. 즉, 지은이는 익히 알려진 형주차용설이 오의 주장이 반영된 과장이므로, 실제로는 '남군 일부 차용설'이 역사적 사실에 부합한다는 입장이다.

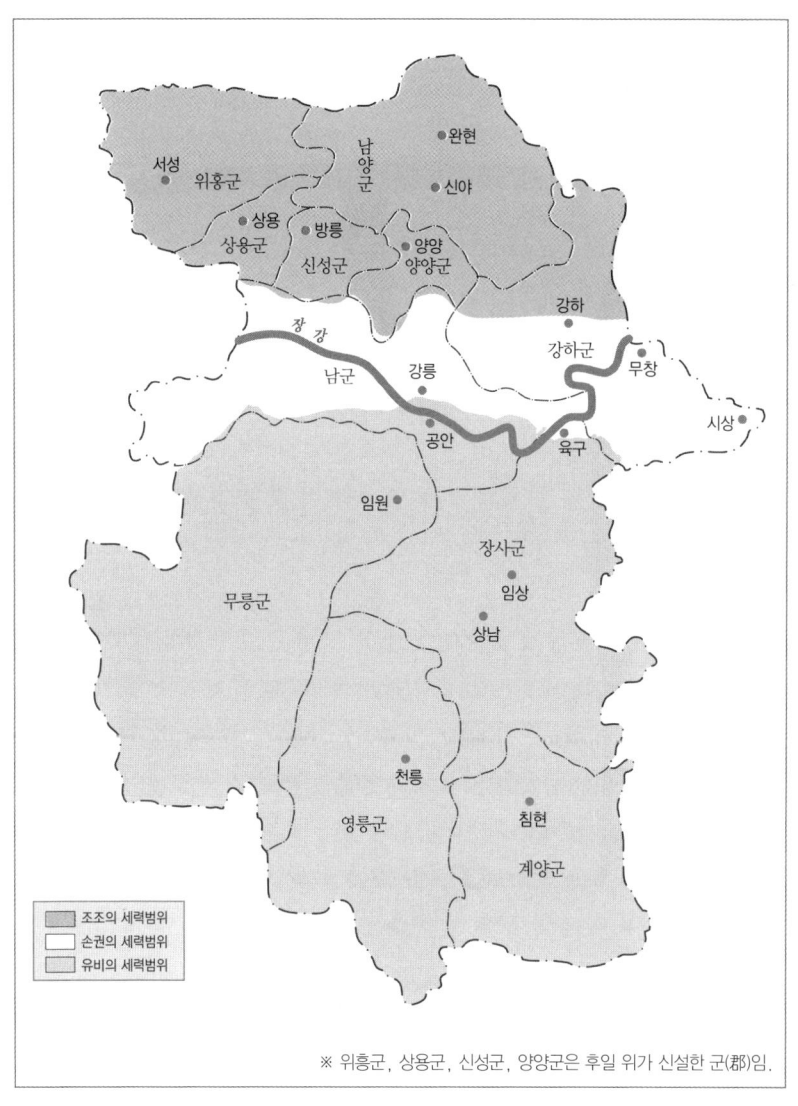

〔지도15〕 적벽대전 이후의 형주 분할

〔도판 10〕 오의 미늘창과 창

철제 미늘창: 길이 62.5cm, 너비 26.6cm.
철제 창: 길이 48cm, 너비 4cm.
호북성 악주시박물관 소장
호북성 악주시 악강종합원료장(鄂鋼綜合原料場) 1호묘에서 출토.

6 조조의 관중 획득

원소의 멸망 이후 조조는 하북의 4군과 하남의 예주·서주 및 사예(司隸)의 일부를 차지했다. 조조 주변의 형세를 보면, 관중 지역의 여러 장수는 분열하여 각지에 할거했고, 유표와 유비는 형주에 있었으며, 손권은 강동을 점거한 상황이었다. 관중의 장수였던 마등과 한수 등에게는 이들을 이끌 지도자가 없었다. 이들은 세력 균형을 통해 상호 안정을 이룰 수 있는 상황에 이미 만족하여, 천하를 겸병하려는 웅대한 포부가 없었다. 오히려 조조가 얕봐서는 안 될 상대는 유비와 손권이었다.

당시의 형세를 살핀 조조는 먼저 형주부터 손을 쓰기로 했다. 그러나 적벽대전의 패배로 손권과 유비의 세력이 이미 확실한 기반을 갖췄으므로, 조조가 단기간에 형주를 획득하고 강남까지 진격하는 것은 불가능했다. 조조의 시선은 결국 형주와 강남에서 관중으로 이동했다. 관중의 장수들은 세력이 분산되어, 비교적 점령하기 쉬웠다. 조조가 관중을 차지한 것은 중원을 공고히 하고, 더 나아가 미래를 위해 한중(漢中)과 익주를 취하기 위한 기초를 다지며, 또한 장래에 형주와 강남을 다시 얻기 위해 배후의 골칫거리를 제거하려는 의도였다.

헌제가 장안에서 도망쳐 낙양으로 돌아온 뒤, 거칠고 무식한 이각과 곽사는 장안에서 몇 년 동안 소란을 피웠다. 후일 곽사는 자신의 부장에게 피살되었다. 건안 3년[198년], 조조는 헌제의 조령(詔令)을 사칭하여 관중의 장군 단외(段煨) 등에게 이각을 토벌하고 그의 삼족을 멸하라는 명령을 내렸다. 결국, 잘린 채 낙양까지 보내진 이각의 머리는 높이 매달려 백성에게 공개되었다.

이각과 곽사는 죽었지만, 관중 지역은 그들이 일으킨 혼란으로 온통 황폐해졌다. 경제는 쇠락했으며, 인구도 극도로 감소하여 십수만 호(戶)가 형주로 도피할 정도였다. 멀리 양주(涼州)에 있던 한수와 마등은 다시 관중으로 되돌아왔다. 관중의 지방 세력은 십수 개 집단이었는데, 그 중 마등과 한수가 가장 강대한 세력이었다.

관중이 조금 안정되자, 외지로 달아났던 유랑민은 점차 돌아왔다. 지방 군벌들은 경쟁적으로 그들을 모집하여 사병(私兵)으로 편성함으로써 세력을 확대했다. 당시 조조는 한창 원소와 전쟁 중이라 그들을 신경 쓸 여력이 없었다. 조조는 잠시 그들을 위무하기 위해, 건안 7년[202년]에 마등을 정남장군(征南將軍), 한수를 정서장군(征西將軍)에 임명하고 개부(開府)*의 권한을 주었다. 후일 낙양으로 불려가 위위(衛尉)에 임명된 마등은 관중의 부대를 자기 아들 마초에게 맡겼다. 적벽대전 당시에 주유는 "지금 북방 지역은 아직 평안하지 않고, 더구나 마초·한수가 아직 관서에 건재하여 조조의 후환이 되고 있습니다."라고 하여, 마초와 한수가 조조에게 후방의 근심거리였음을 지적했다. 적벽에서 패한 조조는 단기간에 강남을 소탕·평정할 수 없음을 알았다. 그래서 마초와 한수를 제거하고 관중을 안정시키는 것을 우선순위로 삼게 되었다.

일찍이 관도대전 당시에 조조는 천자를 끼고 제후를 호령하는 이점

* 고위 관료가 부(府)를 설치하여 자기 휘하의 관리를 직접 선발·임명하는 것.

을 활용했다. 그는 종요(鍾繇)를 시중 겸 사예교위에 임명하여, 그에게 지절(持節)의 권한을 주고 관중의 장수들을 감독하며 장안에 진주하게 했다. 종요는 차분한 태도로 관중의 장수들과 갈등 없는 안정 국면을 유지해 나갔다. 또한, 종요는 마등과 한수에게 각기 아들을 보내어 조정에 입시(入侍)하게 하도록 권유했다. 종요는 관중으로 돌아온 유민들을 위무하고, 도망자나 반란자들을 받아들였다. 결국, 수년 만에 관중의 백성이 점차 안정되자, 종요는 민가 일부를 다시 낙양으로 옮겨 낙양의 인구를 늘게 했다. 종요가 관중에서 시행한 조치는 조조의 관중 평정에 훌륭한 토대가 되었다.[1]

장로(張魯)는 오두미도의 교리를 전파하며 여러 해 동안 한중에 웅거했다. 건안 16년[211년] 3월, 조조는 장로를 토벌하기 위해 출병하며, 종요군을 주력으로 삼았다. 아울러 그는 하후연(夏侯淵)에게도 하동에서 출병하여 관중으로 진입해 종요와 병력을 합치라고 명령했다. 조조의 이러한 행동은 자연히 관중 지역 장수들의 의심을 불러일으켰다. 그들은 장로를 토벌한다는 말이 거짓이고, 실제로는 자기들을 토벌하려는 행동이라고 생각했다. 그리하여 마초·한수·양추(楊秋) 등 10개 부대의 병력은 동시에 함께 일어나 저항했다. 그들의 대군 10만 명은 동관(潼關)에 웅거한 채 조조군이 관중으로 들어오지 못하게 했다. 이때 조조가 관중을 넘어 장로를 향해 진격하는 것은 아예 불가능했다. 장로를 공격하는 것은 구실일 뿐이고, 관중을 얻는 것이 실제 목적이었기 때문이다. 관중의 장수들은 자연히 군사를 일으켜 자신을 지켜야 했다.

7월, 조조는 직접 대군을 이끌고 마초와 한수를 토벌하러 나섰다. 8

- 위·진대에 장수에게 부여하는 권한. 가장 최고의 권한은 '사지절'(使持節), 다음이 '지절'(持節), 그 다음이 '가절'(假節)이었다. '사지절'에게는 전쟁이든 평시든 상관없이 2000석 이하의 휘하 관리를 주살할 수 있는 권한이 있었고, '지절'은 평시에는 평민을 주살할 수 있는 권한, 전시에는 2000석 이하의 관리를 주살할 수 있었으며, '가절'은 전시에 군법을 위반한 사람을 주살할 수 있었다.

월, 동관에 당도한 조조는 마초 등과 동관을 앞에 두고 대치했다. 조조는 진격에 박차를 가하여, 마초 등의 군대가 전부 동관 수비에 몰입하게 했다. 그러나 다른 한편으로는 은밀히 서황과 주령(朱靈)에게 군대를 거느리고 하동의 포판진(蒲阪津)에서 황하를 건너 하서(河西)에 군영을 세우게 했다. 그런 다음 조조가 직접 대군을 이끌고 동관에서 북쪽으로 황하를 건너 하동에 진입했다.

이 도하 작전은 매우 위험한 행동이었다. 조조는 병사들을 먼저 건너게 하고, 자신은 정예병 100여 명을 이끌고 남쪽 기슭에 남아 후방을 엄호했다. 그러자 마초는 보병·기병 1만여 명을 이끌고 기습하여 조조를 포위한 다음 비 오듯 화살을 쏘아댔다. 조조가 배에 오른 직후에 날아온 화살에 뱃사공이 맞아 죽을 정도로 일촉즉발의 위기였다. 용맹스러운 장수 허저(許褚)가 왼손으로 말안장을 들고 조조를 보호하면서, 오른손으로는 노를 저어 황하를 건넜다. 지방의 권세 높은 호족 출신의 허저가 노를 저었다니, 정말 쉽지 않은 일이었을 것이다!

조조는 황하를 건넌 다음, 다시 포판진에서 황하를 건너 하서에 이르렀다. 그런 뒤 황하의 물길을 따라 남하했다. 마초는 조조가 하서에서 황하의 물길을 따라 남쪽으로 진군한다는 사실을 알고, 어쩔 수 없이 동관에서 철수하여 위구(渭口)위수(渭水)가 황하로 유입되는 지역로 갔다. 마초는 위수(渭水) 이남, 조조는 위수 이북에 주둔한 상황이었다. 이 상황을 사료는 다음과 같이 기록했다.

애초에 조공(조조)의 군대는 포판(진)에 주둔하며 서쪽으로 (황하를) 도하하려 했다. (그러자) 마초는 한수에게 이렇게 말했다. "당연히 위수 북쪽에서 저들을 막아야 하오. 스무날도 못 되어 하동의 곡식이 떨어질 것이니, 저들은 반드시 도주할 것이오." (그러나) 한수는 "(황하를) 건너게 놔두면 황하 중간에서 몰아붙일 수 있으니, 어찌 통쾌하지 않겠소!"라고 하여, 마초의 계책은 실행

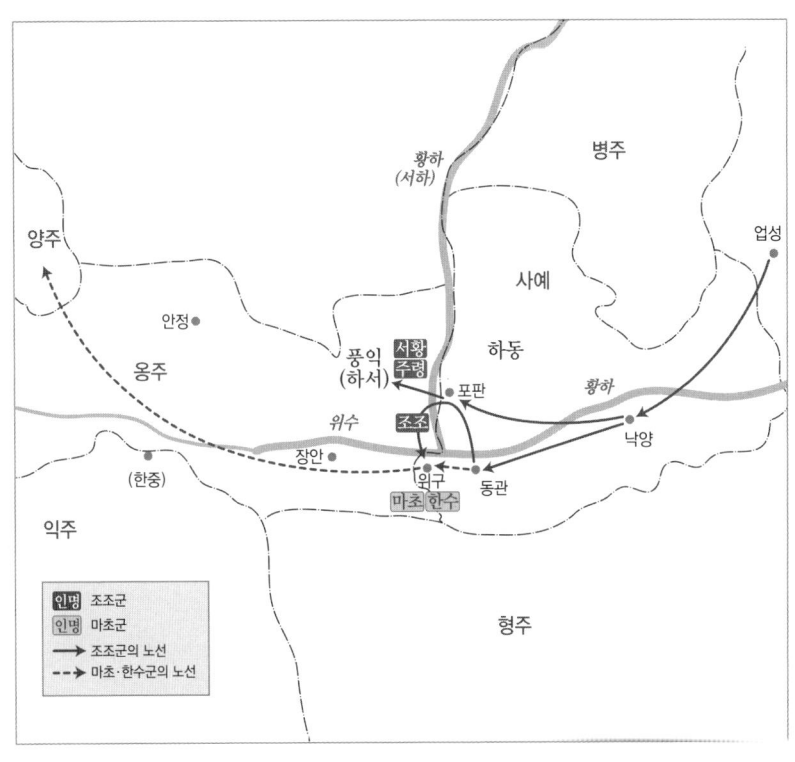

[지도 16] 조조의 관중 공략

되지 않았다. 조공은 그 말을 듣고, "마씨의 아들놈이 죽지 않으면, 나는 묻힐 땅도 없겠구나."라고 했다.

마초의 전략 구상에 따랐다고 해서 조조가 필패했을 것이라거나, 조조 자신이 말한 대로 죽어서 "묻힐 땅도 없게 되었을 것"이라고 감히 단정할 수는 없다. 그러나 한수가 구상한 대로 "(황하를) 건너게 놔두어 황하 중간에서 몰아붙이는" 작전은 대체로 잘못된 작전이었다. 일찍이 한신(韓信)은 병사들에게 황하를 건너게 한 다음 배수진을 치고 싸워 조(趙)의 군대에게 대승을 거두었는데, 병법에서는 이러한 경우를 두고 사지(死地)에 놓여야 살 수 있다고 한다. 한수는 결코 조조를 "황하 중간에서 몰아붙일" 수 없었다. 그리고 조조군이 황하를 건너자, 그는 어쩔 수 없이 위수 남쪽까지 후퇴했다.

조조는 위수를 건너 위수 남쪽에서 마초와 결전을 벌이려 했다. 위수를 건너기도 쉽지는 않은 일이었다. 진수의 서술에 따르면, 조조는 "거짓으로 여러 곳에 병사가 많은 것처럼 꾸며놓고, 은밀히 배에 병사들을 싣고 위수로 들어가 부교(浮橋)를 만들었다. 밤중에는 병력을 나누어 위수 이남에 군영을 만들었다. 적군은 야음을 틈타 군영을 공격했으나, 복병이 이들을 격파했다. …… 9월, (조공은) 진군하여 위수를 건넜다." 사료에서는 위수를 건너 군영을 만드는 어려움을 이렇게 설명했다.

당시 공(조조)의 군대는 위수를 건널 때마다 번번이 마초의 기병에게 습격을 받아 군영조차 세울 수 없었고, 땅에 모래가 많아 보루도 쌓을 수 없었다. 누자백(婁子伯, 누규婁圭)이 공에게 "지금 날씨가 추우니, 모래를 쌓아 성을 만든 다음 물을 부으면 (모래성이 얼어서) 하룻밤 안에 완성될 것입니다."라고 하자, 공이 그의 말을 따랐다. 이에 (조조는) 비단 포대를 많이 만들어 물을 나르게 하고, 밤에 병사들에게 (위수를) 건너 성을 쌓게 하니, 날이 밝을 즈음에

성이 완성되었다. 이로 말미암아 공의 군대는 모두 위수를 건널 수 있었다.[4]

기록이 위와 같으므로, 우선 그대로 서술했다. 그러나 몇몇 선인들이 이미 지적한 것처럼, 이 서술에는 의문점이 많다. 예를 들면, 조조가 위수를 건널 당시는 9월이었다. 설사 이해에 윤8월이 있어 9월이 이미 10월과 같은 날씨였다 해도, 물방울이 얼음이 되어 성을 쌓을 수 있었다는 이야기는 대단히 의심스럽다. 당시 양측은 위수를 마주 보며 대치한 상황이었다. 그런데 어떻게 마초가 모래와 물을 운반하여 성을 쌓는 조조군의 모습을 잠자코 보기만 하고 돌격하지 않을 수 있었겠는가? 따라서 만약 마초가 축성 현장에 돌격할 힘을 갖고 있지 않았다면, 조조에게는 거침없이 위수를 건널 역량이 있었던 셈이니, 조조가 이런저런 곤란을 겪을 필요가 없었다. 어쩌면 이런 의문은 모두 군사 방면의 문외한인 비전문가의 말일 수도 있다. 따라서 그냥 무지한 사람이 한 헛소리 정도로 치부하고 넘어가기로 하자.

마초는 화친을 청하며 조조의 아들을 인질로 보내라고 요구했다. 조조는 처음에 허락하지 않다가 나중에는 동의했는데, 일단 동의하면 더욱 많은 작전을 짤 수 있기 때문이었다. 조조와 한수는 예전부터 알던 사이였다. 화친에 동의했으므로, 두 사람은 양군의 진영 앞에서 종종 한담을 나누었다. 그런데 어떤 때는 밀담을 나누는 것도 같았고, 어떤 때는 고개를 젖히고 크게 웃기도 했다. 이 광경을 목격한 마초는 의심을 품었다. 이에 조조는 두 사람 사이에서 이간책을 쓰기 시작했다.

조조와 한수 두 사람은 항상 진 앞에서 만난 다음 각자 군영으로 돌아갔다. 마초가 한수에게 조조와 무슨 이야기를 나누었는지 물으면, 한수는 그저 "수도에서 알고 지내던 옛 친구들[5]"을 이야기했을 뿐이라거나 "(중요하게) 말한 내용이 없다.[6]"라고만 했다. 이에 마초는 한수를 의심하기 시작했다. 며칠 뒤에 조조가 한수에게 서신을 보냈는데, "(글자를) 지우고 고쳐 쓴 부분이 많아 마치 한수가 (내용을) 고친 것 같았다."⁷ 마초 등은 한수를 더욱 의심했다. 이간책이 성공했음을 안 조조는 마침내 군대를 동원하여 공격을 가했다. 마초와 한수는 대패하여 양주로 달아났고, 관중은 평정되었다.

전투가 끝난 후, 조조의 장수들은 조조에게 몇 가지 전략·전술상의 문제를 물어본 적이 있었다. 그들의 질문은 "애초에 적이 동관을 수비하여 위수 북안(北岸)의 길은 텅 비어 있었는데, 하동에서 (출발하여) 풍익(馮翊)을 치지 않고, 도리어 동관에서 머물면서 시일을 끈 다음 북쪽으로 (황하를) 건넌 이유는 무엇 때문"⁸인가였다. 그러자 조조는 다음과 같이 대답했다.

> 적이 동관을 지키는 상황에서 만약 우리가 (성급히) 하동으로 들어갔다면, 적은 반드시 병력을 나누어 (황하) 각지의 나루를 지켰을 것이네. 그렇게 되었다면 (우리는) 서하(西河)•를 건널 수 없었을 걸세. (그래서) 나는 일부러 대군(大軍)으로 동관을 공격한 것이네. 적의 모든 병력이 남쪽 방면을 수비하느라 서하의 방비에 허점이 생겼고, 그 덕에 두 장군은 수월하게 서하를 차지했네.•• 그런 다음 (나는) 군대를 이끌고 북쪽으로 (황하를) 건넜는데, 적이 우리와 서하를 다툴 수 없었던 이유는 두 장군의 군대가 있었기 때문이네. (두 장군이) 병거(兵車)를 연결하고 목책(木柵)을 세움으로써 좁은 길을 만들어 남쪽으로 향한 것은 (적군이) 이길 수 없는 여건을 만들고, 또 (일부러 아군의) 약함을 보여주려는 의도였네. 위수를 건너 보루를 견고히 쌓은 다음 적군이 와도 출전하지 않은 이유는 그들을 교만하게 만들려는 것이었네. 그래서 적군은 보루도 만들지 않고 (화친을 맺어) 땅을 할양하라고 요구한 것이네. 내가 (적들의 요구에) 따르겠다

• 고대 중국의 서부에서 북쪽에서 남쪽으로 흐르던 황하의 일부 구간을 지칭하는 표현으로서, 오늘날에는 산서성(山西省)과 섬서성(陝西省)의 경계가 되는 구역이다.
•• 앞서 언급한 대로 서황과 주령을 말함.

고 허락한 이유는 그들의 생각을 따름으로써 (그들이) 안심하여 방비하지 않게 하려는 의도였네. (이렇게 방심한 틈을 타) 병사들의 힘을 축적하고 있다가 일거에 공격하는 작전은 (적들에게) 그야말로 급작스러운 천둥소리에 미쳐 귀 막을 겨를도 없는 상황과도 같네. 병법의 변화는 실로 (이처럼) 한 가지가 아닌 법이네.[9]

마초와 한수는 양주에서도 안정적 기반을 유지하지 못했다. 건안 19년[214년] 정월, 양주의 지방 세력이 마초를 토벌하여 그의 처자식을 효수했고, 마초는 한중으로 달아났다. 한수는 금성(金城)^{오늘날의 감숙성 난주시(蘭州市)의 서쪽}으로 갔다가, 저왕(氐王) 천만(千萬)의 부락으로 들어갔다. 그는 강족(羌族)과 호족(胡族) 기병 1만여 명을 거느리고 하후연과 싸웠으나 패하여 잔여 병력을 이끌고 서평(西平)^{오늘날의 청해성(靑海省) 서녕시(西寧市)}으로 달아났다. 이듬해[215년] 5월, 국연(麴演) 등을 비롯한 서평·금성의 여러 장수가 함께 한수를 참하고, 그의 머리를 조조에게 보냈다. 양주는 이렇게 평정되었다.

관중 쟁탈전에서 마초와 겨룬 일전은 조조의 처지에서는 필승의 전쟁이라 할 수 있었다. 쟁반 위의 모래알처럼 결속력 없던 관중의 장수들에게는 마초 같은 효웅이 있어도 아무런 소용이 없었다. 용맹하지만 지략이 없던 마초는 애당초 조조에 대항할 적수가 못되었다. 그러나 이 전쟁은 매우 고달프게 진행되었고, 조조는 거의 목숨까지 잃을 뻔했다. 사료에서는 이 상황을 다음과 같이 묘사한다.

공(조조)이 황하를 건너려는 과정에서 마침 선두부대가 도강하는 중에, 마초 등이 (조조군을) 기습했다. 그런데도 공은 호상(胡牀)에 앉은 채 일어나지 않

• 등받이와 팔걸이가 있고 다리를 접을 수 있는 의자. 원래 북방의 호족(胡族)에게서 비롯되어 '호상'이라고 불림.

았다. 장합 등은 상황이 급박함을 깨닫고, 함께 공을 이끌고 배에 올라탔다. (그런데) 황하의 물살이 급하여, (황하를) 건넜을 때는 4~5리가량 (뒤로) 밀려갔다. 마초 등의 기병이 쫓아와 (조조에게) 비 오듯 화살을 쏘아댔다. (조조의) 장수들은 군대가 패한 모습을 보면서 공의 소재를 알지 못하여 모두 당황하고 걱정했다. (그러다가) 공(조조)을 보게 되자 비로소 슬픔과 기쁨이 교차하여 어떤 이는 눈물까지 흘렸다. 공(조조)은 크게 웃으며 "오늘 하마터면 하찮은 도적놈에게 곤욕을 치를 뻔했군!"이라고 했다.[10]

『삼국연의』에서는 조조가 마초에게 턱밑까지 추격을 받아, 그야말로 마초가 창을 한번 휘두르면 찔려죽을 수 있을 만큼 아슬아슬한 상황이었다고 묘사한다. 그러나 조조를 알아보지 못한 마초는 조조에게 "네가 조조인가?"라고 물었다. 조조는 다급한 와중에도 꾀를 내어 "저는 조조가 아닙니다. 앞쪽에 붉은 전포(戰袍)를 입은 자가 조조입니다."라고 말했다.** 마초는 조조를 버려두고 붉은 전포를 입은 사람을 추격했고, 조조는 가까스로 도망쳐 목숨을 건졌다. 비록 이 내용은 소설 속에서 과장한 이야기겠지만, 전쟁의 긴장감을 생생히 묘사한 것이기도 하다. 아무튼, 이 전쟁에서 조조는 하마터면 목숨을 잃을 뻔했다.

동한 후기 이래 "관동(關東)에서는 재상이 나오고, 관서(關西)에서는 장군이 나온다."[11]라는 말이 사회적으로 널리 유행했다. 강인(羌人)과의 전쟁을 통해 단련된 관서 출신들은 용맹하고 전투에 능했다. 조조는 출

• 청대의 학자 심흠한(沈欽韓)에 따르면, 이 말은 원래 후한의 광무제가 처음 한 말인데 조조가 인용하여 자신의 상황을 설명한 것이라고 한다.
•• 지은이는 이 부분에서 착각하고 있는 것 같다. 『삼국연의』 제58회(回)에 따르면, "붉은 전포를 입은 자가 조조"라고 외친 것은 조조가 아니라 추격하던 마초의 서량군(西涼軍)이었다. 『삼국연의』에서 조조는 이 소리를 듣고 황급히 붉은 전포를 벗는다. 지은이가 이런 착각을 한 것은 아무래도 기억에 의존했기 때문인 듯하다.

〔도판 11〕 마초의 묘비석

섬서성(陝西省) 한중(漢中) 면현(勉縣) 정군산(定軍山)에 위치. 이 석비는 청(淸) 건륭(乾隆) 연간에 섬서순무(陝西巡撫)를 지낸 필원(畢沅)이 세운 것으로, '한 정서장군 마공 초의 묘'(漢征西將軍馬公超墓)라는 문구가 새겨져 있다.

정하기 전에 조인을 선봉으로 보내면서 그에게 "관서의 병사들은 굳세고 용맹하니, 성벽과 보루를 굳게 지키고 절대 (맞서) 싸우지 말 것"을 당부했다. 이 발언을 보면, 조조가 관서의 병력에 대해서도 경계심이 있었음을 알 수 있다.

조조는 마초를 무찌르고 관중과 양주를 얻었다. 관서의 명마(名馬)와 용맹하고 전투에 능한 병사들은 모두 조조의 소유가 되어 조조의 명령을 받았다. 조조가 관중과 양주를 확보함으로써, 산동과 중원 지역은 안전을 보장받았다. 그리고 더 나아가 한중과 익주를 공략하기 위한 기지도 마련된 셈이었다.

유비의 익주 획득

1. 유장의 인자함과 유약함

손권과 유비 두 집단 모두 기반을 다진 후부터 익주를 차지하려는 생각을 품었다. 앞에서 언급한 대로, 노숙은 손권을 처음 접견한 자리에서 "장군(손권)에게 좋은 계책은 오직 강동 지역을 차지하여 정족지세를 이룬 상태에서 천하의 형세에 변고가 생기기를 관망하는 것뿐입니다. …… 북빙은 징밀로 신경 쓸 일이 많기 때문입니다. (이렇게 북방의) 일이 많은 틈을 이용하여, (장군께서는) 황조를 무찔러 없애고 유표를 정벌하십시오. (그리하여) 장강 유역 전부를 점령하여 차지한 다음에 제왕의 칭호를 세우고 천하(의 제패)를 도모하십시오."라고 했다.

제갈량도 처음 유비를 만난 자리에서 나눈 대담인 '융중대'에서 "만약 (장군께서) 형주·익주를 차지하신다면 험준한 그곳의 지세를 이용하여 지키며, …… 천하의 형세에 변화가 생기면 상장 한 사람에게 명하여 형주의 군대를 이끌고 완성·낙양으로 향하게 하고, 장군께서는 몸소 익주의 병력을 거느리고 진천으로 출격하십시오. (그러면) 음식과 음료를 준비하여 장군을 환영하지 않을 백성이 누가 있겠습니까? 정말로 이렇게만 된다면 (장군의) 패업을 이룰 수 있고, 한 왕실도 부흥시킬 수 있습니다."라고 했다. 노숙은 먼저 형주를 선점한 후 다시 익주를 점령하자고 주장했다. 이는 오가 처한 지리적 조건에 따른 구상이었다. 반면, 제갈량은 익주를 가장 중요한 세력 기반으로, 형주를 그다음의 중요 지역으로 간주했다.

적벽대전 이후 조조는 북쪽으로 돌아갔고, 형주는 조조·손권·유비의 세 세력이 분할·점령했다. 이때 주유와 감녕은 서진하여 익주를 점령할 계획을 다시 제출했다. 주유는 손권에게 이렇게 말했다.

> 지금 조조는 최근에 패배를 맛본 후 한창 마음속에 근심이 있으므로, 장군(손권)과 맞붙어 교전하지 못할 것입니다. 청컨대, (제가) 분위장군(奮威將軍, 손유孫瑜)과 함께 진격하여 촉(蜀)을 차지하고, 촉을 얻은 다음 장로를 병합하겠습니다. 내친김에 분위장군(손유)을 그 지역에 남겨 (그곳을) 굳게 지키게 하며, 마초와 우호 관계를 맺게 하겠습니다. (그런 다음) 저는 돌아와 장군과 함께 양양을 점거하여 조조를 압박한다면, 북방(의 점령)을 도모할 수 있습니다.

주유의 생각은 그의 웅대한 이상과 포부를 충분히 보여준다. 조조가 "한창 마음속에 근심이 있으므로" 손권과 "맞붙어 교전하지 못한다는 것"은 사실이었다. 그러나 중간에 유비가 끼어 있었으므로 익주를 차지하는 것은 전혀 현실적이지 않았다. 유비에게 연합을 요구하여 그에게 선봉을 맡아달라고 부탁했더라도, 유비는 결코 그 일을 맡지 않았을 것이다. 또 만약에 유비가 참여하지 않은 상황에서 손권이 단독으로 진격했다가, 유비가 배후에서 공격이라도 한다면 충분히 손권군을 사지로 내몰 수도 있었다.

손권은 익주를 차지하겠다는 생각에서 먼저 유비의 의견을 구했다. 그러자 형주주부(荊州主簿) 은관(殷觀)이 유비에게 다음과 같은 계책을 올린다.

만약 (우리가) 오의 선봉이 되면 진격해도 촉을 이길 수 없고, 퇴각이라도 하면 오에게 엄습(掩襲)을 받을 것이니, (그렇게 되면) 대업은 끝장이 납니다. 지금은 그저 그들이 촉을 정벌하겠다는 것에만 찬성하면 됩니다. 그리고 (우리는) 최근에 (형주의) 여러 군(郡)을 점령하여 아직 (군대를) 동원할 수 없다고 말씀하십시오. (그러면) 틀림없이 오는 감히 우리를 제치고 독자적으로 촉을 공략하지는 못할 것입니다. 이와 같은 진퇴의 계책으로 (우리는) 오와 촉 사이에서 실리를 얻을 수 있습니다.

은관의 말을 들은 유비는 그의 말대로 손권에게 답했다. 과연 손권은 단독으로 진격하여 촉을 차지하려는 계획을 얼마 후 포기했다.

당시 익주를 통치하던 사람은 익주목 유장(劉璋)이었다. 유장을 알려면, 우선 그의 부친 유언(劉焉)과 유언이 촉에 들어간 과정을 설명해야 한다. 유언은 강하 경릉(竟陵) 출신으로, 한 노공왕(魯恭王)의 후예이다. 영제 재위 시절, 유언은 형주자사·남양태수·종정(宗正)·태상(太常)의 직책을 역임했다. 조정의 정치가 쇠약해지는 것을 보고 난세를 피하려고 했던 그는 마침내 조정에 각지의 "자사·태수들이 뇌물을 써서 관직에 올라 가혹한 수탈로 민심의 이반(離叛)을 불러왔습니다. (따라서) 청렴하고 명망 있는 중신(重臣)을 뽑아 지방관에 임명하여 천하를 안정시키는 것이 옳습니다."라고 건의했다.

유언은 교지(交阯)로 갈 작정이었지만, 시중 동복(董扶)이 "도성(都城)은 앞으로 혼란에 빠질 것 같고, 익주에 해당하는 별자리에 천자의 기운이 서려 있습니다."라고 하자, 그의 말을 듣고 결국 익주를 차지하려는 계획을 세웠다. 마침 공교롭게도 익주자사 극검이 과도한 징세로 백

• 오늘날의 베트남 북부에 해당하는 지역. 전한 무제가 남월(南越)을 멸망시키고 설치했다.

성을 괴롭혀 그에 관한 안 좋은 풍문이 널리 퍼지자, 조정에서는 유언을 감군사자(監軍使者)에 임명하여 익주목을 겸직하게 했다.

이때 익주의 마상·조지(趙祇) 등이 면죽(綿竹)에서 병력을 일으켜 스스로 황건적이라고 칭하며 익주자사 극검을 죽였다. 그들은 한 달 사이에 촉군(蜀郡)·건위군(犍爲郡) 등의 3군을 격파했다. 이들의 무리는 수만 명이었고 스스로 천자를 참칭했다. 익주의 종사(從事) 가룡(賈龍)이 가병(家兵)을 이끌고 건위군을 동쪽의 마지노선으로 삼아 마상을 격파한 다음, 관리와 병사를 선발하여 유언을 맞이했다. 유언은 치소를 면죽으로 옮기고, 돌아선 민심을 위무하고 포용했으며, 관대하고 어진 정치를 베푸는 것에 힘써 인심을 얻었다. 그와 동시에 그는 천자만 타는 수레를 만들어 은밀히 반역하려는 계책을 꾸몄다. 그는 장로를 한중으로 보내어, 산골짜기 사이의 잔도(棧道)를 끊고 한조에서 보낸 사자를 살해하게 했다. 그리고는 오히려 미적(米賊)이 잔도를 끊어놓아 조정과 사신을 왕래할 수 없다는 글을 올렸다.

유언은 자신의 권위를 확립하기 위해 구실을 만들어 익주의 세력가 왕함(王咸)·이권(李權) 등 10여 명을 살해했다. 그러자 본래 그를 촉으로 맞아들인 가룡과 건위태수 임기(任岐)가 병력을 일으켜 유언을 반대했으나, 모두 유언의 공격을 받아 피살되었다. 유언은 다시 치소를 성도(成都)로 옮겼다.

흥평 원년[194년] 겨울, 유언은 등창으로 고생하다 병사했다. 익주의 고위관리 조위(趙韙) 등은 유언의 막내아들 유장이 온화하고 인자하다는 이유로, 그를 익주자사로 추천했다. 유장의 부장인 심미(沈彌)·감녕 등이 반기를 들어 유장을 공격했으나, 두 사람 모두 유장에게 패하여 형주

* 오두미도에 대한 비칭(卑稱).

로 달아났다. 조정에서는 결국 유장을 익주목에 임명했다. 유장은 조위를 정동중랑장(征東中郞將)에 임명하고, 동쪽으로 진격하여 유표를 공격하게 했다.

동한 말기에 중원과 관중 지역은 혼란스럽고 다사다난했다. 그래서 남양(南陽)과 삼보(三輔) 출신 중에 혼란을 피해 익주로 흘러들어온 인구가 수만 호(戶)에 달했다. 유장 부자는 그중 체력이 강한 사람을 군대에 편입하고, 이들을 '동주병'(東州兵)이라 불렀다. 유장은 관대하고 인자하지만 유약했고, 위엄과 지략이 없었다. 그래서 동주 출신의 인사가 토착민인 익주 사람을 해치고 약탈해도, 유장은 이를 제지하지 못했다. 익주 사람들은 이 때문에 유장을 깊이 원망했다. 조위는 본래 유장이 인자하고 유약했기 때문에 유장을 추대했었고, 유장도 조위를 신뢰했다. 그러나 평소 민심을 얻었던 조위는 결국 유장을 원망하는 백성을 이용하여 은밀히 반란을 도모했다. 그가 익주의 명문거족과 결탁하여 공동으로 병력을 일으키니, 촉군·광한군(廣漢郡)·건위군에서도 모두 병사를 일으켜 호응했다. 유장은 한동안 포위된 성도를 사수해야 했다.

이 반란은 굴러온 동주 출신들이 토착민인 익주 사람들을 억압했기 때문에 일어난 일이었다. 그래서 동주 출신들은 매우 두려움을 느꼈다. 조위가 이긴다면, 동주 출신은 토착민인 익주 사람들에게 보복을 당할 판국이었기 때문이다. 동주 출신들은 모두 일치단결하여 유장을 위해 전투에 참여했다. 그들은 하나같이 용맹을 떨쳤으며, 죽기를 각오하고 싸웠다. 결국, 조위는 패배하여 강주(江州)^{오늘날의 중경시(重慶市)}로 퇴각했다가 후일 자신의 부하 장수에게 살해되었다. 그러나 유장은 우유부단하고, 다른 사람의 말을 쉽게 믿었으며, 변덕도 심했다. 그의 통치 아래에서 민심은 뿔뿔이 흩어졌다.

2. 유비의 촉 입성

유장은 항상 조조에게 사자를 파견하여 그와 우호 관계를 유지했다. 조조가 형주를 정벌한다는 소식을 들은 유장은 다시 하내 출신의 음부(陰溥)를 보내 조조에게 경의를 표했고, 조조는 조정에 상주하여 유장에게 진위장군(振威將軍)의 직책을 더해 주었다. 유장이 다시 촉군 출신인 별가종사 장숙(張肅)을 파견하여 수병(叟兵) 300명과 각종 공물(貢物)을 조조에게 보내니, 조조는 장숙을 광한태수(廣漢太守)에 기용했다. 유장은 다시 별가종사 장송(張松)을 조조에게 보냈다. 당시 조조는 막 유비를 격파하고, 양양과 강릉을 확보하여 매우 거만한 상태였다. 그는 거들먹거리며 장송을 업신여겼고, 장송은 그런 조조의 태도에 분노하여 원망을 품었다. 마침 조조가 적벽대전에서 패하자, 익주로 돌아온 장송은 유장에게 조조와 관계를 끊고 유비와 우호 관계를 맺도록 권유했다. 장송은 "유예주(유비)는 사군(유장)의 폐부(肺腑)와 같은 관계이니(동성同姓의 일가), (그와) 교유할 만합니다."라고 말했다.[7]

법정(法正)이란 사람이 있었다. 그의 자(字)는 효직(孝直)이며, 부풍군(扶風郡) 출신으로 유장의 군의교위(軍議校尉)였다. 이 사람이야말로 삼국시대의 인물 중 지략이 매우 빼어난 사람 중 하나였다. 유장은 그를 기용하여 관직을 주었지만, 그는 자신의 재주를 제대로 발휘할 수 없어서 답답하고 우울했다. 장송 역시 자기 재주를 자부했는데, 유장이 함께 큰일을 이루기에 부족한 인물이라고 생각하여 항상 남몰래 탄식했다. 법정과 장송 두 사람은 모두 뛰어난 재주를 품고도 펼칠 기회를 만나지 못

• p.71 역주 참조.
•• 유장은 전한 경제(景帝)의 아들 유여(劉餘)의 후손이고, 유비도 경제의 다른 아들인 유승(劉勝)의 후손이었다.

했으므로, 서로 사이가 좋았다. 유장은 유비와 사신을 왕래하고자 하여, 장송에게 누가 사신으로 적당한 인물인지 물었다. 장송은 법정을 추천했고, 법정은 사양하다가 마지못한 척 사신으로 갔다. 법정은 돌아와 장송에게 유비가 웅대한 포부를 품고 있다고 말했고, 은밀하게 유비를 익주의 주인으로 추대하는 일을 모의했다.

건안 16년[211년], 조조는 관중으로 진군했다. 그는 겉으로는 장로를 정벌하겠다고 떠벌렸지만, 실제로는 관중을 먼저 차지하려는 의도였다. 이 소식이 성도로 전해지자, 유장은 마음속으로 두려워했다. 장송은 이 기회를 틈타 유장에게 다음과 같이 건의했다.

> 조공(조조)의 군대는 강성하여 천하무적입니다. 만일 장로의 물자를 이용하여 촉 지역을 차지한다면, 누가 그를 막을 수 있겠습니까? …… 유예주(유비)는 사군(유장)과 같은 (한 왕실의) 종친(宗親)이자, 조공과는 깊은 원한이 있으며 용병술에 능합니다. 만약 그에게 장로를 토벌토록 한다면 장로는 반드시 격파될 것입니다. 장로가 격파되면 익주는 강해질 것이니, 비록 조공이 (침입해) 와도 (조공이) 할 수 있는 일은 (아무섯노) 없을 것입니다.[8]

계속해서 그는 이렇게 주장했다.

> 지금 (익)주의 장수 방희(龐羲)와 이이(李異) 등은 모두 (자신의) 공적을 믿고 오만불손하여 외부의 적과 결탁하려는 마음이 있습니다. 예주(유비)를 얻지 못하면, 적이 외부에서 공격하고 백성이 내부에서 공격하는 (진퇴양난의) 지경이니, 필패의 길입니다.[9]

장송의 말을 들은 유장은 법정에게 4000명의 병력을 이끌고 나가 유비를 영접하게 했다. 법정은 형주에 도착하여 유비에게 다음과 같이 계책을 올렸다.

> 현명한 장군의 탁월한 재주로 유목(劉牧, 익주목 유장)의 나약함을 이용하십시오. 장송은 (익)주의 중신으로서, 내부에서 (반드시 장군의 요구에) 호응할 것입니다. 그런 다음 익주의 풍부한 물자를 바탕으로 삼고, 천부(天府)의 험요(險要)한 지형에 의지하십시오. 이렇게 대업을 이루기는 (수월하기가) 마치 손바닥을 뒤집는 것과 같습니다.[10]

그러자 방통(龐統)이 다음과 같이 건의했다.

> 형주는 황폐하게 파괴되어 인재가 고갈되었습니다. (또한,) 동방에 오의 손씨(손권)가 있고, 북방에는 조씨(조조)가 있어, (천하삼분의 한 축을 차지하려는) 정족(鼎足)의 계책을 실현하기 어렵습니다. 지금 익주는 재정이 넉넉하고 백성이 부강하며, 호구가 1백만 호에 달합니다. (익주) 사부(四部)의 병마는 (필요할 때 동원하려면) 동원할 수 있을 만큼 (충분히) 잘 갖춰져 있으며, 보화(寶貨)를 외부에서 구할 필요가 없습니다. (따라서) 지금 잠시 (익주를) 빌려 대사를 결정할 수 있습니다.[11]

그러나 여전히 망설이던 유비는 이렇게 말했다.

> 지금 나와(의 관계가) 물과 불(처럼 상극)인 (관계의) 사람을 지적한다면 조조일 것이오. 조조가 조바심을 내면 나는 여유를 가졌고, 조조가 사납게 굴면 나는 인자하게 대했으며, 조조가 속임수를 쓰면 나는 진심으로 처신했소. 매

• 당시 익주는 총 22군(郡) 178현(縣)이었지만, 전통적인 구획방법에 따르면 크게 파국(巴國)·용국(庸國)·촉국(蜀國)·남중(南中)의 4부(部)로 나눌 수 있었다.

번 조조와 반대로 처신했기 때문에, (결국) 일이 이뤄질 수 있었소. 이제 사소한 이유로 천하에 신의를 잃어버리는 일을, 나는 선택하지 않으려고 하오.[12]

그러자 방통은 다음과 같은 말로 유비를 설득했다.

임기응변해야 할 상황에는 원래 한 가지 방법으로 (사안을) 결정할 수 있는 것이 아닙니다. 약한 쪽을 겸병하고 우매한 쪽을 공격한 것이 (바로 춘추시대의) 오패(五覇)가 이룩한 일입니다. 도리에 어긋나게 (천하를) 얻더라도 순리로 (정도를) 지키고 의로써 보답하며, 대업이 완성된 후 (유장을) 대국(大國)에 봉해 준다면, (이것이) 어찌 신의를 저버리는 일이겠습니까? 지금 선택하지 않는다면, 결국은 다른 사람의 이익이 될 뿐입니다.[13]

법정·방통·유비가 논의한 내용은 모두 당시의 대체적인 형세이자, 위대한 인물이 자신을 지키던 방법이었다. 형주와 익주를 비교해 보면, 형주가 아무리 황폐하게 파괴되었다고 해도 방통이 말한 것처럼 "황폐하게 파괴되어 인재가 고갈"될 정도는 아니었다. 그러나 풍요롭고 험준하며 "재정이 넉넉하고 백성이 부강하며, 호구가 1백만 호에 달하는" 익주보다는 확실히 뒤처지는 지역이었다. 유표가 통치하던 시절에 형주는 인물이 모여든 지역이었다. 그러나 제갈량 등의 열댓 명을 제외하면, 조조가 북방으로 돌아갈 때 대부분 조조를 따라갔다. 방통이 "인재가 고갈되었다."고 표현한 본질은 바로 이것이었다.

형주의 8군(郡)은 적벽대전 이후 세 지역으로 분할되어, 손권은 형

• 중국 춘추시대에 패업(霸業)을 이룬 다섯 제후, 즉 제(齊) 환공(桓公), 진(晉) 문공(文公), 진(秦) 목공(穆公), 송(宋) 양공(襄公), 초(楚) 장왕(莊王) 등을 말한다. 진 목공과 송 양공 대신 오(吳)의 부차(夫差)와 월(越)의 구천(勾踐)을 꼽기도 한다.

주 동부, 조조는 형주 북부를 차지했다. 유비가 보유한 지역이라고는 원래부터 비교적 낙후된 장강 이남의 4군과 손권에게 빌린 강릉과 남군의 장강 이북 부분에 불과했다. 강릉과 남군의 장강 이북 부분은 형주의 중심이기는 해도, 매우 협소한 지역이었다. 그래서 조조·손권·유비의 세 세력이 명목상으로는 '정족지계'(鼎足之計)를 이룬 형세라고 할 수 있어도, 유비로서는 결국 "자기 포부를 실현하기 어려운" 상황이었다. 이러한 형세의 압박으로, 유비는 익주를 얻지 못한다면 대업을 이룰 수 없었다.

그러나 유비의 우려도 일리는 있었다. 유비는 "크고 굳센 의지를 지녔고, 관대하고 너그러웠으며, …… 영웅의 도량을 갖췄다." 또한, 조조로부터 "천하의 영웅은 오직 사군(유비)과 나뿐"이라는 평가도 받았다. 그러나 유비의 "기지와 권모술수, 재능과 모략은 위 무제(조조)에게 미치지 못했고,"(진수의 평가) 이는 유비도 인정한 점이었다. "조조가 조바심을 내면 나는 여유를 가졌고, 조조가 사납게 굴면 나는 인자하게 대했으며, 조조가 속임수를 쓰면 나는 진심으로 처신했다."라고 한 유비의 말을 보면, 유비는 조조보다 나은 자기의 장점으로 자신의 부족한 부분을 메울 수 있다고 자각했음을 알 수 있다. 유비의 자신감은 여기에 있었다. 그가 속임수로 유장의 익주를 차지하자는 방통의 말에 머뭇거린 이유는 바로 이 점 때문이었다.

법정과 방통이 말한 것처럼 익주를 차지해야 비로소 "이를 기반으로 대업을 이루고", "대사를 결정"할 수 있으며, "지금 선택하지 않는다면 결국은 다른 사람의 이익이 될 뿐"이라는 사실은 유비도 잘 알고 있던 대원칙이자, 일찍이 제갈량이 '융중대'에서 이미 정해 놓은 대계(大計)였다. "임기응변해야 할 상황에는 원래 한 가지 방법으로 (사안을) 결정할 수 있는 것이 아니고", "대업이 완성된 후 (유장을) 대국에 봉해준다면, (이것이) 어찌 신의를 저버리는 일이겠느냐?"라는 방통의 말은 딱 적절한 때에 유비의 의심과 우려를 해소하고, 그의 자신감을 북돋아 준 말이었다.

익주 출병은 이렇게 결정되었다. 이 출병에는 방통과 황충(黃忠)이 유비를 따라 촉으로 들어가고, 제갈량·관우·장비(張飛)·조운(趙雲)은 형주에 남기로 했다. 이러한 출병 계획을 보면, 유비군의 주력이 여전히 형주에 주둔했음을 알 수 있다. 관우는 양양태수(襄陽太守) 겸 탕구장군(盪寇將軍)에 임명되어 장강 이북에 주둔했고, 장비는 남군태수 겸 정로장군(征虜將軍)으로 임명되었으며, 조운은 유영사마(留營司馬)의 직책을 맡았다. 진수의 서술에 따르면, "제갈량은 관우와 함께 형주를 진수(鎭守)했다."[17] 이렇게 관우는 여러 장수와 함께 형주에 남았고, 또 그들의 리더 역할을 했다.

건안 16년[211년] 12월[양력으로는 이미 212년에 해당], 유비는 병력을 이끌고 촉으로 들어갔다. 유장은 칙령을 내려, 유비가 지나가는 곳마다 군량과 물자를 제공하게 했다. 유장이 유비에게 제공한 군량과 물자는 엄청난 규모였다. 유비는 파군(巴郡)[치소는 강주(江州). 즉 오늘날의 중경시]에 이르렀고, 강주에서 북쪽으로 점강현(墊江縣)의 물길[오늘날의 부수(涪水). 점강현은 오늘날의 합천현(合川縣)]을 통해 부현(涪縣)[오늘날의 면양(綿陽)]에 당도했다. 유장은 보병과 기병 3만 명을 이끌고 나와 유비와 회합을 했다. 당시 수레에 친 휘장은 눈이 부실 정도로 색채가 강렬했다.

장송은 법정을 통해 유비에게 권유하기를, 접견할 때 유장을 습격하는 것이 유리하다고 했다. 그러나 유비는 "이 일은 중대한 사안이니, 급하게 서두를 수 없소."[18]라고 했다. 방통도 "지금 이 회합을 이용하여 (유장을) 사로잡을 수 있다면, 장군께서는 무력을 쓰는 노고를 들이지 않고도 앉아서 주 하나를 평정하시는 것입니다."[19]라고 설득했다. 그러나 유비는 "이제 막 다른 사람의 근거지에 들어와서 아직 은덕과 신의를 보여주지 못했으니, 이렇게 하는 것은 안 될 일"[20]이라고 했다.

유장은 천자에게 유비가 대사마(大司馬)를 대리하고 사예교위를 겸임하도록 추천했고, 유비도 유장이 진서대장군(鎭西大將軍)을 대리하고 익주목을 겸임하도록 추천했다. 유비와 유장은 부현에 100여 일 동안 주둔했다. 두 사람의 수하 장수와 병졸들은 서로 왕래하며 날마다 즐겁게 술자리를 가졌다. 유장은 유비의 병력을 증원해 주었고, 백수관(白水關)의 주둔군도 유비가 이끌도록 했으며, 유비에게 북진하여 장로를 공격해 달라고 요청했다. 이제 유비는 3만여 명의 병력을 거느렸고, 병거(兵車)와 갑옷, 무기와 군수물자도 매우 많아졌다. 유장은 성도로 돌아갔고, 유비는 북진하여 가맹(葭萌) 오늘날의 사천성(四川省) 광원(廣元)의 남쪽으로 이동했다. 유비는 가맹에 도착한 후에도 곧바로 장로를 향해 진격하지 않았다. 대신 그는 주둔지에서 움직이지 않은 채, 은덕을 두터이 베풀어 대중의 인심을 얻었다.

3. 유비의 익주 탈취

건안 17년[212년] 10월, 조조가 손권을 공격하자, 손권은 유비에게 도움을 요청했다. 유비는 유장에게 사신을 보내 이렇게 말했다.

> 손씨(손권)와 저는 본래 입술과 이처럼 (서로) 의지하는 관계이고, 또 악진이 청니(靑泥)에서 관우와 대치한 상황입니다. 지금 관우를 구원하러 가지 않으면 악진은 반드시 대승을 거두고 (그런 다음) 방향을 바꾸어 (익주의) 경계를 침범할 터이니, 그 우려가 장로보다 훨씬 심각합니다. 장로는 자신을 지키기에 급급한 적이라, (크게) 염려할 필요가 없습니다.[21]

유비는 유장에게 장수와 병졸 1만 명을 파견하여 도와달라고 요청했는데, 유장은 겨우 4000명만 주었다. 다른 여러 가지 요구 사항도 대부분 반 이상 줄었으므로, 유비는 유쾌하지 않았다.

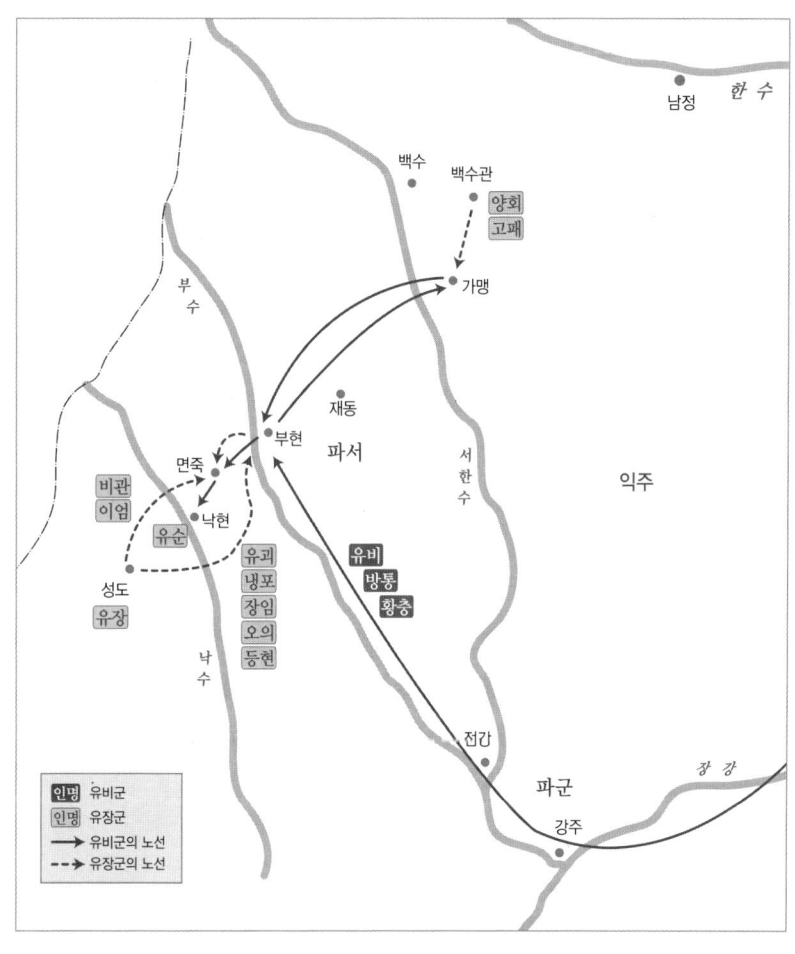

〔지도 17〕 유비군과 유장군의 전투

성도에 있어 내막을 모르던 장송은 법정과 유비에게 다급히 편지를 써서 "지금 대업을 거의 이룰 수 있는 상황에서, 어찌 이를 버려두고 가십니까?"라고 물었다. 장송의 형인 광한태수 장숙은 이 일이 발각되어 자기까지 연루될까 두려워 유장에게 밀고했고, 유장은 장송을 붙잡아 참수했다. 의심과 불화가 이미 싹을 틔웠다. 대로한 유비는 군사를 돌려 성도를 공격하기로 했다.

이에 앞서 방통은 이미 유비에게 다음과 같이 진언했다.

(장군께서는) 은밀히 정예병들을 선발한 다음 밤낮으로 (쉬지 않고) 진격하여, 직접 성도를 급습하십시오. 유장은 군사적 재능이 부족하고, 또 평소에 (아무런) 대비도 하지 않았으니, 대군이 갑자기 들이닥치면 일거에 (익주를) 평정할 수 있습니다. 이것이 상책(上策)입니다. 양회(楊懷)와 고패(高沛)는 유장의 명장으로, 각각 강한 병력을 거느리고 (백수)관(關)을 지키고 있습니다. 듣자하니, (이들은) 여러 차례 유장에게 표문을 올려 장군(유비)을 형주로 돌려보내라고 간언했다고 합니다. 장군께서는 (이들의 주둔지, 즉 백수관에) 도착하기 전에 이들에게 사람을 보내 알리기를, 형주에 급한 일이 있어 돌아가 구원하려 한다고 하십시오. 아울러 (병사들에게) 짐을 꾸리도록 하여 외관상 (마치 형주로) 돌아가는 (것처럼) 모양새를 꾸미십시오. (그러면) 이 두 장수는 장군의 뛰어난 명성에 감복한 상황이고, 장군이 떠나시는 것도 기뻐하여, 아마도 틀림없이 가벼운 무장으로 (장군을) 만나러 올 것입니다. 장군께서는 이 기회를 이용하여 그들을 사로잡고, 나아가 그들의 병력을 합병한 다음 곧바로 성도로 진격하십시오. 이것이 중책(中策)입니다. 백제성(白帝城)으로 물러나서 형주의 병력을 불러온 다음, 천천히 (익주로) 돌아와 (익주를) 도모하신다면, 이것은 하책(下策)입니다. 만약 (장군께서) 망설이며 움직이지 않으면 장차 큰 곤경에 빠질 것이니, 오랫동안 지체해서는 안 됩니다.

이에 유비는 방통의 '중책'에 찬성했다.

유비는 곧바로 접견을 이유로 양회와 고패를 불렀다. 양회와 고패가 도착하자, 유비는 그 자리에서 그들의 무례함을 질책한 다음 그들을 참수했다. 유비는 병력을 이끌고 신속히 백수관에 당도하여 양회·고패의 군대를 합병했고, 마침내 부성(涪城)을 차지했다.

익주종사 정도(鄭度)는 유비가 병력을 일으켰다는 말을 듣고, 유장에게 다음과 같이 대책을 올렸다.

> 좌장군(유비)은 (우리 진영) 깊숙이 들어와 고립된 부대로 우리를 습격하여 병력이 채 1만 명을 넘지 않고, 병사들도 아직 (그를 진심으로) 따르지 않습니다. (그들은) 들판의 곡식에 의지하(여 버티)고 있을 뿐, 군중에는 (확보한) 군량미와 병장기가 없습니다. (따라서 그들을 막을) 계책으로는 파서(巴西)와 재동(梓潼)의 백성을 전부 몰아내어 부수(涪水) 이서의 지대로 보내고, 그 지역의 창고에 저장된 양식과 들판의 곡식을 전부 불태워 없앤 다음, 보루를 높이 쌓고 해자를 깊게 파서, 차분히 (그들이 오기를) 기다리는 방법이 가장 좋습니다. 저들이 와서 싸움을 걸어도, (절대) 대응하지 마십시오. (우리가) 오랫동안 버티기만 하면 (저들에게는) 보급이 없으니, 백일도 못 되어 틀림없이 스스로 달아날 것입니다. (저들이) 달아날 때 (우리가) 저들을 공격하면, (유비를) 반드시 사로잡을 것입니다.[24]

유비는 이 소식을 듣고 대단히 걱정했다. 그러자 법정은 "(유장이) 결국 (정도의 계책을) 채택할 수 없을 것이니, 걱정할 필요가 없습니다.[25]"라고 말했다. 과연 법정의 말대로 유장은 정도의 계책을 채택하지 않았다. 그는 신하들에게 "나는 적을 막아 백성을 편안하게 한다는 말은 들었어도, 백성을 움직여 적을 피하게 한다는 말은 듣지 못했소.[26]"라고 말했다. 예로부터 백성을 움직여 적을 피하게 한 경우는 매우 많았다. 유장이 "백성을 움직여 적을 피하게 한다는 말은 듣지 못했다."고 말한 것은 그의 역사 지식의 결여를 나타낸다. 그러나 "적을 막아 백성을 편안하게 한다는 말은 들었어도, 백성을 움직여 적을 피하게 한다는 말은 듣지 못했다."라고 말한 점에서 볼 때, 유장은 머릿속에 아직 '백성'을 염두에 두고 있었다. 그는 그래도 '인군'(仁君)의 자질을 잃지 않고 있었다. 그러나 애석하게도 그는 너무 나약한 인물이었다.

유장은 장군 유괴(劉璝)·냉포(冷苞)·장임(張任)·등현(鄧賢)·오의(吳懿) 등을 보내 유비와 맞서 싸우게 했으나, 그들은 패하여 면죽으로 퇴각했다. 유장은 다시 호군(護軍) 이엄(李嚴)·비관(費觀)을 보내 면죽에 머문 여러 부대를 지휘하게 했다. 그러나 이엄과 비관은 유비에게 투항했다. 군세가 더욱 막강해진 유비는 여러 장수를 나누어 파견하여 익주의 각 속현(屬縣)을 공격·평정했다. 유괴·장임과 유장의 아들 유순(劉循)은 낙성(雒城)오늘날의 사천성 광한(廣漢)의 북쪽까지 퇴각했다. 유비가 진격하여 낙성을 포위하니, 장임이 성 밖으로 나와 싸우다 죽었다. 그러나 낙성은 수비를 굳건히 하여, 1년이 넘도록 함락되지 않았다.

불행히도 방통은 낙성을 공격하던 와중에, 날아온 화살에 맞아 죽었다. 향년 36세였다. 방통은 양양 출신으로, 제갈량이 '와룡'(臥龍)으로 불릴 때, 그는 '봉추'(鳳雛)라 불렸다. 진수는 그를 순욱에 견주었다. 비록 유비가 방통을 "친근하게 우대한 것은 제갈량 다음이었지만", 방통은 "제갈량과 함께 군사중랑장에 임명되었다." 유비가 촉에 들어올 때, 제갈량은 남아서 형주를 지키고, 방통은 유비를 수행하여 함께 촉에 들어왔다. 유비 집단에서 방통이 차지했던 위치를 알 수 있다.

유비가 가맹에서 군사를 돌려 성도로 진격할 때, 제갈량도 형주를 관우에게 맡겨 수비하게 하고, 자신은 장비·조운과 함께 병사를 이끌고 촉으로 들어왔다. 이들의 대군은 강주(江州)오늘날의 중경시에 이르러 파군태수(巴郡太守) 엄안(嚴顔)을 생포했고, 그런 다음 두 갈래로 병력을 나누

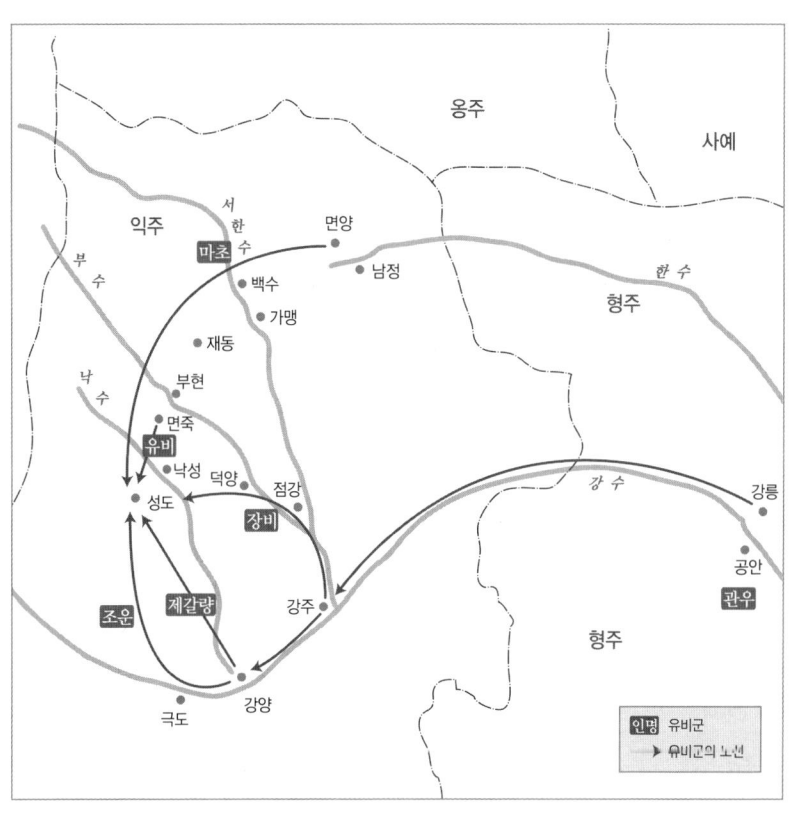

〔지도 18〕 유비의 익주 점령

었다. 조운은 외강(外江, 장강)을 경유하여 강양(江陽)오늘날의 사천성 노주(瀘州).건위군으로 출격하고, 장비는 내강(內江, 가릉강嘉陵江·부수)을 경유하여 파서(巴西)·덕양(德陽)을 지나 성도에서 병력을 합치기로 했다. 낙성이 무너지자, 유비는 성도를 포위하기 위해 진군했다. 제갈량이 이끌고 와 둘로 나뉘어 진격한 장비와 조운의 군대도 모두 성도성 아래에 당도했다. 삼군은 병력을 합한 후, 성도를 빈틈없이 포위했다.

법정은 유장에게 투항을 권유하는 서신을 보냈다. 서신은 대체로 대세가 이미 기울었으니 싸워도 무익하다는 내용이었다. 서신의 맨 마지막 부분에서 법정은 "좌장군(유비)께서는 본분에 따라 행동하다 보니 (성도까지) 오셨지만, (장군과 쌓은) 오랜 정은 여전하니, 실로 (장군을) 박대하려는 뜻이 없을 것입니다. 저는 (장군께서) 변화를 도모하(여 투항하)신다면 (장군의) 존귀한 가문을 보존할 수 있으리라 생각합니다.[29]"라고 썼다. 그러나 유장은 이에 아랑곳하지 않았다.

바로 이때 마초(馬超)가 유비에게 투항해 왔다. 마초는 관중전투에서 패배한 후 서쪽으로 달아나 여러 융족(戎族)에게 의지했다가, 다시 양주자사(涼州刺史) 위강(韋康)을 죽이고 천수(天水)의 기성(冀城)오늘날의 감숙성 천수시의 서쪽을 점거했다. 그곳에서 그는 정서장군이라 자칭하며 병주목을 겸임했고, 양주 지역의 병권을 장악했다. 그 후 마초는 원래 위강의 부하이던 양부(楊阜) 등에게 패해 장로에게 의탁했다. 그러다가 장로가 자신을 포용할 수 없음을 깨닫자 유비에게 의탁한 것이다.

유비는 마초에게 병력을 이끌고 온 것처럼 가장하여 성도의 포위 작전에 참가해 달라고 요청했다. 마초는 유비의 요청대로 병력을 이끌고 직접 성도 성곽 아래에 도착했다. 그러자 성도성 안에서는 깜짝 놀랐다.

• 인용 부분에서는 생략되었지만, 법정은 이 서신에서 유비를 '좌장군'으로, 유장을 '장군'이라고 부르고 있다.

이때 성도성 안에는 아직도 정예병 3만 명이 있었고, 1년을 버틸 군량과 재물이 있었으며, 유장 휘하 사람들은 대부분은 결사 항전하려는 상황이었다. 투항을 결정한 유장은 다음과 같이 말했다.

> (우리) 부자가 (익)주에 20여 년을 있으면서 백성에게 은덕을 베푼 것이 없었소. (그런데) 백성이 (이미) 3년 동안 전쟁을 치르면서 (그들의 죽은) 시신이 초야에 버려진 것은 나 때문이오. (내) 어찌 마음이 편할 수 있겠소![30]

그는 마침내 성문을 열고 항복했다.

유비가 유장의 요청을 받아 촉으로 들어갔던 것은 건안 16년[211년] 12월 양력으로는 이미 212년에 해당이었고, 유장이 항복한 것은 건안 19년[214년]이었다. 이 기간은 대략 2년 남짓한 시간이었다. 사마광은 유장이 유비에게 항복한 시기를 4월에서 7월 사이의 일로 기록하고 있다.

유비가 익주를 차지할 때, 가장 큰 공을 세운 사람은 장송과 법정이었다. 장송은 이미 죽었지만, 법정은 살아 있었다. 유비는 "법정을 촉군태수 겸 양무장군(揚武將軍)에 임명하여 밖으로는 성도 주변의 지역을 다스리게 하고, 안으로는 주요한 모신(謀臣)으로 삼았다.[31]" 당시 제갈량은 군사장군(軍師將軍) 겸 익주태수가 되어 촉군태수 법정과 함께 성도의 성곽 주변을 다스렸으니, "제갈량은 고굉지신(股肱之臣)이었고, 법정은 주요한 모신이었다.[32]" 이처럼 법정의 지위는 제갈량의 바로 아래였다.

진수는 법정이 "기발한 책략을 잘 세웠으나 덕행으로 칭송받지는 않았다.[33]"라고 평가했다. 촉군태수가 된 법정은 "밥 한 끼 얻어먹은 (사소한) 신세나 (자신에게) 눈 흘긴 (사소한) 원한도 반드시 갚았다. (그래서) 자기를 험담하거나 상해를 입힌 사람 여러 명을 멋대로 죽였다.[34]" 어떤 사람이 제갈량에게 "법정이 촉군에서 지나치게 횡포한 짓을 자행하니, 장군이 의당 주공(主公, 유비)에게 알려 그의 위세와 권력을 억누르게 해야 합니다.[35]"라고 하자, 제갈량은 그에게 이렇게 대답했다.

> 주공(유비)께서 (형주의) 공안에 머물 때, 북쪽으로는 조조의 강한 위세를 두려워했고, 동쪽으로는 손권의 압박에 부담감을 느꼈으며, 가까이로는 손부인(孫夫人)이 (주공의) 곁에서 변고를 일으킬까 봐 걱정하셨소. 이때 주공께서는 진퇴양난의 처지였소. (그런데) 법효직(法孝直, 법정)이 (주공을) 보필하자, (주공께서) 하늘 높이 비상하여 더 이상 (다른 세력이 주공을) 통제할 수 없게 된 것이오. (그런데) 어떻게 법정이 자기 마음대로 행동하지 못하도록 할 수 있겠소![36]

제갈량의 이 말은 실제 상황을 반영하고 있었다. 유장이 익주를 통치하던 시기에도 법정은 기발한 책략으로 큰 공을 세운 적이 있었지만, 확실히 몇몇 사람으로부터 업신여김을 받았다. 진수는 유장이 법정을 "불러 군의교위(軍議校尉)에 임명했지만, (법정은 그다지) 신임·중용을 받지 못했고, 또 그와 동향(同鄕) 출신으로서 함께 (익주로) 와서 객지 생활하는 사람들에게 품행이 단정하지 않다는 비방을 받아 뜻을 펼치지 못했다."[37]라고 기록했다. 법정은 포부를 펼치지 못하여 마음속에 울분이 쌓여 있었고, 그래서 자기 포부를 펼치게 되자 곧바로 보복에 착수했음을 알 수 있다.

그렇지만 제갈량의 이 말은 평생 법에 따라 일을 처리한 그의 정신적 지향과 부합하지 않는다. 손성(孫盛)은 제갈량의 이 말을 두고 다음과 같이 비난했다.

> 위세와 권력이 (윗사람이 아니라) 아래로부터 나오는 것은 집안을 망치고 국가를 해치는 길이고, 형벌이 총신의 손에서 멋대로 결정되는 것은 정치를 훼손하고 순리를 어지럽히는 근원이다. 어떻게 공신이라는 이유로 멋대로 망

령된 행동을 하도록 놔두고, 특별한 총애를 받는 사람이라는 이유로 나라의 권력을 빌려줄 수 있겠는가? …… 따라서 제갈씨(제갈량)의 말은 정치와 형벌(의 원칙)에서 벗어난 발언이다.[38]

당연히 이때의 제갈량과 후주(後主, 유선) 재위기에 정사를 주재하던 제갈량은 처지가 달랐다. 후주가 재위하던 시절에는 제갈량이 정사를 책임졌으므로, 법의 집행이 공평할 수 있었다. 그러나 이때는 유비가 모든 일을 주관했으므로, 아무리 제갈량이라 할지라도 사소한 일에는 삼가는 편이 나았다.

제갈량은 유비를 도와 촉을 다스릴 때 매우 엄격하게 일을 처리했다. 그래서 이를 원망하고 탄식하는 사람이 많았다. 법정은 이런 점을 제갈량에게 다음과 같이 지적했다.

> 옛날에 (한) 고조(유방)께서 (함곡)관에 들어가서 약법삼장(約法三章)을 내거시니, 진(秦)의 백성은 (고조의) 은덕을 알게 되었습니다. (그런데) 지금 그대(제갈량)는 (주군 유비의) 위력을 빌려 주(익주) 하나를 통제하니, 이제 막 영토를 차지하여 (백성에게 주군의) 은혜로운 위무(慰撫)가 아직 베풀어지지 않았습니다. 게다가 외지인과 토착민 사이의 원칙에서 봐도, 마땅히 (외지인이) 조금 양보하는 태도를 보여야 합니다.** 바라건대, 형벌과 법금(法禁)을 완화하여 그들(백성)의 여망을 어루만져 주십시오.[39]

그러자 제갈량은 이렇게 대답했다.

---

* 한 고조 유방은 함곡관에 진입한 후, "살인한 사람은 죽이고, 사람을 다치게 한 사람이나 도둑질을 한 사람은 죄를 묻는다."는 조항의 약법삼장을 제시하며 민심을 안정시켰다.
** 법정은 외지인 유비와 제갈량이 토착민인 익주 사람에게 양보해야 함을 주장하고 있다.

그대(법정)는 하나만 알고 둘은 모르시는구려. 진은 무도하고 정치가 가혹하며 백성이 원망하고 있었으므로, 필부가 크게 소리치자 천하가 흙더미가 무너지듯 붕괴한 것이오. 고조(유방)께서는 이런 상황을 이용하여 널리 (백성을) 구제하였소. (그러나) 유장은 어리석고 나약했소. (그는) 유언 이래 대대로 쌓은 은덕이 있었으나, 번잡한 법도에 얽매이고 상대의 비위를 맞췄소. (그래서) 덕정(德政)이 실행되지 않고, 위엄과 형벌은 엄숙하지 않았소. 촉 지역의 인사들은 권력을 전횡하자 방자해졌고, 군신(君臣) 사이의 기강은 차츰 문란해졌소. (주군이) 지위를 주어 총애해도 (신하는) 지위가 더할 나위 없이 높아지면 (주군을) 천시하고, (주군이) 은혜를 베풀어 따르게 해도 (신하는) 은혜가 다하면 오만해졌소. 폐단이 발생한 이유는 실로 여기에서 비롯된 것이오. 내가 지금 법으로 위엄을 보이니, 법이 시행되면 (신하들이) 은혜를 알 것이오. 작록(爵祿)의 하사에 제한을 두고 있으니, (그러다가) 작록이 더해지면 영예를 느낄 것이오. 영예와 은혜가 모두 충족되고 있으니, 상하에 절도가 생길 것이오. 통치의 요체는 여기에서 잘 드러나 있소.[40]

이는 제갈량이 처음 촉에 들어왔을 때 단행한 정치적 조치였다. 이는 당시 촉 지역의 정세에 맞추어 채택한, 매우 정확한 조처였다. 유장이 펼친 구태 정치의 실패는 지나친 관대함 때문이었다. 너무 관대하자 촉 지역의 인사들은 권력을 전횡하여 방자해졌고, 군신 사이의 기강도 점차 해이해졌다. 제갈량은 엄격함으로 다스렸으니, 정치가 관대해지면 엄격함으로 바로잡는다는 공자(孔子)의 의도에 부합하는 것이었다.

제갈량이 '융중대'에서 유비에게 제시한 계획의 첫걸음은 "형주와 익주를 차지"하고, 그런 다음 중원을 다시 노리는 것이었다. 첫 번째 목표는 이제 처음 구상대로 실현되었다.

조조와 유비의 한중 쟁탈전

1. 장로의 정교합일 통치

한중(漢中)은 관중과 익주 사이의 지역으로, 북쪽으로는 진령산맥(秦嶺山脈)이 서에서 동으로 뻗어 관중과 한중의 사이를 가로지른다. 이 산맥은 장강과 황하라는 양대 수계(水系)가 갈라지는 분수령이다. 위수(渭水)는 관중을 가로질러 동쪽으로 황하로 들어가고, 한수(漢水)는 한중을 가로질러 동쪽으로 장강으로 유입된다. 한중의 남쪽에는 대파산계(大巴山系)가 있어, 한중과 사천 사이를 가로지른다. 한중 분지는 농업에 적합한 지역이어서, 예로부터 농업지구에 해당했다. 그러나 한중 분지는 면적이 협소하여 관중의 위수 유역 일대의 평원보다 작았으며, 사천 분지에 비해서도 훨씬 작았다.

한중은 사방이 산으로 둘러싸인 지형 덕에 지리적으로 독립성을 갖추고 있었고, 정치적으로도 분열된 형세에서 독립적인 할거 세력이 될 가능성이 있는 지역이었다. 그러나 면적이 협소했으므로, 독립적인 할거 세력은 분열과 분할이 대단히 극심하던 시대에나 출현할 수 있었다. 일반적인 시기라면, 한중은 보통 관중이나 익주의 세력에 의해 병탄 또는 병합되었다. 동한 말년에 장로가 한중에서 독립적인 할거 세력이 되었던 것은 바로 이러한 현상을 매우 잘 보여준다.

장로는 원래 유언의 부하로서, 일찍이 유언의 독의사마(督義司馬)를 지냈다. 그와 별부사마(別部司馬) 장수(張脩)는 병력을 이끌고 한중태수 소고(蘇固)를 공격했는데, 장로가 장수를 습격하여 죽이고 그의 병력을 빼앗았다. 유언이 죽자, 장로는 점차 유장에게 복종하지 않았다. 유장이 장로의 처자식을 죽이자, 장로는 결국 유장에게 반기를 들고 한중을 차지했다.

중국 역사에서 장로의 한중 정권은 매우 독특했다. 그가 한중 지역에서 실시한 것은 정교합일(政敎合一) 통치였으니, 통치 조직이 바로 종교 조직이었다. 장로는 도교의 일파인 오두미도를 신봉했다.

1장에서 나는 "희평 연간[172~178년]에 요적이 크게 일어났는데, 삼보 지역에서 낙요가 활동했다. 광화 연간[178~184년]에 동방에는 장각이 있었고, 한중에는 장수가 있었다. …… 장각은 태평도를 일으켰으며, 장수는 오두미도를 일으켰다."라고 『전략』(典略)의 기록을 인용한 바 있다. 그런데 이 사료에서 "한중에는 장수가 있었다."라고 한 부분에는 문제가 있다. 장수는 유언의 별부사마이다. 그는 장로와 함께 유언의 명을 받아 한중태수 소고를 토벌한 사람이다. 오두미도를 전한 사람은 장수가 아니라 장로 일가였다. 진수는 다음과 같이 기록했다.

> 장로의 자는 공기(公祺)로, 패국(沛國) 풍현(豐縣) 출신이다. (그의) 조부 장릉(張陵)은 촉에 여행을 왔다가 곡명산(鵠鳴山)에서 도(道)를 배우고, (직접) 도교 서적을 날조하여 백성을 미혹했다. 그(장릉)로부터 도를 전수받은 사람은 쌀 다섯 말[斗]을 내었으므로, (당시) 세상에서는 (그들을) '미적'(米賊)이라고 불렀다. 장릉이 죽자, (그의) 아들 장형(張衡)이 계속 그의 도를 (받들어) 전파했다. 장형이 죽자, (장형의 아들) 장로가 다시 그의 도를 (받들어) 전파했다.[2]

그래서 배송지는 『전략』의 문장을 인용한 뒤, 몇 마디 평어(評語)를 덧붙여 "신 (배)송지가 생각건대, '장수'는 '장형'이 되어야 하므로, (이것이) 『전략』의 오류가 아니라면 (『전략』을) 옮겨 적는 과정에서 일어난 착오일 것"이라고 했다.

장로 일가는 비록 익주·한중에서 교리를 전파했지만, 사실 오두미도는 동방의 연해 지역에서 시작되었다. 이 내용은 진인각(陳寅恪) 선생이 일찍이 한 논문에서 분명하게 밝힌 내용이다. 장릉은 패국 풍현 출신으로, 천사도가 기원한 연해 지역 인근 사람이었다. 아마도 장씨 일가는 원래 살던 고향에서 먼저 도를 전수받은 이후에 촉으로 이주하여 살았던 것 같다. "곡명산에서 도를 배웠다."라는 기록은 곡명산 산중에서 도를 닦으며 포교했음을 의미하지, 오두미도가 촉에서 기원했다는 말은 아닐 것이다.

오두미도 역시 태평도와 마찬가지로 병의 치료를 구실로 민간에 교리를 전파했다. 『전략』은 태평도가 부적과 주문으로 사람들의 병을 치료했다고 서술하며, 이어서 아래와 같이 기록했다.

> 장수의 방법(마땅히 장릉의 방법 또는 장형의 방법이 되어야 한다—지은이)도 대체로 장각(의 방법)과 같았다. (우선) 조용한 방을 마련하여, 환자를 방안에 데려다 놓고 (환자에게) 허물을 반성하게 했다. 또 (몇몇) 사람들을 간령제주(姦令祭酒)에 임명했는데, (이들은) 제주 중에서도 『노자』(老子) 5000자를 전문적으로 공부하여 (신도들이 『노자』를) 모두 익히도록 가르치는 임무를 맡았으므로 (특별히) '간령제주'로 불렸다. (또한,) 귀리(鬼吏)를 두었는데, (그들은) 주로 환자를 위해 기도하는 소임을 맡았다. 기도하는 방법은 환자의 성명을 적고 죄를 인정한다는 (환자의) 의사를 밝히는 식이었다. (귀리는) 세 통의 문서를 만든 다음, 한 통은 하늘에 바친다며 산 위에 두었고, 한 통은 땅에 묻었으며, 마지막 한 통은 물에 던져 넣었으니, 이것을 '삼관수서'(三官手書)라 했다. 환자의 집에

서는 (치료의 대가로) 쌀 다섯 말을 내는 것이 일반적이었으므로, (귀리를) '오두미사'(五斗米師)라고 했다. (그러나 귀리의 기도는) 실제로 병을 치료하는 데 전혀 도움이 되지 않았으며, 과도하고 망령된 행위였다. 그런데도 어리석은 백성들은 다투어 너도나도 오두미도를 받들었다. 후일, 장각이 처형되자, 장수 또한 달아났다. 장로는 한중을 차지한 뒤, 자기 백성들이 장수가 창시한 교리를 신봉하자, 마침내 그 교리에 내용을 추가하여 (정교하게) 다듬었다.[5]

장로는 한중을 점거한 뒤 즉시 제주·치두대제주(治頭大祭酒)와 같은 일련의 종교적 직책을 뽑아 백성을 통치했으며, 현(縣)이나 향(鄕) 등에 별도로 관리를 두지 않았다. 진수는 다음과 같이 서술하고 있다.

장로는 마침내 한중을 점거하여 기괴한 술법으로 백성을 가르치며, 자신을 '사군'(師君)이라고 칭했다. (또 자신에게) 도를 배우러 온 사람들을, 처음에는 모두 '귀졸'(鬼卒)이라고 불렀다. (그중에) 오두미도를 받아들여 이미 (신앙심이) 독실한 사람을 '제주'라고 불렀다. (제주는) 각기 (교화할) 무리를 거느렸는데, 많은 무리를 거느린 사람을 '치두대제주'라고 했다. (제주·치두대제주 등은) 모두 성실하고 신의를 지켜 속이지 말라고 가르쳤으며, (거느린 무리가) 병에 걸리면 환자에게 스스로 자기 죄를 자백하게 하니, (이러한 체계와 방식은) 대체로 황건적과 비슷했다. 여러 제주는 모두 (관할 구역 내에) 의사(義舍)를 건설했는데, (의사는) 오늘날의 정전(亭傳)과도 같다. 또 (공짜로 제공하는) 의미(義米)와 의육(義肉)을 마련하여 의사에 걸어 놓아 길을 떠나는 사람들이 먹을 만큼 충분히 가

- 오두미도는 자기들이 다스리는 교구(敎區)를 '치'(治)라고 불렀다. 오두미교가 통제하는 전체 교구는 24치로 구성되었으며, 각 치의 총책임자를 '치두제주'(治頭祭酒)라고 했다. 그중 양평치(陽平治)처럼 큰 교구의 책임자를 '치두대제주'라고 했다.
- 무상으로 여행객에게 숙식을 제공하던 숙소.
- 역참(驛站)에 딸린 부속 시설로, 고대에 사신이나 문서 전달을 위해 오가는 사람에게 여관 역할을 하였다.

져가게 했다. (그러나) 만약 지나치게 많이 가져가면, 기괴한 술법으로 반드시 (그런 사람을) 병에 걸리게 했다. 무리 중에 법을 어긴 사람에게는 세 번까지 용서해 주었고, 그런 다음에 (법을 어기면) 형벌을 집행했다. 지방관을 두지 않고, 모든 지역을 제주가 통치하니, (한족) 백성과 이민족이 (모두) 즐거워했다.[6]

여기서 우리는 고대 농촌공동체의 그림자를 엿볼 수 있다. 농민은 착취와 토지 수탈을 당해 생활이 매우 고통스러웠다. 농민들은 희망도, 탈출구도 찾을 수 없었다. 그들은 착취와 압박이 없는 절대 평등주의 사회에 대한 환상을 품었다. 이들은 어느새 원시 공산주의 사회, 즉 농촌공동체 사회로 돌아가 있었다. 고대의 종교 조직은 종종 모두 이러한 소비 공산주의 사상을 품고 있었다. 이것은 기독교와 불교도 마찬가지였다. 장로가 한중을 통치하면서 나타난 의사(무료 숙소)·의미·의육이라든가 지방관의 부재 등은, 고대의 농민들이 원시 농촌공동체에 대해 은연중에 품었던 그리움과 환상이 재현된 것이다.

장로의 한중 통치에 대해 진수는 그가 "파(巴)와 한중에서 웅거한 것이 30년에 달한다.[7]"라고 했다. 장로는 건안 20년[215년]에 소소에게 투항했으므로, 이해에서 30년을 소급하면 그가 한중을 통치한 것은 영제가 재위하던 중평 3년[186년]부터였다. 그러나 유언이 익주목에 임명된 해는 중평 5년[188년]이다. 장로가 유언의 임명으로 독의사마가 되어 한중에 들어간 해는 당연히 유언이 촉에 입성한 중평 5년보다 앞설 수 없다. 따라서 "30년에 달한다."는 말은 거의 30년에 가깝다는 의미이다.

2. 조조의 한중 점령

건안 16년[211년] 조조는 장로를 정벌하겠다는 명분으로 관중으로 진격했고, 그 결과 마초와 한수의 저항을 불러일으켰다. 그러나 결국 조조는 관중을 평정하여 점령했다. 정상대로라면, 조조가 장로를 토벌한다는 명분을 내세우며 관중으로 진격한 이상, 관중을 평정한 다음에는 당연히 장로를 토벌해야 했다. 그러나 조조는 그렇게 하지 않았다. 오히려 조조는 장안에서 서쪽으로 진격하여 양추(楊秋)를 정벌하고, 안정(安定)오늘날의 섬서성 진원(鎭原)의 남쪽을 포위했다. 양추가 항복하자, 조조는 하후연을 장안에 주둔시키고 자신은 업성으로 돌아갔다. 그가 어째서 그렇게 행동했는지는 연구해볼 만한 문제이다.

건안 16년[211년]에는 유비도 유장의 요청을 받아들여 익주로 들어갔다. 건안 17년[212년]부터 건안 18년[213년]까지 조조는 손권을 공격하기 위해 진격하여 유수구(濡須口)에서 대전을 벌였다. 건안 20년[215년]에 유비가 익주를 획득했다. 한중은 익주와 관중 사이에 있는 지역이라, 그 중요성은 더욱 두드러졌다. 조조가 한중을 점령하면 관중은 보호막을 가지게 되고, 유비가 한중을 얻으면 익주는 안전을 보장받게 되었다. 그러나 관중은 조조의 심장부가 아니었지만, 익주는 유비의 심장부였다. 관중을 지키지 못해도, 조조에게는 중원이 있었다. 그러나 익주를 확보하지 못하면, 유비는 다시 형주로 돌아가야 했다. 그렇게 되면 대세가 이미 기울어, 모든 것이 끝장날 판이었다.

이제 막 익주를 차지한 유비에게는 내부적으로 시간을 들여 처리해야 할 몇 가지 문제가 있었다. 유비는 익주를 안정시킬 필요가 있었으므로, 한동안 한중을 차지할 여력이 없었다. 그래서 조조는 한중을 점령하기로 했다. 건안 20년[215년], 조조는 장로를 정벌하기 위해 서정(西征)에 나섰다. 이해 3월, 조조는 진창(陳倉)오늘날의 섬서성 보계(寶鷄)의 동쪽에 이르렀다. 4월에는 진창을 출발하여 산관(散關)오늘날의 섬서성 보계시의 서남쪽으로 나와 하지(河池)오늘날의 감숙성 휘현(徽縣)에 도착했다. 7월, 조조군은 양평관(陽平關)오늘날의 섬서성 면현(勉縣) 정군산(定軍山)의 서쪽에 당도했다.

조조의 대군이 온다는 소식을 들은 장로는 투항하려 했으나, 아우 장위(張衛)가 이에 반대하여 어쩔 수 없이 맞서 싸우기로 했다. 장위는 1만여 명의 병력을 이끌고 양평관을 수비했다. 그는 산을 가로질러 10여 리에 달하는 성을 쌓은 다음 결연히 조조군에 대항했다.

조조는 출정하기 전부터 양주 출신과 무도(武都)에서 투항한 사람들로부터 "장로는 공격하기 쉬우며, 장로가 양평관을 지키기는 어려울 것"이라는 말을 들었다. 그러나 양평에 도착하고 나서야 상황이 그렇지 않음을 깨닫게 되었다. 양평은 매우 험요한 지역으로서, 수비하기는 쉽지만 공격하기는 어려운 곳이었다.

조조는 양평을 공격했지만, 한참 동안 함락하지 못했다. 병졸 중에는 죽거나 다친 사람이 많았고, 군량미까지 떨어져 철군까지 고려할 정도였다. 그러나 조조는 결국 한중을 공격하여 차지하게 되는데, 그 과정이 매우 극적이었다. 동소(董昭)가 올린 표(表)에서는 당시 상황을 다음과 같이 묘사했다.

> 양평산(陽平山)에 수눈한 여러 군영을 공격했지만, 석시에 함락하지 못하고 부상을 입은 사졸이 많았습니다. 낙담하신 무황제(武皇帝, 조조)께서는 회군하며 (적의 추격에 대비하여 퇴로인) 산길을 막은 채 후퇴하고자 하여, 작고한 대장군 하후돈과 장군 허저를 보내 산 위의 병력을 불러 돌아오게 했습니다. (그런데) 마침 선발대가 아직 돌아오지 않은 상황에서 (조조군이) 밤중에 길을 혼동하여 적의 군영으로 잘못 들어갔더니, 적들은 바로 퇴각하여 흩어졌습니다. 시중 신비(辛毗)와 유엽(劉曄) 등은 병력의 후방에 있다가 하후돈과 허저에게 "관군(官軍)이 적의 핵심 군영을 이미 점거했고 적은 이미 패하여 도주했다."는 소식을 알렸지만, (하후돈과 허저는) 여전히 믿지 않았습니다. 하후돈은 앞으로 나가 (상황을) 직접 확인하고 나서야 비로소 돌아와, 무황제(조조)에게 진격하여 (적을) 평정하겠다고 아뢰었고, 요행히 승리를 거두었던 것입

니다. 이는 최근의 일로, 관리와 병사들이 (모두) 아는 내용입니다.[8]

조조는 이렇게 양평관을 점령했다. 동소는 당시의 사람이자 당사자이기도 하므로, 그의 발언은 대체로 신뢰할 만하다.

양평관의 함락 소식을 들은 장로는 황급히 남산(南山)을 넘어 파중(巴中)^{오늘날의 사천성 파중}으로 달아났다. 장로는 본래 조조에게 투항하려고 했지만, 장위가 싸우자고 주장하여 어쩔 수 없이 싸우게 된 것이었다. 그런데 이제 장위가 패전하고 양평이 함락되자, 장로는 남중(南中)으로 도망갔다. 그는 달아나면서도 한중의 보물창고를 조금도 파괴하지 않았다. 매우 흡족한 조조가 사람을 보내 장로에게 투항을 권하니, 그는 바로 항복했다. 한중을 점령한 조조는 하후연을 독호장군(督護將軍)에 임명하여 장합·서황 등을 거느린 채 한중을 수비하게 하고, 자신은 업성으로 돌아갔다.

3. 유비의 한중 탈취

조조가 장로를 투항하게 하고 한중을 차지했을 때, 유비는 한창 손권과 형주를 두고 다투고 있었다. 유비는 조조가 한중을 정벌했다는 소식을 듣고, 마침내 손권과 타협했다. 그들은 형주를 고르게 나누어, 상수(湘水) 이동은 손권, 상수 이서는 유비가 차지하기로 했다. 두 세력은 얼마간 다시 우호적인 관계를 유지했다. 조조가 한중을 차지하자, 촉 지역은 확실히 한동안 매우 긴장하게 되었다. 사마의(司馬懿)와 유엽은 일찍이 조조에게 한중을 차지한 김에 유비가 형주에서 귀환하지 않은 틈을 노려 익주를 공격하자고 건의했다. 그러나 조조는 이들의 의견을 따르지 않고 "사람이 만족할 줄을 모르면 괴로운 법인데, 이미 농우(隴右)를 얻고서 다시 촉까지 얻으려고 하는가!"라고 말했다.[9]

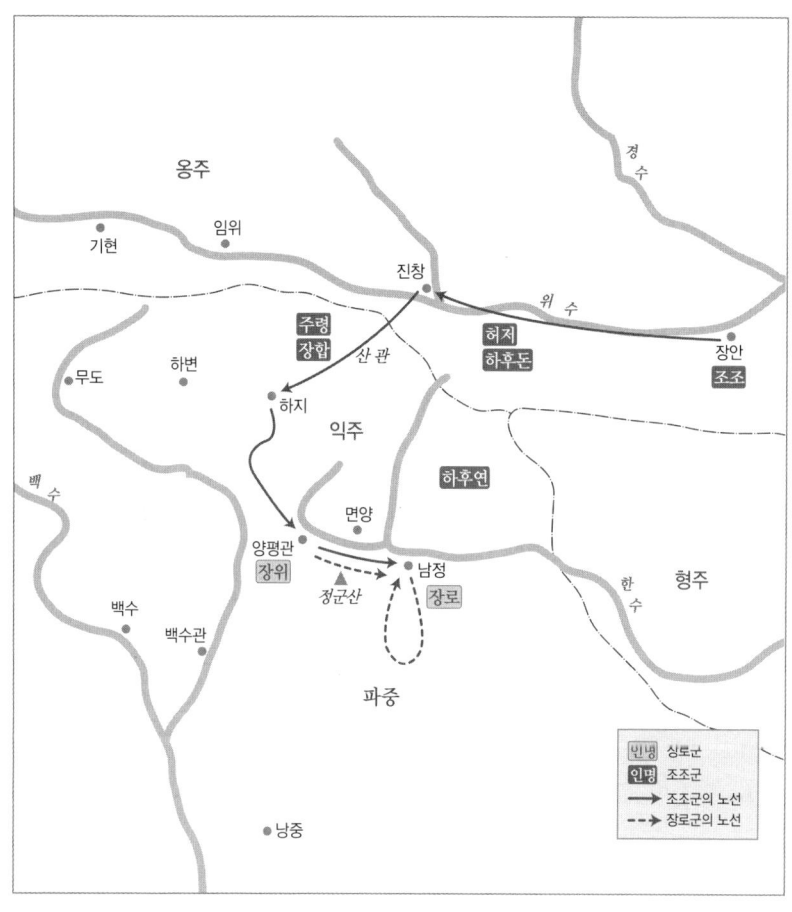

[지도 19] 조조와 장로의 전투

2년이 지난 건안 22년[217년], 법정은 유비에게 다음과 같이 건의했다.

조조는 일거에 장로를 항복시키고 한중을 평정했는데, (지금) 이 기세를 이용해 파·촉을 (공략하려고) 도모하지 않은 채 하후연과 장합을 남겨 (한중을) 수비하게 하고, (조조) 자신은 황급히 북방으로 돌아갔습니다. 이것은 그의 지략이 미치지 못하거나 병력이 부족해서가 아닙니다. (이것은) 필시 내부에 우환이나 급박한 사정이 있었기 때문일 것입니다. 지금 하후연·장합의 재능과 지략을 헤아려 보면, 일국의 장수 직책을 맡기에는 부족합니다. (따라서) 군대를 일으켜 토벌하면 틀림없이 (한중을) 함락할 수 있습니다. (한중을) 차지한 날부터 농업을 발전시키고 곡식을 비축하여 틈을 살피고 기회를 엿보십시오. 최상의 결과라면, 적을 소멸하고 (한조) 왕실을 높이 받들(어 안정시킬) 수 있습니다. 중간 정도의 결과라면 옹주(雍州)와 양주(涼州)를 잠식하여 영토를 넓힐 수 있습니다. 최악의 결과라도, 요해지를 굳게 지켜 오랫동안 버틸 계책을 펼칠 수 있습니다. 이는 아마도 하늘이 우리에게 준 기회이니, (이 절호의) 기회를 (절대) 놓칠 수 없습니다.[10]

유비는 법정의 말을 듣고 건안 22년[217년]에 한중으로 진격했다. 제갈량은 익주에 남았고, 법정이 출정을 따라갔다. 또한, 별도로 장비·마초·오란(吳蘭) 등을 파견하여 하변(下辨)[오늘날의 감숙성 성현(成縣)의 동쪽]에 주둔하게 했다. 조조는 도호장군(都護將軍) 조홍에게 병력을 이끌고 가서 오란을 요격하게 했는데, 이 공격 루트는 주요한 전장이 아니었다. 이듬해 3월, 조홍은 오란을 공격했고, 전장에서 오란을 참수했다. 장비와 마초는 즉시 퇴각했다.

유비가 양평관 아래에서 주둔하니, 하후연·장합·서황 등이 병력을 이끌고 와서 대치했다. 유비는 장군 진식(陳式)에게 10여 부대의 병력을 이끌고 가서 마명각(馬鳴閣)의 잔도를 차단하게 했다. 그러나 진식이

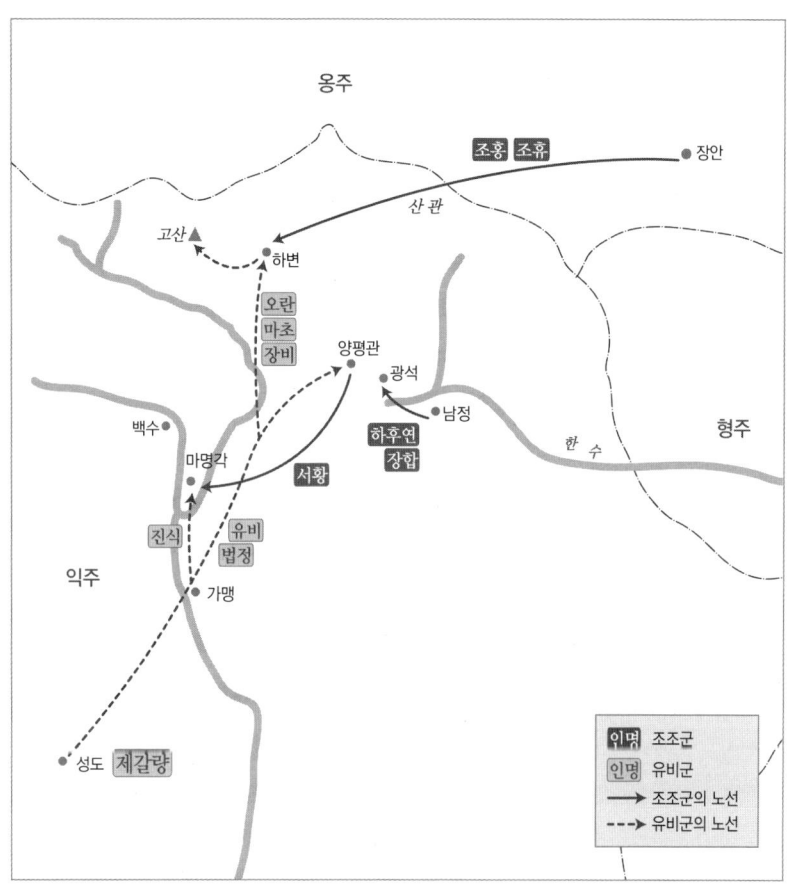

〔지도 20〕 유비군과 조조군의 하변·마명각 전투

이끈 병력은 조조 휘하의 장군 서황에게 패했고, 죽거나 다친 병사가 매우 많았다. 조조는 이 소식을 듣고 매우 기뻐했다. 그는 서황에게 다음과 같은 영(令)을 내렸다.

> 이 잔도는 한중에서 목구멍과 같은, 험요한 요충지이다. 유비는 (이 잔도를 공격하여 우리의) 안팎을 단절하여 한중을 빼앗으려고 한다. 장군(서황)이 일거에 적의 계략을 무산시켰으니, (아주) 훌륭하고 훌륭하도다.[11]

어떤 사람은 마명각의 잔도가 오늘날의 사천성 소화현(昭化縣)의 북부에 있다고 해석하고, 아울러 마명각의 잔도를 포야도(褒斜道)와 연결시켜 마명각의 잔도가 바로 포야도라고 주장했다. 포야도는 매우 험준하다. 후일 제갈량은 자신의 형 제갈근에게 보내는 서신에서 일찍이 이렇게 말했다.

> 전에 조자룡(趙子龍, 조운)이 철군하며 적애(赤崖) 이북의 잔도를 불태워 파괴했습니다. (잔도는) 골짜기를 따라 100여 리를 이어졌는데, 잔도의 한쪽 끝은 산의 중턱과 연결되고 다른 쪽 끝은 물속에 기둥을 세웠습니다. 지금은 물이 불고 물살이 급해 기둥을 세울 수 없습니다. …… 얼마 전에 홍수가 갑자기 나서 적애 남쪽의 잔도가 모두 파괴되었습니다. 그때 조자룡과 등백묘(鄧伯苗, 등지鄧芝)가 (적애에 주둔하며) 한 사람은 적애를 지키며 둔전했고, 다른 한 사람은 적애의 입구를 지켰습니다. (조운은) 벼랑을 따라 올라가야만 백묘(등지)와 서로 소식을 전할 수 있었습니다.[12]

당시 장합은 광석(廣石)오늘날의 섬서성 면현(勉縣)의 서쪽에 주둔했는데, 유비가 정예병 1만여 명을 10개 부대로 나누어 장합을 급습하여 서로 대치했다. 유비가 출병하여 한중을 노릴 당시는 조조의 내부에도 많은 사건이 일어난 시기였다. 건안 22년[217년] 봄, 조조는 손권과 유수구에서 싸우고 있었는데, 소부 경기(耿紀) 등이 조조의 승상부(丞相府) 소속인 장사(長史) 왕필(王必)을 살해할 계획을 세웠다(이때 조조는 업성에 있었고, 왕필이 군사를 관장하면서 허도의 업무를 감독하고 있었다). 경기 등은 천자를 끼고 위(魏)를 공격하기 위해 남쪽의 관우를 끌어들여 원조로 삼으려고 했다. 그래서 건안 22년[217년]에 유비가 출병하여 한중을 노렸는데도, 조조는 건안 23년[218년] 7월에야 비로소 직접 병력을 이끌고 가서 유비를 칠 수 있었다. 조조는 9월에야 장안에 도착했다.

하후연과 유비는 한중에서 1년 넘게 대치했다. 건안 24년[219년] 봄, 유비는 양평에서 남쪽으로 면수를 건넜다. 유비군은 산을 타고 조금씩 전진하여 정군산(定軍山)에 주둔했다. 정군산은 면양현(沔陽縣)에 있었고, 그 북쪽으로는 면수가 흐르고 있었다. 이때 하후연이 병력을 이끌고 와서 유비군과 싸웠다. 법정이 "공격해도 좋습니다!"라고 말하자, 유비는[13] 황충에게 높은 곳에서 북을 치고 함성을 지르며 기세를 올려 공격하라고 명령했다. 결국, 유비는 하후연의 군대를 대파하고 그를 참수했다.

3월, 조조는 서둘러 장안에서 출발하여 야곡(斜谷)을 거쳐 한중에 이르렀다. 유비는 "조공(조조)이 오더라도 할 수 있는 일이 없으니, 내가 틀림없이 한천(漢川)을 차지할 것이오.[14]"라고 말했다. 조조가 한중에 당도한 뒤, 유비는 병력을 모아 험요한 지대를 방어만 하고 끝까지 교전하지 않았다. 양군이 여러 달 서로 대치하다 보니, 조조의 병사 중에 달아난 사람이 많았다. 그해 여름 5월에 조조는 한중의 각 부대를 이끌고 장안으로 돌아갔고, 마침내 유비가 한중을 차지했다.

유비는 이 기회를 이용하여 한수 중류 일대에서 영역을 확대했다.

- 한중 평원, 즉 한중군을 가리킴.

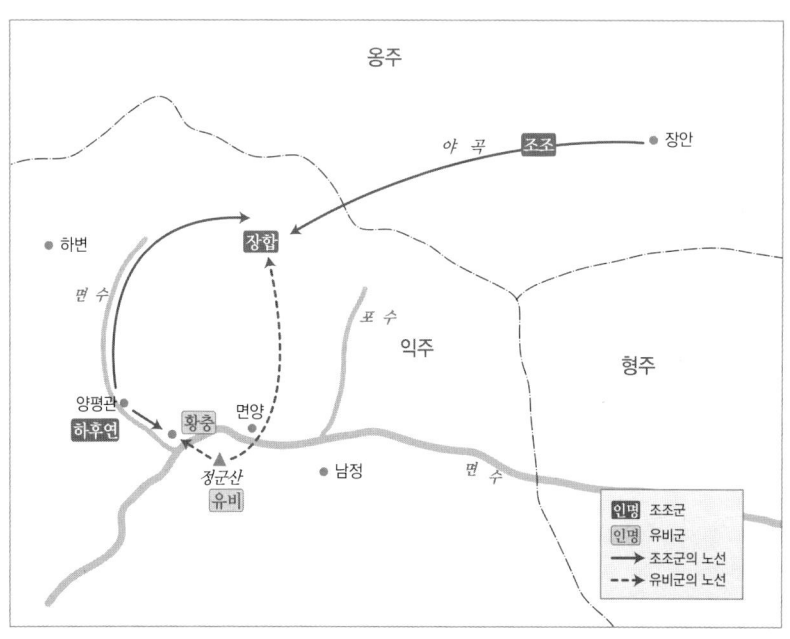

[지도 21] 유비와 조조군의 정군산 전투

그는 부풍(扶風) 출신인 의도태수(宜都太守) 맹달(孟達)에게 자귀(秭歸) 북쪽에서 방릉(房陵)오늘날의 호북성 방현(房縣)을 공격하도록 명령하니, 맹달이 방릉태수를 죽였다. 유비는 다시 양아들 유봉(劉封)에게 한중에서 출발하여 면수를 타고 동쪽으로 내려가게 했다. 그는 유봉에게 맹달군을 통솔하고, 맹달과 함께 상용(上庸)오늘날의 호북성 죽산현(竹山縣) 서남쪽을 공격하라고 명령했다. 상용태수 신탐(申耽)이 투항하여, 유비는 상용을 점령했다. 이해 7월, 유비는 신하들의 추대를 받아 스스로 한중왕(漢中王)이라고 칭했다.

한중 쟁탈전 이후 유비는 성도로 돌아가야 했다. 그렇다면 누가 한중을 지킬 것인가? 한중을 지키기 위해서는 당연히 대장 한 사람이 필요했다. 형주와 한중은 각각 익주의 동쪽과 북쪽을 지키는 양쪽의 문과 같았다. 관우가 이미 형주에 주둔하여 동문을 지키고 있었으므로, 다들 이번에는 장비가 한중에 주둔하여 북문을 수비해야 한다고 생각했다. 장비도 자신이 이 임무에 적격이라고 생각했다.

그러나 이 일을 맡은 사람은 뜻밖에도 위연(魏延)이었다. 의양(義陽) 출신인 위연은 유비의 부곡(部曲) 신분으로 유비를 따라 촉에 들어왔으며, 여러 차례 전공을 세워 아문장군(牙門將軍)으로 승진했다. 유비는 위연을 발탁하여 한중을 감독하는 진원장군(鎭遠將軍)으로 삼고, 한중태수를 겸하게 했다. 이는 과거 유방이 한신을 대장군에 임명했던 이야기와 같았으므로, 전군이 모두 경악했다.

유비는 신하들을 모두 모아놓고 위연에게 "이제 경에게 중임을 맡겼으니, 경은 그 자리에서 어떻게 할 것이오?"라고 물었다. 그러자 위연은 "만약 조조가 천하(의 군대)를 동원하여 공격한다면, (저는) 대왕을 위해

• 동한 말기에 명문거족이 거느린 사병(私兵) 부대. 이들은 국가에 소속된 정규군이 아니라 장수가 거느린 일종의 개인 경호원으로서, 일부 노예적인 성격도 갖추고 있어 당시 신분이 매우 낮았다.

(그들을) 막겠습니다. (조조의) 편장(偏將)이 거느린 10만 병력이 이르면, 대왕을 위해 그들을 궤멸하겠습니다."라 말했다. 위연은 촉한(蜀漢)의 인재였다. 유비는 인재를 파악하여 적재적소에 등용할 줄 알았지만, 제갈량은 그 능력이 다소 미흡했다. 이 이야기는 뒤에서 서술할 예정이다.

　건안 24년^{219년}에 이르러 유비는 익주에 웅거한 채 동쪽으로는 형주를, 북쪽으로는 한중을 보유했다. 영토가 가장 넓고, 세력도 가장 강성했던 이때가 바로 유비의 전성기였다. 이때 비로소 제갈량이 '융중대'에서 분석한 형세, 더 나아가 유비가 천하를 쟁취할 조건이 실현된 것이다. 유비가 얼마나 기뻐했을지를 가히 짐작할 만하다. 그러나 즐거움이 넘치면 슬픔이 생겨나는 법. 비극은 하나씩 계속해서 나타나기 시작했다.

손권과 조조의 회남 쟁탈전

건안 13년²⁰⁸년에 적벽대전이 발발하기 전까지 손권의 세력은 주로 장강 이남에 있었고, 이른바 '강동 6군'만 점령한 상태였다. 이해 전반기 동안 손권은 서진하여 하구(夏口)즉 한구(漢口), 오늘날에는 무한시에 속함에서 황조를 공격하여 그의 성을 궤멸시켰고, 성안의 남녀 수만 명을 생포했다. 그러나 유표는 여전히 맏아들 유기를 강하태수에 임명했다. 이는 아마도 손권이 성을 부너뜨리고 성안의 남녀를 생포했을 뿐이고, 그 지역까지 점령하지는 못했기 때문인 것 같다.

적벽대전 이후 조조·유비·손권 세 세력이 정립(鼎立)하는 형세가 점차 형성되었다. 세 세력 사이의 몇몇 지역은 이들 세력이 쟁탈을 벌이는 곳이 되었다. 유비가 익주를 점령한 후, 조조와 유비는 한중·관중을 두고 쟁탈전을 벌였고, 조조와 손권은 회남, 특히 합비성(合肥城)오늘날의 안휘성 합비시을 차지하기 위해 싸웠다. 손권과 유비 두 세력은 연합하여 조조에 대항하면서도, 다른 한편으로는 형주를 서로 차지하려고 옥신각신했다.

손권과 유비 두 세력이 적벽에서 대승을 거둔 후에도, 주유는 여전히 형주에서 조조군과 강릉·이릉을 놓고 쟁탈전을 벌였다. 당시 손권은 이미 이해건안 13년(208년) 겨울 12월에 직접 군사를 거느리고 합비를 포위했고, 장소에게 구강의 당도(當塗)^{오늘날의 안휘성 회남시의 북쪽}를 공격하게 했다. 장소의 당도 공격은 불리했고, 손권이 공략한 합비도 오랫동안 함락되지 않았다. 조조는 적벽대전에서 패하여 북방으로 돌아간 뒤, 곧바로 장군 장희(張喜)에게 병력을 이끌고 가 합비의 포위를 풀게 했다. 그러나 장희가 채 도착하기도 전인 건안 14년[209년] 봄, 손권은 결국 철군했다.

건안 14년[209년] 3월, 조조는 병력을 거느리고 초현(譙縣)^{오늘날의 안휘성 박현(亳縣)}으로 이동하여, 쾌속선을 만들고 수군을 조련했다. 7월, 조조군은 와수(渦水)를 거쳐 회수로 들어갔다가 비수(肥水)까지 남하하여 합비에 주둔했다. 조조의 아들 조비는 일찍이 이 작전에 참전하여 「부회부」(浮淮賦)를 지었다. 「부회부」의 서문(序文)에서는 이 출병의 웅장한 분위기를 다음과 같이 묘사했다.

> 건안 14년[209년], 천자의 군대는 초현을 출발하여 (손권을 공략하기 위해) 동정(東征)을 감행했으며, 대대적으로 수군을 정비하여 만여 척의 전선을 띄웠다. 그때 나는 종군하여 처음에 회구(淮口)로 들어갔다가 동산(東山)으로 가 정박했다. (당시 내가) 군대의 위용을 살펴보고, 그 기치와 함대를 바라보니, (그야말로) 빛나고도 화려한 장관이었다. 비록 (한조의) 효무제(孝武帝)•가 성당(盛唐)••을 순수(巡狩)할 때 (늘어선) 배가 1000리까지 이어졌다고 한들, (그 일에도) 전혀 꿀리지 않을 것이다.

이 묘사는 문학작품의 표현이라서 아무래도 과장된 부분이 있을 것이다. 그러나 이때부터 조조가 이미 회남에 신경 쓰기 시작했음을 알 수 있다.

• 한 무제 유철(劉徹)을 가리킴.
•• 지명. 위소(韋昭, 204~273)는 남군에 있다고 주장했고, 안사고(顏師古, 581~645)는 여강 일대라고 추정했다. 왕선겸(王先謙)은 여강군 육안현(六安縣), 즉 오늘날의 안휘성 육안으로 비정했다.

이 1년 동안 조조는 손권을 공격하기 위해 군대를 동원하지 않았다. 다만 양주의 군·현에 관리를 배치하여 작피(芍陂)에 둔전을 열었고, 12월에 초현으로 돌아갔다. 장군 장료(張遼)·악진·이전(李典)은 7000여 명의 병력을 거느린 채 합비에 주둔했다.

그러나 이때 조조는 어리석은 일을 저질렀다. 회남의 인구가 손권에게 약탈당할 것을 우려한 조조는 회남의 백성을 북방으로 옮기려는 계획을 세웠다. 그는 당시 양주별가(揚州別駕) 장제(蔣濟)에게 물었다. "예전에 내가 원본초(원소)와 관도에서 대치할 적에 연(燕)과 백마(白馬)의 백성을 이동시켰네. (그랬더니) 백성은 달아날 수 없었고, 적들도 감히 (백성을) 노략질하지 못했다네. (그래서) 이제 (이번에는) 회남의 백성을 옮기려 하는데, 어떻게 생각하나?" 그러자 장제는 "그때는 (아군의) 병력이 약하고 적은 강했으므로, (백성을) 옮기지 않았다면 틀림없이 (백성을) 잃었을 것입니다. (우리가) 원소를 격파한 이래, 북쪽으로 유성(柳城)을 함락(하여 오환烏丸을 격파)하고, 남쪽으로는 장강·한수까지 내려가 (공격하여) 형주가 (우리에게) 투항하니, (실로) 위엄이 천하에 진동하고 백성은 다른 (반역의) 마음이 없습니다. 그렇지만 백성은 고향을 그리워하여 실제로 이수를 원치 않으니, 틀림없이 불안하게 느낄 것입니다."라고 말했다.

그러나 조조는 장제의 말을 듣지 않고, 회남의 백성을 이주시키기로 했다. 그 결과, "장강과 회수 일대의 백성 10여만 명이 (그 소식을 듣고) 모두 놀라 오로 달아났다." 진수는 이 상황을 다음과 같이 매우 상세하게 서술했다.

> 조공(조조)은 장강 연안의 군·현이 손권에게 공략당할까 두려워, (해당 지역의 백성을 북방의) 내지(內地)로 이주하라는 명령을 내렸다. (그런데 이들 지역의) 백성은 오히려 (이 조치에) 놀라 여강·구강·기춘(蘄春)·광릉(廣陵)의 10여만 호가 모두 동쪽으로 (이동하여) 장강을 건넜다. 그 결과 장강 이서 지역은 (인구

가 급감하여) 텅 비었고, 합비 이남에는 환성(皖城)오늘날의 안휘성 잠산(潛山)만 남게 되었다.

손책과 손권은 강동을 개척하기 위해 모두 오현오늘날의 강소성 소주시(蘇州市)에 치소를 두고 있었다. 그러다가 적벽대전이 벌어질 무렵에 손권은 경구(京口)오늘날의 강소성 진강시(鎭江市)로 치소를 옮겨 주둔했다. 건안 16년[211년], 손권은 다시 말릉(秣陵)오늘날의 남경시(南京市)의 남쪽으로 치소를 옮겼다. 이듬해에는 석두성(石頭城)을 쌓고, 말릉의 이름을 건업(建業)으로 개칭했으며, 또 유수오(濡須塢)라는 보루를 건설했다.

말릉을 건업으로 개명하고 이곳에 도읍을 건설하자, 이곳의 지위는 자연히 중요해졌다. 손권은 이곳에 석두성을 축조하여 육지를 방어하고, 유수오를 만들어 수상을 방어했다. 육지의 석두성과 수상의 유수오로 인해 건업은 수륙방어벽을 모두 갖추게 되었다.

유수수(濡須水)는 소호(巢湖)에서 발원하여 오늘날의 안휘성 무위(無爲)의 서남쪽에서 장강으로 유입된다. 유수오의 건설은 여몽(呂蒙)의 건의였다. 당시 손권의 장수들은 모두 "(전선에서) 강기슭에 올라가 적을 공격한 다음 발을 씻고 (다시) 전선에 올라타면 되는데, 무슨 용도로 보루를 만드십니까?"라고 말했다. 그러자 여몽은 "(같은) 무기라도 날카로운 것이 있고 무딘 것이 있는 법이니, 전투에도 (백 번 싸워) 백 번 이기는 싸움은 없습니다. 만약 뜻밖의 상황을 맞아 적의 보병과 기병이 바짝 추격해 온다면 물가에 이를 겨를도 없을 터인데, 전선에 올라탈 수 있겠습니까?"라고 말했다. 손권은 여몽의 의견을 받아들여 유수오를 세웠다.

유수오는 건설되자마자, 그 이듬해에 바로 활용되었다. 건안 17년[212년] 겨울 10월, 조조는 동진하여 손권을 공격했다. 건안 18년[213년] 정월, 유수구(濡須口)로 진격한 조조는 보병과 기병 40만 명으로 손권의 강서(江西) 군영을 공략했다.

손권은 대군 7만 명을 이끌고 조조군에 대항했다. 양측이 1개월 남짓 대치했지만, 조조군은 진격하지 못했다. 조조는 손권군의 전선과 무기 및 군대의 대오가 가지런하고 엄숙한 모습을 보고 "아들을 낳는다면 손중모(孫仲謀, 손권)와 같아야지, 유경승(劉景升, 유표)의 아들 같으면 개돼지일 뿐이다!"라고 찬탄했다. 손권은 조조에게 서신을 보내어 "봄으로 (녹은) 물이 한창 불어나고 있으니, 공은 속히 떠나야 할 것이오."라고 했다. 또한, 따로 덧붙인 서신에서는 "족하(조조)가 죽지 않으면 저는 안심할 수 없습니다."라고 했다. 조조는 부하들에게 "손권이 나를 속이지는 않겠구나."라고 말하고 결국 철군하여 돌아왔다.

회남의 여강·구강·기춘 등의 지역은 비록 백성이 도주하여 공동화되었지만, 손권과 조조 두 세력은 어쨌든 이 지역을 차지하려고 다투어야 했다. 손권은 장강과 강남을 보호·방위하기 위해, 조조는 서주·연주·예주를 지키기 위해 이 지역을 놓고 쟁탈전을 벌였다.

조조에게 회남의 합비(오늘날의 안휘성 합비)는 요충지였고, 환성도 중요한 지역이었다. 합비는 군사적 거점이었으므로, 장료·악진·이전이 주둔하여 지켰다. 회남에 주둔한 조조군의 군량 보급은 중요한 문제였다. 군량 문제의 해결 방법은 둔전이었다. 건안 14년209년, 조조는 합비에 와서 "양주의 군·현에 관리를 배치하여 작피에 둔전을 열었다." 작피는 합비의 북부와 수춘(壽春)의 남부 사이에 있는 제방(堤防)으로서, 춘추시대의 손숙오(孫叔敖)가 조성했다. 작피의 둘레는 120여 리로, 1만 경(頃)의 농지에 급수할 수 있었다. 건안 19년214년, 조조는 유수구에서 철수한 뒤, 기춘에 둔전을 설치하고 "여강군 출신의 사기(謝奇)를 기춘전농(蘄春典農)에 임명했다." 후일 조조는 다시 "주광(朱光)을 여강태수로 파견하여, 환현(皖縣)에 주둔하며 대규모로 논을 개간하게 했다."

조조는 회남에 군사 거점을 설치하고, 다시 대규모로 둔전을 개간했다. 조조군은 이곳에서 공격과 수비를 겸하게 됨으로써, 군사적으로 주도권을 잡았다. 손권으로서는 당연히 대책을 세워 이러한 상황을 타개하고, 조조가 회남에 설치한 둔전을 파괴해야 했다. 사기가 기춘에서 개간하던 둔전은 곧바로 여몽의 습격을 받아 완성되지 못했다. 건안 19년 214년, 손권과 조조는 환성의 쟁탈을 둘러싸고 한바탕 큰 전투를 벌였다. 이해 5월, "손권은 환성을 공격했고, 윤월(閏月)에 승리를 거뒀다. (손권은) 여강태수 주광과 참군(參軍) 동화(董和), 남녀 수만 명을 포로로 잡았다." 이 전투에서 손권군의 주력은 여몽이었다. 진수는 이 전투를 아래와 같이 비교적 상세히 기록했고, 배송지도 사료를 인용하여 진수의 설명을 보충했다.

> 조공(조조)은 주광을 여강태수로 파견하여, 환현에 주둔하며 대규모로 논을 개간하게 했다. 또 (조조은) 세작(細作)을 시켜 파양의 도적 수괴를 포섭하여 (파양에서) 내통하게 했다. 여몽은 "환현 일대의 농지가 비옥하니, 만약 한 번만 좋은 작황을 거둬도 저들의 숫자는 틀림없이 늘어납니다. 이런 식으로 몇 해가 지나면 조조의 (공격적) 태도는 (더욱 노골적으로) 드러날 것이니, 일찌감치 (화근을) 없애버리셔야 합니다."라고 주장하며, (손권에게) 상황을 상세히 보고했다. 이에 손권은 직접 환현의 정벌에 나섰으며, 장수들을 불러 (그들에게) 계책을 물었다.

> 장수들은 모두 (적군의 성벽 아래에) 토산을 쌓고, 공성용(攻城用) 무기를 늘리라고 권유했다. (그러자) 여몽은 종종걸음으로 나와 이렇게 말했다. "공성용 무기의 제작과 토산의 축조는 틀림없이 여러 날을 거쳐야 완성됩니다. (따라서 그사이에) 성의 방비가 이미 완료되고 외부의 구원병도 틀림없이 당도할 것이니, (그런 계획을) 도모할 수 없습니다. 또 우리가 빗물로 (강물이) 불어난 때를 이용해 들어갔다가, 만약 머무르느라 시일을 지체하면 (불어난) 강물이 반드시 (수위가) 낮아져 돌아오는 길이 고생스러워질 것이니, 저

는 위태롭다고 생각합니다. 지금 (적군의) 이 성을 보면 대단히 견고하다고는 할 수 없으니, 전군(全軍)의 날카로운 기세로 사방에서 일제히 공격하면 한 시진(時辰)도 되기 전에 함락할 수 있습니다. (그런 다음) 물이 (아직) 불어 있을 때 귀환하는 것이 온전한 승리를 거두는 방법입니다." (그러자) 손권은 그의 말을 따랐다.[18]

여몽은 감녕을 승성독(升城督)으로 추천하여, (감녕이) 선봉에서 공격을 지휘하게 했다. 여몽은 정예병으로 그의 뒤를 이었다. (손권군은) 새벽녘에 진격했는데, 여몽이 손수 북채를 쥐고 전고(戰鼓)를 두드렸다. 사졸들은 모두 사기가 충천해 스스로 (성벽을) 올랐고, (아침)밥을 먹을 즈음에 적을 격파했다. 얼마 후 장료가 협석(夾石)에 당도했으나, 성이 이미 함락되었다는 소식을 듣고 후퇴했다. 손권은 그의 공을 가상히 여겨 (여몽을) 여강태수에 임명하고, 획득한 인마를 모두 그에게 나누어 주었다.[19]

여기서 "획득한 인마"란 아마도 앞에서 언급한, 손권이 환성을 공격해서 이기고 "사로잡은 남녀 수만 명"의 인구를 가리킬 것이다. 손권은 그중에서 일부를 떼서 여몽에게 주었다.

합비는 조조에게 회남의 군사적 요충지로서, 환성보다 중요한 지역이었다. 손권이 회남을 다투기 위해서는 먼저 합비를 공략해야 했다. 건안 20년[215년] 8월, 손권은 병력 10만 명을 이끌고 합비를 포위했다. 이 대전에서 손권은 하마터면 목숨을 잃을 뻔했다.

장료·악진·이전 등은 7000여 명을 이끌고 합비에 주둔했다. 조조는 장로를 공략하기 위해 서정(西征)을 가는 길에, 비단 주머니에 묘책을

• 공성 부대의 지휘관.

넣어서 호군(護軍) 설제(薛悌)에게 주어 잘 간수하게 했다. 비단 주머니의 겉면에는 "적이 오면 (그때) 꺼내 볼 것[20]"이라 적혀 있었다. 손권이 10만 명의 병력을 이끌고 합비를 포위하자, 네 사람이 함께 모여 비단 주머니를 열어 보았다. 주머니 속 밀지(密旨)에는 "만약 손권이 (공격하러) 들이닥쳤을 경우, 장료·이전 장군은 나가서 싸우고, 악진 장군은 (성을) 지키며, 호군은 전투에 참여하지 말 것[21]"이라고 적혀 있었다. 장수들은 모두 의아해하며 출전을 원하지 않았다. 그러자

장료가 이렇게 말했다. "조공(조조)은 원정으로 외지에 계시니, 구원병이 올 때까지 기다리다가는 저들이 반드시 우리를 격파할 것이오. 그래서 (조공은) 적들이 아직 집결하지 않았을 때 (그들을) 맞받아침으로써 그(들의) 등등한 기세를 꺾어 병사들의 마음을 진정시킨 다음에야 지켜낼 수 있다고 지시하신 것이오. 성패의 관건은 이 일전에 달려 있는데, 여러분은 무엇을 의심하시오?" 이전 역시 장료와 생각이 같았다. 이에 장료는 밤중에 용감하게 (자신을) 따를 병사를 모집하여 800명을 확보했다. (장료는) 소를 잡아 장수와 병사들을 먹이고, 이튿날 큰 전투를 벌였다. 동틀 무렵, 장료는 갑옷을 입고 창을 쥔 채 선봉으로 들어가 적진을 함락했으며, 수십 명(의 적병)을 죽이고 두 명의 적장을 참수했다. (장료는) 자신의 이름을 크게 외치며 (적군의) 영채로 돌진하여 손권의 깃발 아래까지 이르렀다. 손권은 매우 놀랐고, (주위의) 수하들은 어찌할 바를 몰랐다. (손권은) 달아나 높은 언덕으로 올라가 긴 창으로 자신을 방어했다. 장료가 손권에게 내려와 싸우자고 꾸짖었으나, 손권은 감히 움직이지 못하다가 장료가 거느린 병력이 적은 것을 내려다보고서야 비로소 (전력을) 결집하여 장료를 겹겹이 포위했다. 장료는 좌충우돌하며 포위를 휘저었다. 그러다가 곧장 앞으로 나가 급히 공격하자 포위망이 뚫렸다. 장료는 휘하의 수십 명을 이끌고 (포위망을) 뚫고 나왔다. (그러자 포위에 갇힌) 남은 병사들이 "장군! 저희를 버리십니까!"라고 부르짖었다. 장료는 다

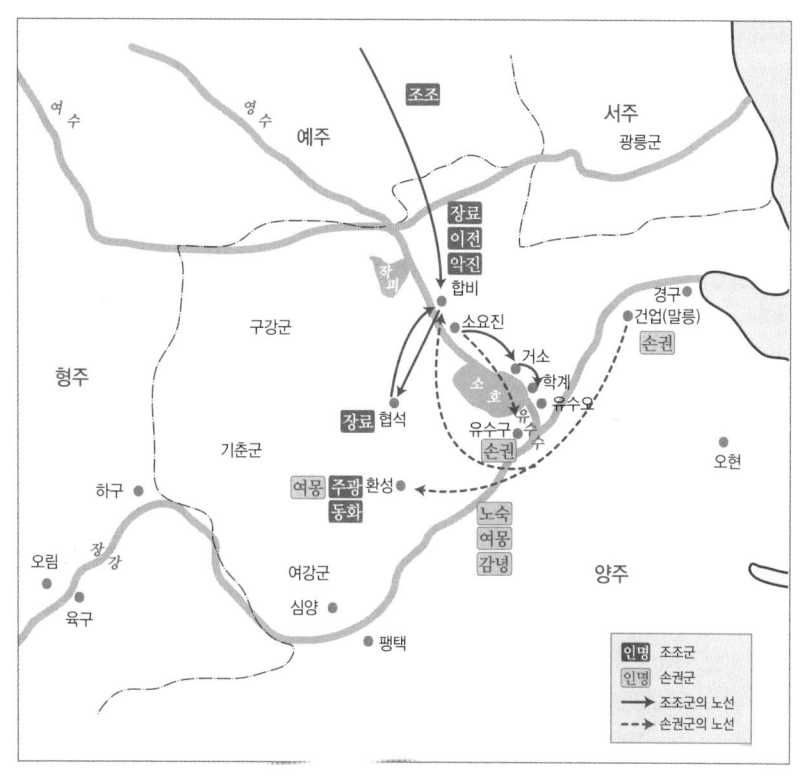

[지도 22] 손권과 장료의 합비·유수구 전투

시 돌아와 포위망을 뚫어 나머지 병사들을 구출했다. 손권의 인마가 모두 궤멸하여 흩어지니, 감히 맞서는 자가 없었다. 아침부터 시작된 전투가 한낮에 이르자, 오군(吳軍)은 싸울 기력을 잃어버렸다. (장료가) 돌아와 수비를 정비하니, 병사들의 마음은 마침내 안정되었고, 장수들도 모두 감복했다. 손권은 10여 일 동안 합비에 머물렀지만, (합비)성을 함락할 수 없었고, 결국 (군대를) 이끌고 퇴각했다.[22]

손권이 퇴각할 때, 장료는 손권을 추격하여 거의 그를 포로로 잡을 뻔했다. 사마광은 진수가 쓴 여몽·감녕·능통(淩統)의 열전(列傳)을 종합하여 손권이 철수할 때의 위급한 상황을 다음과 같이 매우 훌륭하게 묘사했다.

(손권은) 철군하여 돌아갔다. 병사들이 모두 길을 떠났고, 손권과 여러 장수는 소요진(逍遙津)의 북안(北岸)에 있었다. 장료는 멀리서 바라보고, 즉시 보병과 기병을 이끌고 기습했다. 감녕과 여몽 등은 힘껏 싸워 적을 막았고, 능통은 (수하의) 시종을 거느리고 손권을 도와 포위를 벗어난 다음, 다시 돌아와 장료와 싸웠다. (능통의) 주변 사람은 모두 죽고, (능통) 자신도 다쳤지만, (능통은) 손권이 이미 (위험한 지역에서) 벗어났다고 예측되는 시점에서야 후퇴했다. 손권은 준마를 타고 (소요)진의 하교(河橋)로 올라갔는데, 다리의 남단이 이미 파괴되어 1장(丈) 남짓 나무판이 끊겨 있었다. 친근감(親近監) 곡리(谷利)가 말 뒤에 있다가 손권에게 안장을 꽉 붙잡고 고삐를 느슨하게 잡아당기게 하고, 자기는 뒤에서 채찍을 때려 (끊어진 나무판을 뛰어넘으려는) 말의 기세를 도우니, 마침내 뛰어넘을 수 있었다. 하제(賀齊)가 3000명(의 병력)을 이끌고 (소요)진의 남쪽에서 손권을 맞이하니, 손권은 이렇게 (위기를) 벗어날 수 있었다.[23]

건안 21년[216년] 10월, 조조는 다시 출정하여 손권을 공격했고, 11월에 초현에 이르렀다. 건안 22년[217년] 정월, 조조는 거소(居巢)[오늘날의 안휘성 안경시(安慶市)의 북쪽]에 주둔했다. 거소는 유수수와 인접한 곳으로, 오의 유수오와 서로 마주하고 있었다. 손권은 유수오를 방어했다. 2월, 조조는 학계(郝溪)[거소의 동쪽이자 유수구의 서쪽에 위치]로 진군했다. 손권은 유수구에 머물며, 유수오에 의지하여 굳건히 방어했다. 조조가 진격하자, 손권은 퇴각하여 달아났다. 손권이 사람을 보내 조조에게 항복을 청하자, 조조는 손권의 투항을 받아들였다. 3월, 병력을 이끌고 귀환한 조조는 하후돈에게 조인·장료 등의 26개 부대를 감독하며 거소에 주둔하게 했다.

이 전투에는 몇 가지 이해할 수 없는 점이 있다. 조조는 건안 21년[216년] 겨울인 10월에 출병하여 11월에 초현에 도착했고, 건안 22년[217년] 정월에 거소에 당도했으며, 2월에 학계에 이르러 손권의 군대와 마주쳤다. 그러자 손권이 퇴각하여 조조에게 항복을 청했고, 조조는 항복을 받아들여 3월에 바로 철수했다. 이럴 거면 왜 출병했을까? 손권은 왜 항복을 청했을까? 조조는 무엇 때문에 적당히 항복을 받자마자 철군했을까? 이 모든 사항은 전부 연구할 필요가 있는 문제이다.

건안 22년[217년] 이후 조조·유비·손권 세 세력의 관계에 새로운 상황이 출현했다. 건안 22년 4월, 한 헌제는 조조에게 천자의 정기(旌旗)를 설치할 수 있도록 허락하고, 출입할 때 천자처럼 경필(警蹕)할 수 있는 권한을 부여했다. 그해[217년] 겨울인 10월, 헌제는 위왕(魏王) 조조에게 12줄의 면류관(冕旒冠)을 쓰고, 황금으로 장식한 천자의 수레를 타며, 오시부거(五時副車)를 거느릴 수 있도록 허락했다.

- • 천자가 출입할 때 지나는 길마다 경호를 위해 일반인의 통행을 제지하던 일.
- •• 12줄의 면류관은 천자만이 쓸 수 있는 상징으로, 제후는 9줄, 상대부는 7줄, 하대부는 5줄을 늘어뜨릴 수 있었다.
- ••• 제왕이 탄 수레의 뒤를 따르게 하던 청·적·황·백·흑색의 오색 깃발을 단 호종 수레.

건안 23년²¹⁸년 정월, 한조의 태의령(太醫令) 길본(吉本)과 소부 경기, 사직(司直) 위황(韋晃) 등이 반란을 일으켜 허도를 공격하고, 승상부 장사 왕필의 군영을 불살랐다. 6월, 조조는 영을 내려 "고대에 (죽은 사람을) 매장할 때는 반드시 척박한 땅을 선택(하여 그곳에 안치)해야 했다. (나는) 서문표(西門豹)의 사당(祠堂) 서편에 있는 언덕 위를 (나의) 수릉(壽陵)으로 만들 계획이다. …… (나의) 공경대신(公卿大臣)과 여러 장수 중에 공로가 있는 사람은 (사후에) 마땅히 (나의) 수릉 주위에 함께 배장(陪葬)해야 한다."라고 선언했다.

건안 23년²¹⁸년 7월, 군대를 정비한 조조는 마침내 유비를 정벌하기 위해 서진했다. 9월에 조조는 장안에 이르렀다. 겨울인 10월, 완현의 수장(守將) 후음(侯音) 등이 반란을 일으켜 남양태수를 사로잡고, 관리와 백성을 협박하여 관우와 연합했다.

건안 24년²¹⁹년, 하후연이 유비와 양평관에서 격전을 치르다가 유비에게 피살되었다. 3월, 장안에서 출발한 조조는 야곡을 거쳐 한중에 진입했으며, 마침내 양평에 이르렀다. 유비는 험준한 지형을 이용하여 조조군에 대항했다. 5월, 조조가 병력을 이끌고 장안으로 돌아갔으며, 유비는 한중을 점령하고 한중왕이라고 칭했다. 7월, 관우가 번성에서 조인을 공격하니, 조조는 우금(于禁)에게 조인을 돕도록 했다. 이때 폭우

- • 궁정의 의료 업무를 맡은 관리로서, 293명의 어의(御醫)를 통솔했다.
- •• 감찰과 불법 행위의 사찰을 맡은 승상부(丞相府) 소속의 주요 관원.
- ••• 전국시대의 위국(魏國) 정치가. 위 문후(文侯) 시절에 업령(鄴令)이 된 그는 관개사업을 하여 농업생산력의 증대에 공헌하였고, 미녀를 골라 강물에 던지는 악폐를 일소했다.
- ⁝ 제왕이 죽기 전에 미리 조성해 놓는 자신의 능묘.
- ⁝• 황제의 능 옆에 측근과 대신의 능을 함께 조성하는 것.
- ⁝•• 조조는 형주를 얻은 뒤 양양을 군사적 거점으로 삼고, 특별히 우금·장료·장합·주령·노초(路招)·풍해(馮楷)에게 각기 1군씩 거느리고 양양에 주둔하게 했다. 나중에 장료 등은 모두 다른 지역으로 이동했지만, 그들이 거느리던 군대는 여전히 우금의 지휘하에 '7군'으로 불렸다.

가 내려 한수(漢水)가 범람했다. 우금이 지휘한 7군(軍)은 모두 몰살되었다. 우금이 투항하고, 방덕(龐悳)이 전사했으며, 관우의 위엄은 천하에 널리 떨쳐졌다.

건안 24년[219년] 9월 상국(相國) 종요(鍾繇) 휘하의 서조연(西曹掾) 위풍(魏諷)이 반란을 일으켜 업도 습격을 모의했다. 이에 조조의 태자 조비가 위풍을 주살하니, 사망자가 수십 명이었다. 10월, 조조가 장안에서 낙양으로 돌아왔다. 손권이 조조에게 사신을 보내, 관우의 토벌에 진력하겠다는 내용의 글을 올렸다. 손권이 강릉을 습격하여 점령했다. 관우는 양양에서 퇴각하다가 손권의 장수 반장(潘璋)에게 피살되었다. 건안 25년[220년] 정월, 조조는 낙양에 와서 병으로 사망했다.

지금까지 서술한 것처럼, 건안 22년[217년] 3월부터 건안 25년[220년] 정월에 이르는 3년 사이에 조조 세력의 내부와 조조·손권·유비 세 집단의 관계에서 새로운 상황이 출현했다는 사실을 알 수 있다.

(1) 조조는 스스로 "만약 천명(天命)이 내게 있더라도 나는 주(周)의 문왕(文王)이 될 것"이라고 말했다.[25] 그러나 조조는 자신의 처소에 천자의 정기를 세워 놓았고, 출입할 때 경필의 혜택을 누렸으며, 12줄의 면류관을 쓰고, 여섯 마리의 말이 끄는 황금 수레를 탔으며, 오시부거가 자신을 호종하게 했다. 이런 여러 단서로 볼 때, 조조가 애초에 황제가 되고 싶은 생각이 없었다고는 할 수 없다. 만약 그가 죽지 않았더라면, 아마도 선양(禪讓)이라는 연출을 통해 황제로 등극한 사람은 아들 조비가 아니라 조조 자신이었을 것이다.

(2) 조조 집단 내부에서는 황제 세력과 조조 세력의 다툼이 상당히 격렬했다. 2년 사이에 황제의 세력인 길본과 위풍은 차례로 조조에게 반기를 들었다.

(3) 유비는 형주·익주를 점령하여 세력이 강대해졌다. 관우의 형주 주둔은 조조와 손권 모두가 매우 꺼리던 일이었다. 이것은 결국 조조와

손권의 연합이 관우를 습격하여 살해하는 사건을 초래했다.

이와 같은 형세의 변화는, 건안 22년[217년] 봄 무렵이면 조조와 손권의 머릿속에서 이미 구상하던 내용이었을 것이다. 유수구의 일전에서 천둥과 호우가 조금 잦아들자, 잠깐의 접촉으로 손권은 항복하고 조조는 철군했다. 철군한 조조는 돌아가 천자가 되려는 계획을 세웠다. 조조는 수릉을 조성했을 때, 이미 자기가 늙었다는 생각을 품고 있었다. 천자가 되려면 서둘러야 했다. 손권은 바로 이러한 점을 알아차렸기 때문에, 조조에게 글을 올려 "(자신을) 신하라고 칭하고, 천명을 언급한 것"[26]이다. 조조도 손권이 보낸 이 글을 수하의 문무관원들에게 보여주며, 신하들에게 천명설(天命說)을 이끌어내어 천자로 추대의 의사를 표하게 했다. "이 녀석이 나를 화롯불 위에 앉히려 하는군!"이라고 한 조조의 말은 신하들의 반응을 떠보려는 의도로써, 일찍이 원소가 했던 연기와 똑같은 행동이었다.[27●]

이야기가 길어졌다. 한마디 말로 마무리하자면, 건안 22년[217년] 이후 조조와 손권 사이에는 꽤 오랫동안 평화가 유지되었으며, 회남의 전선에서도 전투가 벌어지지 않았다.

● 호삼성의 주장에 따르면, 음양오행상 한조가 화덕(火德)의 왕조였으므로, 조조가 화롯불 위에 앉는 행위는 화덕의 왕조인 한조를 차지한다는 의미이다. 조조는 이런 표현을 내뱉음으로써 신하들의 마음을 떠보려고 한 것이다.

손권과 유비의 형주 쟁탈전

1. 반드시 쟁취해야 할 땅

적벽대전 이후 남군을 차지한 손권은 남군의 강남 일부를 유비에게 주어 주둔하게 했다. 그 뒤 유비는 강남의 4군을 평정했으나, 그가 확보한 땅은 여전히 좁았다. 그래서 유비는 다시 손권에게 강릉을 포함한, 남군의 강북 지역을 임차했다. 손권은 육구(陸口)오늘날의 호북성 가어(嘉魚)의 서남쪽, 육수(陸水)가 장강으로 유입되는 곳까지 물러났다. 기록에 따르면, 유비에게 형주를 빌려주자고 주장한 사람은 노숙이었다. 진수는 "그 뒤 유비가 경구(京口)로 와서 손권을 만나 형주의 관할권을 요구하자, 오직 노숙만 (유비에게) 형주를 빌려주어 공동으로 조공(조조)을 막자고 권유했다.[1]"라고 서술했다. 노숙의 사후 손권은 노숙에 대해 "후일 내게 권유하여 현덕(유비)에게 땅을 빌려주게 했으니, 이것은 그(노숙)의 한 가지 단점[2]"이라고 평가했다.

이 '빌리다'[借]는 말은 손권과 유비가 형주 쟁탈전을 벌인 화근이 되었다. 건안 19년[214년]의 상황을 진수는 다음과 같이 서술했다.

이해에 유비가 촉을 평정했다. 손권은 유비가 이미 익주를 얻었다고 생각했으므로, 제갈근을 파견하여 형주 몇 군(의 반환)을 요구하게 했다. 유비는 (이 요구를) 허락하지 않고 "내가 한창 양주(涼州)를 도모하고 있으니, 양주가 평정되면 형주를 모두 오에 (돌려)드리겠소."라고 했다. (이 말을 전해 들은) 손권은 "이는 (형주를) 빌려놓고 돌려주지 않으면서, 빈말로 시간을 끌려는 짓"이라고 하고, 마침내 (형주) 남부의 3군(郡)에 지방관을 파견했다. (그러나) 관우가 이들을 모두 쫓아냈다. 손권은 대로했고, 즉시 여몽을 파견하여 (그에게) 선우단(鮮于丹)·서충(徐忠)·손규(孫規) 등의 병력 2만 명을 거느리고 장사·영릉·계양의 3군을 차지하게 했다. (또) 노숙에게 1만 명(의 병력)으로 파구(巴丘)오늘날의 호남성 악양(岳陽)에 주둔하여 관우를 막게 했다. 손권도 육구에 주둔하면서 각 군을 총지휘했다. 여몽이 이르자 (장사·계양) 2군이 모두 투항했으나, 오직 영릉태수 학보(郝普)는 항복하지 않았다. 마침 (이때) 유비가 공안에 도착하여 관우에게 3만 명의 병력을 이끌고 익양(益陽)으로 가게 했다. (그러자) 손권은 여몽 등을 소환하여, (그에게 북쪽으로) 돌아가 노숙을 돕게 했다. 여몽이 사람을 보내 학보를 회유하니, 학보가 투항하여 3군의 (적진) 장수와 태수를 전부 얻었다. 이에 (여몽은) 병력을 이끌고 북상하여 손교(孫皎)·반장 및 노숙의 병력과 함께 진격하여 익양에서 관우를 막았다. (양측이) 아직 교전하지 않은 상황에서, 마침 조공(조조)이 (익주 북방의) 한중으로 들어왔다. 유비는 익주를 상실할까 염려하여 (손권에게) 사신을 보내 화친을 요청했다. 손권은 제갈근을 파견하여 (이 요청에) 화답하게 했다. (양측은) 다시 동맹·우호 관계를 회복하고, 마침내 형주를 나누었다. 장사·강하·계양의 (형주) 동부 3군은 손권에게, 남군·영릉·무릉의 (형주) 서부 3군은 유비에게 귀속되었다.[3]

유비가 익주를 평정하자, 손권은 장사·영릉·계양의 반환을 요구했다. 유비가 이 요구를 받아들이지 않자, 손권은 여몽을 파견하여 병력을 이끌고 가서

- 장사·영릉·계양의 3군.

(장사·영릉·계양을) 탈취하게 했다. 유비가 (이 소식을) 듣고 직접 (익주에서) 공안으로 돌아왔고, 관우를 파견하여 3군을 탈환하게 했다. (당시에) 노숙은 익양에 주둔한 채 관우와 대치했다. 노숙은 관우에게 서로 만나자고 요청하여, 각자 병마를 100보(步) 밖에 주둔하게 한 다음 장군들만 칼 한 자루씩을 차고 함께 만났다. 노숙은 관우를 이렇게 책망했다. "(우리) 주군께서 애초에 성심성의껏 그대의 주군에게 땅을 빌려준 이유는 그대 주군의 군대가 패배하여 먼 길을 와서 기반으로 삼을 곳이 없었기 때문이오. (그런데 그대들은) 이제 이미 익주를 얻었는데도 (빌린 땅을) 돌려줄 생각이 전혀 없소. (우리는) 그저 (장사·영릉·계양의) 3군을 요구할 뿐인데도, (그대들은 우리의) 요구를 따르지 않고 있소." …… 유비가 결국 상수(湘水)를 경계로 (형주를) 나누어 (장사·강하·계양 3군을 손권에게 할양하)니, 쌍방이 철군했다.[4]

손권·유비 두 세력의 형주 쟁탈전은 타협으로 마무리되었다. 상수를 경계로 형주를 분할하는 것도 하나의 방법이었다. 당시에 유비가 빌린 형주는 사실 형주의 남군에 불과했고, 그나마도 남군의 장강 이북 부분을 빌렸을 뿐이었다. 한 사료는 이렇게 기록하고 있다.

주유는 남군태수가 된 뒤 (장강) 남안 지역을 나누어 유비에게 할양했다. 유비는 별도로 유강구에 군영을 세우고, 이곳의 이름을 공안으로 고쳤다. (그러자) 유표의 관리와 문객들로 북방의 (조조) 군대에 포함되었던 사람들이 대부분 이탈하여 유비에게 투항했다. 유비는 주유가 넘겨준 땅이 작아 백성을 안정시키기에 부족하다고 생각하고, 후일 다시 손권에게서 형주의 몇 개 군을 빌렸다.[5]

이 사료에서 말한 장강의 남안 지역은 주유가 준 땅이다. 또한, 손권에게 "형주의 몇 개 군"을 빌렸다는 기록은 다분히 과장된 말이다. 형주

〔도판 12〕 형주 고성

　　호북성(湖北省) 강릉(江陵)에 위치.

의 강남 4군은 유비가 스스로 획득한 땅이지, 빌린 땅이 아니었다. 따라서 남군의 장강 이북 부분을 빌렸다가 이제 장사·계양을 돌려준 일은 적절한 타협 방법이라 할 수 있었다. 그러나 손권의 목적은 형주 전역의 확보였다. 손권은 전쟁을 일으키기 위한 구실로서 땅을 빌려준 일을 내세웠을 뿐이고, 실제 속셈은 형주 전역을 빼앗으려는 것이었다.

건안 22년[217년], 노숙이 사망했다. 향년 46세였다. 노숙의 책략은 주로 조조를 적으로 삼았다. 따라서 손권·유비 두 세력은 당연히 연합하여 조조에 대항해야 했다. 형주의 남군을 유비에게 빌려주자고 손권에게 권유한 사람도 노숙이었다. 주유가 죽은 후, 노숙은 주유의 직무를 승계했다. 주유를 대신하여 군사를 통솔한 그는 육구에 주둔했다. 노숙과 관우의 관할 지역은 경계가 인접하여 "여러 차례 (상대를) 의심했고, (양측의) 변경지역도 복잡하게 얽혀 있었지만" 노숙은 "항상 우호적인 태도로 그(관우)를 다독였다." 노숙은 "조공(조조)이 아직 건재하고 화근이 이제 막 시작되어 당연히 (유비 세력과) 서로 돕고 협력하여 그들과 공동으로 적과 싸워야 하니, (이 우호 관계를) 절대 상실할 수 없다."고 생각했다.

노숙의 직위와 임무를 이어받은 사람은 여몽이었다. "노숙이 죽은 뒤 여몽은 (노숙 대신) 서쪽으로 가서 육구에 주둔했고, (원래) 노숙군이던 인마 1만여 명을 여몽이 모두 맡았다."

여몽은 자가 자명(子明)으로, 여남 부피(富陂)[오늘날의 하남성 부양(阜陽)의 남쪽] 출신이다. 여몽이 손권을 따라 황조를 토벌하러 오자, "황조는 도독 진취(陳就)에게 (그들을) 맞아 수군을 이끌고 출전하게 했다. 여몽이 선봉 부대를 통솔하여 직접 진취를 (죽여 그의 머리를) 효수(梟首)하자, 장수와 병사들은 승세를 타고 진격하여 적의 성지를 공격했다. 황조는 진취가 전사했다는 소식을 듣자 성을 버리고 달아났으나, (손권의) 병사들의 추격으로 사로잡혔다. 손권은 '(이번) 일의 성공은 진취를 먼저 사로잡았기 때문이다.'라고 말하고는, 여몽을 횡야중랑장(橫野中郎將)에 임명하고 천만 전

(錢)을 하사했다.[10]" 이처럼 여몽은 황조의 토벌에 큰 공을 세웠다. 진수는 여몽에 대해 다음과 같이 기록했다.

다시 주유·정보 등과 서쪽으로 진격하여 오림(烏林)에서 조조를 격파하고, 남군에서 조인을 포위했다. …… 조인이 패하여 달아나니, (주유는) 마침내 남군을 점거하고, 형주를 위무·평정했다.[11]

노숙은 (죽은) 주유를 대신하여 (병권을 잡아) 육구로 가는 도중에 여몽의 주둔지를 지나게 되었다. (당시) 노숙은 마음속으로 여전히 여몽을 무시했(으므로, 여몽의 처소에 들를 생각이 없었)는데, 어떤 이가 노숙에게 "여 장군(여몽)의 공적과 명성이 날로 혁혁해지고 있으니, 과거의 감정으로 (그를) 대해서는 안 됩니다. 공은 마땅히 그를 만나보셔야 합니다."라고 하니, (노숙은) 결국 여몽을 방문했다. 술자리가 무르익자, 여몽이 노숙에게 물었다. "공께서는 중임을 맡아 관우와 경계를 접하고 있는데, 장차 어떤 계략으로 유사시에 대비하려 하십니까?" (그러자) 노숙은 "상황에 따라 적절히 대처하겠소."라고 대수롭지 않게 대답했다. 여몽은 "지금 동쪽(손권)과 서쪽(유비)이 비록 일가(一家)가 되었지만, 관우는 실로 곰이나 호랑이(처럼 흉포한 자)입니다. 계책을 어찌 미리 (대비하여) 정하지 않을 수 있겠습니까?"라고 말했다. 그리하여 (여몽은) 노숙을 위해 다섯 가지 계책을 마련했다. 그러자 노숙은 앉은 자리를 넘어 그에게 다가가 그의 등을 두드리며 "여자명(呂子明, 여몽)! 나는 경의 재략이 이 정도까지 미칠 줄은 알지 못했소."라고 했다. (그리고 노숙은) 마침내 여몽의 모친에게 절한 다음, (두 사람은) 교우 관계를 맺고 헤어졌다.[12]"

그러나 여몽은 유비와 조조 두 세력 중 누가 우군이고 적군인지에 대한 시각에서 노숙과 다른 견해를 갖고 있었다. 여몽은 동오(東吳)의 입장에서 가장 중요한 문제가 형주 문제이므로, 당연히 먼저 형주를 차지해야 한다고 생각했다. 또한, 만약 조조와 적이 되면 설령 서주를 차지한다고 해도 지킬 수 없다고 여겼다. 진수는 다음과 같이 기록했다.

(여몽은) 관우와 (형주의) 영토를 분할하여 마주하고 있었고, 관우가 효웅(驍雄)으로 (형주 전역을) 겸병하려는 야심이 있음을 알았다. 게다가 (관우가) 차지한 (형주) 지역이 (장강) 상류(라는 유리한 위치)라서, (연합을 통한 우호적인) 형세가 오랫동안 유지되기 어려웠다. …… 이에 (여몽은 손권에게) 은밀히 다음과 같이 계책을 올렸다. "이제 정로(征虜, 정로장군 손교)가 남군을 지키고, 반장은 백제(白帝)에 주둔하며, 장흠(蔣欽)이 유격병 1만 명을 거느리고 장강을 따라 오르내리며 적이 있는 곳에서 대응하면, 저는 주군을 위하여 앞장서 양양을 점거하겠습니다. 이렇게 한다면 어찌 조조를 걱정하고, 어찌 관우에게 의지하겠습니까? 또 관우 측의 주군과 신하는 사기와 폭력을 과시하여 가는 곳마다 (사기와 폭력을) 반복하니, 흉금을 터놓고 (그들을) 대할 수 없습니다. 지금 관우가 곧장 동쪽으로 향하(여 우리를 공격하)지 않는 이유는 지존(至尊, 손권)께서 성명(聖明)하시고, 저(여몽)를 비롯한 여러 사람이 여전히 건재하기 때문입니다. 지금 (우리의) 세력이 강하고 왕성할 때 (공격을) 도모하지 않다가 하루아침에 (저희가) 죽기라도 한다면, 다시 힘을 펼치려 한들 가능하겠습니까?" 손권은 그의 계책에 크게 찬동하고, 내친김에 다시 (여몽과) 서주를 차지하는 문제를 논의했다. (그러자) 여몽은 이렇게 대답했다. "지금 조조는 멀리 하북에 있으며, 최근에야 원씨의 잔존 세력을 격파하여 (한창) 유주·기주를 위무하고 결집하느라 동쪽(의 상황)을 돌아볼 겨를이 없습니다. 서주를 지키는 (조조 측) 병력은 언급할 가치도 없(을 만큼 형편없)다고 들었으니, (우리가) 공격하면 자연히 이길 수 있습니다. 그렇지만 (서주의) 지형은 막힘없이 평탄한 육로라서, 정예의 기병이 말을 달릴 만한 곳입니다. (따라서) 지존께서 금일 서주를 얻더라도 조조가 열흘 뒤면 틀림없이 달려와 싸우려 할 것이니, 비록 7~8만 명(의 병력)으로 수비해도 여전히 걱정거리일 것입니다. 차라리 관우를

격파하고 장강을 온전히 점거하면, (우리의) 세력이 더욱 확대될 것입니다."[14]

손권은 여몽의 이 제안이 매우 합당하다고 생각했다. 손권이 이처럼 여몽의 의견에 동의한 것은 그의 의견이 손권 자신의 의중과 일치했기 때문이었다. 관우는 용맹하고 교만하여, 손권은 그를 싫어하고 두려워했다. 형주는 장강 상류에 자리하여 손권에게 주는 위협도 조조가 회남에서 가하는 위협보다 훨씬 컸다. 이때 손권도 조조와 휴전한 다음 형주를 두고 유비와 겨룰 생각을 품고 있었다.

건안 21년[216년]에서 건안 22년[217년] 사이에, 조조는 유수구에서 일전을 벌였으나 아무런 성과 없이 전쟁을 끝내고 철수했다. 건안 22년[217년] 봄, 손권은 도위(都尉) 서상(徐詳)을 조조에게 보내어 항복을 청했고, 조조도 사자를 보내어 손권과 우호 관계를 맺고 서로 통혼하자는 뜻을 알렸다. 이때 손권은 이미 조조와 휴전한 다음 관우에게 진격하기 위해 납작 엎드린 채 기회가 오기만을 기다리고 있었다.

2. 여몽의 형주 습격 작전

2년의 세월이 흘러 기회가 왔다. 건안 24년[219년], 관우는 조조를 공격하기 위해 군대를 일으켰다. 그는 진군하여 양양에서 조인을 포위했다. 관우는 남군태수 미방(麋芳)에게 강릉을, 장군 부사인(傅士仁)에게 공안을 지키도록 하고, 자신은 직접 대군을 이끌고 번성에서 조인을 공격했다. 조인은 성을 지키면서 좌장군 우금, 입의장군(立義將軍) 방덕 등에게 번

- 『삼국지』에서는 '사인'(士仁)으로 표기하고 있고, 『자치통감』에서는 '부사인'으로 표기하고 있는데, 『삼국연의』에서 『자치통감』의 견해를 따르면서 통상 부사인으로 알려졌다.

성의 북쪽에 주둔하도록 했다.

  이해 가을에 폭우가 내려 한수가 범람했고, 평지는 수심이 몇 길이 나 되는 물바다가 되었다. 우금 등의 7군은 모두 물에 고립되었다. 우금을 비롯한 여러 장수가 고지대로 올라가 홍수를 피하자, 관우가 대형 전선을 타고 와서 이들을 공격했다. 우금 등은 궁지에 몰려 결국 투항했다. 방덕은 둑 위에서 갑옷을 입고 활을 든 채 버텼다. 그가 쏜 화살은 한 발도 빗나가지 않았다. 동틀 녘부터 격전을 치러 정오가 지나자, 관우의 공격은 더욱 거세졌다. 방덕은 화살이 떨어지자, 단검을 들고 육박전을 벌였다. 방덕은 싸울수록 더욱 분기탱천하여 기세가 더 등등해졌다. 그러나 물이 점점 차올라 병사들이 모두 투항했다. 진수는 이 상황을 다음과 같이 서술하고 있다.

  (방덕은) 작은 배를 타고 조인의 군영으로 돌아가려 했다. (그러나) 물이 넘쳐 배가 전복되자 활과 화살을 잃어버렸고, (방덕은) 홀로 (전복된) 배를 붙잡고 물속에서 표류하다가 관우에게 사로잡혔지만, 꼿꼿이 선 채 무릎을 꿇지 않았다. 관우가 "그대의 형이 한중에 있어 내 그대를 장수로 삼으려고 하니, 얼른 항복하지 않고 무엇을 하는가?"라고 했다. (그러자) 방덕은 관우를 욕하며 "이놈아! 어찌 항복을 말하느냐? 위왕(曹操)께서는 갑병(甲兵)이 백만으로, 그 위엄이 천하에 떨치고 있다. 너희 유비는 용렬한 둔재일 뿐이니, 어찌 (위왕을) 대적할 수 있겠느냐! 내 차라리 나라의 귀신이 될지언정 도적의 장수는 되지 않겠다."라고 했다. 관우는 (결국) 그를 죽였다. 위왕 조조는 이 소식을 듣고 "내가 우금을 안 지 30년째인데, 무슨 생각으로 위난(危難)에 처하여 오히려 방덕만도 못했단 말인가!"라고 탄식했다.

-   방덕의 사촌 형 방유(龐柔)가 당시 촉에 있었다.

관우가 급히 번성을 공격하고 번성의 성곽이 물에 잠겨 도처에서 무너지니, 성안 사람들은 모두 두려워했다. "어떤 사람이 조인에게 '지금의 위험은 (우리의) 역량으로 대처할 수 있는 일이 아닙니다. 관우의 포위가 아직 갖춰지지 않은 때를 틈타 작은 배를 타고 밤에 달아날 수 있다면, (번)성을 잃어도 몸은 보전할 수 있습니다.'라고 했다.[17]" 그러자 여남태수 만총(滿寵)이 이렇게 말했다.

산속에서 내려오는 물은 (물살이) 빠른 법이니, (사람들은) 그 물이 오래 (산속에) 머물지 않으리라 예상합니다. 듣자 하니, 관우가 별도로 파견한 장수가 이미 겹성(郟城) 아래에 도달하여, 허현 이남의 백성이 동요한다고 합니다. 관우가 감히 무턱대고 (북쪽으로) 진격하지 않는 이유는 우리 군대가 자기의 후방을 끊을까 두렵기 때문입니다. (그런데 우리가) 지금 만약 (성을 버리고) 도망간다면 황하 이남(의 땅)은 더 이상 국가의 소유가 아닐 것입니다. 공께서는 마땅히 기다리셔야 합니다.[18]

조인은 이 말에 "좋소."라고 했다. 이에 만총은 백마를 죽여 강물에 가라앉히고• 병사들과 한마음으로 성을 굳게 지키자고 맹세했다. 이때 성안의 인마는 겨우 수천 명뿐이었고, "성벽 중에 (물에) 잠기지 않은 부분은 (겨우) 몇 척(尺) 정도였다. 관우가 배에 탄 채로 성에 다가와 몇 겹으로 포위하니, (성의) 안팎은 단절되었다.[19]" 또 관우는 따로 장수를 파견하여 양양에서 장군 여상(呂常)을 포위하게 했다. 형주자사 호수(胡脩), 남향태수(南鄕太守) 부방(傅方)은 모두 관우에게 투항했다.

•   고대에 강물에 제사를 지내거나 군인들이 맹세할 때에는 반드시 백마를 죽여 그 피를 가져다가 마시는 의식을 거행했다. 조인의 처지에서는 이 의식에 병사들과 죽음으로 성을 지키자는 맹세와 홍수를 그치게 해달라는 두 가지 의미가 모두 담겼을 것이다.

육혼현(陸渾縣)오늘날의 하남성 의양(宜陽)의 남쪽의 현민(縣民)인 손랑(孫狼) 등은 난을 일으켜 현의 주부(主簿)를 살해하고, "남쪽으로 가서 관우에게 의탁했다. 관우는 (손랑에게) 관인(官印)을 수여하고 병력을 제공했는데, (그는 육혼으로) 돌아가더니 (다시) 도적이 되었다.[20]" 관우가 "별도로 파견한 장수가 이미 겹성오늘날의 하남성 겹현 아래에 도달하니, 허현 이남의 백성이 동요했다.[21]"

"(낙양 남쪽이자 허도의 서쪽에 자리한) 양현(梁縣)·겹현·육혼현의 '도적 떼' 상당수가 멀리서 관우가 하사한 관인과 관호(官號)를 받아 그의 지지세력이 되자, (순식간에) 관우의 위엄이 천하에 진동했다. (그러자) 조공(조조)은 (심지어 도성인) 허도를 (다른 곳으로) 옮겨 그의 예봉을 피할 방법을 의논했다.[22]" 승상군사마(丞相軍司馬) 사마의와 승상주부(丞相主簿) 겸 서조속(西曹屬) 장제(蔣濟)가 조조에게 다음과 같이 건의했다.

> 우금 등이 수몰된 것은 공격 전략상의 실패가 아닙니다. 국가의 전체적인 전망으로 보면 그다지 큰 손해라고 할 수 없습니다. 유비와 손권은 겉으로는 친하지만 실제로는 소원하니, 관우가 포부를 실현하는 것을 손권은 틀림없이 원치 않을 것입니다. (따라서) 사람을 (손권에게) 보내 그(관우)의 후방을 습격하도록 권유하고, 강남을 떼어 손권의 봉지(封地)로 삼는 것을 허락하신다면 번성의 포위는 저절로 풀릴 것입니다.[23]

그러자 조조는 그들의 말을 따랐다.

이에 앞서 손권은 일찍이 자기 아들의 혼사를 위해 관우에게 혼담을 건넸는데, 관우가 이를 허락하지 않고 오히려 사자를 욕했다. 손권은 이 일로 분노했다. 관우가 출병하여 번성을 공격하자, 손권에게 드디어 형주를 차지할 기회가 찾아왔다. 육구에 주둔한 여몽은 손권에게 다음과 같이 상소를 올렸다.

관우가 번성을 공격하며 (후방에) 수비병을 많이 남겨 놓았는데, (이것은) 필시 제(여몽)가 그의 후방을 노릴까 두려웠기 때문입니다. 제게는 항상 병이 있으니, 바라건대 병력을 나누어 (저를) 건업으로 돌려보내며, 병의 치료를 명분으로 내세우게 하십시오. 관우가 (이 소식을) 들으면, 반드시 수비병을 철수하게 하여 모두 양양(의 전선)으로 보낼 것입니다. (이때 우리가) 대군으로 장강을 타고 밤낮으로 (장강 상류로) 서둘러 올라가 (관우 후방의) 비어있는 지역을 습격한다면 남군을 함락할 수 있고 관우도 사로잡을 수 있습니다."

여몽이 마침내 병이 위독하다는 소문을 퍼뜨리니, 손권은 일부러 밀봉하지 않은 문서로 여몽을 건업으로 소환하여, 은밀히 여몽과 함께 형주를 차지할 계책을 도모했다. 여몽이 무호(蕪湖)에 도착했는데, 그때 정위교위(定威校尉) 육손(陸遜)이 무호에 주둔하고 있었다. 여몽을 방문한 육손은 "관우(의 주둔지)가 (공의 주둔지와) 경계를 접하고 있는데, 어째서 (주둔지에서 벗어나) 멀리 (장강 하류까지) 내려오셨습니까? 후일에 근심할 만한 사안 아닙니까?"라고 물었다. 여몽은 "정말로 말씀하신 바와 같소만, 내 병세가 위중하오."라고 말했다. 그러자 육손은 다음과 같이 말했다.

"관우는 자신의 용맹한 기세를 자부하고, 다른 사람을 업신여깁니다. (그는 전투) 초기에 (우금을 사로잡은) 큰 공을 세우자 마음이 교만하고 안일해져 북진에만 힘쓸 뿐, 우리를 전혀 개의치 않고 있습니다. (만약 관우는 공이) 병에 걸렸다는 말을 들으면, 틀림없이 더욱 (우리에 대한) 방비가 없을 것입니다. 이제 그가 방심한 사이에 (허를 찔러) 출동한다면 자연히 그를 사로잡아 제압할 수 있습니다. (공께서 하류로) 내려가서 지존(손권)을 뵈면 잘 계책을 세우셔야 할 것입니다."

여몽은 이렇게 대답했다.

관우는 본래 용맹하여 대적하기 너무 어렵소. 게다가 (관우는) 이미 형주를 차지했고, (그의) 은덕과 신의가 널리 베풀어졌소. 더군다나 (그는) 최근에 공적을 세워 담력과 의기가 더욱 양양하니, 아직 쉽게 (그에 대한 공격을) 도모할 수 없소.[28]

여몽이 도성인 건업에 도착하자, 손권은 그에게 "누가 경을 대신할 만하오?"[29]라고 물었다. 그러자 여몽은 이렇게 대답했다.

육손은 (문제에 대응하는) 사고력이 심원하고, 재능이 중대한 임무를 감당할 만합니다. (또) 그의 계획을 살펴보니, 역시 중용할 만합니다. 게다가 (그는) 아직 명성이 널리 퍼지지 않아 관우가 기피하는 대상도 아니므로, 그보다 더 적합한 사람은 없습니다. 만약 그를 기용하신다면, 겉으로는 스스로 진면목을 감추고 은연중에 형세(상의 유리한 기회)를 잘 살피게 하셔야 합니다. 그렇게 해야 이길 수 있습니다.[30]

손권은 즉시 육손을 도성으로 불러 편장군(偏將軍) 겸 우부독(右部督)으로 임명하여 여몽을 대신하게 했다. 육구에 도착한 육손은 관우에게 서신을 보냈다. 그는 관우의 공훈과 업적을 극찬하고, 결코 적을 가볍게 여기지 말라고 권고하며 "전투에서 승리한 뒤에는 언제나 적을 경시하는 마음이 생겨나는 법이니, …… 바라건대 장군께서는 널리 방략과 계책을 마련하여 독자적으로 거둔 승리를 온전히 보전하소서."[31]라고 하여, 관우에게 관심을 나타냈다. 요컨대 육손의 편지에 담긴 내용은 "겸손하게 (자신을) 낮춰 스스로 (관우에게) 의존하려는 의도"[32]에 지나지 않았다. 관우는 육손이 보내온 서신을 보고 "마음이 매우 편안해져 다시는 의심하지 않았다."[33] 관우는 마침내 후방에 남겨둔 병력을 조금씩 철수하게 하여 번성으로 보냈다. 육손은 상황을 손권에게 보고하며, 관우를 생포할 수 있다고 알렸다.

관우는 우금 등의 인마 수만 명을 생포한 터라 군량이 바닥났다. 그래서 결국 상관(湘關)에 보관된 손권군의 군량미를 제멋대로 가져갔다. 이 소식을 들은 손권은 관우를 습격하기 위해 병력을 동원하고, 여몽을 대독(大督)에 임명했다.

조조는 평구장군(平寇將軍) 서황을 완현^{오늘의 하남성 남양}에 주둔시켜 조인을 돕게 했다. 우금군이 무너지자, 서황은 전진하여 양릉피(陽陵陂)^{오늘날의 양번시(襄樊市) 북쪽으로 추정}에 당도했다. 관우는 병력을 파견하여 언성(偃城)^{오늘날의 양번시 북쪽이자 양릉피의 남쪽}에 주둔하게 했다. 양릉피에 도착한 서황이 기만전술로 웅덩이와 참호를 파서 (관우의) 후방을 차단하려는 모습을 보이자, 관우군은 주둔하던 군영을 불태우고 달아났다. 언성을 차지한 서황은 여러 곳의 영채를 연결하며 조금씩 전진했다. 서황의 군영은 관우의 포위망으로부터 3장 남짓 떨어져 있었다. 서황이 땅굴과 화살을 활용하여 조인에게 서신을 전달하여, 양측은 여러 차례 소식을 주고받았다.

손권은 조조에게 서신을 보내, 자신이 관우를 토벌하여 조정에 충성을 바치겠다고 요청했다. 아울러 그는 소식이 새어나가 관우가 미리 대비하지 못하게 해달라고 요청했다. 조조가 신하들에게 의견을 물으니, 신하들은 모두 비밀로 해야 한다고 건의했다. 그러자 동소가 이렇게 주장했다.

전쟁과 관련된 업무에서는 임기응변을 중시해야 하며, 합당함이 요구됩니다. (따라서) 당연히 손권에게는 비밀을 보장하겠다고 응답하되, 암암리에 (이 사실을) 누설해야 합니다. 관우가 손권이 (병력을 파병하여 서쪽으로) 올라온다는 소

* 손권과 유비는 상수(湘水)를 경계로 형주를 분점했다. 그래서 양측은 상수에 관문을 설치했다. 이 관문은 양측이 상대편의 영역으로 진입하기 위해 반드시 지나쳐야 하는 곳이었고, 그래서 이곳을 '상관'이라고 불렀다.

식을 듣고 만약 회군하여 자신을 보호한다면, (번성의) 포위가 신속하게 풀려 (우리는) 곧바로 이익을 얻을 것입니다. (또) 두 도적(손권·관우)이 서로 대치하여 맞붙게 할 수 있다면, (우리는) 앉아서 그들이 지치기를 기다리면 됩니다. 비밀을 유지한 채 누설하지 않는 태도는 손권의 계획을 실현할 수 있게 해주는 일이니, 상책(上策)은 아닙니다. 또 (번성에) 포위된 (우리의) 장수와 병사들은 구원병이 있음을 알지 못한 채 (성안에 남은) 양식(이 줄어드는 것)을 헤아리며 두려워할 것입니다. 혹시 (그들이) 다른 마음을 품기라도 한다면, 빚어질 재난은 적지 않을 것입니다. (따라서 이 소식을) 드러내는 편이 (우리에게) 이롭습니다. 또한, 관우라는 사람은 강퍅하고 독단적이어서 자신이 (강릉과 공안) 두 성을 굳게 지킬 수 있다고 믿을 것이니, 필시 서둘러 후퇴하지 않을 것입니다."[34]

동소의 말을 들은 조조는 서황에게 조칙을 내려, 손권이 보내온 서찰을 화살에 묶어 포위된 번성의 성안과 관우의 군영으로 쏘아 보내라고 명령했다. 성안의 조조군은 이 소식을 듣고 용기백배했다. 과연 관우는 망설였지만, 번성의 포위를 풀고 떠날 수는 없었다.

낙양에서 출발한 소조는 조인을 구원하기 위해 남하했다. 마피(摩陂)오늘날의 하남성 겹현에 주둔한 조조는 차례로 12부대를 파견하여 서황을 돕게 했다. 관우는 "포위망의 북쪽 지역에 주둔하고, 또 별도로 사총(四冢)에도 군대를 주둔하게 했다. 서황은 겉으로는 전방(에 주둔한 관우)의 둔영을 공격해야 한다고 떠들고는 오히려 은밀하게 사총을 공격했다. 관우는 사총의 둔영이 붕괴하는 모습을 보고, 직접 보병·기병 5000명을 이끌고 출전했다. (그러나) 서황이 공격하자, (관우는) 패주했다."[35] 관우는 "포위망의 참호에 녹각(鹿角)을 열 겹으로 구축"[36]했는데, 서황이 관우를 추격하여 함

- 가지 달린 나무를 뾰족하게 깎아 군영 주위에 쌓아 적의 공격을 저지한 방어물. 그 모양이 사슴의 뿔과 비슷하여 '녹각'이라 불렀다.

께 포위망 속으로 뚫고 들어갔다. 관우는 마침내 포위를 풀고 퇴각했다.

한편, "여몽은 심양(尋陽)에 도착하여 자신의 정예병을 대형 화물선에 전부 숨긴 다음, (병사들에게) 흰옷을 입고 노를 젓게 하여 상인의 복장으로 꾸민 채 밤낮으로 (쉬지 않고 형주로) 전진했다. (여몽군은) 관우가 설치한 장강 연안의 초소에 도착할 때마다 (초소병을) 모두 체포했다. 이런 이유로 관우는 (여몽군이 진격하는) 상황을 전혀 듣지 못했다."[37]

이때 "남군태수 미방은 강릉에, 장군 부사인은 공안에 머물고 있었는데, 이들은 모두 평소에 관우가 자기들을 무시하는 것을 싫어했다. 관우가 (번성으로) 출병하자, 미방과 부사인은 군수물자를 공급하면서 모든 것을 (제때에 공급하여) 제대로 돕지 않았다. 관우는 '돌아가면 (너희를) 단죄하겠다.'라고 말했다. (그래서) 미방과 부사인은 모두 두려워하고 불안해 했다."[38]

여몽은 전임 기도위(騎都尉) 우번(虞翻)에게 부사인을 설득하는 편지를 써서, 일의 성패를 이야기하게 했다. 부사인은 서신을 받자 즉시 투항했다. "우번은 여몽에게 '이 상황은 책략으로 용병술을 발휘할 때입니다. 부사인을 데리고 가시되, 병력을 남겨 성을 지키십시오.'라고 말했다. (여몽은) 결국 부사인을 데리고 남군에 도착했다. 남군태수 미방은 성을 지키다가 여몽이 그에게 (투항한) 부사인을 보여주니,"[39] 마침내 성문을 열고 나와 항복했다.

여몽은 강릉으로 진입하여 갇혀있던 우금을 풀어주고, "관우와 그의 휘하 장졸들의 식솔을 전부 사로잡아 그들 모두를 위로했다. (또) 군중에 영을 내려, 민가에서 소요를 일으키거나 (백성에게) 재물을 요구하여 빼앗을 수 없게 했다. 여몽 휘하의 한 병사가 (여몽과 고향이 같은) 여남 출신이었는데, (그가) 민가에서 삿갓 하나를 가져다가 관부(官府)의 갑옷을 덮었다. 관부의 갑옷이 비록 공물(公物)이었지만, 여몽은 (이런 행동도) 군령을 어겼으므로 동향이라는 이유로 군령을 훼손할 수 없다고 생각하여, 결국 눈물을 흘리며 (그의) 목을 베었다. 이에 군중(의 모든 사람)이 두려워 떨며, 길에 떨어진 물건조차 줍지 않았다. 여몽은 아침저녁으로 주변 사람에게 (민가의) 노인들을 위로하고 돌보게 했으며, (그들에게) 부족한 부분을 물었다. (그래서) 병에 걸린 사람에게는 약을 지급하고, 춥고 굶주린 사람에게는 의복과 양식을 보내주었다.[40]"

관우는 남군이 이미 손권의 기습으로 점령되었다는 소식을 듣자, 빠르게 병력을 이끌고 남쪽으로 귀환했다. 조인은 장수들을 소집하여 회의했다. 여러 장수는 모두 "지금 위급하고 두려운 관우의 처지를 이용하면 틀림없이 추격하여 사로잡을 수 있습니다.[41]"라고 말했다. 그러자 의랑(議郎) 신분으로 조인의 군사참모 역할을 한 조엄(趙儼)이 이렇게 말했다.

> 손권은 관우가 (우리와) 연이어 치르는 전투로 어려운 상황을 틈타 그(관우)의 후방을 엄습하여 제압하려고 하지만, 관우가 (틀림없이 후방으로) 돌아와 구원할 것임을 고려할 때, (손권은) 우리가 그들 양측(즉, 관우와 손권)이 지친 상황을 이용할까 두려워합니다. 그래서 (손권은) 공손한 언사로 (관우를 공격하여 조공께) 충성을 다하겠다고 하면서, (속으로는) 기회와 변화를 살피며 (자기에게) 유리할지 불리할지 (형세를) 관망할 뿐입니다. 지금 관우는 이미 (그 세력이) 고립된 채 패주했으니, 더욱 그를 살려두어 손권에게 해를 끼치도록 해야 합니다. 만약 (아군이) 깊숙이 들어가 패배한 관우를 추격한다면 손권은 저들(관우군)에 대한 생각을 바꿀 것이니, 장차 우리에게 근심이 생길 것입니다. (위) 왕(조조)께서도 반드시 이 일을 깊이 우려하실 것입니다.[42]

"조인은 (조엄의 말을 듣고서) 비로소 계엄령을 해제했다. 태조(조조)는 관우가 퇴각했다는 소식을 듣자, (자신의) 장수들이 그(관우)를 추격할까 염려하여 과연 급히 조인에게 영을 내렸는데, 바로 조엄이 올린 계책과 같았다.[43]"

관우는 여러 차례 사람을 보내어 여몽과 연락을 주고받았는데, "여몽은 그때마다 (관우가 보낸) 사자를 후대하여 (사자에게) 성안을 두루 둘러보게 하고, (또) 집마다 안부를 묻게 했다. (이에) 어떤 집의 사람들은 (작전 중인 병사들에게) 직접 편지를 써서 (식구들이) 무사함을 알렸다. 관우의 사자가 (관우에게) 돌아오자, (관우의 장졸들은) 개인적으로 (가족의) 소식을 (사자에게) 알아보고 나서, 모두 (자기) 집안에 변고가 없고 받는 대우도 이전보다 더 나아졌다는 사실을 알았다. 그래서 관우의 병사들은 투지가 사라졌다."[44]

손권이 강릉에 도착하자, 형주의 장수와 관리들은 모두 손권에게 귀순했다. 무릉부종사(武陵部從事) 번주(樊伷)가 여러 이민족을 설득하여 무릉을 기반으로 유비에게 귀순하려고 계획하자, 손권은 군대를 파견하여 이들을 평정했다. 손권은 여몽을 남군태수에 임명하고, 1억 전(錢)의 돈과 황금 500근을 하사했다. 또한, 손권은 육손을 의도태수(宜都太守)에 임명했다. 유비가 임명하여 파견한 의도태수 번우(樊友)는 군(郡)을 버리고 달아났다. 여러 성의 지방관과 만이(蠻夷)의 군장(君長)들도 모두 육손에게 항복했다. 자귀현의 몇몇 유력 집안이 병력을 규합하여 저항하였으나, 육손은 이들을 모두 격파하고 항복시켰다. 이렇게 육손은 차례로 수만 명의 인력을 참수하고 포로로 잡거나 포섭했다. 손권은 육손을 우호군(右護軍) 겸 진서장군(鎭西將軍)에 임명하고, 이릉에 주둔하며 협구(峽口)를 수비하게 했다.

관우는 자신이 고립되어 막다른 지경에 몰렸음을 알고 서쪽으로 이동하여, 맥성(麥城)^{오늘날의 호북성 당양(當陽)의 서남쪽}에 주둔하며 수비했다. 손권이 사람을 보내 투항을 권유하자, 관우는 거짓으로 항복하는 척했다. 관우가 성 위에 깃발을 세워 사람이 있는 것처럼 꾸민 후에 달아나니, 그의

• 고대에 소수민족 촌락의 족장을 일컬음.

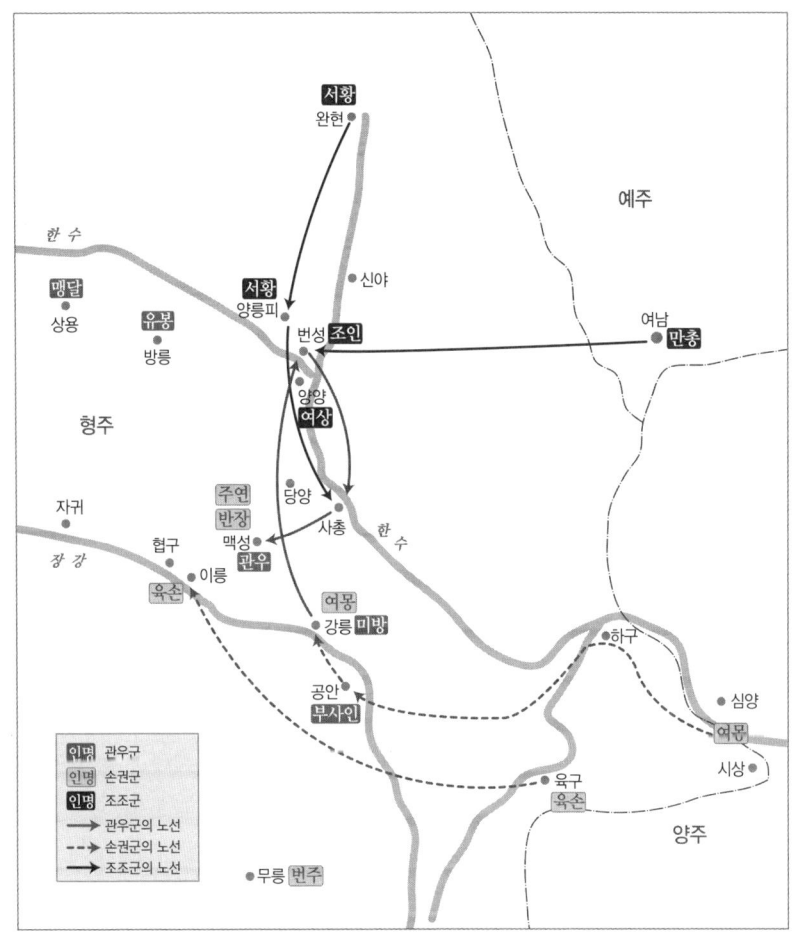

[지도 23] 관우와 여몽의 번성 전투

병사들은 모두 흩어졌고 겨우 기병 10여 명이 그의 뒤를 따랐다. 손권은 주연(朱然)과 반장에게 관우의 퇴로를 끊도록 했고, 반장의 사마(司馬) 인 마충(馬忠)이 장향(章鄕)오늘날의 호북성 형문(荊門)의 서쪽에서 관우와 그의 아들 관평(關平)을 생포했다.

손권은 관우를 죽이고 형주를 차지하여 자신의 소원을 이루었다. 관우가 형주에서 실패한 데에는 객관적인 원인이 있었다. 형주와 익주의 중간 지역은 큰 산이 있어 지역적으로 낙후되었고, 교통도 불편했다. 두 지역 사이의 연락은 장강이라는 물줄기에 의존할 수밖에 없었다. 그런데 삼협(三峽)이 험난했으므로 그마저도 막힘없이 잘 통하는 길은 아니었다. 따라서 형주에 변고가 생겨도 익주에서는 지원하기가 어려웠다.

관우가 양양과 번성을 공격한 일은 사전에 유비·제갈량과 전혀 의견 교환이 이뤄지지 않은 사안인 듯하다. 건안 24년[219년] 5월, 유비는 직전에 하후연을 격파하여 그의 목을 베고 한중을 차지한 상태였다. 그해 7월에 유비는 한중왕을 자칭했다. 유비의 처지에서 이때는 어느 정도 휴식이 필요한 시점이었다. 그런데도 관우는 번성과 양양에 대한 공격을 시작했다. 제갈량이 '융중대'에서 구상한 방침은 우선 형주와 익주를 차지한 다음 "천하의 형세에 변화가 생기면 상장 한 사람에게 명하여 형주의 군대를 이끌고 완성·낙양으로 향하게 하고, 장군(유비)이 몸소 익주의 병력을 거느리고 진천으로 출격하여 음식과 음료를 준비하여 장군을 환영하지 않을 백성이 없도록 하는 것"[45]이었다.

제갈량의 첫 번째 구상은 천하의 형세에 변화가 생길 것이라는 점이고, 두 번째는 두 갈래 루트로 출병하여 협공의 형세를 만드는 일이었다. 하지만 관우의 출병은 하나의 진격 루트를 통한 공격일 뿐이었다. 관우

• 당시 형주와 익주의 경계를 형성한 구당협(瞿塘峽)·무협(巫峽)·서릉협(西陵峽)의 세 협곡을 일컬음.

는 한수가 크게 불어난 틈을 타서 일거에 우금을 항복시키고 방덕을 참수하며 번성에서 조인을 포위함으로써, 조조의 구원군이 일시적으로 접근할 수 없게 했다. 이렇게 관우군은 표면적으로 그 위세가 드높아 보였지만, 실제로는 조조군에게 그다지 커다란 위협을 주지 못했고, 번성도 결국 함락하지 못했다. 또 서황의 원군은 도착하자마자 곧바로 3장(丈) 밖에 떨어지지 않은 지근거리에서 관우와 대치했고, 아울러 성안의 조인과 소식을 주고받았다. 관우의 역량으로는 조조군을 제압할 수 없었다는 사실을 여기에서 알 수 있다.

 서황이 거느린 군사는 조조군의 일부에 불과했다. 조조는 마피에 주둔 중이었고, 구원군은 끊임없이 오고 있었다. 그러나 서황에게는 이처럼 끊임없이 오는 후방의 구원군도 필요하지 않았다. 서황은 자기 군대만으로 관우의 포위를 뚫고 들어가, 관우가 포위를 풀고 퇴각할 수밖에 없도록 압박할 수 있었다. 여기에서 알 수 있듯이, 손권의 출병과 기습은 그저 힘 안 들이고 형주를 차지하기 위한 행위였을 뿐, 관우의 패배와는 사실 그다지 큰 관계가 없었다. 손권의 출병이 없었더라면 관우도 패하여 강릉으로 철수했을 뿐, 목숨과 땅을 모두 잃지는 않았을 것이다. 하지만 실패는 필연이었다. 관우가 완성·낙양을 함락하고 조조의 머리를 벨 가능성은 전혀 없었다.

 관우의 출병은 적절하지 않은 시기에 감행한 군사적 모험이었다. 설령 모험이 성공했다 하더라도, 관우의 최대 성공은 양양을 점령하는 것에 그쳤을 것이다. 그러나 따져보면, 양양을 점령할 가능성도 그다지 크지 않았다. 한수가 크게 범람하여 도움을 주지 않았다면, 관우가 우금의 7군을 수몰시키고, 우금에게 항복을 받으며, 방덕을 참수하는 전공을 세웠을 가능성도 크지 않았다. 이른바 조조가 허도를 나와 다른 곳으로 천도하여 관우의 공격을 피하려 했다는 기록은 사후에 덧붙여진 소설 같은 이야기로, 역사에 재미를 가하려는 설정일 뿐이다. 실제 상황은 전혀 그렇지 않았다.

관우와 장비는 모두 기세가 웅장하고 용맹하여, 당시 사람들은 1만 명의 적군을 상대할 수 있다는 의미로 '만인적'(萬人敵)이라 불렀다. 그러나 형주를 빼앗긴 일에서 알 수 있듯이, 관우는 오만하고 지략이 부족했으며, 자신이 맞닥뜨린 상대들의 적수가 되기에는 한참이나 모자랐다. 안량과 문추를 죽인다거나 우금의 7군을 수몰시키는 것처럼, 한 차례 치르는 전투나 작전 속에서 관우는 강한 상대였다. 그러나 그는 전략과 정략(政略)에 대해서 전혀 아는 바가 없었다. 여몽과 육손이 치켜세우자 속아 넘어가 갈팡질팡하던 그는 우쭐거리며 두 사람이 그렇게 자신을 치켜세운 까닭을 몰랐다.

손권은 관우와 사돈 관계를 맺으려 했는데, 이는 당연히 정치적 혼인이었다. 설사 관우가 손권의 제안에 동의하여 사돈 관계를 맺었더라도, 손권은 형주를 차지하기 위해서라면 갑자기 태도를 바꿀 수 있었다. 하지만 관우는 아무리 손권과 사돈 관계를 맺고 싶지 않았더라도, 굳이 그를 욕할 필요는 없었다. 관우가 전선에서 싸울 때, 미방과 부사인은 각각 강릉과 공안을 지키고 있었다. 이 일이 얼마나 중요한 임무인가! 관우는 그들이 임무를 완수하지 못한 점에 아무리 불만이 있었더라도, "돌아가면 (너희를) 단죄하겠다."라는 식으로 말해서는 안 되었다. 형주는 유비가 보유한 영토의 절반이었다. 그러나 형주를 상실함으로써 유비의 강세는 절반으로 꺾였고, "패업을 이룰 수 있고, 한 왕실도 부흥시킬 수 있다."던 제갈량의 꿈은 완전히 물거품이 되고 말았다.

손권 치세 전반기의 삼대 명장은 주유·노숙·여몽이다. 세 사람은 문무를 겸비하여 전투에 능했고, 탁월한 지략을 갖췄으며, 모두 형주와 관련을 맺었다. 그러나 세 사람의 기질은 달랐다. 주유와 여몽은 모두 형주를 차지하는 것을 중시했고, 유비와의 연합은 다음 문제였다. 그러나 노숙은 유비와 연합하여 조조에 대항하는 것을 중시했고, 심지어 형주의 일부를 유비에게 빌려주기를 원했다. 손권은 후일 육손과 대화하던 중에 주유·노숙·여몽 세 사람을 다음과 같이 평가했다.

> 공근(주유)은 용맹하고 강직했으며 담력과 재략이 다른 사람보다 훨씬 뛰어나, 결국 맹덕(조조)을 무찌르고 형주를 개척했소. (주유의 재능이 이처럼) 탁월하여 (그의 뒤를) 이을 사람을 찾기 어려웠는데, 그대(육손)가 이제 그(의 직무)를 승계하였소. 공근(주유)은 예전에 자경(노숙)을 강동으로 오도록 요청하여, (노숙을) 내게 추천했소. 내가 (노숙과) 함께 한담을 나누었는데, (그는) 곧 제왕의 기업(基業)을 세울 원대한 계획을 언급하였소. 이것은 첫 번째로 통쾌한 일이었소. 후일 맹덕이 유종의 세력을 차지한 것을 기회로, 수십만 명의 수군과 보병을 거느리고 일시에 남하하겠다고 공언했소. 나는 여러 장수를 두루 청하여 마땅한 방책을 물었으나, 딱히 먼저 대답하는 이가 없었소. 자포(장소)와 문표(진송) 같은 사람은 모두 당연히 사자를 보내고 서신을 써서 그(조조)를 영접하자고 했소. 자경(노숙)은 즉시 안 된다고 반박하며, 내게 급히 공근(주유)을 불러 (그에게) 병력을 맡김으로써 적을 맞이하여 공격하게 하라고 권유했소. 이것은 두 번째로 통쾌한 일이었소. 게다가 그(노숙)가 생각해낸 계책은 장의(張儀)·소진(蘇秦)보다 훨씬 뛰어났소.• 후일 비록 (가) 현덕(유비)에게 땅을 빌려주라고 내게 권한 것은 그의 한 가지 단점이지만, (그의 단점이) 그의 두 장점을 깎아내릴 정도는 아니오. …… 자명(여몽)이 젊었을 적에 나는 (그가) 어려움도 사양하지 않아 과감하고 담력이 있을 뿐이라 생각했소. (그런데 여몽은) 장성한 뒤 학문이 넓어지고 지략이 특출하여, 그야말로 공근(주유)에 버금갔다고 할 수 있소. 그러나 (여몽은) 언변으로 보여주는 능력에서 (주유에) 미치지 못하였소. (여몽이) 관우를 사로잡을 전략을 짠 일은 자경(노숙)보다 나았소. …… 그러나 그(노숙)가 만든 둔영 내에서는 군령

• 두 사람 모두 전국시대의 종횡가. 소진은 강한 진(秦)에 대적하기 위해 나머지 6국이 연합하는 합종책(合從策)을 주장했고, 장의는 연횡책(連橫策)을 주창하여 진을 중심으로 하는 동맹관계를 정립했다.

과 금령(禁令)이 제대로 시행되어 (그의) 관할구역 내에서 직무 소홀로 처벌을 받는 관원도 없었고, 길에 떨어진 물건을 줍는 사람도 없었소. 그가 다스리는 법 역시 훌륭하였소.[46]

이 세 사람에 대한 손권의 평가는 대체로 타당하다. 진수는 "(세 사람에 대한) 손권의 평가는 장단점이 매우 타당하므로 여기에 수록한다.[47]"라고 했다. 그래서 진수는 『삼국지』에 이 세 사람의 열전을 같은 권에 수록했는데, 통찰력을 발휘했다고 할 수 있다.

3. 이릉 전투

형주 문제는 이때까지도 마무리되지 않았다. 유비의 관점에서 형주는 생명줄이었고, 성패와 관련된 큰 문제였다. 따라서 그는 형주를 두고 다투지 않을 수 없었다. 건안 24년[219년], 손권이 형주를 차지했다. 건안 25년[220년], 조비가 한조를 찬탈하고 황제라고 칭하니, 이 왕조가 위(魏)였다. 이듬해[221년] 유비도 한 헌제의 자리를 승계한다며 황제라고 자칭하고, 연호를 장무(章武)로 고쳤다. 이해 7월, 유비는 병력을 이끌고 동쪽으로 내려가 오를 공격했다. 이 사건이 역사적으로 유명한, 오·촉 사이에 벌어진 이릉(夷陵) 전투였다.

 장무 원년[위 황초(黃初) 2년, 즉 221년] 7월, 유비는 병력을 이끌고 오를 공격했다. 유비의 선두부대는 무현(巫縣)[오늘날은 중경시에 속함]에서 손권군을 격파하고, 진격하여 자귀[오늘날의 호북성 자귀]에 주둔했다. 유비가 이끌고 출정한 대군은 4만 명이었다. 손권은 육손을 대도독(大都督)에 임명하여, 5만 명의 병력을 이끌고 나가 막게 했다.

 장무 2년[222년] 2월, 유비는 자귀에서 출격하여 장강 강변의 산줄기를

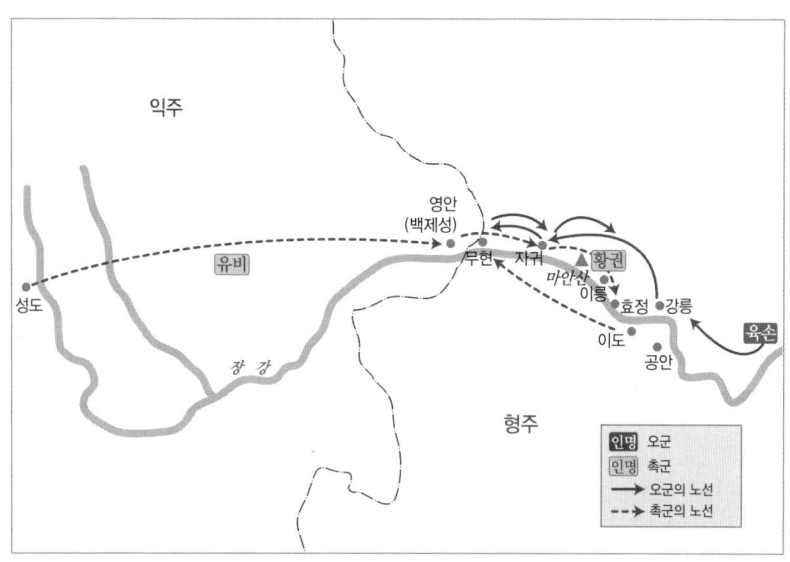

〔지도 24〕 촉한과 오의 이릉 전투

따라 이도현(夷道縣)의 효정(猇亭)에 당도했다. 유비는 시중 마량(馬良)에게 한산(佷山)을 출발하여 무릉의 길을 거쳐 가서 오계(五溪)의 만이(蠻夷)와 연합하게 했다. 또 진북장군(鎭北將軍) 황권(黃權)에게 장강 이북의 여러 부대를 지휘하여 오군과 이릉의 길에서 대치하게 했다.

유비는 무협(巫峽)·건평(建平)에서부터 이릉의 경계^{대략 오늘날의 사천성 무산(巫山)에서 호북성의 의창(宜昌)까지의 거리}까지 연이어 군영을 설치하여 수십 개의 둔영을 세우고, 풍습(馮習)을 대독, 장남(張南)을 전부독(前部督)에 임명했다. 유비는 오반(吳班)에게 수천 명의 병력을 이끌고 평지에 군영을 세우게 했다. 오의 장수들이 모두 그를 공격하려 했으나, 육손은 "여기에는 틀림없이 속임수가 있을 것이니, 잠시 관망하자."라고 했다.

유비는 자신의 계책이 먹혀들지 않음을 알자, 복병 8000명을 이끌고 골짜기에서 나왔다. 육손은 "오반을 공격하자는 여러분의 말을 듣지 않은 이유는 틀림없이 꼼수가 있다고 예측했기 때문이오."라고 말했다. 육손은 손권에게 다음과 같이 상소했다.

이릉은 (전략적) 요충지로서, 나라의 험준한 (서쪽) 관문입니다. (이곳은) 점령하기가 쉽지만, 잃기도 쉽습니다. (만약 이곳을) 잃는다면 비단 일개 군(郡) 지역만을 손실하는 것이 아니라, 형주(의 안전)까지 우려할 만합니다. 이제 (촉과) 이곳(이릉)을 다투게 되었으니, 반드시 성공하게 해야 합니다. 유비는 천리(天理)를 거스른 채 (자기) 소굴을 지키지 않고, 감히 자신(의 목숨)을 내놓으려 하고 있습니다. 신(臣)이 비록 재주는 없지만, (폐하의) 빛나는 위엄을 받들어 순리로 역당(逆黨)을 토벌할 것이니, (적을) 격파하여 무너뜨릴 날이

- 소수민족들이 모여 살던 지역으로 웅계(雄溪)·만계(樠溪)·무계(無溪)·유계(酉溪)·진계(辰溪)를 말한다. 한대에는 무릉군(武陵郡)에 속했으며, 오늘날의 호남성 서부와 귀주성 동부에 해당한다.
- 이릉은 삼협의 하나인 서릉협의 입구에 자리하여 높은 산봉우리와 장강의 깊은 물살을 모두 갖추고 있다.

머지않습니다. 유비가 최근에 병력을 운용한 정황을 살펴보니, 패배가 많고 성공은 적습니다. 이런 점으로 볼 때, (이번 전투에 대해) 그리 걱정할 필요가 없습니다. 신이 처음에 걱정한 것은 (그가) 수륙 양면으로 동시에 진격해오는 것이었는데, 지금 (그는) 오히려 전선(戰船)을 버리고 육상으로 진군하며 곳곳에 영채를 만들고 있습니다. 그(가 만든 영채의) 배치를 살펴보니, 틀림없이 다른 변화가 없을 것입니다. (신은) 지존(손권)께서 베개를 높이 베(고 편안히 주무시)기를 엎드려 바라오니, 걱정하실 필요가 없습니다.[50]

이해 윤5월, 육손은 유비에 대한 공격을 감행하려 했다. 그러자

(그의 휘하) 장수들은 모두 이렇게 말했다. "유비에 대한 공격은 (그가 우리 국경에 막 진입한) 초반에 해야 했습니다. 지금은 (이미 유비를 우리 국경 안으로) 500~600리나 들어오게 하여 서로 대치한 지 7~8개월이 지났습니다. 그는 많은 요충지를 모두 굳게 지키고 있을 것이니, 그를 공격해도 틀림없이 이득이 없을 것입니다." 육손은 다음과 같이 반박했다. "유비는 교활한 적으로, 몸소 경험한 일이 많소. 그의 군대가 처음 집결되었을 때는 (그의) 생각이 치밀하고 (전략에) 몰입해 있어, (이때는 그를) 공격할 수 없었소. (그러나) 지금은 주둔한 지 너무 오래되어, 우리보다 유리한 위치를 점하지 못한 상황이오. (유비의) 병사들은 지치고 의욕이 꺾여 (유비도) 더는 계책을 생각해내지 못할 것이오. 이 적들을 협공할 날은 바로 오늘이오." 이에 (육손은) 먼저 (유비의) 군영 한 곳을 공격했으나, (전황이) 불리했다. 장수들이 "공연히 군사들만 죽였습니다!"라고 타박하자, 육손은 "나는 이미 저들을 격파할 방법을 깨우쳤소."라고 하고는 (선봉의 병사들에게) 각자 띠[茅] 한 묶음을 (손에) 쥐고 가서 화공으로 적군을 공격하라고 명했다. 일순간에 불길이 일어나자, (육손은) 여러 부대를 두루 통솔하여 동시에 맹공을 퍼부었다. (그 결과) 장남·풍습과 이민족의 수령인 사마가(沙摩柯) 등을 참수하고, (유비의) 40여 군영을 격파

했다. 유비의 장수인 두로(杜路)·유녕(劉寧) 등은 궁지에 몰리자 투항했다.[51]

마안산(馬鞍山)에 도착한 유비는 "(자기 주변에) 군대를 배치하여 자신을 보호하게 했다. 육손이 각 부대를 독촉하여 사방에서 그를 몰아치게 하니, (촉군은) 흙더미가 무너지듯 와해되어 죽은 사람이 수만 명이었다. 유비는 야음을 틈타 달아났다. 역리(驛吏)들이 스스로 동발(銅鈸)과 갑옷 등을 불태워 후방의 추격을 막자, (유비는) 그제야 백제성에 들어갈 수 있었다. (촉군의) 전선과 무기, 수군과 보병의 군수물자는 일시에 전소(全燒)되었고, 시체는 물에 떠내려가 장강을 메운 채 (하류로) 흘러갔다. 유비는 한편으로는 부끄럽고 다른 한편으로는 분노하여 '내가 육손에게 (패하여) 굴욕을 당하다니, 어찌 하늘의 뜻이 아니겠는가!'라고 탄식했다."[52]

이렇게 이릉 전투는 유비의 참패로 끝이 났다. 유비가 실패한 원인은 하늘의 탓이 아니라, 다분히 사람의 탓으로 돌려야 할 것이다. 대군이 패배한 뒤 유비가 여전히 백제성에 체류하고 있을 때, 제갈량은 법정을 생각하며 이렇게 개탄했다. "법효직(법정)이 만약 (살아) 있었다면 주상(유비)을 제지하여 동정(東征)을 감행하지 못하게 했을 것이고, 또 설령 (주상께서) 동정을 감행하셨더라도 틀림없이 위태로운 지경에 빠지지는 않았을 텐데!"[53]라고 탄식했다. 법정이라는 사람의 인품과 덕성이 어떠했는지는 단언할 수 없지만, 어쨌든 그의 지략과 재주는 매우 뛰어났다. 제갈량도 법정의 지략과 권술(權術)을 크게 인정했다. 진수는 "제갈량과 법정이 서로 애호하고 숭상하는 가치는 달랐어도 공적인 대의(大義)에 따라 상대를 존중했으며, 제갈량은 항상 법정의 지략과 권술을 특별하게 여겼다.[54]"라고 평가했다.

유비가 형주를 탈환하려고 출병할 때, 촉에서는 반대하는 사람이 많

- 동으로 만든 타악기로, 나무로 만든 자루가 달려 있다. 여기에서 태운 것은 아마 자루 부분이었을 것이다.

앉다. 진수의 서술대로라면 유비는 "신하들이 여러 차례 간언했음에도, 하나도 듣지 않았다."⁵⁵ 기록을 통해 알 수 있는 점이라고는 조운이 유비에게 출병하지 말라고 권유했다는 사실뿐이다. 다른 사람들이 취한 태도에 관해서는 아무런 기록도 없다. 제갈량도 동의하지는 않았지만, 많은 발언을 할 수는 없는 상황이었던 것 같다. "법효직(법정)이 만약 (살아) 있었다면 주상(유비)을 제지하여 동정을 감행하지 못하게 했을 것"이라는 제갈량의 말에서 알 수 있듯이, 그는 자신이 유비를 제지할 수 없었던 상황을 탄식하고 있다. 대체로 그는 손권 정벌과 형주 쟁탈전에 동의하지 않았을 것이다. 하지만 제갈량 역시 유비와 마찬가지로, 형주를 잃으면 촉은 자기방어에 치중해야 하는 약소국으로 전락할 것이고, 그 이후 다시는 조조와 천하를 다투어 "패업을 이룩하고 한조를 부흥할 수 있는" 기회가 없으리라는 사실을 분명히 인식하고 있었다.

어쩌면 제갈량에게는 유비가 요행으로 형주를 되찾아오기를 바라는 심리가 있지 않았을까? 제갈량은 원대한 식견을 지닌 정치가이자 정략가였지만, 군인이나 전략가는 아니었다. 그가 적벽대전에서 세운 공로는 손권과 유비가 연합하여 조조에게 공동으로 대항할 수 있게 한 점이다. 그는 적벽대전에서 직접 전투에 참여한 적이 없었다. 유비가 촉을 공략할 때 대동한 사람도 제갈량이 아니라 방통이었다. 유비는 조조와 한중을 다툴 때도 법정의 군사전략에 의지했다. 조조는 한중을 빼앗긴 뒤 "나는 원래부터 현덕(유비)에게 이러한 능력이 있을 리가 없으며, 틀림없이 다른 사람이 가르쳐 준 전략이라는 사실을 알고 있었네!"⁵⁶라고 말했다. 물론 조조의 이 말은 변명에 불과하지만, 군사전략 방면에서 법정이 중요한 역할을 맡았다는 사실을 알 수 있다. 만약 법정이 살아 있었다면 유비는 형주 탈환전에 필시 법정을 대동했을 것이다. 그렇지 않다면 제갈량이 법정의 죽음을 탄식했을 리가 없다.

유비는 이릉 전투에서 실패했다. 게다가 그 실패는 아주 처참했다.

유비는 전략과 전술 측면에서 모두 심각한 과오를 저질렀다. 그런데 제갈량은 만약 법정이 건재했다면 유비가 "동정을 감행했더라도 틀림없이 위태로운 지경에 빠지지는 않게" 했을 것이라고 평가했다. 그렇다면 제갈량은 어쩌면 승리를 거둘 수도 있다고 판단했으며, 대승은 아니더라도 대치 상태에서 국경을 이릉까지 넓히거나 다시 형주를 분할할 수도 있다고 보았음을 알 수 있다.

참패한 뒤 백제성으로 돌아온 유비의 심리상태와 정신적 측면은 가히 짐작할 수 있다. 그는 회한과 절망에 휩싸여 앞길이 막막하다고 느꼈을 것이다. 이러한 유비의 모습은 관도대전의 패배 후 원소가 느꼈을 감정과 조금은 비슷하다. 유비는 다시 성도로 돌아가기를 원치 않았다. 그는 이미 다시 살아갈 정신적 버팀목을 잃어버린 상태였다. 장무 3년^{위 황초 4년, 223년} 여름 4월 계사일(癸巳日), 유비는 향년 63세로 영안(永安)^{유비는 백제성을 영안으로 개명함}에서 사망했다. 유비가 죽은 후, 제갈량은 승상이 되어 촉한 정권을 주재했다. 그는 손권과 동맹을 맺어 조위(曹魏)에 대항하는 전략을 복원했다. 삼국이 정립하는 형세와 삼국의 강역은 이로써 대체로 정착되었다.

삼국의 정립

건안 13년[208년]에 벌어진 적벽대전 이후, 삼국 분립의 형세는 이미 그 단서를 드러냈다. 그러나 삼국 분립의 국면이 정식으로 드러난 것은 건안 24년[219년] 이후였다. 건안 25년[220년] 정월, 조조가 사망하자 그의 아들 조비가 자리를 승계하여 위왕이 되었다. 이해 10월, 조비는 한 헌제를 폐위하고 스스로 제위에 올랐다. 그는 자신의 찬탈 행위를 '선양'이라는 명목으로 미화하고, 연호를 황초(黃初)로 고쳤다. 이듬해[221년]에 유비도 세위에 올라 촉한을 건국했다. 다시 그 이듬해[222년]에는 손권도 자립하여 오왕(吳王)이라 칭했다. 이렇게 해서 삼국 분립의 국면이 정식으로 출현했다. 진(秦)이 천하를 통일한 지 400년 만에 처음으로 중국에서 다시 전국이 대분열하는 현상이 나타난 것이다.

조위가 중국의 북방을 통치하던 시기에는 아래와 같이 총 다섯 명의 황제가 있었다. 조위의 황제들이 재위하여 통치한 기간은 총 45년이었다.

시호	이름	연호	서력기원
문제(文帝)	조비(曹丕)	황초(黃初) 1~7년	220~226년
명제(明帝)	조예(曹叡)	태화(太和) 1~6년	227~232년
		청룡(青龍) 1~4년	233~236년
		경초(景初) 1~3년	237~239년

시호	이름	연호	서력기원
제왕(齊王)	조방(曹芳)	정시(正始) 1~9년	240~248년
		가평(嘉平) 1~5년	249~253년
고귀향공(高貴鄕公)	조모(曹髦)	정원(正元) 1~2년	254~255년
		감로(甘露) 1~4년	256~259년
진류왕(陳留王)	조환(曹奐)	경원(景元) 1~4년	260~263년
		함희(咸熙) 1~2년	264~265년

손오(孫吳)의 황제 4명은 총 59년간 재위했다.

시호	이름	연호	서력기원
오대제(吳大帝)	손권(孫權)	황무(黃武) 1~7년	222~228년
		황룡(黃龍) 1~3년	229~231년
		가화(嘉禾) 1~6년	232~237년
		적오(赤烏) 1~13년	238~250년
		태원(太元) 1년	251년
회계왕(會稽王)	손량(孫亮)	건흥(建興) 1~2년	252~253년
		오봉(五鳳) 1~2년	254~255년
		태평(太平) 1~2년	256~257년
경제(景帝)	손휴(孫休)	영안(永安) 1~6년	258~263년
말제(末帝)	손호(孫皓)	원흥(元興) 1년	264년
		감로(甘露) 1년	265년
		보정(寶鼎) 1~3년	266~268년
		건형(建衡) 1~3년	269~271년
		봉황(鳳凰) 1~3년	272~274년
		천책(天冊) 1년	275년
		천새(天璽) 1년	276년
		천기(天紀) 1~4년	277~280년

촉한의 황제 두 사람은 총 43년간 재위했다.

시호	이름	연호	서력기원
소열제(昭烈帝)	유비(劉備)	장무(章武) 1~2년	221~222년
후주(後主)	유선(劉禪)	건흥(建興) 1~15년	223~237년
		연희(延熙) 1~20년	238~257년
		경요(景耀) 1~6년	258~263년
		염흥(炎興) 1년	263년

위 진류왕(陳留王) 조환(曹奐)의 치세인 경원(景元) 4년[263년], 위가 촉을 멸망시키니, 촉한은 43년간 존재했다. 진(晉) 무제(武帝) 태시(泰始) 원년[265년] 12월[12월은 266년에 해당], 진이 위를 대신하여[진이 위의 연호를 개정한 것은 12월이므로, 이해는 여전히 위 함희(咸熙) 2년임] 위가 멸망했다. 위의 존속 기간은 45년이었다. 진 무제 태강(太康) 원년[280년], 진의 공략으로 오가 멸망했다. 손오는 59년간 존재했다. 따라서 대체로 220년에서 280년까지의 60여 년간을 삼국시대라 한다.

이릉 전투 이후 촉한은 형주를 상실했다. 대체로 위와 촉은 진령(秦嶺)을 경계로 삼았다. 관중·양주(涼州)는 위에 속했고, 한중은 촉에 속했다. 오와 촉의 경계는 무현(巫縣)이었다. 즉, 무현의 동쪽은 오에, 서쪽은 촉에 속했다. 위와 오의 경계는 대체로 장강과 평행을 이루었지만, 장강 이북의 일부 지역이 오의 영토였으므로, 일부 국경선은 장강 이북으로 깊이 들어가고, 일부는 조금 들어간 형태를 이루었다.

삼국의 강역은 조위가 가장 컸고, 손오가 그다음이었으며, 촉한이 가장 작았다. 동한의 13주 중에 위는 9주, 오는 3주, 촉은 1주를 차지했다. 그리고 형주와 양주의 장강 이북 지역은 위가 차지했다. 삼국은 분립한 후 각자 자국의 주·군·현을 조정하여 합병·분할·증설을 진행했는데, 그야말로 주·군·현의 "설치와 폐지에 일정한 규칙이 없고, 분할과 합병도 수시로 이뤄졌다."1 그래서 삼국의 행정구역 및 군·현의 명칭과 숫자는 사실 상세히 고찰하기가 쉽지 않다. 개략적으로 말하자면, 함희(咸

熙) 2년[265년] 당시 위에는 12주, 93군, 720현이 있었다. 천기(天紀) 4년[280년] 당시 오에는 4주, 43군, 331현이 있었다. 염흥(炎興) 원년[263년] 당시 촉에는 1주, 22군, 139현이 있었다. 청대(淸代) 오증근(吳增僅)의 『삼국군현표부고증』(三國郡縣表附考證)과 양수경(楊守敬)의 『삼국군현표보정』(三國郡縣表補正)을 참조하여 삼국의 주·군·현을 아래와 같이 표로 제시한다. 현은 숫자만 나열하고, 명칭은 기록하지 않는다.

위의 주·군·현					
주	군	현	주	군	현
사예(司隸) 7군	하남(河南)	21	연주(兗州) 8군	진류(陳留)	15
	원무(原武)	1		동군(東郡)	5
	홍농(弘農)	7		제음(濟陰)	9
	하동(河東)	13		산양(山陽)	8
	평양(平陽)	10		임성(任成)	3
	하내(河內)	15		동평(東平)	8
	야왕(野王)	1		제북(濟北)	5
예주(豫州) 10군	영천(潁川)	8		태산(泰山)	11
	양성(襄城)	7	형주(荊州) 7군	남양(南陽)	27
	여남(汝南)	24		남향(南鄕)	8
	익양(弋陽)	5		강하(江夏)	5
	양국(梁國)	8		양양(襄陽)	8
	진군(陳郡)	5		위흥(魏興)	5
	패국(沛國)	5		상용(上庸)	6
	초군(譙郡)	15		신성(新城)	5
	노국(魯國)	6	양주(揚州) 2군	회남(淮南)	8
	안풍(安豊)	4		여강(廬江)	4
서주(徐州) 6군	하비(下邳)	11	청주(靑州) 6군	제국(齊國)	10
	팽성(彭城)	6		제남(濟南)	8
	동해(東海)	11		낙안(樂安)	9
	낭야(琅邪)	9		북해(北海)	5
	동관(東莞)	5		성양(城陽)	13
	광릉(廣陵)	4		동래(東萊)	12

주	군	수	주	군	수
기주(冀州) 13군	위군(魏郡)	9	옹주(雍州) 10군	경조(京兆)	10
	광평(廣平)	16		풍익(馮翊)	9
	양평(陽平)	9		부풍(扶風)	11
	거록(巨鹿)	8		북지(北地)	2
	조국(趙國)	6		신평(新平)	2
	상산(常山)	7		안정(安定)	6
	중산(中山)	11		광위(廣魏)	4
	안평(安平)	15		천수(天水)	6
	평원(平原)	9		농서(隴西)	5
	낙릉(樂陵)	5		남안(南安)	3
	발해(勃海)	8	양주(涼州) 8군	금성(金城)	4
	하간(河間)	10		무위(武威)	5
	청하(淸河)	7		장액(張掖)	7
유주(幽州) 12군	범양(範陽)	8		주천(酒泉)	9
	연국(燕國)	5		돈황(敦煌)	8
	어양(漁陽)	5		서해(西海)	1
	북평(北平)	4		서평(西平)	4
	상곡(上谷)	6		서군(西郡)	1
	대군(代郡)	3	병주(并州) 6군	태원(太原)	13
	요동(遼東)	8		상당(上黨)	11
	창려(昌黎)	2		낙평(樂平)	3
	요서(遼西)	5		서하(西河)	4
	현도(玄菟)	3		안문(雁門)	5
	대방(帶方)	7		신흥(新興)	6
	낙랑(樂浪)	6			

촉한의 주·군·현					
주	군	현	군	현	
익주(益州) 22군	촉군(蜀郡)	7	부릉(涪陵)	5	
	문산(汶山)	8	한중(漢中)	5	
	건위(犍爲)	6	무도(武都)	6	
	강양(江陽)	3	음평(陰平)	2	

주	군	현	군	현
익주(益州) 22군	한가(漢嘉)	4	주제(朱提)	5
	광한(廣漢)	5	월수(越嶲)	11
	동광한(東廣漢)	4	건녕(建寧)	18
	재동(梓潼)	6	장가(牂柯)	7
	파서(巴西)	8	영창(永昌)	8
	파군(巴郡)	4	흥고(興古)	5
	파동(巴東)	5	운남(雲南)	7

손오의 주·군·현

주	군	현	주	군	현
양주(揚州) 14군	단양(丹陽)	19	형주(荊州) 15군	남군(南郡)	7
	신도(新都)	6		의도(宜都)	3
	기춘(蘄春)	3		건평(建平)	5
	회계(會稽)	10		강하(江夏)	6
	임해(臨海)	7		무릉(武陵)	10
	건안(建安)	9		천문(天門)	3
	동양(東陽)	9		장사(長沙)	10
	오군(吳郡)	13		형양(衡陽)	10
	오흥(吳興)	9		상동(湘東)	6
	예장(豫章)	15		영릉(零陵)	10
	여릉(廬陵)	16		시안(始安)	5
	파양(鄱陽)	9		소릉(昭陵)	6
	임천(臨川)	9		계양(桂陽)	6
	안성(安成)	6		시흥(始興)	6
교주(交州) 8군	합포(合浦)	7		임하(臨賀)	6
	주애(朱崖)	2	광주(廣州) 6군	남해(南海)	7
	교지(交阯)	10		창오(蒼梧)	9
	신흥(新興)	4		울림(鬱林)	9
	무평(武平)	10		계림(桂林)	8
	구진(九眞)	6		고량(高涼)	3
	구덕(九德)	6		고흥(高興)	5
	일남(日南)	5			

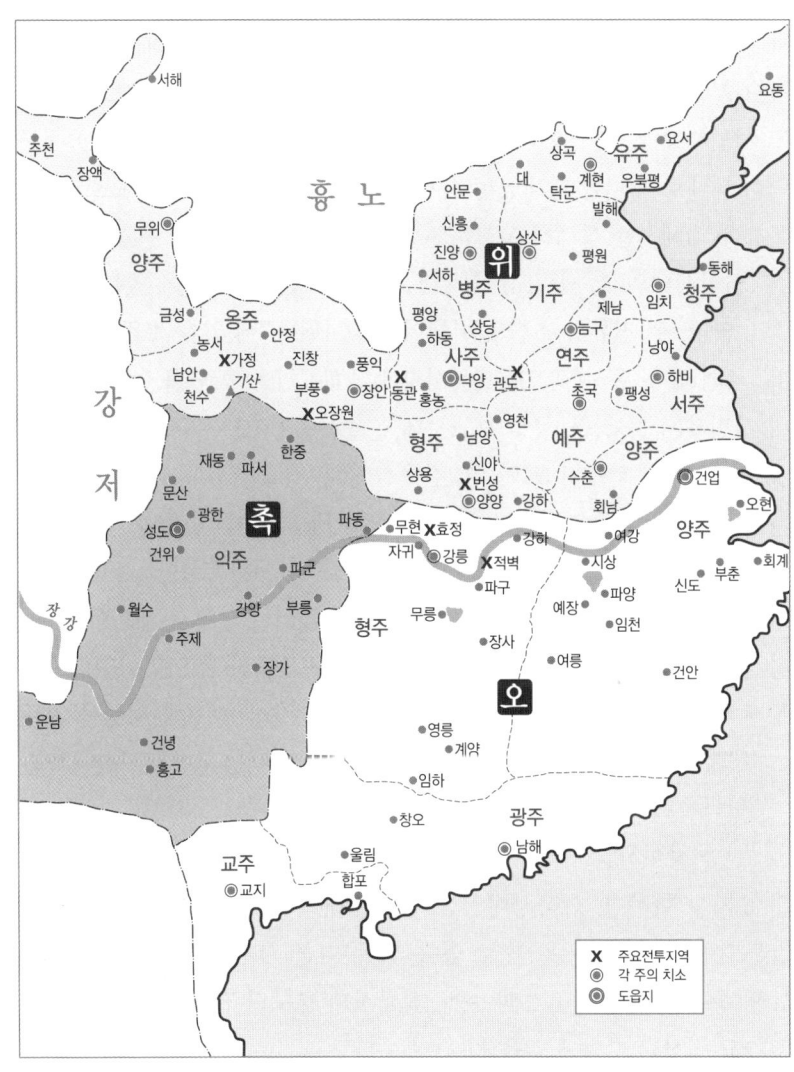

〔지도25〕 삼국의 정립(262년)

오증근은 『삼국군현표부고증』의 「서문」에서 이미 자신의 고증작업에 "건강부회와 모순이 있으며 오류나 누락을 피할 수 없음을 알고 있다."[2] 고 시인하고 있다. 여기서 우리는 삼국시대 위·촉·오의 주·군·현 행정구역이 대체로 어떠한 형세였는지 개략적으로 이해하면 충분하므로, 몇몇 문제에 대해서는 상세히 고찰하지 않았다.

삼국시대의 호구(戶口) 통계에 관한 기록은 현재 남아 있는 자료가 많지 않다. 위 진류왕 조환의 치세인 경원 4년[263년]에 위가 촉을 멸망시키자, 촉의 후주 유선(劉禪)은 "상서랑(尙書郎) 이호(李虎)를 (위에) 파견하며 사민부(士民簿)를 (함께) 보냈는데, (사민부에 따르면 촉이) 보유한 호구는 28만 호, 남녀 인구가 94만 명, 갑옷을 입은 장졸이 10만 2000명, 관리가 4만 명이었다."[3] 경원 4년[263년]에 촉한이 멸망한 이후, 위와 촉의 호구를 합하니 "민호(民戶)는 94만 3423호였고, 인구는 537만 2881명이었다."[4] 만약 이 기록대로라면 "촉의 평정으로 늘어난 인구를 제외할 경우, 당시 위의 호구는 민호 66만 3423호에 인구 443만 2881명이었다."[5] 진 무제 태강 3년[280년]에 서진이 오를 멸망시키고 오의 강토와 백성을 거두었을 때, 오의 "호구는 52만 3000호, 관리가 3만 2000명, 군사가 23만 명, 남녀 인구가 230만 명이었다."[6]

만약 상이한 두 시기, 즉 경원 4년[263년(위·촉)]과 태강 원년[280년(오)]의 호구 숫자를 합하면, 삼국시대의 호구수는 대략 민호가 147만 호, 인구는 767만여 명 정도였음을 알 수 있다. 서로 다른 시기(두 시기의 차이는 16~17년)의 통계를 합친 것이기 때문에, 삼국시대 호구의 전체 숫자는 이 정도였다고 짐작할 수밖에 없을 것 같다.

위의 사회와 정치

1. 자연경제

삼국시대는 동한의 혼란기에 이어 출현한, 난장판처럼 어수선한 시대였다. 도시와 농촌의 경제는 황건적의 난과 동탁의 난을 거치며 엄청난 파괴를 당했다. 진·한대는 도시 경제가 비교적 발달한 시기였다. 대량의 인구가 도시로 모여들었다. 서한 원제 연간의 대신 공우는 당시에 "경작하는 사람이 (인구의) 반에도 미치지 못한다."라고 했다. 동한 전기의 사상가 왕부도 이렇게 말했다.

요즘의 모든 풍속은 근본인 농업을 버리고 상업을 좇는다. 우마와 수레가 길을 가득 메우고, 게으름을 피우며 잔재주로 남에게 사기를 치는 사람이 도읍에 가득하다. …… 근래 낙양을 살펴보면, 말업(상업)을 생계수단으로 삼는 사람이 농부보다 열 배가 많고, 거짓을 일삼고 빈둥거리는 사람이 말업에 종사하는 자의 10배이다. 그렇다면 농부 한 사람이 농사를 지어 100명이 먹고, 아녀자 한 사람이 길쌈하면 100명이 옷을 입는 격이다. 한 사람의 수고로 100명의 수요에 맞춰야 하니, 어느 누가 공급할 수 있겠는가? 천하의 모든 군과 현, 수만 개의 도시가 거의 모두 이와 같다.

왕부의 이 말에는 동한대에 나타난 도시 생활의 역동성과 늘어난 도시인구에 대한 생생한 묘사가 담겨 있다. 그의 추정에는 아무래도 과장이 있어 보이지만, 한대의 도시인구가 우리의 생각보다 훨씬 많았다는 사실은 문제가 되지 않는다. 오랫동안 유지된 봉건사회와 농본주의적 사고에 의해 길러진 의식이 우리의 사유를 속박함으로써, 우리는 고대 중국의 도시 거주민 숫자가 틀림없이 농촌 거주민의 수와 비교할 수 없을 만큼 적었을 것이라고 착각했을 뿐이다. 도시와 농촌 인구비율이 100 대 1이라는 왕부의 주장은 아무래도 과장이겠지만, 그가 밑도 끝도 없이 과장했을 리는 없다. 그는 진지하게 사회문제를 논의하고 있었으므로, 다른 사람에게 자신의 주장에 대한 신뢰를 주어야 했다. 지나친 과장은 주장의 신뢰성을 떨어뜨릴 가능성이 있었다. 따라서 한대에 도시경제가 번영하고 인구가 대규모로 도시에 집중된 현상은 의심할 수 없는 사실이었다.

번영했던 한대의 도시는 동한 말년에 치명적인 타격을 입는다. 동탁은 낙양에서 장안으로 천도할 때, "낙양 사람 수백만 명을 전부 장안으로 모두 옮겼다. (백성들은) 보병·기병의 다그침과 재촉으로 (밀려) 짓밟혔고, 굶주림과 노략질로 쌓인 시체가 길에 가득했다. 동탁 자신은 (낙양의) 필규원(畢圭苑)에 머무르며 (낙양의) 궁전·종묘·관아·민가를 모두 불태웠다. (그래서) 200리 안에 더 이상 남아 있는 것이 없었다." 몇 년 뒤, 헌제가 장안에서 낙양으로 도망쳐 왔을 때, 낙양은 "궁실이 전소되고 길거리는 잡초만 무성하여, 관원들은 (어쩔 수 없이) 가시덤불을 헤치고 폐허가 된 담벼락 사이에 기대(어 쉬)는 상황"이었다.

장안도 낙양 못지않게 파괴되었다. "처음 (헌)제가 관중에 진입했을 때에 삼보 지구의 호구는 여전히 수십만 명이었다. (그러나) 이각·곽사가 공격하여 천자가 동쪽(의 낙양)으로 돌아간 후부터 장안성은 40여 일이나 비어 있었다. (이때) 건장한 사람은 사방으로 흩어졌고, 힘없는 사람들은 서로 잡아먹는 지경에 이르러 2~3년 사이에 관중에는 인적이 완전히 끊겼다."

 낙양과 장안 이외에 "천하의 모든 군과 현, 수만 개의 도시"들도 모두 파괴되었다. 당시 사람들은 항상 "오늘날에 이르러서는 유명한 도성도 텅 비어 (사람이) 살지 않고", "중원 지역은 쇠락하여 100리를 가도 (인가에 밥 짓는) 연기가 피어오르지 않으며, 도시는 텅 비었다." 등의 말로 도시의 파괴를 묘사했다. 이를 통해 중소도시의 파괴도 매우 심각했음을 알 수 있다.

 전란 속에서 이리저리 떠돌던 백성의 형편은 매우 심각했다. 사마랑(司馬朗)은 동탁에게 "전란이 날마다 일어나 각 주·군(의 인심)이 들끓어 오르니, 온 나라의 백성이 평안하게 살면서 즐겁게 일하지 못하고 가산을 내팽개치고 달아나 도망쳐 숨었다."고 했다. 예를 들자면, "관중은 비옥한 땅인데, 근래에 흉년과 난리를 만나 형주로 유입된 백성이 10만여 호(戶)"였고, "남양과 삼보 사람 중에 익주로 유입된 백성이 수만 호"였으며, "한수·마초의 난으로 관서 백성 중에 자오곡(子午谷)에서 (한중으로) 달아난 사람이 수만 호"였고, "도성에서 동탁의 난을 겪은 이후 백성들이 유랑하여 동쪽으로 이동했는데, 대부분 팽성(彭城) 부근에 몸을 맡겼다."

 타관을 떠돌다가 죽어가는 백성은 자연히 심각한 문제가 되었다. 헌제는 조서에서 "지금 천하의 백성들은 유랑하며 타지를 전전하고 있다. (백성은) 산과 들로 (힘겹게) 노인을 부축하고 다니며, 깊은 골짜기에 어린 자식을 버린다. (백성은) 고향을 그리워하며 구슬피 탄식하고 (고향의) 논밭을 향해 눈물 흘리니, 굶주림·재난·고통이 너무나도 심하다."라고 했다.

 삼국 시기의 인구는 서한·동한대에 비해 대폭 감소했다. 한대의 호구를 보면, 대체로 1천만 호에 인구가 5천만 명 안팎이었다. 환제 영수(永壽) 2년^{156년}의 수치는 호구가 1607만여 호, 인구가 5000여만 명이었다. 그런데 앞 장에서 서술한 대로, 삼국시대 전성기의 호구는 147만여 호, 인구는 767만여 명이었다. 두 수치를 비교해 보면, 삼국 시기의 호구는 동한 환제 시기의 10분의 1에도 미치지 못하고, 인구수는 7분의 1 남짓이다. 물론, 동한 지방관들이 문서로 보고한 호구 수치는 종종 부풀려져서 실제와 달랐지만, 삼국 시기의 호구가 동한대의 호구와 매우 큰 차이가 있었다고 판단해도 큰 문제는 없을 듯하다.

이 점은 몇몇 기록으로도 실증할 수 있다. 진수는 "이때 천하의 호구가 (대폭) 감소하여 10호가 1호로 줄었다."라고 기록했다.[15] 이는 동한 말기와 삼국 초기의 상황이었다. 삼국시대 중기인 위 문제(文帝)·명제(明帝) 때의 인구도 그리 많이 증가하지 않았다. 당시 사람들의 증언을 보자. 장제(蔣濟)는 "지금 비록 (위가) 12주를 차지했다고 하지만, 백성의 숫자를 따져보면 한대의 큰 군 하나(의 인구수)에도 미치지 못한다."고 했고,[16] 두서(杜恕)는 "지금 대위(大魏)는 총 10주의 땅을 차지하고 있지만, 동란의 영향을 받아 (10주의) 호구를 계산하면 과거의 1주 백성 수에도 미치지 못한다."[17]고 했으며, 진군(陳群)도 "지금은 동란을 겪은 뒤여서 백성의 숫자가 매우 적으니, 서한대의 문제·경제 연간과 비교하면 (전국의 인구가) 당시의 큰 군 하나에도 미치지 못한다."라고 했다.[18] 그러나 진군의 주장에는 오류가 있다. 문제·경제의 치세가 비록 '성세'(盛世)라 불리지만, 당시 역시 대란을 거친 후에 경제가 조금씩 회복되던 시기였으므로 인구가 급속도로 증가할 수 없었다. 아마도 그는 문제·경제 시대가 성세였으므로, 인구도 가장 많았으리라고 생각하여 이렇게 말했을 것이다.

대규모의 인구 이동과 인구의 대폭적인 사망·감소의 결과로, 자연스럽게 수많은 토지가 황폐해지고 농업도 침체했다. 이러한 상황은 삼

• 당시 위가 차지한 주는 사주·양주(涼州)·옹주·형주·유주·병주·기주·청주·연주·예주·서주·양주(揚州) 등 총 12주였다.

•• 두서는 당시 위가 차지한 12주 중에서 일부 지역만 차지한 형주와 양주(揚州)를 제외하고 온전하게 차지한 것만 셈하여 10주라고 표현했다.

국 시기에 특히 두드러졌다. 역시 그 당시에 살았던 사람의 증언으로 이 문제를 설명해 보자. 중장통(仲長統)은 "지금은 토지가 광활해도 인구가 적어, 중등의 토지도 아직 개간하지 못하고 있다."라고 했고, "오늘날에 이르러서는 유명한 도성도 텅 비어 (사람이) 살지 않고, 100리 내에 (인적이) 끊겨 백성이 없는 지역이 이루 셀 수 없(이 많)을 지경"이라고 말했다. 주치(朱治)는 "중원 지역은 쇠락하여 100리를 가도 (인가에 밥 짓는) 연기가 피어오르지 않고, 도시는 텅 비었으며, 길에는 굶어 죽는 사람이 끝없이 이어졌다."라고 했으며, 위기(衛覬)는 위 명제에게 "지금 1000리를 가도 연기가 피어오르는 곳이 없고, 남은 백성은 괴로워한다."고 호소했다. 100리를 가든 1000리를 가든 연기가 피어오르는 인가가 없었으니, 토지는 자연히 황폐해졌다.

　　삼국 시기에 도시 파괴, 인구 감소, 토지 황폐화가 진행된 것은 전란의 결과였다. 그러나 전국시대 및 전·후한 사회의 내재적 모순이 확대되어 나타난 결과가 더 큰 영향을 끼쳤다. 전국시대 이래 사회적으로 나타난 큰 문제의 하나는 상인·호족층이 농민을 겸병하여 농민이 유랑하게 된 것이었다. 서한대 후기에는 농민의 유랑이 이미 심각했다. 원제 연간에 공우는 "(농업에 종사하는) 백성이 본업인 농업을 버리고 말업(상업)을 좇으니, 농사짓는 사람은 전체 인구의 반도 안 되며, 가난한 백성에게 농지를 주어도 (그들은) 오히려 (농지를) 헐값에 팔아버리고 장사를 한다."고 했다. 공우는 사회적으로 이러한 현상이 나타나는 이유가 돈 때문임을 이미 간파하고 있었다. 그는 이것이 "무엇 때문인가? 상업으로 얻는 이익이 많아 돈에 현혹되었기 때문이다. 이런 이유로 간사한 행위를 금할 수 없으니, (죄악의) 근원은 모두 돈에서 비롯되었다."라고 말했다.

　　공우는 돈이 왜 이렇게 큰 마력을 가졌는지 이해할 수 없었다. 그러나 엥겔스는 이해했다. 그는 돈의 마력을 다음과 같이 설명했다. "금속화폐가 출현하자, 비생산자가 생산자와 그 생산의 새로운 수단을 통치하는 상황이 나타났다. …… 모든 상품은, 그리고 모든 상품의 생산자는 화폐 앞에서 공손하게 엎드려야 한다." 또 그는 "누가 화폐를 장악하든, 화폐를 장악한 사람이 생산세계를 통치했다. 그런데 누가 제일 먼저 화폐를 장악했을까? 상인이다."라고 했다. 이어서 그는 "무역이 확대되자, 화폐와 고리대금업, 토지소유권과 저당제가 발전했으며, 이에 따라 재부(財富)는 신속하게 소수계급의 수중에 축적되고 집중되었다. 이와 동시에 대중은 나날이 빈곤해졌고, 빈민의 숫자도 날로 증가했다."라고 주장했다.

화폐와 금전이 힘을 발휘하자, 농민이 농지에서 이탈하여 도시로 유입되는 상황은 동한이 서한 시기보다 훨씬 심각했다. 앞서 인용한 왕부의 말에 의하면, 낙양에서 상업에 종사한 사람은 농부보다 10배나 많고, 사기나 치며 도시에서 빈둥거리는 사람은 상업 종사자보다 10배나 많았다. 도시 인구와 농촌 인구는 100대 1의 비율이었다. 앞서 말한 것처럼, 이러한 비율은 과장되었을지언정 밑도 끝도 없이 부풀려지지는 않았을 것이다. 왕부는 학자로서 사회문제를 토론한 인물이었으므로, 과장이 지나치게 심했다면 다른 사람의 신뢰를 얻을 수 없었을 것이다.

인구의 도시 집중은 농민이 농촌을 떠난 것이고, 농민의 농촌 이탈은 노동력(농민)과 생산수단(토지)의 분리를 의미한다. 또 노동력과 생산수단의 분리는 토지의 황폐화와 생산력의 쇠락을 의미한다. 동한대의 사람들은 농지가 방치되는 현상의 심각성을 항상 언급했는데, 그 근본 원인이 여기에 있었다.

동한 말기의 전란으로 동한대 이래 계속된 농민의 유랑, 농경지의 방치, 생산력의 하락 같은 사회 내부의 위기는 한꺼번에 모두 폭발했고, 사회 전체와 도시·농촌의 경제가 모두 크게 쇠락하는 국면에 빠졌다. 동한 말기, 삼국 초기의 사회는 1000리를 가도 인적이 없고 도시는 텅 비어 사람이 없었다. 끝없이 넓은 대지에는 그야말로 사람 하나 없이 깨끗

했다. 이러한 사회와 시대에 화폐의 역할은 별로 중요하지 않았다. 교환 경제는 쇠락했고, 사회는 점점 더 자급자족에 의존했으며, 화폐의 역할은 자연스레 축소되었다.

전·후한대의 300여 년 동안 사용된 오수전(五銖錢)은 도시의 파괴, 토지의 황폐화, 인구의 감소로 빚어진 경제 쇠락 때문에, 이때가 되자 그다지 쓸모가 없었다. 교역은 여전히 이루어졌지만, 교환수단으로 오수전을 사용하지 않고 곡식·비단을 사용했다. 진수의 서술에 따르면, 동탁은 "동상(銅像)과 종을 매단 틀을 모두 두들겨 부쉈다. 아울러 (동탁은) 오수전을 폐기했다. (그는) 작은 동전을 다시 주조하여 만들었는데, 지름이 5푼이고, (표면에는) 문자와 문양이 없었으며, 테두리와 가운데 구멍의 (정확한 치수) 기준이 불분명했고, (동전의) 표면이 (광택 있게) 연마되지 않았다. 이렇게 되자 화폐의 가치는 떨어지고 물건값은 상승하여, 곡식 1곡(斛)이 수십만 전에 이르렀다. 이 이후로 화폐는 (더 이상) 유통되지 않았다.[28]" 이 기록은 화폐가 유통되지 않은 원인을, 동탁이 오수전을 폐지하고 조잡한 작은 동전을 주조했기 때문이라고 진단하고 있다. 그러나 이것은 표면적 현상이있다. 화폐가 유통되지 않은 이유는 경제 쇠락으로 교역에서 화폐에 대한 수요가 감소했기 때문이다. 교환경제가 발달해야 화폐가 사용될 수 있는 법이다.

화폐가 유통되지 않자, 교역의 매개, 즉 화폐 역할을 한 것은 곡식과 비단이었다. 동한 말기와 삼국 초기, 곡식과 비단은 교역의 수단이자 가치의 표준이 되었다. 모든 교역은 곡식·비단을 매개로 삼아 실행되었고, 재부의 많고 적음도 곡식·비단으로 계산했다. 사료에서는 이렇게 증언하고 있다.

●   기원전 221년, 진시황은 천하를 통일하고 민간의 무기를 거두어 용해한 다음, 12만 킬로그램에 달하는 대형 동상 12개를 주조하여 수도인 함양에 두었다. 또한, 진시황은 종을 매다는 대형 틀도 함께 만들었다. 동탁은 당시 장안에 있던 이 동상과 종의 틀을 파괴한 것이다.

임하(任嘏)는 낙안군(樂安郡) 박창현(博昌縣) 출신으로, (그의 집안은) 대대로 명문거족이었다. …… (임하는) 14세에 학업을 시작했다. …… 그러다가 기근과 난리를 만나 집이 가난해지자, (그는) 생선을 팔았다. 마침 관아에서 생선을 부세로 거두어 생선값이 몇 배나 올랐는데도, 임하는 원래대로 (생선의) 값을 받았다. 또 (그는) 다른 사람과 함께 가축을 샀는데, 각자 (비단) 8필로 값을 치렀다. (그런데) 후일 가축을 판 집에서 다시 (가축을) 사려고 왔는데, 당시의 시가는 (비단) 60필이었다. (앞서 임하와) 함께 (가축을) 산 사람은 시세대로 값을 받으려 했으나, 임하는 원래의 가격인 8필을 받았다. 함께 (가축을) 샀던 사람도 부끄러움을 느끼고, (시세대로 받은) 돈을 돌려주고 원래 가격만 받았다. …… (후일) 마침 태조(조조)가 왕업을 새롭게 일으켜 천하에서 훌륭한 덕을 갖춘 인재를 초빙하니, 임하는 그의 부름에 응했다.[29]

임하가 가축을 산 것은 당연히 동탁의 난 이후인 초평 연간[190~193년]에서 건안 연간[196~219년] 사이의 일이다. 이처럼 민간의 매매에서는 포목이 교역의 매개가 되었다. 위 문제 황초 2년[221년], 한 차례 오수전이 부활한 적이 있었다. 이해 3월, "처음 오수전을 부활시켰다."[30] 그러나 10월에 다시 "곡물 가격이 상승하자 오수전을 폐지했다."[31]

곡물·비단이 금속화폐를 대체한 기간이 장기화하자, 몇 가지 폐단이 나타났다. 방현령(房玄齡)에 따르면, "명제 재위기[227~238년]에 화폐가 폐지되고 곡식이 (화폐로) 사용된 지 너무 길어지자, 민간에서는 속임수와 사기가 점차 늘어났다. (그래서 사람들은) 다투어 곡식을 물에 적셔 이익을 추구하고, 얇은 명주를 만들어 팔았다. 비록 (관아에서) 엄한 형벌로 처벌해도 (이런 위법행위를) 근절할 수 없었다."[32] 또 안제(安帝)의 원흥(元興) 연간[402~404년]에는 공림지(孔琳之)가 다음과 같이 건의했다.

곡식과 비단은 보배로서 본래 의식(衣食)에 충당되던 것이었는데, (곡식·비단을) 나누어 화폐(의 대용으)로 삼으니, 손실을 보는 비용이 너무 많습니다. 또 장사치의 손에서 훼손되고, 잘라서 쓰느라 소모되어 폐기되니, 이러한 폐단은 예전부터 드러났습니다. 그래서 종요(鍾繇)는 "속임수와 사기를 치는 사람들이 다투어 곡식을 물에 적셔 이익을 추구하고, 얇은 명주를 만들어 (남은 원료를 자기들의) 자본으로 충당했다."고 했습니다. 위(魏)는 대대로 (이런 위법 행위를) 엄한 형벌로 다스렸지만, 근절할 수 없었습니다.[33]

그래서 위 명제 재위 시절에는 사마지(司馬芝) 등의 건의를 받아들여 태화(太和) 원년 227년 4월에 "오수전을 발행했다.[34]" 이는 진수의 기록으로, 비교적 간략하다. 비교적 상세한 기록은 방현령의 다음과 같은 서술이다.

사마지 등은 조정의 중대사를 논의하는 자리에서 화폐의 사용이 국가를 풍요롭게 할 뿐만 아니라 형벌을 줄이는 일이라고 생각했다. (그래서 그들은) 지금 만약 오수전을 다시 주조하면, 국가가 풍요로워지고 형벌이 줄어들어 국사(國事)에 이롭다고 주장했다. 위 명제는 이에 오수전을 다시 만들었고, 진대(晉代)까지도 그것을 사용했다.[35]

그러나 명제가 오수전의 사용을 부활시킨 이후라고 해도, 금속화폐는 여전히 곡식과 비단을 제치고 화폐로 통용될 수 없었다. 일반적으로 민간에서는 여전히 포백(布帛)을 화폐로 사용했다. 사료에서는 다음과 같이 말한다.

호질(胡質)이 형주를 다스릴 때, (아들) 호위(胡威)가 도성에서 그를 보러 왔다. …… (호위는) 부친(호질)에게 안부를 여쭸다. (호위가 부친의 처소에) 10여 일간 머문 다음 (부친 호질에게) 하직을 고했다. 작별할 때 호질은 (아들에게) 비단 1필을 주며 (떠나는) 길의 노량(路糧)으로 삼도록 했다. (그러자) 호위가 무릎을 꿇고 물었다. "대인(大人)께서는 청백리이신데, 어떻게 이 비단을 얻으셨는지요?" 호질은 "내 녹봉 중에 (쓰고) 남은 것이다. 그래서 너의 '노량'으로 쓰려 한다."라고 대답했다.

호질이 형주자사였던 때는 명제가 다스리던 시절이다. 그가 형주자사로 재임할 때, 마침 동오의 대장 주연으로부터 번성의 포위공격을 받았다. 주연이 번성을 포위한 해는 위 명제 경초(景初) 원년[237년]이다. 이 사건은 명제가 오수전을 부활시킨 태화 원년[227년]으로부터 딱 10년 뒤의 일인데, 그런데도 각지의 사람들이 왕래할 때에는 여전히 포백을 '노량'으로 삼았다. '노량'은 이동할 때 길에서 쓰는 비용인 노자(路資)를 말하는데, 이때도 여전히 포백을 화폐로 이용하고 있었다.

각 지방뿐 아니라 도성에서도 화폐의 역할을 한 것은 여전히 포백이었지, 오수전이 아니었다. 경초 연간[237~239년] 도성에서 자행된 매관매직에서도 여전히 포백이 사용되었다. 사료에서는 다음과 같이 기록하고 있다.

하후현(夏侯玄)이 승진한 후, 사마경왕(司馬景王, 사마사司馬師)이 (그를) 대신하여 호군(護軍)이 되었다. 호군은 여러 장수를 통솔하고, 무관(武官)의 선발을 주관하는 업무를 맡았다. (그의) 전후로 이 관직을 맡은 사람들은 뇌물 수수를 근절할 수 없었다. 그러므로 장제(蔣濟)가 호군이 되었을 때는 "주장(主將)이 되기를 바란다면 1000필을 (뇌물로) 주어야 하고, 백인독(百人督)은 500필을 (뇌물로) 주어야 한다."라는 소문이 있을 정도였다. 선왕(宣王, 사마의)은 장제와 친하게 지냈는데, 한담을 나누다가 장제에게 (소문의 진위를) 물었다. 장제는 (선왕의 질문에 딱히) 변명할 수가 없자, 농담으로 "낙양의 시장에서

- 부모나 백부·숙부 등의 어른을 높여 부르는 말.
- 100명의 병사를 통솔하는 자리. 오늘날의 소대장 정도가 수행하는 임무를 맡았다.

물건을 살 때는 1전(錢)이라도 부족하면 안 되는 법입니다."라고 했다. (그러자) 결국 (두 사람은) 마주 보며 즐겁게 웃었다.[37]

'1전'이 부족하다는 말에서, '전'은 무엇을 가리키는지 모르겠다. 그러나 설령 '전'이 금속으로 만든 오수전을 지칭한다고 해도, 그 '전'이라는 표현은 도성에서도 동전과 포백이 동시에 사용되었음을 설명하는 것일 뿐이다. 오수전이 발행된 이후에도 포백의 화폐 기능은 결코 없앨 수 없었다. 포백을 화폐로 사용한 것은 삼국시대에는 시작 단계일 뿐이었지만, 당대(唐代) 중엽인 현종(玄宗)의 개원(開元)·천보(天寶) 연간까지 줄곧 계속되었다. 위진남북조의 수백 년 동안 포백은 줄곧 화폐로 사용되었다. 당대 중엽 이후 포백은 화폐의 기능을 점차 상실했고, 대신 동전이 그 자리를 차지했다.

대체로 삼국 시기는 새로운 시대로 진입하기 시작한 시기이다. 전국시대와 진한시대를 교환경제와 도시경제가 비교적 활발했던 시대와 사회라고 말한다면, 삼국 시기는 자연경제가 우세를 차지한 상황으로 들어가기 시작한 시대와 사회였다.

2. 둔전, 둔전객, 사가

한대 말기처럼 인구가 줄어들고 토지가 황폐해지며 생산력이 쇠퇴한 시대에, 어떤 정치 집단이나 사회집단(호족 등)이 안정적으로 유지되려면 첫째로는 식량에, 둘째는 인구에 의존해야 한다. 그렇지 않으면 생존 자체가 어려웠다. 사료에서는 당시 상황을 이렇게 묘사한다.

흉년과 난리가 겹치게 되자, 대체로 양곡이 부족했다. (그런데) 많은 군대가 동시에 봉기하여 (각 군이) 1년을 버틸 식량 계획도 마련하지 못하자, (병사들은) 굶주리면 노략질하고 배부르면 남는 식량을 버렸으며, (군대가) 와해되어 (사방을) 떠돌았다. (그래서) 적들(의 공격)이 없었어도 스스로 파멸한 사람이 셀 수 없이 많았다. 원소가 하북에 머물 때 (그의) 병사들은 식량으로 오디를 먹으며 연명했고, 원술은 장강·회수 일대에 머무는 동안 민물조개를 캐다가 병사를 먹였다. 백성이 (굶주려) 서로 잡아먹으니, 마을마다 음산하고 적막했다.[38]

평시라면 세력을 가진 정치 집단은 토지를 점거한 뒤, 해당 지역의 백성에게 조세를 징수하여 식량 문제를 해결했다. 그러나 한대 말기는 어디든 "100리를 가도 연기가 피어오르지 않고", "1000리를 가도 연기가 피어오르지 않는" 상황이었다. 사람도 없고 생산물도 없는데, 어디에서 식량과 세금을 거두겠는가? 백성이 내는 조세에 의존할 수 없는 상황에서 정치·군사 집단이 살아남아 "적들의 공격이 없어도 스스로 인생을 망치지" 않으려면 오로지 자력으로 식량 문제를 해결해야 했다. 방법은 바로 둔전이었다. 가장 먼저 둔전을 생각해 낸 사람은 조조였고, 중원에 확고한 기반을 다진 사람 역시 조조였다. 건안 원년[196년], 조조는 영천 출신인 우림감 조지의 건의를 받아들여 허현 일대에서 둔전을 시작했다. 방현령은 다음과 같이 서술했다.

위 무제(조조)는 황건적을 격파한 뒤 천하를 경략(經略)하고자 했으나, 군량과 마초(馬草)의 부족으로 고통을 받았다. (이에) 영천 출신의 우림감 조지가 둔전의 설치를 건의했다. (그러자) 위 무제는 다음과 같은 영(令)을 내렸다. "나라를 안정시키는 방법은 병력의 강화와 양식의 풍족함에 달려 있다. 진대(秦代)에는 농업을 중시하여 천하를 겸병했고, 효무제는 둔전으로 서역을 평정했으니, 이는 이전 시대의 훌륭한 법식이다." 이에 (조조는) 임준을 전농중랑장으로 삼고, (그에게) 백성을 모아 허현 일대에서 둔전을 하게 하여 (결국) 곡식 1백만 곡(斛)을 얻었다. (각) 군국(郡國)에서는 모두 전관(田官)을 설치하고 수년 동안 각 지역에서 곡식을 비축하니, 창고마다 모두 (곡식이) 가득했다.[39]

또 다른 사료에는 "각 지역에서 곡식을 비축했다."라는 구절 다음에 "사방을 정벌하러 다닐 때 군량미를 운반하는 수고를 들일 필요가 없었으므로, 마침내 수많은 적을 모두 섬멸하고 천하를 평정할 수 있었다.[40]"라는 몇 구절이 추가되어 있다. 이 기록은 "수많은 적을 모두 섬멸하고 천하를 평정할 수 있었다."는 사실을 둔전과 연계하고 있다. 당연히 이 뒷부분의 문장은 나중에 덧붙여진 기록이지만, 역사적 실상이 잘 드러난 말이다. 조조가 수많은 적을 모두 섬멸하고 천하를 평정할 수 있었던 것은 그가 운용한 둔전과 관련이 있었다.

허현 일대의 둔전 외에도, 조조는 각 지역에 수많은 둔전 거점을 세웠다. 이른바 "각 군국에서 모두 전관을 설치"한 것이다. 둔전을 관리하는 관원은 전농중랑장·전농교위(典農校尉)·전농도위(典農都尉)라고 불렸다. 각 지역에서 대체로 전농관이 설치된 곳에는 모두 둔전이 있었다. 이에 근거하여 조위(曹魏)에서 둔전을 설치한 군국을 조사해 보면, 적어도 다음에 열거된 여러 지역에 둔전이 존재했다.

둔전명	내용
영천둔전 (潁川屯田)	"(건안) 23년218년 봄 정월, 한조의 태의령 길본과 소부 경기, 사직 위황 등이 반란을 일으켜 허도를 공격하고 승상장사 왕필의 군영을 불살랐다. 왕필은 영천의 전농중랑장 엄광(嚴匡)과 그들을 토벌하여 참수했다.[41]" 배잠(裴潛)이 "문제(조비)가 제위에 오르자, …… 외직으로 나가 위군(魏郡)과 영천군의 전농중랑장이 되어 (조정에 둔전관 중에서) 인재를 발탁하여 추천할 수 있게 해달라고 상주하니, (둔전관의 권력은) 군수(郡守)나 국상(國相)에 견줄 만했다. 이로부터 둔전관의 벼슬길은 확대되었다.[42]" 서막(徐邈)은 "문제(조비)가 제위에 오르자, 초상(譙相)과 평양태수(平陽太守)·안평태수(安平太守) 및 영천군의 전농중랑장을 역임했다.[43]"

위군둔전 (魏郡屯田)	진수의 서술에 따르면, 배잠은 일찍이 위군의 전농중랑장에 임명되었다. 업성에도 둔전이 있었는데, 석포(石苞)가 일찍이 업성의 전농중랑장에 임명되었다. 업성은 위군의 치소(治所)가 있는 지역이었으므로, 업성의 둔전이 위군의 둔전일 것이다.
수양둔전 (睢陽屯田)	"문제(조비)가 제위에 오르자, …… 결국 노육(盧毓)을 좌천시켜, (그에게) 이주민을 이끌고 수양으로 가 (그곳의) 전농교위를 맡게 했다."[44]
급군둔전 (汲郡屯田)	하증(何曾)은 "위 명제가 …… 즉위하자, 거듭 산기시랑(散騎侍郎), 급군의 전농중랑장에 제수되었다."[45] 가충(賈充)은 "거듭 황문시랑(黃門侍郎), 급군의 전농중랑장에 제수되었고, …… 대대로 위의 은덕을 입었다."[46]
하내둔전 (河內屯田)	위 문제의 재위기에 사마부(司馬孚)는 "외직으로 나가 하내군의 전농이 되었다."[47] "하내군 야왕현(野王縣)에서 서쪽으로 70리 떨어진 곳에 심수(沁水)가 있다. …… 석문(石門)은 진 안평헌왕(安平獻王) 사마부가 위 야왕현의 전농중랑장이 되었을 때 만들었다."[48] 이것이 바로 야왕현에 있던 하내둔전이다.
하동둔전 (河東屯田)	조엄은 "문제(조비)가 왕위에 오르자, 시중이 되었다. 얼마 후 (조엄은) 부마도위(駙馬都尉)에 임명되었고, 하동태수와 전농중랑장을 겸임했다."[49]
낙양둔전 (洛陽屯田)	왕창(王昶)은 "문제가 제위에 오르자, 산기시랑(散騎侍郎)을 거쳐 낙양전농(洛陽典農)이 되었다. 당시 도성 일대에서 수목이 숲을 이루자, 왕창은 나무를 베고 황무지를 개간했으며, 몸소 솔선하여 백성을 권면하니, 개간한 농지가 특히 많았다."[50] "환범(桓範)은 황초 연간220~226년에 낙양의 전농중랑장이 되었다."[51]
양성둔전 (襄城屯田)	"황랑(黃朗)은 황초 연간220~226년에 처음 출사하여 …… 양성의 전농중랑장과 탁군태수(涿郡太守)가 되었다."[52]
홍농둔전 (弘農屯田)	맹강(孟康)은 "정시(正始) 연간240~248년에 외직으로 홍농태수(弘農太守)가 되었고, 전농교위를 겸임했다."[53]

이밖에 작피(芍陂)·환(皖)·한중·장안·상규(上邽) 등의 지역에도 둔전이 있었다. 위에서 언급한 것은 모두 민둔(民屯)이며, 별도로 군둔(軍屯)이 있었다. 가장 크고 중요한 군둔은 회수 유역에 있었다. 이 군둔은 등애(鄧艾)의 건의로 조성되었다. 등애는 다음과 같이 주장했다.

> 예전에 (태조께서) 황건적을 격파한 후, 둔전제도를 활용하여 허도에 곡식을 쌓아 천하를 제압했습니다. 이제 (동·북·서의) 삼면은 이미 평정되었고, (중대한) 군사작전은 회남에만 (집중되어) 있습니다. (그런데) 매번 대군이 출정할 때마다 물자를 운송하는 (데에 동원되는) 병력이 (전체 병력의) 반을 넘고 막대한 비용이 소모되어, (백성에게) 너무 큰 노역으로 인식되고 있습니다. 진현(陳縣)과 상채현(上蔡縣) 사이의 지역은 지대가 낮(아 관개에 용이하)고 농토가 비옥하니, 허창(許昌) 주변의 여러 농지를 줄이면 (허창에서 사용하던) 농수(農水)를 모두 (진·상채현의 농지에 관개하도록) 동쪽으로 끌어올 수 있습니다. (그런 다음) 회북(淮北)에 2만 명, 회남에 3만 명(의 병력)을 주둔시켜, 10명 중 2명씩 교대로 쉬게 하십시오. (그러면) 언제나 4만 명(의 병력)이 확보되어, 농사를 지으면서 (변경을) 수비할 수 있습니다. 관개(灌漑)만 충분하다면 언세나 서부(허창 일대)보다 3배의 수확량을 거둘 것입니다. (그렇게 되면) 각종 비용을 제외하고 계산해도, 매년 500만 곡(의 양식)을 군자금으로 삼을 수 있습니다. (따라서) 6~7년 동안에 회수 일대에서 3000만 곡(의 양식)을 축적할 수 있으며, 이는 곧 10만 명의 병력이 5년간 먹을 군량입니다. 이러한 조건을 이용하여 오나라를 공격한다면, 가는 곳마다 승리할 것입니다.[54]

* 당시 동방, 즉 요동의 공손연(公孫淵)은 이미 소멸했고, 북방의 선비족과의 관계도 대체로 평온했으며, 서방의 촉한은 제갈량의 사후 북벌의 기세가 상당히 꺾인 상황이었다. 그래서 등애는 "삼면이 이미 평정되었다."라고 한 것이다.

이때 이미 권력을 장악하고 있던 사마의는 등애의 의견에 동의했다. 그는 등애의 구상에 따라 회수의 남북에 둔전을 설치하고, 병사들에게 경작하면서 국경을 수비하게 했다. 이것은 당연히 군둔이었다. 둔전을 설치하기 위한 당시의 조치는 다음과 같았다.

> 회수 이남 일대를 기준으로, 종리(鍾離) 이남과 횡석(橫石) 이서부터 비수(沘水)까지 이르는 400여 리의 길에 5리마다 군영 하나를 설치했다. (또한,) 군영마다 (병사) 60명씩을 배치하여, (이들에게) 한편으로 경작하면서 한편으로는 (국경을) 수비하게 했다. 아울러 회양거(淮陽渠)와 백척거(百尺渠)의 두 수로를 정비하고 확장하여, 위로는 황하의 물길을 끌어들이고 아래로는 회수·영수(潁水)와 통하게 했다. 영남(潁南)과 영북(潁北)에는 많은 제방을 대규모로 축조하고, 300여 리에 달하는 수로를 뚫어 2만 경(頃)의 농지에 관개하니, 회남과 회북이 모두 서로 연결되었다. (이렇게 되자) 수춘(壽春)부터 도성(허도)까지 이어진 (보통의) 농지와 (관리·병사들이 경작하는) 둔전은 (평화로운 전원처럼) 닭이 울고 개가 짖는 소리가 들렸으며, (농지와 둔전의) 논두렁이 (서로) 이어졌다. (회수 일대의 둔전제 시행 이후) 매번 동남부에 전쟁이 있을 때마다 대군이 출정하여 전선을 타고 내려가 장강·회수에 이르렀는데, (그때마다) 물자와 군량이 잘 비축되어 있었고 수해도 입지 않았다.[55]

민둔에서 일하는 사람은 둔전객(屯田客)이었고, 군둔에서 일하는 사람은 사병(士兵)이었다. 진수는 "둔전객 여병(呂並)이 스스로 '장군'이라 칭하고 무리를 모아 진창을 점거했다.[56]"라고 기록했다. 둔전객은 '전농부민'(典農部民)이라고도 불렸다. 사료에서는 "등애가 젊은 시절 양성(襄城)의 전농부민이었다.[57]"고 했다. 그러나 '부민'(部民)은 '농민'이나 '농부'처럼, 아마도 일반적인 명칭이었을 것 같다. 반면에 '둔전객'이라는 단어는 전문적인 명칭이었다.

둔전객의 공급은 주로 모집을 통해 이루어졌다. 건안 원년[196년] 조조가 허도 일대에서 둔전을 시행했다. 사료에는 "비로소 백성을 모집하여 허 일대에서 둔전을 시행했다."[58]라고 기록되어 있다. 모집 이외에 백성을 이주시켜 둔전을 시행하기도 했다. 위 문제 재위시절 초군(譙郡)과 수양(睢陽)에 있던 둔전이 바로 이주민이 개간한 둔전이었다. 이에 관한 기록은 다음과 같다.

문제(조비)는 초군이 (자신의) 고향이었으므로, 백성을 대거 (초군으로) 이주시켜 그곳에 머물며 둔전을 개간하게 했다. 그러나 초군의 토지는 척박하여 백성의 생활이 매우 곤궁했다. 노육(盧毓)은 그들을 불쌍히 여겨, 토지가 비옥하고 평탄한 양국(梁國)으로 백성을 옮기자는 표문을 (조정에) 올렸다가 문제의 심기를 거슬렸다. (문제는) 비록 노육이 표문으로 올린 건의를 승인했지만, 마음속으로는 오히려 그를 미워했다. 결국 (문제는) 노육을 좌천시켜, (그에게) 이주민을 이끌고 수양으로 가 (그곳의) 전농교위를 맡게 했다.[59]

둔전은 대개 둔(屯)을 단위로 했고, 각 둔마다 약 50~60명의 인원으로 구성되었다. 회수 남북 일대의 둔전 같은 경우에는 "5리마다 군영 하나를 설치했고, 군영마다 (병사) 60명씩을 배치하여 (이들에게) 한편으로 경작하면서 한편으로는 (국경을) 수비하게 했다."[60] 서진 무제 함녕(咸寧) 원년[275년]에는 노예를 동원해 둔전을 만들었는데, 이때는 50명의 인력으로 둔하나를 만들었다. 방현령은 이 상황을 다음과 같이 서술했다.

함녕 원년[275년] 12월에 다음과 같이 조서를 내렸다. "나가서는 싸우고 돌아와서는 경작하는 것이 비록 예전부터 내려오는 상례(常例)지만, 무력을 사용할 일이 아직 끝나지 않아 전사(戰士)를 염두에 두지 않은 적이 없었다. 이제 업성에 거주하는 해관(奚官) 소속의 노비들을 신성(新城)에 배치하여, (그들에게) 전병(田兵)을 대신하여 벼농사를 짓게 하라. 노비는 각 50명을 1둔으로 삼고, 둔마다 사마(司馬)를 두어, 모두 둔전제의 법규대로 시행하라."[61]

업성의 해관 소속 노비가 전병을 대체한 원인은 역시 "전사를 염두에 두었기" 때문이었다. 여기에서 언급된 '둔'은 대개 군둔이고, "둔전제의 법규"도 자연히 군둔전의 법규였다. 그러나 민둔 역시 군법에 따라 배치되었고, 민둔의 관리자도 군직(軍職)인 전농중랑장·전농교위·전농도위였다. 민둔과 군둔의 내부 관리 역시 그 차이가 그렇게 크지 않았을 것 같으며, 군둔전의 법규와 민둔전의 법규도 그 차이가 크게 났을 리 없다.

둔전의 토지는 국가 소유였다. 진수의 서술에 따르면, "(사마랑은) 또 다음과 같이 생각했다. '(고대의) 정전제(井田制)를 회복해야 한다. 과거에는 백성이 각각 대대로 이어받은 생업을 가졌기 때문에, 중간에 (그들의 생업을) 빼앗기가 어려웠다. 이 때문에 (이러한 상황이) 현재까지 이어졌다. (그런데) 지금은 대란을 겪은 후라 백성이 뿔뿔이 흩어지고, 토지와 부동산에 주인이 없어 모두 공전(公田)이 되었다. (따라서) 마땅히 이번 기회에 (정전제를) 회복해야 한다."[62] 정전제는 당연히 "회복"할 방법이 없었지만, 토지는 이미 국가의 공전이었다. 따라서 둔전제의 실행은 사실상 둔전객에게 공전을 맡겨 경작하게 한 것이었으므로, 국가는 지주였고 둔전객은 국가의 소작농이었다.

둔전으로 거둔 식량을 어떻게 분배해야 했을까? 이와 관련해서는 둔

- 가축, 특히 말을 기르는 직무를 맡은 기관.
- 둔전에서 농사를 지으며 변경을 지키던 병졸.
- 중국 고대에 시행되었다고 전해지는 토지제도. 토지를 정(井)자형으로 아홉 등분하여 중앙 부분은 공전으로 삼아 백성들이 공동경작하게 하고, 나머지 사방의 여덟 부분은 백성 각자의 사유재산으로 인정하여 경작하게 했다고 한다.

전제가 시행되자마자 곧바로 토론이 시작되었고, 논쟁도 벌어졌다. 조조는 특별히 이 문제를 중점적으로 이야기하기 위해 다음과 같은 영을 내렸다.

> 황건적을 무찌르고 허현을 평정하여 적의 자산을 얻자, 둔전제를 확립해야 했다. 당시에 (둔전제를) 논의한 사람들은 모두 (둔전민이 빌려 간) 관우(官牛)의 마릿수를 계산하여 곡물을 징수해야 한다고 주장하여, 전과(佃科)의 규정이 정해졌다. 그러나 이 규정을 시행한 뒤, 조지(棗祗)는 상소를 통해 빌려 준 관우의 마릿수에 따라 전조(田租)를 거두면 풍년에도 징수량을 늘릴 수 없고, 홍수나 가뭄 등의 재해라도 발생하면 전조를 면제해줘야 하므로 매우 불합리한 정책이라고 주장했다. (조지는) 여러 차례 (내게) 와서 이렇게 말했지만, 나(조조)는 그래도 예전과 같아야 하며, 풍년이 들어도 다시 (규정을) 개정할 필요가 없다고 생각했다. 그런데도 조지는 자신의 주장을 고집하니, 나는 어찌할 바를 몰라 순 영군(순욱)과 상의하게 했다. 당시에 전 군제주 후성(侯聲)은 "(빌려 간) 관우의 마릿수에 따라 전조를 거두는 것은 관전(의 면적)을 (확대하기) 위한 계책이며, 조지의 논의대로 한다면 관(官)에는 이로우나 둔전민에게는 불리하다."라고 주장했다. 후성은 이런 생각을 품고 의견을 말함으로써, 영군(순욱)을 헷갈리게 했다. (그런데도) 조지는 확신을 품고, 자신의 계획에 근거해 의견을 개진하며 '분전지술'(分田之術)을 주장했다. 나는 마침내 그의 의견을 수긍하고, 그를 둔전도위에 임명하여 둔전 업무를 시행하게 했다. 마침 그해에는 풍년이 들었고, (나는) 이후 결국 이 정책에 따라 농지를 증대하여 군비를 충분히 충당했으며, 역적들을 섬멸하고 천하를 평정하여 왕실을 융성하게 했다.[63]

위 둔전의 지조(地租)는 비율에 따라 거두었는데, 이는 조지가 입안한 법규였다. 그 비율은 대략 4 대 6 또는 5 대 5였다. 진 무제 태시(泰始) 4년[268년], 부현(傅玄)은 일찍이 상소를 통해 "옛날에는 병사 중에 관우를 사용(하여 경작)한 사람은 관이 (수확량의) 6할, 병사가 4할(의 수확량)을 차지했고, 개인적으로 사우(私牛)를 소유한 사람은 관아와 (수확량을) 반씩 나누었다."고 주장했다.

　태시 4년²⁶⁸년이면 사마씨(司馬氏)가 천하를 차지한 지 막 4년이 지난 시점이다. 따라서 부현이 말한 '옛날'이란 당연히 조위 시절을 가리킬 것이다. 조위 시절 부현은 일찍이 홍농태수에 임명되어 전농교위를 겸임했다. 당연히 그는 조위 시절의 둔전제도를 잘 아는 사람이었다. 비례징수제는 정부의 수입을 보장할 뿐만 아니라, 둔전객에게 풍족한 생활을 누리도록 고취하여 그들이 농업 생산에 열정을 갖게 할 수 있었다. 비례징수제는 정부와 둔전객 양자에게 모두 이익이었다.
국가는 군·현의 호적에 편성된 평민과 둔전객을 분리하여 통치했다. 군의 태수나 현령·현장은 호적에 편성된 평민을, 전농중랑장·전농교위·전농도위는 둔전객을 다스렸다. 완전히 두 개로 분리된 체계였다. 둔전관과 둔전객은 모두 군·현에 소속되지 않았다. 진수는 "태조(조조)가 마초를 정벌하고 …… 가규(賈逵)에게 홍농태수를 겸임하게 했다. …… 그 후 군사를 징발했는데, 가규는 둔전도위가 도망한 백성을 숨겼다고 의심했다. (둔전)도위는 자신이 군(郡) 소속이 아니라고 생각하여, (응대한) 말이 불손했다. 가규는 대로하여 그를 가두고, (그의) 죄를 열거하며 꾸짖고는 다리를 부러뜨렸다. (그러나 결국 가규는) 이 일로 면직되었다.⁶⁵"라고 기록했다. 다른 기록에서는 "가규가 전에 홍농태수로 재임하던 시절에 전농교위와 공사(公事)로 다투었는데, (일이) 마음먹은 대로 해결되지 않자 결국에는 울화가 나 혹이 생겼다.⁶⁶"라고 했다.

　전농중랑장은 녹봉이 2000석, 전농교위는 녹봉이 2000석에 조금

• 　한대에는 현의 행정장관을 '현령'(縣令) 또는 '현장'(縣長)이라고 했는데, 호구가 1만 호 이상이면 '현령', 1만 호 이하일 때는 '현장'이라고 했다.

못 미쳤으며, 전농도위의 녹봉은 400~600석이었다. 전농중랑장과 전농교위는 군의 태수와 동급의 관원이었고, 전농도위는 현령·현장과 동급의 관원이었다. 홍농전농도위는 비록 현령·현장과 동급이었지만 홍농군 소속이 아니었다. 게다가 홍농전농교위는 군수와 동급이었으므로, 군수와 공적인 일로 다툴 수 있었다. 둔전교위와의 분쟁은 아마도 둔전도위와 다퉜던 문제와 동일한 사건이었을 것 같다. 그 문제란 도망한 백성을 둔전에 은닉한다는 군(郡)의 의심이었다. "울화가 나 혹이 생긴 것"은 아마도 면직을 당해 생긴 화병이었을 것이다.

둔전객과 군·현에 등록된 일반 백성의 국가 부담은 달랐다. 일반 백성은 전조 이외에도 호조(戶調)와 요역(徭役)을 부담해야 했지만, 둔전객은 전조만 부담했다. 조위 후기가 되자, 둔전객의 임무도 점차 많아졌고, 그들도 역(役)을 부담하게 되었다. 위 명제 같은 경우는 궁궐을 축조하면서 항상 낙양전농 휘하의 둔전객을 불러 모아 부역을 시켰다. 진수의 서술 중에 관구검(毌丘儉)이 "외직으로 나가 낙양전농이었을 당시에 (명제가) 농민을 동원하여 궁궐을 축조하게 하자, 관구검이 상소하여 아뢰었다.[67]"라고 한 대목이 있다. 여기서 말하는 '농민'이란 바로 낙양전농 휘하의 둔전객이었다. 그래서 관구검이 이를 만류하는 상소를 한 것이다. 부역 이외에도 심지어 둔전객을 데려다가 상업 활동에 종사하게 한 일도 있었다. 진수가 서술한 기록을 보자.

> 이보다 앞서 많은 둔전관원들은 각각 관할 관리와 둔전농민을 상공업에 종사하게 하여 이득을 취하게 했다. (그러자) 사마지는 다음과 같이 상주했다. "…… 무황제(조조)께서는 특별히 둔전관원을 설치하여 (그들에게) 전문적으로 농업과 잠업에 종사하게 했습니다. 건안 연간[196~219년]에는 천하의 창고가 가득 차고, 백성(의 생활)도 풍족했습니다. 황초 연간[220~226년] 이래 각지의 전농관원을 경제활동에 종사하게 하자, (이들 관원은) 각자 거느린 부하를 위해

(영리활동을) 계획했으니, 참으로 국가의 전반적인 정세상 합당한 일은 아닙니다. …… 현재 여러 둔전관원들은 각자 '(둔전에) 남은 사람들이 (장사하러 외지로) 떠난 사람을 대신해 둔전 계획을 주관하(여 경작하)고 노동력을 징발하니, 정황상 어쩔 수 없이 그런 것이다. 황폐한 농지가 생기지 않게 하려면, 당연히 평소에 여력이 있어야 한다.'라고 말합니다. 신의 어리석은 생각으로는 (둔전농민을) 다시 상업 관련 일로 혼란하게 해서는 안 됩니다. (둔전지구에서는 마땅히) 전문적으로 농업과 잠업에 종사하게 하는 편이 국가를 위한 대계로는 유리합니다." (그러자) 명제는 그의 의견을 따랐다.[68]

둔전객은 '모집'한 사람들이었다. 그러나 당시의 역사적 조건에서는 '모집'도 완전히 자유스러울 수는 없었다. 모집 과정에는 상당한 강제성이 존재했다. 진수는 다음과 같이 기록했다.

이때 (태조는) 막 백성을 모집하여 둔전을 개간했는데, 백성은 (둔전을) 달가워하지 않아 많은 사람이 도망했다. 원환(袁渙)이 태조(조조)에게 이렇게 보고했다. "백성은 원래 살던 땅을 편안하게 여기고 이주를 중대한 일로 생각하니, 갑작스럽게 (백성의 습성을) 변화시킬 수 없습니다. 순리대로 행하면 쉬우나 역리(逆理)로 움직이면 어려울 것입니다. 마땅히 그들(백성)의 생각에 따라 (둔전의 일을) 즐기는 사람은 받아들이고 (둔전의 일을) 원치 않는 사람에게는 강요하지 마십시오." 태조가 그의 말을 따르자, 백성은 매우 기뻐했다.[69]

그런데 "원치 않는 사람에게는 강요하지 말라."고 했는데, 어떻게 강요하지 않으면서 둔전객을 모집했는지 모르겠다. 게다가 이 한 차례만 "원치 않는 사람에게는 강요하지 말라."고 했는지, 아니면 모든 둔전에서 "원치 않는 사람에게는 강요하지 말라."고 한 것인지도 알 수 없다. 당시의 역사 조건을 고려할 때, 둔전객에게 어느 정도 강제력을 행사하지 않고서는 둔전사업에서 성과를 거둘 수 없었다. 또한, 둔전을 관리하는 관직은 모두 군직이었다. 따라서 둔전의 생산 과정에서 군법에 따른 인력 배치는 필수 불가결의 조치였다. 둔전객의 신분상의 자유는 어느 정도 제약이 있을 수밖에 없었다. 둔전객의 신분이 이미 의부민(依附民)으로 떨어졌다고는 할 수 없지만, 한대에서 남북조까지의 시기에 군·현에 편제된 백성의 신분은 점차 자유민에서 의부민으로 완만히 변화했다. 이 과정에서 둔전객의 신분은 이미 자유에서 벗어나 예속화를 향한 걸음을 내디뎠다고 하지 않을 수 없다.

군둔 소속의 사병과 민둔 소속의 둔전객은 신분의 변화라는 측면에서 같은 상황에 직면했다. 조위의 사망법(士亡法)에 따르면, 탈영한 병사에 대한 처벌은 매우 엄중했다. 탈영한 병사 본인은 체포되면 사형에 처했고, 처자식도 연좌되어 죽었다. 이와 관련한 진수의 서술은 다음과 같다.

> 당시의 천하는 (위의) 창건 초기라 (군대의 병사 중에) 도망치는 사람이 많았다. 그래서 탈영하는 병사에 대한 징벌을 (매우) 엄중하게 규정하여, 죄가 (탈영병의) 처자식에게까지 미쳤다. 한 탈영병의 저 백씨(白氏) 등은 막 남편의 집으로 시집온 지 며칠이 안 되어, 아직 남편과 만나보지도 못한 상황이었다. (그런데) 대리(大理)가 기시(棄市)의 형에 처할 것을 상주했다. (그러자) 노육은 " …… 만약 백씨 등이 모두 (시댁으로부터 정식으로) 빙례(聘禮)를 받은 후 이미 시댁에 들어왔다면 (백씨 등에게) 형벌을 내려도 괜찮지만, 사형에 처하는 것은 너무 지나칩니다."라고 반박했다. (그러자) 태조는 "노육의 주장이 옳다."라고 했다.[70]

군악을 연주하는 병사 송금(宋金) 등이 합비(合肥)에서 탈영했다. 과거의 군

• 병사의 탈영에 대한 처벌을 규정한 법률.
•• 형법을 관장하는 관리.

법에서는 군대의 출정 중에 병사가 탈영하면, (탈영한 병사의) 처자식을 고문하여 죄를 추궁하게 되어 있었다. 태조(조조)는 그래도 (병사의 탈영이) 멈추지 않을까 근심하여, 그 형벌을 더욱 가중시켰다. 송금의 모친과 처 및 두 아우는 모두 관아에 넘겨졌고, 담당 관리는 그들을 전원 사형에 처하겠다고 상주했다. (그러자) 고유(高柔)가 글을 올려 "…… 무거운 형벌로는 탈영을 멈추게 할 수 없고, 도망을 조장할 뿐입니다."라고 했다. 태조는 "좋은 말이다."라고 하고, 즉시 (사형의 집행을) 중지시켜 송금의 모친과 아우를 죽이지 않았다. (이후 이 규정 덕분에) 살아난 사람이 매우 많았다.[71]

아마도 조조는 노육과 고유의 주장이 옳다고 생각했기 때문에, '사망법'의 조항을 개정하여 탈영병의 처자식을 관아의 노비로 삼는 정도로 규정을 완화했을 것이다. 진수의 서술에 따르면, "호군통령(護軍統領)이 거느린 군영 소속의 병사 두례(竇禮)가 근처에 나갔다가 돌아오지 않았다. 군영에서는 (두례가) 탈영했다고 생각하여, (그를) 추격하여 체포하고 그의 처인 영(盈)과 자녀를 관아의 노비로 삼겠다는 표문을 올렸다.[72]"

사병(士兵)의 가족은 한 지역에 모여 거주했고, 군·현에 소속되지 않았다. 조위의 사병 가족들은 10만 호가 업성에 모여 거주했다. 진수의 서술에 따르면, "문제(조비)는 기주의 사가(士家, 사병 가족) 10만 호를 (도성 주변의) 하남군(河南郡)으로 이주시키려고 했다. 그때 황해(蝗害)가 연달아 일어나 백성들이 굶주렸으므로, (정부의) 여러 기관에서는 타당하지 않다고 생각했다. …… 문제(조비)는 결국 그 절반을 (하남군으로) 이주시켰다.[73]" 그러므로 조위의 사병 가족은 '사가'라는 명칭을 갖게 되었다.

- 이른바 '사가'는 조위 정권에서 만든 일종의 특수한 민호(民戶)이다. 이들은 직업군인으로 전쟁에 참여했으며, 이들의 신분은 세습되었다. 이러한 세습병제는 조조가 만든 것으로, 안정적인 군량미를 확보하려는 둔전제와 마찬가지로 안정적인 병력을 확보하려는 목적에서 창설되었다. 사가제는 조조가 북방을 통일하는 과정에서 중요한 역할을 했다.

조위 시절에는 정부가 직접 사가의 처와 딸을 시집보낼 수 있었다. 사료에는 다음과 같은 기록이 전한다.

> 태자사인(太子舍人) 장무(張茂)는 …… 명제(조예)가 …… 사가(士家)의 딸 중에서 예전에 이미 시집을 가 관리나 백성의 부인이 된 사람을 (강제로) 빼앗아 오히려 병사의 배필로 넘겨주고, (처를 빼앗기기 싫은 관리나 백성이) 노예를 돈으로 사서 (자신의 처) 대신 바치는 것까지 이미 허락했으며, 또 (그렇게 빼앗은 여성 중에) 용모가 출중한 사람을 선발하여 궁궐로 들여보내는 상황을 목도했다. 그래서 (장무는) 다음과 같은 글을 올렸다. "신이 엎드려 (폐하의) 조서를 보니, (폐하께서는) 여러 사가의 딸 중 병사에게 시집가지 않은 사람은 전부 단속하고 빼앗아 (다시) 병사들의 배필로 삼는다고 하십니다. …… 관리는 군자(君子)에 속하고, 병사는 소인(小人)인데, 지금 저들(군자)에게 빼앗아 이들(소인)에게 주십니다. …… 현의 관리들은 병사들의 짝을 찾는다는 것을 명분으로 (여성들을) 빼앗아가지만, 실제로는 (빼앗은 여성을) 궁중에 들여보내고 있습니다."[74]

사병들은 전공을 쌓아 열후(列侯)에 봉해진 뒤에야, 자기의 아내와 딸이 멋대로 다른 사람의 배필이 되는 치욕에서 벗어날 수 있었다. 게다가 이런 예외 규정도 조위 후기에 이르러서야 제정된 조항이었다. 진수의 서술에 따르면, "조상(曹爽)이 주살되고 나서, (종육이) 조정에 들어와 어사중승(御史中丞)과 시중정위(侍中廷尉)를 역임했다. 주군과 부친이 이미 죽었다는 소식을 들으면 (죽은 사람의) 신하나 자식이 (대신 그들이 받은)

• 당시 처를 병사에게 빼앗기지 않으려는 관리나 백성은 대부분 자신의 처와 나이·용모가 비슷한 노예를 사다가 처 대신 바쳤다. 그래서 부자들은 가산을 기울여 노예를 샀고, 가난한 사람도 빚을 내어서라도 노예를 사 자신의 처 대신 바치는 것을 선호했다고 한다.

비방이나 무고(誣告)를 해명할 수 있다는 규정과 병사가 열후의 반열에 오르고 나면 그 사람의 처가 다시 개가(改嫁)할 수 없다는 규정은 종육(鍾毓)이 (처음) 제정한 것이다."

조위 후기에는 사가의 병사가 이미 '소인'이 되었고, 정부가 사가 병사의 처와 딸을 시집보낼 수 있었다. 이들이 공을 세워 열후에 봉해져야만 비로소 이러한 질곡에서 벗어날 수 있었다. 이와 같은 기록은 모두 사가의 지위가 이미 일반 백성보다 낮았음을 설명한다. 병사와 사가 역시 둔전객과 비슷한 처지였다. 비록 그들의 신분이 의부민의 지위로까지 떨어졌다고 할 수는 없지만, 군·현에 편입된 일반 백성과는 이미 같은 등급에 있지 않았다. 그들은 이미 소인이었다. 자유민에서 의부민으로 변화해 가는 기나긴 과정에서 그들도 의부민을 향해 크게 한 걸음 내디딘 상황이었다.

백성이 죽고 다치고 도망하는 전란 시대에 토지가 황폐해진 역사적 조건하에서 둔전제는 식량 문제의 해결을 위한 일종의 구급 조치였다. 사회가 안정되고 생산력이 점차 회복되어 징세할 수 있는 국가의 토대가 마련되자, 군·현과 둔전이라는 두 가지 체제를 정치적으로 분리하는 방법은 그다지 필요가 없어졌다. 조위 말기에 이르면, 군·현과 둔전에 정령(政令)을 일률적으로 통일해야 한다는 요구가 제기되었다. 진수의 서술에 따르면, 조위가 멸망하기 1년 전인 함희(咸熙) 원년264년, "이해에 (각지의) 둔전관원을 없애고, 부세와 노역을 (전국적으로) 균등하게 했다. (각 지역의) 많은 전농(중랑장)은 모두 (군의) 태수가 되었고, (전농)도위는 모두 현령·현장으로 임명되었다."

둔전 조직은 기왕에 자체적으로 다스리는 지역과 백성을 확보하고 있었으므로, 둔전 지역을 군·현 체제로 바꾸고 둔전관을 군수·현령·현장으로 개정하는 일에는 아무런 어려움도 따르지 않았다. 예를 들면, 사료에는 창간수(昌澗水)가 "동남쪽으로 흘러 옛날 의양군(宜陽郡)의 남쪽을 지나가니, (이곳이) 옛 양시읍(陽市邑)이다. 옛날에는 낙양도(洛陽都)의 전농(즉, 전농교위)이 이곳을 통치했는데, 후일 군(郡)으로 개정되었다."라고 했고, 또 "영수(潁水)는 남쪽으로 영향성(潁鄕城) 서쪽을 지나는데, 영음현(潁陰縣)의 옛 성(城)이 동북쪽에 있다. (이곳은) 과거 허창 전농도위의 치소로, 후일 현으로 개정되었다."라고 했다. 이 두 기록을 통해, 전농교위의 치소는 군으로, 전농도위의 치소는 현으로 개편되었다는 사실을 알 수 있다.

둔전이 군·현으로 개편된 이유 중에는 경제적인 원인도 있었다. 삼국시기에는 농민 일부가 '모집' 또는 '이주'를 통해 둔전객이 되었던 것과 동시에, 군·현의 호적에 편성된 백성도 국가의 소작농으로 변모했다. 군·현의 호적에 편성된 백성을 통치하는 일은 사실상 소작농을 관리하는 성격을 띠었다. 방현령은 "송후(宋侯)의 상(相) 응준(應遵)이 …… 현에서 관리하는 소작농은 2600명으로, 그 수가 매우 적다고 할 수 있다."라고 서술했다. 이 말은 두예(杜預)의 발언이다. 현의 호적에 편입된 백성도 소작농 전체 숫자에 포함되어 불렸던 것이다. 이는 서진 초기의 상황이다.

그러나 이러한 상황은 오래전부터 점진적으로 진행되어 왔고, 당연히 조위 시기에 이미 그 싹이 존재했을 것이다. 점전제(占田制)와 과전제(課田制)가 시행된 서진대에 농민은 이미 사실상 국가의 소작농이었다. 국가의 소작농이 된 농민은 둔전객과의 차이가 그리 크지 않았다. 명목상으로는 폐지된 둔전이 군·현으로 개편됨으로써, 둔전은 군·현에

- • 서진 정부가 반포한 토지제도로서, 둔전제가 무너진 전제 아래 농민이 황무지를 개간할 수 있도록 허락하는 조치였다. 그러나 이 제도는 정부가 농민에게 농지를 수여하거나 지주의 농지를 농민에게 넘겨주는 것이 아니라, 관료 사족이 이미 차지한 농지에 대한 여러 가지 특권적 조치를 기정사실로 인정한 조치로서, 결국 정부의 수입과 사족의 특권을 보장하는 제도였다.
- •• 둔전제를 폐지하고, 둔전에서 일하던 둔전객과 둔전병의 신분을 자경농(自耕農)으로 변환한 다음, 이들을 비롯한 모든 농민에게 성별과 나이 등에 따라 일정한 비율로 전조(田租)를 징수하던 제도.

근접한 모습을 갖게 되었다. 그러나 실제로는 군·현의 호적에 등록된 백성이 국가의 소작농이 됨으로써, 오히려 군·현의 호적에 등록된 백성이 둔전객과 비슷해졌다. 후자처럼 군·현의 백성이 소작농으로 전락한 것은 둔전을 군·현으로 개편하게 된, 더욱 중요한 원인이었다.

3. 호족과 의부민

호족(豪族)은 전국시대에 처음 등장한 이래, 꾸준히 발전해 왔다. 그 기원은 춘추시대 이전의 씨족귀족(氏族貴族)까지 소급할 수 있다. 서주(西周)·춘추시대의 씨족귀족은 모두 대가족·호족이었다. 이들 역시 발전 과정에서 그 성질이 변화했다.

진한 시기의 일부 호족은 전국시대의 귀족 및 유력 가문이 변모하여 계속 이어진 것이다. 예를 들면, 진한 시기 초기 제(齊) 지역의 전씨(田氏) 일족, 초(楚) 지역의 경씨(景氏)·소씨(昭氏)·굴씨(屈氏) 등은 모두 선진시대(先秦時代)의 귀족이었다. 일부는 새롭게 발전한 세력들로, 여기에 속한 세력으로는 경제력으로 가문을 일으킨 상인 출신의 대부호와 정치적 성공으로 가문을 높인 관료 귀족이 있다.

이들 호족 세력의 성장은 황권(皇權)에 불리했다. 그래서 진한시대의 황제들은 언제나 호족 세력에게 압박을 가했다. 그들이 채택한 방법은 주로 이주정책이었다. 즉, 호족을 원래의 고향에서 관중으로 이주시키는 방식이었다. 진시황은 재위 26년 만에 천하를 통일한 뒤, "천하의 부호(富豪) 20만 호를 함양(咸陽)으로 이주하게 했다."[80] 서한에서도 이와 같은 정책을 계속 채택했다. 유방은 "제 지역의 전씨 일족, 초 지역의 소씨·굴씨·경씨 일족, 연(燕)·조(趙)·한(韓)·위(魏)의 후예 및 호걸과 명망가들을 관중에 거주하도록"[81] 이주시켰는데, 그 수가 무려 10여만 명이었다. 서한은 200여 년 동안 호족과 유력 가문을 관중으로 이주시키는 정책을 줄기차게 시행했다. 그중 이 정책에 가장 적극적인 사람은 한 무제였다. 그는 관동의 부호와 유협(遊俠) 집단의 우두머리, 2000석(石) 이상의 급료를 받는 관료의 가족을 모두 관중의 무릉(茂陵)으로 이주시켰다. 유경(劉敬)과 주보언(主父偃)의 발언이 황권과 호족의 갈등을 가장 충실히 설명한다. 유경은 유방에게 아래와 같이 말한 바 있다.

제후들이 처음 거병했을 때, 제 지역의 전씨 일족과 초 지역의 소씨·굴씨·경씨가 아니었다면 (누구도 군대를) 일으킬 사람이 없었습니다. 지금 폐하(유방)께서는 비록 관중에 도읍하고 계시지만, 실상은 사람이 부족합니다. (그런데 관중의) 북쪽 변경은 이민족(흉노)의 침략에 노출되어 있고, 동쪽 변경은 육국(六國)의 왕족을 비롯한 여러 강대한 종족(宗族)이 있습니다. (따라서 만약) 하루아침에 변고라도 생긴다면 폐하께서도 베개를 높이 베고 (편안히) 주무실 수 없을 것입니다. 신이 바라옵건대, 폐하께서는 제 지역의 전씨 일족, 초 지역의 소씨·굴씨·경씨와 연·조·한·위의 후예 및 호걸과 명망가들을 이주시켜 관중에 거주하게 하십시오. (이렇게 하면) 변고가 없어도 이민족(의 침략)을 대비할 수 있고, 제후들이 변란을 일으켜도 충분히 (이주민을) 이끌고 가 동정을 감행할 수 있습니다. 이것은 근본(중앙정권)을 강화하고 말단(지방세력)을 약하게 만드는 방법입니다.[82]

주보언은 한 무제에게 "무릉은 최근에 (현이) 설치되었으니, 천하의 호걸과 대부호 집안 중 많은 백성을 혼란하게 한 사람들을 모두 무릉으로 이주시키면, 안으로는 도성(의 백성)을 채우고 밖으로는 간사하고 교

• 진시황에 의해 멸망한 전국시대의 여섯 나라. 즉, 제·한·위·조·초·연을 가리킴.

활한 무리를 제거할 수 있습니다. 이것은 이른바 주살하지 않고도 해악을 제거하는 것입니다."라고 말했다. 유경과 주보언이 이런 말을 한 이유는, 호족이 지방에서 황권과 대립하고 있는 세력이라 황권을 강화하기 위해서는 호족 세력의 발전을 허용할 수 없었기 때문이다. 한 경제와 무제 재위 시절에 수많은 혹리(酷吏)가 등장했는데, 혹리가 타격을 가한 대상이 바로 호족이었다. 무제 연간에 설치된 자사(刺史)는 6가지 조항으로 군(郡)을 감찰했는데, 주로 지방관(군수)과 지방세력(호족)의 결탁을 감시했다.

서한의 황제들이 호족을 탄압했지만, 호족은 여전히 세력을 유지하고 발전했다. 왕망(王莽) 정권의 말년에는 각지에서 일시에 많은 호족이 봉기하여 그에게 반기를 들었다. 이 과정에서 남양의 호족 유수(劉秀)가 성공적으로 천하를 차지했다. 그의 성공 요인 중 하나는, 그가 각지의 호족으로부터 지지와 옹호를 얻었다는 점이었다. 동한 정권은 서한과 달리 호족 세력을 심하게 압박하지는 않았다. 명제를 제외하면, 동한은 대체로 황권과 호족이 함께 발전하는 평화공존의 정책을 채택했고, 혼인의 방식으로 두 세력을 결합했다. 당연한 말이겠지만, 두 세력이 완벽하게 갈등하지 않는 상황은 불가능했다. 동한의 외척과 환관 사이의 투쟁은 황권과 호족 사이에 벌어진 투쟁의 한 형식이었다. 환관은 황권에 의존하여 황제를 대표했고, 외척은 대부분 당시에 가장 큰 권세를 가진 호족이었다.

호족 세력은 동한대 내내 꾸준히 발전했고 어떠한 공격도 받지 않았다. 동한 말기의 학자 중장통은 호족의 사회적·경제적·정치적 세력을 다음과 같이 언급했다.

> 호족의 집은 줄지어 늘어선 건물이 수백 채이고, 기름진 농지가 들에 가득하며, 노비가 수천 명이고, 도부(徒附)는 수만 명이었다. (호족들은) 배와 수레에 싣고 다니며 물건을 팔았는데, (그 영향력이) 사방에까지 두루 미쳤다. (그들

은) 값이 싸면 사뒀다가 가격이 뛰면 비싸게 팔아, (그들이) 축적한 곡식과 재물이 도성에 가득했다. (그들이 축적한) 진귀한 재물과 보화는 거대한 건물 안에도 다 보관하지 못할 지경이었고, 말·소·양·돼지도 (엄청나게 많아) 산골짜기에 전부 풀어놓지 못할 정도였다.[84]

정전제의 와해로 호족들은 더욱 재산을 증식했다. (그들이 소유한) 건물은 주·군에 널리 분포되어 있었고, (보유한) 농지도 사방의 군·현과 번국(藩國)에 이어졌다. (호족들은) 신분상 가장 하급의 관직에도 임명된 적이 없으면서 해·달·별·용 문양이 새겨진 (관리의) 옷을 훔쳐 입었다. (또한, 그들은) 호적에 편입된 호구(戶口) 중에서 1오(伍)의 장(長)도 맡지 않았으면서 1000호가 넘는 유명 고을보다 많은 노동력을 보유했다. (그들이 누린) 영화와 향락은 봉읍을 받은 군후(君侯)를 뛰어넘고, (그들의) 권세와 힘은 군수·현령과 비슷했다. (그들은) 재물을 써서 영리를 꾀했고, 위법을 저질러도 처벌받지 않았다. (또한,) 자객과 죽음을 두려워하지 않는 사람들이 그들을 위해 목숨을 내던질 정도였다.[85]

위에서 중장통이 말한 대상은 주로 상업으로 가문을 일으킨 호족 세력이었다. 이 일부 호족 집단의 경제적·사회적 위세는 매우 강대했고, 대표성을 띠었다. 한편, 관료로 성장한 호족 집단의 위세 역시 대단했다.

동한 호족 세력의 강대함을 설명하기 위해, 이제 두 집안을 예로 들려고 한다. 관료형 호족으로는 여남(汝南)의 원씨(袁氏) 집안을 예로 들 수 있다. 진수의 서술에 따르면, "원씨 가문은 4대에 걸쳐 은덕을 베풀어

- 　동한 후기에 경제적 압박으로 호족의 가문에 의탁하게 된 사람들로, 주로 호족 지주층의 전장(田莊)에서 농사일을 맡았다. 이들은 원래 군·현의 호적에 편입된 백성 중 파산한 사람들로서, 지주에게 종속되었으며, 신분의 자유 없이 비참한 생활을 했다.
- ●● 민호(民戶)의 편제 단위. 다섯 집을 1오(伍)로 삼았다.

(그 집안의) 문생과 옛 속관들이 천하에 두루 퍼져 있으니, 만약 (원소가) 호걸들을 거두고 병마를 모아 각지의 영웅이 이에 호응하여 일어난다면 효산(崤山) 이동의 지역은 공(동탁)의 소유가 아닐 것"이라고 했다. 이는 오경과 하옹이 동탁에게 한 말이다. 또 "당시 원소는 하삭(황하 이북)에서 큰 세력을 떨쳤고, 여남은 원소의 고향이 소재한 군으로, (그의) 문생과 빈객이 (여남군의) 여러 현에 분포하여 병력을 이끈 채 지키고 있었다. 태조(조조)는 이를 걱정하여, 만총을 여남태수에 임명했다. 만총은 (자신에게) 복종하는 병력 500명을 모아 (그들을) 이끌고 (원소의) 보루 20여 곳을 공격하여 함락했다. (또한,) 아직 (자신에게) 투항하지 않은 (원소 측) 우두머리들을 유인한 다음, (연회) 자리에서 10여 명을 죽이니 일시에 모두 평정되었다. (만총은 백성) 2만 호와 군사 2000명을 얻어, (그들을) 농업에 종사하게 했다."[87]

상인형 호족 가문으로는 동해(東海)의 미씨(麋氏)가 있다. 진수의 서술에 따르면, "미축(麋竺)의 자는 자중(子仲)으로, 동해군(東海郡) 구현(朐縣) 출신이다. (그의 집안은) 조부 대(代)에 상업에 종사하여 노복이 1만 명에 이르렀고, (축적한) 재산이 엄청났다. …… 선주(先主, 유비)께서 병력을 거느리고 광릉군 해서현(海西縣)으로 이동하자, 미축은 선주(유비)에게 여동생을 바쳐 (선주가) 부인으로 삼게 했고, 노비 2000명과 금은·화폐를 바쳐 (선주의) 군자금을 도왔다. 당시 (선주는 인력과 재력이) 곤궁한 상황이었는데, 이에 힘입어 다시 떨쳐 일어났다."[88] 당시 유비가 마침 여포에게 패해 궁지에 빠지자, 가노(家奴) 1만 명을 소유한 미축이 그에게 노비 2000명을 준 것이다. 유비는 결국 그 덕택에 다시 분발했을 정도로, 미씨 가문의 위세는 대단했다.

동한대 황권의 통제를 받은 호족은 대체로 역동적으로 활약할 수 없었다. 동탁의 난이 일어나 한조의 국세가 쇠락하고 조정의 기강이 문란해지자, 호족 집단이 날개를 펼칠 기회가 찾아왔다. 그들은 앞다투어 지역 기반을 확보하고 웅비하기 시작했다. 조비는 당시의 혼란스러운 상황을 이렇게 증언했다.

초평 원년[190년], 동탁이 황제(소제)를 죽이고 태후(하태후)를 독살하여 왕실을 무너뜨렸다. 이때 천하는 이미 중평 연간[184~188년]의 정치에 고통을 받아 왔고, 동탁의 흉악하고 패역한 행동을 미워했다. 집집마다 난리를 걱정했고, 사람들은 위기감을 느꼈다. 산동(중원)의 지방관들은 모두 『춘추』의 의리에 따라, "위(衛)나라 사람들이 (위 환공을 시해하고 권력을 차지한) 주우(州吁)를 복(濮)에서 토벌한 것처럼" 사람들이 모두 도적(동탁)을 토벌해야 한다고 말했다. 그래서 그들이 의로운 군대를 대거 일으키니, 이름난 호걸과 부강한 가문들은 바람처럼 빠르게 운집하여 1만 리 밖에서 달려왔다. 연주와 예주의 군사들은 (동탁의 군대와) 형양에서 싸우고, 하내의 갑사들은 맹진에 주둔했다. 동탁은 결국 어가를 움직여 서쪽의 장안으로 천도했다. 그래서 산동(중원)에서 큰 세력을 가진 사람들은 군·국을 연달아 차지했고, 중간 정도의 세력가는 성읍(城邑)을 포위하여 차지했으며, 작은 세력을 가진 사람은 농지를 모아 서로 병탄하고 멸망시켰다.[89]

호족들이 지역 기반을 확보하고 웅비한 상황에 관해서는 아래에 다시 몇 가지 예를 들어 본다.

허저(許褚)의 자는 중강(仲康)으로, 초국(譙國) 초현(譙縣) 사람이다. (그의) 신장은 8척 남짓, 허리둘레는 10위(圍)였다. (그의) 용모는 남자답고 의젓했으며, 용기와 힘이 남보다 뛰어났다. (후)한대 말엽, (그는) 청년들과 (자기) 종족 수천 명을 모아 (그들과) 함께 보루를 견고히 지켜 도적을 막았다.[90]

• 위(圍)는 둘레를 재던 당시의 계량 단위. 현대의 발굴 자료에 의하면, 1위는 대략 당시의 0.5척(尺)에 해당한다. 당시 1척은 24cm였으므로, 허저의 허리둘레는 대략 120cm(47인치)에 해당한다. 또한, 당시 허저의 키는 192cm의 장신으로 추정된다.

이전(李典)의 숙부 이건(李乾)은 웅장한 기개가 있어, 빈객 수천 명을 규합하여 승씨현(乘氏縣)에 머물렀다. …… 여포가 …… 이건을 죽였다. 태조(조조)는 이건의 아들 이정(李整)에게 이건의 병력을 거느리게 했다. …… 이정이 죽자 이전이 …… 이정의 병력을 거느렸다. …… 태조(조조)와 원소가 관도에서 대치했는데, 이전은 (자신의) 종족과 부곡을 이끌고 곡식과 비단을 수송하여 군대에 공급했다. …… 이전의 종족과 부곡을 합친 3000여 호가 승씨에 거주했는데, (이전은 이들을) 위군(魏郡)으로 이주하게 하겠다고 자청했다. …… 마침내 (이전은 자기가 거느린) 부곡과 종족 1만 3000여 명을 (위군의 치소인) 업성으로 이주하게 했다.[91]

이통(李通)이 …… 같은 군(강하군) 출신 진공(陳恭)과 함께 낭릉현(朗陵縣)에서 군사를 일으키니, 많은 사람이 그에게 귀부했다. 당시 주직(周直)이라는 사람이 있었는데, 그의 무리가 2000여 호였다. (주직은) 진공·이통과는 겉으로 사이가 좋았으나, 마음속으로는 (그들에게) 불만을 품었다.[92]

    삼국 시기에 이러한 호족 세력이 결집해 모은 사람 중의 일부는 원래 호족들이 거느리고 있던 사람들이었다. 그들의 종족이나 부곡 같은 사람들이 그런 예이다. 다른 일부는 새롭게 와서 의탁한 사람들이었다. 사회가 혼란해지자, 농민들은 홀로 살아가기가 매우 힘들었다. 그들은 호족 세력에게 의탁하여 그들의 비호를 받아야 했다. 이러한 상황은 삼국 시기에 매우 성행했고, 이런 상황 탓에 호족 집단의 세력은 확대되었다.
    호족 집단 내부에는 여러 종류의 사람이 있었다. 그 명칭을 보면, 종족(宗族)·부곡(部曲)·빈객(賓客)·객(客)·가병(家兵)·문생(門生)·고리(故吏)·노예(奴隸) 등이 있다. 그중 가장 중요한 부류는 부곡과 객으로, 아마도 이들의 숫자가 가장 많았을 것이다. 한대에 '부곡'은 원래 군대의 기층(基層)을 이루는 두 종류의 조직으로, 오늘날의 연대(聯隊)나 대대

(大隊)와 같았다. 이후 "장군이 부곡을 이끌고 여차여차했다."라는 식으로, 점차 군대를 폭넓게 지칭하는 말로 사용되었다. 삼국 시기에 부곡은 점점 사병(私兵)으로 변질되었다. 호족의 가병(家兵)도 '부곡'이라 지칭되었다. 예를 들어, 앞서 인용한 글에는 "이전의 종족과 부곡 3000여 호가 숭씨에 거주했다."라고 기록하고 있다. 여기에서 '부곡'은 이전의 가병·사병이었다.

동탁의 난 이후 동한의 황실은 와해되었다. 각지의 호족은 황실의 통제에서 벗어나 지방에서 독립적 또는 반독립적 세력을 형성했다. 그들은 자기가 거느린 사람들을 비호했고, 정부에 조세를 납부하지 않았으며, 부역이나 징집을 부담하지도 않았다. 북해태수(北海太守) 공융(孔融)은 당시에 "교동현(膠東縣)에 도적들이 많자, 다시 왕수(王脩)에게 교동의 현령을 대리하게 했다. (그런데) 교동 사람 공사노(公沙盧)의 종족이 강성하여 스스로 영채와 참호를 만들고 징집에 응하려 하지 않았다."[93] 또한, 다음과 같은 일도 있었다.

> 대조(太祖)가 형주를 평정하고, 사마지를 관현(菅縣) ^{청주에 속함. 오늘날의 산동성 제양(濟陽)의 동쪽}의 현장에 임명했다. 당시는 (위의) 천하가 막 건립되던 시기라, 많은 사람이 법을 준수하지 않았다. (제남)군(郡)의 주부(主簿) 유절(劉節)은 과거 (그 지역) 명문거족 출신의 호걸로서, (그를 따르는) 빈객이 1000여 호였다. (그래서 그는 관아) 밖에서는 도적질을 일삼았고 (관아) 안에서는 관아의 통치를 어지럽혔다. 얼마 후, 사마지가 유절의 문객인 왕동(王同) 등을 차출하여 병역을 마치게 하려고 하자, 연사(掾史)는 (과거의) 정황에 근거하여 (사마지에게) 이렇게 보고했다. "유절 가문(의 문객)은 이제껏 한 번도 병역에 응한 적이 없습니

• 현(縣) 정부 소속의 하급 사무원.

다. 만약 (유절이 왕동 등을 차출할) 때가 되어 (왕동 등을) 숨기기라도 하면, 틀림없이 (입영자의 기한을 지체하여 맞추지 못한) 책임을 (우리가) 지게 될 것입니다."[94]

이처럼 후한 말기에 조정의 기강이 무너져 호족을 압박하던 권력이 한동안 사라지자, 이들 호족은 권력의 공백을 틈타 자기들의 세력을 믿고 조세와 징집에 저항했다. 법률상 호족의 특권은 인정되지 않았으므로, 유능하고 엄격한 지방관을 만나게 되면 이러한 위법 행위가 타격을 입었다. 이런 현상은 특히 조조의 힘이 강력해진 이후에 두드러졌다. 예를 들어, 왕수는 교동에서 "징집에 응하려 하지 않는" 공사노의 위법 행위에 타격을 가했다. 왕수가 "단독으로 기병 몇 사람을 이끌고 곧장 (공사노의 집) 대문으로 쳐들어가 공사노 형제를 참수하자, 공사씨(公沙氏) 일족은 경악하여 감히 경거망동하지 못했다. 왕수가 그 나머지 사람들을 위무하자, 이때부터 도적들이 점차 사라졌다."[95] 사마지도 관현에서 다음과 같이 행동했다.

(사마지는) 유절에게 이렇게 편지를 보냈다. "그대는 명문거족 출신이며, 게다가 (우리) 군수의 수족과 같은 (중요한) 요직을 맡고서도, (그대의) 빈객들은 매번 병역을 이행하지 않고 있습니다. 이미 많은 백성이 (이 점을) 원망하고 있으니, 어쩌면 (이런) 악명이 조정에까지 보고될 수도 있습니다. 이제 (나는) 왕동 등을 징집하여 병사로 삼을 터이니, 제때 보내주시기 바랍니다." (새롭게 징집된) 병사들이 이미 군(郡)에 모였지만, 유절은 (과연) 왕동 등을 숨겼다. (또한, 유절은) 내친김에 독우(督郵)를 시켜 전시(戰時)의 법령으로 각 현에 파병을 재촉하게 했다. 현의 연사는 (처지가) 곤란해지자, (자신이) 왕동을 대신하여 (병역을 마치러) 가겠다고 요청했다. 사마지는 이에 (상급 행정구역인) 제남군(濟南郡)에 격서(檄書)를 급히 보내, 유절의 죄상을 상세히 알렸다. (제남군의) 태수 학광(郝光)은 평소 사마지를 공경하고 신뢰하고 있었으므로, 즉시

왕동 대신에 유절에게 (병역을 마치러) 가게 했다. 청주 사람들은 사마지가 "(한)군의 주부를 병졸로 삼았다."고 (높이) 평가했다.[96]

공사노와 유절이 저지른 짓이 합법은 아니었지만, 당시에는 공공연히 일어나는 사실이었다. 빈객이나 부곡 등 호족이 개인적으로 보유한 사람들은 모두 정부에 세금을 납부하지도, 부역과 징집을 부담하지도 않았다. 위의 두 기록은 경우에 따라서는 법률상으로 부패에 반대하고 탐오(貪汚)를 유죄로 간주했던 사례로 보이기도 하지만, 사실상 탐오와 부패는 이미 일종의 풍조였다. 엄격한 법과 왕수·사마지 같은 능력 있는 신하가 아니면, 이런 제재는 성공하기 어려웠다.

조위 말년에 호족은 자기들이 사적으로 거느린 빈객·부곡 등의 사람이 조세와 요역을 면제받을 특권을 정부로부터 법률적으로 인정받았다. 방현령의 서술에 따르면, "위가 공경(公卿) 이하의 관리에게 내려준 조우객호(租牛客戶)의 숫자는 각각 차이가 있었다. 이 뒤로 백성은 요역을 기피하여, 대부분 기꺼이 (호족 세력의) 객호가 되기를 원했다. (그래서) 권문세력 가문에는 (객호가) 수백 명이 있었다. 또 태원(太原)의 각 부(部)에서도 흉노족을 소작농으로 삼았으며, 많은 경우에는 수천 명(의 소작농)이 있었다."[97] 조위가 공경 이하의 관리에게 조우객호를 내려준 시대는 대략 사마씨가 권력을 장악한 이후였다. 사마씨는 조정 관료들의 환심을 사서 그들의 지지를 얻기 위해 이러한 방법을 채택했다.

호족 집단의 부곡과 객들은 대부분 외부에서 의탁해 온 사람들로서,

• 조우객호는 정부로부터 소를 임대한 둔전객(屯田客)을 일컫는다. 둔전객은 본래 정부의 소작농이었으나, 이때 정부가 공경 이하의 관리·호족에게 이들을 하사했다. 이후 이들은 개인인 호족 세력의 소작농이 되었다. 원래 둔전객은 요역을 부담하지 않았는데, 이들이 관리·호족의 소작농이 된 이후에도 이러한 권리를 계속 보유했고, 나아가 호족의 모든 객호(客戶)들까지 요역이 면제되었다. 그러자 병역 등의 요역을 부담하기 싫은 백성은 다투어 호족 등의 대지주에게 의탁했다.

원래부터 호족의 부곡·객이었던 사람들은 소수였다. 이제 호족은 국가에 대한 납세와 요역이 면제되도록 부곡과 객을 비호할 수 있는 특권을 얻었으므로, 부곡과 객이 주인에게 의존하는 종속관계가 생겨나 점차 발전했다. 부곡과 객은 신분적으로 자유민에서 반(半)자유민으로 추락했으며, 자유롭게 주인을 떠날 권리 등을 상실했다. 호족 집단이 원래 보유한 부곡·객의 공급원은 자유민의 의탁을 제외하면 바로 노예의 해방이었다. 왕망은 천하의 농지를 '왕전'(王田)이라고 부르고, 노비의 명칭을 '사속'(私屬)이라고 개정했다. 이른바 '사속'은 노예 신분에서는 해방되지만, 여전히 주인에게는 예속되어야 하는 반자유민, 즉 '의부민'(依附民)을 의미한다. 내 생각에 동한대의 호족에게 종속된 부곡과 객은 대부분 노예 신분에서 해방된 사람들로서, 이는 왕망이 '노비'를 '사속'으로 개정한 결과에서 비롯된 것 같다. 아직 이에 대한 직접적인 증명 자료는 없지만, 이렇게 추측해도 큰 오류는 없다고 생각한다.

앞서 말한 것처럼, 서주·춘추시대부터 호족이 존재했다. 그러나 서주에서 삼국시대에 이르는 동안 호족의 성질은 발전·변화했다. 서주·춘추시대의 호족은 씨족으로 구성된 귀족과 그들의 일족으로 구성되어, 둘 사이에는 혈연관계가 있었다. 이는 혈연관계를 위주로 하는 가족이었다. 전국 및 동·서한대의 호족은 여전히 종족의 혈연관계라는 측면도 있었지만, 씨족으로 구성된 귀족의 성질에서 벗어나 경제와 정치를 기초로 조직된 집단이었다. 호족의 종족적 혈연관계는 이미 경제·사회·정치적 관계에 그 자리를 양보했다.

삼국시대부터 호족 발전의 세 번째 단계가 시작되었다. 이 시기 호족의 특성, 즉 이 시기의 호족이 전국 및 동·서한대의 호족과 구분되는 특성은 다음과 같다. (1) 호족이 정치적으로 특권을 획득했다. (2) 호족이 국가로부터 상당수의 백성을 분리해 사유화했다. (3) 호족은 자신에게 예속된 백성을 비호하여 국가에 대한 납세와 요역을 면제받게 할 수 있었다. 이러한 변화는 동한대 말기와 삼국 시기에 나타나, 동·서진 및 남북조시기에 발전하기 시작했다.

4. 관대한 정치와 엄격한 정치

중국의 속담에 '치난세용중전'(治亂世用重典), 즉 "난세를 다스리려면 엄중한 법을 적용해야 한다."라는 말이 있다. 엄중한 법의 적용이란, 불법을 저지른 사람을 처벌하고 법치질서를 확립하는 것을 뜻한다. 난세에는 반드시 엄중한 형법을 적용해야 하며, 자애롭고 나약한 방식으로는 일을 해결할 수 없다.

일찍이 유가(儒家)와 법가(法家) 사이에는 논쟁이 있었다. 그러나 사실 법가뿐만 아니라, 유가도 중형을 적용할 필요가 있을 때는 중형을 적용한다고 주장했다. 공자(孔子)는 "관대함으로 엄격함을 보완하고, 엄격함으로 관대함을 보완한다."고 했다. 또한, 다음과 같은 기록도 있다.

> 정국(鄭國)의 자산(子産)이 병에 걸리자 공자 대숙(大叔)에게 이렇게 말했다. "내가 죽으면 그대가 틀림없이 국정을 관장할 것이오. 오직 덕이 있는 사람만이 관대함으로 백성을 복종시킬 수 있소. 그다음으로는 엄격함(으로 백성을 복종시키는 것)이 가장 좋소. 불은 맹렬하여 백성이 바라보면 두려워하므로, (불 때문에) 죽는 경우가 드문 법이오. 물은 부드럽고 약하여 백성이 우습게 보고 갖고 놀게 되니, (그러다가 물에 빠져) 죽는 사람이 많소. 그러므로 관대함(으로 백성을 통치하는 것)은 어려운 법이오." (그런 다음 정자산은) 몇 달 동

- 이 말이 처음 언급된 경전은 『주례』(周禮) 권34, 「추관·대사구」(秋官·大司寇)이다. 『주례』에서는 '형난국용중전'(刑亂國用重典)이라고 했지만, 그 의미는 대체적으로 같다.

안 병을 앓다가 죽었다. 대숙은 국정을 관장하자, 차마 엄격하게 하지 못하고 관대하게 통치했다. (그랬더니) 정국에 도적이 많아져, 환부(萑苻)의 늪지로 (도적의) 무리가 모여들었다. (그러자) 대숙은 후회하며 "내가 일찌감치 저 사람(자산)의 조언을 따랐더라면, 이 지경에 이르지 않았을 것을!"이라고 말했다. (그리고는 대숙은) 보병을 동원해 환부의 도적 떼를 공격하여, 전부 죽였다. (그러자) 도적들(의 활동)이 차츰 뜸해졌다. 중니(仲尼, 공자)는 (이 일을) 이렇게 평가했다. "훌륭하다! 정치가 관대해지면 백성은 태만해지니, (백성이) 태만해지면 엄격하게 바로잡아야 한다. (그런데 통치가 지나치게) 엄격해지면 백성이 상해를 입게 되니, (백성이) 상해를 입게 되면 그들에게 관대함을 베풀어야 한다. 관대함으로 엄격함을 보완하고 엄격함으로 관대함을 보완하면, 정치는 이를 통해 조화를 이룬다."[99]

동한 중엽 이후 정치는 무질서하고 기강이 혼란했다. 사상가 왕부와 최식(崔寔)은 모두 관대함과 엄격함의 상호 조화를 주장했는데, 그들 역시 유가였다.

    조조가 처한 시대는 혼란기였다. 관리들은 탐욕스럽고 부패했으며, 불법을 자행하고 양민을 괴롭혔다. 조조가 정치에 투신하자마자 처음으로 착수한 작업은 불법을 자행하는 세력가들에게 타격을 가한 일이었다. 조조는 20세 때에 낙양의 북부위에 임명되었다. 그는 "처음 (북부)위의 관아에 부임하자마자 사방의 문을 보수했다. (그런 다음) 오색의 몽둥이를 만들어 문의 좌우에 각각 10여 개씩 매달아 놓고, 법령을 위반한 사람이 생기면 아무리 권세가 있는 사람도 피하지 않고 모두 때려죽였다. 수개월 뒤 영제가 총애하는 환관 건석의 숙부가 야간에 나다니자, 곧바로 죽였다. 그 후 도성 안의 사람들은 행동거지를 조심하며, 감히 (법령

*   춘추시대 때 정국에 있던 호수 이름으로, 도적들이 이곳에 은거했다고 알려졌다.

을) 위반하는 사람이 없었다."[100]

조조가 제남상이 되었을 때, "(제남)국이 관할하는 십여 현에서는 (현의) 관리 대다수가 권세가 높은 귀척에게 아부했고, 수뢰와 독직이 횡행할 만큼 관리들이 멋대로 행동하여 그 악명이 자자했다. 이에 (조조가) 조정에 상주하여, 그중 8인의 직위를 파면했다."[101] 조조는 원소를 멸망시킨 뒤 다음과 같은 영을 내렸다. "원씨(원소)의 통치는 권세를 가진 사람이 제멋대로 권력을 전횡하고, (원소의) 친척들이 (남의 땅을) 함부로 빼앗게 (허용)했다. (그래서) 밑바닥 백성은 가난하고 약한데도 (권력자들) 대신 떠맡은 조세를 내느라, 가산을 내다 팔아도 (조정의) 명령에 부응할 수 없었다. 심배의 종족은 심지어 죄인을 숨겨주고 도망친 범법자의 주인 노릇까지 했다.[102]" 조조는 이어 "권세를 가진 사람의 (토지) 겸병에 관한 (처벌)법을 더욱 엄중하게 처리했다.[103]"

난세에 필요한 것은 사람의 재능이었다. 그래서 조조는 재능만 중시하고 덕성은 무시하는 편파적인 지경까지 이르렀다. 유명한 「위무삼령」(魏武三令)은 그의 태도를 매우 잘 설명하고 있다. 예를 들면, 건안 15년 (210년)에 내린 영에서 조조는 이렇게 말했다.

지금 천하가 아직 평정되지 않았으니, 이 상황은 특히 현명한 인재를 구해야 하는 급박한 시기이다. "맹공작(孟公綽)이 (대국 진晉나라의 경卿인) 조씨(趙氏)·위씨(魏氏)의 수석가신(首席家臣)이 되기에는 충분하지만, (소국인) 등(滕)·설(薛)의 대부(大夫)는 될 수 없다."(라고 하지 않았는가!) 만약 반드시 청

- 이 말은 조조가 『논어』 「헌문」(憲問) 편에 수록된 공자의 말을 인용한 것이다. 맹공작은 춘추시대 노나라의 대부였다. 진나라의 조씨·위씨의 수석가신이 되면 명예가 높고 하는 일은 간단하다. 그러나 비록 등·설은 약소국이지만, 일국의 대부가 되면 임무가 막중하고 맡은 일도 복잡하다. 따라서 맹공작처럼 청렴해도 재주가 뛰어나지 않은 사람이 조씨·위씨의 가신이 되기에는 충분하지만, 아무리 소국이라도 대부라는 막중한 직책은 맡길 수 없다. 공자의 이 말은 사람의 덕성과 재주는 각기 장단점이 있으므로, 모든 것을 다 갖추기를 바랄 수는 없다는 뜻이다.

렴한 인사만 등용할 수 있다면, 제(齊) 환공(桓公)이 어떻게 천하의 패자(覇者)가 되었겠는가! 지금 천하에 (허름한) 베옷을 입었지만 빼어난 재주를 품은 채 위수의 강변에서 낚시하고 있는 (강태공姜太公과 같은) 사람이 어찌 없겠는가? 또 (진평陳平처럼) 형수와 간통하고 뇌물을 받았어도 아직 위무지(魏無知)를 만나지 못한 사람이 어찌 없겠는가? 그대들은 나를 도와 신분이 미천한 사람이라도 잘 찾아내어, 오직 재주 있는 사람만을 천거하라. 나는 그들을 얻으면 기용할 것이다.[104]

조조의 말은 매우 분명하고 명백하다. 천하가 아직 평정되지 않아 혼란한 상황이므로, 덕성을 갖췄어도 재능이 없는 사람은 아무런 쓸모가 없었다. 그런 사람은 그저 꽃병처럼 놓아둘 수 있을 뿐, 실용적인 측면이 전혀 없었다. 재주가 있으면 덕성을 갖추지 못해도 아무런 상관이 없으며, 오직 재주 있는 사람만을 찾아 기용하겠다는 것이 조조의 생각이었다. 그러나 조조의 이 말에는 조금 과장된 측면이 있다. 그도 덕성을 갖추지 않은 채 탐욕스럽고 부패한 사람은 등용하지 않았다. 그는 다만 숨은 인재를 묻어두지 않겠다는 자신의 의지를 밝히고 있었다.

어떤 사람은 조조가 법가라고 말한다. 『삼국지』의 저자 진수가 이러한 견해를 가졌다. 그는 "태조(조조)가 …… 신불해(申不害)·상앙(商鞅)의

- 제 환공이 관중(管仲)을 등용하여 천하를 제패한 것을 말한다. 포숙아(鮑叔牙)의 추천으로 환공을 보좌한 관중은 청렴하지 않았고, 환공의 정적으로 그를 죽이려고 했다. 그러나 후일 환공은 관중을 등용하여 천하를 제패할 수 있었다.
- 강태공 여상(呂尙)은 주(周) 문왕(文王)에게 발탁되어 중용되기 전까지 위수 강변에서 낚시하며 세월을 보냈다. 그는 후일 주 무왕(武王)을 보좌하여 상(商)을 멸망시키고 주왕조를 건국하는 데에 큰 공을 세웠다.
- 진평은 위무지의 추천을 받아 유방에게 발탁되어 도위(都尉)가 되었다. 후일 주발(周勃)·관영(灌嬰) 등은 진평이 형수와 사통했고 도위로 재직하며 뇌물을 수수했다고 모함했다. 유방은 위무지를 질책했으나, 위무지는 초·한이 대치한 상황에서 중요한 것은 품행이 아니고 재주임을 강조하며 진평을 변호했다. 결국, 유방은 진평을 신임했고, 진평은 서한의 개국공신이 되어 승상에 임명되었다.

법제와 권술(權術)을 받아들였고, 한신(韓信)·백기(白起)의 기발한 계책을 겸비했다."라고 했다. 사실 선진시대에 제자백가(諸子百家)가 일어나면서 이른바 유가·법가와 같은 학파가 생겨났다. 그런데 진·한대 이후에는 공자가 말한 관대함과 엄격함만 있었을 뿐, 이른바 법가·유가는 없었다. "관대함으로 엄격함을 보완하고, 엄격함으로 관대함을 보완한다."라는 말은 유가적 정치관의 두 경지를 의미했다. 이상은 덕(德)이고, 그 다음이 형(刑)이었다.

그러나 법가는 근본적으로 덕을 부정했다. 한비(韓非)는 이렇게 말했다. "(가규家規가) 엄격한 집안에는 흉악하고 사나운 노복이 없지만, 자애로운 어머니에게는 (집안을 무너뜨릴) 망나니 자식이 있다. 나는 이를 통해 위엄과 권세가 폭동을 금할 수 있지만, 덕성과 인후(仁厚)는 혼란을 그치게 할 수 없음을 알겠다." 법가는 인덕(仁德)과 자애(慈愛)를 철저히 부정했다. 따라서 법가에는 형벌만 있었지만, 유가에는 관대함과 엄격함이라는 두 가지 수단이 있었다.

조조 이후 위 문제·명제 연간에 천하는 여전히 삼분되어 있었지만, 대체로 안정되었다. 그러자 유가의 노녁교화 사상이 서서히 고개를 쳐들었다. 조조 집단에는 문인과 무인, 두 부류의 인물이 모두 포함되었다. 무인 그룹의 힘으로 조위는 새로운 천하를 창업했고, 문인 그룹은 신왕조의 창업과 수성을 도왔다. 무인 그룹의 주요 구성원은 조씨와 하후씨였다. 조조의 부친 조숭은 환제 연간에 중상시와 대장추를 지낸 환관 조 등의 양자였다. 사료에 의하면, "조숭은 하후씨의 자손으로, 하후돈의 숙부이며, 태조(조조)는 하후돈과 사촌 간"이라고 한다. 이 주장에 따르면, 하후씨와 조씨는 모두 조조와 동족의 형제이다. 조씨와 하후씨는 군사 방면에서 조조 집단의 핵심세력이었다.

조조를 지근거리에서 호위하던 병력을 '호표기'(虎豹騎)라고 불렀는데, 호표기를 차례로 이끌었던 사람은 조휴(曹休)·조진(曹眞)·조순(曹

純)이었다. 이들은 모두 조씨 집안의 자제였다. 조조·문제·명제의 3대 동안, 군사 방면의 최고 책임자와 최고 지휘권은 언제나 조씨와 하후씨의 수중에 있었다. 문제(조비)의 병이 위독해지자, 중군대장군(中軍大將軍) 조진, 진군대장군(鎭軍大將軍) 진군, 정동대장군(征東大將軍) 조휴, 무군대장군(撫軍大將軍) 사마의가 함께 문제의 유조(遺詔)를 받아 명제를 보필했다. 명제는 임종에 앞서 대장군 조상과 태위 사마의에게 어린 황제를 보필하게 했다. 이때에야 비로소 최고 군권의 행사에 다른 성씨가 참여하게 되었다. 조씨와 하후씨 외에도, 조조는 장합·장료·우금·방덕처럼 작전 능력을 갖춘 항장(降將)들을 자신의 무인 그룹에 포함했다. 또한, 허저·이전·장패 같은 지방 호족 세력도 흡수했다. 이들 역시 조조의 무장 중에서 핵심세력을 형성했다.

조조의 왕조 창업은 무인에게 의지해야 했다. 그러나 육가(陸賈)가 유방에게 "말 위에서 (천하를) 얻었다고, 어찌 말 위에서 (천하를) 다스릴 수 있겠습니까? 또 탕왕(湯王)과 무왕(武王)은 역리(逆理, 즉 무력)로 (천하를) 차지했지만, 순리(문치)로 (천하를) 지켰습니다. (따라서) 문무를 함께 활용하는 것이 (천하를) 오랫동안 다스리는 방법입니다."[108]라고 말했듯이, 조조도 문인을 활용해야 했다. 문무의 병용은 천하를 오랫동안 다스리는 방법이었다. 조조는 무인을 기용하여 천하를 차지하고, 다시 문인을 등용하여 천하를 지켜야 했다.

당시의 문인 사대부는 대부분 명문거족 출신이었다. 한 무제 이후 유학은 독존적(獨尊的) 지위를 얻었다. 경서(經書)를 읽으면 관료가 될 수 있었고, 관료가 되면 부를 축적할 수 있었다. 원래 문화적 교양을 갖추지 못한 관료 가문과 사회적으로 부와 권력을 쌓은 가족은, 그들의 자제가 독서를 통해 지식문화를 받아들이면 문화적 교양을 갖춘 가문이 될 수 있었다. 동한 시기에 사대부·관료·호족, 이 세 집단은 이미 하나의 집단으로 통합되었다.[109]

조조는 환관 가문 출신이다. 환관은 황제 측근의 인물들로, 황권에 기생하는 존재였다. 그들은 황제와 황권에 기대어 생활했다. 황제에게 권력이 있으면, 환관도 권력을 누렸다. 동한대에 벌어진 환관과 외척 사이의 투쟁은 동한 시기의 황권과 명문 호족 사이의 투쟁을 반영했다. 명문 호족 세력의 발전은 황권의 입장에서 불리한 일이었다. 그리고 동한대의 외척은 대부분 명문 호족이었다. 외척인 마씨(馬氏)·두씨(竇氏)·등씨(鄧氏)·양씨(梁氏) 등의 가문은 모두 명문 호족을 대표하는 가문이었다고 할 수 있다.

동한 말엽의 환제·영제 시기는 환관이 권력을 장악한 시대였다. 정치는 어지럽고 부패했으며, 환관들은 인심을 크게 잃었다. 조조는 환관 집안 출신이었지만, 이와 같은 가문의 배경에서 벗어나 사대부 및 명문 호족세력과 가까워지기를 몹시 원했다. 조조는 어린 시절부터 적극적으로 원소와 친분을 유지했고, 사족(士族) 계층과도 친분을 쌓았다. 그러나 조조는 출사하여 관료가 되자마자 호족 세력에게 타격을 가했다. 이러한 행동은 그의 출신 배경이 여전히 황권에 의존한 존재였던 환관 가문이었다는 점과 관련이 있었다.

조조는 사람을 잘 알아보고 적재적소에 기용했으며, 기용된 사람들도 모두 자기 재능을 온전히 펼쳤다. 조조 시대의 문인은 대체로 두 부류로 나눌 수 있다. 한 부류는 그의 참모집단이다. 이들은 대체로 군사적 재능을 갖춘 사람들로, 조조를 도와 "막사 안에서 작전을 짜 1000리 밖의 승리를 결정하도록"[110] 도울 수 있었다. 다른 한 부류는 백성의 통치에 재능이 있는 인사들이다. 조조가 말 위에서 얻은 천하는, 이들이 중앙과 지방에 포진하여 다스렸다. 이 두 부류의 인재들은 대부분 명문거족에서 배출되었다.

조조의 참모집단은 거의 다 여남·영천 출신의 문사들이었다. 예를 들면, 순욱은 영천 영음(潁陰) 출신이고, 순유는 순욱의 조카이다. 곽가는 영천 양적(陽翟) 출신이다. 이밖에 희지재(戲志才)란 사람도 있었다. 그는 조조가 매우 신임한 인사였으나, 불행히도 요절했다. 진수는 그에 관해 다음과 같이 기록했다.

> 이보다 앞선 시기에 영천군 출신의 희지재가 (전략을 잘 짜는) 모사였다. 태조(조조)가 그를 대단히 신임했지만, (그는) 요절했다. 태조가 순욱에게 다음과 같은 편지를 보냈다. "희지재가 죽은 뒤로 함께 일을 계획할 만한 사람이 없네. 여남과 영천은 본래 (정치적 혜안이 뛰어난) 인사가 많다는데, 누가 그(희지재)를 승계할 수 있겠나?" (그러자) 순욱이 곽가를 추천했다. (태조는 곽가를) 불러서 만나 천하의 대사를 논의했다. 태조는 "내가 대업을 이룰 수 있게 해 줄 사람은 틀림없이 이 사람이다."라고 말했다.[111]

순욱은 영천 출신의 명문 호족이었다. 그의 조부 순숙(荀淑)은 한 순제(順帝)·환제 연간의 저명인사였다. 순숙에게는 '팔룡'(八龍)이라 불린 8명의 아들이 있었다. 순욱의 부친인 순곤(荀緄)은 제남상을 역임했고, 숙부 순상(荀爽)은 관직이 사공(司空)에 이르렀다.

조조의 수성을 도운 사람도 두 파로 나눌 수 있다. 한 파는 강경파였고, 다른 한 파는 온건파였다. 서한의 혹리와 순리(循吏)처럼, 그들이 상대한 사람과 문제는 각기 달랐다. 혹리와 강경파가 공격한 대상은 세력가 중에서도 불법을 자행하는 가문이었고, 순리와 온건파가 마주한 사람들은 호적에 편입된 일반 백성이었다.

앞에서 서술한 것처럼, 당시의 수많은 호족은 법을 준수하지 않았다. 따라서 이런 세력에게는 타격을 가할 필요가 있었다. 이 문제에 대해 확실히 일부 강경파 관리들은 불법을 자행하는 호족세력을 공격하는 조치를 했다. 사료에는 "태조(조조)가 (조정의) 정사를 보좌하자, 양패(楊沛)를 장사(長社)의 현령으로 승진시켰다. 당시 조홍의 빈객이 (장사)현의 경계에 머물며, (인력의) 징집이나 (물자의) 동원을 법대로 하려 하지 않았다. (그러자) 양패는 먼저 그의 다리를 쳐서 부러뜨리고 결국은 죽였다.

이 일로 태조(조조)는 (그를) 유능하다고 생각했다.[112]"라고 했다. 진수가 서술한, 다음과 같은 기록도 있다.

> 당시 조홍은 (태조와 같은) 종실(宗室)의 근친이었다. (그의) 빈객 중에 (허)현의 경계(당시 만총이 허현의 현령이었음)에 거주하는 사람이 자주 법을 어기자, 만총은 그를 체포하여 처벌했다. 조홍이 만총에게 서신을 보내 사정을 말했으나, 만총은 (그의 부탁을) 들어주지 않았다. (그러자) 조홍은 태조(조조)에게 아뢰었고, 태조는 허현의 담당 관리자를 소환했다. 만총은 (태조가 이 빈객을) 용서하려고 하는 것을 알고, 서둘러 그를 죽였다. 태조가 기뻐하며 "공무를 처리할 때에는 이렇게 해야 하지 않겠는가?"라고 말했다.[113]

조조는 이러한 강경파 관료들을 마음에 들어 하여, 그들을 "유능하다고 생각"하거나 "공무를 처리할 때에는 이렇게 해야 하지 않겠는가?"라고 말했다. 왕수가 공사노에게 타격을 가한 일과 사마지가 유절에게 타격을 가한 일은 이미 앞에서 서술한 바 있다.

조조가 강경파 관료를 기용하여 타격을 가한 대상은 호족 세력 중에서도 불법을 자행하는 사람들이었다. 호적에 편입된 일반 백성에 대한 조조의 정책은 관대했다. 조조가 표방한 것은 유가의 인정(仁政)이었다. 아래의 여러 기록에서 알 수 있듯이, 그는 유가의 인정·덕정을 시행하자는 신하들의 건의에 모두 찬성하거나 따랐다.

> 여포가 주살되자, 원환은 (비로소) 태조(조조)에게 돌아올 수 있었다. 원환은 다음과 같이 간언했다. "병기(兵器)란 것은 흉한 물건이므로, 부득이한 경우에만 써야 합니다. 도덕으로 (상대를) 고취하고 인의로 (적국을) 정벌하며, 아울러 백성을 어루만지고 (백성을 위해) 해악을 제거해야 합니다. …… 비록 무력으로 난리를 평정했더라도 덕으로 (천하를) 구제하는 것은 진실로 백대(百代)의 제왕이 바

꾸지 않은 원칙입니다. …… "(그러자) 태조가 (그의 제안을) 온전히 받아들였다.[114]

위국(魏國)이 막 건국되자, (원환은) 낭중령(郎中令)이 되어 어사대부(御史大夫)의 일을 대리했다. 원환은 태조(조조)에게 이렇게 건의했다. "이제 천하의 큰 어려움이 이미 사라졌으니, 문치(文治)와 무공(武功)을 동시에 활용하는 것이 (나라를) 오랫동안 유지하는 방법입니다. (저는) 서적과 문헌을 대량으로 수집하고, 옛 성현(聖賢)의 가르침을 선양(宣揚)하여 백성이 보고 듣는 것을 바꾸게 되면, 천하의 사람이 이 소식을 듣고 빠르게 의지할 것으로 생각합니다. 그렇게 되면 복종하지 않던 먼 지역의 사람들도 문덕(文德)으로 귀의할 것입니다." 태조는 그의 제안이 합당하다고 생각했다.[115]

원환의 이러한 건의는 완전히 유가적 설교이다. 그러나 조조는 이 두 차례의 설교를 "온전히 받아들이고", "그의 제안이 합당하다고 생각했다." 여기에서도 알 수 있듯이, 조조는 유가의 인정과 덕정 같은 사상을 받아들였다.

사실, 조조가 통치하던 당시에 지방에서 치적을 쌓은 지방관들은 모두 유가적 이념을 실천한 사람들이었다. 당시 하동태수로 재직하던 두기(杜畿)의 사례를 보자.

당시에 천하의 군·현은 모두 심하게 파괴되었지만, 하동군이 가장 먼저 안정되어 손실이 (비교적) 적었다. 두기는 그곳(하동)을 다스리며 관대함과 은혜를 존숭하고 백성에게 무위(無爲)의 정치를 베풀었다. …… (두기는 자신이 통치하는) 각 현에 명하여 효자·정부(貞婦)·효손(孝孫)을 추천하게 한 다음, 그들의 요역

- 유능하고 현명한 인재를 등용하고, 덕으로 백성을 교화한다는 유가의 정치관. 청정허무(淸靜虛無)와 자연(自然)에 순응하는 것을 의미하는 도가의 '무위'와 의미가 다르다.

을 면제해 주고 수시로 (그들을) 위로하고 격려했다. …… (그러자) 백성이 부지런히 경작하여 집집이 풍족해졌다. 두기는 "백성(의 생활)이 넉넉해졌으니, (이들을) 가르치지 않을 수 없다."라고 하고는, 겨울철에 무예를 강습했다. 또 학교를 개설하여 몸소 (유가의) 경전을 가르치니, (하동)군의 백성이 교화되었다.[116]

관대함과 은혜를 존숭하고, 효자·정부·효손을 추천하며, 백성의 생활이 넉넉해지자 교화에 나서고, 학교를 개설한 것은 모두 유가의 정치사상에 따른 것이다. 두기는 하동에서 유가의 시정(施政)을 추진한 인물이었다. 그래서 "박사(博士) 악상(樂詳)은 두기가 천거한 사람이다. 지금 하동군에 특히 유자(儒者)가 많은 것은 바로 두기 덕택이다.[117]"라는 말까지 생겨났다.

조조 본인도 공자를 대단히 존중했다. 조조는 항상 공자를 칭찬하거나 공자의 말을 인용하여 다른 사람을 칭찬했다. 건안 10년[205년], 조조는 "아첨하고 패거리를 만드는 것은 선성(先聖)께서 싫어하신 일[118]"이라는 영을 내렸다. 여기에서 '선성'이란 공자를 가리킨다. "군자는 친밀하며 편낭하시 않고, 소인은 편당하며 진밀하지 않다.[119]"라고 공자는 말한 바 있다. 이에 대해 공안국(孔安國)은 "진실하고 신의가 있는 행동이 '친밀'한 것이고, 아첨하고 당파를 만드는 행동이 '편당[120]'한 것"이라고 해설했다.

조조는 하동태수 두기를 칭찬하며 "하동태수 두기는 공자께서 '우(禹)에 대해 나는 비난할 것이 없다.●'라고 한 말에 가장 어울리는 사람이니, (그의) 봉록을 중이천석(中二千石)●●으로 (두 등급) 올리라.[121]"라고 명했다. 또

● 『논어』 卷8, 「태백」(秦伯).
●● 한대의 관리 녹봉제도에 따르면, 만석(萬石)이 최고이고, 그다음이 중이천석이며, 이어 진이천석(眞二千石)·이천석·비이천석(比二千石)으로 이어진다. 보통 당시의 태수는 녹봉으로 '이천석'을 받았는데, 조조가 두기에게 두 등급을 올려준 것이다. '중'은 '만(滿)'의 의미이다.

다른 영에서는 "옛날 중니(공자)께서 안자(顔子, 안회)에 대해 매번 감탄하지 않을 수가 없다고 말씀하셨다. (이것은 안자에 대한 공자의) 정과 사랑이 이미 마음속에서 우러나온 것이다. 또한, 여러 말을 이끌려면 마땅히 준마(駿馬)를 선두에 세워야 하는 법이다. 지금 나도 많은 사람이 (두기처럼) 높은 산을 우러러보고, (그의) 고상한 덕행을 사모하기를 바란다."라고 했다.

위 문제 조비의 재위 시절에 사회가 안정되자, 유학과 유가는 더욱 큰 중시를 받았다. 황초 2년²²¹ᵏ, 조비는 다음과 같은 조서를 내렸다.

> 옛날 중니(공자)께서는 대성(大聖)의 재능을 갖추고 제왕의 그릇을 품으셨지만, (애석하게도) 쇠약한 주대(周代) 말기에 활동하여 천명을 받(아 군주가 되)는 운은 얻지 못하셨다. (공자께서) 노(魯)·위(衛)의 조정에 계시자, 수수(洙水)·사수(泗水) 일대에 (그의) 교화가 퍼졌다. 불안하고 걱정스럽고 정신없이 바쁜 와중에도 (공자께서는) 자신을 굽혀 천도(天道)를 보존하고, (자신의) 몸을 낮추어 세상을 구제하려 하셨다. …… (공자는) 이 세상에 이름을 드높인 대성이자 영원한 사표(師表)라 이를 만한 분이다. (그런데) 천하가 대란을 겪어 각종 제사의식이 모두 쇠퇴하여 유실되었다. (공자의) 옛집에 있던 공묘(孔廟)조차 무너졌지만 (아직) 수리되지 않은 상황이다. (공자의 후손에게 하사하던) 포성후(褒成侯)란 작위는 (헌제 연간에) 끊어져 (후사를) 잇는 사람이 없다. (공자가 강학하던 고향) 궐리(闕里)에서는 경서 읽는 소리가 들리지 않고, 사시사철 (공자에게) 제사를 지내는 신위(神位)를 볼 수가 없다. 이것이 이른바 예교(禮敎)를 숭상하고, (공자의) 공훈에 보답하며, 훌륭한 덕성을 갖추셨던 분께 백세토록 제사를 올리겠다는 태도란 말인가! 의랑(議郞)• 공선(孔羨)을 종성후(宗聖侯)에 봉하고, 100호의 식읍을 주어 공자의 제사를 받들게 하라.¹²³

• 한대의 관직. 광록훈(光祿勳) 휘하의 낭관으로, 응대의 고문 역할을 했을 뿐, 정해진 업무는 없었다.

조비는 이와 동시에 "노군(魯郡)에 있는 옛 (공자의) 묘당을 수리하게 하고, 100호의 관병을 두어 (수리된 공묘를) 지키게 했으며, 또 (공묘) 바깥에 넓게 집을 지어 유생들을 거주하게 했다."[124]

황초 5년[224년], 조비는 다시 "태학(太學)을 세워 오경(五經)으로 시험을 치르는 규정을 제정하고, 『춘추곡량전』(春秋穀梁傳) 박사를 두었다."[125] 또 조비는 "여러 유학자에게 경전을 편집하여 (내용을) 분류별로 배치하게 하였는데, 모두 1000여 편이었다. (이 책의) 제목을 『황람』(皇覽)이라고 했다."[126]

문제 재위 시절에는 유교적 소양과 문학적 재능으로 관리를 등용했으므로, 호족세력을 견제하여 '유능하게' 인식되던 조조 시절의 강경파 관료들은 세력을 잃었다. 양패의 경우가 그러한 사례라고 할 수 있다. 사료에서는 다음과 같이 기록하고 있다.

"황초 연간[220~226년]에 유학자와 문인들이 대거 (관계(官界)에) 진출했지만, 양패는 본래 실무 능력으로 등용되었던지라 결국 의랑(의 신분)으로 거리에서 고정된 직무 없이 지냈다. 양패는 지방관으로 연이어 성(城)의 수비를 맡으면서 개인적인 이해타산을 염두에 두지 않았다. 또한, 지위가 높은 사람을 섬기려고도 하지 않았다. 그래서 관직에서 은퇴한 뒤에는 집안에 모아놓은 재산이 없었다. (그는) 집에서 병을 치료하며 집안의 조카를 데려다 놓았을 뿐, 다른 노복은 없었다. 후일 (그는) 하남의 궤양정(几陽亭)에 딸린 거친 밭 2경(頃)을 얻어 과우려(瓜牛廬)를 짓고, 그 안에 거처했다. 그의 처자식은 추위와 굶주림에 고생했다. 양패가 병으로 죽자, (그의) 고향 사람과 친구들 및 그의 옛 부하와 백성들이 빈소를 만들고 염을 하여 장례를 치러주었다."[127]

- 달팽이집처럼 원형의 형태를 띤 작은 집. 대체로 누추한 거처를 지칭한다.

『삼국지』의 「위지」에서 권11~13, 15, 16, 22~27의 각 권은 위대에 어느 정도의 지위에 올랐던 정치가들의 열전이다. 나는 일찍이 해당 열전들에 대해 간략하게 통계를 낸 적이 있었는데, 열전의 인물 절대다수는 인정(仁政)과 관대한 조치로 정무를 처리하고 정책을 시행하자고 주장했다. 그들 중 많은 사람, 특히 포훈(鮑勛)·진군·사마의·고당륭(高堂隆) 등은 모두 대대로 유학자 집안 출신이었다.

구품관인법(九品官人法)은 육조시대에 국가가 사인을 선발하여 관직에 임용하던 주요 방법이었다. 구품중정제(九品中正制)는 조비 시절에 진군이 제안한 제도이다. 진수의 서술에 따르면, 조비는 "왕위에 오르자, 진군을 창무정후(昌武亭侯)에 봉하고, 상서(尙書)로 승진시켰다. 구품관인법은 (바로 이때) 진군의 건의로 제정된 것이다. 문제(조비)가 제위에 오르자, (진군은) 상서복야(尙書僕射)로 승진했고, 시중을 추가로 맡았다.[128]" 조비가 제위에 오르고 진군이 상서에 임명된 것은 연강(延康) 원년[220년]의 일이다. 이해는 이후 황초 원년[220년]으로 연호가 바뀌었다.

다른 기록에 따르면, "연강 원년[220년], 이부상서 진군이 조정의 관리 선발과 임용에서 인재를 온전히 얻지 못한다고 판단하여 구품관인법을 확립했다. (이에) 각 주·군에서는 모두 중정관(中正官)을 설치하여 (관리의) 선발을 확정했다. 주·군에서 현명하고 식견과 안목을 갖춘 사람을 선택하여 (중정관의 직책에) 맡기고, (중정관에게) 인물을 선별하고 (후보자의) 수준을 평가하게 했다.[129]" 그런데 "한대 말기의 동란에 위 무제(조조)가 처음으로 기반을 다졌으며, 군사 업무가 시급하여 임시로 구품제를 확립했다.[130]"라는 기록도 있다. 이 기록은 구품관인제를 조조가 제정한 것으로 기술하고 있어, 아무래도 명확하지 않은 것 같다.

구품관인법은 원래 동한 말기의 대동란 이후 호구 제도가 혼란해진 시기에 인재를 선발하던 방법이다. 그러나 위·진 시기에는 명문 호족의 정치·경제적 세력이 강대했으므로, 군·현의 중정관은 대체로 여러 호족 세력이 맡았다. 그리하여 구품관인법은 점차 명문 호족들이 농단했다. 서진대에는 이미 "상품(上品)에는 한미한 가문이 없고, 하품(下品)에는 세도가가 없다."든가 "상품에 선정된 사람은 공후(公侯)의 자손이 아니면 권력을 장악한 사람의 형제"인 상황이 되었다.

　위대부터 정치적·경제적 세력이 강대해진 명문 호족세력은 구품관인법을 장악하고 농단하여 정부의 관직을 독점했다. 또 명문 호족세력이 누린 정치적 측면의 특권은 다시 역으로 그들의 사회적·경제적 특권을 발전시키고 보장했다. 위·진시대의 명문 호족 세력은 동한 호족의 전통을 계승했다. 그들의 학술과 사상의 연원은 유가였다. 조위 후기에 유학 사상은 다시 현저하게 발전하기 시작했다. 이러한 발전 일부를 움켜쥔 세력이 사마씨였고, 이는 사마씨가 정권을 탈취하는 기초였다.

〔도판 13〕 허도 고성 유적터

　　허창현(許昌縣) 장반진(張潘鎭) 고성촌(古城村)과 분리촌(盆李村) 일대에 위치.
　　위의 사진은 허도에 머물던 헌제(獻帝)가 하늘에 제사를 지내던 건물인 육수대(毓秀臺)가 있던 자리이다.

오의 사회와 정치

1. 강남의 개발

동한 시기 강남의 경제는 현저하게 발전했다. 우경(牛耕)·수리관개를 비롯한 북방의 선진적인 생산도구와 생산기술은 점차 강남에까지 보급되었다. 저명한 수리전문가인 왕경(王景)은 여강태수가 되자, 우경을 여강 일대에 보급했다. 그 결과 "개간지가 배로 늘어났고, (여강의) 경내는 넉넉해졌다." 이때부터 우경은 점차 중국 남부까지 확대되었다. 상상 유역인 양주·형주·익주의 인구는 서한대와 비교하면 동한대에 배 이상 증가했고, 교주(交州)·광주(廣州) 지구는 경제적으로도 큰 개발이 이루어졌다. 강남에서 건국한 동오는 내부사회를 안정시키고 병력자원과 농업노동력의 확대를 위해, 또 외부의 압박에 저항하기 위해 강남 지역의 개발에 큰 힘을 기울일 필요가 있었다.

손권은 웅대한 지략을 갖춘 사람이었다. 손책은 임종을 앞두고 손권에게 이렇게 말했다.

강동의 병력을 이끌고 나가 상대 진영과 대치한 상황에서 적절한 계책을 선택하고 천하의 군웅과 우열을 겨루는 일은 네가 나만 못하다. (그러나) 덕행

과 재능을 갖춘 사람을 발탁하여 등용하고, (그들) 각자가 최선을 다하게 함
으로써 강동을 지켜나가는 일은 내가 너만 못할 것이다.[2]

이 말은 손책이 자신과 손권에게 내린 평가인데, 두 평가 모두 매우 정확하다. 덕행과 재능을 갖춘 사람을 발탁·등용하고 그들 각자가 최선을 다하게 하는 것은, 말은 쉬워도 그리 간단하지 않은 일이다. 손권이 평생 오를 성공적으로 이끈 이유가 이 구절 안에 담겨 있다. 물론 이러한 말은 성공한 정치가 모두에게 적용된다. 인재를 잘 파악하여 적절히 기용하는 능력이 없다면 사업을 이룰 수 없기 때문이다.

건안 5년[200년], 손책이 죽었을 당시 손씨 가문이 강남에서 확보한 통치자로서의 위상은 그다지 견고하지 않았다. 손씨 가문이 통제하고 있던 지역은 "당시에 회계군[오늘날의 절강성 소흥시(紹興市)], 오군[오늘날의 강소성 소주시], 단양군[오늘날의 강소성 남경시], 예장군[오늘날의 강서성 남창시(南昌市)], 여릉군[오늘날의 강서성 남부뿐이었다. 그나마 (이 다섯 군 중에도) 깊숙하고 험한 지역은 아직 완전히 복종하지 않았다. 또한, 천하의 영웅과 호걸이라 할 인사들은 (강동의) 각 주·군에 흩어져 있었고, 빈객으로 (강동에) 와서 의탁한 인사들은 (강동의) 안위에 따라 거취를 결정하겠다는 생각을 품고 있었다. 따라서 이들은 아직 (손씨 일족과) 공고한 군신 관계를 형성하지 않은 상황이었다. (반면) 장소와 주유 등은 손권이 함께 대업을 이룰만한 역량을 갖춘 사람이라고 생각했으므로, 충심으로 그를 따르고 섬겼다."[3]

장소와 주유가 손권을 충심으로 따르고 섬긴 것은 매우 중요했다. 이들의 행동은 손권의 위상을 안정시키는 데에 매우 중요한 역할을 했다. 진수의 서술에 따르면 "손책은 임종을 앞두고, 아우 손권을 장소에게 부탁했다. 장소는 신료들을 이끌고 (손권을) 옹립하여 보좌했다. (장소는) 한 왕실에 표문을 올리고, 부속 성읍(城邑)에 공문을 보내 안팎의 장령에게 각자 직책을 받들게 했다. …… 그런 다음에야 사람들은 마음속

으로 (비로소) 따를 곳이 있음을 알게 되었다.⁴"

또한, "이 당시에 천하가 분열하여 (중앙의 통제를 받지 않고) 제멋대로 명령을 내리는 자가 많았다. 손책은 (강동을) 다스린 기간이 짧아 (그의) 은택이 아직 널리 베풀어지지 않았는데, 하루아침에 죽고 말았다. 사대부와 백성은 모두 낭패하여 다른 마음을 품은 사람들이 꽤 있었다. (그러나) 장소가 손권을 보좌하여 백성을 안정시키자, 제후의 빈객 또는 (난을 피해 강동에 임시로 와 있던) 외부 인사들이 (각자의 자리에서) 능력을 발휘하여 스스로 마음의 안정을 찾았다.⁵" 진수의 서술에 따르면, "(건안) 5년²⁰⁰년, 손책이 죽은 뒤 손권이 정사를 관장했다. 주유는 병력을 이끌고 조문하러 왔다가 결국 오군에 머물며 중호군(中護軍)의 신분으로 장사(長史) 장소와 함께 여러 공무를 처리했다.⁶" 또한, 진수는 다음과 같이 서술했다.

> 손책이 죽자, 손권의 나이가 어려 …… (그의 모친인) 태비(太妃)가 이 점을 걱정했다. (그래서 태비는) 장소와 동습(董襲) 등을 불러, (그들에게) 강동이 안정을 유지할 수 있을지 물었다. (그러자) 동습이 이렇게 대답했다. "강동의 지세는 (높은) 산과 강이 견고하게 (지켜주고) 있습니다. 그리고 (돌아가신) 토역장군(討逆將軍, 손책)께서는 (회계군의) 어진 태수로서 백성에게 은덕을 베푸신 바 있으며, (이제) 토로장군(討虜將軍, 손권)께서 기업(基業)을 계승하여 대소 관리들이 (모두 목숨을 걸고) 명을 받들고 있습니다. 장소가 (각종 행정적) 사무를 처리하고, 저(동습)를 비롯한 사람이 장수로 있으니, 이는 지리(地利)와 인화(人和)를 (모두) 얻은 상황입니다. (따라서) 전혀 걱정하실 필요가 없습니다.⁷"

오도 둔전을 중시했다. 그들은 둔전이 농업을 발전시키고 군량 문제를 해결할 수 있는 중요한 조치라고 생각했다. 오의 둔전 중에는 비릉(毗陵)의 둔전에 참여한 사람이 가장 많았고, 둔전 구역도 가장 넓었던 것 같다. 기록에 따르면, "적오(赤烏) 연간²³⁸~²⁴⁸년에 여러 군(郡)에서 병력을 내놓았고, 신도도위(新都都尉) 진표(陳表)와 오군도위 고승(顧承)이 각기 휘하의 인력을 이끌고 비릉에 모여 농사를 지었는데, 남녀 각각 수만 명이었다." 조위의 예로 본다면, 비릉 둔전은 민둔(民屯)이었던 것 같다. 따라서 신도군과 오군의 도위가 인솔했던 인력은 당연히 두 군의 민호(民戶)였을 것이다.

둔전을 관리하는 관리 역시 전농도위라 불렀다. 진수의 서술에 따르면, 화핵(華覈)은 관직 생활의 "처음에 상우현(上虞縣)의 현위(縣尉)와 전농도위가 되었다." 또한, 육손은 "(외직으로) 나가 해창현(海昌縣)의 둔전도위가 되었고, 아울러 (해창)현의 (행정)업무를 겸하여 관할했다." 다른 기록에도 "강승현(江乘縣)은 …… 본래 단양(丹陽)에 속했는데, 오가 폐지하고 (이곳에) 전농도위를 설치했다."라고 했고, 당시에 "오군 무석현(無錫縣)의 서쪽을 갈라 비릉전농교위(毗陵典農校尉)를 설치했다."는 기록도 있다. 이상의 몇 가지 기록을 통해, 오가 각 군·현에 많은 둔전을 보유했음을 알 수 있다. 구체적으로 상우현·해창현·강승현에 둔전이 있었고, 비릉의 둔전은 오군 무석현의 서쪽에 있었다.

손휴(孫休)가 재위하던 영안(永安) 6년^{263년}, 승상 복양흥(濮陽興)이 "둔전 1만 명"을 동원하여 병력으로 전환하자고 건의했다. 여기서 말한 "둔전 1만 명"이란 아마도 각 군·현의 둔전에서 일하는 둔전객으로 짐작된다. 그가 동원하여 병력으로 전환하자고 한 것을 보면, 이들은 동원하기 전까지는 군사가 아니었다. 그렇다면 이들은 전부 민둔이었다고 볼 수 있겠다.

오에도 군둔(軍屯)이 있었다. 오의 병사들은 대체로 군사 업무 이외에 둔전도 함께 경작했던 것 같다. 진수는 적오 8년^{245년} 8월에 오가 "교위 진훈(陳勳)에게 둔전과 작사(作士) 3만 명을 거느리고 가서 구용현(句容

• 노동에 종사하는 공인과 장인 등을 일컬음.

縣) 일대의 운하를 파게 했다.^{13}"라고 기록했다. 그런데 "둔전과 작사"라는 구절이 다른 책인『건강실록』(建康實錄)에는 "둔전병"으로 기록되어 있다.

영안 2년^{259년}의 조서에서 손휴는 "한 사람의 농부가 농사를 짓지 않으면 굶주려야 하는 사람이 생기고, 부녀자 한 사람이 길쌈을 하지 않으면 추위에 떠는 사람이 생긴다. 굶주림과 추위가 함께 닥쳤는데도 백성이 잘 못된 일을 저지르지 않을 수는 없다. 근래에 와서 각 주·군의 관리와 백성 및 각지 군영의 병사들 대다수가 이 일(농업과 길쌈)을 저버렸다. (백성은) 모두 장강에 배를 띄우고 (장강 상·하류를) 오가며 장사를 한다. (그래서) 좋은 경작지는 점차 황폐해지고, 현재 남은 곡식은 나날이 줄어든다. (이런 상황에서) 나라의 안정을 바란들 어떻게 가능하겠는가!^{14}"라고 했다.

또 낙통(駱統)은 손권에게 이렇게 상소한 적 있다. "또 듣자 하니, 민간에서 생활하면서 조금이라도 자급할 수 없는 사람들은 아이를 낳고도 대부분 양육하지 않으며, 둔전에 참여한 가난한 병사들도 자식을 버리는 이가 많다고 합니다.^{15}" 황무(黃武) 5년^{226년}에 손권은 다음과 같은 조처를 했다.

다음과 같은 영이 내려졌다. "군대를 일으킨 날이 오래되어 백성들은 농토를 떠나고, 부자와 부부가 서로를 돌볼 수 없으니, 나는 그들이 너무나도 가련하다. 이제 북방의 적들이 뒷걸음질 치며 달아나 변경 지역에도 (아무런) 변고가 없다. 각 주군에 공문을 하달하여 (백성이) 편안하게 휴식을 취할 수 있게 하라." 이때 육손은 곳곳에서 곡식이 부족해지자, 표문을 올려 (각지의) 장수들에게 농지를 개간하게 명할 것을 요청했다. (그러자) 손권이 다음과 같이 비답(批答)했다. "(경의 제안이) 매우 좋소. 이제 우리 부자도 직접 농지를 받아, 어가(御駕)의 소 8두로 쟁기 4개를 끌며 밭을 갈겠소. 비록 (직접 밭을 갈며 솔선수범한) 고대의 성현에게는 미치지 못하겠지만, 그래도 백성들과 똑같이 노동을 분담하려 하오.^{16}"

또 육개(陸凱)는 손호(孫皓)에게 "선제(손권) 때의 전사들은 다른 노역에 동원되지 않았습니다. (평시의) 봄에는 오직 농사만 신경 쓰고, 가을에는 벼를 거두게 하였습니다. (그러다가) 장강의 방어선에서 전쟁이 벌어지면 그들에게 죽음을 무릅쓰고 싸울 것을 요구하셨습니다. (그런데) 지금의 전사들은 각종 노역에 동원되어야 하고, 받는 식량도 충분하지 않습니다.17"라고 상소했다.

상술한 사료 중에 어떤 기록은 군관과 병사들이 둔전에 참여했음을, 또 어떤 기록은 오의 군관과 병사들이 모두 보편적으로 농업 활동에 참여했음을 보여준다. 손권의 재위기에는 장강 이북의 대규모 인구가 각종 원인으로 강남으로 이주하거나 이주당하는 일이 항상 있었다. 동오도 북방과 마찬가지로 곳곳에서 약탈을 감행하여 사람을 빼앗아왔다. 노동력이 있어야 토지를 개간하고 실력을 증강할 수 있었기 때문이다. 아래의 사료는 동오가 얼마나 많은 사람을 약탈해왔는지를 잘 보여준다.

> 애초에 손책은 표를 올려 이술(李術)을 여강태수에 기용할 것을 요청했다. (그런데) 손책이 죽은 뒤, 이술은 손권을 섬기려고 하지 않았고, (손권에게서) 도망하거나 반란을 일으킨 사람을 많이 받아들였다. …… 손권은 대로했고, …… 이해전안 5년(200년)에 병력을 이끌고 환성에서 이술을 공격했다. …… (손권은) 결국 환성을 격파하고 (성안의 백성을) 도륙했으며, 이술을 효수하고 그의 부곡 3만여 명을 이주시켰다.18

앞서 이미 서술한 것처럼, 건안 18년(213년)에 조조는 장강 연안의 군·현이 손권에게 공략되는 것을 염려하여, 해당 지역의 백성을 내지로 이주하도록 명령했다. 그 결과, 백성들은 오히려 더욱 두려워했다. 여강·구강·기춘·광릉에 거주하는 10여만 호가 모두 동쪽으로 이동하여 장강을 건너니, 강서 지역은 결국 텅 비게 되었고, 합비 이남에는 환성만 남았다.

건안 19년[214년], 손권은 환성을 공격하여 승리했고, 여강태수 주광과 참군 동화, 남녀 백성 수만 명을 사로잡았다. 손권은 강하의 황조를 공격하여, 그곳의 백성도 사로잡았다. 건안 12년[207년], 손권은 "서진하여 황조를 정벌하고, 그곳의 백성을 생포하여 돌아왔다."[19] 건안 13년[208년] 봄, "손권은 다시 황조를 정벌하여 …… 마침내 그 성을 격파하고 (성안의 백성을) 도륙했다. 황조는 홀로 탈출하여 도주했는데, 기병 풍칙(馮則)이 추격하여 그의 머리를 효수하고 남녀 수만 명을 생포했다."[20]

당시 강동은 비록 중원 지역처럼 심각하게 파괴되지는 않았지만, 땅은 넓고 인구는 적었다. 따라서 생산력의 향상을 위해 자연히 사로잡은 인구를 농경지 개간과 식량 생산에 투입할 수 있었다. 강동의 둔전은 이처럼 포로로 생포한 노동 인력의 동원을 통하여 개척되었을 것이다.

손오가 강남에서 진행한 가장 큰 개발은 넓은 지역의 산월족(山越族)을 압박하여 한화(漢化)시킴으로써 산월족 거주 지역을 군·현으로 재편한 일이었다. 손오는 산월족 중 힘세고 건장한 사람은 병사로, 약한 사람은 군·현의 백성으로 삼았고, 산월족을 한족 사회와 문화 속으로 편입했다.

산월은 신·한대 이래 백월족(白越族)이라 불린 민족의 넝징이나. 상강 이남에는 월족이 매우 많았는데, 각지에 흩어져 살았기 때문에 '백월'(百越)이라 불렸다. 장강 하류의 월족은 한족의 압박을 받아 일부는 남쪽으로 이동했고, 일부는 산악지대로 들어가 '산월'(山越)이라는 이름을 갖게 되었다. '산월'은 산악지대에 거주하는 월족이었다.

손오에게 산월은 내부의 잠재적 불안 요소였다. 산월을 평정하지 않으면 손오 내부를 공고히 할 수 없었다. 또 북방에 있는 조위의 위협에도 맞서기 어려웠다. 육손이 손권에게 산월 정복을 건의할 때 언급한 이유의 하나는 "산속의 도적들은 오래된 역도(逆徒)로서 험준하고 깊숙한 지세를 믿고 (악행을 저지르고) 있는데, 마음속의 근심이 해소되지 않으면 먼 곳의 도적까지 공격을 꾀하기는 어렵다."[21]는 것이었다. 진수는 산월이 내부에서 손권을 위협했기 때문에, 손권이 조조에게 칭신(稱臣)할 수밖에 없었다고 생각했다. 그는 다음과 같이 판단했다. "산월족은 반란을 일으키기 좋아하며, 다독이기 어렵고 쉽게 동요하는 기질이었다. 그래서 손권은 외부의 적을 막을 겨를이 없어 위에게 비굴하고 겸손(한 문서로 칭신)할 수밖에 없었다."[22] 사실, 손권이 조조에게 신하라 칭한 것은 유비와 형주를 두고 다투기 위해서였다. 하지만 진수의 서술 역시 산월 문제의 심각성을 잘 증명해 준다.

손권의 산월 정벌은 동오 내부의 잠재적 불안 요인을 제거하기 위한 군사 행동이었다. 그러나 더욱 직접적이고 현실적인 원인은 산월족을 끌어들여 병력을 증강하고, 조세 수입을 확충하며, 군·현의 민호를 늘리기 위해서였다. 손권의 재위 시절에는 여러 해 동안 산월의 정벌이 계속되었다. 아래의 여러 기록으로 볼 때, 정벌을 통해 얻은 정예병의 숫자는 13~14만 명 이상이었던 것으로 추정된다.

> 건안 원년[196년], 손책은 (회계)군으로 와서, 하제를 (검증한 후) 효렴으로 추천했으며, …… (이후) 하제를 영녕(永寧)의 현장으로 삼았다. …… 또 (한안韓晏을) 대신하여 (하제에게 회계군 남부)도위 업무를 겸임하게 했다. …… 후관현(候官縣)오늘날의 복건성(福建省) 복주시(福州市)은 이미 평정되었지만, 건안현(建安縣)·한흥현(漢興縣)·남평현(南平縣)오늘날의 복건성 건구(建甌)·남평 일대에서 다시 난이 일어났다. 하제는 건안으로 진격하여 (그곳에 회계군 남부)도위부(都尉府)를 세웠다. 이해가 건안 8년[203년]이었다. (회계)군에서는 (관할) 현마다 군사 5000명씩을 징발하여, 각 현의 현장에게 (징발한 병력을) 인솔하도록 했다. 이들은 모두 하제의 지휘를 받았다. 반군(의 두목)인 홍명(洪明)·홍진(洪進)·원어(苑御)·오면(吳免)·화당(華當) 등 5인은 각각 1만 호를 이끌고 한흥현(의 연결된 영지)에 주둔했다. (또 다른 반군 두목) 오오(吳五)가 거느린 6000호는 단독으로 대담(大潭)에 주둔했다. 추림(鄒臨)의 6000호도 따로 개죽(蓋竹)에 주둔했다. …… (하제

는) 마침내 일부 병력을 나눠 (여한餘汗에) 머물며 지키게 하고, (자신은) 진격하여 홍명 등을 토벌하여 연달아 (적군을) 대파했다. (하제가) 전장에서 홍명을 참수하니, 오면·화당·홍진·원어가 모두 투항했다. (하제가) 진격 방향을 돌려 개죽을 공격하고 대담으로 진군하자, (추림·오오) 두 장수가 다시 항복했다. (이 전투에서 하제가) 대체로 토벌하고 참수한 수급(首級)이 6000급이었다. (그는) 이름난 장수를 전부 사로잡았고, 현과 읍을 다시 설치했으며, 병사로 삼을 장정 1만 명을 뽑았다. (하제는 이 공으로) 평동교위(平東校尉)에 임명되었다. (건안) 10년205년, (하제는 병력을) 이동하여 상요현(上饒縣)오늘날의 강서성 상요시(의 반란)을 토벌하고, (상요현 일부를) 분리하여 건평현(建平縣)오늘날의 복건성 전양(建陽)을 설치했다.[23]

(건안) 13년208년, (하제는) 위무중랑장(威武中郎將)으로 승진했고, 단양군(丹陽郡)의 이현(黟縣)·흡현(歙縣)오늘날의 안휘성 이현·흡현 및 절강성 순안현(淳安縣) 일대을 토벌했다. 당시 무강(武彊)·섭향(葉鄉)·동양(東陽)·풍포(豐浦) 4향(鄉)이 먼저 투항했다. 하제는 표문을 올려 섭향을 시신현(始新縣)오늘날의 흡현과 순안현 사이으로 고칠 것을 건의했다. 흡현의 반군 수괴 김기(金奇)의 1만 호는 안륵산(安勒山)에 수눈했고, 모감(毛甘)의 1만 호는 오료산(烏聊山)에 수눈했으며, 이현의 반군 수괴 진복(陳僕)·조산(祖山) 등의 2만 호는 임력산(林歷山)에 주둔했다. …… (하제가) 진복 등을 대파하니, 나머지 무리는 모두 투항했으며, 도합 7000급의 수급을 참수했다. 하제는 다시 표문을 올려, 흡현을 신정(新定)·여양(黎陽)·휴양(休陽)의 3현으로 나눌 것을 요청했다. (앞서 분할된 시신현과 이번에 분리된 신정현·여양현·휴양현에) 이현·흡현을 합하면 총 6현이다. 손권은 마침내 (이 6현을 별도로) 분리하여 신도군(新都郡)을 설치하고, 하제를 (신도군의) 태수에 임명했다. (신도군의) 치소는 시신현에 설치되었고, (하제에게는) 편장군을 더해 주었다.[24]

(건안) 16년211년, 오군 여항현(餘杭縣)오늘날의 절강성 항주(杭州)의 서쪽 출신의 백성 낭

치(郎稚)가 종족을 규합하여 반란을 일으켰는데, 다시 그 숫자가 수천 명이었다. 하제가 출병하여 그들을 토벌하고, 곧바로 다시 낭치를 격퇴했다. (하제는) 여항현을 분할하여 임수현(臨水縣)오늘날의 절강성 임안(臨安)의 북쪽을 설치하자는 표문을 올렸다.^{25}

(건안) 18년213년, 예장군오늘날의 강서성 남창시 동부 출신의 백성 팽재(彭材)·이옥(李玉)·왕해(王海) 등이 반란을 일으켰는데, (그들의) 무리가 1만여 명이었다. 하제가 그들을 토벌하여 평정하고 그 수괴를 주살하니, 나머지가 모두 항복했다. (하제는) 그중 야무지고 건장한 사람들을 골라 병사로 채우고, 남은 사람은 현의 민호(民戶)로 삼았다.^{26}

(건안) 21년216년, 파양군(鄱陽郡)오늘날 강서성의 동북쪽. 군치(郡治)는 오늘날의 파양(波陽) 출신의 백성 우돌(尤突)은 조공(조조)이 하사한 관인과 인수(印綬)를 받자, (파양군의) 백성을 선동해 반란을 일으켰다. (그러자 단양군의) 능양현(陵陽縣)·시안현(始安縣)·경현(涇縣)이 모두 우돌에게 호응했다. 하제는 육손과 함께 우돌을 토벌하여 격파하고, (반란군) 수천 명을 참수했다. (그러자) 잔당은 두려워 복종했다. 단양군의 3현도 모두 항복했다. (이들 반군 세력에서) 정예병 8000명을 선발했다.^{27}

하제가 산월을 정벌한 지역은 복건성 북부부터 절강성·안휘성을 포함하며 강서성 북부에까지 이른다. 손오는 이 일대에 군·현을 늘려 설치하면서, 산월족을 현의 민호로 삼았다. 그밖에도 야무지고 건장한 사람을 뽑아 병사로 삼은 것이 2만여 명이었다. 진수가 남긴 산월족의 토벌 관련 기록은 다음과 같다.

손권은 전종(全琮)을 분위교위(奮威校尉)에 임명하고, (그에게) 병력 수천 명을 주어 산월족을 토벌하게 했다. (그러자 전종은) 내친김에 병력을 모집하여 정예병 1만여 명을 확보했다. (그는 그런 다음) 출병하여 우저(牛渚)에 주둔했고, 점차 승진하여 편장군이 되었다.[28]

황무 7년 228년 …… 이때 단양군·오군·회계군 오늘날의 강소성 남부와 절강성 북부의 산월족 백성이 다시 도적이 되어, (각 군의) 속현을 공격하여 함락했다. 손권은 3군의 (경계지인) 험준한 산간지역을 분할하여 동안군(東安郡)을 설치하고, 전종에게 태수를 겸임하게 했다. (전종은) 부임한 뒤 상벌을 분명히 하고 (반군에게) 투항하여 의탁할 것을 권유하니, 수년 동안 1만여 명을 얻었다.[29]

마침 건안(建安)·파양·신도 3군의 산월족 백성이 난을 일으켰다.이 사건은 적오 5년(242년) 또는 그 이후의 일이다. (조정에서는) 종리목(鍾離牧)을 감군사자(監軍使者)로 내보내니, (그는 반군을) 토벌하여 평정했다. 반군의 수괴인 황란(黃亂)·상구(常俱) 등이 (자기들이) 거느리던 병력을 바치니, (이들은 관군에 소속되어) 병역(兵役)을 이행했다.[30]

(장소의 아들) 장승(張承)은 …… 손권이 표기장군(驃騎將軍)에 임명되자, 서조연(西曹掾)에 임명되었고, 외직으로 나가서는 장사군(長沙郡)의 서부도위(西部都尉)에 임명되었다. (장승은 장사군에서) 산월족 반란군을 토벌·평정하여, 정예병(에 충당할 만한 사람) 1만 5000명을 확보했다.[31]

(고옹顧雍의) 손자 고승(顧承)은 …… 후에 오군의 서부도위가 되어 제갈각(諸葛恪) 등과 함께 산월을 평정했고, 별도로 (산월족 중) 정예병(에 충당할 만한 사람) 8000명을 확보했다.[32]

• 표기장군부(驃騎將軍府)에 소속되어 인사 업무를 담당하던 관리.

육손이 다음과 같이 건의했다. "바야흐로 지금은 영웅들이 바둑판 위의 바둑알처럼 (도처에서) 서로 대치한 채, 승냥이와 이리처럼 몰래 (우리의 허점을) 엿보고 있습니다. (따라서 우리가) 적을 무찌르고 전란을 종식하기 위해서는 많은 수의 군사가 없이는 성공할 수 없습니다. 산속의 도적들은 오래된 역도로서 험준하고 깊숙한 지세를 믿고 (악행을 저지르고) 있습니다. (그래서) 마음속의 근심이 해소되지 않으면, 먼 곳의 도적까지 공격을 꾀하기는 어렵습니다. (이들을 병합하면) 군대를 확충할 수 있을 테니, 그들 중 정예병(에 충당할만한 사람)을 확보하십시오." 손권은 그의 계책을 받아들이고, (그를) 장하우부독(帳下右部督)에 임명했다. (이때) 마침 단양군의 반군 수괴 비잔(費棧)은 조공(조조)이 하사한 관인과 인수를 받자, 산월족(이 반란)을 (일으키도록) 선동하여 (조공과) 내응했다. 손권은 육손을 파견하여 비잔을 토벌하게 했다. 비잔의 도당은 숫자가 많았으나, (그들을) 토벌하러 간 (육손의) 병력은 적었다. 육손은 (깃대에 상아 장식을 한)• 기치를 잔뜩 세우고, 전고(戰鼓)와 호각(號角)을 (맡을 병력을 곳곳에) 배치했다. (이들이) 밤에 산골짜기에 잠입하여 전고를 두드리고 소리를 지르며 진격하니, (비잔의 무리는) 곧바로 무너져 흩어졌다. 마침내 (육손은 승세를 틈타) 동쪽의 (단양·오·회계) 3군(의 산간지구)에서 (뽑은 인력으로) 부대를 편성했다. (그중) 강한 사람은 병사로 삼고, 약한 사람은 민호로 보충하여 정예병 수만 명을 확보했다. 오랫동안 악행을 저지르던 반란군은 소탕되었고, (육손이) 지나가는 곳마다 (치안이) 안정되었다. (임무가 완수되자) 육손은 돌아와 무호(蕪湖)에 주둔했다.[33]

(가화嘉禾) 6년[237년], 중랑장 주지(周祗)가 (손권에게) 파양군에서 군대를 모집하겠다고 요청하니, (손권은) 이 안건을 육손에게 내려보내 문의했다. 육손은 이 군(파양군)의 백성들이 쉽게 동요하여 안정시키기 어려우니, (병사의) 모집

• 대체로 군대의 장수가 머문 군영 앞에 의장용으로 세우는 큰 기.

을 허락할 수 없다고 생각했으며, (무리한 모집으로 백성이) 도적으로 전락할까 걱정했다. 그러나 주지는 한사코 (병력을) 모집하겠다고 주장했다. 군의 백성 오거(吳遽) 등은 과연 반역을 일으켜 주지를 죽이고, 여러 현을 공격하여 함락했다. 예장군과 여릉군에서 오랫동안 악행을 저지르던 백성들도 오거에 호응하여 도적이 되었다. 육손이 소식을 듣고 즉시 토벌하니, (적들은) 바로 격파되었다. 오거 등은 연이어 투항했다. 육손은 (이들 중에서) 정예병 8000여 명을 뽑았으며, 3군은 모두 평정되었다.[34]

제갈각은 단양군의 산세가 험하고 백성 중에 과감하고 거친 사람이 많아, 비록 이전에도 (이곳에서) 병력을 징집했지만 현 외곽의 평지 백성만을 얻었을 뿐, 그 나머지는 깊숙하고 먼 산속에서 활동하는 산월족이라 그들을 전부 사로잡을 수는 없다고 생각했다. 그래서 (제갈각은) 자신을 관리에 임명하여 그곳(단양군)으로 파견해 줄 것을 여러 차례 (조정에) 요청하였고, 3년 안에 갑사(甲士) 4만 명을 확보할 수 있다고 예상했다. (그러나) 여러 중신은 다들 다음과 같이 의견을 모았다. "단양군은 지세가 험준하고, 오·회계·신도·파양 4군과 인접해 있으며, 둘레가 수천 리이고, 산과 계곡이 만 겹이다. 그렇게 궁벽하고 깊숙한 지역에 사는 백성은 일찍이 성읍(城邑)에 들어온 적도 없어, 지방관을 마주하면 모두 무기를 들고 들판을 뛰어다니며 우거진 숲속에서 백발이 되도록 산다. (그래서) 도망자나 악당들은 모두 함께 (이곳으로) 숨어들었다. 산에서는 구리와 철이 생산되어, (이들은) 스스로 갑옷과 무기를 만들 수 있다. 그곳의 풍속은 무예를 숭상하고 전투에 익숙하며, 기백과 힘을 높이 숭상한다. 그들이 산에 오르고 험지로 나아가며 가시덤불로 뛰어드는 모습은 마치 물고기가 깊은 연못에서 (유유히) 헤엄치고 원숭이가 나무에 (훌쩍) 뛰어오르는 것과 같(이 자유롭고 능수능란하)다. (그들은 항상) 수시로 빈틈을 엿보면서 (산을) 내려와 도적질을 일삼으며, (조정에서) 병력을 파견하여 정벌할 때마다 (자기들의) 소굴을 찾(아들어가 숨)는다. 그들은 싸움을 하면 벌떼처럼 몰려들고, (일단) 패하면 새처럼 (사방으로) 흩어진다. 전대(前代, 한대) 이래로 (그들을) 통제할 수 없었다." (이처럼 조정 대신들은) 모두 (제갈각의 생각이 실현되기) 어렵다고 생각했다. …… 제갈각은 자신의 계획이 틀림없이 성공할 것이라고 힘껏 개진했다. 손권은 제갈각을 무월장군(撫越將軍)에 임명하고, 단양태수를 겸임하게 했다. …… 제갈각은 (단양군의) 관아에 부임한 뒤, (오·회계·신도·파양) 4군에 속한 각 현의 관리들에게 공문을 보내, 각자 자신의 경계를 지키고 부대의 조직을 확고히 정립하게 했다. 또 평지의 백성들을 복종시키고 교화하여 (그들) 모두가 영채 안에서 모여 살게 했으며, (그런 다음 제갈각은) 장수들을 나누어 (산속으로) 들여보내 깊숙하고 험준한 지역에 병력을 배치하게 했다. 다만 (제갈각은) 견고한 울타리만 설치하고, (산월족과의) 교전은 허락하지 않았다. (그런 다음) 농작물이 익을 무렵 즉시 병사를 출동시켜 (농작물을) 베게 하여, 그 종자도 남기지 않게 했다. (그러자 산월족은) 묵은 곡식이 떨어졌는데도 새로 경작한 농지에서는 (한 톨의 곡식도) 거둬갈 수 없었다. 평지의 백성은 (이미) 영채 안에서 모여 거주하여, (산월족이) 노략질을 하려 해도 (그럴) 장소가 없었다. 이에 산월족은 굶주리고 곤궁해져 차츰 (산에서) 나와 투항했다. 제갈각은 다시 (다음과 같은) 명령을 내렸다. "산월족 백성 중에 악행을 버리고 (우리의) 교화를 따른 사람은 모두 어루만지고 위로하여 외부의 (다른) 현으로 옮겨야 한다. (그들을) 의심하여 구속하는 일이 있어서는 안 된다." …… (산월족) 백성은 …… 관아가 오직 자신들을 (산에서) 나오게 하려는 의도임을 알았다. 그래서 (그들은) 노인을 부축하고 아이의 손을 잡고 (산에서) 나왔다. 1년 뒤, (제갈각이 확보한) 사람의 숫자는 모두 원래의 예상과 들어맞았다. 제갈각은 직접 1만 명을 거느리고, 나머지는 모두 다른 장수에게 나누어 주었다.[35]

위에서 인용한 몇몇 열전의 기록으로 볼 때, 산월족 문제는 손오 정권에게 상당히 성가신 문제였음을 알 수 있다. 그러나 다른 측면에서 보면, 손오의 산월족 정벌은 강남의 개발이기도 했다. 산월족의 경제생활과 문화적 수준은 한족보다 낮았다. 한족의 산월족 정벌은 산월족이 산에서 내려오도록 강제한 것이므로, 당연히 좋지 않은 행위였다. 그러나 이 일은 산월족의 역사 발전을 가속했다. 인류 역사의 발전은 종종 이렇게 이뤄지며, 문명은 고통 속에서 만들어지는 법이다.

손오가 산월족을 통해 많은 병력을 확보했다는 사실은 앞에서 인용한 여러 열전 속에 기록된 수치를 통해서 이미 알 수 있다. 제갈각은 병력 4만 명, 육손은 "정예병 수만 명"을 얻었는데, '수만'이 몇만 명인지는 모르겠지만, 일단 3~4만 명 정도로 계산해 보겠다. 2만 명을 '수만'이라고 하지는 않기 때문이다. 하제는 "야무지고 건장한 사람들을 골라 병사로 채웠고", 종리목은 "병역을 이행했다."라고만 했으므로, 이들 역시 각각 어느 정도의 병력을 얻었는지는 알 수 없다. 우선 각자 병력 5000명을 얻은 것으로 계산하고, 여기에 이미 확보한 병력으로 알려진 숫자를 더하면, 손오가 확보한 병력의 총수는 대략 14만 명 정도이다.

손오가 멸망했을 때 보유한 병력의 총수는 23만 명이었다. 이중 산월족 출신의 병사가 이미 오군 진제 숫자의 절반 이상이었다. 석벽대전의 전날 밤, 황개는 조조에게 거짓으로 투항 의도를 전한 서찰에서 "강동 6군(의 사람)과 산월족(의 힘)으로 중원의 백만 대군을 대적하기에는 중과부적(衆寡不敵)이라는 사실을 천하 사람이 모두 알고 있다.[36]"고 했다. 이 편지에서 황개는 뜻밖에도 산월족 병사가 오의 병력을 대표한다고 진술했다. 그런데 오의 병력 대부분이 산월족이었어야 황개가 이렇게 말할 수 있었을 것이며, 그의 말이 실정에 부합하지 않았다면 조조에게 신뢰를 얻을 수도 없었을 것이다.

황개가 말한 강동 6군은 단양·오군·회계·예장·여릉·파양이었다. 그러나 손권의 세력이 미치는 곳이라고는 군치(郡治)·현치(縣治)가 있는 소재지와 그 주변 지역에 불과했다. 깊숙하고 먼 산악지대와 광대한 내륙 지역은 여전히 산월족의 거주 지역이었다. 산월족의 일부 거주 지역에서는 오에 조세만 낼 뿐, 부역과 징집은 부담하지 않았다. 또 산월족의 일부 지역에서는 조세조차 부담하지 않는 상황이었다. 태사자(太史慈)는 손책에게 이렇게 말했다. "파양군의 백성 우두머리는 별도로 종부(宗部)를 확립하고, 병력에 의지하여 (군郡의) 경계를 지키고 있습니다. …… 해혼현(海昏縣)오늘날의 강서성 수수(修水) 일대에서도 상료벽(上繚壁)을 세우고, 5000~6000호가 서로 결집하여 종오(宗伍)를 이루었습니다. (이들은) 군(예장군)에 포백(布帛)만을 조세로 보낼 뿐이어서, (예장군에서) 한 사람을 징집하려고 해도 끝내 (그렇게) 할 수 없었습니다."[37]

여기에서 '종부', '종오'라고 표현한 것은 아마도 산월족을 지칭할 것이다. 산월족의 역사 발전 단계는 문헌의 부족으로 판단을 내리기 어렵다. 대체로 부계 가부장제의 말기였던 당시의 산월족 사회에서 종족 조직은 여전히 사회적 기초조직이었고, 백성의 우두머리는 대체로 크고 작은 씨족촌락의 추장(酋長)이었을 것이다.

오는 오늘날의 강소성·절강성·강서성·복건성에서 대규모로 개발을 진행했고, 오늘날의 호남성·광동성 등지에도 개발을 진행했다. 오의 영남(嶺南, 광동·광서) 지역 개발에는 3인이 연이어 중요한 역할을 했다. 그 중 하나가 사섭(士燮) 일가였다.

사섭은 창오군(蒼梧郡) 광신현(廣信縣) 출신이다. 사섭 가문은 원래 노국(魯國) 문양(汶陽) 출신이었는데, 왕망의 난을 피해 교주로 이주했다. 그의 부친 사사(士賜)는 환제 연간에 일남태수(日南太守)가 되었다. 사섭은 어린 시절 일찍이 도성에 유학하여 영천 출신의 유자기(劉子奇)를 스승으로 섬겼고,『춘추좌씨전』(春秋左氏傳)을 공부했다. 부친이 죽은 후, 그는 교지태수(交阯太守)에 임명되었다. 중원에서 동탁의 난이 일어난 시기에 교지자사 주부(朱符)가 피살되자, 교주의 각 군은 혼란스러웠다. 사섭이 동생 사일(士壹)을 합포태수(合浦太守), 동생 사유(士

翊)를 구진태수(九眞太守), 동생 사무(士武)를 남해태수로 임명하니, 한 집안에 태수가 4인이었다. 당시 중원은 혼란스러웠으므로 "중원의 인사 중에 (사섭에게) 가서 의탁하여 난을 피한 사람이 수백 명이었다."[38]

사섭이 교지를 다스린 40여 년 동안, 영남(광동·광서) 지역은 평화와 안정을 유지하고, 경제발전을 계속하던 국면이었다. 진국(陳國) 출신의 원휘(袁徽)는 후한 조정의 상서령(尙書令) 순욱에게 글을 올려 사섭을 다음과 같이 칭찬했다.

> 교지군의 사부군(士府君, 사섭)은 학문이 뛰어나고 해박하며, 정무에도 능통합니다. (그는) 대란이 벌어지는 동안 군(郡) 하나를 온전히 보호했습니다. (그가 교주를 통치한) 20여 년 동안 (교주군의) 변경에서 전쟁이 일어나지 않아 백성이 본업을 잃지 않았습니다. (또한, 이곳에서) 타관살이를 하는 사람들도 모두 그가 베푼 혜택을 받고 있습니다.[39]

사섭은 손권에게 끊임없이 사신을 보내 교지의 생산품을 바쳤다. 그가 바친 "각종 향료와 고운 갈포(葛布)는 늘 수천 건이었고, 명주(明珠)·대패(大貝)·유리(琉璃)·비취(翡翠)·대모(玳瑁)·무소뿔·상아 같은 진귀한 보물, (그리고) 기이한 물건과 특이한 과일, 이를테면 파초(芭蕉)·야자(椰子)·용안(龍眼) 같은 것들을 보내지 않는 해가 없었다. 사일은 수시로 말을 바쳤는데, 그 수가 수백 필이었다."[40]

황무 5년[226년], 사섭이 90세의 나이로 사망했다. 그가 사망한 시점에서 40여 년을 거슬러 올라가면, 사섭이 교지태수에 임명된 시기는 영제의 재위기인 광화 원년[178년]에서 중평 원년[184년] 사이였을 것이고, 원휘가 순욱에게 글을 보낸 시기는 건안 10년[205년] 전후였을 것이다. 건안 15년[210년], 손권은 보즐(步騭)을 교주자사(交州刺史)로 파견했는데, 사섭 형제는 연이어 보즐의 명을 따랐다. 영남 지구가 손오에 귀순하게 된 것은 이때부터였다. 보즐은 영남 지구에 10년 동안 머물렀다.

연강(延康) 원년[220년], 손권은 보즐 대신에 여대(呂岱)를 파견하여 교주자사에 임명했다. 여대가 교주에 이르자, 고량군(高涼郡)의 반군 수괴 전박(錢博)은 항복을 청했다. 여대는 전박을 고량군의 서부도위에 임명했다. 울림군(鬱林郡)의 소수민족 반군이 울림군의 각 현을 공격하여 포위하자, 여대는 그들을 토벌·평정했다. 계양군 정양현(湞陽縣) 출신의 왕금(王金)은 남해(南海)의 경계에서 무리를 규합하여, 선두에서 반란을 일으켜 큰 피해를 주었다. 그러자 여대가 그들을 토벌하고, 왕금을 생포했으며, 수만 명을 참수하거나 생포했다.

사섭이 죽은 후, 손권은 사섭의 아들 사휘(士徽)를 안원장군(安遠將軍)에 임명하고, 구진태수를 겸임하게 했다. 그러나 사휘는 손권의 명을 따르지 않고, 병력을 이끌고 해구(海口)를 차지했다. 여대가 사휘를 토벌하자, 사휘는 투항의 의미로 형제 여섯 명을 이끌고 웃통을 벗은 채로 여대를 맞이했다. 그러나 여대는 그들을 전부 참살했다. 손권은 여대의 공로를 다음과 같이 칭찬했다.

> 원흉이 제거되고 나자 크고 작은 반란 세력들은 두려움에 무서워 떨었고, 그 나머지 자잘한 패거리들도 깡그리 주멸되었소. 이제부터 국가가 영원히 남방을 돌아봐야 하는 근심이 사라지고 (여릉·회계·남해의) 3군이 안정되었으니, (백성은) 두려워하거나 동요할 일이 없을 것이오. 또 악행을 저지르던 백성을 얻어 조세와 부역을 부담하게 했으니, 거듭 감탄할 만한 일이오![41]

여대의 후임으로 영남 지구에 머문 사람은 육윤(陸胤)이었다. "적오 11년[248년], 교지군·구진군의 이민족 반군이 (사방에서) 성읍을 공격하여 함락하니, 교주 일대가 크게 혼란스러웠다. (손오 조정에서는) 육윤을 교주자사 겸 안남교위(安南校尉)에 임명했다. 육윤은 남방의 경계로 들어가 은

덕과 신뢰로 (지역 주민을) 교화하고 (이들의) 복속과 포용에 힘썼다. (그러자) 고량군의 반군 수괴 황오(黃吳) 등의 도당 3000여 호가 모두 투항했다. (육윤은) 병력을 이끌고 남하하여, (손오 정부의) 성의(誠意)를 거듭 밝히고 재물을 하사했다. (그 결과 종전에는) 반군 수괴 100여 명과 백성 5만여 호가 깊숙한 오지에 거주하며 통제를 받지 않더니, (그제야 산에서 내려와 투항하여) 다들 무릎을 꿇고 고개를 조아렸다. (이에) 교주 일대가 조용하고 안정되었다. (손오 조정에서는 이 공으로 육유에게) 곧바로 안남장군(安南將軍)의 직위를 더해 주었다. (육유는) 다시 창오군 건릉현(建陵縣) 오늘날의 광서성 여포(荔浦)의 서남쪽의 도적을 토벌하여 격파했다. (그는 투항한 교주 출신의) 장정 중에서 8000여 명을 뽑아 병력으로 충원했다."[42]

상술한 것처럼 교주에 머문 오의 관리는 보즐·여대·육윤 세 사람이었다. 그중 보즐이 재직하던 시기에 교주는 비로소 오에 귀순했다. 사휘의 형제 6인을 살해한 여대가 민심을 가장 얻지 못했다. 여대는 일찍이 사휘 형제에게 투항하면 면직만 하겠다고 약속한 바 있다. 그러나 그는 죽이지 않아도 되는 상황에서도 곧바로 신의를 저버리고 사휘 형제 6인을 살해했다.

육윤은 육개의 아우이자 육손의 일족으로, 강남의 명문가 출신이었으며, 교양을 갖춘 사람이었다. 오의 중서승(中書丞) 화핵은 표를 올려, 육윤이 교주에 있을 때의 공적을 다음과 같이 칭찬했다.

흩어졌던 백성들이 돌아와 (육윤에게) 의탁하니, 해안 지대가 안정되었습니다. …… 상인과 나그네가 편안히 왕래하고, 민간에는 질병이 유행하지 않으며, 농작물은 풍성하게 무르익었습니다. 교주의 치소(治所)가 바다에 인

● 교주의 행정책임자인 교주자사가 머물던 행정관아. 교주의 치소인 주치(州治)는 남해군 반우현(番禺縣)에 있었다.

접하여, 해류(의 역류)로 인해 가을이면 (식수의) 물이 짰었습니다. (그런데) 육윤이 (식수로 먹을) 담수(淡水)를 저장하니, (그 덕분에) 백성들은 맛있는 음식을 먹을 수 있었습니다. …… 여러 장수가 각자 세력을 규합하면서부터 모두 (자기 군대의) 위세로 위협할 뿐, 육윤처럼 은덕과 신의로 (장수들을) 단결시킨 사람은 없었습니다. 교주에서 황명을 받들어 재임한 10여 년 동안, (그는) 먼 객지에서 풍속이 다른 (소수민족) 백성을 통치했습니다. (또한,) 보배와 진기한 물건이 생산되는 지역을 통치하면서도 그의 관저(官邸)에는 곱게 화장하고 패물로 치장한 첩들이 없고, 대모(玳瑁)·무소뿔·상아 같은 진귀한 보물도 없습니다. 요즘의 신하들과 비교해볼 때, 실로 얻기 어려운 인재입니다.[43]

이처럼 육윤은 재주와 덕망, 학식과 교양을 갖춘 인재였다. 그는 교주의 개발에 특별한 공헌을 한 사람이었다.

그러나 손오 시기까지도 영남과 교주 지역은 여전히 매우 낙후되었다. 패군(沛郡) 출신의 설종(薛綜)은 어려서 가족과 함께 교주로 피난을 왔고, 여러 해 동안 교주에 머물면서 교주의 사회적 상황을 비교적 잘 이해하고 있었다. 설종이 손권에게 올린 상소를 보면, 그가 교주 백성의 사회와 생활을 비교적 깊이 인식했다고 할 수 있다. 그의 상소문 중 일부를 다음과 같이 발췌한다.

(또한,) 진조(秦朝)는 계림군(桂林郡)·남해군·상군(象郡)을 설치했습니다. 그렇다면 (창오군蒼梧郡과 위의 3군을 합한) 4군이 (중앙 조정에) 귀속된 것은 그 유래가 이미 깊습니다. 조타(趙佗)가 반우현(番禺縣)에서 흥기하여 각지에 분포한 월족(越族) 수령을 회유하고 복종시켰으니, 주관군(珠官郡) 이남 지역

- 진대 종실 출신의 저명한 장수로, 남월국(南越國)의 창건자. 집권 기간에 한족과 월족의 민족 융합을 시도했으며, 중원의 선진적인 문화를 남월 지역에 이식하려고 노력했다.

이 바로 그(가 통치하던) 지역입니다. 한 무제는 여가(呂嘉)를 주살하고, (남월국의 옛 지역에) 9군을 설치했으며, 교지자사를 두어 (교지에) 주둔하며 (교주의 각 군을) 감독하게 했습니다. (그러나 교주의) 산천은 멀리 떨어져 있고, 습속은 일정하지 않으며, 언어도 (서로) 달라 여러 차례의 통역을 거쳐야 비로소 (말이) 통합니다. 백성은 금수와도 같아 장유(長幼)의 구별이 없으며, (머리에) 상투를 동여매고 맨발로 다닙니다. (또한, 그들은) 머리만 내놓을 수 있도록 (옷감의 중앙에만) 둥근 구멍을 뚫은 (미개한) 옷을 입고, (이민족답게) 오른쪽 섶을 왼쪽 섶으로 여미고 있습니다. (그래서 이곳에는) 지방관을 두었더라도, 마치 없는 것과 같았습니다.[44]

여기까지는 한 무제 재위 이전 교주의 상황을 서술하고 있다.

이때 이후 (조정에서는) 중원의 죄인 상당수를 (이곳으로) 이주시켜 (월족들과) 섞여 살게 했습니다. (또한,) 점차 (이곳의 주민에게) 한자를 배우게 하고, 거칠게나마 (한족의) 언어를 알게 했으며, 통역 사절의 왕래를 통해 (그들이 중원의) 예의와 교화를 지켜보게 했습니다. 후일 석광(錫光)이 교지태수, 임연(任延)이 구진태수가 되자, 그들에게 쟁기를 사용한 경작을 가르치고, 그들이 관(冠)을 쓰고 신발을 신게 했습니다. 또 혼인을 담당하는 관리를 두어 (이들이) 비로소 혼인의 예법을 알게 했으며, 학교를 세워 경전의 도의로 그들을 계도했습니다. 이때 이후로 (지금까지) 400여 년 동안에 (이들의 문화는 중원과) 대체로 비슷해졌습니다.[45]

여기까지는 전·후한대 400년 동안의 상황을 서술한 것으로, 이 시기에는 교주의 풍속·문화·경제생산에 모두 발전이 있었다.

- 한 무제 연간의 남월국 승상. 조타가 남월국을 건국한 이후, 현지의 토착민인 여가를 한조의 조정에 추천하여 남월국의 승상으로 임명했다. 여가는 한족의 선진기술과 문화를 받아들여 남월국의 발전을 이룩했다. 그러나 후일 여가는 한조에 귀의할 것을 주장한 남월왕 조흥(趙興)을 살해하며 한조와 대치했고, 결국 무제가 파견한 병력에 의해 피살되었다.

신이 예전에 처음 외지인(의 신분)으로 이곳(교주)에 왔을 때, 주애(珠崖) 일대에서는 주현(의 치소)에서 치른 혼례를 제외하면, (기타 농촌 등지에서는) 모두 8월이 되어야만 (관아의 호구조사를 통해) 호구를 확인했습니다. 백성들이 모였을 때, (젊은 미혼) 남녀는 직접 (상대를) 살펴본 후 만족할 수 있으면 바로 부부가 되었으며, (자식의 이런 행동은) 부모도 제지할 수 없었습니다. 교지군의 미령현(麊泠縣)과 구진군의 도방현(都龐縣)에서는 모두 형이 죽으면 동생이 형수를 부인으로 맞이했고, 대대로 이런 행위가 풍속으로 자리 잡았습니다. (그런데도) 지방관들은 (이런 행위를) 자유롭게 방치하여, 금지할 수 없었습니다. 일남군(日南郡)에서는 남녀가 알몸으로 다니는 행위를 수치스럽게 생각하지 않았습니다.[46]

위의 내용은 설종이 직접 목격한 상황이었다.

이후 설종은 교주를 통치하는 방법에 관해 자신의 의견을 제시했다. 그의 의견은 (1) 농가에서 조세를 많이 거두지 말 것; (2) 우수하고 청렴한 관리를 둘 것이었다. 구체적인 그의 의견은 다음과 같다.

그러나 (이 지역은) 땅이 넓고 사람이 많으며, (지세가) 험준하고 (밀림의) 장기(瘴氣)가 많습니다. (그래서 이런 지형과 기후를 믿고) 난리가 일어나기 쉬우며, (백성을) 복종시키고 통치하기가 어렵습니다. (따라서) 현의 관리들은 (현지 백성을) 잘 회유하되, 법령을 분명하게 밝혀 (그들을) 위엄으로 복종하게 해야 합니다. 전호의 조세는 (현지 사정을) 참작하여 (현지 백성이) 마련한 물량만큼만 (적당히) 거두도록 하십시오. 중요한 것은 원방(遠方)의 진귀한 물품, 즉 명주(明珠)·향료·상아·서각·대모·산호·유리·앵무새·물총새·공작새 및 각종 기이한 물건들을 거두어 (황실의) 보물을 채우는 일입니다. (굳이) 그들에게서 거둔 조세 수입에 기대어 중원을 이롭게 할 필요는 없습니다. 그런데 도성에서 (수천 리) 멀리 떨어진 외지에서는 지방관의 선발이 대개 엄격하고

치밀하지 않습니다.⁴⁷

그는 난폭하고 탐욕스러운 태수들 때문에 이 남방 지역 사람들이 일으킨 폭동 사례를 몇 가지 열거한 다음과 같이 결론을 내렸다. "그러므로 국가의 안위는 (관리로) 임용한 사람에게 달렸으니, 잘 살피지 않을 수 없습니다."⁴⁸

2. 병권의 세습화

손오에는 수병제(授兵制) 또는 급병제(給兵制)라고 불린 제도가 있었다. 이 제도는 병력을 거느린 장수가 다른 사람에게 일부의 병력을 나눠주어 지휘하게 하는 것이었다. 구체적인 사례는 다음과 같다.

> 손책은 …… (태사자를) 즉시 (휘하의) 문하독(門下督)에 임명했고, 오현으로 돌아온 후 (태사자에게) 병력을 수고 (그를) 절충중랑장(折衝中郎將)에 임명했다.⁴⁹

> (건안) 8년²⁰³년, 오경(吳景)이 재임 중에 죽었다. (손권은 그의) 아들 오분(吳奮)에게 병력을 주어 장수로 삼고, 신정후(新亭侯)에 봉했다.⁵⁰

> (주유는) 거소(居巢)에서 (강동의) 오현으로 돌아왔다. 이해는 건안 3년¹⁹⁸년이었다. 손책은 몸소 주유를 맞이하고, (그를) 건위중랑장(建威中郎將)에 임명했으며, 즉시 보병 2000명과 기병 50기(騎)를 주었다.⁵¹

- 보병 2000명당 기병 50기가 포함된 것은 손책이 처음 창업할 당시에 단독으로 작전에 참여하는 군대에 정해놓은 기본 병력 배치였다.

손책이 (장강을 건너) (강)동으로 넘어올 때, (한당韓當이 손책을) 따라와 (단양·오·회계의) 3군(郡)을 토벌했다. (이 공로로 손책은 한당을) 선등교위(先登校尉)로 승진시키고, (한당에게) 보병 2000명과 기병 50기를 주었다.[52]

손책은 (장강을 건너) (강)동으로 넘어오자, (장흠을) 별부사마에 임명하고, (그에게) 병력을 주었다.[53]

손책은 회계군에 입성하자, (주태周泰를) 별부사마에 임명하고, (그에게) 병력을 주었다.[54]

손권은 정사를 총괄하게 되자, (서성徐盛을) 별부사마로 삼고, (그에게) 병력 500명을 주었다. …… (서성은) 황무 연간222~228년에 죽었다. (서성의) 아들 서해(徐楷)가 작위를 계승하고, (서성을 대신하여) 병력을 통솔했다.[55]

손권이 …… 황조를 사로잡고, 그의 군사를 모두 생포했다. (손권은) 마침내 감녕에게 병력을 주어 당구(當口)에 주둔하게 했다. …… 감녕은 (손권으로부터) 더욱 존중을 받았고, (손권은 그에게) 병사 2000명을 늘려 주었다.[56]

손권이 정사를 총괄하자, …… (육적陸績은) 외직으로 나가 울림태수(鬱林太守)가 되었다. (손권은 그에게) 편장군을 더해 주고, 병력 2000명을 주었다.[57]

손권은 (전종을) 분위교위(奮威校尉)에 임명하고, (그에게) 병력 수천 명을 주어 산월족을 토벌하게 했다.[58]

손량(孫亮)은 즉위하자, (모친인) 반부인(潘夫人)의 형부 담소(譚紹)를 기도위로 삼고 병력을 주었다.[59]

(손휴는) 좌장군 장포(張布)가 간신(손침孫綝)을 토벌한 (공을 세운) 일을 포상하여 장포에게 중군독(中軍督)의 직책을 더하라는 조서를 내렸다. (아울러) 장포의 동생 장돈(張惇)을 도정후에 봉하고, (그에게) 병력 300명을 주었다.[60]

(봉황 2년, 즉 273년) 가을 9월, 회양왕(淮陽王)을 노왕(魯王), 동평왕(東平王)을 제왕(齊王)으로 고쳐 봉했다. 또 진류왕·장릉왕(章陵王) 등 9명의 왕을 봉하니, (왕은) 총 11명이었다. (모든) 왕에게는 병력 3000명씩을 주었다.[61]

천기(天紀) 2년[278년] 가을 7월, 성기왕(成紀王)·선위왕(宣威王) 등 11명의 왕을 세우고, (모든) 왕에게 병력 3000명씩을 주었다.[62]

수하의 장수에게 일부 병력을 주어 통솔하게 하는 것은 고금의 통상적인 관례로서, 어떤 나라든 그처럼 했다. 손오의 수병제 내지 급병제도 전혀 특이한 일이 아니었다. 그러나 특이하게도 손오의 수병제는 부자 사이에 병력이 승계되었다. 손오에서 병사는 어느 정도 각 장수의 사병과도 같아서, 대대손손 물려줄 수 있었다. 그래서 부친이나 형이 죽으면 자식이나 동생이 그들을 이어 병력을 이끌었다. 구체적인 사례는 다음과 같다.

손환(孫奐)의 자는 계명(季明)이다. (그는) 형 손교가 사망한 이후, 형의 부대를 대신 이끌었다. (손환은) 양무중랑장(揚武中郎將)의 신분으로 강하태수를 겸임했다. …… (그는) 가화(嘉禾) 3년[234년]에 사망했다. 아들 손승(孫承)이 (그의 작위를) 승계하여, 소무중랑장(昭武中郎將)의 신분으로 (부친 손환) 대신 병력을 통솔하고 (강하)군의 태수를 겸임했다. (손승은) 적오 6년[243년]에 사망했다. (손승의) 아들이 없자, (손권은) 손승의 서제(庶弟) 손일(孫壹)을 봉하여 (손환의) 후사를 받들게 하고, (손승의) 업무를 승계하여 장군이 되게 했다.[63]

손교의 자는 숙랑(叔朗)이다. (그는) 처음에 호군교위(護軍校尉)에 임명되어 병력 2000여 명을 거느렸다. …… 황개와 (자신의) 형 손유(孫瑜)가 사망하자, (손교는) 그 (두 사람의) 병력도 병합했다. …… (손교는) 건안 24년²¹⁹년에 사망했다. 손권은 그의 (생전) 공적을 표창하고, (그의) 아들 손윤(孫胤)을 단양후(丹楊侯)에 봉했다. 손윤은 사망했을 때, 자식이 없었다. (그래서 그의) 아우 손희(孫晞)가 작위를 승계하여 병력을 통솔했다. (손희는) 죄가 있어 자살했고, (그의) 봉지는 제거되었다.⁶⁴

손환이 형 손교의 병력을 대신 통솔한 일은 대체로 손희가 죄를 저질러 자살한 이후일 것이다. 손교의 병력을 손환에게 준 것은 손권이었다. 손권은 손교에게 보낸 서신에서 "경(卿)에게 정예병을 내리겠다."⁶⁵라고 했다.

　　손소(孫韶)의 …… 백부는 손하(孫河)이다. …… 손소는 17세 때 손하의 남은 병력을 거두어 …… 적을 막았다. 손권은 …… 즉시 (손소를) 승열교위(承烈校尉)에 임명하고, 손하의 부곡을 (그가) 통솔하게 했다.⁶⁶

　　노숙의 유복자 노숙(魯淑)은 …… 봉황(鳳凰) 3년²⁷⁴년에 죽었다. (그의) 아들 노목(魯睦)이 작위를 승계하여, 병마를 통솔했다.⁶⁷

　　(제갈근이) 사망했을 때 …… (그의 아들) 제갈각은 이미 자력으로 제후에 봉해진 상황이었다. 그래서 (제갈각의) 아우 제갈융(諸葛融)이 (부친의) 작위를 이어받고 (부친의) 군대를 통솔하며 공안에 주둔했다. (제갈근이 원래 거느린) 부하와 관리·병사들은 모두 그(제갈융)에게 의탁했다.⁶⁸

　　(주태가) 황무 연간²²²⁻²²⁸년에 사망하자, (주태의) 아들 주소(周邵)가 기도위의

신분으로 (주태의) 병력을 거느렸다. …… (주소가) 황룡(黃龍) 2년230년에 사망하자, (주소의) 아우 주승(周承)이 (주소의) 병력을 거느리고 후(侯)의 작위를 승계했다.[69]

(장흠이) 사망하자 …… (그의) 아들 장일(蔣壹)이 선성후(宣城侯)에 봉해져, (부친 장흠의) 병력을 이끌었다. …… (장일은) 위와 교전하다 진지에서 사망했다. 장일은 아들이 없어, (그의) 아우 장휴(蔣休)가 병력을 거느렸다. 후일 (장휴는) 죄를 지어 직위를 상실했다.[70]

황무 2년223년, 한당(韓當)은 석성후(石城侯)에 봉해졌다. …… (그는) 단양군의 도적을 토벌하여 격파했다. 마침 (이때 한당이) 병사하자, (그의) 아들 한종(韓綜)이 후(의 작위)를 승계하고 병력을 통솔했다.[71]

능통의 나이 열다섯 살 때, 주변의 많은 사람이 그를 칭찬했다. 손권도 (능통의 부친) 능조(凌操)가 국가를 위해 목숨을 바쳤다고 생각하여, 능통에게 별부사마를 제수하고 파적도위(破賊都尉)를 대행하여 부친의 병력을 이끌게 했다.[72]

(육항은) 육손이 죽었을 때, 20세였다. (육항은) 건무교위(建武校尉)에 임명되었고, 육손의 병사 5000명을 거느렸다. …… (육항이) 사망하자, (그의) 아들 육안(陸晏)이 (작위를) 승계했다. 육안과 그의 아우 육경(陸景)·육현(陸玄)·육기(陸機)·육운(陸雲)은 육항(陸抗)이 거느리던 병력을 나누어 통솔했다.[73]

(전종이 적오) 12년249년에 사망하자, 아들 전역(全懌)이 (전종의 작위를) 승계했다. 이후 (전역은) 부친의 업무를 이어받아 병력을 이끌었다.[74]

예현(芮玄)의 형 예량(芮良)이 …… 손책을 수행하여 강동을 평정하자, 손책은 그를 회계군의 동부도위로 삼았다. (예량이) 죽자, 예현이 예량의 병력을 거느렸다.[75]

적오 2년239년, 반준(潘濬)이 죽자, (그의) 아들 반저(潘翥)가 (부친의 작위를) 승계했다.[76]

반저의 자는 문룡(文龍)으로, 기도위에 제수되었고, 이후 (부친 반준을) 대신하여 병력을 통솔했다.[77]

(종리목鍾離牧은) 도향후(都鄉侯)에 봉해졌으며, (얼마 후) 유수(濡須) 지구의 지휘관으로 부임했다. …… (종리목은) 재임 중에 사망했다. (그는 청렴하여) 집안에 남은 재산이 없을 정도였으며, 병사와 백성이 그를 그리워했다. (그의) 아들 종리위(鍾離禕)가 (그의 작위를) 승계했고, (그를) 대신하여 병력을 통솔했다.[78]

(주환朱桓은) 적오 원년238년에 죽었다. …… (그의 아들) 주이(朱異)는 …… 아버지(가 고위 관원이었던) 덕분에 낭관(郎官)으로 임명되었다. 이후 (주이는) 기도위에 임명되었고, 주환을 대신하여 병력을 통솔했다.[79]

제도적으로 군대 통수권의 세습은 작위의 세습과 마찬가지로 보통 장자와 장손이 승계했다. 장자가 없거나 손자가 너무 어릴 때는 장자의 동생이 군대의 통수권을 승계했다. 손교의 아들 손윤이 단양후로 있다가 사망했을 때 자식이 없자, 그의 동생 손희가 후의 작위를 승계하고 병력을 통솔했다. 진수는 손윤이 단양후가 되었다고만 했을 뿐, 그가 병력을 이끌었다고는 서술하지 않았다. 그러나 그의 "아우 손희가 작위를 승계하여 병력을 이끌었다."라는 기록을 볼 때, 손윤도 당연히 병력을 이끌었을 것이다. 손윤의 병력은 부친인 손교로부터 승계한 것이다. 손희의 병력은 형인 손윤으로부터 승계한 것이다. 또 주태(周泰)가 죽었을 때도 그의 아들 주소가 병력을 통솔했고, 주소가 죽자 그의 아우 주승이 병력을 이끌었던 사례가 있다.

또한, 부친이 사망한 후 부친이 거느리던 병력을 여러 자식이 나누어 통솔한 때도 있었다. 예를 들면, 육항이 사망하자 그의 다섯 아들인 육안·육경·육현·육기·육운은 육항의 병력을 나누어 통솔했다. 그러나 이러한 사례가 많지는 않았다.

아들과 동생의 나이가 어리거나 자제가 없을 때, 혹은 자제들에게 죄가 있어 병력을 통솔할 수 없는 상황에서는 다른 사람이 대신 병력을 인솔했다. 주유가 사망한 후 그의 아들 주윤(周胤)이 죄를 지어 여릉으로 유배되자, 주유의 병력은 노숙이 대신 인솔했다. 진수의 서술에 따르면, 손권은 "노숙을 분무교위(奮武校尉)에 임명하여 주유 대신 병력을 인솔하게 했다. 주유의 (수하에 있던) 병사 4000여 명과 봉읍(奉邑)[●] 4개 현이[●●] 모두 (노숙에게) 속하였다." 능봉이 사망했을 때, 그의 "두 아들 능렬(凌烈)과 능봉(凌封)은 (당시) 각각 채 열 살에도 못 미쳐[80]" 결국 낙통이 대신 "그(능통)의 병력을 거느렸다.[81]" 감녕이 사망했는데, 그의 "아들 감괴(甘瓌)는 죄를 지어 회계군으로 유배되었다가 얼마 후 죽었으므로[82]" 결국 반장이 "그의 병력까지 병합했다.[83]" 반장이 사망하고, 그의 "아들 반평(潘平)이 품행이 바르지 않다는 죄로 회계군으로 유배되자,[84]" "여대가 반장의 병력을 통솔했다.[85]" 예현이 사망한 후, "반준이 예현의 병력까지 합병하여 통솔한 채 하구에 주둔했다.[86][87]"

●　　부세를 거두어 그 수입을 봉록으로 삼는 봉지(封地).
●●　주유가 관할하던 하전(下雋)·한창(漢昌)·유양(劉陽)·주릉(州陵)의 네 현.

부자계승의 세습적인 군대 통수권 제도는 정치적·사회적으로 모두 인정받은, 고정된 제도였다. 따라서 아들이나 동생의 나이가 어리거나 죄를 지어 세습적 군대 통수권을 잃어버리는 상황은 비정상적인 현상으로 인식되었다. 만약 자식이나 동생의 나이가 어려 한동안 다른 사람이 대신 병력을 통솔한 경우라도, 그 아들과 동생이 성인이 되면 그 즉시 병력을 그들에게 돌려주어야 했다. 능통이 사망했을 때 그의 두 아들 능렬·능봉은 나이가 어렸으므로, 손권은 능통의 병력을 낙통에게 주어 대신 통솔하게 했다. 그러나 능렬·능봉이 점차 장성하자, 손권은 "능통의 공적을 추모하여, 능렬을 정후(亭侯)에 봉하고, 그에게 (능통이 거느리던) 과거 병력을 돌려주었다. 후에 능렬이 죄를 저질러 면직되자, 능봉이 다시 작위를 이어받고 (능렬의) 병력을 이끌었다.⁸⁸"

자제들의 나이가 적더라도, 다른 사람들 역시 대부분 그들 부형(父兄)의 병력을 대신 통솔하려 하지 않았다. 진수의 서술에 따르면, "당시 여몽은 성당(成當)·송정(宋定)·서고(徐顧)와 서로 인접한 지역에 주둔했다. 이 세 장수가 죽었을 때, (그들의) 자제가 어렸다. 손권은 (이 세 장수의 병력을) 모두 여몽에게 맡기려 했다. 여몽은 (이를) 굳이 사양하며, 서고 등이 모두 국사를 위해 (평생) 애썼으므로 (그들의) 자제가 아무리 어리더라도 (자제들의 권리를) 없앨 수 없다고 (자기 의견을) 아뢰었다. (여몽의) 상소가 세 차례나 올라가자, 손권은 비로소 (그의 의견을) 받아들였다.⁸⁹"

설령 자제들에게 죄가 있어 병력을 세습할 권리를 박탈당하더라도, 동료들은 대부분 자제들이 다시 병력을 통솔할 수 있게 해달라고 요청했다. 예를 들면, 주유가 사망하여 그의 아들 주윤이 처음에 홍업도위(興業都尉)에 임명되어 병력 1000명을 받았는데, 후일 죄를 지어 면직되었다. 그러자 제갈근과 보즐이 여러 차례 상소하여, 주윤에게 병력과 작위를 복원해 줄 것을 다음과 같이 요청했다.

적오 2년[239]년, 제갈근과 보즐은 연명으로 다음과 같이 상소했다. "작고한 장군 주유의 아들 주윤은 과거에 (폐하의) 총애를 받아 봉작을 받고 장군이 되었지만, (자신이 받은) 타고난 복을 누리며 공적을 세울 생각을 하지 않고 정욕(情欲)을 마음대로 발산하다가 죄를 지어 처벌을 받는 지경에 이르렀습니다. 신 등이 삼가 생각건대, 주유는 과거에 (폐하의) 총애와 신임을 받아 안으로는 (폐하의) 심복(과 같은 모신謀臣)이 되었고, 밖으로는 용맹한 장수가 되었습니다. …… 주유가 죽은 지 얼마 안 되어 그의 아들 주윤을 평민으로 강등한다면, 더욱 슬프고 애통할 것입니다. …… (주윤의) 남은 죄를 용서해 주시고, (그에게) 병력을 돌려주고 작위를 회복시켜 주십시오. ……" 제갈근과 보즐이 표문을 올리자마자 주연과 전종도 함께 청원하니, 손권이 마침내 허락했다. (그러나) 공교롭게도 주윤은 병사했다.[90]

물론, 손권의 병력은 계급별로 구분되어 각 계급의 장수가 나누어 통솔했다. 하지만 손권이 오의 병력 전체를 장수들에게 분배하여 그들의 세습병력이 되게 하지는 않았을 것이다. 만약 병력을 전부 장수들에게 나누어 주어 그들이 대대로 통솔하게 했다면, 손권은 더는 다른 사람들에게 나눠줄 병력을 보유할 수 없었을 것이다. 그러나 당시 세습할 수 있었던 병력이 도대체 어느 정도였고, 손오의 총병력에서 세습 병력이 차지한 규모가 어느 정도였는지는 통계가 없어 추정하기 어렵다.

손오의 세습적 군대 통수제의 등장은 틀림없이 동한 이후 심화된 부곡의 사병화(私兵化)와 관련이 깊을 것이다. 통일정권이 와해하고 지방 호족 세력이 발전한 동한 말기에 부곡의 사병화 과정은 더욱 급속하게 진행되었다. 손견의 병력은 "향리의 젊은이"를 모으고, "상인과 회수·사수의 정예병"을 모집하여 조직된 군대였다. 손견의 사망 후, 그의 부곡은 원술에게 귀속되었다. 손책은 원술에게 자기 부친의 부곡을 받아내려고 거듭 요청했다. 그는 부친의 부곡을 "원래 병력"(故兵)이라고 불렀고, 원술도 어쩔 수 없이 손견 부곡의 일부인 1000여 명의 병력을 손책에게 돌려주었다. 진수는 "흥평 원년[194년]에 (손책이) 원술을 따르자, 원술은 그를 대단히 특별하게 생각하여, 손견의 부곡을 손책에게 돌려주었다.[91]"라고 기록했다. 다음과 같은 기록도 있다.

> 손책은 태사자에게 이렇게 말했다. "…… 선군(先君, 손견)이 거느리던 병력 수천 명이 모두 공로(원술)의 진영에 있었소. 내 뜻은 큰 업적을 세우려는 것이었으니, 공로에게 내 뜻을 굽혀 (부친의) '원래 병력'을 돌려달라고 요청할 수밖에 없었소. (나는) 거듭 요청해서야 겨우 1000여 명을 얻을 수 있었소.[92] ……."

이런 기록을 통해, 우리는 부곡이 이미 사병화되었고, 부친의 병력에 대해 자식이 반환을 요구할 권리가 있었음을 어렵지 않게 알 수 있다. 원술 같은 제삼자야 손책에게 손견의 병력을 돌려주고 싶지 않았겠지만, 마지못해 돌려주지 않을 수 없었다.

손책은 손견의 병력을 "원래 병력"이라고 불렀으며, 원술에게 "원래 병력"을 돌려달라고 요구할 권리도 갖고 있었다. 이것은 손오의 세습적 군대 통수제에 영향을 주었을 것이다. 손책은 다른 사람에게 부친의 원래 병력과 부곡을 돌려달라고 요구했다. 따라서 손책은 사병을 이끌고 자신을 따라 거병한 사람이나 사병과 가문의 객호(客戶)를 이끌고 자신에게 의탁한 사람들에게, 부곡·병력에 대한 그들의 세습적 영유권을 인정하지 않을 수 없었다. 그러나 손오 장수들의 병력이 모두 그들의 부친·조부 소유의 사병은 아니었다. 대부분은 손씨 일가가 그들에게 하사한 병력이었다. 즉, 먼저 병력이 주어진 이후에야, 부친이 죽으면 자식이 대신 병력을 통솔하는 세습적 통수제가 수립되었다. 이것은 손오의 독특한 제도였다.

3. 호족과 유력 가문

손권 사후 등애는 사마사(司馬師)에게 "손권은 이미 죽었고 대신들은 아직 (새 군주 손량을) 따르지 않고 있으니, 오의 명문거족들이 모두 부곡을 보유한 채 (자기들의) 병력에 기대어 (정부의) 명령을 위배할 수 있습니다."[93]라고 했다. 또 오의 호족과 유력 가문을 다음과 같이 평가한 글도 있다.

> (오의 호족과 유력 가문은) 권세가 군주를 압도하고, 축적한 재산도 왕실보다 부유했다. (그들은) 외출할 때 책황(翟黃)˙처럼 호위와 시종을 (화려하게) 늘어세웠고, (집안으로) 들어와서는 왕근(王根)˙˙처럼 화려하게 치장한 건물에서 생활했다. 노복이 (얼마나 많은지 마치) 군대를 결성할 정도였고, 문을 닫아도 (집안에 없는 것이 없어 마치) 시장과 같았다. 소와 말이 벌판을 덮(을 만큼 많)고, 농지와 못이 사방 1000리에 널려 있었다.[94]

이 두 기록은 손오의 호족과 유력 가문이 지닌 권세와 재부를 매우 잘 설명한다. 그들의 재부는 "소와 말이 벌판을 덮고, 농지와 못이 사방 1000리에 널려 있을" 정도였고, 위세는 "군주를 압도할" 지경이어서 "(자기들의) 병력에 기대어 (정부의) 명령을 위배할 수도 있었다."

세습적 군대 통수제는 오의 호족과 유력 가문의 세력을 더욱 확대할 수 있었다. 그들이 대대로 거느린 부곡과 병력은 비록 그들의 사병이 아니었지만, 사실상 그들 소유의 사병과 별반 차이가 없어 그들이 유용

˙ 전국시대 위(魏)의 대부(大夫). 위 문후(文侯)의 총애를 받아 화려한 수레와 호위병을 거느렸다. 제(齊)의 전자방(田子方)이 위를 방문하여 책황이 탄 수레가 왕궁에서 나오는 것을 보고 위 문후의 수레로 착각할 정도였다고 한다.

˙˙ 서한대의 권신. 원황후(元皇后)의 동생으로서, 곡양후(曲陽侯)에 봉해졌다. 그의 형제 4인이 모두 후로 봉해질 정도로 명문가의 자제로서, 무소불위의 권력을 누리고 호화로운 생활을 영위했다.

하게 활용할 수 있었고, 오직 그들의 명령만을 따랐다. 오의 대장 한당이 죽은 뒤, 그의 아들 한종이 후(侯)의 작위를 계승하고 병력을 통솔했다. 그러나 한종은 불량한 행실을 일삼다가 내심 보복을 당할까 두려움을 품었고, 마침내 "부친의 영구를 실은 채 모친과 가속 및 부곡 남녀 수천 명을 데리고 위로 달아났다."⁹⁵ 이 부곡 남녀 수천 명에는 원래 그의 부친 한당에게 하사되었다가 그가 "작위를 승계하여 통솔하게 된" 병력이 당연히 포함되었다. 부곡은 오로지 주인의 명령만을 따랐다. 그래서 등애는 "오의 명문거족들이 모두 부곡을 보유한 채 (자기들의) 병력에 기대어 (정부의) 명령을 위배할 수 있다."고 예측한 것이다.

오의 호족과 유력 가문으로는 고씨(顧氏)·육씨(陸氏)·주씨(朱氏)·장씨(張氏) 등 네 가문을 으뜸으로 꼽는다. 손호의 재위 시절 육개는 이렇게 상소했다. "선제(손권)께서 (궁궐) 밖(의 행정·군사면)으로는 고씨·육씨·주씨·장씨에게 의지하고, 안으로는 호종(胡綜)·설종을 가까이하셨습니다. 이 덕분에 각종 정무가 순조롭고 번창했고, 국내(의 정치)가 깨끗하고 평온해졌습니다."⁹⁶

이른바 '선제'란 손권을 가리킨다. 여기서 육개가 거론한 "고씨·육씨·주씨·장씨"는 모두 오군 오현 출신으로, 각각 고씨는 고옹(顧雍), 육씨는 육손, 주씨는 주거(朱據), 장씨는 장온(張溫)을 가리킨다.•⁹⁷ 우리는 보통 손책·손권이 개국할 때 의지한 사람이 주유·노숙·여몽·장소였다고 생각한다. 장소는 적벽대전에 앞서 손권에게 조조를 영접하라고 권유한 이후 더 이상 중용되지 못했다. 그러나 손책이 죽고 손권이 전권을 장악하는 과정에서, 손권은 확실히 장소에게 의지하여 국면을 유지할 수 있었다. 그가 없었더라면 손권의 지위는 매우 위험했을 것이다. 주유·

• 주거를 주치(朱治) 또는 주연(朱然), 장온을 장소로 생각하는 학자도 있다.

노숙·여몽이 중요한 역할을 했다는 점은 더 말할 나위도 없다. 그런데도 육개는 이 상소에서 주유·노숙·여몽·장소를 전혀 언급하지 않았다. 그가 궁궐 밖의 행정적·군사적 측면에서 의지했다고 거론한 사람은 모두 오군 오현 출신이었다. 육손을 제외하면, 이 네 사람은 그리 중요한 인물이라고 볼 수는 없다. 그리고 육손은 주유·노숙·여몽보다 시기적으로도 후대의 인물이었다.

여기에는 동오 내부에 존재한 핵심적인 문제가 있다. 핵심적인 문제란 고씨·육씨·주씨·장씨 네 가문이 모두 오의 명문거족, 다시 말해서 호족 또는 유력 가문이었다는 사실이다. 육손만 해도 "대대로 강동의 대족(大族)이었다."[98] 만년에 대신들을 시기한 손권은 육손도 질시했는데, 이는 육손의 집안이 강동의 명문거족이었다는 사실과 무관하지 않다. 손호는 오의 대신들을 마구 살육하면서도, 육손의 가문에 대해서는 주저하는 경우가 많았다. 예를 들어, 육개(육손의 일족)는 항상 손호의 기분을 상하게 할 정도로 직간하여, 손호는 치를 떨 정도로 그를 싫어했다. 그러나 당시 육개는 "이미 (조정의) 중요한 대신이었고, 법률로 (그를) 옭아매기도 어려웠다. 또 (육개의 사촌동생인) 육항이 당시 대장으로 진장에 나가 있었기 때문에, (손호는) 전략적인 상황을 고려하여 (육개를) 참고 견뎠다."[99] 그러나 육항이 죽은 후 드디어 손호는 "육개의 집안을 건안군(建安郡)으로 추방했다."[100]

장온의 "부친 장윤(張允)은 재물을 아끼지 않고 사인들을 후대하여, 고을에서 그 명성이 드높았다."[101] 재물을 아끼지 않고 사인을 후대할 수 있었다면, 장온의 집안은 당연히 부유한 호족이었을 것이다. 장온은 "어려서부터 절개와 품행을 수양했고, 용모가 비범하고 훌륭했다."[102] "손권이 …… 공경들에게 '장온은 지금 누구와 견줄 만한가?'라고 묻자, 대사농 유기(劉基)는 '전종과 필적할 만합니다.'라고 했다. (그러자) 태상(太常) 고옹은 '유기는 그의 사람됨을 상세히 알지 못합니다. 현재 장온과 견줄 만한 사람은 없습니다.'라고 했다." 손권이 장온을 접견할 때, 그의 "화려한 언변과 응대에 지켜보던 사람들이 감탄했고, 손권은 낯빛을 고치고 예의를 갖추었다." 접견이 끝나고 나가자, 장소는 그의 손을 잡고 "늙은이가 당부하는 뜻을 그대는 잘 알아야 하오."라고 말했다.

물론 장온은 장소가 말한, "늙은이가 당부하는 뜻"의 의미를 분명히 알고 있었다. 그는 자기 집안을 부탁했던 것이다. 지켜보던 사람들이 감탄하고, 손권이 낯빛을 고친 일은 모두 장온의 재기(才氣)를 돋보이게 한다. 하지만 손권은 "그(장온)의 명성이 너무 대단하여, 많은 사람을 현혹한다고 싫어했다." 또 손권은 장온이 "결국 자신에게 쓸모가 없을까 염려했고," 그가 촉한에 사신으로 갔을 때 "촉한의 정치를 찬미한" 일을 한탄했다. 결국, 손권은 그를 본래 살던 군(郡)으로 쫓아 보내고, 평생 기용하지 않았다.

제갈량은 손권이 장온을 쫓아내고 기용하지 않자, 처음에는 이해하지 못하다가 나중에야 그 이유를 깨닫고 이렇게 말했다. "내가 이제야 알겠소. 그 사람은 청탁(淸濁)에 대처하는 것이 너무 분명하고, 선악을 지나치게 구분하곤 했소." 어쩌면 제갈량의 판단이 맞을지도 모르겠다. 그러나 내 생각에, 장온이 축출당한 이유는 그가 명문거족 출신으로 세력이 너무 컸기 때문일 것이다. 만년의 손권은 자손의 장래를 생각하다 보니, 대신들과 명문거족을 시기했다. 그는 호족과 유력 가문의 도움을 받아 기반을 잡았지만, 만년에는 오히려 손씨 일가의 정권만을 염두에 두었으며, 호족과 유력 가문을 의심하고 그들에게 타격을 가했다.

주유와 노숙은 원래 강북의 호족이었다. 주유는 여강군 서현^{오늘날의 안} ^{휘성 서성(舒城)} 출신이다. 그의 종조부 주경(周景)과 주경의 아들 주충(周忠)은 모두 한조의 태위를 지냈고, 주유의 백부 주상(周尙)은 단양태수(丹楊太守)였으며, 부친 주이(周異)는 낙양령(洛陽令)이었다. 손견이 병력을 일으켜 동탁을 토벌할 때, 주유의 집안은 서현으로 이주했다. 이후 주유는 손책과 교유하며 "(자기가 소유한) 대로 남변의 저택을 손책에게 주어 거주하게 했다."[110] 주유의 가족은 여강의 명문거족이었다. 노숙은 임회군 동성현오늘날의 안휘성 정원현의 동남쪽 출신으로 "집안의 재산이 넉넉했고, 천성이 베풀기를 좋아했다. …… (그는) 거액의 재물을 풀고 땅을 대량으로 내다 팔아 (마련한 돈으로) 곤궁한 사람을 구제하고 사인과 사귀는 일에 힘썼다."[111] 노숙은 주유와 친구가 되었고, "(집안의) 노약자를 부축하고 의협심 있는 소년 100여 명을 거느린 채, 남쪽의 거소로 내려와 주유에게 의탁했다."[112] 노숙 역시 유력한 호족가문 출신이었다.

주유와 노숙의 가문은 강동에서 그리 단단한 뿌리를 내리지는 못했던 것 같다. 주유의 두 아들 중 장남은 일찍 죽었고, 차남 주윤은 품행이 바르지 않아 관직에 기용되지 못한 채 죽었다. 주유의 조카 주준(周峻)은 일찍이 주유의 공적 덕분에 편장군에 임명되어, 관리와 병사 1000명을 거느렸다. 주준이 죽자, 그의 아들 주호(周護) 또한 "성품과 행실이 위험하다."는 이유로 기용되지 않았다. 이후 주유의 가문은 오에서 사라져 종적이 묘연했다.

노숙에게는 유복사 노숙(魯淑)이 있었다. 그는 일찍이 소부장군(昭武將軍)·도정후·무창독(武昌督)에 임명되었고, 하구독(夏口督)으로 승진했다. 그가 죽자, 그의 아들 노목이 작위를 이어받아 병력을 통솔했다. 그러나 노목의 후대에 대해서는 기록이 없다.

여몽이 죽자, 그의 아들 여패(呂覇)가 작위를 승계했다. 여패는 여몽의 무덤을 지킬 민호(民戶) 300호와 징세가 면제된 농지 50경(頃)을 받았다. 여패가 죽자 그의 형 여종(呂琮)이 작위를 승계했고, 여종이 죽자 그의 아우 여목(呂睦)이 후사를 이었다. 여패 이후 여종·여목은 후의 작위만을 승계했을 뿐 병력을 거느렸다는 기록은 없으며, 그들의 후대 역시 기록이 남아 있지 않다. 오의 호족과 유력 가문의 대다수는 강동의 토착 세력이었다.

4. 정치적 비극

재위 초반의 손권은 영특하고 총명했다. 그는 안으로 산월을 정벌했으며, 밖으로는 황조를 섬멸하고 조조와의 항전을 결정하여, 동오에는 번창의 기운이 넘쳐흘렀다. 그는 인재를 잘 알아보고 기용하는 안목이 뛰어났고, 성실한 자세로 신하를 대했다. 이릉 전투 전에 누군가가 그에게 고자질하기를, 제갈근이 측근을 보내어 유비와 정보를 주고받는다고 했다. 그러자 손권은 "나와 자유(子瑜, 제갈근)는 죽어도 변치 않겠다는 맹세를 했다. 자유(제갈근)가 나를 배신하지 않는 것은 내가 자유(제갈근)를 저버리지 않는 것과 같다."라고 했다.[113] 손권은 제갈근뿐만 아니라, 다른 사람에게도 이런 식으로 대접했다.

손권은 관우를 제거하고 형주를 차지하여 오왕이라고 자칭한 이후 교만해지기 시작했다. 무창(武昌)의 장강 변 낚시터에서 술을 마시고 만취한 그는 신하들에게 물을 끼얹어 술에서 깨게 하고는, "오늘은 거나하게 술을 마실 터이니, 취하여 낚시터에서 쓰러져야 멈출 것이다."라고[114] 했다. 한번은 손권이 신하들과 술을 마시면서 "직접 일어나 술을 돌렸다. 우번은 바닥에 엎드려 취한 척하며 술잔을 받지 않았다. 손권이 지나가자, 우번은 일어나 앉았다. (이를 안) 손권은 대로하여, 손에 쥔 칼로 그를 찌르려 했다."[115]

또한, 형주를 병탄한 이후 통치 영역이 확대되고 인원과 업무가 많아지자, 오의 군주와 신하 사이에는 차츰 의심이 생겨났다. 가화 연간(232~237년) 말기, 손권은 중서전교랑(中書典校郞) 여일(呂壹)을 신뢰하여 그에게 "(중앙의) 각 관아 및 각 주군의 (공무)문서에 대한 심사를 책임지게 했다. 여일 등은 이를 이용하여 점차 전횡을 일삼았고, 마침내 술의 전매와 독점을 통해 이익을 얻는 법안을 만들었다. (또한, 그는) 죄상을 들춰내어 간악한 사람을 규찰하고, 사소한 잘못도 반드시 보고했으며, 더욱 자세하게 법 조항을 끌어다가 사람들을 무고했다. (그는) 대신들을 비난하고 무고(無辜)한 사람들을 배제하고 모함했다." 태자 손등(孫登)이 수차례 간언해도 손권이 이를 듣지 않았으므로, 신하들도 감히 직언하지 못했다.

여일은 전 강하태수 조가(刁嘉)가 국정을 비방했다고 무고했다. 대로한 손권은 조가를 잡아 옥에 가두고 심문했다. 이 사건과 관련된 사람들은 여일을 두려워하여, 모두 조가의 국정 비난을 들었다고 이야기했다. 그런데 오직 시중 시의(是儀)만 이에 관해 들은 바 없다고 말했다. 그러자 손권은 시의를 심문하며 다그쳤다. 손권의 조서는 더욱 매섭게 몰아쳤고, 신하들은 모두 숨을 죽인 채 감히 소리도 크게 내지 못했다. 시의는 이렇게 대답했다. "지금 (날카로운) 칼날이 이미 신의 목을 겨누고 있는데, 신이 어찌 감히 조가를 위해 사실을 은폐하다가 스스로 죽음을 자초하여 불충한 귀신이 되겠습니까! 다만 (신은) 들어서 알게 된 일에는 (사건의) 자초지종이 (모두) 갖춰져 (신뢰할 수) 있어야 한다고 생각할 뿐입니다." 이처럼 그는 끝까지 사실대로 대답하고, 거짓은 말하지 않았다.

상대장군(上大將軍) 육손과 태상 반준은 여일이 참소와 모함으로 나라를 어지럽히는 행위에 분노하여 몇 번이나 손권에게 간언했지만, 손권은 듣지 않았다. 무창에서 건업으로 온 반준이 회합 자리를 이용해 몸소 여일을 베어 죽이려고 했다. 그러나 이 일을 알아차린 여일은 회합에 참석하지 않았다.

서릉독(西陵督) 보즐은 손권에게 다음과 같이 상소했.

승상 고옹, 상대장군 육손, 태상 반준은 (국가에 대한) 근심이 깊고 책임이 막중하여 충성을 다하려는 마음을 품고 있으며, …… 국가를 편안케 하고 백성을 이롭게 하려는 일념으로 장구한 (국가의) 정책을 수립했습니다. (이들이야말로 폐하의) 심장·척추·팔다리와 같(은 소중한 존재이)고, 사직(社稷)을 지탱할 신하들이라 할 수 있습니다. (따라서 이들) 각자에게 (중요한) 임무를 맡기셔야 합니다. 다른 관원들이 그들이 맡은 업무를 감찰하고, 그들이 거둔 성과를 탓하며, (심지어) 그들의 실수와 잘못에 고과(考課)를 매기지 못하게 하십시오.[118]

보즐의 이 상소는 고옹·육손·반준에 대한 여일의 참소와 모함을 지적하고 있다.

대신들조차 피해를 입었고, 그 이하의 관리들은 더욱 극심한 무고와 비방을 당했다. 주거의 경우가 그랬다. 다음 진수의 서술을 보자.

> 주거의 부곡은 (군자금으로) 3만 민(緡)을 받아야 할 상황이었다. (그런데 화폐를 주조하는) 공장(工匠) 왕수(王遂)가 사기를 쳐서 그 돈을 착복했다. (감찰 업무를 맡은) 중서전교랑 여일은 주거가 실제로 (그 돈을) 착복했을 것으로 의심하여 (주거의 휘하에서 재무를) 담당한 관원을 고문하며 심문하니, (해당 관원은) 몽둥이질을 당하다가 죽었다. 주거는 그의 무고함을 애통해 하며, 좋은 관(棺)을 마련하여 (후하게) 장례를 치러주었다. (그러자) 여일은 다시 주거의 (부하) 관리가 주거를 위해 (진상을) 은폐했고, 그래서 (주거가 부하 관리의) 장례를 후하게 치러주었다는 내용의 표문을 올렸다. 손권은 여러 차례 주거를 책문했고, 주거는 스스로 (자신의 무죄를) 해명할 수 없어 순순히 수감되어 처분을 기다렸다. 몇 개월 뒤, 전군리(典軍吏) 유조(劉助)가 진상을 파악해, 왕수가 그 돈을 착복했다고 고했다. 크게 깨달은 손권은 "주거가 억울한 일을 당할 정도인데, 하물며 관리와 백성은 어떻겠는가?"라고 말하고, 여일의 죄를 철저히 추궁했다.[119]

이 사건은 가화 연간[232~237년]에 발생했다. 이어서 적오 연간[238~250년]에

- 화폐 단위. 보통 1000문(文)을 1민(緡)이라 하였다.

는 양궁(兩宮) 사이에 알력이 생겼다. '양궁'이란 손권의 두 아들, 즉 태자 손화(孫和)와 노왕(魯王) 손패(孫霸)를 지칭한다.

손권의 장자는 손등이다. 손권은 오왕이라고 칭한 뒤, 손등을 왕태자로 세웠다. 손권은 남군태수 제갈근의 아들 제갈각, 수원장군(綏遠將軍) 장소의 아들 장휴(張休), 오군 출신인 대리(大理) 고옹의 손자 고담(顧譚), 여강 출신인 편장군 진무(陳武)의 아들 진표를 중서자(中庶子)•로 삼았다. 이들의 임무는 궁에서 왕태자와 함께 시서(詩書)를 공부하고, 출궁에서는 왕태자를 시종하여 말타기와 활쏘기를 함께 배우는 것이었다. 이들은 왕태자의 '사우'(四友)로 불렸다. 모두 명문가의 자제였던 이 네 사람은 재주로 칭송을 받았고, 동궁(東宮, 태자궁)에는 훌륭한 인재가 많다고 알려졌다.

손등은 어려서부터『시경』과『서경』을 읽었고, 또 손권의 권유로『한서』(漢書)도 읽었다. 그가 받아들인 것은 유가사상이었다. 여러 행적으로 볼 때, 손등은 교양 있는 사람이었다. 그는 사냥을 나갈 때 언제나 농지를 피해 다녔으며, 작물을 짓밟지 않았다. 한번은 그가 말을 타고 나갔는데, 어디에선가 탄환이 날아왔다. 그의 측근들이 탄환을 쏜 사람을 찾았더니, 마침 어떤 사람이 탄궁(彈弓)을 손에 쥐고 탄환을 허리에 차고 있어서 잡혀 왔다. 그러나 이 사람은 자신의 죄를 인정하지 않았다. 태자의 측근들은 그를 채찍질하려 했다. 태자는 이를 허락하지 않고 탄환을 대조하도록 했더니, 이 사람이 갖고 있던 탄환과는 달랐으므로 풀려날 수 있었다.

또 한번은 태자가 금마(金馬)가 장식된 물그릇을 잃어버린 일이 있었는데, 알고 보니 그의 측근 한 사람이 훔친 것이었다. 그는 차마 훔친

• 태자를 시종하는 관직.

사람을 처벌하지 못하고 집으로 돌려보낸 다음, 주변 사람들에게 이 일을 언급하지 못하게 했다. 이러한 일화들은 모두 손등이 어진 마음과 상당한 교양을 갖추고 있었음을 증명한다. 그러나 불행히도 손등은 태자로 책봉된 지 21년 만에 병사한다. 그의 나이 33세였다.

 손권은 다시 아들 손화를 태자로 세웠다. 손화는 어려서부터 총명하고 지혜로웠다. 손권은 그를 매우 총애하여 항상 자신의 곁에 두었으니, 다른 아들들과는 비교할 수 없을 정도였다. 손권은 손화의 동복아우 손패도 총애하여, 손패를 노왕에 봉했다. 손권은 노왕과 태자를 동등하게 대우하여 적서(嫡庶)를 구분하지 않았다. 이것은 국가를 혼란에 빠뜨릴 수 있었다. 상서복야로서 노왕의 사부를 겸한 시의는 이렇게 상소문을 올렸다.

> 노왕은 천부적인 재능이 탁월하고 미덕을 갖추었으며, 문무의 재능을 겸비하고 있습니다. 지금의 상황으로 본다면, (노왕이 외지로 나가) 사방의 변방을 수비하며 국가의 울타리와 보좌 역할을 해야 합니다. …… 저는 (태자와 노왕) 두 왕자분 사이에 차등을 두어 상하의 질서를 바로잡고 교화의 근본을 밝혀야 한다고 생각합니다.[120]

시의는 이런 내용으로 서너 차례 상소했으나, 손권은 그의 말을 듣지 않았다.

 이러한 상황을 목격한 신하 중, 부귀와 권력을 탐하는 일부 세력이 노왕에게 다투어 몰려들었다. 손권의 장녀는 좌호군(左護軍) 전종에게, 차녀는 표기장군 주거에게 시집갔다. 장공주(長公主)와 태자의 친모인 왕부인(王夫人)은 사이가 좋지 않았다. 그래서 손권이 왕부인을 왕후(王后)로 삼으려고 하자, 장공주가 이를 저지했다. 장공주는 태자가 자기를 원망할까 걱정했다. 또한, 장래에 태자가 왕위에 오르면 자신에게 불리할 것으로 생각하여 손권의 면전에서 항상 태자를 참소하고 헐뜯었다. 하루는 손권이 병에 걸려 태자를 손책의 사당에 보내어 기도하게 했다. 기도를 마친 태자는 사당 근처에 있는, 태자비의 숙부 장휴(張休)의 집에 가서 잠시 휴식을 취했다. 이 상황을 알아낸 장공주는 태자가 사당에 있지 않고 종일 태자비의 집에서 모사를 꾸민다고 손권에게 태자를 모함했다. 또한, 장공주는 왕부인 역시 병이 난 손권을 보고 기뻐하는 기색을 보였다고 모함했다. 손권은 대로했고, 왕부인은 근심 끝에 죽었다. 이후 태자 손화에 대한 손권의 총애는 차츰 시들해졌다.

노왕 손패는 자신이 태자가 되려는 계획을 세웠고, 그의 일당은 연일 손권의 면전에서 태자 손화를 비방했다. 대신들은 태자 손화의 옹호파와 노왕 손패의 지지파로 갈렸다. 승상 육손, 대장군 제갈각, 태상 고담, 표기장군 주거, 회계태수 등윤(滕胤), 대도독 시적(施績), 상서 정밀(丁密), 태자태부(太子太傅) 오찬(吾粲) 등은 순리대로 태자를 옹호했다. 전기(全寄)·오안(吳安)·손기(孫奇)·양축(楊竺) 등은 노왕에게 붙어서 태자의 자리를 위협할 계획을 세웠다. 육손·오찬·고담이 여러 차례 간언하자, 대로한 손권은 오찬을 하옥한 다음 주실했고 고담을 교주로 유배 보냈다. 육손은 명문거족으로 세력이 크고 외지에 병력까지 이끌고 있었으므로, 손권은 이를 염려하여 그를 해치지 못했다. 그러나 여전히 육손을 의심하여 질책하는 일이 잦았다. 결국, 육손은 울분에 차 죽었다. 고담은 고옹의 장자 고소(顧邵)의 아들로, 어린 시절 제갈각 등과 함께 태자 손등의 '사우'였던 사람이다.

손권은 원대한 포부를 품은 사람이었다. 게다가 그는 수십 년간 정치를 경험했으며, 유표와 원소 집안에서 벌어진 후계경쟁의 참극을 직접 지켜봤다. 그런데도 그는 수년간 머뭇거리며 태자 손화의 폐위를 결정하지 못했다. 나중에야 손권은 모질게 마음을 먹고 손화를 유폐했고, 그가 빈객과 왕래하지 못하게 했다. 표기장군 주거, 상서복야 굴황(屈晃)

은 장수들을 이끌고 머리를 땅에 조아리며 스스로 몸을 결박한 채 매일 궁궐에 와서 손화의 유폐를 풀어줄 것을 간청했다. 손권은 궁중의 높은 곳에 올라가 이 광경을 내려다보며 매우 불쾌하게 생각했다. 무난독(無難督) 진정(陳正)과 오영독(五營督) 진상(陳象)이 글을 올려, 춘추시대 진(晉) 헌공(獻公)이 태자 신생(申生)을 폐위하고 해제(奚齊)를 태자로 세웠다가 진나라가 혼란에 빠졌던 고사를 인용하며 손권에게 간언했다.

손권은 대로했다. 무난독과 오영독은 모두 손권을 호위하는 친위대의 책임자였다. 그런데 이들이 다투어 태자 책봉 문제에 관여했으므로, 손권의 처지에서는 더욱 우려스러웠다. 결국, 손권은 진정과 진상의 일족을 멸족했고, 주거·굴황을 궁궐로 끌고 와서 태형 100대에 처했다. 태자 손화는 고장(故鄣)으로 유배되었다. 신하 중에 간언했다가 주살되거나 유배당한 집안은 무려 10여 가문이었다. 태자 손화는 결국 폐위되었다.

노왕 손패도 태자가 되지 못했다. 그 역시 사사(賜死)되는 비참한 결말을 맞았다. 손패의 일당도 말로가 좋지 않았다. 양축은 주살되어 장강에 시신이 버려졌다. 그의 형 양목(楊穆)은 양축의 행동에 동의하지 않고 여러 차례 그를 타일렀으므로 죽음은 면했지만, 남주(南州)로 쫓겨났다. 손패가 죽은 후, 전기·오안·손기는 모두 손패를 도와 손화를 모함했다는 이유로 피살되었다.

손화와 손패는 모두 손권이 사랑하고 아끼던 자식이었다. 그러나 후계 경쟁의 결과 한 사람은 유폐되었고, 다른 한 사람은 사망했다. 대신들도 두 파로 나뉘었다가, 결국 10여 가문이 주륙을 당했다. 이 사건은 손권의 만년에 발생한 정치적 비극이자, 손권 가문의 비극이었다.

주유·노숙·여몽 등의 뒤를 이어 재주과 지략을 갖춘 손오의 인재로는 육손과 제갈각을 꼽을 수 있다. 앞서 서술한 것처럼, 육손은 관우를 제거하고 유비를 패배시켰으며 형주를 차지함으로써, 오를 위해 대단한 공훈을 세웠다. 제갈각은 제갈근의 아들로서, 총명하고 지혜로웠다. 그에 대해서는 아래와 같은 일화가 전한다.

제갈각의 부친 제갈근은 얼굴이 길어 마치 당나귀 같았다. (하루는) 손권이 신하들을 많이 모아놓은 자리에서 사람을 시켜 당나귀 한 마리를 끌고 오게 했다. 이 당나귀의 머리에는 긴 종잇조각을 붙여놓았는데, '제갈자유'(諸葛子瑜, 제갈근)라고 적혀 있었다. (그러자) 제갈각이 무릎을 꿇고 "(제가) 붓으로 두 글자를 더하게 해 주십시오."라고 청했다. 그래서 (손권은 그에게) 붓을 주도록 허락했다. 제갈각은 종잇조각의 아래에 '지로'(之驢, ~의 당나귀)라고 이어 적었다. 좌중의 모든 사람이 즐겁게 웃었고, 이에 (손권은) 당나귀를 제갈각에게 하사했다. 또 다른 어떤 날 다시 (제갈각을) 만난 자리에서, 손권은 제갈각에게 "경의 부친과 숙부(제갈량) 중에 누가 더 현명한가?"라고 물었다. (그러자 제갈각은) "신의 부친이 더 낫습니다."라고 대답했다. 손권이 그 이유를 물으니, (제갈각은) "신의 부친은 섬겨야 할 대상을 아는데, 숙부는 알지 못합니다. 그래서 (신의 부친이) 더 낫습니다."라고 대답했다. 손권은 다시 크게 웃었다.[121]

몇 가지 이야기가 더 전하는데, 대체로 이런 식이다. 이러한 이야기는 제갈각의 재주와 지능이 매우 뛰어났음을 보여준다. 그러나 그가 어려서부터 화려한 재능을 보였지만, 그리 사려 깊지는 않았다는 점도 보여준다. 제갈각은 장수로서 산월의 정벌에 적잖은 공로를 세웠다. 그러나 자신의 재능을 과신하고 남을 업신여기는 성격적 결함도 드러냈다. 승상 육손은 일찍이 친구에게 보낸 편지에서 제갈각의 결점을 지적했다. 아마도 그는 자신의 암시나 설명이 제갈각에게 전해지기를 바랐을 것이다. 제갈각은 결국 육손에게 직접 편지를 보내어 이렇게 말했다.

양경숙(楊敬叔)이 (최근 제게 선생의) 공정한 평론을 전달했습니다. (선생께서는) '바야흐로 지금 (우수한) 인물이 다 죽어 사라지면 덕행과 공업(功業)을 유지할 수 있는 사람이 더는 거의 남지 않을 것이다. (따라서) 서로 돕고, 위턱뼈와 아래턱뼈처럼 더욱 의지하며, 위로는 국사(國事)를 진흥하고 아래로는 서로 소중히 아껴야 한다'고 생각하셨습니다. …… (저는) 이 말씀을 듣고 그야말로 혼자 무릎을 치며 감탄했습니다. …… 지금의 형세는 엉클어지고 복잡한데, 훌륭한 인재는 적습니다. (그래서) 국가의 직무를 맡은 관원은 언제나 인원의 부족으로 고통을 받습니다. 만약 성품이 사악하지 않고 (국가를 위해) 자신의 재주를 공헌하려는 생각이 있는 사람이라면, 임용을 장려하여 그들이 맡은 업무에서 능력을 발휘하게 하는 것이 좋습니다. 만약 세세한 적합 기준에서 볼 때 개인의 품행이 부족한 경우라도 모두 관용을 베풀어야 하며, 일일이 책임을 물을 수는 없습니다. 또한, 사람을 사실 세세한 기준으로 너무 각박하게 평가해서는 안 됩니다. 각박하게 (평가)하면 성현(聖賢)들도 온전치 않(은 평가를 받)을 터인데, 하물며 (성현들보다 자질이) 떨어지는 사람들은 어떻겠습니까? …… 작은 허물도 용서하지 않고 사소한 일에도 질책하는 방식을 오랫동안 고수하면, 결국 집집마다 원망하게 되고 한 나라 안에 완벽한 품행을 갖춘 사람이 더 이상 없게 될 것입니다.[122]

제갈각은 육손이 자신의 결점을 지적하고 있음을 알았다. 그래서 제갈각은 육손에게 편지를 보내 "그(육손)가 말하는 논리를 확대해 그의 의견에 찬성하는"[123] 방식으로, 자신의 이해수준이 육손이 말한 것보다 훨씬 심오하다는 점을 드러냈다. 안타깝게도 사람들은 누구나 자신의 결점은 쉽게 파악하지만, 그 결점을 고치기는 매우 어렵게 생각한다. 그런데 제갈각은 자신의 결점조차 제대로 인식하지 못했다. 제갈각은 결국 자신의 결점 탓에 화를 당했다.

태원(太元) 원년[251년] 겨울, 손권은 병석에 누웠다. 진수의 서술에 따르면, 손권이 "대장군 제갈각을 태자태부에 임명하고 회계태수 등윤을 태상에 임명하니, (두 사람이) 함께 (손권의) 유조(遺詔)를 받들어 태자(손량)를 보필했다."[124] 진수는 또 "손권이 병환을 얻었을 때, 태자는 어렸다. 그래서 (손권은) 제갈각을 불러 대장군으로서 태자태부를 겸임하게 했고, 중서령(中書令) 손홍(孫弘)에게는 태자소부(太子少傅)를 겸임하게 했다. 손권은 병세가 위독해지자, 제갈각·손홍 및 태상 등윤, 장군 여거(呂據), 시중 손준(孫峻)을 불러 뒷일을 부탁했다."[125]라고 기록했다.

태원 2년[252년] 4월 16일, 손권이 사망하고 소제(少帝) 손량이 즉위했다. 손홍은 평소 제갈각과 사이가 좋지 않았다. 제갈각에게 처벌을 받을까 두려워한 손홍은 손권의 죽음을 알리지 않고 비밀에 부친 채, 조서를 위조하여 제갈각을 죽이려고 했다. 손준은 은밀히 손홍의 음모를 제갈각에게 알려주었다. 제갈각은 손홍에게 의논할 일이 있다고 부른 자리에서 그를 주살했다.

손권이 즉위한 이래 위와 오가 다툼을 벌인 지역은 회남이었다. 황룡 2년[230년], 손권은 동흥(東興)에 제방[오늘날의 안휘성 무위현(無爲縣)의 북쪽, 유수오의 북쪽]을 쌓았는데, 후일 회남 정벌에 실패하자 결국 제방을 버려둔 채 다시 수리하지 않았다. 제갈각은 국정을 주관하자, 손량의 치세인 건흥(建興) 원년[252년]에 동흥에 다시 커다란 둑을 쌓았다. 그는 둑 좌우의 양 끝을 산에 연결하여 두 채의 성을 쌓았으며, 각 성에 1000명을 주둔시켜 그곳을 지키게 했다. 위는 대장 호준(胡遵)과 제갈탄(諸葛誕)에게 병력 7만 명을 이끌고 두 성을 공격하도록 명했다. 두 장군은 부교(浮橋)를 만들어 강을 건넌 다음, 제방 위에 진을 쳤다. 제갈각은 4만 명의 병력을 이끌고 구원하러 갔다. 교만하여 적을 경시한 위군에게 오군이 용감하게 맹공을 가하자, 위군은 대패했다. 위군은 살기 위해 다투어 부교로 몰려갔고, 결국 다리가 무너져 수만 명이 익사했다. 오에서 노획한 수레와 우마·당나귀가 각각 수천 필이었고, 재물과 물자도 산더미처럼 쌓였다. 대승을 거둔 오군은 개선했다.

그러나 대승리를 거둔 제갈각은 더욱 교만해지고 적을 경시하게 되었다. 동흥대전(東興大戰)은 건흥 2년[230년] 겨울 12월[서력으로는 이미 231년]에 일어났다. 승리에 취해 판단력이 흐려진 제갈각은 이듬해 봄 다시 출병하여 위를 공격하려 했다. 대신들은 잦은 출병으로 병사들이 피로하다고 생각하여, 한마음으로 제갈각을 만류했다. 그러나 제갈각은 이들의 권유를 듣지 않았다.

제갈각과 손권의 고명(顧命)을 함께 받은 대신 등윤도 제갈각의 출병에 동의하지 않았다. 그는 다음과 같이 제갈각의 출병을 만류했다.

> 공은 선제(손권)께서 세상을 떠나고 새 군주(손량)께서 즉위할 때에 이윤(伊尹)과 곽광(霍光)처럼 (새로운 군주를 잘 보좌하라는) 부탁을 받았소. (그래서 공이) 안으로는 조정을 안정시키고 밖으로는 강한 적을 무찌르자, 그 명성이 온 세상을 뒤흔들었고 천하에서 매우 놀라지 않는 사람이 없을 정도였소. 백성의 마음은 공에게 의지하여 (편안히) 쉬기를 바라고 있소. (그런데) 지금 갑자기 (이제 막) 노역이 끝난 상황에서 (공의 마음대로) 군대를 일으켜 출정한다면, 백성은 피로하고 국력은 소진되며 먼 곳의 군주도 대비가 있을 것이오. (따라서) 만약 (적의) 성을 공격하여 함락하지 못하면, 들에서 (적국의 백성을) 공략해도 수확이 없을 것이니, 이는 이전의 공로를 잃고 훗날에 질책을 초래할 일이오. (그러니) 차라리 전투를 멈추고 병사들을 쉬게 하면서 (적들의) 틈을 노려 움직이는 편이 낫소. 게다가 전쟁은 중요한 사안이니, 많은 인재를 모아 기대어야 성공할 것이오. 많은 사람이 즐거워하지 않는데, 공만 편안하게 생각하시는 것이오?[126]

• 이윤은 은 탕왕의 사후 4대에 걸쳐 군주를 보좌한 명재상. 곽광 역시 한 무제의 유조를 받들어 소제(昭帝)를 보필했다.

그러자 제갈각은 이렇게 대답했다.

여러 사람이 (출병을) 할 수 없다고 말하는 이유는 모두 정확한 판단을 해보지도 않고 안일하게 편안할 것만 생각하기 때문이오. 그런데 공조차 그렇게 생각하신다니, 내가 누구를 믿고 기댄단 말이오? (위의 군주) 조방(曹芳)은 우매하고 용렬하여 (조정의) 정치가 권신(權臣)들의 가문에서 결정되고 있으니, 저들의 신하와 백성은 그야말로 (군주를) 배반하고자 하는 마음을 품고 있소. 지금 내가 국가의 실력에 의지하고, 승리의 위세를 빌린다면, 어디에 간들 이기지 못하겠소!¹²⁷

제갈각에게도 나름의 근거와 생각이 있었다. 그는 한 편의 글을 써서 "하늘에 두 개의 태양이 없고 땅에 두 명의 제왕이 없듯이, 제왕으로서 천하의 겸병에 힘쓰지 않고 후대에 왕업을 전하려는 사람은 예나 지금이나 존재하지 않는다."¹²⁸라고 자기 생각을 밝혔다. 이 글에서 그는 국가가 통일되어야 하며, 오랫동안 나뉘어 통치하는 형태는 불가능한 일이라고 주장하고 있다. 이어서 그는 이렇게 주장했다.

적대적인 나라끼리 서로 (상대를) 병탄하려는 것은 곧 원수 사이에서 서로 (상대를) 없애려는 것과 같다. 원수가 있는데 그 원수를 크게 한다면 재앙이 자신에게 미치지 않더라도 후손에게 미칠 것이니, (이에 대해) 깊이 헤아리지 않을 수 없다.¹²⁹

윗부분에서 제갈각은 후환을 남겨두어서는 안 된다는 점을 말하고 있다. 계속해서 제갈각은 이렇게 주장한다.

지금 위를 옛날의 진(秦)과 비교하면 (위의) 영토가 (진의) 몇 배이다. 오와 촉을 옛날 (전국시대의) 육국(六國)과 비교하면 (오·촉의 영토가 육국의) 절반도 되지 못한다. 그런데 지금 (우리 오가 위에) 대적할 수 있는 이유는 조조 시절(에 조직된) 병력이 현재는 전부 소진되었지만, 후대에 출생한 사람들이 아직 모두 장성하(여 정예병이 되)지 않았기 때문일 뿐이니, 바로 도적(의 세력)이 쇠약해져 아직 흥성하지 않은 상황이다. …… 지금 저들을 정벌해야 (저들에게) 수많은 재앙이 몰려갈 것이다. 성인은 (처한) 상황에 잘 적응하는 것을 중시한다고 했는데, 참으로 오늘(과 같은 상황)을 말하는 것이다.[130]

윗부분에서 제갈각은 위를 정벌하기에는 지금이 적기이니, 놓쳐서는 안 된다고 말하고 있다.

계속해서 그는 다음과 같이 주장했다.

지금 적(국)의 백성은 해마다 숫자가 늘어나고 있지만, 아직 (나이가) 어려 (군대에 투입하여) 활용할 수 없을 뿐이다. 만약 다시 십몇 년이 흐른 후에는 그 무리가 반드시 지금보다 배 이상일 것이다. 그러나 (우리) 국가에서 정예병을 보유한 지역은 (그때가 되면) 모두 이미 텅 비게 된다. (따라서) 오직 현재의 군대만이 대사를 결정할 수 있다. 만약 (현재의 병력을) 일찍감치 활용하지 않고 가만히 앉아서 늙게 놔둔 채 다시 십몇 년이 지나면, (현재의 병력은) 대략 반으로 감소할 것이다. 또한, 현재 (사병의) 자제들 숫자는 언급할 것도 못 된다. 만약 적군의 수는 갑절인데 아군이 반으로 줄어든다면, 다시 이윤과 관중(管仲)에게 (위나라의 정벌을) 도모하게 해도 어쩔 수 없을 것이다.[131]

이 부분에서 제갈각은 현재의 기회를 놓치면 후일에는 위를 정벌하여 국경을 넓힐 가능성이 완전히 사라지게 된다고 말하고 있다.

이어서 그는 말했다.

지금 듣자니, 많은 사람 중에 몇몇은 백성이 여전히 가난하니 휴식에 힘써야 할 때라고 생각한다고 한다. 이것은 큰 위험을 염려할 줄 모르고 작은 노고를 아까워하는 것이다. 옛날 한 고조(유방)는 요행히 삼진(三秦) 지역을 차지하고도, 어째서 관문을 닫고 요충지를 지키면서 스스로 즐기지 않았는가? (그는) 공연히 출병하여 초(패왕 항우)를 공격하다가 몸에 상처를 입고, 갑옷과 투구에는 이와 서캐가 슬었으며, 장수와 병사들은 질리도록 괴로움을 겪었다. (고조께서) 어찌 (적의) 날카로운 칼끝을 달게 여기고 편안함을 잊어서 그러셨겠는가? (그는) 오랜 세월 동안 (항우와) 양립할 수 없음을 염려했을 뿐이다![132]

이 부분이 핵심이다. 많은 사람이 출병을 반대한 이유는 백성들이 여전히 가난하니 휴식에 힘써야 할 때였기 때문이었다. 그리고 제갈각이 이를 반박한 것은, 그런 주장이 큰 위험을 염려할 줄 모르고 작은 노고를 아까워한다는 이유였다.

제갈각의 주장에는 억지스럽고 무리한 구석이 많다. 그 점은 일단 차치하기로 하자. 많은 사람이 출병을 반대한 이유는 주로 다년간의 막중한 부역으로 백성이 고통을 겪었기 때문이었다. 당시는 휴식을 취해야 할 시기였고, 경솔하게 출병해서는 안 되었다. 손권의 재위 후반기 이래 부세와 요역은 많고 무거웠으며, 백성의 생활은 매우 고통스러웠다. 신하들은 항상 손권에게 다음과 같이 부세·요역의 경감을 건의했다.

이때 전안 말년 (백성에게 할당된) 부세와 요역이 빈번했고, 전염병까지 거듭되어 민호의 수가 줄어들었다. 낙통은 다음과 같은 상소를 올렸다. "…… 지금 (북방의) 강한 적이 아직 소멸하지 않아 천하가 평정되지 않았고, 병사들은 끝나지 않은 전투를 계속하고 있으며, 장강의 변경에는 철수할 수 없는 방어선이 있습니다. 요역과 부세는 빈번하게 징수한 지 12년이 넘었습니다. 게다가 전염병으로 사망하는 재난까지 더해져 군·현은 텅 비고 경작지는 황폐해졌습니다. (신이) 관할하는 성읍(의 보고)에 따르면, 민호가 점차 감소하고 있으며, 장애인이나 노인들이 많고, 장정은 적습니다. …… 지금껏 (외지로) 나가 병사가 된 사람들은 살아서는 고생하느라 따뜻하거나 배부를 때가 없고, 죽어서는 (황무지에) 버려져 해골조차 고향으로 돌아오지 못합니다. 이런 이유로 (병사들은) 더욱 고향을 그리워하며, 멀리 종군하는 일을 두려워하여 (마치) 죽음과 동일시합니다. (또한,) 매번 (병력을) 징발할 때마다 (몸이) 쇠약하고 온순하거나 집안에서 임무가 막중한 사람이 먼저 선발되어 부대로 이송됩니다. 조금이라도 재산이 있는 사람은 가산을 기울여 뇌물을 쓰며 (가산을) 탕진하는 것도 사양하지 않고 있습니다. (행동이) 민첩하고 (성격이) 사나운 사람은 험준한 (산악) 지역으로 들어가, 무리를 지어 온갖 악행을 저지릅니다. 백성은 궁핍하여 울부짖으며 고통에 시달리고 있습니다. …… 또 민간에서 들으니, 살면서 조금이라도 자급할 능력이 없으면 아이를 낳고도 대부분 양육하지 않으며, 둔전병 중에도 가난한 병사들은 마찬가지로 자식을 버리는 이가 많다고 합니다.[133]

육손은 몸이 (수도 건업이 아닌) 외지에 있었지만, 국사를 걱정하여 (손권에게) 상소를 통해 당시의 정사를 다음과 같이 진술했다. "신은 법령이 너무 엄격하면 하층민에서 (법령을) 위반하는 사람이 많아진다고 생각합니다. 근래에 장수와 관리들이 (적잖이) 처벌을 받는데, (그들의) 신중하지 못한 점을 질책할 수는 있겠습니다. 그러나 천하가 아직 통일되지 않았으니, 진취적인 일을 도모해야 합니다. 사소한 허물은 은혜를 베풀어 용서하여 신민의 마음을 안정시켜야 합니다. …… 엄격한 법과 형벌은 제왕이 대업을 이룩하는 방법이 아닙니다. 처벌만 있고 용서가 없다면, (이는) 변방의 백성까지 포용하려는 원대한 계획이 아닙니다." 손권은 별동대를 보내 이주(夷州)와 주애(朱崖)를 점령하려는 생각으로, (두 지역의 공격에 관해) 모두 육손의 의견을 물었다. 육손은 다음과 같이 상소했다. "신의 어리석은 생각으로는, 천하가 아직 평정되지 않았으므로 백성의 역량을 동원하여 (현재의) 시급한 업무를 완수해야 할 것 같습니다. …… 난을 다스리고 역도를 토벌할 때는 군대로 위력을 보여야 합니다. (그러나) 농업과 양잠업으로 의식을 해결하는 것은 백성의 본업입니다. 그런데 전쟁이 끊이지 않아 백성은 굶주림과 추위에 고생하고 있습니다. 신의 어리석은 생각으로는, 병력과 백성을 양성하고 그들의 조부(租賦)를 덜어주어야 할 것 같습니다. ……"[134]

대신들이 언급한, 이와 같은 상황은 모두 사실이었다. 이런 상황은 손권도 잘 알고 있었으며, 그의 조서에서도 항상 언급되었다. 예를 들어, 황무 5년[226년] 봄, 손권은 다음과 같이 영을 내렸다. "군대를 일으킨 날이 오래되어 백성들은 농토를 떠나고, 부자와 부부가 서로를 돌볼 수 없으니, 나는 그들이 너무나도 가련하다. 이제 북방의 적들이 뒷걸음질 치며 달아나 변경 지역에도 (아무런) 변고가 없다. 각 주·군에 공문을 하달하여 (백성들이) 편안하게 휴식을 취할 수 있게 하라."[135] 가화 3년[234년] 봄 정월에도 다음과 같은 조서를 내렸다. "전쟁이 오랫동안 그치지 않아 백성들이 노역에 괴로워하고, 농사의 상황도 산록 좋지 않다. 각종 체납된 부세를 늦춰주고, 더 이상 징수를 독촉하지 않도록 하라."[136]

말은 이렇게 했지만, 손권의 징발은 조금도 멈추지 않고 계속되었다. 손권에게도 나름의 이유는 있었다. 황무 5년[226년], 손권이 "각 주·군에 공문을 하달하여 (백성이) 편안하게 휴식을 취할 수 있게 하라."라고 영을 내린 후, 육손은 상소문을 통해 "부세를 완화하고 징발의 중지했을" 때의 유리한 상황을 적절하게 제시했다. 그러자 손권은 육손에게 보낸 답서에서 이렇게 말했다.

(병력을) 징발한 이유는 천하가 아직 평정되지 않아 (통일의) 대업을 병력(의 강대함)에 의지해야만 이룰 수 있기 때문이오. 만약 강동만 고수하며 관대한 정

치를 실행하고 숭상한다면 병력은 자연히 쓰기에 충분할 터인데, 어찌 (병력을) 많이 징발하겠소? 다만 (내 생각에) 앉아서 스스로 지키기만 한다면, (포부가 적다고) 멸시를 당할 것 같소. 만약 미리 징발하지 않으면, 필요한 상황에서 즉시 (인원과 물자를) 투입할 수 없을까 두렵소.[137]

그래서 손권의 재위 후반기부터 두 의견이 대립했다. 한 의견은 국경의 방어를 통해 백성의 안정과 휴식을 중시하는 경향이었다. 다른 하나는 눈앞에 보이는 백성의 고통만을 살펴서는 안 되고 원대한 식견을 가져야 하며, 앉아서 강동만을 고수할 수 없으니 더 좋은 환경을 위해 싸워서 이겨야 한다는 견해였다. 이 견해를 주장하던 사람들은 싸워서 강해지려면 징발과 동원을 해야 하므로, 백성이 고난을 겪는 것은 어쩔 수 없다고 생각했다.

제갈각의 견해는 이러한 측면에서 손권과 노선을 같이했다. 이 견해의 장점은 장기적인 안목이었다. 세 나라가 대치한 채 대결하는 구도는 오랫동안 유지될 수 있는 상황이 아니었다. 한쪽 구석을 차지한 채 지키는 방식의 최후는 멸망일 수밖에 없다. 제갈량이 여러 차례 북벌을 감행한 것도 그 사상적 배경은 이와 같았다. 문제는 눈앞의 현실을 구체화하여 시기와 형세를 어떻게 판단해야 하는가에 달려 있었다. 제갈각의 착오는 장기적 안목을 갖춘 점에 있는 것이 아니라, 눈앞의 현실을 분명하게 파악하지 못한 점에 있었다. 그는 여러 가지 변수를 고려하지 못했다. 손권이 죽었을 때, 제갈각의 위엄과 명망은 모든 사람을 설득하기에는 아직 한참 부족했다. 또한, 백성의 고통으로 사회 전반에 전쟁을 꺼리는 생각과 정서가 강화되었다. 손권의 재위 시절에는 이러한 생각과 정서를 감히 드러내놓고 표현할 수 없었으므로, 아직 반전 세력으로까지 형성되지 못했다. 그러나 제갈각이 정치를 주도하자, 이러한 생각과 정서가 공개적으로 표현되었고, 반전의 강대한 역량이 되었다. 이러한 역량을 고려하지 못한 것은 그의 잘못이었다.

동흥에서 대승을 거둔 이후, 제갈각은 적을 무시하는 마음을 품었다. 그는 적기를 놓쳐서는 안 되며, 즉시 적극적으로 공세를 취해야 한다고 생각했다. 그러나 다른 장수들의 생각은 그와 정반대였다. 다른 장수들은 대승을 거둔 뒤이므로, 백성 역시 피로한 상태라고 생각했다. 게다가 공격과 수비는 다르다. 동흥대전에서 위는 공격 측이었고, 오는 수비 측이었다. 위는 공격하다가 패배했고, 오는 수비하다가 승리했다. 그런데 출병하여 위를 공격하면, 공수의 위치가 바뀌게 된다. 위가 수비하고 오가 공격하는 것이므로, 오의 승리를 보장하기 어려웠다. 이러한 상황 인식으로 반전을 고수하던 사람들은 출병에 동의하지 않았을 뿐만 아니라, 출병에 더욱 반대하게 되었다.

제갈각은 수많은 사람의 염원을 저버리면서까지 고집스럽게 자신의 의견을 주장하며 독단적으로 출병을 결정했다. 그는 각 주·군에서 병력 20만 명을 대규모로 동원했다. 이는 온 나라의 전력을 기울여 한 번에 승부를 보려는 작전이었다. 제갈각은 회남으로 진격하여 그곳의 위 백성을 내쫓고 약탈함으로써, 사신의 위세를 과시하려고 했다. 장수들은 그에게 이렇게 말했다. "지금 (우리가) 병력을 이끌고 (적진) 깊숙이 들어가면 변경의 백성들이 반드시 함께 멀리 달아날 터이니, 아마도 병사들은 피로하고 성과는 적을 것입니다. 차라리 신성(新城)오늘날의 안휘성 합비시의 서쪽을 포위하는 편이 더 낫습니다. 신성이 곤궁에 빠지면, (위의) 구원병이 틀림없이 당도할 것입니다. (위군이) 도착했을 때 그들을 (공격할 방법을) 도모하면, 대승을 거둘 수 있습니다."[138] 그들의 의견을 받아들인 제갈각은 회군하여 신성을 포위했다.

제갈각이 온 나라에서 20만 명의 병력을 총동원하고, 회남으로 진격하여 그곳의 위 백성을 내쫓고 약탈하려던 계획은 너무나 이해할 수 없는 작전이었다. 게다가 장수들의 말을 듣고 다시 회군하여 신성을 포위한 행동은 더더욱 사람을 곤혹스럽게 한다. 그는 이 출병에서 전혀 전략적 사고를 하지 않았던 것 같다. 또한, 그에게는 전술적 사고도 없었으며, 정략적인 접근 역시 없었던 듯하다. 20만 대군을 총동원한 출정에서 그저 위세를 떨치고 백성을 노략질한다는 것은 목표로서 너무 소박했다. 게다가 장수들의 한 마디 제안에 곧바로 병력을 돌려 신성을 포위한 것을 보면, 그의 출병에는 사전 계획도 마련되지 않았음을 알 수 있다. 사전 계획의 부재는 실패로 가는 지름길이다.

제갈각은 수개월 동안 성을 공격했지만, 성이 견고하여 함락할 수 없었고, 병사들은 극도로 피로했다. 무더운 날씨에 마실 물조차 더러웠으므로, 많은 병사가 병에 걸렸다. 병사들은 설사가 멈추지 않아, 사상자가 여기저기서 속출했다. 각 부대의 군관들은 병에 걸린 병사들이 많다고 보고했지만, 제갈각은 이 보고가 거짓이라고 생각하여 그들을 참수하려 했다. 그러자 더 이상 아무도 감히 그런 보고를 올리지 못했다. 성을 공격해도 함락하지 못하자, 내심 당황한 제갈각은 분노가 얼굴에 드러났다. 하루는 장군 주이(朱異)가 자신을 비난하자, 분노한 제갈각은 곧바로 그에게서 병권을 빼앗았다. 도위 채림(蔡林)은 여러 차례 군사적 계략을 제안했으나, 제갈각이 쓰지 않자 말을 달려 위군에 투항했다. 오군의 정황을 파악한 위군은 곧바로 진격했다. 버티지 못한 제갈각은 결국 군대를 이끌고 퇴각했다. 다치거나 병에 걸린 병사들은 길바닥에 발을 질질 끌며 이동했다. 그러다가 어떤 이는 구덩이나 도랑에 빠져 죽었고, 어떤 이는 포로로 잡혀갔으며, 오군은 대패하고 돌아왔다. 오나라의 모든 사람은 실망하여 제갈각에게 원망과 분노를 품었다.

야심가 손준은 백성들의 원망과 분노, 장수와 병사들의 불만을 이용해 제갈각을 살해하고 권력을 탈취할 기회를 노렸다. 그는 어린 군주 손량에게 궁중에 연회를 마련하여 제갈각을 초대하게 한 다음, 장막 안에 복병을 배치했다. 제갈각이 연회에 도착하자, 복병들이 일어나 제갈각을 살해했다. 손준은 손견의 동생인 손정(孫靜)의 증손자로서, 제갈각을 죽인 뒤 마침내 승상 겸 대장군의 자리에 올라 중앙과 지방의 모든 군사업무를 총괄했다.

손준은 평소에 명성과 인망이 없었으며, 교만하고 음흉했다. 또한, 그는 많은 사람을 처형하여 백성들이 이를 근심했다. 오봉(五鳳) 원년254년, 오후(吳侯) 손영(孫英)이 손준을 살해하려고 모의하다가 발각되어 피살되었다. 손영은 손권의 장자였던 손등의 아들이다. 이듬해255년 장군 손의(孫儀) 등이 촉의 사신을 접견하는 자리에 참석하여 손준을 살해하려고 했다. 그러나 모의가 누설되어, 손의 등은 자살했다. 이때 사건에 연루되어 죽은 사람이 수십 명이었다.

제갈각이 죽은 이후, 오에서는 군주와 신하가 서로 불신하고 반목했다. 정치는 불안정했고, 정변과 쿠데타가 번갈아 일어났다. 권력을 쥔 사람이 고립되어 다른 사람을 신뢰하지 않을수록 상하 간의 의심과 증오가 커졌고, 정변도 자주 발생했다. 재앙은 가까운 곳에서 일어났다.

오봉 3년256년, 손준은 표기장군 여거, 거기장군 유찬(劉纂), 진남장군(鎭南將軍) 주이 등에게 위에서 항복해온 장수 문흠(文欽)을 따라 강도(江都)오늘날의 강소성 양주시(揚州市)의 남쪽에서 회수·사수로 들어가 청주·서주를 공격하게 했다. 손준은 등윤과 함께 석두성(石頭城)건업의 서쪽까지 와서 그들을 전송했다. 손준은 여거의 군영에 왔다가 여거군의 정연한 모습을 보았다. 그는 이 모습을 싫어하여, 가슴이 아프다는 말을 하고 떠났다. 이날 밤, 그는 제갈각이 자신을 공격하는 꿈을 꾸고 공포에 떨다가 병사했다. 꿈을 꾼 일이 사실일 수 있고, 꿈에서 제갈각에게 공격을 받은 일도 사실일 수 있으며, 공포에 떤 일과 가슴이 아프다는 말도 사실일 수 있다. 그러나 꿈속에 나타난 제갈각의 일격으로 죽었다는 말은 믿을 수 없다. 아마도 손준은 다른 사람들을 많이 죽이면서 얻은 자책감으로 공포에 시달리다가 얻은 심장병 탓에 죽었을 것 같다.

손준은 죽으면서 대권을 사촌 동생 손침(孫綝)에게 넘겨주었다. 손침은 처음에는 편장군이었고, 손준이 죽은 뒤 시중 겸 무위장군(武衛將軍)으로서 중앙과 지방의 모든 군사 업무를 총괄했다. 그는 손준을 대신하여 조정의 정사를 주관했다. 그 소식을 듣고 대로하여 병력을 이끌고 귀환한 여거는 등윤에게 사람을 보내 함께 손침을 축출하자고 제안했다. 그러나 손침이 등윤을 죽이고 병력을 파견해 여거를 막으니, 여거는 자살했다.

손려(孫慮)는 손준의 사촌 동생으로서, 일찍이 손준과 공모하여 제갈각을 죽였다. 손준은 손려를 우대하여, 그를 우장군(右將軍) 겸 무난독(無難督)에 임명했다. 손침은 손준보다 손려에 대한 대우가 박했다. 분노한 손려는 장군 왕돈(王惇)과 함께 손침을 살해할 음모를 꾸몄다. 결국, 손침이 왕돈을 죽였고, 손려는 자살했다.

손량은 친정(親政)을 하게 되자, 손침을 자주 꾸짖고 책망했다. 두려움을 느낀 손침은 건업에 있으면서도 병을 핑계로 입조하지 않았다. 손량은 신하들과 은밀하게 손침의 주살을 모의했다. 손량의 비(妃)는 손침의 사촌 누나의 딸이었다. 그녀는 손량의 비밀모의를 손침에게 알렸다. 그러자 손침은 손량과 함께 자신의 살해를 모의한 대신들을 죽인 다음, 병력을 거느리고 가서 궁궐을 포위했다. 그는 손량을 황제의 자리에서 폐위하여 회계왕(會稽王)으로 삼고, 손권의 아들인 낭야왕(瑯邪王) 손휴(孫休)를 황제로 옹립했다.

손침의 집안에서는 다섯 명의 후(侯)가 배출되었다. 이들은 모두 금군(禁軍)을 장악하여, 손침 일가의 권세가 오의 군주를 압도할 정도였다. 그러나 이처럼 군주를 두렵게 할 정도의 위세 탓에 자연히 손침과 손휴 사이에는 불가피하게 서로 시기하고 두려워하는 상황이 생겨났다. 손휴는 한편으로는 손침에게 은전(恩典)과 예우를 더해주고 자주 상을 내리면서도, 다른 한편으로는 측근인 장포·정봉(丁奉)과 함께 은밀히 손침의 살해를 도모했다. 영안 원년258년 12월, 납제(臘祭)를 지내는 자리에 손침은 병을 핑계로 참가하지 않았다. 손휴의 사자가 10여 차례나 손침을 찾아가 그의 입궁을 청했다. 손침이 마지못해 일어나 입궁하자, 장포·정봉은 주위의 무사를 시켜 그를 포박했다. 손침이 머리를 조아리며 자신을 교주로 유배해 달라고 청했지만, 손휴는 "경은 어째서 등윤·여거를 유배하지 않(고 죽이고 말)았소?"[139]라고 물었다. 손침은 다시 자신을 관노(官奴)로 삼아달라고 청했다. 그러자 손휴는 다시 "(경은) 어째서 등윤·여거를 노비로 삼지 않(고 죽이고 말)았는가!"[140]라고 질책했다. 결국, 손휴는 손침을 죽이고 그의 삼족을 멸한 뒤, 다음과 같은 조서를 내렸다.

> 제갈각·등윤·여거는 모두 죄가 없는데도 손준·손침 형제에게 (억울하게) 해를 입었으니, 통탄할 만한 일이다. 서둘러 (그들의 묘를) 모두 이장하고, (그들) 각자에게 제사를 올려 추모하도록 하라. (아울러) 제갈각 등의 사건에 연루되어 변방으로 유배된 사람들을 모두 소환하라."[141]

회계군에서는 "회계왕 손량이 돌아와 천자가 되어야 한다."는 유언비어가 떠돌았고, 손량의 궁궐에 있는 시종 한 사람은 손량이 무당을 시켜 기도하고 사악한 말을 늘어놓았다고 고발했다. 손휴는 손량을 쫓아내 후관후(侯官侯)에 봉하고, 그를 봉국(封國)으로 보냈다. 손량은 봉국으로 가는 도중에 자살했다. 손량을 호송한 사람들도 모두 손량의 자살 때문에 처형되었다. 어떤 이는 손휴가 손량을 독살했다고 하는데, 충분히 가능성이 있다.

손권이 태자 손화를 폐위하고 노왕 손패를 사사한 적오 13년250년부

• 중국 고대에 연말이 되면 한 해 동안 지은 농사의 형편과 그 밖의 여러 일을 하늘의 신에게 고하던 제사.

터 손휴가 손량을 독살한 영안 2년[259년]까지 10년 사이에 폐위와 살해 사건이 여러 차례 발생했다. 이것은 손오의 정치적 비극이자, 손씨 일족의 비극이기도 했다. 그러나 이때까지도 손오의 정치적 비극은 절대 끝나지 않았다. 더욱 큰 비극은 후대, 즉 망국의 군주 손호의 시대에 벌어졌다.

14. 제갈량의 촉한 통치와 남정북벌

1. 제갈량의 촉한 통치

유비 집단에서 제갈량이 차지한 지위와 역할은, 유비의 사망과 탁고기명(托孤寄命)을 계기로 전기와 후기 두 단계로 구분할 수 있다. 유비가 생존했을 때 제갈량은 정치 방면의 주요 참모였고, 군사 방면은 전적으로 유비가 결정을 내렸다. 제갈량은 군사적 결정에 거의 의견을 제시하지 않았으므로, 그가 군사적 결정에서 중요한 역할을 한 경우 역시 거의 없었다. 제갈량은 유비의 사후에야 비로소 촉한의 정치와 군사에 대한 전권을 맡았다.

오와 연합하여 조조에게 대항하는 전략의 수립과 적벽대전에서 제갈량은 중요한 역할을 했다. 손권 진영의 주화파(主和派)와 주전파(主戰派) 중 주전파인 노숙·주유와 협력한 제갈량은 조조와 맞서 싸우겠다는 손권의 결심을 얻어냈다. 사실, 손권이 조조와 일전을 벌인 일은 필연이었다. 노숙·주유가 권유하지 않았더라도 손권 역시 조조와 대결했을 것

- 유비가 임종하며 제갈량에게 아들 유선을 부탁하고 국정을 위탁한 일. 보통 '탁고'(托孤)로 줄여 말하기도 함.

이며, 그가 투항할 리는 없었다. 물론 노숙·주유 같은 사람조차 조조를 맞이하자고 주장했다면 손권이 곤란했을 수도 있었겠지만, 그것은 불가능한 일이었다. 손권이 조조와 겨루기로 마음먹었다면, 주유·노숙 등도 반대할 수 없었을 것이다. 손권이 조조와 겨루기로 마음먹은 이유는 자신이 중국 동남부 일대의 실질적인 영수였고, 또 그것이 당시의 대체적인 형세였기 때문이다. 조조를 맞이할 수 없다는 절박함은 손권보다는 유비가 훨씬 강렬했다. 유비가 조조를 맞이하는 것은 절망과 죽음의 막다른 외길이었다. 그러나 손권이 조조를 맞이했다고 해도 결말은 절대 좋지 않았을 것이다. 당시의 형세와 손권의 지위 탓에 손권 역시 조조와 대결할 수밖에 없었다. 제갈량·주유·노숙은 마침 이 절호의 기회를 활용하여 공적을 세우고 이름을 드날린 것이다.

적벽대전에서 오군의 작전을 지휘한 사람은 주유였다. 유비군을 지휘한 사람은 역사책에 명확하게 기록되지 않았지만, 추론상 역시 유비였을 것이다. 제갈량은 오군을 따라 서쪽으로 이동하고 있었으므로, 유비가 주유를 영접했을 때는 두 사람 모두 제갈량을 보지 못했을 것이다. 제갈량이 언제 유비의 곁으로 돌아갔는지는 분명하지 않다. 후일 손권이 관우에게 노숙을 보내 형주의 반환을 요구했을 때, 관우는 노숙에게 이렇게 말했다.

> 오림(烏林)에서 벌어진 전투에서 좌장군(유비)은 몸소 군중에 머물며 잠자리에서 갑주를 벗지 않을 정도로 온 힘을 다해 위를 격파했소. (그런데 좌장군께서) 어떻게 헛심만 쓰고 땅 한 떼기도 (얻을 수) 없단 말이오? 그런데 그대는 (형주에) 와서 (형주) 땅을 거둬들이겠다는 거요?

- 오림은 장강의 북안(北岸)에 있었고, 적벽은 장강의 남안에 자리했다. 즉, 두 지역은 장강을 사이에 두고 서로 마주한 지역이다. 즉, 관우가 오림에서 벌인 전투라고 표현한 것은 적벽대전을 뜻하는 말이다.

관우의 이 말을 보면, 역시 유비가 군대를 직접 지휘하여 적벽대전에 참가했음을 알 수 있다.

적벽대전 이후 유비는 유강구에 주둔했다. "선주(유비)는 마침내 (형주의) 장강 이남 지역을 점령하고 제갈량을 군사중랑장에 임명하여, (그에게) 영릉·계양·장사 3군을 감독하고 그곳의 부세를 징수하여 군수물자를 확충하게 했다." 당시 형주의 강남 3군에서 조세를 거두는 일이 매우 중요한 업무이기는 했다. 그러나 제갈량은 유비의 곁에 머물지 않고, 3군의 부세를 감독하기 위해 떠났다. 이것은 유비가 군사적 중대사를 결정할 때 제갈량이 그의 곁에서 결정을 돕는 핵심 인물이 아니었다는 사실을 정확히 말하고 있다.

유비는 익주로 들어갈 때 방통과 황충을 대동했다. 제갈량·관우·장비·조운은 모두 형주에 남았다. 이 사실은 형주의 전략적 중요성 때문에 제갈량이 형주를 떠날 수 없었던 상황을 말하는 것일 수 있다. 그러나 유비가 군사 방면의 의사를 결정할 때 제갈량의 의견이 필요하지 않았었다는 사실을 말하는 것이기도 하다. 후일에 일어난 두 차례의 대전, 즉 한중 쟁발선과 형주 쟁발선에서 유비가 모든 사항을 직접 결정했고, 제갈량을 참모로 데려가지 않았다는 사실은 제갈량의 지위를 더욱 충분하게 설명한다. 한중 쟁탈전은 유비와 조조 사이에서 벌어진 대전이었다. 그런데도 유비는 제갈량을 데려가지 않았다. 그가 데려간 것은 법정이었다. 관우가 죽은 후, 유비는 전력을 기울여 손권과 형주 쟁탈전을 벌였다. 이 전쟁은 유비의 생사와 존망이 걸려있던 중대한 사건이었다. 그런데도 유비는 단독으로 출정했고, 제갈량을 참모로 대동하지 않았다.

이릉 전투에서 참패한 뒤, 제갈량은 "법효직(법정)이 만약 (살아) 있었다면 주상(유비)을 제지하여 동정을 감행하지 못하게 했을 것이고, 또 설령 (주상께서) 동정을 감행하셨어도 틀림없이 위태로운 지경에 빠지지는 않았을 텐데!"라고 탄식했다. 그렇다면 다음과 같은 질문을 해 볼 수도 있겠다. "법효직(법정)이 없는 상황에서 제갈량이 유비의 동정을 제지할 수는 없었을까?" 또, "기왕에 유비가 동정을 감행했다면, 제갈량은 왜 유비를 수행하지 않아 유비를 위험에 처하게 했을까?" 이것은 당시 제갈량이 유비의 동정을 제지할 만한 역량과 지위를 갖추지 못했음은 물론이고, 유비의 동정을 수행하여 그가 위험에 처하지 않도록 대처할 능력과 역할도 갖추지 못했다는 점을 설명한다.

요컨대, 유비의 생전에 제갈량은 명령을 받아 집행하는 행정 방면의 유능한 신하였을 뿐이다. 그는 결코 유비를 도와 정책을 결정하던 사람이 아니었다. 특히, 군사 방면에서 그는 아직 유비의 의사 결정에 도움을 주던 사람이 아니었다.

그러나 유비의 죽음으로 제갈량의 지위는 크게 변화했다. 장무 3년²²³년 봄, 유비는 영안(永安)에서 병이 위독해지자, 성도에 있던 제갈량을 불러 뒷일을 부탁했다. 유비는 제갈량에게 이렇게 말했다. "그대의 재주는 조비의 열 배이니, 필시 나라를 안정시키고 결국 대업을 이룰 수 있을 것이오. 만약 (나의) 뒤를 이은 자식이 보필할 만하면 보필하고, 그가 합당한 재목이 아닌 것 같으면 그대가 (보위를) 직접 차지해도 좋소."⁴ 그러자 제갈량은 눈물을 흘리며 "신이 어찌 감히 (신하로서) 보좌하는 역량을 다하고 충정(忠貞)의 절개를 바쳐서 죽을 때까지 계속하지 않겠습니까!"⁵라고 말했다. 유비는 후주 유선에게도 조칙을 내려 "너는 승상과 함께 (상의하여) 국사를 처리하고, (승상을) 아버지처럼 섬겨라."⁶라고 했다.

- 일부 학자들은 유비가 제갈량에게 황제의 자리를 넘기겠다는 말을 했을 리 없다고 주장한다. 이들의 주장 근거는 다음과 같다. 첫째, 촉한이 조위와 양립할 수 없었던 것은 조비가 신하로서 황권을 찬탈했기 때문이다. 그런데 제갈량이 유선을 대신하여 황제가 된다면, 이 역시 조비와 같은 짓을 벌이는 것이므로, 촉한이 내세운 정통론의 명분에 위배된다. 둘째, "君可自取"를 "그대가 직접 차지해도 좋다."고 해석하면, '取'를 '取而代之'의 뜻으로 해석해야 하는 무리가 생긴다. 따라서 일부 학자들은 '取'자를 '選取'의 의미로 받아들여 "그대가 직접 유선을 황제의 자리에서 폐위하고 다른 왕자를 선택해 옹립해도 좋다."라고 해석하기도 한다. 자세한 사항은 方北辰, 「劉備遺囑"君可自取"句辨釋」, 『魏晉南北朝史研究』(湖北人民出版社, 1996);「劉備遺囑再考察」, 『成都大學學報』(社會科學版, 2008-6) 등의 논문을 참조하라.

건흥 원년[223년], 촉한의 후주(유선)는 제갈량을 무향후(武鄕侯)로 봉했다. 제갈량은 승상부(丞相府)를 설치하여 정무를 처리했다. 얼마 후 그는 다시 익주목(益州牧)을 겸임했다. "정사는 대소사를 막론하고 모두 제갈량이 결정했다."[7] 이때[223년]부터 제갈량은 촉한의 정치·군사 방면에서 최고결정권자가 되었고, 크고 작은 모든 사안을 전부 제갈량이 결정했다. 이러한 상황은 제갈량이 오장원(五丈原)에서 병사하는 해[234년]까지 11년간 계속되었다.

제갈량은 촉한을 통치하며 형벌을 엄격히 집행했다. 금성(金城) 출신의 곽충(郭沖)은 제갈량이 "임기응변과 지략, 영명한 작전능력을 갖추어 관중(管仲)·안영(晏嬰)보다 뛰어났다."[8]고 극찬했다. 그는 제갈량의 다섯 가지 능력을 조목조목 논했는데, 그가 주장하는 제갈량의 첫 번째 능력은 다음과 같다.

제갈량은 형벌과 법률에 엄혹하여 백성을 각박하게 착취했으므로 군자부터 소인까지 모두 원망하고 탄식했다. 법정이 이렇게 간언했다. "옛날에 고조(유방)께서 (함곡)관에 들어가서 약법삼장을 내거시니, 진의 백성은 (고조의) 은덕을 알게 되었습니다. (그런데) 지금 그대(제갈량)는 (주군 유비의) 위력을 빌려 주(익주) 하나를 통제하니, 이제 막 영토를 차지하여 (백성에게 주군의) 은혜로운 위무가 아직 베풀어지지 않았습니다. 게다가 외지인과 토착민 사이의 원칙에서 봐도, 마땅히 (외지인이) 조금 양보하는 태도를 보여야 합니다. 바라건대, 형벌과 법금을 완화하여 그들(백성)의 여망을 어루만져 주십시오." (그러자) 제갈량이 이렇게 대답했다. "그대(법정)는 하나만 알고 둘은 모르시는구려. 진은 무도하고 정치가 가혹하며 백성이 원망하고 있었으므로, 필부가 크게 소

• 관중은 춘추시대 제 환공이 패업을 이룩하도록 도운 명재상이었고, 안영 역시 제의 영공(靈公)·장공(莊公)·경공(景公)을 섬긴 현명한 대부로 유명했다.

리치자 천하가 흙더미가 무너지듯 붕괴한 것이오. 고조(유방)께서는 이런 상황을 이용하여 널리 (백성을) 구제하였소. (그러나) 유장은 어리석고 나약했소. (그는) 유언 이래 대대로 쌓은 은덕이 있었으나, 번잡한 법도에 얽매이고 상대의 비위를 맞췄소. (그래서) 덕정(德政)이 실행되지 않고, 위엄과 형벌은 엄숙하지 않았소. 촉 지역의 인사들은 권력을 전횡하자 방자해졌고, 군신 사이의 기강은 차츰 문란해졌소. (주군이) 지위를 주어 총애해도 (신하는) 지위가 더할 나위 없이 높아지면 (주군을) 천시하고, (주군이) 은혜를 베풀어 따르게 해도 (신하는) 은혜가 다하면 오만해졌소. 폐단이 발생한 이유는 실로 여기에서 비롯된 것이오. 내가 지금 법으로 위엄을 보이니, 법이 시행되면 (신하들이) 은혜를 알 것이오. 작록의 하사에 제한을 두고 있으니, (그러다가) 작록이 더해지면 영예를 느낄 것이오. 영예와 은혜가 모두 충족되고 있으니, 상하에 절도가 생길 것이오. 통치의 요체는 여기에서 잘 드러나 있소."[9]

배송지는 곽충의 견해에 회의적이었다. 그는 다음의 두 가지 사항을 들어 곽충의 견해를 반박했다. (1) "법정이 유주(劉主, 유비)보다 먼저 죽었는데, 여기서 법정이 (제갈량에게) 간언한 것은 유주(유비)가 생존한 시점이다. 제갈량의 직책은 측근에서 보좌하는 신하였으므로, (모든) 일은 원수(元首, 군주, 즉 유비)의 결정에 따라야 했다. 또한, 유주(유비)의 재위 시절에 제갈량은 아직 익주를 관할하고 있지도 않았으므로, 포상과 형벌을 그가 결정하지 않았다. (그런데) 곽충이 기록한 제갈량의 답변을 살펴보면, (제갈량은 마치) 완전히 자신이 그런 능력을 갖춘 것처럼 말하는데, (이것은) 신하로서 자처해야 할 본분에 어긋난다. 겸손하고 공순(恭順)한 제갈량의 품성으로 볼 때, 아마도 절대 그렇게 (말)하지 않았을 것이다."[10] (2) "제갈량은 형벌과 법령에 엄혹하여 백성을 각박하게 착취했다고 했는데, 선정(善政)을 베풀면서 각박하게 착취했다는 말을 들어본 적이 없다."[11]

배송지의 평가 역시 다음과 같은 이유로 그리 합리적이지는 않다.

(1) 유비의 생존 당시 군사 업무와 같은 중요 업무는 제갈량이 결정하지 않았지만, 국가를 통치하는 정책은 제갈량이 주도했다. 따라서 법정은 당연히 제갈량에게 자기 의견을 보고해야 했다. 또한, 곽충은 제갈량이 불손하거나 공순하지 않다고 언급하지도 않았다. (2) 엄혹한 형벌과 법령은 사대부와 호족 가문에게 적용된 조치였다. 백성을 각박하게 착취했다고 할 때, 백성이라는 말에는 사대부와 호족 가문이 포함되어 있었다. 유장 부자가 촉을 통치하는 동안에는 어진 정치가 잘 이뤄지지 않았고, 엄격한 형벌이 집행되지 않았으며, 조세의 부담이 편중되어 공평하지 않았다. 제갈량이 촉한을 통치할 때도 조세가 경감되었다고 할 수는 없지만, 그의 징세는 공평한 편이었다. 물론, 조세가 공평해도 원망하고 한탄하는 사람은 생길 수 있다.

그런데 제갈량의 촉한 통치에서 후대 사람들에게 가장 칭송을 받은 부분은, 그가 인사와 업무에 관한 한 "진실한 마음과 공정한 태도"로 법에 의거하여 업무를 처리하고 상벌을 분명하게 집행한 점이었다. 그래서 제갈량에게 처벌을 당한 사람도 그에게 원한을 품지 않을 수 있었다. 요립(廖立) 같은 사람은 죄를 짓고 평민으로 신분이 깅등되어 문산군(汶山郡)으로 유배되었는데도, 다음과 같은 일화가 전한다.

> 요립은 몸소 처자식을 이끌고 농사를 지으며 생계를 유지했는데, 제갈량의 사망 소식을 듣고 눈물을 흘리며 "내가 결국 이민족의 옷을 입는 신세로 전락하겠구나!"라고 탄식했다. 후일 감군(監軍) 강유(姜維)가 별동대를 이끌고 문산군을 지나가다가 요립에게 들렀는데, (강유는) 요립의 정신과 기개가 (조금도) 쇠하지 않았고 언사도 전처럼 (거침없이) 그대로라고 칭찬했다. 요립은 결국 유배지에서 생을 마쳤고, (그의) 처자식은 촉군으로 돌아왔다.[12]

또 이엄은 제갈량이 기산(祁山)으로 출병했을 때, 군량을 제대로 보급하지 않고는 그럴듯한 말로 자기 과오를 변명했다. 그러자 제갈량은 표문을 올려 이엄의 죄를 밝혔다. "이에 이평(李平, 이엄은 후일 이평으로 개명)은 평민으로 (신분이) 강등되어 재동군(梓潼郡)으로 유배되었다. (건흥) 12년²³⁴년, 이평은 제갈량이 세상을 떠났다는 소식을 듣고 발병하여 사망했다. 이평은 항상 제갈량이 자신(의 신분과 직책)을 복권해 줄 것으로 기대했다. 그러나 (제갈량의) 후임 인사들은 (자신의 복직을 추진)할 수 없을 것으로 예상했기 때문에 울화병이 난 것이다.¹³"

요립과 이엄은 각자 저지른 죄 때문에 평민으로 강등되었지만, 두 사람 모두 제갈량이 자기를 다시 기용해 줄 것이라는 희망을 품고 있었다. 그래서 제갈량의 사망 소식을 듣자, 한 사람은 눈물을 흘리며 "내가 결국 이민족의 옷을 입는 신세로 전락하겠구나!"라고 탄식했고, 다른 한 사람은 울화가 치밀어 병사했다. 그들이 마음속에 어떤 생각을 품었든 간에, 제갈량이 인사와 사무를 공평하게 처리한다는 인식은 공유하고 있었던 듯하다.

제갈량의 용인술은 현명하고 유능한 인재의 선발과 등용이었다. 장완(蔣琬)·비의(費禕)·강유는 모두 대사를 맡길 재주와 지략을 갖춘 인재였다. 제갈량은 지방 군수의 선발과 임용에도 적임자를 찾아냈다. 진수의 서술을 보자.

> 양홍(楊洪)은 어렸을 때 학문을 좋아하지 않았지만, 충성스럽고 청렴하며 성실했다. (그는) 공사(公事)를 마치 집안일처럼 걱정했고, 계모의 봉양에도 매우 효성스러웠다. (건흥) 6년²²⁸년, (양홍은) 관리로 재임 중에 죽었다. 처음에 양홍은 (건위군수) 이엄의 수하에서 일하던 (건위군의) 공조(功曹)였다. (그런데) 이엄이 건위군수의 임기를 채 끝마치기도 전에, 양홍은 이미 촉군태수가 되었다. 양홍은 문하서좌(門下書佐) 하지(何祇)를 발탁했는데, (하지는) 재주·지략·능력을 갖추어 (양홍이) 군리(郡吏)로 천거한 사람으로, 몇 년 뒤에 광한태

수(廣漢太守)가 되었다. 이때 양홍도 아직 촉군태수로 재직하고 있었다. 그래서 서토(西土, 촉한) 사람들은 모두 제갈량이 당시의 인재를 빠짐없이 등용한 점에 탄복했다.[14]

그러나 제갈량의 용인술에는 큰 한계가 있었다. 그는 재능 있는 사람을 기용할 수 있었지만, 그가 가장 좋아한 인재는 충성스럽고 부지런하며 침착하고 신중한 사람이었다. 그는 임기응변의 지략을 갖췄더라도 성격이 과격하거나 자부심이 강하거나 승벽(勝癖)이 지나친 결점이 있는 사람을 기용하지 않았다. 사람을 기용하는 그의 도량은 유비는 물론이고, 조조만도 못했다. 위연이 유비를 수행하여 한중을 점령할 때, 그는 겨우 아문장군(牙門將軍)이었다. 유비는 한중왕에 즉위한 뒤 치소를 성도로 옮겨야 했으므로, 중량감 있는 장수를 뽑아 한중을 지키게 해야 했다. 중론은 장비가 한천(한중)을 지키는 것이었고, 장비도 속으로 자신이 적임자라고 자부했다. 그런데 뜻밖에도 유비는 위연을 발탁하여 한중의 전군(全軍)을 감독하는 진원장군(鎭遠將軍)에 임명하고 한중태수를 겸임하게 했다. 전군이 모두 깜짝 놀랄 정도였다.

그렇다면 제갈량은 유비의 눈에 들었던 장수 위연을 어떻게 대했을까? "위연은 제갈량을 수행하여 출정할 때마다 늘 (단독으로) 병력 1만 명을 (거느리겠다고) 요청하여, 제갈량과는 다른 노선으로 진격하여 동관(潼關)에서 (제갈량의 본진과) 회합하기를 희망했다. (이것은 과거) 한신(韓信)의 전략과도 같은 방식이었다.*** 그러나 제갈량은 (언제나 위연의 의견을) 제지하

* 한대 군수의 휘하에서 일하던 공조사(功曹史)의 약칭. 주로 인사를 비롯하여 군(郡)의 정무에 참여했다.
** 군수의 곁에서 문서작성 업무를 맡은 관원.
*** 초한 전쟁 당시 한신은 유방에게 자신이 정예병 3만 명을 이끌고 유방의 본진과 따로 진군하게 해 달라고 요청했다. 한신의 계획은 항우의 북·동·남쪽 방면에서 초군을 압박하며 진격하여 형양(滎陽)에서 유방의 본진과 합류하여 항우와 맞서려는 것이었다. 유방은 그의 건의에 따라 결국 항우를 무찔렀다.

며 허락하지 않았다. 위연은 항상 제갈량을 겁쟁이라고 생각했으며, 자신의 기량을 충분히 발휘하지 못하는 점을 한탄했다.[15]" 제갈량은 왜 위연의 제안을 받아들여 그가 재주를 발휘하게 하지 못했을까? 왜냐하면, 위연은 "사졸을 잘 다루고, 용맹이 남보다 뛰어났으며, 성격도 자부심이 강하고 오만했기[16]" 때문이었다. 자부심이 강하고 오만한 성격이 위연을 망친 것이다.

팽양(彭羕)은 재주가 뛰어났지만, "방자하고 교만하여 (다른 사람을) 무시하거나 홀대하는 경우가 많았다.[17]" 진수의 다음 서술로도 알 수 있듯이, 방통·법정·유비는 모두 팽양을 중시했다.

팽양은 선주(유비)에게 간언을 올(려 자신을 알)리고 싶어, (먼저) 방통을 찾아갔다. 방통은 팽양과 알고 지낸 사이가 아니었고, 또 마침 (자신에게) 빈객도 찾아온 상황이었다. (그런데) 팽양은 곧바로 방통의 침상 위로 올라가 누웠다. 그는 방통에게 "손님이 돌아가고 나면 경(卿)과 자세한 이야기를 나누려고 합니다."라고 했다. 방통은 손님이 돌아가자 팽양에게 와서 마주 보고 앉았다. (그런데) 팽양은 다시 (방통에게) 먼저 음식을 대접할 것을 요구했고, 그런 다음 함께 이야기를 나누었다. (팽양은) 이렇게 (방통의 집에) 이틀 밤을 묵으며 온종일을 (함께 대화하며) 지내게 되었다. 방통은 그(팽양)를 매우 높이 평가했다. 법정도 팽양에 대해 익히 잘 알고 있었으므로, 결국 (방통과 법정 두 사람이) 공동으로 그를 선주(유비)에게 추천했다. 선주도 (팽양을) 기재(奇才)라고 생각하여, 여러 차례 팽양에게 (군중에) 군사적 명령을 선포·전달하게 하고, 여러 장수를 지휘하게 했다. (선주의) 명을 받들어 수행한 업무는 (선주의) 의지에 부합했으므로, (팽양에 대한 선주의) 총애와 대우는 날마다 높아졌다. 성도가 평정된 뒤, 선주는 익주목을 겸임하며 팽양을 치중종사(治中從事)로 발탁했다. 팽양은 평민의 신분에서 시작하여 하루아침에 (익)주의 인사들보다 높은 지위를 차지했다. (그의) 표정과 태도는 의기양양했고, (선주의) 총애를 받는 것에 대한 자부심이 점점 심해졌다. 제갈량은 겉으로는 팽양을 잘 대해주었지만, 마음속으로는 (그를) 좋게 보지 않았다. (그래서 제갈량은) 여러 차례 선주에게 팽양은 야심이 원대하여 (그로 인해 국가의) 안정을 보장하기 어렵다고 은밀하게 간언했다. 선주는 이미 제갈량을 존경·신뢰하고 있었고, 게다가 팽양의 행실을 살펴본 후 점차 (팽양을) 멀리해야겠다고 생각했으므로 팽양을 강양태수(江陽太守)로 좌천시켰다.[18]

이 일로 낙담하여 불만을 품은 팽양은 마초를 찾아갔다. 마초가 팽양에게 물었다. "경의 재능이 출중하여 주공(유비)은 (경을) 매우 융숭히 대접했고, 경이 공명(제갈량)이나 효직(법정) 같은 사람과 어깨를 나란히 할 (만큼 우열을 가릴 수 없을) 정도라고 평가하셨소. (그런데) 어찌 외지에서 작은 군(郡)을 맡아 (경에게 가졌던) 사람들의 바람을 잃은 것이오?"[19] 마초가 한 마디로 팽양의 아픈 곳을 물으니, 팽양은 결국 쏟아내서는 안 될 푸념을 한 차례 늘어놓았다. 심지어 팽양은 유비를 '노혁'(老革), 즉 '늙다리'라고 불러버렸다. 또한, 그는 마초에게 "경이 외정(外政)을 맡고, 내가 내정(內政)을 맡으면 천하는 무난히 평정할 것이오!"[20]라고 말했다. 이 말을 듣고 덜컥 겁이 난 마초가 팽양의 발언을 유비에게 알렸고, 마침내 팽양은 하옥되었다. 팽양은 제갈량에게 편지를 보내 자신의 발언을 해명했지만, 결국 주살되었다.

요립의 경우 서른 살도 되기 전에 유비에 의해 장사태수로 발탁되었다. "요립 본인은 자신의 재주와 명성이 당연히 제갈량의 다음이 되어야 한다고 생각했다. 그러나 (현실은) 오히려 이엄 등의 휘하에서 한직을 전전하고 있어, 항상 불만을 가득 품었다."[21] 그는 불만이 있었으므로 매번 조정의 인사를 평가하고 따졌으며, 유비가 손오와 형주 남부의 3군을 다투다가 "장수와 병사들의 헛심만 쓰게 하고 성과 없이 돌아왔다."[22]고 혹평했다. 또한, 그는 관우가 "용맹과 명성만 믿어 군대의 지휘에 법도가 없었고, 그저 자기 내키는 대로 무모하게 행동했을 뿐"이며, "상랑(向朗)·문공(文恭) 같은 이들은 평범한 사람일 뿐"이라고 평가했다. 제갈량은 후일 요립의 신분을 평민으로 강등했다. 이처럼 위연·팽양·요립은 모두 재능 있는 사람이었지만, 전부 자기의 재능을 자부하다가 제갈량에게 기용되지 못했다.

제갈량이 재주를 갖췄더라도 자기 재능을 자부한 사람을 기용하지 않은 주요 원인은 후주 유선의 무능 때문이었다. 제갈량은 이런 사람들의 지나친 자부심·승벽·과격함 때문에 권력다툼·자리다툼·반란 등이 일어날 것을 두려워했다. 제갈량이 일찍부터 유봉을 처형하라고 권유했던 일이 바로 이에 대한 좋은 설명이다. 유봉은 유비의 양자이다. 유비가 익주에 들어갈 때, "유봉은 나이가 스무 살 남짓으로 무예가 출중했으며, 기운이 다른 사람보다 셌다." 관우가 번성·양양을 포위했을 당시, 유봉은 상용에 있었다. 관우는 유봉에게 병력을 이끌고 와서 자신을 도우라고 요청했으나, 유봉은 관우의 명령을 따르지 않았다. 관우가 패하여 죽자, 유비는 유봉에게 불만을 품었다. 유봉이 성도에 당도하자, "선주(유비)는 유봉이 맹달을 얕보고, 또 관우를 구원하지 않은 일을 꾸짖었다. 제갈량은 유봉이 억세고 용맹하여 (선주가 죽어) 군주가 바뀌면 결국 제어하기 어려울 것을 염려하여, 선주에게 이 기회에 그(유봉)를 제거하라고 권유했다. 이에 (선주는) 유봉에게 죽음을 명하여 스스로 자결하게 했다."

이와 같은 제갈량의 용인술 덕분에 촉한 조정의 모든 관리는 지위고하를 막론하고 규율을 잘 지키는 사람들이었다. 제갈량의 사후 수십 년 동안 환관 황호(黃皓)가 소소하게 권력을 휘두른 일을 제외하면, 촉한에

- 촉한의 관원·장서가·학자. 양양 출신으로 일찍이 사마휘(司馬徽)에게 사사했으며, 제갈량을 수행하여 북벌에 참여했다. 만년에는 학문에 전념했고, 촉한의 백성으로부터 존경을 받았다.
- 촉한 초기의 유학자. 남양 출신으로 익주의 치중종사를 역임했다.

서는 윗사람을 기만하고 아랫사람을 압박하던 권신이 한 사람도 없었다. 대체로 촉한 조정의 문무 관료는 모두 선량한 사람이었다. 그러나 그의 용인술이 지닌 단점도 있다. 강유를 제외하면, 권모술수와 지략이 출중한 전략가가 촉한에 한 사람도 없었다는 점이다.

제갈량이 진심과 공정성을 기준으로 상벌을 분명하게 집행한 주요 대상은 관료계층이었다. 그는 이러한 태도로 관료계층의 균형과 안정을 유지했다. 물론, 법을 준수한 관료들은 감히 멋대로 못된 짓을 하거나 백성을 핍박할 수 없었으므로, 백성에게도 좋은 점이었을 것이다. 촉한의 백성은 제갈량에게 많은 호감을 느끼고 있었다. 진수는 다음과 같이 증언했다.

> (제갈량은) 관리가 간악하게 행동하는 것을 용납하지 않았습니다. (그래서) 사람들은 스스로 (자신의 행동을) 경계하는 마음을 품어 길에 떨어진 물건을 줍지 않고 강자가 약자를 해치지 않아 풍속이 안정되었습니다. …… 백성들은 (제갈량을) 추모하여 항상 (그를) 대화의 소재로 삼았습니다. 지금까지도 양주(梁州)·익주의 백성들이 제갈량을 칭송하고 찬양한 내용은 그 (구체적인 찬양의) 말이 여전히 귓가에서 맴돌 정도입니다. 비록 (『시경』의)「감당」(甘棠)에서 소공(召公)을 찬미하고, 정국(鄭國) 사람들이 자산(子産)을 노래(하여 칭송)했다고 하지만, (그렇게 시간적 거리가) 먼 옛날 고사를 비유로 들 필요가 없습니다. 맹가(孟軻, 즉, 맹자)는 "(백성을) 편안하게 하려는 목적으로 백성을 부리면 (백성은) 고생

- • 소공은 서주대의 정치가로서, 주 성왕(成王) 시기에 섬서(陝西) 지역을 통치했다. 그는 순시를 나가면 팥배나무[棠] 아래에서 정무를 처리했는데, 후대 사람들이 그를 그리워하여 「감당」이란 찬미시를 지었다.
- •• 자산은 춘추시대 정의 정치가이다. 정 간공(簡公)의 재위기에 상국으로 집정하며 개혁을 시행했다. 그는 농지를 정비하고, 무너진 저수지를 정비했으며, 새로운 징세 제도를 시행했다. 또한, 법률의 정비와 능숙한 외교를 통해 정국을 안정시켰다. 자산이 죽자, 백성들은 그를 추모하여 "내 자제들은 자산이 가르쳤고, 내 농지는 자산이 불려줬는데, 자산이 죽었으니, 누가 그 일을 계속할꼬?"라고 노래했다.

스러워도 원망하지 않고, (백성을) 생존하게 하려는 목적으로 백성을 죽이면 (백성은) 죽어도 원망하지 않는다."라고 하였는데, (맹가의 말은) 믿을 만합니다!²⁷

진수는 파서군(巴西郡) 안한현(安漢縣) 출신으로 초주(譙周)의 제자였으며, 촉한 후주(유선)의 재위 시절에 관각령사(觀閣令史)에 임명되었다. "지금까지도 양주·익주의 백성이 제갈량을 칭송하고 찬양한 내용은 그 (구체적인 찬양의) 말이 여전히 귓가에서 맴돌 정도"라고 한 진수의 표현은 당연히 실제 상황의 기록이다. 여기에서 말하는 양주·익주 '백성' 중에는 상층 계급의 사람도 포함되었겠지만, 대부분은 일반 백성이었다. 제갈량의 촉한 통치는 일반 백성에게 이점이 많았다. 그래서 그는 백성들의 칭송과 추모를 받게 되었다.

제갈량은 농업 생산의 발전에도 신경을 썼다. 그는 두미(杜微)에게 보낸 서신에서 "지금 조비(의 조정)에게 업무가 많은 상황을 이용해 잠시 변경을 폐쇄한 채 농경에 힘쓰고, 백성을 양육하며 동시에 병력을 훈련하여 그(조비)가 좌절하기를 기다린 다음 그를 토벌하자."고 했다. 원준(袁準)은 제갈량을 다음과 같이 평가했다. "제갈량이 촉을 통치하자, 농지가 개간되고, 창고가 채워졌으며, 무기가 날카로워졌고, 축적된 물자가 넉넉해졌다. (또한,) 조회(朝會)가 화려하지 않았고, 거리에는 (술에) 취한 사람이 없었다."²⁹ 그러나 촉한은 약소한 나라인데도 해마다 출정하여 전쟁을 벌였다. 따라서 아무리 "(백성을) 편안하게 하려는 목적으로 백성을 부리면 (백성이) 고생스러워도 원망하지 않고," 아무리 "백성이 (제갈량을) 추모"했다고 하더라도 촉한의 사회경제는 어쨌든 파괴되었고, 백성

● 『맹자』(孟子), 「진심상」(盡心上)에서 인용한 글.
●● 원준은 진수와 동시대인 서진(西晉) 시기의 학자로서, 자는 효니(孝尼)이고, 진군(陳郡) 부락(扶樂) 출신이다. 저서에 『의례상복경주』(儀禮喪服經注), 『원자정론』(袁子正論), 『정서』(正書) 등이 있다.

들도 그로 인해 생활이 곤궁하고 고통스러웠다.

제갈량이 식견을 갖췄다고 생각한 동오의 대홍려(大鴻臚) 장엄(張儼)은 자신의 저술에서 제갈량에 대한 세평(世評)을 이렇게 언급한다.

> 제갈승상(제갈량)은 참으로 세상을 바로잡고 군주를 보필할 인재였다. 그러나 (그는) 고립되고 단절된 지역에 거주했고, (그가 활용할 수 있는) 병력은 5만 명을 넘지 못했다. (만약 그가) 스스로 관문을 닫고 험난한 요충지를 지켰더라면, (촉한의) 군주와 신하에게는 아무런 일이 없었을 것이다. (그러나 그는) 병사들에게 헛심을 쓰게 하며 해마다 원정을 감행했지만, 지척의 땅으로도 진격하지 못해 제왕의 기업을 열 수 없었다. (그로 인해) 촉한 내부는 흉년의 참혹함을 겪었고 서토(촉한)의 백성들은 부역과 징집에 시달렸다.[30]

촉한 내부가 흉년의 참혹함을 겪고, 촉한 백성이 부역과 징집에 시달렸다는 평가도 모두 실제 상황이었다. 역사가 사건과 인물을 평가할 때, 한쪽 측면만 볼 수는 없다.

2. 남중 정벌

동한 말기의 남중(南中)은 오늘날의 운남성과 귀주성의 일부 지역에 해당한다. 이 일대는 여러 민족이 함께 거주하던 지역이었다. 천하를 통일한 진시황은 남방의 월족(越族)을 복속하고, 계림군·남해군·상군을 설치했다. 이 3군의 관할 지역은 대체로 오늘날의 광동성과 광서성 지역에 속한다. 진(秦)의 세력은 옛날의 남중, 즉 오늘날의 중국 서남부 일대까지 미치지 못했다.

중국 서남부 일대와 중앙 조정 사이의 정치적 연계는 전한 무제가 서남이(西南夷)와 교류한 것에서 비롯되었다. 사마천은 오늘날의 서남부 지역에 관해 다음과 같이 어느 정도 이해하고 있었다.

> 서남이의 군장(君長)은 수십 명인데, (그중) 야랑(夜郞)(군장의 세력)이 가장 크다. 그(야랑) 서쪽에 자리한 미막(靡莫)의 무리도 수십 부류인데, (그중) 전(滇)이 가장 크다. 전 이북의 군장도 수십 명인데, (그중) 공도(邛都)(군장의 위세)가 가장 크다. 이들은 모두 상투를 틀고 밭을 갈았으며, 읍락(邑落)에 모여 산다. 그(공도) 외곽 서쪽의 동사(同師) 이동부터 북쪽으로 접유(楪楡)에 이르는 지역의 부족을 수(巂)와 곤명(昆明)이라 한다. 이들은 모두 머리를 길게 땋아 늘였고, 가축을 따라 이동하여 일정한 거주지가 없으며, 군장도 없고, (활동범위는) 사방 수천 리 정도이다.[31]

한 무제 이후 이 일대에는 점차 군·현이 설치되었다. 그러나 한조와 이들 지역과의 관계는 회유의 형태였다. 한족의 정치는 서남이 지역까지 파급되지 못했고, 문화적 영향력도 미미했다.

촉에 진입한 유비는 안원장군(安遠將軍) 등방(鄧方)을 주제태수(朱提太守) 겸 내강도독(庲降都督)에 임명하여 주제군(朱提郡)^{오늘날의 운남성 소통(昭通)}을 다스리게 했다. 등방이 죽자, 유비는 치중종사 이회(李恢)를 도독에 임명하여 평이현(平夷縣)^{오늘날의 귀주성 필절(畢節)}을 다스리면서 남중 전역

- • 고대 소수민족 촌락의 추장을 일컫는 말.
- •• 오늘날의 귀주 서부 및 북부에 있던 고대 이민족 국가.
- ••• 고대 중국의 서남부에 모여 살았던 소수민족의 명칭.
- :: 오늘날의 운남성 곤명시(崑明市) 일대에 있던 고대 이민족 국가.
- ::• 오늘날의 사천성 서창현(西昌縣) 남부의 아롱강(雅礱江)과 금사강(金沙江) 사이에 거주한 이민족.
- ::: 오늘날의 운남성 용릉현(龍陵縣) 일대의 옛 지명.
- ::: • 오늘날의 운남성 대리현(大理縣) 북쪽의 담수호인 이해(洱海) 서안(西岸) 부근의 옛 지명.

을 총괄하게 했다.

　유비가 죽자, 남중의 세력가들은 그 틈을 노려 반란을 일으켰다. 월수군(越嶲郡)에 거주하던 수족(叟族)의 추장 고정원(高定元)[32]이 장군 초황(焦璜)을 죽인 뒤, 월수군을 근거로 왕을 참칭하며 반란을 일으켰다. 익주의 유력자 옹개(雍闓)도 태수 정앙(正昂)을 죽였다. 후주(유선)는 다시 촉군 출신의 장예(張裔)를 익주태수로 임명했다. 그러자 옹개가 장예를 생포하여 오로 보냈고, 오왕 손권은 옹개를 영창태수(永昌太守)영창군의 치소는 불위현(不韋縣)으로 오늘날의 운남성 보산현(保山縣) 동북쪽에 임명했다. 장가군(牂牁郡)의 군수를 대행하던 군승(郡丞) 주포(朱褒)는 장가군을 근거로 반란을 일으켰다. 유비의 죽음으로 막 대상(大喪)을 치른 승상 제갈량은 국가의 안정을 가장 중시했으므로, 군대를 동원하여 그들을 토벌하지 않았다.

　건흥 3년[225년] 봄 3월, 제갈량은 병력을 이끌고 남정(南征)을 감행했다. 마속(馬謖)은 제갈량에게 이렇게 건의했다.

> 남중 지역은 (지세의) 험준하고 요원함을 믿고, (우리에게) 복종하지 않은 지 오래되었습니다. 비록 오늘 그들을 격파해도, 내일이면 다시 배반할 것입니다. 지금 공(제갈량)은 한창 온 나라의 전력을 기울여 북벌을 감행하여 강한 적들과 전쟁을 벌이려고 하십니다. 저들이 (우리 촉한의) 국세(國勢)가 내부적으로 허약한 상황을 안다면, 반란(의 속도)도 빨라질 것입니다. 만약 남은 무리를 전부 소탕하여 후환을 없애려고 한다면, (그런 행동은) 어진 사람의 마음이 아니며, 또 창졸간에 가능한 일도 아닙니다. 용병술 중에서는 (적의) 마음을 뒤흔드는 것이 최상의 작전이며, (적의) 성을 공격하는 것이 가장 나쁜 작전입니다. 또 심리전이 최상의 작전이고, 병기로 싸우는 것은 가장 나쁜 작전입니다. 원컨대 공께서는 적들의 마음을 복종시키십시오.[33]

　제갈량은 마속의 의견을 받아들였다. 이후 제갈량이 남중 정벌에서 맹획(孟獲)을 여러 차례 사로잡았다가 풀어줬다는 칠종칠금(七縱七擒) 이야기는 심리전을 최상의 작전으로 채택한 결과였다.

제갈량은 남중 정벌에 나서며 병력을 세 노선으로 나눴다. 그중 동쪽 노선은 문하독(門下督) 마충(馬忠)이 병력을 거느리고 장가에서 출발한 것으로, 제갈량은 마충을 장가태수에 임명했다. 중앙 노선은 내강도독 이회가 병력을 거느리고 건녕(建寧)으로 진군했다. 이회는 당시 평이(平夷)에 주둔하고 있었다. 배송지는 이렇게 설명하고 있다. "신(臣) (배)송지가 촉 지역 사람들에게 물어보니, 내강(庲降)은 지명으로 촉에서 2000여 리 떨어져 있는데, 당시에는 아직 영주(寧州)가 설치되지 않아 남중이라 불렸으며, (그래서) 이 관직(내강도독)을 만들어 그곳(내강)을 총괄하게 했다고 합니다."[34] 호삼성(胡三省)은 내강이 "촉에서 2000여 리 떨어진" 것이 아니라 "촉에서 3000여 리 떨어져 있다."[35]고 주장한다. 제갈량은 몸소 병력을 이끌고 서쪽 노선으로 출발했다. 그는 월수군의 치소는 오늘날의 사천성 서창(西昌)을 경유하여 남중으로 진입했다.

아래의 기록에서 알 수 있듯이, 세 부대 중 가장 큰 군공(軍功)을 세운 것은 이회의 부대였다.

승상 제갈량은 남정을 감행하여 먼저 월수군을 경유했다. 이회는 (예정된) 노선에 따라 건녕으로 향했다. (이때 건녕군의) 각 현은 대규모로 세력을 규합하여 곤명(昆明)에서 이회의 부대를 포위했다. 당시 이회는 병력이 적었고, 적군은 (이회군보다) 배가 많았다. (이회는) 아직 제갈량 쪽의 정황도 파악하지 못한 상태였으므로, 남중 사람들을 이렇게 속였다. "관군의 군량미가 동나 회군할 계획을 강구하려고 한다. 내 그간 오랫동안 고향(이회는 건녕군 유원현俞元縣오늘날의 운남성 징강(澄江) 출신)에 소원하다가 이제야 비로소 돌아왔으니, 다시 북쪽(의 촉한 조정)으로 돌아갈 수 없다. (나는 고향으로) 돌아와 그대들과 공동으로 (촉한 정부에 대항할) 방책을 세우려고 한다. 그래서 진심으로 (그대들에게)

알리는 바이다." 남중 사람들은 그의 말을 믿었으므로, (이회에 대한) 포위와 방어가 느슨해졌다. 이에 이회는 출격하여 그들을 대파하고 달아난 사람들을 추격하여 반강(槃江)까지 남하하니, 동쪽으로는 장가군과 접촉하고 (서쪽으로는) 제갈량(의 군)과 서로 호응·지원하며 연락을 취했다. 남중 지역의 평정에는 이회의 군공이 가장 많았다.[36]

'곤명'이 현재 어느 곳인지는 알 수 없지만, 틀림없이 평이에서 반강으로 이어지는 노선에 포함되어 있었을 것이다. 이회의 부대가 "동쪽으로는 장가군과 접촉했다."는 구절이 가리키는 내용은 아마도 마충이 이끈 동쪽 노선의 부대와 만났다는 의미인 듯하다. 이것은 "제갈량과 서로 호응·지원하며 연락을 취했다."라고 한 부분을 통해서 얻은 깨우침이다. 서쪽으로 "제갈량과 서로 호응·지원하며 연락을 취했다."라는 구절은 제갈량이 이끈 서쪽 노선의 부대와 연락한 것을 의미한다. "동쪽으로는 장가군과 접촉했다."는 구절도 이회의 부대가 동쪽 노선의 마충군과 연락을 주고받은 것을 의미한다는 해석이 합리적이다.

반상이 어디를 지칭하는지도 명확하지 않다. 현재 필절(畢節)즉, 과거의 평이에서 곡정(曲靖)과거의 미현(味縣), 건녕군의 치소, 내강도독의 주둔지까지 가려면, 북반강(北盤江)과 남반강(南盤江)이라는 두 강을 지나야 한다. 이회가 들렀다는 '반강'(槃江)은 아마도 반강(盤江)일 것이다. 현재 남반강은 곡정성(曲靖城)의 동쪽, 북반강은 귀주성 수성현(水城縣) 남쪽에 있어 북반강과 남반강 모두 필절에서 곡정에 도착하려면 반드시 거쳐야 하는 물줄기이다. 만약 이회가 "반강까지 남하했다."는 기록에서 '반강'을 '남반강'이라고 해석한다면, 이회는 미현(味縣)건녕군의 치소이자 내강도독의 주둔지에 도착했

● 사천대학(四川大學)의 팡베이천(方北辰) 교수는 '곤명'이 곤택(崑澤)이라고 주장한다. 곤택현은 오늘날의 운남성 의량현(宜良縣)에 해당한다.

을 것이다. 여기까지 살펴보았을 때, 세 노선으로 나누어 출발한 촉군은 대체로 건녕군의 치소이자 내강도독의 주둔지인 미현에서 집결한 다음, 다시 남하하여 남중 정벌의 목적지인 전지(滇池)를 공격했을 것이다.

동쪽 노선으로 출발한 마충군은 장가군에서 남중으로 진입했는데, 그 목적지는 미현^{오늘날의 운남성 곡정}이었다. 위에서 말한 것처럼, 그는 미현에서 이회·제갈량과 회합해야 했다.

건흥 3년^{225년} 3월, 제갈량이 거느린 부대가 성도에서 출발했다. 이들은 5월에 노수(瀘水)를 건넜고, 가을 7월에 남중을 전부 평정했으며, 12월에 성도로 돌아왔다. 거의 1년의 세월이 걸린 셈이다.[37] 제갈량이 직접 지휘한 서쪽 노선의 부대가 남중으로 진격하며 맨 처음 취한 행동은 월수군^{군의 치소는 공도(邛都). 오늘날의 사천성 서창(西昌)}에 선착하는 일이었다. 제갈량이 남정을 감행한 과정은 다음과 같았다.

건흥 3년^{225년} 봄, 제갈량은 남정을 감행했는데, 안상(安上)^{오늘날의 사천성 의빈시(宜賓市) 서부의 병산현(屛山縣)}에서 수로를 통해 월수로 진입했다. (제갈량은) 따로 마충을 보내어 장가군을 정벌하게 했고, 이회를 익주로 향하게 했으며, 건위태수(犍爲太守)인 광한(廣漢) 출신의 왕사(王士)를 익주태수에 임명했다. 고정원은 모우(旄牛)^{오늘날의 사천성 한원현(漢源縣)}·정작(定筰)^{오늘날의 사천성 염원(鹽源)의 이족자치현(彝族自治縣)}·비수(卑水)^{오늘날의 사천성 소각현(昭覺縣)}에 많은 보루를 쌓은 채 수비했다. 제갈량은 고정원의 군대가 모일 때까지 기다려 한꺼번에 토벌하려고 했으므로, 비수에 주둔했다. 고정원의 부하들이 옹개를 비롯하여 사인(士人)과 백성을 죽였다. 맹획이 옹개를 대신하여 우두머리가 되었다. 제갈량이 고정원을 참수했고, 마충도 장가군을 격파했으나, 이회는 남중에서 패했다. 여름 5월, 제갈량은 노수를 건너 익주로 진격했고, 맹획을 생포하여 군중에 감금했다. (제갈량은 맹획에게) "우리 군(의 위용)이 어떠한가?"라고 묻자, 맹획은 "상대를 잘 알지 못한 점이 한스러우니, 공은 쉽게 이겼을 뿐이오!"

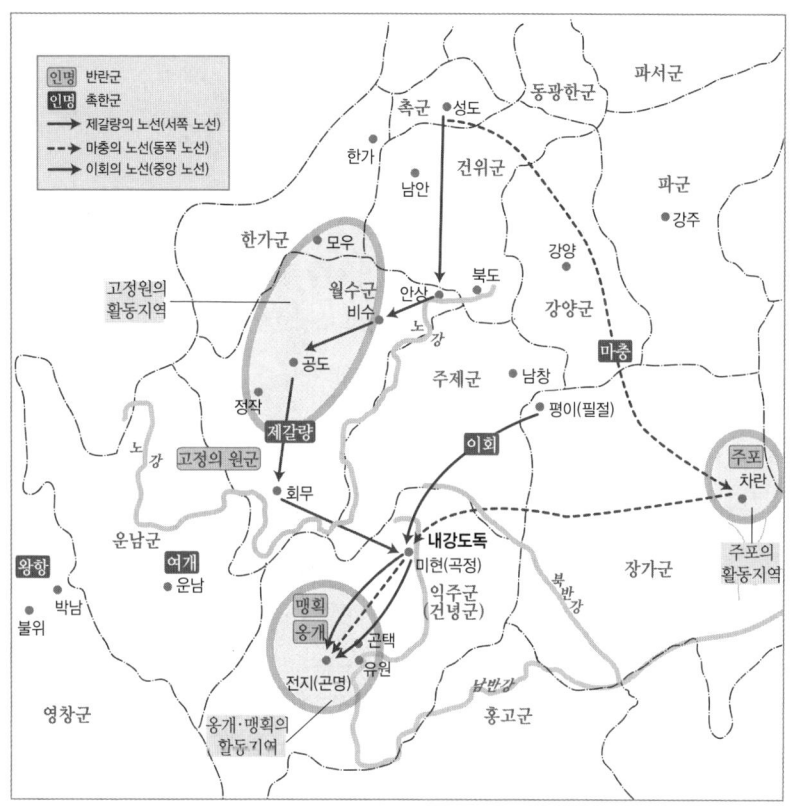

[지도26] 제갈량의 남중 정벌

라고 답했다. 제갈량은 한창 북방(인 위나라의 토벌)에 전념해야 하는 상황에서 남중에서 자주 반란이 일어나니, 그들의 기만책을 근절해야 한다고 생각했다. 이에 (제갈량은) 맹획을 풀어주고, (맹획에게) 돌아가 병력을 규합하여 다시 (자신과) 맞붙게 했다. 모두 일곱 번 생포했다가 일곱 번 풀어주니, 맹획 등은 (그제야) 진심으로 복종했다. 이민족과 한족 모두 개과천선을 다짐했다. 제갈량이 맹획에게 다시 물으니, 맹획은 이렇게 대답했다. "명공(제갈량)께서는 하늘 같은 위엄을 떨치셨으니, 변방의 백성으로서 영원히 악행을 저지르지 않겠습니다." 가을, 마침내 4군을 평정했다.[38]

이 기록을 보면, 제갈량이 남중으로 진격한 노선은 다음과 같다. 그는 대략 먼저 성도에서 안상까지 간 다음, 안상에서 배를 타고 노강(瀘江, 즉 금사강金沙江)을 거슬러 서쪽으로 올라갔다가 비수(卑水) 쪽으로 방향을 바꾸어 비수에 군대를 주둔했다. 고정원의 반란 지역은 대체로 북쪽으로는 모우, 서쪽으로는 정작, 동쪽으로는 비수에까지 이르렀다. 월수군의 북부 지역 대부분이 그의 반란 구역이었다. 옹개를 죽인 고정원은 제갈량에게 평정되어 살해되었다. "이회가 남중에서 패했다."는 구절의 의미는, 앞서 "(이때 건녕군의) 각 현이 대규모로 세력을 규합하여 곤명(곤명은 월수군의 현이다. 『사기정의』에서는 "곤명은 수주巂州의 현이니, 대개 남쪽으로 곤명과 인접한 지역이어서 '곤명'이라 명명한 것"이라고 했다)에서 이회의 부대를 포위했다."[39]라고 인용한 부분을 말하는 것 같다.

제갈량은 여름 5월에 노수를 건너 익주군의 맹획을 공격했는데, 제갈량이 노수를 건넌 곳은 아마도 회무(會無)오늘날의 운남성 회리(會理) 이남을 지나는 노수 연안의 어떤 지점이었을 것이다. 그는 노수를 건너 전지로 다다르는 도중 맹획을 '칠종칠금'했고, 마지막에야 맹획으로부터 진심에서 우러나오는 복종과 "변방의 백성으로서 영원히 악행을 저지르지 않겠다."는 다짐을 받았다.

제갈량은 남중을 평정한 이후 남중 지역의 군(郡)을 일부 조정했다. 그는 익주군을 건녕군(建寧郡)으로 고치고, 이회를 태수 겸 내강도독(庲降都督)에 임명했으며, 안한장군(安漢將軍)의 직함을 내렸고, 미현으로 치소를 옮기게 했다. 그리고 건녕·월수·영창을 나누어 운남군(雲南郡)을 설치하고, 여개(呂凱)를 태수에 임명했다. 또 건녕·장가를 나누어 흥고군(興古郡)을 설치했다. 여개는 영창군(永昌郡) 불위현(不韋縣) 영창군의 치소는 불위이며, 오늘날의 운남성 보산(保山)의 동북쪽 출신이다. 오의 손권이 옹개를 영창태수에 임명했을 당시에 여개는 영창군의 오관연공조(五官掾功曹)였다. 그는 영창군의 부승(府丞) 왕항(王伉)과 함께 영창군의 관리와 백성을 이끌고 군의 변경을 폐쇄하여 옹개가 (군내로) 진입하지 못하게 막았다. 제갈량은 남중을 평정한 이후 후주(유선)에게 다음과 같이 표를 올렸다.

> 영창군의 관리 여개와 부승 왕항 등은 먼 변경에서 충성을 다한 지 어언 10여 년입니다. 옹개와 고정원이 그들의 동북 지역에서 바짝 압박했으나 여개 등은 대의를 준수하여 (저들과) 왕래하지 않았습니다. 신은 영창군의 풍속이 이 정도로 돈후하고 정직할 줄은 생각지도 못했습니다.[40]

후주는 결국 여개를 운남태수에 임명했다.

사료에서는 제갈량의 남중 정책을 이렇게 찬양했다.

> 남중이 평정되자, (제갈량은) 그들(이민족)의 우두머리를 모두 찾아 (이민족을 그대로) 기용했다. 어떤 사람이 제갈량에게 (이 정책에 반대하는) 간언을 올리자, 제갈량은 이렇게 말했다. "만약 외지인을 (관리자로) 남겨둔다면 병력도 머무르게 해야 하오. (그런데) 병력이 머물러도 (병사들이) 먹을 군량미가 없으니, (외지인의 기용이) 쉽지 않은 첫 번째 이유요. 게다가 이민족들은 이제 타격을 입어 부형들이 죽은 상황이오. (그런데) 외지인을 남겨 놓고 병력을 배치하지

않으면 틀림없이 후환이 될 것이니, (외지인의 기용이) 쉽지 않은 두 번째 이유요. 또 이민족들은 여러 차례 추방 또는 사형에 해당하는 죄를 지은 상황이라, 자신들의 죄과가 무거운 것을 꺼림칙하게 생각하고 있소. (이런 상황에서) 만약 외지인을 남겨둔다면 (이민족들은) 끝까지 (외지인을) 믿지 못할 것이니, (외지인의 기용이) 쉽지 않은 세 번째 이유요. 지금 내가 병력을 남겨두지 않고 군량도 운송하지 않으려고 한 이유는 엉성하나마 법도가 정해지고 이민족과 한족(의 관계)도 대체로 안정되었기 때문이오."[41]

제갈량의 구상은 남중 현지에 외지 출신의 관리인과 병력을 남겨두지 않고, 남중의 기초적인 법도 확립을 통해 한족과 이민족 사이의 안정을 추구하는 것이었다. 그는 이를 위해 심혈을 기울였다. 그러나 이후의 상황을 보면, 그의 구상 중에는 실현된 부분도 있고 그렇지 않은 부분도 있다. 제갈량의 남중 원정은 안정된 후방을 확보하여 북벌을 감행할 때 배후를 염려하지 않기 위해서였지만, 그가 이미 남중의 토지·백성·재화를 확보한 이상 징발과 징수를 통해 북벌에 힘을 보태지 않을 이유가 없었다. 그러나 징발과 징수에 반항이 없을 수 없었고, 남중의 기초적인 법도 확립을 통한 한족과 이민족 사이의 안정도 달성되지 못했다. 제갈량의 남정 이후에도 남중에서는 폭동이 자주 일어났고, 폭동을 평정하기 위한 전투도 자연히 수시로 발생했다. 외지 출신의 관리인과 병력을 남기지 않은 조치도 실천할 수 없었다. 아래의 사료는 제갈량이 남중을 정벌한 이후 촉한과 남중의 각 종족 사이의 관계를 이해하는 데에 보탬이 될 것이다.

(제갈량은) 남중의 정예 병력인 청강족(青羌族)• 1만여 가(家)를 촉으로 옮겨 (이

• 중국 서남부에 거주하던 강족(羌族)의 일파. 푸른색의 복식(服飾)을 숭상하여 '청강'이라 불렀다.

들을) 다섯 부대로 편성했는데, (이들이) 향하는 곳마다 대적할 사람이 없었으므로 '비군'(飛軍, 날쌘 부대)이라 불렀다. (또한, 남중 지역의) 몸이 허약한 백성들은 (그 지역의 한족) 세도가인 초(焦)·옹(雍)·누(婁)·찬(爨)·맹(孟)·양(量)·모(毛)·이(李)의 (8대) 성씨에게 나눠주어 (그들의) 부곡으로 삼았다. (또 남중에) 오부도위(五部都尉)를 설치하고, (이들을) '오자'(五子)라 불렀다. 그러므로 남중 사람들은 항상 '사성오자'(四姓五子)를 언급하곤 했다. (그런데) 이민족들은 대부분 강퍅하여 (해당 지역의) 세도가와 부호에게 순종하지 않았다. 그래서 (촉한 정부는 세도가와 부호들에게) 금전과 비단을 써서 (앞장서서 저항하는) 못된 이민족들을 끌어들여 집안의 부곡으로 부리도록 권유했고, 이민족을 부곡으로 많이 확보한 집안의 경우 대대로 관직을 세습하게 했다. 그러자 이민족들은 재물을 탐하여 점차 한족에게 복속되어 이민족과 한족이 뒤섞인 부곡이 결성되었다. 제갈량은 그중 재주와 지혜가 뛰어난 사람을 거두어, 건녕 출신의 찬습(爨習), 주제(朱提) 출신의 맹염(孟琰)과 맹획을 관속(官屬)으로 삼았다. 찬습은 (후일 벼슬이) 영군(領軍)에 이르렀고, 맹염은 보한장군(輔漢將軍), 맹획은 어사중승(御史中丞)이 되었다. (이들이) 금은·단칠(丹漆)·경우(耕牛)·전마(戰馬)를 (공물로) 바치니, (촉한의) 군내와 국가의 유용한 물자로 활용되었다.[42]

촉한은 소국이었으므로, 조위에 대항하기 위해서는 전사가 필요했다. 제갈량은 남중을 평정한 이후, 즉시 남중에서 청강족의 정예병 1만여 가를 징발했다. 손권이 산월족을 병력에 충원한 것처럼, 촉한도 남중 사람들을 군사로 삼았다. 그러나 차이점도 있었다. 손권은 산월인을 잔

• 촉한의 서남부 일대에서는 군·현의 관리가 '대성'(大姓), 즉 현지의 유력한 씨족세력 지도층의 도움을 받아 세금의 징수 등의 업무를 처리했다. 현의 지방관들은 보통 현을 동서남북으로 네 등분하여 각 지역의 유력한 씨족세력 4인을 선발하여 임용하였는데, 이들을 '사성'(四姓)이라 불렀다. 그러나 위진남북조시대에는 통상 지역의 유력한 성씨를 습관적으로 '사성'이라고 불렀으며, '사성'으로 언급한다고 해서 꼭 네 성씨만을 가리키는 것도 아니었다.

혹하게 색출하여 군사로 만들었으나, 촉한의 제갈량은 유화 정책을 사용했다. 또 제갈량이 이주시킨 청강족은 1만여 가에 지나지 않아, 손권이 잡아들인 산월족 숫자보다 훨씬 적었다.

제갈량은 관직과 귀족 신분을 미끼로 남중의 세도가와 부호들이 촉한 정권을 지지하게 했다. 앞에서 "그들의 우두머리를 모두 찾아 기용했다."고 한 사료의 기록처럼, 제갈량은 남중의 명문거족 출신을 남중 지역의 지방관으로 삼았다. 또한, 그는 남중의 명문거족 출신 몇 사람을 조정의 고위관료로 임명했다. 찬습·맹염·맹획 세 사람이 바로 그 예였다.

제갈량이 남중에 도착했을 당시, 남중 지역의 이민족 씨족촌락 조직은 대체로 일찍감치 해체된 상태였다. 사회는 집을 단위로 하는데, 사료에서는 이들의 씨족·촌락에 관한 언급을 볼 수 없다. 그러나 남중의 세도가와 무장세력 및 관리 등은 여전히 성씨를 기초로 하고 있었다. 제갈량이 포섭한 세력은 바로 이들 세도가와 무장세력 및 관리들이었다. 이들을 포섭하면 지방의 지지를 확보할 수 있었기 때문이다.

이들 명문거족과 무장세력은 모두 의부민(依附民)을 보유했다. 한족의 역사 기록에서는 이들을 '부곡'(部曲)이라고 표현했다. 예를 들면, "고정원의 '부곡'이 옹개와 사인 및 백성을 죽였다.[43]"라고 하는 식이다. 제갈량은 정예 병력인 청강족을 군사로 편입하여 촉으로 이동시켰고, 또 몸이 허약한 사람을 현지의 세도가들에게 분배하여 그들의 부곡으로 삼았다. 그래서 집안에 부곡을 많이 확보한 가문은 대대로 관리에 임명될 수 있었다. 이는 남중 지역 내의 각 이민족 사회와 귀족을 한족 사회 속으로 받아들이는 조치로서, 양측의 우호와 동화에 보탬이 되었고, 남중 각 부족의 봉건화를 촉진했다.

앞서 인용한 사료에서 "금은·단칠·경우·전마를 (공물로) 바치니, (촉한의) 군대와 국가의 유용한 물자로 활용되었다."라고 한 기록을, 진수는 "수(叟)·복(濮)·경우·전마·금은·서혁(犀革)을 공물로 바치게 하여 군용 물자를 충당하였으므로, 당시에 비용이 모자라지 않았다.[44]"라고 기록하고 있다. '수'와 '복'은 아마도 수족(叟族)과 복족(濮族) 사람을 의미하는 것 같다. 수와 복을 공물로 바쳤다는 말은 수족과 복족 사람을 징집하여 군사로 삼았다는 의미이다. 두 사료에서 서로 다른 부분은 전자의 '단칠'이 후자에서는 '서혁'(犀革), 즉 수우피'(水牛皮)로 바뀐 것과 "당시에 비용이 모자라지 않았다."라는 구절이 추가로 기록된 점이다. 만약 두 사료가 실제 상황의 기록이라면, 촉한이 남중에서 얻은 물자가 적지 않았으며, 따라서 "엉성하나마 법도가 정해지고 이민족과 한족(의 관계)도 대체도 안정된" 그런 상황은 아니었을 것이다.

진수는 남중의 상황을 다음과 같이 기록했다.

남중 지역의 평정에는 이회의 군공이 가장 많았다. …… 후일 대군이 돌아오자, 남방의 이민족들은 다시 반란을 일으켜 수비하던 장수를 살해했다. 이회는 몸소 (남중으로) 가서 (이민족을) 토벌하여, 흉악한 무리를 전부 궤멸했다.[45]

(건흥) 3년225년, 제갈량은 남중으로 친입하며 마충을 장가군의 태수로 삼았다. (장가군의) 군승(郡丞) 주포가 반란을 일으켰다. 반란이 일어난 뒤, 마충은 백성을 위로하고 연민의 마음으로 다스려 (백성들 사이에서) 위엄과 은혜가 매우 높았다. …… (건흥) 11년233년, 남중 지역의 이민족 우두머리 유주(劉冑)가 반란을 일으켜 여러 군을 소란스럽게 했다. (촉한 조정은) 내강도독 장익(張翼)을 소환하고, 마충에게 장익(의 직책)을 대신하게 했다. 마충은 결국 유주를 참수하고, 남중 지역을 평정했다. …… 애초에 건녕군(建寧郡) 사람들은 (반란을 일으켜) 태수 정앙을 죽이고, (새로) 태수(에 임명된) 장예도 결박하여 오로 보

• 청대 학자 전대흔(錢大昕)의 연구에 따르면, 익주군이 건녕군으로 이름이 바뀐 시점은 제갈량이 남정을 단행한 이후이므로, 당시 이 지역은 건녕군이 아니라 익주군이었다.

냈다. 그래서 (내강)도독은 (비교적 안전한) 평이현(平夷縣)에 상주(常駐)하고 있었다. (그러다가) 마충(이 내강도독에 임명된 시점)에 이르러 비로소 (내강도독의) 치소를 (익주군 내의) 미현으로 옮기고, (한족) 백성과 이민족 사이에 거처했다. 또한, 월수군 역시 오랫동안 (반란 세력에게) 땅을 점거당한 상태였는데, 마충이 (월수군의) 태수 장억(張嶷)을 거느리고 가서 옛 군(의 땅)을 수복했다.[46]

애초에 월수군에서는 승상 제갈량이 고정(高定, 즉 고정원)을 토벌한 이후로 이민족인 수족(叟族)이 여러 차례 반란을 일으켜 태수 공록(龔祿)·초황을 죽였다. 이때 이후 태수는 감히 (월수)군으로 가지 못하고 안상현(安上縣)에 머물렀는데, (안상현은) 월수군(의 치소)에서 800여 리 떨어진 곳이었다. (따라서) 월수군은 명목상으로만 존재할 뿐이었다. 당시 (촉한의) 여론은 옛 (월수)군(의 땅)을 수복하려는 것이어서, 장억을 월수태수에 임명했다. 장억이 휘하를 이끌고 (월수)군으로 가서 은혜와 신의로 계도하자 남방의 이민족들이 모두 복종했고, 상당한 사람들이 와서 투항하거나 귀순했다. (월수군의) 북쪽 경계(의 이민족 중)에서는 착마족(捉馬族)이 가장 용맹스럽고 강경하여 (촉한의) 통제를 받아들이지 않았다. 이에 장억이 나아가 토벌하여 그들(착마족)의 수괴 위랑(魏狼)을 생포했으며, 다시 (그를) 풀어주면서 회유하여 나머지 부족민도 귀순하게 했다. (장억이 조정에) 표문을 올려 위랑에게 읍후(邑侯)를 하사하게 했고, (착마족의) 종족 촌락 3000여 호는 모두 본토에서 편안히 거주하며 책무를 다했다. 다른 부족도 (이 소식을) 듣고 대체로 점차 투항해 왔다. …… 소기현(蘇祁縣)의 읍군(邑君) 동봉(冬逢)과 동봉의 아우 외거(隗渠) 등이 항복했다가 다시 반란을 일으켰다. 장억은 동봉을 주살했다. 동봉의 처는 모우족(旄牛族)의 딸이었는데, 장억이 전략상 그녀를 풀어주었다. 그리고 외거는 서쪽 경

• 촉한에서 소수민족의 수령에게 하사한 봉호(封號).

계로 달아나 들어갔다. 외거는 억세고 용맹하며 민첩하고 강했으므로, 여러 부족 사람들이 매우 꺼리고 두려워했다. (외거가) 측근 두 사람을 보내 장억에게 거짓으로 항복했는데, 실제로는 (관군의) 정보를 염탐하려는 술수였다. 장억은 그들의 의도를 알아차리자, (두 사람에게) 후한 상을 내리기로 약속하여 (두 사람이 외거에게 돌아가) 반간계(反間計)를 쓰게 했다. 두 사람은 결국 (돌아가) 함께 모의하여 외거를 살해했다. 외거가 죽자 여러 부족이 모두 안정되었다. 또 사도족(斯都族)의 원로 수령인 이구승(李求承)은 과거에 손수 (월수군의 태수) 공록을 죽였었다. (그래서) 장억은 상금을 걸어 (그를) 체포했고, 그의 큰 죄악을 열거하며 꾸짖은 후 주살했다. …… 정작현(定筰縣)오늘날의 사천성 염원(鹽源) 이족자치현·대등현(臺登縣)오늘날의 사천성 서창(西昌)과 면녕(冕寧)의 경계·비수현(卑水縣) 3현은 (월수)군(의 치소)에서 300여 리 떨어진 지역으로 오래전부터 소금·철·옻이 생산되었는데, (이곳에 거주하는) 이민족들은 (생산한 물자가 외부에 유출되지 않도록) 방어선을 설치해 오랫동안 (경계를) 봉쇄한 채 자기들만 활용했다. 장억은 휘하의 인원을 이끌고 가서 (소금·철·옻을) 빼앗고, (이곳에 현급의) 관리를 배치했다. 장억이 정작현에 도착했을 때 정작현의 (이민족) 수령 낭잠(狼岑)은 반목(槃木) 촌락 수령의 외숙부로서 (이 일대의) 이민족들에게 깊은 신뢰를 받고 있었는데, 장억이 자기들을 침범한 것에 분노하여 (장억에게) 와서 접견하지 않았다. 장억은 장사(壯士) 수십 명에게 직접 가서 (낭잠을) 잡아 오게 한 다음, 그를 매질한 후 죽였다. (그런 다음 낭잠의) 시신을 부족에게 돌려보내고, (부족의 백성들에게) 후한 상을 내린 다음, 낭잠의 악행을 설명했다. 또 "(너희는) 경거망동하지 마라. 망동하는 즉시 죽일 것이다!"라고 하니, 부족민들은 (투항의 표시로) 모두 두 손을 등 뒤로 묶은 채 나와 사죄했다. 장억은 소를 잡아 잔치를 베풀어 (촉한 조정의) 은혜와 신의를 거듭 밝혔다.

- 적의 간첩이나 기타 사람을 유인하여 그들이 자신을 위해 일하도록 함으로써, 적에게 분란을 일으켜 그 틈을 타 승기를 잡는 계책.

결국 (이렇게) 소금과 철을 확보하자, (이때부터 촉한의) 병기와 도구가 넉넉해
졌다. 한가군(漢嘉郡)의 경계 지역에 (이민족인) 모우족 4000여 호가 살았다.
그들의 수령 낭로(狼路)는 고모부 동봉의 원수를 갚기 위해 숙부 낭리(狼離)
에게 동봉의 무리를 이끌고 가서 (월수군의) 형세를 살펴보게 했다. 장억은 미
리 측근들을 시켜 쇠고기와 술을 들려 보내 (낭리 일행을) 위로하고 상을 내렸
다. 또 낭리에게 동봉의 처(낭리의 누나)를 영접하여 자기 생각을 잘 전달하게
했다. 낭리는 상을 받고 나서 자기 누나도 만났다. 누나(동봉의 처)와 동생(낭
리)은 (서로 만나) 기뻤고, (이들은) 자기들이 거느린 (부족) 백성을 모두 이끌고
장억을 접견했다. 장억은 (그들에게) 큰 상을 내려 우대한 후 (그들을) 돌려보냈
다. 모우족은 이때 이후로 다시는 우환이 되지 않았다. (월수)군에 (폐쇄된) 옛
길이 하나 있었는데, 모우족 촌락을 지나 성도에까지 연결되는 평탄한 지름
길이었다. (그러나) 모우족이 이 길을 끊은 지 이미 100여 년이 지난 상황이
라 대신 안상현을 경유했는데, (그 길은) 험하고 멀었다. 장억은 측근에게 재
물을 갖고 낭로에게 가서 하사하게 하고, 또 낭로의 고모(즉, 동봉의 처)에게
도 자기 생각을 잘 알리도록 했다. 낭로가 곧 형제와 처자식을 데리고 장억
에게 귀순하니, 장억은 그와 (우호를) 맹세했다. (이후 장억이) 예전의 길을 개
통하니, (개통된) 1000리 길은 조용하고 평온해졌다. (또한,) 과거의 역참 시설
도 복구했다. (장억은) 낭로를 모우구비왕(旄牛昫毗王)에 봉할 것을 요청하
는 상주문을 올렸고, 사자에게 낭로를 데리고 입조하여 공물을 바치게 했다.[47]

위의 여러 사료는 제갈량이 남정을 마치고 돌아온 후에도 남중에서
반란이 그치지 않았다는 사실을 보여준다. 마충·이회·장억 등의 몇몇 태
수가 모두 한족인 것을 보면, 관리자로 "외지인을 남겨놓지 않은" 경우
는 없었다. 또한, 한족 관리자가 거느린 병력 중에 현지인이 포함되어
있더라도 주력 인원이 반드시 외지인이었던 것만 봐도 "병력을 남겨두
지 않은" 경우는 없었다. 촉한은 그들의 소금과 철을 빼앗았고, 그들이

"본토에서 편안히 거주하며 책무를 다하게" 했다. 중요한 사실은 100여 년 동안 단절되었던, 모우현과 한가군을 경유하여 성도에 이르는 평탄한 지름길이 다시 개통되었다는 점이다. 이것은 틀림없이 촉과 남중 지역의 물자 교류에 보탬이 되었고, 두 지역의 경제 발전에도 유리했다.

3. 북벌

남정을 마치고 돌아와 1년을 쉰 제갈량은 다음 해인 건흥 5년[227년] 봄, 병력을 이끌고 북진하여 한중에 주둔했다. 출정에 앞서 제갈량은 후주(유선)에게 아래와 같이 「출사표」(出師表)를 올렸다.

> 선제(유비)께서는 제업(帝業)을 개창하셨지만 절반도 완성하지 못한 채 중도에 운명하셨습니다. 지금 천하는 셋으로 나누어지고 익주는 피폐해져 있으니, 이는 참으로 생사존망을 결정해야 할 위급한 상황입니다. 그러나 (궁궐) 안에서 (폐하를) 시위(侍衛)하는 신하들이 게으름을 피우지 않고, (궁궐) 밖(의 각 관서)에서 충성하는 지사들이 (국가를 위해 자신의) 안위를 잊은 이유는 대체로 선제께서 베푼 특별한 대우를 추념하여 폐하(후주)께 이를 보답하기 위해서입니다. …… 신은 본래 평민의 신분으로 몸소 남양군(南陽郡)에서 밭을 갈며 난세에 구차히 목숨을 보전하였을 뿐, 제후들에게 명성이 알려지기를 바라지 않았습니다. (그런데) 선제께서는 신을 보잘것없고 비천하다고 생각하지 않으시고, 황송하게도 몸소 자신을 낮추어 세 차례나 (신의) 초려(草廬)를 찾아와 세상의 일을 신에게 물으셨습니다. 이에 (신은) 감격하여 마침내 선제를 위해 견마지로(犬馬之勞)를 다하기로 약속했던 것입니다. 후일 (장판의 전투에 패하여 선제의 군대가) 전멸하려는 상황에 (신은) 패군(敗軍) 사이에서 중책을 맡아 위험과 재난의 시기 동안 (선제께서 남긴) 명령을 받들어온 지 어

언 21년째입니다. 선제께서는 신이 (언행에) 신중함을 아시고, 임종 전에 신에게 막중한 소임을 맡기셨습니다. (신은 선제의) 유명(遺命)을 받은 이래 밤낮으로 걱정하고 탄식하며, (선제의) 부탁을 이루지 못하여 선제의 영명함에 누가 될까 걱정했습니다. 그러므로 5월에 노수(瀘水)를 건너 불모의 땅(인 남중)으로 깊이 들어갔습니다. 이제 남방은 이미 평정되었고, 군사와 무기도 충분하니, 전군을 격려하고 통솔하며 북상하여 중원을 평정해야 할 것입니다. (신은) 어리석은 재주를 다하여 간악한 무리를 무찌르고 한조를 부흥시켜 옛 도읍으로 돌아가기를 바랄 뿐입니다. 이것은 신이 선제께 보답하는 일이며, 폐하께 충성을 다해 이뤄야 할 직분입니다.[48]

이 당시 조위에서 장안을 지키고 있던 사람은 하후무(夏侯楙)였다. 하후무는 대장군 하후돈의 아들로, 조조의 딸인 청하공주(淸河公主)의 남편이었다. 위 문제 조비는 어려서부터 하후무와 친한 사이였다. 조비는 즉위하자마자 하후무를 안서장군(安西將軍)에 임명하여, 그에게 관중 지역을 관할하며 장안에 주둔하게 했다.

제갈량은 휘하의 장수들과 전투의 방법과 책략을 의논했다. 승상사마(丞相司馬) 위연이 다음과 같이 건의했다.

들자 하니 하후무는 (나이가) 젊은 사람으로 공주의 부마(駙馬)이며, 겁이 많고 지략이 없다고 합니다. 지금 만약 제가 정예병 5000명으로 군량미 5000곡(斛)을 갖고 곧장 포중(褒中)에서 출발한다면, 진령(秦嶺)을 따라 동진하여 자오곡(子午谷)에 도착한 다음 북상하여 열흘 안에 장안에 도착할 수 있습니다. 하후무는 제가 갑자기 도착했다는 소식을 들으면, 틀림없이 배를 타고 도

• 진령산 속의 계곡 길로, 당시 관중과 파촉 지역을 잇는 주요한 교통로였다.

주할 것입니다. 장안에는 오직 어사(御史)와 경조태수(京兆太守)만 있을 뿐입니다. 횡문(橫門)의 저각(邸閣)과 흩어진 백성의 곡식으로도 군량을 넉넉히 충당할 수 있습니다. 동방에서 병력이 모이기까지는 그래도 20여 일쯤 걸릴 것이니, 공께서 야곡(斜谷)을 통해 오더라도 분명 충분히 도달할 수 있는 시간입니다. 이렇게 한다면 일거에 함양(咸陽) 이서를 평정할 수 있습니다.[49]

관중과 한중 사이에는 진령산맥이 가로지르고 있었다. 장안에서 진령을 넘어 한중까지 가려면, 지날 수 있는 산골짜기와 강변도로가 몇 군데 있었다. 그중 동쪽의 길부터 서쪽의 길까지 차례로 꼽아보자면 자오곡·낙곡(駱谷)·야곡·산관이 있었다. 위연의 건의는 바로 자신이 5000명의 병력을 이끌고 포중에서 북상하다가 진령을 따라 동진한 다음, 자오곡의 계곡 길을 따라 북상하여 장안을 직접 습격하자는 방안이었다.

제갈량은 위연이 가려고 한 길이 위험하다고 생각하여 그의 건의를 채택하지 않았다. 제갈량은 먼저 농우(隴右)를 차지하는 것이 좋고, 확실한 성공의 가능성이 있어야 승리할 수 있다고 생각했다. 제갈량은 야곡의 길로 북상하여 미현(郿縣)을 점서하려 한다고 소문을 내고, 진군장군(鎭軍將軍) 조운과 양무장군(揚武將軍) 등지에게는 기곡(箕谷)을 점거하여 적을 현혹하게 했으며, 제갈량 자신은 직접 대군을 이끌고 서진하여 기산(오늘날의 감숙성 서화(西和)의 북쪽)을 공격했다. 그의 의도는 매우 명확했다. 그는 우선 농우 지역의 각 군(郡)을 점거한 다음, 다시 동진하여 장안을 차지하려고 했다.

유비가 죽은 후, 촉한은 사회를 안정시키고 경제력을 회복하는 일에 주력했다. 제갈량이 촉한 내부를 정돈하고 남중을 정복하는 데 걸린 수년 동안, 촉과 위의 국경은 상대적으로 안정되었다. 위가 수비를

• 　장안성의 북서쪽의 성문으로, 서역으로 통하는 대도와 연결되어 있었다.
•• 　양식 등의 물자를 저장하기 위한 용도로 관부에서 설치한 창고.

느슨하게 한 상황에서 제갈량이 갑자기 출병하자, 천수군(天水郡)·남안군(南安郡)·안정군(安定郡)의 3군은 모두 위를 배반하고 촉에 투항했다. 이에 촉군의 위세는 크게 진동했다. 위의 조야는 매우 당황했다. 위 조정은 우장군 장합에게 보병과 기병 5만 명을 주고 급히 서쪽으로 파견하여 제갈량을 막게 했다.

제갈량은 기산으로 출병하며 노장 위연·오의(吳懿) 등을 선봉으로 기용하지 않고, 젊은 마속(馬謖)에게 여러 부대를 거느리고 선두에 서게 했다. 마속은 장합과 가정(街亭)에서 전투를 벌였다. 마속은 제갈량의 지시를 어긴 채 "남산(南山)을 끼고 주둔했으며 (산을) 내려와 성(城)을 점거하지 않았다. 장합은 그들(마속군)의 급수로를 끊고 공격하여 (마속군을) 대파했다. 남안군·천수군·안정군이 반기를 들어 제갈량에게 호응하자, 장합은 (이들을) 모두 격파하여 평정했다."

제갈량이 출정할 때, 장수들은 모두 백전노장인 위연·오의 등을 선봉으로 삼아야 한다고 건의했다. 그러나 제갈량은 중론과 달리 마속을 발탁하여 선두에서 대군을 통솔하게 했다가, 결국 대패했다. 병사들은 뿔뿔이 흩어졌고, 제갈량은 한중으로 퇴각했다. 제갈량은 어쩔 수 없이 눈물을 흘리며 법대로 마속을 참수했다. 당시 마속의 나이는 39세였다. 죽음을 앞둔 마속은 제갈량에게 이렇게 말했다.

> 명공(제갈량)께서 저를 아들처럼 생각하셨으니, 저도 명공을 아버지처럼 생각하겠습니다. 바라건대 (고대에 순이) 곤(鯀)을 죽이고도 (곤의 아들인) 우(禹)를 발탁한 의도를 깊이 생각하시어 평생의 교분이 이 일 때문에 손상되지 않게 해 주신다면, 제가 비록 죽어 황천에 있더라도 여한이 없겠습니다.

- 전설에 따르면, 곤은 우의 부친으로서 순의 명을 받들어 치수(治水) 업무를 맡았지만, 성과를 내지 못해 처형되었다. 그런데도 순은 부친의 죄와 상관없이 유능한 우를 기용하여 치수정책을 맡겼다고 한다.

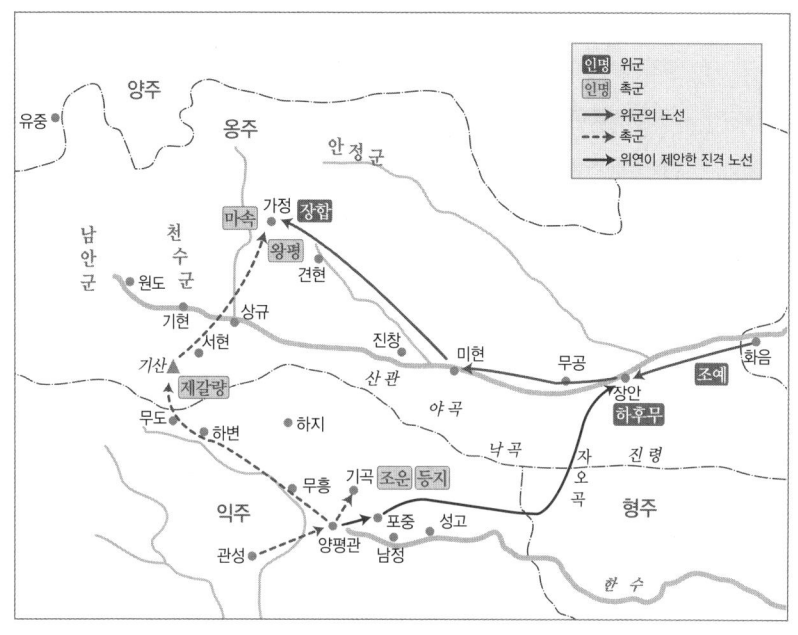

〔지도27〕 가정 전투

마속의 얘기를 들은 "10만 명의 병사들이 그(마속)를 위해 눈물을 흘렸다. 제갈량은 마속의 제사에 직접 참석하여 그의 자식을 평소처럼 대했다."

마속은 양양군(襄陽郡) 의성(宜城) 출신이다. 그는 형주종사(荊州從事)의 신분으로 유비를 따라 촉에 들어왔으며, 면죽령(棉竹令)·성도령(成都令)·월수태수를 역임했다. 그는 재주와 기량이 뛰어나고 군사 업무를 논하기 좋아했다. 그래서 제갈량은 그를 매우 신임했다. 그런데 유비는 마속을 다르게 보고 있었다. 유비는 임종 직전에 제갈량에게 이렇게 말했다. "마속은 말이 자신의 실제 능력을 넘어서니, 중용할 수 없소. 그대는 (이 점을) 잘 살피시오." 그러나 제갈량은 유비의 충고를 듣지 않았다. 마속의 재주와 기량을 아낀 제갈량은 "늘 그를 불러 대화를 나누었으며, 낮부터 밤늦게까지 (대화가) 이어졌다."

제갈량은 마속을 좋아하고 아꼈지만, 눈물을 흘리며 그를 처형할 수밖에 없었다. 법을 무시할 수 없었기 때문이다. 제갈량은 법에 근거하여 솔선수범하는 자세로 부하들의 존경과 지지를 얻었다. 제갈량은 마속을 아낀다는 이유로 법을 무시하는 행동을 하지 않았다. 후일 승상참군(丞相參軍) 장완이 한중에 와서 제갈량에게 말했다.

> 옛날 초나라가 (진에 패배한) 득신(得臣)을 죽이자 (진晉의) 문공(文公)이 기뻐한 일을 아실 것입니다. 천하가 아직 평정되지 않았는데 지략을 갖춘 사람을 죽이다니, 어찌 애석하지 않겠습니까!

그러자 제갈량은 눈물을 흘리며 이렇게 답했다.

> 손무(孫武)가 천하에서 (상대를) 제압하고 승리를 거둘 수 있었던 이유는 법의 집행이 분명했기 때문이오. 그래서 양간(楊干)이 법을 어지럽히자, 위강(魏絳)은 (양간 대신) 그(양간)의 마부를 죽였소. 천하가 분열되어 교전이 시작되

었는데, 만약 다시 법을 망가뜨린다면 어떻게 도적을 토벌하겠소![57]

그러나 후인들은 제갈량이 마속을 죽여서는 안 되었다고 평가하였는데, 이들의 평가가 매우 적절하다. 예를 들어 동진대(東晉代)의 역사가 습착치(習鑿齒)는 제갈량을 이렇게 평가했다.

제갈량이 상국(上國, 위)을 겸병할 수 없었던 것은 너무 당연하지 않은가! 진(晉) 사람들은 (초와의 전쟁에서 패배한) 순임보(荀林父)가 후일 공을 세울 것을 예상했으므로 (패배한 장수를 처벌하는) 법을 폐기하여 (순임보가) 공을 거두게 되었고, 초의 성왕(成王)은 득신이 자신에게 도움이 된다는 사실을 깨닫지 못해 중요한 패배를 당했다는 이유로 그를 죽였다. 이제 촉은 편벽한 한 쪽 구석에 있었고, 인재도 상국(위)보다 적었다. 그런데도 (촉한은 재주와 지혜가) 걸출한 사람을 죽이고, 오히려 (자질과 재능이) 노둔(駑鈍)한 사람을 기용했다. (이것은) 뛰어난 인재에게 (지나치게) 엄격한 법을 적용한 것이며, (전장에서) 세 번이나 패한 장수를 믿고 기용(해 성공)한 (과거의) 사례를 본받지 않은 것이다. (따라서 제갈량이) 장차 대업을 이루려고 했던들 어렵지 않았겠는가? 또한, 선주(유비)가 (제갈량에게) 마속을 중용해서는 안 된다고 권고한 사실로 볼

- • 득신은 춘추시대 초나라의 영윤(令尹). 기원전 632년 초와 진이 성복(城濮)에서 싸워 초가 대패하자, 대로한 초 성왕(成王)은 득신에게 자결을 명했다.
- •• 양간은 춘추시대 진(晉) 도공(悼公)의 동생. 양간이 탄 수레가 진나라의 병거(兵車) 행렬을 어지럽히자, 진의 중군사마(中軍司馬) 위강은 양간의 마부를 대신 잡아 죽였다.
- ••• 순임보는 춘추시대 진나라의 대부. 그는 중군원수(中軍元帥)로서 초와 전투를 벌였다가 패배했다. 진 경공(景公)이 사정자(士貞子)의 건의대로 순임보를 사면하자, 후일 순임보는 과거의 패배를 거울삼아 큰 공을 세웠다.
- ‡‡ 춘추시대 노(魯)의 장수 조말(曹沫)이 제(齊)와의 전투에서 세 차례나 패배했지만, 노의 장공(莊公)은 계속 그를 장수로 기용했다. 이후 전투에 패한 노 장공이 제 환공(桓公)에게 영토를 할양하는 회맹(會盟)을 맺게 되었지만, 회맹 자리에서 조말이 비수(匕首)로 환공을 협박하여 빼앗긴 땅을 전부 돌려받게 되었다.

때, (선주는) 그(마속)가 (중용할 만한) 인재가 아니라고 생각했기 때문이 아니겠는가? 제갈량은 (선주의) 권고를 받고도 (선주의 생각을) 받들어 따르지 못했다. (이것은) 분명 마속을 버리기 어려웠기 때문일 것이다. (제갈량은) 천하의 재상으로서 인물의 역량을 크게 거두려 했으면서도, 재능을 고려하여 적당한 임무를 주고 능력에 따라 업무를 맡기지 못했다. (인재의) 판단·평가에 중대한 과실(을 범한 것)이 있다면 현명한 주군의 권고를 어긴 일이고, (인재의 실수에 대한) 판결에 중용을 잃은 점이 있다면 보탬이 되는 사람을 죽인 일이다. (따라서) 그(제갈량)가 함께 지혜를 논할 수 있는 사람이라고 보기는 어렵다.[58]

제갈량이 마속을 죽여야 했는지의 문제는 논의해볼 만하다. 기습 병력을 출동시켜 장안을 점령하자는 위연의 건의를 제갈량이 채택하지 않은 것도 연구할 가치가 있다. 유비는 형주 쟁탈전에서 대패하여 병력을 거의 다 잃었다. 유비가 죽은 후, 촉한은 아무런 활동 없이 조용히 지냈다. 위가 경계태세를 푼 것은 매우 자연스러웠다. 하후무는 곱게 자란 명문가의 자제로, 능력도 용맹도 없었다. 따라서 위연이 기습부대를 출동시켜 장안을 점령하겠다는 작전은 불가능한 것도 아니었다. 제갈량은 평생 신중하고 조심스러운 성격이었기 때문에, 이러한 모험을 감행하지 않았다. 위연은 "항상 제갈량을 겁쟁이라고 생각했으며, 자신의 기량이 충분히 발휘되지 못한다고 한탄"[59]했는데, 공감할 만한 주장이다.

제갈량은 다음과 같이 상소문을 올려 실패의 책임을 온전히 자신이 졌다. "잘못은 모두 신이 (인재를) 임명할 때 기준이 없었기 때문입니다. ……『춘추』에서는 (전쟁 중의 잘못을) 군의 통솔자에게 책임을 물어야 한다고 했으니, 신이 이 사태에 책임을 져야 할 당사자입니다. 청컨대 제 관직에서 3등급을 낮춤으로써 저의 잘못을 처벌하겠습니다."[60]라고 했다. 이에 "제갈량은 우장군으로 강등되어 승상의 직무를 대행했으며, (군대를) 총괄하는 업무는 전과 같았다."[61] 공개적으로 자신의 잘못을 인정하고 공

개적으로 책임을 지며 자신을 징벌하는 행동은 책임 있는 대정치가로서
갖추어야 할 인품과 덕성이다. 그러나 대다수 사람이 할 수 없는 행동이
기도 하다. 따라서 제갈량의 이런 행동은 매우 훌륭하다고 할 수 있다.

이해[227년] 여름, 오는 파양태수(鄱陽太守) 주방(周魴)을 위에 거짓으로
투항하게 하여 위군을 유인했다. 위 명제는 정동대장군 겸 양주목(揚州
牧) 조휴에게 병력을 거느리고 심양(尋陽)으로 가게 했고, 사마의에게는
한수에서 출병하여 강릉으로 진격하게 했으며, 가규는 동관(東關, 즉 유수
강)으로 향하게 했다. 위군은 세 방면에서 동시에 오를 정벌하기 위해 진
격했다. 그중 조휴의 부대가 주력으로, 보병과 기병이 총 10만 명이었다.

손권은 육손을 대도독, 전종을 좌독(左督), 주환을 우독(右督)에 임
명한 다음, 각각 3만 명을 거느리고 가서 조휴에 맞서게 했다. 손권은
직접 병력을 이끌고 환구(皖口)[오늘날의 안휘성 안경시(安慶市)]에 주둔했다. 육손과
조휴는 석정(石亭)[오늘날의 안휘성 잠산(潛山)의 동북쪽]에서 싸웠다. 육손은 중앙을 맡
고, 주환과 전종은 좌·우익을 맡아 세 방면으로 일시에 진격하여 위군을
대파했다. 오군은 협석(夾石)[오늘날의 안휘성 서성(舒城)의 남쪽]까지 추격하여 1만여
명을 참수하거나 사로잡았고, 소·말·노새·나귀와 전자 1만 대를 확보했
다. 조휴군의 군수물자와 무기는 거의 소진되었다.

조휴가 대패했고, 위군이 동쪽으로 후퇴하여 관중의 수비가 허약해
졌다는 소식을 들은 제갈량은 드디어 이해[228년] 겨울 12월[서력으로는 이미 229년]
에 다시 병력을 이끌고 출정했다. 이번 출병의 노선은 산관[오늘날의 섬서성 보
계시의 서남쪽]을 나와 진창[오늘날의 섬서성 보계시의 동쪽]을 포위하는 것이었다. 진창을
지키던 위의 장수 학소(郝昭)는 굳게 지키며 투항하지 않았다. 제갈량이
공성용 사다리와 충차(衝車)로 성을 공격하자, 학소는 불화살로 사다리

- 적의 성벽이나 성문을 부수기 위해 단단하고 날카로운 무쇠를 싣고 있는 공격용 수레. '충'(衝)은 '찌르
다', '부딪치다' 등의 의미.

에 불을 붙이고 밧줄로 맷돌을 묶어 충차를 향해 던졌다. 결국, 사다리는 전소했고 충차는 부서졌다. 제갈량은 성 주변의 해자(垓字)를 흙으로 메운 다음 직접 성을 기어오르려고 했다. 그러자 학소는 성안에 이중으로 담을 쌓았다. 제갈량은 다시 지하로 굴을 파서 갱도를 통해 성안으로 들어가려고 했다. 이에 학소는 성안에 도랑을 파서 가로로 갱도를 끊어버렸다. 양측은 밤낮을 가리지 않고 20여 일 동안 공방을 벌였다. 위의 구원병이 도착하고 촉의 군량미가 소진되자, 제갈량은 결국 철수했다. 위의 장수 왕쌍(王雙)이 촉군을 추격했지만, 촉군에게 패해 피살되었다.

이듬해[229년] 봄, 제갈량은 장군 진식(陳式)에게 무도군(武都郡)치소는 하변(下辨)으로, 오늘날의 감숙성 성현(成縣)의 북쪽과 음평군(陰平郡)치소는 음평으로, 오늘날의 감숙성 문현(文縣)을 공격하게 했다. 위의 옹주자사(雍州刺史) 곽회(郭淮)가 병력을 이끌고 구원하러 왔다. 제갈량은 직접 건위(建威)오늘날의 감숙성 서화(西和)로 출병하여 곽회의 배후를 차단했다. 곽회는 퇴각했고, 제갈량은 무도군과 음평군을 점령했다. 이해[229년] 겨울 12월서력으로는 이미 230년, 제갈량은 면양(沔陽)오늘날의 섬서성 면현(勉縣)에 한성(漢城)을, 성고(成固)오늘날의 섬서성 성고에 낙성(樂城)을 쌓았다. 한성은 남정(南鄭)한중군(漢中郡)의 치소. 오늘날의 한중의 서쪽에 있고, 낙성은 남정의 동쪽에 있었다. 제갈량은 이 두 성을 쌓아 한중의 양 날개로 삼아, 필요할 때에 병력을 나누어 주둔할 수 있게 하여 기각지세(掎角之勢)를 취했다.

건흥 8년[230년], 위의 대사마 조진은 "촉이 연달아 출병하여 (위의) 변경을 침범하니 진격하여 정벌해야 하며, 여러 길로 일제히 (공격해) 들어가면 크게 이길 수 있다."[62]고 생각했다. 위의 명제는 그의 계책을 받아들여, 대장군 사마의에게 조서를 내려 한수를 거슬러 서쪽으로 올라가 조진과 남정현에서 만나게 했다. 8월, 장안에서 출발한 조진은 자오곡을 따라 촉의 국경까지 남하했다. 마침 큰 장마로 30여 일 동안 비가 그치지 않아 촉으로 진입하는 잔도가 여러 군데 끊어졌다. 조진의 병사들은 도로를 건설하면서 전진했는데, 산비탈이 험준하고 미끄러워 한 달 동안 자오곡의 반도 통과하지 못했다. 9월, 명제는 조진에게 회군하라는 조서를 내렸다.

위군의 공격 소식을 들은 제갈량은 성고 적판(赤阪)^{오늘날의 섬서성 양현(洋縣)의 동쪽}에 주둔한 채 위군을 기다렸다. 또 강주(江州)^{오늘날의 중경}를 지키던 이엄에게 2만 명의 병력을 이끌고 한중으로 가게 하여, 한중의 방어를 강화했다.

건흥 9년^{231년}, 제갈량은 병력을 이끌고 출정하여 기산을 포위했다. 관중을 수비하던 위의 장군 대사마 조진은 와병 중이었다. 그래서 명제는 사마의를 장안으로 파견하여, 그에게 장군 장합·비요(費曜)·곽회 등을 거느리고 제갈량을 막게 했다. 사마의는 비요 등에게 5000명의 병력을 이끌고 상규(上邽)^{오늘날의 감숙성 천수시(天水市)}를 지키게 하고, 나머지 병력 전부는 서쪽으로 가서 기산을 구원하게 했다. 장합은 병력을 나누어 옹현(雍縣)^{오늘날의 섬서성 봉상(鳳翔)}과 미현(郿縣)^{오늘날의 섬서성 미현(眉縣)의 동쪽}에 주둔하게 하자고 건의했다. 이에 사마의는 "추측건대, 선두부대가 단독으로 (적군을) 감당할 수 있다면 장군의 주장이 옳을 것이오. (그러나) 만약 (선두부대가 적군을) 감당할 수 없는데 군대를 선두와 후방으로 나눈다면, 이는 초의 삼군(三軍)이 경포(黥布)에게 (동시에) 제압당한 이치와 같소."^{•63}라고 하고, 장합의 건의를 받아들이지 않았다. 제갈량은 일부 병력을 남겨 기산을 공격하게 하고, 자신은 대군을 이끌고 상규에서 사마의를 맞아 싸웠다. 위군 곽회 등과 맞붙은 제갈량은 일전을 벌여 승리했다. 그는 들판의 보리가 익자, 병력을 풀어 수확한 보리를 군량미로 삼았다.

- 경포는 서한 초기 유방의 부하 영포(英布)를 말한다. 유방은 서한을 건국한 다음 영포를 회남왕(淮南王)에 봉했지만, 이후 반란을 일으킨 영포는 회수를 건너 초를 공격했다. 이때 초의 장수는 주위의 만류에도 불구하고, 병력을 세 부대로 나누어 영포의 공격에 대비했다. 결국, 영포가 초의 세 부대 중 하나를 먼저 격파하자, 나머지 두 부대는 모두 흩어져 초군이 궤멸했다.

제갈량은 전진하여 다시 사마의와 상규 동쪽에서 맞닥뜨렸다. 사마의는 병력을 이끌고 험지를 지킬 뿐, 교전하지 않았다. 제갈량은 군량미가 떨어져 어쩔 수 없이 퇴각했다. 사마의는 촉군의 뒤를 쫓았다. 그는 촉군이 진격하면 후퇴하고, 촉군이 물러가면 다시 쫓으면서도 전투는 벌이지 않았다. 이런 식으로 촉군을 뒤쫓은 그는 노성(鹵城)에까지 이르렀다. 장합은 사마의에게 이렇게 말했다.

기산(의 백성)은 (우리 위의) 대군이 이미 근처에 있음을 알면, (그곳의 불안한) 민심이 자연히 안정될 것입니다. 여기에 잠시 주둔하며 병력을 나눠 기습부대를 편성해 (적의) 후방을 공격하려는 모습을 보여주는 것이 좋겠습니다. 전진하면서도 감히 (적을) 압박하지 못하여 공연히 백성의 신망을 잃어서는 안 됩니다. 지금 (우리 진영 깊숙이 들어와) 고립된 제갈량의 군대는 군량이 적으니, 역시 후퇴할 것입니다.[64]

그러나 사마의는 그의 의견을 따르지 않았다. 여러 장수가 싸우기를 청하며 "공(사마의)은 촉을 호랑이처럼 두려워하니, 천하의 비웃음을 받으면 어쩌시렵니까!"라고 했다.[65] 여름 5월, 사마의는 할 수 없이 장합에게 기산을 포위한 촉군의 남쪽 둔영을 공격하게 하고, 자신은 직접 정면으로 제갈량을 공격했다. 제갈량이 위연 등에게 맞서 싸우게 하니, 위군은 대패했다.

6월, 제갈량이 군량미의 부족으로 퇴각하자, 사마의는 장합에게 추격을 명했다. 장합이 "병법에는 성을 포위할 때 반드시 빠져나갈 길을 열어두고, 퇴각하는 군대는 추격하지 말라고 했습니다."[66]라고 주장했지만, 사마의는 듣지 않았다. 장합은 마지못해 진격하여, 목문(木門)기산의 동쪽. 오늘날의 감숙성 천수시의 남쪽까지 추격했다. 고지대에 복병을 배치해 놓은 촉군은 장합이 도착하자, 일제히 화살을 쏟아부었다. 장합은 날아온 화살에

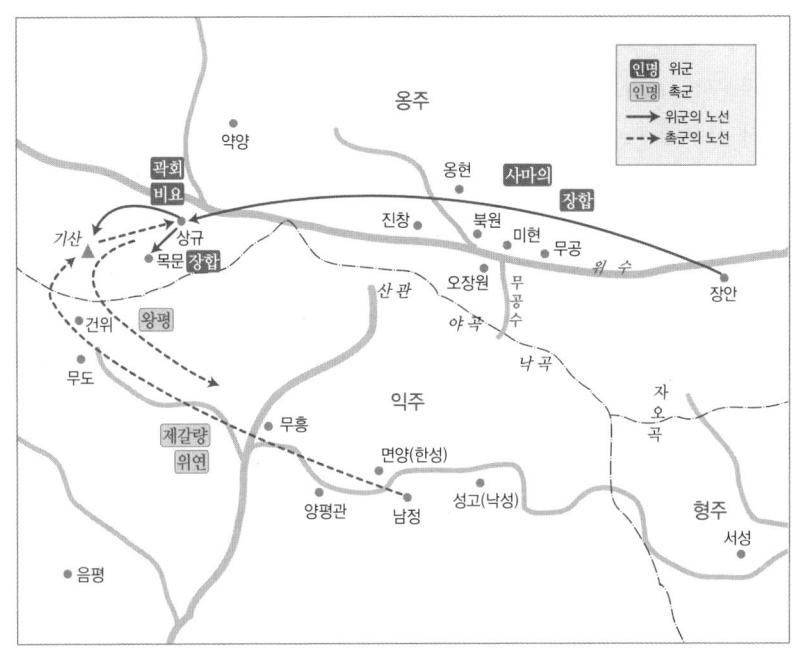

[지도28] 기산 전투

맞아 목숨을 잃었다. 장합은 관중에서 명성이 높았다. 그런데 사마의는 그의 계책을 따르지 않았고, 그렇다고 과감하게 싸우지도 않았으므로, 여러 장수에게 웃음거리가 되었다. 아마도 이 점에 원한을 품은 사마의가 장합을 사지로 몰아넣으려고 했던 것이 아닐까? 사마의는 굳이 쫓지 않아도 되는 상황에서 장합에게 촉군을 쫓게 했고, 결국 장합은 촉군을 추격하다가 죽음을 맞았다. 이 견해는 나의 추측일 뿐이며, 역사 기록에 나오지 않는다. 그러나 시샘이 많고 흉악하며 잔혹한 사마의의 성격으로 볼 때, 충분히 가능성이 있는 일이다.

한중으로 돌아온 제갈량은 백성에게 휴식을 취하게 하고 농업을 장려했으며, 병사를 양성하여 무예를 강습했다. 3년 뒤인 건흥 12년^{234년} 봄 2월, 제갈량은 병력 10만 명을 이끌고 야곡을 출발하여 북벌을 감행했다. 아울러 오에 사신을 보내 동시에 병력을 일으키기로 약속했다. 이 출정에서 촉한과 손오의 연합은 비교적 훌륭했다. 손권은 직접 대군 10만 명을 이끌고 소호구(巢湖口)^{오늘날의 안휘성 소현(巢縣)의 경계}에 들어가 주둔한 뒤 합비 신성^{오늘날의 안휘성 합비시의 서쪽}을 향해 진격했으며, 육손과 제갈근에게도 1만여 명의 병력을 이끌고 강하·면구(沔口)로 들어가 양양^{오늘날의 호북성 양양}을 향하게 했으며, 장군 손소 등은 회수로 들어가 광릉·회음^{위의 회음은 광릉군의 치소로, 오늘날의 강소성 청강시(淸江市)}으로 향하게 했다.

4월, 제갈량은 대군을 이끌고 미현에 도착하여 위수 이남에 주둔했고, 사마의도 강을 건너 위수 이남에서 배수진을 친 채 촉군과 대치했다. 사마의는 장수들에게 이렇게 말했다. "제갈량이 만약 용감한 사람이라면 당연히 무공(武功)에서 출발하여 산세(山勢)를 따라 동진할 것이오. (그러나) 만약 서쪽의 오장원(五丈原)^{무공수(武功水)는 야곡에서 나와 위수로 들어간다. 오장원은 무공수 서편에 있으며, 오늘날의 섬서성 미현의 서쪽}으로 이동한다면 여러 장군께서는 (싸울) 일이 없을 것이오."[67] 제갈량은 무공을 출발하여 산세를 따라 동진하는 대신, 서쪽의 오장원으로 이동했다.

옹주자사 곽회는 제갈량이 틀림없이 북원(北原)을 노릴 것이므로 선점해야 한다고 예측하며 "만약 제갈량이 위수를 건너 북원까지 올라가 (북원) 북쪽 산악지역(의 반란세력)과 병력을 연합하여 농서(隴西)로 통하는 길을 끊는다면 백성과 이민족 모두 동요할 것이니, 이는 나라에 이로운 일이 아니"라고 말했다.[68] 사마의는 결국 곽회에게 북원에 주둔하라고 명령했다. 제갈량의 군대가 미처 북원의 해자와 보루가 완성되지 않은 상황에서 북원까지 와서 공격했지만, 곽회는 이들을 격퇴했다.

제갈량은 앞서 여러 차례 북벌을 감행했지만, 대부분 군량미 보급이 여의치 않아 어쩔 수 없이 철군했다. 결국, 이번 출정에서는 오랫동안 주둔하기 위한 계책으로서 일부 병력에게 현지에서 둔전을 하게 하여 장기적인 주둔의 기초로 삼았다. 그래서 "경작에 동원된 병사들이 위수 연안의 주민 사이에 뒤섞여 지냈는데, (현지의) 백성들은 편안히 지냈고 군대도 (현지 백성에게서) 사욕을 채우는 일이 없었다."[69]

제갈량과 사마의는 오장원에서 100여 일 동안 대치했는데, 사마의는 수비만 할 뿐 움직이지 않았다. 제갈량이 아무리 조롱하고 욕설을 퍼부어도 사마의는 출전하지 않았다. 외지로 나온 제갈량의 대군에게 군량은 제일 중요한 사안이었다. 아무리 둔전을 실시하더라도 문제를 전부 해결하기는 어려웠다. 약한 몸으로 막중한 업무에 시달리던 제갈량은 싸우려고 했지만, 여의치 않았다. 퇴각 역시 그가 원하던 것은 아니었다. 마음이 상하자, 점차 몸도 버틸 수 없었다. 이해 8월 제갈량은 오장원의 전선에서 병사했다. 향년 54세였다. 촉군이 퇴각한 뒤, 제갈량의 군영과 처소를 둘러본 사마의는 그를 "천하의 기재(奇才)로다!"[70]라고 칭찬했다.

제갈량은 뛰어난 인재로서, 중국 역사에서 가장 걸출한 정치가였다. 그는 보기 드물게 고상한 인품과 덕성을 갖추었고, 지혜와 재능을 겸비했다. 『삼국지』를 저술한 진수도 그를 매우 존경하고 숭배했다. 제갈량에 대한 진수의 평가는 거의 그에 대한 찬가나 다름없었다. 진수는 그를 이렇게 평가했다.

제갈량은 승상이 되어 (촉한을 다스릴 때) 백성을 위무하고 예의와 법도를 선포했다. (그는) 관직을 간소화하고 시의적절한 제도를 채택했으며, 진심을 보이면서 공정한 원칙을 펼쳤다. 충성을 다하고 세상에 공헌한 사람은 원수라도 반드시 상을 주었고, 법을 어기고 태만한 사람은 가까운 사람이라도 반드시 처벌했다. 죄를 인정하고 (회개하는) 진심을 표현한 사람은 (죄과가) 엄중해도 반드시 석방했고, 허황되고 실체가 없는 말로 그럴듯하게 핑계 대는 사람은 (죄과가) 가벼워도 반드시 처형했다. 선행은 아무리 사소한 것이라도 포상했고, 아무리 하찮은 악행을 저지른 사람이라도 (직위를) 강등시켰다. (그는) 각종 정무에 정통하고 익숙했으며, 모든 일을 근본에 따라 처리했다. (또한, 그는) 명분과 실제가 서로 부합할 수 있도록 노력했고, 진실이 아닌 허위를 경멸했다. 결국, 온 나라에서 모두가 그를 경외하고 사랑하니, 형법과 정치가 아무리 엄격해도 원망하는 사람이 없었다. (이는) 그의 마음 씀씀이가 공평하고 (그의) 권유와 징계가 분명했기 때문이었다. (그는) 그야말로 통치의 원리를 제대로 알고 있던 인재로서, (명재상으로 알려진) 관중(管仲)·소하(蕭何)에 버금가는 사람이라고 할 수 있다. 그러나 (그는) 해마다 병력을 동원(하여 북벌을 감행)했지만, 성공할 수 없었다. (이런 점을 보면) 아무래도 임기응변하는 군사적 전략은 그의 장기가 아니었던 것 같다![71]

(제갈량은) 제도를 확립하고 군대를 정돈했습니다. (그는) 병기를 정교하게 제조하기 위해 모든 일을 깊이 탐구했습니다. (그가 제정한) 법령은 엄격하고 명확했으며, (그가 내린) 상벌도 분명 믿을 만했습니다. (그래서) 악한 사람은 모두 처벌을 받았고, 선량한 사람은 모두 표창을 받았습니다. (그는) 관리가 간악하게 행동하는 것도 용납하지 않았습니다. (그래서) 사람들은 스스로 (자신의 행동을) 경계하는 마음을 품어 길에 떨어진 물건을 줍지 않았고, 강자가 약

자를 해치지 않으니, 풍속이 안정되었습니다. …… 그러나 제갈량의 재주는 군대를 통솔하는 업무에는 장점을 발휘했지만, 기발한 계략을 발휘하는 면에 약점이 있었습니다. (그는) 백성을 다스리는 (행정적) 재능이 군사적 전략보다 나았던 것입니다. …… 백성들은 (제갈량을) 추모하여 항상 (그를) 대화의 소재로 삼았습니다. 지금까지도 양주·익주의 백성들이 제갈량을 칭송하고 찬양한 내용은 그 (구체적인 찬양의) 말이 여전히 귓가에서 맴돌 정도입니다. 비록 (『시경』)「감당」에서 소공을 찬미하고, 정국 사람들이 자산을 노래(하여 칭송)했다고 하지만, (그렇게 시간적 거리가) 먼 옛날 고사를 비유로 들 필요가 없습니다.[72]

이상의 기록을 통해, 진수가 제갈량을 얼마나 찬양하고 숭배했는지 알 수 있다. 이는 훌륭한 역사가의 마음속에서 우러나온 소리이다. 진수는 촉한에서 태어났지만, 그가 역사서를 저술한 시기는 이미 다른 시대(서진)였다. 서진이라는 시대적 상황에서 전 시대의 인물을 폄하하기는 쉬웠을지 몰라도, 찬양하기는 어려웠다. 그런 상황에서 제갈량을 이렇게 평가했다면, 그야말로 마음속 진심에서 우러나온 말일 것이다.

진수의 부친은 마속의 참군으로서, 마속이 제갈량에게 참수될 때 진수의 부친도 이 일에 연좌되어 곤형(髡刑)을 받았다. 그래서 진수가 제갈량의 열전을 쓰면서 "제갈량이 군사적 전략에 뛰어나지 않았고, 적에게 (효과적으로) 대응하는 재능은 없었다."[73]라고 비난한 것이라고 주장하는 사람도 있다. 이런 평가는 진수에 대한 중상모략이다. 제갈량은 실제로 군사적 전략에 뛰어나지 않았다. "군대를 통솔하는 업무에는 장점을 발휘했지만, 기발한 계략을 발휘하는 면에 약점이 있었으며, 백성을 다스리는 (행정적) 재능이 군사적 전략보다 나았다."는 진수의 발언은 제갈량에 대한 평가 중에서 가장 실제에 부합하고 가장 공평하다.

사마의는 제갈량을 "천하의 기재"라고 칭찬했지만, "지향은 크되 정세를 판단하지 못했고, 많은 방면에서 계획을 세웠지만 결단력이 부족했으며, 전투를 좋아함에도 임기응변이 없었다."라고 혹평했다. 사마의와 제갈량은 여러 해 동안 맞서 싸운 적수이자, 특히 군사 방면의 호적수였다. 따라서 사마의는 군사적인 측면에서 제갈량의 장단점을 매우 잘 알고 있었을 것이다. 그는 제갈량이 "정세를 판단하지 못했고," "결단력이 부족했으며," "임기응변이 없었다."라고 비판했다. 이는 군사적으로 모두 심각한 문제였다. 진수가 제갈량에 대해 "기발한 계략을 발휘하는 면에 약점이 있었고," "임기응변하는 군사적 전략은 그의 장기가 아니었다."라고 말한 것은 공정하고 솔직한 평가이며, 여기에는 제갈량을 폄훼할 의도가 추호도 없었다.

4. 촉한의 유학

익주 지역의 문화적 연원은 매우 오래되고 역사도 깊다. 전국시대와 한대에는 경제적·문화적 발전 수준이 중원지역과 거의 차이가 없었다. 동한 시기에 유학은 이미 전국 각지에 보편적으로 퍼져 있었다. 범엽은 이런 상황을 이렇게 묘사했다. "광무제의 재위 중엽 이후로 전쟁이 점차 그치고 경학(經學)을 전문적으로 연구하니, 이때부터 그러한 풍조가 대대로 돈후해졌다. 유자(儒者)의 옷을 입고, 선대의 성왕(聖王)을 칭하며, 상서(庠序)에서 노닐고 학당(學堂)에 모이는 사람이 대체로 나라 안에 널리 퍼졌다." 촉 지역의 학술문화에서 핵심은 중원 지역과 마찬가지로 유학이었다. 『후한서』의 「유림열전」(儒林列傳)에 수록된 42인의 학자 중에 익주 출신은 임안(任安)·임말(任末)·경란(景鸞)·두무(杜撫)·양인(楊仁)·동균(董鈞) 등 6명으로, 전체의 7분의 1을 차지한다. 전국의 주·군과 비교하면 평균 이상이다.

　유비는 젊은 시절 대유학자 노식에게 유학을 배웠다. 제갈량은 사마휘(司馬徽)를 존경했는데, 유비가 일찍이 사마휘를 방문하여 세상일에 대해 조언을 구하자, 사마휘는 이렇게 말했다. "유생과 용렬한 사인(士人)들이 어찌 시무(時務)를 알겠습니까? 시무를 알고 있는 사람은 준걸 중에 있습니다. 이 일대에(서 그런 준걸로)는 복룡(伏龍)과 봉추(鳳雛)가 있습니다."[76] 그런데 사마휘의 말을 들으면, 유생이나 용렬한 사인은 시무를 아는 사람과 대립적인 존재이며, 시무를 아는 사람은 마치 유생이 아닌 것 같다. 그러나 이 말을 그렇게 이해할 수는 없다. 시무를 알고 있는 준걸 역시 유가였다. 다만 옛것에 얽매여 변화하지 않은 채 머리가 하얗게 셀 때까지 경전만 들여다본 유생이나 용렬한 사인이 아니라, 도략(韜略)과 지혜를 갖춘 유생 출신의 준걸이 바로 이런 사람이었다. 사마휘 본인도 유학을 공부한 인사였다. 윤묵(尹黙)은 "멀리 형주로 유학하여 사마덕조(司馬德操, 사마휘)와 송중자(宋仲子, 송충宋忠) 등으로부터 고문경학(古文經學)을 전수받아 여러 경전과 역사서에 모두 통달했다."[77] 사마휘는 경전과 역사서를 다른 사람에게 전수할 능력을 갖췄으니, 당연히 유가였다. 다만 그는 시무를 아는 준걸이었지, 용렬한 사인은 아니었다.

유가는 적어도 크게 두 부류로 나눌 수 있다. 한 부류는 박사와 교수처럼 책을 읽고 학문을 가르치는 사람들이고, 다른 한 부류는 독서를 통해 세상의 이치를 구명(究明)하여 시무를 알게 된 정치가였다. 궁벽한 시골의 촌학구(村學究)는 사상이 고루하고 지식이 얕아 사실상 유학자 축에도 들 수 없는 사람들이었다. 맹광(孟光)과 극정(郤正)이 나눈 다음 대화가 매우 흥미롭다.

> 후배 문사(文士)인 비서랑(秘書郎) 극정이 여러 차례 맹광을 방문하여 (학술 문제에 관해) 조언을 구했다. 맹광은 극정에게 태자가 공부하고 있는 책과 그의 성품·애호에 관해 물었다. 극정이 대답했다. "(태자께서는) 어버이를 정성스럽고 공손하게 시봉(侍奉)하시고 밤낮으로 게으르지 않으시니, 고대 (주나

라 문왕의 세자시절처럼) 세자(世子)의 풍모를 갖추셨습니다. 신료(臣僚)들을 접대할 때에도 모든 거동이 인자와 관용에서 우러나오십니다." 맹광이 (다시) 말했다. "그대가 말하는 모습들은 모두 보통 집안에서 (자식이라면) 하는 행동일 뿐이오. 내가 지금 묻는 내용은 그(태자)의 권모와 지략이 어떤지를 알고 싶은 것이오." (그러자) 극정이 대답했다. "세자의 도리는 (어버이의) 생각을 받들고 (어버이가) 기뻐하시도록 최선을 다하는 것에 있으니, (본분을 잊고) 함부로 행동할 수 없습니다. 또한, 지략은 마음속에 품고 계실 것이고, 권모는 적절한 상황이 닥쳐야 발휘할 수 있는 것입니다. 이런 방면의 능력을 갖추셨는지를 어떻게 미리 예단할 수 있겠습니까?" 맹광은 극정이 신중하여 경솔하게 말하는 성격이 아님을 깨닫고, 이렇게 말했다. "나는 (상대에게) 직언을 좋아하고 거리낌이 없어, 매번 (상대방의) 장단점을 지적하여 세상 사람들의 비난과 미움을 샀소. 그대의 마음을 헤아려보니, 내 말을 썩 좋아하지 않을 것 같소. 그러나 내가 (이렇게) 물은 말에도 이유가 있소. 지금 천하가 아직 평정되지 않았으니, 권모가 가장 중요하오. 권모가 비록 천성이라지만, 노력으로도 얻을 수 있소. 우리 세자께서 책을 읽는 목적이 어찌 우리처럼 최선을 다해 학식을 연마하여 (다른 사람의) 자문과 조언을 기대하고, 박사처럼 시험에 응시하여 일일이 답안을 적음으로써 작위를 구하려는 마음을 본받으려는 것이겠소! (세자께서 책을 읽을 때는) 당연히 시급한 부분에 집중해야 하오."[78]

맹광이 말한 두 부류의 사람은 모두 유가의 서적을 읽는 사람이다. 유가가 배양하려고 한 인재는 한 부류가 박사이고, 다른 부류는 정치가였다.

유비·제갈량의 정권은 '한'(漢)으로 불렸고, 동한의 황통(皇統)을 계승했다. 학술적으로도 동한 유가의 도통(道統)을 계승했다. 따라서 그들은 유가의 도통에 따라 일을 처리해야 했다. 후주의 재위 시절 제갈량은 아래와 같이 감부인(甘夫人)을 선주의 황후(皇后)로 책봉하자고 주청했는데, 이것은 유가의 예제(禮制)에 따른 조치였다. 승상 제갈량은 후주

(유선)에게 이렇게 상주했다.

　　……『예기』(禮記)에는 "사랑(하는 마음)의 확립은 어버이로부터 시작하니, (이것은) 백성에게 효를 가르치기 위해서이고, 공경(하는 마음)의 확립은 연장자로부터 시작하니, (이것은) 백성에게 순종을 가르치기 위해서이다."라고 했습니다. (사람들이) 자기 어버이(의 은혜)를 잊지 않는 이유는 (어버이로부터) 생명을 받았기 때문입니다. 『춘추』의 의리로 보면, 모친은 아들 덕분에 (신분이) 고귀해집니다. …… (따라서) 이제 황사부인(皇思夫人)께도 존귀한 칭호를 제정하여 모친을 그리워하시는 마음을 위로해야 합니다. (신이) 곧바로 (태상인) 뇌공(賴恭) 등과 함께 시법(諡法)을 살펴보았더니, '소열황후'(昭烈皇后)라고 추존하는 것이 마땅합니다. 『시경』에서는 "살아서는 다른 방을 사용하지만, 죽어서는 같은 묘혈을 사용한다."라고 했습니다. 그러므로 소열황후는 돌아가신 선황제(유비)와 합장해야 합니다.[79]

『예기』·『춘추』·『시경』은 모두 유가의 경전이다. 제갈량은 이 세 경전을 근거로 인용하며 감부인을 황후로 추손하고 유비와 합장할 것을 요청했다. 이를 통해 제갈량이 유가사상을 진심으로 신봉했음을 알 수 있다.

　　유비와 제갈량은 촉 지역의 유학과 유생을 모두 존중했다. 두미는 재동군 부현 출신이다. 그는 젊은 시절 광한군 출신인 임안의 문하에서 수학했다. 건흥 2년[224년], 익주목을 겸임한 승상 제갈량이 인재를 선발하

- 　이 부분은 공자의 말이라고 하며, 『예기』 「제의」(祭儀) 편의 내용이다. 다만, 『예기』에서는 "立愛自親始, 敎民睦也; 立敎自長始, 敎民順也."라고 하여, 원문이 조금 다르다. 이에 따라 해석하면 다음과 같다. "사랑(하는 마음)의 확립은 어버이로부터 시작하니, (이것은) 백성에게 '화목'을 가르치기 위해서이고, '교화'의 확립은 연장자로부터 시작하니, (이것은) 백성에게 순종을 가르치기 위해서이다."
- ● 『춘추공양전』(春秋公羊傳), 「은공원년」(隱公元年) 조의 말.
- ●●● 『시경』 「대거」(大車)편의 시구를 인용.

여 초빙했는데, 모두 덕망이 높은 사람만을 엄선했다. 그중에서 진복(秦 宓)을 별가(別駕), 오량(五梁)을 공조(功曹), 두미를 주부(主簿)에 임명했다. 제갈량은 두미가 귀가 먹어 다른 사람의 말을 듣지 못하는 점을 고려하여, 만난 자리에서 글을 써서 보여주었다. "(저는 선생의) 덕행을 익히 들어, (흠모하며) 갈구한 세월이 오래되었습니다. …… (그런데 저는) 외람되이 아무런 능력도 없이 선생의 고향(익주)을 통치하게 되었으니, 덕이 부족한데 책임은 막중하여 너무 걱정스럽습니다. …… 선생과 함께 천명을 따르고 민심을 좇아 이 영명한 군주를 보좌하고 싶습니다." 이처럼 두미를 존경한 제갈량은 이후에도 그를 한직인 간의대부(諫議大夫)에 임명하여, 관직에 부담을 느낀 그를 배려했다.

오량 역시 유가였다. 그는 "건위군 남안현(南安縣) 출신으로, 유학과 절개로 명성이 높았다. (그는) 의랑(議郞)에서 간의대부·오관중랑장(五官中郞將)으로 승진했다." 주군(周群)은 파서군 낭중현(閬中縣) 출신이다. "젊은 시절 광한군 출신의 양후(楊厚)로부터 도참설을 익혔으며, 그 명성이 동부(董扶)·임안에 버금갔다. …… 선주(유비)가 촉을 평정한 이후, 유림교위(儒林校尉)에 임명되었다." 두경(杜瓊)은 "촉군 성도(成都) 출신으로, 젊은 시절 임안에게서 학문을 배웠다. …… 선주(유비)가 익주를 평정하고 익주목이 되자, 두경을 의조종사(議曹從事)로 삼았다."

허자(許慈)는 "남양군 출신으로, 유희(劉熙)를 스승으로 섬겼다. (허자는) 정현(鄭玄) 학파의 유학에 뛰어났으며, 『주역』(周易)·『상서』(尙書)·삼례(三禮)·『모시』(毛詩)·『논어』(論語)를 연구했다. 건안 연간[196~219년]에 허정(許靖) 등과 함께 교주에서 익주로 들어왔다. …… 선주(유비)가 촉을 평정했을 당시는 (사회가) 혼란을 겪은 지 10년이 넘은 상황이라 학문이 쇠

• 고문경학을 지칭함. 금문경학과 고문경학에 관해서는 다음 쪽의 주석 참조.

락했다. 그래서 (선주는) 서적을 수집하고 (유가를 제외한) 잡다한 유파의 학술을 정리했으며, 허자를 …… 박사에 임명했다. …… 허자는 후주(유선)가 재위할 때 점차 승진하여 관직이 대장추(大長秋)에 이르렀다. …… (허자의) 아들 허훈(許勛)이 그 학문을 전수받아 다시 박사가 되었다."[84]

맹광은 "하남군 낙양 출신으로, ……『춘추공양전』(春秋公羊傳)을 선호하고『춘추좌씨전』을 비난했다."[85] 후주가 재위하던 시절에 일찍이 대사농에 임명되었다. 내민(來敏)은 "의양군(義陽郡) 신야현(新野縣) 출신으로, 내흡(來歙)의 후손이다. (그의) 부친 내염(來豔)은 한조의 사공(司空)이었다. …… 내민은 결국 누나와 함께 촉에 들어와 항상 유장(劉璋)의 빈객이 되었다. (그는) 여러 책을 섭렵했는데 특히『춘추좌씨전』에 정통했다. …… 선주(유비)는 익주를 평정하자, 내민을 전학교위(典學校尉)에 임명했다. 태자가 책봉되자, (그는) 가령(家令)이 되었다. 후주(유선)가 등극하자, (그는) 호분중랑장(虎賁中郎將)에 임명되었다. 승상 제갈량은 한중에 머무르며, 내민을 군제주(軍祭酒) 겸 보군장군(輔軍將軍)에 임명해 달라고 요청했다."[86] 후일 내민은 대장추·광록대부(光祿大夫)가 되었다. 맹광과 내민은 모두 연로하고 덕망을 갖춘 학사(學士)였으므로, 세상에서 예우를 받았다. 내민의 아들 내충(來忠)도 경학을 두루 익혔다.

윤묵은 "재동군 부현 출신이다. 익주의 학자들은 대부분 금문경학을 중시하고 장구학(章句學, 고문경학)을 숭상하지 않았다. 윤묵은 그들(금문

- 한대의 경학은 금문경학과 고문경학으로 구분할 수 있다. 진시황의 분서갱유 이후 살아남은 몇몇 학자의 기억에 근거하여 당시 통행하던 예서(隸書)로 경전을 다시 정리했는데, 이를 '금문'이라고 부른다. 또한, 금문을 연구하는 학문을 '금문경학'이라고 한다. 이후 경제(景帝) 연간에 공자의 고택에서 다수의 유가경전이 발견되었는데, 이 경전들은 한대 이전의 문자로 기록되어 '고문'이라고 불렸다. 고문을 연구하는 학문을 '고문경학'이라고 했다. 서한대의 학자들은 주로 금문을 신봉하는 금문학파였지만, 동한 말기에 정현(鄭玄)·마융(馬融) 등의 제창으로 고문을 신봉하는 고문학파가 크게 득세했다. 두 학파는 경전의 자구·편장(篇章)에 대한 해석, 고대의 제도와 인물에 대한 평가에서 서로 견해가 달랐다.
- 고문경학을 말함. 고문경학은 유가 경전의 장구(章句), 즉 장절(章節)과 자구(字句)의 정확한 해석과 이해를 중시했으므로, '장구학'이라고도 불렸다.

파 학자)의 학식이 넓지 않음을 알고, 멀리 형주로 유학하여 사마덕조(사마휘)와 송중자(송충) 등으로부터 고문경학을 전수받아 여러 경전과 역사서에 통달했다. 또 『춘추좌씨전』의 연구에 전념하여, 유흠(劉歆)의 『춘추좌씨전조례』(春秋左氏傳條例)부터 정중(鄭衆), 가휘(賈徽)·가규(賈逵) 부자, 진원(陳元), 복건(服虔)의 주석과 해설까지 모두 배송하고 강술할 수 있어 더는 원본을 들춰보지 않아도 될 정도였다. 선주(유비)가 익주를 평정하고 익주목을 겸임하자, (윤묵을) 권학종사(勸學從事)에 임명했다. 태자가 책봉되자, 윤묵은 태자복(太子僕)에 임명되어 『춘추좌씨전』을 후주(유선)에게 교수했다. 후주가 등극하자, (윤묵은) 간의대부에 임명되었다. 승상 제갈량이 한중에 머무르며, (윤묵을) 군제주에 임명해 달라고 요청했다.[87]" 이후 윤묵은 성도로 돌아와 태중대부(太中大夫)에 임명되었고, 그의 아들 윤종(尹宗)이 그의 학문을 전수받아 박사가 되었다.

이선(李譔)은 "재동군 부현 출신이다. (그의) 부친 이인(李仁)은 …… 동향 출신의 윤묵과 함께 형주에 유학하여 사마휘·송충 등에게서 배웠다. 이선은 그(부친 이인)의 학문을 모두 전수받았고, 또 윤묵을 좇아 (서적에 담긴) 의리를 강론했으며, 오경과 제자백가를 폭넓게 읽었다. …… 그는 고문 『주역』·『상서』·『모시』·삼례·『춘추좌씨전』·『태현지귀』(太玄指歸)에 관한 주석서를 저술했는데, 모두 가규와 마융(馬融)의 학설을 준칙으로 삼아 정현의 견해와는 달랐다."[88] 후주(유선)가 태자를 세우자, 이선을 태자서자(太子庶子)에 임명했다. 후주의 재위 시절 이선은 중산대부(中散大夫)·우중랑장(右中郎將)의 관직을 역임했다.

초주는 파서군(巴西郡) 서충국(西充國) 출신이다. 그의 부친 초병(譙岎)은 『상서』를 연구했고, 여러 경전에 두루 통달했다. 초주는 고적(古籍)을 좋아하여 독실하게 학문을 익혔으며, 육경을 꼼꼼하게 연구했다. "승상 제갈량은 익주목을 겸임하자, 초주를 권학종사로 임명했다. 제갈량이 죽자 …… 대장군 장완이 익주자사를 겸임하고 (초주를) 전학종사

(典學從事)에 임명하여 익주의 학자들을 관리하게 했다. 후주(유선)는 태자를 세우고, 초주를 태자복으로 삼았다. (이후 초주는) 태자가령(太子家令)으로 전임되었다."[89] 후일 초주는 광록대부로 승진했는데, 이는 구경(九卿)에 버금가는 자리였다. 초주는 비록 정사에는 참여하지 않았으나, 유학자의 언행으로 예우를 받았다.

극정은 하남군 언사현(偃師縣) 출신이다. 그의 "조부 극검은 영제 말엽 익주자사였다. …… (극정은) 어린 시절에 부친이 죽고 모친이 재가하여 의지할 곳 없는 외로운 신세였다. 그러나 안빈낙도(安貧樂道)하며 학문을 좋아하여 고대의 전적을 많이 읽었다. …… (극정은) 선배 유학자들 (의 학설)을 본받고 배워, 문장을 빌려 (자신의) 생각을 표현한 글을 지어『석기』(釋譏)라는 제목을 붙였다."[90]

지금까지 열거한 사람들은 모두 유비가 익주에 들어가기 전후로 익주에서 활동한 유학자들이다. 유비는 이들을 매우 존중했다. 이들 중 어떤 이는 관직에 출사(出仕)하라는 요청을 받았고, 몇몇 사람은 유림교위·전학교위·권학종사·전학종사 등의 관직에 임명되었으며, 일부는 태자기령·대자복·대자시자 등에 임명되있다. 촉한의 정지를 이끈 주노석인 사상은 동한과 마찬가지로 유학이었다.

유비는 임종 전에 후주(유선)에게 유조(遺詔)를 남겨, 아들 유선에게 "『한서』와『예기』를 읽고, 한가할 때에 제자백가서와『육도』(六韜)·『상군서』(商君書)를 두루 살펴보아, 다른 사람의 지혜까지 더했으면 좋겠다."[91]라고 후주를 가르쳤다. 제갈량도 일찍이 후주를 위해서 "『신자』(申子)·『한비자』(韓非子)·『관자』(管子)·『육도』한 권 씩을 필사해"[92] 준 적이 있었다. 따라서 유비와 제갈량을 절대 법가로 이해할 수 없다. 또한, 그들이 후주에게『신자』·『한비자』·『상군서』를 읽게 했다고 해서, 그들이 후주를 법가적 황제로 키우려는 의도를 품었다고 이해해서도 안 된다. 그들이 이렇게 한 이유는, 유비의 말처럼 그저 후주가 "지혜를 더하여" 권모와 지략을 갖춘 사람이 되기를 바랐기 때문이었다. 맹광도 말했듯이 당시는 "천하가 아직 평정되지 않아 권모가 가장 중요한" 상황이었다. 권모와 지략을 갖춘 것을 법가라고 이해하면 곤란하다. 유가와 법가의 차이는 분명히 존재한다. 법가는 형벌과 법령에 근거할 뿐, 덕정(德政)을 요구하지 않는다. 그러나 유가는 형벌과 법령도 필요로 하지만, 덕정을 최종적인 이상으로 생각한다. 이는 관용과 엄격함이 서로 도움이 된다는 공자의 사상을 발전시킨 것이다. 유가와 법가의 차이는 덕정을 요구하는지에 달린 것이지, 형벌과 법령의 요구 여부와는 아무런 관계가 없다.

건안문학

1. 시대와 전통

건안시대(建安時代)는 중국문학사상 화려했던 성세(盛世)였다. 이 시기에 등장한 많은 문학가는 현실을 묘사하고 반영하여 우수한 작품을 창작했다. 건안문학이 거둔 가장 중요한 성취는 시(詩) 분야로, 특히 건안시대는 오언시(五言詩)가 성숙한 시기였다.

건안시대에 앞서 황건적의 폭동과 동탁의 난이 차례로 발발했다. 사회는 막대한 파괴를 입었고, 인구는 감소했으며, 토지는 황폐해졌다. 1000리를 가도 사람의 자취 하나 없고, 이름난 도시가 텅 비어 사람이 살지 않는 상황은 이미 1장에서 묘사한 바 있다. 이러한 난세에 온갖 고생과 어려움을 겪으며 살아가던 백성은 인생과 사회를 매우 감성적으로 인식하게 되었고, 이것이 문학 창작의 원천이 되었다.

문학은 객관적인 현실의 반영이라고들 한다. 그러나 객관적 현실도 인간의 사상과 감정을 거쳐 반영되기 마련이다. 문학작품에 반영된 현실이 진실하고 예술적 기법이 높을수록, 창작의 가치는 더욱 높아진다. 건안문학은 동한 말년 이후 사회생활에서 나타난 여러 측면을 반영했는데, 특히 인생의 간난신고(艱難辛苦)·애환·이별이 인간에게 남긴 깊은 인상을 잘 표현했다. 현실의 삶은 문학이 창작되는 원천이다. 삶이 없다면 문학의 창작에 영혼이 없는 셈이다. 문학이 발전하고 번영하려면 축적과 전통이 있어야 한다. 우수하고 풍부한 문화적·문학적 전통은 문학이 번영하고 문학 수준이 높아지기 위한 중요한 조건이다.

건안 연간[196~219년] 이전까지 중국에서 문학작품은 거의 1000년의 역사를 거치며 축적되었다. 중국 최초의 문학작품집은 『시경』이다. 『시경』에 수록된 작품은 모두 서주 시기부터 동주(東周) 초기까지의 시가(詩歌)이다. 세상에 알려지기로는 시가의 숫자는 원래 3000여 편이었는데, 공자의 산정(刪定)을 거쳐 300여 편만 남았다고 한다. 이 전설을 믿을 수는 없겠지만, 아무튼 고대의 시가 고작 300편만 있었을 리는 없다. 『시경』에 수록된 300편의 시는 보존되고, 수록되지 못한 여러 작품은 점차 사라졌을 것이다.

시를 제외하고 지금까지 보존되어 내려온 선진시대의 문학작품으로는 초사(楚辭)가 있다. 초사는 대부분 전국시대의 작품으로 주로 굴원(屈原)이 지었다. 굴원은 전국시대 말기의 초나라 사람으로 중국사에서 가장 유명한 문학가의 한 사람이다. 초나라의 문화는 오랜 전통이 있었으며, 초사 역시 초의 문화적 전통이 길러낸 산물이었다. 북방의 '시'(詩)가 대부분 사실주의적이었다면, 남방의 '사'(辭)는 낭만적 색채가 더욱 짙었다. 한대의 문학은 바로 이런 선진시대의 두 가지 전통을 계승했다. 전국시대의 초사는 한대의 사부(辭賦)로, 시의 전통은 서한의 악부시(樂府詩)로 발전했다.

서한의 무제는 악부(樂府)를 설립하여 민간의 가요를 채집했다. "효무제가 악부를 설립하여 가요를 채집하면서부터 이렇게 대(代)·조(趙)의 가요와 진(秦)·초(楚)의 풍요(風謠)가 생겨났다. (이런 노래는) 모두 슬픔과 즐거움에 대한 감정을 드러내고, 사연을 통해 표현했다. (그래서) 풍속도 관찰할 수 있고 인정의 세태를 알 수 있다."[1] 따라서 성격상, 한대의 악부시는 『시경』의 연장선이었다. 무제 이후에도 악부 조직은 동한 말기까지 계속 존재했다. 민간의 가요도 꾸준히 채집되고 기록되었다.

『시경』은 대부분 4언 1구의 형식이다. 한대에 들어와서야 비로소 다섯 글자가 한 구절이 되는 오언시가 등장했다. 오언시는 민가와 동요에서 변화한 형태이다. 그리 규칙적이지 않은 오언가(五言歌)는 서한 초기에도 있었다. 유방이 죽자, 그의 부인 여후(呂后)는 유방의 총희였던 척부인(戚夫人)을 옥에 가두고 벌로 쌀을 찧는 노역을 시켰다. 아들인 조왕(趙王) 여의(如意)를 그리워하던 그녀는 쌀을 찧으면서 다음과 같은 노래를 불러 자신의 처지를 하소연했다.

> 아들은 왕인데,
> 어미는 노예라네.
> 종일 쌀을 찧다가 해가 저무니,
> 항상 죽음과 함께할 상황이구나!
> 서로 3000리를 떨어져 있으니,
> 누구를 시켜 네게 알릴까?"

위 시가의 앞 두 구절은 3언이고, 뒷부분은 모두 5언이다. 성제(成帝) 연간에는 다음과 같은 가요도 있었다.

> 가깝고 편한 좁은 길이 좋은 밭을 망치고,
> 험담을 일삼는 입이 착한 사람을 괴롭히지.
> 계수(桂樹)는 꽃이 피어도 열매가 열리지 않으니,
> 노란 꾀꼬리가 그 꼭대기에 둥지를 트네.

- 계수는 적색으로, 적색은 한조(漢朝)의 상징색이었다. 이 시에서 계수나무의 열매가 열리지 않는다는 사실은 한조에 후사(後嗣)가 없어짐을 암시한다. 서한 왕조를 멸망시킨 왕망은 자신을 황색이라고 자칭했으므로, 노란 꾀꼬리가 계수의 꼭대기에 둥지를 튼다고 묘사하고 있다.

옛날에는 남들에게 선망의 대상이었지만,
지금은 남들에게 연민의 대상이라네.³

위의 노래가 5언으로 된 작품이다.

한대에는 악부시 외에 시도 창작되었다. 『문선』(文選)에는 「고시십구수」(古詩十九首)라는 제목으로 19수의 한대 시가 실려 있다. 고시 19수는 모두 5언으로 창작되었으며, 이미 비교적 성숙한 오언시였다. 건안시대는 오언시의 성숙기였다. 건안시대의 시는 형식부터 내용까지 모두 한대의 악부시와 고시의 영향을 깊이 받았다. 이처럼 건안문학은 동한 말기라는 시대적·사회적 배경에 문학적 전통이 더해져 탄생했다.

2. 「위초중경처작」과 채문희의 「비분시」

중국문학사에서 유명한 장편시인 작자 미상의 「위초중경처작」(爲焦仲卿妻作)과 채문희(蔡文姬)의 「비분시」(悲憤詩)는 모두 건안시대의 작품이다. 「위초중경처작」의 원제는 「고시위초중경처작」(古詩爲焦仲卿妻作)으로, 작자는 알려지지 않았다. 이 시의 창작 연대는 후대 연구자들 사이에서 의견이 분분하다. 시의 앞부분에는 다음과 같은 서(序)가 있다.

> 한말 건안 연간196~219년, 여강부(廬江府)의 하급 관리 초중경(焦仲卿)의 처 유씨(劉氏)는 초중경의 어머니에 의해 (시댁에서) 쫓겨났지만, 스스로 재가하지 않겠다고 맹세했다. (그러나) 자기 집에서 (재가를) 다그치자, 물에 몸을 던져 죽었다. 초중경도 그 소식을 듣고, 스스로 뜰 안의 나무에 목을 매어 죽었다. 당시 사람들이 그들을 애도하여 시를 지었다고 한다.⁴

"건안 연간" 및 "당시 사람들이 이 일을 슬퍼했다."라는 표현과 시의 내용으로 볼 때, 우리는 잠정적으로 이 시가 건안 연간의 작품이라고 판단할 수 있다.

「위초중경처작」은 통상 「공작동남비」(孔雀東南飛)라고도 불린다. 시의 첫머리가 '공작동남비'란 구절로 시작하기 때문이다. 이 시는 총 1700여 자로서 서사적이면서도 서정적이다. 청대의 시인 심덕잠(沈德潛)은 이 시를 "고금의 첫째가는 장시(長詩)"라고 평가했다. 가정의 비극을 서술한 이 시는 처량하고 감상적이며, 매우 큰 감동을 준다. 특히 애처로운 정서가 전편을 휘감아 매우 비참하다. 전체 내용은 아래와 같다.

> 공작새 동남쪽으로 날아가다가, 5리에 한 번씩 배회하네.•
> "(저는) 열세 살에 흰 비단 짤 줄 알았고, 열네 살에 옷 짓는 일을 배웠으며, 열다섯 살에 공후(箜篌)를 탈 줄 알았고, 열여섯 살에 『시경』과 『서경』을 외웠지요.
> 열일곱 살에 당신의 아내가 되었지만, 마음속은 항상 괴롭고 슬펐어요.
> 당신은 (여강)부(府)의 권리로서, 법규를 준수하며 변함없이 업무에 진념했지요.
> 저는 빈방에 홀로 남았는데, 서로 만난 날도 언제나 드물었어요.
> 닭이 울면 베틀에 올라가, 밤까지 쉴 틈이 없었어요.
> 사흘에 다섯 필(의 비단)을 짰는데도, 시어머니는 부러 늦다고 야단이세요.
> 베 짜는 솜씨 느려서가 아니라, 당신 집 며느리 노릇이 어려운 거여요.
> 저로서는 시키시는 일들을 감당할 수 없으니, 부질없이 남아있은들 소용없어요.
> 그러니 시어머니께 말씀드려서, 얼른 제가 (친정으로) 돌아가게 해주세요."
>
> 관리(초중경)는 아내의 말을 듣고서, 안채에 올라 어머니께 아뢰었다네.

• 악부시에서는 부부가 이별하는 장면을 묘사할 때, 항상 두 마리의 새를 소재로 활용한다.

"저는 본래 박복한 관상인데, 다행히 이런 아내를 얻었습니다.
상투를 올리고 잠자리를 같이했으니, 황천에서도 함께 벗이 될 겁니다.
함께 산 지 이삼 년, 시작한 지 아직 얼마 안 됩니다.
아내의 행실에 잘못이 없는데, 어째서 박대하시는 겁니까?
어머니가 관리에게 말한다. "어찌 그리 어리석은가!
이 며느리는 예의범절도 모르고, 행동거지도 제멋대로란다.
내 일찍부터 불만을 품었는데, 너는 어찌 네 마음대로 하려느냐!
동쪽 이웃집에 현숙한 아가씨 있는데, 이름이 진나부(秦羅敷)라고 한단다.
사랑스러운 자태가 비할 사람이 없어, 어미가 너를 위해 청혼해 두었단다.
그러니 속히 내보내거라. 내보내서 절대 여기 있게 하지 말거라!"
관리는 무릎 꿇고 아뢰고, 엎드려 어머니께 아뢰었다네.
"지금 만약 이 여자를 내치신다면, 평생 다시는 장가 들지 않겠어요!"
어머니는 그 말을 듣고, 탁자를 치며 크게 화를 내었다네.
"어린 녀석이 무서운 것도 없이, 어찌 감히 여편네 역성을 드는 것이냐!
난 이미 정이 떨어졌으니, 절대 허락할 수 없어!"

관리는 아무 말도 하지 못한 채, 두 번 절하고 자기 방에 들어갔네.
입을 열어 아내에게 (모친의 말을) 전해 주는데, 목이 메어 말을 잇지 못했네.
"내가 당신을 쫓으려고 한 게 아닌데, 어머니께서 다그치시는구려.
당신은 잠깐 친정에 돌아가 계시오. 나도 지금은 잠시 관청에 가 있겠소.
머지않아 당연히 돌아올 것이고, 돌아오면 반드시 (당신을) 맞아들이겠소.
이로써 마음을 가라앉히고, 절대 내 말을 어기지 마시오."
신부는 관리에게 말했네. "다시 (일을) 번거롭게 만들지 마세요!
지난 동짓달에, 친정에 하직하고 당신 집에 왔어요.
시부모님 뜻에 따라 모시고 섬겼는데, 행동거지를 감히 멋대로 했겠어요?
밤낮으로 바지런히 일하면서, 홀로 외롭게 궂은일에 시달렸답니다.

잘못한 일 없다고 생각하여, (시어른) 공양하며 크신 은혜 갚으려고 했습니다.
그런데도 내쫓기게 되었는데, 어떻게 다시 돌아오라고 하시나요?
제게 수놓은 저고리가 있는데, 화려한 모습이 절로 빛을 냅니다.
붉은 비단으로 만든 두 겹의 침대 휘장에는, 네 모서리에 향주머니가 달려 있어요.
화장품 상자는 육칠십 개인데, 녹색과 청색 실로 묶여 있어요.
상자는 각각 크기가 다르고, 온갖 물건이 그 안에 담겨 있어요.
사람이 천해지면 물건도 천해지니, (그런 물건으로) 새 신부를 맞을 수는 없겠지요.
놔둘 테니 선물로 가지세요. 지금부터 만날 기회는 없을 거예요.
이따금 (이 물건들을) 위안거리로 삼아, 오래도록 (저를) 잊지 말아 주세요."

닭이 울고 바깥에 동이 틀 무렵, 아내는 일어나 정성스레 단장했네.
자신의 수놓은 겹치마를 입고, (몸단장을) 네댓 번씩 반복했네.
발에는 비단 신발을 신고, 머리에 꽂은 대모(玳瑁) 비녀가 반짝였네.
허리에는 (빛이) 흐르는 듯한 흰 비단을 두르고, 귀에는 냉월주(明月珠) 귀고리를 달았네.
손가락은 (뽀얗고 가늘어) 파의 뿌리를 벗겨놓은 듯하고, 입은 붉은 구슬을 머금은 듯했네.
사뿐사뿐 가벼운 걸음 옮기니, 아름다운 자태 세상에 둘도 없어라.
안채에 올라 시어머니께 하직하니, 시어머니는 떠난다는 말을 듣고도 말리지 않네.
"옛날에 저는 아이였을 때, 시골에서 태어나 자랐답니다.
본래 가르침을 받지 못했으므로, 귀댁의 아드님을 매우 부끄럽게 했습니다.
어머님께 많은 재물을 받았지만, 어머님이 시키시는 일을 감당하지 못했어요.
오늘 친정으로 돌아가면, 어머님이 집안에서 고생하실까 걱정입니다."
물러 나와 시누이와 작별하는데, 눈물은 꿰어놓은 구슬들이 또르르 떨어지는 듯했네.
"제가 처음 (시댁에) 왔을 때, 아가씨는 이제 막 (걸음마를 배워) 침상을 짚었지요.
(그런데) 오늘 (제가) 쫓겨날 때가 되니, 아가씨도 저만큼 자라셨네요.
정성스럽게 부모님을 모시고, 그분들 잘 돌보세요.
칠석(七夕)과 하구일(下九日)에는, 즐겁게 놀 때 저를 잊지 마세요."
대문을 나서 수레를 타고 떠나니, 눈물이 백여 줄기나 떨어졌네.

관리가 탄 말이 앞에 가고, 아내의 수레는 뒤를 따랐네.
(말과 수레는) 달그락달그락, 덜컹덜컹 크고 작은 소리를 내더니, 모두 큰길가에 멈추었네.
관리가 말에서 내려 수레에 들어가더니, 고개 숙여 귓속말했네.
"그대와 헤어지지 않겠노라 맹세하노니, 잠시 친정에 돌아가 계시오.
나도 지금은 잠시 관청에 갈 것이오.
머지않아 반드시 돌아올 것이니, 하늘에 맹세코 당신을 저버리지 않으리다."
아내가 관리에게 말했네. "당신의 간절한 마음에 감사해요.
당신이 이처럼 절 생각해 주시니, 머지않아 당신이 오기를 바랄게요.
당신이 반석이 된다면, 저는 부들과 갈대가 될래요.
부들과 갈대는 실처럼 질기고, 반석은 자리를 옮기는 법이 없어요.
제게 친오빠가 있는데, 성격과 행동이 천둥처럼 거칠어요.
아마도 제 생각대로 들어주지 않고, 오히려 제 속을 들볶을 거예요."
손을 흔들며 오래도록 상심에 젖을 만큼, 두 사람 모두 이별을 못내 아쉬워했네.

- 음력으로 매월 19일을 '하구'라고 한다. 부녀자들은 이날에 서로 모여 놀았다고 한다.

(친정집) 대문으로 들어와 안채에 오르는데, 운신(運身)이 곤란할 정도로 면목이 없었다네.
어머니가 크게 손뼉을 치며 말했네. "네가 돌아올 줄은 생각도 못 했구나!
열세 살에 네게 베 짜기를 가르치니, 열네 살에 옷을 만들 수 있을 정도였지.
열다섯 살에는 공후를 연주했고, 열여섯 살에 예의를 알았었지.
열일곱 살에 너를 시집보내며, 혼인 서약을 어길 일은 없으리라 생각했었지.
너는 지금 아무런 잘못도 없이, (친정에서) 맞이하지 않았는데 스스로 돌아왔니?"
"난지(蘭芝)는 어머님께 부끄럽지만, 정말로 잘못이 없습니다."
어머니는 매우 슬프고 가슴이 아팠다네.
친정에 돌아온 지 십여 일, 현령(縣令)이 중매쟁이를 보내 왔네.
(현령의) 셋째 아들이라는데, 잘생긴 모습이 세상에 둘도 없다 하네.
나이는 이제 열여덟에서 열아홉 살 정도, 언변도 좋고 출중한 재주가 많다네.
어머니가 딸에게 말했네. "네가 가서 (청혼에) 응하는 게 좋겠구나."
딸은 눈물을 머금고 대답했네. "난지가 처음 (친정으로) 돌아올 때,
관리(남편)께서 (저를) 보고 당부하며, 절대 이별하지 말자고 맹세했습니다.
지금 그런 인정과 의리를 어기면서, 이런 혼사를 하는 것은 좋지 않은 듯해요.
들어온 혼담을 거절하시고, 천천히 다시 생각하는 것이 좋겠어요."
어머니가 중매쟁이에게 말했다네.
"가난한 집안에 이런 딸이 있는데, 시집간 지 얼마 안 되어 돌아왔습니다.
하급관리의 아내도 감당을 못하는데, 어찌 훌륭하신 공자님과 어울리겠습니까?
두루두루 알아보시기 바라노니, 이렇게 (청혼을) 허락할 수 없겠네요."

중매쟁이가 간 지 며칠 뒤, 이윽고 (현령이) 현승(縣丞)을 (태수부에) 보내 알아보고 오게 했네.

(현승이) 말하기를 "(현령 아들의 배필로) 난씨(蘭氏) 집안의 딸이 있는데, 대대로 벼슬한 집안이라 합니다."

또 이르기를, "(태수님께) 다섯째 아들이 있는데, 잘생긴 데다 아직 미혼입니다. (태수께서) 저(현승)를 중매쟁이로 보내셨으니, (태수 휘하의) 주부(主簿)와 얘기한 사항입니다."

현승이 직접 (유씨 집에) 말하기를 "태수님 댁에는, 이처럼 훌륭한 아드님이 계신데,

이미 (귀댁과) 혼사를 맺고 싶어서, 일부러 저를 귀댁으로 보내셨소이다."

어머니는 중매쟁이에게 사양했네.

"딸아이가 이미 (재가하지 않기로) 맹세했으니, 늙은 어미가 어찌 감히 말하겠습니까?"

(유씨의) 오빠가 (이 얘기를) 듣고, 낙담하여 가슴이 답답했다네.

언성을 높여 여동생에게 말했네. "마음을 정하면서 어찌 깊이 생각하지 않느냐! 전에는 하급관리에게 시집갔지만, 이번에는 (태수 집안의) 귀공자에게 시집가는 것이란다.

(팔자의) 좋고 나쁨이 하늘과 땅 차이처럼 크니, 충분히 네 한 몸 영화롭게 할 것이다.

태수의 아들에게 시집가지 않으면, 앞으로 어떻게 하겠다는 것이냐?"

난지(유씨)는 고개를 들어 대답했네. "이치상으로야 사실 오빠 말이 맞겠지요. 친정 떠나 (시집가서) 남편을 섬기다가, 중간에 오빠 집에 돌아왔어요.

(그러니) 오빠의 생각에 따라야겠지요. 어찌 제 마음대로 할 수 있겠어요? 비록 관리(남편)와 약속했지만, 그와의 만남은 영원히 가망이 없을 것 같네요!

- 유난지(劉蘭芝)가 아니라, 난씨라는 제삼의 인물을 가리킨다. 이 단락은 등장인물이 불분명하게 언급되어 혼란을 일으키고 있다. 정리하자면, 태수부를 다녀온 현승은 원래 유난지에게 중매를 넣었던 현령의 셋째 아들에게 새로운 인물인 난씨 집안의 딸을 소개한다. 그리고 현승은 태수의 속관인 주부와의 협의를 통해 유난지에게 다시 태수의 다섯째 아들을 소개한다.

당장 청혼을 허락하시고, 바로 혼인을 치르는 게 좋겠어요."

중매쟁이는 자리에서 내려와 떠나면서, "예예, 그렇게 하지요."라고 말했네.
(중매쟁이는) 태수부에 돌아와 태수에게 아뢰었네.
"소인이 사명을 받들어, 대화를 통해 크게 인연을 맺었습니다."
태수는 그 말을 듣고, 마음속으로 매우 기뻐했네.
책력을 들여다보고 또 역서(曆書)를 펼쳐보니, 길일은 바로 이 달 안에 있었네.
육합(六合)에도 꼭 들어맞았네. "길일은 30일인데,
오늘이 이미 27일이니, 자네는 가서 혼례 준비를 하게나."
혼례를 속히 준비하라 명령하니, (준비하는 사람들이) 끊임없이 구름처럼 몰려들었네.
(신부를 맞이하는) 배에는 푸른 공작과 흰 고니가 그려져 있고, 네 모퉁이에는 용무늬 깃발이 걸렸네.
(깃발이) 바람 따라 나부꼈고, 황금 수레에는 옥이 장식된 바퀴가 달려 있었네.
느리게 걷는 청총마(靑驄馬)에는, 오색 수술이 나풀거리는 황금 안장이 채워져 있었네.
신붓집에 선물로 보낸 돈은 300만 냥, 모두 파란색 실로 꿰었다네.
갖가지 비단이 300필에, 교주와 광주에서 산해진미를 구해왔네.
시종 400~500명이, 빽빽이 태수의 집 대문에 모여들었네.
어머니가 딸에게 말했네.
"방금 태수의 집에서 서신을 받았는데, 내일 너를 맞으러 온다는구나.

- 음양사상에서는 월건(月建)과 일진(日辰)의 지지(地支)가 서로 맞는 것을 길일로 여겼다. 이에 따르면, 자(子)와 축(丑), 인(寅)과 해(亥), 묘(卯)와 술(戌), 진(辰)과 유(酉), 사(巳)와 신(申), 오(午)와 미(未)가 서로 맞으며, 이를 '육합'이라고 했다.
- 푸른색과 흰색의 털이 섞여 있는 말.

어째서 옷을 만들지 않느냐? 일을 그르치지 말도록 해라!"
딸은 묵묵히 아무 말도 하지 않은 채, 수건으로 입을 막고 흐느꼈네.
눈물은 물 흐르듯 쏟아졌네.
(유씨는) 유리로 장식된 평상을 옮겨다가, 앞 창문 아래에 놓았네.
왼손으로 가위와 자를 들고, 오른손으로는 비단을 잡았네.
아침에는 수놓은 겹치마를 만들고, 저녁에는 홑저고리를 만들었네.
어둑어둑 해가 저물자, 수심이 가득하여 문을 나와 흐느꼈네.

관리(남편)가 이 변고를 듣고, 휴가를 내어 잠시 돌아왔네.
아직 2~3리도 못 왔는데, 극도로 상심하니 말도 슬피 울었네.
아내가 말 울음소리를 알아듣고, 발소리 죽여 마중을 나왔네.
슬픈 마음으로 멀리 바라보며, 옛 남편이 온 줄을 알았다네.
(아내는) 손을 들어 말안장을 치며, 큰 한숨을 쉬어 (남편의) 마음을 더욱 아프게 했네.
"당신이 저와 이별한 뒤부터, 사람 일이란 헤아릴 수 없네요.
과연 (우리의) 과거 바람처럼 되지 않았고, 또 (저간의 사정은) 당신도 잘 알지 못합니다.
제게는 부모님이 계시고, 게다가 다그치는 오빠도 있답니다.
제게 다른 사람의 청혼에 응하라고 하니, 당신이 돌아온들 무슨 희망이 있겠어요."
관리(남편)가 신부(난지)에게 말했네. "그대가 귀한 가문에 시집간다니 축하하오!
반석은 반듯하고 두터우니, 1000년을 버틸 수 있소.
(하지만) 부들과 갈대는 잠깐은 질겨도, 한나절만 지나면 꺾어진다오.
그대는 나날이 좋아지고 고귀해질 테니, 나는 홀로 황천(黃泉)을 향하리다."
아내가 관리(남편)에게 말했다네. "무슨 생각으로 그런 말을 하세요!
똑같이 핍박을 받고 있으니, 당신도 그렇고 저도 그런 상황이에요.

황천 아래에서 만날 테니, 오늘 하신 말 어기지나 마세요!"
(두 사람은) 손을 잡았다가 다른 길로 떠나, 각자 집으로 돌아왔네.
산 사람이 죽어 (세상과) 이별하려 하니, (마음속) 한을 어찌 다 말했으랴!
세상과 작별하기로 마음먹었으니, 더는 (구차하게) 목숨을 보전하려 하지 않았다네.

관리(남편)는 집으로 돌아가, 안채에 올라 어머니께 절했다네.
"오늘은 거센 바람이 차서,
찬바람이 나무를 쓰러뜨리고, 된서리는 뜨락의 난초에 맺혔네요.
아들(의 인생)은 이제 저물 듯하니, 어머니를 뒤에 홀로 남겨 두게 되었네요.
일부러 못된 생각을 한 것이니, 귀신을 원망하진 말아 주세요.
이제 남산의 바위처럼 오래 사시고, 몸 건강하고 평안하세요."
어머니가 이 말을 듣고, 눈물이 울음소리를 따라 흘렀다네.
"너는 대단한 가문의 자제로, 대각(臺閣)에서 벼슬하고 있으니.
제발 여자 때문에 죽지 말거라. 귀천이 다른데 (아내를 버리는 일이) 뭐가 박정하다는 것이냐?
동쪽 이웃집에 훌륭한 아가씨 있는데, 성안에서 미모가 가장 뛰어나단다.
어미가 너를 위해 청혼했으니, 조만간 답변이 올 것이다."
관리는 두 번 절하고 돌아온 후, 빈방에서 길게 탄식했다네.
결심이 이미 선 채로, 고개 돌려 방안을 보니,
점점 서글픈 생각이 가슴을 옥죄어왔다네.

그 날 소와 말이 우는데*, 새 신부(난지)는 푸른 천막** 속으로 들어갔다네.

* 태수의 아들이 유씨를 신부로 맞이하는 날.
** 고대의 북방 민족이 혼례를 거행할 때 주로 이곳에서 초례(醮禮)를 치렀다.

어두운 황혼이 깔리자, 적막할 정도로 야심한 때가 되었네.
"내 목숨 오늘 끊어지리니, 혼은 사라지고 주검만 길이 남으리라."
(그녀는) 치마를 쥐고 비단신 벗고서, 맑은 연못에 몸을 던졌네.
관리(남편)는 이 비보(悲報)를 듣고서, 영원한 이별의 시간임을 깨달았네.
(관리는) 정원의 나무 아래를 서성이다가, 동남쪽의 나뭇가지에 목을 매었네.

두 집안은 합장(合葬)을 원해, 화산(華山) 기슭에 합장했다네.
동서로 소나무와 잣나무를 심고, 좌우로는 오동나무를 심었네.
나뭇가지는 서로 얽혀 뒤덮였고, 잎사귀도 서로 포개졌네.
그 속에 한 쌍의 새가 살았는데, 그 새의 이름을 '원앙'(鴛鴦)이라 했네.
(두 마리 새는) 고개 들어 상대를 향해 울었는데, 밤부터 새벽까지 멈추지 않았네.
행인들은 발걸음을 멈춘 채 (울음소리를) 듣고, 과부들도 놀라 좌불안석이네.
후세 사람들에게 정중하게 고하노니, 이 일을 거울삼아 부디 잊지 말기를![5]

채염(蔡琰)은 자(字)가 문희(文姬)로, 그녀가 지은 장편시인 「비분시」역시 중국문학사에서 명작으로 꼽힌다. 채문희는 동한 말기의 대학자인 채옹(蔡邕)의 딸이다. 천하가 혼란스러웠던 흥평 연간[194~195년], 문희는 호족(胡族) 기병에게 사로잡혀, 남흉노(南匈奴)의 좌현왕(左賢王)에게 포로로 바쳐졌다. 이후 그녀는 호족 사이에서 12년을 살며 두 아들을 낳았다. 본래 채옹과 친분이 두터웠던 조조는 채옹에게 후사가 없음을 애통하게 생각했다. 그래서 흉노에게 사자를 보내 황금과 벽옥(碧玉)을 속전(贖錢)으로 주고 채문희를 데려왔다. 그녀가 중원에 돌아온 시기는 대략 건안 15년[205년] 전후로 보인다. 그녀는 난리를 겪은 슬픔과 분노를 회상하여 두 편의 시를 지었다. 한 편은 오언시였고, 한 편은 이소체(離騷體)였다. 오언으로 지은 「비분시」를 아래에 소개한다.

한 왕조가 말년에 권력을 잃으니, 동탁이 하늘의 상도(常道)를 어지럽혔네.
군주를 시해하고 황권을 찬탈하려고, 먼저 현량(賢良)한 인사들을 해쳤다네.
옛 도읍으로 천도하라 핍박하고, 군주를 끼고 스스로 힘을 키웠다네.
천하에서 의로운 군대가 일어나, 함께 흉적(凶賊)을 토벌하려 했네.
동탁의 무리가 동진하여 내려오니, 금빛 갑옷이 햇빛에 비쳐 반짝이네.
중원 사람은 나약했지만, 쳐들어온 병사는 모두 (용맹한) 호족과 강족이었네.
들판을 약탈하고 성읍을 포위하며, 가는 곳마다 모두 격파하여 패망시켰네.
한 사람도 남김없이 모조리 죽이니, 시신과 해골이 산더미처럼 쌓였네.
말 옆구리에는 남자의 머리통을 매달고, 말 뒤에는 부녀자들을 태웠다네.
끊임없이 달려 서쪽의 함곡관으로 들어가니, 먼 길은 험하고 힘들었네.
(고향을) 돌아보니 아득하고 막막하여, 애간장이 썩어 문드러지네.
포로로 잡힌 사람은 수만 명인데, 서로 모이지도 못하게 했네.
간혹 골육(骨肉)이 함께 붙들려 왔지만, (서로) 말하려고 해도 감히 말할 수 없었네.
조금만 마음에 들지 않아도, 바로 "죽일 놈의 포로"라고 말했다네.
"쳐 죽일 놈들이! 우리는 네놈들을 살려두지 않을 테다."
아무리 목숨을 아낀다 한들, 그 욕설을 감당할 수는 없었다네.
어떤 때는 몽둥이로 두들겨 대니, 고통이 한꺼번에 밀려왔네.
아침에는 울면서 끌려가고, 밤에는 슬프게 탄식하며 주저앉았네.
죽으려고 해도 죽지 못하고, 살려고 해도 가망이 전혀 없었네.
하늘이시여! 무슨 죄가 있어, 이런 재앙을 겪은 것인가요?

황량한 변방은 중화(中華)와는 달라, 풍속에 예의와 도리가 없었네.
머무는 곳에는 눈과 서리가 많이 내렸고, 북풍이 봄여름에도 불어왔었네.
이 바람으로 내 옷깃은 펄럭거렸고, 거친 바람 소리 휙휙 내 귀에 들려왔다네.

계절이 바뀔 때면 부모님이 생각나, 슬픈 탄식이 끝이 없었네.
멀리서 손님이 오면, 그 소식 들을 때마다 언제나 기뻐했지.
맞이하여 그들의 소식을 물어보면, 그때마다 고향 사람이 아니었어라.

뜻밖에도 바라던 소원이 다행히 이뤄져, 친척이 나를 맞으러 왔다네.
나는 다행히 풀려나게 되었지만, 다시 아이들을 버려야 했네.
천륜(天倫)이 마음에 걸렸으니, 헤어지면 만날 날을 기약할 수 없었네.
살아서나 죽어서나 영원한 이별이라, 차마 아이들과 헤어지기 어려웠네.
아이는 다가와 내 목에 안기며, 엄마는 어디를 가느냐고 물었지.
"사람들은 엄마가 떠나야 한다고 말하는데, 다시 돌아올 날이 있으신가요?
엄마는 언제나 인자하셨는데, 지금은 어찌 그리 매정하신가요?
전 아직 다 크지도 않았는데, 어떻게 저를 걱정하지도 않으시나요?"
그 모습 바라보니 억장이 무너지고, 정신이 어지러워 미칠 것 같았네.
통곡하고 울면서 손으로는 (아이를) 어루만졌고, 떠나야 할 때도 다시 머뭇거렸지.
함께 잡혀 왔던 사람들과도, 서로 전송하며 이별을 고했지.
나만 돌아가게 된 것을 부러워하며, 슬피 우는 소리에 내 마음은 찢어졌네.
말도 이 때문에 멈춰선 채 움직이지 않고, 수레도 굴러가지 않으려 했지.
지켜보는 사람들 모두 흐느꼈고, 지나가던 사람들도 모두 구슬피 울었다네.
멀어져갈수록 그리운 마음을 끊어내고, 길을 재촉하여 날마다 먼 길을 나섰다네.
머나먼 3000리 길인데, 언제 다시 재회할 수 있을까?
내 배로 낳은 아이들 생각하니, 가슴은 슬픔으로 터질 듯했네.

(고향에) 돌아오니 집안사람은 모두 사라졌고, 친척도 한 사람 만날 수 없네.
성곽은 산림(山林)처럼 (폐허로) 변했고, 뜰에는 가시덤불과 잡초가 무성히 자랐네.
누구인지 모를 백골(白骨)은 가려지지도 않은 채 여기저기 널려 있었네.
문을 나서도 사람 소리 들리지 않고, 이리와 승냥이만 울부짖고 있었네.
오도카니 외로운 그림자를 마주하니, 슬픔으로 간장이 썩어 문드러지는 듯했네.
높은 곳에 올라 사방을 바라보니, 정신이 갑자기 멀리 날아가는 것 같았지.
숨이 약해지며 목숨이 다한 듯하니, 주위 사람들이 마음 크게 먹으라고 위로하네.
다시 억지로 구차한 목숨을 보전하려 하지만, 산다 한들 기댈 곳이 있으리오!
새사람(남편)에게 인생을 맡겼으니, 최선을 다해 힘써 노력해야 하겠지.
(전란으로) 떠돌다 비천한 사람이 되어버려, 항상 다시 버려질까 두렵다네.
인생이 얼마나 남았든, 시름을 품은 채 생애를 마치겠지.[6]

위의 작품도 건안 연간에 창작된 장편시로, 「고시위초중경처작」과 마찬가지로 유명하다. 사람들의 입에 자주 오르내리며 오랜 세월 동안 전해져왔다. 이 시는 동한 말기의 전쟁이 사람에게 가져다준 고통을 묘사했다. 가속은 뿔뿔이 흩어지고, 백골이 들판에 굴러다니며, 성곽은 수풀이 우거진 숲속처럼 변했고, 뜰에는 가시덤불과 잡초가 무성했다. 이 상황이 바로 삼국시대 초기인 건안 연간 직전의 모습이었다. 시의 내용 중 "산다 한들 기댈 곳이 있으리오!"라는 구절은 "숨이 약해지며 목숨이 다한 듯하니"의 뒷부분으로 와야 할 것 같다. 즉, 전체 문장은 "숨이 약해지며 목숨이 다한 듯하니, 산다 한들 기댈 곳이 있으리오!"라고 해야 한다. 또 어떤 사람은 이 시가 채문희의 작품이 아니라, 후인의 가탁(假託)이라고 주장한다. 이 문제는 문학사를 연구하는 사람에게 맡겨 두고, 우리는 우선 이 시가 채문희의 작품이라고 계속 믿기로 하자.

3. 조조 부자

건안문학에서 가장 높은 성과를 이룩한 사람으로는 당연히 조씨 부자, 즉 조조와 그의 아들 조비·조식(曹植)을 꼽아야 한다. 이들은 중국문학사에서 대단한 명성을 누렸다. 조조는 문학가이자 정치가이며 전략가였다. 조조는 누구나 아는 인물이므로, 다시 소개할 필요는 없을 것이다. 그의 시는 악부체의 민가를 기반으로 발전·변화한 형태였다. 그러나 그의 시는 여전히 민간의 거칠고 소탈한 풍격(風格)을 보존했으며, 난세의 분노와 원망의 정서를 반영하고 있었다. 조조의 시는 질박하면서도 호탕하고 힘이 넘쳤다.

유협(劉勰)은 건안문학에 대해 "그 시기의 작품을 보면 비분강개하고 격앙된 표현을 좋아했는데, 실로 오랫동안 계속된 난리로 풍속이 쇠락하고 (사람들의) 원망이 많았기 때문"이라고 평가했다. 이백(李白)은 자신의 시에서 "봉래산(蓬萊山)의 (장서처럼) 풍부한 문장과 건안시대의 웅건한 풍격"이라는 표현을 했다. 이러한 비분강개함, 이러한 건안 연간의 웅건한 풍격은 조조의 시에서 가장 대표적으로 표현된 것이었다. 아래에 조조의 시 몇 수를 소개한다.

「고한행」(苦寒行)

북쪽의 태항산(太行山)에 오르니, 험난하구나! 얼마나 높고 큰지.
양장판(羊腸坂) 길은 구불구불하여, 수레바퀴가 그 때문에 부서질 정도라네.
나무는 어찌나 소슬한지, 북풍(北風) 소리가 정말로 슬프구나!
큰 곰은 나를 마주한 채 웅크리고, 호랑이와 표범은 길을 끼고 포효하네.
계곡에는 인적이 드물고, 눈은 어찌 그리 흩날리는가!
목을 쭉 빼고 장탄식을 하니, 머나먼 장정에 소회가 많구나.

내 마음이 너무 답답하니, 동쪽으로 돌아가고 싶어라.
수심이 깊어 다리가 끊기니, 행군 도중에 배회하네.
헤매다가 옛길을 잃어버리니, 해가 저무는데 묵을 곳이 없다네.
가고 가도 하루하루가 너무 멀어, 사람과 말이 동시에 굶주렸네.
행낭을 메고 땔감을 구해오고, 도끼로 얼음을 깨어 죽을 끓였네.
서글픈 「동산」(東山) 시가 떠올라, 오래도록 나를 슬프게 하네.

「단가행」(短歌行)

술을 앞에 두었으면 노래를 해야 하니, 인생이 얼마나 된다더냐?
인생은 마치 아침이슬처럼 짧은데, 지나간 세월은 이미 너무 많구나.
노래는 비분강개하고 격앙되어야 하니, 근심스러운 생각 잊기 어렵도다.
어떻게 근심을 풀 것인고? 그래도 두강(杜康)뿐이라네.
"푸르고 푸른 그대의 옷깃, 오랫동안 내 마음에 있었네."
다만 그대 때문에, 지금까지 낮은 소리로 읊조렸지.
"우우! 사슴들이 울며, 들판의 쑥을 뜯고 있네."

- 이 인용구는 이백이 남북조시대의 시인 사조(謝朓, 464~499)의 문장을 찬양한 말이다. 동한대의 학자들은 당시 황실의 도서관인 '동관'(東觀)을 '도가봉래산'(道家蓬萊山)이라고 불렀다. 봉래산은 해상에 있다는 선산(仙山)으로서, 신선들의 전적이 보관된 곳이라는 전설이 있다. 즉, 이백은 사조의 글이 봉래산에 보관된 방대한 장서처럼 화려하고 풍부한 문장력과 건안시대의 문풍(文風)인 웅건한 풍격을 갖췄다고 찬양하고 있다.
- 산서성에 있는 산으로, 조조가 업성에서 병력을 일으킬 때는 반드시 이 산을 경유해야 했다.
- 태항산 기슭에 있던 옛길. 양의 창자처럼 구불구불한 비탈길이라는 의미에서 '양장판'이라고 불렸다.
- 『시경』「빈풍」(豳風)의 시 이름. 원정을 떠난 병사가 고향과 부모를 그리워하는 내용의 시.
- 두강은 중국 고대에 최초로 술을 만든 사람으로 알려져 있다. 여기에서는 '두강' 자체가 술을 의미한다.
- 『시경』「정풍」(鄭風)의 「자금」(子衿)이란 시를 인용한 것이다. 푸른색 옷은 주대(周代) 학자들의 복장이었다. 조조가 여기에서 이 시구를 인용한 것은, 자신이 현명한 인재를 사모하고 있음을 드러내려는 의도이다.
- 이 두 구절에서는 조조가 「자금」을 나직이 읊조린 이유가 오직 인재를 사모하기 때문임을 밝히고 있다.

내게 좋은 손님이 온다면, 거문고를 뜯고 생황을 불겠지."
달처럼 밝은 인재를, 언제나 얻을 수 있으려나?
근심이 마음속에서 생겨나, 끊어 버릴 수 없구나.
먼 길을 거쳐 온 손님들이, 왕림하여 안부를 물어주면,
의기투합하여 담소하며 연회를 벌이고, 마음으로 지난날의 은의를 생각하리.
달이 밝아 별도 잘 보이지 않는 밤에, 한 떼의 까막까치는 남쪽으로 날아가네.
나무를 세 바퀴 돌았지만, 어떤 가지에 둥지를 만들까?
산은 높아지기를 피하지 않고, 바다는 깊어지기를 마다치 않네.
주공(周公)처럼 먹던 음식을 뱉으며 인재를 맞으면, 천하의 인재들이 귀의하리.

「귀수수」(龜雖壽)

신귀(神龜)가 아무리 장수해도, 죽는 시기가 있고.
이무기가 안개를 타고 날아다녀도, 결국은 한 줌의 흙이 되지.
늙은 천리마가 구유 앞에 엎드려 있어도, 그 마음은 1000리 밖에 가 있듯이.
열사(烈士)는 말년에도, 호방한 마음이 그치지 않는다네.
인생의 흥망을 결정하는 것은, 하늘의 뜻만이 아니니.

- 이 네 구절은 『시경』, 「녹명」(鹿鳴)의 구절을 인용한 것이다. 「녹명」은 본래 손님을 초대하여 잔치를 베푸는 광경을 묘사한 시로서, 여기에서 조조는 이 시를 인용함으로써 현명한 인재를 초치(招致)한 자신의 열정을 드러내고 있다.
- 전란으로 백성들이 흩어진 현실 상황을 까막까치가 둥지를 찾아 헤매는 것으로 묘사한 것이다.
- 주 문왕의 아들로 성은 희(姬), 이름은 단(旦). 형인 무왕을 도와 은나라를 멸하였고, 주나라의 기초를 확립하는 데에 공을 세웠다. 그는 손님이 자신을 찾아오면 먹던 음식을 뱉고 감던 머리를 움켜쥐고 맞이할 정도로 인재를 얻기 위해 노력했다고 한다. 이 고사에서 토포악발(吐哺握髮)이라는 사자성어가 비롯되었다.
- 이 시는 조조가 53세 때인 건안 12년(207)에 지은 시로서, 「보출하문행」(步出夏門行)의 마지막 장(章)이다.
- 1000년을 살 수 있다고 알려진, 전설 속의 영험한 거북.

〔도판 14〕'곤설'(袞雪) 석각(石刻) 탁본

가로 135.4cm, 세로 44.1cm.
석각은 섬서성(陝西省) 한중박물관(漢中博物館) 소장.
원석(原石)은 석문(石門) 남쪽의 포하(褒河)에 있었다고 한다. 포하에는 바위가 많아 바위에 부딪친 물결이 마치 눈보라가 휘날리는 것 같았는데, 마침 이곳을 지나다가 이 절경을 감상한 조조가 이 글씨를 남겼다고 한다. 원래 '눈보라'를 뜻하는 글자는 '곤설'(滾雪)이지만, 조조는 물이 넘치는 포하를 바라보며 '곤'(滾)에서 삼수변[氵]을 떼고, '곤설'(袞雪)이라고 썼다.

몸과 마음을 수양하는 복으로도, 장수를 얻을 수 있다네.
너무나도 다행스럽게, 노래로 내 마음을 읊어내네.[11]

조비는 조조의 아들이지만 맏아들은 아니다. 조조의 맏아들은 조앙(曹昂)이다. 그는 조조가 장수(張繡)를 정벌하는 과정에서 피살되었다. 조비는 약간의 재주가 있었지만, 도량이 좁았다. 조조는 조식의 재능을 아껴 본래 조식을 후사로 삼으려는 생각이 있었다. 그러자 조비는 흉계를 꾸미며 조조와 조식의 사이를 이간질했다. 또한, 그는 공손하고 선량하며 효성스러운 태도를 위장하여 조조의 환심을 얻었다. 그는 조조의 후계자로 책봉되어, 조조의 위왕 직위를 승계했다. 그리고 한 헌제의 '선양'을 받아 한조를 대신하는 새로운 왕조의 황제가 되었다. 그는 조식을 질투하고 미워하여, 여러 차례 조식을 사지로 몰았다.

그러나 이처럼 속이 좁고 용렬한 재주를 가졌던 조비는 문학적으로 매우 훌륭한 천부적 재능을 지녔다. 그의 풍격은 부친 조조와 전혀 달랐다. 조조의 시가 소탈하고 웅건하며 호탕했다면, 조비의 시는 섬세하고 완곡하며 함축적이었다. 아래에 그의 시 한 수를 소개한다.

「잡시」(雜詩)

길고 긴 가을밤, 세찬 북풍은 시늘해라.
뒤척이며 잠을 이루지 못해, 옷을 걸치고 일어나 방황하네.
방황으로 오랜 시간이 흐른 것을 깨닫지 못해, 이슬에 내 옷을 적셨다네.
맑은 물결 굽어보고, 밝은 달빛 우러러보네.
은하수는 정서(正西) 방향으로 흘러가고, 삼성(參星)과 묘성(昴星)은 정확

- 이미 밤이 깊었음을 드러내는 표현임.

히 교차했네.
풀벌레 울음소리는 어찌 슬픈가, 짝 잃은 기러기 홀로 남쪽으로 날아가네.
마음이 울적하여 슬픈 생각 많고, 끝없이 고향을 그리워하네.
날고 싶지만 어떻게 날개를 얻겠으며, 강물을 건너려 해도 다리가 없다네.
바람을 향해 길게 탄식하니, 내 애간장 끊어지려 한다네.[12]

조식의 자는 자건(子建)으로, 조비의 동복동생이다. 그는 열 살 남짓에 시론(詩論)과 사부(辭賦) 수십만 자를 송독했고, 문장을 잘 지었다. 성격은 소탈하고 온화했으며, 위엄 있고 장중한 모습으로 꾸미지 않았다. 또한, 타고 다니는 수레와 말, 입는 옷과 장신구도 화려한 것을 좋아하지 않았다. 그는 조조가 어떤 질문을 해도 막히지 않고 대답했으므로, 조조의 총애를 받았다. 조조는 위왕에 봉해지자, 세자를 책봉해야 했다, 나이순으로 정하자면 당연히 조비를 세자로 세워야 했다. 그러나 조조는 재능 때문에 조식을 책봉하고 싶었다. 조조는 이를 고민하며 결정하지 못했다.

두 아들에게는 각기 따르는 무리기 있었다. 조식의 딩파는 양수(楊修)·정의(丁儀)·정이(丁廙)처럼 대부분 재능으로 당대에 명성을 날리던 사람들이었다. 반면, 조비 일파는 오질(吳質)·가후처럼 술책에 뛰어났다. 조식은 "거의 태자가 될 뻔한 적이 여러 차례였다. 그러나 조식은 자유분방하게 행동하며 자신의 언행을 조심하지 않았고, 무절제하게 술을 마셨다. (반면) 문제(조비)는 수단을 부려 속마음을 숨기고 자신을 미화했다. 또 궁녀와 시종들도 모두 그(조비)를 위해 (좋게) 말해주었으므로 결국 후계자로 정해졌다."[13]

조조가 죽고, 조비가 위왕이 되었다. 조비는 즉위하자마자 곧바로 조식 일파인 정의·정이를 죽였다. 또한, 그는 조식에게 앙심을 품고 있었으므로, 조식도 죽이려고 했다. 다행히 모친이 그를 위해 용서를 구한 덕분에 조식은 겨우 사면될 수 있었다. 조식은 봉국(封國)을 소유하고 있었지만, 옥에 감금된 신세나 마찬가지였다. 그는 넘치는 천부의 재능과 대단한 포부를 지녔지만, 지위가 추락해 굴욕을 당했고, 재주를 품은 채 뜻을 펼칠 수 없었던 비운의 왕자였다. 그가 느꼈을 비분과 고통은 충분히 상상할 수 있을 정도이다. 그는 몇 차례 글을 올려 자신의 능력을 시험해달라고 요청했고, 또 자신의 처지를 서술했는데, 모두 아주 훌륭한 산문이다. 그가 올린 문장 가운데 일부를 아래에 소개한다.

> 신(臣)이 처음 봉지를 하사받을 때 받은 책서(策書)에는 "조식은 이 청사(青社)를 받아 동방의 영지에 봉해졌으니, 황실을 수호하여 위의 울타리가 되도록 하라."라고 했습니다. 그런데 (신이) 얻은 병사 150명은 대개 나이가 60대였고, 개중에는 70대의 병사도 있었으며, 호위를 맡은 관기(官騎)와 측근을 합해도 200여 명에 불과합니다. 솔직히 (이들이) 늙지 않았고 모두 장년의 나이라고 해도 비상사태에 대비하여 성을 순찰하고 지키려면 (200여 명으로는) 자신을 구하기도 힘든 판에, 모두 고령이라 행동이 굼뜨고 힘마저 없다면 어떻게 하겠습니까? 그런데 명목상으로는 (신에게) 위의 동쪽 울타리가 되어 왕실을 수호하라고 하시니, 신은 마음속으로 스스로 부끄럽게 생각합니다. (신이) 봉국에 부임해 보니, 봉국 내에 있는 무관의 자제들은 도합 500명에 불과했습니다. (신이) 엎드려 생각건대, 병력의 증감을 더는 이들에게 기댈 수 없습니다. 나라 밖이 아직 평정되지 않아서 아무래도 병력을 제공해야 하는 상황이 발생한다면, 신은 원컨대 부곡을 이끌고 (원래 일정보다) 두 배 빠른 속도로 달려가고자 합니다. 부부가 어린아이를 업고 자제들은 양식을 품

- • 고대에 제왕이 관원을 임명 또는 해임할 때 그들에게 내리는 명령을 기록한 간책(簡册).
- •• 고대에 제왕은 오색의 흙으로 태사(太社)를 만들었으며, 제후에게는 각각의 방위에 해당하는 색의 흙을 주어 사(社)를 세우도록 했다. 조식의 영지는 동방에 있었으므로, '청사'라고 한 것이다.

에 품은 채 (적진의) 칼날을 밟아 국가의 위기에 목숨을 바치는데, 어떻게 학업에 전념하는 어린아이들만 차출하겠습니까? …… 또 신이 (이곳의) 문관 자제들을 연이어 세 차례 보내어 장정은 이미 고갈되었고, 오직 어린이만 남았습니다. (그들은) 대체로 7~8세 이상부터 16~17세 이내의 아이들로 30여 명 정도 있습니다. 지금 부곡에 속한 사람들은 모두 나이 들어 자리에 누워 있으니, 죽이 아니면 먹지 못하고 눈으로는 사물을 분간하지 못할 정도로 숨만 겨우 붙어있는 사람이 총 37명입니다. 늙고 병들어 바람만 불어도 쓰러질 정도이거나 몸에 종기가 나고 소경에 귀머거리인 사람도 23명입니다. …… 엎드려 생각건대, 폐하께서는 이미 신에게 백관의 윗자리 벼슬을 주시고, 번국의 소임을 맡기셨습니다. (그런데 신의 휘하에) 경(卿)과 사(士)를 두고, (신이) 거주하는 집의 명칭을 '궁'(宮)이라고 부르며, (신의) 묘를 '능'(陵)으로 높여 부르게 하면서도 높은 자리에서 홀로 우뚝 서 있게 해주지 않으시니, 일반 백성과 다른 점이 없습니다. 백성자고(伯成子高) 같은 사람은 (제후의 자리에서 물러나) 들판의 농사일에 기뻐했고, 오릉자중(於陵子仲)은 (고위직에서 물러나) 전원에서 일하는 생활을 즐겼습니다. 쑥대로 엮은 문과 뻴기로 만든 창은 원헌(原憲)의 집이었고, 누추한 거리에 살며 내나무 광수리의 밥과 표주박의 물을 마신 사람은 안회(顔回)였습니다. 신의 재주가 효과를 발휘하지 못해 항상 개탄하며 이러한 (선인들의 삶에 관한) 생각을 품어왔습니다. 만약 폐하께서 신의 말을 듣고 부곡을 모두 돌려주시고, 관리들을 해산시키며, 감관(監官)을 없앰으로써 (신이) 번왕(藩王)의 인수(印綬)를 풀 수 있게 해 주신다면, (신은) 백성자고와 진중자의 행동을 본받고 안회와 원헌의 일을 따

• 전설 속의 고대의 은사(隱士).
•• 전국시대 제나라의 저명한 사상가이자 은사인 진중자(陳仲子)를 말함. 오릉에 거주하여 오릉자중으로 불렸다.
••• 원헌과 안회는 모두 공자의 제자로, 안분지족(安分知足)의 삶을 산 것으로 유명하다.

르겠습니다. (또한.) 자장(子臧)의 오두막과 연릉계자(延陵季子)의 집과 같은 (누추한) 곳에서 기거하겠습니다. 이렇게 된다면, 출사하여 공을 이루지 못해도 물러나 절조를 지킬 수 있으니, 죽는 날에는 적송자(赤松子)나 왕자교(王子喬)처럼 될 수 있을 것입니다. 그러나 엎드려 생각건대, 국조(國朝)에서 끝내 신의 이와 같은 바람이 받아들여지지 않는다면, 세상의 예법에 얽매이고 봉록과 작위에 구속받아 자질구레한 근심을 품고 끝없는 온갖 생각에 집착할 것입니다. (그러면) 어떻게 마음껏 뜻을 펼치고 우주의 밖에서 소요할 수 있겠습니까?

조식은 두 수의 「송응씨시」(送應氏詩)를 남겼는데, 아마도 응양(應瑒)에게 보낸 작품인 듯하다. 이 시는 낙양의 황폐한 모습을 묘사하였는데, 쓸쓸하고 처량한 정서가 감동적이다. 그중 한 수를 소개하면 다음과 같다.

북망산(北邙山) 비탈을 걸어 올라가, 낙양 일대 산들을 멀리서 바라보니,
낙양은 어찌 그리 쓸쓸한가! 궁궐도 다 타버렸네.
담장은 모두 무너져 내렸고, 가시나무만 무성히 하늘로 솟았으며,
옛날에 알던 노인들은 보이지 않고, 낯선 젊은이들만 눈에 뜨이네.
발 디딜 좁은 길조차 없고, 황폐한 농지에서는 다시 경작할 수도 없을 정도라네.
길 떠난 나그네는 오랫동안 돌아오지 않으니, 오더라도 새길을 구분하지 못하리.

- 춘추시대 조(曹) 선공(宣公)의 아들로서, 봉읍과 작위를 모두 사양하고 은거했다.
- 춘추시대 오나라의 공자 계찰(季札). 계찰의 봉읍이 연릉이었으므로, 연릉계자라고 불렸다. 오나라에서 그를 군주로 추대했지만, 그는 이를 거절하고 농사를 지었다고 한다.
- 적송자와 왕자교는 모두 전설 속의 신선.
- 조식이 이 시를 지은 해는 동탁이 낙양을 폐허로 만든 초평 원년(190)으로부터 21년이 지난 이후이다.
- 응양을 가리킴.

들판은 얼마나 쓸쓸한지, 1000리를 가도 인적이 없네.
내 평소 낙양 생활 떠올려 보니, 기가 막혀 말조차 할 수가 없네.[15]

　　조식의 시 역시 만년의 작품이 훌륭하다. 이상을 실현하지 못한 울분과 비분강개가 모두 그의 시 속에 반영되었다. 「야전황작행」(野田黃雀行) 같은 시에는 갇힌 채 자유를 갈망하는 사람의 감정이 다음과 같이 표현되었다.

높이 솟은 나무에는 스산한 바람이 많이 불고, 바닷물은 파도가 높이 오르네.
날카로운 칼도 손에 잡지 않았는데, 구태여 친구를 많이 사귈 필요가 있을까?
울타리 사이의 참새를 보지 못했는가? 매를 보고 스스로 그물로 뛰어드는 것을.
그물을 친 사람은 참새를 보고 기뻐하지만, 소년은 참새를 보고 슬퍼하네.
칼을 뽑아 그물을 찢으니, 참새는 훨훨 날아가네.
훨훨 푸른 하늘 끝까지 날아갔다가, 내려와 소년에게 감사하네.[16]

　　또한, 조식은 「해로편」(薤露篇) 같은 작품에서 자신이 재주를 품고도 불우하여 공을 이루지 못한 채, 공자가 『시경』과 『서경』을 정리한 일을 본받아 문학 창작에 힘쓸 수밖에 없었던 현실을 이렇게 묘사했다.

천지는 무궁무진하여, 해와 달이 운행하며 날로 새로워지네.
사람이 이 세상을 살다 떠나는 것은, 바람에 먼지가 날리듯 한순간이네.
재주를 펼쳐 공을 세우기를 바라노니, 현명한 군주께 내 힘을 바치고 싶네.
제왕을 보좌할 이런 재능을 품고서, 비분강개하며 홀로 남들과 어울리지 않네.
어패류와 갑각류 중에는 신룡(神龍)이 존귀하고, 짐승 중에는 기린을 으뜸으로 치네.
벌레와 짐승들도 덕을 아는데, 어떻게 사인(士人)이 모르겠는가?

공자가 『시경』과 『서경』을 정리하시니, 왕업(王業)이 선명하게 드러났네.
나도 한 치의 붓을 놀려, 미문을 전해 명성을 남기리라.[17]

이처럼 조식은 벌레와 짐승을 소재로 활용해 군왕에 대한 자신의 충심을 표현했다. 이 시를 보면, 그의 뚜렷한 포부를 볼 수 있다. 그런데도 조비는 조식을 의심하고 경계하며 괴롭혔다. 이 얼마나 딱한 일인가!

4. 건안칠자

건안칠자(建安七子)는 공융·진림·왕찬·서간(徐幹)·완우(阮瑀)·응양·유정(劉楨), 이렇게 일곱 사람을 가리킨다. '칠자'라는 명칭은 조비의 다음과 같은 글에 처음 보인다.

> 지금의 문인으로는 노국 출신의 공융(자는 문거文擧), 광릉 출신의 진림(자는 공장孔璋), 산양 출신의 왕찬(자는 중선仲宣), 북해(北海) 출신의 서간(자는 위장偉長), 진류 출신의 완우(자는 원유元瑜), 여남 출신의 응양(자는 덕련德璉), 동평(東平) 출신의 유정(자는 공간公幹)이 있다. 이 일곱 사람은 학문의 모든 영역에서 빠진 부분이 없을 정도로 (각 분야에) 해박하고, 문장은 (남의 문장을) 차용하지 않을 정도로 독창적이다. (문단에서 이들은 마치) 모두 준마를 타고 1000리를 나란히 내달리고 있는 것처럼 (그 수준이) 비슷하여 우열을 가릴 수 없다. 그래서 어떤 이의 수준이 처진다고 평가하기가 참으로 어렵다.[18]

건안시대에는 인재가 넘쳐 나서 문인이 계속 배출되었다. 위에서 언급한 일곱 사람 외에도 응거(應璩)·양수·오질·번흠(繁欽)·노수(路粹)·정의·정이 등이 빼어난 재주로 명성을 얻었다. 그중 양수·정의·정이는 조식의 당파였다. 반면, 오질은 조비의 일파로서 조식을 궁지로 모는 나쁜 생각을 조비에게 건의한 인물이었다.

조비는 건안칠자의 재능과 각자의 장단점에 대해 이렇게 평가했다.

왕찬은 사부(辭賦)에 뛰어나다. 서간은 간혹 (고대의) 제(齊) 지역의 문체처럼 (문장이 늘어지는) 단점이 있지만, (그래도) 왕찬에 필적한다. 왕찬의 「초정부」(初征賦), 「등루부」(登樓賦), 「괴부」(槐賦), 「정사부」(征思賦)와 서간의 「현원부」(玄猿賦), 「누치부」(漏卮賦), 「원선부」(圓扇賦), 「귤부」(橘賦)는 장형(張衡)과 채옹(의 필력으로)도 뛰어넘지 못할 만큼 훌륭하다. 그러나 그들의 다른 문장은 사부의 수준에는 미치지 못한다. 진림과 완우의 장(章)·표(表)·서기(書記)는 당대 최고이다. 응양(의 문장)은 온화하나 장중하지 않고, 유정(의 문장)은 장중하나 치밀하지 않다. 공융(의 문장)은 체제와 격조가 고상하고 아름다워 다른 사람보다 뛰어나다. 그러나 (그는 글에서 자신의) 주장을 제시하지 못하고, 논리가 문장력을 이기지 못하며, 심지어 언어유희까지 섞인 예도 있다. 그러나 그의 수작(秀作)들은 양웅(揚雄)·반고(班固)와 같은 수준(의 명문)이다. 평범한 사람은 막연한 옛것을 중시하고 최근의 것을 천시하며, 허명을 숭상하고 현실을 외면하는 경향이 있다. 또 (평범한 사람은) 각자의 능력을 정확히 알지 못하는 결점이 있어, 자신이 현명하다고 착각한다. 어떤 문체의 글이든 본질에서는 공통적인 부분이 많지만, 각자의 특수성도 있다. 대개 주의(奏議)는 전아(典雅)해야 하고, 서론(書論)은 논리적이어야 하며, 명뢰(銘誄)는 진실을 숭상하고, 시부(詩賦)는 아름다워야 한다. 이 네 종류의 문체는 각기 다르다. 그러므로 한 문체에 능한 사람은 한 가지 요소에 치우칠 수밖에 없으며, 오직 여러 재능을 겸비한 인재만이 여러 문체에 능통할 수 있다.[19]

조비의 평론은 대체로 합당한 편이다. "평범한 사람은 막연한 옛것을 중시하고 최근의 것을 천시하며, 허명을 숭상하고 현실을 외면하는 경향이 있다. 또 (평범한 사람은) 각자의 능력을 정확히 알지 못하는 결점이 있어, 자신이 현명하다고 착각한다."라고 한 그의 주장은 사람이라면 보편적으로 품고 있는 결점으로서, 더욱 깊이 경계해야 한다.

건안칠자 중에 왕찬의 사부와 시가 가장 훌륭하다. 아래에 소개한 그의 「칠애시」(七哀詩)는 동한 말기 동탁의 난으로 백성에게 닥친 엄청난 재난을 묘사했는데, 매우 훌륭한 현실주의적인 작품이다.

> 서경(장안)이 혼란하여 정도(正道)가 없으니, 승냥이와 호랑이가 한창 난리를 일으켰네.
> 다시 중원을 버리고 떠나, 몸을 의탁하러 형만(荊蠻, 형주)으로 향하네.
> 친척들은 나를 전송하며 슬퍼하고, 벗들은 나를 쫓아와 수레를 잡아끄네.
> 성문을 나서니 보이는 것은 없고, 백골이 평원을 뒤덮고 있네.
> 길가에 있던 굶주린 부녀자는, 안고 있던 아이를 풀밭에 버리네.
> 고개를 돌리니 (아이의) 울부짖는 소리가 들리는데, (부녀자는) 눈물을 뿌리며 혼자 갈 뿐 돌아보지 않네.
> "제가 죽을 곳을 모르는데, 어찌 둘 다 살 수 있겠어요?"
> 말을 몰아 버려두고 떠나가자니, 차마 이들의 말을 듣지 못하겠네.
> 남쪽에 있는 패릉(霸陵)의 언덕에 올라, 고개 돌려 장안을 바라보네.
> 저 「하천」(下泉)을 지은 사람의 생각을 깨달으니, 탄식이 나오며 마음이 저리네.[20]

- • 장(章)은 신하가 군주에게 올리는 문서로서, 주로 군주의 은혜에 감사를 표현하는 내용이 담긴다. 표(表)는 신하가 군주에게 자기 생각을 올리는 글이다. 서기(書記)는 군중이나 관청에서 취급하는 공식 문서이다.
- •• 대체로 한대에 망자(亡者)의 경력과 공덕을 서술한 추도문을 가리킨다. 보통의 추도문과 달리, '명뢰'는 군주가 고인이 된 신하의 공훈을 표창하기 위해 전문적으로 글을 쓰는 관원에게 명을 내려 작성하게 한 추도문이다.
- ••• 장안 근교에 있는 서한 문제(文帝)의 능.
- •••• 『시경』, 「조풍」(曹風)의 편명. 조국(曹國) 사람들이 주(周)의 쇠미함을 걱정한 노래.

왕찬은 산양군 고평현(오늘날의 산둥성 추현(鄒縣)의 서남쪽) 출신이다. 그의 증조부 왕공(王龔)과 조부 왕창(王暢)은 모두 한조의 삼공 자리에 올랐다. 왕찬은 17세에 사도(司徒)로 발탁되어 황문시랑(黃門侍郎)에 제수한다는 조서를 받았으나, 서경(장안)이 혼란하다는 이유로 모두 고사했다. 이후 그는 남쪽의 형주로 가서 유표에게 의탁했다. 유표 역시 산양군 고평현 출신으로, 왕찬과는 동향이었다. 왕찬은 건안 22년(217년)에 죽었다. 왕찬이 17세였을 때는 헌제 초평 4년(193년)이다. 「칠애시」의 내용은 대체로 그가 형주로 가는 길에 목격한 비참한 광경이었다. 이해는 바로 헌제가 낙양으로 도망쳐 오기 1년 전으로, 이각과 곽사가 장안을 혼란에 빠뜨린 시기였다.

왕찬은 난세를 살았으므로 천하의 통일에 찬성했다. 그는 형주에서 지은 「등루부」에서 형주의 경치가 "매우 아름답지만 내 고향이 아니니, 어찌 잠시라도 머물 수 있겠는가!"라고 했고, 또 "왕도(王道)가 하나로 통일되어, (현명한) 능력자가 힘을 발휘하기를 바란다."라고 했다.

진림은 장·표·서기의 작성에 뛰어났다. 관도대전에 앞서 진림은 원소를 위해 조조를 도벌하는 격문(檄文)을 썼다. 그 격문에서 진림은 조조를 '췌엄유추'(贅閹遺醜), 즉 "내시의 양자에서 나온 괴물"이라고 욕했다. '엄'(閹, 내시)은 조조의 조부 조등을 가리키는데, 조등은 환제의 재위 시절에 환관이었다. '췌'(贅)는 조등의 양자이자, 조조의 부친이던 조숭을 지칭한다. 원소가 패배한 뒤, 진림은 조조에게 투항했다. 조조는 진림에게 "경(卿)이 예전에 본초(원소)를 위해 격문을 지을 때, 나의 죄상만 들췄다면 좋았을 것이오. 악을 증오하는 마음은 본인으로 한정해야

• '췌'(贅)는 원래 동사로서 '쓸데없다'는 뜻이고, 명사로는 '쓸데없는' 존재인 '데릴사위'를 뜻한다. 여기에서는 원래 조씨가 아니었던 조숭이 다른 성씨인 환관 조등에게 양자로 간 것을 조롱하여 '췌'라고 표현한 것이다. 중국에서는 원래 동성불혼의 원칙에 따라, 양자는 동성의 자제 중에 들이는 것이 원칙이었다.

지, 어째서 위로 부친과 조부까지 언급하셨소?"라고 물었다. 그러자 진림은 사죄하며 "화살이 시위에 메겨져 있으면 쏠 수밖에 없습니다."라고 했다. 조조는 "그의 재주를 아껴 탓하지 않았다." 이것은 위대한 영웅만이 보일 수 있는 면모이다. 이와 같은 조조의 도량과 기개는 그야말로 영웅의 본색이라 할 수 있다!

사마의의 정권 탈취

1. 사마의의 출신과 출세

사마의의 자는 중달(仲達)로, 하내군(河內郡) 온현(溫縣) 효경리(孝敬里) 출신이다. 동한 이래 그의 집안은 대대로 이천석(二千石) 이상의 벼슬을 지냈다. 동한의 명문거족들은 대부분 유가로서, 사마씨 역시 유가 집안이었다. 사마의는 "박학하고 견문이 넓었으며, 유교를 진심으로 신봉했다." 앞에서 이미 언급한 대로, 동한 이래의 유생 중 일부는 덕행으로 유명했다. 이들은 평생 경전을 연구하여 훈고(訓詁)와 장구(章句) 작업을 했고, 문도들에게 이 작업을 가르쳤다. 또 어떤 이들은 세상 물정에 밝고, 학업에 힘써 관직에 나아갔다. 사마의는 "젊어서부터 비범한 기개가 있었고, 총명하며 원대한 지략이 많았다. …… 동한 말기에 (천하가) 크게 혼란해지자, (그는) 항상 탄식하며 천하를 걱정하는 마음을 품었다." 그는 유학의 일파 중 후자의 부류에 속했다. 당연히 한대, 특히 동한 시기에는 제자백가의 학술이 모두 유학으로 통일되었고, 유학도 잡학(雜

- • 고서의 자구에 대한 해석 작업.
- •• 경학자들이 경전의 의미를 설명하는 일종의 방식으로, 대체로 서적에 대한 주석을 가리킨다.

學)으로 변질되었다. 유학을 크게 상술한 두 부류로 분류했지만, 실제로는 수많은 부류가 존재했다. 이런 각 부류는 모두 자기 학파를 유학이라고 불렀다.

사마씨와 조씨 일가의 차이는 조씨 일가가 환관 가문 출신이라는 점이었다. 동한 이래로 환관 세력과 누대에 걸쳐 명문거족을 형성한 외척 세력은 대립적인 양대 정치계파였다. 이러한 연원에서 보자면, 사마씨와 조씨는 역사적으로 다른 계파에 속한 가문이었다. 애당초 사마의는 조씨 일가의 밑에서 출사할 생각이 없었다. 방현령은 『진서』(晉書)에서 다음과 같이 서술했다.

> 건안 6년201년, (하내)군에서 (선제宣帝, 즉 사마의를) 상계연(上計掾)으로 천거했다. 위 무제(조조)가 사공(司空)이 되어, (선제의 평판을) 듣고 (선제를) 발탁했다. 선제(사마의)는 한조의 명운(命運)이 점차 쇠락하고 있음을 깨닫고, 조씨에게 절개를 굽히고 싶지 않았다. (그래서 선제는) 풍병(風病) 때문에 (정상적으로) 거동할 수 없다는 핑계로 고사했다. 무제가 사람을 시켜 밤에 (선제의 처소에) 가서 은밀히 정탐하게 했는데, 선제는 꼿꼿이 누운 채 미동도 하지 않았다. 무제가 승상이 되자, 다시 (선제를) 문학연(文學掾)으로 발탁했다. (무제는 임명장을 전하러) 가는 사신에게 "만약 (그가) 다시 (핑계를 대며) 머뭇거린다면 곧바로 감옥에 넣도록 하라."라고 명령했다. 선제는 두려워 관직에 나아갔다.[3]

건안 6년201년이면 사마의가 겨우 24세 때였다. 그런데도 조조는 그를 이렇게 의심했다. 이것은 사마의의 명성이 출중해서가 아니라, 방현령의 기록이 과장되었기 때문일 것이다. 어쨌든 사마의는 자신의 절개를 굽히고 싶지 않았음에도 불구하고, 절개를 굽혀야 했다. 조조가 두 번째로 그를 발탁하여 출사하지 않으면 체포하려고 하자, 사마의는 두려워서 절개를 굽히게 되었다. 사마의의 출사는 어쩔 수 없는 상황에서 이뤄졌다.

그러나 조조가 죽을 때까지, 사마의는 결코 중용되지 못했다. 사마의에 관해서는 다음과 같은 일화가 전한다.

선제(사마의)는 속으로는 시기심이 많으면서도 겉으로는 너그러운 척했으며, 의심과 불만이 많고 임기응변에 뛰어났다. 위 무제(조조)는 (선제가) 웅장하고 호방한 생각을 품고 있음을 간파했고, 또 (선제가) 낭고(狼顧)의 상(相)이라는 말을 듣고, (진짜 낭고상인지) 시험해 보려고 했다. 그래서 (무제는 선제를) 불러서 앞서가게 하다가 뒤를 돌아보게 했더니, 얼굴은 바로 뒤쪽을 향했으나 몸은 움직이지 않았다. 또 (무제가) 한번은 말 세 마리가 같은 구유에 (고개를 박고) 함께 여물을 먹는 꿈을 꾸었는데, 매우 꺼림칙했다. 그래서 태자 조비에게 이렇게 경고했다. "사마의는 남의 신하가 될 사람이 아니니, 틀림없이 너의 집안일(즉, 국가의 일)을 간섭할 것이다." (그러나) 태자(조비)가 평소 선제(사마의)와 친분이 깊어 매번 (선제를) 온전히 도와주었으므로, (선제가) 화를 면할 수 있었다.[4]

아마 이 이야기도 후대에 덧붙여진 내용으로, 당시의 실제 기록은 아닐 것이다. 만약 조조가 정말로 사마의를 그렇게 의심했다면 그를 죽였을 것이다. 굳이 자손에게 화근을 남겼을 리가 없다. 아마도 조씨 일가와 사마씨의 출신계층이 달랐으므로, 사마의는 조조에게 전혀 호감이 없었을 것이고, 그의 밑에서 출사하고 싶지도 않았을 것이다. 물론, 조조도 사마의를 그렇게 좋아하지는 않았겠지만, 그렇다고 그를 의심하고

* 보통 사람과 다른 기이한 관상으로, 이리처럼 고개를 등쪽까지 잘 돌리는 모습을 가리킨다. 보통 낭고의 상은 흉악하고 탐욕스러운 성격으로 알려져 있다.
** 말 세 마리는 사마의와 그의 두 아들 사마사·사마소(司馬昭)를 상징하고, 이들이 같은 구유의 여물을 먹는 것은 조씨 집안을 멸망시킨다는 것을 상징한다.

시기하는 마음까지는 품지 않았을 것이다. 또한 "틀림없이 너의 집안일을 간섭할 것"이라는 생각은 더더욱 품었을 리가 없다.

사마의라는 인물은 속마음을 잘 드러내지 않고 교활했으며, 권모술수가 많았다. 조조의 수하였던 그는 재능을 감춘 채 때를 기다리며 자신을 지키는 방법을 잘 알고 있었다. 사마의는 조조의 총애를 얻지는 못했지만, 조비는 사마의를 매우 신임했다. 위가 건국되어 조비가 왕태자로 책립되자, 사마의는 태자중서자(太子中庶子)가 되었고, 진군·오질·주삭(朱鑠)과 함께 태자의 '사우'(四友)라 불렸다. 이들은 태자를 위해 은밀히 계책을 꾸미고 의논했다.

위 문제 조비의 재위기에 사마의의 관직은 점점 높아졌고, 신임도 더욱 커졌다. 황초 원년[220년], 사마의는 상서에 임명되었고, 얼마 뒤 독군(督軍)·어사중승을 맡았다. 황초 2년[221년], 그는 시중 겸 상서우복야(尙書右僕射)로 승진했다. 황초 5년[224년], 조비가 병력을 이끌고 오를 정벌하며, 사마의에게 허창을 지키게 했다. 사마의는 무군장군(撫軍將軍)으로 전임되어 가절의 권한을 하사받았으며, 급사중(給事中)·녹상서사의 직책이 더해졌다.

황초 6년[225년], 오의 정벌에 나선 조비는 사마의에게 허창을 지키며 안으로 백성을 진무하고 밖으로 군수 물자를 공급하도록 명했다. 조비는 조서를 내려 "나는 뒷일을 깊이 염려하여 (도성의 수비를) 경에게 맡기오. …… 내가 서쪽을 돌아보는 근심이 없게 해야 옳지 않겠소!"[5]라고 했다. 조비는 광릉(廣陵)에서 낙양으로 돌아온 뒤, 사마의를 불러 "내가 동쪽으로 가면 무군장군(사마의)이 서쪽의 일을 맡아 총괄하고, 내가 서쪽으로 가면 무군장군이 동쪽의 일을 맡아 총괄하시오."[6]라고 하여, 사마

• p.55, p.169 역주 참조.

의에게 허창에 주둔하며 지키게 했다. 방현령이 『진서』에 서술한 이상의 기록은 과장이 있는 것 같다. 진수는 이러한 기록을 전혀 남기지 않았기 때문이다.

황초 7년[226년], 병이 위독해진 조비는 중군대장군(中軍大將軍) 조진, 진군대장군(鎭軍大將軍) 진군, 정동대장군(征東大將軍) 조휴, 무군대장군 사마의를 불러 이들에게 자신의 유조(遺詔)를 맡기며 후임 황제를 보좌하게 했다. 명제가 재위하던 시기에, 사마의는 두 건의 대사를 처리했다. 하나는 맹달을 제거한 일이고, 다른 하나는 요동의 공손연(公孫淵)을 섬멸한 일이었다.

맹달은 원래 촉의 장수로, 상용(上庸)에 주둔했다. 그런데 손권이 형주를 공략할 때 관우가 맹달과 유봉에게 원조를 구하자, 맹달·유봉은 산악지대인 상용군과 방릉군(房陵郡)^{군의 치소는 오늘날의 호북성 방현(房縣)} 일대가 촉에 귀속된 지 얼마 안 되어 백성을 동요시킬 수 없다는 이유로 군대를 움직이지 않았다. 관우가 패배하자, 맹달은 유봉과 불화하여 위에 투항했다. 위는 방릉·상용·서성(西城)^{군의 치소는 오늘날의 섬서성 안강(安康)의 서북쪽}의 3군을 합쳐 신성군(新城郡)^{군의 치소는 방릉으로, 오늘날의 방현(房縣)}을 설치하고, 맹달을 신성태수로 임명했다. 이후 문제(조비)가 죽고 명제가 즉위했다. 맹달은 부풍(扶風)^{오늘날의 섬서성 흥평(興平)} 출신이었지만, 원래 유장의 밑에서 관직을 맡았고, 일찍이 법정과 함께 형주로 가서 유비를 맞이하여 촉으로 들어오게 했었다. 따라서 그는 위 조정과 인연이 그리 깊지 않았다. 위 문제는 그를 매우 신임했다. 그런데 문제가 죽자, 맹달은 매우 불안해했다.

이러한 상황을 안 제갈량은 맹달에게 촉한으로 귀순할 것을 권유했다. 맹달과 제갈량은 여러 차례 은밀히 서신을 주고받았다. 맹달은 위의 위흥태수(魏興太守)^{위흥은 서성군(西城郡)을 고친 것으로, 군의 치소는 서성이며, 오늘날의 섬서성 안강(安康)} 신의(申儀)와 사이가 좋지 않았다. 신의는 맹달이 촉과 연락을 취한다고 밀고했다. 맹달은 신의가 자신을 밀고했다는 소식을 듣자, 즉시 거병하려고 했다. 이때 사마의는 형주와 예주의 군사업무를 총괄하는 도독으로서 완성위 남양군의 치소로서, 오늘날의 하남성 남양시에 주둔하고 있었다. 사마의는 맹달에게 헛소문을 믿지 말라고 권유하는 서신을 보내는 한편, 신속하게 신성으로 군사를 진격했다. 사마의는 쉬지 않고 서둘러 전진하여 8일 만에 신성 아래에 도착했다. 맹달은 매우 놀랐다. 그는 이전에 일찍이 제갈량에게 보낸 편지에서 이렇게 말한 바 있었다.

완성은 낙양에서 800리 떨어져 있고, 제가 있는 곳과는 1200리나 떨어져 있습니다. 저의 거사 소식을 들으면, (사마의는) 당연히 천자에게 표를 올릴 것입니다. 이렇게 연락을 주고받다 보면 한 달은 걸릴 것입니다. 그러면 저의 성은 이미 견고해지고, 군대도 충분히 대처할 수 있습니다. 게다가 제가 있는 곳은 외지고 험하여, 사마공(사마의)은 틀림없이 직접 올 리가 없습니다. 많은 장수가 온다고 하더라도, 제게는 근심이 없습니다.[7]

그러나 사마의는 한 달도 되기 전에 신성에 도착했다. 그는 천자에게 표를 올린 다음 천자의 조서를 기다리지 않고, 직접 결정을 내렸다. 사마의의 군대는 불과 8일 만에, 맹달이 미처 손 쓸 겨를도 없이 신성 아래까지 들이닥쳤다. 맹달은 다시 제갈량에게 "제가 거사한 지 8일 만에 (사마의의) 병력이 성 아래까지 들이닥쳤으니, 어찌 그리 귀신처럼 빠르단 말입니까!"[8]라고 전했다. 맹달이 위에 반기를 들고 촉에 투항한 사건은 대략 위 명제 태화 원년227년의 연말서력으로는 이미 228년에 일어났다. 태화 2년228년 정월, 사마의는 병력을 이끌고 신성의 턱밑까지 진군했다. 그는 성을 공격한 지 16일 만에 성을 격파하고 맹달을 참수했다.

공손연을 섬멸한 것은 명제 경초 2년238년의 일이다. 공손연은 요동군 양평현(襄平縣)군의 치소는 요동으로, 오늘날의 요령성 요양시(遼陽市) 출신이다. 그의 조부 공손도(公孫度)와 부친 공손강(公孫康) 역시 모두 요동에 할거했다.

공손도는 요동군을 요서군(遼西郡)과 중료군(中遼郡)으로 나누어, 각기 태수를 두었다. 또 그는 바다를 건너 남하하여 동래군(東萊郡)의 여러 현오늘날의 산동 반도 일대을 흡수하고 영주자사(營州刺史)를 두었다. 그는 스스로 요동후(遼東侯)·평주목(平州牧)에 올랐다. 조조는 공손도를 무위장군(武威將軍)에 임명하고, 영녕향후(永寧鄕侯)에 봉했다. 그러자 공손도는 "내가 요동에서 왕 노릇을 하는데, 무슨 '영녕'(의 향후)이란 말인가!"라고 말할 정도로 불만을 품었다.

건안 9년204년, 공손도가 죽고, 그의 아들 공손강이 후사를 이었다. 건안 12년207년, 조조는 3군(郡)의 오환(烏桓)을 정벌하고, 유성(柳城)의 오환족을 도륙했다. 원상 등은 요동으로 달아났다. 공손강이 원상을 참수하여, 조조에게 그의 머리를 보냈다. 조조는 공손강을 양평후(襄平侯)에 봉하고, 좌장군에 임명했다. 공손강이 죽었을 때 그의 아들 공손황(公孫晃)과 공손연은 모두 나이가 어렸으므로, 중론에 따라 공손강의 아우 공손공(公孫恭)이 요동태수가 되었다. 위 문제는 사신을 보내 공손공을 거기장군(車騎將軍)에 임명했다. 공손공은 나약하여 봉국을 통치할 능력이 없었나. 명제 태화 2년228년, 공손연이 공손공의 자리를 찬탈하자, 명제는 즉시 공손연을 양열장군(揚烈將軍) 겸 요동태수로 임명했다.

그러나 우물쭈물하며 결단성이 부족했던 공손연은 위의 작위를 받고서 손권과도 연락을 취했다. 경초 원년237년, 위 명제는 유주자사 관구검(毌丘儉)에게 천자의 옥새가 찍힌 문서를 갖고 공손연에게 가서 그를 낙양으로 데려오게 했다. 공손연은 상황이 좋지 않음을 알고, 결국 군대

• 동한 말기에 오환의 세력이 점차 강대해져, 이들이 유주(幽州)의 요동(遼東)·요서(遼西)·우북평(右北平) 등 변방 3군을 장악했는데, 이를 '3군의 오환'이라 불렀다.

•• 이 조치는 공손연을 조정인 낙양으로 입조하게 하여 관직을 맡기겠다는 것으로, 그 목적은 그를 근거지인 요동에서 나오게 하려는 것이었다.

를 동원하여 반란을 일으킨 다음 요수(遼隧)오늘날의 요령성 태안(台安) 동남부이자 요하(遼河)의 서안(西岸)에서 관구검을 맞아 공격했다. 관구검은 퇴각했다. 공손연은 결국 자립하여 연왕(燕王)이라고 자칭하고, 부서를 설립하여 관료제도를 확립했다. 상황이 이렇게 악화하자, 사마의가 요동으로 출병했다.

경초 2년[238년] 봄, 사마의는 4만 명의 병력을 이끌고 낙양에서 출발했다. 6월, 사마의군이 요동에 도착하자, 공손연은 장군 비연(卑衍)·양조(楊祚)에게 보병과 기병 수만 명을 이끌고 요수(遼隧)에 주둔하며 군영 주위에 남북으로 60~70여 리에 이르는 참호를 판 채 사마의와 맞서 싸우게 했다.

사마의가 기치를 많이 내걸고 그들의 남쪽으로 출격하자, 요동군 측에서도 정예 대군을 남쪽으로 보내 맞서 싸우게 했다. 그러나 사마의는 도리어 그들의 북쪽에서 몰래 요수(遼水)를 건너 양평현으로 곧장 진격했다. 사마의의 군대는 양평현 서쪽에 있는 수산(首山) 일대에서 한바탕 결전을 치러 요동군을 대파하고, 마침내 양평성을 포위했다. 마침 30여 일 동안 내린 폭우가 그치지 않아 요수가 갑자기 불어났다. 사마의군은 배를 타고 요수의 나루터에서 직접 양평성 밑까지 도착했다. 날이 개자, 사마의군은 성 주위에 토산을 쌓고 토산 위에서 성안으로 벽력거와 쇠뇌를 사용해 돌덩이와 화살을 날려댔다. 성안의 양식이 다 떨어지자, 성안 사람들은 서로 잡아먹을 정도로 비참해졌고 죽은 사람도 무척 많았다. 장군 양조 등은 성 밖으로 나와 투항했다.

궁지에 몰린 공손연은 상국 왕건(王建)과 어사대부 유보(柳甫)를 성 밖으로 내보내 항복을 요청하게 했다. 그러나 사마의는 그들을 붙잡아 참수하고, 공손연에게 다음과 같이 격문을 보냈다.

두 사람은 노인이라 틀림없이 (그대가) 전하는 말을 왜곡했을 것이므로, 이미 (그대를) 도와 그들을 참수했소. 만약 (그대가 전하려던) 의도에 미진한 부

분이 있다면, 다시 나이가 젊고 총명하며 판단력이 있는 사람을 보내시오.[10]

공손연은 다시 시중 위연(衛演)을 사마의에게 파견하여, 기일을 정해 인질을 보내겠다고 청했다. 그러자 사마의는 위연에게 이렇게 말했다.

군사상의 중대한 기로에서 (선택할 길로는) 다섯 가지 방법이 있다. 싸울 수 있으면 싸워야 하고, 싸울 수 없으면 지켜야 하며, 지킬 수 없으면 달아나야 한다. 나머지 두 가지는 투항과 죽음뿐이다. (그런데) 너희는 스스로 두 손을 등 뒤로 묶은 채 투항하려 하지 않는다. 이는 죽기로 작정했기 때문일 것이니, 인질을 보낼 필요 없다![11]

공손연은 이 말을 듣고, 남쪽의 포위망을 뚫고 달아났다. 사마의는 병력을 풀어 그를 추격하여, 양수(梁水) 인근에서 공손연 부자를 죽였다.

위군은 양평성에 들어가 15세 이상의 남자 7000여 명을 모두 죽였다. 공손연이 임명한 공경 이하의 관리도 모두 피살되었고, 장군 이하 2000여 명도 주륙을 낭했다. 또한, 4만 가구의 백성 30여만 명이 새롭게 위의 주민으로 편입되었다. 사마의의 잔인한 성격은 얼추 요동의 도살을 통해 처음 드러났다.

사마의가 병력을 돌려 조정으로 돌아오는 중에 명제에게 병이 났고, 낙양의 궁중에서는 필사적인 권력투쟁이 벌어졌다. 그러나 진수는 「명제기」에서 이를 간단하고 짤막하게 기록했고, 「유방전」(劉放傳)에서도 당시의 권력투쟁에 관해 숨기는 부분이 있었다. 사마광은 이에 대해 진수를 이렇게 평가했다. "진수는 진대(晉代)에 「위지」를 지었다. (따라서) 만약 (진수가) 유방(劉放)과 손자(孫資)의 본래 의도를 기록했다면, 당시로서는 좋지 않았을 것이다. 그래서 (그는) 자기 뜻을 굽혀 (당시의 권력에) 영합함으로써 (사실의) 진술을 피했다.[12]" 사마광은 이 일을 기록하며 따로 "습착치의 『한진춘추』(漢晉春秋)와 곽반(郭頒)의 『세어』(世語)를 근거로 삼았는데, 실제 상황을 잘 파악한 것 같다." 사마광은 당시 상황을 이렇게 기록했다.

(경초 2년 12월, 명제는) 병으로 자리에 눕게 되자, (자신의) 사후에 벌어질 일을 깊이 근심했다. 그래서 무제(조조)의 아들인 연왕(燕王) 조우(曹宇)를 대장군에 임명하여, 영군장군(領軍將軍) 하후헌(夏侯獻), 무위장군(武衛將軍) 조상, 둔기교위(屯騎校尉) 조조(曹肇), 효기장군(驍騎將軍) 진랑(秦朗) 등과 공동으로 국정을 보필하게 했다. 조상은 조진의 아들이고, 조조는 조휴의 아들이다. 명제(조예)는 어려서부터 연왕 조우와 친했으므로, 후사를 그에게 부탁했다. 유방과 손자가 오랫동안 (조정의) 기밀 업무를 담당한 일에 대해 하후헌과 조조는 내심 불만을 품었다. 궁궐 안에 닭이 서식하는 나무가 있었는데, 두 사람은 서로에게 이렇게 말했다. "이놈도 (이 나무에 서식한 지) 오래되었으니, (앞으로) 얼마나 더 살겠어!"[호삼성의 주석: 궁궐 안에서는 닭을 키워 새벽을 알리게 했는데, 그 닭이 나무 위에 서식했다. 그래서 그 나무를 '계서수'(鷄棲樹, 닭이 서식하는 나무)라 하였다. 하후헌·조조는 그 닭을 유방·손자에 비유했다. 그런데 이 말한마디로 사마씨가 위를 찬탈할 기회를 마련해 주었으니, 말을 신중하게 해야 하는 이유가 이런 것 때문이다! 이 일로 하후헌·조조의 경박함을 엿볼 수 있으니, 이들에게 어찌 후사를 맡길 수 있었겠는가!] 유방과 손자는 후환이 있을까 두려워서, 남몰래 하후헌·조조를 음해할 계획을 꾸몄다. 연왕(조우)은 성품이 공손하고 선량하여 진심으로 고사했다. 명제는 유방·손자를 (와병 중인) 침소로 불러 "연왕이 왜 이렇게 (고사)하는 것인가?"라고 물었다. (유방·손자는) "연왕이 실제로 자신이 대임을 감당할 수 없음을 잘 알기 때문입니다."라고 대답했다. 명제가 "누가 (대임을) 맡을 만한가?"라고 물었다. 그때 마침 조상이 명제의 곁에 있었는데, 유방·손자는 내친김에 조상을 추천했다. 또 "사마의를 불러 (조상과) 서로 돕게 해야 합니다."라고 말했다. 명제가 "조상이 그 일을 감당할 수 있겠는

가?"라고 하자, 조상은 (긴장하여) 땀을 흘리며 대답하지 못했다. (그러자) 유방이 그(조상)의 발을 밟으며 귓속말로 "신은 죽음으로 사직을 받들겠나이다."라고 하라고 일러 주었다. 명제는 유방·손자의 말대로 조상·사마의를 기용하려고 했다. 그러다가 (명제는) 중도에 마음이 바뀌어 이전의 명령을 취소한다는 칙령을 내렸다. 유방·손자가 다시 입조하여 명제를 알현하여 설득하니, 명제는 다시 그들의 주장을 따랐다. 유방은 (명제에게) "손수 조서를 써 주셔야 합니다."라고 요청했다. (그러자) 명제는 "내가 병이 위중해서 할 수 없다."라고 말했다. (그런데도) 유방은 즉시 (명제의) 침상으로 올라가 명제의 손을 잡고 억지로 조서를 썼고, 마침내 (명제의 조서를) 갖고 나와 큰 소리로 말했다. "연왕 조우 등의 관직을 파면하라는 조서가 있었으니, (조우 등은) 궁중에 머무르지 마시오." (조우 등은) 모두 눈물을 흘리며 (궁에서) 나왔다. 갑신일(甲申日)에 조상이 대장군에 임명되었다. …… 당시 사마의는 급현(汲縣)오늘날의 하남성 급현의 서쪽에 있었는데, 명제는 (자신을) 시종하는 벽사(辟邪)에게 (자신의) 친필 조서를 갖고 가서 그(사마의)를 불러오게 했다. (그런데) 이보다 앞서 연왕(조우)은 명제를 위해 계책을 마련했다. 그는 관중의 일이 중요하므로 사마의를 속시 시관(軹關)에서 서쪽의 상안으로 돌아가게 해야 한다고 건의하여, 그런 내용을 담은 조서가 이미 하달된 상태였다. 사마의는 잠깐 사이에 두 통의 조서를 받았는데, 전후의 (조서) 내용이 서로 다르자 도성에 변고가 일어났다고 의심하여 서둘러 달려와 입조했다. 경초 3년[239]년 봄 정월, 사마의가 (낙양에) 도착하여 입조했다. 명제는 그(사마의)의 손을 붙잡고 "내가 뒷일을 그대에게 부탁하니, 그대는 조상과 함께 어린 아들을 보필해 주시오."라고 부탁했다. …… 이날 (명제는) 제왕(齊王)을 황태자로 세웠다. 명제는 얼마 후 세상을 떠났다.[14]

- 고대에 궁중에서 시종과 심부름 등의 잡무를 맡은 사람들을 부르는 칭호.

이상의 내용은 사마광이 여러 역사가의 서술을 종합한 기록이다. 사마광은 스스로 "실제 상황을 잘 파악한 것 같다."라고 자부했다. 이상의 기록으로 볼 때, 위와 같은 일련의 변화를 거쳐 대권이 사마의의 수중에 떨어졌으며, 이러한 변화의 과정에서 핵심적인 역할을 한 인물이 유방·손자였음을 알 수 있다. 이 두 사람은 처음에는 조조(曹操)의 측근이었고, 이후에는 문제(조비)와 명제(조예)의 측근으로서 몸소 국가의 중요 기밀을 관리했으므로, 권력이 나날이 커졌다. 누구든 어린 군주를 보필하려고 하면, 이 두 사람과 갈등을 겪어야만 했다. 당시 정권을 장악할 가능성이 가장 컸던 세력은 조씨의 종실, 특히 연왕 조우와 하후헌·조조(曹肇)·조상 등이었다.

하후헌과 조조가 계서수에 빗대 터뜨린 불만을 보면, 만약 그들이 일단 권력을 장악할 경우 유방·손자는 최소한 권력을 잃게 되고, 심하면 목숨까지 잃게 될 상황임을 짐작할 수 있다. 유방·손자는 자연히 자기들이 황제의 가까이에 있다는 이점을 활용하여 불리한 형세를 뒤집으려고 했다. 당시에 이 두 사람이 직접 대권을 장악할 가능성은 없었다. 조정의 신료집단 내에서 그들은 강대한 파벌을 가지지 못했고, 병권도 없었다. 그들은 능력과 지위를 갖춘 권력자 중에서 자기들에게 유리한 인물을 찾아내어, 그 사람에게 의탁할 수밖에 없었다. 이미 종실의 대신들과 척을 진 이상, 그들은 종실이 아니면서 권력과 지위를 갖춘 사람을 찾아야 했다. 사마의가 바로 그런 이상적인 인물이었다.

연왕 조우는 비교적 겸손하고 온화했지만, 무능한 사람은 아니었던 것 같다. 이 점은 그가 명제에게 관중의 일이 중요하므로 사마의를 즉시 지관에서 서쪽의 장안으로 돌아가게 해야 한다고 권고한 사실을 통해 알 수 있다. 명제가 병에 걸리자, 그는 사마의가 이때를 틈타 낙양으로 돌아와 조정의 정사에 참여하게 되는 상황을 원치 않았다. 조조도 재주와 지략이 있었다. 진수는 조조가 "당세의 재주와 도량을 갖췄다."[15]라고 평가했다. 조조와 하후헌이 계서수를 빗대 나눈 은밀한 말은 '경박하다'는 비난을 면치 못하겠지만, 두 사람이 무언가 일을 도모하려 했다는 점은 알 수 있다.

유방·손자는 종실을 배척하려 했지만, 완전히 배제할 수 없었다. 종실의 완전한 배제는 불가능한 일이었다. 자칫 잘못하면 명제의 의심을 사서 그들의 대사를 그르칠 수도 있었기 때문이다. 그들은 조상을 자기 편으로 끌어들였다. 조상은 조진의 아들이다. 진수는 조상이 "어려서부터 종실(이라는 고귀한 신분) 출신임에도 불구하고 침착하고 신중했고, 명제가 황태자였을 때 그를 매우 좋아했으며, (명제가) 즉위한 후 …… (그에 대한) 총애와 대우가 특별했다."라고 기록했다. 유방·손자는 조상을 자기편으로 끌어들여 명제를 안심시켰고, 이리하여 조상·사마의가 연왕(조우)·조조·하후헌을 대신하여 권력을 잡았다.

조상·사마의가 함께 정사를 보좌하는 체제에서는 조상의 지위가 더욱 중요해졌다. 진수는 조상의 위상을 이렇게 기록했다.

(명제는) 병환으로 자리에 눕사 소상을 침소로 물러 (그를) 대장군에 임명하고 (그에게) 부절(符節)·부월(斧鉞)을 수여하여, 도독지휘제군사(都督指揮諸軍事)와 녹상서사를 맡겼다. 또한, 태위 사마선왕(司馬宣王, 사마의)과 함께 유조를 받아 어린 군주(조방)를 보필하도록 했다. 명제가 붕어하고 제왕(齊王, 조방)이 즉위하자, 조상에게는 시중의 직무가 더해졌다.

대장군 조상과 태위 사마선왕(사마의)이 (공동으로) 정사를 보필했다. 다음과

- 고대에 장수에게 수여하여, 장수의 권력을 더해주는 상징으로 인식되었다. 부절과 부월을 하사받은 장수는 군법을 어긴 부하를 참수할 권한을 받았다.
- 삼국시대 위나라의 관직으로 대도독 아래의 최고 군사책임자로서, 중앙군인 중군(中軍)과 외군(外軍)을 감독했다.

같은 조서가 내려졌다. "…… 대장군과 태위는 선제(명제)의 유명(遺命)을 받들어 짐을 보좌하라."[18]

이상의 기록을 보면, 사마의와 조상은 비록 공동으로 유조를 받아 어린 황제를 보좌했지만, 조상이 종실의 종친이었으므로 그의 지위가 중요하고 사마의보다 높았음을 알 수 있다.

2. 정변과 권력의 탈취

처음에는 조상과 사마의의 관계가 그래도 화목하고 협조적이었다. 두 사람은 각각 3000명의 병력을 거느리고 교대로 궁궐을 지켰다. 조상은 사마의가 연장자이고 본래 지위도 더 높았으므로, 항상 그를 아버지처럼 섬겼다. 무슨 일이든 찾아가 자문했고, 감히 독단적으로 일을 처리하지 않았다. 그러나 두 사람의 평화 국면은 오래 유지되기 어려웠다. 호삼성은 둘 사이의 관계를 이렇게 평가했다.

> 어떤 이가 "가령 조상이 이처럼 (사마의를 존중하는) 태도를 고수하며 변하지 않았다면 위의 황실이 재앙을 피할 수 있었을까?"라고 묻는다면, 나는 이렇게 대답하겠다. "고양이와 쥐는 같은 구멍에 살 수 없다. 설사 조상이 이런 (존중의) 원칙에 따라 행동했더라도 결국은 사마의에게 잡아먹혔을 것이다."[19]

이 고양이와 쥐의 비유는 의외로 매우 적절하다. 조상과 사마의의 관계는 확실히 고양이와 쥐의 관계와 같았다.

명제의 재위 시절에 유가의 덕치(德治)와 예교 사상은 정치적으로 이미 우세를 점했다. 이는 재능을 중시하고 품성을 경시하던 조조의 인재 등용 정책과는 전혀 다른 일대 변화였다. 명제 본인은 유가를 매우 존중했다. 즉위 2년째인 태화 2년[228년] 6월과 태화 4년[230년] 2월, 명제는 각기 다음과 같은 조서를 내렸다.

> 유학을 존중하고 학문을 중시하는 일은 왕도(王道) 정치에서 교화(敎化)의 근본이다. 근래에 유관(儒官)• 중에는 간혹 적합하지 않은 인사가 있으니, 장차 어떻게 성도(聖道)를 밝게 드러내겠는가? 높은 기준으로 박사를 선발하여, 재주가 시중·상시(常侍)를 맡을 만한 사람이어야 할 것이다. 각 군·국에 칙서를 내리니, 조정에 인재를 추천할 때는 경학을 선택의 우선순위로 삼도록 하라."[20]

> 세상의 질박함과 화려함은 교화에 따라 변화한다.•• 전란이 일어난 이래 경학이 처참하게 폐기되니, 후대의 젊은이들은 공명을 추구하면서도 경전을 공부하지 않는다. (이것이) 어찌 (짐의) 훈도(訓導)가 미흡하여 (관리로) 발탁·기용한 사람들조차 덕성으로 알려지지 않았기 때문이 아니겠는가? (앞으로) 낭관(郎官)은 하나의 경전을 배워 통달해야 목민관(牧民官)의 임무를 맡길 것이다. 박사들은 시험을 치러 높은 성적을 얻은 사람을 뽑아 곧바로 등용하라. (표면적인) 화려함에만 몰두하여 도(道)의 근본에 힘쓰지 않는 사람은 모두 파직하거나 퇴직하게 하라.[21]

위의 두 조서에서 명제는 '화려함'과 '도의 근본'인 '유학'을 대립적으로 인식했다. 명제는 "화려함에만 몰두하여 도의 근본에 힘쓰지 않는 사

- • 유학의 교육을 맡은 관원, 또는 관학의 교사.
- •• 은(殷)이 질박함을 숭상하고 주(周)가 화려함을 숭상했던 것처럼, 왕조마다 교화에 따라 세상이 변화함을 설명한 것이다.

람을 모두 파직하거나 퇴직하게 하라."고 명령했고, 또 그의 명령대로 시행되었다. 화려함에만 몰두하는 인사를 통렬하게 미워한 명제는 "화려함에 몰두하고 남을 참소·비방하는 폐단을 단절하는 일에 힘을 기울였다."[22] 명제는 당시에 화려함에 몰두한다는 평판이 있는 인사들을 관계(官界)에서 아래와 같이 모두 배제했다.

> 제갈탄은 …… 여러 차례 승진하여 어사중승과 상서에 임명되었고, 하후현·등양(鄧颺) 등과 절친했으며, 조정에서 명성을 얻어 도성의 인사들이 모두 (그를) 칭송했다. 정사를 논의하던 관원들은 제갈탄·등양 등이 겉모습의 화려함만 힘쓰고 헛된 명예에 영합하므로, 이런 사치 풍조가 점차 커가도록 용인해서는 안 된다고 생각했다. 명제는 이들을 싫어하여 제갈탄을 면직했다.[23]

> 이때 당대의 걸출한 재사(才士)인 산기상시(散騎常侍) 하후현, 상서 제갈탄, 등양의 무리가 함께 서로를 치켜세우며, 하후현 등 4인을 '사총'(四聰), 제갈탄 등 8인을 '팔달'(八達)이라고 했다. 중서감(中書監) 유방의 아들 유희(劉熙), 손자의 아들 손밀(孫密), 이부상서 위진(衛臻)의 아들 위열(衛烈) 등 3인은 모두 이들에게 미치지 못했지만, 부친이 권세 있는 지위에 있다는 이유로 그들을 '삼예'(三豫)로 받아들이니, (이들까지 합하면) 모두 열다섯 사람이었다. 명제는 (이들이) 부화(浮華)한 풍조를 조장한다는 이유로 (이들을) 모두 면직하고 평생 재임용하지 않았다.[24]

● 중화서국의 표점본 『삼국지』에서는 이 부분의 원문을 "玄·疇四人爲四聰, 誕·備八人爲八達"로 표점하여, '주'(疇)와 '비'(備)를 인명으로 간주하고 있으며, 지은이도 이 표점을 따랐다. 그러나 구체적으로 '주'와 '비'가 누구를 가리키는지 알 수 없다. 일설에는 '주'가 전주(田疇, 169~214)를 가리키며, '사총'이 하후현·제갈탄·전주·등양 등 4인이라고 했다. 이 주장대로라면, 제갈탄은 '사총'과 '팔달'에 모두 속하게 된다. 그러나 '팔달'의 일원이라는 '비'가 누구인지 정확히 알 수 없다. 그래서 사마광은 『자치통감』에서 이 부분을 인용하며 '주'와 '비'를 모두 '등'(等)으로 수정했다. 즉, "玄等四人爲四聰, 誕等八人爲八達"이라고 하여, 하후현 등 4인을 '사총', 제갈탄 등 8인을 '팔달'이라고 보았다. 옮긴이도 사마광의 의견대로 본문을 해석했음을 밝힌다.

등양의 자는 현무(玄茂)로, 등우(鄧禹)의 후손이다. 젊어서부터 도성에서 사인(士人)으로 명성을 얻었다. (등양은) 명제가 재위하던 시절에 상서랑이 되었고, 낙양령에 제수되었으며, 어떤 사건에 연좌되어 파면되었다가 중랑(中郎)에 임명되었고, 다시 (내직으로) 들어와 중서랑(中書郎)을 겸임했다. 애초에 등양과 이승(李勝)은 부화한 행동을 하던 친구 사이였다. 그러다가 중서성(中書省)에 있으면서 벌인 부화한 행동이 드러나 쫓겨났고, 결국은 다시 등용되지 못했다.[25]

이승의 자는 공소(公昭)이다. (이승의) 부친 이휴(李休)의 자는 자랑(子朗)이며, 지략이 있었다. …… 이승은 젊어서 도성에서 여러 사람과 사귀었는데, 고상하고 재주와 지략을 갖추어 조상과 친하게 지냈다. 명제는 화려함을 추구하는 풍조를 금지했다. 그런데 어떤 사람이 (명제에게) 이승의 무리 중에는 '사총'과 '팔달'이라는 조직이 있으며, ('사총'과 '팔달'에) 해당하는 (열두) 사람이 각각 존재한다고 고발했다.● (이승은) 이 사건으로 체포되었지만, (이 사건에) 연루된 사람이 많았던 덕택에 풀려날 수 있었다. (그러나 그는) 여러 해 동안 금고형에 처해졌다.[26]

명제의 재위 시절에 억압을 당한, 이른바 외양만 '화려한' 인사들은 조상이 정사를 맡은 이후에 모두 요직으로 진출했다. 하안(何晏)은 상서가 되어 관리의 선발과 추천을 담당했다. 하안의 자는 평숙(平叔)으로, 하진의 손자이다. 조조는 사공(司空)으로 재직할 때 하안의 모친을 첩으

● '사총'에 해당하는 사람이 네 사람, '팔달'에 해당하는 사람이 여덟 사람 존재한다는 의미이다. 이 부분의 해석에는 논란이 있는데, 원래 『삼국지』의 원문에는 "勝堂有四窗八達"이라고 되어 있다. 문자 그대로 해석하자면, "이승의 집에 네 개의 창문과 여덟 개의 들창문이 있다."라고 해석되는데, 이 해석은 그 의미를 알 수 없다. 본문에서는 현대 학자들의 견해에 따라 '당'(堂)을 '당'(黨)으로, '창'(窗)을 '총'(聰)으로 바꾸어 해석했음을 밝힌다. 두 글자는 고대에 모두 통용되었다.

로 받아들이면서 하안도 거두어 길렀다. 하안은 언행에 거리낌이 없고, 복식(服飾)도 왕태자 조비에 버금갈 정도로 화려했다. 그래서 조비는 하안을 유달리 미워했다. 조비는 언제나 하안의 성(姓)과 자(字)를 부르지 않았고, 그를 '가자'(假子, 덤받이)라고 부르며 멸시했다. 하안은 겉모습의 화려함에 치중하는 사람들 중에서도 우두머리격의 인물로 지목되었다. 사료에서는 다음과 같이 기록하고 있다.

> 애초에 하후현·하안 등이 당대에 명성이 자자해지자, 사마경왕(司馬景王, 사마사)도 (그들과의 교류에) 참여했다. 하안은 일찍이 이렇게 말한 바 있다. "'심오해야 천하 사람들의 생각을 관통할 수 있다.'고 하는데, 하후태초(夏侯泰初, 하후현)가 이러한 사람이다. '섬세하기에 천하의 대업을 이룰 수 있다.'고 하는데, 사마자원(司馬子元, 사마사)이 이러한 사람이다. '오직 신묘해야 서두르지 않으면서도 빠르고, 움직이지 않아도 도착한다.'라고 하는데, 나는 그런 (능력이 있다는) 말은 들었지만 그런 (능력을 갖춘) 사람은 아직 보지 못했다." (이것은) 아마도 자신을 그런 신묘한 경지로 자리매김하려는 (의도일) 것이다.[27]

하안과 하후현은 같은 부류의 인물이었으므로, 자연히 화려함에 치중하던 사람들이었다. 등양은 명제가 재위하던 시절에 배척을 받아 쫓겨났다가 조상이 정사를 보필하고 나서 영천태수(潁川太守)에 임명되었다. 이후 대장군장사(大將軍長史)로 전임(轉任)되었다가 시중상서(侍中尙書)로 승진했다. 등양과 함께 화려함에 치중하던 이승은 명제가 죽은 뒤 조상이 정사를 보필하자 낙양령이 되었다. 하후현도 이승과 친분이 두터웠는데, 그는 정서장군(征西將軍)이 되자 이승을 장사로 삼았다. 하

● 작은따옴표로 인용한 세 구절은 모두 『주역』, 「계사전상」(繫辭傳上)에서 인용된 말이다.

하후현은 젊어서부터 명성이 있었다. 그는 약관의 나이에 산기황문시랑(散騎黃門侍郎)이 되었다. 명제 재위 시절에 하후현은 입조하여 황제를 알현했다. 그는 황후의 동생 모증(毛曾)과 자리를 함께하게 되자, 치욕스러워하는 기색이 얼굴에 드러났다. 명제는 이 일로 하후현을 미워하여, 그를 우림감으로 좌천시켰다. 하후현은 조상이 국정 전반을 보좌하게 되자 산기상시·중호군·정서장군으로 계속 승진했고, 가절의 권한과 함께 옹주·양주의 군사업무를 총괄하게 되었다.

'부화'(浮華)라는 표현은 그들을 폄훼하는 말이다. 앞서 인용한 것처럼, 화려함을 추구한 몇몇 인사의 전기에서는 항상 그들을 '재지'(才智), '지략'(智略)이라는 단어로 묘사했다. 따라서 그들은 결코 무능한 사람이 아니었다. 서진 시대의 역사서에서 이들이 화려함을 추궁하는 것에만 치중했다고 평가한 것은 대부분 비방하는 말이며, 실제 사실을 기록한 것이 아니다. 예를 들어 서진대의 사료에서는 하안이 "여색을 밝혔고 …… 언제나 흰 분(粉)을 손에서 놓지 않았으며, …… 상서가 되어 인재의 선발과 추천을 맡자 전부터 자신과 친분이 있던 사람을 많이 발탁했다."[28]고 했고, 또 "하인의 (인새) 신빌과 추천으로 인재를 잃지 못한 이유는 싱딩 부분 등양이 공정하고 진실하지 않았기 때문이었다."[29]라고 평가했다. 그러나 사실 이런 기록은 대부분 날조된 평가이다.

서진대의 부함(傅咸)은 "정시(正始) 연간 240~248년 하안에게 (인재의) 선발과 추천을 맡기니, 중앙과 지방의 많은 관직에 모두 적합한 인재를 얻게 되어 눈부신 (정치의) 미덕이 이 덕분에 꽤 볼만했다."[30]라고 평가했다. 그의 말은 하안이 담당한 인재 선발과 추천의 실제 현황을 어느 정도 보여준다. 당시에 화려함만 추구한 인사라는 모함을 당한 사람들은 결코

• 모증은 당시 비천한 취급을 받던 공장(工匠) 가문 출신으로서, 문화적 교양이 부족했다. 그래서 귀족 출신의 명사였던 하후현은 모증과 같은 자리에 앉은 것을 치욕으로 생각했다.

화려함·사치·낭비를 좋아하지 않았다. 오히려 그들은 질박한 생활을 주장하며 화려한 생활을 금했다. 예를 들어, 하후현은 사마의와 복제(服制)를 토론하며 "(관원이 타는) 수레·가마와 관복(官服)의 도안(圖案)이 모두 질박함을 추구해야 하고, 저급한 풍속이 숭상하는 화려한 일을 금지하여 조정 대신의 가문과 작위를 가진 집안이 더는 비단류와 여러 색상의 화려한 복식을 입지 못하게 해야 한다."고 주장했다.[31]

명제의 재위 시절에 벌어진 사치풍조와 반사치풍조의 싸움은, 사실 똑똑하고 재능이 있으며 활달하고 자유분방한 성격이었던 일군의 사람들과 예법을 엄격히 고수하며 명교(名敎)에 얽매였던 일파 사이의 투쟁이었다. 이러한 갈등은 명제가 유학과 유가 경전을 존숭하며 반포한 두 차례의 조서에 명확히 반영되었으며, 태화 6년[232년] 동소가 말류(末流)의 폐단을 진술한 상소에서는 더욱 뚜렷하고 분명하게 반영되었다. 동소는 상소문에서 다음과 같이 말했다.

> 천하를 소유했던 사람은 모두 돈후(敦厚)하고 소박하며 충성스럽고 믿을 만한 인사를 존중했으며, 위선적이며 진실하지 않은 사람을 대단히 싫어했습니다. (왜냐하면) 그들이 예교를 훼손하고 정치를 어지럽히며, 풍속과 교화를 해치기 때문입니다. 근년에는 위풍(魏諷)이 건안 연간[196~219년] 말기에 주살되었고, 조위(曹偉)가 황초 연간[220~226년]의 초기에 참수되었습니다. 엎드려 생각건대, (폐하께서는) 전후에 반포하신 성조(聖詔)에서 (패거리를 짓는) 허위와 위선을 대단히 싫어해 사악한 무리를 격파·해산하고자 항상 절치부심하셨습니다. 그러나 법을 집행하는 관리들이 모두 그들의 권세를 두려워하여 (누구도 그들의 죄상을) 적발할 (용기를 가진) 사람이 없으니, (이들은) 풍속을 퇴폐하게 하여 탐욕스러운 마음이 더욱 심해졌습니다. (신이) 가만히 오늘날의 젊은이들을 보니, 더 이상 학문을 근본으로 삼지 않고, 오로지 (친구와의) 교유만을 본업으로 삼고 있습니다. 나라 안의 사인들은 효성·우애·청렴·수

양을 으뜸으로 여기지 않고, 권세를 쫓고 이익을 찾는 일을 우선으로 생각합니다. (그들은) 당파를 결성하여 서로 칭송하고 추켜세우고, 비방을 징벌로 여기며, 감싸고 두둔하는 것을 벼슬이나 상을 얻은 것으로 생각합니다. (그래서) 자기를 따르는 사람에 대해서는 넘치는 말로 칭찬하고, (자신을) 따르지 않는 사람에 대해서는 잘못을 들춰냅니다.[32]

동소가 말한 "위선적이며 진실하지 않다"와 "허위와 위선"은 모두 "사치를 일삼다"와 같은 말이다. 동소는 이 상소문을 태화 6년[232년]에 올렸으니, "전후에 반포하신 성조"란 태화 2년[228년]과 태화 4년[230년]에 명제가 유학을 존숭하고 부화한 풍조를 배격하겠다는 선언을 한 조서를 가리킨다. 조서의 목적은 사악한 무리의 격파와 해산이었다. 이를 통해 우리는 사치를 일삼는 인사들이 이미 "당파를 결성"했고 이 사악한 무리가 이미 큰 세력을 형성함으로써, 법을 집행하는 관리들조차 그들의 권세가 두려워 그 죄상을 적발할 수 없었다는 사실을 알 수 있다.

이처럼 사치를 일삼던 '사당'(邪黨, 사악한 무리)은 조상이 국정 전반을 보좌하자, 모두 그의 주위로 몰려들었다. 이들은 유학을 대대로 존숭한 가문이었던 사마의의 일파, 즉 '정당'(正黨, 올바른 무리)과 대립했다. 유학을 신봉한 인사는 하안·등양 등에게 불만을 품었다. 진수는 당시 상황을 아래와 같이 서술했다.

당시 대장군 조상이 권력을 장악하여 하안·등양 등을 임용했다. 왕숙(王肅)과 태위 장제(蔣濟), 사농(司農) 환범(桓範)이 당시의 정치를 논의했는데, 왕숙은 정색하며 "이런 사람들이야 홍공(弘恭)과 석현(石顯) 같은 족속들인데,

• 홍공과 석현은 전한 원제(元帝) 재위 시기의 환관으로, 원제의 신임을 받아 정권을 좌지우지했다.

(무엇 때문에) 다시 (그들을) 거론하겠소?"라고 (하안·등양 등을) 폄훼했다. 조상은 그의 말을 듣고, 하안 등에게 이렇게 주의를 주었다. "모두 신중해야 하오. 공경들은 이미 여러분을 이전 시대의 악인에 견주고 있소."[33]

왕숙은 유가의 대표적인 인물인데, 그의 말은 매우 독살스럽다. 파벌이 이미 형성되어, 대립이 점점 더 첨예화되고 확대되었기 때문에 벌어진 현상이다.

하안은 조상에게 대권을 외부 사람에게 맡겨서는 안 된다고 주장했다. 정밀(丁謐)은 조상을 위해 계책을 꾸몄다. 그 계책은 조상이 천자에게 사마의를 태부(太傅)로 전임시키는 내용의 조서를 내리도록 아뢰는 것이었다. 이것은 겉으로는 사마의의 명예를 높여 그를 존중하는 것처럼 보이지만, 실제로는 사마의를 실권에서 멀어지게 하는 조치였다. 이 조치로 상서가 안건을 올리면 먼저 조상을 거치게 되었고, 모든 사안이 조상을 통해 결정되었다. 조상은 이 계책을 따랐고, 결국 사마의는 태부에 임명되었다. 사마의는 태부로 전임되었지만, 병권을 내놓지는 않았다. 제왕 조방은 조서에서 "태위(사마의)를 태부로 승진시키되, 예전과 같이 지절(持節)의 권한을 주어 병권을 통솔하고 각 지역의 군대를 지휘하게 하라."고 명령했다.[34]

조상도 병권을 장악해야 한다는 사실을 잘 알고 있었다. 그는 자신의 아우 조희(曹羲)를 중령군(中領軍), 조훈(曹訓)을 무위장군(武衛將軍)에 임명하여 궁궐을 경비하는 대권을 장악했다. 또 아우 조언(曹彦)을 산기상시 겸 시강(侍講)에 임명했고, 다른 아우들도 모두 열후(列侯)의 신분으로 황제를 시종하여 황궁을 출입했다. 조상은 조정에도 자기 사람

- p.169 역주 참조.

을 심어놓았다. 예를 들면, 이부상서 노육을 복야(僕射)로 전임시킨 지 얼마 후 다시 외정(外廷)으로 보내 정위(廷尉)에 임명한 다음, 하안에게 노육의 업무를 대신하게 했다. 또 등양·정밀을 상서로 삼고, 필궤(畢軌)를 사예교위에 임명했으며, 대장군장사 손례(孫禮)를 양주자사(揚州刺史)로 내보냈다. 그가 자기 사람을 심어놓자, 자연히 다른 사람들은 배제되었다. 이러한 처사로 많은 사람이 그에게 분노·원망·거리감을 품었다. 황문시랑 부하(傅嘏)가 조희에게 이렇게 말했다.

> 하평숙(하안)은 겉으로는 차분해 보이지만, 속마음은 (조급하고) 약삭빠르며[35] 이익을 좋아하여 근본에 힘쓸 생각이 없습니다. 저는 틀림없이 (하안이) 그대의 형제들을 먼저 현혹할까 걱정스럽습니다. (그렇게 되면) 어진 인사들이 (그대에게서) 멀어지게 되고, 조정의 정사도 무너질 것입니다.[36]

부하는 하안이 눈앞의 이해관계에 따라 정치적 조치를 시행할 뿐, 전체적인 국면과 근본적인 타당성을 생각하지 않는다고 비난했다. 그는 어진 사림들이 조심과 거리를 두리는 상황을 걱정했나. '어신 사람'이란 물론 부하 자신과 같은 예법지사(禮法之士)를 지칭한다. 그렇다면 하안은 이와 같은 예법지사가 아니었을까? 진수는 감히 하안을 분명하게 변호하지는 못했다. 그러나 그는 아래와 같이 하안의 주장(奏章)을 기록해 놓았다.

> 나라를 잘 다스리는 사람은 반드시 먼저 자기 몸을 다스리고, 자기 몸을 다스리는 사람은 자신과 친숙한 사람을 신중하게 선택합니다. (자신과) 친숙한 사람이 올바르면 자신도 올바르게 되고, 자신이 올바르게 되면 (굳이) 명령을 내리지 않아도 (저절로) 시행되기 때문입니다. (그러나 자신과) 친숙한 사람이 올바르지 않으면 자신도 올바르지 않게 되고, 자신이 올바르지 않으면 비록 명령을 내려도 (백성이) 따르지 않는 법입니다. 그래서 군주가 된 사람은 함

께 교유할 사람으로서 반드시 올바른 사람을 선택하고, 바라볼 대상으로서 반드시 올바른 대상을 관찰하셔야 합니다. (음란한) 정(鄭)나라의 음악을 버려두어 듣지 않고, 아첨 잘하는 사람을 멀리하여 접근하지 않으셔야 합니다. 그렇게 해야 사악한 마음이 생기지 않고 정도(正道)가 넓어질 수 있습니다.[37]

진수는 하안이 올린 이 주장의 말미에 "모두 (제왕 조방의) 결점을 겨냥하여 간언을 올린 것[38]"이라는 평어를 덧붙였다.

제왕 조방의 재위기인 정시 연간240~248년에 조상 등은 국정의 전반을 보좌하며 대체로 다방면에서 정치개혁을 단행했다. 그렇지만 이 상황을 설명할 수 있는 직접적인 사료가 남아있지 않고, 오늘날 우리가 볼 수 있는 사료는 대부분 진대 사람들이 조상 집단을 비방한 내용이다. 하안은 인재의 선발·추천권을 맡아 개인적인 친분이 있는 사람만 임용했다는 이유로 많은 비방을 받았다. 앞서 서술한 것처럼, 부함의 진술 속에 당시의 진실한 상황이 조금 남아 있다. 하지만 조상 집단의 개혁에 대해서는 한 마디의 평어조차 남아 있지 않다. 진수는 다음과 같이 기록했다.

> 이때 조상이 독단적으로 정사를 장악하니, (그의 일파인) 정밀·등양 등은 경솔히 법령과 제도를 개정했다. …… (그러자) 장제가 상소했다. " …… 국가를 통치하는 법령과 제도는 오직 당세의 걸출한 인재만이 그 근간을 확립하여 후세에 남길 수 있습니다. 어찌 중급·하급의 관리들이 (법도를) 바꿀 수 있겠습니까? (그런 행위는) 결국 (국가의) 통치에 보탬이 되지 않으며, 백성을 해치기에 충분합니다. 바라옵건대, 문무 대신들에게 각각 자신의 직분을 지켜 모두 깨끗하고 평화로운 원칙을 따르게 한다면, (음양의) 조화로운 기운과 상서로운 징조가 감응하여 오게 될 것입니다.[39]

진수는 그저 정밀·등양이 "경솔히 법령과 제도를 개정했다."라고만 언급했다. 장제도 개혁이란 당세의 걸출한 인재를 통해 이뤄져야 하며, 중급·하급의 관리는 쉽게 개혁을 논할 수 없으므로 그들이 선택해야 할 최선의 방법은 착실하게 각자의 직분을 지켜나가는 것이라고만 말했다. 두 사람 모두 조상 일파의 개혁에 어떤 죄악이 있었다거나 시행할 수 없었다고 공격하지는 않았다.

진수는 타관살이하던 망국(亡國)의 신하로, 진조의 하급 관리였다. 그가 저술한 『삼국지』에는 위에서 진으로 왕조가 선양된 일이 서술되어 있다. 만에 하나 신중을 기하지 않으면 목숨을 잃게 되는 화를 초래할 수 있었으므로, 그는 당연히 조심하고 신중해야 했다. 그러나 진수는 완곡하게나마 역사의 진실을 반영할 수 있었다. 하후현은 조상과 고종사촌 관계로서, 조상 일파의 중요 인물이다. 하안은 하후현을 대단히 칭찬하여 "'심오해야 천하 사람들의 생각을 관통할 수 있다.'고 하는데, 하후태초(하후현)가 이러한 사람이다."라고 평가했다. 진수는 하후현이 사마의와 개혁에 관해 토론하는 기회를 포착하여, 하후현이 개혁을 피력한 장편의 논설을 거의 전부 수록했다. 문장이 길어 전체 내용을 옮겨 소개할 수는 없지만, 하후현의 의견을 크게 구분하자면 다음의 몇 가지로 정리할 수 있다.

(1) 관리심사와 인재등용 제도의 개혁

"인재의 평가와 선발은 상서대(尙書臺)에서 전담하니, (이는) 중앙(정부)의 본분입니다. 효성스러운 행동은 민간에서 나타나니, (효행을 실천한 사람의) 우열(에 대한 평판)을 (해당 지역의) 마을 사람에게 맡기는 것은 지방에서 준수해야 하는 질서입니다. 교화를 깨끗하게 하고 선발을 세심하게 하려면 (중앙정부가 지켜야 할) 본분과 (지방에서 준수해야 할) 질서를 명확히 구분하여 서로 간섭하지 않게 해야 합니다. …… 중앙에서 본분을 넘어서(서 지방에서 제공한 고과를 무시하)면, (인재들이) 거쳐야 할 근본(인 품성의 수양)에서 벗어나 권세를 찾아 분주히 이익을 꾀하는 길이 열릴까 두렵습니다. 지방에서 지켜야 할 질서를 넘어서(서 중앙의 권력을 침탈하)면, 천자께서 하사하는 관작이 외부(인 지방)와 연결되어 큰 권력을 갖는 가문이 많아질까 두렵습니다. 천자께서 하사하는 관작이 지방과 연결되는 것은 일반 백성이 조정의 (인재선발) 권한을 간섭하는 것이며, 큰 권력을 갖는 가문이 많아지는 일은 분란의 근원입니다. 주·군의 중정관이 관리로 선발할 인재를 평가한 이래 여러 해가 지났습니다. 그러나 (실제 상황은) 혼란하고 어지러우니, 아직 (인재 선발의 기준이) 정리되었다는 말을 듣지 못했습니다. 어찌 (중앙정부가 지켜야 할) 본분과 (지방에서 준수해야 할) 질서가 뒤섞여 각자가 (지켜야 할 인재선발의) 요체를 잃어버려서 벌어진 결과가 아니겠습니까! 만약 중정관에게 인재들의 품행만 고찰하게 하여 인재들의 분류가 적당하고 품행평가가 공평하다면, 이들은 관직에 임명할 수 있을 것입니다. …… 어찌 중정관이 지방에서 (중앙정부가 맡은) 인재의 평가와 선발 권한을 간섭하고, 중앙에서 국가 권력을 장악한 상서대가 (지방의 중정관에게) 의지하게 함으로써, 상하가 서로(의 권한을) 침범하여 분란을 일으킨단 말입니까!?"[41]

(2) 관장이 관리의 심사와 평가에 참여

"모든 관직 기구에 속한 관리에 대해서는 각각 기관의 관장(官長)이 아침저녁으로 (관원을) 평가하지만, (관장이) 이를 철저하게 (평가)할 수는 없습니다. …… 만약 (관리들에게) 각자 자신의 직분을 따르게 하고, 관장이 각각 자신이 거느린 속관(屬官) 중 능력자와 무능력자를 (구분하여) 상서대에 보고하면, 상서대에서는 관장들이 보고한 능력자와 무능력자의 순서에 근거하고, 향리에서 보고한 덕행의 순서를 참작하여 그들의 등급을 산출하되, 편파적으로 판단해서는 안 됩니다. 중정관은 오로지 인재의 행적을 고찰하여 그들의 고하를 분별하고 인재의 등급을 평가하되, (함부로 등급을) 올리거나 낮춰서는 안 됩니다. 상서대에서는 (그 자료를) 종합하되, 만약 그들이 선택한 결정에 혹시 착오가 있으면 그 책임은 자연히 담당 관리에게 있을 것입니다. …… 이렇게 한다면 인심이 안정되고 사리가 분명해져, 거의 풍속이 안정되고 관리의 재능을 갖춘 사람을 잘 살필 수 있을 것입니다.⁴²"

(3) 군수를 없애고 자사만 임명

오늘날의 현령·현장은 모두 소속 관원과 백성을 직접 다스리는데, (중앙과 지방의 중간 단계에) 무리하게 군수(郡守)와 자사(刺史)를 중복하여 두었습니다. 만약 군의 관할 범위를 대략적으로만 비교해보자면 주(의 관할 범위)와 같으니, 다시 중복할 필요가 없습니다. (따라서) 마땅히 군수를 없애고, 자사만 임명해야 합니다. 자사라는 직책이 존재하면 감찰 업무는 사라지지 않습니다. 군에 속한 관리가 수만 명이니, (그들을) 돌려보내 직접 농업에 종사하게 하면 번잡한 (행정상의) 비용을 절감하고 재물과 곡식을 증식할 수 있습니다. …… 만약 군수(라는 한 단계)를 없애면 현에서 모두 (중앙으로) 직접 보고를 전달할 수 있어 (중간에서) 업무가 가로막혀 정체되지 않으며, (유능한) 관리가 적체되(어 승진에서 누락되)는 경우도 없을 것입니다. (그렇게 되면 하·은·주) 삼대(三代)의 (훌륭한 정치적) 분위기가 완전히 실현되지는 않더라도, 간명(簡明)하게 통일하는 (행정상의) 변화는 거의 실현할 수 있습니다. 백성을 편안하게 하고 (국가의) 비용을 절감하는 방노가 여기에 달려 있습니다.⁴³"

(4) 복제의 개혁

"문식(文飾)과 질박(質朴)을 교대로 사용하는 것은 마치 사계절이 번갈아 출현하는 것과 같습니다. …… 시대(의 분위기)가 질박한 기운으로 가득하면 예의로 (시대를) 수식하고, 시대(의 분위기)가 교만하고 사치하면 질박함으로 (시대를) 보완하는 법입니다. 현재(의 위왕조)는 수많은 제왕의 뒤를 계승하고 진·한조의 남은 영향을 받아 세상의 풍속이 지나치게 사치스러우니, 마땅히 대대적으로 개정하여 백성의 바람을 바꾸어야 합니다. …… 따라서 근본을 크게 다스리고 고대의 법을 기준으로 삼고, 문식과 질박의 조화를 통해 절충적인 원칙을 선택함으로써 예의의 법도로 삼아야 합니다. (관원이 타는) 수레·가마와 관복의 도안은 모두 질박함을 추구해야 하고, 저급한 풍속이 숭상하는 화려한 일을 금지하여 조정 대신의 가문과 작위를 가진 집안이 더는 비단류와 여러 색상의 화려한 복식을 입지 못하도록 해야 합니다. 상류층부터 하층민까지 소박함의 차이에는 (그저) 등급이 있음을 나타낼 뿐입니다."[44]

사마의는 그에 대한 답신에서 "(그대가 제시한) 관리의 심사·발탁과 인재의 선발, 중복된 관직의 제거, 복제의 개혁 등은 모두 대단히 훌륭하다."[45]라고 호평했지만, "아마도 이 세 가지 사안은 덕행과 재능을 갖춘 사람(의 출현)을 기다린 후에야 처리할 수 있을 것"[46]이라고 실행을 보류했다. 사마의도 장제와 마찬가지로 개혁이 나쁘다고 평가하지는 않았다. 그러나 그는 "덕행과 재능을 갖춘 사람"과 "당세의 걸출한 인재"의 출현을 기다려야 한다고 말함으로써 사실상 개혁을 주장하지 않는 태도를 보였다.

문제(조비)가 진군의 건의를 받아들여 구품관인법을 만든 이후, 인재의 선발권은 점차 명문가와 호족의 손아귀에 장악되었다. 구품관인법이 명문가와 호족의 관직 진출을 위한 도구로 쓰이게 되면서, 명문가와 호족은 정치적으로 높은 지위를 독점했다. 그들은 상류층의 안정만을 추구했을 뿐, 어떠한 개혁도 단행하지 않으려고 했다. 하후현은 "큰 권력을 갖는 가문이 많아지는 일은 분란의 근원"[47]이라고 생각했는데, 이는 바로 권력의 집중을 주장하는 세력과 분권을 주장하는 세력 사이의 정쟁이었다.

진수가 많은 분량을 할애하여 소개한 하후현의 개혁 논의는 아마도 하안·등양 등이 추진하려고 했던 개혁 강령이었을 가능성이 크다. 하안이 인재 선발권을 장악하면서부터 장제·사마의는 모두 개혁에 반대한다고 말하지는 않았지만, "덕행과 재능을 갖춘 사람"과 "당세의 걸출한 인재"가 출현할 때까지 개혁을 미뤄야 한다고 주장했다. 진수는 이렇게 하후현의 주장을 인용해 조상의 의도를 밝히는 표현기법을 사용함으로써, 역사적 진실을 드러내었다. 이런 점에서 볼 때, 진수는 훌륭한 역사가였다.

정시 8년[247년]이 되자, 조상의 "거듭된 제도 개혁" 탓에 사마의와 조상 사이의 갈등은 갈수록 첨예해졌다. 이해 5월, 사마의는 마침내 병을 핑계로 정사에 참여하지 않았다. 조상은 종친이라는 신분 덕에 고명(顧命)을 받음으로써 어린 황제를 도와 정사를 보좌하는 대신이 되었을 뿐이다. 이 사람에게는 결코 출중하고 영명한 재능과 지략이 없었다. 10여 년간 대장군이라는 영화로운 자리에 있던 그는 점차 생활이 타락하여 끝없는 교만과 사치에 빠졌다. 그는 정치적으로도 전혀 경각심이 없었고, 여러 형제와 함께 항상 놀러 다녔다. 사농 환범이 조상에게 "모든 업무를 총괄하는 사람과 궁궐의 수비병을 관장하는 사람이 함께 (성 밖으로) 나가서는 안 되니, 만약 성문이 닫히기라도 하면 누가 다시 (성안으로) 들어가겠습니까?"라고 충고했다. 그러나 조상은 "누가 감히 그렇게 하겠소!"[49]라고 말하고 무시했다. 이 말에서 조상이 얼마나 평범하고 용렬한 사람인지가 드러난다.

정시 9년[248년] 겨울, 이승은 외직으로 나가 형주자사가 되었다. 소상은 이승을 사마의에게 보내어 작별인사를 하게 하면서, 사마의의 건강 상태를 염탐하게 했다. 사마의는 노병(老病)에 걸린 척 위장하며 이승을 접견했다. 그는 시녀 두 사람에게 자신의 시중을 들게 했는데, 그들이 건네준 옷을 쥐었지만 쥔 손에 힘이 없는 것처럼 옷을 떨어뜨렸다. 사마의가 입을 가리키며 갈증이 난다고 말하자 시녀가 죽을 올렸는데, 사마의는 죽그릇을 손에 쥐지 않고 그릇을 입에 댄 채로 죽을 마시다가 죽이 모두 쏟아져 가슴팍을 적셨다. 이승은 불쌍한 생각에 눈물을 흘리며 "많은 사람이 명공께서 예전에 앓던 풍병이 (다시) 발병한 것쯤으로 생각했는데, 존귀하신 몸이 이렇게까지 편찮으실 줄을 생각이나 하겠습니까!"[50]라고 말했다. 사마의는 다 죽어가는 목소리로 "늙어 와병 중이니, 죽음이 지척에 이르렀소. 그대가 몸소 병주까지 가게 되었군요. 병주는 오랑캐와 가까운 곳이니, 그 점을 잘 대비하시오. 아마도 다시 만나기는 어려울 것 같구려.51"라고 했다. 그러자 이승은 "본주(本州, 형주)로 돌아가 부임해야 합니다. 병주가 아닙니다.52"라고 말했다. 사마의는 여전히 "그대가 이제 병주로 가야 하는군요.53"라고 횡설수설했다. 이승이 "형주로 부임해야 합니다.54"라고 하자, 사마의는 그제야 조금 정신이 돌아온 모습을 하고는 "나이가 드니 생각이 흐릿하여 그대의 말을 이해하지 못했소. 이제 돌아가 본주(형주)를 다스린다니, 고상한 품성과 씩씩한 기상으로 공훈(功勳)을 잘 세우시오.55"라고 말했다. 아울러 자기 아들 사마사와 사마소(司馬昭) 형제를 그에게 부탁했다.

이승은 돌아와 조상에게 "사마공(사마의)은 시체처럼 누운 채 겨우 숨만 쉬고 계십니다. 육신과 정신이 이미 분리되었으니, 염려하지 않아도 좋겠습니다.56"라고 보고했다. 며칠 후 이승은 다시 조상 앞에서 눈물을 흘리며 "태부(사마의)의 병을 더는 치료할 수 없다니, 참으로 슬픕니다!57"라고 했다. 이후 조상 일파는 사마의를 전혀 대비하지 않았다. 양측이 대치한 상황에서 한쪽은 매우 교활하고 간사하여 병을 가장하며 상대를 속이는데, 다른 한쪽은 아둔하고 순진하기까지 했으니, 속임수에 넘어가지 않을 수가 있었겠는가!

정시 10년249년. 4월에 가평(嘉平)으로 개원 정월 갑오일(甲午日), 위의 황제인 제왕 조방은 고평릉(高平陵)을 참배했다. 고평릉은 명제(조예)의 능으로, 낙양성에서 남쪽으로 90리 떨어진 곳에 있었다. 대장군 조상, 중령군 조희, 무위장군 조훈, 산기상시 조언 등은 모두 제왕 조방을 수행하여 능을 참배했다. 한창 기회를 엿보며 거사를 하려고 했던 사마의는 이 기회를

• 이승은 남양군(南陽郡) 출신이다. 남양군이 형주에 속했으므로, 이승이 형주를 자기의 '본주'라고 언급한 것이다.

놓치지 않고 돌연 정변을 일으켰다. 그는 황태후의 명을 핑계로 낙양성의 성문을 걸어 잠그고, 병력을 이끌고 가 무기고를 점거했다. 아울러 일부 병력을 낙수(洛水)의 부교(浮橋)로 파견하여 주둔하게 했다. 그는 사도 고유에게 가절의 권한을 주어 대장군의 일을 대행하고, 조상의 군영을 점거하게 했다. 또한, 태복(太僕) 왕관(王觀)에게 중령군의 일을 대행하고, 조희의 군영을 점거하게 했다. 사마의 자신은 병력을 이끌고 낙수의 부교로 나와 주둔한 다음, 제왕 조방에게 조상의 죄악을 다음과 같이 상주했다.

신(사마의)이 옛날 요동에서 돌아왔을 때, 선제(명제 조예)께서는 폐하(조방)·진왕(秦王, 조순曹詢)과 신을 (황제의 침상인) 어상(御床)까지 올라오라고 명하시고, 신의 팔을 붙잡은 채 후사를 깊이 염려하셨습니다. (당시) 신은 이렇게 대답했습니다. "두 선대 황제(조조·조비)께서도 신에게 후사를 부탁하셨으니, 이는 폐하께서도 직접 목격하신 일로서 걱정하거나 괴로워하실 필요가 없습니다. 만일 여의치 않은 경우가 발생하면 신은 당연히 죽음으로 명조(明詔)를 받들겠나이다." 황문령(黃門令)• 동기(董箕) 등과 (선제의) 병환을 시중들던 궁녀라면 모두 늘어 알고 있는 바입니다. 지금 내장군 조상은 (선제께서 임종할 때 남긴) 고명을 저버리고 나라의 법도를 망쳤습니다. (그는) 안으로는 은연중에 (자신을) 황제에 견주려고 했고, 밖으로는 위세와 권력을 마음대로 휘둘렀으며, (도성 내의) 여러 군영(의 편제조직)을 파괴하여 궁중의 병력을 전부 손아귀에 장악하고, •• 각 관서의 요직에 모두 자신의 측근을 배치했습니다. (또

• 환관의 관리를 맡은 한대의 관직으로, 황문령 역시 주로 환관이 맡았다.

•• 조상은 245년에 금위군(禁衛軍) 내의 중루영(中壘營)·중견영(中堅營)을 해체하고, 두 군영의 병력을 중령군(中領軍)에 포함했다. 중령군은 당시 조상의 동생 조희가 통솔하고 있었으며, 또 다른 동생 조훈도 무위영(武衛營)을 통솔하고 있었다. 이 조치를 통해 조상은 당시 도성의 6대 군영 중에서 4대 군영을 장악했다. 당시 사마의는 하나의 군영만을 거느리고 있었으므로, 이 조치를 두고 조상이 "궁중의 병력을 모두 장악했다."고 비난한 것이다.

한, 그는) 궁중 내의 숙위(宿衛) 중에도 대대로 직분을 지켜온 옛사람을 모두 쫓아내고 새로운 사람을 배치하여 사사로운 계획을 세우려고 했고, (그의 세력이 도처에서) 요직을 차지한 채 상호결탁하여 방자함이 날로 심해졌습니다. 외부에서만 이와 같은 것이 아닙니다. 또한, (조상은 궁중 내에서) 환관 장당(張當)을 도감(都監)으로 삼아 집중적으로 (그와) 내통하면서 지존(至尊)을 감시하여 황위를 (찬탈할 기회를) 엿보았으며, 폐하와 황태후 사이를 이간질하여 (모자 관계인) 골육의 정을 해쳤습니다.• (이처럼) 천하가 소란스럽고 불안하니, 사람들은 위기감과 두려움을 품고 있습니다. (그런데도) 폐하께서는 그저 손님처럼 (아무런 실권 없이 불안한 제위에) 앉아 계시니, 어찌 오랫동안 편안하시겠습니까! 이는 선제(명제)께서 폐하와 신을 어상까지 불러올리신 본뜻이 아닐 것입니다. 신이 비록 늙고 쇠약하지만, 어찌 감히 지난날에 했던 말을 잊겠습니까? 옛날 조고(趙高)가 방자히 행동하자 진조(秦朝)가 그 탓에 멸망했고,•• 여씨(呂氏)·곽씨(霍氏) 일족의 세력이 일찌감치 제거된 덕분에 한조의 제업이 대대로 이어진 것입니다.••• 이런 전례야말로 폐하께서 귀감으로 삼아야 할 교훈이니, 신이 명을 받잡고 나설 때입니다. 태위인 신 장제와 상서령인 신 사마부(司馬孚) 등은 모두 조상이 임금을 무시하는 마음을 품었으므로 (조상의) 형제들이 병력을 통솔하고 (황궁을) 숙위(宿衛)해서는 안 된다고 생각하여 영녕궁(永寧宮)•••에 상주(上奏)했습니다. 황태후께서는 신에게 칙령을 내려 상

- • 조상은 정밀(丁謐)의 건의에 따라 곽태후(郭太后)와 황제 조방을 다른 건물에 거주하게 함으로써 황제를 견제했다.
- •• 조고는 진조의 환관으로서, 진시황이 죽자 그의 유조를 위조하여 장자 부소(扶蘇)를 자결하게 하고 호해(胡亥)를 옹립하여 황제로 삼았다. 이후 그는 정권을 장악하고 이사(李斯)와 호해 등을 연이어 죽인 후 전횡을 일삼다가 자신이 옹립한 자영(子嬰)에 의해 피살되었다.
- ••• 여씨는 고조 유방의 부인인 여후(呂后)의 일족을 말하며, 곽씨는 소제(昭帝) 재위기의 외척세력인 곽광(霍光)의 일족을 가리킨다. 여씨 일족은 유방이 죽은 후 한때 권력을 장악하였으나 주발(周勃)·진평(陳平)·유장(劉章) 등에 의해 제거되었고, 곽씨 일족 역시 곽광이 죽은 후 선제(宣帝)의 명에 의해 숙청되었다.
- •••• 곽태후가 머물던 궁전.

주한 요청대로 처리하라고 했습니다. 신(사마의)은 곧바로 주관 관원과 황문령에게 명령하여 조상·조희·조훈의 관직과 병권을 해제하게 했고, (조상 등을) 후작의 신분으로 면직시켜 (각자의) 사저로 돌아가게 했으며, 시간을 지연시켜 (폐하의) 어가(의 회궁 자체)를 지체하지 못하게 했습니다. (만약 그들이) 감히 어가(의 회궁 자체)를 지체시킨다면 즉시 군법으로 처리하겠습니다. 신은 병든 몸을 간신히 지탱하고 있지만, 병력을 거느리고 낙수의 부교에 주둔하며 비상사태를 관찰하겠습니다."[58]

조상은 사마의가 황제에게 상주한 일을 알고 있었다. 그런데도 그는 제때에 황제에게 상주하지 않았다. 그는 난처한 상황에 부닥쳐 어쩔 줄을 몰랐다. 그는 황제를 이수(伊水)의 남안(南岸)에 머물게 한 채, 낙양의 둔전병 수천 명을 동원하여 호위 병력으로 삼았다.

패국 출신의 대사농 환범은 조상과 동향 사람이었다. 그는 사마의가 병력을 일으켰다는 소식을 듣자, 태후의 조령에 호응하지 않고 조서를 고쳐서 평창문(平昌門)을 열고 남하하여 조상에게 갔다. 사마의는 장제에게 "꾀주머니가 가버렸구려!"[59]라고 했나. 그러자 장제는 "환범은 지혜롭습니다만, 노둔한 말이 마구간의 콩에만 연연할 것입니다. (노둔한 말처럼 재주와 지혜가 얕은) 조상은 틀림없이 (환범의 지략을) 활용할 수 없을 것입니다."[60]라고 했다.

조상 진영에 도착한 환범은 조상 형제에게 천자를 허창으로 모신 다음 사방의 병력을 동원하여 직접 방어하자고 권유했다. 그러나 조상이 결단을 내리지 못하고 주저하자, 환범은 이렇게 말했다. "(대처해야 할) 상황이 분명합니다. 경은 책을 읽어놓고 어떤 때에 활용하시렵니까! 오늘 경 등의 가문이 무너질 지경입니다."[61] 또 "오늘에 와서 경 등의 집안이 빈천한 (평민의) 삶을 추구한다고 한들, (그 일이) 가능하겠습니까? 게다가 필부도 인질 한 사람을 끼고 있으면 오히려 살기를 희망합니다. 지금 경과 천자는 서로 동행한 상황인데, (이런 상황을 이용하여) 천하에 명령을 내리면 누가 감히 호응하지 않겠습니까!"라고 주장했다. 조상 등은 아무도 말을 하지 않았다. 환범은 다시 조희에게 말했다. "경의 별영(別營)이 가까운 궁궐의 남쪽에 있고, 낙양전농의 치소가 성 바깥에 있으니, 마음대로 부릴 수 있습니다. 지금 허창으로 가시되, 내일 밤을 넘기지 마십시오. 허창의 별고(別庫)에서 (무기를) 충분히 빌려 쓸 수 있습니다. 걱정되는 점은 군량미인데, 대사농의 인장이 제게 있습니다."라고 말했다. 그런데도 조희 형제는 계속 묵묵부답이었다.

사마의는 시중 허윤(許允)과 상서 진태(陳泰)를 조상에게 보내, 조상이 조속한 시일 안에 죄를 인정해야 한다고 타이르게 했다. 또 조상이 신뢰하던 전중교위(殿中校尉) 윤대목(尹大目)에게는 조상이 관직에서만 물러날 뿐이라고 일러주게 하고, 사마의 자신이 낙수 앞에서 조상의 안전 보장을 맹세한다고 전했다. 진태는 진군의 아들이다. 장제가 다시 조상에게 서신을 보내, 사마의가 조상의 면직만을 바랄 뿐이라고 전했다. 조상은 주저하며 결단을 내리지 못했다. 저물녘부터 날이 밝을 무렵까지 밤새도록 고민하던 조상은 결국 땅바닥에 칼을 내던지며 "내가 그래도 부잣집 늙은이 자리는 놓치지 않겠구나!"라고 했다. 환범은 울면서 "조자단(曹子丹, 자단은 조상의 부친 조진의 자)처럼 훌륭한 분께서 너희 형제(같이 못난 놈)들을 낳다니, (너희는) 소의 새끼(처럼 한심한 놈들이)로구나! 오늘 너희한테 걸려 멸족당할 줄을 어디 생각이나 했겠느냐!"라고 했다.

조상은 사마의가 올린 주장(奏章)을 황제에게 보내고, 아울러 황제에게 자신의 면직을 청한 다음, 황제를 모시고 환궁했다. 조상 형제는 관직에서 물러나 사저로 돌아갔다. 사마의는 낙양의 관리와 백성 800명

• 당시 낙양에 공식 무기고인 부고(府庫)가 있었으므로, 허창에는 별고를 두어 병장기를 보관해 두었다.

을 동원하여 조상 형제의 사저를 포위하고 감시했다. 그는 조상의 사저 주위의 네 귀퉁이에 높은 누대를 세우고, 누대 위에 사람을 배치하여 조상 형제의 거동을 정찰하게 했다. 그래서 조상이 탄궁(彈弓)을 끼고 후원(後園)으로 가면, 누대 위에서는 "전 대장군이 동남쪽으로 간다."라고[66] 소리쳤다. 조상은 근심과 두려움에 휩싸였다.

나흘 뒤 "환관 장당이 사사로이 궁녀를 조상에게 주어 추문이 생길까 의심스럽다."라는 내용의 상소문이 올라왔다. 장당은 체포되어 정위(廷尉)의 심문을 받았다. 장당은 조상과 상서 하안·등양·정밀, 사예교위 필궤, 형주자사 이승 등이 내란 음모를 꾸며 3월 중에 정변을 일으키려고 한다고 진술했다. 이에 조상·조희·조훈·하안·등양·이밀·필궤·이승·환범 등이 모두 하옥되었다. 그들은 모두 '대역부도'(大逆不道)의 죄목으로 탄핵을 당했고, 장당과 함께 삼족이 멸족되었다. 이들을 "같은 날에 살육하니, 명사(名士)의 숫자가 반이나 줄어들었다."[67] 정치투쟁은 이처럼 참혹하다.

거기장군으로서 가절의 권한을 갖고 양주의 각 군을 지휘하던 왕릉(王淩)과 연주자사(兗州刺史) 영호우(令狐愚)는 위의 황제 소방이 사마의의 통제를 받고 있으므로 군주가 될 수 없다고 생각했다. 그들은 초왕(楚王) 조표(曹彪)를 옹립하고 허창에 도읍하여 조씨 세력의 부흥을 도모하기로 은밀히 모의했다. 초왕 조표는 조조의 아들로서, 장성한 어른이었고 재주가 있었다. 왕릉의 아들인 상서 왕광(王廣)이 낙양에 있었으므로, 왕릉은 사람을 보내어 왕광과 소식을 주고받았다. 그러나 왕광은 부친의 의견에 동의하지 않고 "(황제의) 폐위(를 도모하는 행위)는 중대한 사안이니, 재앙의 선두가 되려고 하지 마십시오."[68]라고 말했다. 마침 영호우가 병으로 죽자, 이 일은 결국 중단되었다.

가평(嘉平) 3년[251년], 오가 도수(涂水)즉 저하(滁河). 합비에서 발원하여 육합현(六合縣) 과부진(瓜埠鎭)에서 장강으로 들어감를 막자, 왕릉은 오에 대한 방어를 구실로 대규모로 병력을 동원하려고 했다. 사마의는 이미 왕릉의 속셈이 다른 곳에 있음을 알아차리고, 황제에게 불허한다는 조령을 내리게 했다. 왕릉은 장군 양홍(楊弘)을 연주자사 황화(黃華)에게 보내 황제를 폐위하려는 자신의 계획을 알렸다. 그러나 양홍과 황화가 연명으로 이 일을 사마의에게 밀고하니, 사마의는 도성의 병력을 이끌고 뱃길을 따라 왕릉을 토벌하기 위해 이동했다. 대군은 9일 만에 백척언(百尺堰)오늘날의 하남성 항성현(項城縣)의 북쪽에 있으며, 고대에 사수(沙水)가 영수(潁水)로 흘러들어 가는 입구에 도착했다. 사마의는 한편으로는 조서를 보내 왕릉의 죄를 사면해 주고, 다른 한편으로는 왕릉의 아들 왕광에게 서신을 써서 왕릉을 회유하게 했다. 대군이 워낙 신속하게 도착했으므로, 왕릉은 미처 손을 쓸 겨를이 없었다. 막다른 궁지에 몰려 계책이 떠오르지 않았던 왕릉은 배를 타고 직접 나와 사마의를 영접하며 사죄했다. 당시 사마의는 구두(丘頭)오늘날의 하남성 침구현(沈丘縣)의 동남쪽에 주둔했는데, 왕릉은 배가 정박한 곳까지 와서 사마의를 맞이하며 다음과 같은 대화를 나눴다.

> (왕릉이 말했다.) "경께서 그저 절간(折簡)에 쓴 서신을 보내 저를 부르신다고 한들, 제가 감히 오지 않겠습니까? 그런데 (뜻밖에도) 군대를 이끌고 오셨군요!" 태부(사마의)가 말했다. "경이 기꺼이 절간(의 내용)을 따르려 하지 않았기 때문이오!" 왕릉이 "경은 저를 저버리셨습니다!"라고 하자, 태부(사마의)는 "나는 차라리 경을 저버릴지언정 국가를 저버리지는 않을 것이오."라고 했다.[69]

사마의는 결국 보병과 기병 600명에게 왕릉을 호송하여 도성으로 돌아가도록 했다. 자신의 죄가 무거움을 깨달은 왕릉은 자신의 관(棺)에

• 고대 중국에서는 죽간(竹簡)에 서신을 써서 보냈는데, 절간은 보통의 죽간을 반으로 쪼갠 것을 말한다. 절간을 사용해 쓴 편지는 격식을 따지지 않고 편하게 쓴 편지임을 의미한다.

박을 못을 요청하여 사마의의 의중을 알아보려고 했다. 사마의가 그에게 못을 주니, 왕릉은 자신이 죽을 것을 깨달았다. 5월, 왕릉은 항현(項縣)오늘날의 하남성 침구(沈丘)에 도착했다. 왕릉은 가규의 사당(祠堂)을 바라보며 이렇게 호소했다. "가양도(賈梁道, 가규)! 이 왕릉은 진실로 위의 사직에 충성한 사람이오. 오직 그대에게 신령함이 있어야만, 이를 알 것이오."[70] 그는 결국 독약을 마시고 자살했다.

사마의는 왕릉의 사건에 연루된 사람부터 왕릉과 교류한 사람들까지 철저하게 조사하여 모두 삼족을 멸했다. 왕릉과 영호우는 이미 죽었으므로, 부관참시(剖棺斬屍)되어 부근의 저잣거리에 사흘 동안 잘린 목이 내걸렸다. 초왕 조표는 사약을 받았다. 위의 여러 왕공(王公)은 업성으로 강제로 이주하여 관리들의 감찰을 받았고, 자유로운 왕래가 금지되었다.

이해 6월, 사마의가 병이 났다. 그는 가규와 왕릉이 나타나 괴롭히는 악몽에 시달려 매우 진저리를 쳤다. 8월, 사마의가 사망했다. 사마의의 꿈속에 왕릉·가규가 나타났다는 기록을 미신으로 간주할 필요는 없다. 사마의는 앙심에 쓰러지는 일을 했으므로 마음속으로 부끄러웠을 것이고, 꿈속에서 가규와 왕릉을 본 것도 충분히 가능한 일이다.

위의 내용이 사마씨가 권력을 탈취하게 된 첫발이었다. 그러나 지네가 몸이 잘려도 꿈틀대는 것처럼 권세 있던 집단은 몰락해도 여전히 그 위세가 남아 있는 법이다. 조씨 세력이 수십 년 동안 천자의 자리에 있었으므로, 조정에는 아직도 적잖은 충신이 남아 있었다. 사마씨의 야심이 조금씩 드러나자 조씨의 충신들도 점차 상황을 분명히 인식하기 시작했고, 권력투쟁이 차츰차츰 전개되었다.

3. 사마씨 정권 탄생의 사회적 기초

조상이 피살된 이후, 조상의 일파였던 하후패(夏侯霸)가 관중을 떠나 촉으로 달아났다. 하후패는 하후연의 아들로, 그에게 촉한은 아버지를 죽인 원수의 나라였다. 그런데도 그는 어쩔 수 없이 촉한에 투항했다. 하후패가 촉한에 오자, 강유는 그에게 "사마의가 이미 저들(위)의 정권을 얻었는데, 다시 (오·촉까지) 정벌할 계획을 품고 있을까요?"라고 물었다. 그러자 하후패는 "저들(사마의)은 한창 자기 가문(의 세력)을 확립하고 있으므로, (나라) 밖의 일을 돌볼 겨를이 없습니다."라고 대답했다.

사마씨는 가문의 세력을 확립하기 위해 두 가지 큰일을 처리해야 했다. 첫째는 조씨 세력에 속한 반대파에게 타격을 가해야 했다. 둘째는 자기의 권력을 지지해 줄 수 있는 사람을 모두 끌어모아 자기 일파로 포섭해야 했다. 사마의와 그의 아들 사마사·사마소는 조씨의 편에 섰던 반대파를 매우 잔혹하게 공격했다. 이 부분은 다음 장에서 서술할 예정이므로, 여기서는 사마씨 가문이 자기 당파를 끌어모은 상황을 설명하려고 한다.

정동장군(征東將軍)으로서 가절의 권한을 갖고 양주의 각 군을 지휘하던 왕릉이 거병하여 사마의를 토벌하려고 할 때, 그의 아들 왕광은 동의하지 않았다. 왕광은 왕릉에게 다음과 같이 서신을 보냈다.

무릇 큰일을 실행할 때는 마땅히 사람의 정서에 근본을 두어야 합니다. 지금 조상은 교만과 사치로 민심을 잃었고, (조상을 보좌하는) 하평숙(하안)은 실속 없이 겉만 화려하여 (국정을) 다스릴 능력이 없었으며, 정밀·필궤·환범·등양은 모두 오랫동안 쌓은 명망이 있어도 전부 세상에서 (뻗어 나갈) 경쟁에만 힘쓰고 있었습니다. 게다가 (조상 일파가) 조정의 예의 제도를 바꾸고, 정책과 법령이 여러 차례 개정되었지만, (그들이 품은) 이상은 고매해도 (실상과 맞지 않아 시행하는) 정책이 아래까지 전달되지 않았습니다. 백성은 옛것을 익숙하게 여기니, 많은 사람이 (새로운 정책을) 따르지 않았습니다. 그래서 비록 (그들의) 세력이 세상을 압도하고 명성이 천하를 진동시켰어도, 같은 날에 살육되어 명사의 숫자가 반이나 줄어들었습니다. (그런데도) 백성은 그런 조치를 불편하게 생각하지 않았고, 아무도 슬퍼하지 않았습니다. (이들이) 백성의 신망을 잃었기 때문입니다. 지금 사마의의 속마음을 예측하기는 어렵지만, (사마의가 벌인) 일 중에는 아직 반역의 정황이 나타나지 않았습니다. (사마의는) 덕행과 재능을 갖춘 사람을 발탁·임용하고, 자기보다 뛰어난 사람을 두루 양성하며, 선대의 정책과 법령을 정비하여, 민심의 갈망에 부응했습니다. 조상이 벌려놓은 여러 악정을 저들은 모두 개정했고, 밤낮으로 게으름을 피우지 않고 백성의 구휼을 먼저 생각합니다. (사마씨는) 부자와 형제가 함께 병권을 장악하였으니, 쉽게 망하지 않을 것입니다.[73]

배송지는 위의 단락을 인용하여 주석을 단 다음, 그 주석 아래에 다음과 같은 말을 덧붙였다. "신 배송지는 이렇게 생각합니다. 이런 말들은 모두 이전의 역사서에 수록되지 않았는데도 오히려 습씨(習氏, 습착치)는 언급하고 있습니다. 또한, 문장을 작성한 방식과 문체가 옛날 방식과 다르니, (사실은 위의 글) 모두 습착치 자신이 위조한 것 같은 의심이 듭니다."[74] 배송지의 이 발언도 고려할 만한 가치가 있는 듯하다. 그러나 왕릉이 서신에서 주장하는 내용 자체는 모두 당시의 정세에 부합하니, 사마광도 습착치가 기록한 왕광의 서신을 인용하며 전혀 의심하지 않았다. 따라서 위의 글은 여전히 참고할 만한 기록인 것 같다.

왕광의 서신을 통해서 알 수 있듯이, 조상 집단은 그다지 민심을 얻지 못했다. 비록 그들의 개혁이 지향하는 경지가 매우 높았다 하더라도, 지나치게 이상적인 개혁이었다면 그들의 정책이 아래까지 전달되지는 않았을 것이다. 그렇게 해서는 일반 사람들이 받아들일 수 없었다. 백성들은 옛것을 익숙하게 여겼고, 많은 사람이 새로운 정책을 따르지 않았다. 그들은 명성이 매우 높아 모두 명사였지만, 같은 날에 살육을 당해 명사의 숫자가 절반으로 줄어들었다. 그런데도 백성은 그런 조치를 불편하게 생각하지 않았고, 아무도 슬퍼하지 않았다. 이것은 그들이 백성의 신망을 잃었기 때문이었다. 그러나 사마씨는 오히려 선대의 정책과 법령을 정비하여 민심의 갈망에 부응했다. 다시 말해서 사마씨는 민심의 지지를 얻을 수 있었다.

왕광의 서신에서 조씨를 지지하지 않고 사마씨를 지지한다고 말한 백성과 집단은 어떠한 사람들이었을까? 두 부류의 사람들이 사마씨를 지지했다. 한 부류는 유가적인 명문거족이었고, 다른 한 부류는 보통의 백성인 농민이었다. 동한대 이래 유가집단은 이미 명문거족으로 변화했고, 명문거족도 유가를 신봉했다.[75] 고위 관료는 한편으로는 관직을 유지하면서 다른 한편으로는 제자를 양성함으로써, 정치적 지위 및 사회적 부와 신분을 확보했다. 사마씨는 하내(河內)의 세도가로서, 대대로 "유교를 진심으로 신봉했다.[76]" 사마씨 가문이 계승한 것은 동한의 유학 전통이었다. 사마의는 "동한 말기에 (천하가) 크게 혼란해지자, 항상 탄식하며 천하를 걱정하는 마음을 품었다.[77]" 이처럼 천하를 걱정하는 마음은 "자기의 목표를 달성했다면 천하의 모든 사람이 혜택을 얻게 하라.[78]"고 한 유가의 마음이었다.

조씨는 환관 가문 출신이었고, 환관은 황제의 측근에서 시중을 드는 하찮은 존재였다. 환관과 명문거족은 동한 이래로 사회에서 대립한 양대 정치·사회 세력이었다. 조씨와 사마씨의 대립·투쟁은 동한의 유가적 명문거족과 환관집단 사이의 대립·투쟁을 계승한 것이다. 진인각(陳寅恪) 선생은 이에 관해 깊이 있고 정밀한 논술을 남겼다. 그는 다음과 같이 말했다.

- 동한 중기와 후기의 통치계급은 두 부류로 나눌 수 있다. 하나는 내정(內廷, 궁중)의 환관들이고, 다른 하나는 외정(外廷, 조정)의 사대부이다. 환관의 출신배경은 대체로 유가가 아닌 한미한 가문으로서, 이른바 "환관의 양자로 들어가 후사가 되기를 구걸한"(관도대전에 앞서 원소가 각 주·군에 돌린 격문의 표현) 부류였다.[79] …… 주요 사대부의 출신배경은 대체로 지방호족이고 간혹 한미한 가문도 있었지만, 절대다수는 유학을 존숭하는 신도였다.
- 동한 말기가 되자, 사대부들은 경서의 의리를 존숭했으나, 환관들은 문사(文辭)를 숭상했다. 사대부들은 인(仁)과 효를 소중하게 생각했지만, 환관들은 지혜와 책략을 중시했다.
- 위는 동한 '내정'의 환관 계급을 대표하고, 진은 '외정'의 사대부 계급을 대표한다. 따라서 위·진의 흥망과 교체는 동한 말기에 두 통치 계급이 승패를 경쟁한 사건이다.
- 동한 말기 사대부 계급의 대표 인물인 원소는 환관 계급의 대표인 조조보다 훨씬 탄탄한 기반이 있었다. 그러나 관도대전에서 조조가 승리하고 원소는 패했다. 그래서 당시의 사대부 계급은 어쩔 수 없이 굴욕을 참은 채 잠시 조조에게 협력했다. 그러나 사대부 계급은 기회를 틈타 상황을 되돌리려는 생각을 추호도 잊지 않았다. 동한 말기에 조맹덕(조조)에게 협력한 많은 사대부는 관도대전 이후 50년의 세월 동안에 대부분 사망하였다. 그러나 맹덕(조조)보다 나이가 24세 적고, 조조보다 31년 더 살았던 사마중달(사마의)은 조씨의 자손이 나약하고 무능한 때를 틈타, 죽음을 앞둔 나이에도 떨쳐 일어나 일격을 날렸다. 그의 유업을 계승한 두 아들 사마사와 사마소는 마침내 위의 제업(帝業)을 뒤집어엎고 권력을 차지했다. 이를 통해 이들은 동한시대 사대부 계급의 통치가 전성기를 이루던 모습을 온전히 회복했다.[80]

나도 이 문제를 아래와 같이 평한 바 있다.

- 동한대 이래 중앙의 황권 세력과 대립한 지방의 호족 세력이 일어났다. 이 지방의 호족 세력은 경제적·사회적으로 강대하고 확고한 기반이 있었다. 황건적의 난이 실패하고 동한 제국이 와해된 이후, 호족 세력은 더욱 발전했다.
- 조조의 가문은 환관 계열에 속했다. 환관 계열은 동한대 이래로 중앙의 황권에 종속된 존재로, 황권의 편에 서서 명문거족과 대립했다.
- 조위가 중앙집권정책을 통해 사회의 통제를 강화하자, 지방 세력인 명문거족은 감히 공개적으로는 반항하지 못했지만, 권력의 중앙 집중에 대해 불만을 품었다.
- 사마씨가 조씨를 상대로 벌인 정권 쟁탈전은 바로 집권 정치세력에 대한 명문거족 세력의 반항을 상징한다.
- 조씨와 사마씨의 투쟁은 권력의 집중과 분권의 투쟁이자, 전제적인 정치 체제와 명문거족 사이의 투쟁이었다.[81]

나는 환관과 명문거족 사이의 투쟁(외척과 환관의 싸움도 포함)을 권력의 집중과 분권의 투쟁이라고 생각할 뿐, 유가와 비유가 사이의 투쟁이라고는 보지 않는다. 그런데 내가 이제야 깨달은 것이지만, 조조가 반대한 것은 동한대 이래 대부분의 유가가 표방한 인·효·염치·겸양과 예의·법도·도덕·교화였을 뿐이다. 그는 난세에 필요한 것이 재능이지, 현실성이 떨어지고 무능한 설교가 아니라고 생각했다. 그는 유교의 관대함을 배격하고 엄격함을 고수했지만, 그렇다고 유교의 테두리에서 벗어나지는 않았다. 그는 덕화(德化)가 부차적인 사항이며, 눈앞에 필요한 것은 재능이라고 생각했다. 이러한 조조의 생각은 덕교(德敎)를 근본적으로 부정하는 법가(法家) 사상과는 전혀 다르다.

그러나 엄격함과 관대함은 여전히 모순적이었다. 명제의 재위 시절에 연주자사 왕창(王昶)은 다음과 같은 상소를 올렸다.

> 위는 진·한의 쇠락함을 승계하여 법제가 가혹하고 번거롭습니다. (따라서 만약) 국가의 전장(典章)과 제도를 대대적으로 개혁하여 선왕의 풍모를 기준으로 삼지 않는다면, 정치와 교화의 부흥을 기대해도 이룰 수 없을 것입니다.[82]

왕창이 말한 "선왕의 풍모"나 "정치와 교화의 부흥"은 모두 유자의 가르침이다. 왕창의 발언은 명제 시기에 위의 정치가 여전히 번잡하고 가혹하여 정통 유가의 지지를 얻지 못했으며, 조정 내에 두 세력과 두 종류의 사상이 병존했다는 사실을 충분히 증명하고 있다. 사마씨는 바로 유가와 명문거족을 대표한다. 진인각 선생이 말한 것처럼, 유학자들은 조씨의 통치 아래에서 "굴욕을 참을 수밖에 없었다." 사마씨의 정권 탈취는 아직 세력을 얻지 못한 유학자와 명문거족의 지지를 깊이 얻은 행동이었다.

사마씨는 정권을 탈취하는 과정에서 명문거족 및 정통 유가의 지지 외에 일반 백성과 농민의 지지도 얻었다. 조위 후기에 통치계급은 이미 사치와 호화 풍조에 물들어 있었다. 위 명제가 이러한 풍조의 대표적인 인물이었다. 그는 대규모 토목사업을 일으켜 궁전을 건설했다. 물자를 징발당하고 노역에 동원되었으므로, 백성의 생활은 괴롭고 고달팠다. 조정의 대신들은 여러 차례 간언을 올려, 명제가 즉시 요역을 덜어 주고 농업생산을 중시하기를 바랐다. 진수는 당시 상황을 이렇게 전한다.

> 경초 연간237~239년에 궁전이 성대하게 건설되니, 백성들은 농업(에 종사할 시간)을 잃게 되었다. …… (그러자) 왕숙은 이렇게 상소했다. "…… 지금 궁전이 아직 완공되지 않아, (건국의) 대업이 아직 완료되지 않았습니다. (그래서) 조운

(漕運)으로 (물자를) 조달하느라, (필요한 양식이) 여러 장소를 거치며 (근근이) 공급되고 있습니다. 이 때문에 (노역에 참여한) 장정들은 힘든 작업에 지치고, 농부들은 자기 농지를 떠납니다. …… 이는 국가의 최대 우환이며, 앞날을 대비하는 좋은 계책이 아닙니다. …….[83]"

경초 연간[237~239년]에 (위 조정은) 대외적으로 (빈번하게) 출정하여 군역(軍役)이 과중해졌고 내부적으로는 궁전(의 건설)에 몰두하니, (성인 남녀 중에) 짝이 없어 혼인하지 못하는 남녀가 많았으며 수확도 나빠 기근이 들었다. (그래서) 장제는 이렇게 상소했다. " …… 지금 시급하게 해결해야 할 과제는 백성에게 편안한 휴식을 주어 (백성이) 너무 지치지 않게 하는 것입니다. …… 무릇 백성을 부릴 때는 반드시 농한기를 활용해야 하니, (백성에게서) 농사철을 빼앗아서는 안 됩니다. …….[84]"

사마의도 궁전의 건설을 중지하여 시급한 사안을 해결해야 한다는 간언을 다음과 같이 올렸다.

당시에 (위 조정이) 대규모로 궁전을 건설하고 여기에 전쟁까지 더해지니, 백성은 굶주리고 피폐해졌다. 선제(사마의)는 출정(요동의 공손연 정벌)을 앞두고 (명제에게) 이렇게 간언했다. "옛날 주공은 낙읍(洛邑)을 건설하고 소하(蕭何)는 미앙궁(未央宮)을 완공했는데, 지금 궁궐이 갖춰지지 못한 것은 신의 책임입니다. 그러나 황하 이북의 백성은 곤궁하고 안팎으로 (동원되는) 요역이 많아 형편상 (궁궐의 건설과 전쟁을) 병행할 수는 없습니다. (따라서) 잠시 나라 안의 (궁궐 건설) 사업을 중지하여 시급한 업무를 해결해야 합니다.[85]"

이상의 기록은 위 조정에 존재한 두 가지 사상의 갈등을 반영한다. 위 명제는 백성의 고통을 고려하지 않고 대규모 토목 사업에 백성을 동원했다. 일부 대신들이 반대했는데, 반대하는 사람들의 사상은 유가사상, 즉 백성에게 휴식을 주자는 유가적 인정(仁政) 사상이었다.

사마씨는 농업 생산을 중시했다. 사마의는 권력을 장악한 이후 "덕행과 재능이 있는 사람을 발탁하여 등용"했고 "백성의 구휼을 우선하는" 조치를 시행했다. 그는 자신이 빼앗은 정권과 지위를 굳건히 하는 여러 조치 이외에도, 백성에게 도움이 되는 수리(水利) 시설의 건설과 농업 사업의 진흥을 확실하게 실행했다. 관직에 있는 동안 사마의는 대체로 적극적인 중농정책을 추진했으며, 방현령은 이를 다음과 같이 서술했다.

> 위나라가 건국된 이후 …… (사마의는) 군사마(軍司馬)로 승진하자 위 무제(조조)에게 이렇게 말했다. "옛날 기자(箕子)는 (치국의) 계책을 올리며 (백성의) 먹고 사는 일을 으뜸으로 삼았습니다. 지금 천하에서 농사를 짓지 않은 사람이 대략 20여만 명이니, (이는) 나라를 다스리는 원대한 계책이 아닙니다.[86] 비록 전쟁을 그만둘 수는 없겠지만, 마땅히 경작하면서 (국경을) 수비하는 정책을 써야 합니다." 위 무제(조조)는 그(사마의)의 의견을 받아들였고, 이렇게 농업에 힘쓰고 곡식을 축적하여 국가의 재물이 넉넉해졌다.[87]

사마의가 출사한 것은 건안 13년[208년]이고, 위나라가 건국된 것은 건안 21년[216년]이었다. 조조가 집권한 시기에 사마의는 행동을 조심하고 근신했으며, 거의 의견을 제시하지 않았다. 그러나 농업 생산을 중시하는 측면에서 그는 뜻밖에도 다음과 같이 의견을 제시했다. "가평 4년[252년], 관중 지역에 기근이 들었다. 선제(사마의)는 기주(冀州)의 농민 5000명을 상규(上邽)(로 이주시켜 그곳)에서 농사짓게 하자(고 제안하)는 표문을 올렸다. (그는) 경조(京兆)·천수(天水)·남안(南安)의 염지(鹽池)를 개발하여 군비를 확충했다."[88] '가평'은 당연히 '태화'(太和)의 오류일 것이다. 사마의는 가평 3년[251년]에 죽었으므로, 가평 4년[252년]에 표문을 올려 백성의 이주를

청하는 일은 불가능하다.[89]

　사마의가 요동 정벌에서 돌아온 뒤, 명제가 죽고 제왕 조방이 제위에 올랐다. 사마의와 조상이 황제를 도와서 국정을 맡았다. 당시에 노역에 동원된 사람은 아직도 1만여 명이나 되었다. 사마의는 "모든 부역을 멈추게 해달라고 상주하고, 비용을 절약하여 농사에 힘쓰게 하니, 천하 사람들이 기뻐하고 의지했다."[90]

　회수 유역의 대규모 둔전은 사마의의 주도로 개간되었다. 정시 3년 242년 3월, 사마의가 "광조거(廣漕渠)를 뚫어 황하의 물길을 변하(汴河)로 끌어와서 동남 지역의 여러 보에 관개하자고 건의하는 주문(奏文)을 올리니, 비로소 회수 이북에서 대규모 경작이 진행되었다."[91] 정시 4년243년, 사마의는 다시 회수·영수(潁水)의 근처에서 둔전의 규모를 확대하자고 건의했다. 결국, 위나라는 회수의 북부와 영수의 양안(兩岸)에서 대규모로 둔전을 만들고, 등애에게 현지로 가서 실지조사하게 했다.

　이처럼 사마씨는 농업 생산을 중시했고, 농민에게 휴식을 주는 정책에 주의를 기울였다. 이러한 자세는 사회의 안정에 도움이 되었고, 사마씨는 그 덕분에 농민의 지지를 얻었다. 사회의 안정과 농민의 지지는 사마씨가 성공적으로 정권을 찬탈할 수 있었던 강력한 사회적 토대였다. 물론 농민의 지지가 그 기초가 되었지만, 그들을 옹호하여 성공하게 만든 힘은 역시 명문거족이었다.

조씨와 사마씨의 유혈투쟁

1. 이풍·하후현의 피살과 조방의 폐위

사마사의 자는 자원(子元)으로, 사마의의 맏아들이다. 그는 "젊어서부터 훌륭하다는 명성이 (널리) 퍼졌으며, 하후현·하안과 명성을 나란히 했다."[1] 하안은 항상 그를 칭찬하며 "오직 섬세하기에 천하의 대업을 이룰 수 있으니, 사마자원(사마사)이 이러한 사람"[2]이라고 했다. "천하의 대업을 이룬다."는 표현은 다시 말하자면, 시미시기 실제로 제능이 있어서 천하를 평안하게 다스릴 수 있다는 뜻이다.

정시 연간[240~248년]에 정변(政變)이 일어나기 전, 사마사는 일찍이 중호군을 맡았다. 사마의는 병을 핑계로 집에 있었고, 사마사가 민간에서 개인적으로 결사대 3000명을 양성했다. 사마의가 정변을 일으키자, 이 3000명은 일시에 모여들어 사마씨가 일으킨 정변의 주력이 되었다. 정변이 성공한 뒤, 사마사는 위장군(衛將軍)에 임명되었다. 사마의가 병사하자, 사마사는 무군대장군 겸 녹상서사로서 정사를 보좌했다.

가평 4년[252년], 사마사는 대장군이 되어 시중의 직책에 지절(持節)의 권한을 받았으며, 중앙과 지방의 군사업무를 총괄하는 도독 겸 녹상서사까지 겸직했다. 제갈탄·관구검·왕창·진태·호준 등이 사방의 도독을 맡앉고, 왕기(王基)·주태(州泰)·등애·석포(石苞) 등이 주·군을 관장했으며, 노육·이풍(李豊)이 관리의 선발·임용을 담당했다. 또한, 부하·우송(虞松)이 책략의 수립에 참여했고, 종회(鍾會)·하후현·왕숙·진본(陳本)·맹강(孟康)·조풍(趙酆)·장집(張緝) 등이 조정의 정무에 참여했다.

이 인사는 사마씨 일파의 사람들 위주로 이뤄졌지만, 조씨와 사마씨의 두 세력이 대체로 균형을 유지한 인적 구성이었다. 이들 중에서 제갈탄·관구검·이풍·하후현·장집은 조씨 일파였고, 왕창·진태·왕기·주태·등애·석포·노육·부하·왕숙 등은 모두 사마씨 일파였다. 이 인사에서 조씨 일파는 여전히 조정과 지방에 많이 살아남았다. 그러나 조씨 일파는 각자의 생각이 일치하지 않았고, 사마사가 대장군·도독중외제군사·녹상서사의 직책을 장악한 채 중앙에서 정사를 총괄하고 있었으므로 열세에 처해 있었다. 사마씨가 조정과 지방에 이들 조씨 일파를 기용한 이유는 민심을 다독이려는 처사에 불과했다.

사마씨 일당에게 반기를 든 활동은 먼저 조정에서 분위기가 무르익었다. 주모자는 중서령(中書令) 이풍과 황후의 부친인 광록대부 장집이었다. 가평 6년[254년] 겨울 10월, 이풍과 장집은 사마사를 몰아내고 태상(太常) 하후현을 대장군에 추대하려는 계획을 꾸몄다. 이풍은 전임 위위(衛尉) 이의(李義)의 아들로서, 어릴 적부터 재주와 명망이 있었다. 그는 정시 연간[240~248년]에 시중 겸 상서복야에 임명되었고, 가평 4년[252년]에 중서령에 임명되었다. 이풍의 아들 이도(李韜)는 제장공주(齊長公主)와 결혼했다. 이풍은 자신이 기밀을 다루는 자리에 있고, 아들인 이도도 공주와 결혼했으므로 마음이 편안하지 않았다.

하후현의 부친 하후상(夏侯尙)은 하후연의 조카이고, 하후현의 모친은 조씨 집안 출신으로 조상의 고모이다. 하후상과 위 문제 조비는 우의가 매우 돈독했다. 위의 건국 직후에 하후상은 산기상시가 되었고, 중령군으로 승진했다. 문제가 제위에 오르자, 그는 정남장군(征南將軍)으로 승진했고, 형주자사를 겸했으며, 가절의 권한과 남방의 군사업무를 총괄하는 도독이 되었다. 사료에서는 "하후상이 책략과 지략을 갖춰, 문제(조비)가 그(하후상)를 중시했고 그(하후상)와 포의지교(布衣之交)를 맺었다."[3]고 했다. 또 문제의 조서에는 다음과 같은 내용도 담겨 있다.

> 하후상이 젊어서부터 (짐을) 시종하면서 정성을 다하고 절개를 지키니, 비록 (짐과) 성씨는 다르다고 해도 그는 (짐의) 혈육과도 같은 사람이다. 그래서 (하후상은) 대내적으로는 (짐의) 심복이며, 대외적으로는 (짐의) 발톱과 이빨처럼 용맹한 장수였다. (그는) 지략이 정밀하고 민첩하며, 책략의 수립도 다른 사람보다 뛰어났지만, 불행히도 요절했도다. 천명이니, 어쩌겠는가![4]

하후현도 젊어서부터 명성이 널리 알려졌다. 정시 연간240~248년에는 조상이 국정을 주관하여 보좌했는데, 조상의 고모 아들, 즉 고종사촌이 바로 하후현이었다. 하후현은 산기상시·중호군을 차례로 맡았고, 후에 정서장군에 임명되어 가절의 권한과 옹주·양주의 군사업무를 총괄하는 도독이 되었다. 조상이 피살된 후, 하후현은 조정으로 불려와 대홍려(大鴻臚)에 임명되었다가 수차례 자리를 옮겨 태상이 되었는데, 실제로는 폐출당한 것이나 마찬가지였다.

하후현은 당시의 명사 중에서도 명망이 대단히 높았다. 그는 하안과 함께 명사 집단의 리더 격이었다. 하후현은 도성으로 소환된 뒤, "남들과 교류·왕래하지 않았고, 글을 쓰지 않았다."[5] 그러나 이렇게 처신을 해도 순탄하게 살아갈 수는 없었다. 사마의가 죽자, 중령군 허윤(許允)이 하후현에게 "더 이상 걱정하시 마십시오."[6]라고 말했다. 그러자 하후현은 이렇게 대답하며 탄식했다.

> 사종(士宗, 허윤)! 경은 어찌 사안을 제대로 보지 못하시오? 이 사람(사마의)은

그래도 세교(世交)를 맺은 집안의 젊은이로 나를 대우해 줄 아량이 있었지만, 자원(사마사)과 자상(子上, 사마소)은 나를 용납하지 않을 것이오.[7]

사마사는 이풍 등의 비밀모의를 은밀히 감지하고, 이풍에게 만나기를 청했다. 그는 만난 자리에서 이풍을 때려죽이고, 이풍의 아들인 이도와 하후현·장집 등을 잡아 정위에게 보내 처벌하게 했다. 사료는 당시 상황을 이렇게 기록했다.

하후현은 정위 앞에 끌려왔으나 진술서를 쓰지 않으려고 했다. 정위 종육이 몸소 하후현을 심문했다. 하후현은 정색하며 종육을 질책했다. "내가 무슨 말을 해야 하는 거요? 경은 영사(슈史)로서 다른 사람을 꾸짖으시는 것이오? 경이 그럼 나를 대신해 (진술서를) 작성해 주시오." 종육은 그(하후현)가 명사라서 절개가 높아 굴복시킬 수 없고 옥사(獄事)는 시급히 종결지어야 한다고 생각했으므로, 밤중에 (그) 대신 진술서를 작성하여 사건과 끼워 맞춘 다음 눈물을 흘리며 하후현에게 보여 주었다. 하후현은 (진술서를) 보고는 고개를 끄덕였을 뿐이다.[8]

하후현은 자신의 죄를 인정하지 않았으므로 진술서에 쓸 말이 하나도 없었지만, 사마사는 기필코 그를 사지로 내몰고 싶었다. 그렇다면 이 사건을 어떻게 처리해야 했을까? 결국, 그래서 종육이 직접 진술서를 작성하게 된 것이다. 그는 하후현을 모함하는 진술서를 작성하고 나서 자괴감이 들어 울음을 참지 못했다. 이 사건과 연좌되어 이도·하후현·장집·소삭(蘇鑠)·악돈(樂敦)·유현(劉賢) 등이 주살되었고, 이들의 삼족이

• 위·진 시대 어사대(御史臺) 등의 여러 부서에 배치되어, 문서와 기타 업무 등을 담당하던 하급 관리. 여기서는 심문서의 작성을 맡은 하급 관리를 가리킨다.

멸족되었다. 그 나머지 친족들은 낙랑군(樂浪郡)으로 유배되었다. 하후현이 죽었을 때, 그의 나이는 46세였다.

중령군 허윤은 평소 이풍·하후현과 친분이 있었다. 이해[254년] 가을, 허윤은 진북장군(鎭北將軍)에 임명되어 가절의 권한과 하북 일대의 군사업무를 총괄하는 도독이 되었다. 허윤이 외직으로 나가게 되자, 위의 황제 조방은 조서를 내려 여러 신하와의 접견 자리를 마련했다. 이 자리에서 조방은 특별히 허윤의 손을 이끌어 자신의 옆자리에 있게 했다. 황제와 작별하는 허윤은 눈물을 흘리면서 흐느꼈다. 이 행동이 화를 불렀다. 사마사의 의중을 받든 관리들은 허윤이 과거에 관가의 재물을 물 쓰듯 낭비했다고 상주했다. 이에 허윤은 체포되어 정위에게 넘겨졌고, 낙랑으로 귀양을 가게 되었다. 그는 귀양을 가던 도중에 죽었다.

황제 조방은 이풍의 죽음 때문에 마음속으로 매우 분개했다. 안동장군(安東將軍) 사마소는 당시 허창에 주둔하고 있었는데, 조방은 서진하여 강유를 공격하라는 것을 이유로 사마소를 입조하게 했다. 9월, 사마소가 입조하여 황제를 알현했다. 황제 조방은 평락관(平樂觀)에 행차하여 군대가 지나가는 행렬을 바라봤다. 좌우의 측근들은 사마소가 하직 인사를 올릴 때 그를 죽이고, 그의 병력을 빼앗아 대장군(사마사)을 물리치고자 했다. 그러나 조서가 이미 작성되었는데도, 황제 조방은 두려워 감히 조서를 내리지 못했다. 사마소는 병력을 이끌고 낙양성으로 들어왔다. 평락관은 낙양성의 서쪽에 있었는데, 사마소는 이미 평락관을 통과하고도 다시 방향을 돌려 낙양으로 되돌아온 셈이다. 그는 아마도 어떤 낌새를 알아차렸던 것 같다. 사마사는 마침내 황제의 폐위를 계획했다.

사마사는 황태후의 명령을 이유로 신하들을 소집했다. 그는 황제가 음탕한 짓에 빠져 무도하고, 무람없이 기생과 광대를 가까이하여 대업을 계승할 수 없다는 것을 구실로 황제를 폐위했다. 신하들은 모두 놀라 얼굴이 하얗게 질렸으나, 감히 사마사의 의지를 거스를 수가 없었다. 사마사는 황태후에게 황제의 옥새를 거두어들여야 한다고 상주했다. 또한, 황제가 본래 제왕에서 천자가 되었으므로, 다시 봉지인 제(齊)로 돌아가야 한다고 상주했다.

사마사는 황후의 숙부인 곽지(郭芝)를 황궁으로 들여보내 태후에게 아뢰게 했는데, 마침 태후는 황제와 함께 앉아 있었다. 사료에서는 이 상황을 다음과 같이 묘사했다.

> 곽지가 황제에게 말했다. "대장군(사마사)이 폐하(조방)를 폐위하고 팽성왕(彭城王) 조거(曹據)를 (황제로) 옹립하려고 합니다." 황제는 (이 말을 듣자) 곧바로 일어나 자리를 떴고, 태후도 기분이 좋지 않았다. 곽지가 (다시) 말했다. "태후께서는 아들을 두셨어도 가르칠 수 없습니다. 지금 대장군의 생각은 이미 정해졌고, 또 외곽에서 병력을 거느리고 있어 비상 상황에 대비하고 있습니다. (대장군의) 생각에 따라야 할 (수밖에 없을) 뿐인데, 또 무슨 말씀을 하시렵니까!" (그러자) 태후가 말했다. "내가 대장군을 보고 싶습니다. 할 말이 있습니다." (그러나) 곽지는 말했다. "어떻게 (대장군을) 뵐 수 있겠습니까? 어서 옥새를 가져오셔야 합니다." 태후는 (자기) 생각이 좌절되자, 마침내 자기 옆의 시어(侍御)를 보내 옥새를 가져다가 앉은 자리 옆에 두게 했다.

곽지가 (황궁을) 나와 사마사에게 보고하니, 사마사는 매우 기뻐했다. (사마사는) 다시 사자를 보내 황제(조방)에게 제왕의 인수(印綬)를 주고, 서궁(西宮)으로 가도록 했다. 황제와 태후는 눈물을 흘리며 이별했다. (조방이) 왕거(王車)를 타고 태극전(太極殿)에서 남쪽으로 나오니, 전송하러 나온 신하가 수십 명이었다.

신하들은 모두 눈물을 흘렸다. 그러나 아무리 눈물을 흘린다 한들, 아무도 어떻게 할 방도가 없었다.

제왕 조방이 황궁을 나온 뒤, 사마사는 다시 사자를 보내 옥새를 요구했다. 그러자 태후가 이렇게 말했다.

팽성왕(조거)은 나의 숙부님입니다(팽성왕 조거는 조조의 아들이자 위 문제 조비의 아우라서, 태후가 그를 '숙부님'이라 지칭한 것임—지은이). 이제 (팽성왕이) 와서 (황제로) 즉위하면, 나는 어디로 가야 합니까? 또 명황제(明皇帝, 명제 조예)는 후사가 끊어져야만 합니까? 내가 생각하기에는 고귀향공(高貴鄕公)이 문황제(文皇帝, 문제 조비)의 장손이자 명황제(조예)의 조카(라서 새 황제로 적격)이며, 예법에도 소종(小宗)이 대종(大宗)의 뒤를 승계하는 원칙이 있으니, 상세히 논의하시기 바랍니다.[11]

사마사는 어쩔 수 없이 다시 신하들을 소집하여 논의했고, 결국 황태후의 영으로 고귀향공을 맞이하기로 했다. 조씨 집안의 부녀자 역시 이처럼 호락호락하지 않았다. 고귀향공 조모(曹髦)는 자가 언사(彦士)이며, 문제 조비의 손자이자 동해왕(東海王) 조림(曹霖)의 아들이었다. 정시 5년[244년], 조모는 담현(郯縣)의 고귀향공으로 봉해졌다. 가평 6년[254년] 10월, 그는 낙양에 도착하여 태후를 알현하고 황제로 즉위했다. 그는 사면령을 크게 내리고, 연호를 바꿔 가평 6년을 정원(正元) 원년으로 개원(改元)했다.

- 팽성왕이 황제가 되면, 조카(명제)가 죽고 숙부(조거)가 제위를 계승한 것이 된다. 그래서 황태후는 명제의 후사가 끊기게 된다고 생각한 것이다. 또한, 당시 예법에도 형제의 신주가 동시에 묘당(廟堂)에 안치될 수 없었다.
- 적자(嫡子)가 대대로 후사를 잇는 것이 '대종', 지자(支子)의 자식이 각기 자기 부친의 후사를 잇는 것을 '소종'이라고 한다. 예법에는 왕의 후사가 없으면 지자를 선택하여 대종을 승계하게 했다.

2. 관구검의 회남 거병

정원 2년[255년] 정월, 제왕 조방이 폐위된 지 석 달 만에 진동장군(鎭東將軍) 관구검과 양주자사 문흠이 태후의 조령을 위조하여 수춘(壽春)[오늘날의 안휘성 수현(壽縣)]에서 거병했다. 이들은 사마사를 토벌하자는 내용의 격문을 각 주·군에 보냈다. 관구검은 하동군(河東郡) 문희현(聞喜縣) 출신으로, 위 명제가 평원왕(平原王)이었을 때 평원왕의 문학(文學)이었다. 명제가 즉위하자, 그는 상서랑·우림감(羽林監)이 되었고, 동궁(東宮) 시절에 맺은 인연 덕분에 명제의 특별한 환대를 받았다. 이후 그는 외직으로 나가 낙양전농이 되었다. 사치를 좋아한 명제가 농민을 동원하여 궁궐을 축조하자, 관구검은 다음과 같이 상소했다.

> 신의 어리석은 생각으로는, 천하에서 가장 시급하게 제거해야 할 대상은 두 도적(촉·오)이고, 시급하게 힘써야 할 문제는 의식(衣食)의 해결입니다. 만약 (촉·오) 두 도적이 멸망하지 않고, 병사와 백성이 굶주리고 추위에 얼게 된다면, 아무리 궁궐이 높고 아름답다고 한들 무익할 것입니다.[12]

이후 관구검은 형주자사로 승진했다. 위 명제 청룡(靑龍) 연간[233~236년], 관구검이 재주와 지략을 갖췄다고 생각한 명제는 그를 유주자사로 부임하게 하고, 그에게 도료장군(度遼將軍)의 직책을 더해 주었다. 그는 일찍이 사마의를 따라 요동의 공손연을 정벌할 때 공적을 세웠다. 제왕 조방의 정시 연간[240~248년], 고구려(高句麗)가 여러 차례 변경 지역을 침범하자, 관구검은 대군 수만 명을 이끌고 현도(玄菟)[오늘날 심양시(瀋陽市)의 동쪽]를 지나 여러 방면으로 공격해 들어갔다. 관구검은 양구(梁口)[오늘날의 요령성(遼寧省) 환인(桓仁)의 동북쪽]에서 고구려군과 일대 격전을 벌여 고구려의 국왕 왕궁(王宮)[13]을 대파했다. 관구검은 말발굽을 천으로 싸고 수레를 묶을 만큼 미끄럽고 험한 산길을 진군하여 환도(丸都)고구려의 도성으로 오늘날의 길림성(吉林省) 집안(集安)까지 올라갔다. 정시 6년²⁴⁵년, 관구검이 다시 고구려를 정벌하니, 고구려의 왕 왕궁은 매구(買溝)로 달아났다. 관구검의 군대는 옥저(沃沮)까지 1000여 리를 깊숙이 추격하여 숙신(肅愼)의 남쪽 경계오늘날의 길림성 동부까지 이르렀다.

좌장군으로 승진한 관구검은 가절과 함께 예주의 군사 업무를 감독할 권한을 얻었으며, 예주자사를 겸임했다. 이후 그는 진남장군으로 전임되었다. 오의 대장군 제갈각이 북벌을 감행했다. 제갈탄이 동관(東關)에서 제갈각과 싸웠으나 전세가 불리했다. 이에 위 조정에서는 제갈탄과 관구검의 직무를 서로 바꾸었다. 그래서 제갈탄은 진남장군이 되어 예주의 군사 업무를 지휘하고, 관구검이 진동장군이 되어 양주의 군사 업무를 지휘했다. 오의 태부 제갈각이 합비의 신성을 포위하자, 관구검은 문흠과 함께 이를 방어했다. 태위 사마부가 도성의 병력을 이끌고 와서 구원하니, 제갈각은 퇴각했다.

관구검은 명제의 오랜 구신(舊臣)이었고, 하후현·이풍 등과도 친분이 깊었다. 양주자사 전장군(前將軍) 문흠은 조상의 동향 출신이었다. 사마의가 조상을 죽이고, 사마사가 하후현·이풍 등을 죽이자, 관구검과 문흠은 모두 불안했다. 결국, 두 사람은 서로 결탁했다. 정원 원년²⁵⁵년 2월, 이들은 태후의 조서를 받들어 사마사를 토벌한다는 명분으로 회남에서 거병했다.

관구검 등은 표문을 올려 사마사의 11가지 죄상을 나열했다. 그러나 그들은 사마의가 충성스럽고 정직하며 사직에 큰 공을 세웠으니 후손에

- 한대에 주·군·왕국에 있었던 관직으로, '문학연'(文學掾), '문학사'(文學史) 등으로도 불리며, 왕세자 등의 교육을 맡았다.
- •• 왕궁은 고구려의 10대 왕인 산상왕(山上王)을 말한다.

게 은택이 미쳐야 한다고 주장하며, 사마사를 후(侯)의 신분으로 강등하여 집으로 돌려보내고 대신 그의 아우 사마소에게 사마사의 직책을 맡기라고 요청했다. 또, 태위 사마부는 충성스럽고 효성스러우며 신중하고, 호군(護軍) 사마망(司馬望, 사마부의 아들)은 충성스럽고 공정하며 정무를 몸소 처리하니, 모두 가까이 두고 총애하며 중요한 임무를 맡겨야 한다고 주장했다. 이것은 아마도 관구검의 투쟁전략이었을 것이다. 그의 제안은 대체로 사마의가 정변을 일으켰던 당시에 조상을 후의 신분으로 강등시키고 면직만 시켰을 뿐, 더는 죄를 묻지 않았던 조치와 같았다. 그렇지만 과거의 사마의는 조상을 속일 수 있었지만, 당시의 관구검은 사마사를 속일 수 없었다.

관구검은 수춘성에서 회남 일대의 흩어진 병력과 관리·백성을 모은 다음, 일부 병력에게 성을 수비하게 했다. 그리고 관구검 자신은 문흠과 함께 5~6만 명의 병력을 이끌고 회수를 건너 서진하여, 항현(項縣)으로 이동했다. 관구검은 항현의 성을 지켰고, 문흠이 성의 외곽에서 유격작전을 폈다. 사마사는 하남윤 왕숙에게 계책을 물었다. 그러자 왕숙은 이렇게 대답했다.

> 옛날에 관우가 형주의 병력을 이끌고 한수(漢水) 가에서 우금을 항복시키더니, 마침내 북방을 노리며 천하를 차지하려는 생각을 품었습니다. (그런데) 이후 손권이 그(관우)의 장수와 병사의 가솔을 습격하여 포로로 삼자, 관우의 병력은 하루아침에 와해되었습니다. 지금 회남에 있는 장수·사병의 부모·처자가 모두 내지의 주·군에 있습니다. (따라서) 급히 (회남으로) 진군하여 (저들을) 막아 전진할 수 없게만 하면 틀림없이 (그 옛날) 관우의 병력이 흙처럼 와

● 위의 제도에 따르면, 장수들이 출정할 때에는 가솔들을 인질로 내지의 주·현에 남겨두어야 했다.

르르 무너진 상황이 발생할 것입니다.[14]

당시 사마사는 마침 눈에 생긴 혹(오늘날에 보기에 사마사가 앓던 병은 눈암이었던 듯하다)을 절개하여 치료한 터라 상처가 심했다. 그래서 어떤 사람은 사마사가 이런 상황에서 직접 출정해서는 안 되며, 태위 사마부를 파견하는 편이 좋겠다고 생각했다. 그런데 오직 왕숙과 상서(尚書) 부하, 중서시랑(中書侍郎) 종회만 사마사에게 직접 출정할 것을 권유했다. 사마사는 결정을 내리지 못하고 망설였다. 그러자 부하가 사마사에게 강력히 권유했다. 사료에서는 이 상황을 이렇게 묘사한다.

부하가 거듭 말했다. "회초(淮楚)의 병력은 강합니다. 그래서 관구검 등은 그 힘을 믿고 (수춘에서) 멀리 떨어진 지역(인 항성)에서 전투를 벌이고 있으니, 그들의 예봉은 쉽게 당해낼 수 없습니다. 만약 장수들이 전투에서 패배하여 대세가 불리해지기라도 한다면 공(사마사)의 대업은 어그러지고 맙니다." 당시 경왕(景王, 사마사)은 막 눈에 생긴 혹을 절개하여 치료한 터라 상처가 심했는데, 부하의 말을 듣고 벌떡 일어나더니 이렇게 말했다. "내 병을 안고서라도 수레에 올라 동쪽으로 가겠다."[15]

사마사는 도성과 지방의 많은 병력을 이끌고 가서 관구검과 문흠을 토벌했다. 그는 아우 사마소에게 중령군을 겸임하고 낙양에 주둔하게 한 다음, 동·서·북 3방 각 주의 병력을 소집하여 진현(陳縣)·허창에 집결하게 했다. 사마소는 당시 위장군(衛將軍)이었고 중령군도 겸임했으므로, 낙양에 남아 성을 지키던 병력의 주력은 대체로 사마소의 손아귀에 장악된 상

• 회초는 회남군을 가리킨다. 회남의 수춘은 원래 고대 초나라의 도읍지이자 당시는 회남군의 주요 도시로서 남쪽으로는 오나라와의 접경지였으므로, 정예 병력이 모여 있었다.

태였다. 이렇게 사마사는 후방에서 발생할 수 있는 정변을 전혀 걱정하지 않은 채, 편안한 마음으로 동정을 감행할 수 있었다. 사마사는 다시 광록훈(光祿勳) 정무(鄭袤)에게 계책을 물었다. 정무는 다음과 같이 답변했다.

> (저는) 과거에 관구검과 함께 상서랑으로 재직하여, 특히 (관구검을) 잘 압니다. 그 사람은 모책(謀策) 세우기만 좋아하고 사리를 분별하지 못하며, 옛날 유주에서 공훈을 세운 이래로 품은 야망이 끝을 모를 정도입니다. 문흠은 용맹하지만, 지혜가 없습니다. 지금 그들이 생각지도 못한 때에 (우리의) 대군이 출격한다면 장강·회수의 병사들이 (아무리) 예기(銳氣)가 있어도 오래 버틸 수는 없을 것이니, (공께서는) 해자를 깊게 파고 보루를 높게 만들어 그들의 기세를 꺾어 버리십시오. 이런 방식은 주아부(周亞夫)가 잘 쓰던 전략입니다.[16]

사마사는 형주자사 왕기를 임시 감군(監軍)으로 삼은 다음, 가절의 권한을 주어 허창의 병력을 통솔하게 했다. 사마사와 허창에서 만난 왕기는 사마사에게 이렇게 말했다.

> 회남의 반란은 (회남의) 관리와 백성이 역심을 품어서 일어난 것이 아닙니다. 관구검 등이 (그들을) 속임수와 위협으로 협박하여 두렵게 한 것입니다. (그들은) 당장 죽게 될까 두려워 여전히 무리를 지어 모여 있을 뿐입니다. 만약 대군이 압박한다면 틀림없이 흙이 무너지듯이 와해할 것입니다. (따라서) 관구검·문흠의 머리는 하루아침이면 군문(軍門) 앞에 내걸릴 것입니다.[17]

이에 사마사는 왕기에게 군대의 선봉을 맡겼다. 그런데 어떤 사람

- 서한대의 전략가이자 승상. 명장인 강후(絳侯) 주발(周勃)의 아들로서 오초칠국(吳楚七國)의 난이 일어났을 때, 서한군을 통솔하여 보루를 높이 쌓는 수비전략으로 3개월 만에 오·초 등의 반군을 평정했다.

이 관구검과 문흠은 날래고 용맹하니, (왕기가 그들과) 맞서 싸우기 어렵다고 주장했다. 결국 사마사는 다시 왕기에게 진격을 멈추라는 명령을 내렸다. 왕기는 다음과 같이 생각했다.

> 관구검 등이 출병하여 충분히 깊이 쳐들어올 수 있었는데도 오랫동안 진격하지 않은 이유는 그들의 사기와 거짓이 이미 탄로 나서 부하들이 (마음속으로) 의심하고 기가 꺾였기 때문이다. (그런데 우리가) 지금 위엄 있는 모습을 펼쳐 보여 백성의 바람에 부응하지 않은 채, 진군을 멈추고 보루를 높여 마치 (적에게) 겁을 먹은 것처럼 나약한 인상을 풍기는 태도는 (올바른) 용병술의 자세가 아니다. …… 이런 조치는 군대를 (싸울 수 없는) 쓸모없는 땅에 박아 두는 것이니, 불법과 반란을 조장하는 근원이 된다. 만약 오의 도적들이 이런 상황을 이용한다면 회남은 우리나라의 소유가 아니게 되고, (그렇게 되면) 초군(譙郡)·패국(沛國)·여남군(汝南郡)과 예주 전역까지 위태롭고 불안해질 것이니, 이는 커다란 실책이다. (현재 우리) 군대는 마땅히 신속히 진격하여 남돈현(南頓縣)오늘날의 하남성 항성(項城)의 서쪽을 점거해야 한다. 남돈현에는 큰 곡물 창고가 있는데, 계산하니 군대에 40여 일 동안 공급할 수 있는 군량미가 충분하다. (우리는) 성을 굳게 지키고 축적한 군량미를 활용하여 적보다 앞서 적의 사기를 꺾어야 한다. 이것이 적을 평정하는 요체이다.[18]

그래서 왕기는 이러한 자기주장을 거듭 상소했다. 사마사는 결국 그의 주장을 받아들여, 그에게 은수(濦水)여수(汝水)의 지류로 동쪽으로 남돈현에 이르렀다가 북쪽으로 영수(潁水)로 들어감로 진격하여 그곳을 점거하게 했다. 은수에 도착한 왕기는 다시 상소했다.

• 이 세 지역은 모두 예주의 주요 지역이었다.

…… 바야흐로 지금 외부에는 강한 도적이 있고 내부에는 역신(逆臣)이 있으니, 만약 제때 해결하지 않으면 상황의 변화를 예측할 수 없습니다. …… 장군께서 신중하신 것은 옳습니다만, 군대를 멈추어 진격하지 않는 것은 잘못입니다. …… 지금 (우리가) 견고한 성에 의지하여 보루를 지킨다면 (남둔현에) 축적해 놓은 물자가 적에게 보탬이 될 것이고, (우리는) 멀리서 군량을 운반해야 하니, 대단히 잘못된 계책입니다.[19]

사마사는 왕기의 상소에도 여전히 그의 의견을 듣지 않았다. 그러자 왕기는 "장수가 전장에 있으면 군주의 명령이라도 듣지 않는 경우가 있다."[20]라고 말하고, 마침내 진격하여 남돈을 점거했다. 관구검 역시 항성에서 나와 남돈을 점거하려고 했지만, 왕기가 이미 남돈을 차지했다는 소식을 듣고는 결국 퇴각하여 항성을 수비했다.

관구검의 휘하에 있던 많은 사람이 사마사에게 투항했다. 사마사는 각 부대에 명령하여, 모두 해자를 깊게 파고 보루를 높게 쌓아 청주·서주·연주의 대군이 올 때까지 기다리게 했다. 그러나 각 부대는 항성의 공격을 요청했다. 그러자 사마사가 이렇게 말했다.

회남의 장수와 병사들은 본래 반란을 일으킬 의도가 없었소. 또한, 관구검·문흠은 종횡가(縱橫家)의 길을 가고자 하여 장의·소진의 학설을 익히더니, (종횡가의 학설대로) 원근의 지역에서 반드시 (반란에) 호응할 것으로 생각했소. 그런데 반란을 일으킨 날에 회수 이북의 지역이 따르지 않았고, 사초(史招)와 이속(李續)은 차례로 와해되었소. 내부는 뜻대로 되지 않고 외부에서는 반기를 드는 상황이니, 틀림없이 패배할 것임을 자연히 알 수 있소. 궁지에 몰린 짐승은 싸울 것을 생각하는 법이니, 속전속결이 저들(관구검·문흠)의 뜻에 더욱 부합하는 행위요. …… 잠시 저들과 지구전을 벌이면 (저들의) 꿍꿍이가 절로 드러날 것이니, 이는 싸우지 않고도 저들을 이기는 방법이오.[21]

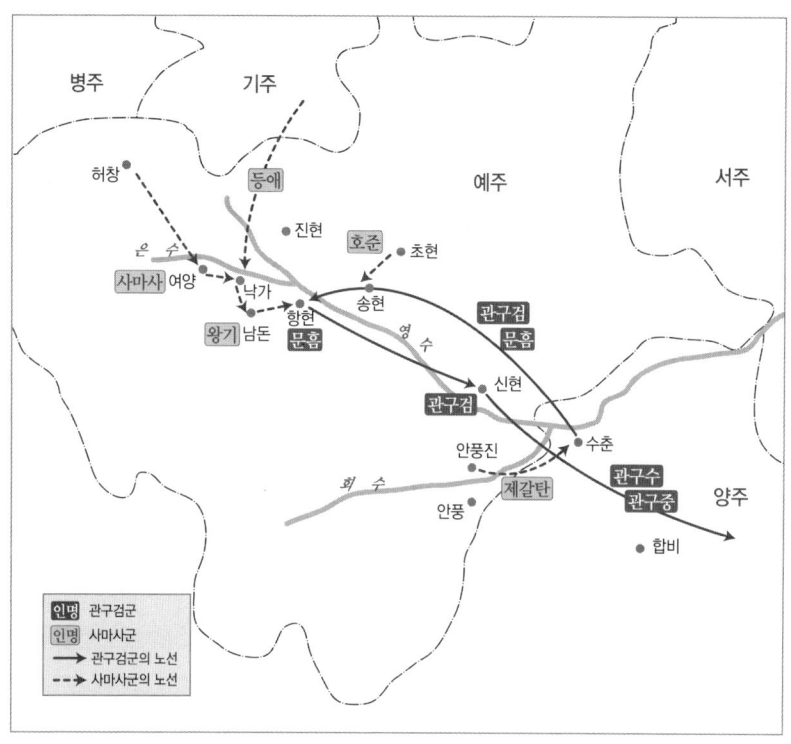

〔지도29〕 관구검의 반란

이에 사마사는 진남장군으로서 예주의 군사 업무를 총괄하던 도독 제갈탄에게 예주의 병력을 이끌고 안풍진(安風津)오늘날의 안휘성 영상(潁上)의 남쪽에서 수춘으로 향하게 했다. 또 정동장군 호준에게 청주·서주의 병력을 이끌고 초현(譙縣)과 송현(宋縣)의 사이오늘날의 하남성 상구(商丘)와 안휘성 박현 일대로 출병하여 그들의 퇴로를 차단하게 했다. 사마사는 대군을 이끌고 여양(汝陽)오늘날의 하남성 상수(商水)의 서쪽에 주둔했다.

관구검·문흠은 진격해도 전투를 벌일 수 없었고, 퇴각하자니 수춘이 습격을 당할까 두려웠다. 진퇴양난으로 계책이 없는 상황에서 두 사람은 어쩔 줄을 몰랐다. 회남의 장수와 병사들의 집은 모두 북방에 있었으므로, 병사들의 사기가 꺾여 흩어졌고 투항하는 사람도 끊이지 않았다. 그저 새롭게 합류한 회남의 농민들만 반란군에 참여했다. 연주자사 등애는 1만여 명의 병력을 이끌고 밤낮으로 길을 재촉하여 먼저 낙가성(樂嘉城)오늘날의 하남성 상수의 동남쪽에 도착했다. 그는 영수(潁水) 위에 부교(浮橋)를 만들고 사마사를 기다렸다.

관구검은 문흠에게 병력을 이끌고 가서 등애군을 습격하게 했다. 여양에 있던 사마사는 은밀하게 병력을 이끌고 등애가 있는 낙가로 이동했다. 갑작스럽게 대군을 만난 문흠은 경악하여 어쩔 줄을 몰랐다. 문흠의 아들 문앙(文鴦)은 당시 18세로 용력(勇力)이 매우 뛰어났다. 문앙이 문흠에게 "아직 (사마사군의) 대열이 정리되지 않았으니, (지금) 공격하면 격파할 수 있습니다."라고 말했다. 그래서 문흠은 병력을 두 부대로 나눠 야음을 틈타 양쪽에서 협공했다.

문앙의 군대가 먼저 도착하여 북을 울리며 공격하니, 사마사군은 놀라서 혼란에 빠졌다. 너무 놀란 사마사는 병으로 앓고 있던 눈알이 튀어나왔다. 그는 매우 고통스러웠지만, 남들이 알까 두려워 이불을 물어뜯으며 고통을 참느라 이불보가 전부 틀어질 정도였다. 문흠은 시기를 놓쳐 문앙의 공격에 호응하지 못했다. 날이 밝자, 문앙은 적의 군세가 강한 것을 보고, 문흠의 병력과 군사를 합쳐 동쪽으로 물러났다. 사마사는 날랜 기병 8000명을 보내 그들을 추격하게 했다. 문앙은 단기(單騎)로 수천 명의 기병 속으로 돌진하여 100여 명을 죽인 다음 밖으로 나왔다. 이렇게 예닐곱 차례를 반복하니, 추격하던 기병들은 감히 접근하지 못했다.

관구검은 문흠이 퇴각했다는 소식을 듣고 야밤에 도주했고, 군사들도 그에 따라 크게 무너졌다. 문흠은 항성에 도착했지만, 관구검이 이미 떠난 뒤라 고립무원의 상태로는 자립할 수 없었다. 그는 수춘으로 돌아가려고 했지만, 수춘도 이미 함락되었다는 소식을 듣자, 결국 오에 투항했다. 관구검은 신현(愼縣)^{오늘날의 안휘성 영상(穎上)의 북쪽}으로 달아났다. 아마도 그는 안풍진 일대^{오늘날의 안휘성 영상의 남쪽, 곽구(霍丘)의 북쪽}에서 남하하여 오로 달아날 심산이었던 것 같다. 그러나 그는 안풍진의 도위(都尉)에게 발각되어, 화살을 맞고 죽었다. 그의 아우 관구수(毌丘秀)와 손자 관구중(毌丘重)은 오로 달아났다. 사마사는 관구검의 삼족을 멸했다.

정시 연간^{240~248년} 말년의 정변을 거치는 동안, 사마의가 조상·왕릉을 죽였고, 사마사는 하후현·이풍을 살해했으니, 제왕 조빙을 폐위시켰다. 사마씨는 유학을 간판으로 내걸어 조정의 많은 대신 중에서 예법을 중시하는 인사들로부터 큰 지지를 얻었다. 사마씨의 권력은 대체로 안정되었고, 조정에서 조씨를 옹호하는 세력은 상당히 미약해졌다. 사마씨에게 반대하는 세력이라고는 지방의 장군들뿐이었다. 그런 상황에서 관구검의 이 거병이 다시 실패하고 말았다. 실제로 관구검이 거병한 당시에도 이미 승리의 희망은 그리 크지 않았다. 지방 세력도 대부분 사마씨를 지지하고 있었기 때문이다.

관구검도 일찍이 지방 세력과의 연합을 희망했다. 그는 등애와 손을 잡기 위해 사자를 보냈는데, 등애는 사자를 참수했다. 관구검은 등애가 사마씨의 일파가 발탁한 사람이라는 점을 망각했다. 관구검은 제갈탄에게도 연합하기 위해 사람을 보냈지만, 그 사자 역시 제갈탄에게 참수되었다.

관구검은 고립된 상황에서 전투를 벌였다. 어쩌면 그는 일단 자신이 군대를 일으키기만 하면, 여러 지역에서 자신을 지지할 것이라는 희망을 품었던 듯하다. 그러나 그의 반란 시도는 수포로 돌아갔다. 기왕에 관구검이 고군분투할 상황이었다면, 그의 전략적 선택은 당연히 대군을 이끌고 적진 깊숙이 들어가 속전속결하는 것이었다. 만약 그가 사마사 군을 격파할 수 있었다면, 형세가 돌변하여 조씨에게 충성하는 세력이 일시에 궐기할 수 있었을지도 모른다.

이 일전에서 사마사의 전략적 선택은 정확했다. 사마사의 대군은 "급히 진군하여 막아 (적들을) 전진할 수 없게 함"으로써 포위의 형세를 이뤘지만, 다시 "해자를 깊게 파고 보루를 높이 쌓도록 하면서" 출전은 허락하지 않았다. 관구검은 수동적인 입장에 빠져 마지막에는 실패의 길을 걸을 수밖에 없었다. 사마사는 병력을 이끌고 개선했지만, 낙양까지 돌아올 수 없었다. 그는 낙양으로 오는 도중 허창에서 사망했다.

3. 제갈탄의 회남 거병

사마사가 죽자, 권력은 그의 아우 사마소의 손에 들어갔다. 이 권력 이동은 표면상으로는 매우 평화롭고 조용해 보였지만, 여기에서도 암암리에 한 차례의 투쟁이 벌어졌다. 회군하던 사마사는 허창에 이르렀을 때 병세가 위중해져 더는 이동할 수 없었고, 언제 죽어도 이상하지 않을 정도로 증세가 심각해졌다. 그래서 그는 사마씨의 일파였던 중랑장참군사(中郞將參軍事) 가충(賈充)에게 군사 업무를 감독하게 하는 한편, 다른 한편으로는 사마소를 신속하게 허창으로 불러와 뒷일을 부탁했다. 사마사는 결국 허창에서 사망했다.

낙양에 머물던 위의 황제 고귀향공은 이때가 조씨의 권력을 회복할 기회라고 생각했다. 결국, 고귀향공은 동남부 일대가 막 평정되었다는 이유로 위장군 사마소에게 잠시 대군을 거느리고 허창에 주둔하면서 나라 안팎을 원조하게 하고, 상서 부하에게는 군대를 이끌고 낙양으로 돌아오게 했다. 사마씨의 참모인 중서시랑(中書侍郞) 종회는 부하와 은밀히 논의하여, 부하에게 사마소가 도성으로 돌아가야 하는 이유를 설명하는 표문을 올리게 했다. 그리고는 위의 황제가 내리는 조서를 기다리지도 않고 사마소와 함께 낙양으로 돌아와 낙수(洛水) 이남에 주둔했다. 추측건대, 위 황제는 사마소를 조정에서 멀리 떨어뜨려 놓음으로써 조정에서 권력을 되찾을 기회를 엿보려고 했던 것 같다. 그러나 이 점을 간파한 사마소는 황제의 조서를 어기고 직접 낙양으로 돌아왔다. 위의 황제인 고귀향공의 계획은 실행되지 못했다. 그는 어쩔 수 없이 사마소를 대장군 겸 녹상서사로 삼아, 사마사를 대신하여 군정(軍政)의 대권을 맡게 했다.

관구검이 실패한 지 2년 뒤인 감로(甘露) 2년[257년], 위의 성농대상군 제갈탄도 회남에서 거병하여 반란을 일으키고 사마소를 성토했다. 제갈탄은 낭야(瑯邪) 양도(陽都) 출신으로, 제갈풍(諸葛豐)의 후손이다. 이처럼 제갈탄·제갈량·제갈근은 모두 한 집안사람이었는데도, 각각 위·촉·오세 나라에 출사하여 모두 고위 관료가 되었다.

명제의 재위 시절에 제갈탄은 어사중승·상서로 거듭 승진하여 하후현·등양 등과 교유했으며, 조정의 명성을 얻어 도성 사람들이 모두 칭송했다. 명제는 그가 외양적인 화려함만 추구하고 헛된 명예에 영합하는 것을 싫어하여 면직시켰다. 그러나 명제가 죽고 정시 연간[240~248년]에 조상이 정권을 장악하자, 하후현 등은 모두 다시 관직에 진출했다. 제갈탄도 다시 어사중승·상서에 임명되었고, 외직으로 나가 양주자사가 되었으며, 소무장군(昭武將軍)의 직책이 더해졌다.

왕릉이 은밀히 사마의에 반대하는 정변을 도모했을 때, 사마의는 제갈탄을 진동장군에 임명하고, 그에게 가절의 권한을 주어 양주의 군사 업무를 관할하는 도독에 임명했다. 오의 제갈각이 동관(東關)으로 진격하자, 제갈탄은 여러 부대를 거느린 채 맞붙어 싸웠으나 대패했다. 결국, 그는 관구검과 자리를 바꾸어 진남장군으로서 예주의 군사 업무를 관할하는 도독이 되었다. 관구검·문흠은 회남에서 반란을 일으킨 후, 제갈탄에게 사자를 보냈다. 그들은 제갈탄이 예주의 인사와 백성을 불러 모아 자기들과 동시에 거병하기를 희망했다. 그러나 제갈탄은 그들이 보낸 사자를 참수하고, 그 일을 천하에 공포하여 사마씨에게 자신의 결심을 보여주었다.

관구검이 정변에 실패한 이후, 사마사는 제갈탄이 회남에 오래 있었다는 이유로 그를 다시 진동대장군(鎭東大將軍)·의동삼사(儀同三司)에 임명하고, 양주의 군사 업무를 관할하게 했다. 얼마 후, 제갈탄은 다시 정동대장군으로 전임되었다. 제갈탄은 하후현·등양과 매우 친밀한 데다 왕릉·관구검이 패망한 것을 목도했으므로, 몸은 양주에 있었지만 두려움에 떨며 불안해했다. 그는 결국 자신의 전 재산으로 자선사업을 벌여 민심을 모았다. 그는 자신을 따르는 측근과 목숨보다 의를 중시하는 협객 수천 명을 우대하며 양성하여 결사대를 조직했다. 또한, 사마소에게 수춘을 방어할 병력 10만 명을 증원해 달라고 요청했으며, 회수 일대에 성을 쌓아 오의 침략에 대비할 것을 요청했다.

사마소는 막 정권을 잡은 상황이었으므로, 지방의 군벌 세력을 매우 불안하게 생각했다. 당시 위나라는 정동장군을 두어 회남에 주둔시키고 정남장군을 양양·면수에 주둔시켜 동오를 대비했으며, 정서장군을 관중·농우에 주둔시켜 촉한을 대비했다. 또한, 정북장군을 유주·병주에 주둔시켜 선비족을 방어했다. 이 사정장군(四征將軍)이 있던 곳은 지방의 핵심 병력이 배치된 지역이었다. 사마씨의 심복 가충은 이들을 위로한다는 명분으로, 각 지역에 가서 사마씨에 대한 그들의 태도를 살피고 오겠다고 요청했다.

가충은 회남으로 가서 제갈탄과 이 일을 논의했다. 가충이 이렇게 말했다.

> 낙양의 인재들이 모두 (위의 황제 고귀향공이 사마소에게) 선양하여 (사마소가 황제의 직위를) 대신하기를 바라고 있다는 사실은 그대도 아시는 바입니다. 그대는 어떻게 생각하십니까?[23]

그러자 제갈탄은 분노하며 이렇게 말했다.

> 경은 가예주(賈豫州, 가규)의 자제가 아니오? (그대 집안은) 대대로 위의 은덕을 입어놓고 어떻게 나라를 저버리시오? (경은) 위 황실을 다른 사람에게 헌납하려는 것이오? (이는) 내가 차마 들을 수 있는 말이 아니오. 만약 낙양에서 변고가 발생한다면, 나는 당연히 (국가를 위해) 죽을 것이외다.[24]

낙양으로 돌아온 가충은 사마소에게 그의 말을 보고했다. 아울러 그는 사마소에게 이렇게 건의했다.

> 제갈탄은 두 차례 양주에 주둔하면서 위엄과 명망이 일찍부터 도드라져, 다른 사람들의 필사적인 조력을 얻을 수 있게 되었습니다. 그의 계획과 모략

- 가규가 마지막에 맡은 직책이 예주자사였으므로, 가예주라고 부른 것이다.
- 제갈탄은 251년에 진동장군으로서 양주에 주둔했고, 253년에 동관에서 제갈각에게 패배한 후 관구검과 자리를 바꾸어 진남장군으로서 예주도독이 되었다. 이후 제갈탄은 255년에 관구검의 정변이 실패하자, 진동대장군이 되어 다시 양주에 주둔한다.

을 살펴보건대, (그가) 반란을 일으킬 것은 확실합니다. 지금 그를 (도성으로) 부르면 반란은 빨리 일어나겠지만, 그 결과는 (피해가) 작을 것입니다. (그러나 그를 도성으로) 부르지 않으면 반란은 지연되겠지만, 재앙은 클 것입니다.[25]

가충의 말을 들은 사마소는 제갈탄을 낙양의 조정으로 불러 사공에 임명하기로 결정했다. 조서를 받은 제갈탄도 이 소환이 무엇을 의미하는지 깨달았다. 그리하여 그는 곧 병력을 동원하여 반란을 일으켰다. 그는 회남·회북의 군·현에 있던 둔전병 10여만 명과 양주에서 새롭게 위나라에 귀순한 사람 중 병사로 삼을 만한 인원 4~5만 명을 모으고, 족히 1년은 지탱할 만한 군량을 비축하자, 수춘 성문을 닫고 수비했다. 여기에는 한 가지 잘 이해되지 않는 문제가 있다. 이보다 2년 전에 제갈탄은 함께 손잡고 거병하자는 관구검의 요구를 단호히 거절했다. 그런데 관구검이 실패한 지 2년이 지난 마당에, 왜 스스로 군사를 일으켰을까?

제갈탄은 장사(長史) 오강(吳綱)에게 자기의 막내아들 제갈정(諸葛靚)을 데리고 오로 가서 구원을 청하게 했다. 이때 오의 제갈각과 손준은 이미 사망한 뒤였고, 정사를 주관하던 사람은 손침이었다. 손침은 장군인 전역·전단(全端)·당자(唐咨)·왕조(王祚)와 오에 투항한 문흠에게 3만 명의 대군을 이끌고 가서 제갈탄을 구원하게 했다. 아울러 제갈탄을 좌도호(左都護)로 삼고, 가절의 권한과 함께 대사도(大司徒)·표기장군·청주목·수춘후(壽春侯)에 임명했다. 전역·문흠 등은 위군이 아직 수춘을 포위하지 않은 틈을 이용해 오군을 이끌고 수춘성에 들어가 제갈탄과 함께 성을 수비했다. 사마소는 이 동정(東征)에 위의 황제인 고귀향공과 황태후를 데리고 왔다. 사마소는 고귀향공에게 이렇게 표문을 올렸다.

옛날 경포(黥布)가 반역하자 한 고조(유방)가 친히 정벌했고, 외효(隗囂)가 명을 어기자 광무제(유수)가 서정을 단행했습니다. 열조(烈祖) 명황제(명제 조예)께서 전차(戰車)를 타고 연이어 출정하신 이유도 모두 격분하여 기세를 떨치고 위무(威武)를 드러내어 과시하기 위해서였습니다. 폐하(고귀향공)께서는 잠시라도 전투에 임하시어, 장수와 병사들이 하늘 같은 위엄에 기댈 수 있게 하셔야 합니다. 지금 (우리의) 병력이 대략 50만 명이니, 많은 병력으로 적은 병력을 공격해서 이기지 못할 리가 없습니다.[26]

사마소가 황제를 데리고 직접 정벌에 나선 것은 낙양 조정에서 사마씨의 세력이 아직 확고하지 않았다는 사실을 설명한다. 또한, 사마소 대신 후방인 낙양에 남아 낙양을 지킬 만큼 신뢰할 만한 사람이 없었다는 점도 보여준다. 그는 자신이 동정을 단행할 때 누군가가 낙양에서 황제의 이름을 내걸고 자기에게 반기를 들까 두려웠던 것이다. 심지어 그는 황태후도 낙양에 남겨 두지 않았다. 그의 부친 사마의가 황태후의 이름을 내세워 반기를 들었던 것처럼, 누군가가 이 일을 본받아 자신에게 반기를 들까 염려했기 때문이었다. 이러한 조치를 보면, 사마씨 부자가 모두 권모와 지략을 갖췄음을 알 수 있다. 사마씨 부자는 결코 자기들이 쥔 칼자루를 남에게 넘겨주지 않았다. 그늘은 용렬한 소상 형제늘저럼 칼날이 자기 목덜미를 겨누는데도 부잣집 늙은이 노릇은 할 수 있다는 환상을 전혀 품지 않았다.

감로 2년[257년] 가을 7월, 위의 황제(고귀향공)와 황태후를 데리고 동정을 감행한 사마소는 청주·서주·형주·예주에서 병력을 징집하고 관중의 유격대 일부를 징집하여 모두 회북에 모이게 했다. 사마소는 구두(丘頭)에 진주했다. 제갈탄은 오랫동안 회남에 주둔했으므로, 회남에 탄탄한 기반을 쌓은 상태였다. 제갈탄이 소집한 병력은 대략 10만 명 안팎이었다. 여기에 동오의 구원병 3만 명을 더하면, 총병력은 10만 명 이상이었다. 제갈탄을 강적이라 생각한 사마소도 중앙과 지방의 병력 26만 명을 이끌고 동정을 단행했다. 이는 동한 말기 이후 벌어진 전투 중에서 가장 많은 병력이 동원된 전투였다. 사마소는 자신이 앞서 올린 표에서 50만 명이라고 한 것은 과장된 말이며, 26만 명이면 반군을 소탕하기에 충분하다고 주장했다.

제갈탄은 자신이 반란을 일으켰음에도, 전략적으로는 수세를 취하며 수춘을 굳게 지켰다. 그는 자신이 수춘에서 1년 동안 버틸 수 있다면 위나라의 지방과 조정 내부에서 반드시 변화가 일어날 것이고, 어쩌면 촉이 동시에 위를 향해 진격할 수도 있다고 생각했던 듯하다. 만약 촉이 움직이기만 된다면, 변화는 더욱 이른 시일 안에 나타날 수 있었다. 사마소도 제갈탄의 의도를 간파하고 이렇게 말했다.

> 제갈탄은 관구검이 경박하고 조급하여 패망했다고 생각하니, 지금은 틀림없이 대외적으로 적국인 오와 연합할 것이오. 이 연합은 변란의 규모를 커지게 하지만, (그들의) 행동은 더디게 만들 것이오. 나는 사방의 병력과 힘을 합쳐 저들을 전승으로 제압할 것이오.[27]

> 어쩌면 (제갈탄은 우리의) 대군이 지구전을 펼칠 수 없다고 생각하여, 군량미를 아끼고 입을 줄여 (우리에게) 다른 변고가 발생하기를 기대하고 있소.[28]

여기서 말하는 '다른 변고'란 위나라의 대내적·대외적 변화를 가리킨다. 당시는 사마사가 직전에 죽고 사마소가 막 그의 뒤를 이은 상황이라, 내부적으로도 전혀 문제가 없지는 않았다. 당시 "장군 이광(李廣)은 적을 마주하고도 진격하지 않고, 태산태수(泰山太守) 상시(常時)는 병을 핑계로 출병하지 않아, (이들을) 모두 참수하여 본보기로 삼는"[29] 상황이었다. 이광과 상시는 아마도 제갈탄과 싸우기를 원치 않았던 것 같다. 이런 작은 일에서도 당시의 큰 문제를 엿볼 수 있다. 오에서도 대도독 주이(朱異)에게 3만 명의 병력을 이끌고 안풍(安豊)오늘날의 안휘성 곽구(霍丘)의 서남쪽에 주둔하며 외곽에서 문흠을 원조하게 했다.

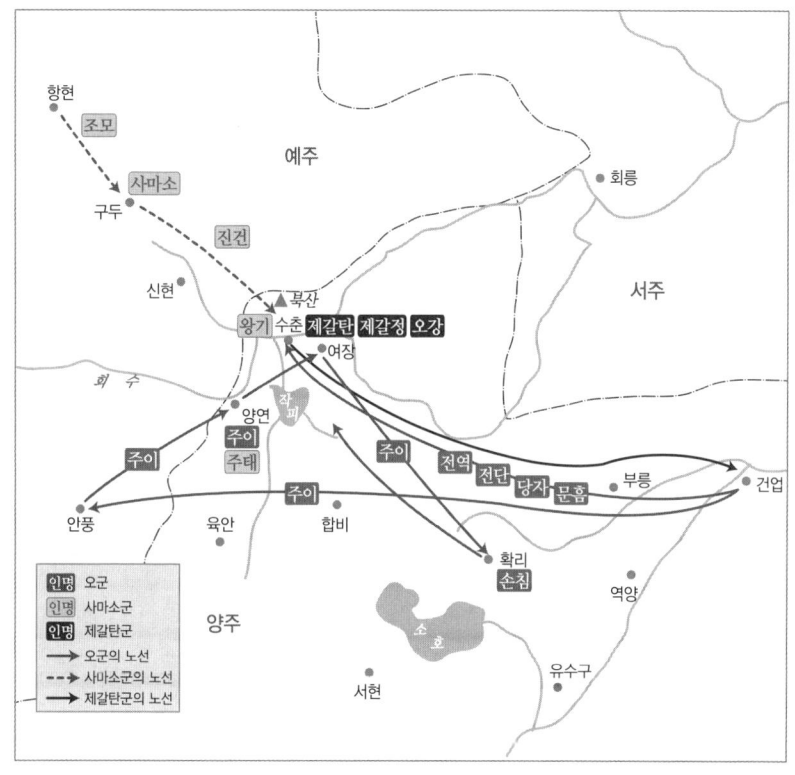

[지도30] 제갈탄의 반란

사마소의 전략적 조치는 먼저 수춘성을 물샐 틈 없이 포위하여 제갈탄·문흠 등이 외부로 도주할 수 없게 하는 것이고, 둘째는 구원하러 온 오군을 격파하는 것이었다. 병마를 동원하여 수춘을 포위한 사람은 진남장군(鎭南將軍) 왕기였다. 당자·문흠 등은 포위작전이 미쳐 이뤄지지 않았을 때, 수춘성의 동북쪽에서 험한 산세를 타고 이동하여 가까스로 오군을 이끌고 성에 들어갈 수 있었다. 사마소는 처음에 왕기에게 성을 포위하라고 명령했는데, 오군 주이가 안풍에 도착하자 다시 왕기에게 명하여 포위를 푼 다음 병력을 이끌고 북산(北山)으로 이동하여 그곳을 점거하게 했다. 그러자 왕기는 부하에게 이렇게 말했다.

> 지금 (우리가 반군을) 포위하려고 만든 보루가 날로 견고해지고 병마도 점차 (이곳에) 모여드는 중이니, 그저 수비를 잘 갖추어 (반군이 포위를) 뚫고 달아나는 일에 대비해야 한다. 그런데 다시 병력을 이동시켜 험한 지역(북산)을 지킨다면 (반군이) 마음대로 움직이도록 용인하는 것이니, (그렇게 되면) 아무리 지혜로운 사람이라도 (사태를) 잘 수습할 수 없을 것이다.[30]

결국, 왕기는 사마소의 이동 명령을 받아들이지 않았다. 그는 이렇게 상소했다.

> (우리는) 지금 반란군과 대치하고 있으니, 태산처럼 움직이지 않아야 합니다. 만약 (이런 상황에서) 이동하여 험한 지형에 의지한다면 병사들의 마음이 요동칠 것이니, 형세의 측면에서 큰 손해입니다. 각 부대가 모두 깊은 해자와 높은 보루에 의지한다면, 병사들의 마음이 모두 안정되어 동요할 수가 없습니다. 이것이 병력을 통솔하는 요체입니다.[31]

사마소는 왕기의 말을 받아들일 수밖에 없었다.

왕기의 군사적 식견은 매우 훌륭했다. 왕기는 관구검을 토벌할 때도 사마사의 지시를 어기고 진격하여 남돈을 점령한 적이 있었다. 결과는 그가 옳았고, 그가 사마사보다 더 훌륭한 판단을 내렸다는 점이 증명되었다. 이번에도 왕기는 사마소의 명령을 거역한 채 수춘의 포위를 풀지 않았다. 전쟁의 결과는 다시 그가 옳았음을 증명했다. 이 전투가 끝난 뒤, 사마소는 왕기에게 이렇게 말했다.

> 처음에 (작전을) 협의한 사람들의 의견이 분분하여 (병력의) 이동을 요구하는 사람이 매우 많았고, 당시에 (내가) 아직 (수춘에 도착해) 현지를 조사하지 못해 (남들과) 마찬가지로 그렇게 해야 한다고 생각한 것이오. 장군(왕기)이 이해득실을 깊이 계산하여 홀로 확고한 생각을 주장함으로써, 위로는 조명(詔命)을 어기고 아래로는 중론을 거부한 덕에 마침내 적을 제압하여 사로잡게 되었으니, 비록 옛사람이 기록한 공적들도 이보다 뛰어나지는 않을 것이오."[32]

사마소는 "처음에 (작전을) 협의한 사람들의 의견이 분분하여 (병력의) 이동을 요구하는 사람이 매우 많았고, 당시에 아직 (수춘에 도착해) 현지를 조사하지 못해 (남들과) 마찬가지로 그렇게 해야 한다고 생각했다."라고 변명함으로써, 자신이 저지른 잘못을 다른 사람에게 전가하고 있다. 또한, 여기에서 그는 "위로 조명을 어긴" 죄과가 크다고 말하지 않음으로써, "조명을 어긴" 왕기를 오히려 칭찬했다. 왕기는 관구검과 제갈탄을 토벌하는 두 차례의 전쟁에서 모두 사마씨를 위해 큰 공을 세운 셈이다.

사마소는 분무장군(奮武將軍)으로서 청주의 군사 업무를 총괄하던 석포(石苞)에게 연주자사 주태와 서주자사 호질을 이끌고 정예병력을 선발하여 유격대로 삼아 외부의 침입에 대비하게 했다. 아울러 이들에게 주이를 맞아 공격하게 했다. 주태가 양연(陽淵)오늘날의 안휘성 곽구(霍丘)의 동북쪽에서 주이의 부대를 격파하고 2000여 명을 살상하니, 주이는 패하여 달아났다.

오의 대장군 손침은 병력을 동원하여 확리(鑊里)^{오늘날의 안휘성 소현(巢縣)의} 경계에 주둔한 다음, 다시 주이에게 장군 정봉 등 5만 명의 병력을 이끌고 가서 위를 공격하게 했다. 주이는 도륙(都陸)^{오늘날의 안휘성 수현(壽縣)의 남쪽.} ^{여장보다 남쪽에 있음}에 군수물자를 남겨둔 채, 여장(黎漿)^{오늘날의 안휘성 수현의 남쪽}으로 진격하여 주둔했다. 주이는 석포·주태의 공격을 받아 패배했고, 도륙도 위의 태산태수(泰山太守) 호열(胡烈)이 이끈 기습부대의 습격으로 전소되었다. 주이는 대패하여 손침에게 돌아왔다. 손침은 주이에게 병력을 제공하며 다시 싸우라고 압박했지만, 주이는 출전하려고 하지 않았다. 그러자 손침은 확리에서 주이를 참수한 뒤, 병력을 이끌고 건업으로 돌아갔다.

호삼성은 손침에 대해 다음과 같이 비평했다.

> 수춘의 포위는 이미 견고하여, 비록 주유·여몽·육손이 다시 살아난다고 하더라도 (수춘의) 포위를 풀 수 없었다. 만약 손침이 형주·양주의 병력을 동원하여 양양을 나와 (직접) 완성·낙양으로 향했다면 수춘성 아래에서 포위하던 병력은 틀림없이 나뉘어 (완성·낙양을) 구원하기 위해 돌아갔을 것이니, 제갈탄·문흠 등이 이때 포위를 뚫기 위해 힘껏 싸웠더라면 그래도 희망이 있었을 것이다.[33]

호삼성의 논의가 합당한 결론일까? 감히 여러 말 늘어놓기는 그렇지만, 몇몇 상황은 다음과 같이 설명할 수 있을 것이다. 첫째, 위·촉·오 삼국의 형세는 이미 옛날과 비교할 수 없을 만큼 전혀 달랐다. 위의 내부에서는 비록 조씨와 사마씨가 권력쟁탈전을 치르고 있었지만, 사회가 안정되어 있었다. 사마씨는 농업의 회복을 중시하여 생산이 증가했고, 백성의 조세와 요역의 부담이 경감되었다. 사회는 활기를 띠었고, 인구도 증가했다. 반면, 오·촉은 부역과 조세가 무거워 백성의 생활이 곤궁했고, 소농제(小農制) 중심의 농업경제가 쇠락하고 있었다. 국력으로 말하자면, 위는 발전하고 상승하는 중이었고, 오·촉은 쇠락하고 하강하는 상태였다.

둘째, 사회적·정치적 부패는 군대와 병사의 전투력에 영향을 미쳤다. 오·촉 군대의 전투력은 떨어졌다. 반면, 위나라 병사들의 전투력은 증강했다. 셋째, 호삼성이 제시한 생각은 전국시대 병법가 손빈(孫臏)의 '위위구조'(圍魏救趙), 즉 위를 포위하여 조를 구원하던 전략이었다. 그러나 전사들의 전투의식이 쇠락했으므로, 형주·양주의 오군이 완성·낙양으로 출병했다고 해서 효력이 나타났을지는 매우 의문스럽다. 제갈탄이 거병하기 1년 전인 감로 원년²⁵⁶년, 촉의 강유가 기산으로 출병했다. 그러나 그는 단곡(段谷)에서 등애에게 대패했다. 당시 촉은 병사들이 뿔뿔이 흩어졌고, 죽은 사람도 매우 많았다. 위의 중앙군 및 지방 각지의 대군이 지원할 필요도 없이, 안서장군(安西將軍) 등애는 자신이 거느린 관중의 일개 부대만으로도 강유를 대패하게 할 수 있었다. 강유는 제갈탄이 반란을 일으킨 동안에 재차 출병했지만, 다시 등애에게 패했다. 오의 주이도 청주의 군사를 감독하던 석포와 연수자사 수태에게 거듭 패했다. 위는 일부 지역의 부대만으로도 이미 오·촉의 군대를 방어할 수 있었고, 또 싸워서 이길 수 있었다. 오·촉은 위에 맞서 버틸 힘만 있었을 뿐, 공격할 기세는 없었다고 할 수 있다.

제갈탄·문흠 등은 수춘을 굳게 지키면서 오군이 위를 공격하고 사마씨 내부에서 문제가 발생할 것에만 희망을 걸었다. 그러나 오군은 패하여 퇴각했고, 사마씨 내부에서도 문제가 발생하지 않았다. 성안의 식량

• 전국시대인 기원전 353년 위가 조의 수도 한단(邯鄲)을 포위·공격하자, 조는 제(齊)에 구원을 요청했다. 제의 장수 전기(田忌)와 손빈은 한단으로 가지 않고 곧장 위의 수도로 진격했다. 그러자 위군(魏軍)은 자국을 구원하기 위해 한단의 포위를 풀고 돌아갔고, 전기·손빈은 오랜 행군으로 지친 위군을 격파했다.

도 점차 감소했지만, 제대로 공급되지 않았다. 제갈탄의 심복이자 반군의 주모자였던 장군 장반(蔣班)·초이(焦彛)는 제갈탄에게 이렇게 건의했다.

주이 등이 많은 병력을 이끌고 와서도 (위군에게) 진격하지 못하자, 손침은 주이를 죽이고 강동으로 돌아갔습니다. (이는 손침이) 겉으로는 (우리를 돕기 위해) 출병하는 것을 명분으로 삼았지만, 마음속으로는 사실 앉아서 (우리의) 성패를 관망하려고 한 속셈이니, 그 결말을 짐작할 수 있습니다. 지금 (우리에 대한) 민심이 아직 굳건하고 병사들이 충성을 다하려고 마음먹었을 때, 힘을 합쳐 목숨을 걸고 그들(사마소군)의 한쪽 측면을 공격해야 합니다. (그렇게 하면) 비록 완벽한 승리를 거둘 수는 없어도 (일부는 포위를 뚫고 나가 목숨을) 보전할 수 있을 것입니다. 헛되이 앉아서 죽음을 기다리는 일을 하지 않아야 합니다.[34][35]

장반과 초이는 포위의 돌파를 주장했다. 그러자 문흠이 이렇게 말했다.

공(제갈탄)은 지금 10여만 명의 병력을 이끌고 (우리 오에) 귀부(歸附)했습니다.[36] 그리고 저(문흠)와 전단 등이 모두 (공과) 함께 사지(死地, 수춘)에 있고, (우리의) 부자와 형제는 전부 강동에 있으니, 설령 손침이 (공의 구원을) 원치 않아도 주상(손량)과 (우리의) 친척들이 어찌 (손침의 말을) 들으려고 하겠습니까? 또 중원(위)에서는 한 해도 큰 변란이 일어나지 않은 해가 없어 군사와 백성 모두 피로한 상황입니다. 지금 (저들이) 우리를 포위한 지 1년째이고, (저들의) 세력은 이미 곤란해졌으니, 모반하려는 생각이 마음속에 생겨나 변고가 일어날 것입니다. 과거의 사례로 현재 상황을 미루어 보자면, 그 시간이 얼마 남지 않았습니다.[37]

- 오의 장수 문흠·전단 등과 그들이 거느린 병사들의 친척을 가리킴.

이처럼 문흠은 굳건히 수비하면서 적에게 변고가 생기기를 기다리자고 주장했다. 그러나 장반·초이가 포위를 돌파하자고 단호하게 주장하자, 문흠은 분노했다. 제갈탄이 장반·초이를 죽이려고 하자, 두 사람은 두려워하다가 12월에 제갈탄을 버리고 성을 넘어 위에 투항했다.

당시 건업에 있던 전역의 조카 전휘(全輝)·전의(全儀)는 집안의 송사(訟事)로 다투다가 모친과 부곡 수십 가(家)를 이끌고 위에 투항했다. 사마소는 종회의 계책에 따라 전휘·전의의 필적으로 수춘성 안에 있던 그들의 숙부 전역 등에게 다음과 같은 내용의 편지를 보냈다.

> 오(나라 조정)에서는 전역 등이 포위된 수춘을 구원하지 못한 것에 분노하여, (참전한 오나라 측) 여러 장수의 집안사람들을 몰살하려고 합니다. 그래서 (저희는) 도망하여 (위에) 귀순한 것입니다.[38]

이에 전역은 자신의 병력 수천 명을 이끌고 성문을 열어 항복했다.

장반·초이·전역 등이 성을 나가 항복하자, 수춘성은 큰 충격에 휩싸였다. 민심은 동요했고, 사람들은 두려움과 불안에 떨었다. 감로 3년[258년] 정월, 수춘성은 이미 9개월째 포위된 상황이었고, 민심은 이미 어지러웠다. 문흠은 제갈탄에게 아래와 같이 건의했다.

> 장반·초이는 우리가 (성밖으로) 나와 (오로) 달아날 수 없다고 생각했고, 전단·전역도 병력을 이끌고 (위로) 투항했습니다. (지금) 이 상황은 적이 (우리를) 대비하지 않는 때이니, 싸울 수 있습니다.[39]

제갈탄 등도 포위를 뚫고 나가는 것에 동의했다. 그러나 포위는 너무 견고했다. 성을 포위한 사마소의 각 부대가 높은 지대에 올라가 발석거와 불화살로 공격하니, 화살과 돌이 빗발치듯 쏟아져 내렸고, 사상자들이 전장에 가득했다. 제갈탄 등은 어쩔 수 없이 다시 성안으로 퇴각했다. 성안의 양식은 점점 줄어들었고, 성을 나가 항복한 사람은 수만 명이었다. 문흠은 남은 식량을 아끼기 위해 북방 출신을 모두 내보내고, 오나라 출신들로만 성을 지키려고 했다. 제갈탄이 이 생각에 동의하지 않아 두 사람은 갈등했다. 제갈탄이 문흠을 죽이자, 문흠의 아들 문앙(文鴦)·문호(文虎)는 성벽을 넘어가 항복했다. 결국, 위군이 성을 공격하자, 성은 파괴되었다. 위군은 제갈탄을 죽이고, 그의 삼족을 멸했다.

가평 3년[251년]부터 감로 2년[257년]까지 6년 동안, 회남 지역에서는 왕릉·관구검·제갈탄 세 사람이 차례로 거병하여 사마씨에게 반기를 들었다. 회남에서 일어난 세 차례의 반란은 회를 거듭할수록 그 역량이 강해지고 상황도 심각해졌다. 왕릉은 그저 거사할 생각만 품었을 뿐, 미처 손써볼 틈도 없이 갑자기 들이닥친 사마의의 재빠른 진격에 박멸되었다. 관구검은 고귀향공의 치세인 정원 2년[255년] 정월에 거병했다가 윤정월(閏正月)에 실패했으니, 거병부터 패배까지 채 두 달도 걸리지 않았다. 제갈탄은 감로 2년[257년] 5월에 병력을 일으켜 감로 3년[258년] 2월에 패망했으니, 7~8개월을 버틴 셈이다. 관구검이 거병할 때 동원한 병력은 6~7만 명이었고, 제갈탄이 동원한 병력은 10여만 명이었다.

그러나 제갈탄의 거병은 이미 조씨와 사마씨 사이에서 마지막으로 벌어진 힘겨루기였다. 이 사건 이후 위나라의 천하는 사실상 이미 사마씨의 천하였다.

4. 고귀향공의 피살

고귀향공은 즉위했을 당시 겨우 14세였다. 젊은 그는 총명하고 재기가 넘쳤으며, 담력과 식견이 있었다. 다만 그는 생각이 깊지 않았고, 다소 경박하고 조급했으며, 젊은이답게 쉽게 흥분하는 성격이었다. 호삼성은 고귀향공에 대해 "내가 보기에, 고귀향공은 잔꾀를 부려 예법을 아는 척했다."라고 하여, 그를 조금 박하게 평가했다.[40]

그의 재위 기간에 회남에서는 사마씨에 반기를 든 사건이 두 차례 발생했다. 제갈탄의 거병이 실패한 이후 사마소가 정권을 잡고 전횡을 일삼자, 이 젊은 황제는 그야말로 분을 참을 수 없었다. 감로 5년 4월, 이해 5월에 고귀향공이 피살되자, 6월에 진류왕 조환이 즉위하여 경원(景元) 원년으로 개원함 고귀향공은 시중 왕침(王沈), 상서 왕경(王經), 산기상시(散騎常侍) 왕업(王業)을 불러 이렇게 말했다. "(왕조를 찬탈하려는) 사마소의 의중은 길 가는 행인도 알고 있소. 나는 앉은 채로 폐위를 당하는 치욕을 받을 수 없으니, 오늘 마땅히 경들과 함께 직접 나서서 그를 토벌할 것이오."[41] 그러자 왕경이 이렇게 대답했다.

> 옛날 노(魯) 소공(昭公)이 계씨(季氏)(의 횡포)를 참지 못해 (제압하려다가 오히려) 패주하여 나라를 잃자, 천하의 웃음거리가 되었습니다. 지금 권력이 저들(사마씨)의 가문에 집중된 지 (이미) 오래되었습니다. 조정과 지방(의 사림들) 모두 저들을 위해 목숨을 바치며, 반역과 충순(忠順)의 이치를 돌아보지 않은 것이 (비단) 하루 이틀의 일이 아닙니다. 또한, (황궁을 지키는) 숙위(宿衛)의 숫자가 부족하고 무기도 빈약한데, 폐하께서는 어디에서 도움을 받으려 하십니까? 그리고 일단 이렇게 (거사를) 감행하신다면, 병을 없애려다 더욱더 심하게 만드는 격이 아니겠습니까! (거사의 실패로 생겨날) 재앙을 거의 예측하기 어려우니, 마땅히 신중하게 생각하셔야 합니다.[42]

● 춘추시대 노나라의 유력 가문인 계씨가 대대로 국정을 전횡하자, 이를 참지 못한 소공은 기원전 517년 대부 후씨(郈氏)·장씨(臧氏) 세력과 연합하여 계평자(季平子)를 공격했다. 그러나 계평자의 반격으로 패배해 제(齊)로 달아났고, 이후 나라 밖을 떠돌다가 기원전 510년 사망했다.

그러자 고귀향공은 황색 비단에 적힌 조령을 품에서 꺼내 땅에 내던지며 말했다. "실행을 결정했소. 정녕 (내가) 죽는다고 한들 무엇이 두렵겠소? 더군다나 반드시 죽는 것도 아니지 않소!" 고귀향공은 내전(內殿)으로 들어가 황태후에게 작별을 고했다. 왕침·왕우 두 사람은 사마씨가 황제의 곁에 심어둔 첩자였거나, 어쩌면 목숨을 아끼고 죽음을 두려워한 겁쟁이였을 것이다. 두 사람은 황망히 사마소에게 달려가 이 일을 일러바쳤고, 사마소는 미리 이 일에 대비했다.

고귀향공은 황궁의 숙위와 노복·시종을 이끌고 전고(戰鼓)를 두드리며 운룡문(雲龍門)을 나와 기세 좋게 출정했다. 사마소의 동생인 둔기교위 사마주(司馬伷)가 동지거문(東止車門)에서 황제와 맞닥뜨렸다. 고귀향공의 주변 사람들이 그를 꾸짖어 책망하자, 사마주의 군사들은 흩어져 달아났다. 중호군 가충이 남쪽 궁문 아래에서 고귀향공의 군대를 맞아 싸웠다. 고귀향공이 몸소 분발하여 싸우자, 사마씨의 장병 중에 감히 그에게 접근하는 사람이 없었다. 가충은 장하독(帳下督) 성제(成濟)를 불러 "사마씨 집안의 일이 만약 어그러지면. 너희가 어찌 다시 (후대에) 종자를 남기겠느냐?"라고 일갈했다. 성제·성쉬(成倅) 형제는 마침내 휘하의 부하를 이끌고 출격하다 고개를 돌려 가충에게 물었다. "(황제를) 죽일까요, 생포할까요?" 그러자 가충은 "죽여라!"라고 말했다. 성제·성쉬 형제는 곧바로 달려들어 황제를 칼로 찔렀다. 칼날이 황제의 등 뒤까지 튀어나왔고, 황제는 땅에 쓰러져 죽었다.

고귀향공의 피살 소식을 들은 사마소는 짐짓 매우 놀란 척했다. 그는 땅바닥에 털썩 주저앉으며 "세상(사람들)이 나를 뭐라고 하겠는가!"라고 탄식했다. 고귀향공이 죽었을 때, 그의 나이는 20세였다. 황제가 피살되었다. 게다가 세인의 이목이 쏠린 상황에서 공공연히 황제를 죽였으니, 어쨌든 살인을 저지른 범죄자의 죄를 반드시 물어 세인의 입방아를 막아야 했다. 황제를 살해한 범인은 누구였을까? 사마소일까, 가충일까? 그도 아니면 성제 형제일까?

　사마소는 대신들을 불러 회의를 소집했다. 상서복야 진태가 회의에 오지 않자, 사마소는 순의(荀顗)에게 그를 불러오게 했다. 순의는 진태의 외삼촌이었다. 진태는 순의에게 "세간에 평론하는 사람들은 저(진태)를 외삼촌께 견주던데, 지금의 외삼촌께서는 저만도 못하시네요.[48]"라고 말하며 거절했다. 그러나 집안의 자제들과 집안 내·외부의 사람들이 모두 함께 그에게 재촉하니, 그는 결국 눈물을 흘리며 입조했다. 사마소가 진태에게 "현백(玄伯, 진태의 자)! 경은 어떻게 나를 벌주시려오?[49]"라고 물었다. 진태는 "가충을 주살하여 천하에 용서를 비소서.[50]"라고 말했다. 사마소는 "나를 위해 부디 차선책을 생각해 주시오.[51]"라고 요청했다. 그러자 진태는 "저의 의견은 이것보다 심한 것은 있어도, 차선책은 모르겠습니다.[52]"라고 말했다.

　순의는 순욱의 아들이고, 진태는 진군의 아들이다. 순씨와 진씨는 모두 동한 말기의 명문거족이자, 대대로 유학을 존숭한 명가였다. 가문의 사회적 지위라든가 이념 형태의 측면에서 두 집은 사마씨와 동일한 등급이었고, 동일한 집난에 속했나. 신태와 순의는 모두 사마씨의 낭싸였다. 비록 진태는 자기 외삼촌인 순의를 비웃으며 자신을 높이는 말을 했지만, 사실 그들의 처지는 오십보백보에 지나지 않았다.

　군주를 시해(弑害)한 사마소는 당당하게 "나는 잔악무도한 필부 주(紂)를 주살했다는 말은 들어봤어도 군주를 시해했다는 소리는 듣지 못했다.[53]"라고 한 맹자(孟子)의 논리를 내세우지 못했다. 그는 자신이 고귀향공을 죽인 것이 무도한 필부를 죽인 것이라고 감히 주장하지 못했다. 그렇다면 군주를 시해한 죄를 책임질 속죄양을 어떻게든 찾아야 했다. 가충보다 높은 사람을 찾자면 사마소 자신이겠고, 가충보다 낮은 사람 중에 속죄양을 찾자면 성제 형제를 들 수 있었다.

　성제 형제는 창끝이 자기들에게 향하는 상황을 깨닫자, 조급해졌다.

궁지에 빠진 쥐가 고양이를 물듯이, 그들은 단숨에 집의 지붕으로 올라가 사마소에게 욕을 퍼부었다. 그들은 정말 듣기 거북한 말을 입에 담았고, 사마씨 집안에서 일어난 불미스러운 일들을 모두 까발렸다. 이들은 결국 사마씨의 사졸들이 밑에서 쏘아댄 화살에 맞아 죽었다.

고귀향공이 처음 즉위하여 연 조회가 끝난 후, 종회는 고귀향공의 "재능이 진사왕(陳思王, 조식)과 같고, 무략은 태조(조조)와 비슷하다."[54]라고 평가했다. 그러나 사람의 운명은 사회와 시대가 결정한다고 하지 않던가! 그런 재주와 무략을 갖추고도 그는 어쩔 수 없었다.

현학의 흥기

1. 유학에서 현학으로

동한은 유학이 대단히 번성한 시대였다. 그러나 동한 후기 유학 내부에는 이미 겉모습의 화려함과 사치를 숭배하는 풍조가 나타났다. 기록에 따르면, 순제(順帝) 연간 이후에는 "고향을 떠나 (외지에서) 학문을 익히는 풍조가 매우 증가하여, (그 숫자가) 3만여 명에 이르렀다. 그러나 장구(章句)를 연구하는 사람이 점차 희소해졌고, 대부분 화려함과 사치를 숭상하여 유학자의 기풍은 대체로 쇠퇴했다. 당인(黨人)들이 주살되었고, 명성이 높고 품행이 훌륭한 인사들은 대부분 연좌되어 유배를 당하거나 파면되었다."[1]

이러한 학풍의 변화는 동한 후기의 부패한 정치와 발전할 가망이 없는 사회 상황과 큰 관계가 있다. 아래에 인용한 것처럼, 동한의 대유학자 마융(馬融)의 삶은 당시 사람들이 현실 정치의 압력에 굴복할 수밖에 없었던 상황을 가장 잘 설명하고 있다. 또한, 그의 삶을 통해 노장현학(老莊玄學) 사상이 대두하게 된 배경도 이해할 수 있다.

영초(永初) 2년[108년], 대장군 등즐(鄧騭)이 마융의 명성을 듣고 (그를) 사인

(舍人)으로 발탁했지만, (이는) 그(마융)가 선호하던 일이 아니었다. (그래서 마융은) 결국 (등즐의) 명령에 응하지 않고 양주(凉州)의 무도군(武都郡)·한양군(漢陽郡) 경계에서 객지살이를 했다. 마침 강족(羌族) 도적들이 매섭게 일어나 변방이 혼란해지자 미곡(米穀) 가격이 폭등했고, 함곡관 이서 지역에서는 길 위에 굶어 죽은 사람이 매우 많았다. 마융은 기근으로 고통을 받자, 그제야 후회하고 탄식하여 자기 친구에게 이렇게 말했다. "옛사람의 격언 중에 '왼손으로 천하의 판도를 장악한다고 해도 오른손으로 자기 목을 베는 일은 (아무리) 어리석은 사람이라도 하지 않는다.'라는 말이 있네. (옛사람들이) 그렇게 처신한 까닭은 생명이 천하(를 소유한 것)보다 소중했기 때문이네. 지금 비루한 세속의 사소한 부끄러움 때문에 한없이 소중한 몸을 훼손하는 행동은 아마도 노자·장자(莊子)께서 말한 바가 아닐 것이네." 그래서 (마융은) 가서 등즐의 부름에 응했다.

이때 등태후(鄧太后)가 (섭정을 맡아) 국정을 처리했고, 등즐 형제가 정사를 보좌했다. 그런데 천박하고 비루한 세속의 유학자들은 예악과 교화를 진흥할 수 있으므로, 군사훈련을 당연히 폐지해야 한다고 생각했다. …… 그러자 교활한 도적이 횡행하여 이처럼 (조정의) 방비가 없는 틈을 이용했다. 마융은 이에 격분했는데, 문과 무를 결합한 방식을 성현이 절대 폐기하지 않았으며 오재(五才)의 기능 중에 그 무엇도 없앨 수 없다고 생각했기 때문이다. 원초(元初) 2년[115], (마융은 황제에게) 「광성송」(廣成頌)을 (지어) 올려 완곡한 표현으로 간언했다. …… 송(頌)이 (황제에게) 올라가 등씨(鄧氏) 일족의 심기를

• 공문(公文)의 초안 작성을 담당하던 비서격의 관직으로, 당시에는 구체적 직권이 없었던 고문 혹은 모사(謀士)에 가까운 직위였다.

•• 『회남자』(淮南子) 권7 「정신훈」(精神訓) 편에서 인용한 말. 능력 있는 사람이 일부러 자신의 재주를 묻어 버리는 어리석은 일을 해서는 안 된다는 뜻이다.

••• 금(金)·목(木)·수(水)·화(火)·토(土)를 말함.

불편하게 하자, (마융은) 동관(東觀)에서 출셋길이 막혀 10년 동안 승진할 수 없었다. (마융은) 조카가 (자신의 집에서) 죽은 것을 이유로 자신을 탄핵하고 귀향했다. 등태후는 이 소식을 듣고 분노했고, 마융이 조정에서 제수한 관직을 수치로 여기고 무시하여 (고향인) 주·군에서 관직을 맡으려 한다고 생각하여, 결국 그에게 금고(禁錮) 처분을 내렸다.

대장군 양상(梁商)이 (황제에게) 표문을 올려 (마융을) 종사중랑(從事中郎)에 임명하자고 추천했고, (이후 마융은) 무도태수(武都太守)로 전임되었다. 당시 서강(西羌)이 반란을 일으켜 정서장군 마현(馬賢)과 호강교위(護羌校尉) 호주(胡疇)가 그들(서강)을 정벌하려고 출진했는데, (마현·호주는) 오랫동안 시간을 끌며 진격하지 않았다. 마융은 그들이 패할 것을 예상하고, 상소문을 올려 자신이 (출정하여) 힘을 보탤 것을 요청했다. …… (그러나) 조정은 (그의 의견을) 채택할 수 없었다.

환제(桓帝) 연간에 (마융은) 남군태수(南郡太守)가 되었다. 이에 앞서 마융은 대장군 양기(梁冀)의 생각을 거스른 일이 있었다. 양기가 남낭 관원에게 넌지시 지시하여 마융이 남군에서 재물을 탐하고 독직(瀆職)을 저질렀다고 상주하게 하니, (마융은) 면직되어 곤형을 받고 삭방군(朔方郡)으로 유배되었다. (마융은) 자살을 시도했으나 죽지 않았고, (이후) 사면을 받아 (조정으로) 돌아왔다. (그는) 의랑(議郎)에 재임명되어 다시 동관에서 저술에 종사하다가 병으로 관직에서 물러났다.

애초에 마융은 등씨 일족에게 징벌을 받았으므로, 감히 다시는 권문세가의

- 동한대 낙양 남궁 안에 있던 누각으로, 황궁의 장서 보관소이자 국사를 편찬하던 곳.

생각을 거스르지 못했다. (마융은) 결국 양기를 위해 이고(李固)를 탄핵하는 글의 초안을 작성했고, 다시 대장군에게 바치는 「서제송」(西第頌)을 지었다. 이런 일들로 (마융은) 정직한 인사들에게 상당한 업신여김을 당했다.[6]

마융이라는 이 대유학자는 처음에 정치적으로 대업을 이루려고 생각했다. 그래서 그는 군사훈련을 폐지해서는 안 된다는 생각으로 「광성송」을 지어 올려 완곡하게 간언했다. 그러나 그가 상주한 「광성송」은 등씨 일족의 심기를 불편하게 만들어, 도리어 금고형을 당했다. 강족의 반란이 일어나자, 그는 다시 상소문을 올려 자신의 힘을 보태겠다고 요청했다. 그러나 조정은 그의 요청을 받아들이지 않았다. 이후 그는 대장군 양기의 생각을 거스른 적이 있어 파면되었고, 곤형을 당해 삭방으로 유배되었다. 이렇게 여러 차례 좌절을 겪은 마융은 정치적으로 소심해졌.

주관적으로 볼 때, 마융은 원래부터 보신주의(保身主義)에 젖은 사람이었다. 그런데도 그는 노장사상을 빌려 "생명이 천하보다 소중하다."라는 말로 자신에게 쏟아질 조롱에 변명했다. 이것은 그의 약점이었다. 보신주의적 태도를 보인 그는 한 차례 권문세가의 비위를 거스른 일로 그들의 공격을 받아 하마터면 죽을 뻔했다. 이후 그의 정치적 사상은 점차 타락하여, 마침내 권문세가의 생각을 감히 거역하지 못하는 지경에 이르렀다. 결국, 그는 양기를 위해 명신(名臣) 이고를 탄핵하는 글의 초안을 작성하여, 이고를 무고하고 그를 사지로 내몰았다. 마지막으로 그는 대장군에게 바치는 「서제송」을 지어 양기에게 아첨했다.

마융 같은 부류의 사람은 목숨을 보전하기 위해 정치적인 신념을 버리고 권문세가에 굴복했으므로, 마음속으로 고통스러웠다. 정치적으로 굴복하여 추락한 사람은 삶에서도 추락할 수밖에 없다. 마융은 삶에서도 추락했다. 범엽은 그를 다음과 같이 평가했다.

(마융은) 거문고 연주에 능했고, 피리 불기를 좋아했으며, 세상사에 얽매이지 않고 마음 내키는 대로 행동하여 유학자들이 고수하는 (사소한) 예절에 얽매이지 않았다. (그가) 거처하는 집과 (그가 쓰는) 기물·복식은 대부분 사치스럽고 화려하게 치장되어 있었다. (그는) 항상 높은 대청마루에 앉아 있었는데, (대청의 입구에는) 진홍색 비단 휘장이 드리워져 있었다. (그의) 앞에는 (그에게) 수업을 받는 생도들이, (그의) 뒤에는 가희(歌姬)가 늘어서 있었다. 제자들은 서열에 따라 (배운) 학문을 차례차례 (후배에게) 전수하니, (제자 중에) 그(마융)가 기거하는 방으로 (직접) 들어갈 수 있는 사람은 드물었다.[7]

마융은 노장사상에서 위안을 찾았다. 그는 "지금 비루한 세속의 사소한 부끄러움 때문에 한없이 소중한 몸을 훼손하는 행동은 아마도 노자·장자께서 말한 바가 아닐 것"이라는 말로 자신의 영혼을 위로했다. 그는 『노자』의 주석서를 저술했다. 그는 대유학자이면서 『노자』에 주석을 단 최초의 인물이었다.

동한시대는 토지의 겸병으로 사회적 모순이 격화되고, 정치도 부패하고 난폭해졌다. 이러한 전반적인 시대 상황과 사회 분위기는 지식계층의 주관적 의식에 반영될 수밖에 없었고, 직면한 현실에서 발생한 문제의 해결을 요구했다. 이런 점이 가장 뚜렷하게 드러난 것은 태학생(太學生)들이 수시로 사회로 나와 현실 정치에 관여한 점이다. 그들은 명분과 절개를 내세우며 사회의 여론을 조성하여, 당시 악의 축이었던 환관 정치에 투쟁했다. 그러나 그들은 실패하여 잔혹한 타격을 입었다. 많은 사람이 피살되거나 유배되었다. 이것이 바로 동한 말기에 벌어진 '당고의 화'였다.

정치적인 억압 속에서 사대부 계층 중의 일부 인사는 현실에 침묵했다. 그들은 비관적이었고, 동한의 정치가 이미 구제할 수 없다고 생각했다. 서치(徐穉)와 신도반(申屠蟠) 등이 바로 이런 생각을 품은 대표적 인물이었다. 그들은 당시의 시국이 이미 구제할 수 없는 지경이어서, 구제하려고 하면 스스로 멸망의 길을 선택하는 것과 같으니, 그런 노력이 아무런 도움이 안 된다고 생각했다. 신도반 같은 사람은 "(진시황 시절에) 유학자를 파묻고 서적을 불사르던 참상이 일어났으니, (바로) 지금 같은 상황을 일컬은 것"이라고 했다.

그러나 국가와 백성을 걱정하는 마음을 품은 채, 정의를 실현하여 시폐(時弊)를 바로잡으려는 의지를 버리지 않은 사람도 있었다. 곽림종(郭林宗), 즉 곽태(郭泰, 또는 郭太)가 바로 이 일파의 대표적 인물이었다. 그는 이미 시폐를 구제할 수 없다는 사실을 알고 있었다. 어떤 이가 그에게 출사를 권유하자, 그는 "내가 밤에는 천문을 관찰하고 낮에는 인사(人事)를 살펴보니, 하늘이 폐기하려는 일을 (인간이) 지탱할 수는 없더라."라고 하며, 끝까지 응하지 않았다. 그러나 곽태는 정치에 대한 관심을 완전히 잊어버릴 수 없었다. 서치가 선의로 곽림종에게 사람을 보내 이렇게 말을 전했다. "큰 나무가 쓰러지려고 하면 밧줄 하나로는 (붙잡아) 묶어둘 수는 없는 법이니, 어째서 바쁘게 뛰어다니며 편안할 겨를이 없는 것이오?" 갈홍(葛洪)은 곽림종을 다음과 같이 악의적으로 비난했다.

> (곽림종의 처지에서는) 대체로 (조정에) 입조하(여 관리가 되)자니 세상이 이미 크게 어지러웠고, 숨어 지내자니 번민을 감당할 수 없었다. 혹시라도 (출사하여) 활약하자니 재난이 (닥칠까) 두려웠고, (은거하려는 생각을) 확고하게 고수하자니 마음이 편안하지 않았다. (그래서 그는) 방황하며 결정하지 못하고, 출사와 은거 사이에서 고민했다. 그런데 세상 사람들은 그의 화려함만 좇을 뿐, 그의 실질은 살피지 않았다.

이러한 평가는 아무래도 너무 가혹하다는 느낌을 지울 수 없다. 혜생(嵇生)이라는 사람도 곽림종을 평가한 바 있는데, 갈홍이 그의 평가를 인용하고 있다. 혜생은 곽림종(곽태)을 이렇게 평가했다.

> 다른 사람(의 품행과 재능)을 잘 판단한다면 명철(明哲)한 것이니, (곽림종은) 대체로 성인에게 버금가는 인재이다. (그는 나라가) 쇠미(衰微)한 시대에 사방을 헤매며 불안하게 지내느라 앉은 자리를 온기로 덥힐 겨를도 없었다. (그의) 지향은 난세를 바로잡고 정도(正道)를 실현하려는 것이어서, 중니(공자)와 서로 비슷했다.[12]

나는 곽림종에 대한 혜생의 평가가 그를 깊이 이해하고 있어 그의 실제 모습과도 부합한다고 생각한다. 혜생은 아마도 혜강(嵇康)일 것이다.

동한 말기에는 '청의'(淸議)의 풍조가 나타나 정치를 비평하고 인물을 평가했다. 인물을 평가할 수 있었던 사람은 모두 당시 사대부 계층 중에서도 어느 정도 지위를 갖춘 사람이었다. 평가의 대상이 좋은 평판을 얻을 수 있다면, 그 즉시 몸값이 열 배로 뛰어오를 수 있었다. 조조는 젊은 시절 "협객처럼 자유분방하게 행동하며 품행과 학업에 정진하지 않았기 때문에 세상 사람들은 그(조조)를 대단찮게 여겼나."[13] 그러나 당시 나쁜 사람을 잘 판단하는 안목으로 명성을 날린 양국(梁國) 출신의 교현(橋玄)과 남양(南陽) 출신의 하옹(何顒)은 오히려 그를 칭찬했다. 교현은 조조를 이렇게 평가했다. "천하가 장차 혼란할 것이니, 치국(治國)의 탁월한 인재가 아니면 (천하를) 구제할 수 없소. 천하를 평안하게 할 수 있는 사람은 아마도 그대일 것이오!"[14] 이들의 평가 덕택에 조조는 더욱 명성을 떨치게 되었다.

인물의 장단점을 평가하는 일은 일종의 사회 풍조가 되었다. 여남 일대에서는 인물 품평의 대가로 알려진 허소와 그의 사촌 형 허정(許靖)의

• 지은이는 혜생을 혜강(224~263)이라고 설명하지만, 혜함(嵇含, 263~306)으로 보는 견해도 있다. 혜함은 서진시대의 문학가이자 식물학자로서, 혜강의 종손(從孫)이다.

주도로 '월단평'이 등장했는데, 사료에서는 이를 이렇게 기록하고 있다.

> 당초 허소와 허정은 모두 높은 명성이 있었는데, (이들은) 마을의 인물에 대해 함께 평가하고 논의하기 좋아하여 매달 번번이 자기들이 품평할 대상 인물을 바꾸었다. 그래서 여남의 속어(俗語)에 '월단평'이라는 말이 생겨났다.[15]
>
> 교현은 태조(조조)에게 "그대는 아직 명성이 없으니 허자장(許子將, 허소)과 교유하면 좋겠소."라고 했다.[16]
>
> (조조가) 허자장(허소)에게 "나는 어떠한 사람이오?"라고 물은 적이 있었다. (그러나) 허자장은 대답하지 않았다. (조조가) 고집스레 묻자, 허자장은 "그대는 치세에는 능신이오만, 난세에는 간웅이오."라고 대답했다.[17]

허소의 이 말은 매우 훌륭한 평가이며, 조조의 품격에 매우 부합한다. 후대에 완성된 『삼국연의』에서도 조조를 소개하며 이 말을 활용했다.

당고의 화가 일어난 뒤, 사대부들은 대체로 시국의 난관에 부딪혀 죽거나 도망했다. '청의'의 형태로 직접 정치를 평론하는 풍조는 조금 위축되었다. 더욱 늘어난 것은 인물의 장단점을 평가하는 풍조였다. 인물의 장단점을 평가하는 행위는 사대부의 사회적 권위를 드러내 주었다. 정치적으로는 실패했지만, 인물의 장단점은 여전히 자기들이 평가해야 한다는 것이 사대부의 생각이었다.

본질상 이것은 황제 권력에 대한 사인 권력의 도전이었다. 이후에 등장한 구품중정제는 바로 동한 말기의 청의에서 변화·발전된 제도였다. 정부가 인물 품평을 정상적인 제도로 받아들이자, 반대로 민간의 평론은 타격을 입어야 했다. 조조는 동한 말기의 인물 품평으로부터 이익을 얻었지만, 점차 정권을 건립해 감에 따라 인물 품평을 그다지 좋아하지 않았다.

인물 품평은 조정의 큰 권한인데, 어찌 재야의 인사가 함부로 품평의 권리를 행사할 수 있었겠는가! 후일 조조는 민간의 인물 품평에 대해 타격을 가했다. 갈홍은 그 상황을 이렇게 설명했다.

> 동한 말기에 (사회의) 풍속은 나빠지고, (정계는 각종) 붕당으로 분열되었다. 허자장(허소) 일파는 언변을 방어수단으로 삼아 (다른 사람들과) 논쟁과 비평을 일삼으니, 같은 가문과 종족(宗族)간에도 서로 원수가 되었다. 그래서 여남의 인사들에게는 더 이상 (하나로) 고정된 평가가 없었고, (매월 초에 품평하는) 월단평도 생겨났다. 위 무제(조조)도 그들(허소 일파)을 대단히 싫어하여, 그들의 목숨을 가지려고 했다. 이에 그들은 도망 다니기 바빴으며, (결국) 거의 피살되어 사라지게 되었다.[18]

위·진 교체기에는 조씨와 사마씨 간의 정권 다툼도 있었다. 조씨를 지지한 사대부 명사들은 사마씨로부터 압제와 공격을 받고 피살되었다. 사마씨는 비록 유가의 학술을 깊이 신봉했지만, 사람을 죽이는 일에도 극도로 잔인하여 조금도 인정을 베풀지 않았다.

동한 말기에 당고의 화가 벌어진 때부터 진 무제가 선양을 받게 되기까지의 전 기간은 100년 안팎이다. 제1차 당고 사건은 환제 연희(延熹) 9년(166년), 제2차 당고 사건은 영제 건녕(建寧) 2년(169)의 일이며, 진 무제가 선양을 받게 된 해는 265년이다. 이 100여 년 동안 사대부 지식 계층은 연속 세 차례나 잔혹한 타격을 입었다. 만약 마음을 기준으로 계산한다면, 그 기간이 좀 더 길어진다. 사대부 계층이 품었던 관념의 주류는 격렬한 정치투쟁에 참여하여 적극적으로 '청의'를 벌이는 것이었지만, 청담과 현학에 빠져 소극적으로 침묵하는 사람도 있었다. 관념의 영역에서 노장사상이 정점으로 떠오른 것이다. 낙양에서 가장 수준이 높았던 사대부 계층은 적극적으로 사회에 참여하는 유가적 삶에서 소극적으로 처세하는 현학적 삶으로 이동했다.

2. 하안과 왕필

위·진 현학의 발전 과정은 전기와 후기의 두 단계로 나눌 수 있다. 또한, 온건파와 급진파로 나눌 수도 있다.[19] 전기이자 온건파의 대표 인물로는 하안과 왕필(王弼)을 꼽을 수 있다. 하안과 왕필은 모두 유학에서 시작하여 현학에 몰두한 초기의 인물로서, 그들의 사상에는 여전히 유학적 요소가 있었다. 그들은 유학을 존중하여 받들었고, 공자를 성인으로 추앙했다. 왕필에 대해 사료에서는 이렇게 전한다.

> 왕보사(王輔嗣, 보사는 왕필의 자)가 약관의 나이에 배휘(裵徽)를 찾아갔다. 배휘가 (왕필에게) 물었다. "대저 '무'(無)라는 것은 진실로 만물의 바탕이 되는 근본이오. 성인(공자)께서는 ('무'에 관해) 설명하려고 하지 않았는데, 노자가 그것('무')을 끝없이 말했으니, (그 이유는) 무엇 때문이오?" 왕필이 말했다. "성인은 '무'를 체득한 사람이(어서 말로 설명할 수 없)었고, '무'(의 개념 자체)도 (명확하게) 설명될 수 없는 존재였다. 그래서 ('무'를) 설명하는 말에는 반드시 '유'(有)가 (함께) 언급되었다. 노자·장자는 '유'의 언급을 피할 수 없었지만, 언제나 ('무'의 함의에 관한) 부족한 부분을 설명했다.[20]

하안은 『논어집해』(論語集解), 왕필은 『논어석의』(論語釋疑)를 저술했다. 그들은 모두 현학의 이치로 『논어』를 해석했다.

초기의 현학은 모두 유가와 도가의 조화를 주장하여, 전혀 모순되지 않았다. 유가에서도 "하늘이 명한 것을 '성'(性)이라 하고, 성을 따르는 것을 '도'(道)라고 하며, 도를 수행하는 것을 '교'(敎)라고 한다."[21] 여기에서 말하는 '교'란 교화(敎化)로서, '명교'(名敎)라고 통칭할 수 있다. '도'는 자연의 규율이니, 명교는 그저 도에 대해 수정을 가하는 것이었을 뿐, 결코 도의 완전한 개변을 의미하지 않는다. 하안은 하후현의 말을 인용하여 "천지는 자연의 이치에 따라 움직이고, 성인은 자연의 이치에 따라 (세상을) 운용한다."라고 했는데, 이는 자연과 명교의 통일이자 유학과 현학의 통일이다. 아래의 '장무동'(將無同, 거의 같음) 고사가 이를 훌륭하게 설명해 준다.

> 완선자(阮宣子, 완수阮修)는 훌륭하다는 평판이 있었다. 태위 왕이보(王夷甫, 왕연王衍)가 (그를) 만나 이렇게 물었다. "노자·장자와 성인(공자)의 가르침은 다릅니까?" (완수가) 대답했다. "거의 같습니다."[將無同] 태위(왕연)는 그(완소)의 말을 훌륭하게 여기고, 그(완소)를 속관(屬官)으로 임명했다. 세상에서는 (완수를) '삼어연'(三語掾, 세 음절의 말로 임명된 속관)이라 불렀다.[23]

같은 고사를 방현령은 아래와 같이 완첨(阮瞻)과 왕융(王戎)의 이야기로 기록했다.

> (완첨이) 사도(司徒) 왕융을 만났을 때, 왕융이 물었다. "성인은 명교를 중시하고 노자·장자는 자연을 숭상하던데, 그들의 생각이 다릅니까?" (그러자) 완첨은 "거의 같습니다."라고 말했다. 왕융은 (완첨에게) 힌침을 감단하고는, 즉시 그를 (관원으로) 임명하라고 명했다. 당시 사람들은 그(완첨)를 '삼어연'이라 불렀다. 태위 왕연(王衍)도 그(완첨)를 대단히 존중했다.[24]

'장무동' 고사의 진짜 주인공이 누구였는지 현재로서는 알기 어렵다. 다만, 이 고사의 시대적 배경이 서진이었으며, 이 고사가 위나라 말기 하안·왕필 이래 두드러진 유학과 현학 관계의 주체적 사상을 반영하고 있다는 점을 알 수 있을 뿐이다. 당시의 유학과 현학은 통합되어 거의 차이가 없었다.

아래의 여러 기록에 따르면, 현학이 일어난 시기는 제왕 조방이 위를 통치한 정시 연간240~248년이었고, 현학의 핵심 사상은 '무'(無)였다.

정시 연간에 이르자, (위 조정은 조조·조비가 장려한) 문치(文治)를 고수하려고 힘썼다. (그런데) 하안 일파가 처음으로 현학의 담론을 (제창하여) 융성하게 했다. 그래서 노담(老聃, 노자)과 장주(莊周, 장자)의 (도가) 사상이 득세하여, 중니(공자)의 (유가) 학설과 (통치사상의) 지위를 다투게 되었다.[25]

하안·왕필은 (도가에서 말하는) 도의 심오한 의미를 본받아 발양했다. ……『장자』와 『노자』, 『주역』을 통틀어 '삼현'(三玄)이라 한다.[26]

위 정시 연간[240~248년], 하안·왕필 등은 노자와 장자의 학설을 본받아 발양하고, 다음과 같은 논점을 확립했다. "천지 만물은 모두 '무'를 근본으로 한다. '무'라는 것은 만물의 도리를 두루 깨우쳐 이 도리에 따라 일을 행하여 성공하니, 존재하지 않는 곳이 없다. 음양은 이것에 의지하여 변화·출현하고, 만물은 이것에 의지하여 그 형태를 이룬다. (그래서) 현명한 사람은 이것에 의지하여 덕행을 성취하고, 못난 사람도 이것에 의지하여 자신의 몸을 지킨다. 그러므로 '무'의 역할은 작위(爵位)가 없이도 소중하다.[27]"

하안의 저작은 대부분 산일(散逸)되어 현재 전하지 않으며, 다른 사람의 인용 중에 일부가 남아있을 뿐이다. 아래에 하안의 주요 논점을 인용한다.

(천지만물의) '유'(有)가 '유'로서 존재할 수 있는 것은 '무'에 의지하여 생존하기 때문이다. (마찬가지로 세상의) 일이 일로서 존재할 수 있는 것은 '무'를 통해 (공을) 이루기 때문이다. 그것(무)을 말한들 말로는 묘사할 수 없고, 그것(무)을 명명하려고 해도 (적합한) 명칭이 없으며, 그것(무)을 봐도 형체가 없고, 그것(무)을 들어봐도 소리가 없으니, (만약 그렇다면) 도가 온전한 것이다. 그러므로 ('무'는) 소리를 명확하게 하고 기(氣)를 발산하게 할 수 있으며, 정신

과 형체를 포함하여 광채를 드러낼 수 있다. 검은색은 그것(무)에 의해 검게 보이고, 흰색은 그것(무)에 의해 희게 보이며, 사각형은 그것(무)에 의해 사각형으로 보이고, 동그라미는 그것(무)에 의해 동그라미로 보인다. 동그라미와 사각형은 형태를 얻었지만, 이것(무)에는 형체가 없고, 흰색과 검은색은 이름을 얻었지만, 이것에는 이름이 없다.[28]

'도'란 '유'라는 존재가 없는 것일 뿐이다. 천지가 생긴 이래 (어느 시대나) 모두 '유'라는 존재가 있었다. 그런데도 그것을 '도'라고 부른 이유는 그것(도)이 다시 '유'가 없는 상태를 이룰 수 있기 때문이다. …… 하후현은 "천지가 자연의 이치에 따라 움직이고, 성인이 자연의 이치에 따라 (세상을) 운용한다."고 했다. '자연'이란 것은 '도'이다. 도는 본래 이름이 없다. 그래서 노자는 "억지로 그것(도)에 이름을 붙인다."고 했다. 중니(공자)는 요(堯)의 품성이 "넓고 커서 형용할 수 없다."고 찬양하고, 뒤이어 (요가) "높고도 높아 공업을 이루셨다."라고 했는데, 이는 억지로 그(요)의 품성을 형용하기 위해 세상에 알려진 공덕을 끌어다가 일컬었을 뿐이다. 어째서 (형용할) 이름이 있는데도, 다시 이름을 붙일 수 없다고 해야 했겠는가? 오직 이름이 없었으므로 천하의 이름을 두루 얻어서 명명할 수 있었던 것이니, (그렇다면) 어찌 그것이 이름이겠는가?[29]

하안의 '무'는 모두 노자에 대한 주석이다. 『노자』에서는 "천하의 만물이 유에서 생기고, 유는 무에서 생겨난다."고 했다.[30] 또 "무명(無名, 이름이 없음)은 천지의 처음이요, 유명(有名, 이름이 있음)은 만물의 어머니"라고 했다.[31] 하안이 상세히 해석한 것 역시 이러한 말들이었다.

- • 『노자』 25장(章).
- •• 『논어』, 「태백」(泰伯).

'유'와 '무'는 대립적인 것으로, '유'는 물질이자 존재이다. 천지만물은 모두 '유'에서 생겨난다. 그렇다면 '무'란 무엇인가? '무'는 눈으로 볼 수도, 손으로 만질 수도 없다. 그렇다고 반드시 존재하지 않는 것도 아니며, 물질일 수도 있다. 오늘날 이것은 상식이다. '무'와 '유'의 대립 관계에서 보자면, 그들의 '무'는 정신으로 해석하는 것이 비교적 이치에 합당하다.

노자가 보는 '유'와 '무'의 관계, 즉, '유'가 '무'에서 생긴다고 판단한 노자의 견해에 대해, 왕필과 하안의 논점은 서로 같았다. 왕필은 『노자』에서 "무명은 천지의 처음이요, 유명은 만물의 어머니"라고 한 부분에 다음과 같은 주석을 남겼다.

> 무릇 '유'는 모두 '무'에서 비롯된다. 그러므로 아직 형체가 없고 이름도 없을 때가 만물의 시초가 된다. 형상을 갖추고 이름도 가지게 되면 (만물을) 키우고 기르며 성숙하게 하니, (유명은) 그것(만물)의 어머니가 된다. (이것은) 도가 무형과 무명으로 (만물을) 시작시키고 이뤄지게 하면 만물은 (무형과 무명에 의해) 시작하고 이뤄지지만, 그렇게 되는 까닭을 알지 못하니, 현묘하고도 현묘함을 말한 것이다.[32]

"무릇 '유'는 모두 '무'에서 비롯된다."는 왕필의 주석은 노자가 "유는 무에서 생긴다."라고 말한 것과 같은 의미이다.

이런 점에서 왕필이 설명한 현학의 이치는 하안보다 한층 더 높은 수준에 다다랐던 것 같다. 하소(何劭)와 유의경(劉義慶)은 각각 왕필과 하안의 관계를 다음과 같이 기록했다.

> 왕필은 어려서부터 총명하고 지혜로워 10살 남짓부터 『노자』를 좋아했고, 유창하고 논리적인 능변가였다. …… 하안은 이부상서로 재직하며 왕필을 대단한 기재(奇才)라고 생각했고, 그(왕필)에게 감탄하여 "중니(공자)께서 '젊은

후학들을 두려워할 만하다.'라고 하셨다더니, 이 사람 같으면 함께 하늘과 인간사의 (철학적) 관계를 논의할 수 있겠구나!"라고 했다. …… 하안은 성인에게 희로애락(의 감정)이 없다고 주장했는데, 그 논지가 대단히 치밀했으며, 종회 등이 그의 논지를 조술(祖述)했다. 왕필은 (그들에게) 동조하지 않았으니, (그는) 성인이 다른 사람들보다 뛰어난 부분은 정신 활동이고, 다른 사람들과 같은 것은 오정(五情)이라고 생각했다. (왕필은 성인의) 정신 활동이 (다른 사람들보다) 뛰어나기 때문에 충화(沖和)를 체득하여 '무'에 통할 수 있고, 오정이 (다른 사람들과) 같으므로 슬픔과 즐거움(의 감정)으로 (외부의) 사물에 반응하지 않을 수 없으니, 그렇다면 성인의 감정은 (외부의) 사물에 반응하(여 움직이)지만 (외부의) 사물에 얽매이지는 않는다고 생각했다. 지금 (사람들은 성인이 외부의 사물에) 얽매이지 않는다는 이유로 (외부의) 사물에 반응하지 않는다고 생각하니, (이것은) 착각이 매우 심한 것이다.[33]

하안은 이부상서로서 지위와 명망이 있어 (그의 집에는) 항상 청담(淸談)을 좋아하는 빈객들이 자리에 가득했다. 왕필은 약관도 되지 않은 나이에 그(하안)를 찾아가 만났다. 하안은 왕필의 명성을 (이미) 늘(어 알고 있)었으므로, 앞서 (자신이) 터득한 정묘한 이치를 조목조목 왕필에게 설명했다. "이 이치는 내가 생각하기에 궁극(窮極)에 이르렀소. 다시 반박하실 수 있겠소?" (그런데) 왕필이 곧바로 반박하자, 좌중의 모든 사람이 말문이 막혔다. 이에 왕필이 스스로 질문자와 답변자 역할을 도맡아 여러 차례 질문과 반박을 거듭하니, 좌중의 모든 사람이 (그의 논리에) 미치지 못했다.[34]

하평숙(하안)은 『노자』에 대한 주해(注解)를 막 완성하자, 왕보사(王輔嗣, 왕

---

* 희로애락에 원(怨)이 더해진 다섯 가지 감정.
** 노장사상에서 '원기'(元氣) 또는 '진기'(眞氣)라고도 불리는, 생명 활동의 원동력.

필)를 찾아갔다. (하안은) 왕필의 주해본이 정교하고 훌륭한 것을 보고 마음속 깊이 탄복하여 "이 사람 같으면 함께 하늘과 인간사의 (철학적) 관계를 논의할 수 있겠구나!"라고 했다. 그래서 (하안은 자신이) 주석한 『노자』의) 내용을 『도론』(道論)과 『덕론』(德論) 2편으로 수정했다.[35]

이상의 기록을 보면, 왕필의 심오한 철학적 깊이는 하안보다 한 차원 높았고, 하안도 스스로 이 점을 인정했던 것 같다. 하안은 하진의 손자로, 조조의 의붓아들이었다. 하안의 이력에 관해서는 다음과 같은 기록이 전한다.

> 하안은 하진의 손자이다. (하안의) 모친 윤씨(尹氏)는 (하진의 아들에게 시집갔다가 후일) 태조(조조)의 부인이 되었다. 하안은 (모친을 따라) 궁중에서 성장했고, 공주에게 장가도 들었다. (하안은) 젊어서부터 뛰어난 재주로 명성이 있었고, 노자·장자의 말을 좋아했다. (하안은) 『도덕론』(道德論)을 비롯해 각종 문장·부(賦)·저술을 합쳐 수십 편을 지었다.[36]

> 태조(조조)는 사공으로 재직할 때 하안의 모친을 첩으로 받아들였고, 하안도 거두어 길렀다. …… 하안은 귀공자처럼 총애를 받았다. …… 하안은 (언행에) 거리낌이 없고 복식도 (화려하기가) 태자(조비)에 버금갈 정도였다. 그래서 문제(조비)는 그(하안)를 유달리 미워하여, 매번 그의 성과 자를 부르지 않고 '가자'(덤받이)라 불렀다."[37]

하안은 조상이 화를 입을 때 함께 처형되었다.

왕필의 자는 보사(輔嗣)로, 왕찬의 집안 손자뻘이었다. 왕찬의 족형(族兄)인 왕개(王凱)가 왕업(王業)을 낳고, 왕업이 왕굉(王宏)과 왕필을 낳았다. 채옹이 만권의 서적을 왕찬에게 물려주었는데, 왕찬의 아들이 위풍

(魏諷)과 반란을 모의하다 피살되었고, 왕찬의 책은 모두 왕업에게 돌아갔다. 왕필의 학문적 성취는 유년 시절부터 지속된 그의 문화적 환경이라든가 학문적 가풍과 관련이 있었다.

하안은 조상의 유력한 조력자였다. 정시 연간$^{240~248년}$에 상서에 임명된 하안은 관리의 선발과 추천을 맡아 유능한 인재들이 능력을 십분 발휘하게 했다. 서진대의 부함은 "정시 연간, 하안에게 (인재의) 선발과 추천을 맡기니, 중앙과 지방의 많은 관직에 모두 적합한 인재를 얻게 되어, 눈부신 (정치의) 미덕이 이 덕분에 꽤 볼만했다."라고 하안을 극찬했다.[38] 처형된 이후, 얼굴에 분칠하고 입술연지나 찍어 바르던 호색한이라는 모함을 줄곧 받았던 하안은 이때야 비로소 자신을 위해 바른말을 해주는 사람을 만난 것이다.

문제 연간인 황초 7년^{226년}에 태어난 왕필은 정시 10년^{249년} 가을에 전염병에 걸려 24세를 일기로 사망했다. 그는 요절한 천재였다.

3. 혜강과 완석

하안은 정시 10년^{249년}에 벌어진 정변으로 죽었다. 왕필은 정변으로 죽지는 않았지만, 정변이 끝난 직후 하안과 같은 해에 병사했다. 따라서 그들의 현학사상은 정시 연간 이전의 시대를 반영했다. 그들은 현학을 신봉하고 전파했지만, 여전히 유학을 버리지 않았다. 그들은 현학의 논리로 유학을 해석했고, 아울러 명교와 자연을 통합했다. 그들은 유학에서 현학으로 발전하는 과정에서 매개 역할을 한 인물들이었다.

정시 10년^{249년}에 벌어진 정변 이후, 사마씨가 위의 정권을 탈취했다. 비록 사마씨가 제위를 찬탈하여 황제로 등극하지는 않았지만, 사실상 대권은 이미 그들 손아귀에 있었다. 사마씨는 자기들의 대권을 굳건하게 확보하기 위해, 조위를 지지하는 조씨 일파의 대신들을 잔혹하게 도살했다. 그중에는 몇몇 명사와 고급 지식계층이 포함되어 있었다. 방현령의 기록처럼, "위·진 교체기에는 천하에 변고가 많아 명사 중에 목숨을 보전한 사람이 적었다." 여기서는 현학의 발전·변화와 관련이 있는 두 인물인 혜강과 완적(阮籍)에 관해서만 서술하려고 한다.

혜강의 자는 숙야(叔夜)이다. 그는 초군(譙郡) 질현(銍縣)오늘날의 안휘성 숙현(宿縣)의 서남쪽 출신이다. 혜강의 형 혜희(嵇喜)는 동생 혜강에 대해 이렇게 기록했다.

(우리) 집안은 대대로 유학을 익혔다. (혜강은) 젊어서부터 빼어난 재주를 지녔고, 활달하고 호탕하기가 발군이었으며, 고상하면서도 자유분방하여 명예를 높이려 하지 않았고, 관대하여 큰 도량이 있었다. (그는) 학문을 배우면서 (특정한) 선생으로부터 가르침을 받지 않았지만, 박학하고 견문이 넓었다. (그는) 장성하여 노·장의 학문을 좋아하여, 무사태평하고 욕심이 없었다. (그는) 체질적으로 단약(丹藥) 복용을 좋아하여, 항상 선약(仙藥)을 채취하여 섭취했다. …… (또한, 그는) 신선이라는 존재가 천부(天賦)의 능력을 타고난 것이지 학문을 쌓아 도달할 수 있는 경지가 아니라고 생각했다. (다만) 섭생(攝生)과 양성(養性)을 합당하게 계속하여 (천부의) 본성을 (충분히) 발휘하면, 안기생(安期生)이나 팽조(彭祖)와 같은 (사람이 장수하게 된) 경지를 열심히 추구하여 도달할 수 있다고 생각했다. (그래서 그는) 『양생편』(養生篇)을 저술했다.

방현령은 혜강이 "장성하여 노장사상을 좋아했으며, 위나라의 종실과

• 진·한대에 연·제 지역에서 방사(方士)로 활동한 인물. 전설에 따르면, 황노(黃老)와 신선(神仙) 사상을 신봉한 그는 1000년 동안 장수했다고 한다.
•• 중국 신화 속에서 800년 동안 장수했다고 알려진 전설 속의 신선.

혼인하여 중산대부(中散大夫)에 임명되었다."[41]라고 서술했다. 이상의 기록에서 알 수 있듯이, 혜강은 대단히 총명한 사람이었고, 조씨와는 인척간이자 동향 출신이었다. 또한, 그는 중산대부에 임명된 적이 있었으므로, 결코 출사를 마다한 사람이 아니었다. 이처럼 그와 조씨 일족 사이는 동향이나 인척 관계 같은 여러 가지 관계로 얽혀 있었다. 그는 조씨 일파의 인사였다.

사마씨가 권력을 장악한 뒤, 혜강은 더 이상 관직 생활을 원치 않았다. 그의 친구 산도(山濤)가 선관(選官)의 보임을 마치며 후임으로 혜강을 추천하자, 혜강은 이를 거절했다. 그는 산도에게 아래와 같은 거절 답신을 보냈다.

> 노자와 장주(장자)는 저의 스승입니다. …… (저는) 어려서 부친을 잃고 모친과 형으로부터 응석받이로 자라나 경학을 익히지 않았습니다. …… 또한, (저는) 『장자』와 『노자』를 읽은 이후, 그런 방자한 행동이 더욱 늘어났습니다. 그래서 영예롭게 출사하려는 마음은 나날이 사라졌고, (거리낌 없이) 본성대로 행동하려는 성격은 점차 심해졌습니다. …… 게다가 (저는) 세상 물정을 알지 못해 사리에 어둡습니다. (저는) 만석군(萬石君)과 같은 신중함이 없고, (노리어) 거리낌 없이 직언을 내뱉는 단점이 있습니다. (저는) 오랫동안 업무를 접하면서도 실수가 날마다 생기니, 비록 후환이 없고자 한들 가능하겠습니까? …… 또한, (저는) 매번 탕왕·무왕(같은 성군)을 비방하고 주공·공자(같은 성인)를 업신여기는 행위를 민간에서도 멈추지 않았으니, 이 일은 반드시 드러나게 되어 (결국) 세간의 예교가 용납하지 못할 것입니다. …… 저는 근래 양생술을 익혀, 한창 영화(榮華)를 멀리하고 맛있는 음식도 물리치며, 마음을 적

- 서한 경제(景帝) 때의 석분(石奮, ?~124)과 그의 네 아들은 모두 녹봉이 2000석이었다. 그와 네 아들의 녹봉을 합하면 총 1만 석이었으므로, 경제는 그를 '만석군'으로 불렀다. 그의 집안사람들은 매사에 매우 신중했는데, 특히 그의 장자 석건(石建)은 상소문으로 올리는 글자 중에 점 하나만 빼먹어도 전전긍긍했다고 한다.

막한 경지에서 머물게 하고 무위(無爲) 관념을 가장 소중하게 생각합니다. …… 족하(足下)께서는 공연히 (번거롭게) 저를 찾아 (저를) 구렁텅이에서 전전하지 않게 해주십시오.[42]

천 년 이상 많은 학자는 이 글을 혜강이 산도와 절교하며 보낸 편지라고 주장했다. 이런 주장이 처음 나온 것은 소통(蕭統)의 『문선』(文選)부터였다. 그러나 사실 혜강은 관리가 되는 것을 거부했을 뿐, 산도와 절교할 의사는 추호도 없었다.[43]

여기서 혜강은 자신이 "매번 탕왕·무왕(같은 성군)을 비방하고 주공·공자(같은 성인)를 업신여겼다."고 했다. 탕왕·무왕·주공·공자는 유가 명교의 근원으로서, 그들을 비방하고 멸시하는 것은 명교를 비방하고 멸시하는 행위였다. 혜강은 노자·장자의 '자연' 사상을 좋아했으며, 아울러 탕왕·무왕·주공·공자의 명교를 노자·장자의 '자연'과 대립시켰다. 혜강의 시각으로 볼 때, 명교는 낮은 차원이었고 자연은 높은 차원이었다. 양자의 관계는 "거의 같은 것"[將無同]이 아니라, 하나가 높고 다른 하나는 낮았다. 그는 자신의 글에서 이렇게 주장했다.

기(氣)가 고요하고 심신(心神)이 청허(淸虛)한 사람은 마음속에 교만함이 존재하지 않는다. 천성이 진실하고 충실하며 심지가 분명한 사람은 감정이 욕심에 얽매이지 않는다. 마음속에 교만함이 존재하지 않으므로 명교를 뛰어넘어 자연에 자신을 맡길 수 있다. 감정이 욕심에 얽매이지 않으므로 귀천을 살펴 세상 물정에 통달할 수 있다. 세상 물정에 두루 통하기 때문에 대도(大道)에 거스름이 없고, 명교를 뛰어넘어 마음에 맡기기 때문에 시비에 집착하지 않는다.[44]

이처럼 그는 사람들 모두 한 차원 높은 정신적 단계로 올라가서 "명교를 뛰어넘어 자연에 자신을 맡기고" 주공·공자를 뛰어넘어 노자·장자에 도달하기를 원했다.

혜강은 인류가 자연에 순응하는 것에서 벗어나 문화와 예교에 집착하는 행위가 퇴보라고 생각했다. 그는 이렇게 주장했다.

> 까마득한 태초(太初)에는 질박한 대도(大道)가 아직 어그러지지 않았다. 군주는 위에서 문(文)으로 치장하지 않았고, 백성은 아래에서 다툼이 없었다. 만물은 온전하고 이치는 순조로워, 스스로 기뻐하며 만족하지 않는 사람이 없었다. 배부르면 편안히 누워 잠자고 배고프면 먹을 것을 찾으며 기쁘면 배를 두드리면서도, (백성은 자신이) 도덕이 넘치는 시대에 살고 있음을 깨닫지 못했다. 이와 같은 시대라면, 인의(仁義)의 단서와 예법(禮法)·형률(刑律)의 조문을 어찌 알았겠는가? (그런데) 지인(至人)이 존재하지 않고 대도가 차츰 쇠퇴하자, 비로소 문자를 만들어 그것(대도)의 의미를 전달했다. (또) 수많은 사물을 구별하여 같은 종류끼리 무리를 짓게 했다. 인의를 만들어 백성의 (내면의) 마음을 포용하고, 명분을 만들어 백성 외면(의 체면)을 단속했다. 학문을 권하고 문헌을 익히며, 그 가르침에 몸과 마음을 나하게 했다. 그래서 육경(六經)이 어지러이 뒤섞였고, 백가(百家)가 번성하여 기세를 떨쳤다. 명예와 이익의 길이 열리자, (사람들은) 분주히 치달리면서도 깨닫지 못하게 되었다.⁴⁵

혜강의 이러한 사상은 서진과 동진 교체기에 활동한 포경언(鮑敬言)에 의해 발전되었다. 포경언의 사상은 일종의 초기 무정부주의 사상이었다. 이는 노장사상에 찬성하고 유학에 반대하는 사상으로, 노자의 사상에서 발전되어 나왔다.

- 도가에서 범속(凡俗)을 벗어나 무아의 경지에 도달한 사람. 보통 사상이나 도덕 수양이 가장 높은 성인을 가리킨다.

대대로 유학자 가문이었던 사마씨는 정권을 탈취한 뒤, 조씨 일가의 사람들을 대대적으로 학살했고 황제마저 살해했다. 그들의 처지에서 볼 때, '충'(忠)은 입으로 꺼내기도 민망한 글자였다. 그래서 사마씨는 특히 '효'(孝)로 천하를 다스린다고 목소리를 높였다. 혜강은 조씨 일파인 데다 명교를 무시했으며 성격마저 모난 편이라, 쉽게 다른 사람의 원한을 샀다. 결국, 그는 사마소에게 피살되었다.

당시에 손등(孫登)이라는 고결한 은사(隱士)가 있었다. 그는 산림을 주유했으며, 사람들과 왕래하지 않았다. 혜강은 일찍이 그를 따라 여러 곳을 주유했다. 손등은 "차분하게 자신의 절조를 지켰으며 말을 하지 않았다." 작별할 때에 손등은 혜강에게 "그대는 성격이 강렬한데 재주는 빼어나니, (화를) 면할 수 있으시겠소?"라고 말했다.

일찍이 혜강은 상수(向秀)와 함께 큰 나무 아래에서 쇠를 단련한 적이 있었다. 귀공자 종회가 혜강을 보러 왔다. 혜강은 종회에게 예를 표하지 않은 채 계속 쇠를 두드렸다. 한참 시간이 흘러 종회가 가려 하자 혜강이 물었다. "무엇을 듣고 (내게) 오셨소? 무엇을 보고 가시오?" 그러자 종회는 "들리는 말을 듣고 왔고, 볼 것을 보고 갑니다."라고 말했다. 이후 종회는 혜강을 몹시 미워했고, 후일 사마소 앞에서 혜강에 대한 험담을 아래와 같이 늘어놓았다.

> 혜강은 와룡(臥龍)이니, (그를) 날아오르게 해서는 안 됩니다. 공(사마소)께서는 천하를 걱정하지 마시고, 오히려 혜강을 염려하셔야 합니다. …… (혜강은) 언사(言辭)가 방탕하여 경전을 헐뜯으니, 제왕이 된 사람이라면 당연히 (그를) 용납해서는 안 됩니다. 잘못된 행실을 빌미로 그를 없애 풍속을 순박하게 조성해야 합니다.

사마소는 종회의 말을 듣고, 혜강을 살해했다.

완적은 자가 사종(嗣宗)으로, 진류군 위씨현(尉氏縣)오늘날의 하남성 위씨현 출신이다. 그의 부친 완우는 건안칠자 중의 한 사람이다. 현학이 노자·장자의 학문이라고 한다면, 하안·왕필·혜강은 사상적으로 모두 노자에 가까운 사람이다. 그러나 완적은 오히려 사상과 행동 측면에서 모두 장자에 가까웠다. 방현령은 완적을 다음과 같이 평가했다.

> (완적은) 의지와 기개가 크고 활달했으며, (남에게) 굽히지 않고 고결했다. (또한,) 마음 내키는 대로 행동하며 (예법에) 얽매이지 않았으나, 기쁨과 분노의 감정을 안색에 드러내지 않았다. (그는) 간혹 문을 닫고 책을 보느라 몇 달 동안 외출하지 않았고, 이따금 산에 오르거나 강가를 찾아가면 (즐거워) 하루가 지나도록 (집에) 돌아가기를 잊을 정도였다. (그는) 수많은 서적을 두루 읽었는데, 특히 『장자』와 『노자』를 좋아했다. (그는) 술을 즐기고 휘파람 불기에 능했으며, 거문고 연주에 뛰어났다. (그는) 마음먹은 대로 일이 풀리면 자신의 몸을 잊을 정도였다. …… 완적은 본래 세상을 구제하려는 의지가 있었지만, 위·진 교체기에는 천하에 변고가 많아 명사 중에 목숨을 보전한 사람이 적었다. 완적은 그래서 세상의 일에 관여하지 않았고, 결국 날마다 통음(痛飮)하는 것이 (그에게는) 일상다반사였다.[51]

완적은 진류왕 조환의 치세인 경원 4년[263년]에 54세로 사망했다. 따라서 완적의 출생연도를 역산해보면, 당연히 헌제의 치세인 건안 15년[210년]일 것이다. 그의 생애 후반은 사마씨가 정권을 탈취하여 잔혹하게 사람을 죽이던 시대였다. 완적의 벗 혜강도 완적이 사망하기 1년 전에 피살되었다. 따라서 완적이 "본래 세상을 구제하려는 의지가 있었다."는 말은 아마도 그의 젊은 시절에 해당하는 이야기일 것이다.

완적은 자신의 저술에서 "천지는 자연에서 생기고 만물은 천지에서 생기며, …… 사람은 천지 속에서 태어나 자연의 형상을 체득한다.[52]"라고 했다. 또, "도(道)는 자연을 본받아 변화한다.53"라고도 했다. 그래서 완적은 사상과 삶에서 모두 자연을 숭상하고 명교를 반대했다.

완적은 생활 속에서 자연의 본성에 따라 행동했고, 모든 일에 방임하는 태도로 일관하며 관습에 얽매이지 않았다. 그는 사마씨를 좋아하지 않았지만, 사마씨도 그의 죄과를 잡아낼 수 없었다. 사마소는 "본래 무제(사마염)를 위해 완적에게 혼담을 넣으려 했는데, 완적이 60일 동안 취해 있었으므로 말을 꺼내지 못하고 그만두었다. (이후) 종회가 여러 차례 세간의 일을 그(완적)에게 자문하여 그(완적)가 가타부타하는 대답을 빌미로 그(완적)에게 죄를 뒤집어씌우려고 했는데, (완적이) 언제나 만취하여 있었으므로 화를 피할 수 있었다.54"

그러나 완적은 목숨을 부지하기 위해 사마씨에게 고개를 숙여야 했다. 사마소가 구석(九錫)을 사양하자 "공경 대신들은 (사마소에게 황제의) 즉위를 권하려고 하여, 완적에게 (즉위를) 권유하는 글을 짓게 했다. (그런데) 완적은 만취하여 글을 짓는 일을 잊어버렸다. (대신들이) 관부(官府)에 도착하여 사람을 시켜 (완적이 쓴 글을) 가져오게 했는데, (심부름꾼이 보니) 완적은 한창 책상에 엎드린 채로 술에 곯아떨어져 있었다. 심부름꾼이 (자신이 온 정황을 완적에게) 고하자, 완적은 바로 책상에서 글을 지은 다음 (심부름꾼에게) 옮겨 쓰게 했다. (그런데) 그가 지은 글은 고치거나 수정할 부분이 없고 표현이 매우 참신하고 웅장하여, 당시 사람들에게 크게 인정을 받았다.55"

방현령은 아래와 같이 완적의 일화 몇 가지를 서술했다.

> 완적은 비록 예교에 얽매이지 않았지만, (그가) 하는 말은 심원(深遠)했고, 인물의 호오(好惡)를 평가하지 않았다. 성품은 지극히 효성스러워, 모친이 임

• 천자가 공로가 큰 제후와 대신에게 하사하던 아홉 가지 물품으로, 거마(車馬)·의복·악칙(樂則)·주호(朱戶)·납폐(納陛)·호분(虎賁)·궁시(弓矢)·부월(鈇鉞)·울창주(鬱鬯酒)가 포함된다.

종하자 …… (그는 지나친 애도로) 몸이 수척해져 뼈만 앙상하게 남아 거의 목숨을 잃을 지경에 이르렀다. 배해(裴楷)가 그(완적)에게 조문하러 갔는데, 완적은 (머리를) 산발한 채 (무례하게) 다리를 쭉 뻗고 앉아 취한 모습으로 앞을 노려보고 있었다. 배해는 조문을 마치고, 바로 떠났다. 어떤 사람이 배해에게 물었다. "대체로 조문이란, 상주(喪主)가 (먼저) 곡을 해야 빈객이 (상주에 따라) 예를 표하는 법이오. (그런데 상주인) 완적이 곡을 하지 않는데도 그대는 어째서 곡을 하셨소?" (그러자) 배해는 (이렇게) 말했다. "완적은 이미 범속(凡俗)을 초탈한 방외(方外)의 인사요. 그래서 예법을 중시하지 않은 것이오. (그러나) 나는 세속의 사인이오. 그래서 예의에 따라 스스로 처신한 것이오." 당시 사람들은 두 사람 모두 훌륭한 처신이라고 감탄했다.[56]

완적은 또 (사람에 따라) 애정 어린 시선과 경멸하는 시선을 드러낼 수 있는 사람으로, 예교를 지키는 인사를 만나면 경멸의 시선으로 대했다. …… 이 때문에 예법을 준수하는 인사들은 그(완적)를 원수처럼 미워했지만, 그럴 때마다 황제(사마소)가 그(완적)를 보호해 주었다. 한번은 완적의 형수가 친정에 들르러 가자, 완적은 형수와 만나 작별 인사를 했다. 어떤 사람이 (그 일로) 그(완적)를 비난하자, 완적은 "예교가 어찌 나를 위해 만들어졌겠는가!"라고 쏘아 붙였다. (완적의) 이웃집의 젊은 부인이 미색을 갖추었는데, 술독을 놓고 술을 팔았다. 완적이 하루는 그 집에 가서 술을 마신 적이 있었는데, 술에 취하자 그 (여인) 곁에 누웠다. 완적은 전혀 거리낌이 없었고, 그 부인의 남편도 (완적의 행동을) 목격했지만, 역시 의심하지 않았다. 한 병사의 집안에 재색(才色)을 갖춘 딸이 있었는데, 시집도 못 가고 죽었다. 완적은 그녀의 부친과 오빠를 몰랐지만, 직접 찾아가 (그녀를 위해) 곡을 하여 애도를 표하고 돌아왔다. 그(완적)는 겉으로는 솔직하고 거침이 없었지만, 속마음은 매우 진실하고 순수하여 매사에 이런 식으로 행동했다.[57]

(완적은) 일찍이 광무(廣武)에 올라 초(楚)와 한(漢)의 격전지를 둘러보고, "당시에 영웅이 없어 풋내기가 공명을 이루게 했구나!"라고 탄식했다. (완적은) 무뢰산(武牢山)에 올라 도성(都城)을 바라보며 탄식하고, 「호걸시(豪杰詩)」를 지었다.[58]

이처럼 완적은 의기소침한 와중에도 여전히 공명을 이루려는 가슴속의 고민을 종종 드러냈다.

완적은 삶에서도 예법에 얽매이지 않았다. 그는 혜강과 마찬가지로 인류 공동체의 당시 모습이 과거만 못하다고 생각했다. 먼 옛날에는 순박했는데, 군주와 신하의 예법이 생겨난 이후 더욱 나빠졌다고 본 것이다. 완적은 다음과 같이 주장했다.

> 옛날 천지가 개벽하여 만물이 함께 생겨나니, 큰 것은 자신의 본성에 만족하고 작은 것은 자기 모습을 조용히 고수했다. 음(陰)은 자신의 원기(元氣)를 숨기고 양(陽)은 정(精)을 발산했으며, 해악을 피하지 않고 이익을 다투지 않았다. …… 대체로 군주가 없어도 만물이 안정되었고, 신하가 없어도 만사가 잘 다스려졌다. …… 이와 같은 상황이었기 때문에, 장구(長久)할 수 있었다. (그런데) 지금 너희는 음악을 만들어 (자연의) 소리를 어지럽히고, 색채를 (인위적으로) 제작하여 형상을 훼손한다. …… 군주가 옹립되자 포학한 일이 일어났고, 신하를 두자 화란(禍亂)이 생겨났다. (너희는) 예법을 만들어 백성을 속박하고, 어리석고 아둔한 백성을 기만하며, 지혜를 감추고 자신을 신격화한다. 강자는 괴팍하고 거만하게 자처하며 다른 이를 업신여기고, 약자는 초췌한 채로 다른 이를 섬긴다. 청렴함을 빙자하여 탐욕을 채우고, 속마음은 음험하면서 겉으로는 인자한 척한다. …… 존귀함이 없다면 비천한

• 오늘날의 하남성 형양(滎陽) 동북부의 광무산(廣武山) 위에 있던 성터로 동쪽과 서쪽에 각기 두 개의 성이 있었으며, 두 성 중간의 계곡을 사이에 두고 유방과 항우가 대치했다.

사람이 원망하지 않고, 부유함이 없으면 가난한 사람도 다투지 않는 법이니, (사람들은) 각각 자신(의 처지)에 만족하여 (다른) 욕구가 없을 것이다. ……천지 만물의 정화를 다 써서 좋은 음악이나 미색(美色)과 같은 끝없는 욕망을 받드는데, 이는 백성을 잘 양육하는 것이 아니다. 그래서 백성들이 그 진상을 알까 두려워하여, 무거운 상으로 그들(백성)을 기쁘게 하고 엄한 형벌로 그들(백성)을 위협하는 것이다. …… 이것이 너희 군자들이 한 일이 아닌가? 너희 군자들의 (이른바) 예법은 참으로 천하를 무너뜨리고, 세상을 어지럽혀 위태롭게 만들며, 사람을 죽게 하는 수단일 뿐이다. 그런데도 (너희는 예법이) 아름다운 덕행이자 바꿀 수 없는 정도(正道)라고 생각하니, 너무 지나치지 않은가? …… 그러므로 자연의 이치에 정통하지 않은 사람은 (더불어) 도(道)를 논하기에는 부족하다.[59]

완적은 예법을 강조하는 군자(君子)를 이[蝨]에 비유했고, 그들을 다음과 같이 조소했다.

세상 사람들이 말하는 군자는 오직 법도만 익히고 예교만 순수한다. (그들은) 손으로는 (예를 상징하는) 규벽(圭璧)을 들고, 발로는 (법을 상징하는) 승묵(繩墨)을 밟고 서 있다. 행동은 현실의 법도가 되고자 하고, 말은 (미래의) 끝없는 준칙이 되려고 한다. 어려서는 향리에서 칭송을 받고, 장성해서는 이웃 나라까지 명성을 알린다. 위로는 삼공(三公)이 되려고 하고, 아래로는 구주(九州)의 목(牧)이 되려고 한다. 잠방이 속에 서식하는 여러 마리의 이[蝨]가 깊이 꿰맨 솔기로 달아나 해진 솜 안에 숨은 채, 스스로 (그곳을) 훌륭한 집이라고 생각하는 것을 보지 못했는가? (이는) 다닐 때도 감히 솔기 사이를

* 고대에 제왕이나 제후가 제사를 지내거나 황제를 알현할 때 사용하던 일종의 옥기(玉器).
** 목공이 직선을 그릴 때 쓰는 공구. 법도·법률·규칙 등을 상징하는 단어로 사용되었다.

벗어나지 않고, 움직일 때도 감히 바짓가랑이를 나오지 않으면서 자기들이 행동의 준칙을 얻었다고 착각한다. 그러나 불이 타오르는 언덕에서 불길이 번져 고을과 도성을 불살라 없애도, 이[虱]들은 잠방이 속에 있으면서 나오지 못한다. 군자란 작자들이 천하에 있는 상황이, 저 이가 잠방이 속에 있는 모습과 무엇이 다른가!⁶⁰

혜강과 완적은 현학 발전의 후기를 대표하는 인물이다. 삼국 시기 현학의 흥기는 대략 두 단계로 구분할 수 있는데, 하안·왕필은 전기를 대표하는 인물이다. 그들은 유학에서 현학으로 변화하는 과도기에 양자의 매개 역할을 한 인물이었다. 그들은 현학에 귀의했지만, 두 사람 모두 여전히 유학을 잊지 않고 『논어』의 주석서를 저술했다. 그들은 현학사상으로 유학 경전을 해석하려고 했고, '거의 같을 것'[將無同]이라는 시각으로 유학과 현학의 통합을 희망했다. 혜강·완적은 현학 후반기의 대표 인물이다. 그들은 유학의 명교와 예법에 대해 이미 비교적 단호한 태도를 보였고, 예법에 얽매인 인사를 '잠방이 속의 이'라고 조롱했다. 사상적으로 그들은 유가적 명교의 속박에서 벗어났다. 그들은 현학이 유학보다 뛰어나며, '현'은 고차원인 반면 '유'는 저급한 것이라고 생각했다. 서진과 동진 시대에 현학에 몰두한 인물은 대부분 이 두 갈래에서 벗어나지 않았다.

19 촉한의 멸망

1. 촉한의 후반기

제갈량이 죽은 후 촉의 정사를 총괄한 사람은 장완(蔣琬)이었다. 장완은 자가 공염(公琰)으로, 영릉군(零陵郡) 상향현(湘鄉縣) 출신이다. 그는 유비를 따라 익주로 들어와 광도현(廣都縣)의 현장에 임명되었다. 그러나 그는 여러 업무를 제대로 처리하지 않았고, 간혹 업무 중에 만취한 적도 있었다. 유비가 그의 죄를 물으려 하자, 제갈량은 이렇게 만류했다.

> 장완은 (중앙 조정에서) 사직을 책임질 그릇이지, (지방의) 일개 현(縣)을 책임질 (하찮은) 인재가 아닙니다. 그가 행하는 정치는 백성의 안정을 근본으로 하며, 겉치레하는 것을 우선시하지 않습니다. 주공(유비)께서는 다시 헤아리시기 바랍니다.[1]

제갈량의 의견을 존중한 유비는 장완의 죄를 묻지 않고, 관직에서만 물러나게 했다. 얼마 후, 장완은 다시 십방현(什邡縣)의 현령이 되었다. 유비가 한중왕이 되자, 장완은 입조하여 상서랑이 되었다.

건흥 원년[223년], 승상 제갈량은 승상부(丞相府)를 열어 장완을 동조연

(東曹掾)으로 초빙했고, 다시 그를 참군으로 승진시켰다. 이후 그는 장사(長史)가 되었다. 제갈량이 한중에 주둔하게 되자, 장완은 승상부의 일을 총괄하며 후방에 남았는데, 항상 충분한 군량미와 병력을 전방에 공급했다. 장완을 매우 신임한 제갈량은 항상 "공염(장완)은 포부가 충성스럽고 고아하니, 나와 함께 왕조의 대업을 도울 사람"이라고 칭찬했다. 또한, 제갈량은 후주(유선)에게 은밀히 표문을 올려 "신(제갈량)이 만약 죽게 된다면, 후사는 장완에게 맡기셔야 합니다."라고 당부했다. 제갈량이 죽자, 장완은 상서령에 임명되었고, 얼마 후 행도호(行都護)의 직책에 가절의 권한을 받았으며, 익주자사를 겸하게 되었다. 이어 그는 대장군 겸 녹상서사로 승진했다.

장완이 계속 추진한 전략은 여전히 제갈량의 북벌 노선이었다. 한중을 경유하여 관중·진천(秦川)을 노리려던 제갈량의 전략이 여러 차례 실패했으므로, 그는 작전을 바꿔 수로를 통해 위흥(魏興)·상용을 습격하려고 했다. 그러나 촉한 조정의 대다수 사람은, 공격했다가 승리를 거두지 못하면 물길을 거슬러 올라와야 하므로 좋은 전략이 아니라고 생각했다. 장완도 결국 이 전략을 포기했다. 그는 강유를 양주자사(涼州刺史)로 천거하여, 강유에게 위나라 농우(隴右) 일대의 각 군(郡)을 선점하게 했다. 이 전략 역시 제갈량의 군사 노선으로서, 장완은 부현(오늘날의 사천성 면양)으로 이동하여 자신이 강유의 후방 지원군이 되려고 했다.

연희(延熙) 9년246년, 장완이 병사했다. 장완은 침착하게 정책을 추진하여 촉한의 상황을 안정시키는 데에 이바지했다. 제갈량의 사후 촉한의 정세는 상당히 긴장된 상황이었다. 장완은 이런 긴장 국면을 안정시킴으로써, 점차 대중의 신뢰를 회복했고 민심이 진정되게 했다.

장완이 죽은 뒤에는 비의(費褘)가 그의 뒤를 이어 국정을 총괄했다. 비의는 강하군(江夏郡) 맹현(鄳縣) 출신이다. 그는 제갈량이 공을 들이던 북벌정책을 일거에 뒤집고, 국경의 수비와 민생의 안정을 주장했다.

반면, 강유는 북벌정책의 지속적인 추진을 주장했다. 강유는 자신이 서방(西方)인 양주의 풍속에 익숙하다고 생각했고, 아울러 자신의 재주와 무략을 자부했다. 그래서 그는 서방의 강족(羌族)과 호족(胡族)을 촉한의 조력자로 끌어들인다면, 농산(隴山) 이서의 위 영토를 단절시켜 차지할 수 있다고 생각했다. 그러나 비의는 항상 강유를 제지하며 그의 의견을 따르지 않았고, 강유에게 채 1만 명도 되지 않는 소수의 병력만 제공했다. 그는 강유에게 이렇게 말했다.

> 우리는 승상(제갈량)의 능력에 한참이나 모자라오. (그런) 승상께서도 중원을 평정하지 못했는데, 하물며 우리가 가당키나 하겠소! 우선 나라를 지키고 백성을 다스리며 사직을 공경히 지키는 편이 낫소. (중원을 평정하는) 대업은 (후세의) 재능 있는 사람을 기다려 봅시다. 요행을 바라고 일거에 성패를 결정하려고 생각해서는 안 될 것이오. 만약 계획대로 성공하지 못한다면 후회해도 소용없을 것이오.[4]

연희 16년[253년], 새해 첫머리에 열린 큰 연회에서 비의가 즐겁게 술을 마셔 만취했을 때, 조위에서 투항한 곽순(郭循)[5]이 술자리에서 비의를 찔러 죽였다. 사료에 따르면, "비의는 성품이 겸손하고 소탈하여 집에 재물을 쌓아두지 않았다. (또한, 그의) 자식들도 모두 베옷을 입고 채식 위주로 (검소하게) 먹게 했으며, 출입할 때는 (호종하는) 수레와 말을 두지 않아 (그 모습이) 평범한 사람과 다를 바가 없었다."[6] 비의는 장완을 대신하여 촉한의 국정을 맡은 연희 9년[246년]부터 곽순에게 살해당한 연희 16년[253년]까지 7년 동안 촉한의 정무를 책임졌다.

비의를 대신하여 촉한의 정무를 장악한 사람은 강유였다. 강유의 자는 백약(伯約)으로, 천수군(天水郡) 기현(冀縣)[오늘날의 감숙성 천수시의 서쪽] 출신이다. 그는 어려서 부친을 여의고 모친과 함께 살았으며, 출사한 이후에는 천수군의 군사 참모를 맡았다. 건흥 6년[228년], 그는 제갈량이 기산으로 출진했을 때 촉한에 투항했고, 그 후 언제나 제갈량을 따라 북벌에 참여했다. 제갈량은 그가 담력·식견·재능·의리를 갖췄으며, 충성스럽고 근면한 사람이라고 극찬했다. 제갈량은 승상유수부(丞相留守府)의 장사 장예와 참군 장완에게 보낸 서신에서 이렇게 말했다.

> 강백약(강유)은 정무에 충실하고 근면하며, 생각이 치밀하고 꼼꼼합니다. 그가 갖춘 자질을 살펴보면, 영남(永南, 이소李邵)과 계상(季常, 마량) 같은 인물도 그만 못합니다. 그 사람은 양주(涼州) 출신의 일류 인사입니다.[7]

> 강백약(강유)은 군사적 지략에 매우 영민합니다. (그는) 담력과 의기를 갖추었을 뿐만 아니라 병법도 깊이 이해했습니다. 이 사람은 한조 황실을 마음에 품고 있으며, 재주도 다른 사람보다 훨씬 뛰어납니다.[8]

제갈량은 이처럼 강유를 높이 평가했다.

　제갈량이 사망한 뒤 강유와 장완은 서로 보조를 맞추어 협력했다. 장완은 여전히 제갈량의 북벌정책을 계속 실천했다. 물론, 그는 제갈량의 출병 노선을 한 차례 변경하여 관중을 향하던 기존의 공격로 대신 한수(漢水)를 타고 동쪽으로 내려가 위흥·상용을 습격하려고 했다. 그러나 "만약 (공격하여) 승리를 거두지 못하면 (물길을 거슬러 올라와야 하므로) 퇴로가 매우 험난할 것"이라는 참모들의 지적을 받자 곧바로 생각을 바꾸었다.[9] 그가 강유를 양주자사로 삼은 이유는, 역시 제갈량의 원래 구상대로 먼저 조위와 농우를 다투고 다시 관중·장안을 차지한 다음 재차 중원을 노리려던 의도였다.

　강유와 비의는 그리 협조적인 관계를 유지하지 못했다. 비의는 '보국치민'(保國治民)을 주장했다. 그는 "승상께서도 중원을 평정하지 못했는데, 하물며 우리가 가당키나 하겠소!"라고 말하며, 위와의 전쟁을 반대했다. 비의가 사망한 연희 16년[253] 이후 강유가 실권을 잡자, 비로소 촉과 위의 전쟁은 다시 잦아졌다. 강유는 연희 16년[253년]부터 경요(景耀) 5년[262년]까지 9년 동안 여섯 차례 출격했는데, 『삼국연의』에서는 그 이전에 출격한 세 차례를 더하여 강유가 아홉 차례 중원을 정벌하러 출정했다고 표현했다.

연희 16년[253년] 여름, 강유는 군사 수만 명을 이끌고 석영(石營)_{오늘날의 감숙성 예현(禮縣)의 서북쪽}에서 출발하여 동정(董亭)_{석영의 북쪽. 오늘날의 감숙성 무산(武山)의 남쪽}을 거쳐 남안군(南安郡)_{오늘날의 감숙성 농서의 동남쪽}을 포위했다. 이해에 오의 제갈각이 회남으로 진격하여 합비의 신성을 포위했다. 위의 변경은 동서 양측이 모두 위험에 처했다. 사마사는 거기장군 곽회와 옹주자사(雍州刺史) 진태에게 관중의 병력 전체를 이끌고 가서 남안군의 포위를 풀도록 했다. 또한, 관구검에게는 진격을 멈춘 채 수비하라는 명령을 내려 신성을 오에 넘겨주게 했다. 진태가 낙문(洛門)_{오늘날의 감숙성 무산의 동쪽}으로 진군하니, 강유는 군량미가 소진하여 퇴각했다. 오군은 기후와 풍토가 맞지 않아 병든 사람이 태반이었고, 사상자가 넘쳐났다. 가을 7월에 제갈각 역시 군사를 이끌고 퇴각했다.

연희 17년[254년], 촉한 조정은 강유에게 독중외군사(督中外軍事)•라는 직책을 더해 주어, 다시 농서로 출격하게 했다. 적도현(狄道縣)_{오늘날의 감숙성 임조(臨洮)}의 현장(縣長)을 대리하던 위의 이간(李簡)은 성을 바치며 투항했다. 강유는 적도에서 진군하여 하관(河關)·임조(臨洮)_{호삼성의 지리 고증에 따르면, 하관·임조는 적도의 서쪽에 있었다고 함} 및 적도를 함락하고, 세 지역의 백성을 거두어 돌아왔다. 남중(南中)에서 공을 세운 장억이 이 전투에서 전사했다.

• 중앙과 지방의 군대 전체를 지휘할 수 있는 권한을 가진 총지휘관.

연희 18년[255년], 강유는 다시 출병하여 거기장군 하후패와 정서대장군(征西大將軍) 장익을 이끌고 북진했다. 8월, 강유는 병력 수만 명을 이끌고 부한(枹罕)[오늘날의 감숙성 임하(臨夏)의 동북쪽]에 도착하여 적도로 곧장 진군했다. 위의 옹주자사 왕경은 적도를 수비하지 않고 조수(洮水)를 건너 강유와 조수 서편에서 격돌했다. 왕경은 대패하여 적도성으로 돌아와 성을 지켰는데, 병사들은 모두 달아났고 죽은 사람만 수만 명이었다. 강유는 드디어 적도로 진군하여 성을 포위했다.

위는 가절과 옹주·양주의 군사업무를 총괄하는 권한을 받은 정서장군 진태와 안서장군을 대리한 등애에게 힘을 합쳐 강유를 막도록 했다. 아울러 태위 사마부에게 그들의 후방을 지원하게 했다. 진태는 농서로 진격했다. 등애 등은 이렇게 주장했다.

> 왕경이 막 패배하여 도적들의 기세가 대단한데, 장군(진태)께서 오합지졸로 패배한 군대의 뒤를 이어서 승세를 탄 (적군의) 예봉을 꺾으려 하시니, 아마도 불가할 것 같습니다. …… 험한 지형에 기댄 채 수비하면서 (적군의) 틈을 엿보거나 (적군이) 지치기를 기다린 다음에 진격하여 (포위된 아군을) 구원하는 편이 낫습니다.[10]

그러나 진태는 다음과 같이 주장했다.

> 강유는 간편한 장비의 병력을 이끌고 (우리 진영으로) 깊숙이 들어왔으니, 바로 우리와 너른 들판에서 승부를 겨뤄 단 한 차례의 교전으로 결정적인 승리를 거두려고 하는 것이오. 왕경은 마땅히 보루를 높이 쌓고 해자를 깊이 파 그들(촉군)의 날카로운 기세를 꺾었어야 했는데, 이 상황에서 뜻밖에도 (촉군과) 전투를 벌여 적의 계책이 맞아떨어지게 하고 말았소. 왕경이 이미 패주한 상황에서 강유가 만약 전투에 이긴 위세를 몰아 동진하여 …… 병력을 풀어

투항한 사람들을 모으고, 강족·호족을 끌어들여 동쪽에서 관중·농서를 노리며, (농서·남안·천수·광위) 4군(郡)에 (투항하라는) 격문을 보낸다면, 이는 우리의 골칫거리가 될 것이오. 그런데 (뜻밖에도 강유는) 승전의 기세를 탄 병력으로 험준한 성 아래에서 좌절을 당했으니, …… 참으로 간편한 장비로 멀리 (적진으로 공격해) 들어온 군대에게 유리한 형세가 아니오. 지금 강유의 고립된 군대는 (고국에서) 멀리 떨어져 있고, 군량 보급도 이어지지 않으니, 우리가 신속히 진격하여 적군을 격파할 때요.[11]

진태는 급히 행군하여 적도의 포위를 구원했고, 강유는 종제(鍾題)오늘날의 감숙성 임조의 남쪽로 물러나 주둔했다. 이 일전에서 강유가 왕경의 대군 수만 명을 격파한 것은 촉의 대승이었다. 등애는 이에 대해 "(우리 군대가) 조수 서쪽에서 패배한 일은 작은 손실이 아니니, (적군이 우리) 군대를 격파하고 장수를 살해했으며, (그 탓에) 창고가 텅 비고 백성이 떠돌게 되어 거의 위태로운 멸망에 가까운 상황"이었다고 평가했다.[12]

언희 19년256년, 대장군의 자리에 오른 강유는 다시 병력을 이끌고 북벌을 감행했다. 7월, 강유는 병력을 이끌고 기신으로 출병했다. 그는 위의 안서장군 등애가 이미 방비를 갖추었다는 소식을 듣고 퇴각하여, 다시 동정에서 남안으로 진격했다. 등애는 무성산(武城山)오늘날의 감숙성 무산(武山)의 서남쪽을 점거하여 촉군과 대치했다. 강유는 야음을 틈타 위수(渭水)를 건넌 다음 산을 따라 상규(上邦)오늘날의 감숙성 천수시(天水市)로 이동하여, 등애와 단곡(段谷)오늘날의 감숙성 천수시의 동쪽에서 싸웠다. 강유는 원래 진서대장군(鎭西大將軍) 호제(胡濟)와 상규에서 만나 병력을 합치하기로 약속했는데, 호제가 기한을 어기고 도착하지 못했다. 이 때문에 강유는 대패했고, 병사들은 뿔뿔이 흩어졌으며, 죽은 사람이 매우 많았다. 강유는 후주(유선)에게 글을 올려 사죄하며 스스로 강등을 요청했고, 결국 후장군(後將軍)의 신분으로 대장군의 직무를 대행했다.[13]

연희 20년[257년], 위의 정동대장군 제갈탄이 회남에서 반란을 일으키자, 위 조정은 관중의 병력을 나누어 회남으로 보냈다. 강유는 이 틈을 노려 진천(秦川)으로 진격했다. 그는 병력 수만 명을 이끌고 낙곡(駱谷)으로 출격하여 침령(沈嶺)[오늘날의 섬서성 주지(周至)의 남쪽]의 남쪽에 도착했다. 이때 장성(長城)[침령의 북쪽으로, 오늘날의 주지 남쪽]에는 축적된 식량이 아주 많았지만, 수비병의 숫자는 적었다. 위의 정서장군으로서 옹주와 양주의 군사업무를 총괄하던 사마망과 진서장군으로서 농우의 군사업무를 총괄하던 등애는 병력을 이끌고 진격하여 장성에 주둔하며 강유를 막았다. 강유가 여러 차례 싸움을 걸었으나 사마망과 등애는 출전하지 않았다. 경요 원년[258년], 제갈탄의 패배 소식을 들은 강유는 성도로 돌아갔다. 이해에 그는 다시 대장군에 임명되었다.

경요 5년[262년. 즉. 위나라 경원 3년], 강유는 후화(侯和)[오늘날의 감숙성 탁니(卓尼)의 동북쪽]로 출병했다가 등애에게 패했다. 결국, 그는 답중(沓中)[오늘날의 감숙성 주곡(舟曲)의 서북쪽]으로 퇴각했다. 이것이 강유의 마지막 출정이었다.

강유가 출정하여 북벌을 감행한 것은 주로 농우를 차지하기 위해서였다. 강유는 "자신이 서방(즉 양주)의 풍속에 익숙하다고 생각했고, 아울러 자신의 재주와 무략을 자부했다. 그래서 그는 서방의 강족과 호족을 (촉한의) 조력자로 끌어들인다면, 농산 이서(의 위 영토)를 단절시켜 차지할 수 있다고 생각했다."[14] 그가 주도한 몇 차례의 출병은 대부분 남안·농서·부한·적도·상규 등의 지역에서 진행되었다. 강유는 257년에만 유일하게 낙곡을 출발하여 침령을 차지한 다음 장성을 노렸는데, 이것은 제갈탄의 회남 반란으로 관중의 일부 병력이 회남으로 차출되어 관중에 공백이 생겼기 때문이다. 아마도 강유는 직접 장안으로 돌진하려고 했던 것 같다.

전쟁의 형세를 살펴볼 때 점점 더 뚜렷해진 점은, 촉·오가 이미 위의 적수가 아닐뿐더러 시간이 흐를수록 더욱 상대가 되지 못했다는 사실이었다. 257년, 촉·오 두 나라는 동시에 출격하여 위와 전쟁을 벌였고, 당

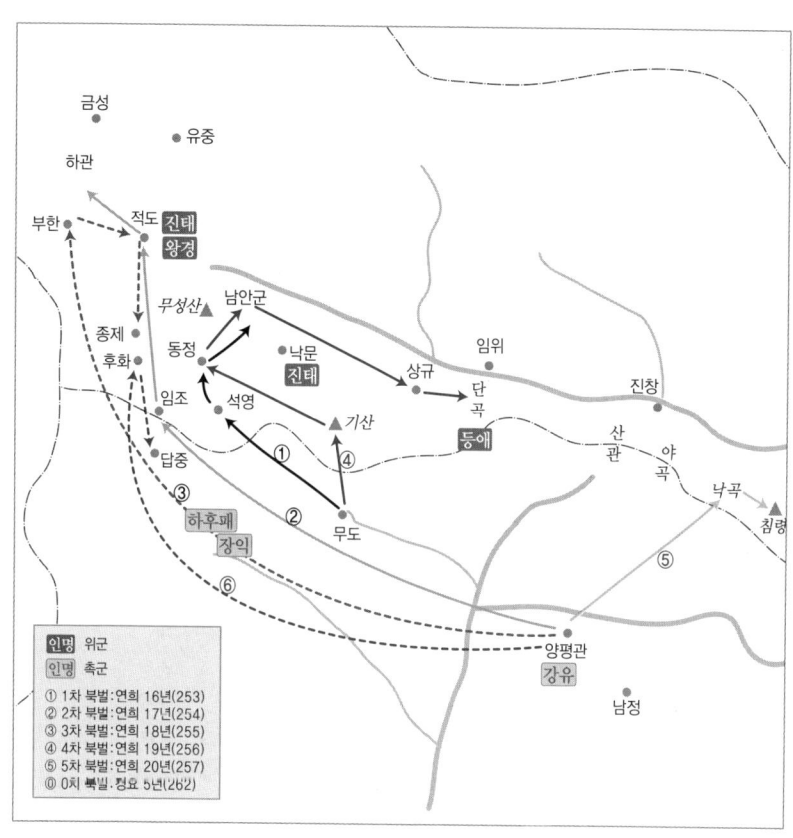

[지도31] 강유의 북벌

시에는 제갈탄도 위에 반기를 든 상황이었으므로, 그야말로 세 세력이 힘을 합쳐 사마씨와 전쟁을 벌였다고 할 수 있었다. 사마소는 대군 26만 명을 동원하여 제갈탄과 오를 공격했다. 또, 사마망·등애가 지휘한 관중의 일부 병력만으로 강유를 공격했다. 그 결과 오군은 궤멸했고, 제갈탄은 수춘에서 포위에 시달리다 죽었다. 등애가 장성을 점거하여 수비하자, 강유는 싸우려고 해도 여의치 않아 부득이 후퇴했다. 오·촉·제갈탄의 세 세력이 힘을 합쳤지만 모두 위의 적수가 되지 못했고, 이들의 도전은 결국 실패로 돌아갔다.

매년 계속된 전쟁으로 촉한의 사회 생산과 백성의 삶은 전부 심각하게 파괴되었다. 진수는 "당시 (촉한에서) 군대가 여러 차례 징집되어, 백성은 곤궁하고 고통스러웠다."라고 했다. 손휴의 재위 시절, 설후(薛珝)가 말을 구하기 위해 촉에 사신으로 갔다가 돌아오자, 손휴는 설후에게 촉한 정치의 득실을 물었다. 그러자 설후는 이렇게 대답했다.

> (촉한의) 군주(유선)는 어리석어 자기 잘못을 알지 못하고, 신하는 죄를 피하여 자신의 몸을 보전하기만 바랍니다. 그들의 조정에 들어가 보면 바른말이 들리지 않고, 그들의 들판을 지나가면 백성들은 모두 굶주린 기색이 보입니다. 신이 듣건대, 제비와 참새는 큰 집에 살면서 자식과 어미가 서로 즐거워하며 편안하게 생각하니, (심지어) 굴뚝이 터지고 마룻대가 불에 타도 제비와 참새는 즐거워하며 재앙이 다가올 것을 모른다고 합니다. 아마도 이 말은 그들을 일컫는 것 같습니다.

설후는 이미 촉한의 문제를 간파하고 있었다. 촉한은 정치적으로 군주와 신하가 모두 어리석었고, 온종일 무위도식하면서 자기들에게 죽음이 닥칠 것도 예상하지 못했다. 사회적으로도 백성들의 삶은 피폐하고 생활이 곤궁했으며, 그들 모두에게 굶주린 기색이 엿보였다. 일찍이 초주는 「구국론」(仇國論)을 지어, 강유의 잦은 출정에 대한 반대 의사를 아래와 같이 넌지시 지적한 바 있다.

> 백성이 피로하면 소요의 조짐이 생기고, 고위 관원이 오만하고 하급 관원이 포악하면 와해의 형세가 일어난다. …… 그래서 지혜로운 사람은 작은 이익 때문에 시선을 돌리지 않고 그럴싸한 겉모습만 보고 걸음을 옮기지 않으니, 시기가 무르익은 이후에 (비로소) 움직이고, 각종 요소가 갖춰진 이후에 행동하는 법이다. 그러므로 탕왕·무왕의 군대가 두 번 싸우지 않고 (한번에) 승리한 이유는, 사실 백성의 노력을 소중하게 생각하고 시기를 잘 살폈기 때문이다. 만약 기어이 무력을 남용하여 정벌을 감행한다면 흙이 무너지듯이 (국가가) 와해되는 상황이 일어날 것이니, (혹시) 불행히도 어려움을 만나게 되면 비록 지혜로운 사람이 있더라도 해결할 방법이 없을 것이다.[17]

후주 유선의 재위 후반기에는 이미 환관 황호(黃皓)가 점차 권력을 농단하고 있었다. 황호는 우대장군(右大將軍) 염우(閻宇)와 친밀한 사이였다. 그래서 그는 은밀히 강유를 몰아내고 염우를 대장군으로 세우려고 했다. 강유는 이들의 계획을 알아차린 뒤, 후주에게 "황호는 간교하고 방자하여 장차 국가를 패망하게 할 사람이니, 그(황호)를 죽이십시오."[18]라고 했다. 그러나 후주는 이렇게 황호를 두둔했다.

> 황호는 종종걸음으로 (궁중의) 잡일을 하는 미천한 하급관리일 뿐이오. 이전에 동윤(董允)이 매번 이를 갈며 (황호를) 미워하여, 내가 늘 그(동윤)를 아쉬워하였소. 그대(강유)가 어찌 신경을 쓸 만한 사람이겠소?[19]

후주는 황호에게 강유의 처소로 가서 사죄하라는 명령을 내렸다.[20] 강유는 본래 타지 출신으로 촉한에 넘어온 처지였다. 그는 몸소 중임을 맡아 수년간 병력을 동원했지만 공적을 세우지 못했으므로, 황호의 음모에 대해 의구심을 가지며 불안해했다. 후화 전투에서 패배한 후 불안을 느낀 강유는 감히 성도로 돌아가지 못한 채, 변경의 전답에서 보리를 경작하겠다고 요청했다.

백성에게는 모두 굶주린 기색이 있었고, 군주는 아둔했으며, 신하들은 지위고하를 막론하고 구차하게 눈앞의 안일을 탐했다. 국가를 보필하는 중신(重臣)은 감히 도성에 거주하지 못한 채 머나먼 변경에 주둔한 채 보리나 심었다. 이것이 촉한의 형세였으니, 이야말로 앉아서 멸망을 기다리는 상황이었다.

2. 종회·등애의 촉한 섬멸

사마의 부자의 기획과 관리를 거치면서 사마씨 가문은 우뚝 섰다. 만약 사마씨 가문이 대외적으로 공적을 세워 가문의 지위가 매우 높은 경지까지 올라갈 수 있다면, 촉과 오의 멸망까지도 계획에 넣을 수 있을 정도였다.

위가 오와 촉 중 어느 곳을 먼저 멸망시킬 것인지는 위 문제 조비의 시절부터 항상 고심하던 문제였다. 사마소가 집권하기 전까지 이 문제에 대한 중론은 대체로 먼저 오를 없애고 그다음에 촉을 섬멸하자는 쪽이었다. 문제 조비와 사마의 모두 이렇게 주장했다. 비록 문제 조비가 가후에게 "나는 (나의) 명을 따르지 않는 자들을 정벌하여 천하를 통일하려고 하는데, 오와 촉 중 어느 쪽을 먼저 정벌해야 하겠소?"라고 물어본 적이 있었지만, 그의 마음속 구상은 먼저 오를 멸망시키는 것이었다. 조비는 재위한 7년 동안 세 차례나 오를 공격했다. 명제는 일찍이 사마의에게 "두 반역 도당을 토벌해야 한다면, 어느 쪽을 먼저 토벌해야 하겠소?"라고 물은 적이 있었다. 그러자 사마의는 다음과 같이 대답했다.

만약 육군을 환성(皖城)으로 보내 손권이 동쪽으로 내려오도록 유인하고, 수군을 하구로 보내 그들(오군)의 빈틈을 노려 공격한다면, 이는 신병(神兵)이 하늘에서 내려온 격이니, 틀림없이 그들(오군)을 격파할 것입니다.[23]

사마의의 의견에 동의한 위 명제 역시 먼저 오를 섬멸한 다음 촉을 정벌하려고 했다. 이것은 대체로 조조가 한중 탈환에 실패했던 일과 조진 등이 세 차례나 촉을 정벌하려다가 겪었던 곤란이 그들에게 심각한 영향을 끼쳤기 때문인 것 같다.

그런데 사마소가 집권했을 때, 먼저 오를 공략하고 촉을 나중에 도모한다는 구상에 큰 변화가 생겼다. 사마소는 이렇게 말했다.

> 수춘(의 반란)을 평정한 이후 전쟁이 종식된 지 6년 동안, (우리는) 군사를 조련하고 병기를 정비하며 두 반역 도당을 섬멸하려고 준비해왔소. 오를 공략할 것을 대략 계산해 보면, 전선을 건조하고 수로를 연결하기 위해 엄청난 공력을 들여야 할 테니, 이는 10만 명의 병력이 백수십 일 동안 해야 할 일이오. 또한, 남빙 지역은 지대가 낮고 습하니, 틀림없이 진엄병이 생길 것이오. 지금은 먼저 촉을 공략해야 하오. (그런 다음) 3년 뒤, 파촉(巴蜀) 지역에서 강물의 흐름을 타고 수륙 양면으로 동시에 진격한다면, 이는 우(虞)를 섬멸한 다음 괵(虢)을 평정하고, 한(韓)을 병탄한 뒤 위(魏)를 병합한 형세와 같을 것이오.[24]

- • 제갈탄·문흠이 수춘에서 일으킨 반란을 가리킴.
- •• 춘추시대 진(晉)의 헌공(獻公)이 괵을 공격한다는 구실로 우에게 길을 빌린 다음, 괵을 격파하고 돌아오는 길에 다시 우를 멸망시킨 일을 말함.
- ••• 전국시대 말기 진시황이 한을 병탄하여 영천군(潁川郡)으로 삼고, 다시 위를 공격하여 멸망시킨 일을 가리킴.

사마소는 출병하기에 앞서, 촉의 병력과 전쟁의 형세를 다음과 같이 예측했다.

계산해 보면, 촉의 전사는 9만 명 정도로, 성도에 주둔하며 지키는 병력과 다른 군(郡)을 수비하는 병력이 4만 명 이상이오. 그렇다면 나머지 병력은 5만 명에 불과하오. 지금 답중에 강유를 묶어두어 (그가) 동쪽을 돌아볼 겨를이 없게 한 다음, (우리는) 곧장 낙곡까지 진격하여 그들의 텅 빈 지역에 출격함으로써 한중을 습격해야 하오. 저들이 만약 성을 고수하며 요충지를 지킨다면, 군세가 틀림없이 분산되어 머리와 꼬리가 끊어질 것이오. (이때 우리가) 대군을 동원하여 성을 격파하고 성안 백성을 도살하며 정예병을 여러 곳에 보내 교외의 들판을 노략질하면, 검각(劍閣)은 요충지를 지킬 겨를이 없고 변경의 관문도 스스로 보호할 수 없을 것이오. 유선이 우매한 데다가 변경의 성마저 격파된다면, (촉의) 남녀가 (모두) 놀라고 두려워할 터이니, 그들이 망할 것을 알 수 있소.[25]

이에 사마소는 종회를 진서장군(鎭西將軍)에 임명하여 관중의 군사 업무를 총괄하게 했다. 이 소식을 들은 강유는 후주(유선)에게 다음과 같이 표문을 올렸다.

종회가 관중에서 군대를 정돈·훈련하며 (우리나라로) 진격하는 계획을 세우려고 한다는 정보를 들었습니다. 장익(張翼)과 요화(廖化)에게 여러 부대를 이끌고 가서 양안관(陽安關)의 입구 오늘날의 섬서성 면현(勉縣) 서쪽와 음평(陰平)의 교두(橋頭) 오늘날의 감숙성 문현(文縣)의 경계지역를 나누어 지키게 하여 미연의 사태를 방지하십시오.[26]

환관 황호는 귀신을 섬기는 무당을 신봉했다. 그는 적군이 결국 공격하지 않을 것이라는 무당의 말을 듣고, 후주(유선)에게 무당의 말을 아뢰어 강유의 표문을 묵살하게 했다. 그래서 신하 중에는 이 일의 내막을 아는 사람이 없었다.

경원 4년²⁶³년 5월, 위는 여러 부대에 조서를 내려 대대적으로 촉을 정벌하게 했다. 먼저 정서장군 등애에게는 3만여 명의 병력을 이끌고 적도를 출발하여 감송(甘松)까지 도착한 다음, 답중에서 강유를 공격하게 했다. 옹주자사 제갈서(諸葛緒)에게는 3만여 명의 병력을 이끌고 기산(祁山)을 출발하여 무가(武街)오늘날의 감숙성 성현(成縣)의 서쪽를 거쳐 교두(橋頭)로 진격하여 강유의 퇴로를 차단하게 했다. 마지막으로 종회에게는 10여만 명의 병력을 이끌고 야곡·낙곡·자오곡의 3로(路)로 나누어 한중까지 진격하게 했다.

위 진류왕 조환의 치세인 경원 4년²⁶³년, 낙양에서 위의 전군(全軍)이 출발했다. 촉한은 위군이 다가온다는 소식을 듣자, 요화에게 병력을 이끌고 답중으로 가서 강유를 지원하게 했고, 장익·동궐(董厥) 등에게는 양안관의 어귀로 가서 포위된 여러 지역을 외곽에서 지원하게 했다. 그리고 여러 방어 진지에 지령을 내려, 교전하지 말고 한성(漢城)과 낙성(樂城)으로 퇴각하여 수비하게 했다. 북상하여 음평오늘날의 감숙성 문현(文縣)에 도달한 장익과 동궐은 제갈서가 건위(建威)오늘날의 감숙성 서화(西和)로 이동하려 한다는 소식을 듣고, 한 달 가량 건위에 머물며 이들을 기다렸다. 여러 부대를 이끌고 동시에 진격하여 한중에 도달한 종회는 전장군(前將軍) 이보(李輔)에게 1만 명의 병력을 거느리고 낙성오늘날의 섬서성 성고(城固)에서 왕함(王含)을 포위하게 하고, 호군(護軍) 순개(荀愷)에게는 한성오늘날의 섬서성 면현(勉縣)에서 장빈(蔣斌)을 포위하게 했다.

여러 방어 진지에서 낙성과 한성으로 철수하여 그곳을 지키겠다는 구상은 강유가 한중 방어를 위해 내놓은 전략적 조치로, 유비가 마련한 원래의 조치를 변경한 것이었다. 유비는 한중을 빼앗아 점령한 당시에 위연을 한중에 남겨 그곳을 지키게 하고, 외곽의 여러 방어 진지에 모두 병력을 채워 외부의 침략에 대비하게 했으니, 설사 외적이 공격해 오더라도 한중에 진입하지 못하게 하려는 조치였다. 제왕 조방의 치세인 정시 5년[244년]에 조상이 흥세(興勢)[오늘날의 섬서성 양현(洋縣)의 북쪽]를 공격했다가 실패하고 돌아간 적이 있는데, 이때 촉군이 채택한 전략이 바로 유비가 과거에 마련해 놓은 조치였다. 촉한의 병권을 맡게 된 강유는 여러 곳에 방어 진지를 어지러이 배치하여 수비하는 방식이 적의 공격을 막을 수는 있겠지만, 대승을 거둘 수는 없는 전략이라고 생각했다. 그는 아래와 같이 주장했다.

> 차라리 적이 (한중으로) 다가온다는 소식을 들었을 때, 각 방어 진지에서 모두 병력을 결집하고 군량미를 수합한 다음 한성과 낙성으로 퇴각하여 적군이 (이곳을 통과하여 계속 남하해 성도) 평원으로 진입하지 못하게 하고, 또 (양평관陽平關·검문관劍門關 등의) 관문을 강화하여 이곳에 군대가 주둔하며 방어하게 하는 것이 낫습니다.[27][28] 그러다 유사시에는 유격군을 일제히 진격하게 하여 그들(적들)의 허점을 엿보는 것입니다.[29] 적들은 관문을 공격해도 이기지 못하고, 들판에 흩어진 곡식도 없으니, 천리(千里) 먼 길을 통해 군량미를 공급하려면 자연히 지치고 힘들 것입니다. (그러다 적군이) 병력을 이끌고 퇴각하는 날이 되면 (한성·낙성 등) 여러 성의 병력이 일제히 출격하여 유격군과 힘을 합쳐 그들을 공격하는 것이니, 이것이 바로 적을 섬멸하는 기술입니다.[30]

이번 위군의 진격에 맞서, 촉한이 한중을 지키기 위해 선택한 것은 강유의 방식이었다. 촉의 후주(유선)는 독한중(督漢中) 호제를 한수(漢壽)[오늘날의 사천성 검각(劍閣)의 동북쪽]로 퇴각하여 주둔하게 하고, 감군(監軍) 왕함에게는 낙성을, 호군(護軍) 장빈에게는 한성을 지키게 했다.

강유의 이와 같은 병력 배치는 어떤 장점이 있었을까? 군사와 관련된 사안인 만큼, 사실 나 같은 서생(書生)이 감히 이러쿵저러쿵할 처지는 아니다. 하지만 한 가지 문제는 지적할 수 있을 것 같다. 강유의 이런 병력 배치는 쌍방의 힘이 백중세이거나 수비 측의 세력이 조금 약할 때 유리하다. 후퇴한 상황에서 수비할 수 있고, 적군의 힘이 빠지고 군량미가 소진되었을 때는 공격도 가능하다. 그러나 양측의 세력이 비교적 현격한 차이가 난다면, 이런 병력 배치가 꼭 유리하다고는 할 수 없다. 물론 이런 정세에서는 유비가 구상한 원래의 병력 배치를 채택했더라도 반드시 성을 지키고 적을 물리쳤을 것이라고 확신할 수는 없다.

호삼성은 이 상황에 대해 다음과 같은 주장을 내세운다. "강유는 스스로 험준한 요충지를 포기하고 간교하게 국경을 넓히려는 생각을 품었으니, (사마광이) 이런 내용을 기록한 것은 촉의 멸망을 암시하는 복선이다."[31] 그러나 촉한 멸망의 원인을, 병력 배치를 이런 식으로 바꾼 강유의 탓으로 돌리는 것은 너무 지나친 것 같다.

종회는 병력을 이끌고 진격하여 파죽지세로 한중으로 쳐들어갔다. 그는 전장군 이보에게 1만 명의 병력을 거느리고 낙성에서 왕함을 포위하게 하고, 호군 순개에게는 한성에서 장빈을 포위하게 했으며, 자신은 직접 대군을 이끌고 서진하여 양안관의 어귀(즉, 양평관)로 향했다.

종회는 호군 호열을 선봉으로 삼아 양안관 어귀를 공격하게 했다. 관문의 성곽을 수비하던 사람은 촉의 장군 부첨(傅僉)과 장서(蔣舒)였다. 원래 무흥독(武興督) 무흥은 오늘날의 섬서성 약양(略陽)이던 장서는 평범하고 우둔하여 이름이 날 만한 공적도 없는 인물이었는데,[32] 차출되어 와서 장군 부첨을 도와 관문을 수비하고 있었다. 호열이 공격해 오자 장서는 부첨에게 "지금 적군이 도착했는데 공격하지 않고 성문을 닫은 채 수비만 하는 것은 좋은 전략이 아닙니다."[33]라고 건의했다. 그러나 부첨은 다음과 같이 말했다.

성을 지키라는 명령을 받은 상황에서는, (성을) 온전하게 보호하는 것이 (최고의) 공적이오. 지금 명령을 어기고 출전했다가 만약 병력을 잃고 나라에 누를 끼치게 된다면, 죽어도 이로움이 없을 것이오.[34]

그러자 장서는 이렇게 주장했다.

그대는 성을 온전하게 지키는 것을 공적으로 생각하고, 나는 출전하여 적을 이기는 것을 공적으로 여기니, 각자 자기 생각대로 해 봅시다.[35]

사실 장서는 자신이 무흥독에서 해임된 이후 마음속에 한을 품고 있었고, 얼추 당시에 촉한이 머지않아 멸망할 것 같은 현실도 목도해서인지 성을 나서자마자 위군에 투항해버렸다. 위군은 성안에 병력의 공백이 있음을 알자, 즉각 성을 습격했다. 사마광은 이 상황에 대해, 장서가 성을 나가 작전을 수행하기로 하자 부첨 장군이 "방어 태세를 갖추지 않았기에"[36] 성이 적의 공격에 함락된 것이라고 한 구절을 덧붙였다. 그는 비록 전사했고, 촉한의 충신이기도 했지만, 방어에 소홀했던 책임을 면하기는 어렵다. 호삼성은 그를 이렇게 평가했다.

설령 장서가 정말로 맞서 싸웠더라도 확실한 그의 승리를 장담할 수 없었는데, 부첨은 어째서 방어 태세를 갖추지 않았을까? 관문의 성곽을 제대로 지키지 못한 것은 부첨에게도 과오가 있다.[37]

등애는 천수태수(天水太守) 왕기(王頎)에게 답중에 자리한 강유의 본영을 직접 공격하게 하고, 농서태수(隴西太守) 견홍(牽弘)에게는 강유군 전방의 도로를 차단하게 했으며, 금성태수(金城太守) 양흔(楊欣)에게는 감송(甘松)답중의 서쪽. 오늘날의 감숙성 질부(迭部)의 동남쪽으로 진격하게 했다. 강유는 종회의 대군이 이미 한중에 진입했다는 소식을 듣고, 결국 답중에서 병력을 이끌고 퇴각했다. 양흔 등은 강유를 후방에서 추격하여 강천(强川) 어귀에서 일대 격전을 벌였다. 패배하여 도주하던 강유는 제갈서가 이미 퇴로를 막은 채 교두에 주둔하고 있다는 정보를 듣고, 공함곡(孔函谷)에서 북상하여 제갈서의 후방으로 진출하려고 했다. 제갈서가 이 소식을 듣고 북상하여 30리를 되돌아갔다. 강유는 북쪽 길로 30여 리를 진군하다가 제갈서군이 북쪽으로 30리를 퇴각했다는 소식을 듣고, 급히 되돌아와 교두를 통과했다. 제갈서는 강유를 막기 위해 황급히 추격했지만, 강유보다 하루 늦게 교두에 도착했다. 강유는 이미 병력을 이끌고 교두를 지나 음평으로 귀환한 상황이었다(교두와 공함곡은 모두 음평 북쪽에 있어야 하며, 답중에서 음평에 도착했다면, 이미 강천 어귀의 길을 통과한 것이다)•.

강유는 음평에 도착하여 병력을 모았다. 그는 본래 관성(關城)오늘날의 섬서성 영강(寧强)의 서북쪽으로 갈 생각이었지만, 관성이 이미 위군에게 격파되었다는 소식을 듣고는 결국 동남쪽으로 진로를 틀어 백수(白水)오늘날의 사천성 광원(廣元)의 서북쪽로 향했다. 백수에서 요화·장익·동궐 등과 만나 마침내 병력을 합친 강유는 이들과 함께 검각을 수비하여 종회를 막았다. 검각은 오늘날의 사천성 검각현의 북쪽에 자리하고 있으며, 산세가 매우 험준하여 촉한의 북방 방어선이었다••.

• 본문에서도 밝힌 것처럼 지은이는 교두를 공함곡의 인근이자, 음평의 북쪽에 자리한 지역으로 파악하고 있다. 그러나 중국의 저명한 역사지리학자 담기양(譚其驤, 1911~1992)은 교두를 음평의 동남쪽에 자리한 것으로 비정(批正)했다. 음평과 교두의 위치는 〔지도 32〕를 참조하라.

•• 지은이의 해석에 따르면 강유군의 퇴각로는 답중→강천→공함곡→교두→음평→백수→검각이다. 그러나 담기양의 견해대로 교두를 음평의 남쪽에 자리한 곳으로 비정한다면, 강유군의 퇴각로는 답중→강천→공함곡→음평→교두→백수→검각이 된다. 즉, 답중에 주둔한 강유는 등애의 공격을 받고 일단 공함곡을 거쳐 음평으로 퇴각하여 전열을 정비한 후, 교두를 거쳐 백수로 가서 요화·장익·동궐과 합류한 것이 된다. 그런데 제갈서가 공함곡에서 북상하여 30리를 되돌아간 사이에 강유가 교두를 통과했다는 사료의 내용으로 볼 때, 공함곡과 교두 사이의 거리는 그리 멀지 않은 것으로 추측된다. 따라서 교두를 음평의 동남쪽으로 비정한 담기양의 견해는 다소 무리해 보인다.

음평에 도착한 등애는 정예 병력을 선발하여 제갈서와 함께 강유(江油)에서 성도(成都)로 진격하려고 했다. 제갈서는 자기의 임무가 기산에서 출발하여 무가를 거쳐 교두로 진격하여 강유의 퇴로를 끊는 것이며, 음평에서 곧장 남하하여 성도까지 진격하는 것은 황제가 조서를 통해 자신에게 내린 임무가 아니라고 주장했다. 결국 제갈서는 수하의 병력을 이끌고 백수를 향해 떠나 종회에게 합류했다. 제갈서군을 직접 통제할 권한을 차지하고 싶었던 종회는 제갈서가 소심하고 나약하여 진격하지 않는다고 밀고했다. 제갈서는 호송용 수레에 실려 낙양으로 불려 갔고, 그의 부대는 종회의 지휘를 받게 되었다.

강유가 요충지인 검각을 철저히 방어하자, 종회는 아무리 공격해도 이길 수 없었다. 길이 험난하고 멀어서 군량미의 수송이 어려워지자 군대에 식량이 부족해졌고, 종회는 철군하려는 생각까지 품었다. 그러나 이 전략에 반대한 등애는 다음과 같은 상소문을 올렸다.

현재 적군은 큰 타격을 입었으니, 당연히 추격하여 승세를 타야 합니다. 음평에서 좁은 지름길을 통해 한대의 덕양정(德陽亭)●오늘날의 사천성 강유현(江油縣)의 북쪽을 경유하여 곧장 부현(涪縣)에 도착하면 검각에서 서쪽으로 100리를 남하한 셈이며, 성도에서는 300여 리 정도 떨어진 곳입니다. 기습부대가 적군의 심장부로 돌격하여 검각을 지키는 적군이 틀림없이 부현으로 돌아가게 된다면, 종회는 편안하게 진격할 것입니다. 만약 검각을 지키는 적군이 (검각을 사수하며) 부현으로 돌아가지 않는다면, 부현에서 (우리의 공격에) 대응할 병력은 적을 것입니다. 병법서에서는 "(적군의) 대비가 없는 곳을 공격하고, (적군이)

● 한대의 정(亭)은 향(鄕)보다는 작고, 리(里)보다는 큰 지방 행정단위를 가리킨다. 원문의 "漢德陽亭"을 담기양의 지리고증에 근거한 일반적인 해석에 따라 "한대의 덕양정", 즉 한대에 덕양정이었던 지역으로 해석했지만, "한덕현(漢德縣)의 양정(陽亭)"으로 해석하는 견해도 있다.

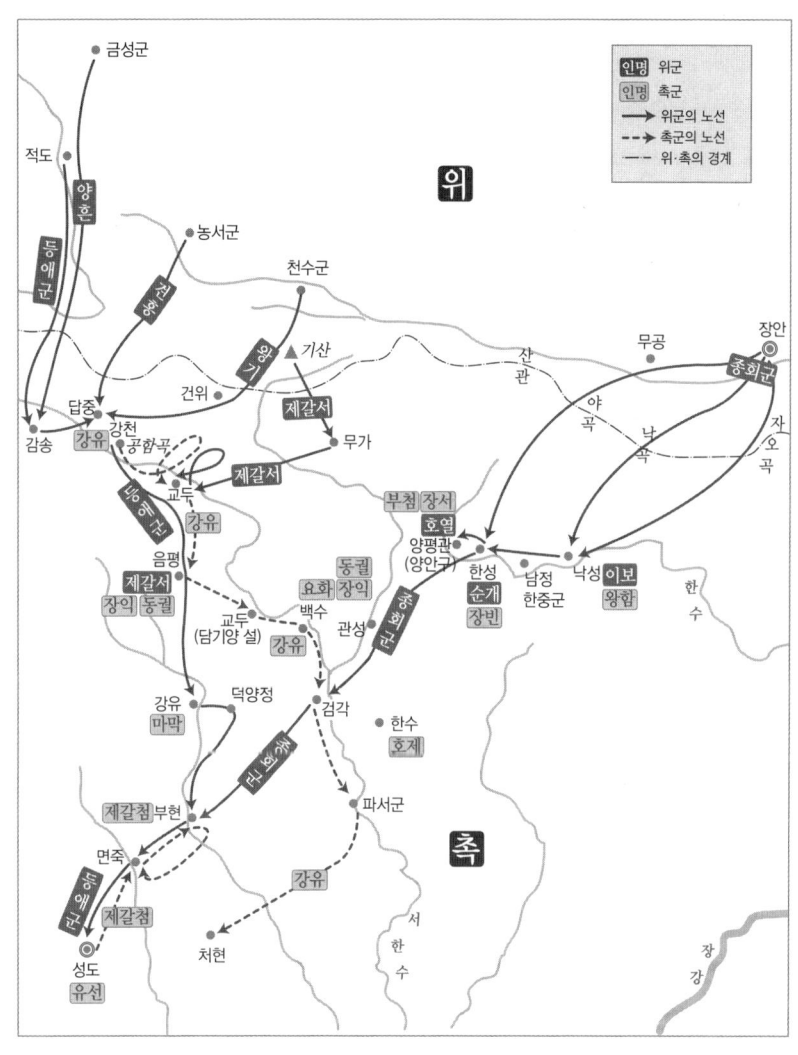

〔지도32〕 위의 촉한 공략 노선

예상하지 못한 계책을 세우라."라고 했으니, 이제 그들의 비어있는 지역을 불시에 습격한다면 틀림없이 적군을 격파할 것입니다.

이해 10월은 이미 초겨울 날씨였다. 등애는 음평에서 출발하여 인적이 끊긴 험로로 700여 리를 행군했다. 그들은 산을 깎고 길을 닦아 잔도(棧道)를 만들었다. 산이 높고 골짜기가 깊어 대단히 험난한 과정이었고, 게다가 군량미의 수송도 단절되어 거의 위태로운 지경이었다. 등애는 모포로 자기 몸을 감싼 채 산에서 굴러 내려갔다. 장수와 병사들 모두 나무를 타거나 깎아지른 낭떠러지에 바짝 달라붙어 한 사람씩 줄지어 행군했다. 등애의 군대가 강유에 도착하자, 강유를 수비하던 촉의 장수 마막(馬邈)이 투항했다.

촉의 위장군(衛將軍)이자 제갈량의 아들인 제갈첨(諸葛瞻)이 여러 부대를 지휘하여 등애를 막았는데, 그는 부현(오늘날의 사천성 면양)에 이르러 이동을 멈추고 전진하지 않았다. 상서랑 황숭(黃崇)은 제갈첨에게 신속히 진군하여 요충지를 점거함으로써 적군이 평지로 진입하지 못하게 하라고 권유했지만, 제갈첨은 머뭇거리며 황숭의 건의를 받아들이지 않았다. 황숭이 여러 차례 이 작전을 권유하며 눈물까지 흘렸지만, 제갈첨은 그의 의견을 따르지 않았다. 등애는 마침내 파죽지세로 진군하여 제갈첨군을 격파했고, 제갈첨은 면죽(綿竹)으로 후퇴하여 수비했다. 등애가 면죽까지 진격하여 다시 촉군을 대파했고, 제갈첨은 전사했다. 제갈첨의 아들 제갈상(諸葛尙) 역시 전사했다. 제갈첨과 제갈상의 충의는 제갈량의 자손으로서 손색이 없었지만, 그들은 전략을 갖추지 못한 서생에 불과했다. 슬프다!

• 이 말은 『손자병법』(孫子兵法)의 「계편」(計篇)에 나오는 구절이다.

〔도판 15〕촉한의 잔도(棧道)

사천성(四川省) 광원시(廣元市)에 위치한 삼국시대 고잔도(古棧道)의 유적.

등애의 대군이 성도로 접근하자, 촉의 군주와 신료들은 몹시 당황하며 허둥댔다. 백성은 혼란에 빠져 모두 산중이나 늪지대로 도망쳤지만, 촉한 정부는 이를 막지 못했다. 후주 유선은 신하들에게 대책을 회의하게 했지만, 좋은 계책이 나오지 않았다. 어떤 신하는 오로 달아나는 것이 좋겠다고 주장했고, 어떤 신하는 남중(南中)으로 후퇴하는 것이 좋겠다고 주장했다. 광록대부 초주는 다음과 같이 투항을 주장했다.

예로부터 타국에 망명하여 천자로 군림한 사례는 없었습니다. 지금 만약 오로 들어가게 되면, 틀림없이 (손씨에게) 신하로 복종해야 합니다. 또한, (동오와 촉한의) 정치적 상황이 다를 것이 없어서 대국이 소국을 병탄하게 될 것이니, 이는 정해진 운명처럼 자연스러운 현상입니다. 이런 점에서 말하자면, 위가 오를 병탄할 수는 있어도 오가 위를 병탄할 수 없음은 자명한 사실입니다. 소국에게 신하로 복종하는 것과 대국에게 신하로 복종하는 것을 비교하자면, 어느 쪽이 더 낫겠습니까? 두 차례 당하는 치욕을 어찌 한 차례 당하는 치욕과 견줄 수 있겠습니까? 또한, 만약 남쪽으로 달아나려면 당연히 일찍부터 이에 대한 계획을 준비해야 하며, 그렇게 한 이후에야 성공할 수 있습니다. 지금 강대한 적군이 다가오고 있고 재앙과 실패가 순식간에 닥쳐올 텐데, 수많은 말단 병졸과 하층민의 마음(에 품은 충성)은 하나도 보증할 길이 없으니, (남중으로) 떠나는 날에 그들이 일으킬 변고를 예측할 수 없을까 걱정스럽습니다. (그런데) 어떻게 남쪽으로 (안전하게) 갈 수가 있겠습니까!"[40]

후주는 그래도 남중으로 도피하고 싶었지만, 망설이며 결단을 내리지 못했다. 초주는 다음과 같은 상소문을 올렸다.

- 오로 망명하여 오의 신하가 되었다가 대국인 위가 오를 격파하여 다시 위에게 신하로 복종하는 것을 두 차례 치욕을 당한다고 표현한 것이다.

남방은 변방의 이족(夷族)들이 거주하는 지역으로, 평상시에 (우리 조정에) 어떠한 공물도 바치지 않으며, 오히려 여러 차례 반란을 일으켰습니다. (이들은) 승상 제갈량이 남정(南征)을 감행하여 무력으로 압박하자, 처지가 곤궁해져 비로소 복종한 것입니다. 이후 (그들은) 국가에서 징수하는 각종 물자를 바치고 징집되어 병사로 충당되었지만, 이 때문에 근심하고 (우리 조정을) 원망했습니다. …… 지금 (우리가) 곤궁하고 난처한 처지로 (그들에게) 가서 의지하려 한다면 (그들은) 틀림없이 다시 반란을 일으킬 것이니, (남중에 가서는 안 되는) 첫 번째 이유입니다. 북방의 병력이 대거 몰려온 이유가 비단 촉을 차지하려는 목적 때문만은 아닙니다. 만약 (우리가) 남방으로 도주한다면 (그들은) 틀림없이 우리 세력이 쇠퇴한 기회를 활용하여 즉시 쫓아올 것이니, (남중에 가서는 안 되는) 두 번째 이유입니다. 만약 (우리가) 남방에 도착하면 대외적으로는 적군과 대적해야 하고 내부적으로는 (황가에서 사용할) 복식(服飾)·거마(車馬) 등을 마련해야 하므로 비용이 늘어날 텐데, 다른 지역에서는 (이런 비용에 필요한 재정을) 얻을 곳이 없습니다. 여러 이족에게 끼치는 손실이 틀림없이 심해질 것이고, (그들의 손실이) 심해지면 반드시 반란을 재촉할 것이니, (이것이 남중에 가시는 안 되는) 세 번째 이유입니다. …… 만약 기어이 남방으로 떠났다가 형세가 곤궁해진 상황에서 투항한다면, 그 화는 틀림없이 심각할 것입니다.[41]

초주는 화복(禍福)을 진술하여 후주(유선)에게 투항을 권했을 뿐만 아니라, "성인은 천명을 안다."는 대원칙을 활용하여 다음과 같이 항복을 권유했다.

성인은 천명을 알아서 억지로 고집하지 않습니다. 그래서 요와 순은 자식이 훌륭하지 않자, 하늘이 (제왕의 자리를 다른 사람에게) 수여하려는 의도임을 알고 (적합한) 사람을 찾아 주었던 것입니다. …… 그러므로 미자(微子)는 은왕(殷王)의 형으로서 (은조가 멸망하자) "두 손을 뒤로 묶은 채 구슬을 입에 물고" 무

왕에게 투항한 것이니, (그가 이 일을) 어찌 즐겨서 그랬겠습니까! 부득이했을 뿐입니다.⁴²

　이에 후주(유선)는 초주의 의견을 받아들여 등애에게 투항했다. 후주는 강유에게 따로 사람을 보내 종회에게 항복하라는 명령을 내렸고, 상서랑 이호(李虎)에게는 촉의 사민부(士民簿)를 등애에게 보내도록 했다. 당시 촉한은 28만 호(戶)에 인구가 94만 명이었고, 병력이 10만 2000명, 관리가 4만 명이었다.

　촉한은 이렇게 멸망했다. 위·촉·오 삼국의 정립(鼎立) 상황은 위와 오가 남북으로 대치하는 국면으로 변했다. 후주는 투항해야 했을까, 맞서 싸워야 했을까? 초주가 후주에게 투항을 권유한 것은 옳은가, 그른가? 이에 대한 역대의 평가는 일치하지 않는다. 예를 들어, 진수는 "유씨(劉氏) 일족이 우환을 겪지 않고 나라 하나가 통째로 혜택을 얻은 것은 초주의 지략 덕분"⁴³이라고 했다. 손작(孫綽)은 "초주가 후주에게 위에 투항하라고 권유한 것은 옳은 일인가? 천자의 처지에서 항복을 구걸하고 목숨의 보전을 요청했으니, 얼마나 심각한 치욕이었겠는가! (군주가) 사직(社稷)을 위해 죽겠다면 (신하는 군주를 따라) 죽는 것이고, (군주가) 사직을 위해 도망하겠다면 (신하는 군주를 따라) 도망하는 것이다."⁴⁴라고 했다. 청대(淸代)의 하작은 "초주의 계책을 따른 결과로 촉의 백성이 도륙될 수 있는 참화를 벗어났으므로, (촉) 지역에서는 그의 주장이 옳았다고 생각했지만, (이 판단이) 만세의 공정한 논의는 아니다."⁴⁵라고 평가했다. 초주가 투항을 권유한 행위를 어떻게 평가해야 할까? 옳은 판단이었을까, 그릇

- 　두 손을 뒤로 묶어 싸우지 않겠다는 의도를 내비치고, 입에 구슬을 물어 삶에 집착하지 않겠다는 의지를 제시하는 것으로, 고대 중국에서 투항을 표시할 때 사용하던 상투적인 문구. 고대 중국인들은 죽은 사람의 입에 구슬을 물린 채로 장례를 치르는 전통이 있었다.

된 행동이었을까?

동한 말년은 천하가 매우 혼란한 시기였다. 먼저 동탁의 난이 있었고, 이어서 여러 군벌이 할거했다. 어지러운 혼전 속에서 백성은 생활을 영위할 수단이 없었고, 한동안 전국을 통일할 역량을 갖춘 세력도 없었다. 작은 범위의 통일로 백성의 삶은 잠시나마 안정을 추구할 수 있었고, 어쨌든 군벌의 할거로 혼란이 일어났던 시절보다는 좋았다. 삼국의 등장은 백성에게는 이득이었고, 삼국의 분립은 지역 경제의 발전에도 보탬을 주었으며, 남방과 서남 지구의 개발에도 도움이 되었다.

그러나 삼국시대 후기에 들어서자, 오·촉의 정치는 나날이 부패했다. 사마씨가 권력을 장악한 위는 사회가 비교적 안정되었고, 삼국 간의 역량 대비도 날로 현격한 차이를 보여 오·촉 양국은 이미 더 이상 위의 적수가 못되었다. 오·촉 양국은 해당 지역의 안정을 보호하고 지역경제를 발전시키던 초기의 역할을 상실한 채, 전국 통일의 장애로 전락했다.

진·한 왕조 이래 중국은 이미 통일 국가였다. 오·촉·위가 각각 국가로 자처했지만, 당시의 위상으로 말하자면 역시 지방의 할거 정권에 지나지 않았다. 한 개인은 위에서 관리가 될 수 있고, 오·촉에서 관리가 될 수도 있었다. 이런 행동이 매우 부당한 일로 인식되지 않았으며, 적국이라든가 충신·간신 같은 문제는 애초에 존재하지 않았다.

위가 출병했을 때 촉의 필연적인 멸망을 이미 간파한 사람이 있었다. 이 사람은 오의 장제(張悌)였다. 위가 촉을 정벌하러 나서자, 오의 한 인사가 장제에게 물었다. "사마씨가 정권을 잡은 이래 큰 변고가 여러 차례 일어났고 백성은 아직 복종하지 않았습니다. (그런데) 지금 다시 백성의 힘을 소모해가며 원정(遠征)에 나서 잠시 숨 돌릴 겨를도 없는 탓에 패할 것이니, 어찌 이길 수 있겠습니까![46]" 그러나 장제는 그의 주장을 이렇게 반박했다.

그렇지 않소. 조조는 비록 그 업적이 중원을 뒤덮을 정도(로 대단하)지만, 백성은 그의 위엄을 두려워했을 뿐이며, 그의 덕행을 마음에 품고 있지 않았소. 그(조조)를 계승한 조비와 조예(曹叡)가 형벌을 번잡하게 하고 부역을 무겁게 하여, (백성들은) 동분서주하며 충성을 다하느라 한 해도 편안한 적이 없었소. 사마의 부자는 여러 차례 큰 공을 세웠고, 번거롭고 가혹한 형벌과 부역을 없애고 공평한 은혜를 베풀었으며, 백성을 위해 대책을 생각하는 주요한 인물이 되어 백성의 고통을 구제했으니, 민심이 그들에게 돌아간 지도 이미 오래되었소. 그러므로 회남에서 세 차례 반란이 일어났지만, (수도 주변의) 심장부에서는 소요가 일어나지 않았고, 조모의 피살에도 사방에서 동요하지 않은 것이오. 현명하고 능력 있는 사람을 임용하여 (그들) 각자가 충심을 다하게 하니, 그 근저가 굳건하여 간계(奸計)가 성공한 것이오. 지금 촉은 환관이 조정에서 전횡하여 국가에 (장기적인) 정책적 목표도 없으면서 무력을 남용하여 전쟁을 일으키니, 백성은 지치고 병사들은 피폐한데도 외부의 이익을 다투느라 (내부의) 수비를 정비하지 않고 있소. 저들은 (촉과) 전력에서 차이가 나고 지모와 계략도 압도적이라, (촉의) 위기를 틈타 공격하면 거의 이기지 못할 리가 없소.[47]

- 249년에 일어난 왕릉의 난, 254년에 일어난 관구검의 반란, 257년에 일어난 제갈탄의 반란을 가리킨다.

손오의 멸망

1. 잔인하고 포악한 손호

손호(孫皓)는 손화(孫和)의 아들이자, 손권의 손자이다. 손휴(孫休)가 재위하던 시절에 손호는 오정후(烏程侯)로 봉해졌다. 손휴는 사망했을 당시에 나이가 30세였고, 그의 태자 손단(孫𩅦)은 많아야 열 살 남짓이었다. 당시 동오의 대내외적 형세는 "촉이 얼마 전에 멸망하고(촉한은 263년에 멸망하고, 손휴는 264년에 사망한다) 교지(交阯)에서는 반란이 일어나, 온 나라가 놀라고 두려워하여 (모두들) 장성한 군주를 얻기를 바라던 상황"[1]이었다. 좌전군(左典軍) 만욱(萬彧)은 예전에 오정령(烏程令)을 지냈던 터라 손호와 가까운 사이였다. 그는 승상 복양흥(濮陽興)과 좌장군 장포(張布)에게 "손호는 재주와 식견을 갖췄으면서도 현명하고 결단력이 있어 장사환왕(長沙桓王, 손책)과 같은 부류의 사람"[2]이라고 칭찬했다. 복양흥·장포의 추천과 손휴의 비(妃)인 주태후(朱太后)의 동의로, 오는 결국 손호를 황제로 맞이했다.

즉위 초기의 손호는 마치 인의(仁義)를 갖춘 명군(明君)처럼 보였다. "손호는 처음 즉위하자 (백성의 선행을) 칭찬하고 장려하는 조서를 내리고, 사대부와 백성을 돌봤으며, (조정의) 곡물창고를 개방하여 가난하고 궁핍한 백성을 구제했다. 궁녀들을 조사하여 (일부를 궁 밖으로) 내보내 처(妻)가 없는 남성의 배필로 삼았고, 궁궐의 원림(園林)에서 기르던 동물들을 모두 풀어주었다. 당시에는 (백성들이) 이구동성으로 (그를) 영명한 군주라고 칭송했다."

그러나 그는 황제의 지위가 안정된 후부터 변하기 시작했다. 어쩌면 본성을 드러낸 것인지도 모르겠다. 그는 꿈이 이루어지자, 성급하고 교만했으며, 주색(酒色)을 좋아했다. 복양흥과 장포는 그를 황제로 옹립한 일을 후회했다. 누군가가 이를 밀고하자, 그는 복양흥과 장포를 처형했다. 또한, 손휴의 황후와 두 아들까지 살해했다.

손호는 264년에 즉위하여 서진이 동오를 멸망시킨 280년까지 16년 동안 황제의 자리에 있었다. 이 16년 동안 그는 사치와 부패를 일삼았고, 양민과 대신을 마구 죽였으며, 궁전을 수리 또는 건조(建造)하면서 백성의 노동력을 동원했다. 이런 무리한 행동 탓에 동오 지역의 통치계급 내부 사람들의 여론은 흉흉하고 불안했으며, 백성들은 과중한 부담으로 생활이 곤궁하여 고통스러웠다. 그는 내부에서 동오의 멸망을 재촉하기에 충분한 조건을 조성했다.

감로(甘露) 원년265년, 손호는 무창오늘날의 호북성 악성(鄂城)으로 천도했다. 양주의 백성들은 장강의 물길을 거슬러 오르며 왕실의 물자를 공급해야 하는 고통을 감수했다. 또한, 손호는 정사를 돌보며 실책을 많이 저질러 백성이 곤궁했다. 육개(陸凱)는 다음과 같은 상소문을 올렸다.

무창 일대의 땅은 사실 (지형이) 험준하고 (토질이) 척박하여, 왕도(王都)로서 국가를 안정시키고 백성을 양육할 만한 (조건이 갖춰진) 곳이 아닙니다. 배가 (이곳에) 정박하면 (쉽게) 침몰하거나 떠밀려가고, 고지대에 거주하자니 험준하여 위험합니다. 그래서 "차라리 건업(建業)의 물을 마시고 말지, 무창의 물고기를 먹지 않으리. 차라리 건업에 돌아가 죽고 말지, 무창에 머물며 살지 않으리."라는 동요(童謠)가 떠돌 정도입니다. …… 동요의 가사는 (대체로) 하늘의 의지에서 비롯되는 법인데, 이렇게 (무창에) 거주하는 것을 죽음에 견줄 정도라면 하늘의 의지를 충분히 알 수 있고 백성의 고통도 알 만합니다. 신이 듣건대, 국가에 3년 치의 비축된 양식과 물자가 없다면, 그런 국가는 국가가 아니라고 합니다. 그런데 지금 (우리나라는) 1년 치의 비축된 양식과 물자도 없으니, 이는 (조정) 신료(臣僚)들의 책임입니다. 그러나 많은 공경(公卿)은 그 지위가 뭇사람들의 윗자리에 있으면서 복록(福祿)을 자손에게 물려주면서도 일찍이 목숨을 바치는 절개(를 보여준 적)도 없고, 시폐(時弊)를 바로잡는 정책(을 제시한 적)도 없었습니다. (그들은) 구차하게 군주에게 작은 이익을 진상하여 (군주의) 총애를 얻기를 바라니, (이는) 백성에게 해가 되며 군주를 위하려는 생각도 아닙니다. 손흥이 의병(義兵)˙ 제도를 고안한 이래, 농지의 경작이 이미 황폐해져 도처에서 더는 부세 수입을 거둘 수 없게 되었습니다. 그런데도 한 집안의 부자(父子)를 따로 떨어뜨려 다른 지역의 부역에 동원하니, 관부에서 (병사들에게) 공급해야 할 식량은 나날이 늘어나고 (조정의) 곡물창고에 축적된 양은 갈수록 줄어들고 있습니다. 백성에게는 (가족이) 뿔뿔이 흩어진 상황을 원망하는 마음이 생겨났고, 국가에는 근몬이˙˙ (정처 없이) 유랑하는 폐해가 확산했지만, 이를 걱정하는 사람이 없습니다. 백성은 힘이 다하고 곤궁해져 (어쩔 수 없이) 자식들을 팔고 있으며, (각종) 인두세와 토지세가 끊임없이 징수되어 날로 궁핍해지고 있지만, 각 지역의 관리들은 (이러한 폐단을) 바로잡으려고 하지 않습니다. 게다가 (지역의 관리를 감찰하는) 감관(監官)들은 백성을 사랑하지 않을 뿐만 아니라 위세를 부리는 일에만 치중하여, 가는 곳마다 민폐(民弊)를 끼쳐 (정책을) 더욱 복잡하고 가혹하게 만듭니다.

- ˙ '의병'의 사전적 의미는 자발적인 민간의 의용군이지만, 당시 동오는 사실상 강제적으로 민정(民丁)을 징발하여 병력에 충당했으므로 '의무병역' 제도에 가깝다.
- ˙˙ 백성을 가리킴.

백성들은 (지방 관리와 감관이 가하는) 이중고에 시달리며 재력과 인력의 두 방면에서 손실을 보니, 이는 이익은 없으면서 손실만 생기는 상황입니다. 바라건대, 폐하께서 이런 무리를 일괄 파면하고, 외롭고 약한 백성을 불쌍히 생각하여 백성의 마음을 가라앉히고 위로해 주십시오.[4]

이듬해인 보정(寶鼎) 원년[266년] 10월, "영안현(永安縣)의 산적 시단(施但) 등이 수천 명의 무리를 모아 손호의 이복동생인 영안후(永安侯) 손겸(孫謙)을 겁박한 채 오정현(烏程縣)까지 가서 (손호의 부친인) 손화의 능묘(陵墓) 속에 부장(副葬)된 의장대의 악기와 굽은 자루가 달린 (의장용) 양산을 훔쳤다. (산적 떼들이) 건업에 이르렀을 무렵에는 그 무리가 1만여 명으로 늘었다. 정고(丁固)와 제갈정이 우둔(牛屯)에서 그들을 맞아 (양측이) 격전을 벌이니, 시단 등이 패하여 달아났다. (정고와 제갈정이) 손겸을 사로잡았지만, 손겸은 자살했다."[5]

"오의 군주가 환관들에게 각 주·군을 두루 다니며 장수와 관리 집안의 딸들을 선발하여 데려오게 했다. (품계에 따라 정해진 녹봉이) 2000석(石) (이상급) 대신의 딸은 해마다 (그 딸의) 성명을 (중앙에) 보고해야 했고, 나이가 15~16세에 이르면 한 차례 궁궐의 간택에 응해야 했으며, 간택되지 않은 처자라야 혼인할 수 있었다. 후궁에 들인 여자는 수천 명에 이를 정도였지만, (오의 군주는) 간택을 멈추지 않았다."[6]

보정 2년[267년] "여름 6월, 현명궁(顯明宮)을 건립했다. 겨울 12월, 손호가 그곳(현명궁)으로 거처를 옮겼다."[7] 사료에 따르면, "오에는 태초궁(太初宮)이 있었는데, 사방이 각각 300장(丈)이며, 손권이 세운 건물이다. 소명궁(昭明宮)은 사방이 각각 500장이며, 손호가 세운 건물이다. (소명궁은) 진(조 황제의 이름)을 피휘(避諱)하여 '현명'(顯明)이라고 했다"[8] 또한, "손호가 새로운 궁궐을 조영(造營)하는 과정에서 (품계에 따른 녹봉이) 2000석 이하(인 관리)는 모두 직접 산속에 들어가 벌목을 감독하고 관리했다.

또 여러 분묘(墳墓)를 파괴하여 (황실의) 정원을 크게 넓히고, (인공으로) 흙산을 조성하고 누각을 세우면서 온갖 기술을 구현하느라 공사에 들인 비용이 막대한 금액에 이르렀다."

손호의 흉악하고 교만한 행동으로 정사는 나날이 피폐해졌다. 봉황(鳳凰) 원년[272년], 하소(賀邵)는 아래와 같이 상소하여 간언했다.

(폐하께서) 즉위하신 이래 법률과 금령(禁令)이 점점 가혹해지고, 부세와 징발은 더욱 번잡해졌습니다. 궁중의 환관들은 각 주·군에 포진하여 제멋대로 노역(勞役)을 일으키고, 경쟁적으로 부당이득을 취하고 있습니다. 백성은 생산이 멈춰 빈곤한 곤경에 빠지고, 민중은 끝없는 가렴주구(苛斂誅求)에 지쳐 있으며, 노인이든 어린이든 굶주림과 추위를 견디느라 가가호호 (영양실조에 걸려) 부황이 난 상황입니다. 그런데도 해당 지역의 관리들은 처벌을 받을까 두려워서 엄한 법령과 가혹한 형벌로 백성을 고통스럽게 하며 (법령과 형벌의) 집행을 강행합니다. 이 때문에 백성의 힘으로는 (고통을) 감당하지 못하고 집집마다 (가족 구성원이) 뿔뿔이 흩어지니, (백성이) 울부짖고 구슬피 흐느끼는 소리가 (천지 사이의 음기와 양기가 교합하여 이뤄진) 화기(和氣)를 손상하고 있습니다. 또한, 장강 연안에서 위수(衛戍)하는 병사들은 멀게는 영토를 개간하고 국경을 확장해야 하고, 가깝게는 국경을 지켜 국난(國難)에 대비해야 하니, 당연히 (이들을) 특별히 우대하고 육성하여 유사시를 대비해야 합니다. 그런데 (이들에게 부과된) 노역과 부세가 (번거롭고 많아 마치) 안개와 구름이 (빽빽이) 밀집한 듯하고, 의복은 (거칠고 초라한) 베옷도 제대로 갖춰 입을 수 없으며, 끼니는 아침과 저녁 두 끼도 배불리 먹을 수 없을 정도입니다. (이들은) 출정하면 (적군의) 칼날과 화살을 맞부닥뜨리는 고난을 감당해야 하고, 돌아

- 진의 개국황제인 무제 사마염(司馬炎)의 부친인 사마소(司馬昭)의 이름인 '소'(昭)를 피휘하여 '현'(顯)이라고 한 것이다.

와서는 가난해도 기댈 곳 하나 없는 슬픔을 품어야 합니다. 그래서 부자 사이에 서로를 저버리고, (국가를) 배반하는 사람이 (끝없이) 줄을 선 상황입니다."[10]

하소의 직언에 깊은 원한을 품은 손호는 후일 그를 죽였다. 하소의 죽음은 매우 참혹했으니, 그는 손호가 불에 빨갛게 달군 톱에 머리가 잘려 죽었다.

이치와 상식에 맞지 않던 손호의 악행은 천인공노할 일이었고, 그의 정권은 어떤 사람의 지지도 받지 못했다. 그러나 그는 "황색 기치와 (마차 수레에 달린) 자색 차양 모양의 운무가 동남쪽에서 나타났으니, 결국 천하를 소유할 사람은 형주·양주의 군주일 것"[11]이라는 참위가(讖緯家)의 말을 믿었다. 대단히 기뻐한 그는 자신이 "결국 천하를 소유할 사람"이라고 생각했다. 그래서 그는 많은 무리를 이끌고 출행에 나섰다. 그는 태후·황후와 후궁 수천 명을 수레에 태우고 우저(牛渚)오늘날의 안휘성 당도현(當涂縣) 채석(採石)에서 서쪽으로 가다가 폭설을 만나는 바람에 길이 파이고 무너졌다. "병사들은 갑옷을 입고 무기를 든 채로 100명(의 인원)이 (한 조로) 수레 한 대를 함께 끌었는데, 엄동설한에 거의 죽을 지경이었다. 병사들은 이를 감당하지 못해 모두들 '만약 적을 맞닥뜨리면 당연히 창을 거꾸로 들(고 적에게 투항하)겠다.'라고 말할 정도였다."[12] 손호는 이런 불만을 듣고서야 겁을 먹고 비로소 북정(北征)을 멈췄으며, 병력을 돌려 도성으로 돌아왔다.

촉한이 멸망한 이후, 오 역시 곧 망할 것이라는 예측은 이미 당시의 식견 있는 사인들의 공통된 인식이었다. 오의 마지막 승상 장제가 일찍이 "오가 곧 멸망하리라는 것은 현명한 사람이나 어리석은 사람이나 (모두)

- 자색의 수레 덮개. 제왕의 의장 가운데 하나이다.

알고 있는 사실이며, 어제오늘(에 비롯된) 일도 아니라"고 푸념할 정도였다.

2. 오의 멸망과 서진의 삼국 통일

손호의 황음무도하고 포학한 행동으로 손오의 상층부와 하층부의 민심은 모두 이반했고, 서진 사람들도 이런 상황을 눈여겨보고 있었다. 오를 섬멸하자는 건의는 서진 정부에서 수시로 제기되었다. 그러나 서진의 대신들은 오의 정벌 문제를 두고, 두 파로 갈렸다. 양호(羊祜) 등을 대표로 하는 일파는 오의 정벌을 주장했고, 가충을 영수로 하는 일파는 오의 정벌을 단호히 반대했다.

출병하여 오를 정벌해야 하는 이유를 천시(天時)·지리(地利)·인화(人和) 등 각 측면에서 분석한 양호는 다음과 같이 주장했다.

> 대체로 험준한 지세에 기대어 (국가를) 보전하는 경우란, 적대하는 국가와 (실력이) 동등하여 역량이 충분히 자국(自國)을 지킬 수 있는 상황을 가리킵니다. 만약 (쌍방의) 경중이 같지 않고 강약(의 수준)이 다른 형세라면, (아무리) 지략을 갖춘 인사라도 계책을 세울 수 없고, (아무리) 험준한 지세(를 갖춘 국가)라도 (국가를) 보전할 수 없습니다. 촉이라는 나라(의 지세)가 험준하지 않았던 것이 아닙니다. (촉은) 높은 산이 구름 끝까지 치솟아 있고, 깊은 계곡은 햇볕도 들지 않는 곳까지 뻗어 있으며, 말발굽을 천으로 싸매(어 말이 미끄러지지 않게 하)고 (수레가 전복되지 않도록) 수레(와 말을 연결하는 끌채)를 단단히 묶어야 길을 통과할 수 있(을 정도로 험난한 지형이)어서, 모두들 한 사람이 창을 들(고 요새를 막으)면 (적군) 수천 명도 당해낼 수 없다고 말했을 정도입니다. (그러나) 진격의 날이 되자, (위군은) 일찍이 어떤 장벽의 제한도 없(이 진격했)었고, 적장을 참수하고 (적군의) 기치를 뽑았으며, 수만 명의 사람이 시체로 쓰러졌습

니다. (또한, 위군이) 승세를 타고 (촉을) 석권하여 곧장 성도까지 진격하자, 한중의 여러 성(城)은 모두 움츠러들어 감히 출격하지 못했습니다. (촉군이) 모두 투지가 없었던 것은 아니었지만, 실로 (위군에) 저항하기에는 역부족이었습니다. 유선이 항복하자, (각지의) 보루를 지키던 병사들은 이리저리 사방으로 모두 흩어져습니다. 지금 (오의 방어선인) 장강과 회수를 건너기 어렵다고 해도 (촉의 방어선인) 검각(을 지나기)보다 힘들지는 않고, (오의) 산천이 험준하다고 해도 (촉의) 민산(岷山)과 한수(漢水)보다 심하지는 않으며, 손호의 포악함은 유선보다 지나치고, 오나라 사람의 고통은 파촉보다 심각합니다. 게다가 위대한 진(晉)의 병력은 앞선 시대(조위)보다 많고, 비축한 물자와 무기도 지난 시절보다 넉넉합니다. 지금 이 기회에 오를 평정하지 않고 계속 군대에 의지하여 수비만 하면서 징집한 병사들을 요역의 고통에 시달리게 하고, 매일같이 전쟁에 골몰하며 세월을 허비하는 것은 오래 지속할 수 없는 일이니, 적당한 때에 결단을 내려 천하를 통일해야 합니다. 지금 만약 양주(梁州)·익주의 병력을 이끌고 수륙으로 동시에 남하하게 하고, 형초(형주)의 병력을 강릉으로 진군하게 하며, 평남장군(平南將軍)과 예주자사의 군대는 곧장 하구로 진격하게 하고, 서주·양주(揚州)·청주·연주의 군대는 동시에 말릉(건업)으로 향하게 한 다음, 북을 두드리고 깃발을 세워 저들(오)을 혼란하게 하고 여러 방면에서 저들(오)이 오판하게 한다면 한쪽 귀퉁이에 자리한 오에게 천하의 병력과 맞서게 하는 격이니, (오의) 세력이 분산되고 진용(陣容)이 흩어져 (곳곳의) 수비가 모두 다급해질 것입니다. (이때) 파한(巴漢) 지역의 기습부대가 저들(오)의 빈 곳으로 쳐들어가 한곳이라도 격파하게 되면 (오의) 상층부(위정자)와

- 삼국시대의 촉한 지역을 가리킨다. 양주(梁州)는 삼국시대 한중 일대를 가리키고, 익주는 촉한의 중심부인 성도 일대를 지칭한다.
- 당시 서진의 평남장군은 외척이기도 한 호분(胡奮, ?~288)이었다.
- 당시 예주자사는 죽림칠현(竹林七賢)의 한 사람으로 유명한 서진의 명사 왕융(王戎, 234~305)이었다.
- 고대의 파군(巴郡)과 한중 지구를 가리킨다.

하층부(백성)가 술렁이며 동요할 것입니다. 오는 장강 연안을 경계로 국가(의 영토)를 형성하여 (영토를) 전선(前線)과 후방으로 구분할 수 없고, 동서로 수천 리 뻗어 있어 (장강이라는) 보호벽을 바탕으로 수비하지만, 대적하는 상대가 강대하여 편히 쉴 겨를이 없습니다. 손호는 방자하고 제멋대로라서 아랫사람을 대할 때 의심과 시기가 많으며, 명망 높은 대신과 중임을 맡은 장수가 더 이상 (나라에) 신뢰를 표현하지 않습니다. 그래서 손수(孫秀)의 일당이 모두 (손호에게 받을) 핍박을 두려워하여 (우리에게) 귀순한 것입니다. 장수는 조정에서 의심을 받고 병사는 전장에서 고통을 받으니, (저들은 손오 왕조를) 대대로 보전할 계책도, (손오 왕조에 대한) 확고한 신념도 없습니다. (저들은) 평상시에도 여전히 거취를 고민하고 있어 (우리) 군대가 (국경에) 당도할 즈음에는 틀림없이 (우리와) 내통하는 사람이 생겨날 것이니, 결국 (저들이) 일치단결하여 (손오 조정을 위해) 목숨을 바치지 못할 것을 이미 알 수 있습니다. 저들은 (전투) 습성이 속전속결 방식이라 지구전에 익숙하지 못하고, 활·쇠뇌·창·방패(의 품질)도 (우리) 중원만 못하며, 오직 수전이 그들의 장점일 뿐입니다. 일단 (우리가) 저들의 경내(境內)로 진입하면 장강은 더 이상 견고한 방어선이 아니며, (저들이) 후퇴하여 성곽을 수비한다면 장점을 버리고 단점을 선택하는 것입니다. 그리고 (우리) 관군(官軍)은 적지로 깊숙이 들어간 지라 사람마다 절개를 바치려는 의지가 있고, 오나라 사람들은 자기 경내에서 싸우므로 (패하면 물러나) 성곽에 의지하려는 (나약한) 마음이 있습니다. 이런 상황에서 (저들을) 공격하면 정해진 기일을 넘기지 않고 승리를 확신할 수 있습니다.[14]

양호의 이 상소는 천시·지리·인화의 세 측면에서 적군과 아군의 형세를 분석하여, 천시·지리·인화 각 측면에서 서진이 모두 우위를 점하고

• 오군(吳郡) 부춘(富春) 출신인 손수(孫秀, ?~301?)는 오정후(烏程侯) 손광(孫匡)의 손자이자, 손권의 종손자이기도 한 오의 종친이었다. 그는 손호의 암살 기도를 피해 일족 수백 명을 이끌고 서진에 투항했다.

있다고 주장했다. 바로 오의 승상 장제가 말한 것처럼 "오가 곧 멸망하리라는 것은 현명한 사람이나 어리석은 사람이나 알고 있는 사실"이었다.

가충은 오의 정벌을 반대했지만, 다른 사람들이 공감할 만한 논리를 제시하지 못했다. 그는 그저 "서부는 오랑캐가 공격해 올 우려가 있고, 북부는 유주·병주에서 전쟁을 수행하고 있어 천하가 지치고 혼란하며, 올해의 작황도 좋지 않으니, 군대를 동원하여 토벌을 나서기에는 적절한 시기가 아닐까 염려스럽다."라고만 했다.[15]

서진의 무제 사마염(司馬炎)은 평범한 수준의 인물이었지만, 그래도 중요한 세상의 원리는 이해한 사람이었다. 오를 섬멸할지 말지는 황제의 일이었다. 천하를 통일할 수 있는 몇몇 조건을 갖춘 황제가 일부 지역만 차지한 채 수성하기를 바랐겠는가? 오를 정벌하고 섬멸하는 일은 사마염에게 솔깃한 사안이었다. 이 일은 황제에게는 엄청난 이득이었다. 일찍이 태시(泰始) 5년[269년], 진 무제 사마염은 이미 오를 섬멸할 야망을 품고, 군사적으로 몇 가지 조치를 해 두었다. 상서좌복야(尙書左僕射) 양호에게 형주의 군사 업무를 총괄하는 도독을 맡겨 양양에 주둔하게 했고, 정동대장군(征東大將軍) 위관(衛瓘)에게는 청주의 군사 업무를 총괄하는 도독을 맡겨 임치(臨淄)에 주둔하게 했으며, 진동대장군(鎭東大將軍)인 동완왕(東莞王) 사마주에게는 서주의 군사 업무를 총괄하는 도독을 맡겨 하비(下邳)에 주둔하게 했다.

진 무제(사마염)는 파서(巴西) 출신인 제음태수(濟陰太守) 문립(文立)의 의견을 수용하여, 촉한 명신의 자손 중에서 중원으로 유랑해 온 사람들의 재능을 살펴 관리로 임용했다. 그는 제갈량의 아들 제갈첨이 "국난에 직면하여 의(義)를 위해 죽었으므로, 그(제갈량)의 손자 제갈경(諸葛京)을 재주에 따라 관리로 임용해야 한다."는 내용의 조서를 내렸다. 또한, "촉의 장수였던 부첨 부자는 자기 주군을 위해 목숨을 바쳤다. 천하의 미덕은 동일하니, 어찌 저들(촉)과 우리(가 다른 나라)라는 이유로 다르다고 할[16]

수 있는가! 부첨의 자식인 부저(傅著)와 부모(傅募)는 해관(奚官)에 붙잡혀 노복(奴僕)이 되었으니, 마땅히 사면하여 평민으로 삼아야 한다."라는 조서도 내렸다. 진 무제(사마염)는 이러한 조치를 채택하여 촉의 민심을 수습하고, 다른 한편으로는 손오의 민심을 와해했다.

태시 8년²⁷²년, 왕준(王濬)이 익주자사에 임명되었고, 얼마 후 다시 대사농이 되었다. 그는 일찍이 양호의 참군(參軍)이었으므로, 양호가 그의 재능을 잘 알았다. 양호는 오를 정벌하려면 수군이 필요하고, 수군의 조련은 장강의 상류에서 일찌감치 준비해야 한다는 사실을 잘 알고 있었다. 그래서 양호는 왕준을 익주에 머물게 하여, 그가 수군을 조련하게 해야 한다는 내용의 표문을 무제에게 은밀하게 올렸다. 진 무제는 양호의 의견을 받아들여 왕준을 다시 익주자사에 임명하고, 아울러 용양장군(龍驤將軍)의 직위를 제수하여 익주·양주의 군사 업무를 총괄하게 했다.

왕준은 둔전병과 군병(郡兵) 1만여 명을 동원하여 대규모로 전선을 건조했는데, 별가(別駕) 하반(何攀)에게 그 일을 감독하게 했다. 그가 긴조힌 대형 진신은 길이가 120보(步)로 2000여 명을 수용할 수 있었고, 나무로 갑판 위에 성을 쌓고 높은 망루를 세웠으며, 갑판에서 사방으로 드나들 수 있도록 성문을 만들어 배 위에서 모두 말을 타고 다닐 수 있었다.

- 부첨의 부친 부융(傅肜)은 유비를 수행하여 이릉 전투에 참전했다가 전사했고, 부첨은 장서와 함께 양평관을 수비하며 위의 장수 호열의 공격을 막다가 전사했다.
- 소부(少府) 휘하의 관서. 범죄자의 가족들은 모두 연좌제에 따라 재산이 몰수되고 노복으로 지위가 강등되어 해관의 통제를 받았다.
- 주자사(州刺史)의 핵심 보좌관으로서 주와 부의 전반적인 행정 업무를 총괄하던 직책. 정식 명칭은 별가종사사(別駕從事史)이며, 줄여서 '별가종사'(別駕從事) 또는 '별가'로 불렸다. 지방 관직 중에서는 지위가 비교적 높은 편이어서, 주자사가 외부로 순행하러 다닐 때 자사와 같은 수레를 타지 않고 별도로 다른 수레를 탔으므로 '별가'라고 불렸다.

전선을 건조하면서 버려진 톱밥 등의 폐기물이 장강의 물길을 타고 떠내려가자, 오의 건평태수(建平太守)건평의 군치(郡治)는 오늘날의 사천성 무산현(巫山縣) 오언(吾彦)은 이 폐기물을 수거하여 군주 손호에게 보이며 "진이 틀림없이 오를 공격할 계획을 짜고 있으니, 건평의 병력을 증원하여"[18] 요충지인 건평을 방어해야 한다고 건의했다. 그러나 손호는 그의 말을 듣지 않았다. 오언은 이에 쇠사슬을 설치하여 장강의 뱃길을 끊어 놓았다.

태시 10년 오의 봉황 3년. 274년, 오의 대사마이자 신릉(信陵)·서릉(西陵)·이도(夷道)·낙향(樂鄕)·공안 등 장강 방어선의 군사업무를 총괄하는 도독 겸 형주목이었던 육항은 자신의 병세가 위독해지자, 다음과 같은 상소문을 올렸다.

서릉과 건평은 (우리)나라의 변방 요충지인데, (익주에서 볼 때 장강의) 하류에 위치하여 적의 두 접경(接境)으로부터 협공을 받(을 수 있)는 형세입니다.• 만약 적군이 전선을 타고 (장강의) 물길을 따라 내려와, 꼬리에 꼬리를 물고 이어진 전선이 (하루에) 1000리를 이동하여 마치 유성이 떨어지고 번개가 치듯이 순식간에 들이닥친다면, 다른 (지역) 부대의 원조에 기대어 위급한 상황을 타개할 수 없습니다. (따라서) 이는 사직의 안위를 결정짓는 관건이며, 한갓 변경 지역이 (조금) 침공당한 사소한 피해가 아닙니다. 신의 아비 육손은 과거에 서부 변경에서 올린 표문에서 다음과 같이 판단했습니다. "서릉오늘날의 호북성 의창시(宜昌市)은 (우리)나라의 서쪽 관문으로 수비하기 쉽다고들 말하지

• 삼국시대의 서릉과 건평은 오늘날의 호북성에 속한 지명으로 추정된다. 따라서 이 지역을 장강의 하류로 볼 수는 없다. 그래서 『자치통감』에서는 이 부분의 『삼국지』 기록을 인용하면서 '下流'를 '上流'로 수정했다. 그러나 오늘날의 대부분 학자가 해석한 것처럼, 본문에서 진수가 기록한 '하류'란 서진의 익주에서 바라볼 때 서릉·건평이 '상대적'으로 장강의 '하류'에 자리하고 있다는 의미로 해석하는 것이 적합할 듯하다.
•• 서릉·건평 2군은 서쪽으로는 진의 파기(巴蘷), 북쪽으로는 위흥(魏興)·상용(上庸)과 접경을 이루고 있다. 따라서 이 2군은 진으로부터 서쪽과 북쪽 양쪽에서 협공을 받을 위험을 안고 있었다.

만, (실제로는) 뺏기기도 쉬운 지역입니다. 만약 (서릉을) 지키지 못한다면 한낱 1개 군(郡)을 잃는 것만이 아니니, 형주는 (전역이) 오의 영토가 아닐 것입니다. 그곳(서릉)에 우려할 상황이 발생한다면 당연히 온 국력을 기울여 (적군과) 다퉈야 합니다." …… 지금 신이 관할하는 1000리의 변경은 사방에서 적의 공격을 받(을 수 있)는 곳으로, 밖으로는 강력한 상대를 대적해야 하고 안으로는 여러 이민족을 회유해야 하는데, 상부에서 하부까지 (군사를) 총동원해도 현재 보유한 병력은 겨우 수만 명뿐이며, (이들조차도) 피로가 누적된 나날이 오래되어 변란에 대비하기 어려운 실정입니다. 신의 어리석은 생각으로는 친왕(親王)들은 어려서 아직 국사를 담당할 수 없으니, 잠시 부(傅)·상(相)을 세워 (친왕들의) 현명한 자질을 보좌하고 이끌게 하며, (친왕들이 직접) 병마(兵馬)를 동원하여 (국가의) 중요한 정무를 방해하지 못하게 하십시오.** 또 궁중의 환관들이 (자체적으로) 환관을 모집하는 제도를 마련하니, 군역을 원망하는 병사와 (징집 대상인) 백성이 (복무를) 회피하고 달아나 (환관 모집에 자발적으로) 응모하고 있습니다. 청컨대, (폐하께서는) 특별히 조서를 내리시어 (이런 세태를) 철저히 조사하고, (군 복무를 회피한 사람을) 전부 가려내어 (그 인원을) 전상(戰場) 풍에서도 항상 적의 공격을 일심직으로 받는 지역에 보충하여, 신이 거느린 병력이 족히 8만 명을 채울 수 있게 해 주시옵소서. …… 만약 병력이 증원되지 않고 이러한 제도가 개정되지 않은 상황에서 대업을 이루고자 한다면, 이는 신이 깊이 우려하는 일입니다.[19]

얼마 후 육항은 사망했고, 상소문은 아무런 결실을 거두지 못했다.

함녕(咸寧) 5년[279년], 서진의 익주자사 왕준은 조정에 다음과 같은 상

- • 부(傅)는 친왕의 선생, 상(相)은 친왕이 다스리는 봉국(封國)의 행정책임자를 가리킨다.
- •• 육항이 이 표문을 올리기 1년 전인 273년, 손호는 자제들 11명을 친왕으로 봉하고, 이들에게 각각 사병 3000명을 하사한 바 있다.

소문을 올렸다.

　　손호가 황음무도하고 흉포하니, 형주·양주에서는 현명하든 어리석든 간에 (모든 사람이 그를) 탄식하고 원망하지 않는 사람이 없습니다. 또한, 시운(時運)을 관찰하면 신속히 (오를) 정벌해야 마땅합니다. 만약 지금 (오를) 정벌하지 않는다면, 하늘의 변화는 예측하기 어렵습니다. 가령 손호가 덜컥 죽어 (오가) 다시 현명한 군주를 옹립하고, 문무 관원들이 각각 적합한 자리를 얻게 된다면 (오는) 강적입니다. 신이 전선을 건조한 지 7년째가 되니, 나날이 (전선이) 썩어 손상되고 있습니다. 게다가 신은 나이가 이미 일흔 살이라, 죽을 날이 머지않았습니다. 세 가지 사안 중에 하나라도 어긋난다면 (오의 정벌을) 도모하기 어렵습니다. 진실로 바라건대, 폐하께서는 일의 적기를 놓치지 마시옵소서.[20]

　　진 무제가 오의 정벌을 바로 결정하려고 할 때, 마침 안동장군(安東將軍) 왕혼(王渾)이 상소문을 올려 손호가 한창 북벌을 준비 중이며 장강 연안의 수비군이 이미 경계 태세에 들어갔다고 아뢰었다. 이는 오의 정벌을 반대하던 가충·순욱(荀勖)·풍담(馮紞) 등의 조정 대신들 생각에 딱 들어맞는 상황이었다. 그들은 이 기회를 틈타 오를 정벌하는 문제를 이듬해에 다시 의논하자고 건의했다. 이에 마침 낙양에 머물고 있던 왕준의 참군 하반이 결국 상소문을 올렸다. 하반은 상소문에서 틀림없이 손호가 감히 출동하지 못할 것이니, 오가 경계 태세에 들어간 상황을 역이용해서 불의에 기습·공략해야 더욱 승리하기 쉽다고 주장했다.
　　양호는 죽기 전에 자기 후임으로 두예(杜預)를 천거했다. 양호가 죽자, 무제는 두예를 진남대장군(鎭南大將軍)에 임명하고 형주의 군사 업무를 총괄하는 도독으로 삼아 양양에 주둔하게 했다. 이때 두예는 다음과 같이 표문을 올렸다.

윤달閏7월 이래 적들은 철저하고 신중(하게 경계 태세를 유지)하라는 명령만 내렸을 뿐, (장강) 하류 지역에서 상류로 진입한 병력이 없습니다. 사리(事理)와 정세(情勢)로 미루어 보면, 적은 속수무책의 상황이라 그 역량이 양쪽(장강 상류와 하류) 지역을 동시에 보전할 수 없으니, 틀림없이 (이론적으로는) 상류 지역을 우선해서 보호해야 하겠지만, (현실적으로는) 온 힘을 다해 하구(夏口) 이동을 보호함으로써 구차히 목숨을 연장하려고 할 것입니다. (저들이) 많은 병력을 서쪽의 상류로 보내어 자기들의 국도(國都)를 비워둘 리가 없습니다. 그러나 폐하께서는 (현재 상황을) 잘못 들으셔서 원대한 (정벌) 계획을 방치하셨으며, 적을 내버려 두어 근심거리를 남겨 두셨습니다. 이는 참으로 국가의 원대한 계획이니, 만약 실행에 옮겼다가 실패할 것이라면 실행하지 않는 것이 옳습니다. 대사(大事)를 추진할 때는 타당성과 확실성을 추구하고 따라야 하는 법입니다. 만약 (오의 정벌에) 성공하게 된다면 태평의 기업(基業)을 개창할 수 있고, 성공하지 못하더라도 얼마간의 세월을 허비하는 것에 불과하니, 무엇을 아껴 한번 시도조차 하지 않으시는 것입니까? 만약 이듬해까지 기다리아 한다면 천시와 인사가 그내로일 리 없으니, 신은 그 일(오의 정벌)이 더욱 어려워질까 걱정스럽습니다. …… 만전을 기한 행동은 실패할 염려가 없습니다. 신은 마음속으로 (우리의 승리를) 확신하고 있으니, 감히 분명하지 않은 견해를 제시함으로써 제게 후환이 돌아갈 짓을 하지는 않을 것입니다. 폐하께서는 잘 헤아려 주시기 바랍니다.[21]

두예의 표문이 올라갔지만, 이에 대한 회답은 내려오지 않았다. 채 보름이 지나지 않은 시점에서 두예는 다시 다음과 같은 표문을 올렸다.

근래에 조정에서는 대소사를 가리지 않고 다양한 의견이 분분히 일어나고 있습니다. 비록 사람의 마음이 다르기 때문이기도 하겠지만, (폐하의) 은총을 믿고 후환을 염려하지 않기 때문에 경솔하게 서로 다른 의견을 제시하는 것입니다. …… 가을 이후로 적들을 정벌할 수 있는 상황이라는 점이 상당히 드러났습니다. 만약 지금 (정벌을) 중지한다면 손호는 (언제 다시 정벌이 시작될지) 두려워 계책을 생각할 것이며, 어쩌면 무창으로 천도하고 더 나아가 강남의 여러 성을 완벽하게 보수한 다음 그곳의 주민들을 먼 지역으로 이주시킬 수도 있습니다. (그렇게 되면 우리가) 성을 공격할 수 없거나 들판에서 군량을 약탈할 수 없어 (오가) 하구에 대형 전선들을 늘어놓기만 해도, 내년의 (정벌) 계획은 어쩌면 수포로 돌아갈 수 있습니다.[22]

표문이 올라온 순간에 진 무제(사마염)는 중서령 장화(張華)와 한창 바둑을 두고 있었다. 장화는 바둑판을 물리고 두 손을 공손히 모으고 말했다.

폐하의 영명함과 위엄 넘치는 무용(武勇) 덕분에 조정과 민간이 평화롭고 안정되었고, 국가는 부유하고 병력은 강대하여 (폐하께서 내린) 지휘와 명령이 한결같이 실행되고 있습니다. 오의 군주가 황음무도하고 교만·포악하여 덕행과 재능이 있는 사람들을 주살하고 있으니, 지금 그를 토벌하면 큰 수고를 들이지 않고도 (오를) 평정할 수 있습니다.[23]

무제는 마침내 오의 정벌을 허락하고, 장화를 탁지상서(度支尙書)로 임명하여 수로로 군량의 수송을 옮기는 방안을 계획하게 했다.
  가충·순욱·풍담이 다시 나서서 기어이 간쟁하며 오의 정벌에 반대했다. 그들은 무제가 대로한 모습을 보고서야 관모를 벗고 사죄하며 더 이상 자기주장을 고집하지 않았다. 상서복야 산도는 퇴조(退朝)한 후 다른 사람에게 "성인(聖人)이 아니고서야 외부가 평안하면 반드시 내부에 우환이 생기는 법이다. 지금 오를 놔두어 외부의 경계 대상으로 삼는다면 어찌 좋은 전략이 아니겠는가?"라고 말했다.[24] 호삼성은 산도를 이렇게 평가했다. "산도는 대신의 신분으로 조정에서는 직언하지 않다가 퇴조하고 나서 다른 사람에게 말했으니, 대체로 가충에게 잘 보이려고 한 사람인 것 같다."[25]

호삼성의 비평은 합당하다. 이른바 죽림칠현(竹林七賢)의 한 사람이었던 산도는 이 정도의 인격과 품성을 갖춘 사람이었다. 그는 죽림칠현에 몸담은 뒤 고상한 척 명사들과 사귀면서 정치적 풍향을 민감하게 살폈을 뿐, 진정성을 보인 인사는 아니었다. 하지만 산도는 총명한 사람이었다. 그는 이미 서진 조정의 대신들 사이에 벌어질 당파 싸움 속의 암투와 아귀다툼을 간파하고 있었다. 또한, 오를 평정하여 외환(外患)이 소멸하면 '내부의 우환'이 더욱 격렬해질 것도 꿰뚫어 보았다. 그러나 그는 완적·혜강 등과 이미 교우 관계를 맺고 있었던 만큼, 내심으로는 반드시 저들과 통하는 구석이 있었을 것이다. 이런 유형의 사람은 역시 마음 속에 분명 고뇌를 품고 있었을 것이다.

겨울 11월, 오의 정벌이 대규모로 시작되었다. 진군장군(鎭軍將軍) 낭야왕(瑯邪王) 사마주는 도중(涂中)오늘날의 남경 맞은편 기슭의 강포(江浦)·전초(全椒) 일대으로, 안동장군 왕혼은 강서오늘날의 안휘성 회현(和縣) 일대로, 선위장군(建威將軍) 왕융은 무창으로, 평남장군 호분(胡奮)은 하구오늘날의 무한시로, 진남대장군 두예는 강릉으로 진격했다. 또, 용양장군 왕준과 노국(魯國) 출신인 파동감군(巴東監軍) 당빈(唐彬)은 파촉으로 내려갔으니, 동서로 총 20여만 명의 병력이었다.

가충은 사지절(使持節)•의 권한과 가황월(假黃鉞)••의 칭호와 함께 대

- • 위·진대에 황제가 장수에게 부여하는 최고의 권한. '사지절'(使持節)의 권한을 받은 장수는 전쟁이든 평시든 상관없이 2000석 이하의 휘하 관리를 주살할 수 있는 권한이 있었다. p.169 역주 참조.
- •• 위·진대에 지위가 높은 대신이 출정할 때 황제가 내려주는 칭호. 황월(黃鉞)은 천자의 처소에 있는 장식용 기물(器物)이다. '가황월'은 황제의 친정(親征)을 대신한다는 의미가 있으며, 황제의 기물을 신하가 빌린다는 취지에서 '가'(假)라고 칭한다.

도독에 임명되었고, 관군장군(冠軍將軍) 양제(楊濟)가 그의 부장이 되었다. 가충은 오의 정벌을 반대한 인물이었고, 일찍이 오의 정벌이 이로울 것 없다는 의견을 개진한 적이 있으며, 또 자기가 노쇠하여 원수(元帥)의 임무를 감당할 수 없다고 호소했다. 황제는 조서를 내려 "그대가 출정하지 않으면 내가 몸소 출정하겠소."라고 했다. 가충은 마지못해 황제의 명을 받아들였고, 중군(中軍)을 이끌고 남하하여 양양에 주둔하면서 각 부대를 지휘했다.

　　태강(太康) 원년[280년] 정월, 두예는 강릉으로 향했고, 왕혼은 횡강(橫江)으로 가서 오의 군사적 거점과 보루를 공격하여 가는 곳마다 모두 이겼다. 2월, 무오일(戊午日)에 왕준과 당빈은 오의 단양감(丹陽監)[단양은 오늘날의 호북성 자귀현(秭歸縣)의 동쪽] 성기(盛紀)를 격파했다. 앞에서 서술한 것처럼, 건평태수 오언은 장강의 모래톱 요충지에 쇠사슬을 가로질러 장강의 물길을 끊어 놓았다. 또 길이 1장(丈) 남짓의 쇠막대들을 만들어 강물 속에 몰래 가라앉혀 적의 전선들이 진격하지 못하게 막았다. 왕준은 책략과 기지로 쇠사슬과 쇠막대를 제거하여, 진의 전선들이 거침없이 전진할 수 있게 했다. 경신일(庚申日)에 이르러 왕준의 부대는 서릉(西陵)에서 승리하여 오의 도독 유헌(留憲) 등을 죽였으니, 무오일에서 경신일까지 겨우 이틀이 걸렸을 뿐이다.

　　다시 이틀 뒤인 임술일(壬戌日)에 왕준의 부대는 형문(荊門)[오늘날의 호북성 의창시(宜昌市) 남쪽]과 이도(夷道)[오늘날의 호북성 의도(宜都)] 두 성을 공격하여 함락하고, 이도감군(夷道監軍) 육안(陸晏)을 죽였다. 이 기간에 두예는 아문장(牙門將) 주지(周旨) 등에게 기습부대 800명을 이끌고 야음을 틈타 배를 타고 장강을 건너 낙향(樂鄕)을 습격하여 그곳에 진군의 깃발을 많이 세우게 하고, 파산(巴山)[오늘날의 호북 송자(松滋) 북쪽]에는 불을 지르게 했다. 낙향을 수비하다가 불길이 일어나는 것을 보고 깜짝 놀란 오의 도독 손흠(孫歆)은 강릉독(江陵督) 오연(伍延)에게 "북방에서 내려온 (진군의) 여러

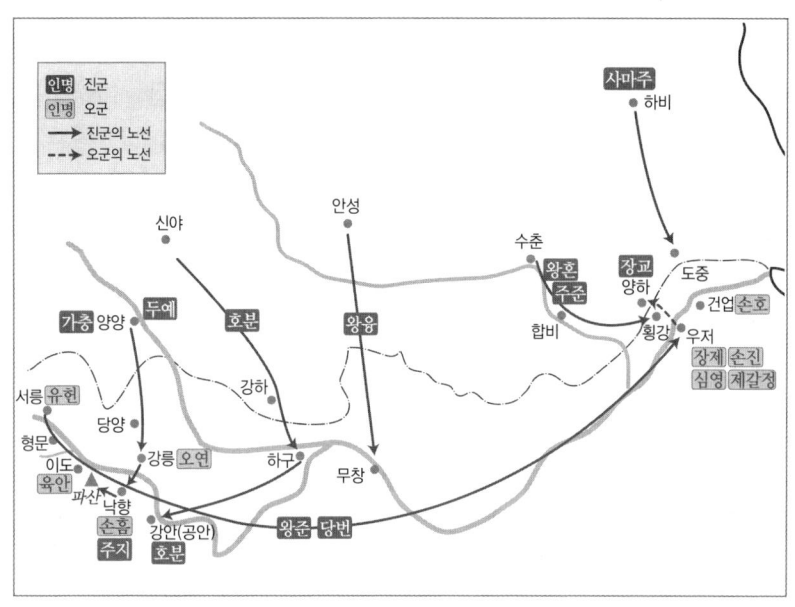

〔지도33〕 진의 손오 공략 노선

부대가 (마치) 날아서 장강을 건넌 듯하다."는 내용의 서신을 보냈다. 주지는 낙향성 외곽에 병력을 매복해 두었는데, 손흠이 군사를 성밖으로 내보내 왕준을 맞았다가 대패하고 돌아왔다. 주지가 복병을 이끌고 손흠군을 따라 성안으로 들어갔지만, 손흠은 이를 알아차리지 못했다. 주지의 부대는 손흠의 군막까지 곧장 쳐들어가 그를 생포하여 돌아왔다.

을축일(乙丑日)^{임술일로부터 사흘 뒤}, 왕준은 오의 수군 도독 육경(陸景)을 공격하여 죽였다. 두예는 강릉으로 진격하여 갑술일(甲戌日)^{을축일로부터 9일 뒤}에 강릉을 함락하고 오연을 참수했다. 이에 원수(沅水)와 상수(湘水)의 이남부터 교주·광주에 인접한 주·군까지 모두 진군의 기세를 파악하고 투항의 의미로 관인(官印)을 바쳤다. 호분도 강안(江安)에서 승전했다. 강안은 공안(公安)으로, 오의 남군(南郡)의 군치(郡治)가 이곳에 있었다. 두예는 강남을 평정한 뒤, 공안의 지명을 강안으로 개정했다. 왕준이 파촉에서 출병하여 서릉을 공격하여 함락하고 두예가 형주를 평정한 것은 모두 2월 한 달 동안 벌어진 일이다. 왕준이 무창으로 진격하자, 무창의 오군은 모두 투항했다.

장강 하류 지역의 각 부대를 살펴보자. 손호는 왕혼의 부대가 강서(江西)로 진격하여, 즉 역양(歷陽)·횡강을 경유하여 장강을 건너 우저(牛渚)^{오늘날의 안휘성 화현(和縣)에서 장강을 건너 채석(採石)에 이르는 노선}에 이르려 한다는 소식을 듣자, 곧바로 승상 장제(張悌)에게 단양태수(丹陽太守) 심영(沈瑩), 호군 손진(孫震), 부군사(副軍師) 제갈정을 지휘하여 군사 3만 명을 이끌고 장강을 건너 (진군을) 맞아 싸우게 했다. 심영은 우저에 도착하자, 다음과 같이 주장했다.

진이 촉 일대에서 수군을 조련한 지 오래되었고, 상류에 자리한 (우리의) 여

● 수·당대 이전까지 습관적으로 장강 하류의 북안(北岸)이자 회수(淮水) 이남 일대를 지칭함.

러 부대는 평소 (적군에 대한) 경계와 방비가 없었으며, (현재) 이름난 장수들이 모두 죽고 어린 사람들이 중임을 맡고 있으니, 아마 (적군을) 막을 수 없을 것입니다. 진의 수군은 틀림없이 이곳(우저)으로 올 것이니, 마땅히 많은 병력을 축적하여 그들의 침공을 기다렸다가 그들과 일전을 벌여야 합니다. 만약 다행히도 그들을 이기게 된다면, 강서 일대는 저절로 평온해질 것입니다. 지금 장강을 건너 진의 대군과 싸우다가 불행히 패하기라도 하면, (국가의) 대사가 어그러질 것입니다!"[28]

그러자 장제는 이렇게 말했다.

오가 곧 멸망하리라는 것은 현명한 사람이나 어리석은 사람이나 (모두) 알고 있는 사실이며, 어제오늘(에 비롯된) 일도 아니오. 나는 촉의 병력이 이곳에 이르면, (우리) 병사들이 놀라고 겁을 먹어 더 이상 (아군을) 정비할 수 없을까 염려스럽소. 이 기회에 강을 건너면 그래도 결전을 치를 수 있을 것이오. 만약 패배하여 목숨을 잃어도 사직과 함께 죽는 것이니, 더 이상 여한이 없을 것이오. 만약 (아군이) 싸워 승리하여 북방의 적군이 달아난다면 아군의 사기가 1만 배는 올라갈 것이니, 다시 승세를 타고 남쪽으로 가다가 중도에 그들(적들)을 맞아 싸우더라도 적을 격파하지 못할까 걱정할 필요가 없소. 만약 그대의 계책대로 한다면, 병사들이 (모두) 도망가 버려 사라질까 염려스러우니, 적군이 올 때까지 앉아서 기다리다가 군주와 신하가 모두 항복하여 한 사람도 (국난에) 목숨을 바친 사람이 없다면 너무 치욕스럽지 않겠소?[29]

호삼성은 이에 대해 "장제의 말대로 오나라 사람들은 이 상황에 다다르

• 왕준의 부대가 사천 일대에서 장강을 타고 내려왔으므로, '촉의 병력'이라고 한 것이다.

자, 더 이상 대책조차 떠올릴 수 없을 만큼 궁지에 몰렸다. 그러나 장제의 지조와 절개 역시 가련하다."라고 평가했다.

3월, 장제는 병력을 이끌고 장강을 건너 양하(楊荷)에서 왕혼의 부장(部將) 장교(張喬)를 포위했다. 거느린 병력이 겨우 7000명뿐이었던 장교는 목책(木柵)을 닫은 채 일전도 벌이지 않고 투항을 청했다. 장제는 이들을 위무한 다음 병력을 이끌고 계속 진격하여 진의 양주자사 주준(周浚)과 진형(陣形)을 갖추어 서로 대치했다.

심영은 단양의 정예병을 이끌고 진군의 진지로 세 차례 돌격했지만, 진군은 꿈쩍도 하지 않았다. 심영은 병력을 이끌고 퇴각했는데, 퇴각 과정에서 전열이 흐트러졌다. 진군이 오군의 혼란을 틈타 추격해 왔다. 오군은 대패하여 전열을 정비할 수 없을 만큼 궤멸했다. 제갈정은 수백 명을 이끌고 달아나며, 장제에게 사람을 보내 신속한 퇴각을 권유했다. 그러자 장제는 "중사(仲思, 제갈정의 자)! 오늘이 내가 죽을 날이오. 내가 아이였을 때 경 집안의 승상으로부터 인정받아 (세상에) 이름을 알렸던 터라(호삼성은 '승상'이 제갈량일 것으로 추정했다), 항상 정의로운 죽음을 얻지 못해 명현(名賢)께서 내려줬던 인정과 관심을 저버릴까 염려하였소. 이제 내 몸을 사직에 바치려 하니, 더 할 말이 뭐가 있겠소!"라고 했다. 눈물을 흘리며 떠난 제갈정이 백 보쯤 가다가 돌아보니, 장제는 이미 진병에게 피살된 뒤였다.

왕준은 무창에서 장강의 물길을 타고 곧장 건업으로 향했다. 오주 손호는 유격장군(遊擊將軍) 장상(張象)에게 수군 1만 명을 이끌고 가서 진군을 막게 했으나, 장상의 부대는 적군의 기치들을 보고는 바로 투항했다. 왕준의 군대가 장강을 가득 채웠고, 왕준군의 기치가 하늘을 찌

• 호삼성은 장제가 양양 출신이므로, 제갈량이 형주에 머물던 시절에 어린 시절의 장제를 만난 적이 있었을 것이라고 주장했다. '승상'이 제갈근을 가리킨다는 주장도 있다.

르는 듯 보일 정도로 그 위세가 대단했다. 오나라 사람들은 매우 두려워했다. 손호는 2만 명의 병력을 모아 전선을 타고 일전을 치르려고 했다. 오군은 다음날 출발할 예정이었는데, 그날 밤 오의 병사들은 모두 달아나 뿔뿔이 흩어졌다.

왕준의 병사 8만 명은 두 척씩 연결한 전선을 타고 왔는데, 이 전선들이 장장 100리에 걸쳐 늘어서 있었다. 왕준군은 북을 두드리고 함성을 지르며 석두성(石頭城)에 진입했다. 손호는 항복의 절차에 따라 양손을 등 뒤로 묶고 고개를 숙인 채 수레에 빈 관(棺)을 싣고 진의 군문(軍門) 앞에 나와 투항했다. 왕준은 오의 지도와 호적을 거두었는데, 오의 영토는 4주(형주·양주·교주·광주) 43군이었고, 호수는 52만 3000호, 병력은 23만 명이었다. 오는 손권이 황제로 등극한 이래 4명의 황제가 즉위했고, 57년 만에 멸망했다(222~280년).

오를 정벌하여 멸망시키는 과정에서 진의 조정 대신들은 오의 정벌 문제로 끝없는 논쟁을 벌였고, 전선의 장수들도 전공을 다투느라 엉망진창으로 어지럽게 싸워댔다. 그러나 무제(사마염)는 평범하여 특출한 능력이 없고 현재의 안일만을 추구하는 사람이라, 조성의 대신과 상수들의 다툼을 부추길 뿐이었다.

오를 멸망시키기 전까지 진의 대신들은 모두 경솔히 진격해서는 안 된다고 생각했다. 조정의 대신 중에는 양호와 장화만이 틀림없이 이길 수 있다는 주장을 고집했다. 왕준이 무창에서 승전하고 난 이후에도, 몸소 대군을 통솔하던 가충은 여전히 조정에 표문을 올려 "오를 완전히 평정할 수는 없으니, (지금은) 한창 여름이라 장강과 회수 지역은 지대가 낮고 습하여 전염병이 반드시 발생할 것입니다. 마땅히 각 부대를 불러들여 후일을 도모해야 한다고 생각합니다. 비록 장화를 요참(腰斬)의 형벌에 처하더라도 천하에 속죄하기에는 충분치 않습니다."[32]라고 했다. 가충의 일파인 중서감(中書監) 순욱도 가충의 의견을 따라야 한다고 상주했다. 진 무제(사마염)는 이들의 의견을 따르지 않았다. 가충이 오의 정벌 중지를 주청했다는 소식을 들은 두예는 황급히 표문를 올려 단호하게 이에 반대했다. 그런데 두예가 진 조정에 파견한 사자가 낙양에 도착하기도 전에, 손호가 투항해 버렸다.

출정 초기에 무제는 왕준에게 조서를 내려, 건평을 공격하여 함락한 이후에는 두예의 지휘를 받고, 건업에 도착해서는 왕혼의 지휘를 받으라고 명령한 바 있었다. 그런데 왕혼은 왕준군이 건업에 도착하기도 전에 오의 장제군을 크게 격파하여, 본래 승리의 여세를 몰아 장강을 건너 직접 건업을 점령할 수 있는 상황이었다. 양주자사 주준도 일찍이 왕혼에게 이 점을 건의했지만, 왕혼은 그의 조언을 따르지 않고 "(황제로부터) 받은 조서에서는 (우리에게) 장강 이북에 주둔하면서 오군을 저지하라고 명령했을 뿐이니, 경솔히 진격할 수 없다."고 했다.[33] 그러나 왕준이 건업을 직접 점령하고 손호의 항복을 받아내자, 왕혼은 아무런 공적도 세우지 못한 꼴이 되었다. 그러자 왕혼은 온 힘을 다해 왕준을 비난했다. 왕혼은 왕준이 자신의 지휘를 받지 않은 채 제멋대로 건업을 점령했다고 주장했고, 또 왕준이 손호로부터 오의 궁궐에 있던 재화와 보물을 뇌물로 받았다고 무고했다.

가충은 오의 정벌에 반대했지만, 오 정벌의 통수(統帥)가 되었다. 진의 대군이 이미 무창을 점령하고 순조롭게 장강을 타고 동진하는데도, 가충은 여전히 표문을 올려 "오를 완전히 평정할 수는 없으니," "마땅히 각 부대를 불러들여 후일을 도모해야 한다고 생각한다."라고 했고, "장화를 요참의 형벌에 처하여 천하에 속죄"할 것을 요구했다. "가충은 본래 남벌(南伐)을 계획하지 않았으므로 전력으로 (남벌 반대를) 간언했지만, 받아들여지지 않았다. 그러다가 (진의) 군대가 출정하여 동오가 평정되자, (가충은) 매우 부끄럽고 두려워서 자신의 죄를 처벌해달라고 주청했다."[34] 진 무제(사마염)는 그를 징벌하지 않고, 오히려 그에게 높은 영예와 상을 내렸다. 무제는 "가충에게 비단 800필을 하사하고 봉읍 8000호를 더해주었으며, ⁽가충의⁾ 종손(從孫) 가창(賈暢)을 신성정후(新城亭侯)에, 가개(賈蓋)를 안양정후(安陽亭侯)에 분봉(分封)했고, ⁽가충의⁾ 아우 양리정후(陽里亭侯) 가혼(賈混)과 종손인 관내후(關內侯) 가중(賈衆)에게는 호구(戶口)와 현읍(縣邑)을 더해주었다."

왕준이 도성에 도착한 뒤에도 조정 대신들은 여전히 그가 조서의 명령을 어기고 왕혼의 지휘를 받지 않아 대불경(大不敬)의 죄를 범했으므로, 정위(廷尉)에게 넘겨 처벌해야 한다고 주장했다. 그러나 무제는 이를 허락하지 않았다. 조정 대신들은 왕준이 오나라 사람들에 대한 사면령이 내려진 이후에도 적선 135척을 불태웠으니, 정위에게 넘겨 구금하고 심문하라는 칙서를 즉시 내려달라고 다시 주청했다. 무제는 다시 조서를 내려 그를 심문하지 말도록 했다. 왕준은 도처에서 압박과 배척을 받자 분노와 억울함을 이길 수 없었다. 그는 무제에게 "신은 외롭고 기댈 곳 없이 홀로 서 있어 조정에는 ⁽신을⁾ 돕는 당파가 없고, 오랫동안 변방의 황량한 지역에 버려져 있어 인간관계가 끊겼으며, 강대한 가문과 호족 세력에게 원한을 샀습니다."라고 상소했다.

진은 오를 정벌하고 천하를 통일한 왕조였다. 그러나 진조 대신들이 오의 정벌을 두고 벌인 논쟁과 진 무제가 오의 정벌에 반대한 가충을 정벌군의 원수로 임명한 일, 오의 멸망 이후 장수들 사이에 벌어진 전공 다툼 등으로, 진 조정은 그야말로 엉망진창이 되었다. 이런 정권은 오래 유지되기 어려운 법이다.

동탁의 난 이후 한 제국이 와해되자, 제국 전역은 사분오열하여 군벌이 할거하는 상황에 빠졌다. 적벽대전 이후 점차 삼국의 분립이 정

- 황제에게 불경을 저지른 죄.

식으로 출현했다. 군벌이 할거하고 삼국이 분립하는 국면은 90년 동안(190~280) 유지되었다. 통일은 백성의 처지에서는 어쨌든 좋은 일이다. 전쟁의 고통에서 벗어날 수 있기 때문이다. 그러나 서진 통치계급의 부패와 타락 탓에 통일은 일시적일 뿐이었고, 겨우 30여 년밖에 유지되지 못했다. 하지만 통일 이후 백성들은 확실히 짧은 태평세월을 누릴 수 있었다.

맺음말

20장으로 구성된 이 책의 본문에서 나는 이미 삼국 시기의 역사가 발전해 온 구체적인 형세를 대략 서술했고, 여러 부분에서 이 시대의 역사에 관한 나의 인식과 해석을 제시했다. 이러한 논술의 기초 위에서, 나는 이제 다시 중국 역사에서 삼국의 역사가 차지한 위상과 삼국 시기의 역사적 특징을 개괄적으로 논술하려고 한다.

중국 역사에서 몇몇 시기는 역사적 전환기에 해당하며, 이러한 전환기는 앞선 하나의 역사 시대에서 후대의 역사 시대로 향하는 과도기를 가리킨다. 중국 역사에서 과도기에 속하는 시기는 다음과 같다. ⑴ 춘추전국시대; ⑵ 삼국시대; ⑶ 당대(唐代) 중기 ~ 오대(五代) 시기; ⑷ 아편전쟁 이후.

춘추전국시대는 중국의 역사가 씨족부락(氏族部落)과 초기국가에서 고대사회로 진입하던 시기이다. 삼국시대는 고대사회에서 중세 봉건사회로 진입하던 시기이다. 당대 중기부터 오대까지의 시대는 전기 봉건사회에서 후기 봉건사회로 진입하던 시기이다. 아편전쟁 이후는 중국 역사가 봉건사회에서 자본주의 시대로 진입하던 시기이다. 다만 제국주의의 침략 탓에 중국은 반식민지(半植民地)·반봉건사회(半封建社會)로 전락했었다. 또 사회주의 혁명이 일어나자, 중국은 자본주의 사회로 진입하던 방향을 틀어 사회주의 사회로 직접 진입하는 방향으로 나아갔다.

나의 이러한 주장은 꽤 많은 역사학자가 제시한 견해와 달라, 어쩌면 독자의 흥미와 호기심을 불러일으킬지도 모르겠다. 호기심과 흥미가

- 중국의 역사학계에서는 중국의 봉건시대가 서주(西周) 시대에 시작되었다는 범문란(范文瀾) 등의 서주봉건설, 전국시대를 봉건시대의 시작으로 보는 곽말약(郭沫若) 등의 전국봉건설, 후외려(侯外廬) 등이 주장한 서한봉건설, 주곡성(周谷城) 등이 주장한 동한봉건설 등 다양한 학설이 제기되었으며, 그중에서 대체로 범문란의 서주봉건설과 곽말약의 전국봉건설이 모택동(毛澤東)의 비호를 받아 정설로 받아들여져 왔다. 기존의 통설이 봉건시대의 시작을 굉장히 이른 시기로 잡은 것에 반해, 이 책의 지은이 허쯔췬안은 삼국봉건설을 처음 주장하여 다른 학자들보다 봉건시대의 시작을 비교적 늦은 시대로 잡고 있다.

생기는 것은 좋은 일이다. 1991년에 하남인민출판사에서 출간한 졸저
『중국고대사회』(中國古代社會)에서 나는 중국의 초기 고대사회에 대해
비교적 상세히 논술했고, 중국사가 고대에서 중세기로 진입하던 시기
가 바로 삼국시대라는 점도 논술한 바 있으니, 독자들은 참고할 만하다.
이 책 『위촉오 삼국사』에서도 나는 삼국 시기가 바로 중국 역사가 고대
에서 중세기로 진입하던 시기라는 주장에 대해 다시 몇 가지 점을 상세
히 설명하려고 했다. 당대 중기부터 오대에 이르는 시기와 아편전쟁 이
후의 두 역사적 과도기에 대해서는 내가 구체적으로 상술한 적이 없다.

나는 1950년대 초에 「한·위 교체기의 사회·경제 변화」라는 제목의
논문 한 편을 썼다. 이 논문의 내용은 다음의 네 장절로 구성되었다.

(1) 도시의 교환경제에서 농촌의 자연경제로;

(2) 자유민·노예에서 의부민으로;

(3) 토지 겸병에서 인구 쟁탈로;

(4) 백성의 유랑에서 토지 정착으로

이 논문의 요지는 동한 말기와 조위시대를 기준으로(시기를 더욱 축소해 "삼국
시대를 기준으로"라고 말할 수도 있겠다) 그 이전과 이후 시대의 사회변화를 살피
려는 것이었다. 삼국시대를 기준으로 위에서 제시한 네 가지 단서로 그
이전과 이후 시대의 사회변화를 살펴보면, 전국시대와 진·한대는 교환경
제와 도시경제가 발달한 시대였지만, 삼국시대부터 당대 중엽까지는 도
시경제가 쇠락하고 자연경제가 우위를 점했으며, 전·후한대에 통용되던
오수전(五銖錢)과 황금은 역사의 무대에서 퇴장했고, 교환량이 줄어들
고 곡물과 비단이 교환 수단이 되었음을 알 수 있다.

• 지은이는 이 논문을 1950년대에 작성했다고 밝히고 있지만, 이 논문이 공간(公刊)된 해는 모택동이 사
망하고 문화대혁명(文化大革命)이 마무리된 이후인 1979년이다. 이 논문의 자세한 서지사항은 참고문
헌을 보라.

전국시대와 진·한대의 생산노동자는 주로 자유민과 노예였다. 삼국시대부터 당대까지는 이 역할을 맡은 이들이 주로 의부민, 즉 부곡(部曲)과 객(客)이었다. 대량의 인구가 권문세가와 호족의 비호 아래 몸을 의탁하여 이들 권문세가와 호족의 의부민이 되었다. 그들 대다수가 부곡과 객이었다. 객은 모두 권문세가와 호족 가문의 호적에 편입되어 국가의 조세와 부역으로부터 면제되었다. 국가의 소유로 편제된 편호민(編戶民) 역시 신분상으로 의부민으로 전락해 가는 처지에 있었다. 노예는 대규모로 의부민으로 변모했다. 삼국시대 이후인 남북조와 수·당대에도 여전히 노예가 있었지만, 노예 대부분은 의부민화(依附民化)되었다. 노(노예)와 객(의부민)은 그 성격이 이미 하나의 계급에 가까워졌다.

전·후한 시기에 사회적으로 가장 중대한 문제는 토지의 겸병과 집중 문제였다. 교환경제가 발전하는 현실 속에서 소생산자인 농민들은 국가의 조세와 요역 부담의 압박과 상인·지주의 착취·수탈에 시달렸고, 도시의 교환경제 발전이라는 유혹까지 받게 되어 끊임없이 몰락하거나 자발적으로 토지를 방치한 채 도시로 이주하여 생계를 도모하다가 토지를 잃었으며 토지를 황폐하게 했다. 토지는 관료·지주·상인의 수중에 집중되었다. 토지 문제와 노예 문제는 한대 통치자들이 가장 골치를 앓던 문제였다. 가의(賈誼)·조조(晁錯)부터 동중서(董仲舒)·왕망에 이르기까지 이들이 가장 해결하고 싶었던 문제가 바로 토지 문제와 노예 문제였다. 왕망이 천하의 농지를 '왕전'(王田)이라고 하고, 노비를 '사속'(私屬)으로 고쳐 부른 것은 바로 그가 이 두 문제에 집중하고 있었음을 보여주는 사례이다. 위·진·남북조 시기에 사회적으로 대두한 주요한 문제는 이미 토지 문제가 아니라 노동력 문제였다. 인구의 감소와 토지의 황폐화는 노동력을 가장 중요한 문제로 만들었다. 사람이 있고 노동력이 있어야 온갖 것들이 생기니, 재부나 무력 또는 권력도 다 사람과 노동력이 있어야 생기는 법이다. 한대에는 토지를 원하고 인구는 배제했다. 위·진대 이후에는 사람만 원하고 토지를 포기했다. 새로운 지역으로 이동하거나 전쟁에서 패하면, 지역과 토지는 버려도 인구와 노동력은 데려갔다.

유랑민 문제는 한대 사회의 심각한 문제였다. 가의·조조가 백성의 유랑 문제에 관심을 두기 시작했다. 한 무제 시기에 유랑민은 수십만 명에서 수백만 명 정도였다. 동한 후기의 유랑민 문제는 역사서에 끊임없이 관련 기록이 등장한다. 황건적의 난이 바로 유랑민의 폭동으로 시작된 것이다.

유랑민의 출현은 당시 생산 관계에서 나타난 필연적인 결과이다. 토지의 매매가 가능하여 농민이 자기 토지를 팔 권리가 있고 토지를 떠날 권리가 있으며, 관료·상인·지주가 토지를 겸병하려고 했다면, 농민은 파산하여 결국 유랑할 수밖에 없었다. 도시 경제의 유혹이 있어 농민이 농촌을 떠날 권리가 있다면, 그들은 필연적으로 유랑할 수밖에 없다.

농민을 토지로 돌아오게 하려면 토지에 정착하게 하는 수밖에 없다. 그리고 농민을 토지에 정착하게 하려면 경제 외적인 강제 조치에 의존해야 한다. 가의는 "백성을 몰아세워 그들을 농지로 돌아가게 하여 모두 본업(농업)에 정착하게"[1] 하자고 제안했고, 조조는 농민을 "농지에 정착하게"[2] 해야 한다고 했다. 그러나 이들의 제안은 모두 실현되지 못했다.

농민을 "농지에 정착하게" 하여 토지를 벗어날 수 없게 하려면 일종의 강제력이 필요하다. 위진남북조 시기에는 이 문제가 해결되었다. "권문세가와 호족 가문의 호적에 편입된" 모든 객과 부곡은 주인의 의부민으로서, "신분이 주인에게 얽매인" 사람들이었다. 그들에게는 주인을 떠날 자유가 없었으므로, 자연히 토지를 벗어날 자유도 없었다. 둔전제와 균전제(均田制)의 시행으로 군법에 따른 인력 배치와 삼장(三長)을 통한 농촌 관리가 이뤄지면서 농민이 토지를 벗어나는 행위에 대한 제약이 생겼다. 백성이 유랑생활을 벗어나 농지에 정착하게 된 상황은 진·한대에서 삼국시대를 거치며 나타난 가장 두드러진 변화였다.

위의 논문은 대체로 1950년대 초에 쓴 글이다. 당시 북경시 부시장이던 오함(吳晗) 선생이 아마 북경교육학원(北京敎育學院)의 교수와 연구 업무를 이끌던 때였는데, 그는 역사연구자들에게 해당 기관에 와서 학술보고를 해 줄 것을 요청했다. 나는 일찍이 "동한과 위·진시대 전후의 사회 변화"라는 주제로 한 차례 보고서를 작성한 적이 있었으므로, 바로 상술한 내용을 강연하였다. 북경사범대학교의 개교 60주년 기념식이 있던 1962년, 나는 다시 이 주제로 학술보고를 했다. 이 논문의 첫 부분은 일찍이 「도시·농촌 관계를 통해서 본 한대와 위진남북조 시대의 사회·경제적 변화」라는 제목으로 1958년 『북경사범대학 학보』(사회과학판, 1958-2)에 발표되었고, 논문의 전문(全文)은 『사회과학 전선』(1979-4)에 발표되었다(이미 나의 문집인 『독사집』에 수록).

내가 제기한 이러한 내용이 역사적 사실일까? 과연 삼국 시기의 역사적 사실에 부합할까? 이것은 이전 세대의 역사학자들이 주의하지 않았던 문제이다. 나는 당장유(唐長孺) 교수가 최근에 출간한 논저 『위진남북조수당사삼론』(魏晉南北朝隋唐史三論)에서 이러한 문제를 더욱 깊이 있고 명백하게 서술한 내용을 매우 기쁜 마음으로 읽었다. 나는 중국 역사에 대한 나의 이러한 시각과 제기방식이 대체로 성립할 수 있다고 생각한다.

삼국의 역사를 더욱 깊이 있고 폭넓게 이해하고 싶은 독자들은 당장유 교수의 거작 『위진남북조수당사삼론』과 졸저 『중국고대사회』를 일독하기 바란다.

1994년 5월 9일
허쯔취안

- 북위대(北魏代)에 지방 기층을 관리하는 행정관리인 당장(黨長)·이장(里長)·인장(隣長)의 총칭.
- 북경시 인민정부 산하의 성인 고등교육기관으로, 북경시 시내의 중고교 간부 교사의 교육 및 성인고등사범교육의 업무를 관리하기 위해 1953년에 설립되었다.

주

■머리말

1. 『日知錄』卷26,「史記于敍事中寓論斷」條. [古人作史, 有不待論斷而于敍事之中卽見其旨者, 惟太史公能之.]
2. 『晉書』卷82,「陳壽列傳」. [善敍事, 有良史之才.]
3. 『三國志』卷35,「蜀志·諸葛亮傳」. [奇謀爲短, …… 應變將略, 非其所長.]

■1장

1. 『史記』卷129,「貨殖列傳」. [夫神農以前, 吾不知已. 至若詩書所述虞夏以來, 耳目欲極聲色之好, 口欲窮芻豢之味, 身安逸樂, 而心誇矜勢能之榮使. 俗之漸民久矣, 雖戶說以眇論, 終不能化.]
2. 『韓非子』, 卷19,「五蠹篇」. [長袖善舞, 多財善賈.]
3. 『漢書』卷24上,「食貨志上」. [此商人所以兼幷農人, 農人所以流亡者也.]
4. 『漢書』卷72,「貢禹傳」. [民棄本逐末, 耕者不能半.]
5. 『後漢書』卷4,「和帝紀」. [黎民流離, 困於道路.]
6. 『後漢書』卷5,「安帝紀」. [棄捐舊居, …… 窮困道路.]
7. 『後漢書』卷5,「安帝紀」에 인용된『古今注』. [老弱相棄道路.]
8. 『後漢書』卷32,「樊宏傳」. [人庶流進, 家戶且盡.]
9. 『後漢書』卷5,「安帝紀」. [萬民饑流.]
10. 『後漢書』卷46,「陳忠傳」. [百姓流亡.]
11. 『後漢書』卷7,「桓帝紀」. [百姓饑窮, 流冗道路.]
12. 『潛夫論』卷3,「浮侈篇」;『後漢書』卷49,「王符傳」에서 재인용. [今擧俗舍本農, 趨商賈, 牛馬車輿, 塡塞道路, 游手爲巧, 充盈都邑, 務本者少, 浮食者衆.]
13. 위의 책. [今察洛陽, 資末業者什於農夫, 虛僞游手什於末業. 是則一夫耕, 百人食之, 一婦桑, 百人衣之, 以一奉百, 孰能供之. 天下百郡千縣, 市邑萬數, 類皆如此.]
14. 『漢書』卷72,「鮑宣傳」. [民流亡, 去城郭, 盜賊並起.]
15. 『漢書』卷84,「翟方進傳」. [間者郡國穀雖頗登, 百姓不足者尙衆, 前去城郭, 未能盡還.]
16. 『後漢書』卷54,「楊震列傳附楊賜傳」. [張角等遭赦不悔, 而稍益滋蔓, 今若下州郡捕討, 恐更騷擾, 速成其患. 且欲切勅刺史·二千石, 簡別流人, 各護歸本郡, 以孤弱其黨, 然後誅其渠

帥, 可不勞而定.]

17. 『後漢書』卷6, 「順帝紀」. [揚州六郡妖賊章河等寇四十九縣.]
18. 『後漢書』卷7, 「桓帝紀」. [二月, 扶風妖賊裴優自稱皇帝.]
19. 위의 책. [渤海妖賊蓋登等稱太上皇帝.]
20. 『後漢書』卷42, 「光武十王列傳·楚王英傳」을 보라.
21. 『三國志』卷49, 「吳志·劉繇傳」과 『後漢書』卷73, 「陶謙列傳」을 보라.
22. 『後漢書』卷30下, 「襄楷傳」. [順帝時, 琅邪宮崇詣闕, 上其師干吉於曲陽泉水上所得神書百七十卷, 皆縹白素·朱介·青首·朱目, 號太平清領書. 其言以陰陽五行爲家, 而多巫覡雜語. 有司奏崇所上妖妄不經, 乃收臧之. 後張角頗有其書焉.]
23. 『三國志』卷8, 「魏志·張魯傳」의 주석에 인용된 『典略』. [熹平中, 妖賊大起, 三輔有駱曜. 光和中, 東方有張角, 漢中有張脩. 駱曜敎民緬匿法, 角爲太平道, 脩爲五斗米道.]
24. 위의 책. [太平道者, 師持九節杖爲符祝, 敎病人叩頭思過, 因以符水飲之, 得病或日淺而愈者, 則云此人信道, 其或不愈, 則爲不信道. 脩法略與角同, 加施靜室, 使病者處其中思過. 又使人爲姦令祭酒, 祭酒主以『老子』五千文, 使都習, 號爲姦令. 爲鬼吏, 主爲病者請禱. 請禱之法, 書病人姓名, 說服罪之意. 作三通, 其一上之天, 著山上, 其一埋之地, 其一沉之水, 謂之三官手書. 使病者家出米五斗以爲常, 故號曰五斗米師.]
25. 『後漢書』卷71, 「皇甫崇傳」. [鉅鹿張角自稱大賢良師. 奉事黃老道, 畜養弟子, 跪拜首過, 符水呪說以療病, 病者頗愈, 百姓信向之. 角因遣弟子八人使於四方, 以善道敎化天下, 轉相誑惑. 十餘年間, 衆徒數十萬, 連結郡國, 自青·徐·幽·冀·荆·揚·兗·豫八州之人, 莫不畢應. 遂置三十六方. 方猶將軍號也. 大方萬餘人, 小方六七千, 各立渠帥.]
26. 『後漢書』卷57, 「劉陶列傳」. [張角支黨不可勝計. 前司徒楊賜奏下詔書, 切敕州郡, 護送流民, 會賜去位, 不復捕錄. 雖會赦令, 而謀不解散. 四方私言, 云角等竊入京師, 窺覘朝政, 鳥聲獸心, 私共鳴呼. 州郡忌諱, 不欲聞之, 但更相告語, 莫肯公文. 宜下明詔, 重募角等, 賞以國土. 有敢回避, 與之同罪.]
27. 『後漢書』卷71, 「皇甫嵩列傳」. [蒼天已死, 黃天當立. 歲在甲子, 天下大吉.]
28. 위의 책. [以白土書京城寺門及州郡官府, 皆作甲子字.]
29. 위의 책. [大方馬元義等先收荆·揚數萬人, 期會發於鄴. 元義數往來京師, 以中常侍封諝·徐奉等爲內應, 約以三月五日內外俱起.]
30. 위의 책. [張角弟子濟南唐周上書告之, 於是車裂元義於洛陽. 靈帝以周章下三公·司隸, 使鉤盾令周斌將三府掾屬, 案驗宮省直衛及百姓有事角道者, 誅殺千餘人, 推考冀州, 逐捕角等.]
31. 위의 책. [晨夜馳勅諸方, 一時俱起, 皆著黃巾爲標幟, 時人謂之黃巾, 亦名爲蛾賊. 殺人以祠天. 角稱天公將軍, 角弟寶稱地公將軍, 寶弟梁稱人公將軍.]
32. 위의 책. [所在燔燒官府, 劫略聚邑, 州郡失據, 長吏多逃亡, 旬日之間, 天下嚮應, 京師震動.]
33. 위의 책. [以爲宜解黨禁, 益出中藏錢·西園廐馬, 以班軍士.]
34. 『後漢書』卷67, 「黨錮列傳·序」. [黨錮久積, 人情多怨. 若久不赦宥, 輕與張角合謀, 爲變滋

35. 『後漢書』卷78, 「呂强列傳」. [中尙方斂諸郡之寶, 中御府積天下之繒, 西園引司農之臧, 中廐聚太僕之馬.]

36. 위의 책. [每郡國貢獻, 先輸中署, 名爲導行費.]

37. 이는 진인각(陳寅恪) 선생의 학설에 근거했다. 陳寅恪, 「天師道與濱海地域之關係」의 한 절인 '趙王倫之廢立' 부분을 보라. 이 글은 『中央硏究院歷史語言硏究所集刊』3:4(1932)에 처음 실렸고, 『陳寅恪先生文集二: 金明館叢稿初編』에 재수록되었다.

38. 『三國志』卷1, 「魏志·武帝紀」. [青州黃巾衆百萬入兗州, 殺任城相鄭遂, 轉入東平. 劉岱欲擊之, 鮑信諫曰: "今賊衆百萬, 百姓皆震恐, 士卒無鬪志, 不可敵也. 觀賊衆群輩相隨, 軍無輜重, 唯以鈔略爲資, 今不若畜士衆之力, 先爲固守. 彼欲戰不得, 攻又不能, 其勢必離散, 後選精銳, 據其要害, 擊之可破也." 岱不從, 遂與戰, 果爲所殺. 信乃與州吏萬潛等至東郡迎太祖領兗州牧. 遂進兵擊黃巾于壽張東. 信力戰鬪死, 僅而破之. …… 追黃巾至濟北. 乞降. 冬, 受降卒三十餘萬, 男女百餘萬口, 收其精銳者, 號爲青州兵.]

39. 『後漢書』卷9, 「獻帝紀」를 보라.

2장

1. 『後漢書』卷69, 「何進列傳」. [輕佻無威儀, 不可爲人主.]

2. 위의 책. [前竇武欲誅內寵而反爲所害者, 以其言語漏泄, 而五營百官服畏中人故也. 今將軍旣有元舅之重, 而兄弟並領勁兵, 部曲將吏皆英俊名士, 樂盡力命, 事在掌握, 此天贊之時也. 將軍宜一爲天下除患, 名垂後世.]

3. 위의 책. [中官統領禁省, 自古及今, 漢家故事, 不可廢也.]

4. 위의 책. [大將軍專殺左右, 擅權, 以弱社稷.]

5. 위의 책. [始共從南陽來, 俱以貧賤, 依省內以致貴富. 國家之事, 亦何容易! 覆水不可收. 宜深思之, 且與省內和也.]

6. 위의 책. [以袁氏累世寵貴, 海內所歸, 而紹素善養士, 能得豪傑用, 其從弟虎賁中郎將術亦尙氣俠, 故並厚待之.]

7. 위의 책. [雖外收大名, 而內不能斷.]

8. 위의 책. [多召四方猛將及諸豪傑, 使並引兵向京城, 以脅太后.]

9. 위의 책. [今將軍總皇威, 握兵要, 龍驤虎步, 高下在心, 此猶鼓洪爐燎毛髮耳. …… 而反委釋利器, 更徵外助. 大兵聚會, 彊者爲雄, 所謂倒持干戈, 授人以柄, 功必不成, 祇爲亂階.]

10. 『後漢書』卷70, 「鄭太列傳」. [董卓彊忍寡義, 志欲無猒. 若借之朝政, 授以大事, 將恣凶欲, 必危朝廷. 明公以親德之重, 據阿衡之權, 秉意獨斷, 誅除有罪, 誠不宜假卓以爲資援也.]

11. 『後漢書』卷69, 「何進列傳」. [交搆已成, 形勢已露, 事留變生, 將軍復欲何待, 而不早決之乎?]

12. 위의 책. [天下憒憒, 亦非獨我曹罪也. 先帝嘗與太后不快, 幾至成敗, 我曹涕泣救解, 各出家財千萬爲禮, 和悅上意, 但欲託卿門戶耳. 今乃欲滅我曹種族, 不亦太甚乎? 卿言省內穢濁, 公卿以下忠淸者爲誰?]

13. 위의 책.

14. 위의 책. [何進謀反, 已伏誅矣!]

15. 『後漢書』卷69,「何進列傳」에 따르면, 환관들이 임명한 사예교위는 번릉이고, 허상은 하남윤이었다.

16. 『三國志』卷6,「魏志·袁紹傳」. [斬宦者所署司隷校尉許相, 遂勒兵捕諸閹人, 無少長皆殺之. …… 死者二千餘人.]

17. 『後漢書』卷8,「靈帝紀」의 주석에 인용된 『獻帝春秋』. [今不速死, 吾射殺汝.]

18. 『後漢書』卷70,「鄭太列傳」. [關西諸郡, 頗習兵事, 自頃以來, 數與羌戰, 婦女猶戴戟操矛, 挾弓負矢, 況其壯勇之士, 以當妄〔忘〕戰之人乎!]

19. 위의 책. [天下彊勇, 百姓所畏者, 有幷·涼之人, 及匈奴·屠各·湟中義從·西羌八種, 而明公擁之, 以爲爪牙.]

20. 『三國志』卷6,「魏志·董卓傳」의 주석에 인용된 『獻帝紀』. [語不可了.]

21. 위의 책. [禍亂由起.]

22. 위의 책. [自初至終, 無所遺失.]

23. 『後漢書』卷72,「董卓列傳」. [暗弱, 不可以奉宗廟, 爲天下主.]

24. 『三國志』卷6,「魏志·董卓傳」. [遂廢帝爲弘農王 …… 立靈帝少子陳留王.]

25. 『後漢書』卷72,「董卓列傳」. [是時洛中貴戚室第相望, 金帛財産, 家家殷積. 卓縱放兵士, 突其廬舍, 淫略婦女, 剽虜資物, 謂之搜牢.]

26. 『三國志』卷6,「魏志·董卓傳」. [嘗遣軍到陽城. 時適二月社, 民各在其社下, 悉就斷其男子頭, 駕其車牛, 載其婦女財物, 以所斷頭繫車轅軸, 連軫而還洛, 云攻賊大獲, 稱萬歲.]

27. 『後漢書』卷72,「董卓列傳」. [與司徒黃琬·司空楊彪, 俱帶鈇鑕詣闕上書, 追理陳蕃·竇武及諸黨人, 以從人望. 於是悉復蕃等爵位, 擢用子孫.]

28. 위의 책. [卓素聞天下同疾閹官誅殺忠良, 及其在事, 雖行無道, 而猶忍性矯情, 擢用羣士. 乃任吏部尙書漢陽周珌·侍中汝南伍瓊·尙書鄭公業, 長史何顒等. 以處士荀爽爲司空. 其染黨錮者陳紀·韓融之徒, 皆爲列卿. 幽滯之士, 多所顯拔. 以尙書韓馥爲冀州刺史, 侍中劉岱爲兗州刺史, 陳留孔伷爲豫州刺史, 潁川張咨爲南陽太守. 卓所親愛, 並不處顯職, 但將校而已.]

29. 『三國志』卷6,「魏志·袁紹傳」. [夫廢立大事, 非常人所及. 紹不達大體, 恐懼故出奔, 非有他志也. 今購之急, 勢必爲變. 袁氏樹恩四世, 門生故吏遍於天下, 若收豪傑以聚徒衆, 英雄因之而起, 則山東非公之有也. 不如赦之, 拜一郡守, 則紹喜于免罪, 必無患矣.]

30. 『後漢書』卷72,「董卓列傳」. [卓初入朝, 二子勸用善士, 故相從, 而諸君到官, 擧兵相圖. 此二君賣卓, 卓何用相負.]

31. 『三國志』卷1,「魏志·武帝紀」. [擧義兵以誅暴亂, 大衆已合, 諸君何疑? …… 今焚燒宮室, 劫

遷天子, 海內震動, 不知所歸, 此天亡之時也. 一戰而天下定矣, 不可失也.]

32. 위의 책. [諸君聽吾計, 使勃海引河內之衆臨孟津, 酸棗諸將守成皐, 據敖倉, 塞轘轅·太谷, 全制其險; 使袁將軍率南陽之軍軍丹·析, 入武關, 以震三輔. 皆高壘深壁, 勿與戰, 益爲疑兵, 示天下形勢, 以順誅逆, 可立定也. 今兵以義動, 持疑而不進, 失天下之望, 竊爲諸君恥之.]

33. 『三國志』卷2, 「魏志·文帝紀」의 주석에 인용된 『典論』의 「自敘」. [初平之元, 董卓殺主鴆后, 蕩覆王室. 是時四海旣困中平之政, 兼惡卓之凶逆, 家家思亂, 人人自危. 山東牧守, 咸以『春秋』之義, '衛人討州吁于濮', 言人人皆得討賊. 於是大興義兵, 名豪大俠, 富室强族, 飄揚雲會, 萬里相赴; 兗·豫之師戰于滎陽, 河內之甲軍于孟津. 卓遂遷大駕, 西都長安. 而山東大者連郡國, 中者嬰城邑, 小者聚阡陌, 以還相吞滅.]

34. 『後漢書』卷72, 「董卓列傳」. [呂布何在?]

35. 위의 책. [有詔討賊臣!]

36. 위의 책. [聞長安中議欲盡誅涼州人, 諸君若棄軍單行, 則一亭長能束君矣. 不如相率而西, 以攻長安, 爲董公報仇. …… 若其不合, 走未後也.]

37. 위의 책. [京師不赦我, 我當以死決之. 若攻長安剋, 則得天下矣; 不剋, 則鈔三輔婦女財物, 西歸鄕里, 尙可延命.]

38. 위의 책. [人相食啖, 白骨委積, 臭穢滿路.]

39. 위의 책. [二三年間, 關中無復人跡.]

40. 위의 책. [催將楊奉, 本白波賊帥.]

41. 『三國志』卷8 「魏志·張燕傳」의 주석에 인용된 『九州春秋』. [張角之反也, 黑山·白波·黃龍 …… 飛燕·白爵·楊鳳·于毒等各起兵, 大者二三萬, 小者不減數千. 靈帝不能討, 乃遣使拜楊鳳爲黑山校尉, 領諸山賊, 得擧孝廉計吏. 後遂彌漫, 不可復數.]

42. 『後漢書』卷72, 「董卓列傳」. [密遣閒使至河東, 招故白波帥李樂·韓暹·胡才 …… 並率其衆數千騎來, 與承·奉共擊催等, 大破之.]

3장

1. 『後漢書』卷74上, 「袁紹列傳」. [門生故吏遍於天下.]

2. 『三國志』卷1, 「魏志·武帝紀」의 주석에 인용된 皇甫謐의 『逸士傳』.

3. 『三國志』卷6, 「魏志·袁紹傳」. [勢傾天下.]

4. 위의 책. [冀州雖鄙, 帶甲百萬, 穀支十年. 袁紹孤客窮軍, 仰我鼻息, 譬如嬰兒在股掌之上, 絶其哺乳, 立可餓殺. 奈何欲以州與之?]

5. 『三國志』卷6, 「魏志·袁紹傳」의 주석에 인용된 『世語』. [昨案貴州戶籍, 可得三十萬衆.]

6. 『三國志』卷1, 「魏志·武帝紀」. [紹問公曰: "若事不輯, 則方面何所可據?" 公曰: "足下意以爲何如?" 紹曰: "吾南據河, 北阻燕·代, 兼戎狄之衆, 南向以爭天下, 庶可以濟乎?"]

7. 『三國志』卷6,「魏志·袁紹傳」. [將軍弱冠登朝, 則播名海內; 值廢立之際, 則忠義奮發; 單騎出奔, 則董卓懷怖; 濟河而北, 則勃海稽首. 振一郡之卒, 撮冀州之衆, 威震河朔, 名重天下. 雖黃巾猾亂, 黑山跋扈, 舉軍東向, 則青州可定; 還討黑山, 則張燕可滅; 回衆北首, 則公孫必喪; 震脅戎狄, 則匈奴必從. 橫大河之北, 合四州之地, 收英雄之才, 擁百萬之衆, 迎大駕於西京, 復宗廟於洛邑, 號令天下, 以討未復, 以此爭鋒, 誰能敵之? 比及數年, 此功不難.]

8. 위의 책. [此吾心也.]

9. 이 이야기는 『三國志』卷1,「魏志·武帝紀」의 주석에 인용된 『曹瞞傳』과 郭頒의 『世語』에 보인다.

10. 『三國志』卷1,「魏志·武帝紀」. [機警, 有權數.]

11. 『後漢書』卷67,「黨錮列傳」. [桓靈之間, 主荒政繆, 國命委於閹寺, 士子羞與爲伍, 故匹夫抗憤, 處士橫議, 遂乃激揚名聲, 互相題拂, 品覈公卿, 裁量執政, 婞直之風, 於斯行矣.]

12. 『三國志』卷14,「魏志·郭嘉傳」. [汝·潁多奇士.]

13. 『三國志』卷1,「魏志·武帝紀」의 주석에 인용된 孫盛의 『異同雜語』. [子, 治世之能臣, 亂世之奸雄也.]

14. 『後漢書』卷78,「鄭衆列傳」. [一心王室, 不事豪黨.]

15. 『三國志』卷1,「魏志·武帝紀」의 주석에 인용된 『曹瞞傳』. [初入尉廨, 繕治四門. 造五色棒, 縣門左右各十餘枚, 有犯禁者, 不避豪彊, 皆棒殺之. 後數月, 靈帝愛幸小黃門蹇碩叔父夜行, 卽殺之. 京師斂跡, 莫敢犯者.]

16. 『三國志』卷1,「魏志·武帝紀」. [國有十餘縣, 長吏多阿附貴戚, 贓污狼藉, 於是奏免其八; 禁斷淫祀, 姦宄逃竄, 郡界肅然.]

17. 『三國志』卷1,「魏志·武帝紀」의 주석에 인용된 『魏書』. [閹豎之官, 古今宜有, 但世主不當假之權寵, 使至於此. 旣治其罪, 當誅元惡, 一獄吏足矣, 何必紛紛召外將乎? 欲盡誅之, 事必宣露, 吾見其敗也.]

18. 『三國志』卷6,「魏志·袁紹傳」의 주석에 인용된 『獻帝春秋』. [曹操當死數矣, 我輒救存之.]

19. 『三國志』卷6,「魏志·袁紹傳」의 주석에 인용된 『獻帝傳』. [將軍累葉輔弼, 世濟忠義. 今朝廷播越, 宗廟毀壞, 觀諸州郡外託義兵, 內圖相滅, 未有存主恤民者. 且今州城粗定, 宜迎大駕, 安宮鄴都, 挾天子而令諸侯, 畜士馬以討不庭, 誰能禦之!] 『後漢書』卷74下,「袁紹列傳」도 대체로 같은 내용이다.

20. 위의 책. [漢室陵遲, 爲日久矣, 今欲興之, 不亦難乎? 且今英雄據有州郡, 衆動萬計, 所謂秦失其鹿, 先得者王. 若迎天子以自近, 動輒表聞, 從之則權輕, 違之則拒命, 非計之善者也.] 『後漢書』卷74下,「袁紹列傳」도 대체로 같은 내용이다.

21. 위의 책. [今迎朝廷, 至義也, 又於時宜大計也, 若不早圖, 必有先人者也. 夫權不失機, 功在速捷, 將軍其圖之!] 『後漢書』卷74下,「袁紹列傳」도 대체로 같은 내용이다.

22. 『三國志』卷6,「魏志·袁紹傳」. [初, 天子之立非紹意, 及在河東, 紹遣潁川郭圖使焉. 圖還說紹迎天子都鄴, 紹不從.]

23. 『三國志』卷6,「魏志·袁紹傳」의 주석에 인용된 『典略』. [赤德衰盡, 袁爲黃胤, 宜順天意.]

24. 『三國志』卷6 「魏志·袁紹傳」의 주석에 인용된 『魏書』. [袁氏受命當王, 符瑞炳然.]

25. 위의 책. [隱然之.]

26. 『三國志』卷10, 「魏志·荀彧傳」. [自天子播越, 將軍首唱義兵, 徒以山東擾亂, 未能遠赴關右, 然猶分遣將帥, 蒙險通使, 雖禦難于外, 乃心無不在王室, 是將軍匡天下之素志也. 今車駕旋軫, 東京榛蕪, 義士有存本之思, 百姓感舊而增哀. 誠因此時, 奉主上以從民望, 大順也; 秉至公以服雄傑, 大略也; 扶弘義以致英俊, 大德也. 天下雖有逆節, 必不能爲累, 明矣. 韓暹·楊奉其敢爲害! 若不時定, 四方生心, 後雖慮之, 無及.]

27. 『三國志』卷8, 「魏志·公孫瓚傳」. [爲圍塹十重, 於塹裏築京, 皆高五六丈, 爲樓其上; 中塹爲京, 特高十丈, 自居焉, 積穀三百萬斛. 瓚曰: "…… 兵法, 百樓不攻. 今吾樓櫓千重, 食盡此穀, 足知天下之事矣."]

28. 『三國志』卷6, 「魏志·董卓傳」. [築郿塢, 高與長安城埒, 積穀爲三十年儲, 云: "事成, 雄據天下; 不成, 守此足以畢老."]

29. 『三國志』卷1, 「魏志·武帝紀」의 주석에 인용된 『魏書』. [自遭荒亂, 率乏糧穀, 諸軍並起, 無終歲之計. 飢則寇略, 飽則棄餘, 瓦解流離, 無敵自破者不可勝數. 袁紹之在河北, 軍人仰食桑椹. 袁術在江·淮, 取給蒲蠃. 民人相食, 州里蕭條.]

30. 『三國志』卷1, 「魏志·武帝紀」. [是歲用棗祇·韓浩等議, 始興屯田.]

31. 『三國志』卷9, 「魏志·韓浩傳」의 주석에 인용된 『魏書』. [時大議損益, 浩以爲當急田.]

32. 『三國志』卷16, 「魏志·任峻傳」. [是時歲飢旱, 軍食不足, 羽林監潁川棗祇建置屯田, 太祖以峻爲典農中郎將, 募百姓屯田於許下, 得穀百萬斛, 郡國列置田官, 數年中所在積粟, 倉廩皆滿. …… 軍國之饒, 起於棗祇而成於峻.]

33. 『三國志』卷16, 「魏志·任峻傳」의 주석에 인용된 『魏武故事』. [陳留太守棗祇, 天性忠能. 始共擧義兵, 周旋征討. 後袁紹在冀州, 亦貪祇, 欲得之. 祇深附託於孤, 使領東阿令. 呂布之亂, 兗州皆叛, 惟范·東阿完在, 由祇以兵據城之力也. 後大軍糧乏, 得東阿以繼, 祇之功也. 及破黃巾定許, 得賊資業. 當興立屯田, 時議者皆言當計牛輸穀, 佃科以定. 施行後, 祇白以爲僦牛輸穀, 大收不增穀, 有水旱災除, 大不便. 反覆來說, 孤猶以爲當如故, 大收不可復改易. 祇猶執之, 孤不知所從, 使與荀令君議之. 時故軍祭酒侯聲云: "科取官牛, 爲官田計. 如祇議, 於官便, 於客不便." 聲懷此云云, 以疑令君. 祇猶自信, 據計畫還白, 執分田之術. 孤乃然之, 使爲屯田都尉, 施設田業.]

34. 위의 책. [其時歲則大收, 後遂因此大田, 豐足軍用, 摧滅羣逆, 克定天下, 以隆王室. 祇興其功, 不幸早沒.]

35. 『三國志』卷6, 「魏志·袁紹傳」의 주석에 인용된 『獻帝傳』. [師出歷年, 百姓疲弊, 倉庾無積, 賦役方殷, 此國之深憂也. 宜先遣使獻捷天子, 務農逸民; 若不得通, 乃表曹氏隔我王路, 然後進屯黎陽, 漸營河南, 益作舟船, 繕治器械, 分遣精騎, 鈔其邊鄙, 令彼不得安, 我取其逸. 三年之中, 事可坐定也.]

36. 『獻帝傳』의 원문에는 '跨'(跨, 자리하다)라고 했는데, 『資治通鑑』에는 '引'(引, 이끌다), 『後漢書』의 「袁紹列傳」에는 '連'(連, 겸비하다)이라고 되어 있다.

37. 『三國志』卷6, 「魏志·袁紹傳」의 주석에 인용된 『獻帝傳』. [兵書之法, 十圍五攻, 敵則能戰.

今以明公之神武, 跨河朔之彊衆, 以伐曹氏. 譬若覆手, 今不時取, 後難圖也.]

38. 田餘慶, 「漢魏之際的青徐豪覇」, 『歷史硏究』, 1983-3을 보라.
39. 『三國志』卷10, 「魏志·賈詡傳」. [歸謝袁本初, 兄弟不能相容, 而能容天下國士乎?]
40. 위의 책. [何至於此!]
41. 위의 책. [若此, 當何歸?]
42. 위의 책. [不如從曹公.]
43. 위의 책. [袁彊曹弱, 又與曹爲讎, 從之如何?]
44. 위의 책. [此乃所以宜從也. 夫曹公奉天子以令天下, 其宜從一也. 紹彊盛, 我以少衆從之, 必不以我爲重. 曹公衆弱, 其得我必喜, 其宜從二也. 夫有霸王之志者, 固將釋私怨, 以明德於四海, 其宜從三也. 願將軍無疑!]
45. 위의 책. [使我信重於天下者, 子也.]
46. 『三國志』卷32, 「蜀志·先主傳」. [販履織席爲業.]
47. 위의 책. [少語言, 善下人, 喜怒不形於色. 好交結豪俠.]
48. 『三國志』卷1, 「魏志·武帝紀」. [方今收英雄時也, 殺一人而失天下之心, 不可.]
49. 『三國志』卷32, 「蜀志·先主傳」. [今天下英雄, 唯使君與操耳. 本初之徒, 不足數也.]
50. 『三國志』卷1, 「魏志·武帝紀」. [劉備不可縱.]
51. 위의 책. [與公爭天下者, 袁紹也. 今紹方來而棄之東, 紹乘人後, 若何?]
52. 위의 책. [夫劉備, 人傑也, 今不擊, 必爲後患. 袁紹雖有大志, 而見事遲, 必不動也.]

4장

1. 『三國志』卷1, 「魏志·武帝紀」. [吾知紹之爲人, 志大而智小, 色厲而膽薄, 忌克而少威, 兵多而分畫不明, 將驕而政令不一, 土地雖廣, 糧食雖豐, 適足以爲吾奉也.]
2. 『三國志』卷10, 「魏志·荀彧傳」. [古之成敗者, 誠有其才, 雖弱必强, 苟非其人, 雖强易弱, 劉·項之存亡, 足以觀矣. 今與公爭天下者, 唯袁紹爾. 紹貌外寬而內忌, 任人而疑其心, 公明達不拘, 唯才所宜, 此度勝也. 紹遲重少決, 失在後機, 公能斷大事, 應變無方, 此謀勝也. 紹御軍寬緩, 法令不立, 士卒雖衆, 其實難用, 公法令旣明, 賞罰必行, 士卒雖寡, 皆爭致死, 此武勝也. 紹憑世資, 從容飾智, 以收名譽, 故士之寡能好問者多歸之, 公以至仁待人, 推誠心不爲虛美, 行己謹儉, 而與有功者無所恡惜, 故天下忠正效實之士咸願爲用, 此德勝也. 夫以四勝輔天子, 扶義征伐, 誰敢不從? 紹之彊其何能爲!]
3. 『三國志』卷25, 「魏志·楊阜傳」. [袁公寬而不斷, 好謀而少決; 不斷則無威, 少決則失後事, 今雖彊, 終不能成大業. 曹公有雄才遠略, 決機無疑, 法一而兵精, 能用度外之人, 所任各盡其力, 必能濟大事者也.]
4. 『後漢書』卷74上, 「袁紹列傳」. [曹操旣破劉備, 則許下非復空虛. 且操善用兵, 變化無方, 衆雖少, 未可輕也. 今不如久持之. 將軍據山河之固, 擁四州之衆, 外結英雄, 內修農戰, 然後簡其精銳, 分爲奇兵, 乘虛迭出, 以擾河南, 救右則擊其左, 救左則擊其右, 使敵疲於奔命, 人不得安業, 我未勞而彼已困, 不及三年, 可坐剋也. 今釋廟勝之策而決成敗於一戰, 若不如志, 悔無及也.]

5. 위의 책. [勢存則威無不加, 勢亡則不保一身. 哀哉!]

6. 위의 책. [曹操士馬不敵, 君何懼焉?]

7. 위의 책. [以曹兗州之明略, 又挾天子以爲資, 我雖剋伯珪, 衆實疲敝, 而主驕將忕, 軍之破敗, 在此擧矣. 楊雄有言: '六國蚩蚩, 爲嬴弱姬.' 今之謂乎!]

8. 『三國志』卷6,「魏志·袁紹傳」. [簡精卒十萬, 騎萬匹, 將攻許.]

9. 『三國志』卷1,「魏志·武帝紀」. [時公兵不滿萬, 傷者十二三.]

10. 『三國志』卷10,「魏志·荀彧傳」. [公以十分居一之衆, 畫地而守之.]

11. 『三國志』卷1,「魏志·武帝紀」의 裴松之 注. [魏武初起兵, 已有衆五千, 自後百戰百勝, 敗者十二三而已矣. 但一破黃巾, 受降卒三十餘萬, 餘所呑幷, 不可悉紀; 雖征戰損傷, 未應如此之少也.]

12. 위의 책. [記述者欲以少見奇, 非其實錄也.]

13. 『三國志』卷8,「魏志·張繡傳」. [官渡之役, 繡力戰有功, 遷破羌將軍.]

14. 『三國志』卷1,「魏志·武帝紀」. [今兵少不敵, 分其勢乃可. 公到延津, 若將渡兵向其後者, 紹必西應之, 然後輕兵襲白馬, 掩其不備, 顔良可禽也.]

15. 위의 책. [紹於是渡河追公軍, 至延津南. 公勒兵駐營南阪下, 使登壘望之, 曰:"可五六百騎." 有頃, 復白:"騎稍多, 步兵不可勝數." 公曰:"勿復白." 乃令騎解鞍放馬, 是時, 白馬輜重就道. 諸將以爲敵騎多, 不如還保營, 荀攸曰:"此所以餌敵, 如何去之!" 紹騎將文醜與劉備將五六千騎前後至. 諸將復白:"可上馬." 公曰:"未也." 有頃, 騎至稍多, 或分趣輜重. 公曰:"可矣." 乃皆上馬. 時騎不滿六百, 遂縱兵擊, 大破之, 斬醜. 良·醜皆紹名將也, 再戰, 悉禽, 紹軍大震.]

16. 『後漢書』卷74上,「袁紹列傳」. [旣幷四州之地, 衆數十萬, 而驕心轉盛.]

17. 위의 책. [欲運螳螂之斧, 御隆車之隧].

18. 위의 책. [若擧炎火以焚飛蓬, 覆滄海而注熛炭.]

19. 위의 책. [今以明公之神武, 連河朔之强衆, 以伐曹操. 勢譬若覆手.]

20. 위의 책. [救亂誅暴, 謂之義兵; 恃衆憑强, 謂之驕兵, 義者無敵, 驕者先滅.]

21. 위의 책. [上盈其志, 下務其功, 悠悠黃河, 吾其濟乎!]

22. 『三國志』卷10,「魏志·荀攸傳」. [太祖 …… 遂以輜重餌賊, 賊競奔之, 陳亂, 乃縱步騎擊, 大破之.]

23. 『三國志』卷6,「魏志·袁紹傳」. [北兵數衆而果勁不及南, 南穀虛少而貨財不及北; 南利在於急戰, 北利在於緩搏. 宜徐持久, 曠以日月.]

24. 위의 책. [爲高櫓, 起土山, 射營中, 營中皆蒙楯, 衆大懼. 太祖乃爲發石車, 擊紹樓, 皆破. 紹衆號曰霹靂車. 紹爲地道, 欲襲太祖營. 太祖輒於內爲長塹以拒之. …… 太祖與紹相持日久, 百姓疲乏, 多叛應紹, 軍食乏.]

25. 『三國志』卷10, 「魏志·荀彧傳」. [今軍食雖少, 未若楚·漢在滎陽·成皐閒也. 是時劉·項莫肯先退, 先退者勢屈也. 公以十分居一之衆, 畫地而守之, 扼其喉而不得進, 已半年矣. 情見勢竭, 必將有變, 此用奇之時, 不可失也.]

26. 『三國志』卷10, 「魏志·荀彧傳」의 주석에 인용된 『彧別傳』. [昔袁紹侵入郊甸, 戰於官渡. 時兵少糧盡, 圖欲還許, 書與彧議, 彧不聽臣, 建宜住之便, 恢進討之規, 更起臣心, 易其愚慮, 遂摧大逆, 覆取其衆. …… 向使臣退於官渡, 紹必鼓行而前, 有傾覆之形, 無克捷之勢.]

27. 『三國志』卷9, 「魏志·曹仁傳」. [自許以南, 吏民不安.]

28. 위의 책. [新將紹兵, 未能得其用.]

29. 『後漢書』卷74上, 「袁紹列傳」. [幷州越太行, 靑州涉濟·漯, 大軍泛黃河以角其前, 荊州下宛·葉而掎其後.]

30. 『三國志』卷6, 「魏志·劉表傳」. [表許之而不至.]

31. 『三國志』卷1, 「魏志·武帝紀」. [以魏种爲河內太守, 屬以河北事.]

32. 『資治通鑑』卷63, 「建安四年秋八月」條의 주석을 보라. [臧霸起於泰山, 稱雄於東方者也, 故使之爲捍; 袁氏雖欲自平原而東, 無能爲矣.]

33. 『三國志』卷10, 「魏志·荀攸傳」. [紹運車旦暮至, 其將韓荀銳而輕敵, 擊可破也.]

34. 『三國志』卷1, 「魏志·武帝紀」의 주석에 인용된 『曹瞞傳』. [擧精銳步騎, 皆用袁軍旗幟, 銜枚縛馬口, 夜從間道出, 人抱束薪, 所歷道有問者, 語之曰: "袁公恐曹操鈔略後軍, 遣兵以益備." 聞者信以爲然, 皆自若. 旣至, 圍屯, 大放火, 營中驚亂.]

35. 『三國志』卷1, 「魏志·武帝紀」. [就彼攻瓊等, 吾攻拔其營, 彼固無所歸矣.]

36. 『三國志』卷17, 「魏志·張郃傳」. [曹公兵精, 往必破瓊等; 瓊等破, 則將軍事去矣, 宜急引兵救之.]

37. 위의 책. [郃計非也. 不如攻其本營, 勢必還, 此爲不救而自解也.]

38. 위의 책. [曹公營固, 攻之必不拔, 若瓊等見禽, 吾屬盡爲虜矣.]

39. 『三國志』卷1, 「魏志·武帝紀」. [左右或言: "騎稍近, 請分兵拒之." 公怒曰: "賊在背後, 乃白!" 士卒皆殊死戰, 大破瓊等, 皆斬之.]

40. 『三國志』卷1, 「魏志·武帝紀」의 주석에 인용된 『曹瞞傳』. [盡燔其糧穀寶貨.]

41. 『三國志』卷17, 「魏志·張郃傳」. [郃快軍敗, 出言不遜.]

42. 『三國志』卷10, 「魏志·荀攸傳」. [銳而輕敵.]

43. 위의 책. [將驕卒惰.]

44. 『三國志』卷6, 「魏志·袁紹傳」. [可遣將蔣奇別爲支軍於表, 以斷曹公之鈔.]

45. 『三國志』卷6, 「魏志·袁紹傳」의 주석에 인용된 『九州春秋』. [紹曰: "孤欲令四兒各據一州, 以觀其能."]

46. 위의 책. [禍其始此乎!]
47. 『三國志』卷6,「魏志·袁紹傳」의 주석에 인용된『先賢行狀』. [權略多奇, …… 博覽多識, 名重州黨.]
48. 『後漢書』卷74上,「袁紹列傳」. [君必見重.]
49. 위의 책. [公貌寬而內忌, 不亮吾忠, 而吾數以至言迕之. 若勝而喜, 必能赦我, 戰敗而怨, 內忌將發. …… 今旣敗矣, 吾不望生.]
50. 『三國志』卷6,「魏志·袁紹傳」및 그 주석에서 인용한『先賢行狀』. [豐聞將軍之退, 拊手大笑, 喜其言之 中也.]
51. 위의 책. [吾不用田豐言, 果爲所笑.]
52. 『三國志』卷6,「魏志·袁紹傳」의 주석에 인용된『獻帝傳』. [授不降也, 爲軍所執耳!]
53. 위의 책. [本初無謀, 不用君計, 今喪亂過紀, 國家未定, 當相與圖之.]
54. 위의 책. [叔父·母弟, 縣命袁氏, 若蒙公靈, 速死爲福.]
55. 위의 책. [孤早相得, 天下不足慮.]
56. 『三國志』卷6,「魏志·袁紹傳」의 주석에 인용된『先賢行狀』. [君貴審才, 臣尙量主.]
57. 위의 책. [諸侯之臣, 義有去就, 況豐與紹非純臣乎!『詩』云: "逝將去汝, 適彼樂土." 言去亂邦, 就有道可也.]
58. 『三國志』,「魏志·武帝紀」의 주석에 인용된『魏書』. [審配宗族, 至乃藏匿罪人, 爲逋逃主. 欲望百姓親附, 甲兵彊盛, 豈可得邪!]
59. 『三國志』,「魏志·崔琰傳」. [昨案戶籍, 可得三十萬衆, 故爲大州也.]

5장

1. 『三國志』卷6,「魏志·劉表傳」및 그 주석에 인용된 張璠, 『漢紀』와『漢末名士錄』을 보라.
2. 『三國志』卷6,「魏志·劉表傳」의 주석에 인용된『戰略』. [劉表之初爲荊州也, 江南宗賊盛, 袁術屯魯陽, 盡有南陽之衆. 吳人蘇代領長沙太守, 貝羽爲華容長, 各阻兵作亂.]
3. 『後漢書』卷74下,「劉表列傳」. [宗賊雖盛而衆不附, 若袁術因之, 禍必至矣. 吾欲徵兵, 恐不能集, 其策焉出?]
4. 『續漢書』의「郡國志」에 따르면, 형주에는 남양(南陽)·남군(南郡)·강하(江夏)·영릉(零陵)·계양(桂陽)·장사(長沙)·무릉(武陵)의 7군이 있었다. 『漢官儀』에서는 장릉군(章陵郡)을 언급하여, 이를 합하면 모두 8군이 된다. 장릉군은 어느 시기에 설치되었는지 모르겠지만, 후일 다시 폐지되어 확정적이지 않았다.
5. 『後漢書』卷74下,「劉表列傳」. [袁術驕而無謀, 宗賊率多貪暴. 越有所素養者, 使人示之以利, 必持衆來. 使君誅其無道, 施其才用, 威德旣行, 禍負而至矣. 兵集衆附, 南据江陵, 北守襄陽, 荊州八郡, 可傳檄而定. 公路雖至, 無能爲也.]

6. 『三國志』卷6,「魏志·劉表傳」의 주석에 인용된 司馬彪의 『戰略』에는 '진좌'(陳坐)가 '진생'(陳生)으로 기록되어 있다.

7. 『後漢書』卷74下,「劉表列傳」.[遣人誘宗賊帥, 至者十五人, 皆斬之而襲取其衆. 唯江夏賊張虎·陳坐擁兵據襄陽城, 表使越與龐季往譬之, 乃降. 江南悉平. …… 表遂理兵襄陽, 以觀時變.]

8. 『後漢書』卷74下,「劉表列傳」의 이현(李賢) 주석.

9. 唐長孺,「孫吳建國及漢末江南的宗部與山越」,『魏晉南北朝史論叢』(三聯書店, 1955年版)을 보라.

10. 『後漢書』卷74下,「劉表列傳」.[南接五領, 北據漢川, 地方數千里, 帶甲十餘萬.]

11. 위의 책.[關西·兗·豫學士歸者蓋有千數, 表安慰賑贍, 皆得資全, 遂起立學校, 博求儒術, 綦母闓·宋忠等撰立『五經章句』, 謂之'後定'.]

12. 『三國志』卷1,「魏志·武帝紀」의 주석에 인용된 『魏書』.[我攻呂布, 表不爲寇, 官渡之役, 不救袁紹, 此自守之賊也.]

13. 『後漢書』卷74下,「劉表列傳」.[劉表道不相越, 而欲臥收天運, 擬踪三分, 其猶木禺之於人也.]

14. 위의 책.[愛民養士, 從容自保.]

15. 『三國志』卷1,「魏志·武帝紀」.[觀劉備有雄才而甚得衆心, 終不爲人下, 不如早圖之.]

16. 위의 책.[方今收英雄時也, 殺一人而失天下之心, 不可.]

17. 『三國志』卷32,「蜀志·先主傳」.[今天下英雄, 唯使君與操耳. 本初之徒, 不足數也.]

18. 『三國志』卷1,「魏志·武帝紀」.[與公爭天下者, 袁紹也. 今紹方來而棄之東, 紹乘人後, 若何?]

19. 위의 책.[夫劉備, 人傑也, 今不擊, 必爲後患. 袁紹雖有大志, 而見事遲, 必不動也.]

20. 『三國志』卷32,「蜀志·先主傳」의 주석에 인용된 『世語』.[憚其爲人, 不甚信用.]

21. 『三國志』卷35,「蜀志·諸葛亮傳」의 주석에 인용된 『漢晉春秋』.[亮家於南陽之鄧縣, 在襄陽城西二十里, 號曰隆中.]

22. 『三國志』卷35,「蜀志·諸葛亮傳」.[臣本布衣, 躬耕於南陽.]

23. 위의 책.[漢室傾頹, 姦臣竊命, 主上蒙塵. 孤不度德量力, 欲信大義於天下, 而智術淺短, 遂用猖蹶, 至於今日. 然志猶未已, 君謂計將安出?]

24. 위의 책.[自董卓已來, 豪傑並起, 跨州連郡者不可勝數. 曹操比於袁紹, 則名微而衆寡, 然操遂能克紹, 以弱爲强者, 非惟天時, 抑亦人謀也. 今操已擁百萬之衆, 挾天子而令諸侯, 此誠不可與爭鋒. 孫權據有江東, 已歷三世, 國險而民附, 賢能爲之用, 此可以爲援而不可圖也. 荊州北據漢·沔, 利盡南海, 東連吳會, 西通巴·蜀, 此用武之國, 而其主不能守, 此殆天所以資將軍, 將軍豈有意乎? 益州險塞, 沃野千里, 天府之土, 高祖因之以成帝業. 劉璋闇弱, 張魯在北, 民殷國富而不知存恤, 智能之士思得明君. 將軍旣帝室之冑, 信義著於四海, 總攬英雄, 思賢如渴, 若跨有荊·益, 保其巖阻, 西和諸戎, 南撫夷越, 外結好孫權, 內修政理; 天下有變, 則命一上將將荊州之軍以向宛·洛, 將軍身率益州之衆出於秦川, 百姓孰敢不簞食壺漿以迎將軍者乎? 誠如是, 則霸業可成, 漢室可興矣.]

25. 위의 책. [孤之有孔明, 猶魚之有水也.]
26. 『三國志』卷46,「吳志·孫破虜討逆傳·孫策傳」. [使術有子如孫郞, 死復何恨!]
27. 위의 책. [中國方亂, 夫以吳·越之衆, 三江之固, 足以觀成敗. 公等善相吾弟!]
28. 위의 책. [擧江東之衆, 決機於兩陳之間, 與天下爭衡, 卿不如我; 擧賢任能, 各盡其心, 以保江東, 我不知卿.]
29. 『三國志』卷47,「吳志·吳主傳」. [是時惟有會稽·吳郡·丹楊·豫章·廬陵, 然深險之地猶未盡從, 而天下英豪布在州郡, 賓旅寄寓之士以安危去就爲意, 未有君臣之固. 張昭·周瑜等謂權可與共成大業, 故委心而服事焉.] 또한 田餘慶,「孫吳建國的道路」,『歷史研究』, 1992-1을 보라.
30. '교'(僑)는 정(鄭)의 대부(大夫) 공손교(公孫僑)이며, 그의 자(字)는 자산(子産)이다. '찰'(札)은 오(吳)의 계찰(季札)이다. 교와 찰의 교분이란 자산과 계찰이 나눈 깊은 우의를 가리킨다.
31. 『三國志』卷54,「吳志·魯肅傳」. [家富於財, 性好施與. 爾時天下已亂, 肅不治家事, 大散財貨, 摽賣田地, 以賑窮弊結士爲務, 甚得鄕邑歡心. 周瑜爲居巢長, 將數百人故過候肅, 幷求資糧. 肅家有兩囷米, 各三千斛, 肅乃指一囷與周瑜, 瑜益知其奇也, 遂相親結, 定僑·札之分. 袁術聞其名, 就署東城長. 肅見術無綱紀, 不足與立事, 乃攜老弱將輕俠少年百餘人, 南到居巢就瑜. 瑜之東渡, 因與同行.]
32. 위의 책. [君旣惠顧, 何以佐之?].
33. 위의 책. [肅竊料之, 漢室不可復興, 曹操不可卒除. 爲將軍計, 惟有鼎足江東, 以觀天下之釁. 規模如此, 亦自無嫌. 何者? 北方誠多務也. 因其多務, 剿除黃祖, 進伐劉表, 竟長江所極, 據而有之, 然後建號帝王以圖天下.]
34. 위의 책. [今盡力一方, 冀以輔漢耳, 此言非所及也.]
35. 위의 책. [昔魯子敬嘗道此, 可謂明於事勢矣.]
36. 『三國志』卷32「蜀志·先主傳」을 보라.
37. 『三國志』卷6,「魏志·劉表傳」. [今與諸君據全楚之地, 守先君之業, 以觀天下, 何爲不可乎?].
38. 위의 책. [逆順有大體, 彊弱有定勢. 以人臣而拒人主, 逆也; 以新造之楚而禦國家, 其勢弗當也; 以劉備而敵曹公, 又弗當也. 三者皆短, 欲以抗王兵之鋒, 必亡之道也.]
39. 위의 책. [誠以劉備不足禦曹公乎, 則雖保楚之地, 不足以自存也; 誠以劉備足禦曹公乎, 則備不爲將軍下也. 願將軍勿疑.]
40. 『三國志』卷21,「魏志·王粲傳」. [貌寢而體弱通侻, 不甚重也.] 배송지 주에서는 '모침'(貌寢)을 "외모가 내실(內實)보다 떨어지는 것", '통탈'(通侻)을 "단순하고 쉽게 행동하는 것"이라고 풀고 있다.
41. 위의 책. [方今袁紹起河北, 仗大衆, 志兼天下, 然好賢而不能用, 故奇士去之. 劉表雍容荊楚, 坐觀時變, 自以爲西伯可規, 士之避亂荊州者, 皆海內之儁傑也; 表不知所任, 故國危而無輔. 明公定冀州之日, 下車卽繕其甲卒, 收其豪傑而用之, 以橫行天下; 及平江·漢, 引其賢儁而置之列位, 使海內回心, 望風而願治, 文武並用, 英雄畢力, 此三王之擧也.]

42. 『三國志』卷54,「吳志·魯肅傳」.[荊楚與國隣接, 水流順北, 外帶江漢, 內阻山陵, 有金城之固, 沃野萬里, 士民殷富, 若據而有之, 此帝王之資也. 今表新亡, 二子素不輯睦, 軍中諸將, 各有彼此. 加劉備天下梟雄, 與操有隙, 寄寓於表, 表惡其能而不能用也. 若備與彼協心, 上下齊同, 則宜撫安, 與結盟好; 如有離違, 宜別圖之, 以濟大事. 肅請得奉命弔表二子, 并慰勞其軍中用事者, 及說備使撫表衆, 同心一意, 共治曹操, 備必喜而從命. 如其克諧, 天下可定也. 今不速往, 恐爲操所先.]

43. 『三國志』卷35,「蜀志·諸葛亮傳」.[海內大亂, 將軍起兵據有江東, 劉豫州亦收衆漢南, 與曹操並爭天下. 今操芟夷大難, 略已平矣, 遂破荊州, 威震四海. 英雄無所用武, 故豫州遁逃至此. 將軍量力而處之: 若能以吳·越之衆與中國抗衡, 不如早與之絶; 若不能當, 何不案兵束甲, 北面而事之! 今將軍外託服從之名, 而內懷猶豫之計, 事急而不斷, 禍至無日矣.]

44. 위의 책.[苟如君言, 劉豫州何不遂事之乎?]

45. 위의 책.[田橫, 齊之壯士耳, 猶守義不辱, 況劉豫州王室之胄, 英才蓋世, 衆士慕仰, 若水之歸海, 若事之不濟, 此乃天也, 安能復爲之下乎!]

46. 위의 책.[吾不能擧全吳之地, 十萬之衆, 受制於人. 吾計決矣! 非劉豫州莫可以當曹操者, 然豫州新敗之後, 安能抗此難乎?]

47. 위의 책.[豫州軍雖敗於長阪, 今戰士還者及關羽水軍精甲萬人, 劉琦合江夏戰士亦不下萬人. 曹操之衆, 遠來疲弊, 聞追豫州, 輕騎一日一夜行三百餘里, 此所謂'彊弩之末, 勢不能穿魯縞'者也. 故兵法忌之曰: "必蹶上將軍." 且北方之人, 不習水戰; 又荊州之民附操者, 偪兵勢耳, 非心服也. 今將軍誠能命猛將統兵數萬, 與豫州協規同力, 破操軍必矣. 操軍破, 必北還, 如此則荊·吳之勢彊, 鼎足之形成矣. 成敗之機, 在於今日.]

48. 『三國志』卷47,「吳志·吳主傳」의 주석에 인용된『江表傳』.[近者奉辭伐罪, 旄麾南指, 劉琮束手. 今治水軍八十萬衆, 方與將軍會獵於吳.]

49. 『三國志』卷54,「吳志·周瑜傳」.[曹公豺虎也, 然託名漢相, 挾天子以征四方, 動以朝廷爲辭, 今日拒之, 事更不順. 且將軍大勢, 可以拒操者, 長江也. 今操得荊州, 奄有其地, 劉表治水軍, 蒙衝鬬艦, 乃以千數, 操悉浮以沿江, 兼有步兵, 水陸俱下, 此爲長江之險, 已與我共之矣. 而勢力衆寡, 又不可論. 愚謂大計不如迎之.]

50. 『三國志』卷52,「吳志·張昭傳」의 주석에 인용된『吳書』.[是時天下分裂, 擅命者衆. 孫策蒞事日淺, 恩澤未洽, 一旦傾隕, 士民狼狽, 頗有同異. 及昭輔權, 綏撫百姓, 諸侯賓旅寄寓之士, 得用自安.]

51. 『三國志』卷54,「吳志·魯肅傳」.[向察衆人之議, 專欲誤將軍, 不足與圖大事. 今肅可迎操耳, 如將軍, 不可也. 何以言之? 今肅迎操, 操當以肅還付鄉黨, 品其名位, 猶不失下曹從事, 乘犢車, 從吏卒, 交遊士林, 累官故不失州郡也. 將軍迎操, 欲安所歸? 願早定大計, 莫用衆人之議也.]

52. 위의 책.[此諸人持議, 甚失孤望; 今卿廓開大計, 正與孤同, 此天以卿賜我也.]

53. 『三國志』卷54,「吳志·周瑜傳」.[操雖託名漢相, 其實漢賊也. 將軍以神武雄才, 兼仗父兄之烈, 割據江東, 地方數千里, 兵精足用, 英雄樂業, 尙當橫行天下, 爲漢家除殘去穢. 況操自送死, 而可迎之邪? 請爲將軍籌之: 今使北土已安, 操無內憂, 能曠日持久, 來爭疆場, 又能與我校勝負於船楫閒乎? 今北土旣未平安, 加馬超·韓遂尙在關西, 爲操後患. 且舍鞍馬, 仗舟楫, 與吳越爭衡, 本非中國所長. 又今盛寒, 馬無藁草, 驅中國士衆遠涉江湖之閒, 不習水土, 必生疾病. 此數四者, 用兵之患也, 而操皆冒行之. 將軍禽操, 宜在今日. 瑜請得精兵三萬人, 進住夏口, 保爲將軍破之.]

54. 위의 책. [老賊欲廢漢自立久矣, 徒忌二袁·呂布·劉表與孤耳. 今數雄已滅, 惟孤尙存, 孤與老賊, 勢不兩立. 君言當擊, 甚與孤合, 此天以君授孤也.]

55. 『三國志』卷54,「吳志·周瑜傳」의 주석에 인용된『江表傳』. [諸將吏敢復有言當迎操者, 與此案同!]

56. 위의 책. [諸人徒見操書, 言水步八十萬, 而各恐懾, 不復料其虛實, 便開此議, 甚無謂也. 今以實校之, 彼所將中國人, 不過十五六萬, 且軍已久疲, 所得表衆, 亦極七八萬耳, 尙懷狐疑. 夫以疲病之卒, 御狐疑之衆, 衆數雖多, 甚未足畏. 得精兵五萬, 自足制之, 願將軍勿慮.]

57. 위의 책. [公瑾, 卿言至此, 甚合孤心. 子布·文表諸人, 各顧妻子, 挾持私慮, 深失所望, 獨卿與子敬與孤同耳, 此天以卿二人贊孤也. 五萬兵難卒合, 已選三萬人, 船糧戰具俱辦, 卿與子敬·程公便在前發, 孤當續發人衆, 多載資糧, 爲卿後援. 卿能辦之者誠快, 邂逅不如意, 便還就孤, 孤當與孟德決之.]

58. 『三國志』卷54,「吳志·周瑜傳」. [今寇衆我寡, 難與持久. 然觀操軍船艦首尾相接, 可燒而走也.]

59. 『三國志』卷54,「吳志·周瑜傳」의 주석에 인용된『江表傳』. [蓋受孫氏厚恩, 常爲將帥, 見遇不薄. 然顧天下事有大勢, 用江東六郡山越之人, 以當中國百萬之衆, 衆寡不敵, 海內所共見也. 東方將吏, 無有愚智, 皆知其不可, 惟周瑜·魯肅偏懷淺戇, 意未解耳. 今日歸命, 是其實計. 瑜所督領, 自易摧破, 交鋒之日, 蓋爲前部, 當因事變化, 效命在近.]

60. 위의 책. [蓋先取輕利艦十舫, 載燥荻枯柴積其中, 灌以魚膏, 赤幔覆之, 建旌旗龍幡於艦上. 時東南風急, 因以十艦最著前, 中江擧帆, 蓋擧火白諸校, 使衆兵齊聲大叫曰: "降焉!" 操軍人皆出營立觀. 去北軍二里餘, 同時發火, 火烈風猛, 往船如箭, 飛埃絶爛, 燒盡北船, 延及岸邊營柴. 瑜等率輕銳尋繼其後, 雷鼓大進, 北軍大壞, 曹公退走.]

61. 『三國志』卷1,「魏志·武帝紀」의 주석에 인용된『山陽公載記』. [公船艦爲備所燒, 引軍從華容道步歸, 遇泥濘, 道不通, 天又大風, 悉使羸兵負草塡之, 騎乃得過, 羸兵爲人馬所蹈藉, 陷泥中, 死者甚衆. 軍旣得出, 公大喜, 諸將問之, 公曰: "劉備, 吾儔也. 但得計少晚; 向使早放火, 吾徒無類矣." 備尋亦放火而無所及.]

62. 『三國志』卷54,「吳志·魯肅傳」. [備詣京見權, 求都督荊州, 惟肅勸權借之, 共拒曹公.]

63. 『三國志』卷32,「蜀志·先主傳」의 주석에 인용된『江表傳』. [周瑜爲南郡太守, 分南岸地以給備. 備別立營於油江口, 改名爲公安. 劉表吏士見從北軍, 多叛來投備, 備以瑜所給地少, 不足以安民, 復從權借荊州數郡.]

64. 『三國志』卷54,「吳志·魯肅傳」. [魯肅智略足任, 乞以代瑜.]

65. 위의 책. [初住江陵, 後下屯陸口.]

6장

1. 『三國志』卷13,「魏志·鍾繇傳」을 보라.
2. 『三國志』卷36,「蜀志·馬超傳」의 주석에 인용된『山陽公載記』. [初, 曹公軍在蒲阪, 欲西渡, 超謂韓遂曰: "宜於渭北拒之, 不過二十日, 河東穀盡, 彼必走矣." 遂曰: "可聽令渡, 蹙於河中, 顧不快耶!" 超計不得施. 曹公聞之曰: "馬兒不死, 吾無葬地也."]
3. 『三國志』卷1,「魏志·武帝紀」. [乃多設疑兵, 潛以舟載兵入渭, 爲浮橋, 夜, 分兵結營於渭南. 賊夜攻營, 伏兵擊破之. …… 九月, 進軍渡渭.]
4. 『三國志』卷1,「魏志·武帝紀」의 주석에 인용된『曹瞞傳』. [時公軍每渡渭, 輒爲超騎所衝突, 營不得立, 地又多沙, 不可築壘. 婁子伯說公曰: "今天寒, 可起沙爲城, 以水灌之, 可一夜而成." 公從之, 乃多作縑囊以運水, 夜渡兵作城, 比明, 城立. 由是公軍盡得渡渭.]
5. 『三國志』卷1,「魏志·武帝紀」. [京都舊故.]
6. 위의 책. [無所言也.]
7. 위의 책. [多所點竄, 如遂改定者.]
8. 위의 책. [初, 賊守潼關, 渭北道缺, 不從河東擊馮翊而反守潼關, 引日而後北渡, 何也?]
9. 위의 책. [賊守潼關, 若吾入河東, 賊必引守諸津, 則西河未可渡, 吾故盛兵向潼關; 賊悉衆南守, 西河之備虛, 故二將得擅取西河; 然後引軍北渡, 賊不能與吾爭西河者, 以有二將之軍也. 連車樹柵, 爲甬道而南, 旣爲不可勝, 且以示弱. 渡渭爲堅壘, 虜至不出, 所以驕之也; 故賊不爲營壘而求割地. 吾順言許之, 所以從其意, 使自安而不爲備, 因畜士卒之力, 一旦擊之, 所謂疾雷不及掩耳, 兵之變化, 固非一道也.]
10. 『三國志』卷1,「魏志·武帝紀」의 주석에 인용된『曹瞞傳』. [公將過河, 前隊適渡, 超等奄至, 公猶坐胡床不起. 張郃等見事急, 共引公入船. 河水急, 比渡, 流四五里, 超等騎追射之, 矢下如雨. 諸將見軍敗, 不知公所在, 皆惶懼, 至見, 乃悲喜, 或流涕. 公大笑曰: "今日幾爲小賊所困乎!"]
11. 『晉書』卷117,「姚興載記」. [關東出相, 關西出將.]
12. 『三國志』卷1,「魏志·武帝紀」. [關西兵精悍, 堅壁勿與戰.]

7장

1. 『三國志』卷54,「吳志·魯肅傳」. [爲將軍計, 惟有鼎足江東, 以觀天下之釁. …… 北方誠多務也, 因其多務, 剿除黃祖, 進伐劉表, 竟長江所極, 據而有之, 然後建號帝王以圖天下.]
2. 『三國志』卷35,「蜀志·諸葛亮傳」. [若跨有荊·益, 保其巖阻, …… 天下有變, 則命一上將將荊州之軍以向宛·洛, 將軍身率益州之衆出於秦川, 百姓孰敢不簞食壺漿以迎將軍者乎? 誠如是, 則霸業可成, 漢室可興矣.]
3. 『三國志』卷54,「吳志·周瑜傳」. [今曹操新折衂, 方憂在腹心, 未能與將軍連兵相事也. 乞與奮威俱進取蜀, 得蜀而并張魯, 因留奮威固守其地, 好與馬超結援. 瑜還與將軍據襄陽以蹙

操, 北方可圖也.]

4. 『三國志』卷32,「蜀志·先主傳」. [若爲吳先驅, 進未能克蜀, 退爲吳所乘, 卽事去矣. 今但可然贊其伐蜀, 而自說新據諸郡, 未可興動, 吳必不敢越我而獨取蜀. 如此進退之計, 可以收吳·蜀之利.]

5. 『三國志』卷31,「蜀志·劉焉傳」. [刺史·太守, 貨賂爲官, 割剝百姓, 以致離叛. 可選淸名重臣以爲牧伯, 鎭安方夏.]

6. 위의 책. [京師將亂, 益州分野有天子氣.]

7. 『三國志』, 卷31,「蜀志·劉璋傳」. [劉豫州, 使君之肺腑, 可與交通.]

8. 『三國志』卷32,「蜀志·先主傳」. [曹公兵彊無敵於天下, 若因張魯之資以取蜀土, 誰能禦之者乎? …… 劉豫州, 使君之宗室而曹公之深讎也, 善用兵, 若使之討魯, 魯必破. 魯破, 則益州彊, 曹公雖來, 無能爲也.]

9. 『三國志』卷31,「蜀志·劉璋傳」. [今州中諸將龐羲·李異等皆恃功驕豪, 欲有外意, 不得豫州, 則敵攻其外, 民攻其內, 必敗之道也.]

10. 『三國志』卷37,「蜀志·法正傳」. [以明將軍之英才, 乘劉牧之懦弱; 張松, 州之股肱, 以響應於內; 然後資益州之殷富, 馮天府之險阻, 以此成業, 猶反掌也.]

11. 『三國志』卷37,「蜀志·龐統傳」의 주석에 인용된 『九州春秋』. [荊州荒殘, 人物殫盡, 東有吳孫, 北有曹氏, 鼎足之計, 難以得志. 今益州國富民彊, 戶口百萬, 四部兵馬, 所出必具, 寶貨無求於外, 今可權借以定大事.]

12. 위의 책. [今指與吾爲水火者, 曹操也, 操以急, 吾以寬; 操以暴, 吾以仁; 操以譎, 吾以忠; 每與操反, 事乃可成耳. 今以小故而失信義於天下者, 吾所不取也.]

13. 위의 책. [權變之時, 固非一道所能定也. 兼弱攻昧, 五伯之事, 逆取順守, 報之以義, 事定之後, 封以大國, 何負於信? 今日不取, 終爲人利耳.]

14. 『三國志』卷32,「蜀志·先主傳」. [弘毅寬厚, …… 英雄之器.]

15. 위의 책. [天下英雄, 唯使君與操耳.]

16. 위의 책. [機權幹略, 不逮魏武.]

17. 『三國志』卷35,「蜀志·諸葛亮傳」. [亮與關羽鎭荊州.]

18. 『三國志』卷32,「蜀志·先主傳」. [此大事也, 不可倉卒.]

19. 『三國志』卷37,「蜀志·龐統傳」. [今因此會, 便可執之, 則將軍無用兵之勞而坐定一州也.]

20. 위의 책. [初入他國, 恩信未著, 此不可也.]

21. 『三國志』卷32,「蜀志·先主傳」. [孫氏與孤本爲脣齒, 又樂進在靑泥與關羽相拒, 今不往救羽, 進必大克, 轉侵州界, 其憂有甚於魯. 魯自守之賊, 不足慮也.]

22. 위의 책. [今大事垂可立, 如何釋此去乎?]

23. 『三國志』卷37,「蜀志·龐統傳」. [陰選精兵, 晝夜兼道, 徑襲成都; 璋旣不武, 又素無預備, 大軍卒至, 一擧便定, 此上計也. 楊懷·高沛, 璋之名將, 各仗彊兵, 據守關頭, 聞數有牋諫璋,

주석 657

使發遣將軍還荊州, 將軍未至(『資治通鑑』에는 '未至' 두 글자가 누락되어 있는데, 그 편이 문맥상으로는 더 좋다), 遣與相聞, 說荊州有急, 欲還救之, 並使裝束, 外作歸形; 此二子既服將軍英名, 又喜將軍之去, 計必乘輕騎來見, 將軍因此執之, 進取其兵, 乃向成都, 此中計也. 退還白帝, 連引荊州, 徐還圖之, 此下計也. 若沈吟不去, 將致大困, 不可久矣.]

24. 『三國志』卷37, 「蜀志·法正傳」. [左將軍縣軍襲我, 兵不滿萬, 士衆未附, 野穀是資, 軍無輜重. 其計莫若盡驅巴西·梓潼民內涪水以西, 其倉廩野穀, 一皆燒除, 高壘深溝, 靜以待之. 彼至, 請戰, 勿許, 久無所資, 不過百日, 必將自走. 走而擊之, 則必禽耳.]

25. 위의 책. [終不能用, 無可憂也.]

26. 위의 책. [吾聞拒敵以安民, 未聞動民以避敵也.]

27. 『三國志』卷37, 「蜀志·龐統傳」. [親待亞於諸葛亮]

28. 위의 책. [與亮並爲軍師中郞將.]

29. 『三國志』卷37, 「蜀志·法正傳」. [左將軍從本舉來, 舊心依依, 實無薄意. 愚以爲可圖變化, 以保尊門.]

30. 『三國志』卷31, 「蜀志·劉璋傳」. [父子在州二十餘年, 無恩德以加百姓. 百姓攻戰三年, 肌膏草野者, 以璋故也, 何心能安!]

31. 『三國志』卷37, 「蜀志·法正傳」. [以正爲蜀郡太守·揚武將軍, 外統都畿, 內爲謀主.]

32. 『三國志』卷32, 「蜀志·先主傳」. [諸葛亮爲股肱, 法正爲謀主.]

33. 『三國志』卷37, 「蜀志·法正傳」. [有奇畫策算, 然不以德素稱也.]

34. 위의 책. [一餐之德, 睚眦之怨, 無不報復, 擅殺毀傷己者數人.]

35. 위의 책. [法正於蜀郡太縱橫, 將軍宜啓主公, 抑其威福.]

36. 위의 책. [主公之在公安也, 北畏曹公之彊, 東憚孫權之逼, 近則懼孫夫人生變於肘腋之下, 當斯之時, 進退狼跋, 法孝直爲之輔翼, 令翻然翱翔, 不可復制, 如何禁止法正使不得行其意邪!]

37. 위의 책. [召署軍議校尉, 旣不任用, 又爲其州邑俱僑客者所謗無行, 志意不得.]

38. 『三國志』卷37, 「蜀志·法正傳」의 주석. [夫威福自下, 亡家害國之道, 刑縱於寵, 毁政亂理之源, 安可以功臣而極其陵肆, 嬖幸而藉其國柄者哉? …… 諸葛氏之言, 於是乎失政刑矣.]

39. 『三國志』卷35, 「蜀志·諸葛亮傳」의 주석. [昔高祖入關, 約法三章, 秦民知德, 今君假借威力, 跨據一州, 初有其國, 未垂惠撫; 且客主之義, 宜相降下, 願緩刑弛禁, 以慰其望.]

40. 위의 책. [君知其一, 未知其二. 秦以無道, 政苛民怨, 匹夫大呼, 天下土崩, 高祖因之, 可以弘濟. 劉璋暗弱, 自焉已來有累世之恩, 文法羈縻, 互相承奉, 德政不擧, 威刑不肅, 蜀土人士, 專權自恣, 君臣之道, 漸以陵替; 寵之以位, 位極則賤, 順之以恩, 恩竭則慢. 所以致弊, 實由於此. 吾今威之以法, 法行則知恩, 限之以爵, 爵加則知榮; 榮恩並濟, 上下有節. 爲治之要, 於斯而著.]

8장

1. 『三國志』卷8, 「魏志·張魯傳」의 주석에 인용된 『典略』. [熹平中, 妖賊大起, 三輔有駱曜. 光和中, 東方有張角, 漢中有張脩. …… 角爲太平道, 脩爲五斗米道.]

2. 『三國志』卷8, 「魏志·張魯傳」. [張魯字公祺, 沛國豐人也. 祖父陵, 客蜀, 學道鵠鳴山中, 造作道書以惑百姓, 從受道者出五斗米, 故世號米賊. 陵死, 子衡行其道. 衡死, 魯復行之.]

3. 『三國志』卷8, 「魏志·張魯傳」의 주석. [臣松之謂張脩應是張衡, 非『典略』之失, 則傳寫之誤.]

4. 陳寅恪, 「天師道與濱海地域之關係」, 中央研究院 歷史語言研究所, 『集刊』 3:4, 1933; 『金明館叢稿初編』(陳寅恪文集之二), 上海古籍出版社, 1980에 재수록.

5. 『三國志』卷8, 「魏志·張魯傳」의 주석에 인용된 『典略』. [脩法略與角同, 加施靜室, 使病者處其中思過. 又使人爲姦令祭酒, 祭酒主以『老子』五千文, 使都習, 號爲姦令. 爲鬼吏, 主爲病者請禱. 請禱之法, 書病人姓名, 說服罪之意. 作三通, 其一上之天, 著山上, 其一埋之地, 其一沉之水, 謂之三官手書. 使病者家出米五斗以爲常, 故號曰五斗米師. 實無益於治病, 但爲淫妄, 然小人昏愚, 競共事之. 後角被誅, 脩亦亡. 及魯在漢中, 因其民信行脩業, 遂增飾之.] 『후한서』의 주석에 인용된 부분과는 내용상으로 약간의 차이가 있다.

6. 『三國志』卷8, 「魏志·張魯傳」. [魯遂據漢中, 以鬼道敎民, 自號'師君'. 其來學道者, 初皆名'鬼卒'. 受本道已信, 號'祭酒'. 各領部衆, 多者爲治頭大祭酒. 皆敎以誠信不欺詐, 有病自首其過, 大都與黃巾相似. 諸祭酒皆作義舍, 如今之亭傳. 又置義米肉, 縣於義舍, 行路者量腹取足; 若過多, 鬼道輒病之. 犯法者, 三原, 然後乃行刑. 不置長吏, 皆以祭酒爲治, 民夷便樂之.]

7. 위의 책. [雄據巴·漢垂三十年.]

8. 『三國志』卷8, 「魏志·張魯傳」의 주석에 인용된 『魏名臣奏』. [攻陽平山上諸屯, 旣不時拔, 士卒傷夷者多. 武皇帝意沮, 便欲拔軍截山而還, 遣故大將軍夏侯惇·將軍許褚呼山上兵還. 會前軍未還, 夜迷惑, 誤入賊營, 賊便退散. 侍中辛毗·劉曄等在兵後, 語惇·褚, 言: "官兵已據得賊要屯, 賊已散走." 猶不信之. 惇前自見, 乃還白武皇帝, 進兵定之. 幸而克獲. 此近事, 吏士所知.]

9. 『晉書』卷1, 「宣帝紀」. [人苦不足, 旣得隴右, 復欲得蜀!]

10. 『三國志』卷37, 「蜀志·法正傳」. [曹操一擧而降張魯, 定漢中, 不因此勢以圖巴·蜀, 而留夏侯淵·張郃屯守, 身遽北還, 此非其智不逮而力不足也, 必將內有憂偪故耳. 今策淵·郃才略, 不勝國之將帥, 擧衆往討, 則必可克. 克之日, 廣農積穀, 觀釁伺隙, 上可以傾覆寇敵, 尊獎王室, 中可以蠶食雍·涼, 廣拓境土, 下可以固守要害, 爲持久之計. 此蓋天以與我, 時不可失也.]

11. 『三國志』卷17, 「魏志·徐晃傳」. [此閤道, 漢中之險要咽喉也. 劉備欲斷絶外內, 以取漢中. 將軍一擧, 克奪賊計, 善之善者也.]

12. 『水經注』卷27, 「沔水上」. [前趙子龍退軍, 燒壞赤崖以北閤道, 緣谷百余里, 其閤梁一頭入山腹, 其一頭立柱于水中, 今水大而急, 不得安柱. …… 頃大水暴出, 赤崖以南橋閤悉壞, 時趙子龍與鄧伯苗, 一戍赤崖屯田, 一戍赤崖口, 但得緣崖, 與伯苗相聞而已.]

13. 『三國志』卷37, 「蜀志·法正傳」. [可擊矣!]

14. 『三國志』卷32, 「蜀志·先主傳」. [曹公雖來, 無能爲也, 我必有漢川矣.]
15. 『三國志』卷40, 「蜀志·魏延傳」. [今委卿以重任, 卿居之欲云何?]
16. 위의 책. [若曹操擧天下而來, 請爲大王拒之; 偏將十萬之衆至, 請爲大王呑之.]

9장

1. 『三國志集解』卷1, 「武帝紀」, 建安14年 '出肥水, 軍合肥' 구절의 아랫부분. [建安十四年, 王師自譙東征, 大興水軍, 泛舟萬艘. 時余從行, 始入淮口, 行泊東山. 睹師徒, 觀旌帆, 赫哉盛矣. 雖孝武盛唐之狩, 舳艫千里, 殊不過也.]
2. 『三國志』卷14, 「魏志·蔣濟傳」. [昔孤與袁本初對官渡, 徙燕·白馬民, 民不得走, 賊亦不敢鈔. 今欲徙淮南民, 何如?]
3. 위의 책. [是時兵弱賊彊, 不徙必失之. 自破袁紹, 北拔柳城, 南向江·漢, 荊州交臂, 威震天下, 民無他志. 然百姓懷土, 實不樂徙, 懼必不安.]
4. 위의 책. [江淮間十餘萬衆, 皆驚走吳.]
5. 『三國志』卷47, 「吳志·吳主傳」. [曹公恐江濱郡縣爲權所略, 徵令內移, 民轉相驚, 自廬江·九江·蘄春·廣陵戶十餘萬皆東渡江, 江西遂虛, 合肥以南惟有皖城.]
6. 『三國志』卷54, 「吳志·呂蒙傳」의 주석에 인용된 『吳錄』. [上岸擊賊, 洗足入船, 何用塢爲?]
7. 위의 책. [兵有利鈍, 戰無百勝, 如有邂逅, 敵步騎蹙人, 不暇及水, 其得入船乎?]
8. 『三國志』, 「吳志·吳主傳」의 주석에 인용된 『吳歷』. [生子當如孫仲謀, 劉景升兒子若豚犬耳.]
9. 위의 책. [春水方生, 公宜速去.]
10. 위의 책. [足下不死, 孤不得安.]
11. 위의 책. [孫權不欺孤.]
12. 『三國志』卷1, 「魏志·武帝紀」. [置揚州郡縣長吏, 開芍陂屯田.]
13. 『水經』卷32, 「肥水注」를 보라.
14. 『三國志』卷54, 「吳志·呂蒙傳」. [使廬江謝奇爲蘄春典農.]
15. 위의 책. [遣朱光爲廬江太守, 屯皖, 大開稻田.]
16. 『三國志』卷47, 「吳志·吳主傳」. [權征皖城; 閏月, 克之, 獲廬江太守朱光及參軍董和, 男女數萬口.]
17. 『三國志』卷54, 「吳志·呂蒙傳」. [曹公遣朱光爲廬江太守, 屯皖, 大開稻田, 又令閒人招誘鄱陽賊帥, 使作內應. 蒙曰: "皖田肥美, 若一收孰, 彼衆必增, 如是數歲, 操態見矣, 宜早除之." 乃具陳其狀. 於是權親征皖, 引見諸將, 問以計策.]
18. 『三國志』卷54, 「吳志·呂蒙傳」의 주석에 인용된 『吳書』. [諸將皆勸作土山, 添攻具, 蒙趨進曰: "治攻具及土山, 必歷日乃成, 城備旣脩, 外救必至, 不可圖也. 且乘雨水以入, 若留經日,

水必向盡, 還道艱難, 蒙竊危之. 今觀此城, 不能甚固, 以三軍銳氣, 四面並攻, 不移時可拔, 及水以歸, 全勝之道也." 權從之.]

19. 『三國志』卷54,「吳志·呂蒙傳」. [蒙乃薦甘寧爲升城督, 督攻在前, 蒙以精銳繼之. 侵晨進攻, 蒙手執枹鼓, 士卒皆騰踊自升, 食時破之. 旣而張遼至夾石, 聞城已拔, 乃退. 權嘉其功, 卽拜廬江太守, 所得人馬皆分與之.]

20. 『三國志』卷17,「魏志·張遼傳」. [賊至乃發.]

21. 위의 책. [若孫權至者, 張·李將軍出戰; 樂將軍守, 護軍勿得與戰.]

22. 위의 책. [遼曰:"公遠征在外, 比救至, 彼破我必矣. 是以敎指及其未合逆擊之, 折其盛勢, 以安衆心, 然後可守也. 成敗之機, 在此一戰, 諸君何疑?"李典亦與遼同. 於是遼夜募敢從之士, 得八百人, 椎牛饗將士, 明日大戰. 平旦, 遼被甲持戟, 先登陷陳, 殺數十人, 斬二將, 大呼自名, 衝壘入, 至權麾下. 權大驚, 衆不知所爲, 走登高塚, 以長戟自守. 遼叱權下戰, 權不敢動, 望見遼所將衆少, 乃聚圍遼數重. 遼左右麾圍, 直前急擊, 圍開, 遼將麾下數十人得出, 餘衆號呼曰:"將軍棄我乎!"遼復還突圍, 拔出餘衆, 權人馬皆披靡, 無敢當者. 自旦戰至日中, 吳人奪氣, 還修守備, 衆心乃安, 諸將咸服. 權守合肥十餘日, 城不可拔, 乃引退.]

23. 『資治通鑑』卷67,「漢獻帝建安二十年」條. [徹軍還. 兵皆就路, 權與諸將在逍遙津北, 張遼覘望知之, 卽將步騎奄至. 甘寧與呂蒙等力戰捍敵, 凌統率親近扶權出圍, 復還與遼戰, 左右盡死, 身亦被創, 度權已免, 乃還. 權乘駿馬上津橋, 橋南已徹, 丈餘無版, 親近監谷利在馬后, 使權持鞍緩控, 利于后著鞭以助馬勢, 遂得度. 賀齊率三千人在津南迎權, 權由是得免.]

24. 『三國志』卷1,「魏志·武帝紀」. [古之葬者, 必居瘠薄之地. 其規西門豹祠西原上爲壽陵, …… 其公卿大臣列將有功者, 宜陪壽陵.]

25. 『三國志』卷1,「魏志·武帝紀」의 주석에 인용된 『魏氏春秋』. [若天命在吾, 吾爲周文王矣.]

26. 『三國志』卷1,「魏志·武帝紀」의 주석에 인용된 『魏略』. [稱臣, 稱說天命.]

27. 위의 책. [是兒欲踞吾著爐火上邪.]

10장

1. 『三國志』卷54,「吳志·魯肅傳」. [後備詣京見權, 求都督荊州, 惟肅勸權借之, 共拒曹公.]

2. 『三國志』卷54,「吳志·呂蒙傳」. [後雖勸吾借玄德地, 是其一短.]

3. 『三國志』卷47,「吳志·吳主傳」. [是歲劉備定蜀. 權以備已得益州, 令諸葛瑾從求荊州諸郡. 備不許, 曰:"吾方圖涼州, 涼州定, 乃盡以荊州與吳耳."權曰:"此假而不反, 而欲以虛辭引歲." 遂置南三郡吏, 關羽盡逐之. 權大怒, 乃遣呂蒙督鮮于丹·徐忠·孫規等兵二萬取長沙·零陵·桂陽三郡, 使魯肅以萬人屯巴丘以禦關羽. 權住陸口, 爲諸軍節度. 蒙到, 二郡皆服, 惟零陵太守郝普未下. 會備到公安, 使關羽將三萬兵至益陽, 權乃召蒙等使還助肅. 蒙使人誘普, 普降, 盡得三郡將守, 因引軍還, 與孫皎·潘璋幷魯肅兵並進, 拒羽於益陽. 未戰, 會曹公入漢中, 備懼失益州, 使使求和. 權令諸葛瑾報, 更尋盟好, 遂分荊州長沙·江夏·桂陽以東屬權, 南郡·零陵·武陵以西屬備.]

4. 『三國志』卷54, 「吳志·魯肅傳」. [備旣定益州, 權求長沙·零·桂, 備不承旨, 權遣呂蒙率衆進取. 備聞, 自還公安, 遣羽爭三郡, 肅住益陽, 與羽相拒. 肅邀羽相見, 各駐兵馬百步上, 但諸將軍單刀俱會. 肅因責數羽曰: "國家區區本以土地借卿家者, 卿家軍敗遠來, 無以爲資故也. 今已得益州, 旣無奉還之意, 但求三郡, 又不從命." …… 備遂割湘水爲界, 於是罷軍.]

5. 『三國志』卷32, 「蜀志·先主傳」의 주석에 인용된 『江表傳』. [周瑜爲南郡太守, 分南岸地以給備. 備別立營於油江口, 改名爲公安. 劉表吏士見從北軍, 多叛來投備. 備以瑜所給地少, 不足以安民, 復從權借荊州數郡.]

6. 『三國志』卷54, 「吳志·魯肅傳」. [數生狐疑, 疆場紛錯.]

7. 위의 책. [常以歡好撫之.]

8. 『三國志』卷54, 「吳志·呂蒙傳」. [曹公尚存, 禍難始搆, 宜相輔協, 與之同仇, 不可失也.]

9. 위의 책. [魯肅卒, 蒙西屯陸口, 肅軍人馬萬餘盡以屬蒙.]

10. 위의 책. [祖令都督陳就逆以水軍出戰. 蒙勒前鋒, 親梟就首, 將士乘勝, 進攻其城. 祖聞就死, 委城走, 兵追禽之. 權曰: "事之克, 由陳就先獲也." 以蒙爲橫野中郎將, 賜錢千萬.]

11. 위의 책. [又與周瑜·程普等西破曹公於烏林, 圍曹仁於南郡. …… 曹仁退走, 遂據南郡, 撫定荊州.]

12. 위의 책. [魯肅代周瑜, 當之陸口, 過蒙屯下. 肅意尚輕蒙, 或說肅曰: "呂將軍功名日顯, 不可以故意待也, 君宜顧之." 遂往詣蒙. 酒酣, 蒙問肅曰: "君受重任, 與關羽爲鄰, 將何計略, 以備不虞?" 肅造次應曰: "臨時施宜." 蒙曰: "今東西雖爲一家, 而關羽實熊虎也, 計安可不豫定?" 因爲肅畫五策. 肅於是越席就之, 拊其背曰: "呂子明, 吾不知卿才略所及乃至於此也." 遂拜蒙母, 結友而別.]

13. 이 부분에서 진수의 기록에 착오가 있다. 조조가 원씨 일파를 격파한 것은 건안 9~10년(204~205년)의 일로, 이때와는 이미 10여 년의 차이가 난다. 따라서 "최근에야 원씨의 잔존 세력을 격파"했다고 말할 수는 없다.

14. 『三國志』卷54, 「吳志·呂蒙傳」. [與關羽分土接境, 知羽驍雄, 有并兼心, 且居國上流, 其勢難久. …… 乃密陳計策曰: "今(『資治通鑑』卷68에는 '今'자 다음에 '令'자가 추가되어 있다) 征虜守南郡, 潘璋住白帝, 蔣欽將遊兵萬人, 循江上下, 應敵所在, 蒙爲國家前據襄陽, 如此, 何憂於操, 何賴於羽? 且羽君臣, 矜其詐力, 所在反覆, 不可以腹心待也. 今羽所以未便東向者, 以至尊聖明, 蒙等尚存也. 今不於彊壯時圖之, 一旦僵仆, 欲復陳力, 其可得邪?" 權深納其策, 又聊復與論取徐州意, 蒙對曰: "今操遠在河北, 新破諸袁, 撫集幽·冀, 未暇東顧. 徐土守兵, 聞不足言, 往自可克. 然地勢陸通, 驍騎所騁, 至尊今日得徐州, 操後旬必來爭, 雖以七八萬人守之, 猶當懷憂. 不如取羽, 全據長江, 形勢益張!"]

15. 『三國志』卷18, 「魏志·龐悳傳」. [乘小船欲還仁營, 水盛船覆, 失弓矢, 獨抱船覆水中, 爲羽所得, 立而不跪. 羽謂曰: "卿兄在漢中, 我欲以卿爲將, 不早降何爲?" 悳罵羽曰: "豎子, 何謂降也! 魏王帶甲百萬, 威振天下. 汝劉備庸才耳, 豈能敵邪! 我寧爲國家鬼, 不爲賊將也."]

16. 『三國志』卷17, 「魏志·于禁傳」. [吾知禁三十年, 何意臨危處難, 反不如龐悳邪!]

17. 『三國志』卷26, 「魏志·滿寵傳」. [或謂仁曰: "今日之危, 非力所支. 可及羽圍未合, 乘輕船夜走, 雖失城, 尙可全身."]

18. 위의 책. [山水速疾, 冀其不久. 聞羽遣別將已在郟下, 自許以南, 百姓擾擾, 羽所以不敢遂進者, 恐吾軍掎其後耳. 今若遁去, 洪河以南, 非復國家有也. 君宜待之.]

19. 『三國志』卷9,「魏志·曹仁傳」. [城不沒者數板. 羽乘船臨城, 圍數重, 外內斷絶.]

20. 『三國志』卷11,「魏志·管寧傳附胡昭傳」. [南附關羽. 羽授印給兵, 還爲寇賊.]

21. 『三國志』卷26,「魏志·滿寵傳」. [遣別將已在郟下, 自許以南, 百姓擾擾.]

22. 『三國志』卷36,「蜀志·關羽傳」. [梁·郟·陸渾羣盜或遙受羽印號, 爲之支黨, 羽威震華夏. 曹公議徙許都以避其銳.]

23. 『三國志』卷14,「魏志·蔣濟傳」. [于禁等爲水所沒, 非戰攻之失, 於國家大計未足有損. 劉備·孫權, 外親內疏, 關羽得志, 權必不願也. 可遣人勸躡其後, 許割江南以封權, 則樊圍自解.]

24. 『三國志』卷54,「吳志·呂蒙傳」. [羽討樊而多留備兵, 必恐蒙圖其後故也. 蒙常有病, 乞分士衆還建業, 以治疾爲名. 羽聞之, 必撤備兵, 盡赴襄陽. 大軍浮江, 晝夜馳上, 襲其空虛, 則南郡可下, 而羽可擒也.]

25. 『三國志』卷58,「吳志·陸遜傳」. [關羽接境, 如何遠下, 後不當可憂也?]

26. 위의 책. [誠如來言, 然我病篤.]

27. 위의 책. [羽矜其驍氣, 陵轢於人. 始有大功, 意驕志逸, 但務北進, 未嫌於我, 有相聞病, 必益無備. 今出其不意, 自可禽制. 下見至尊, 宜好爲計.]

28. 위의 책. [羽素勇猛, 旣難爲敵, 且已據荊州, 恩信大行, 兼始有功, 膽勢益盛, 未易圖也.]

29. 위의 책. [誰可代卿者?]

30. 위의 책. [陸遜意思深長, 才堪負重, 觀其規慮, 終可大任. 而未有遠名, 非羽所忌, 無復是過. 若用之, 當令外自韜隱, 內察形便, 然後可克.]

31. 위의 책. [戰捷之後, 常苦輕敵, …… 願將軍廣爲方計, 以全獨克.]

32. 위의 책. [謙下自託之意.]

33. 위의 책. [意大安, 無復所嫌.]

34. 『三國志』卷14,「魏志·董昭傳」. [軍事尙權, 期於合宜. 宜應權以密, 而內露之. 羽聞權上, 若還自護, 圍則速解, 便獲其利. 可使兩賊相對銜持, 坐待其弊. 秘而不露, 使權得志, 非計之上. 又, 圍中將吏不知有救, 計糧怖懼, 儻有他意, 爲難不小. 露之爲便. 且羽爲人彊梁, 自恃二城守固, 必不速退.]

35. 『三國志』卷17,「魏志·徐晃傳」. [圍頭有屯, 又別屯四冢. 晃揚聲當攻圍頭屯而密攻四冢. 羽見四冢欲壞, 自將步騎五千出戰, 晃擊之, 退走.]

36. 위의 책. [圍塹鹿角十中.]

37. 『三國志』卷54,「吳志·呂蒙傳」. [蒙至尋陽, 盡伏其精兵䑵艫中, 使白衣搖櫓, 作商賈人服, 晝夜兼行, 至羽所置江邊屯候, 盡收縛之, 是故羽不聞知.]

38. 『三國志』卷36,「蜀志·關羽傳」. [南郡太守麋芳在江陵, 將軍傅士仁屯公安, 素皆嫌羽輕己. 自羽之出軍, 芳·仁供給軍資, 不悉相救. 羽言"還, 當治之." 芳·仁咸懷懼不安.]

39. 『三國志』卷54,「吳志·呂蒙傳」의 주석에 인용된 『吳書』.[翻謂蒙曰: "此譎兵也, 當將仁行, 留兵備城." 遂將仁至南郡, 南郡太守麋芳城守, 蒙以仁示之.]

40. 『三國志』卷54,「吳志·呂蒙傳」.[盡得羽及將士家屬, 皆撫慰, 約令軍中不得干歷人家, 有所求取. 蒙麾下士, 是汝南人, 取民家一笠, 以覆官鎧, 官鎧雖公, 蒙猶以爲犯軍令, 不可以鄕里故而廢法, 遂垂涕斬之. 於是軍中震慄, 道不拾遺. 蒙旦暮使親近存恤耆老, 問所不足, 疾病者給醫藥, 飢寒者賜衣糧.]

41. 『三國志』卷23,「魏志·趙儼傳」.[今因羽危懼, 必可追禽也.]

42. 위의 책.[權邀羽連兵之難, 欲掩制其後, 顧羽還救, 恐我承其兩疲, 故順辭求效, 乘釁因變, 以觀利鈍耳. 今羽已孤進, 更宜存之以爲權害. 若深入追北, 權則改虞於彼, 將生患於我矣. 王必以此爲深慮.]

43. 위의 책.[仁乃解嚴. 太祖聞羽走, 恐諸將追之, 果疾敕仁, 如儼所策.]

44. 『三國志』卷54,「吳志·呂蒙傳」.[蒙輒厚遇其使, 周遊城中, 家家致問, 或手書示信. 羽人還, 私相參訊, 咸知家門無恙, 見待過於平時, 故羽吏士無鬪心.]

45. 『三國志』,「蜀志·諸葛亮傳」.[天下有變, 則命一上將將荊州之衆以向宛·洛, 將軍身率益州之衆出於秦川, 百姓孰敢不簞食壺漿以迎將軍者乎?]

46. 『三國志』卷54,「吳志·呂蒙傳」.[公瑾雄烈, 膽略兼人, 遂破孟德, 開拓荊州, 邈焉難繼, 君今繼之. 公瑾昔要子敬來東, 致達於孤, 孤與宴語, 便及大略帝王之業, 此一快也. 後孟德因獲劉琮之勢, 張言方率數十萬衆水步俱下. 孤普請諸將, 咨問所宜, 無適先對, 至于子布·文表, 俱言宜遣使修檄迎之, 子敬卽駁言不可, 勸孤急呼公瑾, 付任以衆, 逆而擊之, 此二快也. 且其決計策意, 出張·蘇遠矣; 後雖勸吾借玄德地, 是其一短, 不足以損其二長也. …… 子明少時, 孤謂不辭劇易, 果敢有膽而已; 及身長大, 學問開益, 籌略奇至, 可以次於公瑾, 但言議英發不及之耳. 圖取關羽, 勝於子敬. …… 然其作軍屯營, 不失令行禁止, 部界無廢負, 路無拾遺, 其法亦美矣.]

47. 위의 책.[孫權之論, 優劣允當, 故載錄焉.]

48. 『三國志』卷58,「吳志·陸遜傳」.[此必有譎, 且觀之.]

49. 위의 책.[所以不聽諸君擊班者, 揣之必有巧故也.]

50. 위의 책.[夷陵要害, 國之關限, 雖爲易得, 亦復易失. 失之, 非徒損一郡之地, 荊州可憂. 今日爭之, 當令必諧. 備干天常, 不守窟穴, 而敢自送. 臣雖不材, 憑奉威靈, 以順討逆, 破壞在近. 尋備前後行軍, 多敗少成, 推此論之, 不足爲戚. 臣初嫌之, 水陸俱進, 今反舍船就步, 處處結營, 察其布置, 必無他變. 伏願至尊高枕, 不以爲念也.]

51. 위의 책.[諸將並曰: "攻備當在初, 今乃令入五六百里, 相銜持經七八月, 其諸要害皆以固守, 擊之必無利矣." 遜曰: "備是猾虜, 更嘗事多, 其軍始集, 思慮精專, 未可干也. 今住已久, 不得我便, 兵疲意沮, 計不復生, 犄角此寇, 正在今日." 乃先攻一營, 不利. 諸將皆曰: "空殺兵耳!" 遜曰: "吾已曉破之之術." 乃敕各持一把茅, 以火攻拔之. 一爾勢成, 通率諸軍同時俱攻, 斬張南·馮習及胡王沙摩柯等首, 破其四十餘營, 備將杜路·劉寧等窮逼請降.]

52. 위의 책.[陳兵自繞. 遜督促諸軍四面蹙之, 土崩瓦解, 死者萬數. 備因夜遁, 驛人自擔燒鎧斷後, 僅得入白帝城. 其舟船器械, 水步軍資, 一時略盡, 尸骸漂流, 塞江而下. 備大慙恚,

53. 『三國志』卷37,「蜀志·法正傳」. [法孝直若在, 則能制主上, 令不東行; 就復東行, 必不傾危矣.]
54. 위의 책. [諸葛亮與正, 雖好尚不同, 以公義相取. 亮每奇正智術.]
55. 위의 책. [羣臣多諫, 一不從.]
56. 위의 책. [吾故知玄德不辦有此, 必爲人所教也.]

11장

1. 吳增僅,『三國郡縣表附考證』,「序」. [置省無定, 分合不時.]
2. 위의 책. [附會抵牾, 舛訛遺漏, 知所不免.]
3. 『三國志』卷33,「蜀志·後主傳」의 주석에 인용된 王隱의『蜀記』. [遣尙書郞李虎送士民簿, 領戶二十八萬, 男女口九十四萬, 帶甲將士十萬二千, 吏四萬人.]
4. 『通典』卷7,「食貨典七」. [民戶九十四萬三千四百二十三, 口五百三十七萬二千八百八十一.]
5. 위의 책. [除平蜀所得, 當時魏氏唯有戶六十六萬三千四百二十三, 口有四百四十三萬二千八百八十一.]
6. 『三國志』卷48,「吳志·孫皓傳」의 주석에 인용된『晉陽秋』. [戶五十二萬三千, 吏三萬二千, 兵二十三萬, 男女口二百三十萬.]

12장

1. 『漢書』卷72,「貢禹傳」. [耕者不能半.]
2. 『潛夫論』卷3,「浮侈篇」.『後漢書』卷49,「王符列傳」에서 재인용. [今擧俗舍本農, 趨商賈, 牛馬車輿, 塡塞道路, 遊手爲巧, 充盈都邑. …… 今察洛陽, 資末業者什于農夫, 虛僞遊手, 什于末業. 是則一夫耕, 百人食之, 一婦桑, 百人衣之, 以一奉百, 孰能供之! 天下百郡千縣, 市邑萬數, 類皆如此.]
3. 『後漢書』卷72,「董卓列傳」. [盡徙洛陽人數百萬口於長安, 步騎驅蹙, 更相蹈藉, 飢餓寇掠, 積尸盈路. 卓自屯留畢圭苑中, 悉燒宮廟官府居家, 二百里內無復子遺.]
4. 『三國志』卷6,「魏志·董卓傳」. [宮室燒盡, 街陌荒蕪, 百官披荊棘, 依丘牆閒.]
5. 『後漢書』卷72,「董卓列傳」. [初, 帝入關, 三輔戶口尚數十萬, 自催·汜相攻, 天子東歸後, 長安城空四十餘日, 强者四散, 羸者相食, 二三年閒, 關中無復人迹.]
6. 『後漢書』卷49,「仲長統列傳」. [以及今日, 名都空而不居.]
7. 『三國志』卷56,「吳志·朱治傳」의 주석에 인용된『江表傳』. [中國蕭條, 或百里無煙, 城邑空虛.]

8. 『三國志』卷15,「魏志·司馬朗傳」. [兵難日起, 州郡鼎沸, 郊境之內, 民不安業, 捐棄居産, 流亡藏竄.]

9. 『三國志』卷21,「魏志·衛覬傳」. [關中膏腴之地, 頃遭荒亂, 人民流入荊州者十萬餘家.]

10. 『三國志』卷31,「蜀志·劉璋傳」의 주석에 인용된 『英雄記』. [南陽·三輔人, 流入益州數萬家.]

11. 『三國志』卷8,「魏志·張魯傳」. [韓遂·馬超之亂, 關西民從子午谷奔之者數萬家.]

12. 『三國志』卷10,「魏志·荀彧傳」의 주석에 인용된 『曹瞞傳』. [自京師遭董卓之亂, 人民流移東出, 多依彭城間.]

13. 『三國志』卷8,「魏志·陶謙傳」의 주석에 인용된 『吳書』. [今四民流移, 託身他方, 攜白首於山野, 棄稚子於溝壑, 顧故鄕而哀歎, 向阡陌而流涕, 饑厄困苦, 亦已甚矣.]

14. 『續漢志』,「郡國一」의 주석에 인용된 『帝王世紀』 참조.

15. 『三國志』卷8,「魏志·張繡傳」. [是時天下戶口減耗, 十裁一在.]

16. 『三國志』卷14,「魏志·蔣濟傳」. [今雖有十二州, 至於民數, 不過漢時一大郡.]

17. 『三國志』卷16,「魏志·杜畿傳附杜恕傳」. [今大魏奄有十州之地, 而承喪亂之弊, 計其戶口不如往昔一州之民.]

18. 『三國志』卷22,「魏志·陳羣傳」. [今喪亂之後, 人民至少, 比漢文·景之時, 不過一大郡.]

19. 『後漢書』卷49,「仲長統列傳」. [今者土廣民稀, 中地未墾.]

20. 위의 책. [以及今日, 名都空而不居, 百里絶而無民者不可勝數.]

21. 『三國志』卷56,「吳志·朱治傳」의 주석에 인용된 『江表傳』. [中國蕭條, 或百里無煙, 城邑空虛, 道殣相望.]

22. 『三國志』卷21,「魏志·衛覬傳」. [當今千里無煙, 遺民困苦.]

23. 『漢書』卷72,「貢禹傳」. [民棄本逐末, 耕者不能半, 貧民雖賜之田, 猶賤賣以賈.]

24. 위의 책. [何者? 末利深而惑於錢也. 是以姦邪不可禁, 其原皆起於錢也.]

25. 恩格斯,「家庭·私有制和國家的起源」,『馬克思恩格斯全集』第21卷, pp.190~191.

26. 위의 책.

27. 위의 책.

28. 『三國志』卷6,「魏志·董卓傳」. [悉椎破銅人·鐘虡, 及壞五銖錢. 更鑄爲小錢, 大五分, 無文章, 肉好無輪郭, 不磨鑢. 於是貨輕而物貴, 穀一斛至數十萬. 自是後錢貨不行.]

29. 『三國志』卷27,「魏志·王昶傳」의 주석에 인용된 『任嘏別傳』. [嘏, 樂安博昌人, 世爲著姓. …… 年十四始學. …… 遂遇荒亂, 家貧賣魚, 會官稅魚, 魚貴數倍, 嘏取直如常. 又與人共買生口, 各雇八匹. 後生口來贖, 時價值六十匹, 共買者欲隨時價取贖, 嘏自取本價八匹, 共買者慚, 亦還取本價. …… 會太祖創業, 召海內至德, 嘏應其舉.]

30. 『三國志』卷2,「魏志·文帝紀」. [初復五銖錢.]

31. 위의 책. [以穀貴, 罷五銖錢.]

32. 『晉書』卷26,「食貨志」. [至明帝世, 錢廢穀用旣久, 人間巧僞漸多, 競濕穀以要利, 作薄絹以爲市, 雖處以嚴刑而不能禁也.]

33. 위의 책. [穀帛爲寶, 本充衣食, 分以爲貨, 則致損甚多. 又勞毀於商販之手, 耗棄於割截之用, 此之爲弊, 著自於曩. 故鍾繇曰: "巧僞之人, 競濕穀以要利, 制薄絹以充資." 魏世制以嚴刑, 弗能禁也.]

34. 『三國志』卷3,「魏志·明帝紀」. [行五銖錢.]

35. 『晉書』卷26,「食貨志」. [司馬芝等擧朝大議, 以爲用錢非徒豐國, 亦所以省刑. 今若更鑄五銖錢, 則國豐刑省, 於事爲便. 魏明帝乃更立五銖錢, 至晉用之.]

36. 『三國志』卷27,「魏志·胡質傳」의 주석에 인용된 『晉陽秋』. [質之爲荊州也, 威自京都省之. …… 拜見父, 停廐中十餘日, 告歸, 臨辭, 質賜絹一疋, 爲道路糧. 威跪曰: "大人淸白, 不審於何得此絹?" 質曰: "是吾俸祿之餘, 故以爲汝糧耳!"]

37. 『三國志』卷9,「魏志·夏侯尙傳附子玄傳」의 주석에 인용된 『魏略』. [玄旣遷, 司馬景王代爲護軍. 護軍總統諸將, 任主武官選擧, 前後當此官者, 不能止貨路. 故蔣濟爲護軍時, 有謠言: "欲求牙門, 當得千匹; 百人督, 五百匹." 宣王與濟善, 聞以問濟, 濟無以解之. 因戲曰: "洛中市買, 一錢不足則不行." 遂相對歡笑.]

38. 『三國志』卷1,「魏志·武帝紀」의 주석에 인용된 『魏書』. [自遭荒亂, 率乏糧穀. 諸軍並起, 無終歲之計, 飢則寇略, 飽則棄餘, 瓦解流離, 無敵自破者不可勝數. 袁紹之在河北, 軍人仰食桑椹. 袁術在江·淮, 取給蒲蠃. 民人相食, 州里蕭條.]

39. 『晉書』卷26,「食貨志」. [魏武旣破黃巾, 欲經略四方, 而苦軍食不足, 羽林監潁川棗祗建置屯田議. 魏武乃令曰: "夫定國之術在於强兵足食, 秦人以急農兼天下, 孝武以屯田定西域, 此先世之良式也." 於是以任峻爲典農中郞將, 募百姓屯田許下, 得穀百萬斛. 郡國列置田官, 數年之中所在積粟, 倉廩皆滿.]

40. 『三國志』卷1,「魏志·武帝紀」의 주석에 인용된 『魏書』. [征伐四方, 無運糧之勞, 遂兼滅羣賊, 克平天下.]

41. 『三國志』卷1,「魏志·武帝紀」. [二十三年春正月, 漢太醫令吉本與少府耿紀·司直韋晃等反, 攻許, 燒丞相長史王必營. 必與潁川典農中郞將嚴匡討斬之.]

42. 『三國志』卷23,「魏志·裴潛傳」. [文帝踐阼 …… 出爲魏郡·潁川典農中郞將, 奏通貢擧, 比之郡國. 由是農官進仕路泰.]

43. 『三國志』卷27,「魏志·徐邈傳」. [文帝踐阼, 歷譙相, 平陽·安平太守, 潁川典農中郞將.]

44. 『三國志』卷22,「魏志·盧毓傳」. [文帝踐阼 …… 遂左遷毓, 使將徙民爲睢陽典農校尉.]

45. 『晉書』卷33,「何曾列傳」. [魏明帝 …… 卽位, 累遷散騎侍郞, 汲郡典農中郞將.]

46. 『晉書』卷40,「賈充列傳」. [累遷黃門侍郞·汲郡典農中郞將. …… 世受魏恩.]

47. 『晉書』卷37,「宗室·安平獻王孚傳」. [出爲河內典農.]

48. 『水經注』卷9,「沁水」조에 인용된 『魏土地記』. [河內郡野王縣西七十里, 有沁水. …… 石門是晉安平獻王司馬孚之爲魏野王典農中郞將之所造也.]

49. 『三國志』卷23,「魏志·趙儼傳」.[文帝卽王位, 爲侍中. 頃之, 拜駙馬都尉, 領河東太守·典農中郞將.]

50. 『三國志』卷27,「魏志·王昶傳」.[文帝踐阼, 徙散騎侍郞, 爲洛陽典農. 時都畿樹木成林, 昶斫開荒萊, 勤勸百姓, 墾田特多.]

51. 『太平御覽』卷681에 引用된『魏書』.[桓範, 黃初中爲洛陽典農中郞將.]

52. 『三國志』卷23,「魏志·裴潛傳」의 주석에 引用된『魏略』.[朗始仕黃初中, …… 遷襄城典農中郞將·涿郡太守.]

53. 『三國志』卷16,「魏志·杜畿傳」의 주석에 引用된『魏略』.[恕正始中, 出爲弘農, 領典農校尉.]

54. 『三國志』卷28,「魏志·鄧艾傳」.[昔破黃巾, 因爲屯田, 積穀於許都以制四方. 今三隅已定, 事在淮南, 每大軍征擧, 運兵過半, 功費巨億, 以爲大役. 陳·蔡之間, 土下田良, 可省許昌左右諸稻田, 并水東下, 令淮北屯二萬人, 淮南三萬人, 十二分休, 常有四萬人, 且田且守. 水豊常收三倍於西, 計除衆費, 歲完五百萬斛以爲軍資. 六七年間, 可積三千萬斛於淮上, 此則十萬之衆五年食也. 以此乘吳, 無往而不克矣.]

55. 『晉書』卷26,「食貨志」.[北臨淮水, 自鍾離而南橫石以西, 盡沘水四百餘里, 五里置一營, 營六十人, 且佃且守. 兼修廣淮陽·百尺二渠, 上引河流, 下通淮潁, 大治諸陂於潁南·潁北, 穿渠三百餘里, 漑田二萬頃, 淮南·淮北皆相接連. 自壽春到京師, 農官兵田, 雞犬之聲, 阡陌相屬. 每東南有事, 大軍出征, 汎舟而下, 達於江淮, 資食有儲, 而無水害.]

56. 『三國志』卷20,「魏志·趙儼傳」.[屯田客呂並自稱將軍, 聚黨據陳倉.]

57. 『三國志』卷28,「魏志·鄧艾傳」의 주석에 引用된『世語』.[鄧艾少爲襄城典農部民.]

58. 『三國志』卷1,「魏志·武帝紀」의 주석에 引用된『魏書』.[乃募民屯田許下.]

59. 『三國志』卷22,「魏志·盧毓傳」.[帝以譙舊鄕, 故大徙民充之, 以爲屯田. 而譙土地磽瘠, 百姓窮困, 毓愍之, 上表徙民於梁國就沃衍, 失帝意. 雖聽毓所表, 心猶恨之, 遂左遷毓, 使將徙民爲睢陽典農校尉.]

60. 『晉書』卷26,「食貨志」.[五里置一營, 營六十人, 且佃且守.]

61. 위의 책.[咸寧元年十二月, 詔曰: "出戰入耕, 雖自古之常, 然事力未息, 未嘗不以戰士爲念也. 今以鄴奚官奴婢著新城, 代田兵種稻, 奴婢各五十人爲一屯, 屯置司馬, 使皆如屯田法."]

62. 『三國志』卷15,「魏志·司馬朗傳」.[又以爲: "宜復井田. 往者以民各有累世之業, 難中奪之, 是以至今. 今承大亂之後, 民人分散, 土業無主, 皆爲公田, 宜及此時復之."]

63. 『三國志』卷16,「魏志·任峻傳」의 주석에 引用된『魏武故事』.[及破黃巾定許, 得賊資業, 當興立屯田, 時議者皆言當計牛輸穀. 佃科以定. 施行後, 祗白以爲僦牛輸穀, 大收不增穀, 有水旱災除, 大不便. 反覆來說, 孤猶以爲當如故, 大收不可復改易. 祗猶執之, 孤不知所從, 使與荀令君議之. 時故軍祭酒侯聲云: "科取官牛, 爲官田計. 如祗議, 於官便, 於客不便." 聲懷此云云, 以疑令君. 祗猶自信, 據計畫還白, 執分田之術. 孤乃然之, 使爲屯田都尉, 施設田業. 其時歲則大收, 後遂因此大田, 豊足軍用, 摧滅羣逆, 克定天下, 以隆王室.]

64. 『晉書』卷47,「傅玄列傳」.[舊兵持官牛者, 官得六分, 士得四分; 自持私牛者, 與官中分.]

65. 『三國志』卷15,「魏志·賈逵傳」.[太祖征馬超 …… 以逵領弘農太守. …… 其後發兵, 逵疑屯

田都尉藏亡民, 都尉自以不屬郡, 言語不順, 逵怒, 收之, 數以罪, 撾折腳, 坐免.]

66. 『三國志』卷15, 「魏志·賈逵傳」의 주석에 인용된 『魏略』. [逵前在弘農, 與典農校尉爭公事, 不得理, 乃發憤生瘦.]

67. 『三國志』卷28, 「魏志·毋丘儉傳」. [出爲洛陽典農. 時取農民以治宮室, 儉上疏曰.]

68. 『三國志』卷12, 「魏志·司馬芝傳」. [先是諸典農各部吏民, 末作治生, 以要利入. 芝奏曰: "…… 武皇帝特開屯田之官, 專以農桑爲業. 建安中, 天下倉廩充實, 百姓殷足. 自黃初以來, 聽諸典農治生, 各爲部下之計, 誠非國家大體所宜也. …… 今諸典農, 各言'留者爲行者宗田計, 課其力, 勢不得不爾. 不有所廢, 則當素有餘力.' 臣愚以爲不宜復以商事雜亂, 專以農桑爲務, 於國計爲便." 明帝從之.]

69. 『三國志』卷11, 「魏志·袁渙傳」. [是時新募民開屯田, 民不樂, 多逃亡. 渙白太祖曰: "夫民安土重遷, 不可卒變, 易以順行, 難以逆動, 宜順其意, 樂之者乃取, 不欲者勿彊." 太祖從之, 百姓大悅.]

70. 『三國志』卷22, 「魏志·盧毓傳」. [時天下草創, 多逋逃, 故重士亡法, 罪及妻子. 亡士妻白等, 始適夫家數日, 未與夫相見, 大理奏棄市. 毓駁之曰: "…… 苟以白等皆受禮聘, 已入門庭, 刑之爲可, 殺之爲重." 太祖曰: "毓執之是也."]

71. 『三國志』卷24, 「魏志·高柔傳」. [鼓吹宋金等在合肥亡逃. 舊法, 軍征士亡, 考竟其妻子. 太祖患猶不息, 更重其刑. 金有母妻及二弟皆給官, 主者奏盡殺之. 柔啓曰: "…… 重刑非所以止亡, 乃所以益走耳." 太祖曰: "善." 卽止不殺金母·弟, 蒙活者甚衆.]

72. 위의 책. [護軍營士竇禮近出不還. 營以亡, 表言逋捕, 沒其妻盈及男女爲官奴婢.]

73. 『三國志』卷25, 「魏志·辛毗傳」. [帝欲徙冀州士家十萬戶實河南. 時連蝗民饑, 羣司以爲不可. …… 帝遂徙其半.]

74. 『三國志』卷3, 「魏志·明帝紀」의 주석에 인용된 『魏略』. [太子舍人張茂以 …… 而帝 …… 又錄奪士女前已嫁爲吏民妻者, 還以配士, 旣聽以生口自贖, 又簡選其有姿色者內之掖庭, 乃上書諫曰: "臣伏見詔書, 諸士女嫁非士者, 一切錄奪, 以配戰士. …… 吏屬君子, 士爲小人, 今奪彼以與此. …… 縣官以配士爲名而實內之掖庭."]

75. 『三國志』卷13, 「魏志·鍾繇傳附鍾毓傳」. [爽旣誅, 入爲御史中丞·侍中廷尉. 聽君父已沒, 臣子得爲理謗, 及士爲侯, 其妻不復配嫁, 毓所創也.]

76. 『三國志』卷4, 「魏志·三少帝紀·陳留王奐紀」. [是歲, 罷屯田官以均政役, 諸典農皆爲太守, 都尉皆爲令長.]

77. 『水經注』卷15, 「洛水」. [東南流, 逕宜陽故郡南, 舊陽市邑也. 故洛陽都典農治此, 後改爲郡.]

78. 『水經注』卷22, 「潁水」. [潁水又南逕潁鄉城西, 潁陰縣故城在東北, 舊許昌典農都尉治也, 後改爲縣.]

79. 『晉書』卷26, 「食貨志」. [宋侯相應遵 …… 縣領應佃二千六百口, 可謂至少.]

80. 『史記』卷6, 「秦始皇本紀」. [徙天下豪富於咸陽十二萬戶.]

81. 『史記』卷99, 「劉敬列傳」. [徙齊諸田, 楚昭·屈·景, 燕·趙·韓·魏後, 及豪杰名家居關中.]

82. 위의 책. [諸侯初起時, 非齊諸田, 楚昭·屈·景莫能興. 今陛下雖都關中, 實少人. 北近胡寇, 東有六國之族, 宗彊, 一日有變, 陛下亦未得高枕而臥也. 臣願陛下徙齊諸田, 楚昭·屈·景, 燕·趙·韓·魏後, 及豪桀名家居關中, 無事可以備胡, 諸侯有變, 亦足率以東伐. 此彊本弱末之術也.]

83. 『漢書』 卷64上, 「主父偃傳」. [茂陵初立, 天下豪桀兼幷之家, 亂衆民, 皆可徙茂陵, 內實京師, 外銷姦猾, 此所謂不誅而害除.]

84. 『後漢書』 卷49, 「仲長統列傳」. [豪人之室, 連棟數百, 膏田滿野, 奴婢千羣, 徒附萬計. 船車賈販, 周於四方; 廢居積貯, 滿於都城. 琦賂寶貨, 巨室不能容, 馬牛羊豕, 山谷不能受.]

85. 위의 책. [井田之變, 豪人貨殖, 館舍布於州郡, 田畝連於方國. 身無半通青綸之命, 而竊三辰龍章之服, 不爲編戶一伍之長, 而有千室名邑之役. 榮樂過於封君, 勢力侔於守令. 財賂自營, 犯法不坐. 刺客死士, 爲之投命.]

86. 『三國志』 卷6, 「魏志·袁紹傳」. [袁氏樹恩四世, 門生·故吏遍於天下, 若收豪傑以聚徒衆, 英雄因之而起, 則山東非公之有也.]

87. 『三國志』 卷26, 「魏志·滿寵傳」. [時袁紹盛於河朔, 而汝南紹之本郡, 門生·賓客布在諸縣, 擁兵拒守. 太祖憂之, 以寵爲汝南太守. 寵募其服從者五百人, 率攻下二十餘壁, 誘其未降渠帥, 於坐上殺十餘人, 一時皆平. 得戶二萬, 兵二千人, 令就田業.]

88. 『三國志』 卷38, 「蜀志·麋竺傳」. [麋竺, 字子仲, 東海胊人也. 祖世貨殖, 僮客萬人, 貲產鉅億. …… 先主轉軍廣陵海西, 竺於是進妹於先主爲夫人, 奴客二千, 金銀貨幣以助軍資; 於時困匱, 賴此復振.]

89. 『三國志』 卷2, 「魏志·文帝紀」의 주석에 인용된 『典論』 「自序」. [初平之元, 董卓殺主鴆后, 蕩覆王室. 是時四海既困中平之政, 兼惡卓之凶逆, 家家思亂, 人人自危. 山東牧守, 咸以『春秋』之義, '衛人討州吁於濮', 言人人皆得討賊. 於是大興義兵, 名豪大俠, 富室强族, 飄揚雲會, 萬里相赴; 兗·豫之師戰於滎陽, 河內之甲軍於孟津, 卓遂遷大駕, 西都長安. 而山東大者連郡國, 中者嬰城邑, 小者聚阡陌, 以還相呑滅.]

90. 『三國志』 卷18, 「魏志·許褚傳」. [許褚字仲康, 譙國譙人也. 長八尺餘, 腰大十圍, 容貌雄毅, 勇力絶人. 漢末, 聚少年及宗族數千家, 共堅壁以禦寇.]

91. 『三國志』 卷18, 「魏志·李典傳」. [典從父乾, 有雄氣, 合賓客數千家在乘氏. …… 呂布 …… 殺乾. 太祖使乾子整將乾兵. …… 整卒, 典 …… 將整軍. …… 太祖與袁紹相拒官渡, 典奉宗族及部曲輸穀帛供軍. …… 典宗族部曲三千餘家, 居乘氏, 自請願徙詣魏郡. …… 遂徙部曲宗族萬三千餘口居鄴.]

92. 『三國志』 卷18, 「魏志·李通傳」. [李通 …… 與其郡人陳恭共起兵於朗陵, 衆多歸之. 時有周直者, 衆二千餘家, 與恭·通外和內違.]

93. 『三國志』 卷11, 「魏志·王脩傳」. [時膠東多賊寇, 復令脩守膠東令. 膠東人公沙盧宗彊, 自爲營塹, 不肯應發調.]

94. 『三國志』 卷12, 「魏志·司馬芝傳」. [太祖平荊州, 以芝爲菅長. 時天下草創, 多不奉法. 郡主簿劉節, 舊族豪俠, 賓客千餘家, 出爲盜賊, 入亂吏治. 頃之, 芝差節客王同等爲兵, 掾史據白: "節家前後未嘗給繇, 若至時藏匿, 必爲留負."]

95. 『三國志』卷11, 「魏志·王脩傳」. [獨將數騎徑入其門, 斬盧兄弟, 公沙氏驚愕莫敢動. 脩撫慰其餘, 由是寇少止.]

96. 『三國志』卷12, 「魏志·司馬芝傳」. [與節書曰: "君爲大宗, 加股肱郡, 而賓客每不與役, 旣衆庶怨望, 或流聲上聞. 今調同等爲兵, 幸時發遣." 兵已集郡, 而節藏同等. 因令督郵以軍興詭責縣, 縣掾史窮困, 乞代同行. 芝乃馳檄濟南, 具陳節罪. 太守郝光素敬信芝, 卽以節代同行, 青州號"芝以郡主簿爲兵."]

97. 『晉書』卷93, 「王恂列傳」. [魏氏給公卿已下租牛客戶數各有差, 自後小人憚役, 多樂爲之, 貴勢之門動有百數. 又太原諸部亦以匈奴胡人爲田客, 多者數千.]

98. 『孔子家語』, 「正論解第四十一」. [寬以濟猛, 猛以濟寬.]

99. 『左傳』昭公 20年. [鄭子産有疾. 謂子大叔曰: "我死, 子必爲政. 唯有德者能以寬服民, 其次莫如猛. 夫火烈, 民望而畏之, 故鮮死焉; 水懦弱, 民狎而翫之, 則多死焉. 故寬難." 疾數月而卒. 大叔爲政, 不忍猛而寬. 鄭國多盜, 取人於萑苻之澤. 大叔悔之, 曰: "吾早從夫子, 不及此." 興徒兵以攻萑苻之盜, 盡殺之, 盜少止. 仲尼曰: "善哉! 政寬則民慢, 慢則糾之以猛. 猛則民殘, 殘則施之以寬. 寬以濟猛, 猛以濟寬, 政是以和."]

100. 『三國志』卷1, 「魏志·武帝紀」의 주석에 인용된 『曹瞞傳』. [初入尉廨, 繕治四門. 造五色棒, 縣門左右各十餘枚, 有犯禁者, 不避豪彊, 皆棒殺之. 後數月, 靈帝愛幸小黃門蹇碩叔父夜行, 卽殺之. 京師斂跡, 莫敢犯者.]

101. 『三國志』卷1, 「魏志·武帝紀」. [國有十餘縣, 長吏多阿附貴戚, 贓污狼藉, 於是奏免其八.]

102. 『三國志』卷1, 「魏志·武帝紀」의 주석에 인용된 『魏書』. [袁氏之治也, 使豪彊擅恣, 親戚兼幷, 下民貧弱, 代出租賦, 衒鬻家財, 不足應命; 審配宗族, 至乃藏匿罪人, 爲逋逃主.]

103. 『三國志』卷1, 「魏志·武帝紀」. [重豪彊兼幷之法.]

104. 위의 책. [今天下尙未定, 此特求賢之急時也. "孟公綽爲趙·魏老則優, 不可以爲滕·薛大夫." 若必廉士而後可用, 則齊桓其何以霸世! 今天下得無有被褐懷玉而釣於渭濱者乎? 又得無盜嫂受金而未遇無知者乎? 二三子其佐我明揚仄陋, 唯才是擧, 吾得而用之.]

105. 『三國志』卷1, 「魏志·武帝紀」. [太祖 …… 攬申·商之法術, 該韓·白之奇策.]

106. 『韓非子』卷19, 「顯學第五十」. [嚴家無悍虜, 而慈母有敗子. 吾以此知威勢之可以禁暴, 而德厚之不足以止亂.]

107. 『三國志』卷1, 「魏志·武帝紀」의 주석에 인용된 『曹瞞傳』과 『世語』. [嵩, 夏侯氏之子, 夏侯惇之叔父. 太祖於惇爲從父兄弟.]

108. 『史記』卷97, 「陸賈列傳」. [居馬上得之, 寧可以馬上治之乎? 且湯武逆取而以順守之, 文武並用, 長久之術也.]

109. 위잉스(余英時) 교수가 이 문제에 관한 글을 쓴 것 같은데, 얼른 찾지 못하여 우선 여기에 기록해 둔다. [지은이가 언급한 글은 余英時, 「東漢政權之建立與士族大姓之關系」를 가리키는 것 같다. 이 논문은 그의 대표작 『士與中國文化』에 수록되어 있다.—옮긴이]

110. 『史記』卷8, 「高祖本紀」. [運籌帷幄之中, 決勝千里之外.]

111. 『三國志』卷14, 「魏志·郭嘉傳」. [先是時, 潁川戱志才, 籌畫士也, 太祖甚器之. 早卒. 太祖與荀彧書曰: "自志才亡後, 莫可與計事者. 汝·潁固多奇士, 誰可以繼之?" 彧薦嘉. 召見, 論天下事. 太祖曰: "使孤成大業者, 必此人也."]

112. 『三國志』卷15, 「魏志·賈逵傳」의 주석에 인용된 『魏略』, 「楊沛傳」. [及太祖輔政, 遷沛爲長社令. 時曹洪賓客在縣界, 徵調不肯如法, 沛先擒折其腳, 遂殺之. 由此太祖以爲能.]

113. 『三國志』卷26, 「魏志·滿寵傳」. [時曹洪宗室親貴, 有賓客在界, 數犯法, 寵收治之. 洪書報寵, 寵不聽. 洪白太祖, 太祖召許主者, 寵知將欲原, 乃速殺之. 太祖喜曰: "當事不當爾邪?"]

114. 『三國志』卷11, 「魏志·袁渙傳」. [布誅, 渙得歸太祖. 渙言曰: "夫兵者, 凶器也, 不得已而用之. 鼓之以道德, 征之以仁義, 兼撫其民而除其害. …… 雖以武平亂而濟之以德, 誠百王不易之道也. ……" 太祖深納焉.]

115. 위의 책. [魏國初建, 爲郎中令, 行御史大夫事. 渙言於太祖曰: "今天下大難已除, 文武並用, 長久之道也. 以爲可大收篇籍, 明先聖之敎, 以易民視聽, 使海內斐然向風, 則遠人不服可以文德來之." 太祖善其言.]

116. 『三國志』卷16, 「魏志·杜畿傳」. [是時天下郡縣皆殘破, 河東最先定, 少耗減. 畿治之, 崇寬惠, 與民無爲. …… 班下屬縣, 舉孝子·貞婦·順孫, 復其徭役, 隨時慰勉之. …… 百姓勤農, 家家豐實. 畿乃曰: "民富矣, 不可不敎也." 於是冬月修戎講武, 又開學宮, 親自執經敎授, 郡中化之.]

117. 『三國志』卷16, 「魏志·杜畿傳」의 주석에 인용된 『魏略』. [博士樂詳, 由畿而升. 至今河東特多儒者, 則畿之由矣.]

118. 『三國志』卷1, 「魏志·武帝紀」. [阿黨比周, 先聖所疾也.]

119. 『論語』卷2, 「爲政」. [君子周而不比, 小人比而不周.]

120. 『論語集解』卷2, 「爲政」. [忠信爲周, 阿黨爲比.]

121. 『三國志』卷16, 「魏志·杜畿傳」. [河東太守杜畿, 孔子所謂"禹, 吾無閒然矣." 增秩中二千石.]

122. 『三國志』卷16, 「魏志·杜畿傳」의 주석에 인용된 『杜氏新書』. [昔仲尼之於顏子, 每言不能不歎, 既情愛發中, 又宜率馬以驥. 今吾亦冀衆人仰高山, 慕景行也.]

123. 『三國志』卷2, 「魏志·文帝紀」. [昔仲尼資大聖之才, 懷帝王之器, 當衰周之末, 無受命之運, 在魯·衛之朝, 敎化乎洙·泗之上, 悽悽焉, 遑遑焉, 欲屈己以存道, 貶身以救世. …… 可謂命世之大聖, 億載之師表者也. 遭天下大亂, 百祀墮壞, 舊居之廟, 毀而不修, 褒成之後, 絕而莫繼, 闕里不聞講頌之聲, 四時不睹蒸嘗之位. 斯豈所謂崇禮報功, 盛德百世必祀者哉! 其以議郎孔羨爲宗聖侯, 邑百戶, 奉孔子祀.]

124. 위의 책. [魯郡修起舊廟, 置百戶吏卒以守衛之, 又於其外廣爲室屋以居學者.]

125. 위의 책. [立太學, 制五經課試之法, 置『春秋穀梁』博士.]

126. 위의 책. [使諸儒撰集經傳, 隨類相從, 凡千餘篇, 號曰『皇覽』.]

127. 『三國志』卷15, 「魏志·賈逵傳」의 주석에 인용된 『魏略』, 「楊沛傳」. [黃初中, 儒雅並進, 而沛本以事能見用, 遂以議郎冗散里巷. 沛前後宰歷城守, 不以私計介意, 又不肯以事貴人, 故身退之後, 家無餘積. 治疾於家, 借車從兒, 無他奴婢. 後占河南夷陽亭部荒田二頃, 起瓜牛廬, 居止其中, 其妻子凍餓. 沛病亡, 鄉人親友及故吏民爲殯葬也.]

128. 『三國志』卷22,「魏志·陳羣傳」. [及卽王位, 封羣昌武亭侯, 徙爲尙書. 制九品官人之法, 羣所建也. 及踐阼, 遷尙書僕射, 加侍中.]

129. 『通典』卷13,「選擧典」. [延康元年, 吏部尙書陳羣, 以天朝選用, 不盡人才, 乃立九品官人之法, 州郡皆置中正, 以定其選. 擇州郡之賢有識鑑者爲之. 區別人物, 第其高下.]

130. 『宋書』卷94,「恩幸傳」. [漢末喪亂, 魏武始基, 軍中倉卒, 權立九品.]

131. 『晉書』卷45,「劉毅列傳」. [上品無寒門, 下品無勢族.]

132. 『晉書』卷48,「段灼傳」. [據上品者, 非公侯之子孫, 則當塗之昆弟也.]

13장

1. 『後漢書』卷76,「王景列傳」. [墾辟倍多, 境內豐給.]

2. 『三國志』卷46,「吳志·孫策傳」. [擧江東之衆, 決機於兩陳之間, 與天下爭衡, 卿不如我; 擧賢任能, 各盡其心, 以保江東, 我不知卿.]

3. 『三國志』卷47,「吳志·吳主傳」. [是時惟有會稽·吳郡·丹楊·豫章·廬陵, 然深險之地猶未盡從, 而天下英豪布在州郡, 賓旅寄寓之士以安危去就爲意, 未有君臣之固. 張昭·周瑜等謂權可與共成大業, 故委心而服事焉.]

4. 『三國志』卷52,「吳志·張昭傳」. [策亡, 以弟權託昭, 昭率羣僚立而輔之. 上表漢室, 下移屬城, 中外將校, 各令奉職. …… 然後衆心知有所歸.]

5. 『三國志』卷52,「吳志·張昭傳」의 주석에 인용된 『吳書』. [是時天下分裂, 擅命者衆, 孫策莅事日淺, 恩澤未洽, 一旦傾隕, 士民狼狽, 頗有同異. 及昭輔權, 綏撫百姓, 諸侯賓旅寄寓之士, 得用自安.]

6. 『三國志』卷54,「吳志·周瑜傳」. [五年, 策薨, 權統事. 瑜將兵赴喪, 遂留吳, 以中護軍與長史張昭共掌衆事.]

7. 『三國志』卷55,「吳志·董襲傳」. [策薨, 權年少, …… 太妃憂之, 引見張昭及襲等, 問江東可保否乎, 襲對曰: "江東地勢, 有山川之固, 而討逆明府, 恩德在民. 討虜承基, 大小用命, 張昭秉衆事, 襲等爲爪牙, 此地利人和之時也, 萬無所憂."]

8. 『三國志』卷52,「吳志·諸葛瑾傳」의 주석에 인용된 『吳書』. [赤烏中, 諸郡出部伍, 新都都尉陳表·吳郡都尉顧承各率所領人會佃毗陵, 男女各數萬口.]

9. 『三國志』卷65,「吳志·華覈傳」. [始爲上虞尉·典農都尉.]

10. 『三國志』卷58,「吳志·陸遜傳」. [出爲海昌屯田都尉, 並領縣事.]

11. 『宋書』卷35,「州郡一」. [江乘 …… 本屬丹陽, 吳省爲典農都尉.]

12. 위의 책. [分吳郡無錫以西爲毗陵典農校尉.]

13. 『三國志』卷47,「吳志·吳主傳」. [遣校尉陳勳將屯田及作士三萬人鑿句容中道.]

14. 『三國志』卷48,「吳志·孫休傳」. [夫一夫不耕, 有受其饑; 一婦不織, 有受其寒. 饑寒並至而民不爲非者, 未之有也. 自頃年已來, 州郡吏民及諸營兵, 多違此業. 皆浮船長江, 賈作上下. 良田漸廢, 見穀日少, 欲求大定, 豈可得哉!]

15. 『三國志』卷57,「吳志·駱統傳」. [又聞民間, 非居處小能自供, 生產兒子, 多不起養, 屯田貧兵, 亦多棄子.]

16. 『三國志』卷47,「吳志·吳主傳」. [令曰: "軍興日久, 民離農畔, 父子夫婦, 不聽相恤, 孤甚愍之. 今北虜縮竄, 方外無事, 其下州郡, 有以寬息." 是時陸遜以所在少穀, 表令諸將增廣農畝. 權報曰: "甚善. 今孤父子親自受田, 車中八牛以爲四耦, 雖未及古人, 亦欲與衆均等其勞也."]

17. 『三國志』卷61,「吳志·陸凱傳」. [先帝戰士, 不給他役, 使春惟知農, 秋惟收稻, 江渚有事, 責其死效. 今之戰士, 供給衆役, 廩賜不贍.]

18. 『三國志』卷47,「吳志·吳主傳」의 주석에 인용된 『江表傳』. [初策表用李術爲廬江太守, 策亡之後, 術不肯事權, 而多納其亡叛. …… 權大怒 …… 是歲舉兵攻術於皖城. …… 遂屠其城, 梟術首, 徙其部曲三萬餘人.]

19. 『三國志』卷47,「吳志·吳主傳」. [西征黃祖, 虜其人民而還.]

20. 『三國志』卷47,「吳志·吳主傳」. [權復征黃祖 …… 遂屠其城, 祖挺身亡走, 騎士馮則追梟其首, 虜其男女數萬口.]

21. 『三國志』卷58,「吳志·陸遜傳」. [山寇舊惡, 依阻深地. 夫腹心未平, 難以圖遠.]

22. 『三國志』卷60,「吳志·賀全呂周鍾離傳」. [山越好爲叛亂, 難安易動, 是以孫權不遑外禦, 卑詞魏氏.]

23. 『三國志』卷60,「吳志·賀齊傳」. [建安元年, 孫策臨郡, 察齊孝廉. …… 以齊爲永寧長. …… 又代晏領都尉事. …… 候官旣平, 而建安·漢興·南平復亂, 齊進兵建安, 立都尉府, 是歲八年也. 郡發屬縣五千兵, 各使本縣長將之, 皆受齊節度. 賊洪明·洪進·苑御·吳免·華當等五人, 率各萬戶, 連屯漢興, 吳五六千戶別屯大潭, 鄒臨六千戶別屯蓋竹 …… 遂分兵留備, 進討明等, 連大破之. 臨陳斬明, 其免·當·進·御皆降. 轉擊蓋竹, 軍向大潭, 二將又降. 凡討治斬首六千級, 名帥盡擒, 復立縣邑, 料出兵萬人. 拜爲平東校尉. 十年, 轉討上饒, 分以爲建平縣.]

24. 위의 책. [十三年, 遷威武中郎將, 討丹陽黟·歙. 時武彊·葉鄉·東陽·豐浦四鄉先降, 齊表言以葉鄉爲始新縣. 而歙賊帥金奇萬戶屯安勒山, 毛甘萬戶屯烏聊山, 黟帥陳僕·祖山等二萬戶屯林歷山. …… 大破僕等, 其餘皆降, 凡斬首七千. 齊復表分歙爲新定·黎陽·休陽, 并黟·歙, 凡六縣, 權遂割爲新都郡, 齊爲太守, 立府於始新, 加偏將軍.]

25. 위의 책. [十六年, 吳郡餘杭民郎稚合宗起賊, 復數千人, 齊出討之, 卽復破稚, 表言分餘杭爲臨水縣.]

26. 위의 책. [十八年, 豫章東部民彭材·李玉·王海等起爲賊亂, 衆萬餘人, 齊討平之, 誅其首惡, 餘皆降服. 揀其精健爲兵, 次爲縣戶.]

27. 위의 책. [二十一年, 鄱陽民尤突受曹公印綬, 化民爲賊, 陵陽·始安·涇縣皆與突相應. 齊與陸遜討破突, 斬首數千, 餘黨震服. 丹楊三縣皆降, 料得精兵八千人.]

28. 『三國志』卷60,「吳志·全琮傳」. [權以爲奮威校尉, 授兵數千人, 使討山越. 因開募召, 得精兵

萬餘人, 出屯牛渚, 稍遷偏將軍.]

29. 위의 책. [黃武七年 …… 是時丹楊·吳·會山民復爲寇賊, 攻沒屬縣, 權分三郡險地爲東安郡, 琮領太守. 至, 明賞罰, 招誘降附, 數年中, 得萬餘人.]

30. 『三國志』卷60,「吳志·鍾離牧傳」[會建安·鄱陽·新都三郡山民作亂, 出牧爲監軍使者, 討平之. 賊帥黃亂, 常俱等出其部伍, 以充兵役.]

31. 『三國志』卷52,「吳志·張昭傳」. [承 …… 權爲驃騎將軍, 辟西曹掾, 出爲長沙西部都尉. 討平山寇, 得精兵萬五千人.]

32. 『三國志』卷52,「吳志·顧雍傳」. [承 …… 後爲吳郡西部都尉, 與諸葛恪等共平山越, 別得精兵八千人.]

33. 『三國志』卷58,「吳志·陸遜傳」. [遜建議曰: "方今英雄棋跱, 豺狼窺望, 克敵寧亂, 非衆不濟. 而山寇舊惡, 依阻深地. 夫腹心未平, 難以圖遠, 可大部伍, 取其精銳." 權納其策, 以爲帳下右部督. 會丹楊賊帥費棧受曹公印綬, 扇動山越, 爲做內應, 權遣遜討棧. 棧支黨多而往兵少, 遜乃益施牙幢, 分布鼓角, 夜潛山谷間, 鼓譟而前, 應時破散. 遂部伍東三郡, 彊者爲兵, 羸者補戶, 得精卒數萬人, 宿惡蕩除, 所過肅清, 還屯蕪湖.]

34. 위의 책. [六年, 中郎將周祗乞於鄱陽召募, 事下問遜. 遜以爲此郡民易動難安, 不可與召, 恐致賊寇. 而祗固陳取之, 郡民吳遽等果作賊殺祗, 攻沒諸縣. 豫章·廬陵宿惡民, 並應遽爲寇. 遜自聞, 輒討卽破, 遽等相率降, 遜料得精兵八千餘人, 三郡平.]

35. 『三國志』卷64,「吳志·諸葛恪傳」. [恪以丹楊山險, 民多果勁, 雖前發兵, 徒得外縣平民而已, 其餘深遠, 莫能禽盡, 屢自求乞爲官出之, 三年可得甲士四萬. 衆議咸以丹楊地勢險阻, 與吳郡·會稽·新都·鄱陽四郡鄰接, 周旋數千里, 山谷萬重, 其幽邃民人, 未嘗入城邑, 對長吏, 皆仗兵野逸, 白首于林莽. 逋亡宿惡, 咸共逃竄. 山出銅鐵, 自鑄甲兵. 俗好武習戰, 高向氣力, 其升山赴險, 抵突叢棘, 若魚之走淵, 猨狖之騰木也. 時觀閒隙, 出爲寇盜, 每致兵征伐, 尋其窟藏. 其戰則蜂至, 敗則鳥竄, 自前世以來, 不能羈也. 皆以爲難. …… 恪盛陳其必捷. 權拜恪撫越將軍, 領丹楊太守. …… 恪到府, 乃移書四郡屬城長吏, 令各保其疆界, 明立部伍, 其從化平民, 悉令屯居. 乃分內諸將, 羅兵幽阻, 但繕藩籬, 不與交鋒, 候其穀稼將熟, 輒縱兵芟刈, 使無遺種. 舊穀旣盡, 新田不收, 平民屯聚, 略無所入, 於是山民飢窮, 漸出降首. 恪乃復敕下曰: "山民去惡從化, 皆當撫慰, 徙出外縣, 不得嫌疑, 有所執拘." …… 民 …… 知官惟欲出之而已, 於是老幼相攜而出, 歲期, 人數皆如本規. 恪自領萬人, 餘分給諸將.]

36. 『三國志』卷54,「吳志·周瑜傳」의 주석에 인용된 『江表傳』. [用江東六郡山越之人, 以當中國百萬之衆, 衆寡不敵, 海內所共見也.]

37. 『三國志』卷49,「吳志·太史慈傳」의 주석에 인용된 『江表傳』. [鄱陽民帥別立宗部, 阻兵守界, …… 海昏有上繚壁, 有五六千家相結聚作宗伍, 惟輸租布於郡耳, 發召一人遂不可得.]

38. 『三國志』卷49,「吳志·士燮傳」. [中國士人往依避難者以百數.]

39. 위의 책. [交阯士府君旣學問優博, 又達於從政, 處大亂之中, 保全一郡, 二十餘年疆場無事, 民不失業, 羈旅之徒, 皆蒙其慶.]

40. 위의 책. [雜香細葛, 輒以千數, 明珠·大貝·流離·翡翠·玳瑁·犀·象之珍, 奇物異果, 蕉·邪·龍眼之屬, 無歲不至. 壹時貢馬凡數百匹.]

41. 『三國志』卷60,「吳志·呂岱傳」. [元惡旣除, 大小震懾, 其餘細類, 掃地族矣. 自今已去, 國家永無南顧之虞, 三郡晏然, 無忧惕之驚, 又得惡民以供賦役, 重用歎息.]

42. 『三國志』卷61,「吳志·陸凱傳附陸胤傳」. [赤烏十一年, 交阯·九眞夷賊攻沒城邑, 交部騷動. 以胤爲交州刺史·安南校尉. 胤入南界, 喩以恩信, 務崇招納, 高涼渠帥黃吳等支黨三千餘家皆出降. 引軍而南, 重宣至誠, 遺以財幣. 賊帥百餘人, 民五萬餘家, 深幽不羈, 莫不稽顙, 交域淸泰. 就加安南將軍, 復討蒼梧建陵賊, 破之, 前後出兵八千餘人, 以充軍用.]

43. 위의 책. [流民歸附, 海隅肅淸. …… 商旅平行, 民無疾疫, 田稼豐稔. 州治臨海, 海流秋鹹, 胤又畜水, 民得甘食. …… 自諸將合衆, 皆脅之以威, 未有如胤結之以恩信者也. 銜命在州, 十有餘年, 賓帶殊俗, 寶玩所生, 而內無粉黛附珠之妾, 家無文甲犀象之珍, 方之今臣, 實難多得.]

44. 『三國志』卷53,「吳志·薛綜傳」. [秦置桂林·南海·象郡, 然則四國之內屬也, 有自來矣. 趙佗起番禺, 懷服百越之君, 珠宮之南是也. 漢武帝誅呂嘉, 開九郡, 設交阯刺史以鎭監之. 山川長遠, 習俗不齊, 言語同異, 重譯乃通, 民如禽獸, 長幼無別, 椎結徒跣, 貫頭左衽, 長吏之設, 雖有若無.]

45. 위의 책. [自斯以來, 頗徙中國罪人雜居其間, 稍使學書, 粗知言語, 使驛往來, 觀見禮化. 及後錫光爲交阯, 任延爲九眞太守, 乃敎其耕犁, 使之冠履; 爲設媒官, 始知聘娶; 建立學校, 導之經義. 由此已降, 四百餘年, 頗有似類.]

46. 위의 책. [自臣昔客始至之時, 珠崖除州縣嫁娶, 皆須八月引戶, 人民集會之時, 男女自相可適, 乃爲夫妻, 父母不能止. 交阯麊泠·九眞都龐二縣, 皆兄死弟妻其嫂, 世以此爲俗, 長吏恣聽, 不能禁制. 日南郡男女裸體, 不以爲羞.]

47. 위의 책. [然而土廣人衆, 阻險毒害, 易以爲亂, 難使從治. 縣官羈縻, 示令威服, 田戶之租賦, 裁取供辦, 貴致遠珍名珠·香藥·象牙·玳瑁·珊瑚·琉璃·鸚鵡·翡翠·孔雀·奇物, 充備寶玩, 不必仰其賦入, 以益中國. 然在九甸之外, 長吏之選, 類不精覈.]

48. 위의 책. [故國之安危, 在於所任, 不可不察也.]

49. 『三國志』卷49,「吳志·太史慈傳」. [策 …… 卽署門下督, 還吳授兵, 拜折衝中郞將.]

50. 『三國志』卷50,「吳志·妃嬪傳·孫破虜吳夫人傳」. [八年, 景卒官, 子奮授兵爲將, 封新亭侯.]

51. 『三國志』卷54,「吳志·周瑜傳」. [自居巢還吳, 是歲, 建安三年也. 策親自迎瑜, 授建威中郞將, 卽與兵二千人, 騎五十匹.]

52. 『三國志』卷55,「吳志·韓當傳」. [及孫策東渡, 從討三郡, 遷先登校尉, 授兵二千, 騎五十匹.]

53. 『三國志』卷55,「吳志·蔣欽傳」. [及策東渡, 拜別部司馬, 授兵.]

54. 『三國志』卷55,「吳志·周泰傳」. [策入會稽, 署別部司馬, 授兵.]

55. 『三國志』卷55,「吳志·徐盛傳」. [孫權統事, 以爲別部司馬, 授兵五百人 …… 黃武中卒. 子楷, 襲爵領兵.]

56. 『三國志』卷55,「吳志·甘寧傳」. [權 …… 禽祖, 盡獲其士衆, 遂授寧兵, 屯當口. …… 寧益貴重, 增兵二千人.]

57. 『三國志』卷57,「吳志·陸績傳」. [孫權統事 …… 出爲鬱林太守, 加偏將軍, 給兵二千人.]

58. 『三國志』卷60,「吳志·全琮傳」. [權以爲奮威校尉, 授兵數千人, 使討山越.]
59. 『三國志』卷50,「吳志·妃嬪傳·吳主權潘夫人傳」. [孫亮卽位, 以夫人姊婿譚紹爲騎都尉, 授兵.]
60. 『三國志』卷48,「吳志·孫休傳」. [詔以左將軍張布討姦臣, 加布爲中軍督, 封布弟惇爲都亭侯, 給兵三百人.]
61. 『三國志』卷48,「吳志·孫皓傳」. [秋九月, 改封淮陽爲魯, 東平爲齊, 又封陳留·章陵等九王, 凡十一王, 王給三千兵.]
62. 위의 책. [天紀二年秋七月, 立成紀·宣威等十一王, 王給三千兵.]
63. 『三國志』卷51,「吳志·孫奐傳」. [奐字季明. 兄皎旣卒, 代統其衆, 以揚武中郎將領江夏太守. …… 嘉禾三年卒. 子承嗣, 以昭武中郎將代統兵, 領郡. 赤烏六年卒, 無子, 封承庶弟壹奉奐後, 襲業爲將.]
64. 『三國志』卷51,「吳志·孫皎傳」. [皎字叔朗, 始拜護軍校尉, 領衆二千餘人. …… 黃蓋及兄瑜卒, 又幷其軍. …… 建安二十四年卒. 權追錄其功, 封子胤爲丹楊侯. 胤卒, 無子. 弟晞嗣, 領兵, 有罪自殺, 國除.]
65. 위의 책. [授卿以精兵.]
66. 『三國志』卷51,「吳志·孫韶傳」. [孫韶 …… 伯父河 …… 韶年十七, 收河餘衆, …… 以禦敵. 權 …… 卽拜承烈校尉, 統河部曲.]
67. 『三國志』卷54,「吳志·魯肅傳」. [肅遺腹子淑 …… 鳳皇三年卒. 子睦襲爵, 領兵馬.]
68. 『三國志』卷52,「吳志·諸葛瑾傳」. [卒 …… 恪已自封侯, 故弟融襲爵, 攝兵業, 駐公安, 部曲吏士親附之.]
69. 『三國志』卷55,「吳志·周泰傳」. [黃武中卒. 子邵以騎都尉領兵. …… 黃龍二年卒. 弟承領兵襲侯.]
70. 『三國志』卷55,「吳志·蔣欽傳」. [卒 …… 子壹封宣城侯, 領兵 …… 與魏交戰, 臨陳卒, 壹無子, 弟休領兵, 後有罪失業.]
71. 『三國志』卷55,「吳志·韓當傳」. [黃武二年, 封石城侯. …… 討丹楊賊, 破之. 會病卒, 子綜襲侯領兵.]
72. 『三國志』卷55,「吳志·淩統傳」. [統年十五, 左右多稱述者, 權亦以操死國事, 拜統別部司馬, 行破賊都尉, 使攝父兵.]
73. 『三國志』卷58,「吳志·陸抗傳」. [遜卒時, 年二十, 拜建武校尉, 領遜衆五千人 …… 卒, 子晏嗣. 晏及弟景·玄·機·雲, 分領抗兵.]
74. 『三國志』卷60,「吳志·全琮傳」. [十二年卒, 子懌嗣. 後襲業領兵.]
75. 『三國志』卷61,「吳志·潘濬傳」의 주석에 인용된 『吳書』. [玄兄良 …… 隨孫策平定江東, 策以爲會稽東部都尉, 卒, 玄領良兵.]
76. 『三國志』卷61,「吳志·潘濬傳」. [赤烏二年, 濬卒, 子翥嗣.]
77. 『三國志』卷61,「吳志·潘濬傳」의 주석에 인용된 『吳書』. [翥字文龍, 拜騎都尉, 後代領兵.]

78. 『三國志』卷60,「吳志·鍾離牧傳」.[封都鄕侯, 徙濡須督. …… 卒官. 家無餘財, 士民思之. 子褘嗣, 代領兵.]

79. 『三國志』卷56,「吳志·朱桓傳」.[赤烏元年卒. …… 異 …… 以父任除郞, 後拜騎都尉, 代桓領兵.]

80. 『三國志』卷54,「吳志·魯肅傳」.[拜肅奮武校尉, 代瑜領兵. 瑜士衆四千餘人, 奉邑四縣, 皆屬焉.]

81. 『三國志』卷55,「吳志·凌統傳」.[二子烈·封, 年各數歲.]

82. 『三國志』卷57,「吳志·駱統傳」.[復領其兵.]

83. 『三國志』卷55,「吳志·甘寧傳」.[子瓌, 以罪徙會稽, 無幾死.]

84. 『三國志』卷55,「吳志·潘璋傳」.[并其軍.]

85. 위의 책.[子平, 以無行徙會稽.]

86. 『三國志』卷60,「吳志·呂岱傳」.[岱領潘璋士衆]

87. 『三國志』卷61,「吳志·潘濬傳」의 주석에 인용된 『吳書』.[濬幷領玄兵, 屯夏口.]

88. 『三國志』卷55,「吳志·凌統傳」.[追錄統功, 封烈亭侯, 還其故兵. 後烈有罪免, 子復襲爵領兵.]

89. 『三國志』卷54,「吳志·呂蒙傳」.[時蒙與成當·宋定·徐顧屯次比近, 三將死, 子弟幼弱, 權悉以兵幷蒙. 蒙固辭, 陳啓顧等皆勤勞國事, 子弟雖小, 不可廢也. 書三上, 權乃聽.]

90. 『三國志』卷54,「吳志·周瑜傳」.[赤烏二年, 諸葛瑾·步騭連名上疏曰:"故將軍周瑜子胤, 昔蒙粉飾, 受封爲將, 不能養之以福, 思立功效, 至縱情欲, 招速罪辟. 臣竊以瑜昔見寵任, 入作心膂, 出爲爪牙. …… 瑜身沒未久, 而其子胤降爲匹夫, 益可悼傷. …… 乞匄餘罪, 還兵復爵 ……." 瑾·騭表比上, 朱然及全琮亦俱陳乞, 權乃許之. 會胤病死.]

91. 『三國志』卷46,「吳志·孫策傳」.[興平元年, 從袁術. 術甚奇之, 以堅部曲還策.]

92. 『三國志』卷49,「吳志·太史慈傳」의 주석에 인용된 『江表傳』.[策謂慈曰:"…… 先君手下兵數千餘人, 盡在公路許. 孤志在立事, 不得不屈意於公路, 求索故兵, 再往纔得千餘人耳. ……"]

93. 『三國志』卷28,「魏志·鄧艾傳」.[孫權已沒, 大臣未附, 吳名宗大族, 皆有部曲, 阻兵仗勢, 足以建命.]

94. 『抱朴子外篇』卷34,「吳失篇」.[勢力傾於邦君, 儲積富乎公室. 出飾翟黃之衛從, 入遊玉根之藻梲. 僮僕成軍, 閉門爲市. 牛羊掩原隰, 田池布千里.]

95. 『三國志』卷55,「吳志·韓當傳」.[載父喪, 將母家屬部曲男女數千人奔魏.]

96. 『三國志』卷61,「吳志·陸凱傳」.[先帝外仗顧·陸·朱·張, 內近胡綜·薛綜, 是以庶績雍熙, 邦內淸肅.]

97. 네 사람 모두 『三國志』「吳志」에 열전이 있다.

98. 『三國志』卷58,「吳志·陸遜傳」.[世江東大族.]

99. 『三國志』卷61,「吳志·陸凱傳」.[旣以重臣, 難繩以法, 又陸抗時爲大將在彊場, 故以計容忍.]

100. 위의 책.[徙凱家於建安.]

101. 『三國志』卷57,「吳志·張溫傳」. [父允, 以輕財重士, 名顯州郡.]
102. 위의 책. [少修節操, 容貌奇偉.]
103. 위의 책. [權 …… 問公卿曰: "溫當今與誰爲比?", 大司農劉基曰: "可與全琮爲輩.", 太常顧雍曰: "基未詳其爲人也. 溫當今無輩."]
104. 위의 책. [文辭占對, 觀者傾竦, 權改容加禮.]
105. 위의 책. [罷出, 張昭執其手曰: "老夫託意, 君宜明之."]
106. 위의 책. [嫌其聲名大盛, 衆庶炫惑.]
107. 위의 책. [恐終不爲己用.]
108. 위의 책. [稱美蜀政.]
109. 『三國志』卷57,「吳志·張溫傳」의 주석에 인용된『會稽典錄』. [吾已得之矣, 其人於清濁太明, 善惡太分.]
110. 『三國志』卷54,「吳志·周瑜傳」. [推道南大宅以舍策.]
111. 위의 책. [家富於財, 性好施與. …… 大散財貨, 摽賣田地, 以賑窮弊結士爲務.]
112. 위의 책. [乃攜老弱將輕俠少年百餘人, 南到居巢就瑜.]
113. 『三國志』卷52,「吳志·諸葛瑾傳」. [孤與子瑜有死生不易之誓, 子瑜之不負孤, 猶孤之不負子瑜也.]
114. 『三國志』卷52,「吳志·張昭傳」. [今日酣飲, 惟醉墮臺中, 乃當止耳.]
115. 『三國志』卷57,「吳志·虞翻傳」. [自起行酒, 翻伏地陽醉, 不持. 權去, 翻起坐, 權於是大怒, 手劍欲擊之.]
116. 『三國志』卷52,「吳志·顧雍傳」. [典校諸官府及州郡文書. 壹等因此漸作威福, 遂造作榷酤障管之利, 舉罪糾奸, 纖介必聞, 重以深案醜誣, 毀短大臣, 排陷無辜.]
117. 『三國志』卷62,「吳志·是儀傳」. [今刀鋸已在臣頸, 臣何敢爲嘉隱諱, 自取夷滅, 爲不忠之鬼! 顧以聞知當有本末.]
118. 『三國志』卷52,「吳志·步騭傳」. [丞相顧雍·上大將軍陸遜·太常潘濬, 憂深責重, 志在竭誠. …… 念欲安國利民, 建久長之計, 可謂心膂股肱, 社稷之臣矣. 宜各委任, 不使他官監其所司, 責其成效, 課其負殿.]
119. 『三國志』卷57,「吳志·朱據傳」. [據部曲應受三萬緡, 工王遂詐而受之, 典校呂壹疑據實取, 考問主者, 死於杖下. 據哀其無辜, 厚棺斂之. 壹又表據吏爲據隱, 故厚其殯. 權數責問據, 據無以自明, 藉草待罪. 數月, 典軍吏劉助覺, 言王遂所取, 權大感寤, 曰: "朱據見枉, 況吏民乎?" 乃窮治壹罪.]
120. 『三國志』卷62,「吳志·是儀傳」. [魯王天挺懿德, 兼資文武, 當今之宜, 宜鎮四方, 爲國藩輔. …… 愚以二宮宜有降殺, 正上下之序, 明敎化之本.]
121. 『三國志』卷64,「吳志·諸葛恪傳」. [恪父瑾面長似驢, 孫權大會羣臣, 使人牽一驢入, 長檢其面, 題曰諸葛子瑜. 恪跪曰: "乞請筆益兩字." 因聽與筆, 恪續其下曰: "之驢." 舉坐歡笑, 乃以驢賜恪. 他日復見, 權問恪曰: "卿父與叔父孰賢?" 對曰: "臣父爲優." 權問其故, 對曰: "臣父知所事, 叔父不知, 以是爲優." 權又大噱.]

122. 위의 책. [楊敬叔傳達淸論, 以爲方今人物凋盡, 守德業者不能復幾, 宜相左右, 更爲輔車, 上熙國事, 下相珍惜. …… 聞此喟然, 誠獨擊節. …… 時務從橫, 而善人單少, 國家職司, 常苦不充. 苟令性不邪惡, 志在陳力, 便可獎就, 騁其所任, 若於小小宜適, 私行不足, 皆宜闊略, 不足縷責. 且士誠不可纖論苛克, 苛克則彼賢聖猶將不全, 況其出入者邪? …… 夫不舍小過, 纖微相責, 久乃至於家戶爲怨, 一國無復全行之士也.]

123. 위의 책. [廣其理而贊其旨.]

124. 『三國志』 卷48, 「吳志·三嗣主傳·孫亮傳」. [徵大將軍諸葛恪爲太子太傅, 會稽太守滕胤爲太常, 並受詔輔太子.]

125. 『三國志』 卷64, 「吳志·諸葛恪傳」. [權不豫, 而太子少, 乃徵恪以大將軍領太子太傅, 中書令孫弘領少傅. 權疾困, 召恪·弘及太常滕胤·將軍呂據·侍中孫峻, 屬以後事.]

126. 『三國志』 卷64, 「吳志·滕胤傳」. [君以喪代之際, 受伊·霍之託, 入安本朝, 出摧强敵, 名聲振於海內, 天下莫不震動, 萬姓之心, 冀得蒙君而息. 今猥以勞役之後, 興師出征, 民疲力屈, 遠主有備, 若攻城不克, 野略無獲, 是喪前勞而招後責也. 不如案甲息師, 觀隙而動, 且兵者大事, 事以衆濟, 衆苟不悅, 君獨安之?]

127. 위의 책. [諸云不可者, 皆不見計算, 懷居苟安者也, 而子復以爲然, 吾何望焉? 夫以曹芳闇劣, 而政在私門, 彼之臣民, 固有離心. 今吾因國家之資, 藉戰勝之威, 則何往而不克哉!]

128. 『三國志』 卷64, 「吳志·諸葛恪傳」. [夫天無二日, 土無二王, 王者不務兼并天下而欲垂祚後世, 古今未之有也.]

129. 위의 책. [凡敵國欲相呑, 卽仇讎欲相除也. 有讎而長之, 禍不在己, 則在後人, 不可不爲遠慮也.]

130. 위의 책. [今以魏比古之秦, 土地數倍, 以吳與蜀比古六國, 不能半之. 然今所以能敵之, 但以操時兵衆, 於今適盡, 而後生者未悉長大, 正是賊衰少未盛之時. …… 當今伐之, 是其厄會. 聖人急於趣時, 誠謂今日.]

131. 위의 책. [今者賊民歲月繁滋, 但以尙小, 未可得用耳. 若復十數年後, 其衆必倍於今, 而國家勁兵之地, 皆已空盡, 唯有此見衆可以定事. 若不早用, 端坐使老, 復十數年, 略當損半, 而見子弟數不足言, 若賊衆一倍, 而我兵損半, 雖復使伊·管圖之, 未可如何.]

132. 위의 책. [今聞衆人或以百姓尙貧, 欲務閉息, 此不知慮其大危, 而愛其小勤者也. 昔漢祖幸已自有三秦之地, 何不閉關守險, 以自娛樂, 空出攻楚, 身被創痍, 介冑生蟣蝨, 將士厭困苦, 豈甘鋒刃而忘安寧哉? 慮於長久不得兩存者耳!]

133. 『三國志』 卷57, 「吳志·駱統傳」. [是時, 徵役繁數, 重以疫癘, 民戶損耗, 統上疏曰: " …… 今彊敵未殄, 海內未乂, 三軍有無已之役, 江境有不釋之備, 徵賦調數, 由來積紀, 加以殃疫死喪之災, 郡縣荒虛, 田疇蕪曠, 聽聞屬城, 民戶浸寡, 又多殘老, 少有丁夫. …… 前後出爲兵者, 生則困苦, 無有溫飽, 死則委棄, 骸骨不反. 是以尤用戀本畏遠, 同之於死, 每有徵發, 贏謹居家重累者先見輸送. 小有財貨, 傾居行賂, 不顧窮盡, 輕剽者則進入險阻, 黨就羣惡. 百姓虛竭, 嗷然愁擾. …… 又聞民間, 非居處小能自供, 生産兒子, 多不起養; 屯田貧兵, 亦多棄子."]

134. 『三國志』卷58, 「吳志·陸遜傳」. [遜雖身在外, 乃心於國, 上疏陳時事曰: "臣以爲科法嚴峻, 下犯者多, 頃年以來, 將吏罹罪, 雖不慎可責, 然天下未一, 當圖進取, 小宜恩貸, 以安下情. …… 夫峻法嚴刑, 非帝王之隆業, 有罰無恕, 非懷遠之弘規也." 權欲遣偏師取夷州及朱崖, 皆以咨遜, 遜上疏曰: "臣愚以爲四海未定, 當須民力, 以濟時務. …… 治亂討逆, 須兵爲威, 農桑衣食, 民之本業, 而干戈未戢, 民有飢寒, 臣愚以爲宜育養士民, 寬其租賦 ……."]

135. 『三國志』卷47, 「吳志·吳主傳」. [軍興日久, 民離農畔, 父子夫婦, 不聽相恤, 孤甚愍之, 今北虜縮竄, 方外無事, 其下州郡, 有以寬息.]

136. 위의 책. [兵久不輟, 民困於役, 歲或不登. 其寬諸逋, 勿復督課.]

137. 위의 책. [至於發調者, 徒以天下未定, 事以衆濟. 若徒守江東, 修崇寬政, 兵自足用, 復用多爲? 顧坐自守可陋耳. 若不豫調, 恐臨時未可便用也.]

138. 『三國志』卷64, 「吳志·諸葛恪傳」. [今引軍深入, 疆場之民, 必相率遠遁, 恐兵勞而功少, 不如止圍新城, 新城困, 救必至, 至而圖之, 乃可大獲.]

139. 『三國志』卷64, 「吳志·孫綝傳」. [卿何以不徙滕胤·呂據?]

140. 위의 책. [何不以胤·據爲奴乎!]

141. 위의 책. [諸葛恪·滕胤·呂據蓋以無罪爲峻·綝兄弟所見殘害, 可爲痛心, 促皆改葬, 各爲祭奠. 其罹恪等事見遠徙者, 一切召還.]

14장

1. 『三國志』卷54, 「吳志·魯肅傳」의 주석에 인용된 『吳書』. [烏林之役, 左將軍身在行間, 寢不脫介, 戮力破魏, 豈得徒勞, 無一塊壤, 而足下來欲收地邪?]

2. 『三國志』卷35, 「蜀志·諸葛亮傳」. [先主遂收江南, 以亮爲軍師中郎將, 使督零陵·桂陽·長沙三郡, 調其賦稅, 以充軍實.]

3. 『三國志』卷37, 「蜀志·法正傳」. [法孝直若在, 則能制主上, 令不東行; 就復東行, 必不傾危矣.]

4. 『三國志』卷35, 「蜀志·諸葛亮傳」. [君才十倍曹丕, 必能安國, 終定大事. 若嗣子可輔, 輔之; 如其不才, 君可自取.]

5. 위의 책. [臣敢竭股肱之力, 效忠貞之節, 繼之以死!]

6. 위의 책. [汝與丞相從事, 事之如父.]

7. 위의 책. [政事無巨細, 咸決於亮.]

8. 『三國志』卷35, 「蜀志·諸葛亮傳」의 주석에 인용된 『蜀記』. [權智英略, 有逾管·晏.]

9. 위의 책. [亮刑法峻急, 刻剝百姓, 自君子小人咸懷怨歎. 法正諫曰: "昔高祖入關, 約法三章, 秦民知德, 今君假借威力, 跨據一州, 初有其國, 未垂惠撫, 且客主之義, 宜相降下, 願緩刑弛禁, 以慰其望." 亮答曰: "君知其一, 未知其二. 秦以無道, 政苛民怨, 匹夫大呼, 天下土崩, 高祖因之, 可以弘濟. 劉璋暗弱, 自焉已來有累世之恩, 文法羈縻, 互相承奉, 德政不擧, 威刑不肅. 蜀土人士, 專權自恣, 君臣之道, 漸以陵替; 寵之以位, 位極則賤; 順之以恩, 恩竭

則慢. 所以致弊, 實由於此. 吾今威之以法, 法行則知恩; 限之以爵, 爵加則知榮. 榮恩並濟, 上下有節. 爲治之要, 於斯而著."]

10. 『三國志』卷35,「蜀志·諸葛亮傳」의 주석. [法正在劉主前死, 今稱法正諫, 則劉主在也. 諸葛職爲股肱, 事歸元首, 劉主之世, 亮又未領益州, 慶賞刑政, 不出於己. 尋沖所逑亮答, 專自有其能, 有違人臣自處之宜. 以亮謙順之體, 殆必不然.]

11. 위의 책. [云亮刑法峻急, 刻剝百姓, 未聞善政以刻剝爲稱.]

12. 『三國志』卷40,「蜀志·廖立傳」. [立躬率妻子耕殖自守, 聞諸葛亮卒, 垂泣歎曰: "吾終爲左衽矣!" 後監軍姜維率偏軍經汶山, 詣立, 稱立意氣不衰, 言論自若. 立遂終徙所. 妻子還蜀.]

13. 『三國志』卷40,「蜀志·李嚴傳」. [乃廢平爲民, 徙梓潼郡. 十二年, 平聞亮卒, 發病死. 平常冀亮當自補復, 策後人不能, 故以激憤也.]

14. 『三國志』卷41,「蜀志·楊洪傳」. [洪少不好學問, 而忠淸款亮, 憂公如家, 事繼母至孝. 六年卒官. 始洪爲李嚴功曹, 嚴未(至)[徙]犍爲而洪爲蜀郡. 洪迎門下書佐何祗, 有才策功幹, 擧郡吏, 數年爲廣漢太守, 時洪亦向在蜀郡. 是以西土咸服諸葛亮能盡時人之器用也.]

15. 『三國志』卷40,「蜀志·魏延傳」. [延每隨亮出, 輒欲請精兵萬人, 與亮異道會於潼關, 如韓信故事. 亮制而不許. 延常謂亮爲怯, 歎己才用之不盡.]

16. 위의 책. [善養士卒, 勇猛過人, 又性矜高.]

17. 『三國志』卷40,「蜀志·彭羕傳」. [羕性驕傲, 多所輕忽.]

18. 위의 책. [羕欲納說先主, 乃往見龐統. 統與羕非故人, 又適有賓客, 羕徑上統床臥, 謂統曰: "須客罷當與卿善談." 統客旣罷, 往就羕坐, 羕又先責統食, 然後共語, 因留信宿, 至於經日. 統大善之. 而法正宿自知羕, 遂並致之先主. 先主亦以爲奇, 數令羕宣傳軍事, 指授諸將, 奉使稱意, 識遇日加. 成都旣定, 先主領益州牧, 拔羕爲治中從事. 羕起徒步, 一朝處州人之上, 形色囂然, 自矜得遇滋甚. 諸葛亮雖外接待羕, 而內不能善. 屢密言先主, 羕心大志廣, 難可保安. 先主旣敬信亮, 加察羕行事, 意以稍疏, 左遷羕爲江陽太守.]

19. 위의 책. [卿才具秀拔, 主公相待至重, 謂卿當與孔明·孝直諸人齊足並驅, 寧當外授小郡, 失人本望乎?]

20. 위의 책. [卿爲其外, 我爲其內, 天下不足定也.]

21. 『三國志』卷40,「蜀志·廖立傳」. [立本意, 自謂才名宜爲諸葛亮之貳, 而更遊散在李嚴等下, 常懷怏怏.]

22. 위의 책. [徒勞役吏士, 無益而還.]

23. 위의 책. [怙恃勇名, 作軍無法, 直以意突耳.]

24. 위의 책. [向朗·文恭, 凡俗之人耳.]

25. 『三國志』卷40,「蜀志·劉封傳」. [封年二十餘, 有武藝, 氣力過人.]

26. 위의 책. [先主責封之侵陵達, 又不救羽. 諸葛亮慮封剛猛, 易世之後終難制御, 勸先主因此除之. 於是賜封死, 使自裁.]

27. 陳壽 編定,「上晉武帝表」,『諸葛氏集』;『三國志』卷35,「蜀志·諸葛亮傳」에서 재인용. [吏不

容奸, 人懷自厲, 道不拾遺, 彊不侵弱, 風化肅然. …… 黎庶追思, 以爲口實. 至今梁·益之民, 咨述亮者, 言猶在耳, 雖『甘棠』之詠召公, 鄭人之歌子産, 無以遠譬也. 孟軻有云: "以逸道使民, 雖勞不怨; 以生道殺人, 雖死不忿." 信矣!]

28. 『三國志』卷42, 「蜀志·杜微傳」. [今因丕多務, 且以閉境勤農, 育養民物, 並治甲兵, 以待其挫, 然後伐之.]

29. 『三國志』卷35, 「蜀志·諸葛亮傳」의 주석에 인용된 『袁子』. [亮之治蜀, 田疇辟, 倉廩實, 器械利, 蓄積饒, 朝會不華, 路無醉人.]

30. 張儼, 『黙記』, 「述佐篇」; 『三國志』卷35, 「蜀志·諸葛亮傳」의 주석에서 재인용. [諸葛丞相誠有匡佐之才, 然處孤絕之地, 戰士不滿五萬, 自可閉關守險, 君臣無事. 空勞師旅, 無歲不征, 未能進咫尺之地, 開帝王之基, 而使國內受其荒殘, 西土苦其役調.]

31. 『史記』卷116, 「西南夷列傳」. [西南夷君長以什數, 夜郎最大; 其西靡莫之屬以什數, 滇最大; 自滇以北君長以什數, 邛都最大: 此皆魋結, 耕田, 有邑聚. 其外西自同師以東, 北至楪榆, 名爲嶲·昆明, 皆編髮, 隨畜遷徙, 毋常處, 毋君長, 地方可數千里.]

32. 『華陽國志』卷4, 「南中志」에 따름. 『三國志』卷43, 「蜀志·李恢傳」에서는 '고정'(高定)으로 표기하고 있다.

33. 『三國志』卷39, 「蜀志·馬良傳附馬謖傳」의 주석에 인용된 『襄陽記』. [南中恃其險遠, 不服久矣, 雖今日破之, 明日復反耳. 今公方傾國北伐以事彊賊, 彼知官勢內虛, 其叛亦速. 若殄盡遺類以除後患, 旣非仁者之情, 且又不可倉卒也. 夫用兵之道, 攻心爲上, 攻城爲下, 心戰爲上, 兵戰爲下, 願公服其心而已.]

34. 『三國志』卷43, 「蜀志·李恢傳」의 주석. [臣松之訊之蜀人, 云: 庲降地名, 去蜀二千餘里, 時未有寧州, 號爲南中, 立此職以總攝之.]

35. 『資治通鑑』卷70, 「文帝黃初六年」條文의 주석을 보라.

36. 『三國志』卷43, 「蜀志·李恢傳」. [丞相亮南征, 先由越巂. 而恢案道向建寧. 諸縣大相糾合, 圍恢軍於昆明. 時恢衆少敵倍, 又未得亮聲息, 給謂南人曰: "官軍糧盡, 欲規退還, 吾中間久斥鄕里, 乃今得旋, 不能復北, 欲還與汝等同計謀, 故以誠相告." 南人信之, 故圍守怠緩, 於是恢出擊, 大破之, 追奔逐北, 南至槃江, 東接牂柯, 與亮聲勢相連. 南土平定, 恢軍功居多.]

37. 『三國志』卷33, 「蜀志·後主傳」 및 『三國志』卷35 「蜀志·諸葛亮傳」을 보라.

38. 『華陽國志』卷4, 「南中志」. [建興三年春, 亮南征. 自安上由水路入越巂. 別遣馬忠伐牂柯, 李恢向益州. 以犍爲太守廣漢王士爲益州太守. 高定元自旄牛·定筰·卑水多爲壘守. 亮欲俟定元軍衆集合, 幷討之, 軍卑水. 定元部曲殺雍闓及士庶等. 孟獲代闓爲主. 亮旣定定元, 而馬忠破牂柯, 而李恢敗於南中. 夏五月, 亮渡瀘, 進征益州. 生虜孟獲. 置軍中, 問曰: "我軍如何?" 獲對曰: "恨不相知, 公易勝耳." 亮以方務在北而南中好叛亂, 宜窮其詐. 乃赦獲, 使還合軍更戰. 凡七虜七赦, 獲睹爲心服, 夷漢亦思反善, 亮復問獲, 獲對曰: "明公, 天威也, 邊民長不爲惡矣." 秋, 遂平四郡.]

39. 『史記』卷116, 「西南夷列傳」의 注 『史記正義』. [昆明, 嶲州縣, 蓋南接昆明之地, 因名也.]

40. 『三國志』卷43, 「蜀志·呂凱傳」. [永昌郡吏呂凱·府丞王伉等, 執忠絕域, 十有餘年. 雍闓·高定逼其東北, 而凱等守義不與交通. 臣不意永昌風俗敦直乃爾.]

41. 『三國志』卷35, 「蜀志·諸葛亮傳」의 주석에 인용된 『漢晉春秋』. [南中平, 皆卽其渠率而用之, 或以諫亮, 亮曰: "若留外人, 則當留兵, 兵留則無所食, 一不易也; 加夷新傷破, 父兄死喪, 留外人而無兵者, 必成禍患, 二不易也; 又夷累有廢殺之罪, 自嫌釁重, 若留外人, 終不相信, 三不易也; 今吾欲使不留兵, 不運糧, 而綱紀粗定, 夷漢粗安故耳."]

42. 『華陽國志』卷4, 「南中志」. [移南中勁卒青羌萬餘家於蜀, 爲五部, 所當無前, 號爲飛軍. 分其羸弱配大姓焦·雍·婁·爨·孟·量·毛·李爲部曲. 置五部都尉, 號'五子'. 故南人言'四姓五子'也. 以夷多剛很, 不賓大姓富豪, 乃勸令出金帛聘策惡夷爲家部曲, 得者奕世襲官. 於是夷人貪貨物, 以漸服屬於漢, 成夷漢部曲. 亮收其俊傑建寧爨習·朱提孟琰及獲爲官屬. 習官至領軍, 琰輔漢將軍, 獲御史中丞. 出其金銀·丹漆·耕牛·戰馬, 給軍國之用.]

43. 위의 책. [定元部曲殺雍闓及士庶等.]

44. 『三國志』卷43, 「蜀志·李恢傳」. [賦出叟·濮, 耕牛·戰馬·金銀·犀革, 充繼軍資, 于時費用不乏.]

45. 위의 책. [南土平定, 恢軍功居多. …… 後軍還, 南夷復叛, 殺害守將, 恢身往撲討, 鉏盡惡類.]

46. 『三國志』卷43, 「蜀志·馬忠傳」. [三年, 亮入南, 拜忠牂牁太守. 郡丞朱褒反. 叛亂之後, 忠撫育卹理, 甚有威惠. …… 十一年, 南夷豪帥劉冑反, 擾亂諸郡, 徵庲降都督張翼還, 以忠代翼. 忠遂斬冑, 平南土. …… 初, 建寧郡殺太守正昂, 縛太守張裔於吳, 故都督常駐平夷縣, 至忠, 乃移治味縣, 處民夷之間. 又越巂郡亦久失土地, 忠率將太守張嶷開復舊郡.]

47. 『三國志』卷43, 「蜀志·張嶷傳」. [初, 越巂郡自丞相亮討高定之後, 叟夷數反, 殺太守龔祿·焦璜, 是後太守不敢之郡, 只住安上縣, 去郡八百餘里, 其郡徒有名而已. 時論欲復舊郡, 除嶷爲越巂太守. 嶷將所領往之郡, 誘以恩信, 蠻夷皆服, 頗來降附. 北徼捉馬最驍勁, 不承節度, 嶷乃往討, 生縛其帥魏狼, 又解縱告喻, 使招懷餘類. 表拜狼爲邑侯, 種落三千餘戶皆歸土供職. 諸種聞之, 多漸降服. …… 蘇祁邑君冬逢·逢弟隗渠等, 已降復反. 嶷誅逢. 逢妻, 旄牛王女, 嶷以計原之. 而渠逃入西徼, 渠剛猛捷悍, 爲種類深所畏憚, 遣所親二人詐降嶷, 實取消息. 嶷覺之, 許以重賞, 使爲反間, 二人遂合謀殺渠. 渠死, 諸種皆安. 又斯都耆帥李求承, 昔手殺龔祿, 嶷求募捕得, 數其宿惡而誅之. …… 定莋·臺登·卑水三縣去郡三百餘里, 舊出鹽鐵及漆, 而夷徼久自固食. 嶷率所領奪取, 署長吏焉. 嶷之到莋, 定莋率豪狼岑, 槃木王舅, 甚爲蠻夷所信任, 忿嶷自侵, 不自來詣. 嶷使壯士數十直往收之, 撻而殺之, 持屍還種, 厚加賞賜, 喩以狼岑之惡, 且曰: "無得妄動, 動卽殄矣!" 種類咸面縛謝過. 嶷殺牛饗宴, 重申恩信. 遂獲鹽鐵, 器用周贍. 漢嘉郡界旄牛夷種類四千餘戶, 其率狼路, 欲爲姑婿冬逢報怨, 遣叔父離將逢衆相度形勢. 嶷逆遣親近齎牛酒勞賜, 又令離逆妻逢宣暢意旨. 離旣受賜, 并見其姊. 姊弟歡悅, 悉率所領members詣嶷. 嶷厚加賞待, 遣還. 旄牛由是輒不爲患. 郡有舊道, 經旄牛中至成都, 旣平且近; 自旄牛絕道, 已百餘年, 更由安上, 旣險且遠. 嶷遣左右齎貨幣賜路, 重令路姑喩意, 路乃率兄弟妻子悉詣嶷, 嶷與盟誓, 開通舊道, 千里肅清, 復古亭驛. 奏封路爲旄牛眴毗王, 遣使將路朝貢.]

48. 『三國志』卷35, 「蜀志·諸葛亮傳」. [先帝創業未半而中道崩殂, 今天下三分, 益州疲弊, 此誠危急存亡之秋也. 然侍衛之臣不懈於內, 忠志之士忘身於外者, 蓋追先帝之殊遇, 欲報之於陛下也. …… 臣本布衣, 躬耕於南陽, 苟全性命於亂世, 不求聞達於諸侯. 先帝不以臣卑鄙, 猥自枉屈, 三顧臣於草廬之中, 咨臣以當世之事, 由是感激, 遂許先帝以驅馳. 後值傾覆, 受任於敗軍之際, 奉命於危難之間, 爾來二十有一年矣. 先帝知臣謹慎, 故臨崩寄臣以大事也. 受命以來, 夙夜憂歎, 恐託付不效, 以傷先帝之明, 故五月渡瀘, 深入不毛. 今南方已定, 兵甲已足. 當獎率三軍, 北定中原, 庶竭駑鈍, 攘除姦凶, 興復漢室, 還於舊都. 此臣所以報先帝, 而忠陛下之職分也.]

49. 『三國志』卷40, 「蜀志·魏延傳」의 주석에 인용된 『魏略』. [聞夏侯楙少, 主婿也, 怯而無謀. 今假延精兵五千, 負糧五千, 直從褒中出, 循秦嶺而東, 當子午而北, 不過十日可到長安. 楙聞延奄至, 必乘船逃走. 長安中惟有御史·京兆太守耳. 橫門邸閣與散民之穀足周食也. 比東方相合聚, 尙二十許日, 而公從斜谷來, 必足以達. 如此, 則一擧而咸陽以西可定矣.]

50. 司馬彪, 『續漢書』, 「郡國志五」에는 "한양군(漢陽郡) 약양(略陽)에 가천정(街泉亭)이 있다."는 기록이 있다. 『元和郡縣圖志』卷39「隴右道上·秦州」조에서는 "농성현(隴城縣)은 본래 한(漢)의 약양도(略陽道)로, 천수군(天水郡)에 속했다. …… 또 가천정이 있는데, 촉의 장수 마속이 위의 장수 장합에게 패배한 곳이다."라고 했다. 그 지역은 대체로 오늘날의 감숙성 천수시의 서남쪽이었을 것으로 예상된다.

51. 『三國志』卷17, 「魏志·張郃傳」. [依阻南山, 不下據城. 郃絶其汲道, 擊, 大破之. 南安·天水·安定郡反應亮, 郃皆破平之.]

52. 『三國志』卷39, 「蜀志·馬謖傳」의 주석에 인용된 『襄陽記』. [明公視謖猶子, 謖視明公猶父, 願深惟殛鯀興禹之義, 使平生之交不虧於此, 謖雖死無恨於黃壤也.]

53. 위의 책. [十萬之衆爲之垂涕. 亮自臨祭, 待其遺孤若平生]

54. 『三國志』卷39, 「蜀志·馬謖傳」. [馬謖言過其實, 不可大用, 君其察之.]

55. 위의 책. [每引見談論, 自晝達夜.]

56. 『三國志』卷39, 「蜀志·馬謖傳」의 주석에 인용된 『襄陽記』. [昔楚殺得臣, 然後文公喜可知也. 天下未定而戮智計之士, 豈不惜乎!]

57. 위의 책. [孫武所以能制勝於天下者, 用法明也. 是以楊干亂法, 魏絳戮其僕. 四海分裂, 兵交方始, 若復廢法, 何用討賊邪!]

58. 『三國志』卷39, 「蜀志·馬謖傳」의 주석. [諸葛亮之不能兼上國也, 豈不宜哉! 夫晉人規林父之後濟, 故廢法而收功; 楚成暗得臣之益己, 故殺之以重敗. 今蜀僻陋一方, 才少上國, 而殺其俊傑, 退收駑下之用, 明法勝才, 不師三敗之道, 將以成業, 不亦難乎? 且先主誠謖之不可大用, 豈不謂其非才? 亮受誠而不獲奉承, 明謖之難廢也. 爲天下宰匠, 欲大收物之力, 而不量才節任, 隨器付業; 知之大過, 則違明主之誡, 裁之失中, 卽殺有益之人, 難乎其可與言智者也.]

59. 『三國志』卷40, 「蜀志·魏延傳」. [常謂亮爲怯, 歎恨己才用之不盡.]

60. 『三國志』卷35, 「蜀志·諸葛亮傳」. [咎皆在臣授任無方. …… 『春秋』責帥, 臣職是當. 請自貶三等, 以督厥咎.]

61. 위의 책. [以亮爲右將軍, 行丞相事, 所總統如前.]

62. 『三國志』卷9, 「魏志·曹眞傳」. [蜀連出侵邊境, 宜遂伐之, 數道並入, 可大克也.]

63. 『三國志』卷35, 「蜀志·諸葛亮傳」의 주석에 인용된 『漢晉春秋』. [料前軍能獨當之者, 將軍言是也; 若不能當而分爲前後, 此楚之三軍所以爲黥布禽也.]

64. 위의 책. [祁山知大軍以在近, 人情自固, 可止屯於此, 分爲奇兵, 示出其後, 不宜進前而不敢

逼, 坐失民望也. 今亮縣軍食少, 亦行去矣.]

65. 위의 책. [公畏蜀如虎, 奈天下笑何!]
66. 『三國志』卷17, 「魏志·張郃傳」의 주석에 인용된 『魏略』. [軍法, 圍城必開出路, 歸軍勿追.]
67. 『晉書』卷1, 「宣帝紀」. [亮若勇者, 當出武功, 依山而東. 若西上五丈原, 則諸軍無事矣.]
68. 『三國志』卷26, 「魏志·郭淮傳」. [若亮跨渭登原, 連兵北山, 隔絶隴道, 搖蕩民夷, 此非國之利也.]
69. 『三國志』卷35, 「蜀志·諸葛亮傳」. [耕者雜於渭濱居民之間, 而百姓安堵, 軍無私焉.]
70. 위의 책. [天下奇才也.]
71. 위의 책. [諸葛亮之爲相國也, 撫百姓, 示儀軌, 約官職, 從權制, 開誠心, 布公道. 盡忠益時者雖讎必賞, 犯法怠慢者雖親必罰, 服罪輸情者雖重必釋, 遊辭巧飾者雖輕必戮; 善無微而不賞, 惡無纖而不貶; 庶事精練, 物理其本, 循名責實, 虛僞不齒; 終於邦域之內, 咸畏而愛之, 刑政雖峻而無怨者, 以其用心平而勸戒明也. 可謂識治之良才, 管·蕭之亞匹矣. 然連年動衆, 未能成功, 蓋應變將略, 非其所長歟!]
72. 陳壽, 「上晉武帝表」, 위의 책에서 재인용. [立法施度, 整理戎旅, 工械技巧, 物究其極, 科敎嚴明, 賞罰必信, 無惡不懲, 無善不顯, 至於吏不容奸, 人懷自厲, 道不拾遺, 彊不侵弱, 風化肅然也. …… 然亮才於治戎爲長, 奇謀爲短; 理民之幹, 優於將略. …… 黎庶追思, 以爲口實. 至今梁·益之民, 咨述亮者, 言猶在耳, 雖『甘棠』之詠召公, 鄭人之歌子産, 無以遠譬也.]
73. 『晉書』卷82, 「陳壽傳」. [亮將略非長, 無應敵之才.]
74. 『晉書』卷1, 「宣帝紀」. [志大而不見機, 多謀而少決, 好兵而無權.]
75. 『後漢書』卷79下, 「儒林列傳·下」. [自光武中年以後, 干戈稍戢, 專事經學, 自是其風世篤焉. 其服儒衣, 稱先王, 遊庠序, 聚橫塾者, 蓋布之於邦域矣.]
76. 『三國志』卷35, 「蜀志·諸葛亮傳」의 주석에 인용된 『襄陽記』. [儒生俗士, 豈識時務? 識時務者在乎俊傑. 此間自有伏龍·鳳雛.]
77. 『三國志』卷42, 「蜀志·尹黙傳」. [乃遠遊荊州, 從司馬德操·宋仲子等受古學. 皆通諸經史.]
78. 『三國志』卷42, 「蜀志·孟光傳」. [後進文士秘書郎郤正數從光諮訪, 光問正太子所習讀并其情性好尙, 正答曰: "奉親虔恭, 夙夜匪懈, 有古世子之風; 接待群僚, 擧動出於仁恕." 光曰: "如君所道, 皆家戶所有耳; 吾今所問, 欲知其權略智調何如也." 正曰: "世子之道, 在於承志竭歡, 旣不得妄有所施爲, 且智調藏於胸懷, 權略應時而發, 此之有無, 焉可豫設也?" 光解正慎宜, 不爲放談, 乃曰: "吾好直言, 無所回避, 每彈射利病, 爲世人所譏嫌, 省君意亦不甚好吾言, 然語有次. 今天下未定, 智意爲先, 智意雖有自然, 然亦可力彊致也. 此儲君讀書, 寧當效吾等竭力博識以待訪問, 如傅士探策講試以求爵位邪! 當務其急者."]
79. 『三國志』卷34, 「蜀志·二主妃子傳·先主甘皇后傳」. […… 『禮記』曰: "立愛自親始, 敎民孝也; 立敬自長始, 敎民順也." 不忘其親, 所由生也. 『春秋』之義, 母以子貴. …… 今皇思夫人宜有尊號, 以慰寒泉之思, 輒與恭等案法, 宜曰昭烈皇后. 『詩』曰: "穀則異室, 死則同穴." 故昭烈皇后宜與大行皇帝合葬.]
80. 『三國志』卷42, 「蜀志·杜微傳」. [服聞德行, 飢渴歷時 …… 猥以空虛, 統領貴州, 德薄任重,

慘慘憂慮. …… 欲與君因天順民, 輔此明主.]

81. 위의 책. [犍爲南安人也, 以儒學節操稱. 從議郎遷諫議大夫·五官中郎將.]
82. 『三國志』卷42, 「蜀志·周羣傳」. [少學術於廣漢楊厚, 名亞董扶·任安. …… 先主定蜀, 署儒林校尉.]
83. 『三國志』卷42, 「蜀志·杜瓊傳」. [蜀郡成都人也. 少受學於任安. …… 先主定益州, 領牧, 以瓊爲議曹從事.]
84. 『三國志』卷42, 「蜀志·許慈傳」. [南陽人也. 師事劉熙, 善鄭氏學, 治『易』·『尙書』·『三禮』·『毛詩』·『論語』. 建安中, 與許靖等俱自交州入蜀. …… 先主定蜀, 承喪亂歷紀, 學業衰廢, 乃鳩合典籍, 沙汰衆學, 慈 …… 爲博士. 慈後主世稍遷至大長秋. …… 子勛傳其業, 復爲博士.]
85. 『三國志』卷42, 「蜀志·孟光傳」. [河南洛陽人, …… 好『公羊春秋』而譏呵『左氏』.]
86. 『三國志』卷42, 「蜀志·來敏傳」. [義陽新野人, 來歙之後也. 父豔, 爲漢司空. …… 敏遂與姊入蜀, 常爲璋賓客. 涉獵書籍, 善『左氏春秋』. …… 先主定益州, 敏典學校尉, 及立太子, 以爲家令. 後主踐阼, 爲虎賁中郎將. 丞相亮住漢中, 請爲軍祭酒·輔軍將軍.]
87. 『三國志』卷42, 「蜀志·尹默傳」. [梓潼涪人也. 益部多貴今文而不崇章句, 默知其不博, 乃遠游荊州, 從司馬德操·宋仲子等受古學. 皆通諸經史, 又專精於『左氏春秋』, 自劉歆條例, 鄭衆·賈逵父子·陳元·服虔注說, 咸略誦述, 不復按本. 先主定益州, 領牧, 以默爲勸學從事, 及立太子, 以默爲僕, 以『左氏傳』授後主. 後主踐阼, 拜諫議大夫. 丞相亮住漢中, 請爲軍祭酒.]
88. 『三國志』卷42, 「蜀志·李譔傳」. [李譔字欽仲, 梓潼涪人也. 父仁 …… 與同縣尹默俱游荊州, 從司馬徽·宋忠等學. 譔具傳其業, 又從默講論義理, 五經·諸子, 無不該覽, 著古文『易』·『尙書』·『毛詩』·『三禮』·『左氏傳』·『太玄指歸』, 皆依準賈·馬, 異於鄭玄.]
89. 『三國志』卷42, 「蜀志·譙周傳」. [丞相亮領益州牧, 命周爲勸學從事. 亮卒 …… 大將軍蔣琬領刺史, 徙爲典學從事, 總州之學者. 後主立太子, 以周爲僕, 轉家令.]
90. 『三國志』卷42, 「蜀志·郤正傳」. [祖父儉, 靈帝末爲益州刺史. …… 少以父死母嫁, 單煢隻立, 而安貧好學, 博覽墳籍. …… 依則先儒, 假文見意, 號曰『釋譏』.]
91. 『三國志』卷32, 「蜀志·先主傳」의 주석에 인용된 『諸葛亮集』. [可讀『漢書』·『禮記』, 閒暇歷觀諸子及『六韜』·『商君書』, 益人意智.]
92. 위의 책. [寫『申』·『韓』·『管子』·『六韜』一通.]

15장

1. 『漢書』卷30, 「藝文志」. [自孝武立樂府而採歌謠, 於是有代趙之謳, 秦楚之風, 皆感於哀樂, 緣事而發, 亦可以觀風俗, 知薄厚云.]
2. 『漢書』卷97上, 「外戚傳」. [子爲王, 母爲虜, 終日舂薄暮, 常與死爲伍! 相離三千里, 當誰使告汝?]
3. 『漢書』卷27中之上, 「五行志」. [邪徑敗良田, 讒口亂善人. 桂樹華不實, 黃爵巢其顚. 故爲人

所羨, 今爲人所憐.]

4. 『玉臺新詠』卷1,「爲焦仲卿妻作幷序」. [漢末建安中, 廬江府小吏焦仲卿妻劉氏, 爲仲卿母所遣, 自誓不嫁. 其家逼之, 乃投水而死. 仲卿聞之, 亦自縊於庭樹. 時人傷之, 爲詩云爾.]

5. 위의 책. [孔雀東南飛, 五里一徘徊. "十三能織素, 十四學裁衣, 十五彈箜篌, 十六誦詩書. 十七爲君婦, 心中常苦悲. 君旣爲府吏, 守節情不移. 賤妾留空房, 相見常日稀. 雞鳴入機織, 夜夜不得息. 三日斷五疋, 大人故嫌遲. 非爲織作遲, 君家婦難爲. 妾不堪驅使, 徒留無所施. 便可白公姥, 及時相遣歸." 府吏得聞之, 堂上啓阿母: "兒已薄祿相, 幸復得此婦. 結髮同枕席, 黃泉共爲友. 共事二三年, 始爾未爲久. 女行無偏斜, 何意致不厚?" 阿母謂府吏: "何乃太區區! 此婦無禮節, 舉動自專由. 吾意久懷忿, 汝豈得自由! 東家有賢女, 自名秦羅敷. 可憐體無比, 阿母爲汝求. 便可速遣之, 遣去愼莫留." 府吏長跪告, 伏惟啓阿母: "今若遣此婦, 終老不復娶!" 阿母得聞之, 槌床便大怒. "小子無所畏, 何敢助婦語! 吾已失恩意, 會不相從許." 府吏默無聲, 再拜還入戶. 擧言謂新婦, 哽咽不能語. "我自不驅卿, 逼迫有阿母. 卿但暫還家, 吾今且報府. 不久當歸還, 還必相迎取. 以此下心意, 愼勿違吾語." 新婦謂府吏: "勿復重紛紜! 往昔初陽歲, 謝家來貴門. 奉事循公姥, 進止敢自專? 晝夜勤作息, 伶俜縈苦辛. 謂言無罪過, 供養卒大恩. 仍更被驅遣, 何言復來還? 妾有繡腰襦, 葳蕤自生光. 紅羅複斗帳, 四角垂香囊. 箱簾六七十, 綠碧靑絲繩. 物物各自異, 種種在其中. 人賤物亦鄙, 不足迎後人. 留待作遣施, 於今無會因. 時時爲安慰, 久久莫相忘." 雞鳴外欲曙, 新婦起嚴妝. 著我繡夾裙, 事事四五通. 足下躡絲履, 頭上玳瑁光. 腰若流紈素, 耳著明月璫. 指如削蔥根, 口如含朱丹. 纖纖作細步, 精妙世無雙. 上堂謝阿母, 母聽去不止. "昔作女兒時, 生小出野里. 本自無教訓, 兼愧貴家子. 受母錢帛多, 不堪母驅使. 今日還家去, 念母勞家里." 卻與小姑別, 淚落連珠子. "新婦初來時, 小姑始扶床. 今日被驅遣, 小姑如我長. 勤心養公姥, 好自相扶將. 初七及下九, 嬉戱莫相忘." 出門登車去, 涕落百餘行. 府吏馬在前, 新婦車在後. 隱隱何甸甸, 俱會大道口. 下馬入車中, 低頭共耳語: "誓不相隔卿, 且暫還家去, 吾今且赴府. 不久當還歸, 誓天不相負." 新婦謂府吏: "感君區區懷. 君旣若見錄, 不久望君來. 君當作磐石, 妾當作蒲葦. 蒲葦紉如絲, 磐石無轉移. 我有親父兄, 性行暴如雷. 恐不任我意, 逆以煎我懷." 擧手長勞勞, 二情同依依. 入門上家堂, 進退無顔儀. 阿母大拊掌: "不圖子自歸! 十三教汝織, 十四能裁衣, 十五彈箜篌, 十六知禮儀, 十七遣汝嫁, 謂言無誓違. 汝今無罪過, 不迎而自歸?" 蘭芝慚阿母, 兒實無罪過. 阿母大悲摧. 還家十餘日, 縣令遣媒來. 云有第三郎, 窈窕世無雙. 年始十八九, 便言多令才. 阿母謂阿女: "汝可去應之." 阿女銜淚答: "蘭芝初還時, 府吏見丁寧, 結誓不別離. 今日違情義, 恐此事非奇. 自可斷來信, 徐徐更謂之." 阿母白媒人: "貧賤有此女, 始適還家門. 不堪吏人婦, 豈合令郎君? 幸可廣問訊, 不得便相許." 媒人去數日, 尋遣丞請還. 說"有蘭家女, 承籍有宦官." 云"有第五郎, 嬌逸未有婚. 遣丞爲媒人, 主簿通語言." 直說"太守家, 有此令郎君, 旣欲結大義, 故遣來貴門." 阿母謝媒人: "女子先有誓, 姥姥豈敢言?" 阿兄得聞之, 悵然心中煩. 擧言謂阿妹: "作計何不量! 先嫁得府吏, 後嫁得郎君. 否泰如天地, 足以榮汝身. 不嫁義郞體, 其往[往]欲何云?" 蘭芝仰頭答: "理實如兄言. 謝家事夫婿, 中道還兄門. 處分適兄意, 那得自任專? 雖與府吏約, 渠會永無緣! 登卽相和和, 便可作婚姻." 媒人下床去, 諾諾復爾爾. 還部白府君: "下官奉使命, 言談大有緣." 府君得聞之, 心中大歡喜. 視歷復開書, 便利此月內. 六合正相應. "良吉三十日. 今已二十七, 卿可去成婚." 交語速裝束, 絡繹如浮雲. 靑雀白鵠舫, 四角龍子幡. 婀娜隨風轉, 金車玉作輪. 躑躅靑驄馬, 流蘇金縷鞍. 賫錢三百萬, 皆用靑絲穿. 雜彩三百疋, 交廣市鮭珍. 從人四五百, 鬱鬱登郡門. 阿母謂阿女: "適得府君書, 明日來迎汝. 何不作衣裳? 莫令事不擧." 阿女默無聲, 手巾掩口

啼, 淚落便如瀉. 移我琉璃榻, 出置前窓下. 左手持刀尺, 右手執綾羅. 朝成繡夾裙, 晚成單羅衫. 暗暗日欲暝, 愁思出門啼. 府吏聞此變, 因求假暫歸. 未至二三里, 摧藏馬悲哀. 新婦識馬聲, 躡履相逢迎. 悵然遙相望, 知是故人來. 舉手拍馬鞍, 嗟嘆使心傷: "自君別我後, 人事不可量. 果不如先願, 又非君所詳. 我有親父母, 逼迫兼弟兄. 以我應他人, 君還何所望." 府吏謂新婦: "賀卿得高遷! 磐石方且厚, 可以卒千年. 蒲葦一時紉, 便作旦夕間. 卿當日勝貴, 吾獨向黃泉." 新婦謂府吏: "何意出此言, 同是被逼迫, 君爾妾亦然. 黃泉下[下]相見, 勿違今日言." 執手分道去, 各各還家門. 生人作死別, 恨恨那可論. 念與世間辭, 千萬不復全. 府吏還家去, 上堂拜阿母: "今日大風寒. 寒風摧樹木, 嚴霜結庭蘭. 兒今日冥冥, 令母在後單. 故作不良計, 勿復怨鬼神. 命如南山石, 四體康且直." 阿母得聞之, 零淚應聲落. "汝是大家子, 仕宦於台閣. 愼勿爲婦死, 貴賤情何薄? 東家有賢女, 窈窕艷城郭. 阿母爲汝求, 便復在旦夕." 府吏再拜還, 長嘆空室中. 作計乃爾立, 轉頭向戶里. 漸見愁煎迫. 其日牛馬嘶, 新婦入靑廬. 庵庵黃昏後, 寂寂人定初. "我命絶今日, 魂去尸長留." 攬裙脫絲履, 舉身赴淸池. 府吏聞此事, 心知長別離. 徘徊庭樹下, 自掛東南枝. 兩家求合葬, 合葬華山傍. 東西植松柏, 左右種梧桐. 枝枝相覆蓋, 葉葉相交通. 中有雙飛鳥, 自名爲鴛鴦. 仰頭相向鳴, 夜夜達五更. 行人駐足聽, 寡婦起彷徨. 多謝後世人, 戒之愼莫忘.]

6. 『後漢書』 卷84, 「列女傳·董祀妻傳」. [漢季失權柄, 董卓亂天常. 志欲圖簒弒, 先害諸賢良. 逼迫遷舊邦, 擁主以自强. 海內興義師, 欲共討不祥. 卓衆來東下, 金甲耀日光. 平土人脆弱, 來兵皆胡羌. 獵野圍城邑, 所向悉破亡. 斬截無孑遺, 尸骸相撐拒. 馬邊縣男頭, 馬後載婦女. 長驅西入關, 迥路險且阻. 還顧邈冥冥, 肝脾爲爛腐. 所略有萬計, 不得令屯聚. 或有骨肉俱, 欲言不敢語. 失意幾微間, 輒言斃降虜. "要當以亭刃, 我曹不活汝." 豈復惜性命, 不堪其詈罵. 或便加棰杖, 毒痛參並下. 旦則號泣行, 夜則悲吟坐. 欲死不能得, 欲生無一可. 彼蒼者何辜, 乃遭此厄禍! 邊荒與華異, 人俗少理義. 處所多霜雪, 胡風春夏起. 翩翩吹我衣, 肅肅入我耳. 感時念父母, 哀嘆無窮已. 有客從外來, 聞之常歡喜. 迎問其消息, 輒復非鄕里. 邂逅徼時願, 骨肉來迎己. 己得自解免, 當復棄兒子. 天屬綴人心, 念別無會期. 存亡永乖隔, 不忍與之辭. 兒前抱我頸, 問母欲何之? 人言母當去, 豈復有還時? 阿母常仁惻, 今何更不慈? 我尙未成人, 奈何不顧思? 見此崩五內, 恍惚生狂痴. 號泣手撫摩, 當發復回疑. 兼有同時輩, 相送告離別. 慕我獨得歸, 哀叫聲摧裂. 馬爲立踟躕, 車爲不轉轍. 觀者皆歔欷, 行路亦嗚咽. 去去割情戀, 遄征日遐邁. 悠悠三千里, 何時復交會? 念我出腹子, 胸臆爲摧敗. 旣至家人盡, 又復無中外. 城郭爲山林, 庭宇生荊艾. 白骨不知誰, 從橫莫覆蓋. 出門無人聲, 豺狼號且吠. 煢煢對孤景, 怛吒糜肝肺. 登高遠眺望, 魂神忽飛逝. 奄若壽命盡, 旁人相寬大. 爲復强視息, 雖生何聊賴! 託命於新人, 竭心自勖勵. 流離成鄙賤, 常恐復捐廢. 人生幾何時, 懷憂終年歲!]

7. 『文心雕龍』, 「時序第四十五」. [觀其時文, 雅好慷慨, 良由世積亂離, 風衰俗怨.]

8. 『全唐詩』 卷177, 「宣州謝朓樓餞別校書叔云」. [蓬萊文章建安骨.]

9. 『曹操集』(中華書局, 1959), 「苦寒行」. [北上太行山, 艱哉何巍巍! 羊腸阪詰屈, 車輪爲之摧. 樹木何蕭瑟, 北風聲正悲! 熊羆對我蹲, 虎豹夾路啼. 谿谷少人民, 雪落何霏霏. 廷頸長歎息, 遠行多所懷. 我心何怫鬱, 思欲一東歸. 水深橋梁絶, 中路正徘徊. 迷惑失故路, 薄暮無宿棲. 行行日已遠, 人馬同時饑. 擔囊行取薪, 斧冰持作糜. 悲彼東山詩, 悠悠令我哀.]

10. 위의 책, 「短歌行」(其一). [對酒當歌, 人生幾何? 譬如朝露, 去日苦多. 慨當以慷, 憂思難忘.

何以解憂? 唯有杜康. "靑靑子衿, 悠悠我心." 但爲君故, 沈吟至今. "呦呦鹿鳴, 食野之苹. 我有嘉賓, 鼓瑟吹笙." 明明如月, 何時可輟? 憂從中來, 不可斷絕. 越陌度阡, 枉用相存. 契闊談讌, 心念舊恩. 月明星稀, 烏鵲南飛. 繞樹三匝, 何枝可依? 山不厭高, 海不厭深. 周公吐哺, 天下歸心.]

11. 위의 책, 「龜雖壽」. [神龜雖壽, 猶有竟時. 騰蛇乘霧, 終爲土灰. 老驥伏櫪, 志在千里. 烈士暮年, 壯心不已. 盈縮之期, 不但在天. 養怡之福, 可得永年. 幸甚至哉, 歌以詠志.]

12. 『文選』 卷29, 「魏文帝雜詩二首」(其一). [漫漫秋夜長, 烈烈北風涼. 展轉不能寐, 披衣起彷徨. 彷徨忽已久, 白露沾我裳. 俯視淸水波, 仰看明月光. 天漢迴西流, 三五正縱橫. 草蟲鳴何悲, 孤雁獨南翔. 鬱鬱多悲思, 綿綿思故鄕. 願飛安得翼, 欲濟河無梁. 向風長嘆息, 斷絕我中腸.]

13. 『三國志』 卷19, 「魏志·陳思王曹植傳」. [幾爲太子者數矣. 而任性而行, 不自雕勵, 飮酒不節. 文帝御之以術, 矯情自飾, 宮人左右, 並爲之說, 故遂定爲嗣.]

14. 『三國志』 卷19, 「魏志·陳思王曹植傳」의 주석에 인용된 『魏略』. [臣初受封, 策書曰: "植受茲靑社, 封於東土, 以屛翰皇家, 爲魏藩輔." 而所得兵百五十人, 皆年在耆順, 或不逾矩, 虎賁官騎及親事凡二百餘人. 正復不老, 皆使年壯, 備有不虞, 校乘城, 顧不足以自救, 況皆復耄聾罷曳乎? 而名爲魏東藩, 使屛翰王室, 臣竊自羞矣! 就之諸國, 國有士子, 合不過五百人. 伏以爲三軍益損, 不復賴此, 方外不定, 必當須辦者, 臣願將部曲倍道奔赴, 夫妻負繈, 子弟懷糧, 蹈鋒履刃, 以徇國難, 何但習業小兒哉? …… 又臣士息前後三迭, 兼人已竭, 惟向有小兒, 七八歲已上, 十六七已還, 三十餘人. 今部曲皆年耆, 臥在床席, 非糜不食, 眼不能視, 氣息裁屬者, 凡三十七人, 疲瘵風靡, 疣盲聾瞶者, 二十三人. …… 伏以爲陛下旣爵已百寮之右, 居藩國之任, 爲置卿士, 屋名爲宮, 塚名爲陵, 不使其危居獨立, 無異於凡庶. 若柏成欣於野耕, 子仲樂於灌園, 蓬戶茅牖, 原憲之宅也; 陋巷單瓢, 顔子之居也. 臣才不見效用, 常慨然執斯志焉, 若陛下聽臣悉還部曲, 罷官屬, 省監官, 使解璽釋紱, 追柏成·子仲之業, 營顔淵·原憲之事, 居子臧之廬, 宅延陵之室. 如此, 雖進無成功, 退有可守, 身死之日, 猶松·喬也. 然伏度國朝終未肯聽臣之若是, 固當羈絆於世繩, 維繫於祿位, 懷屑屑之小憂, 執無已之百念, 安得蕩然肆志, 逍遙於宇宙之外哉?]

15. 黃節, 『曹子建詩注』, 人民文學出版社, 1957, 「送應氏詩」. [步登北芒阪, 遙望洛陽山. 洛陽何寂寞, 宮室盡燒焚. 垣牆皆頓擗, 荊棘上參天. 不見舊耆老, 但睹新少年. 側足無行徑, 荒疇不復田. 遊子久不歸, 不識陌與阡. 中野何蕭條, 千里無人煙. 念我平常居, 氣結不能言.]

16. 위의 책, 「野田黃雀行」. [高樹多悲風, 海水揚其波. 利劍不在掌, 結友何須多. 不見籬間雀, 見鷂自投羅. 羅家得雀喜, 少年見雀悲. 拔劍捎羅網, 黃雀得飛飛. 飛飛摩蒼天, 來下謝少年.]

17. 위의 책, 「薤露行」. 天地無窮極, 陰陽轉相因. 人居一世間, 忽若風吹塵. 願得展功勤, 輸力於明君. 懷此王佐才, 慷慨獨不羣. 鱗介尊神龍, 走獸宗麒麟. 蟲獸猶知德, 何況於士人. 孔氏刪詩書, 王業粲已分. 騁我徑寸翰, 流藻垂華芬.]

18. 『文選』 卷52, 「典論論文」. [今之文人, 魯國孔融文擧, 廣陵陳琳孔璋, 山陽王粲仲宣, 北海徐幹偉長, 陳留阮瑀元瑜, 汝南應瑒德璉, 東平劉楨公幹. 斯七子者, 於學無所遺, 於辭無所假, 咸自騁驥騄於千里, 仰齊足而並馳. 以此相服, 亦良難矣.]

19. 위의 책. [王粲長於辭賦, 徐幹時有齊氣, 然粲之匹也. 如粲之初征·登樓·槐賦·征思, 幹之玄

猿·漏卮·圓扇·橘賦, 雖張·蔡不過也. 然於他文, 未能稱是. 琳·瑀之章表書記, 今之儁也. 應瑒和而不壯, 劉楨壯而不密, 孔融體氣高妙有過人者, 然不能持論, 理不勝辭, 以至乎雜以嘲戲. 及其所善, 揚·班儔也. 常人貴遠賤近, 向聲背實, 又患闇於自見, 謂己爲賢. 夫文本同而末異, 蓋奏議宜雅, 書論宜理, 銘誄尚實, 詩賦欲麗. 此四科不同, 故能之者偏也, 唯通才能備其體.]

20. 『文選』卷23, 「七哀詩」. [西京亂無象, 豺虎方遘患. 復棄中國去, 遠身適荊蠻. 親戚對我悲, 朋友相追攀. 出門無所見, 白骨蔽平原. 路有飢婦人, 抱子棄草間. 顧聞號泣聲, 揮涕獨不還. 未知身死處, 何能兩相完. 驅馬棄之去, 不忍聽此言. 南登霸陵岸, 回首望長安. 悟彼下泉人, 喟然傷心肝.]

21. 『文選』卷11, 「登樓賦」. [雖信美而非吾土兮, 曾何足以少留.]

22. 위의 책. [冀王道之一平兮, 假高衢而騁力.]

23. 『三國志』卷21, 「魏志·王粲傳附陳琳傳」. [卿昔爲本初移書, 但可罪狀孤而已, 惡惡止其身, 何乃上及父祖邪?]

24. 『太平御覽』卷597에 인용된 『魏書』. [矢在弦上, 不得不發.]

25. 『三國志』卷21, 「魏志·王粲傳附陳琳傳」. [愛其才而不咎.]

16장

1. 『晉書』卷1, 「宣帝紀」. [博學洽聞, 伏膺儒敎.]

2. 위의 책. [少有奇節, 聰朗多大略. …… 漢末大亂, 常慨然有憂天下心.]

3. 위의 책. [建安六年, 郡擧上計掾, 魏武帝爲司空, 聞而辟之. 帝知漢運方微, 不欲屈節曹氏, 辭以風痺, 不能起居. 魏武使人夜往密刺之, 帝堅臥不動. 及魏武爲丞相, 又辟爲文學掾, 敕行者曰: "若復盤桓, 便收之." 帝懼而就職.]

4. 위의 책. [帝內忌而外寬, 猜忌多權變. 魏武察帝有雄豪志, 聞有狼顧相, 欲驗之. 乃召使前行, 令反顧, 面正向後而身不動. 又嘗夢三馬同食一槽, 甚惡焉. 因謂太子丕曰: "司馬懿非人臣也, 必預汝家事." 太子素與帝善, 每相全佑, 故免.]

5. 위의 책. [吾深以後事爲念, 故以委卿. …… 使吾無西顧之憂, 不亦可乎!]

6. 위의 책. [吾東, 撫軍當總西事; 吾西, 撫軍當總東事.]

7. 위의 책. [宛去洛八百里, 去吾一千二百里, 聞吾擧事, 當表上天子, 比相反覆, 一月間也, 則吾城已固, 諸軍足辦. 則吾所在深險, 司馬公必不自來; 諸將來, 吾無患矣.]

8. 위의 책. [吾擧事, 八日而兵至城下, 何其神速也!]

9. 『三國志』卷, 「魏志·公孫度傳」. [我王遼東, 何永寧也!]

10. 『晉書』卷1, 「宣帝紀」. [二人老耄, 必傳言失旨, 已相爲斬之. 若意有未已, 可更遣年少有明決者來.]

11. 위의 책. [軍事大變有五, 能戰當戰, 不能戰當守, 不能守當走, 餘二事惟有降與死耳. 汝不肯面縛, 此爲決就死也, 不須送任!]

12. 『資治通鑑』卷74, 「魏明帝景初二年」條의 주석에서 인용된 『資治通鑑考異』. [陳壽當晉世作 「魏志」, 若言放·資本情, 則于時非美, 故遷就而爲之諱也.]

13. 위의 책. [依習鑿齒『漢晉春秋』·郭頒『世語』, 似得其實.]

14. 『資治通鑑』卷74, 「魏明帝景初二年·三年」條. [寢疾, 深念後事, 乃以武帝子燕王宇爲大將軍, 與領軍將軍夏侯獻·武衛將軍曹爽·屯騎校尉曹肇·驍騎將軍秦朗等對輔政. 爽, 眞之子; 肇, 休之子也. 帝素與燕王宇善, 故以後事屬之. 劉放·孫資久典機任, 獻·肇心內不平, 殿中有鷄棲樹, 二人相謂曰: "此亦久矣, 其能復幾!"(胡注: 殿中畜鷄以司晨, 棲於樹上, 因謂之鷄棲樹. 獻·肇指以喻放·資. 一言而發司馬氏篡魏之機, 言之不可不謹也如是夫! 以此觀獻·肇之輕脫, 又何足以託孤哉!) 放·資懼有後害, 陰圖間之. 燕王性恭良, 陳誠固辭. 帝引放·資入臥內, 問曰: "燕王正爾爲?" 對曰: "燕王實自知不堪大任故耳." 帝曰: "誰可任者?" 時惟曹爽獨在帝側, 放·資因薦爽, 且言: "宜召司馬懿與相參." 帝曰: "爽堪其事不?" 爽汗流不能對, 放躡其足, 耳之曰: "臣以死奉社稷." 帝從放·資言, 欲用爽·懿, 旣而中變, 敕停前命; 放·資復入見說帝, 帝又從之. 放曰: "宜爲手詔." 帝曰: "我困篤, 不能." 放卽上床, 執帝手强作之, 遂齎出, 大言曰: "有詔免燕王宇等官, 不得停省中." 皆流涕而出. 甲申, 以曹爽爲大將軍. …… 是時, 司馬懿在汲, 帝令給使辟邪賫手詔召之. 先是, 燕王爲帝畫計, 以爲關中事重, 宜遣懿便道自軹關西還長安, 事已施行. 懿斯須得二詔, 前後相違, 疑京師有變, 乃疾馳入朝. 三年. 春正月, 懿至, 入見, 帝執其手曰: "吾以後事屬君, 君與曹爽輔少子." …… 是日, 立齊王爲皇太子. 帝尋殂.]

15. 『三國志』卷9, 「魏志·曹肇傳」. [有當世才度.]

16. 『三國志』卷9, 「魏志·曹爽傳」. [少以宗室謹重, 明帝在東宮, 甚親愛之. 及卽位, …… 寵待有殊.]

17. 위의 책. [帝寢疾, 乃引爽入臥內, 拜大將軍, 假節鉞, 都督中外諸軍事, 錄尙書事, 與太尉司馬宣王並受遺詔輔少主. 明帝崩, 齊王卽位, 加892侍中.]

18. 『三國志』卷4, 「魏志·三少帝紀·齊王芳紀」. [大將軍曹爽·太尉司馬宣王輔政, 詔曰: " …… 大將軍·太尉奉受末命, 夾輔朕躬."]

19. 『資治通鑑』卷74, 「魏明帝景初三年」條의 주석. [或問: "使爽能守此而不變, 可以免魏室之禍否?" 曰: "貓鼠不可以同穴, 使爽能奉此而行之, 亦終爲懿所啖食耳."]

20. 『三國志』卷3, 「魏志·明帝紀」. [尊儒貴學, 王敎之本也. 自頃儒官或非其人, 將何以宣明聖道? 其高選博士, 才任侍中·常侍者, 申敕郡國, 貢士以經學爲先.]

21. 위의 책. [世之質文, 隨敎而變. 兵亂以來, 經學廢絶, 後生進趣, 不由典謨. 豈訓導未洽, 將進用者不以德顯乎? 其郎吏學通一經, 才任牧民, 博士課試, 擢其高第者, 亟用; 其浮華不務道本者, 皆罷退之.]

22. 『三國志』卷3, 「魏志·明帝紀」의 주석에 인용된 『魏書』. [務絶浮華譖毁之端.]

23. 『三國志』卷28, 「魏志·諸葛誕傳」. [諸葛誕 …… 累遷御史中丞·尙書, 與夏侯玄·鄧颺等相善, 收名朝廷, 京都翕然. 言事者以誕·颺等修浮華, 合虛譽, 漸不可長. 明帝惡之, 免誕官.]

24. 『三國志』卷28, 「魏志·諸葛誕傳」의 주석에 인용된 『世語』. [是時, 當世俊士散騎常侍夏侯

玄·尙書諸葛誕·鄧颺之徒, 共相題表, 以玄疇四人爲四聰, 誕備八人爲八達. 中書監劉放子熙·孫資子密·吏部尙書衛臻子烈三人, 咸不及比, 以父居勢位, 容之爲三豫, 凡十五人. 帝以構長浮華, 皆免官廢錮.]

25. 『三國志』卷9, 「魏志·曹爽傳」의 주석에 인용된 『魏略』. [鄧颺, 字玄茂, 鄧禹後也. 少得士名於京師. 明帝時爲尙書郎, 除洛陽令, 坐事免, 拜中郎, 又入兼中書郎. 初, 颺與李勝等爲浮華友, 及在中書, 浮華事發, 被斥出, 遂不復用.]

26. 위의 책. [李勝, 字公昭. 父休字子朗, 有智略. …… 勝少遊京師, 雅有才智, 與曹爽善. 明帝禁浮華, 而人白勝堂有四窓八達, 各有主名. 用是被收, 以其所連引者多, 故得原, 禁錮數歲.]

27. 『三國志』卷9, 「魏志·曹爽傳」의 주석에 인용된 『魏氏春秋』. [初, 夏侯玄·何晏等名盛於時, 司馬景王亦預焉. 晏嘗曰: "唯深也, 故能通天下之志, 夏侯泰初是也; 唯幾也, 故能成天下之務, 司馬子元是也; 惟神也, 不疾而速, 不行而至, 吾聞其語, 未見其人." 蓋欲以神況諸己也.]

28. 『三國志』卷9, 「魏志·曹爽傳附何晏傳」의 주석에 인용된 『魏略』. [好色, …… 動靜粉白不去手, …… 爲尙書, 主選擧, 其宿與之有舊者, 多被拔擢.]

29. 『三國志』卷9, 「魏志·曹爽傳」의 주석에 인용된 『魏略』. [何晏選擧不得人, 頗由颺之不公忠.]

30. 『晉書』卷47, 「傅咸列傳」. [正始中, 任何晏以選擧, 內外之衆職各得其才, 粲然之美於斯可觀.]

31. 『三國志』卷9, 「魏志·夏侯玄傳」. [車輿服章, 皆從質樸, 禁除末俗華麗之事, 使幹朝之家, 有位之室, 不復有錦綺之飾, 無兼采之服.]

32. 『三國志』卷14, 「魏志·董昭傳」. [凡有天下者, 莫不貴尙敦樸忠信之士, 深疾虛僞不眞之人者, 以其毁教亂治, 敗俗傷化也. 近魏諷則伏誅建安之末, 曹偉則斬戮黃初之始. 伏惟前後聖詔, 深疾浮僞, 欲以破散邪黨, 常用切齒; 而執法之吏皆畏其權勢, 莫能糾摘, 毁壞風俗, 侵欲滋甚. 竊見當今年少, 不復以學問爲本, 專更以交遊爲業; 國士不以孝悌淸修爲首, 乃以趨勢遊利爲先. 合黨連羣, 互相褒歎, 以毁譽爲罰戮, 用黨譽爲爵貴, 附者則歎之盈言, 不附者則爲作瑕釁.]

33. 『三國志』卷13, 「魏志·王肅傳」. [時大將軍曹爽專權, 任用何晏·鄧颺等, 肅與太尉蔣濟·司農桓範論及時政, 肅正色曰: "此輩卽弘恭·石顯之屬, 復稱說邪!" 爽聞之, 戒何晏等曰: "當共愼之! 公卿已比諸君前世惡人矣."]

34. 『三國志』卷4, 「魏志·齊王芳紀」. [其以太尉爲太傅, 持節統兵都督諸軍事如故.]

35. 『資治通鑑』卷74, 「魏明帝景初三年」條에서는 '조'(躁)자를 추가하여 "何平叔外靜而內躁, 銛巧好利"라고 했는데, 아주 좋다. 그러나 무엇을 근거로 보충한 것인지는 모르겠다.

36. 『三國志』卷21, 「魏志·傅嘏傳」. [何平叔外靜而內銛巧, 好利, 不念務本, 吾恐必先惑子兄弟, 仁人將遠, 而朝政廢矣.]

37. 『三國志』卷4, 「魏志·三少帝紀·齊王芳紀」. [善爲國者必先治其身, 治其身者愼其所習. 所習正則其身正, 其身正則不令而行; 所習不正則其身不正, 其身不正雖令不從. 是故爲人君者, 所與遊必擇正人, 所觀覽必察正象, 放鄭聲而弗聽, 遠佞人而弗近, 然後邪心不生而正道可弘也.]

38. 위의 책. [咸因闕以進規諫.]

39. 『三國志』卷14,「魏志·蔣濟傳」. [是時, 曹爽專政, 丁謐·鄧颺等輕改法度. …… 濟上疏曰: "…… 夫爲國法度, 惟命世大才, 乃能張其綱維以垂於後, 豈中下之吏所宜改易哉? 終無益於治, 適足傷民. 望宜使文武之臣各守其職, 率以清平, 則和氣祥瑞可感而致也."]

40. 『三國志』卷9,「魏志·曹爽傳」의 주석에 인용된 『魏氏春秋』. [唯深也, 故能通天下之志, 夏侯泰初是也.]

41. 『三國志』卷9,「魏志·夏侯玄傳」. [銓衡專於臺閣, 上之分也, 孝行存乎閭巷, 優劣任之鄉人, 下之敘也. 夫欲清敎審選, 在明其分敘, 不使相涉而已. …… 上過其分, 則恐所由之不本, 而干勢馳騖之路開; 下踰其敘, 則恐天爵之外通, 而機權之門多矣. 夫天爵下通, 是庶人議柄也; 機權多門, 是紛亂之原也. 自州郡中正品度官才之來, 有年載矣, 緬緬紛紛, 未聞整齊, 豈非分敍參錯, 各失其要之所由哉! 若令中正但考行倫輩, 倫輩當行均, 斯可官矣. …… 奚必使中正干銓衡之機於下, 而執機柄者有所委仗於上, 上下交侵, 以生紛錯哉!]

42. 위의 책. [衆職之屬, 各有官長, 旦夕相考, 莫究於此. …… 若使各帥其分, 官長則各以其屬能否獻之臺閣, 臺閣則據官長能否之第, 參以鄉閭德行之次, 擬其倫比, 勿使偏頗. 中正則唯考其行跡, 別其高下, 審定輩類, 勿使升降. 臺閣總之, 如其所簡, 或有參錯, 則其責負自在有司. …… 斯則人心定而事理得, 庶可以靜風俗而審官才矣.]

43. 위의 책. [今之長吏, 皆君吏民, 橫重以郡守, 累以刺史. 若郡所攝, 唯在大較, 則與州同, 無爲再重. 宜省郡守, 但任刺史, 刺史職存則監察不廢, 郡吏萬數, 還親農業, 以省煩費, 豐財殖穀. …… 若省郡守, 縣皆徑達, 事不擁隔, 官無留滯, 三代之風, 雖未必, 簡一之化, 庶幾可致, 便民省費, 在於此矣.]

44. 위의 책. [文質之更用, 猶四時之迭興也 …… 時彌質則文之以禮, 時泰侈則救之以質. 今承百王之末, 秦漢餘流, 世俗彌文, 宜大改之以易民望. …… 是故宜大理其本, 準度古法, 文質之宜, 取其中則, 以爲禮度. 車輿服章, 皆從質樸, 禁除末俗華麗之事, 使幹朝之家, 有位之室, 不復有錦綺之飾, 無兼采之服, 纖巧之物, 自上以下, 至於樸素之差, 示有等級而已.]

45. 위의 책. [審官擇人, 除重官, 改服制, 皆大善.]

46. 위의 책. [恐此三事, 當待賢能然後了耳.]

47. 위의 책. [機權多門, 是紛亂之原也.]

48. 『三國志』卷9,「魏志·曹爽傳」의 주석에 인용된 『世語』. [總萬機, 典禁兵, 不宜並出, 若有閉城門, 誰復內入者?]

49. 위의 책. [誰敢爾邪?]

50. 『資治通鑑』卷75,「魏邵陵厲公正始九年」條. [衆情謂明公舊風疾發, 何意尊體乃爾!]

51. 위의 책. [年老沈疾, 死在旦夕. 君當屈并州, 并州近胡, 好善爲之, 恐不復相見.]

52. 위의 책. [當還忝本州, 非并州.]

53. 위의 책. [君方到并州.]

54. 위의 책. [當忝荊州.]

55. 위의 책. [年老, 意荒忽, 不解君言. 今還爲本州, 盛德壯烈, 好建功勳.]

56. 위의 책. [司馬公尸居餘氣, 形神已離, 不足慮矣.]

57. 위의 책. [太傅病不可復濟, 令人愴然!]

58. 『三國志』卷9,「魏志·曹爽傳」. [臣昔從遼東還, 先帝詔陛下·秦王及臣升御床, 把臣臂, 深以後事爲念. 臣言: "二祖亦屬臣以後事, 此自陛下所見, 無所憂苦; 萬一有不如意, 臣當以死奉明詔." 黃門令董箕等, 才人侍疾者, 皆所聞知. 今大將軍爽背棄顧命, 敗亂國典, 內則僭擬, 外專威權; 破壞諸營, 盡據禁兵, 羣官要職, 皆置所親; 殿中宿衛, 歷世舊人皆復斥出, 欲置新人以樹私計; 根據槃互, 縱恣日甚. 外旣如此, 又以黃門張當爲都監, 專共交關, 看察至尊, 候伺神器, 離間二宮, 傷害骨肉. 天下洶洶, 人懷危懼, 陛下但爲寄坐, 豈得久安! 此非先帝詔陛下及臣升御林之本意也. 臣雖朽邁, 敢忘枉言? 昔趙高極意, 秦氏以滅; 呂·霍早斷, 漢祚永世. 此乃陛下之大鑒, 臣受命之時也. 太尉臣濟·尙書令臣孚等, 皆以爽爲有無君之心, 兄弟不宜典兵宿衛, 奏永寧宮. 皇太后令敕臣如奏施行. 臣輒敕主者及黃門令罷爽·羲·訓吏兵, 以侯就第, 不得逗留以稽車駕; 敢有稽留, 便以軍法從事. 臣輒力疾將兵屯洛水浮橋, 伺察非常.]

59. 『三國志』卷9,「魏志·曹爽傳」의 주석에 인용된 干寶의 『晉書』. [智囊往矣!]

60. 위의 책. [範則智矣, 駑馬戀棧豆, 爽必不能用也.]

61. 『三國志』卷9,「魏志·曹爽傳」의 주석에 인용된 『魏略』. [事昭然, 卿用讀書何爲邪! 於今日卿等門戶倒矣!]

62. 『三國志』卷9,「魏志·曹爽傳」. [當今日, 卿門戶求貧賤復可得乎? 且匹夫質一人, 尙慾望活, 今卿與天子相隨, 令於天下, 誰敢不應者!]

63. 『三國志』卷9,「魏志·曹爽傳」의 주석에 인용된 『魏略』. [卿別營近在闕南, 洛陽典農治在城外, 呼召如意. 今詣許昌, 不過中宿, 許昌別庫, 足相被假; 所憂當在穀食, 而大司農印章在我身.]

64. 『三國志』卷9,「魏志·曹爽傳」의 주석에 인용된 『魏氏春秋』. [我不失作富家翁!]

65. 위의 책. [曹子丹佳人, 生汝兄弟, 犢耳! 何圖今日坐汝等族滅也!]

66. 『三國志』卷9,「魏志·曹爽傳」의 주석에 인용된 『魏末傳』. [故大將軍東南行.]

67. 『三國志』卷28,「魏志·王淩傳」의 주석에 인용된 『漢晉春秋』. [同日斬戮, 名士減半.]

68. 『三國志』卷28,「魏志·王淩傳」. [廢立大事, 勿爲禍先.]

69. 『三國志』卷28,「魏志·王淩傳」의 주석에 인용된 『魏略』. ["卿直以折簡召我, 我當敢不至邪? 而乃引軍來乎!" 太傅曰: "以卿非肯逐折簡者故也." 淩曰: "卿負我!" 太傅曰: "我寧負卿, 不負國家."]

70. 『三國志』卷28,「魏志·王淩傳」의 주석에 인용된 干寶의 『晉紀』. [賈梁道! 王淩固忠於魏之社稷者, 唯爾有神, 知之.]

71. 『三國志』卷28,「魏志·鍾會傳」의 주석에 인용된 『漢晉春秋』. [司馬懿旣得彼政, 當復有征伐之志不?]

72. 위의 책. [彼方營立家門, 未遑外事.]

73. 『三國志』卷28,「魏志·王淩傳」의 주석에 인용된 『漢晉春秋』. [凡擧大事, 應本人情. 今曹爽以驕奢失民, 何平叔虛而不治, 丁·畢·桓·鄧雖並有宿望, 皆專競于世, 加變易朝典, 政令數

주석   695

改, 所存雖高而事不下接, 民習于舊, 衆莫之從. 故雖勢傾四海, 聲震天下, 同日斬戮, 名士減半, 而百姓安之, 莫或之哀. 失民故也. 今懿情雖難量, 事未有逆, 而擢用賢能, 廣樹勝己, 修先朝之政令, 副衆心之所求. 爽之所以爲惡者, 彼莫不必改, 夙夜匪懈, 以恤民爲先. 父子兄弟, 並握兵要, 未易亡也.]

74. 『三國志』卷28, 「魏志·王淩傳」의 주석. [臣松之以爲如此言之類, 皆前史所不載, 而猶出習氏. 且制言法體不似於昔, 疑悉鑿齒所自造者也.]

75. 위잉스(余英時) 교수의 학설.

76. 『晉書』卷1, 「宣帝紀」. [伏膺儒敎.]

77. 위의 책. [漢末大亂, 常慨然有憂天下心.]

78. 『孟子』卷14, 「盡心章下」. [達則兼善天下.]

79. 『三國志』卷6, 「魏志·袁紹傳」의 주석에 인용된 『魏氏春秋』. [乞丐携養]

80. 陳寅恪, 「書世說新語文學類鍾會撰四本論始畢條後」, 『中山大學學報』, 1956-3. 이상의 글은 『金明館叢稿初編』에 재수록되었다.

81. 何玆全, 『中國古代及中世紀史講義』, 北京師範大學出版組, 1957.5.

82. 『三國志』卷27, 「魏志·王昶傳」. [魏承秦·漢之弊, 法制苛碎, 不大釐改國典以準先王之風, 而望治化復興, 不可得也.]

83. 『三國志』卷13, 「魏志·王朗傳附王肅傳」. [景初間, 宮室盛興, 民失農業 …… 肅以疏曰: "…… 今宮室未就, 功業未訖, 運漕調發, 轉相供奉, 是以丁夫疲於力作, 農者離其南畝 …… 斯則有國之大患, 而非備豫之長策也. ……"]

84. 『三國志』卷14, 「魏志·蔣濟傳」. [景初中, 外勤征役, 內務宮室, 怨曠者多, 而年穀饑儉. 濟上疏曰: "…… 今其所急, 唯當息耗百姓, 不至甚弊. …… 凡使民必須農隙, 不奪其時. ……"]

85. 『晉書』卷1, 「宣帝紀」. [是時大修宮室, 加之以軍旅, 百姓饑弊. 帝將卽戎, 乃諫曰: "昔周公營洛邑, 蕭何造未央, 今宮室未備, 臣之責也. 然自河以北, 百姓困窮, 外內有役, 勢不幷興, 宜假絕內務, 以救時急."]

86. 『晉書斠注』의 周家祿 校勘記에 따르면, '萬'은 '年'으로 고쳐야 한다. [이 경우 본문의 해석은 "지금 천하에서 농사를 짓지 않은 상황이 대략 20여 년째"라고 해석된다―옮긴이].

87. 『晉書』卷1, 「宣帝紀」. [魏國旣建 …… 遷爲軍司馬, 言于魏武曰: "昔箕子陳謀, 以食爲首. 今天下不耕者蓋二十餘萬, 非經國遠籌也. 雖戎甲未卷, 自宜且耕且守." 魏武納之, 于是務農積穀, 國用豊贍.]

88. 『晉書』卷26, 「食貨志」. [嘉平四年, 關中饑, 宣帝表徙冀州農夫五千人佃上邽, 興京兆·天水·南安鹽池, 以益軍實.]

89. 中華書局版『晉書』卷26, 「食貨志」의 校勘記에서는 '가평 4년'(252년)을 '태화 4년'(230년)으로 정정하고 있다.

90. 『晉書』卷1, 「宣帝紀」. [皆奏罷之, 節用務農, 天下欣賴.]

91. 위의 책. [奏穿廣漕渠, 引河入汴, 漑東南諸陂, 始大佃於淮北.]

17장

1. 『晉書』卷2,「景帝紀」. [少流美譽, 與夏侯玄·何晏齊名.]
2. 위의 책. [惟幾也能成天下之務, 司馬子元是也.]
3. 『三國志』卷9,「魏志·夏侯尙傳」의 주석에 인용된 『魏書』. [向有籌畫智略, 文帝器之, 與爲布衣之交.]
4. 위의 책. [尙自少侍從, 盡誠竭節, 雖云異姓, 其猶骨肉, 是以入爲腹心, 出當爪牙, 智略深敏, 謀謨過人, 不幸早殞, 命也奈何!]
5. 『三國志』卷9,「魏志·夏侯玄傳」의 주석에 인용된 『魏略』. [不交人事, 不蓄華姸.] ['華姸'은 후대의 여러 학자들의 의견에 따라 '筆硯'으로 수정하여 해석했다―옮긴이].
6. 『三國志』卷9,「魏志·夏侯玄傳」의 주석에 인용된 『魏氏春秋』. [無復憂矣.]
7. 위의 책. [士宗, 卿何不見事乎? 此人猶能以通家年少遇我, 子元·子上不吾容也.]
8. 『三國志』卷9,「魏志·夏侯玄傳」의 주석에 인용된 『世語』. [玄至廷尉, 不肯下辭. 廷尉鍾毓自臨治玄. 玄正色責毓曰: "吾當何辭? 卿爲令史責人也? 卿便爲吾作." 毓以其名士, 節高不可屈, 而獄當竟, 夜爲作辭, 令與事相附, 流涕以示玄. 玄視, 頷之而已.]
9. 『三國志』卷4,「魏志·三少帝紀·齊王芳紀」의 주석에 인용된 『魏略』. [芝謂帝曰: "大將軍欲廢陛下, 立彭城王據." 帝乃起去, 太后不悅. 芝曰: "太后有子不能敎, 今大將軍意已成, 又勒兵於外以備非常, 但當順旨, 將復何言!" 太后曰: "我欲見大將軍, 口有所說." 芝曰: "何可見邪? 但當速取璽綬." 太后意折, 乃遣傍侍御取璽綬著坐側.]
10. 『資治通鑑』卷76,「高貴鄉公正元元年」條. [芝出報師, 師甚喜. 又遣使者授帝齊王印綬, 出就西宮. 帝與太后垂涕而別, 乘王車, 從太極殿南出, 羣臣送者數十人.]
11. 『三國志』卷4,「魏志·三少帝紀·齊王芳紀」의 주석에 인용된 『魏略』. [彭城王, 我之季叔也, 今來立, 我當何之? 且明皇帝當絶嗣乎? 吾以爲高貴鄉公者, 文皇帝之長孫, 明皇帝之弟子, 於禮, 小宗有後大宗之義, 其詳議之.]
12. 『三國志』卷28,「魏志·毌丘儉傳」. [臣愚以爲天下所急除者二賊, 所急務者衣食. 誠使二賊不滅, 士民飢凍, 雖崇美宮室, 猶無益也.]
13. 『資治通鑑』卷75,「正始七年二月」條에는 '위궁'(位宮)으로 되어 있다.
14. 『三國志』卷13,「魏志·王肅傳」. [昔關羽率荊州之衆, 降于禁於漢濱, 遂有北向爭天下之志. 後孫權襲取其將士家屬, 羽士衆一旦瓦解. 今淮南將士父母妻子皆在內州, 但急往禦衛, 使不得前, 必有關羽土崩之勢矣.]
15. 『三國志』卷21,「魏志·傅嘏傳」의 주석에 인용된 『漢晉春秋』. [嘏重言曰: "淮楚兵勁, 而儉等負力遠鬪, 其鋒未易當也. 若諸將戰有利鈍, 大勢一失, 則公事敗矣." 是時景王新割目瘤, 創甚, 聞嘏言, 蹶然而起曰: "我請輿疾而東."]
16. 『晉書』卷44,「鄭袤列傳」. [昔與儉俱爲臺郞, 特所知悉. 其人好謀而不達事情, 自昔建勳幽州, 志望無限. 文欽勇而無算. 今大軍出其不意, 江·淮之卒銳而不能固, 深溝高壘以挫其氣, 此亞夫之長也.]

17. 『三國志』卷27,「魏志·王基傳」. [淮南之逆, 非吏民思亂也, 儉等誑脅迫懼, 畏目下之戮, 是以 向羣聚耳. 若大兵臨逼, 必土崩瓦解. 儉·欽之首, 不終朝而縣於軍門矣.]

18. 위의 책. [儉等舉軍足以深入, 而久不進者, 是其詐僞已露, 衆心疑沮也. 今不張示威形以副 民望, 而停軍高壘, 有似畏懦, 非用兵之勢也. …… 此爲錯兵無用之地, 而成姦宄之源. 吳寇 因之, 則淮南非國家之有, 譙·沛·汝·豫危而不安, 此計之大失也. 軍宜速進據南頓, 南頓有大 邸閣, 計足軍人四十日糧. 保堅城, 因積穀, 先人有奪人之心, 此平賊之要也.]

19. 위의 책. […… 方今外有彊寇, 內有叛臣, 若不時決, 則事之深淺未可測也. …… 將軍持重 是也, 停軍不進非也. …… 今據堅城, 保壁壘, 以積實資虜, 縣運軍糧, 甚非計也.]

20. 위의 책. [將在軍, 君令有所不受.]

21. 『晉書』卷2,「景帝紀」. [淮南將士本無反志. 且儉·欽欲蹈縱橫之迹, 習儀·秦之說, 謂遠近必 應. 而事起之日, 淮北不從, 史招·李續前後瓦解. 內乖外叛, 自知必敗, 困獸思鬪, 速戰更合 其志. …… 小與持久, 詐情自露, 此不戰而克之也.]

22. 『資治通鑑』卷76,「魏高貴鄉公正元2年」條. [及其未定, 擊之可破也.]

23. 『三國志』卷28,「魏志·諸葛誕傳」의 주석에 인용된『魏末傳』. [洛中諸賢, 皆願禪代, 君所知 也. 君以爲云何?]

24. 위의 책. [卿非賈豫州子? 世受魏恩, 如何負國? 欲以魏室輸人乎? 非吾所忍聞. 若洛中有 難, 吾當死之.]

25. 『晉書』卷40,「賈充列傳」. [誕在再揚州, 威名夙著, 能得人死力. 觀其規略, 爲反必也. 今徵 之, 反速而事小; 不徵, 事遲而禍大.]

26. 『晉書』卷2,「文帝紀」. [昔黥布叛逆, 漢祖親征; 隗囂違戾, 光武西伐; 烈祖明皇帝乘輿仍出, 皆所以奮揚赫斯, 震耀威武也. 陛下宜暫臨戎, 使將士得憑天威. 今諸軍可五十萬, 以衆擊 寡, 蔑不克矣.]

27. 『晉書』卷2,「文帝紀」. [誕以毌丘儉輕疾傾覆, 今必外連吳寇, 此爲變大而遲. 吾當與四方同 力, 以全勝制之.]

28. 위의 책. [或謂大軍不能久, 省食減口, 冀有他變.]

29. 위의 책. [將軍李廣臨敵不進, 泰山太守常時稱疾不出, 並斬之以徇.]

30. 『三國志』卷27,「魏志·王基傳」. [今圍壘轉固, 兵馬向集, 但當精修守備以待越逸, 而更移兵 守險, 使得放縱, 雖有智者不能善後矣.]

31. 위의 책. [今與賊家對敵, 當不動如山. 若遷移依險, 人心搖蕩, 於勢大損. 諸軍並據深溝高 壘, 衆心皆定, 不可傾動, 此御兵之要也.]

32. 위의 책. [初議者云云, 求移者甚衆, 時未臨履, 亦謂宜然. 將軍深算利害, 獨秉固志, 上違詔 命, 下拒衆議, 終至制敵禽賊, 雖古人所述, 不是過也.]

33. 『資治通鑑』卷77,「魏高貴鄉公甘露2年」條. [壽春之圍已固, 雖使周瑜·呂蒙·陵遜復生, 不能 解也. 若孫綝能擧荊·揚之衆出襄陽, 以向宛·洛, 壽春城下之兵必分歸以自救, 諸葛誕·文欽 等於此時決圍力戰, 猶庶幾焉.]

34. 『三國志』卷28,「魏志·諸葛誕傳」의 주석에 인용된 『漢晉春秋』. [朱異等以大衆來而不能進, 孫綝殺異而歸江東, 外以發兵爲名, 內實坐須成敗. 其歸可見矣. 今宜及衆心尙固, 士卒思用, 並力決死, 攻其一面, 雖不能盡克, 猶可有全者.]

35. 방점으로 표시한 부분은 『資治通鑑』에만 추가되어 있다. 『資治通鑑』卷77,「魏高貴鄕公 甘露2年」條. [空坐守死, 無爲也.]

36. 방점으로 표시한 원문 '內附'가 『자치통감』에서는 "오에 귀순하다"로 기록되었다. 『資治通鑑』卷77,「魏高貴鄕公 甘露2年」條. [歸命於吳.]

37. 『三國志』卷28,「魏志·諸葛誕傳」의 주석에 인용된 『漢晉春秋』. [公今擧十餘萬之衆內附, 而欽與全端等皆同居死地, 父子兄弟盡在江表, 就孫綝不欲, 主上及其親戚豈肯聽乎? 且中國無歲無事, 軍民並疲. 今守我一年, 勢力已困, 異圖生心, 變故將起, 以往準今, 可計日而望也.] 방점으로 표시한 부분이 『자치통감』에서는 "어째서 이처럼 (성을 고수하는) 기존의 전략을 버리고, 위험을 무릅쓴 채 요행을 바라는 것입니까?"라고 표현되어 있다. 『資治通鑑』卷77,「魏高貴鄕公 甘露2年」條. [奈何舍此, 欲乘危徼倖乎?]

38. 『三國志』卷28,「魏志·鍾會傳」. [吳中怒懌等不能拔壽春, 欲盡誅諸將家, 故逃來歸命.]

39. 『三國志』卷28,「魏志·諸葛誕傳」의 주석에 인용된 『漢晉春秋』. [蔣班·焦彝謂我不能出而走, 全端·全懌又率衆逆降, 此敵無備之時也, 可以戰矣.]

40. 『資治通鑑』卷76,「魏高貴鄕公正元年」條. [以余觀高貴鄕公, 蓋小慧而知書.]

41. 『三國志』卷4,「魏志·高貴鄕公紀」의 주석에 인용된 『漢晉春秋』. [司馬昭之心, 路人所知也. 吾不能坐受廢辱, 今日當與卿等自出討之.]

42. 위의 책. [昔魯昭公不忍季氏, 敗走失國, 爲天下笑. 今權在其門, 爲日久矣, 朝廷四方皆爲之致死, 不顧逆順之理, 非一日也. 且宿衛空闕, 兵甲寡弱, 陛下何所資用, 而一旦如此, 無乃欲除疾而更深之邪! 禍殆不測, 宜見重詳.]

43. 위의 책. [行之決矣. 正使死, 何所懼? 況不必死邪!]

44. 『三國志』卷4,「魏志·高貴鄕公紀」의 주석에 인용된 『魏末傳』. [司馬家事若敗, 汝等豈復有種乎?]

45. 위의 책. [當殺邪? 執邪?]

46. 위의 책. [殺之.]

47. 『三國志』卷4,「魏志·高貴鄕公紀」의 주석에 인용된 『漢晉春秋』. [天下其謂我何!]

48. 『三國志』卷22,「魏志·陳泰傳」의 주석에 인용된 干寶의 『晉紀』. [世之論者, 以泰方於舅, 今舅不如泰也.]

49. 위의 책. [玄伯, 卿何以處我?]

50. 위의 책. [誅賈充以謝天下.]

51. 위의 책. [爲我更思其次.]

52. 위의 책. [泰言惟有進於此, 不知其次.]

53. 『孟子』卷2,「梁惠王下」. [吾聞誅一夫紂矣, 未聞弑其君也.]

54. 『三國志』卷22,「魏志·高貴鄕公紀」의 주석에 인용된『魏氏春秋』. [才同陳思, 武類太祖.]

18장

1. 『後漢書』卷79上,「儒林列傳」의 序. [遊學增盛, 至三萬餘生. 然章句漸疏, 而多以浮華相尙, 儒者之風蓋衰矣. 黨人旣誅, 其高名善士多坐流廢.]

2. 『後漢書』卷60上,「馬融列傳」. [永初二年, 大將軍鄧騭聞融名, 召爲舍人, 非其好也, 遂不應命. 客於涼州武都·漢陽界中. 會羌虜飆起, 邊方擾亂, 米穀踊貴, 自關以西, 道殣相望. 融旣饑困, 乃悔而歎息, 謂其友人曰: "古人有言: '左手據天下之圖, 右手刎其喉, 愚夫不爲.' 所以然者, 生貴於天下也. 今以曲俗咫尺之羞, 滅無貲之軀, 殆非老莊所謂也." 故往應騭召.]

3. 위의 책. [是時鄧太后臨朝, 騭兄弟輔政, 而俗儒世士, 以爲文德可興, 武功宜廢 …… 故猾賊從橫, 乘此無備. 融乃感激, 以爲文武之道, 聖賢不墜, 五才之用, 無或可廢. 元初二年, 上「廣成頌」以諷諫. …… 頌奏, 忤鄧氏, 滯於東觀, 十年不得調. 因兄子喪, 自劾歸. 太后聞之怒, 謂融羞薄詔除, 欲仕州郡, 遂令禁錮之.]

4. 위의 책. [大將軍梁商表爲從事中郎, 轉武都太守. 時西羌反叛, 征西將軍馬賢與護羌校尉胡疇征之, 而稽久不進. 融知其將敗, 上疏乞自效. …… 朝廷不能用.]

5. 위의 책. [桓帝時爲南郡太守. 先是融有事忤大將軍梁冀旨, 冀諷有司奏融在郡貪濁, 免官, 髡徙朔方. 自刺不殊, 得赦還, 復拜議郎, 重在東觀著述, 以病去官.]

6. 위의 책. [初, 融懲於鄧氏, 不敢復違忤勢家, 遂爲梁冀草奏李固, 又作大將軍「西第頌」, 以此頗爲正直所羞.]

7. 위의 책. [善鼓琴, 好吹笛, 達生任性, 不拘儒者之節. 居宇器服, 多存侈飾, 常坐高堂, 施絳紗帳, 前授生徒, 後列女樂, 弟子以次相傳, 鮮有入其室者.]

8. 『後漢書』卷53,「申屠蟠列傳」. [坑儒燒書之禍, 今之謂矣.]

9. 『後漢書』卷68,「郭太列傳」. [吾夜觀乾象, 晝察人事, 天之所廢, 不可支也.]

10. 『後漢書』卷53,「徐穉列傳」. [大樹將顚, 非一繩所維, 何爲棲棲不遑寧處!]

11. 『抱朴子外篇』卷46,「正郭篇」. [蓋欲立朝則世已大亂, 欲潛伏則悶而不堪. 或躍, 則畏禍害; 確爾, 則非所安. 彰惶不定, 載肥載臞. 而世人逐其華而莫研其實.]

12. 위의 책. [知人則哲, 蓋亞聖之器也. 及在衰世, 棲棲惶惶, 席不暇溫, 志在乎匡亂行道, 與仲尼相似.]

13. 『三國志』卷1,「魏志·武帝紀」. [任俠放蕩, 不治行業, 故世人未之奇也.]

14. 위의 책. [天下將亂, 非命世之才不能濟也. 能安之者, 其在君乎?]

15. 『後漢書』卷68,「許劭列傳」. [初, 劭與靖俱有高名, 好共覈論鄕黨人物, 每月輒更其品題, 故汝南俗有'月旦評'焉.]

16. 『三國志』卷1,「魏志·武帝紀」의 주석에 인용된『世語』. [玄謂太祖曰: "君未有名, 可交許子將."]

17. 『三國志』卷1,「魏志·武帝紀」의 주석에 인용된 孫盛의『異同雜語』. [嘗問許子將: "我何如人?", 子將不答. 固問之, 子將曰: "子治世之能臣, 亂世之姦雄也."]

18. 『抱朴子外篇』卷50,「自敍」. [漢末俗弊, 朋黨分部, 許子將之徒, 以口舌取戒, 爭訟論議, 門宗成讎. 故汝南人士無復定價, 而有月旦之評. 魏武帝深亦疾之, 欲取其首, 爾乃奔波亡走, 殆至屠滅.]

19. 湯用彤,「魏晉思想的發展」,『魏晉玄學論考』, 中華書局, 1962.

20. 『世說新語』卷上,「文學篇」. [王輔嗣弱冠詣裴徽, 徽問曰: "夫無者, 誠萬物之所資; 聖人莫肯致言, 而老子申之無已, 何邪?" 弼曰: "聖人體無, 無又不可以訓, 故言必及有. 老·莊未免於有, 恒訓其所不足."]

21. 『中庸』. [天命之謂性, 率性之謂道, 修道之謂敎.]

22. 『列子』卷4,「仲尼篇」의 주석. [天地以自然運, 聖人以自然用.]

23. 『世說新語』卷上,「文學篇」. [阮宣子有令聞. 太尉王夷甫見而問曰: "老·莊與聖教同異?" 對曰: "將無同?" 太尉善其言, 辟之爲掾, 世謂'三語掾'.]

24. 『晉書』卷49,「阮籍列傳附阮瞻傳」. [見司徒王戎, 戎問曰: "聖人貴名教, 老·莊明自然. 其旨同異?" 瞻曰: "將無同." 戎咨嗟良久, 即命辟之. 時人謂之'三語掾'. 太尉王衍亦雅重之.]

25. 『文心雕龍』第18,「論說篇」. [迄至正始, 務欲守文; 何晏之徒, 始盛玄論. 於是聃·周當路, 與尼父爭途矣.]

26. 『顏氏家訓』卷3,「勉學篇」. [何晏·王弼, 祖述玄宗. …… 『莊』·『老』·『周易』, 總謂三玄.]

27. 『晉書』卷43,「王衍列傳」. [魏正始中, 何晏·王弼等祖述老·莊, 立論以爲: "天地萬物皆以無爲本. 無也者, 開物成務, 無往不存者也. 陰陽恃以化生, 萬物恃以成形, 賢者恃以成德, 不肖恃以免身. 故無之爲用, 無爵而貴矣."]

28. 『列子』卷1,「天瑞篇」의 주석에 인용된 何晏의「道論」. [有之爲有, 恃無以生. 事而爲事, 由無以成. 夫道之而無語, 名之而無名, 視之而無形, 聽之而無聲, 則道之全焉. 故能昭音響而出氣物, 包形神而章光影, 玄以之黑, 素以之白, 矩以之方, 規以之員. 員方得形而此無形, 白黑得名而此無名也.]

29. 『列子』卷4,「仲尼篇」의 주석에 인용된 何晏의「無名論」. [夫道者, 惟無所有者也. 自天地以來, 皆有所有矣, 然猶謂之道者, 以其能復用無所有也. …… 夏侯玄曰: "天地以自然運, 聖人以自然用." 自然者, 道也. 道本無名, 故老氏曰: "彊爲之名." 仲尼稱堯"蕩蕩無能名焉." 下云"巍巍成功", 則彊爲之名, 取世所稱而稱耳, 豈有名而更當云無能名焉者耶? 夫惟無名, 故可得遍以天下之名名之, 然豈其名也哉?]

30. 『老子』40章. [天下萬物生於有, 有生於無.]

31. 『老子』1章. [無名, 天地之始; 有名, 萬物之母.]

32. 『老子道德經注』. [凡有皆始於無. 故未形無名之時, 則爲萬物之始. 及其有形有名之時, 則長之育之, 亭之毒之, 爲其母也. 言道以無形無名始成(萬物), 萬物以始以成而不知其所以(然), 玄之又玄也.]

33. 『三國志』卷28,「魏志·鍾會傳」의 주석에 인용된 何劭의「王弼傳」. [弼幼而察慧, 年十餘, 好

老氏. 通辯能言. …… 何晏爲吏部尙書, 甚奇弼, 歎之曰: "仲尼稱後生可畏, 若斯人者, 可與言天人之際乎!" …… 何晏以爲聖人無喜怒哀樂, 其論甚精, 鍾會等述之. 弼與不同, 以爲聖人茂於人者神明也, 同於人者五情也, 神明茂故能體沖和以通無, 五情同故不能無哀樂以應物, 然則聖人之情, 應物而無累於物者也. 今以其無累, 便謂不復應物, 失之多矣.]

34. 『世說新語』卷上, 「文學篇」. [何晏爲吏部尙書, 有位望, 時談客盈坐. 王弼未弱冠, 往見之. 晏聞弼名, 因條向者勝理, 語弼曰: "此理僕以爲極, 可得復難不?" 弼便作難, 一坐人便以爲屈. 於是弼自爲客主數番, 皆一坐所不及.]

35. 위의 책. [何平叔注『老子』始成, 詣王輔嗣. 見王注精奇, 迺神伏, 曰: "若斯人, 可與論天人之際矣." 因以所注爲『道』・『德』二篇.]

36. 『三國志』卷9, 「魏志·曹爽傳附何晏傳」. [晏, 何進孫也. 母尹氏, 爲太祖夫人. 晏長於宮省, 又尙公主, 少以才秀知名, 好老·莊言, 作『道德論』及諸文賦著述凡數十篇.]

37. 『三國志』卷, 「魏志·何晏傳」의 주석에 인용된『魏略』. [太祖爲司空時, 納晏母幷收養晏 …… 見寵如公子. …… 晏無所顧憚, 服飾擬於太子, 故文帝特憎之, 每不呼其姓字, 嘗謂之爲'假子'.]

38. 『晉書』卷47, 「傅咸列傳」. [正始中, 任何晏以選擧, 內外之衆職各得其才, 粲然之美於斯可觀.]

39. 『晉書』卷49, 「阮籍列傳」. [魏晉之際, 天下多故, 名士少有全者.]

40. 『三國志』卷21, 「魏志·王粲傳」의 주석. [家世儒學, 少有俊才, 曠邁不羣, 高亮任性, 不修名譽, 寬簡有大量. 學不師授, 博洽多聞. 長而好老·莊之業, 恬靜無欲. 性好服食, 嘗採禦上藥. …… 以爲神仙者, 稟之自然, 非積學所致. 至於導養得理, 以盡性命, 若安期·彭祖之倫, 可以善求而得也; 著『養生篇』.]

41. 『晉書』卷49, 「嵇康列傳」. [長好老·莊, 與魏宗室婚, 拜中散大夫.]

42. 『文選』卷43, 「與山巨源絕交書」. [老子·莊周, 吾之師也. …… 少加孤露, 母兄見驕, 不涉經學. …… 又讀『莊』・『老』, 重增其放. 故使榮進之心日頹, 任實之情轉篤. …… 又不識人情, 闇於機宜, 無萬石之慎, 而有好盡之累; 久與事接, 疵釁日興, 雖欲無患, 其可得乎! …… 又每非湯·武而薄周·孔, 在人間不止, 此事會顯, 世教所不容. …… 吾頃學養生之術, 方外榮華, 去滋味, 遊心於寂寞, 以無爲爲貴. …… 足下無事冤之, 令轉於溝壑也.] 거원(巨源)은 산도의 자이다.

43. 이 점은 근대의 학자 노필이 이미 지적한 바 있다. 盧弼, 『三國志集解』卷21, 「王粲傳」의 주석을 보라.

44. 『嵇中散集』卷6, 「釋私論」. [氣靜神虛者, 心不存乎矜尙; 體亮心達者, 情不繫於所欲. 矜尙不存乎心, 故能越名敎而任自然; 情不繫於所欲, 故能審貴賤而通物情. 物情順通, 故大道無違; 越名任心, 故是非無措也.]

45. 『嵇中散集』卷7, 「難張遼叔自然好學論」. [洪荒之世, 大樸未虧, 君無文於上, 民無競於下, 物全理順, 莫不自得. 飽則安寢, 飢則求食, 怡然鼓腹, 不知爲至德之世也. 若此, 則安知仁義之端, 禮律之文? 及至人不存, 大道陵遲, 乃始作文墨, 以傳其意. 區別群物, 使有類族; 造立仁義, 以嬰其心; 制其名分, 以檢其外; 勸學講文, 以神其敎. 故六經紛錯, 百家繁熾, 開榮利之塗, 故奔騖而不覺.]

46. 『晉書』卷49, 「嵇康列傳」. [沉默自守, 無所言說.]

47. 위의 책. [君性烈而才儁, 其能免乎!]
48. 위의 책. [何所聞而來? 何所見而去?]
49. 위의 책. [聞所聞而來, 見所見而去.]
50. 위의 책. [嵇康, 臥龍也, 不可起. 公無憂天下, 顧以康爲慮耳. …… 言論放蕩, 非毁典謨, 帝王者所不宜容. 宜因釁除之, 以淳風俗.]
51. 『晉書』卷49,「阮籍列傳」. [志氣宏放, 傲然獨得, 任性不羈, 而喜怒不形於色. 或閉戶視書, 累月不出; 或登臨山水, 經日忘歸. 博覽羣籍, 尤好『莊』·『老』. 嗜酒能嘯, 善彈琴. 當其得意, 忽忘形骸. …… 籍本有濟世志, 屬魏晉之際, 天下多故, 名士少有全者, 籍由是不與世事, 遂酣飲爲常.]
52. 『全三國文』卷45,「達莊論」. [天地生于自然, 萬物生于天地. …… 人生天地之中, 體自然之形.]
53. 『全三國文』卷45,「通老論」. [道者, 法自然而爲化.]
54. 『晉書』卷49,「阮籍列傳」. [初欲爲武帝求婚於籍, 籍醉六十日, 不得言而止. 鍾會數以時事問之, 欲因其可否而致之罪, 皆以酣醉獲免.]
55. 위의 책. [公卿將勸進, 使籍爲其辭. 籍沉醉忘作. 臨詣府, 使取之, 見籍方據案醉眠. 使者以告, 籍便書案, 使寫之. 無所改竄, 辭甚淸壯, 爲時所重.]
56. 위의 책. [籍雖不拘禮教, 然發言玄遠, 口不臧否人物. 性至孝. 母終 …… 毁瘠骨立, 殆致滅性. 裵楷往弔之, 籍散髮箕踞, 醉而直視. 楷弔唁畢便去. 或問楷: "凡弔者主哭, 客乃爲禮. 籍旣不哭, 君何爲哭?" 楷曰: "阮籍旣方外之士, 故不崇禮典. 我俗中之士, 故以軌儀自居." 時人歎爲兩得.]
57. 위의 책. [籍又能爲靑白眼, 見禮俗之士, 以白眼對之. …… 由是禮法之士疾之若讎, 而帝每保護之. 籍嫂嘗歸寧, 籍相見與別. 或譏之, 籍曰: "禮豈爲我設邪!" 鄰家少婦有美色, 當壚沽酒. 籍嘗詣飲, 醉便臥其側. 籍旣不自嫌, 其夫察之, 亦不疑也. 兵家女有才色, 未嫁而死. 籍不識其父兄, 徑往哭之, 盡哀而還. 其外坦蕩而內淳至, 皆此類也.]
58. 위의 책. [嘗登廣武, 觀楚漢戰處, 嘆曰: "時無英雄, 使竪子成名." 登武牢山, 望京邑而嘆. 於是賦「豪傑詩」.]
59. 『全三國文』卷46,「大人先生傳」. [昔者天地開闢, 萬物並生, 大者恬其性, 細者靜其形. 陰藏其氣, 陽發其精, 害無所避, 利無所爭. …… 蓋無君而庶物定, 無臣而萬事理. …… 惟茲若然, 故能長久. 今汝造音以亂聲, 作色以詭形. 君上而虐興, 臣設而賊生, 坐制禮法, 束縛下民. 欺愚誑拙, 藏智自神. 强者睽眠而淩暴, 弱者憔悴而事人. 假廉而成貪, 內險而外仁. …… 無貴則賤者不怨, 無富則貧者不爭, 各足於身而無所求也. …… 竭天地萬物之至, 以奉聲色無窮之欲, 此非所以養百姓也. 于是懼民之知其然, 故重賞以喜之, 嚴刑以威之. …… 此非汝君子之爲乎? 汝君子之禮法, 誠天下殘賊·亂危·死亡之術耳! 而乃目以爲美行不易之道, 不亦過乎? …… 故不通於自然者, 不足以言道.]
60. 『晉書』卷49,「阮籍列傳」. [世人所謂君子, 惟法是修, 惟禮是克. 手執圭璧, 足履繩墨. 行欲爲目前檢, 言欲爲無窮則. 少稱鄕黨, 長聞鄰國. 上欲圖三公, 下不失九州牧. 獨不見羣蝨之處褌中, 逃乎深縫, 匿乎壞絮, 自以爲吉宅也? 行不敢離縫際, 動不敢出褌襠, 自以爲得繩墨也. 然炎丘火流, 焦邑滅都, 羣蝨處於褌中而不能出也. 君子之處域內, 何異夫蝨之處褌中乎?]

1. 『三國志』卷44, 「蜀志·蔣琬傳」. [蔣琬, 社稷之器, 非百里之才也. 其爲政以安民爲本, 不以修飾爲先, 願主公重加察之.]
2. 위의 책. [公琰託志忠雅, 當與吾共贊王業者也.]
3. 위의 책. [臣若不幸, 後事宜以付琬.]
4. 『三國志』卷44, 「蜀志·姜維傳」의 주석에 인용된 『漢晉春秋』. [吾等不如丞相亦已遠矣; 丞相猶不能定中夏, 況吾等乎! 且不如保國治民, 敬守社稷, 如其功業, 以俟能者, 無以爲希冀徼倖而決成敗於一擧. 若不如志, 悔之無及.]
5. 『三國志』卷4, 「魏志·三少帝紀·齊王芳紀」에서는 '곽순'을 '곽수'(郭修)라고 기록했다.
6. 『三國志』卷44, 「蜀志·費禕傳」의 주석에 인용된 『費禕別傳』. [禕雅性謙素, 家不積財, 兒子皆令布衣素食, 出入不從車騎, 無異凡人.]
7. 『三國志』卷44, 「蜀志·姜維傳」. [姜伯約忠勤時事, 思慮精密, 考其所有, 永南·季常諸人不如也. 其人, 涼州上士也.]
8. 위의 책. [姜伯約甚敏於軍事, 旣有膽義, 深解兵意. 此人心存漢室, 而才兼於人.]
9. 『三國志』卷44, 「蜀志·蔣琬傳」. [如不克捷, 還路甚難.]
10. 『資治通鑑』卷76, 「魏高貴鄕公正元2年」條. [王經新敗, 賊衆大盛, 將軍以烏合之衆, 繼敗軍之後, 當乘勝之鋒, 殆必不可. …… 不如據險自保, 觀釁待敝, 然後進救.]
11. 위의 책. [姜維提輕兵深入, 正欲與我爭鋒原野, 求一戰之利. 王經當高壁深壘, 挫其銳氣, 今乃與戰, 使賊得計. 經旣破走, 維若以戰克之威, 進兵東向 …… 放兵收降, 招納羌·胡, 東爭關·隴, 傳檄四郡, 此我之所惡也. 而乃以乘勝之兵, 挫峻城之下 …… 誠非輕軍遠入之利也. 今維孤軍遠僑, 糧穀不繼, 是我速進破賊之時.]
12. 『三國志』卷28, 「魏志·鄧艾傳」. [洮西之敗, 非小失也; 破軍殺將, 倉廩空虛, 百姓流離, 幾於危亡.]
13. 위의 책; 『三國志』卷44 「蜀志·姜維傳」을 보라.
14. 『三國志』卷44, 「蜀志·姜維傳」. [自以練西方風俗, 兼負其才武, 欲誘諸羌·胡以爲羽翼, 謂自隴以西可斷而有也.]
15. 『三國志』卷42, 「蜀志·譙周傳」. [于時軍旅數出, 百姓彫瘁.]
16. 『三國志』卷53, 「吳志·薛綜傳」의 주석에 인용된 『漢晉春秋』. [主闇而不知其過, 臣下容身以求免罪, 入其朝不聞正言, 經其野民皆菜色. 臣聞燕雀處堂, 子母相樂, 自以爲安也, 突決棟焚, 而燕雀怡然不知禍之將及, 其是之謂乎!] 설후는 설종의 아들이다.
17. 『三國志』卷42, 「蜀志·譙周傳」. [夫民疲勞則騷擾之兆生, 上慢下暴則瓦解之形起. …… 是故智者不爲小利移目, 不爲意似改步, 時可而後動, 數合而後擧, 故湯·武之師不再戰而克, 誠重民勞而度時審也. 如遂極武黷征, 土崩勢生, 不幸遇難, 雖有智者將不能謀之矣.]
18. 『資治通鑑』卷78, 「魏元帝景元8年」條. [皓姦巧專恣, 將敗國家, 請殺之.]
19. 위의 책. [皓趨走小臣耳, 往董允每切齒, 吾常恨之, 君何足介意!]

20. 『資治通鑑』卷78, 「魏元帝景元8年」條.
21. 『三國志』卷10, 「魏志·賈詡傳」. [吾欲伐不從命以一天下, 吳·蜀何先?]
22. 『晉書』卷1, 「宣帝紀」. [二虜宜討, 何者爲先?]
23. 위의 책. [若爲陸軍以向皖城, 引權東下, 爲水戰軍向夏口, 乘其虛而擊之, 此神兵從天而墜, 破之必矣.]
24. 『晉書』卷2, 「文帝紀」. [自定壽春已來, 息役六年, 治兵繕甲, 以擬二虜. 略計取吳, 作戰船, 通水道, 當用千餘萬功, 此十萬人百數十日事也. 又南土下濕, 必生疾疫. 今宜先取蜀, 三年之後, 在巴蜀順流之勢, 水陸並進, 此滅虞定虢·吞韓並魏之勢也.]
25. 위의 책. [計蜀戰士九萬, 居守成都及備他郡不下四萬, 然則餘衆不過五萬. 今絆姜維於沓中, 使不得東顧, 直指駱谷, 出其空虛之地, 以襲漢中. 彼若嬰城守險, 兵勢必散, 首尾離絶. 擧大衆以屠城, 散銳卒以略野, 劍閣不暇守險, 關頭不能自存. 以劉禪之暗, 而邊城外破, 士女內震, 其亡可知也.]
26. 『三國志』卷44, 「蜀志·姜維傳」. [聞鍾會治兵關中, 欲規進取, 宜並遣張翼·廖化督諸軍分護陽安關口·陰平橋頭以防未然.]
27. 이 구절이 『資治通鑑』에는 "적이 평원 지대로 들어오게 하여"[聽敵入平]라고 되어 있다.
28. 『資治通鑑』에는 '關'(관문)자 아래 '頭'자가 추가되어 있다.
29. 『資治通鑑』에는 "일제히 진격하여"[並進]가 "측면으로 나와"[旁出]로 되어 있다.
30. 『三國志』卷44, 「蜀志·姜維傳」. [不若使聞敵至, 諸圍皆斂兵聚穀, 退就漢·樂二城, 使敵不得入平, 且重關鎭守以捍之. 有事之日, 令遊軍並進以伺其虛. 敵攻關不克, 野無散穀, 千里縣糧, 自然疲乏. 引退之日, 然後諸城並出, 與遊軍幷力搏之, 此殄敵之術也.]
31. 『資治通鑑』卷77, 「魏高貴鄕公甘露三年」條의 주석. [姜維自棄險要, 以開狹爲啓疆之心, 書此爲亡蜀張本.]
32. 『三國志』卷44, 「蜀志·姜維傳」의 주석에 인용된『蜀記』.
33. 『三國志』卷44, 「蜀志·姜維傳」의 주석에 인용된『漢晉春秋』. [今賊至不擊而閉城自守, 非良圖也.].
34. 위의 책. [受命保城, 惟全爲功, 今違命出戰, 若喪師負國, 死無益矣.]
35. 위의 책. [子以保城獲全爲功, 我以出戰克敵爲功, 請各行其志.]
36. 『資治通鑑』卷78, 「魏元帝景元4年」條. [不設備.]
37. 위의 책의 주석. [使舒果迎戰, 亦未可保其必勝, 僉何爲不設備邪? 關城失守, 僉亦有罪焉.]
38. 『資治通鑑』卷78의 「魏元帝景元4年」條의 주석에 따르면, "강천 어귀는 강대산(彊臺山)의 남쪽에 있다. 강대산은 바로 임조(臨洮)의 서경산(西傾山)이다. 감인(闞駰)은 '강수(强水)가 음평(陰平)의 서북쪽에 있는 강산(强山)에서 발원하며, 강천(强川)으로도 불린다.'라고 했다. 강유가 귀환할 때 등애가 왕기에게 강유를 추격하도록 하여 강구(强口)에서 그에게 패배를 안긴 곳이 바로 이 지역이다."[强川口, 在彊臺山南. 彊臺山, 即臨洮之西傾. 闞駰曰: "强水出陰平西北强山, 一日强川. 姜維之還也, 鄧艾遣王頎追敗之於强口, 即是地也.]라

고 했다. 강천 어귀는 오늘날의 감숙성 문현(文縣)의 서북부, 주곡(舟曲) 부근으로 추정된다.

39. 『三國志』卷28,「魏志·鄧艾傳」. [今賊摧折, 宜遂乘之, 從陰平由邪徑經漢德陽亭趣涪, 出劍閣西百里, 去成都三百餘里. 奇兵衝其腹心, 劍閣之守必還赴涪, 則會方軌而進; 劍閣之軍不還, 則應涪之兵寡矣. 軍志有之曰: "攻其無備, 出其不意." 今掩其空虛, 破之必矣.]

40. 『三國志』卷42,「蜀志·譙周傳」. [自古以來, 無寄他國爲天子者也, 今若入吳, 固當臣服. 且政理不殊, 則大能吞小, 此數之自然也. 由此言之, 則魏能并吳, 吳不能并魏明矣. 等爲小稱臣, 孰與爲大? 再辱之恥, 何與一辱? 且若欲奔南, 則當早爲之計, 然後可果; 今大敵以近, 禍敗將及, 羣小之心, 無一可保, 恐發足之日, 其變不測, 何至南之有乎!]

41. 『三國志』卷42,「蜀志·譙周傳」. [南方遠夷之地, 平常無所供爲, 猶數反叛, 自丞相亮南征, 兵勢逼之, 窮乃(幸)[奉]從. 是後供出官賦, 取以給兵, 以爲愁怨 …… 今以窮迫, 欲往依恃, 恐必復反叛, 一也. 北兵之來, 非但取蜀而已, 若奔南方, 必因人勢衰, 及時赴追, 二也. 若至南方, 外當拒敵, 內供服御, 費用張廣, 他無所取, 耗損諸夷必甚, 甚必速叛, 三也. …… 若遂適南, 勢窮乃服, 其禍必深.]

42. 『三國志』卷42,「蜀志·譙周傳」. [聖人知命而不苟必也. 故堯·舜以子不善, 知天有授, 而求授人; …… 故微子以殷王之昆, 面縛銜璧而歸武王, 豈所樂哉, 不得已也.]

43. 『三國志』卷42,「蜀志·譙周傳」의 주석. [劉氏無虞, 一邦蒙賴, 周之謀也.]

44. 『三國志』卷42,「蜀志·譙周傳」의 주석에 인용된 孫綽의 評. ["譙周說後主降魏, 可乎?" 曰: "自爲天子而乞降請命, 何恥之深乎! 夫爲社稷死則死之, 爲社稷亡則亡之."]

45. 『三國志集解』卷44,「姜維傳」의 주석. [從周之策, 則蜀人免屠戮之慘, 故鄕邦賴之, 非萬世公議也.]

46. 『三國志』卷48,「吳志·三嗣主傳·孫皓傳」의 주석에 인용된 『襄陽記』를 보라. 본문에서 인용한 부분은 간결하게 다듬어져 명확한 『資治通鑑』卷78,「魏元帝景元4年」條의 글이다. [司馬氏得政以來, 大難屢作, 百姓未服, 今又勞力遠征, 敗於不暇, 何以能克!]

47. 위의 책. [不然. 曹操雖功蓋中夏, 民畏其威而不懷其德也. 丕·睿承之, 刑繁役重, 東西驅馳, 無有寧歲. 司馬懿父子累有大功, 除其繁苛而布其平惠, 爲之謀主而救其疾苦, 民心歸之亦已久矣. 故淮南三叛, 而腹心不擾; 曹髦之死, 四方不動. 任賢使能, 各盡其心, 其本根固矣, 奸計立矣. 今蜀閹宦專朝, 國無政令, 而玩戎黷武, 民勞卒敝, 競於外利, 不修守備. 彼强弱不同, 智算亦勝, 因危而我, 殆無不克.]

20장

1. 『三國志』卷48,「吳志·三嗣主傳·孫皓傳」. [蜀初亡, 而交阯携叛, 國內震懼, 貪得長君.]

2. 위의 책. [皓才識明斷, 是長沙桓王之疇也.]

3. 『三國志』卷48,「吳志·三嗣主傳·孫皓傳」의 주석에 인용된 『江表傳』. [皓初立, 發優詔, 恤士民, 開倉廩, 振貧乏, 科出宮女以配無妻, 禽獸擾於苑者皆放之, 當時翕然稱爲明主.]

4. 『三國志』卷61,「吳志·陸凱傳」. [武昌土地, 實危險而堝确, 非王都安國養民之處, 船泊則沉漂, 陵居則峻危, 且童謠言: "寧飮建業水, 不食武昌魚; 寧還建業死, 不止武昌居." …… 童謠之言, 生於天心, 乃以安居而比死, 足明天意, 知民所苦也. 臣聞國無三年之儲, 謂之非國, 而今無一年之蓄, 此臣下之責也. 而諸公卿位處人上, 祿延子孫, 曾無致命之節, 匡救之術, 苟進小利於君, 以求容媚, 荼毒百姓, 不爲君計也. 自從孫弘造義兵以來, 耕種旣廢, 所在無復輸入, 而分一家父子異役, 廩食日張, 畜積日耗, 民有離散之怨, 國有露根之漸, 而莫之恤也. 民力困窮, 鬻賣兒子, 調賦相仍, 日以疲極, 所在長吏, 不加隱括. 加有監官, 旣不愛民, 務行威勢, 所在騷擾, 更爲煩苛, 民苦二端, 財力再耗, 此爲無益而有損也. 願陛下一息此輩, 矜哀孤弱, 以鎭撫百姓之心.]

5. 『三國志』卷48, 「吳志·三嗣主傳·孫皓傳」. [永安山賊施但等聚衆數千人, 劫皓庶弟永安侯謙出烏程, 取孫和陵上鼓吹曲蓋. 比至建業, 衆萬餘人. 丁固·諸葛靚逆之於牛屯, 大戰, 但等敗走. 獲謙, 謙自殺.]

6. 『資治通鑑』卷79, 「晉武帝泰始2年」條. [吳主使黃門徧行州郡, 料取將吏家女, 其二千石大臣子女, 歲歲言名, 年十五·六一簡閱, 簡閱不中, 乃得出嫁. 後宮以千數, 而采擇無已.]

7. 『三國志』卷48, 「吳志·三嗣主傳·孫皓傳」. [夏六月, 起顯明宮. 冬十二月, 皓移居之.]

8. 『三國志』卷48, 「吳志·三嗣主傳·孫皓傳」의 주석에 인용된 『太康三年地記』. [吳有太初宮, 方三百丈, 權所起也. 昭明宮方五百丈, 皓所作也. 避晉諱, 故曰顯明.]

9. 『三國志』卷48, 「吳志·三嗣主傳·孫皓傳」의 주석에 인용된 『江表傳』. [皓營新宮, 二千石以下皆自入山督攝伐木. 又破壞諸營, 大開園囿, 起土山樓觀, 窮極伎巧, 功役之費以億萬計.]

10. 『三國志』卷65, 「吳志·賀邵傳」. [自登位以來, 法禁轉苛, 賦調益繁, 中宮內豎, 分布州郡, 橫興事役, 競造姦利. 百姓罹杼軸之困, 黎民罷無已之求, 老幼飢寒, 家戶菜色. 而所在長吏, 迫與罪負, 嚴法峻刑, 苦民求辦. 是以人力不堪, 家戶離散, 呼嗟之聲, 感傷和氣. 又江邊戍兵, 遠當以拓土廣境, 近當以守界備難, 宜特優育, 以待有事. 而徵發賦調, 煙至雲集. 衣不全褐, 食不贍朝夕. 出當鋒鏑之難, 入抱無聊之戚. 是以父子相棄, 叛者成行.]

11. 『三國志』卷48, 「吳志·三嗣主傳·孫皓傳」의 주석에 인용된 『江表傳』. [黃旗紫蓋, 見於東南, 終有天下者, 荊·揚之君.]

12. 위의 책. [兵士被甲持仗, 百人共引一車, 寒凍殆死. 兵人不堪, 皆曰: "若遇敵便當倒戈耳".]

13. 『三國志』卷48, 「吳志·三嗣主傳·孫皓傳」의 주석에 인용된 『襄陽記』. [吳之將亡, 賢愚所知, 非今日也.]

14. 『晉書』卷34, 「羊祜列傳」. [凡以險阻得存者, 謂所敵者同, 力足自固. 苟其輕重不齊, 强弱異勢, 則智士不能謀, 而險阻不可保也. 蜀之爲國, 非不險也. 高山尋雲霓, 深穀肆無景, 束馬懸車, 然後得濟, 皆言一夫荷戟, 千人莫當. 及進兵之日, 曾無藩籬之限, 斬將搴旗, 伏屍數萬, 乘勝席捲, 徑至成都, 漢中諸城, 皆鳥棲而不敢出, 非無戰心, 誠力不足相抗. 至劉禪降服, 諸營堡者索然俱散. 今江淮之難, 不過劍閣; 山川之險, 不過岷·漢; 孫皓之暴, 侈於劉禪; 吳人之困, 甚於巴蜀, 而大晉兵衆, 多於前世; 資儲器械, 盛於往時. 今不於此平吳, 而更阻兵相守, 征夫苦役, 日尋幹戈, 經歷盛衰, 不可長久, 宜當時定, 以一四海. 今若引梁·益之兵水陸俱下, 荊·楚之衆, 進臨江陵, 平南·豫州, 直指夏口, 徐·揚·靑·兗並向秣陵, 鼓旆以疑之, 多方以誤之, 以一隅之吳, 當天下之衆, 勢分形散, 所備皆急. 巴·漢奇兵出其空虛, 一處傾壞, 則上下震盪. 吳緣江爲國, 無有內外, 東西數千里, 以藩籬自持, 所敵者大, 無有寧息.

孫皓孫恣情任意, 與下多忌, 名臣重將不復自信, 是以孫秀之徒皆畏逼而至. 將疑於朝, 士困於野, 無有保世之計, 一定之心. 平常之日, 猶懷去就, 兵臨之際, 必有應者, 終不能齊力致死, 已可知也. 其俗急速, 不能持久, 弓弩戟盾不如中國, 唯有水戰是其所便. 一入其境, 則長江非復所固, 還保城池, 則去長人短. 而官軍懸進, 人有致節之志, 吳人戰於其內, 有憑城之心. 如此, 軍不逾時, 克可必矣.]

15. 『晉書』卷40,「賈充列傳」. [西有昆夷之患, 北有幽·并之戍, 天下勞擾, 年穀不登, 興軍致討, 懼非其時.]

16. 『資治通鑑』卷79,「晉武帝泰始5年」條. [臨難而死義, 其孫京宜隨才署吏.]

17. 위의 책. [蜀將傅僉父子, 死於其主. 天下之善一也, 豈由彼此以爲異哉! 僉息著·募沒入奚官, 宜免爲庶人.]

18. 『晉書』卷42,「王濬列傳」. [晉必有攻吳之計, 宜增建平兵.]

19. 『三國志』卷58,「吳志·陸抗傳」. [西陵·建平, 國之蕃表, 旣處下流, 受敵二境. 若敵泛舟順流, 舳艫千里, 星奔電邁, 俄然行至, 非可恃援他部以救倒懸也. 此乃社稷安危之機, 非徒封疆侵陵小害也. 臣父遜昔在西垂陳言, 以爲'西陵國之西門, 雖云易守, 亦復易失; 若有不守, 非但失一郡, 則荊州非吳有也; 如其有虞, 當傾國爭之.' …… 今臣所統千里, 受敵四處, 外禦強對, 內懷百蠻, 而上下見兵財有數萬, 羸弊日久, 難以待變. 臣愚以爲諸王幼沖, 未統國事, 可且立傅相, 輔導賢姿, 無用兵馬, 以妨要務. 又黃門豎宦, 開立占募, 兵民怨役, 逋逃入占, 乞特詔簡閱, 一切出以, 以補疆場受敵常處, 使臣所部足滿八萬. …… 若兵不增, 此制不改, 而欲克諧大事, 此臣之所深戚也.]

20. 『晉書』卷42,「王濬列傳」. [孫皓荒淫凶逆, 荊揚賢愚無不嗟怨. 且觀時運, 宜速征伐. 若今不伐, 天變難預, 令皓猝死, 更立賢主, 文武各得其所, 則強敵未制. 臣作船七年, 日有朽敗. 又臣年已七十, 死亡無日. 三者一乖, 則難圖也, 誠願陛下無失事機.]

21. 『晉書』卷34,「杜預列傳」. [自閏月以來, 賊但敕嚴, 下無兵上. 以理勢推之, 賊之窮計, 力不兩完, 必先護上流, 勤保夏口以東, 以延視息, 無緣多兵上上, 空其國都. 而陛下過聽, 便用委棄大計, 縱敵患生. 此誠國之遠圖, 使舉而有敗, 勿舉可也. 事爲之制, 務從完牢. 若或有成, 則開太平之基; 不成, 不過費損日月之間, 何惜而不一試之! 若當須後年, 天時人事不得如常, 臣恐其更難也. …… 萬安之舉, 未有傾敗之慮. 臣心實了, 不敢以曖昧之見自取後累, 惟陛下察之.]

22. 『晉書』卷34,「杜預列傳」. [自頃朝廷事無大小, 異議鋒起. 雖人心不同, 亦由恃恩不慮後難, 故輕相同異也. …… 自秋已來, 討賊之形頗露. 若今中止, 孫皓怖而生計, 或徙都武昌, 更完修江南諸城, 遠其居人, 城不可攻, 野無所掠, 積大船於夏口, 則明年之計或無所及.]

23. 위의 책. [陛下聖明神武, 朝野清晏, 國富兵強, 號令如一, 吳主荒淫驕虐, 誅殺賢能, 當今討之, 可不勞而定.]

24. 『資治通鑑』卷80,「晉武帝咸寧5年」條. [自非聖人, 外寧必有內憂. 今釋吳爲外懼, 豈非算乎!]

25. 위의 책의 주석. [山濤身爲大臣, 不昌言於朝而退以告人, 蓋求合於賈充者也.]

26. 『晉書』卷40,「賈充列傳」. [君不行, 吾便自出.]

27. 『資治通鑑』卷81,「晉武帝太康元年」條. [北來諸軍, 乃飛渡江也.]

28. 위의 책. [晉治水軍於蜀久矣, 上流諸軍, 素無戎備, 名將皆死, 幼少當任, 恐不能禦也. 晉之水軍必至於此, 宜畜衆力以待其來, 與之一戰, 若幸而勝之, 江西自清. 今渡江與晉大軍戰, 不幸而敗, 則大事去矣!]

29. 위의 책. [吳之將亡, 賢愚所知, 非今日也. 吾恐蜀兵至此, 衆心駭懼, 不可復整. 及今渡江, 猶可決戰. 若其敗喪, 同死社稷, 無所復恨. 若其克捷, 北敵奔走, 兵勢萬倍, 便當乘勝南上, 逆之中道, 不憂不破也. 若如子計, 恐士衆散盡, 坐待敵到, 君臣俱降, 無一人死難者, 不亦辱乎?]

30. 위의 책의 주석. [如悌之言, 吳人至此, 爲計窮矣. 然悌之志節, 亦可憐也.]

31. 위의 책. [仲思, 今日是我死日也! 且我爲兒童時, 便卿家丞相所識拔, 常恐不得其死, 負名賢知顧. 今以身殉社稷, 復何道邪!]

32. 『晉書』卷40,「賈充列傳」. [吳未可悉定, 方夏, 江淮下濕, 疾疫必起, 宜召諸軍, 以爲後圖. 雖腰斬張華, 不足以謝天下.]

33. 『資治通鑑』卷81,「晉武帝太康元年」條. [受詔但令屯江北以抗吳軍, 不使輕進.]

34. 『晉書』卷40,「賈充列傳」. [充本無南伐之謀, 固諫不見用. 及師出而吳平, 大慚懼, 議欲請罪.]

35. 위의 책. [賜充帛八千匹, 增邑八千戶; 分封從孫暢新城亭侯, 蓋安陽亭侯; 弟陽里亭侯混·從孫關內侯衆增戶邑.]

36. 『晉書』卷42,「王濬列傳」. [然臣孤根獨立, 朝無黨援, 久棄遐外, 人道斷絶, 而結恨强宗, 取怨豪族.]

■맺음말

1. 『漢書』卷24上,「食貨志」. [驅民而歸之農, 皆著于本]

2. 위의 책. [地著]

부록

후한 말 주요 사건 연표

서기	동한의 연호	주요 사건
184	영제(靈帝) 중평(中平) 원년	• 2월, 황건 봉기 폭발. 한 달 만에 전국적으로 일어나다. • 11월, 황건 봉기가 실패하다. • 12월(양력으로는 이미 185년), 중평으로 연호를 고치다.
185	중평 2년	• 이후에도 각지의 황건적이 여전히 수시로 봉기를 일으켜, 폭동이 10여 년간 계속되다.
189	중평 6년	• 4월, 영제가 사망하고, 황자 유변이 즉위하다. 태후가 섭정하고, 외척인 대장군 하진이 녹상서사가 되다. • 8월, 환관들이 하진을 죽이다. 사예교위 원소가 환관을 주살하여, 피살자가 2000여 명에 이르다. • 9월, 동탁이 소제를 폐위하여 홍농왕으로 삼고, 진류왕 유협을 헌제로 옹립하다. • 11월, 동탁이 스스로 상국이 되다.
190	헌제(獻帝) 초평(初平) 원년	• 1월, 산동의 각 주와 군에서 동탁을 토벌하기 위해 거병하고, 원소를 맹주로 추대하다. • 2월, 동탁이 헌제를 위협하여 장안으로 천도하다. • 6월, 동탁이 오수전을 폐기하고, 다시 동전을 주조하다. 화폐 가치가 떨어지고 물가는 올라, 화폐가 통용되지 않다.
191	초평 2년	• 청주에서 황건적 30만 명이 봉기하다.
192	초평 3년	• 4월, 왕윤·여포가 동탁을 살해하다. • 5월, 동탁의 장수 이각·곽사가 장안을 공략하여 함락하고 왕윤을 죽이다. 여포가 관동으로 도주하다. • 12월(양력으로는 이미 193년), 조조가 항복한 청주의 황건적을 수용하여 30여만 명의 병력과 남녀 100만여 명을 얻다. 그중 정예 병만 추려 청주병으로 재편하다.

서기	동한의 연호	주요 사건
193	초평 4년	• 서주자사 도겸의 부하가 조조의 부친 조숭을 죽이다. 조조가 서주를 공격하여 사수(泗水)에서 남녀 수십만 명을 생매장하다. 이로 인해 사수의 물길이 흐르지 않고, 마을이 폐허가 되어 길에 다니는 사람이 사라졌다.
194	흥평(興平) 원년	• 4월, 조조가 다시 도겸을 공격하고, 지나는 곳마다 살육과 파괴를 일삼다. • 12월(양력으로는 이미 195년), 도겸이 서주를 유비에게 양도하여, 유비가 마침내 서주를 관할하다.
195	흥평 2년	• 1월, 조조가 정도(定陶)에서 여포를 무찌르다. 여포가 동쪽으로 달아나 유비에게 의탁하다. 동탁의 사망 당시, 삼보(三輔)의 백성은 여전히 수십만 명이었다. 그런데 이각 등이 병력을 풀어 노략질하고, 여기에 기근까지 일어나니, 2년 사이에 굶주린 백성이 서로 잡아먹을 정도로 처참하여 사람이 거의 사라졌다. • 7월, 헌제가 장안을 떠나 동쪽으로 귀환하다. • 손책이 강동을 공략하여 차지하다. • 하비상(下邳相) 착융이 광릉·하비·팽성 3군에서 운송하던 물자를 착복하여 불교 사원을 대규모로 건설하다. 그는 주변 군(郡)에서 불교를 신봉하는 5000여 호를 불러 모았고, 관불회(灌佛會) 때마다 음식을 많이 차리고 수십 리 길에 자리를 깔아 거액의 돈을 썼다.
196	건안(建安) 원년	• 1월, 헌제가 대규모 사면령을 내리고 건안으로 연호를 고치다. • 6월, 여포가 유비를 공격하여 서주를 빼앗고, 스스로 서주목이라고 칭하다. 여포는 유비를 예주자사로 삼아, 소패에 주둔하게 하다. • 7월, 헌제가 낙양에 도착하다. 이때 궁실은 이미 전소하여 백관(百官)이 모두 가시덤불을 헤치고 남은 벽 사이에 기대야 했다. • 조조가 헌제를 영접하여 허도로 천도하다. 헌제가 조조를 대장군에 임명하다. 이해에 조조는 백성을 모집하여 허현 일대에서 둔전을 시행하여 곡식 백만 곡(斛)을 얻었다. 그리하여 각 주군에서는 이 사례에 따라 전관(田官)을 설치하고 소재지에 곡식을 축적하게 하니, 각 주군의 곡물창고가 모두 가득 찼다. 조조는 사방을 정벌할 때 군량을 운송해야 하는 노고가 없어, 마침내 각지의 군벌을 겸병할 수 있었다. • 여포가 유비를 공격하니, 유비가 패주하여 조조에게 의탁하다. 조조가 유비를 예우하여 예주목에 임명하다.

서기	동한의 연호	주요 사건
197	건안 2년	• 원술이 수춘에서 스스로 황제라 칭하고, 공경과 백관을 임명하다. • 3월, 헌제가 조서를 내려 원소를 대장군에 임명하고, 기주·청주·유주·병주 등 4주를 관할하게 하다.
198	건안 3년	• 11월, 곽사가 수하의 장수 오습(伍習)에게 피살되다. • 4월, 헌제가 관중의 여러 장수에게 조서를 내려 이각을 토벌하고 그의 삼족을 주멸하게 하다. • 10월, 조조가 팽성을 공격하여 주민을 대량으로 학살하고, 하비에서 여포를 포위하다. 조조는 기수·사수의 강물을 끌어 하비성을 물에 잠기게 했다. • 12월(양력으로는 이미 199년), 여포가 투항하니, 조조가 여포를 교형(絞刑)으로 죽이다. • 조조가 헌제에게 표를 올려 손책을 토역장군에 임명하고, 오후(吳侯)에 봉할 것을 주청하다.
199	건안 4년	• 봄, 원소가 역경을 공략하여 함락하니, 공손찬이 스스로 분신하여 죽다. 원소가 유주를 점령하다. • 원술이 음란과 사치가 극심하여 재물을 탕진하자, 사신을 보내 제호(帝號)를 원소에게 돌려주다. 원소에게 의탁하려던 원술은 조조에게 행로를 차단당해 곤궁한 처지에서 번민했다. • 6월, 분개하다 화병이 생긴 원술이 피를 토하고 죽다. • 조조가 유비에게 "천하의 영웅은 오로지 사군(유비)과 나뿐이오."라고 은근히 말하다. 앞서 조조가 유비를 파견하여 원술을 정벌하게 하니, 유비가 마침내 서주를 차지했다.
200	건안 5년	• 1월, 조조가 유비를 정벌하니, 유비가 패주하여 원소에게 의탁하다. 원소가 업성에서 200리 떨어진 곳까지 나와 유비를 맞이하다. 관우가 조조에게 투항하고, 조조는 관도로 회군하여 주둔하다. • 2월, 원소가 조조를 정벌하며 여양까지 진격하다. • 4월, 조조가 관우를 보내어 원소의 부장 안량을 참수하고, 다시 문추를 참수하다. 문추와 안량은 모두 원소 휘하의 명장이었다. 관우가 다시 유비에게 돌아오다. 손책이 죽고, 아우 손권이 대신하여 그 무리를 이끌다. 손권의 당시 나이는 26세였다. • 8월, 원소가 관도로 진군하다. • 10월, 조조군이 원소군의 군량과 마초를 불사르다. 원소군이 궤멸하여, 원소가 겨우 기병 800명을 이끌고 황하를 건너 북쪽으로 달아나다. 이 관도 전투에서 조조는 총 7만여 명의 원소군을 생매장했다.

서기	동한의 연호	주요 사건
201	건안 6년	• 9월, 조조가 여남에서 유비를 공격하여, 유비가 유표에게 의탁하다. 유비가 온다는 소식을 들은 유표가 몸소 교외로 나가 유비를 맞이하고 신야에 머물게 하다. • 장로가 한중에서 사술(邪術)로 백성을 포교하고, 관리를 두지 않은 채 제사장을 두어 통치하니, 백성과 이족(夷族)이 이를 좋아하다.
202	건안 7년	• 5월, 원소가 사망하다. 관도 전투에서 패한 원소는 부끄러움과 원통함으로 병이 생겼었다. 원소의 막내아들 원상이 후계자가 되고, 장자 원담이 외직으로 나가 청주자사가 되다.
203	건안 8년	• 원상과 원담 형제가 서로 싸우다.
204	건안 9년	• 1월, 조조가 원상 정벌에 나서다. • 2월, 조조군이 업성으로 진격하다. • 5월, 조조군이 장수(漳水)의 강물을 끌어 업성을 물에 잠기게 하다. • 8월, 업성이 격파되다. • 9월, 헌제가 조조를 기주목에 임명하다. 원상이 유주로 달아나다. • 12월, 조조가 원담을 정벌하고, 평원으로 진입하다.
205	건안 10년	• 1월, 소소가 남피를 공격하다. 원남이 출선하여 대패하니, 소소가 그를 추격하여 참수하다. • 원상이 요서의 오환에게 달아나다.
206	건안 11년	• 조조가 병주를 정벌하다. 3월, 조조가 고간을 참수하니, 병주가 평정되다. • 조조가 오환을 정벌하기 위해 평로거(平虜渠)와 천주거(泉州渠)를 뚫어 운하로 물자를 운반하게 하다.
207	건안 12년	• 3월, 조조가 오환을 정벌하고, 무종에 주둔하다. 당시는 한창 여름의 우기라, 해안의 길이 진창으로 변해 진격하지 못했다. 조조는 전주의 계책대로 진격로를 변경하여 평강을 지나 노룡새를 거쳐 유성에 도달했다. • 8월, 조조가 백랑산(白狼山)에 이르다. 조조가 진격하자, 오환의 무리가 무너졌다. 원상이 요동으로 달아나니, 태수 공손강이 원상 등을 참수하여 그 수급(首級)을 조조에게 보내다. • 11월, 조조가 역수(易水)로 돌아오다. • 이해에 유비가 삼고초려(三顧草廬)하여 제갈량을 영입하다. 후세 사람들은 제갈량과 유비의 대화를 '융중대'라고 불렀다.

서기	동한의 연호	주요 사건
208	건안 13년	• 1월, 업성으로 돌아온 조조가 현무지(玄武池)를 조성하여 수군을 조련하다. • 6월, 삼공의 관직을 폐지하고, 조조가 승상에 오르다. • 7월, 조조가 유표를 정벌하기 위해 남하하다. 유표가 죽고, 유표의 아들 유종이 투항하다. 유비가 강릉으로 달아나려고 하자, 조조가 유비를 추격하다. 당양의 장판에서 패배한 유비는 결국 하구로 달아났다가, 다시 동쪽으로 이동해 번구에 주둔했다. • 겨울 10월, 제갈량이 노숙을 따라 시상에서 손권을 알현하고, 손권에게 병력을 동원해 조조와 맞서자고 권유하다. • 손권·유비 연합군과 조조군이 적벽대전을 벌이다. 조조가 패배하여 병력을 이끌고 화용도를 통해 남군으로 퇴각하다. 거친 바람과 추운 날씨에 길마저 진흙탕이라 조조군 중에는 죽거나 다친 인마가 매우 많았다. 조조는 북쪽으로 돌아갔다. 손권과 유비가 강릉을 차지했고, 조조군은 퇴각하여 양양에 주둔했다. 유비는 형주의 장강 이남 지역인 영릉·계양·장사·무릉 4군을 차지했고, 다시 남군의 장강 이북 지역을 빌렸다. 이에 조조·손권·유비가 형주를 삼분했다. • 12월(양력으로는 이미 209년), 손권이 몸소 군사를 거느리고 합비를 포위하다.
209	건안 14년	• 3월, 조조군이 초현에 도착하다. 손권이 오랫동안 합비를 포위하고도 함락하지 못하자, 포위된 적군을 불태우고 퇴각하다. • 7월, 조조가 수군을 이끌고 와수에서 회수를 거쳐 비수까지 남하하여, 합비에 주둔하며 작피에 둔전을 개간하다. • 12월(양력으로는 이미 210년), 조조군이 초현으로 돌아오다.
210	건안 15년	• 봄, 조조가 다음과 같은 명령을 내리다. "만약 반드시 청렴한 인사만 등용할 수 있다면, 제 환공이 어떻게 천하의 패자가 되었겠는가! 그대들은 나를 도와 신분이 미천한 사람이라도 잘 찾아내어, 오직 재주 있는 사람만을 천거하라. 나는 그들을 얻으면 기용할 것이다." • 12월, 주유가 오군에서 형주로 돌아오는 도중에 병세가 위독해져 파구에서 사망하다. • 노숙이 주유를 대신하여 군대를 이끌고 육구에 주둔하다.

서기	동한의 연호	주요 사건
211	건안 16년	• 3월, 조조가 장로를 정벌한다는 명분으로 실제로는 관중을 정벌하려 하니, 마초 등 관중의 여러 장수가 거병하여 조조에게 반기를 들다. • 8월, 조조가 동관에 이르러 마초 등과 동관을 사이에 두고 대치하다. 윤달, 조조가 북상하여 황하를 건너 하동에 이르고, 다시 황하를 건너 하서에 도착하다. • 9월, 조조가 위수를 건너 위수 남쪽에 주둔하며, 마초 등을 대파하다. 마초 등이 양주로 달아나다. • 12월, 조조가 하후연을 장안에 주둔하게 하고, 종요를 한중으로 진격하게 하다. 익주의 유장이 형주로 법정을 보내어 유비를 맞이하니, 유비가 보졸 수만 명을 이끌고 익주로 진입하다. 제갈량과 관우 등은 형주에 남아 수비했고, 방통이 유비를 따라 촉으로 들어갔다.
212	건안 17년	• 9월, 손권이 말릉으로 치소를 옮기고, 말릉의 지명을 건업으로 개명하다. 손권이 유수구에 둑을 쌓으니, 바로 유수오이다. • 10월, 조조가 동진하여 손권을 공격하다.
213	건안 18년	• 12월, 유비가 유장을 공격하여, 백수관 어귀에서 부성까지 진격하여 점거하다. • 1월, 조조가 유수구로 진격하다. 당시 조조가 동원한 병력은 보병과 기병을 합쳐 40만 명으로 알려졌다. 오군과 한 달 남짓 대치하다 퇴각하다. • 5월, 헌제가 기주의 10군으로 조조를 위공에 봉하고, 승상으로서 전처럼 기주목을 겸직하게 했으며, 조조에게 구석(九錫)을 더해 주다.
214	건안 19년	• 유비가 낙성을 포위한 지 거의 1년여 만에 방통이 유시(流矢)에 맞아 죽다. 제갈량이 형주의 수비를 관우에게 맡기고, 장비·조운과 함께 병력을 이끌고 촉으로 들어가다. 낙성이 무너지자, 유비는 진격하여 성도를 포위했고, 제갈량·장비·조운이 병력을 이끌고 와서 합류했다. 유장이 성문을 열고 투항하다. 유비가 성도에 들어가 스스로 익주목을 겸직하다. • 11월, 조조가 복황후(伏皇后)를 죽이다. 황후는 머리를 풀어헤친 채 맨발로 황제의 처소에 들러 다음과 같이 이별을 고했다. "더는 함께 살 수 없겠지요?" 헌제는 "나도 내 명줄이 언제까지일지 모르오!"라고 하고, 고개를 돌려 자리에 앉아 있던 어사대부 치려(郗慮)에게 이렇게 말했다. "치공, 천하에 어찌 이런 일이 있소!"

서기	동한의 연호	주요 사건
215	건안 20년	• 3월, 조조가 장로의 정벌에 나서다. • 4월, 조조가 진창에서 산관으로 나와 하지에 이르다. 유비와 손권이 형주 문제로 다투어 상수를 경계로 삼으니, 장사·강하·계양 이동 지역은 손권이, 남군·영릉·무릉 이서는 유비가 관할하다. • 7월, 조조가 양평에 이르다. 장로는 양평이 이미 함락된 사실을 알고, 창고를 봉하고 남산으로 달아나 파중으로 들어갔다. 조조가 하후연에게 장합·서황 등을 지휘하여 한중을 수비하게 했다. • 10월, 손권이 10만 명의 병력을 이끌고 합비를 포위하다. • 11월, 장로가 조조에게 항복하다.
216	건안 21년	• 2월, 조조가 업성으로 돌아오다. • 5월, 조조가 위왕에 오르다. • 10월, 조조가 손권의 정벌에 나서다. • 11월, 조조가 초현에 이르다.
217	건안 22년	• 1월, 조조는 거소에 주둔하고, 손권은 유수를 지키다. • 2월, 조조가 유수를 공격하다. • 3월, 조조가 퇴각하다. • 10월, 조조가 아들 조비를 태자로 삼다. 유비가 한중으로 진격하다.
218	건안 23년	• 7월, 조조가 몸소 병력을 이끌고 유비를 공격하다. • 9월, 조조가 장안에 도착하다.
219	건안 24년	• 1월, 유비가 정군산에서 하후연을 공격하여 그를 참수하다. • 3월, 조조가 장안에서 야곡을 통해 한중으로 다가가다. • 5월, 조조가 퇴각하여 장안으로 돌아가니, 유비가 마침내 한중을 점령하고 방릉·상용까지 차지하다. • 7월, 유비가 스스로 한중왕이라고 칭하다. 아문장군 위연을 발탁하여 진원장군에 임명하고, 한중태수를 겸임하게 하다. 유비가 성도로 돌아가다. • 관우가 번성에서 조인을 공격하니, 조인이 장군 우금·방덕을 번성의 북쪽에 주둔하게 하고, 여상에게 양양의 수비를 맡기다. • 8월, 큰 장마로 한수가 범람하여 우금 등이 거느린 7군이 모두 익사하다. 우금이 투항하다. 방덕은 포로로 잡혔지만, 항복하지 않아 피살되다. • 손권이 여몽에게 공안·강릉을 기습하여 점령하게 하다. • 12월, 손권이 육손을 진서장군에 임명하여 이릉에 주둔하며 협구를 수비하게 하다. • 관우는 자신이 고립무원의 상황임을 알고, 서쪽의 맥성으로 도주하다가 손권의 포로가 되어 피살되다. 손권이 마침내 형주를 차지하고, 조조에게 글을 올려 칭신하다.

삼국시대 주요사건 연표

서기	위	촉	오	주요 사건
220	문제 황초(黃初) 원년			• 1월, 조조가 낙양에 도착해 사망하니, 조비가 후사를 이어 위왕이 되다. • 10월, 조비가 한 왕조를 대신하여 황제로 칭하고 위 문제로 즉위하다. 조비는 연호를 황초로 바꾸고, 낙양으로 천도했으며, 허도를 허창으로 고쳤다.
221	황초 2년	선주 장무(章武) 원년		• 4월, 유비가 황제로 즉위하여 연호를 장무로 고치고, 제갈량을 승상에 임명하다. • 손권이 도읍을 악현으로 옮기고, 지명을 무창으로 바꾸다. • 장비가 사망하다. • 7월, 유비가 손권의 정벌에 나서다. 유비는 4만 명의 병력을 이끌고 자귀로 진격했다. 손권은 육손에게 5만 명의 병력을 이끌고 가서 유비의 병력을 막게 했다.
222	황초 3년	장무 2년	손권 황무(黃武) 원년	• 유비가 자귀에서 진격하여 무협·건평부터 이릉의 경계까지 연이어 군영을 설치하여 수십 개의 둔영을 세우다. 유비는 정월부터 오와 대치했는데, 6월까지 결판을 짓지 못했다. 육손이 화공을 사용해 유비의 영채 40여 곳을 격파하다. 유비군은 와해하여 사망자가 수만 명에 달했다. 유비는 겨우 도망하여 백제성으로 돌아왔다. • 9월, 위의 대군이 3로로 손권을 공격하다. 정동대장군 조휴 등은 동구로, 대장군 조인은 유수로 진격하고, 상군대장군 조진 등은 남군을 포위했다. 손권이 병력을 나눠 위군의 공격을 막았다. • 손권이 연호를 황무로 고치고, 장강을 방어선으로 삼아 위군에 맞서다.
223	황초 4년	후주 건흥(建興) 원년	황무 2년	• 2월, 제갈량이 영안(유비는 백제성에 도착한 후, 백제의 이름을 영안으로 고쳤다)으로 오다. • 4월, 유비가 영안에서 사망하다. • 5월, 태자 유선이 17세의 나이로 즉위하여, 연호를 건흥으로 바꾸다.

서기	위	촉	오	주요 사건
224	황초 5년	건흥 2년	황무 3년	• 4월, 위가 처음 태학을 설립하여 박사를 두고, 오경과를 개설하여 시험을 치르다. • 7월, 위가 오를 정벌하다. • 8월, 위가 수군을 정비하고, 조비가 직접 용주(龍舟)를 몰아 채수(蔡水)·영수의 물길을 따라 회수에 진입하여 수춘까지 이르다. • 9월, 조비군이 광릉에 이르다. 당시 강물이 매우 불어나자, 조비는 강을 바라보며 탄식하고 결국 퇴각했다.
225	황초 6년	건흥 3년	황무 4년	• 3월, 제갈량이 남중을 정벌하다. • 7월, 제갈량이 남중에 도착하여 벌이는 전투마다 승리를 거두고, 마침내 전지에 이르다. 이 승리로 익주·영창·장가·월수 등 4군이 모두 평정되었다.
226	황초 7년	건흥 4년	황무 5년	• 5월, 병세가 위독한 조비가 중군대장군 조진, 진군대장군 진군, 무군대장군 사마의를 소집하여, 이들에게 새 황제의 정사를 보필하라는 유조를 내리다. 조비가 향년 40세로 사망하고, 태자 조예가 즉위하여 명제가 되다.
227	명제 태화(太和) 원년	건흥 5년	황무 6년	• 3월, 제갈량이 북벌을 「출사표」를 올리고, 여러 부대를 이끌고 북진하여 한중에 주둔하다.
228	태화 2년	건흥 6년	황무 7년	• 1월, 사마의가 촉의 신성을 공격하여 맹달을 죽이다. 제갈량이 북벌에 나서자 승상사마 위연은 자신이 직접 5000명의 병력을 이끌고 곧바로 포중을 경유하여 진령을 따라 동진하다가 자오곡에 도달하여 북상하고, 승상 제갈량이 야곡에서 공격해 오면 함양 이서 지역을 일거에 평정할 수 있다고 제안했다. 그러나 제갈량은 위연의 제안을 위험하다고 생각하여 채택하지 않았다. 제갈량은 조운에게 기곡을 점거하게 하고, 자신은 대군을 이끌고 기산을 공격하니, 위의 천수·남안·안정 등의 3군이 모두 반기를 들어 제갈량에게 호응했다. • 강유가 촉에 투항하다. • 마속이 가정을 뺏기자, 제갈량이 서현의 1000여 호를 모두 이끌고 한중으로 돌아오다. 마속이 참수되다. • 5월, 위의 양주목 조휴가 오의 환성을 공격하다. 손권이 환성에 오고, 대도독 육손이 조휴와 석정에서 전투를 벌여 조휴가 대패하다. • 9월, 조휴가 부끄럽고 분한 나머지 등창이 생겨 죽다. • 12월, 제갈량이 병력을 이끌고 산관으로 나가 진창을 포위하고 공격을 가했지만, 함락하지 못한 채 군량이 떨어져 퇴각하다.

서기	위	촉	오	주요 사건
229	태화 3년	건흥 7년	황룡(黃龍) 원년	• 봄, 제갈량이 무도·음평 2군을 공격하여 함락하고 돌아오다. • 4월, 손권이 황제로 등극하여 연호를 황룡으로 고치다. • 9월, 손권이 건업으로 천도하다. • 12월(양력으로는 이미 230년), 제갈량이 면양에 한성을 축조하고, 성고에 낙성을 쌓다.
230	태화 4년	건흥 8년	황룡 2년	• 7월, 위 대사마 조진이 자오도를 거쳐 촉을 정벌하러 출정하다. 마침 장마가 한달 동안 계속되어 잔도가 끊어지다. • 9월, 위 황제가 조진 등에게 회군하라는 조서를 내리다. • 12월(양력으로는 이미 231년), 오가 합비성을 공격했지만, 이기지 못하고 돌아오다.
231	태화 5년	건흥 9년	황룡 3년	• 2월, 제갈량이 병력을 이끌고 위의 정벌에 나서 기산을 포위하고 목우로 군량을 운송하다. 장안에 주둔하던 위의 사마의가 기산의 위군을 구원하기 위해 서쪽으로 이동한다. 사마의가 군사를 거두어들인 채 험한 시형에 의지하여 교전이 이뤄지지 않았으므로, 제갈량이 병력을 이끌고 회군하다. • 6월, 위군이 제갈량의 군대를 추격하다가 대패하다. 장합이 날아오는 화살에 맞아 사망하다. • 12월, 오에서 대사면령을 내리고, 이듬해의 연호를 가화로 개정하다.
232	태화 6년 청룡(靑龍) 원년	건흥 10년	가화(嘉禾) 원년	• 11월 경인일, 조식이 사망하다.
233	청룡 원년	건흥 11년	가화 2년	• 2월, 위가 연호를 청룡으로 고치다. • 제갈량이 농업을 장려하고 무예를 강습하다. 또한, 목우와 유마(流馬)를 만들어 군량미를 운송하여 야곡 어귀에 모아 놓아, 야곡에 군량 창고를 운용하다.

서기	위	촉	오	주요 사건
234	청룡 2년	건흥 12년	가화 3년	• 2월, 제갈량이 대군 10만 명을 이끌고 야곡을 경유하여 위를 공격하다. • 3월, 한 헌제가 향년 54세로 사망하다. • 4월, 제갈량이 미현에 이르러 위수의 남쪽에 진을 치고 오장원에 주둔하다. 제갈량은 병력을 나누어 이곳에 둔전을 개간하여 오랫동안 주둔할 수 있는 토대로 삼았다. • 5월, 손권이 10만 명으로 알려진 병력을 이끌고 소호구에 들어가 주둔한 뒤, 합비의 신성을 향해 진격하다. 육손 등은 강하로 들어가 면구·양양으로 향하다. 손소가 회수로 들어가 광릉·회음으로 향하다. • 7월, 오군이 퇴각하다. • 8월, 위·촉이 100여 일간 대치하던 중에 제갈량이 병사하다. 양의(楊儀)가 위연을 죽이고, 병력을 이끌고 성도로 돌아오다. • 촉이 거기장군 오의에게 한중을 관리하게 하고, 승상장사 장완을 상서령에 임명하다. • 오의 제갈각이 산월을 토벌하여, 3년 만에 무장병력 4만 명을 확보하다.
235	청룡 3년	건흥 13년	가화 4년	• 비의가 양의의 불만을 후주에게 은밀히 표로 올려 후주가 양의를 서인(庶人)으로 강등하자, 양의가 자살하다. 양의는 자신의 공로를 대단하게 생각했다. 그는 성도에 도착하여 중군사(中軍師)에 임명되었는데, 통솔의 권한이 주어지지 않자 원망과 분함이 목소리와 안색에 드러났다. • 후주가 장완을 대장군·녹상서사에, 비의를 상서령에 임명하다.
238	명제 경초(景初) 2년	연희(延熙) 원년	적오(赤烏) 원년	• 1월, 위가 사마의에게 4만 명의 병력을 이끌고 요동의 공손연을 토벌하게 하다. • 6월, 위군이 요동에 도착하여 양평을 포위하다. • 8월, 양평이 붕괴되고, 공손연이 참수되다. 사마의가 성안으로 들어가 공경 이하의 관원과 병사·백성 7000여 명을 살해하다. 요동·대방(帶方)·낙랑(樂浪)·현도(玄菟) 4군이 모두 평정되다.

서기	위	촉	오	주요 사건
238	명제 경초(景初) 2년	연희(延熙) 원년	적오(赤烏) 원년	• 9월, 오가 연호를 적오로 고치다. 손권이 중서랑 여일에게 각 관아 및 각 주·군의 공문서에 대한 심사 업무를 맡기자, 여일이 이로 인해 점차 위력을 발휘하여 무고한 사람을 배척·모함하고 대신들을 비난·험담했다. 태자 손등이 여러 차례 간언했지만, 손권은 이를 듣지 않았고, 대신들도 감히 간언하지 못하고 두려워하여 서로 눈치만 살폈다. • 11월, 위의 명제가 병이 나서, 사마의에게 수도로 돌아오라는 조서를 내리다.
239	경초 3년	연희 2년	적오 2년	• 대장군 조상과 사마의가 명제의 어린 아들을 보좌하다. • 명제가 사망하자, 태자인 제왕 조방이 황제의 자리에 오르다. 제왕 조방이 조상과 사마의에게 시중도 도독 중외제군사 겸 녹상서사의 직무를 맡기다. • 2월, 사마의를 태부에 임명하다. 이는 겉으로는 사마의의 지위를 높인 것이었지만, 실제로는 사마의의 권력을 빼앗은 것이었다.
241	제왕 조방 정시(正始) 2년	연희 4년	적오 4년	• 오가 위의 정벌에 나서다. • 4월, 오의 전종이 회남을 공략하고 작피의 둑을 터뜨리다. 제갈각이 육안(六安)을 공격하고, 주연이 번성을 포위하고, 제갈근이 사중(柤中)을 공격하다. • 위가 회남·회북에서 대규모로 둔전을 개간하고, 수로를 더욱 개통하여 관개를 늘리고 조운을 통하게 하다. 이를 위해 위는 회북에 주둔한 2만 명, 회남에 주둔한 3만 명을 2/10씩 교대로 휴식하게 하니, 항상 4만 명의 인원이 경작하면서 수비했다.
243	정시 4년	연희 6년	적오 6년	• 10월, 장완의 병세가 위중하다. • 11월, 촉이 상서령 비의를 대장군 겸 녹상서사에 임명하다.

서기	위	촉	오	주요 사건
244	정시 5년	연희 7년	적오 7년	• 1월, 손권이 상대장군 육손을 승상에 임명하고, 형주목·우도호(右都護)·영무창사(領武昌事)를 예전처럼 겸임하게 하다. • 3월, 조상이 장안에 도착해 10만여 명의 병력을 차출하여 촉의 정벌에 나서다. 그는 낙곡을 통해 한중으로 진입했다. • 윤달, 유선이 대장군 비의에게 여러 부대를 감독하여 한중을 구원하게 하니, 조상이 흥세에서 패배하여 진격하지 못하다. • 5월, 조상이 병력을 이끌고 귀환하다. 병력 중에 사라진 사람이 너무 많아, 관중이 이 탓에 텅 비게 되다.
245	정시 6년	연희 8년	적오 8년	• 오의 태자 손화와 노왕 손패가 손권의 총애를 다투니, 시어(侍御)·빈객이 두 파로 나뉘어 상대를 미워하고 의심하다. 이러한 풍조는 대신들 사이에까지 퍼져 온 나라가 두 파로 나뉘었다. • 11월, 촉의 대사마 장완이 사망하다.
246	정시 7년	연희 9년	적오 9년	• 9월, 손권이 표기장군 보즐을 승상에 임명하다. • 유선이 양주자사 강유를 위장군에 임명하고, 비위와 함께 녹상서사를 맡게 하다.
247	정시 8년	연희 10년	적오 10년	• 2월, 당시에 상서 하안 등이 조상의 일파가 되어 법도를 개정하다. 사마의와 조상 사이에 알력이 생기다. • 5월, 사마의가 병을 핑계로 정사에 관여하지 않다.
248	정시 9년	연희 11년	적오 11년	• 사마의가 은밀히 아들인 중호군 사마사와 산기상시 사마소와 함께 조상의 주살을 모의하다.
249	가평(嘉平) 원년	연희 12년	적오 12년	• 1월 갑오일, 위제 조방이 명제의 능묘인 고평릉에 참배하니, 사마의가 성문을 닫고 정변을 일으키다. 사마의가 조상의 죄악을 상주하고, 조상의 일파인 상서 하안·등양·정밀, 사예교위 필궤, 형주자사 이승, 대사농 환범 등을 대역무도의 죄목으로 삼족을 멸하도록 주청하다. • 가을, 촉의 위장군 강유가 옹주를 공격하다. 그는 조성(洮城)을 공략하다 여의치 않자 회군했다.

서기	위	촉	오	주요 사건
250	가평 2년	연희 13년	적오 13년	• 가을, 손권이 태자 손화를 폐위하여 서인으로 삼고, 노왕 손패에게 사약을 내리다. • 11월, 손권이 아들 손량을 태자로 세우다.
251	가평 3년	연희 14년	적오 14년	• 위 태위 왕릉이 수춘에서 군사를 일으켜 사마의의 토벌에 나서니, 사마의가 중군을 이끌고 물길을 타고 내려가 왕릉을 토벌하다. 왕릉은 형세가 곤란해지자 투항했다. • 5월, 왕릉이 낙양으로 돌아오는 길에 항현에 이르러 독약을 마시고 자살하다. 왕릉과 연관된 사람들은 모두 삼족을 멸하는 형벌에 처해졌다. • 8월, 사마의가 죽다. 사마의의 아들 사마사가 무군대장군 겸 녹상서사가 되다.
252	가평 4년	연희 15년	손량 건흥(建興) 원년	• 1월, 위가 사마사를 대장군에 임명하다. • 4월, 손권이 향년 71세로 사망하다. 태자 손량이 즉위하여, 연호를 건흥으로 고치다. • 윤월, 제갈각을 태부에 임명하여 정사를 보좌하게 하다. • 11월, 위에서 3로로 나누어 오를 공격하다. 제갈탄이 7만 명의 병력을 이끌고 동흥을 공격하니, 제갈각이 4만 명의 병력으로 동흥의 구원에 나섰다. 오군이 대승을 거뒀고, 위군의 사망자는 수만 명에 달했다.
253	가평 5년	연희 16년	건흥 2년	• 1월, 촉의 대장군 비의가 칼에 찔려 사망하다. • 위가 제갈탄을 진남장군에 임명하여 예주를 관할하게 하고, 관구검을 진동장군에 임명하여 양주를 관할하게 하다. • 4월, 촉의 강유가 수만 명의 병력을 이끌고 석영에서 출발하여 적도를 포위하다. • 오의 제갈각이 회남을 공략하여, 5월에 합비 신성을 포위하다. • 7월, 제갈각이 병력을 이끌고 퇴각하다. 당시 오의 사졸들이 부상으로 신음하여, 살아남은 사람이나 죽은 사람이나 매우 애통한 상황이었다. 이로 인해 오의 백성이 크게 실망했다. • 8월, 오군이 건업으로 귀환하다. 손준이 백성의 원망을 이유로 제갈각을 죽이다.

서기	위	촉	오	주요 사건
254	고귀향공 정원(正元) 원년	연희 17년	오봉(五鳳) 원년	• 2월, 위의 사마사가 중서령 이풍을 살해하다. 사마사는 이풍의 아들 이도와 하후현·장집 등을 모두 죽이고, 그들의 삼족을 멸했다. • 6월, 촉의 강유가 농서로 진군하다. • 9월, 사마사가 제왕 조방을 폐위하다. • 10월, 사마사가 14세의 고귀향공 조모를 황제로 추대하고, 연호를 정원으로 고치다. • 촉의 강유가 진격하여 하간·임조를 함락하다.
255	정원 2년	연희 18년	오봉 2년	• 1월, 위의 양주자사 문흠과 진동장군 관구검이 수춘에서 병력을 일으켜 사마사의 토벌에 나서니, 사마사가 맞서 싸우다. • 윤월, 관구검의 군대가 궤멸되다. 관구검이 피살되고, 문흠은 오로 달아났으며, 관구검의 삼족이 멸족되었다. • 2월, 사마사의 병세가 위독하여 허창으로 돌아와, 그곳에서 사망하다. 사마소가 대장군 겸 녹상서사가 되다. • 8월, 촉의 강유가 수만 명의 병력을 이끌고 부한(枹罕)에 도착하자마자 적도로 곧장 진격하여 조서(洮西)에서 위군을 대파하니, 위군 사망자가 수만 명에 이르다. • 9월, 강유가 퇴각하여 종제로 물러나 주둔하다.
256	감로(甘露) 원년	연희 19년	태평(太平) 원년	• 1월, 촉의 강유가 대장군의 지위에 오르다. • 6월, 위가 연호를 감로로 고치다. • 7월, 촉의 강유가 다시 병력을 이끌고 기산으로 출병하다. 이후 강유는 퇴각하여 다시 동정에서 남안으로 곧장 진격했다. 위의 장수 등애가 단곡에서 강유를 대파하다. 촉군의 사졸이 순식간에 흩어졌으며, 죽은 사람이 매우 많았다. • 오의 손준이 죽고, 그의 사촌 동생 손침이 그를 대신하여 정권을 장악하다. 여거·등윤이 손침에게 반기를 들자, 손침이 등윤을 죽이고 그의 삼족을 모두 멸하다. 여거가 자살하다.

서기	위	촉	오	주요 사건
257	감로 2년	연희 20년	태평 2년	• 4월, 오의 군주 손량이 친정을 시작하다. • 위의 정동대장군 제갈탄이 수춘을 점거하고 사마소에게 반기를 들다. • 6월, 사마소가 여러 부대의 병력 26만 명을 이끌고 구두로 진격하여 주둔하며 제갈탄의 토벌에 나서고, 수춘을 포위하다. • 7월, 오가 병력을 동원해 제갈탄의 구원에 나섰다가 패하여 돌아오다. • 촉의 강유가 수만 명의 병력을 이끌고 낙곡을 출발하여 심령에 도착하니, 등애가 그를 막아내다.
258	감로 3년	경요(景耀) 원년	손휴 영안(永安) 원년	• 2월, 수춘성이 함락되니, 사마소가 제갈탄을 참수하고 그의 삼족을 멸하다. 강유가 제갈탄의 사망 소식을 듣고 성도로 돌아오다. • 9월, 손침이 오주 손량을 폐위하여 회계왕으로 삼다. • 10월, 손침이 손휴를 옹립하여 황제로 세우고, 연호를 영안으로 고치다. • 12월, 오의 황제 손휴가 손침을 죽이다. 제갈각·등윤·여거 등의 묘를 이장하다.
260	상도향공 경원(景元) 원년	경요 3년	영안 3년	• 5월, 기축일에 고귀향공이 직접 황궁의 숙위와 사병을 이끌고 사마소의 토벌에 나서다. 고귀향공은 자신의 권위가 나날이 사라지는 현상을 직시하자, 분한 마음을 이기지 못했었다. 사마소가 성제에게 고귀향공을 찔러 죽이게 하고, 상도향공(常道鄕公)을 옹립한 다음 연호를 경원으로 고치다.
262	경원 3년	경요 5년	영안 5년	• 10월, 촉의 강유가 조양(洮陽)을 공격하다가 등애군에게 격파되자 퇴각하여 답중에 주둔하다. 당시 황호가 조정에서 권력을 전횡하자, 강유는 조양에서 퇴각할 때도 감히 성도로 귀환하지 못했다. 그는 조정에 답중에서 보리 파종 작업을 하겠다고 요청했다.

서기	위	촉	오	주요 사건
263	경원 4년	염흥(炎興) 원년	영안 6년	• 5월, 위가 대규모로 촉의 정벌에 나서다. 등애가 3만 명의 병력을 이끌고 적도에서 답중으로 진격했고, 제갈서가 군사 3만 명의 병력을 이끌고 기산에서 무가·교두로 진격했으며, 종회가 10만 명의 병력을 이끌고 야곡·낙곡·자오곡 등 3로를 통해 한중으로 진격했다. • 8월, 위의 본진이 낙양에서 출발하다. • 10월, 등애가 음평에서 사람의 인적이 끊긴 오지로 700리를 진군하여 강유(江油)에 도착하다. 등애가 성도성의 북쪽에 이르니, 촉의 후주가 항복하다. 후주는 강유에게도 종회에게 투항하라는 명령을 내리니, 촉이 이렇게 멸망했다. • 종회·위관이 등애에게 반란하려는 동태가 있다고 은밀히 조정에 보고하다.
264	함희(咸熙) 원년		손호 원흥(元興) 원년	• 1월, 사마소가 함거(檻車)를 보내 등애를 소환하다. 종회가 반란을 일으켰다가, 반란군에게 피살되다. 강유도 반란군에 피살되었다. 위관이 면죽에서 등애를 죽였다. • 3월, 사마소가 진왕이 되다. • 5월, 위가 연호를 함희로 고치다. • 오주 손휴가 사망하고, 오정후 손호가 제위에 오르다. • 이해에 위에서 둔전관을 폐지하다.
265	진 무제 태시(泰始) 원년		감로(甘露) 원년	• 8월, 사마소가 사망하니, 왕태자 사마염이 후사를 이어 상국 겸 진왕이 되다. • 겨울, 오주 손호가 무창으로 천도하다. • 12월, 위가 진 왕조에 선위하니, 사마염이 제위에 올라 연호를 태시로 고치다. 사마염은 위의 황제를 진류왕으로 삼았다. • 위 왕실이 고립되었던 폐단을 경계한 사마염이 종친들에게 관직과 권한을 대대적으로 부여하다. 그는 종친의 정치활동을 금지하던 위의 금고 조항을 없애고, 부곡장(部曲將)과 장리(長吏)를 인질로 삼는 규정을 폐지한다는 조서를 내렸다.
266	태시 2년		보정(寶鼎) 원년	• 12월(양력으로는 이미 267년), 오주 손호가 다시 건업으로 환도하다. 손호는 후궁이 수천 명에 달하였지만, 간택을 그치지 않았다.

서기	위	촉	오	주요 사건
267	태시 3년		보정 2년	• 6월, 오주 손호가 소명궁을 건설하며 온갖 기술을 동원해 극도의 화려함을 추구하여, 막대한 건설비용이 소요되다. 화핵이 상소하여 "지금 창고는 비었고, 호적에 편입된 민가는 일을 잃었으며", "또 교지가 함락되어 영남(嶺南) 일대가 동요하고 있으니", "곧 국조(國朝)의 재앙"이라고 간언하다.
268	태시 4년		보정 3년	• 오주 손호가 동관(東關)에서 출병하여, 겨울 10월에 시적(施績)에게 강하로 진입하게 하고, 만욱에게 양양을 공격하게 하다. • 11월, 정봉과 제갈정이 작피로 출격하며 합비를 공격하다.
276	함녕(咸寧) 2년		천새(天璽) 원년	• 10월, 양호가 상소하여 "손호의 포악함이 유선보다 지나치고, 오나라 사람들의 고통이 파촉보다 심각합니다."라고 말하며, 오의 정벌을 청하다. 대신 가충 등은 오의 정벌에 반대했다.
279	함녕 5년		천기(天紀) 3년	• 11월, 진이 대규모로 오의 정벌에 나서다.
280	태강(太康) 원년			• 3월, 왕준이 무창에서 장강의 물길을 타고 내려와 건업으로 돌진하니, 오주 손호가 나와 항복하다. • 4월, 손호를 귀명후(歸命侯)에 봉한다는 조서를 내리다. 을유일에 사마염이 연호를 태강으로 고치다.

참고문헌

사료

(晉) 陳壽 撰, 『三國志』

이 책은 삼국사를 연구하는 주요 사료이다. 중화서국(中華書局)의 표점본(標點本)을 활용할 수 있고, 중화서국에서 영인(影印)한 노필(盧弼)의 『삼국지집해』(三國志集解)도 참고할 만하다. 노필의 책은 현존하는 『삼국지』 관련 저작 가운데 가장 상세한 주해본이다.

단행본 및 논문

高敏
- 「論曹魏屯田制的歷史淵源」, 『東岳論叢』, 1980-2.
- 「孫吳奉邑制考略」, 『中國史研究』, 1985-1.
- 「曹魏士家制度的形成與演變」, 『歷史研究』, 1989-5.

關治中
- 「論曹操平定關隴的奠基戰役」, 『西北大學學報』, 1992-1.

唐長孺
- 「孫吳建國及漢末江南的宗部與山越」, 『魏晉南北朝史論叢』, 三聯書店, 1955.
- 「魏晉玄學之形成及其發展」, 『魏晉南北朝史論叢』, 三聯書店, 1955.

方詩銘
- 「世族·豪杰·遊俠: 從一個側面看袁紹」, 『上海社會科學院學術季刊』, 1986-2.
- 「黃巾起義先驅與巫及原始道敎的關係」, 『歷史研究』, 1993-3.

徐公持
- 「建安七子論」, 『文學評論』, 1981-4.

施丁
- 「論赤壁之戰的幾個問題」, 『史學月刊』, 1981-6.

楊耀坤
- 「有關司馬懿政變的幾個問題」, 『四川大學學報』, 1985-3.

王明
- 「論《太平經》的成書時代和作者」, 『世界宗敎研究』, 1982-1.

- 노필의 집해본 역시 2009년에 상해고적출판사(上海古籍出版社)에서 표점본이 출간되었다.

王運熙
- 「論〈孔雀東南飛〉的産生時代·思想·文藝及其問題」,『樂府詩論叢』, 上海古典文學出版社, 1958.

熊德基
- 「《太平經》的作者和思想及其與黃巾和天師道的關係」,『歷史研究』1962-4.

張大可
- 「三國鼎立形成的歷史原因」,『青海社會科學』, 1988-3.

翦伯贊
- 「董卓之亂與三國鼎立局面之序幕」,『北京大學學報』, 1988-2.

田餘慶
- 「孫吳建國的道路」,『歷史研究』, 1992-1.
- 「〈隆中對〉跨有荊益解」,『周一良先生八十生日紀念論文集』, 中國社會科學出版社, 1993.
- 「〈隆中對〉再認識」,『歷史研究』, 1990-5.

趙克堯 等
- 「論黃巾起義與宗教的關係」,『中國史研究』, 1980-1.

趙幼文
- 「曹魏屯田制述論」,『歷史研究』, 1958-4.

朱大渭
- 「論諸葛亮治蜀: 兼論諸葛亮是儒法合流的典型人物」,『魏晉隋唐史論集』第1輯, 中國史會科學出版社, 1981.

朱紹侯
- 「"借荊州"淺議」,『許昌師專學報』, 1992-5.

周一良
- 「魏晉兵制上的一個問題」,『魏晉南北朝史論集』, 中華書局, 1963.
- 「曹氏司馬氏之鬪爭」,『魏晉南北朝史札記』, 中華書局, 1985.

陳連慶
- 「孫吳的屯田制」,『社會科學輯刊』, 1982-6.

陳寅恪
- 「書世說新語文學類鍾會撰四本論始畢倏後」,『中山大學學報』, 1956-3;『金明館叢稿初編』(陳寅恪全集之二), 上海古籍出版社, 1980.
- 「天師道與濱海地域之關係」, 中央研究院 歷史語言研究所『集刊』, 3:4, 1933;『金明館叢稿初編』(陳寅恪全集之二), 上海古籍出版社, 1980.

湯用彤
- 等, 「魏晉玄學中的社會政治思想和它的政治背景」, 『歷史研究』, 1954-3.
- 「漢魏學術變遷與魏晉玄學的産生」, 『中國哲學史研究』, 1983-3.

馮今平
- 「三國赤壁考」, 『湖北教育學院學報』(哲社版), 1991-3.

何玆全
- 「官渡之戰」, 『北京師範大學學報』, 1964-1; 『讀史集』, 上海人民出版社, 1982.
- 「司馬懿」, 『讀史集』, 上海人民出版社, 1982.
- 「孫吳的兵制」, 『中國史研究』, 1984-3.
- 「中國古代及中世紀史講義」, 北京師範大學出版組, 1957.5.
- 「漢魏之際的社會經濟變化」, 『社會科學戰線』, 1979-4; 『讀史集』, 上海人民出版社, 1982.

胡寶國
- 「對復客制與世襲領兵制的再檢討」, 『中國史研究』, 1994-4.

黃節
- 『曹子建詩注』, 人民文學出版社, 1957.

三聯書店 編輯部
- 編, 『曹操論集』, 三聯書店, 1960.

범문란(范文瀾)의 『중국통사간편』(中國通史簡編), 곽말약(郭沫若)의 『중국사고』(中國史稿), 전백찬의 『중국사강요』(中國史綱要) 등의 통사 저술, 왕중락(王中犖)의 『위진남북조사』(魏晉南北朝史), 한국반(韓國磐)의 『위진남북조사강』(魏晉南北朝史綱) 등의 단대사 저술 속에서 언급한 삼국사 부분도 전부 참고할 만하다.

이밖에도 삼국시대의 역사를 주제로 서술한 논문이나 책은 매우 많다. 혹시 나의 부주의로 누락된 부분이나 나의 편견 탓에 상술한 참고문헌에 수록되지 못한 저술이 있다면, 이후에 다시 보충할 수 있도록 이해해 주기 바란다.

추천사

何玆全, 『中國古代社會』, 河南人民出版社, 1991.
唐長孺, 『魏晉南北朝隋唐史三論』, 武漢大學出版社, 1991.

위의 두 저작은 전문적으로 삼국의 역사만 서술한 책은 아니지만, 어쨌든 삼국시대 부분을 서술하고 있다. 두 책의 사상체계는 대체로 같은 노선으로, 통시적 시각의 역사 독해를 중시했다. 독자들이 삼국의 역사를 읽은 이후 삼국 역사의 전후 맥락을 이해하고 싶다면, 나는 이 두 책의 일독을 추천한다. 내 책에서 서술하는 내용은 고대사이고, 당장유 선생의 책은 중세 전기의 역사이므로, 송구스럽게 당 선생의 저서보다 졸저를 먼저 거론했다.

옮긴이의 말

수달은 잡은 물고기를 마치 제사라도 지내는 듯 사방에 늘어놓는 버릇이 있다고 한다. 그래서 시문을 지을 때 많은 책을 늘어놓고 참고하는 모습을 비유적으로 일러 '달제어'(獺祭魚), 또는 '달제'(獺祭)라고 한다. 허쯔취안 선생의 대저(大著) 『위촉오 삼국사: 중세 봉건시대의 개막, 184-280』의 번역 작업이 끝나고 출간을 앞둔 지금, 옮긴이가 이 책을 번역한다고 낑낑대며 책상 위에 이 책 저 책 늘어놓았던 모습 역시 흡사 물고기를 늘어놓고 제사를 지내는 수달 못지않았던 것 같다. 지은이가 인용한 『삼국지』, 『후한서』, 『진서』(晉書), 『문선』(文選) 등의 사료 원문을 정확히 이해하기 위해 역대 학자들의 주석서, 여러 사전과 지도 등 각종 공구서(工具書), 그리고 근·현대 학자들의 중국어·일본어·한국어 번역본 등을 참고하다 보면, 번역 진도는 지지부진해지기 일쑤였다.

그러나 번역 작업이 어느 정도 궤도에 올라 진척될수록, 옮긴이를 압도했던 것은 책의 곳곳에서 자유자재로 막힘없이 인용하던 사료의 원문 때문만은 아니었다. 옮긴이가 특히 감명을 받은 부분은 지은이 허쯔취안 선생이 사료를 바탕으로 치밀한 논증을 제시하면서도, 현존하는 사료의 내용이 논리적으로 맞지 않는다든가 과장된 부분에 대해서는 해박한 지식으로 이를 반박하는 다른 사료를 제시하여 교차 검증하고, 사료가 부족한 경우 합리적인 추론을 통해 현존 사료의 오류를 스스럼없이 비판한 점에 있었다. 그는 이처럼 실사구시(實事求是)와 엄정한 고증을 추구하는 전통적인 중국의 역사 탐구 자세를 바탕으로 하면서도, 합리적이고 과학적인 서구의 역사 해석 정신을 동시에 갖추어 중국인들로부터 이른바 '사학대가'(史學大家), 즉 중국 '역사학의 권위자'로 인정받았다.

옮긴이가 보기에, 그가 동서양의 역사학 연구 방식을 모두 갖추게 된 것은 그의 스승이었던 부사년(傅斯年, 1896~1950)과 진인각(陳寅恪, 1890~1969)이라는 두 천재 학자의 영향이 컸던 것 같다. 허쯔취안 선생은 1931년에 북경대학 역사학과에 입학하여 부사년과 진인각으로부터 가르침을 받았다. 호적(胡適,

1891~1962)으로부터 "인간 세상에서 극히 드문 천재이자 기억력 최강, 이해력 역시 최강"이라는 상찬을 받았던 부사년은 일찍이 에든버러대학교·런던대학교·베를린대학교에서 심리학·생리학·수학·물리학·철학·비교언어학 등을 폭넓게 공부했고, 중국으로 돌아와 역사언어 연구와 문헌 정리에 매진했다. 부사년은 중앙연구원(中央硏究院) 역사언어연구소를 창립했는데, 허쯔취안 역시 이 연구소의 연구원으로서 부사년의 격려와 지도를 받으며 역사학을 공부했다. 허쯔취안은 후일 자신이 당시 중국 최고의 권위를 자랑하던 이 연구소에서 근무하면서 평생 학술연구에 종사할 기초를 닦았다고 회고한 바 있다. 허쯔취안의 또 다른 스승이었던 진인각 역시 일찍이 10대 초반에 일본에 유학하였고, 이후 베를린대학교·취리히대학교·파리고등정치학교·하버드대학교 등지에서 공부하며 20여 언어에 능통한 언어 천재였다. 진인각은 고대부터 근현대까지 중국 전시대의 역사를 망라하여 연구한 대학자였지만, 특히 위진남북조사와 돈황학 및 소수민족 연구로 일가를 이루었다. 아마도 이 책의 지은이가 위진남북조사 연구에 일생을 바친 것에는 진인각의 영향이 매우 컸을 것으로 짐작된다.

　　부사년과 진인각의 훈도를 받은 허쯔취안 선생 역시 일찍부터 해외에 유학하며 중국 역사를 객관적으로 조망하는 경험을 가졌다. 그는 북경대학을 졸업한 후 당시 북평시(北平市, 오늘날의 북경시)의 시장으로 재직하던 족형(族兄) 하사원(何思源, 1896~1982)과 북경대학 총장 호적의 추천을 받아 1935년 일본으로 건너가 도쿄제국대학에서 공부했다. 이듬해 병으로 조기에 귀국하기는 했지만, 그는 일본 동양사학계의 주요 논쟁과 이론을 흡수했던 것으로 보인다. 그는 일찍이 1950년대부터 중국의 중세가 삼국시대에 시작된 것이라고 주장하여

● 李永杜, 『平生風誼兼師友: 胡適和他的弟子』(廣東敎育出版社, 2012), p.102.

모택동이 지지를 표명한 중국 주류 학계의 서주봉건설(西周封建說)을 정면으로 비판했다. 이 일로 그는 모택동을 비난했다는 이유로 문화대혁명 기간에 '간첩'이자 '반동분자'라는 낙인이 찍혀 하방(下放)의 고초를 겪기도 했다. 그러나 그는 끝까지 자신의 소신을 굽히지 않았다. 그는 1994년에 출간된 이 책의 결론에서도 자신의 주요 학설인 삼국봉건설(三國封建說)을 거듭 주장했다. 공교롭게도 그의 학설은 후한 말기를 중국 중세의 시작으로 설정한 바 있는 일본 교토학파의 나이토 코난(內藤湖南, 1866~1934)이나 미야자키 이치사다(宮崎市定, 1901~1995) 등의 견해와 일맥상통하는 면이 있다. 이러한 학문적 우연의 일치를 근거로 그가 일본 동양사학계의 영향을 받았다고 단정할 수는 없겠지만, 어쨌든 그가 일본 유학을 통해 일본 역사학계의 주요 쟁점과 흐름을 알고 있었을 것이라는 추정은 가능한 것으로 보인다.

이후 허쯔취안은 1947년에 도미하여 컬럼비아대학교에서 공부하며 존스홉킨스대학교의 지원을 받아 범문란(范文瀾, 1893~1969)의 『중국통사간편』(中國通史簡編) 영역 작업에 참여했다. 1950년대부터 2011년 타계 직전까지 북경사범대학 종신교수를 지낸 허쯔취안은 1987~1988년에 다시 시애틀의 워싱턴대학교에서 교환교수를 지낸 바 있다. 이처럼 허쯔취안 선생은 북경대학 역사학과와 중앙연구원 역사언어연구소를 통해 전통적인 학풍을 체득했고, 또 일본과 미국의 유학을 통해 합리적이고 근대적인 서구 학풍을 전수받았다.

여기에 그의 학풍에 영향을 준 한 가지를 더 꼽자면 가학(家學)을 들 수 있다. 산동성 하택현(菏澤縣) 출신인 그의 집안은 명대 이래 대대로 관료를 배출한 명문가로서, 그는 어려서부터 묵향(墨香)과 서권기(書卷氣)가 넘치는 환경 속에서 자랐다. 어린 시절부터 그에게 여러 가지 조언을 해 준 족형 하사원은 북경대학의 전신인 경사대학당(京師大學堂) 출신으로 신문화운동(新文化運動)과 5·4운동에 적극적으로 참여했고, 국비유학생으로 미국에서 공부했다. 이후 하사원은 베를린과 파리에서 경제학을 공부했고, 귀국한 후 중산대학(中山大學) 도서관장 겸 교수를 역임했으며, 국민당에 가입하여 활동했다. 하사원은 그의 일본·미국 유학을 주선해 준 인물이기도 하다. 하사원의 영향을 크게 받은 허쯔취안은 15세에 국민당에 가입하여 항일전쟁(抗日戰爭)에 직접 병사로 참전할 정도였다(이 책의 본문에서 지은이는 삼국시대에 벌어진 여러 전투를 설명하면서 자신이 "서생에 불과하여 이러쿵저러쿵할 처지"가 아니라고 시종 겸손한 태도를 보였지만, 사실 그는 10대에 항일전쟁에 참전하여 전투 경험을 갖춘 애국지사였다). 이러한 가학은 그의 후대까지 이어져 그의 아들 허팡촨(何芳川, 1939~2006) 역시 북경대학 동방언어학과와 역사학과를 졸업하고 중동의 역사를 전공하여 북경대학 교수로 임용되었으며, 후일 북경대학 부총장을 역임했다.

「머리말」에서 밝힌 것처럼, 지은이가 이 책의 저술을 시작한 것은 고희(古稀)를 한참 넘긴 1984년이었고, 책의 출간은 그로부터 10여 년이 더 지나 그의 나이 83세인 1994년에 이뤄졌다. 따라서 이 책에는 그가 평생 축적해 온 원숙한 지식이 모두 담겨 있다고 말해도 과언이 아니다. 그는 평소 역사 지식의 보급에도 커다란 관심을 가졌고, 이 책은 삼국시대 연구의 전문가인 지은이가 대학의 인문학도를 위한 교재로 알기 쉽게 저술한 책이다. 그러나 연구자가 읽기에도 손색이 없을 정도로 학문적 엄밀성을 갖춘 훌륭한 역사서라고 할 수 있다.

지은이는 「머리말」에서 자신의 서술 방침을 몇 가지 제시하고 있는데, 이 지은이의 방침이 바로 이 책의 특징이자 장점으로 꼽을 수 있을 것 같다. 중언부언인 것 같지만, 다시 한 번 요약하자면 다음과 같다. 첫째, 이 책은 기본적인 역사 사실을 일목요연하게 정리했고, 역사 사실에 대한 정확한 이해와 인식을 독자에게 선사했다. 그는 "삼국의 역사가 삼국의 역사적 사실을 쓰는 것"이라는

• 이에 관한 자세한 내용은 그의 회고록 『愛國一書生: 八十五自述』(華東師範大學出版社, 1997)을 참조하라.

기본 노선을 견지하여 합리적·과학적 정신으로 역사적 진실을 탐구했다. 둘째, 원문을 풍부하고 폭넓게 인용하여 "영혼이 깃들지 않은 산송장처럼 무기력하고 건조하게 역사를 서술하지 않고, 마치 살아 있는 사람이 활동하는 것처럼 생동감 있게 서술"했다. 셋째, "알기 쉬운 문장을 추구했고, 문장의 가독성과 흡인력에 신경을 썼다." 이 밖에도 이 책의 장점은 이루 열거할 수 없을 만큼 많다. 지은이는 국내의 『삼국지』 애호가들이 궁금해하거나 이들 사이에서 논쟁 중인 여러 문제에 대해 사료적 근거와 합리적인 추론을 바탕으로 적합한 답안을 제시했고, 국내 애호가들이 미처 생각하지 못했거나 알 수 없었던 숨은 역사적 배경을 상세히 설명하고 있으며, 삼국 시대에 벌어진 여러 사건에 대한 중국 역대 학자들의 평가를 알차게 소개하고 있다. 물론, 여기에 자신의 견해도 덧붙인다. 지은이가 「머리말」에서 "논점과 분석의 측면에서는 내가 사마광보다 더 뛰어날 것"이라고 호언(豪言)한 것이 과장이 아님을 알 수 있다.

초등학교 시절 친구 집에서 읽은 만화판 『삼국지』를 시작으로 아버지의 낡은 책장에서 우연히 발견해 읽은 요시카와 에이지(吉川英治) 평역의 『삼국지』와 확실한 저자조차 알 수 없는 『후삼국지』, 천하통일을 하느라 대학 시절 밤잠을 설치게 한 코에이(KOEI)의 게임 《삼국지》 시리즈, 소설 『삼국지』 속 등장인물의 자·호를 달달 외우게 했던 추억의 하이텔 삼국지 퀴즈방에 이르기까지 옮긴이가 그간 『삼국지』를 접해 왔던 경로는 다양했고, 나름 『삼국지』의 애호가라고 자부해 왔다. 하지만 막상 이 책의 상재(上梓)를 앞두고 보니, 혹여 옮긴이의 서투른 번역이 여러 전문가와 『삼국지』 애호가들로부터 도마 위에 오른 조상육(俎上肉)처럼 잘근잘근 씹히는 신세가 되는 것은 아닐까 하는 염려가 앞서기도 한다. 다만, 옮긴이 나름대로는 지은이의 문장을 충실히 옮기려고 최선을 다했고, 또 편집과 교정 과정에서 옮긴이가 저지른 오해와 실수가 적지 않게 바로잡혔으므로, 책의 대체적인 내용을 이해하는 데는 별 무리가 없으리라 생각한다.

이 책이 매끄럽고 무난하게 잘 읽힌다면, 이는 거칠고 삽삽(澁澁)한 옮긴이의 번역 원고를 매끄럽게 다듬어 준 모노그래프의 양휘웅 대표님 덕분일 것이다. 성실하고 꼼꼼한 번역가이자 이 책의 발행인으로서 기획·교정·편집을 총괄한 그는 예상보다 훨씬 늦어진 번역 일정을 너그럽게 해량해 주었고, 여러 난구(難句)의 해석을 놓고 옮긴이와 머리를 맞대고 함께 고민해 주었다. 이 과정에서 옮긴이와 그는 간혹 몇몇 구절의 사료 해석에서 견해차를 보이기도 했는데, 교정을 거듭하면서 찬찬히 돌이켜보면 그의 말이 대부분 맞았다. 이처럼 많이 부족한 옮긴이에게 신뢰할 만한 든든한 편집자의 존재는 그야말로 홍복(洪福)이다. 또한, 언제나 옮긴이의 든든한 버팀목이 되어주시는 부모님께도 마음속 깊이 감사를 드린다. 두 분이 보여주신 무언의 지지는 언제나 옮긴이가 의지할 수 있는 버팀목이었다. 형과 형수님, 조카 융·승·겸에게도 이 자리를 빌려 감사의 마음을 전한다.

마지막으로 이 책이 이 땅의 수많은 삼국학 애호가와 인문·교양 독자들에게 도움이 되기를 바라며 옮긴이의 말을 갈무리한다.

2019년 4월 15일
최고호

펴낸이의 말

소설 속 시공간에 함몰된 '삼국시대'의 역사적 복원을 위하여

현대 한국인들에게 중국의 역사는 꽤 익숙한 편이다. 아무래도 우리가 사는 한반도가 중국과 인접해 있고, 한반도의 역사가 중국의 영향을 많이 받았기 때문일 것이다. 그런데 그중에서도 중국의 삼국시대, 특히 위·촉·오라 불리던 90년 남짓의 역사(황건적의 난이 일어난 184년부터 서진의 사마염이 오를 멸망시킨 280년 기준으로 삼은 것)는 비상할 정도로 친숙하다. 심지어 한국인 대부분에게 위·촉·오 삼국은 우리의 역사인 고구려·백제·신라의 삼국보다 친숙하다고 해도 과언이 아니다. 이런 현상에 가장 큰 공을 세운 것은 무엇보다도 진수의 정사『삼국지』를 바탕으로 나관중 등이 각색한 소설『삼국연의』가 수입·소개되었기 때문일 것이다.

『삼국연의』는 16세기 초반 조선에 전해졌고, 전래된 직후인 명종대(明宗代)에는 조선에서 활자본이 간행되기도 했다. 이는 현재『삼국연의』라는 원천자료를 바탕으로 수많은 콘텐츠를 쏟아내고 있는 일본보다도 독자 간행이 빠른 것이다.• 조선 중기의 성리학자 기대승(奇大升, 1527~1572)은 선조(宣祖)가 전교(傳敎)에서『삼국연의』를 인용한 것에 대해, 이 책이 "허망하고 터무니없는 말이 매우 많고,"(甚多妄誕) "잡박하고 무익하며 의리에 큰 해를 끼친다."(雜駁無益, 甚害義理)•• 라고 비판한 바 있다.

그러나 이후 조선 국왕들은 소설『삼국연의』를 탐독해 마지않았으니, 효종(孝宗)은 재위(1649~1659) 중에 직접 이 책을 한글로 번역할 정도였다.••• 이후『삼국연의』는 왕실과 사대부뿐만 아니라 번역·번안을 통해 부녀자나 민간에도

• 이에 관한 자세한 내용은 박재연(2010), 「새로 발굴된 朝鮮 活字本《三國志通俗演義》에 대하여」, 『중국어문논총』, 44: pp.241-262를 보라.
•• 『宣祖實錄』卷3, 선조 2년(1569) 6월 20일 자 기사.
••• 김수영(2015), 「효종의《삼국지연의》독서와 번역」, 『국문학 연구』, 32: pp.67~88.

널리 전파되었다. 우리는 시조·소설·속담·판소리 등의 형태로 전해지는 당시의 민간전승 및 기록을 통해 조선 후기에는 『삼국연의』가 일반 서민과 대중에게도 광범위한 영향력을 미쳤음을 짐작할 수 있다.

이러한 풍조는 근대에까지 이어져, 3·1운동으로 옥고를 치르기 이전의 손병희(孫秉熙, 1861~1922)가 평소 소설 『삼국지』(三國誌)를 애독했다는 일제 강점기 시절의 기사라든가,• 1929년 평양에서 〈삼국지〉라는 제목의 영화가 상영되었다는 기사를 통해 당시의 지식인과 서민들이 보편적으로 소설 『삼국지』, 즉 『삼국연의』의 내용을 널리 접하고 있었다는 것을 짐작할 수 있다.•• 또, 일제 강점기에 간행된 여러 신문의 기사에서 소설 『삼국지』에 나오는 고사나 인물을 자주 언급하고 있고, 1937년에는 〈소년삼국지〉가 《동아일보》에 연재된 적도 있어 그야말로 남녀노소 누구나 소설 『삼국연의』의 내용을 쉽게 접할 수 있었던 것으로 보인다. 특히 당시의 여러 신문 기사에 언급된 내용을 보면, 『삼국연의』를 직접 읽지 않은 사람이라도 제갈량의 '동남풍', 관운장의 '수염'과 '청룡언월도', 여포의 '적토마' 등 소설 속에서 형상화한 여러 이미지가 이미 대중의 뇌리에 깊이 각인되어 있었음을 알 수 있다.

해방 이후에도 우리 독서계에서 소설 『삼국연의』의 영향력은 계속되었다. 박태원·박종화·정비석·방기환·이문열·김홍신·황병국·장정일·황석영 등의 문인들이 각자의 시각이 반영된 소설 『삼국지』를 출간하여 사랑을 받았고, 고(故) 고우영 작가가 만화판 『삼국지』를 개척한 것을 시작으로 최근에는 여러 웹툰 작가들도 저마다의 시각으로 『삼국지』를 소개하고 있다. 물론, 이들의 번역 중에는 나관중(羅貫中, 1330?~1400?)이 15세기의 한문 문체로 쓰고 모종강(毛宗崗, 1632~1709)이 17세기의 문체로 다듬은 문장을 제대로 이해하지 못해 엉뚱한

• 〈獄中供饋에 餘念업난 孫의 愛人〉, 《동아일보》 1920년 5월 14일 자 3면 기사.
•• 〈劇과 映畵印象〉, 《동아일보》 1929년 10월 13일 자 5면 기사.

오역을 범한 책들이 꽤 있고, 일본인들의 오역을 그대로 차용·답습한 것으로 보이는 번역도 있으며, 어떤 번역본은 『삼국연의』의 원문을 대조하지 않았거나 원문에 구애받지 않고 자기 견해를 마구 첨가하여 번역본이라고 할 수 없는 책들도 있다. 그러나 어쨌든 일부 결함이 있기는 해도 『삼국연의』에 관한 한, 국내에는 꽤 다양한 형태의 번역·평역본이 출간되었고, 이를 통한 2차·3차의 가공물도 엄청나게 쏟아져 나왔다. 최근의 젊은 세대는 일본의 〈코에이 삼국지〉를 비롯한 각종 온라인 게임을 통해서도 『삼국연의』의 콘텐츠를 계속 접할 수 있다.

이처럼 『삼국연의』는 16세기 초반에 한반도에 전해진 이후 5세기가 넘는 기간 동안 엄청난 사랑을 받았다. 그러나 소설의 영향력이 엄청나다 보니, 실제 있었던 역사 시대를 소설 속의 시공간으로 착각 내지는 혼동하는 사람들이 많이 생겨났다. 이는 국내에 중국고대사를 전공한 역사학자가 번역한 제대로 된 정사 『삼국지』의 완역이 없고, 또 이 시대를 전공한 역사학자들이 쓴 변변한 연구서가 없기 때문이기도 하다. 물론, 1980년대 이후 소설 『삼국연의』에 관한 여러 비평서와 연구서가 소개되어 『삼국연의』가 삼국시대의 역사적 배경을 바탕으로 중국 송·원·명대 민중과 지식인의 이상과 관념이 반영된 역사소설이라는 점이 대중에게 인식되었고, 대체로 이 책에 반영된 사실과 허구의 비율이 '칠실삼허'(七實三虛)라는 청대 학자 장학성(章學誠, 1738~1801)의 견해 역시 널리 알려지게 되었다.

소설 『삼국연의』의 인기를 바탕으로 1980년대 이후에는 소설의 배경인 삼국시대의 실제 모습을 살펴보려는 여러 시도가 있었다. 중국과 일본의 여러 연구서가 번역되어 나왔고, 한중수교 이후에는 삼국시대의 역사 현장을 직접 답사하고 돌아와 기행문을 저술하는 사람도 생겨났다. 이런 책들은 우리가 삼국

- 章學誠, 『章氏遺書』(吳興劉氏嘉業堂本, 臺北: 漢聲出版社 印行, 1973), 卷中, p.889, 「外編卷三·丙辰箚記」, 53a-b. 원문은 다음과 같다. "惟『三國演義』則七分實事, 三分虛構, 以致觀者往往爲所惑亂."

시대를 역사시대로 이해하는 데 나름대로 역할을 했다. 이처럼 소설『삼국연의』의 과장과 오류를 정사와 비교하여 대조한 저술이나 강연록, 기행문 등이 출간되면서 우리가 소설을 통해 잘못 이해하고 있던 사항들이 일부나마 교정되었다. 이들 책을 통해 우리 독자들은 삼국시대의 전투에서 장수들끼리 직접 일대일로 맞붙어 싸워 승부를 결정짓는 일은 극히 드물었다는 점, 청룡언월도(靑龍偃月刀)가 삼국시대에는 없었던 무기였다는 사실, 관우의 '오관참육장'(五關斬六將) 등의 고사가 허구라는 사실 등을 알게 되었다.

전술한 것처럼, 이런 책들은 소설『삼국연의』를 통해 우리에게 잘못 알려진 몇몇 사건과 사안에 대한 수정된 시각과 정보를 제공했다. 그러나 이런 유의 책이 저술·소개된 목적은 소설을 읽은 독자에게 흥미를 선사하고 소설을 더욱 재미있게 읽기 위한 보조적인 가이드 역할을 하려는 것이었으므로, 삼국시대를 역사적으로 접근하고 이해하려는 독자에게는 만족할만한 선택이 되지 못했다. 그래서 펴낸이는 삼국시대를 역사시대로 접근하려는 독자에게 도움이 될만한 책이 국내에 소개되지 않은 점을 안타깝게 생각했다.

펴낸이는 이 과정에서 허쯔취안 선생의 책을 접하게 되었다. 펴낸이가 허쯔취안 선생의『위촉오 삼국사』를 처음 인지한 것은 십여 년 전 이중톈(易中天)의『삼국지 강의』번역 작업을 맡았을 때였다. 문학평론가이자 미학자인 이중톈이 중국의 국영 방송국에서 강의 형식으로 진행한 원고를 바탕으로 정리·출간한 이 책은 상업적으로 꽤 성공했고, 이후 그의 책 대부분이 번역·소개될 정도로 그는 국내에 탄탄한 독자층을 거느리게 되었다. 그 책의 번역자로서 책의 성공 배경을 생각해 보자면, 당시까지 일본인의 저술을 통해서만『삼국연의』와 관련된 정보를 얻고 일본인의 시각이 반영된 책들로만『삼국연의』를 접해 왔던 국내 독자들이 중국인 학자의 분석과 비평에 대해 꽤 신선한 느낌을 받았기 때문이 아닐까 싶다. 펴낸이 역시 이중톈의 책을 번역하는 과정에서 중국의 삼국학(三國學) 연구가 일본인 학자의 연구보다 양적으로나 질적으로 모두 앞서 있으며, 국내에는 그런 성과가 제대로 소개되지 않았다는 점을 깨닫게 되었다.

펴낸이는 이중톈의 책을 번역하면서 언젠가 기회가 되면 통속류나 가십거리 위주의 책이 아닌, 삼국시대를 학문적으로 분석한 정통 역사서를 국내에 소개하겠다고 마음먹었다. 이중톈은 그의 책에서 삼국시대에 관한 여러 학자의 책을 인용하고 있는데, 그중에서도 형주차용설의 진위를 비롯해 제갈량의 군사작전 역량에 관한 평가 등 여러 역사적 고증 부분에서 주로 허쯔취안의 책을 인용하고 있다. 펴낸이는 이후 허쯔취안의 책을 구득(求得)하여 검토하고 나서, 삼국시대사를 다룬 모노그래프로서 국내에 소개하기에 손색이 없는 책이 바로 허쯔취안의 『위촉오 삼국사』라는 결론을 내렸다.

중국의 저명한 학자 중에서 삼국시대와 『삼국지』, 『삼국연의』와 관련하여 논문이나 잡문 한 편 써보지 않은 사람은 드물 것이다. 그러나 그들 중에서 허쯔취안처럼 역사학을 전공한 정통 역사학자로서 삼국시대를 연구하여 전문적인 모노그래프를 저술한 학자는 그리 많지 않다. 허쯔취안 선생 이외에 삼국시대사에 관한 모노그래프를 저술한 중국의 학자로는 마즈제(馬植傑)와 장다커(張大可) 정도가 있다. 이 두 학자 역시 평생 삼국시대를 연구한 학자로서 이들의 책 역시 일독할 가치가 충분하며, 언젠가는 이 두 책도 국내에 소개되기를 바란다. 다만, 허쯔취안 선생이 다른 두 사람에 비해 중국학계는 물론이고 국제적으로도 지명도가 높고, 삼국시대를 연구한 경력이 더욱 오래며, 학문적으로 가장 원숙한 시기에 삼국시대사를 저술했다. 또한, 펴낸이가 개인적으로 보기에 서술이 비교적 명쾌하고 단호한 것 같아, 이 책을 우선적으로 소개하게 된 계기가 되었다.

펴낸이는 중국의 일급 학자가 쓴 삼국시대사를 통해 국내의 독자들이 소설 속 시공간에서 벗어나 삼국시대를 역사적 시각에서 바라보기를 바랐다. 그래서 이 책의 편집과 교정 과정에서 여러 가지로 공을 들였다. 우선, 삼국시대를 연대순으로 정확하게 파악할 수 있도록 지은이가 당시 연호와 함께 병기한 서력 연도를 별색으로 표기했고, 당시의 지명을 현재의 지명으로 비정(批正)한 지은

이의 지명 고증 부분 역시 독자가 쉽게 알아볼 수 있도록 별색으로 표기했다. 또한, 당시의 주요 전투를 묘사한 부분에 적절하게 지도를 배치해 독자들이 당시의 복잡한 전투 상황을 쉽게 이해할 수 있게 했고, 당시의 유물·유적을 다룬 도판도 충실히 수록했다. 그리고 전문적인 연구자와 애호가를 위해 지은이가 인용한 사료의 원문을 주석에 모두 수록했고, 간단한 사전 역할을 할 수 있는 색인을 붙여 독자들이 본문의 항목을 손쉽게 찾아볼 수 있게 했다. 아무쪼록 이 책의 출간이 국내의 삼국사 애호가들에게 도움이 되기를 바란다.

각설하고, 중국의 삼국시대를 역사적으로 조망하는 데 도움이 되는 몇몇 책을 아래와 같이 소개한다. 아래에 소개하는 책은 모두 정사『삼국지』의 주석서와 번역서 및 관련 연구서로만 한정했으며, 소설『삼국연의』의 번역본 및 소설과 관련된 모든 자료는 일괄 배제했다. 국내에서 출간된 주요 도서와 함께, 국내에 소개되지 않았더라도 의미 있는 해외 학자들의 주요 저술도 포함했다. 분량을 줄이기 위해 소개하는 자료는 단행본으로 출간된 것만을 대상으로 삼고, 논문이나 잡지에 실린 글은 배제했다. 주로 펴낸이가 평소 삼국시대를 공부하며 구득하여 살핀 책들을 바탕으로 정리한 것이므로 펴낸이의 주관적 평가가 포함되었고, 도움이 될만한 자료이면서도 일부 누락된 책이 있을 것이다. 그저 참고용으로만 활용하기 바란다.

1. 정사『삼국지』원전류
① 陳壽 撰, 裴松之 注,『三國志: 百納本二十四史』,《四部叢刊·史部》, 上海: 商務印書館, 1931;『百納本三國志』, 北京: 國家圖書館出版社, 2014.
이 책의 지은이 허쯔취안이 참고했다고 밝힌 백납본(百納本) 이십사사의 하나. 역시『삼국지』의 여러 판본을 대조하여 만든 판본. 1931년의 상무인서관본은 이미 절판되었고, 현재는 국가도서관출판사본을 구해 볼 수 있다.

② 陳壽 撰, 裴松之 注,『三國志』(全5冊), 北京: 中華書局, 1959.
『삼국지』의 원전을 직접 보려는 독자에게 가장 유용한 책.『삼국지』의 여러 판본을 대조·교감(校勘)해 진수(陳壽, 233~297)가 쓴 정문(正文)과 배송지(裴松之, 372~451)의 주를 중화서국 방식으로 표점(標點)하여 인명·지명·책명 등을 쉽게 파악할 수 있다.

③ 長澤規矩也 解題, 和刻本正史,『三國志』(全2冊), 東京: 古典硏究會, 1972.
일본에서 출간된 목판본. 1책 앞부분에 일본의 저명한 서지학자 나가사와 기쿠야(長澤規矩也, 1902~1980)의 해제가 실려 있다. 진수의 원문과 배송지의 주 이외에 명대(明代) 학자 진인석(陳仁錫, 1581~1636)의 평열(評閱)이 포함되어 있다. 진수의 정문과 배송지의 주에 일본식 훈점(訓點)이 붙어 있어 원문의 해석에 유용하다.

2. 정사『삼국지』의 근·현대 주석서 및 사전

① 梁章鉅 撰, 楊耀坤 校訂,『三國志旁證』, 福州: 福建人民出版社, 2000.
복건성 복주(福州) 출신인 편찬자 양장거(梁章鉅, 1775~1849)는 임칙서(林則徐)와 함께 영국의 아편 판매에 강력한 대응을 주장한 금연파(禁煙派)의 대표 인물. 청대 고증학자들의『삼국지』주석을 종합하여 차기체(箚記體)로 저술한 전형적인 고증학 저서.

② 錢儀吉 著,『三國會要』, 上海: 上海古籍出版社, 1991.
절강성 가흥(嘉興) 출신의 전의길(錢儀吉, 1783~1850)은 청조의 청백리로 명성이 높았고, 퇴직한 후 광동의 학해당(學海堂)에서 후학을 양성했다. 상해도서관(上海圖書館)에 미완성 고본(稿本)으로 소장되어 있던 이 책은 위·촉·오 삼국의 세계도와 후비·공주·종실·외척에 관한 설명부터 당시의 천문·의례·

군대·직관·민정·둔전·행정 등을 분야별로 해설한 제도사(制度史) 저술이다.

③ 陳壽 撰, 裴松之 注, 盧弼 集解, 錢劍夫 整理,『三國志集解』(全8冊), 上海: 上海古籍出版社, 2009.
허쯔취안이 "현존하는『삼국지』관련 저작 가운데 가장 상세한 주해본"으로 평가한 책. 방대한 인용 자료를 통해『삼국지』정문의 오류와 오탈자를 교감하고, 지명을 고증했다. 집해자 노필(盧弼, 1876~1967)은 저명한 장서가로 일찍이 일본의 와세다대학(朝稻田大學)에서 수학했으며, 귀국 후 중화민국(中華民國)의 국무원(國務院) 비서장 등의 요직을 지냈다. 1926년 정계 은퇴 후 문화대혁명 기간에 자신이 평생 모은 장서가 파괴되자 충격을 받아 화병으로 사망했다.『삼국지』를 깊이 있게 공부하려는 독자에게는 필독서다.

④ 繆鉞 主編,『三國志選注』(全3冊), 北京: 中華書局, 1984.
진수의『삼국지』에 수록된 인물 중 주요 인물 43인의「열전」(列傳)을 선별하여, 진수가 쓴 해당「열전」의 정문과 배송지의 주에 대한 상세한 현대 주석을 시도한 책. 중국에서 완역본이 나오기 전까지 광범위하게 읽히던 책이었지만, '선주'(選注)라는 점이 매우 아쉽다. 편자 무월(繆鉞, 1904~1995)은 저명한 역사학자로서, 시문과 서법에도 조예가 깊었다.

⑤ 趙幼文 校箋, 趙振鐸 等 整理,『三國志校箋』(全2冊), 成都: 巴蜀書社, 2001.
일찍이 사천대학(四川大學)과 서북대학(西北大學) 중문과 교수를 역임한 조유문(趙幼文)이 동치(同治) 10년(1871)에 성도에서 번각한 전본(殿本)『삼국지』를 저본으로 삼고, 자신이 소장하던 풍몽정본(馮夢楨本)·급고각본(汲古閣本)·백납본 등을 함께 참조하여 교감한 책. 1993년 조유문이 사망한 이후, 그의 아들 자오전둬(趙振鐸)가 정리하여 간행한 책이다. 중화서국본과

는 달리 전통시대의 목판본처럼 배송지 주가 진수의 정문 바로 밑에 배치된 점이 특징이다.

⑥ 陳壽 撰, 裴松之 注, 楊耀坤·揭克倫 校注, 『今注本二十四史·三國志』(全12冊), 成都: 巴蜀書社, 2013.
상무인서관에서 출간된 백납본을 저본으로 하고, 중화서국 표점본의 교감 성과를 반영하여 여기에 새로운 교감을 더한 판본. 진수의 『삼국지』 원문에 대한 주석은 물론이고, 배송지의 주에 대한 금주(今注)까지 달았다. 특히 배송지의 주까지 꼼꼼히 읽으려는 독자에게 매우 유용하다. 『삼국지』를 깊이 있게 공부하려는 독자라면 반드시 갖춰야 할 책이다.

⑦ 張舜徽 主編, 『三國志辭典』, 濟南: 山東敎育出版社, 1992.
정사 『삼국지』의 정문에 나오는 난자(難字), 고사성이, 인명, 지명, 민족, 관직, 서적, 역사적 사건, 천문역법에 관한 모든 단어를 표제어로 고루 수록한 전문사전이다. 이 책의 주편자는 화중사범대학(華中師範大學) 역사학과 교수로 재직했던 고(故) 장순휘(張舜徽, 1911~1992) 교수로, 그는 교감학(校勘學)·판본학·목록학·성운학(聲韻學)·문자학 방면에 대한 해박한 지식을 갖춰 중국 내에서 역사문헌학의 일인자로 불렸다. 특히 해당 표제어가 처음 나오는 『삼국지』 원문의 쪽수(중화서국판 『삼국지』를 기준으로 삼음)를 표제어 옆에 병기하여 독자들이 쉽게 원문을 찾아볼 수 있게 했다. 매우 유용한 사전이지만, 인명의 생몰연도 표기에 오류가 적지 않아 꼼꼼한 확인을 요한다.

3. 정사 『삼국지』의 현대 번역서

① 진수 지음, 김원중 옮김, 『(正史)삼국지』(전7책), 서울: 신원문화사, 1994; 『정사 삼국지』(전4책), 서울: 민음사, 2007; 『정사 삼국지』(전4책), 서울: 휴머니

스트, 2018.

정사 『삼국지』의 유일한 한글 완역본. 유일한 한국어 번역본이라는 점에서는 의의가 있지만, 저명한 한문 고전번역가라는 옮긴이의 명성에 걸맞지 않게 역사적 사실과 선후 관계를 정확히 알지 못해 발생한 오역이 너무 많고, 오역까지는 아니라고 해도 한문의 문장 구조를 제대로 파악하지 못해 엉뚱하게 번역한 부분도 자주 보인다. 펴낸이가 검토한 판본은 2007년 민음사판이다.

② 陳壽 著, 裴松之 注, 今鷹眞·井波律子··小南一郎 共譯, 『正史三國志』(全3冊), 東京: 筑摩書房, 1977~1989; 문고본(全8冊), ちくま學藝文庫, 東京: 筑摩書房, 1992~1993.

진수의 『삼국지』 정문과 배송지의 주까지 모두 번역한 세계 유일의 완역본. 『삼국지』에서 배송지의 주가 차지하는 중요성을 아는 독자라면 배송지의 주까지 완역한 이 책이 얼마나 소중한 성과인지 짐작할 수 있을 것이다. 다만, 이마타카 마코토(今鷹眞), 이나미 리츠코(井波律子), 고미나미 이치로(小南一郎) 등 3인의 번역자가 모두 교토대학(京都大學) 중국문학과 출신의 중문학 전공자로서 문장의 번역에만 치중하여 역주(譯註)가 그리 충실하지 못한 점이 조금 아쉽다.

③ 陳壽 著, 方北辰 譯注, 『三國志全本今譯注』, 西安: 陝西人民出版社, 2011.

『삼국지』 정문에 대한 충실한 역주와 명쾌한 번역이 돋보이는 책. 다만 배송지 주는 원문만 수록하고, 번역이나 주석은 달지 않았다. 역주자 팡베이천(方北辰)은 저명한 삼국사 연구자였던 무월(繆鉞)의 지도로 사천대학에서 박사학위를 받았고, 현재 사천대학 역사학과 교수 겸 부설 삼국문화연구센터의 주임으로 재직하며 중국의 삼국사 연구를 주도하고 있는 학자이다. 이 책은 하버드대학교 옌칭연구소에서 출간한 *Chinese History: A New Manual* (Endymion Wilkinson ed., Harvard University Asia Center, 2013)에서도 삼국시대사 분야의 주요 공구서로 소개되고 있다.

④ 陳壽 著, 梁滿倉·吳樹平 等 注譯, 『新譯三國志』(全6冊), 臺北: 三民, 2013.
『삼국지』정문에 대한 주석과 번역을 수록하고, 각 권마다 서두에 간략한 해제를 실었다. 또한, 『삼국지』정문을 단락별로 나누어 단락마다 요지를 수록했다. 타이완에서 출간된 대표적인 『삼국지』번역본으로, 삼민서국에서 나온 다른 고전 번역 시리즈의 부실한 주석과 번역에 비하면 비교적 훌륭한 책이라고 생각한다.

⑤ 章惠康 主編, 『(文白對照)三國志』(全3冊), 北京: 華夏出版社, 2011.
장후이캉(章惠康, 1932~)은 절강성 영파 출신으로, 『사기』, 『한서』, 『후한서』 등의 고전 번역과 편집에 종사해 온 출판편집인이다. 본문을 2단으로 편집하여 원편에는 진수가 쓴 『삼국지』의 한문 원문을, 오른쪽에는 중국어 번역을 배치했다. 배송지의 주는 원문만 수록했다. 한문 원문과 중국어 번역문을 대조해 가면서 읽으려는 독자에게 매우 유용한 판본이다.

⑥ 陳壽 著, 吳順東·譚屬春·陳愛平 譯, 『三國志全譯』(全3冊), 貴州: 貴州人民出版社, 1994.
귀주인민출판사의 '중국역사명저 역주총서'로 출간된 책. 진수의 『삼국지』정문과 배송지의 주를 제시하고, 그 뒤에 정문의 중국어 번역을 실었다. 중국 대륙에서 출간된 최초의 완역본이다. 책의 표지에 역자가 3인이라고 명시하고 있으나, 3책 말미의 「역자 후기」에서는 3인의 역자 외에도 다른 두 사람이 일부 번역에 참여했다고 밝히고 있다. 여러 사람이 나누어 작업한 탓인지 중간중간 한두 문장의 번역이 누락된 부분도 있고, 역자주라든가 편집부의 추가 해설이 전혀 없다. 이 출판사에서 간행한 시리즈의 책들이 으레 그렇듯

이, 학술적인 엄밀성이나 정교함은 다소 떨어지는 책이다.

⑦ Chen Shou, translated with annotations and introduction by Robert Joe Cutter and William Gordon Crowell, *Empresses and Consorts: Selections from Chen Shou's Records of the Three States with Pei Songzhi's Commentary*, University of Hawai'i Press, 1999.
『삼국지』 권5 「위서·후비전」(魏書·后妃傳); 『삼국지』 권34 「촉서·이주비자전」(蜀書·二主妃子傳); 『삼국지』 권50 「오서·후비전」(吳書·妃嬪傳) 등 삼국의 황후와 후궁에 관한 열전의 영문 번역. 해당 부분의 배송지 주까지 완역했다. 번역 앞부분에는 후한과 삼국시대 황실의 혼인제도에 관한 상세한 해제가 서술되어 있다.

⑧ Rafe De Crespigny, *The Biography of Sun Chien, being an annotated translation of pages 1 to 8a of chüan 46 of the SAN-KUO CHIH of Ch'en Shou in the PO-NA edition*, Canberra: Centre of Oriental Studies, The Australian National University, 1966.
호주의 삼국사 연구자인 레이프 드 크리스피니(Rafe De Crespigny, 1936~) 호주국립대학 교수가 『삼국지』 권46 「오서·손파로토역전」(吳書·孫破虜討逆傳)에서 손견의 열전 부분만 번역한 것. 책의 부제에서 밝힌 것처럼, 크리스피니가 저본으로 삼은 판본은 백납본 『삼국지』이며, 배송지의 주는 일부만 번역했다.

4. 삼국시대 관련 지도집
① 譚其驤 主編, 『中國歷史地圖集·第三册, 三國·西晉時期』(簡體字版), 上海: 中國地圖出版社, 1990; 『中國歷史地圖集·第三册, 三國·西晉時期』(繁體字版),

香港: 三聯書店, 1991.

중국의 저명한 역사지리학자 담기양(譚其驤, 1911~1992)이 주편을 맡아 간행한 지도집. 지도에서 삼국시대의 기준점으로 삼은 해는 위 경원(景元) 3년, 촉 경요(景耀) 5년, 오 영안(永安) 5년, 서력 기원으로는 262년이다. 『삼국지』나 삼국시대 관련 역사 저술을 읽을 때 반드시 참고해야 할 필독서이다.

② 有限會社バウンド 編, 滿田剛 監修, 『圖解三國志: 群雄勢力マップ詳細版』, 東京: スタンダーズ株式會社, 2016; 바운드 지음, 전경아 옮김, 『지도로 읽는다 삼국지 100년 도감』, 서울: 이다미디어, 2018.

삼국시대의 연도별 주요 세력 분포도와 각 전투에 대한 상세한 지도를 채색 도판으로 제시하고, 이에 대한 해설을 담았다. 일본어 원서는 A4 크기로, 한국어 번역본은 A5 신국판(新菊判) 크기이다. 소카대학(創價大學)에서 삼국시대 사학사를 전공한 미쓰나 다카시(滿田剛)가 감수를 맡았다. 삼국시대사를 공부하는 독자에게 매우 유용한 지도책이다.

③ 藤井勝彦, 『三國志合戰事典: 魏吳蜀74の戰い』, 東京: 新紀元社, 2010; 蘇竝嶂 譯, 『魏蜀吳戰役事典: 魏蜀吳最著名的74場戰役』, 臺北: 奇幻基地出版, 2013.

저자 후지이 가츠히코(藤井勝彦)는 도쿄고게이대학(東京工藝大學)을 졸업한 후 30여 년 동안 세계를 여행하며 사진을 찍은 사진가이다. 또한, 중국역사와 『삼국지』에 큰 흥미를 품고 역사 속 『삼국지』의 무대를 다니며 사진을 찍었다. 이 책은 그러한 답사의 성과물로서, 자신이 찍은 삼국시대의 주요 배경이었던 지역의 사진들과 함께, 당시의 주요 전투 74건에 대한 전투노선도를 제시했다. 전투노선을 간명하게 묘사하여 전투의 대략을 이해하기에는 무난하지만, 지도가 조금 소략하게 그려진 느낌이 있다. 예를 들어 주요 전투지도에서 강과 산맥 표시가 거의 되어 있지 않고, 병력의 이동을 표시한 노선도 소략한 편이다.

5. 삼국시대 관련 연구서
① 呂思勉,『三國史話』, 上海: 開明書店, 1943; 정병윤 옮김,『삼국지를 읽다』, 파주: 유유, 2012.
여사면(呂思勉, 1884~1957)은 전목(錢穆)·진원(陳垣)·진인각(陳寅恪)과 함께 중국 근대 4대 역사학자로 불린다. 이 책은 선진사·진한사·위진남북조사·수당오대사·근대사 등 중국 전시기를 대상으로 단대사(斷代史)를 저술한 여사면이 쓴 유일한 대중서다. 다만 그의 다른 단대사 저술과는 달리, 삼국시대 전반을 종합적으로 다룬 역사서라기보다는 몇몇 인물과 주제를 정해 가볍게 서술한 소품(小品)에 가깝다. 동탁·위연·강유·종회 등의 인물 분석이 꽤 흥미롭다.

② 黎東方,『細說三國』(全2冊), 臺北: 傳記文學出版社, 1977; 리둥팡 지음, 문현선 옮김,『삼국지 교양강의』, 파주: 돌베개, 2010.
리둥팡(黎東方, 1907~1998)은 청화대학(淸華大學) 역사학과에서 양계초(梁啓超, 1873~1929)의 지도를 받았고, 이후 프랑스의 파리대학에서 알베르 마티에(Albert Mathiez, 1874~1932) 교수의 지도로 프랑스혁명사를 전공하여 박사학위를 받았다. 귀국 후 북경대학·청화대학 등지에서 역사학을 가르쳤고, 1944년 중경(重慶)에서 유료 삼국지 강연을 개최하여 큰 성공을 거두었다. 이 책은 리둥팡이 도미(渡美)한 이후 당시의 강연 원고를 바탕으로 정리한 책이다. 강의의 형식으로 서술한 책의 효시라 할 수 있는 책으로, 통사(通史)라기보다 장(章)마다 삼국시대의 주요 인물이나 사건을 주제로 이에 대한 자신의 분석과 비평을 제시했다. 특히 오늘날과는 다른 삼국시대 당시의 관직이나 사회 현상을 등을 현대인이 이해할 수 있도록 오늘날의 직급이나 현상에 비유하여 알기 쉽게 설명하고 있다. 한국어 번역본은 적절한 번역과 역주가 돋보이지만, "~했지요."라는 표현이 너무 자주 나와 읽기의 몰입을 방해한 점이 조금 아쉽다.

③ 張大可, 『三國史硏究』, 蘭州: 甘肅人民出版社, 1988; 張大可文集 第八卷, 北京: 商務印書館, 2013.

북경대학 중문과를 졸업하고 난주대학(蘭州大學) 역사학과 교수를 역임한 장다커(張大可, 1940~)가 쓴 삼국시대 관련 논문 모음집. 초판인 감숙인민출판사본에는 24편의 논문이 실려 있었는데, 문집으로 엮으면서 2편을 더해 상무인서관본에는 총 26편의 논문이 수록되어 있다. 논문으로 다루고 있는 주요 주제는 삼국 정립의 형성과 당시 벌어진 주요 전투와 외교부터 주요 인물에 대한 비평, 조조의 둔전, 손오의 부곡 및 손오의 강남 개발, 삼국 시기의 민족 문제, 제갈량의 북벌과 삼국의 통일 등에 관한 것이다. 책의 부록으로 실린 「삼국시기의 고고학적 발견과 문물 연구에 대한 개괄」과 중국 대륙에서 발간된 삼국시대사 관련 연구 논저와 논문을 정리한 목록도 연구자에게는 매우 유용하다.

④ 馬植傑, 『三國史』, 北京: 人民出版社, 1993

마즈제(馬植傑, 1922~2006)는 서북대학(西北大學) 역사학과를 졸업하고 북경대학(北京大學) 역사학과에서 저명한 진한사 연구자인 전백찬(翦伯贊, 1898~1968)의 지도를 받았다. 어려서부터 『삼국연의』와 『삼국지』를 탐독했다고 알려진 저자가 평생 공력을 들여 출간한 대표작이 바로 이 책이다. 특히, 삼국시대의 흉노·오환·선비족·강족·저족 등과 촉과 오에 거주하던 여러 소수민족에 관해서만 총 4개의 장(章)을 할애하여 서술했고, 삼국시대의 중앙관제와 지방관제, 삼국시대의 과학기술에 관해서도 별도로 장을 할애하여 서술하고 있다. 인용한 사료 원문에 대한 출처도 정확히 밝히는 등 학술적 가치가 높은 저술이다.

⑤ 李殿元·李紹先, 『《三國演義》中的懸案』, 四川人民出版社, 1994; 和田武司 譯, 『三國志 考證學』, 東京: 講談社, 1996; 손경숙·김진철 옮김, 『삼국지 고증학』

(전2책), 서울: 청양, 1997.

1980년대 후반에 평역본(評繹本)『삼국지』를 출간한 소설가 이문열은 자신의 책에서 소설『삼국연의』에 기술된 몇몇 사건의 진위 문제를 거론하며 정사를 참조하여 몇 가지 다양한 견해를 함께 소개했다. 이를테면 유비와 제갈량의 첫 만남이 삼고초려 때의 일이 아니라, 삼고초려에 앞서 제갈량이 먼저 유비를 찾아오면서 이뤄진 것이라는 정사의 내용을 설명하는 식이었다. 마침 한중수교를 통한 중국의 현지답사가 가능해지고 이문열의 소설이 베스트셀러가 되자, 우리 독자들 사이에서는『삼국연의』보다 소설 속에 묘사된 사건의 진위에 대한 관심이 높아졌다. 이런 대중의 기호에 맞춰 출간된 이 책은 소설『삼국연의』에 묘사된 사건의 진실을 찾던 당시 독자들의 갈증을 나름대로 해소한 책이다. 책의 구성 자체가『삼국연의』에 묘사된 사건이 과연 사실인지 의문을 제기하고 이에 대한 작자 나름의 대답을 제시하고 있다. 또한, 소설과 정사의 묘사 외에도 중국 현지에 전해지는 각종 민간 전설과 야사를 많이 소개하여 흥미롭다. 다만, 한국어 번역본은 동일한 구절이 반복되거나 문장이 완료되지 않은 상태에서 다음 문장이 나오기도 하는 등 편집이 엉망이다. 게다가 중국어 원서를 한국어로 번역하지 않고 와다 다케시(和田武司)의 일본어 번역판을 저본으로 번역하여 중역(重譯)의 한계를 벗어나지 못했다.

⑥ 楊耀坤·伍野春,『陳壽·裴松之評傳』, 南京: 南京大學出版社, 1998.

『삼국지』를 저술한 진수와 소략한『삼국지』에 방대한 주를 단 배송지의 평전. 자세히 검토하지 않아 소개를 망설였지만, 잘 알려지지 않은 진수와 배송지의 생애를 살펴보기에는 적당한 책이 아닌가 싶다.

⑦ 吳金華,『三國志叢考』, 上海: 上海古籍出版社, 2000.

복단대학(復旦大學) 고적정리연구소의 교수로 재직하던 중문학자 우진화(吳

金華, 1943~2013)가 쓴 서지학 저술. 정사 『삼국지』의 판본 및 역대 주석서의 판본과 교감에 관해 쓴 10편의 논문을 수록했다. 전문적인 서지학 저술이라서 서지학 분야의 지식이 없는 문외한이라면 이해하기 어렵고 지루한 저술이겠지만, 정사 『삼국지』를 학문적으로 연구하려는 학자라면 일독해야 할 책이다.

⑧ 李純蛟, 『三國志研究』, 成都: 巴蜀書社, 2002.
사천사범학원(四川師範學院) 교수인 리춘자오(李純蛟, 1950~)가 쓴 사학사 논문 모음집이다. 상편은 진수의 생애를 다루고 있고, 하편은 정사 『삼국지』의 체례 분석과 함께 조익(趙翼, 1727~1814) 등 근대 이전의 『삼국지』 연구에 대한 평가와 논쟁점을 분석하고 있다. 진수의 생애를 다룬 몇 편의 논문은 원래 진수의 평전에 수록하기로 되어 있었는데, 출판사의 사정상 출간 계획이 무산되면서 이 책에 수록한 것이라고 한다. 저자 리춘자오가 진수와 『삼국지』의 연구에 전념하게 된 것은 그가 진수와 동향인 사천성 남충(南充) 출신(한대에는 익주 안한현(安漢縣)이기 때문인 듯하다. 정통론(正統論)과 직서곡필(直書曲筆) 논쟁, 『삼국지』의 문체논쟁 등 몇 편의 논문이 일독할 만하다.

⑨ 張大可, 『三國史』, 北京: 華文出版社, 2003; 『三分的挽歌: 話說三國十二帝』, 北京: 華文出版社, 2006; 『三國史』(張大可文集 第九卷), 北京: 商務印書館, 2013.
저자 장다커는 2003년에 『삼국사』를 출간하고, 2006년에 『삼분의 만가: 삼국의 열두 황제를 말한다』를 출간했다. 전자가 사건 중심의 시각에서 서술한 책인 반면, 후자는 인물 중심으로 삼국시대를 서술했다. 그는 2013년에 자신의 문집을 간행하면서 이 두 책을 합본하여 『삼국사』라는 통합 제목을 붙이고, 상편과 하편으로 구성했다. 2003년에 출간된 『삼국사』는 사실 1995년 중국청년출판사(中國靑年出版社)에서 간행한 『중국소통사』(中國小通史)의 '삼국' 부분이 전신이다. 따라서 출간연도로 보자면, 장다커는 허쯔취안이나

마즈제보다 한발 앞서 삼국시대사를 저술한 학자이다. 그러나 사건과 인물 중심으로 서술하여 삼국이 벌인 전쟁과 정치적 사건에 치중하다 보니, 문화사·사회사·경제사 등 삼국시대의 다양한 모습을 그리는 데는 실패하고 있다. 또한, 원문 사료를 인용하면서 출처를 밝히지 않은 부분이 많아 대단히 아쉽다. 부록에 정사『삼국지』의 주요 인물인 조조·조비·원소·순욱·가후·전주·곽가·유엽·임준·장료·유비·제갈량·관우·장비·조운·법정·요립·위연·등지·손책·손권·주유·노숙·여몽·육손 등의 열전에 대한 해설이 담겨 있다.

⑩ 장정일·김운회·서동훈,『삼국지 해제』, 파주: 김영사, 2003.
'세계 최초로 시도되는 삼국지 학제 연구'라는 도발적인 부제를 싣고 있으나, 안타깝게도 제대로 된『삼국지』의 해제를 쓸 역량이 안 되는 인사들이 과도한 의욕을 부려 출간한 결과물로 보인다. 특히 소설『삼국연의』의 중화주의 관점을 비판하려는 의도는 인정한다고 하더라도, 이를 입증해 가는 논지의 근거가 부족한 것 같다. 이들은 200여 권의 참고자료를 검토했다고 밝히고 있는데,『삼국지』와『삼국연의』에 관해서는 당시 국내에 번역된 극히 일부의 한정된 자료만을 참조하고 있을 뿐이고, 중국과 일본의 학자들이 출간한 논문과 저작은 도외시하고 있다. 저자들은 중국어와 일본어로 작성된 방대한 삼국시대 관련 자료는 전혀 참조하지 않으면서도, 삼국시대와는 직접 관계가 없는 다수의 영문 원서를 잔뜩 인용하여 삼국시대의 사건과 상황에 억지로 끼워 맞추고 있다. 또한, 중화주의를 비판한다면서 유사역사학(pseudohistory) 저술인『환단고기』까지 언급하고 있어, 논지의 바탕이 되는 원천자료를 분별할 능력을 갖추지 못한 점이 매우 아쉽다.

⑪ 金文京,『(中國の歷史04) 三國志の世界: 後漢·三国時代)』, 東京: 講談社, 2005; 송원범·신현승·전성곤 옮김,『삼국지의 세계: 역사의 이면을 보다』,

서울: 성균관대학교 출판부, 2011; 何曉毅·梁蕾 譯, 『三國志的世界: 後漢·三國時代(中國的歷史 4)』, 桂林: 廣西師範大學出版社, 2014.

저자 김문경(金文京)은 게이오기주쿠대학(慶應義塾大學) 문학부를 졸업하고 교토대학(京都大學) 대학원에서 중국문학을 전공했으며, 현재 교토대학 명예교수로 재직 중인 재일교포 학자다. 이 책에는 몇 가지 특징이 있다. 첫째, 중국소설과 희곡 및 강창(講唱) 문학을 전공한 중문학자가 고단샤(講談社)의 의뢰를 받아 '중국의 역사 시리즈'를 서술한 점이다. 독자들에게 익숙한 『삼국연의』 속 이야기를 들려주고 나서, 이 이야기는 사실이 아니라고 바로잡아 주기 때문에 독자가 역사적 진실을 알게 하는 데 큰 장점을 보여준다. 그러나 이 부분이 단점이 되기도 한다. 역사책인데도 지나치게 소설 『삼국연의』를 많이 언급하다 보니, 역사적 사실도 아니고 이미 소설 『연의』를 통해 익히 알고 있는 부분을 너무 장황하게 설명한다. 또한, 소설의 왜곡 부분은 구체적으로 『연의』의 기록임을 싫어주면서도, 사실의 언급 부분은 그 출처를 명확히 밝히고 있지 않아 아쉽다. 이 책의 두 번째 특징은 손오에 중점을 두고 삼국시대의 역사를 서술한 점이다. 주지하듯이 정사 『삼국지』는 조위를 정통에 두고 서술하고 있고, 소설 『삼국연의』는 촉한정통론에 근거한 서술이다. 그런데 이 책은 손오를 그 중심축으로 삼아 논지를 전개하고 있어, 상대적으로 소홀히 다뤄졌던 손오에 관한 서술이 비교적 자세하다. 이러한 시도는 매우 참신한데, 조금 지나친 면도 없지 않다. 특히 저자의 서술에서 손오의 치적을 강조하려고 촉을 깎아내리는 듯한 느낌도 드는데, 적벽대전 당시 유비군이 2000명에 불과했다는 서술(당시 유비에게는 관우가 거느린 1만 명의 수군과 유기가 거느린 1만 명의 보병이 있었다)이나 손오의 주장인 '형주차용설'을 기정사실로 받아들인 점은 논란의 여지가 있다. 셋째, 문학자의 자유로운 상상력으로 지나친 비약이 없지 않다. 저자는 "황건적의 주력이 하남의 영천군에 있었다는 사실"을 근거로 "황건적의 난이 체제 내 개혁을 도모하는 온건파와 체제

전복을 목표로 하는 급진파와의 사이에서 벌어진 지식인 내부의 다툼"이라고 규정했다. 저자의 주장대로 "진번(陳蕃)과 이응(李膺)을 비롯하여 당고로 박해받은 지식인"들이 영천을 비롯한 하남 출신이기는 하다. 그러나 황건적의 지도부는 도교를 신봉하는 종교 집단이었고, 봉기에 참여한 대부분은 가난에 시달리던 농민이었다. 유가를 신봉하는 청류파 지식인이 황건적의 봉기에 동참했다는 증거가 전혀 없다. 이상 이 책의 몇 가지 문제점을 지적했지만, 이 책만의 장점도 많다. 저자는 중국 고대의 출토자료까지 충실하게 서술에 활용했으며, 참고문헌에는 일본에서 출간된 삼국시대의 관련 연구 성과를 소개하고 이 성과물에 대한 간략한 해제까지 제공하고 있다. 높은 가독성과 적절한 지도 배치, 성실한 각주와 색인 등 한국어판 편집진의 정성도 돋보인다.

⑫ 易中天, 『品三國』(전2책), 上海: 上海文藝出版社, 2006; 김성배·양휘웅 옮김, 『삼국지 강의』, 파주: 김영사, 2007; 홍순도 옮김, 『삼국지 강의2』, 파주: 김영사, 2007. 저자 이중톈(易中天)은 호남성 장사(長沙) 출신의 학자로, 일찍이 하문대학(廈門大學) 교수로 재직하며 문학·예술·미학·인류학·역사학 분야에서 폭넓은 저술과 강연 활동을 했다. 중국 국영방송인 CCTV의 프로그램인 '백가강단'(百家講壇)에서 삼국시대의 인물에 관해 강의하며 일약 전국적인 명사가 되었다. 이 책은 방송 강의의 원고를 정리하여 낸 책으로, 중국에서 수백만 부가 팔리면서 베스트셀러가 되었고, 국내에서도 26쇄 이상 판매되어 호평을 받았다. 저자는 여사면·무월·전목(錢穆, 1895~1990)·허쯔취안 등 여러 선학들의 삼국사 연구 성과를 참조하고 자신의 꼼꼼한 『삼국지』 독서를 통해 1차 사료에 근거해 삼국시대를 해석한다. 그러면서도 소설 『삼국연의』 자체의 묘사를 검토하여 소설의 문학적 심미성을 높게 평가한다. 이렇게 그는 정사에 기록된 역사상의 이미지, 소설에 나타난 문학상의 이미지, 일반 대중의 마음속에 형성된 민간의 이미지를 종합하여 역사 속의 인물을 입체적으로 설

명하고 있다. 책의 절반 가까운 분량을 조조와 조위에 할애할 정도로 조조를 긍정적으로 평가한 점이 비판을 받기도 한다. 중국어판이나 한국어 번역본이나 1~2권을 합치면 분량이 상당한데, 색인이 없는 점이 아쉽다.

⑬ 顧承甫·盛巽昌,『眞假'三國': 虛實·演化·活力』, 上海: 上海錦繡文章出版社, 2008; 하진이 옮김,『삼국지의 진실과 허구: 삼국 시대 인물들의 진짜 인생 엿보기』, 시그마북스, 2012.
유비·조조·손권·원소·관우·장비·여포·능통·태사자·주유·여몽·육손 등 삼국 시대의 주요 인물들에 대한 소설『삼국연의』의 묘사에 의문을 제기하고, 정사『삼국지』의 기록을 근거로 이에 대한 수정된 견해를 제시하는 책이다. 위에서 ⑤번으로 소개한『삼국지 고증학』과 비슷한 형태의 구성이다. 국내의 애호가들이라면 이미 익히 알만한 내용도 많지만, 초심자라면 가볍게 읽기에 부담스럽지 않다. 다만 한국어 번역본은 원서의 목차를 뒤섞어 재편집했으며, 원서의 내용 중 10여 편의 장절을 임의로 누락하고 있다.

⑭ 渡邊義浩,『三國志: 演義から正史, そして史實へ』, 東京: 中央公論新社, 2011.
도쿄 출신의 와타나베 요시히로(渡邊義浩, 1962~)는 츠쿠바대학(筑波大學)에서 역사학 박사를 취득하고, 현재 와세다대학(早稻田大學) 문학학술원 교수로 재직하고 있다. 중국고대사를 전공한 그는 규코쇼인(汲古書院)에서 간행한『전역후한서』(全譯後漢書, 전19책)의 주편을 담당했으며, 현재 일본 삼국지학회 사무국장으로 활동하고 있다. 총 7장으로 구성된 이 책은 책의 부제대로 소설『삼국연의』가 성립된 시기부터 진수의 정사『삼국지』가 서술된 시기로 거슬러 올라가 역사적 사실을 탐구하는 방식으로 시작한다. 그래서 1장은 홍치본(弘治本)과 가정본(嘉靖本), 이탁오본(李卓吾本)과 모종강본(毛宗崗本) 등『삼국연의』의 여러 판본을 소개하고, 촉한정통론의 형성 과정

을 살펴본다. 또한, 진수의『삼국지』역시 조위 황제의 죽음에는 '붕'(崩), 유비의 죽음은 존중의 의미를 담아 '조'(殂), 손권의 죽음은 제후의 사망을 뜻하는 '훙'(薨)으로 표기하여 편향성을 띠고 있다는 사실과 함께, 배송지 주의 가치를 설명한다. 2장부터 6장까지는 각각 원소와 조조, 손씨 3대와 주유·노숙, 관우와 제갈량에 관한 서술이고, 마지막 7장은 사마씨의 삼국통일 과정을 다룬다. 다만, 문고판의 작은 분량에서 소설『삼국연의』의 허구성을 드러내기 위해 제갈량이 동남풍 이야기나 팔괘진 등을 자세하게 서술하는 등 소설의 인용 부분이 상당히 많다. 또한, 유비가 제갈량에게 후주를 맡긴 '탁고'가 제갈량을 견제하려는 이유에서 비롯되었다는 식으로 유비와 제갈량의 갈등을 과장한 점이라든가, 제갈량이 마속을 참수한 이유가 형주 출신인 마속을 제갈량이 비호했을 경우 익주 출신 인사들의 반발로 촉한이 붕괴할 것을 염려했기 때문이라는 주장은 다소 황당하다.

⑮ 渡邊義浩,『「三國志」の政治と思想: 史實の英雄たち』, 東京: 講談社, 2012; 김용천 옮김,『삼국지의 정치와 사상: 역사적 사실의 영웅들』, 동과서, 2017.
이 책에서 저자 와타나베 요시히로는 삼국시대가 소설『삼국연의』에서 규정한 대로 무장들이 싸운 전란의 시대가 아니라, 유교 중심의 학문을 익힌 이른바 '명사'들이 삼국시대의 방향성을 확정했던 시대라고 평가한다. 이 책의 부제로 제시한 '역사적 사실의 영웅들'이 바로 모두 유학을 익힌 명사로서, 이들은 문화적 가치를 독점하여 획득한 명성을 존립 기반으로 삼아 조조·유비·손권 등의 군주 권력과 관계를 맺었다. 저자는 공손찬·동탁·여포 정권이 오래 유지되지 못한 이유를 명사들의 지지를 얻지 못했기 때문이라고 판단했고, 유표와 원소의 정권은 지역을 안정적으로 지배할 수 있는 명사들의 지지를 확보했음에도 불구하고 군주 자체의 위약성으로 실패했다고 평가했다. 조조의 성공은 곽가·순욱 등 여남·영천 일대 명사들의 지지를 얻은 것에서 비롯되었고,

손권의 성공 역시 양주를 대표하는 명문가 출신인 주유를 비롯해 강동의 명사를 대표하는 오군 출신의 육손 등을 포섭했기 때문이었다. 명사를 존중한 유비 역시 제갈량으로 대표되는 형주의 명사와 법정으로 대표되는 익주의 명사를 고루 기용하여 기반을 잡을 수 있었다. 역사학자로서 소설 『삼국연의』의 영향을 철저히 배제한 채 오로지 정사의 기록만으로 책을 구성한 점과 무인·전쟁 중심의 삼국사 서술에서 벗어나 '명사'라 불리는 문관·지식인 중심의 삼국사 서술이 매우 참신하고 훌륭하다. 저자가 「후기」에서 고백한 것처럼, 정사 문헌 사료의 중시는 그의 스승인 노쿠치 테츠로(野口鐵郎)로부터 받은 훈도의 결과이다. 이밖에도 『삼국지 생존의 조건을 말하다』(성백희 옮김, 랜덤하우스코리아, 2011); 『삼국지 장군 34선』(조영렬 옮김, 서책, 2014); 『삼국지 군사 34선』(조영렬 옮김, 서책, 2014) 등 저자의 책 여러 종이 국내에 번역되어 있으나, 지면 관계상 자세한 소개는 생략한다.

⑯ 袁騰飛, 『袁騰飛講漢末三國』(全2冊), 北京: 電子工業出版社, 2014; 심규호 옮김, 『위안텅페이 삼국지 강의』, 서울: 라의눈, 2016.
저자 위안텅페이(袁騰飛, 1972~)는 수도사범대학(首都師範大學) 역사학과를 졸업하고, 북경 수도사범대학 부속 고등학교에서 교사로 재직하고 있다. 일찍이 중국 대학입학시험의 역사과 출제위원으로 참여했고, 고등학교 역사 교과서의 편저자로 활동했으며, 중국 국영방송인 CCTV의 '백가강단'에서 송대 역사를 강의하여 인기를 얻었다. 이후 여러 방송 프로그램에서 중국 역사를 강의하며 중국의 대표적인 역사 교사로 이름을 알렸다. 방송 프로그램의 인기로 그의 강의를 정리한 책들 역시 모두 베스트셀러가 되었고, 삼국시대를 강의한 이 책도 상당한 인기를 끌었다. 한국어 번역본이 852쪽에 달할 정도로 두툼한 분량이지만, 서술이 평이하고 대화 형식의 서술이 많아 읽기가 수월하다. 그러나 이 책을 진지한 역사서로 받아들이기는 어려워 보인

다. 우선 대중 강연을 책으로 옮기다 보니, 조금 경망스러운 표현이 적지 않다. 이를테면, 당시 전국적으로 유명했던 대유(大儒) 노식은 지금 식으로 말하자면 팔로워가 엄청난 웨이보(중국에서 가장 보편적인 마이크로블로그)의 스타였다고 평가한다든가, 유비의 외형은 긴팔원숭이와 닮아서 지금이라면 농구 선수에 딱 맞는 체형이라고 묘사한다든가, 노숙이 관우에게 우호적으로 대하여 시간 날 때마다 요즘으로 말하자면 웨이신(우리의 카카오톡과 같은 모바일 메신저 프로그램)으로 안부를 물었다든가 하는 식의 표현이 그렇다. 또한, 인물 묘사와 사건의 서술이 매우 상세한데 묘사와 서술 중에서 어떤 부분은 사료의 출처를 명기하고 있으면서도, 상당 부분은 출처를 밝히지 않고 있다. 특히 책의 서술 중에 역사적 인물이 서로 대화를 주고받는 내용이 많은데, 사료의 출처가 생략되어 해당 부분이 실제 사료의 인용 부분인지 저자의 상상력으로 재구성한 것인지를 알 수 없다. 책의 분량이 많아서 나온 실수겠지만, 번역서에서는 '오'(吳)를 일관되게 '오'(嗚)로 표기하고 '오'(五)를 '오'(伍)로 표기하는 것을 비롯해, 부사어 '요행히'를 계속해서 명사형 '요행'으로 표현하는 등 한자와 한글에서 오탈자가 자주 보인다.

⑰ 易中天, 『易中天中華史: 三國紀』, 杭州: 浙江文藝出版社, 2014; 김택규 옮김, 『이중톈 중국사: 삼국시대』, 파주: 글항아리, 2018.
이 책은 앞서 언급한 『삼국지 강의』의 저자 이중톈이 하문대학 중문과를 퇴직하고 전업 작가로 나서 내놓은 《중화민족 문명사》 총서의 삼국시대 편이다. 총 36권으로 기획된 이 총서는 2019년 8월 현재 21권까지 간행된 상태다. 그러나 역사학자가 아닌 중문학자가 역사서를 서술하다 보니, 이런저런 역사적 고증에서 몇몇 오류를 드러냈다는 평가를 받는다. 다만, 삼국시대 편은 과거 저자가 수년 동안 공들여 작업한 『삼국지 강의』를 바탕으로 서술한 것이므로, 다른 시대 편의 서술보다 준비 과정이 길었고, 따라서 오류도 드

물다고 할 수 있다. 실제로 이 책은 강의 형식이라서 수식과 과장이 많았던 『삼국지 강의』보다 내용이 훨씬 간결하고 문장도 차분하다. 아울러 사료의 인용 부분은 모두 주석으로 출처를 밝혀, 학술서로서도 손색이 없어 보인다.

⑱ 關尾史郎, 『三國志の考古學: 出土資料からみた三國志と三國時代』(東方選書 52), 東京: 東方書店, 2019.

이 책은 중국 각지에서 출토된 삼국시대의 유물자료를 통해 삼국시대를 검토한 고고학 서적이다. 저자 세키오 시로(關尾史郎, 1950~)는 조조의 능인 고릉(高陵) 및 오의 장수 주연(朱然)의 묘에서 출토된 벽돌·석각·칠기·도기·화상석(畫像石)·벽화 등과 호남성 장사(長沙)의 주마루(走馬樓)에서 출토된 손오의 간독(簡牘) 등 출토유물의 분석을 통해 문헌 자료만으로는 파악할 수 없었던 삼국시대의 다양한 모습을 상세하게 구현하고 있다. 저자는 조조의 능에서 출토된 50여 섬의 석패(石牌) 중에 '위무왕상소용ㅁㅁㅁㅁ'(魏武王常所用ㅁㅁㅁㅁ), 즉 "위 무왕(조조)이 평소 사용하던 ……"이라는 형식의 문구가 여러 점 새겨져 있는 것을 근거로, 이 석패들이 조조의 부장품(副葬品) 품목을 새겨 놓은 일종의 물품목록이라고 판단하고 있다. 또한, 저자는 '황두이승'(黃豆二升, 콩 2승)이라는 문구가 새겨진 석패의 출토를 근거로 조조가 도교의 원류로 알려진 천사도(天師道)에 귀의했을 가능성을 언급하며, 망자가 저승길에 '황두'(黃豆, 콩)를 노자로 삼는 것은 천사도 신앙의 관행이라고 주장했다. 조조가 오두미도(천사도의 지파)를 신봉한 장로를 우대했다는 『삼국지』의 기록으로 볼 때, 저자의 이 가설은 어느 정도 설득력이 있

- 석패에는 '위무왕상소용격호대도'(魏武王常所用挌虎大刀), '위무왕상소용격호단모'(魏武王常所用挌虎短矛), 위무왕상소용격호대극(魏武王常所用挌虎大戟) 등의 문구가 새겨져 있는데, "위 무왕 조조가 평소 사용하던 살상용 대도·단모·대극" 등으로 해석할 수 있다.

는 것 같다. 이밖에도 주마루에서 출토된 손오의 간독을 통해 오의 지방행정 조직과 지역사회를 살핀 4장 역시 흥미롭다. 장사는 유비와 손권이 형주를 분할할 때 경계로 삼았던 상수(湘水) 유역의 도시로서, 이곳에서 출토된 7만여 점의 손오 간독은 사법문서·민적(民籍)·회계장부·명함 등 다양한 내용으로 구성되어 있어 손오의 사회경제를 파악할 수 있는 소중한 자료이다. 저자는 이들 간독의 일부를 분석하여 소개하고 있는데, 호(戶)의 규모와 구조를 살펴 손오의 대가족제를 분석한 부분이라든가 장사의 이민부(吏民簿)에 기록된 백성들의 질병 현황을 분석하여 이를 장사의 자연환경과 연계시킨 부분이 흥미롭다.

이상과 같이 펴낸이가 허쯔취안의 『위촉오 삼국사』를 기획·편집하는 과정에서 도움과 계발을 받았던 책을 몇 권 소개했다. 개중에는 펴낸이가 보기에 다소 실망스러운 책도 부득이 몇 종 언급하게 되었다. 펴낸이의 부족한 글이 삼국시대의 역사에 깊은 관심을 가진 독자에게 도움이 되기를 바란다. 마지막으로 동문수학하던 학창 시절에 『사기』를 함께 강독한 인연으로 이 책의 번역을 맡아 애써 준 동학 최고호 선생과, 끊임없는 원고 수정 요구를 세심히 반영해 주신 커뮤니케이션 '꾼'의 김정빈 대표께 고마운 마음을 전한다.

2019년 8월 22일
모노그래프 양휘웅

찾아보기

1. 지은이가 언급한 주요 인물·지명·용어·책명·작품명 등을 표제어로 수록했다.
2. 표제어 항목에 대한 간략한 정보를 〔 〕 안에 포함했다.
3. 인명은 〔소속국·신분·字, 생몰년〕 등의 추가 정보를 함께 제시했다.
   예) 관우(關羽) 〔촉한·장수·雲長, ?~220〕
4. 조조·유비·손권의 세 집단 소속의 인물은 위·촉·오 삼국 성립 이전에 사망했더라도 삼국의 인물로 분류했다.
5. 지명은 삼국시대 당시의 주요 지명만 표제어로 수록하고, 현재의 지명은 배제했다.
6. 지명에 대한 추가 정보〔해당 지명의 상급 행정구역 등〕를 함께 제시했다.
   예) 초현(譙縣) 〔현〕譙郡〉예주〕
7. 〔 〕 안의 추가 정보는 동음이의어의 혼동을 막고 분량을 줄이기 위해 한자로만 표기한 부분이 있다. 또한, 〔 〕 안에서 '양주'(涼州)와 '양주'(揚州)를 구분하기 위해, '涼州'는 한자로만 표기했다.
8. 주요 인물이거나 지은이가 출신 지역을 언급한 인물은 '지명 표제어' 항목에 함께 표기했다.
9. 지은이는 이 책에서 진수의 『삼국지』를 기본 사료로 무수히 인용하고 있다. 따라서 단순히 지은이가 『삼국지』의 원문을 인용하면서 진수나 『삼국지』를 언급한 부분은 배제하고, 지은이가 역사가 진수를 평가하거나 진수의 주장에 대한 가치판단을 내린 부분, 『삼국지』의 서술 방식을 언급한 부분만을 〔찾아보기〕 항목에 포함했다.

〔ㄱ〕

가개(賈蓋) 〔서진·관리, 종조부:가충, ?~?〕 633
가규(賈逵) ①〔조위·장수·梁道, 174~228〕 288, 421, 507, 537; ②〔동한·학자·景伯, 30~101〕 436
가룡(賈龍) 〔동한·장수, ?~191〕 182
가릉강(嘉陵江) 〔장강·지류, 익주〕 196
가맹(葭萌) 〔현〕梓潼郡〉익주, 촉:가맹현→漢壽縣〕 190, 194 → 한수(漢水)
가의(賈誼) 〔서한·학자, 전200~전168〕 637-638

가절(假節) 〔장군의 특권〕 55, 474, 489, 501, 505, 508, 519, 521, 525, 528, 536, 538, 582, 586
가정(街亭) 〔촌락·전장·廣魏郡·옹주〕 416, 718
가중(賈衆) 〔서진·관리, 종조부:가충, ?~?〕 633
가창(賈暢) 〔서진·관리, 종조부:가충, ?~?〕 633
가충(賈充) 〔위진·공신·公閭, 부:가규, 217~282〕 282, 534, 537-538, 550-551, 615, 618, 622, 624-626, 631-633, 727
가혼(賈混) 〔서진·관리·宮奇, 형:가충, ?~?〕 633

가황월(假黃鉞)〔장군의 특권〕 625
가후(賈詡)〔조위·모사·文和, 147~223〕 70, 95-96, 461, 592
가휘(賈徽)〔동한·학자, 자:가규②, ?~?〕 436
간길(干吉)〔동한·도사, ?~?〕 36
간령제주(姦令祭酒)〔동한·오두미도·신도〕 37, 203
갈피(葛陂)〔구릉〉鯛陽縣〉汝南郡〉예주〕 47
갈홍(葛洪)〔동진·학자·稚川, 호:抱朴子, 284~364〕 558, 561
감괴(甘瓌)〔손오, 부:감녕, ?~?〕 351
감녕(甘寧)〔손오·장수·興覇, ?~215?〕 160, 180, 182, 223, 226, 346, 351
「감당(甘棠)」〔선진·민가,「召南」『시경』〕 395, 429
감부인(甘夫人)〔촉한·황후, 夫:유비, 177~?〕 432-433
감송(甘松)〔촌락〉陰平郡〉익주〕 595, 598
강도(江都)〔현〉廬江郡〉양주, 손오에서 폐지〕 379
강동(江東)〔지구, 장강·하류의 강남 일대〕 75, 129, 136, 138-139, 141-142, 146, 148, 152, 154, 162-163, 167, 179, 220, 253, 323-325, 329, 345, 350, 357, 359, 375-376, 546, 711; ~ 6군 143, 157, 217, 337
강릉(江陵)〔현·치소〉南郡〉익주〕 130, 145-146, 158, 160-164, 184, 188, 217, 229, 231, 238, 245, 246, 248, 251, 252, 421, 616, 625-628, 714, 716
강서(江西)〔지구, =회남〕 220, 328, 625, 628-629 → 회남
강안(江安)〔현·치소〉南郡〉형주, '공안'의 개명〕 628 → '공안' 참조
강양(江陽)〔군〉익주〕 196, 265
강유(姜維)〔촉한·장수·伯約, 202~264〕 389, 390, 395, 508, 521, 545, 582-592, 594-602, 606, 705, 718, 722-726
강유(江油)〔촌락〉德陽縣〉梓潼郡〉익주〕 600, 726
강족(羌族)〔이민족〕 49, 58-59, 175, 453, 554, 556, 583, 587, 588
강주(江州)〔현·치소〉巴郡〉익주〕 183, 189, 194, 423
강천(强川)〔하천·전장〉陰平郡〉익주〕 599, 705-706
강태공(姜太公)〔서주·재상, 전1156?~1017?〕 310
『강표전(江表傳)』〔역사서, 서진·虞溥 찬〕 162
강하(江夏)〔군〉양주〕 131, 140, 150, 164, 232-233, 264, 266, 329, 347, 426, 651, 716, 720, 727; ~ 출신〔비의·유언·유장·진공〕 181, 302, 582
개등(蓋登)〔동한·반란군·영수, ?~?〕 35
개죽(蓋竹)〔촌락〉건평현〉建安郡〉양주〕 330-331
거록(巨[鉅]鹿)〔군〉기주〕 33, 39, 44-45, 265; ~ 출신〔장각·전풍〕 38, 122
거소(居巢)〔현〉廬江郡〉양주〕 140-141, 227, 345, 359, 716
『건강실록(建康實錄)』〔역사서, 당·허숭(許嵩) 찬〕 327
건녕(建寧)〔군〕익주, 촉:익주군→건녕군〕 266, 400, 402-405, 409, 718; ~ 출신〔이회·찬습〕 407
건릉(建陵)〔현〉蒼梧郡〉광주〕 341
건석(蹇碩)〔동한·환관, ?~189〕 51-52, 80, 308
건안(建安) ①〔군〉양주〕 333, 357; ②〔현〉會稽郡〉양주〕 330
건안문학(建安文學)〔건안연간의 문학〕 23, 439-470
건안시대(建安時代)〔연호, 196~220〕 72, 439, 442, 456, 466

건안칠자(建安七子) 〔공융·진림·왕찬·서간·완우·응양·유정〕 466-470, 575
건업(建業) 〔오·도읍〉丹陽郡〉양주〕 220, 242-243, 361, 374, 380, 544, 547, 610, 612, 616, 630, 632, 715, 719, 723, 726, 727
건위(犍爲) 〔군〉익주〕 182-183, 196, 265, 390, 422; ~ 출신〔오량·장익〕 434
건위(建威) 〔전장〉武都郡〉익주〕 595
건평(建平) ①〔군〉형주〕 256, 266, 620, 632, 717; ②〔현〉建安郡〉양주〕 331
검각(劍閣), 검문관(劍門關) 〔관문·요충지〉漢德縣〉梓潼郡〉익주〕 594, 596, 599-600, 616
견성(鄄城) 〔현〉東郡〉연주〕 87, 131
견홍(牽弘) 〔위진·장수, ?~271〕 598
겹성(郟城) 〔성곽·겹현〉潁川郡〉예주〕 240-241
겹현(郟縣) 〔현〉潁川郡〉예주〕 241
경구(京口) 〔촌락〉丹徒縣〉吳郡〉양주〕 162, 220, 231
경기(耿紀) 〔동한·관리·季行, ?~218〕 213, 228, 281
경란(景鸞) 〔동한·학자·漢伯, ?~?〕 430
경릉(竟陵) 〔현〉江夏郡〉양주〕; ~ 출신〔유언·유장〕 181
경우(耕牛) 〔경작용 소〕 94-95, 407-408
경제(景帝) ①〔동오·황세〕 → 손휴; ②〔서한·황제·劉啓, 전188~141〕 97
경조(京兆) 〔군〉옹주〕 36n, 265, 515; ~ 출신〔두예〕
경포(耿苞) 〔동한·속관, 상관:원소, ?~?〕 84
경포(黥布) 〔서한·장수, ?~전196〕 423, 538
경필(警蹕) 〔제왕의 행차에 통행을 금지하는 행위〕 227, 229
경학(經學) 〔유가경전을 연구하는 학문〕 430, 485, 571
경현(涇縣) 〔현〉丹陽郡〉양주〕 332

계림(桂林) 〔군〉광주〕 266, 342, 397
계양(桂陽) 〔군〉형주〕 132, 160, 163-164, 232-235, 266, 385, 651, 714, 716; ~ 출신〔왕금〕 340
고간(高幹) 〔동한·장수·元才, ?~206〕 88, 116-117, 122, 126-128, 713
고구려(高句麗) 〔국가〕 524-525
고귀향공(高貴鄕公) 〔조위·황제·曹髦, 241~260〕 262, 523, 535, 537-539, 548, 608, 724; ~ 연간〔254~260〕 262
고담(顧譚) 〔손오·중신·子默, 조부:고옹, 205~246〕 363, 365
고당륭(高堂隆) 〔조위·관리·升平, ?~237〕 320
고람(高覽) 〔동한·장수, 상관:원소, ?~?〕 118-120
고량(高涼) 〔군〉광주〕 266, 340-341
고문경학(古文經學) 〔유가·학술유파〕 431, 434, 436
고소(顧邵) 〔손오·중신·孝則, 부:고옹, 184~214〕 365
고승(顧承) 〔손오·장수·子直, 조부:고옹, ?~?〕 326, 333
「고시위초중경처작」(古詩爲焦仲卿妻作) → 「위초중경처작」
고염무(顧炎武) 〔청·학자·寧人, 1613~1682〕 21-22
고옹(顧雍) 〔손오·승상·元嘆, 168~243〕 333, 356, 357, 361-362, 363, 365
고유(高柔) 〔조위·관리·文惠, 174~263〕 292, 501
고장(故鄣) 〔현〉丹陽郡〉양주〕 366
고장(姑臧) 〔현·치소〉武威郡〉涼州〕; ~ 출신〔가후·단영〕 59
고정(高定), 고정원(高定元) 〔이민족·叟族·추장, ?~?〕 399, 402-405, 408, 410, 683
고패(高沛) 〔동한·장수, 상관:유장, ?~212〕 192-193

고평(高平)〔현〉山陽郡〉연주); ~ 출신〔왕찬·유기·유종·유표〕129, 469
고평릉(高平陵)〔황릉·명제(조예), 낙양〉河南郡〉사예〕500, 722
「고한행」(苦寒行)〔시, 삼국·조조 작〕456
곡리(谷利)〔손오·장수, ?~?〕226
곡명산(鵠鳴山)〔산, 현:사천성 숭경현(崇慶縣)〕202-203
곡양천(曲陽泉)〔현:강소성 술양(沭陽)〕36
곤(鯀)〔전설, 자:禹〕416
곤명(昆明) ①〔이민족〕398; ②〔현〉越巂郡〉익주〕400, 401, 404
공도(邛都)〔이민족〕398
공록(龔祿)〔촉한·관리·德緒, 195~225〕410-411
공림지(孔琳之)〔남조·관리·彦琳, 369~423〕276
공묘(孔廟)〔공자의 사당, 魯縣〉魯國〉예주〕318-319
공사노(公沙盧)〔동한·호족, ?~?〕303-305, 315
공선(孔羨)〔조위·관리·子餘, 공자 후손 ?~?〕318
공손강(公孫康)〔동한·군벌, ?~?〕126, 476-477, 713
공손공(公孫恭)〔조위·군벌, 부:공손도, ?~238〕477
공손교(公孫僑) → 자산
공손도(公孫度)〔동한·군벌·升濟, 150~204〕476
공손연(公孫淵)〔조위·군벌·文懿, 부:공손강, ?~238〕283n, 475-479, 514, 524, 720
공손찬(公孫瓚)〔동한·군벌·伯圭, ?~199〕78, 87-88, 93, 97, 104, 110, 122, 712
공손황(公孫晃)〔조위·군벌, 부:공손강, ?~238〕477
공안(公安)〔현〉南郡〉형주〕162-163, 198, 232-233, 238, 245-246, 252, 348, 620, 628, 716
공안국(孔安國)〔서한·학자·子國, 전156~전74〕317
공우(貢禹)〔서한·관리·少翁, 전127~전44〕30, 32, 269, 273
공융(孔融)〔동한·문인·文擧, 153~208〕303, 466, 467 → '건안칠자' 참조
공자(孔子)〔춘추·사상가·仲尼, 전551~전479〕200, 307-308, 311, 317-319, 438, 440, 465-466, 559, 562-566, 571-573
「공작동남비」(孔雀東南飛) → 「위초중경처작」
공장(邛杖)〔공래산(邛崍山) 특산의 지팡이〕35
공주(孔伷)〔동한·관리·公緒, ?~190〕61-64
공함곡(孔函谷)〔협곡〉武都郡〕익주〕599
과전제(課田制)〔토지제도〕295
곽가(郭嘉)〔동한·모사·奉孝, 170~207〕98, 104, 313-314
곽광(霍光)〔서한·권신·子孟, ?~전68〕370, 502n
곽대(郭大)〔동한·백파군·수령, ?~?〕47
곽도(郭圖)〔동한·모사·公則, 상관:원소, ?~205〕82-84, 94, 112, 120, 124
곽반(郭頒)〔서진·학자·長公, ?~?〕480
곽사(郭汜)〔동한·군벌, ?~197〕70-73, 129, 168, 270, 469, 710, 712
곽수(郭修) → 곽순
곽순(郭循)〔조위·관리·孝先, ?~253〕583, 704
곽지(郭芝)〔조위·외척, ?~?〕522
곽충(郭沖)〔서진·관리, ?~?〕387-389
곽태(郭泰[太])〔동한·학자·林宗, 128~169〕558-559
곽회(郭淮)〔조위·장수·伯濟, ?~255〕422, 423, 427, 585
관구검(毌丘儉)〔조위·장수·仲恭, ?~255〕289, 477-478, 517-518, 524-534, 535-538, 540,

543, 548, 585, 723, 724
관구수(毌丘秀)〔위→오, ?~?〕533
관구중(毌丘重)〔위→오, ?~?〕533
관도(官渡)〔전장〉中牟縣〈河南郡〉사예〕94, 99-100, 105, 113-117, 219, 302, 712; ~대전·전투·전쟁〔원소vs조조〕86, 100, 105-106, 113-121, 123, 133, 168, 219, 260, 302, 469, 511, 712-713
관동(關東)〔지구, 函谷關·潼關 이동 일대〕66-69, 71, 75, 85, 129, 176, 297, 710
관서(關西)〔지구, 函谷關·潼關 이서 일대〕58, 59, 132-133, 154, 168, 176-178, 271
관성(關城)〔관문〉梓潼郡〉익주〕599
관우(官牛) 92, 287
관우(關右)〔지구, 函谷關·潼關 이서 일대, '關西'의 이칭〕85, 103 → 관서
관우(關羽)〔촉한·장수·雲長, ?~220〕99, 150, 189, 190, 194, 213, 215, 228-230, 232-253, 360, 366, 384-385, 393-394, 475, 526, 712, 715, 716
『관자』(管子)〔전국·정치사상서, 작자 미상〕437
관중(關中)〔지구, 函谷關·潼關 이서, 종종 隴西·陝北도 포함〕64, 68, 71-72, 87, 94-95, 100, 131, 133, 167-169, 174-175, 178, 183, 185, 196, 201, 205-206, 217, 263, 270-271, 296-297, 414-415, 421, 423, 426, 481-482, 508, 515, 536, 539, 549, 582, 584, 585, 587, 588, 590, 594, 712, 715, 722
관중(管仲)〔춘추·정치가, 전723?~전645〕372, 387, 428
관평(關平)〔촉한·장수, 부:관우, 178~220〕250
관현(菅縣)〔현〉濟南郡〉청주〕303-304
광도(廣都)〔현〉蜀郡〉익주〕581

광릉(廣陵)〔군〉서주〕219, 264, 300, 328, 426, 474, 711, 718, 720; ~ 출신〔여대·진림〕466
광무(廣武)〔성곽〉滎陽〉河南郡〉사예〕578
광무제(光武帝)〔동한·황제·劉秀, 전5~후57〕35, 126, 298, 430, 538
광석(廣石)〔전장〉漢中郡〉익주〕212
광성관(廣城關)〔관문〉梁縣〉河南郡〉사예〕42
「광성송」(廣成頌)〔頌, 동한·마융 작〕554, 556
광신(廣信)〔현〉蒼梧郡〉광주〕; ~ 출신〔사섭〕338
광위(廣魏)〔군〉옹주〕265, 587
광조거(廣漕渠)〔수로〉鍾離縣〉淮南郡〉양주〕516
광종(廣宗)〔현〉安平郡〉기주〕44-46
광주(廣州)〔동한 13주의 하나〕266, 323, 449, 628, 631
광한(廣漢)〔군〉익주〕183, 266; ~ 출신〔양후·왕사·임안〕402, 433, 434
「괴부」(槐賦)〔賦, 동한·왕찬 작〕467
괴월(蒯越)〔동한·모사·異度, ?~214〕130-131
교동(膠東)〔현〉北海郡〉청주〕303-304; ~ 출신〔공사노〕
교두(橋頭)〔관문〉陰平郡〉익주〕594-595, 599-600, 726
교모(橋瑁)〔동한·관리·元偉, ?~190〕64
교주(交州)〔동한 13주의 하나〕266, 323, 338-344, 365, 381, 434, 449, 628, 631
교지(交阯)〔군〉교주〕181, 266, 339, 340, 343-344, 609, 727
교현(橋玄)〔동한·대신·公祖, 110~184〕559-560
교환경제(交換經濟) 28, 30, 275, 279, 636, 637
구강(九江)〔군〉양주, 曹操가 '淮南郡'으로 개정〕131, 218, 219, 221, 328 → '회남②' 참조

「구국론」(仇國論) 〔論, 촉한·초주 작〕 591
구두(丘頭) 〔촌락〉項縣〉汝南郡〉예주〕 506, 539, 725
구석(九錫) 〔9종의 禮器, 황제가 공신에게 부여〕 576, 715
구용(句容) 〔현〉丹陽郡〉양주〕 326-327
구진(九眞) 〔군〉교주〕 266, 344
구품관인법(九品官人法) 〔관리선발제도〕 320-321, 498, 560
구품중정제(九品中正制) → 구품관인법
구현(朐縣) 〔현〉東海郡〉서주〕; ~ 출신〔미축〕 300
국연(麴演) 〔삼국·장수, ?~220〕 175
굴원(屈原) 〔전국·楚·시인, 전340?~전278〕 440
굴황(屈晃) 〔손오·관리, ?~251〕 365-366
궁숭(宮崇) 〔동한·도사, ?~?〕 36
궤양정(几陽亭) 〔누각〉낙양〉河南郡〉사예〕 319
귀리(鬼吏) 〔동한·오두미도·신도〕 37, 203-204
「귀수수」(龜雖壽) 〔시, 曹操 작〕 458
균전제(均田制) 〔토지제도〕 638
「귤부」(橘賦) 〔賦, 동한·서간 작〕 467
극검(郤儉) 〔동한·관리, ?~188〕 47, 181-182, 437
극정(郤正) 〔촉한·학자·令先, ?~278〕 431-432, 437
금문경학(今文經學) 〔유가·학술유파〕 435
금성(金城) 〔군〉涼州〕 175, 265; ~ 출신〔곽충〕 387
급병제(給兵制) → 수병제
급현(汲縣) 〔현〉河內郡〉사예〕 481
기곡(箕谷) 〔협곡〉漢中郡〉익주〕 415, 718
기모개(綦母闓) 〔동한·학자·廣明, ?~?〕 132
기산(祁山) 〔산〉天水郡〉옹주〕 389, 415-416, 423-424, 545, 584, 587, 595, 600, 718, 719,

724, 726
기성(冀城) 〔성곽〉冀縣〉天水郡〉옹주〕 196 → 기현
기오(己吾) 〔현〉진류국〉연주〕 81
기자(箕子) 〔은·귀족, ?~?〕 515
기주(冀州) 〔동한 13주의 하나〕 38, 41, 61, 75-79, 84, 91, 93, 126, 145, 237, 265, 292, 515, 712, 715
기춘(蘄春) 〔군〉양주〕 219, 221-222, 266, 328
기현(冀縣) 〔현〉天水郡〉옹주〕; ~ 출신〔강유〕 583
길본(吉本) 〔동한·태의령, ?~218〕 228-229, 281
김기(金奇) 〔손오·반란군·영수, ?~?〕 331

〔ㄴ〕

낙가(樂嘉) 〔현〉汝南郡〉예주〕 532
낙곡(駱谷) 〔협곡, 익주·옹주의 경계〕 415, 588, 594-595, 725, 726
낙구(駱口) 〔협곡, 낙곡의 입구〕 722
낙랑(樂浪) 〔군〉유주〕 265, 521, 720
낙문(洛門) 〔촌락〉天水郡〉옹주〕 585
낙성(雒城) 〔성곽〉雒縣〉廣漢郡〉익주〕 194-196, 715
낙성(樂城) 〔성곽〉成固縣〉漢中郡〉익주〕 422, 595-597, 719
낙수(洛水) 〔황하·지류, 현: 하남성 서부〕 535
낙안(樂安) 〔군〉청주〕 264; ~ 출신 276
낙양(洛陽) 〔현·치소·도읍〉河南郡〉사예〕 31, 40, 41, 44, 46, 55, 57, 59-60, 64, 66, 72, 73, 75, 78, 80, 81, 82, 85, 87, 137, 143, 167-169, 179, 229, 241, 245, 250, 251, 269-271, 274, 278, 282, 295, 308, 464-465, 469, 474, 476, 477, 478, 479, 481, 482, 500, 501, 503, 504, 505, 514, 521, 523, 527, 534,

535, 537, 538, 539, 544, 545, 561, 595, 600, 602, 632, 711, 717, 723, 726 ; ~ 출신〔맹광〕 435

낙요(駱曜)〔동한·반란군, ?~?〕 36, 202

낙읍(洛邑) → 낙양

낙통(駱統)〔손오·장수·公緖, 193~228〕 327, 351-352, 373

낙향(樂鄕)〔촌락〉南郡〉형주〕 620, 626-628

남군(南郡)〔군〉형주〕 130, 147, 163-164, 188, 231-238, 242, 246-247, 266, 555, 628, 651, 714, 716, 717 ; ~ 출신〔괴월〕 130

남돈(南頓)〔현〉汝南郡〉예주〕 529-530, 543

남산(南山) ①〔산〉漢中郡·巴西郡〉익주〕 208, 716 ; ②〔산〉街亭〉廣魏郡〉옹주〕 416 ; ③〔산〉익주·형주와 옹주의 경계〕

남안(南安) ①〔군〉옹주〕 265, 416, 515, 585, 587-588, 718, 724 ; ~ 출신〔방덕〕 ; ②〔현〉犍爲郡〉익주〕 ; ~ 출신〔오량〕 434

남양(南陽)〔군〉형주〕 43, 46-47, 66, 75, 95, 96, 130, 131, 135, 164, 264, 413, 651 ; ~ 출신〔등양·문공·봉기·유수·이승·이엄·하옹·하진·허유·허자〕 53, 183, 271, 298, 394n, 434, 500n, 559

남정(南鄭)〔현·치소〉漢中郡〉익주〕 422

남주(南州)〔지명, 현: 광동성 일대〕 366

남중(南中)〔지구, 현: 운남성·귀주성 일대〕 208, 397-413, 414, 415, 585, 604-605, 718

남판(南阪)〔전장〉東郡〉연주〕 110

남평(南平)〔현〉建安郡〉양주〕 330

남피(南皮)〔현·치소〉渤海郡〉기주〕 125-126, 713

남해(南海)〔군〉광주〕 136, 266, 340, 342, 397

남흉노(南匈奴)〔동한·북방민족, 흉노의 분파〕 452 → '흉노' 참조

낭로(狼路)〔촉한·이민족·수령, ?~?〕 412

낭릉(朗陵)〔현〉汝南郡〉예주〕 302

낭리(狼離)〔촉한·이민족·수령, ?~?〕 412

낭야(琅邪)〔군〉서주〕 264 ; ~ 출신〔궁숭·안량·제갈각·제갈근·제갈량·제갈탄〕 36, 135, 535

낭잠(狼岑)〔촉한·이민족·수령, ?~?〕 411

낭중(閬中)〔현〉巴西郡〉익주〕 ; ~ 출신〔주군〕 434

낭치(郎稚)〔손오·반란군·영수, ?~?〕 331-332

내강(庲降)〔지구〉建寧郡〉익주, 남중 일대〕 400

내민(來敏)〔촉한·학자·敬達, 165~261〕 435

내염(來豔)〔동한·중신·季德, ?~178〕 435

내충(來忠)〔촉한·관리, ?~?〕 435

내흡(來歙)〔동한·장수·君叔, ?~35〕 435

냉포(冷苞)〔동한·장수, 상관: 유장, ?~35〕 194

노강(瀘江) → 노수

노공왕(魯恭王)〔서한·종친·劉餘, ?~전128〕 181

노국(魯國), 노군(魯郡)〔군〉예주〕 264, 319 ; ~ 출신〔공융·당빈, 사섭 가문〕 338, 466, 625

노룡새(盧龍塞)〔관문〉右北平郡·遼西郡의 접경〉유주〕 126, 713

노목(魯睦)〔손오·장수, 조부: 노숙, ?~?〕 348, 359

노성(鹵城)〔전장〉天水郡〉옹주〕 424

노수(路粹)〔동한·문인·文蔚, ?~214〕 466

노수(瀘水)〔장강·상류, 현: 金沙江〕 402-404, 414

노숙(魯淑)〔손오·장수, 부: 노숙, 217~274〕 348, 359

노숙(魯肅)〔손오·장수·子敬, 172~217〕 139, 140-143, 146-147, 152-156, 157, 162-163, 179-180, 231-236, 252-253, 348, 351, 356-359, 366, 383-384, 714

노식(盧植)〔동한·관리·子干, ?~192〕 43-44, 57, 97, 430
노양(魯陽)〔현〉南陽郡〉형주〕 64-65, 130
노육(盧毓)〔조위·관리·子家, 부:노식, 183~257〕 282, 285, 291-292, 493, 518
노자(老子)〔춘추·사상가·老聃, ?~?〕 35, 554, 562, 563-568, 571-573, 575
『노자』(老子)〔선진·제자백가, 도가 경전〕 37, 203, 557, 564-568, 571, 575
노장사상(老莊思想), ~현학(~玄學) 556-557, 561, 570, 573
『논어』(論語)〔선진·제자백가, 유가 경전〕 133n, 309n, 317n, 434, 562, 565n, 580
『논어석의』(論語釋疑)『논어』주석서, 조위·왕필 찬〕 562
『논어집해』(論語集解)『논어』주석서, 조위·하안 찬〕 562
농산(隴山) ①〔산〉견현(汧縣)〉扶風郡〉옹주〕 583, 588; ② ~ 이서 → 농우
농서(隴西)〔군〉옹주〕 58, 265, 427, 585-588, 724; ~ 출신[동탁] 58
농우(隴右)〔지구, 농산 이서 지구, 현:감숙성 일대〕 208, 415, 536, 582-584, 588
뇌공(賴恭)〔촉한·관리, ?~?〕 433
뇌서(雷緒)〔동한·장수, ?~?〕 160
누규(婁圭)〔조위·장수·子伯, ?~?〕 172
「누치부」(漏卮賦)〔賦, 서간 작〕 467
능렬(淩烈)〔손오, 부:능통, ?~?〕 351-352
능봉(淩封)〔손오·장수, 부:능통, ?~?〕 351-352
능양(陵陽)〔현〉丹陽郡〉양주〕 332
능조(淩操)〔손오·장수·坤桃, 자:능통, ?~203〕 349
능통(淩統)〔손오·장수·公績, 189~237〕 226, 349, 351-352

〔ㄷ〕

단곡(段谷)〔관문〉天水郡〉옹주〕 545, 587, 724
단수(丹水)〔현〉南陽郡〉형주〕 66
단양(丹陽[楊])〔군〉양주〕 139, 266, 324, 326, 331-337, 346, 349, 626, 630; ~ 출신[도겸]
단영(段熲)〔동한·장수·紀明, ?~179〕 59
단외(段煨)〔동한·관리·忠明, ?~209〕 168
담소(譚紹)〔손오·관리, ?~?〕 346
담현(郯縣)〔현〉東海郡〉서주〕 523
답중(沓中)〔전장〉陰平郡〉익주〕 588, 594-595, 598-599, 725, 726
당고(黨錮), ~의 화(禍)〔사대부의 禁錮 사건〕 42, 61, 131, 557, 560, 561
당구(當口)〔촌락〉江夏郡〉형주, 夏口의 이칭, 현:武漢〕 346 → 하구
당도(當塗)〔촌락〉淮南郡〉양주, 회수의 남쪽〕 218
당빈(唐彬)〔위진·장수·儒宗, 235-294〕 625-626
당양(當陽)〔현〉南郡〉형주〕 147, 714
당자(唐咨)〔손오·장수, ?~?〕 538, 542
당장유(唐長孺)〔현대·학자, 1911~1994〕 639
당주(唐周)〔동한·황건적, 장각 제자, ?~?〕 41
대곡관(大谷關)〔관문〉낙양〉河南郡〉옹주〕 42, 66
대담(大潭)〔촌락〉건평현〉建安郡〉양주〕 330-331
대등(臺登)〔현〉越巂郡〉익주〕 411
대방(帶方)〔군〉유주〕 265, 720
대숙(大叔)〔춘추·鄭國·귀족, 명:游吉, ?~전 506〕 307-308
대양(大陽)〔현〉河東郡〉사예〕 72
덕양(德陽), ~정(亭)〔亭〉漢德縣〉梓潼郡〉익주〕 196, 600
도(道)〔철학·개념〕 485, 562, 565, 576

도각(屠各)〔지구, 현:내몽골 지역〕 58
도겸(陶謙)〔동한·관리·恭祖, 132~194〕 81, 97, 134, 711
도교(道敎)〔철학·사상〕 35-36, 202
『도덕론』(道德論)〔논설, 조위·하안 찬〕 568
도륙(都陸)〔촌락〉淮南郡〉양주〕 544
도방(都龐)〔현〉九眞郡〉교주〕 344
도수(涂水)〔=저하(滁河), 합비〉淮南郡〉양주〕 505
도시경제(都市經濟) 29, 270, 279, 636
도중(涂中)〔지구, 涂水 유역 일대〕 625
동관(東關)〔관문〉廬江郡〉양주〕 421, 525, 536, 727
동관(潼關)〔관문〉弘農郡〉사예〕 169-170, 174, 391, 715
동관(東觀)〔누각〉낙양〉河南郡〉사예〕 555
동관(東莞)〔군〉서주〕 264
동군(東郡)〔군〉연주〕 48, 264; ~ 출신〔반장〕
동궐(董厥)〔촉한·장수·龔襲, ?~?〕 595, 599
동균(董鈞)〔동한·학자·文伯, 전12~후63〕 430
동기(董箕)〔조위·관리, ?~?〕 501
동래(東萊)〔군〉청주〕 264, 477; ~ 출신〔유대〕
동방(東方)〔지구, 현:섬서성 이동 일대〕 36, 58, 60-62, 64-65, 68, 75, 79, 82, 94, 117, 157, 186, 202, 203, 415, 462
동복(董伏)〔동한·관리, ?~?〕 181
동봉(冬逢)〔촉한·이민족·수령, ?~?〕 410, 412
동부(董扶)〔동한·학자·茂安, 107~189〕 434
동사(同師)〔지명, 현:운남성 용릉현 일대〕 398
『동산』(東山)〔선진·민가, 『豳風』·『시경』〕 457
동성(東城)〔현〉下邳郡(옛臨淮郡)〉서주〕; ~ 출신〔동성〕 140, 359
동소(董昭)〔조위·모사·公仁, 156~236〕 207-208, 244-245, 490-491
동습(董襲)〔손오·장수·元代, ?~217〕 325

동승(董承)〔동한·외척, ?~200〕 73, 99
동아(東阿)〔현〉濟北郡〉연주〕 91-92
동안(東安)〔군〉양주〕 333
동양(東陽)〔향〉新都郡〉양주〕 331
동윤(董允)〔촉한·중신·休昭, ?~246〕 591
동정(董亭)〔촌락〉南女郡〉옹주〕 585, 587, 724
동주병(東州兵)〔남양·삼보 출신의 익주 병력〕 183
동중서(董仲舒)〔서한·학자, 전179~전104〕 637
동지거문(東止車門)〔성문〉낙양〉河南郡〉사예〕 550
동탁(董卓)〔동한·권신·仲穎, ?~192〕 44-46, 54-55, 58-70, 75, 76, 78, 81-83, 88, 95, 97, 129, 136, 139, 145, 269-271, 275, 276, 300, 301, 303, 338, 358, 439, 453, 468, 607, 633, 710, 711
동평(東平)〔군〉연주〕 47, 264; ~ 출신〔유정〕 466
동평릉(東平陵)〔현·치소〉濟南國〉청주〕 48
동해(東海)〔군〉서주〕 264; ~ 출신〔미방·미축·왕숙〕 300
동화(董和)〔조위·관리, ?~?〕 222, 329
동흥(東興)〔촌락〉廬江郡〉양주〕 369, 377; ~ 대전〔제갈탄vs제갈각〕 370, 377, 723
두경(杜瓊)〔촉한·학자·伯瑜, ?~250〕 434
두기(杜畿)〔조위·관리·伯侯, 163~224〕 316-318
두례(竇禮)〔조위·병사, ?~?〕 292
두로(杜路)〔촉한·장수, ?~?〕 258
두무(杜撫)〔동한·학자·叔和, ?~?〕 430
두무(竇武)〔동한·학자·游平, ?~168〕 52, 60
두미(杜微)〔촉한·관리·國輔, ?~?〕 396, 433-434
두서(杜恕)〔조위·학자·務伯, 197~252〕 272

두예(杜預) 〔서진·학자·元凱, 222~285〕 295, 622-623, 625-628, 632

둔전(屯田), 둔전제 〔토지제도〕 638; ①〔위의 ~〕 88-93, 219, 221-222, 280-296, 503, 516, 538, 711, 714, 721; ②〔촉의 ~〕 212, 427, 720; ③〔오의 ~〕 325-329, 374; ④〔서진의 ~〕 619

둔전객(屯田客) 〔둔전에 고용된 농민〕 284-286, 288-291, 294-296, 305, 326

둔전관(屯田官) 〔둔전을 관할하는 관리〕 281, 288-290, 294, 726

득롱망촉(得隴望蜀) 〔고사성어〕 208

득신(得臣) → 성득신

「등루부」(登樓賦) 〔賦, 동한·왕찬 작〕 467, 469

등방(鄧方) 〔촉한·장수·孔山, ?~221〕 398

등애(鄧艾) 〔조위·장수·士載, 197?~264〕 283-284, 355-356, 516, 518, 532-533, 545, 586-590, 595, 598, 600-602, 604, 606, 705, 724, 725, 726

등양(鄧颺) 〔조위·중신·玄茂, ?~249〕 486-489, 491-494, 498, 505, 508, 535, 536, 722

등우(鄧禹) 〔동한·장수·仲華, 2~58〕 487

등윤(滕胤) 〔손오·중신·承嗣, ?~256〕 365, 369, 370, 379-381, 724, 725

등즐(鄧騭) 〔동한·외척·昭伯, ?~121〕 553-554

등지(鄧芝) 〔촉한·중신·伯苗, 178~251〕 212

등태후(鄧太后) 〔동한·황후, 夫:和帝, 81~121〕 554-555

등현(鄧賢) 〔동한·장수, ?~?〕 194

등현(鄧縣) 〔현〉南陽郡〉형주〕 135 → '융중' 참조

〔ㅁ〕

마등(馬騰) 〔동한·군벌·壽成, 자:마초, ?~212〕 87, 167-169

마량(馬良) 〔촉한·관리·季常, 제:마속, 187~222〕 256, 584

마막(馬邈) 〔촉한·장수, ?~?〕 602

마명각(馬鳴閣)의 잔도 〔촌락〉梓潼郡〉익주, 검각-관성 사이의 길〕 210-212

마상(馬相) 〔동한·황건적, ?~?〕 47, 182

마속(馬謖) 〔촉한·장수·幼常, 형:마량, 190~228〕 399, 416-420, 429, 685, 718

마안산(馬鞍山) 〔산〉宜都郡〉형주〕 258

마원의(馬元義) 〔동한·황건적, ?~184〕 40-41

마융(馬融) 〔동한·학자·季長, 79~166〕 436, 553-557, 561

마초(馬超) 〔촉한·장수·孟起, 부:마등, 176~222〕 95, 154, 168-178, 180, 196, 206, 210, 271, 288, 393, 715

마충(馬忠) ①〔손오·장수, ?~?〕 250; ②〔촉한·장수·德新, ?~249〕 400-402, 409-410, 412

마피(摩陂) 〔촌락〉郟縣〉潁川郡〉예주〕 245, 251

마현(馬賢) 〔동한·관리, ?~141〕 555

만석군(萬石君) → 석분

만욱(萬彧) 〔손오·대신·文彬, 235~273〕 609, 727

만인적(萬人敵) 〔1만 명을 대적할 장수〕 252 → '관우', '장비' 참조

만잠(萬潛) 〔조위·관리, ?~242〕 48

만총(滿寵) 〔조위·장수·伯寧, ?~242〕 240, 300, 315

말릉(秣陵) 〔현〉丹陽郡〉양주〕 220, 616, 715 → 건업

매구(買溝) 〔오늘날의 회령(會寧) 근처〕 525

맥성(麥城) 〔촌락·성곽〉當陽縣〉南郡〉형주〕 248, 716

맹가(孟軻) → 맹자

맹강(孟康) 〔조위·학자·公休, ?~?〕 282, 518

맹공작(孟公綽) 〔춘추·관리, ?~?〕 309

맹광(孟光) [촉한·학자·孝裕, ?~?] 431-432, 435. 438
맹달(孟達) [조위·장수·子度, ?~228] 215, 394, 475-476, 718
맹염(孟琰) [촉한·장수·休明, ?~?] 407-408
맹자(孟子) [전국·鄒·사상가, 372?~289] 395-396, 551
맹진(孟津) ①[나루〉낙양〉河南郡〉사예] 65, 68, 72, 301; ②~관(關) [관문〉낙양·외곽〉河南郡〉사예] 42
맹현(鄳縣) [현〉江夏郡〉양주] 582
맹획(孟獲) [촉한·이민족·수령, ?~?] 399-400, 402-404, 407-408
면구(沔口) [촌락〉江夏郡〉형주, '하구'의 이칭] 426, 720 → 하구
면닉법(緬匿法) [전설, 은닉법] 36
면수(沔水) [=漢水·상류, 한중군〉익주] 136, 213, 215, 536 → '한수' 참조
면양(沔陽) [현〉漢中郡〉익주] 213, 422, 719
면죽(綿竹) [현〉廣漢郡〉익주] 182, 194, 602, 726
명교(名敎) ['正名'을 중심으로 한 봉건예교] 490, 562-563, 569, 572, 574, 576, 580
명제(明帝) [조위·황제·조예(元仲), 204?~239] 261, 273, 289-290, 293, 298, 312, 421, 422-423, 475, 477, 479-484, 485-491, 500-502, 513-514, 516, 523, 524-525, 535, 538-539, 592-593, 608, 718, 721, 722; ~ 연간 [226~239] 272, 276-278, 282, 311, 312, 475, 476, 487-490, 513, 524, 535
모감(毛甘) [손오·반란군·영수, ?~?] 331
『모시』(毛詩) [선진·유가경전, 毛亨·毛萇 편, 통행본『시경』] 434, 436 →『시경』
모우(旄牛) [현〉漢嘉郡〉익주] 402-404, 412, 413

모우족(旄牛族) [이민족] 410-412
모증(毛曾) [조위·외척, ?~?] 489
목문(木門) [전장〉西縣〉天水郡〉옹주] 424-425
목우(木牛) [운반 도구, 제갈량이 발명] 719
몽충(蒙衝) [폭이 좁은 戰船] 151
무(無) [철학·개념] 562-567
무가(武街) [현〉武都郡〉익주] 595, 600, 726
무강(武彊) [향〉新都郡〉양주] 331
무공(武功) [현〉扶風郡〉옹주] 426
무관(武關) [관문〉京兆郡〉옹주] 66
무도(武都) [군〉익주(동한 초기 涼州)] 207, 265, 422, 554, 719
무뢰산(武牢山) [산〉滎陽〉河南郡〉사예] 578
무릉(茂陵) [현〉京兆郡·扶風郡의 경계〉옹주] 297
무릉(武陵) ①[군〉형주] 160, 163-164, 232, 248, 256, 266, 651, 714, 716; ~ 출신[반준·요립]; ②[현〉上庸郡〉형주]
무명(無名) [철학·개념] 565-566
무석(無錫) [현〉吳郡〉양주] 326
무성산(武城山) [산〉新興縣〉南安郡〉옹주] 587
무양군(舞陽君) [동한, 하진의 모] 53
무왕(武王) [서주·군주, ?~전1043] 145n, 310n, 312, 458n, 571-572, 591, 605-606
무위(武威) [군〉涼州] 33, 265; ~ 출신[가후·단영·張繡·張濟] 59, 70
무위(無爲), ~ 사상 [철학·개념] 316, 572
무제(武帝) ①[조위·황제] → 曹操; ②[서한·황제·劉徹, 전156~전87] 218, 280, 297-298, 312, 343, 397-398, 440, 638; ③[서진·황제] → 사마염
무종(無終) [현〉右北平郡〉유주] 126, 713
무창(武昌) [현·치소〉江夏郡〉형주] 360, 361, 610-611, 624, 625, 628, 630-632, 717, 726,

727 → '악현' 참조

무향후(武鄕侯) 387 → 제갈량

무현(巫縣) 〔현〉建平郡〉형주, 오·촉 경계〕 254, 263

무협(巫峽) 〔협곡〉建平郡〉형주〕 256, 717

무호(蕪湖) 〔현〉丹陽郡〉양주〕 242, 334

문공(文恭) 〔촉한·관리·仲寶, ?~?〕 394

문공(文公) 〔춘추·晉·군주, 전697-전628〕 187n, 418

문립(文立) 〔서진·대신·廣休, ?~279〕 618

문산(汶山) 〔군〉익주〕 265, 389

『문선(文選)』〔시문집, 남조·梁·소통 찬〕 442, 572

문앙(文鴦) 〔위진·장수·次騫, 238~291〕 532-533, 548

문양(汶陽) 〔현〉魯國〉예주〕; ~ 출신〔사섭 가문〕 338

문제(文帝) ①〔남조·宋·劉義隆, 407~453〕 24; ②〔조위〕→ 조비; ~ 연간〔220~226〕 30, 261, 272, 276, 281-282, 285, 311, 318, 319, 474, 569, 592; ③〔서한·劉恒, 전203~157〕 30; ~ 연간〔전180~157〕 272

문추(文醜) 〔동한·장수, 상관:원소, ?~200〕 110, 252, 712

문호(文虎) 〔위진·장수, ?~291〕 548

문흠(文欽) 〔조위·장수·仲若, ?~257〕 379, 524-533, 536, 538, 540-542, 544-548, 593n, 724

문희(聞喜) 〔현〉河東郡〉사예〕; ~ 출신〔관구검〕 524

미령(糜泠) 〔현〉交阯郡〉교주〕 266, 344

미막(靡莫) 〔이민족〕 398

미방(糜芳) 〔촉한·장수·子方, ?~?〕 238, 246, 252

미앙궁(未央宮) 〔서한·황궁〕長安〉京兆郡〉옹주〕 69, 514

미자(微子) 〔서주·宋·군주, ?~?〕 605

미적(米賊) → 오두미도

미축(糜竺) 〔촉한·관리·子仲, ?~?〕 300

미현(味縣) 〔현〉建寧郡〉익주, 현:곡정(曲靖)〕 401-402, 405, 410

미현(郿縣) 〔현〉扶風郡〉옹주〕 415, 423, 426, 720

민공(閔貢) ①〔동한·관리, ?~?〕 57; ②〔동한·은사·仲叔, ?~?〕

민둔(民屯) 〔백성을 동원한 둔전〕 283-284, 286, 291, 326

민물조개 90, 280

〔ㅂ〕

박창(博昌) 〔현〉樂安郡〉청주〕; ~ 출신〔임하〕 276

반강(槃江) 〔남반강·북반강?, 興古郡·牂牁郡〉익주〕 401

반고(班固) 〔동한·학자·孟堅, 32~92〕 467

반부인(潘夫人) 〔손오·황후, 자:손량, ?~252〕 346

반우(番禺) 〔현〉南海郡〉교주〕 341-342

반장(潘璋) 〔손오·장수·文珪, ?~234〕 229, 232, 237, 250, 351

반저(潘翥) 〔손오·장수·文龍, ?~?〕 350

반준(潘濬) 〔손오·중신·承明, ?~239〕 350-351, 361-362

반평(潘平) 〔손오, 부:반장, ?~?〕 351

발해(渤海) 〔군〉기주〕 35, 47, 78, 265

방계(龐季) 〔동한·관리, 상관:유표, ?~?〕 131

방덕(龐悳) 〔조위·장수·令明, ?~219〕 229, 238-239, 251, 312, 716

방릉(房陵) 〔군〉형주, 후일 신성군(新城郡)에 편입〕 215, 475, 716

방통(龐統) 〔손오·모사·士元, 179~214〕 186-

189, 192-194, 259, 385, 392, 715
방현령(房玄齡) 〔당·역사학자, 579~648〕 276, 277, 280, 285, 295, 305, 472, 475, 515, 563, 570, 575, 576
방희(龐羲) 〔촉한·관리, ?~?〕 185
배송지(裵松之) 〔남조·宋·학자·世期, 372~451〕 24, 105-106, 140, 203, 222, 388-389, 400, 509
배우(裵優) 〔동한·농민반란군·영수, ?~?〕 35
배잠(裵潛) 〔조위·장수·文行, ?~?〕 281-282
배해(裵楷) 〔위진·대신·叔則, 237~291〕 577
백기(白起) 〔전국·장수, ?~전257〕 311
백단(白檀) 〔성곽〉漁陽郡 이북〉유주〕 126
백랑산(白狼山) 〔산〉遼西郡(유주)과 선비족 거주지의 경계〕 713
백마(白馬) 〔현〉東郡〉연주〕 113, 219; ~ 전투 〔원소vs조조〕 105-113
백마사(白馬寺) 〔불교사찰〉낙양〉河南郡〉사예〕 35
백성자고(伯成子高) 〔전설·은사〕 463
백수(白水) 〔현〉梓潼郡〉익주〕 599-600
백수관(白水關) 〔관문〉梓潼郡〉익주〕 190-193, 715
백작(白爵) 〔동한·농민반란군·영수, ?~?〕 73
백제성(白帝城) 〔촉한·항궁〉永安〉巴東郡〉이주〕 192, 237, 258, 260, 717 → 영안
백척거(百尺渠) 〔수로〉項縣〉汝南郡〉예주〕 284
백척언(百尺堰) 〔제방〉項縣〉汝南郡〉예주〕 506
백파(白波) 〔동한·농민반란군·영수, ?~?〕 72-73
백파곡(白波谷) 〔촌락, 현:산서성 襄汾縣 일대〕 47
백파적(白波賊) 〔황건적의 일파〕 72-73
번구(樊口) 〔나루〉鄂縣〉江夏郡〉형주〕 147, 714
번릉(樊陵) 〔동한·관리, ?~189〕 56, 644

번성(樊城) 〔전장〉襄陽郡〉형주〕 144, 228, 238, 240-243, 245-246, 250-251, 278. 394, 716, 721
번우(樊友) 〔촉한·관리, ?~?〕 248
번주(樊伷) 〔손오·관리, ?~?〕 248
번흠(繁欽) 〔조위·문인·休伯, ?~218〕 466
범방(范滂) 〔동한·명사·孟博, 137~169〕 129
범엽(范曄) 〔남조·학자·蔚宗, 398~445〕 35, 53-54, 72, 79, 110, 133, 430, 556
범현(范縣) 〔현〉東平國〉연주〕 91
법가(法家) 〔철학·사상〕 307, 310-311, 437-438, 512
법정(法正) 〔촉한·중신·孝直, 176~220〕 184-185, 187-189, 192-193, 196-200, 210, 213, 258-260, 385-389, 392-393, 475, 715
벽력거(霹靂車) 〔공성용 무기, 發石車〕 114, 478
병주(幷州) 〔동한 13주의 하나〕 58, 117, 122, 265, 500, 536, 618, 712, 713
보즐(步騭) 〔손오·중신·子山, ?~247〕 339-341, 352-353, 361-362, 722
복건(服虔) 〔동한·학자·子愼, ?~?〕 436
복룡(伏龍) 431 → 제갈량
복양흥(濮陽興) 〔손오·관리·子元, ?~264〕 326, 609-610
복족(濮族) 〔이민족〕 408-409
봉건사회(封建社會) 270, 635
봉기(逢紀) 〔동한·모사·元圖, ?~202〕 123-125
봉서(封諝) 〔동한·환관·元圖, ?~202〕 40
봉추(鳳雛) 194, 431 → 방통
부곡(部曲) 〔①군대 편제; ②부곡 소속의 私兵·家僕〕 215, 302-303, 305-306, 328, 348, 353-356, 362, 407, 408, 462-463, 547, 637-638
부모(傅募) 〔촉한, 부:부첨, ?~?〕 619

부방(傅方)〔동한·관리, ?~219〕 240
부사인(傅士仁)〔촉한·장수·君義, ?~?〕 238, 246, 252
부성(涪城)〔성곽·涪縣·梓潼郡〉익주〕 193, 715 → '부현' 참조
부손(傅巽)〔조위·관리·公悌, ?~?〕 144
부수(涪水)〔장강·지류, 陰平郡·梓潼郡〉익주〕 193, 196
부융(傅肜)〔촉한·장수, 자:부첨, ?~222〕 619n
부저(傅著)〔촉한, 부:부첨, ?~?〕 619
부첨(傅僉)〔촉한·장수, 218?~263〕 597-598, 618-619
부풍(扶風)〔군〉옹주〕 35, 265; ～ 출신〔경기·마등·마초·맹달·배우·법정〕 35, 184, 215, 475
부피(富陂)〔현〉汝南郡〉예주〕; ～ 출신〔여몽〕 235
부하(傅嘏)〔조위·중신·蘭石, 209~255〕 493, 518, 527, 535, 542
부한(枹罕)〔현〉隴西郡〉옹주〕 586, 588
부함(傅咸)〔서진·문인·長虞, 239~294〕 489, 494, 569
부현(傅玄)〔서진·사상가·休奕, 217~278〕 287-288
부현(涪縣)〔현〉梓潼郡〉익주〕 189-190, 582, 600-602; ～ 출신〔두미·윤묵·이선〕 433, 435, 436 → '부성' 참조
「부회부」(浮淮賦)〔賦, 조비 작〕 218
북망산(北邙山)〔산〉낙양〉河南郡〉사예〕 464
북산(北山)〔산〉壽春縣〉淮南郡〉양주〕 542
북액문(北掖門)〔未央宮·북문〉장안〉京兆郡〉옹주〕 69
북원(北原)〔촌락·전장〉扶風郡〉옹주〕 427
북지(北地)〔군〉옹주〕 49, 365; ～ 출신〔부하·부함·부현·이각〕

북해(北海)〔군〉청주〕 264; ～ 출신〔등윤·서간〕 466
분전지술(分田之術)〔토지제도〕 92, 287
불교(佛敎)〔종교〕 35, 37, 205, 711
불위(不韋)〔현·치소〉永昌郡〉익주〕 399; ～ 출신〔여개〕 405
비관(費觀)〔촉한·관리·賓伯, ?~?〕 194
비군(飛軍)〔촉한·부대, 청강족으로 편성〕 407
비릉(毗陵)〔현·치소〉典農校尉〉양주〕 325-326
「비분시」(悲憤詩)〔시, 삼국·채염 작〕 442, 452
비수(肥水)〔회수·지류, 淮南郡〉양주〕 218, 714
비수(沘水)〔회수·지류, 廬江郡〉양주〕 284
비수(卑水)〔현〉越嶲郡〉익주〕 402-404
비연(飛燕)〔동한·농민반란군·영수, ?~?〕 73
비연(卑衍)〔삼국·장수, 상관:공손연, ?~?〕 478
비요(費曜)〔조위·장수, ?~?〕 423
비의(費禕)〔촉한·중신·文偉, ?~253〕 390, 582-585, 720-723
비잔(費棧)〔손오·반란군·영수, ?~?〕 334

〔ㅅ〕

사기(謝奇)〔조위·관리, ?~?〕 221-222
『사기』(史記)〔역사서, 서한·사마천 찬〕 23
『사기정의』(史記正義)〔『사기』주석서, 당·張守節 찬〕 404
사도족(斯都族)〔이민족〕 411
사마가(沙摩柯)〔촉한·이민족·수령, ?~222〕 257
사마광(司馬光)〔북송·학자·君實, 1019~1086〕 24-25, 84, 197, 226, 479-480, 482, 509, 597, 598
사마랑(司馬朗)〔동한·관리·伯達, 171~217〕 271, 286
사마망(司馬望)〔서진·종실·子初, 백부:사마의, 205~271〕 526, 588, 590

사마부(司馬孚)〔서진·종실·叔達, 형:사마의, 180~272〕282, 502, 525-527, 586

사마사(司馬師)〔조위·권신·子元, 부:사마의, 208~255〕278, 355, 488, 500, 508, 511, 517-518, 520-536, 540, 543, 585, 722, 723, 724

사마소(司馬昭)〔조위·권신·子上, 부:사마의, 211~265〕500, 508, 511, 520, 521, 526, 527, 534-543, 546, 547, 549-552, 574, 576, 577, 590, 592-594, 722, 724, 725, 726

사마염(司馬炎)〔서진·황제·安世, 부:사마소, 236~290〕576, 618-619, 624, 631-632, 726, 727

사마의(司馬懿)〔조위·관리·仲達, 179~251〕208, 241, 278, 284, 312, 320, 421-427, 429-430, 471-484, 490, 491, 492, 495, 498-511, 514-516, 517, 519, 524-526, 532, 533, 536, 539, 548, 592-593, 608, 718-723

사마주(司馬伷)〔동한·장수·子將, 부:사마의, 227~283〕550, 618, 625

사마지(司馬芝)〔조위·관리·子華, 241~260〕277, 289, 303-305, 315

사마천(司馬遷)〔서한·학자·子長, 전145?~?〕21-22, 29, 398

사마표(司馬彪)〔서진·학자·紹統, ?~306〕130

사마휘(司馬徽)〔동한·학자·德操, ?~208〕394n, 430-431, 436

사망법(士亡法)〔조위·군법〕291-292

사무(士武)〔동한·관리, 형:사섭, ?~?〕339

사부(辭賦)〔문학·장르〕440, 461, 467

사사(士賜)〔동한·관리, 자:사섭, ?~?〕338

사선(沙羨)〔현〉江夏郡〉형주, 동오:'하구'로 개정〕162 → 하구

사섭(士燮)〔동한·군벌·威彦, 137~226〕338-340

사수(泗水)〔회수·지류, 현:산동성 중부→강소성 동북부〕318, 353, 379, 711, 712

사예(司隸)〔동한 13주의 하나〕167, 264

사우(私牛)〔농민·지주 개인이 소유한 소〕288

사유(士䵋)〔동한, 형:사섭, ?~?〕338-339

사인(士仁) → 부사인

사일(士壹)〔동한, 형:사섭, ?~226〕338-339

사중(柤中)〔지구, 襄陽郡〉형주 남부〕721

사지절(使持節)〔장군의 특권〕169n, 625

사초(史招)〔조위·장수, ?~?〕530

사총(四冢)〔촌락〉襄陽郡〉형주〕245

사총(四聰)〔하후현 등 4인의 명사〕486-487

사환(史渙)〔조위·장수·公劉, ?~209〕117

사휘(士徽)〔동한·군벌, 부:사섭, ?~226〕340-341

삭방(朔方)〔군〉병주, 동한 후반에 폐지〕555-556

산관(散關)〔관문, 익주와 옹주를 연결〕206, 415, 421, 716, 718

산도(山濤)〔위진·관리·巨源, 205~283〕571-572, 624-625, 702 → '죽림칠현' 참조

산동(山東) → 관동

산상왕(山上王)〔고구려·국왕〕524-525

산양(山陽)〔군〉연주〕264; ~ 출신〔만총·왕찬·유기·유종·유표·이전〕129, 466, 469

산월(山越), ~족〔이민족〕139, 157, 329, 330, 332-338, 346, 360, 367, 407-408, 720

산조(酸棗)〔현·전장〉陳留郡〉연주〕64-66

삼강(三江)〔장강 여러 지류의 총칭〕138

삼고초려(三顧草廬)〔고사성어〕135, 713

『삼국군현표보정』(三國郡縣表補正)〔지리서, 청말·양수경 찬〕264

『삼국군현표부고증』(三國郡縣表附考證)〔지리서, 청·오증근 찬〕264, 268

『삼국연의』(三國演義)〔소설, 원말명초·나관중

작〕 27, 69, 176, 560, 585
삼국정립(三國鼎立) 164, 217, 260, 261, 606
『삼국지』(三國志) 〔역사서, 서진·진수 찬〕 24-25, 254, 310, 320, 427, 495
삼례(三禮) 〔『예기』·『의례』·『주례』의 총칭〕 434, 436
삼보(三輔) 〔지구, 경조·좌풍익·우부풍〕 36, 66, 71, 202, 270, 711; ~ 출신 183, 271
삼십육방(三十六方) 〔동한·황건적·장각, 군사조직〕 38
삼예(三豫) 〔유희·손밀·위열〕 486
삼진(三秦) 〔관중 일대〕 373
삼하(三河) 〔河內郡·河東郡·河南郡의 총칭〕 43, 59
삼현(三玄) 〔『장자』·『노자』·『주역』의 총칭〕 564
삼협(三峽) 〔瞿塘峽·巫峽·西陵峽〕 250
상관(湘關) 〔관문〉泉陵縣·치소〉寧陵郡〉형주〕 244
상구(常俱) 〔손오·반란군·영수, ?~?〕 333
상군(象郡) 〔오늘날의 베트남 중부〕 342, 397
『상군서』(商君書) 〔전국·법가서〕 437
상규(上邽) 〔현〉天水郡〉옹주〕 283, 423-424, 515, 587-588
상도향공(常道鄉公) → 조환
상랑(向朗) 〔촉한·중신·巨達, 167?~247〕 394
『상서』(尙書) → 『서경』
상수(湘水) 〔장강·지류, 형주를 관통해 洞庭湖로 흐르는 강〕 208, 233, 628, 716
상수(向秀) 〔서진·문인·子期, 227?~272〕 574 → '죽림칠현' 참조
상시(常時) 〔조위·관리, ?~?〕 540
상앙(商鞅) 〔선진·사상가, 전395?~전338〕 310
상요(上饒) 〔현〉鄱陽郡〉양주〕 331
상용(上庸) 〔군〉형주, 후일 新城郡에 편입〕 215, 264, 394, 475, 582, 584, 620, 716

상우(上虞) 〔현〉會稽郡〉양주〕 326
상채(上蔡) 〔현〉汝南郡〉예주〕 283
상품경제(商品經濟) 29-30
상향(湘鄉) 〔현〉零陵郡〉형주〕; ~ 출신〔장완〕 581
서간(徐幹) 〔동한·문인·偉長, 170~217〕 466, 467 → '건안칠자' 참조
서강(西羌) 〔이민족, 강족의 일파〕 58, 555 → '강족' 참조
서경(西京) → 장안
『서경』(書經) 〔선진·유가경전〕 29, 363, 434, 436, 443, 465-466
서고(徐顧) 〔손오·장수, ?~?〕 352
서남이(西南夷) 〔이민족〕 398
서릉(西陵) 〔현·전장〉宜都郡〉형주〕 620-621, 626-628 → '이릉' 참조
서막(徐邈) 〔조위·관리·景山, 171~249〕 281
서문표(西門豹) 〔전국·魏·정치가, ?~?〕 228
서방(西方) 〔지구, 涼州 일대, 현:감숙성〕 64, 583, 588; ~ 출신〔동탁〕 64
서봉(徐奉) 〔동한·환관, ?~?〕 40
서상(徐詳) 〔동오·관리·子明, ?~234?〕 238
서성(西城) 〔군〉형주, 후일 新城郡에 편입〕 475
서성(徐盛) 〔손오·장수·文向, ?~?〕 346
서악(西鄂) 〔현〉南陽郡〉형주〕 46
서원(西園) 〔苑囿·上林園〉낙양〉河南郡〉사예〕 42-43
『서제송』(西第頌) 〔頌, 마융 작〕 556
서주(西周) 〔전1046~전771〕 296, 306, 440
서주(徐州) 〔동한 13주의 하나〕 35, 38, 47, 75, 97, 98-99, 123, 134, 167, 221, 237, 264, 379, 530, 532, 539, 616, 618, 711, 712
서충(徐忠) 〔손오·장수, ?~?〕 232
서충국(西充國) 〔현〉巴西郡〉익주〕 436

서치(徐穉)〔동한·은사·孺子, 97~168〕 557-558

서평(西平) ①〔군〕涼州〕 175, 265; ②〔현〕汝南郡〉예주〕 ③〔현〉臨川郡〉양주〕

서하(西河) ①〔황하·지류, 사예와 옹주의 경계〕 174; ②〔군〕병주〕

서해(徐楷)〔손오·관리, 부:서성, ?~?〕 346

서현(舒縣)〔현〉廬江郡〉양주〕 139, 718; ~ 출신〔주유〕139, 358

서화(西華)〔현〉汝南郡〉예주〕 44

서황(徐晃)〔조위·장수·公明, ?~227〕 117, 160, 170, 208, 210-212, 244-245, 251, 716

석광(錫光)〔동한·관리·長沖, ?~?〕 343

『석기』(釋譏)〔辭賦, 촉한·극정 작〕 437

석두성(石頭城)〔성곽·도읍〉建業〉丹陽郡〉양주〕 220, 379, 631 → '건업' 참조

석문(石門)〔촌락·둔전〉河內郡〉사예〕 282

석분(石奮)〔서한·대신·天威, 전220~전124〕 571

석영(石營)〔촌락〉南安郡〉옹주〕 585, 723

석정(石亭)〔촌락〉환현〉廬江郡〉양주〕 421, 718

석포(石苞)〔서진·공신·仲容, ?~273〕 282, 518, 543-545

석현(石顯)〔서한·환관·君房, ?~?〕 491

석현(析縣)〔현〉南陽郡〉형주〕 66

선문관(旋門關)〔관문〉滎陽縣〉河南郡〉사예〕 42

선비족(鮮卑族)〔이민족〕 126, 536

선우단(鮮于丹)〔손오·장수, ?~?〕 232

설제(薛悌)〔손오·장수·孝威, ?~?〕 224

설종(薛綜)〔손오·중신·敬文, ?~243〕 342, 344, 356, 704

설후(薛珝)〔손오·관리, 부:설종, ?~?〕 590, 704

섬현(陝縣)〔현〉弘農郡〉사예〕 70

섭향(葉鄕)〔향〉新都郡〉양주〕 331

섭현(葉縣)〔현〉南陽郡〉형주〕 116

성(性)〔철학·개념〕 562

성고(成皐)〔현〉河南郡〉사예〕 65, 115

성고(成固)〔현〉漢中郡〉익주〕 422, 423, 719

성기(盛紀)〔동오·관리, ?~?〕 626

성당(盛唐) ①南郡〉형주(韋昭설); ②廬江郡〉양주(顔師古·全祖望설); ③六安縣〉廬江郡〉양주(王先謙설)〕 218

성당(成當)〔손오·장수, ?~?〕 352

성도(成都)〔현·치소·도읍〉蜀郡〉익주〕 182, 183, 185, 190, 192, 194, 196-197, 215, 260, 386, 391, 392, 394, 402-404, 412, 413, 434, 436, 588, 592, 594, 600, 604, 616, 715, 716, 720, 725, 726

성득신(成得臣)〔춘추·楚·子玉, ?~전632〕 418-419

성쉬(成倅)〔조위·관리, ?~260〕 550

성왕(成王)〔춘추·楚·군주, ?~전626〕 419

성제(成帝)〔서한·황제·劉驁, 전51~전7〕 32; ~ 연간〔전33~전7〕441

성제(成濟)〔조위·관리, ?~260〕 550-551, 725

『세어』(世語)〔역사서, 서진·곽반 찬〕 480

소고(蘇固)〔동한·관리, ?~191〕 202

소공(召公)〔서주·정치가, ?~?〕 395, 429

소공(昭公)〔춘추·魯·군주, 전560~510〕 549

소기(蘇祁)〔현〉越巂郡〉익주〕 410

소대(蘇代)〔동한·종적, ?~?〕 130

소명궁(昭明宮) → 현명궁

소삭(蘇鑠)〔조위·관리, ?~254〕 520

소요진(逍遙津)〔나루〉합비·치소〉淮南郡〉양주〕 227

소유(蘇由)〔동한·장수, 상관:원상, ?~?〕 125

소제(少帝)〔동한·황제·劉辯, 176~190〕 51-52, 57-58, 59, 66, 83, 301, 710

소진(蘇秦)〔전국·종횡가·季子, ?~전284〕 253, 530

소통(蕭統)〔남조·梁·문학가·德施, 501~531〕 572

소패(小沛)〔현〉沛國·예주, 일명:沛縣〕 98, 711

소평관(小平關), 소평진(小平津)〔나루·관문〉平縣〕河南郡〕사예〕 42, 57

소하(蕭何)〔서한·정치가, 전257~193〕 428, 514

소호(巢湖)〔호수〉淮南郡·廬江郡〕양주〕 220

소호구(巢湖口)〔촌락〉居巢縣〉廬江郡〕양주〕 426, 720

손견(孫堅)〔동한·군벌·文臺, 155~191〕 46, 63, 131, 138, 139, 154, 353-354, 358, 379

손겸(孫謙)〔손오·종친, ?~266〕 612

손광(孫匡)〔손오·종친·季佐, 부:손견, ?~?〕 138

손교(孫皎)〔손오·종친·叔朗, 부:손정, ?~219〕 232, 237, 347-348, 350-351

손권(孫權)〔손오·황제·仲謀, 182~252〕 179, 261, 262, 327, 345-349, 351-353, 356, 370, 373-376, 380, 399, 405, 421, 426, 477, 593, 609, 612, 631, 712, 717, 718, 719, 720, 721, 722; ~ 만년의 호족 탄압 357-358, 360, 365-366; ~과 유비 136-137, 143, 146-150, 160, 162-164, 180-181, 190, 198, 208, 217, 231, 235, 241, 248, 254, 330, 385, 714, 716, 717; ~과 조조 129, 141-143, 146-148, 150-160, 162, 164, 167, 180, 190, 206, 213, 217-230, 231, 238, 244-245, 328, 330, 356, 360, 383-384, 714-716; ~과 형주 187-188, 208, 231-238, 241-260, 360, 384, 475, 526, 716; ~에 대한 평가 323-324; ~의 강동 개척·점유 129, 136, 138-143, 167, 186, 217, 220, 325, 327-328, 331-338, 407-408; ~의 사망 355, 368-369, 376, 723; ~의 영남 개척·점유 338-345; ~의 인재 기용 139-142, 323-324, 358, 360-362; ~의 후사 문제 363-366, 369, 381-382, 722, 723

손규(孫規)〔손오·장수, ?~?〕 232

손기(孫奇)〔손오·관료·仲容, ?~250〕 365-366

손단(孫亶)〔손오·종친·茵, 부:손휴, ?~?〕 609

손등(孫登) ①〔서진·은사·公和, 209~241〕 574; ②〔손오·태자·子高, 부:손권, 209~241〕 361, 363-364, 365, 721

손랑(孫狼)〔동한·농민반란군·영수, ?~?〕 241

손량(孫亮)〔손오·황제·子明, 243~260〕 346, 355, 369, 370, 378, 380, 381-382, 546, 723, 725; ~의 재위 연간〔252~258〕 262, 369

손려(孫慮) ①〔손오·종친, ?~?〕 380; ②〔손오·종친·子智, 부:손권, 213~232〕

손례(孫禮)〔조위·장수·德達, ?~250〕 493

손무(孫武)〔춘추·齊·병법가, 전545?~전470?〕 418

손밀(孫密)〔조위, 부:孫資, ?~?〕 486

손부인(孫夫人)〔손오, 夫:유비, ?~?〕 198

손빈(孫臏)〔전국·齊·병법가, ?~?〕 545

손성(孫盛)〔동진·역사가·安國, ?~?〕 124, 198

손소(孫韶)〔손오·장수·公禮, 188~241〕 348, 426, 720

손수(孫秀) ①〔손오→서진·장수·彦才, ?~301〕 617; ②〔서진·대신·俊忠, ?~301〕

손숙오(孫叔敖)〔춘추·楚·중신, 전630~593〕 221

손승(孫承)〔손오·종친, 부:손환, ?~243〕 347

손영(孫英)〔손오·종친, 부:손등, ?~?〕 379

손유(孫瑜)〔손오·장수·仲異, 177~215〕 180, 348

손윤(孫胤) 〔손오·종친, ?~?〕 348, 350-351
손의(孫儀) 〔손오·종친, 부:손교, ?~255〕 379
손익(孫翊) 〔손오·장수·叔弼, 부:손견, 184~204〕 138
손일(孫壹) 〔손오·종친, 부:손환, ?~258〕 347
손자(孫資) 〔조위·중신·彦龍, ?~251〕 479-483, 486
『손자(孫子)』, 『~병법(兵法)』〔병법서, 손무 찬〕 94, 150-151, 600-602
손작(孫綽) 〔동진·문인·興公, 314~371〕 606
손정(孫靜) 〔손오·종친·幼臺, 형:손견, 157~215〕 379
손준(孫峻) 〔손오·권신·世議, 219~256〕 369, 378-381, 538, 723, 724
손진(孫震) 〔손오·장수, ?~280〕 628
손책(孫策) 〔손오·군벌·伯符, 부:손견, 175~200〕 75, 138-140, 152, 154, 220, 323-325, 328, 330, 338, 345-346, 350, 353-354, 356, 359, 365, 379, 609, 711, 712
손침(孫綝) 〔손오·권신·子通, 231~258〕 347, 380-381, 538, 544, 546, 724, 725
손패(孫霸) 〔손오·왕자·子威, 부:손권, ?~250〕 363-366, 381, 722, 723
손하(孫夏) 〔동한·황건적, ?~184〕 46
손하(孫河) 〔손오·장수·伯海, ?~204〕 348
손호(孫皓) 〔손오·황제·元宗, 조부:손권, 242~284〕 328, 357, 382, 609-610, 612-614, 615-617, 620, 622, 624, 628, 630-632, 726-727; ~의 재위 연간(264~280) 262, 356
손홍(孫弘) 〔손오·중신·承祚, ?~252〕 369, 611
손화(孫和) 〔손오·태자·子孝, 부:손권, 224~253〕 363-366, 381, 609, 612, 722, 723
손환(孫奐) 〔손오·종친·季明, 부:손정, 195~234〕 347-348

손휴(孫休) 〔손오·황제·子烈, 부:손권, 235~264〕 327, 347, 380-382, 590, 609-610, 725, 726; ~의 재위 연간(258~264) 262, 326, 590, 609
손흠(孫歆) 〔손오·장수, ?~280〕 626-628
손희(孫晞) 〔손오·종친, ?~?〕 348, 350-351
송금(宋金) 〔조위·병사, ?~?〕 291-292
「송응씨시」(送應氏詩) 〔시, 조위·조식 작〕 463
송정(宋定) 〔손오·장수, ?~?〕 352
송충(宋忠) 〔동한·학자·仲子, ?~?〕 132, 431, 436
송현(宋縣) 〔현〉譙郡〉예주〕 532
수(巂) 〔이민족〕 398
수뢰(搜路) 〔물자를 뒤져 끌어모으는 행위〕 59
수릉(壽陵) 〔曹操의 능〕 228, 230
수병(叟兵) 〔叟族으로 편성된 병력〕 71, 184
수병제(授兵制) 〔손오의 병력분배 제도〕 345-353
수산(首山) 〔산〉현〉遼東郡〉유주〕 478
수수(洙水) 〔泗水·지류, 泰山郡〉연주〕 318
수장(壽張) 〔현〉東平郡〉연주〕 47-48
수족(叟族) 〔이민족〕 71, 399, 408-410
수춘(壽春) 〔현·치소〉淮南郡〉양주〕 221, 284, 524, 526-527, 532-533, 536, 538, 540-547, 590, 593, 712, 718, 723, 724, 725; ~ 출신 〔장흠〕
숙신(肅愼) 〔이민족·국가〕 525
순(舜) 〔전설·상고·제왕〕 29, 416, 605
순개(荀愷) 〔서진·대신·茂伯, 증조:荀彧, 240~305〕 595, 597
순곤(荀緄) 〔동한·관리, ?~?〕 314
순상(荀爽) 〔동한·대신·慈明, 128~190〕 61, 314
순숙(荀淑) 〔동한·관리·季和, 83~149〕 314
순우경(淳于瓊) 〔동한·관리·仲簡, ?~200〕 82-84, 118-121

순욱(荀勖)〔서진·공신·公曾, ?~289〕 622, 624, 631

순욱(荀彧)〔조위·모사·文若, 163~212〕 85-86, 92, 101, 104, 105, 115-116, 194, 287, 313-314, 339, 551

순유(荀攸)〔조위·모사·公達, 157~214〕 106-107, 110, 117-118, 313

순의(荀顗)〔서진·중신·景倩, 부:荀彧, ?~274〕 551

순임보(荀林父)〔춘추·晉·장수, ?~전593〕 419

순제(順帝)〔동한·황제·劉保, 115~144〕; ~ 연간〔125~144〕 36, 314, 553

습착치(習鑿齒)〔동진·역사가·彦威, 317~384〕 419, 480, 509

승씨(乘氏)〔현·濟陰郡·연주〕 302-303

『시경』(詩經)〔선진·유가경전〕 29, 124, 363, 395, 429, 433, 440, 441, 443, 457, 458, 465-466, 468

시단(施但)〔손오·산적, ?~?〕 612

시상(柴桑)〔현〉江夏郡〉형주〕 147, 714

시신(始新)〔현〉新都郡〉양주〕 331

시안(始安) ①〔군〉형주〕 266; ②〔현〉丹陽郡〉양주〕 332

시의(是儀)〔손오·관리·子羽, ?~?〕 361, 364

시적(施績)〔손오·장수·公緒, 부:주연 ?~270〕 727

신농씨(神農氏)〔전설·상고·炎帝〕 29

신도(新都)〔군〉揚州〕 266, 326, 331, 333, 335-336

신도반(申屠蟠)〔동한·은사·子龍, ?~?〕 557-558

신릉(信陵)〔현〉建平郡〉형주〕 620

신불해(申不害)〔전국·사상가, 전385~전337〕 310

신비(辛毗)〔조위·대신·佐治, ?~?〕 207

신생(申生)〔춘추·晉·태자, 부:헌공, ?~전656〕 366

신성(新城) ①〔군〉형주〕 165, 264, 475-476, 718; ②〔현·치소〉淮南郡〉양주〕 → 합비②; ③〔현〉河南郡〉사주〕 286

신야(新野)〔현〉南陽郡〉형주, 한때 의양군에 속함〕 713; ~ 출신〔내민·등양〕 435

신의(申儀)〔조위·장수, ?~?〕 475

『신자』(申子)〔법가서, 전국·신불해 찬〕 437

신정(新定)〔현〉新都郡〉양주〕 331

신평(辛評)〔동한·모사·仲治, 상관:한복·원소, ?~204〕 124

신현(愼縣)〔현〉汝南郡〉예주〕 533

심덕잠(沈德潛)〔청·시인, 호:歸愚, 1673~1769〕 443

심미(沈彌)〔동한·장수, 상관:감녕, ?~?〕 182

심배(審配)〔동한·모사·正南, 상관:원소, ?~204〕 94, 112, 124-125, 309

심수(沁水)〔현〉河內郡〉사예〕 282

심양(尋陽)〔현〉蘄春郡〉양주〕 140, 246, 421

심영(沈瑩)〔손오·관리, ?~280〕 628, 630

십방(什邡)〔현〉廣漢郡〉익주〕 581

〔ㅇ〕

악돈(樂敦)〔조위·관리, ?~254〕 520

악부(樂府)〔한대·官署, 음악을 주관〕 440

악부시(樂府詩), ~체(體)〔문학장르〕 440, 442, 456

악상(樂詳)〔조위·학자·文載, ?~?〕 317

악진(樂進)〔조위·장수·文謙, ?~218〕 160, 190, 219, 221, 223-224

악현(鄂縣)〔현〉江夏郡〉형주, 손권이 '무창'으로 개칭〕 147, 717 → '무창' 참조

안기생(安期生)〔서한·方士, ?~?〕 570

안량(顏良)〔동한·장수, 상관:원소, ?~200〕

105, 107-110, 252, 712
안륵산(安勒山) 〔산〉歙縣〉新都郡〉양주〕 331
안문(鴈門) 〔군〉병주〕 49, 265 ; ~ 출신〔장료〕
안상(安上) 〔현〉越嶲郡〉익주〕 402-404, 410, 412
안영(晏嬰) 〔춘추·齊·정치가, ?~전500〕 387
안읍(安邑) 〔현〉河東郡〉사예〕 72
안정(安定) 〔군〉옹주〕 171, 206, 265, 416-417, 718 ; ~ 출신〔황보규·황보숭·황보절〕 49, 59
안제(安帝) ①〔동한·황제·劉祜, 94~125〕 ; ② ~ 연간〔106~125〕 28, 31, 276
안풍(安豊) 〔군〉예주〕 540-542
안풍(安風) 〔현〉安豊郡〉예주〕 531
안풍진(安風津) 〔나루〉安豊郡〉예주〕 532-533
안한(安漢) 〔현〉巴西郡〉익주〕 ; ~ 출신〔진수〕 396
안회(顔回) 〔춘추·魯·학자·子淵, 전521~481〕 318, 463
애제(哀帝) 〔서한·황제·劉欣, 전25~전1〕 ; ~ 연간〔전7~전1〕 32
야곡(斜谷) 〔협곡, 익주·옹주 경계〕 212-213, 228, 415, 426, 595, 716, 718, 719, 720, 729
야랑(夜郞) 〔이민족·국가〕 398
야왕(野王) 〔현〉河內郡〉사예〕 264, 282
「야전황작행」(野田黃雀行) 〔시, 조위·조식 작〕 465
양간(楊干) 〔춘추·晉, 형:悼公, ?~?〕 418, 419n
양경숙(楊敬叔) 〔손오·관리, ?~?〕 368
양구(梁口) 〔전장, 고구려·환도성 서북쪽〕 524
양국(梁國) 〔군〉예주〕 264, 285 ; ~ 출신〔교현〕 559
양기(梁冀) 〔동한·권신·伯卓, 88~159〕 555-556
양도(陽都) 〔현〉琅邪郡〉서주〕 ; ~출신〔제갈각·제갈근·제갈량·제갈탄〕 135, 535

양릉피(陽陵陂) 〔번성 북쪽〉襄陽郡〉형주〕 244
양목(楊穆) 〔손오, 제:양축, ?~?〕 366
양무(陽武) 〔현〉河南郡〉옹주〕 113-114
양봉(楊奉) 〔동한·장수, ?~197〕 71-73, 85
양부(楊阜) 〔조위·대신·의산, ?~?〕 103, 196
양사(楊賜) 〔동한·대신·伯獻, ?~185〕 34, 38, 40
양상(梁商) 〔동한·외척·伯夏, ?~141〕 555
『양생편』(養生篇) 〔논설, 조위·혜강 찬〕 570
양성(穰城) 〔성곽·穰縣〉南陽郡〉형주〕 131
양성(襄城) 〔군〉예주〕 264, 282, 284
양성(陽城) 〔현〉河南郡〉사예〕 59
양수(梁水) 〔하천〉遼東郡〉유주〕 479
양수(楊修) 〔조위·문인·德祖, 175~219〕 461, 466
양수경(楊守敬) 〔근대·학자·隣蘇老人, 1839~1915〕 264
양안관(陽安關) → 양평관
양양(襄陽) 〔군〉형주〕 129, 130-131, 135, 145, 160, 164, 180, 184, 229, 237, 238, 240, 242, 250-251, 264, 394, 426, 536, 544, 618, 622, 626, 714, 716, 720, 727 ; ~ 출신〔마량·마속·방통·상랑·요화·張悌·채모·마속〕 130, 194, 394n, 418
양연(陽淵) 〔현〉廬江郡〉양주〕 543
양웅(揚雄) 〔서한·학자·子雲, 전53~후18〕 104, 467
양의(楊儀) 〔촉한·관리·威公, 189?~235〕 720
양인(楊仁) 〔동한·학자·文義, ?~?〕 430
양장판(羊腸坂) 〔도로〉河內郡〉사예〕·上黨郡 〔〉병주〕의 경계〕 456
양적(陽翟) 〔현〉潁川郡〉예주〕 44 ; ~ 출신〔곽가〕 313
양제(楊濟) 〔위진·장수·文通, ?~?〕 626
양조(楊祚) 〔조위·장수, 상관:공손연, ?~?〕

478

양주(涼州)〔동한 13주의 하나〕168, 174-175, 178, 196, 210, 232, 263, 265, 489, 519, 554, 583, 586, 588, 715; ~ 출신〔곽충·강유·단영·장환〕58-59, 70-71, 207, 584

양주(梁州)〔촉한의 한중, 서진대에 '주'로 승격〕395-396, 429, 616, 619

양주(揚州)〔동한 13주의 하나〕34, 38, 40, 66, 131, 219, 221, 263, 264, 266, 323, 505, 508, 525, 536, 537, 538, 544, 545, 610, 614, 616, 622, 631, 723

양주병(涼州兵)〔양주 출신의 병력〕71, 96

양추(楊秋)〔조위·장수, ?~?〕169, 206

양축(楊竺)〔손오·관리, ?~250〕365-366

양패(楊沛)〔조위·관리·孔渠, ?~?〕314, 319

양평(陽平)〔군〕기주〕265; ~ 출신〔악진〕

양평(襄平)〔현·성곽〉遼東郡〉유주〕478-479, 720; ~ 출신〔공손연〕476

양평관(陽平關)〔관문·요충지〉漢中郡〉익주, 이명:양안관〕206-210, 213, 228, 594-597, 716 → '양인관' 참조

양평산(陽平山)〔산〉漢中郡〉익주〕207

양표(楊彪)〔동한·중신·文先, 142~225〕60

양하(楊荷)〔촌락〉烏江縣〉淮南郡〉양주〕630

양현(梁縣)〔현〉河南郡〉사예〕241

양호(羊祜)〔위진·공신·叔子, 221~278〕615, 617-619, 622, 631, 717

양홍(楊弘)〔조위·장수, ?~228〕506

양홍(楊洪)〔촉한·관리·季休, ?~228〕390-391

양회(楊懷)〔동한·장수, 상관:유장, ?~212〕192-193

양후(楊厚)〔동한·학자·仲桓, 72~153〕434

양흔(楊欣)〔위진·장수, ?~278〕598-599

「억겸병령」(抑兼併令)〔조조가 내린 군령〕125

언사(偃師)〔현〉河南郡〉사예〕; ~ 출신〔극검·극정〕437

언성(鄢城)〔촌락·성곽〉襄陽郡〉형주〕244

엄광(嚴匡)〔조위·장수, ?~?〕281

엄안(嚴顔)〔촉한·장수, ?~?〕194

업성(鄴城)〔성곽〉鄴縣〉魏郡〉기주〕40, 64, 82, 87, 125, 126, 160, 206, 208, 213, 282, 286, 292, 302, 507, 712, 713, 714, 716

업현(鄴縣) → 업성

여가(呂嘉)〔서한, 남월국 승상, ?~?〕343

여강(廬江)〔군〉양주〕160, 219, 221, 264, 323, 328, 359, 442-443; ~ 출신〔사기·정봉·주유·진무·진표〕139, 221, 358, 363

여강(呂強)〔동한·환관·漢盛, ?~184〕42-43

여개(呂凱)〔촉한·관리·季平, ?~225〕405

여거(呂據)〔손오·장수·世議, ?~256〕369, 379-381, 724, 725

여남(汝南)〔군〉예주〕44, 45, 47, 75, 79-80, 116-117, 249, 264, 529, 559-561, 713; ~ 출신〔여거·여몽·오경·원소·원술·응양·허소·허정〕53, 61, 64, 235, 246, 299-300, 313, 314, 466

여대(呂岱)〔손오·중신·定公, 161~256〕340-341, 351

여릉(廬陵)〔군〕형주〕139, 140, 164, 266, 324, 335, 337, 340, 351

여목(呂睦)〔손오, 부:여몽, ?~?〕359

여몽(呂蒙)〔손오·장수·子明, 178~220〕220, 222-223, 226, 232, 235-238, 241, 244-248, 252-253, 352, 356-357, 359, 366, 544, 716

여병(呂並)〔동한·둔전객, ?~?〕284

여상(呂常)〔조위·장수, 161~221〕240, 716

여양(黎陽)①〔현〉新都郡〉양주〕331; ②〔현〉魏郡〕기주〕93-94, 101, 105, 108-112, 117, 125, 712

여양(汝陽)〔현〉汝南郡〉예주〕532; ~ 출신〔원

소·원술〕 75
여의(如意)〔서한·趙王, 부:劉邦, ?~전194〕 441
여일(呂壹)〔손오·관리, ?~238〕 360-362, 721
여장(黎漿)〔촌락·淮南郡〉양주〕 544
여종(呂琮)〔손오, 부:여몽, ?~?〕 359
여패(呂霸)〔손오, 부:여몽, ?~?〕 359
여포(呂布)〔동한·장수·奉先, ?~119〕 69, 71, 75, 81, 91, 97-98, 133, 134, 155, 300, 302, 315, 710, 711, 712
여한(餘汗)〔현〉鄱陽郡〉양주〕 331
여항(餘杭)〔현〉吳郡〉양주〕; ~ 출신〔능통·낙치〕 331-332
여후(呂后)〔서한·태후, 전241~180〕 441
역경(易京)〔易城 부근〉河間郡〉기주〕 87-88, 712
역사순환론(歷史循環論)〔역사이론〕 28
역수(易水)〔하천〉易縣〉河間郡〉기주〕 713
역양(歷陽)〔현〉廬江郡〉양주, 현:안휘성·和縣〕 628
연릉계자(延陵季子)〔춘추·吳·은사, 季札, 전576~전484〕 464
연주(兗州)〔동한 13주의 하나〕 38, 48, 68, 75, 81, 87, 91, 97, 221, 264, 301, 530, 616; ~ 출신 132-133
연진(延津)〔나루〉燕縣〉東郡〉연주〕; ~ 전투〔원소vs조조〕105, 107-110
연현(燕縣)〔현〉東郡〉연주〕 219
염우(閻宇)〔촉한·장수·文平, ?~?〕 591
영남(嶺南)〔지구, 교주 일대, 현:광동성·광서성〕 338-340, 342, 727
영남(穎南)〔지구, 穎水 이남, 穎川郡·汝南郡〉예주〕 284
영녕(永寧)〔현〉會稽郡〉양주〕 330
영녕궁(永寧宮)〔황궁〉낙양〉河南郡〉사예〕 502
영릉(零陵)〔군〉형주〕 132, 160, 163-164, 232-233, 266, 385, 651, 714, 716; ~ 출신〔장완〕 581
영북(穎北)〔지구, 穎水 이북〉穎川郡·汝南郡〉예주〕 284
영수(穎水)〔穎川郡·汝南郡〉예주〕 284, 295, 506, 516, 529, 532, 718
영안(永安) ①〔현〕巴東郡〉익주〕 260, 386, 717 → 백제성; ②〔현〕吳郡〉양주〕 612; ③〔현〕平陽郡〉사예〕
영음(穎陰)〔현〉穎川郡〉예주〕 295; ~ 출신〔순욱·순유〕 313
영제(靈帝)〔동한·황제·劉宏, 157~189〕 38, 40, 41, 42, 43, 44, 46, 51, 56, 59, 73, 80, 129, 308, 710; ~ 연간〔168~189〕 34, 57, 79, 129, 181, 205, 313, 339, 437
영창(永昌)〔군〕익주〕 266, 399, 405, 718; ~ 출신〔여개〕 405
영천(穎川)〔군〉예주〕 43-44, 47, 49, 64, 80, 81, 264, 281, 314; ~ 출신〔곽가·곽도·사마휘·순곤·순상·순숙·순우경·순욱·순유·유자기·장자·棗祗·진군·종요·종회·한복·희지재〕 61, 84, 91, 280, 313-314, 338
영호우(令狐愚)〔조위·장수·公治, ?~249〕 505, 507
『예기』(禮記)〔서한·유가경전〕 86n, 433, 437
예량(芮良)〔손오·장수·文鸞, ?~?〕 350
예장(豫章)〔군〕양주〕 139, 140, 266, 324, 335, 337-338; ~ 출신〔왕해·이옥·팽재〕 332
예주(豫州)〔동한 13주의 하나〕 38, 68, 75, 82, 87, 167, 221, 264, 301, 476, 525, 529, 532, 539, 723; ~ 출신 132-133
예현(芮玄)〔손오·장수·文表, ?~226〕 350-351
오강(吳綱)〔조위·대신, ?~?〕 538
오거(吳遽)〔손오·백성, ?~237〕 335
오경(五經)〔『시경』·『서경』·『예기』·『주역』·『춘추』〕 319, 436

오경(伍瓊)〔동한·대신·德瑜, ?~190〕 61-62, 64-65, 300

오경(吳景)〔손오·장수, ?~203〕 345

『오경장구』(五經章句)〔유가경전 주석서, 동한·기모개·성충 찬〕 132

오계(五溪)〔雄溪·樠溪·無溪·酉溪·辰溪, 武陵郡〉형주〕 256

오군(吳郡)〔군〉양주〕 136, 139, 266, 324, 326, 331, 333, 714; ~ 출신〔고담·고옹·능통·소대·손견·육개·육손·육항·장온·전종·주거〕 130, 356-357, 363

오두미도(五斗米道)〔동한, 도교의 지파〕 36-37, 39, 169, 182, 202-204

오두미사(五斗米師) → 귀리

오디〔뽕나무 열매〕 90, 280

오란(吳蘭)〔촉한·장수, ?~218〕 210

오량(五梁)〔촉한·관리·德山, ?~?〕 434

오령(五嶺)〔산, 현:호남성·광동성·광서성의 경계〕 132

오료산(烏聊山)〔흡현〉新都郡〉양주〕 331

오륙가중(於陵了仲)〔진국·齊·은사, ?~?〕 463

오림(烏林)〔적벽의 對岸, 전장〉南郡〉형주〕 236, 384

오면(吳免)〔손오·반란군·영수, ?~?〕 330-331

오반(吳班)〔촉한·장수·元雄, ?~?〕 256

오분(吳奮)〔손오·장수, 부:오경, ?~?〕 345

오소(烏巢)〔沼澤, 封丘縣 부근〉陳留郡〉연주〕 118-120

오수전(五銖錢)〔화폐〕 275-279, 636, 710

오습(伍習)〔동한·장수, 상관:곽사, ?~?〕 712

오안(吳安)〔손오·관리, 조부:오경, ?~250〕 365-366

오언(吾彦)〔손오·장수·士則, ?~?〕 620, 626

오연(伍延)〔손오·관리, ?~280〕 626-628

오오(吳五)〔손오·반란군·영수, ?~?〕 330-331

오의(吳懿)〔촉한·장수·子遠, ?~237〕 194, 416, 720

오장원(五丈原)〔전장〉扶風郡〉옹주〕 387, 426-427, 720

오정(烏程)〔현〉吳郡〉양주〕 612

오정후(烏程侯) ① → 손견; ② → 손책; ③ → 손호

오증근(吳增僅)〔청·학자, ?~?〕 264, 268

오질(吳質)〔조위·중신·季重, 177~230〕 461, 466-467, 474

오찬(吾粲)〔손오·중신·孔休, ?~245〕 365

오창(敖倉)〔敖山·곡식창고〉滎陽縣〉河南郡〉사예〕 66

오함(吳晗)〔현대·학자·伯辰, 1909~1969〕 639

오현(吳縣)〔현·치소〉吳郡〉양주〕 220, 345; ~ 출신〔고담·고옹·육개·육손·육항·장온·주거〕 130, 356-357

오환(烏桓[丸])〔이민족·국가〕 126, 219, 477, 713

옥서(沃沮)〔국가〕 525

온현(溫縣)〔현〉河內郡〉사예〕 471

옹개(雍闓)〔촉한·반란군·영수, ?~225〕 399, 402-405, 408

옹주(雍州)〔동한 13주의 하나〕 210, 265, 489, 519, 586, 588, 722

옹현(雍縣)〔현〉扶風郡〉옹주〕 423

와룡(臥龍) ①〔제갈량〕194 ②〔혜강〕 574

와수(渦水)〔회수·지류, 譙郡〉예주〕 218, 714

완성(宛城)〔성곽·宛縣〉南陽郡〉형주〕 46, 131, 137, 143, 179, 250-251, 476, 544-545 → '완현' 참조

완수(阮修)〔서진·학자·宣子, 270~311〕 563

완우(阮瑀)〔동한·문인·元瑜, 자:완적, 165?~212〕 466, 467, 575 → '건안칠자' 참조

완적(阮籍)〔조위·시인·嗣宗, 210~263〕569-570, 575-580, 625 → '죽림칠현' 참조
완첨(阮瞻)〔서진·학자·千里, ?~?〕563
완현(宛縣)〔치소·현〉南陽郡〕형주〕116, 228, 244; ~ 출신[하진] 53 → '완성' 참조
왕개(王凱)〔조위, 장인·유표, ?~?〕568
왕건(王建)〔삼국, 상관·공손연, ?~238〕478
왕경(王景)〔동한·수리전문가·仲通, 30?~85〕323
왕경(王經)〔조위·대신·彦緯, ?~260〕549, 586-587
왕공(王龔)〔동한·중신·伯宗, ?~?〕469
왕관(王觀)〔조위·대신·偉臺, ?~260〕501
왕광(王匡)〔동한·관리·公節, ?~?〕64
왕광(王廣)〔조위·관리·公淵, ?~251〕505-506, 508-510
왕굉(王宏)〔위진·대신·正宗, 제:王弼, ?~284〕568
왕궁(王宮) → 산상왕
왕근(王根)〔서한·권신, ?~?〕355
왕금(王金)〔손오·반란군·영수, ?~?〕340
왕기(王頎)〔조위·장수·孔碩, ?~?〕598, 705
왕기(王基)〔조위·장수·伯興, 190~261〕518, 528-530, 542-543
왕돈(王惇)〔손오·장수. ?~?〕380
왕동(王同)〔조위, 유절의 문객, ?~?〕303-305
왕망(王莽)〔서한·외척·巨君, 전45~후23〕298, 306, 338, 637
왕명성(王鳴盛)〔청·학자·鳳喈, 1722~1798〕23
왕미인(王美人)〔동한·후궁, 자:헌제〕51
왕부(王符)〔서한·사상가·節信, 85?~163?〕31-32, 269-270, 274, 308
왕사(王士)〔촉한·관리·義彊, ?~225〕402

왕수(王遂)〔손오·工匠, ?~?〕362
왕수(王脩)〔조위·관리·叔治, ?~?〕303-305, 315
왕숙(王肅)〔조위·학자·子雍, 195~256〕491-492, 513, 518, 526-527
왕쌍(王雙)〔조위·장수, ?~228〕422
왕업(王業) ①〔위진·관리, ?~?〕549; ②〔조위·대신·長緒, 부:왕개, ?~?〕568-569
왕연(王衍)〔서진·중신·夷甫, 256-311〕563
왕예(王叡)〔동한·관리, ?~?〕129
왕윤(王允)〔동한·대신·子師, 137~192〕69-71, 710
왕융(王戎)〔서진·대신·濬沖, 234~305〕563, 616n, 625 → '죽림칠현' 참조
왕자교(王子喬)〔전설·신선〕464
왕조(王祚)〔손오·장수, ?~?〕538
왕준(王濬)〔서진·장수·士治, 206~286〕619, 621, 622, 625-628, 630-633, 727
왕찬(王粲)〔동한·문인·仲宣, 177~217〕23, 145-146, 466, 467-469, 568-569 → '건안칠자' 참조
왕창(王暢)〔동한·관리·叔茂, ?~169〕469
왕창(王昶)〔조위·장수·文舒, ?~259〕282, 513, 517-518
왕침(王沈)〔위진·대신·處道, ?~266〕549-550
왕필(王必)〔동한·관리, ?~218〕213, 228, 281
왕필(王弼)〔조위·학자·輔嗣, 226~249〕562-564, 566-569, 575, 580
왕함(王咸)〔동한·호족, ?~?〕182
왕함(王含)〔촉한·장수, ?~?〕595-597
왕항(王伉)〔촉한·관리, ?~?〕405
왕해(王海)〔손오·백성·반란군, ?~?〕332
왕혼(王渾)〔서진·대신·玄沖, 223~297〕622, 625-628, 630, 632-633

외거(隗渠) 〔촉한, 이민족 수령, ?~?〕 410
외척(外戚) 28, 51~58, 80, 298, 313, 472, 512
외효(隗囂) 〔동한·군벌·季孟, ?~33〕 538
요(堯) 〔전설·상고·제왕〕 565, 605
요동(遼東) 〔군〉유주〕 126, 265, 475-479, 501, 514, 516, 524, 713, 720; ~ 출신(공손강·공손도·공손연) 476
요립(廖立) 〔촉한·관리·公淵, ?~?〕 389-390, 393-394
요서(遼西) 〔군〉유주〕 126, 265, 477, 713; ~ 출신(공손찬)
요수(遼水) 〔遼河, 玄菟郡·遼東郡〉유주〕 478
요수(遼隧) 〔현〉遼東郡〉유주〕 478
요화(廖化) 〔촉한·장수·元儉, ?~264〕 594-595, 599
우(禹) 〔전설·夏·군주〕 29, 317, 416
우경(牛耕) 〔소를 활용한 경작〕 323
우금(于禁) 〔조위·장수·文則, ?~221〕 228-229, 238-239, 241-242, 244, 246, 251-252, 312, 526, 716
우길(于吉) → 간길
우독(于毒) 〔동한·흑산군·수령, ?~193〕 73
우돌(尤突) 〔손오·반란군·영수, ?~?〕 332
우둔(牛屯) 〔촌락·전장〉丹陽郡〉양주〕 612
우번(虞翻) 〔손오·관리·仲翔, 164~233〕 246, 360
우보(牛輔) 〔동한·장수, 장인:동탁, ?~192〕 70
우송(虞松) 〔조위·관리·叔茂, ?~?〕 518
우이(盱眙) 〔현〉下邳郡〉서주〕 97
우저(牛渚) 〔성곽·요충지〉丹陽郡〉양주〕 333, 614, 628-629
운남(雲南) 〔군〉익주〕 266, 405
운룡문(雲龍門) 〔성문〉낙양〉河南郡〉사예〕 550
울림(鬱林) 〔군〉광주〕 266, 340
원담(袁譚) 〔동한·군벌·顯思, 부:원소 ?~205〕 88, 94, 116-118, 121-122, 124-126, 713
원상(袁尙) 〔동한·군벌·顯甫, 부:원소 ?~207〕 122, 124-126, 477, 713
「원선부」(圓扇賦) 〔賦, 조위·서간 작〕 467
원소(袁紹) 〔동한·군벌·本初, ?~205〕 52-55, 57, 60-67, 75-76, 78-91, 93-100, 101-128, 131, 133-134, 136, 145-146, 167-168, 219, 230, 260, 280, 300, 302, 309, 313, 365, 469, 511, 710, 712-713
원수(沅水) 〔동정호·지류, 牂牁郡〉익주→武陵郡〉형주〕 628
원술(袁術) 〔동한·군벌·公路, ?~199〕 53-54, 57, 62-64, 66-67, 75, 81, 84-85, 90, 95, 98-99, 130-131, 138, 141, 142, 280, 353-354, 712
원안(袁安) 〔동한·대신·邵公, ?~92〕 75
원어(苑御) 〔손오·반란군·영수, ?~?〕 330-331
원외(袁隗) 〔동한·중신·次陽, 조카:원소, ?~190〕 52, 53
원유(袁遺) 〔동한·관리·伯業, 從弟:원소 ?~?〕 64
원제(元帝) 〔서한·황제·劉奭, 전74~전33〕; ~ 연간〔전48~전33〕 30, 269, 273
원준(袁準) 〔서진·학자·孝尼, 부:원환, 201~270〕 396
원헌(原憲) 〔춘추·宋·학자·子思, 전515?~?〕 463
원환(袁渙) 〔조위·관리·曜卿, ?~255〕 290, 315-316
원휘(袁徽) 〔삼국·은사, 종형:원환, ?~?〕 339
원희(袁熙) 〔동한·군벌·顯奕, 부:원소 ?~207〕 88, 122, 126
월단평(月旦評) 〔여남의 인물비평〕 79-80, 560-561
월수(越嶲) 〔군〉익주〕 266, 399, 400, 402-405, 410-412, 718

위강(韋康) 〔조위·관리·元將. ?~213〕 196
위강(魏絳) 〔춘추·晉·장수. ?~전552〕 418
위관(衛瓘) 〔서진·중신·伯玉. 220~291〕 618, 726
위구(渭口) 〔촌락. 渭水·황하의 교착지〕 170
위군(魏郡) 〔군〉기주〕 265, 281-282, 302; ~ 출신〔심배〕 125
위기(衛覬) 〔조위·관리·伯覬. 155~229〕 94-95, 273
위랑(魏狼) 〔촉한·이민족·수령. ?~?〕 410
위무지(魏無知) 〔진말·모사. ?~?〕 310
위수(渭水) 〔隴西·南安·天水·扶風·京兆郡〉옹주〕 170, 172-174, 201, 310, 426-427, 587, 715, 720
위씨(尉氏) 〔현〉陳留國〉연주〕; ~ 출신〔완적〕 575
위연(衛演) 〔삼국·장수. 상관:공손연. ?~?〕 479
위연(魏延) 〔촉한·장수·文長. ?~234〕 215-216, 391-392, 394, 414-416, 420, 424, 596, 716, 718, 720
위열(衛烈) 〔조위·관리. ?~?〕 486
위진(衛臻) 〔조위·중신·公振. ?~?〕 486
「위초중경처작」(爲焦仲卿妻作) 〔장편시. 작자 미상〕 442-443, 455
위충(魏种) 〔조위·관리. ?~?〕 117
위풍(魏諷) 〔조위·태수·子京. ?~219〕 229, 490, 568-569
위황(韋晃) 〔동한·관리. ?~218〕 228, 281
위흥(魏興) 〔군〉형주〕 264, 582, 584
유(有) 〔철학·개념〕 562, 564-566, 580
유가(儒家), 유교(儒敎), ~ 사상·학설〔철학·사상〕 307-308, 311, 319, 315-318, 321, 363, 431-435, 438, 471, 484-485, 490, 492, 510-513, 515, 561, 562, 564, 572

유강구(油江口) 〔촌락〉南郡〉형주〕 162-163, 233, 385 → '공안' 참조
유경(劉敬) 〔서한·관리. ?~?〕 297-298
유괴(劉璝) 〔동한·장수. ?~214?〕 194
유기(劉基) 〔손오·중신·敬輿. 184~232〕 357
유기(劉琦) 〔동한·군벌. 부:유표. ?~209〕 143-144, 150, 160, 162-163, 217
유녕(劉寧) 〔촉한·장수. ?~?〕 258
유대(劉岱) 〔동한·관리·公山. ?~192〕 47-48, 61-63, 67, 77
유도(劉陶) 〔동한·관리·子奇. ?~185?〕 34, 38
유마(流馬) 〔운송도구. 제갈량이 고안〕 719
유명(有名) 〔철학·개념〕 565-566
유방(劉邦) 〔서한·황제·季. 전256~195〕 102, 115, 137, 200, 215, 296-297, 312, 373, 387-388, 441
유방(劉放) 〔조위·대신·子棄. ?~250〕 479-483, 486
유변(劉辯) → 소제
유보(柳甫) 〔삼국·屬官. 상관:공손연. ?~238〕 478
유봉(劉封) 〔촉한·장수. ?~220〕 215, 394, 475
유비(劉備) 〔촉한·황제·玄德. 161~223〕 97, 103, 110, 116-117, 129, 143-144, 146-150, 157-164, 167, 179-181, 199, 227-229, 231-233, 235-236, 239, 241, 252-253, 261, 263, 300, 330, 360, 366, 383-389, 392-394, 431-433, 475, 581, 595-597; ~에 대한 평가 97, 98-99, 134, 144, 146, 147; ~와 서주 75, 97-99, 123, 134, 711; ~와 손권 → '손권' 참조; ~와 여포 97-98, 134, 300, 711; ~와 원소 100, 116, 134, 712; ~와 유표 129, 133-135, 143, 147, 167, 713; ~와 익주 184-197, 200, 206, 217, 229, 232, 250, 394, 434-437, 715; ~와 제갈량 86-87, 135-137, 383, 385-386,

413-414, 581, 713; ~와 조조 97-100, 103, 116-117, 123, 129, 134, 144, 146, 148-150, 158-160, 167, 185-188, 198, 210-216, 217, 227-229, 233, 259, 384-385, 711-714, 716; ~와 한중 206, 208-216, 217, 228, 250, 385, 391, 595-597, 716; ~와 형주 144, 160-164, 180, 198, 200, 229, 231-238, 248, 250, 252, 254, 385, 420, 714, 716; ~의 사망 260, 399, 413, 415, 418, 420, 717; ~의 유년·청년 시절 97, 430; ~의 인재 기용과 용인술 385, 391-393, 398, 418-420, 434, 437, 581; ~의 출신 배경 97; ~의 한중왕(漢中王) 등극 215, 228, 250, 391, 581, 716

유선(劉禪) 〔촉한·황제·公嗣, 부:유비, 207~271〕 268, 386-387, 394, 399, 405, 413, 432-433, 435-437, 582, 587, 590, 591, 594-596, 604-606, 616, 720, 722, 726, 727; ~의 재위 연간〔223~263〕 199, 263, 396, 435-436, 591

유성(柳城) 〔현〉昌黎郡〉유주〕 126, 219, 477, 713

유수(劉秀) → 광무제

유수구(濡須口) 〔유수수·장강의 교착지〉廬江郡〉양주〕 206, 213, 220, 221, 227, 230, 238, 715

유수수(濡須水) 〔巢湖→장강, 廬江郡〉양주〕 220, 227

유수오(濡須塢) 〔城堡〉廬江郡〉양주〕 220, 227, 715

유순(劉循) 〔동한·장수, 부:유장, ?~?〕 194

유언(劉焉) 〔동한·관리·君郎, ?~194〕 181-182, 200, 202, 205, 388

유연(劉延) 〔조위·장수, ?~?〕 105

유엽(劉曄) 〔조위·모사·子揚, ?~234〕 207, 208

유영(劉英) 〔동한·楚王, 부:유수, ?~71〕 35

유예주(劉豫州) → 유비

유요(劉繇) 〔동한·대신·正禮, 156~197〕 138

유원(俞元) 〔현〉建寧郡〉익주〕; ~ 출신〔이회〕 400

유윤(劉贇) 〔동한·종친, ?~207〕 48

유의경(劉義慶) 〔송·문학가·季伯, 403~444〕 566

유자기(劉子奇) 〔동한·학자, ?~?〕 338

유장(劉璋) 〔동한·군벌·季玉, ?~?〕 137, 181-198, 200, 202, 206, 388, 389, 435, 475, 715

유절(劉節) 〔조위·호족, ?~?〕 303-305, 315

유정(劉楨) 〔동한·문인·公幹, 180~217〕 466, 467 → '건안칠자' 참조

유조(劉助) 〔손오·관리, ?~?〕 362

유종(劉琮) 〔동한·군벌, 부:유표, ?~?〕 143-145, 147, 151, 253, 714

유주(劉胄) 〔촉한, 이민족 수령, ?~?〕 409

유주(劉主) → 유비

유주(幽州) 〔동한 13주의 하나〕 38, 87-88, 122, 126, 237, 265, 528, 536, 618, 712, 713; ~의 돌기(突騎) 126

유찬(劉纂) 〔손오·중신·世議, ?~?〕 379

유표(劉表) 〔동한·군벌·景升, 142~208〕 75, 95-96, 116-117, 128, 129-136, 138, 141-147, 151, 155, 156, 162, 167, 179, 183, 187, 217, 221, 233, 365, 469, 713, 714

유헌(留憲) 〔동오·관리, ?~?〕 626

유현(劉賢) 〔조위·관리, ?~254〕 520

유협(劉勰) 〔남조·宋·문학평론가·彦和, 465?~520?〕 456

유협(劉協) → 헌제

유훈(劉勛) ①〔동한·장수·子臺, ?~?〕 140; ②〔동한·장수·子璜, 상관:원소, ?~?〕

유흠(劉歆) 〔서한·학자·子駿, 전50~후23〕 436

유희(劉熙) ①〔동한·학자·成國, 저:『釋名』,

?~?〕434; ②〔위·관리, 부:劉放, ?~?〕486; ③〔동한·황실·濟陰王, 부:헌제, ?~?〕; ④〔조위·대신, 부:劉靖, ?~?〕

육가(陸賈)〔서한·사상가, 전240?~170〕312

육개(陸凱)〔손오·관리·敬風, 숙부:육손, 198~269〕328, 341, 356-357, 610

육경(六經)〔『시경』,『서경』,『역경』,『예기』,『춘추』,『악경』〕436, 573

육경(陸景)〔손오·장수·士仁, 부:육항, 250~280〕349, 351, 628

육구(陸口)〔요충지〕長沙郡〉형주〕163, 231, 232, 235-236, 241, 243, 714

육기(陸機)〔서진·문인·士衡, 부:육항, 261~303〕349, 351

『육도』(六韜)〔전국·병법서〕437

육손(陸遜)〔손오·중신·伯言, 183~245〕242-243, 248, 252-258, 326, 327, 329, 332, 334-335, 337, 341, 349, 356-357, 361-362, 365-368, 374-375, 421, 426, 544, 620, 716, 717, 718, 720, 722

육안(六安)〔현〕廬江郡〉양주〕721

육안(陸晏)〔손오·장수·士升, 부:육항, ?~280〕349, 351, 626

육운(陸雲)〔서진·문인·士龍, 부:육항, 262~303〕349, 351

육윤(陸胤)〔손오·관리·敬宗, 형: 육개〕340-342

육적(陸績)〔손오·관리·公紀, 188~219〕346

육항(陸抗)〔손오·장수·幼節, 부:육손, 226~274〕349, 351, 357, 620, 621

육현(陸玄)〔손오·장수, 부:육항, ?~?〕349, 351

육혼(陸渾)〔현〕河南郡〉사예〕241

윤대목(尹大目)〔조위·관리, ?~254〕504

윤묵(尹黙)〔촉한·학자·思潛, ?~?〕431, 435-436

윤종(尹宗)〔촉한·학자, ?~?〕436

융족(戎族)〔이민족〕137, 196

융중(隆中)〔촌락〕등현〉南陽郡〉형주〕135 → '등현' 참조

융중대(隆中對)〔제갈량·유비의 대담〕137, 142-143, 179-180, 188, 200, 216, 250, 713

은관(殷觀)〔촉한·관리·孔休, ?~?〕180-181

은수(灈水)〔汝水·지류, 汝南郡〉예주〕529

음부(陰溥)〔동한·관리, ?~?〕184

음양오행설(陰陽五行說)〔철학, 동양의 세계관·우주론〕36

음평(陰平)〔군〕익주〕265, 422, 594, 595, 599-602, 705, 719, 726

응거(應璩)〔조위·문인·休璉, 형:응양, 190~252〕466

응소(應劭)〔동한·학자·仲瑗, 153?~196〕47

응양(應瑒)〔동한·문인·德璉, 177~217〕464, 466, 467 → '건안칠자' 참조

응준(應遵)〔서진·관리, ?~?〕295

의부민(依附民)〔지주에게 예속된 백성〕291, 294, 306, 408, 636-638

의성(宜城)〔현〕襄陽郡〉형주〕130; ~ 출신〔마량·마속〕418

의양(義陽)〔현〕南陽郡〉형주, 한때 '군'으로 승격〕; ~ 출신〔내민·동궐·등애·부첨·위연〕215, 435

의양(宜陽)〔현〕弘農郡〉사예, 秦代에는 郡〕294

이각(李傕)〔동한·군벌·稚然, ?~198〕70-73, 129, 167-168, 270, 469, 710, 711, 712

이간(李簡)〔조위·관리, 촉에 투항, ?~?〕585

이건(李乾)〔동한·장수, 숙부:이전, ?~?〕302

이고(李固)〔동한·중신·子堅, 94~147〕556

이광(李廣)〔조위·장수, ?~?〕540

이구승(李求承)〔촉한·이민족·수령, ?~?〕411

이권(李權)〔동한·호족, ?~188〕182
이궐관(伊闕關)〔伊闕山·관문〉낙양〉河南郡〉사예〕42
이도(李韜)〔조위·부마, 처:제장공주, ?~254〕518, 520, 724
이도(夷道)〔현·전장〉南郡〉형주〕256, 620, 626
이릉(夷陵)〔현·전장〉南郡〉형주, 후일 손오가 '서릉'으로 개명〕160, 217, 248, 716 → 서릉; ~ 전투〔유비vs손권〕254-260, 263, 360, 385, 619n, 717
이백(李白)〔당·시인·太白, 701~762〕456
이보(李輔)〔조위·장수, ?~?〕595, 597
이선(李譔)〔촉한·학자·欽仲, ?~?〕436
이소(李邵)〔촉한·관리·永南, ?~225〕584
이속(李續)〔조위·장수, ?~?〕530
이수(伊水)〔洛水·지류, 河南郡〉사예〕503
이숙(李肅)〔동한·장수, ?~192〕69
이술(李術)〔동한·관리, ?~200〕328
이승(李勝)〔조위·대신·公昭, ?~249〕487-500, 505, 722
이악(李樂)〔동한·백파적·수령, ?~?〕73
이엄(李嚴)〔촉한·중신·正方, ?~234〕194, 389-390, 393, 423
이옥(李玉)〔손오·반란군·영수, ?~?〕332
이윤(伊尹)〔殷商·재상, ?~?〕55n, 370, 372
이의(李義)〔조위·대신·孝懿, 자:이풍, ?~?〕518
이이(李異)①〔동한·장수, 상관:유장, ?~?〕185; ②〔손오·장수, ?~?〕
이전(李典)〔조위·장수·曼成, ?~?〕219, 221, 223-224, 302-303, 312
이정(李整)〔조위·장수, 부:이건, ?~?〕302
이주(夷州)〔현:타이완〕374
이통(李通)〔조위·장수·文達, 167~209〕302
이평(李平)〔이엄이 개명한 이름〕390 → 이엄

이풍(李豊)〔조위·대신·安國, ?~254〕518, 520-521, 525, 533, 724
이현(李賢)〔당·학자·明允, 모:武則天, 655~684〕31n, 59n, 131-132, 652
이현(豻縣)〔현〉新都郡〉양주〕331
이호(李虎)〔촉한·관리, ?~?〕268, 606
이회(李恢)〔촉한·관리·德昂, ?~231〕398, 400-405, 409, 412
이휴(李休)〔조위·관리·子朗, ?~220〕487
익양(益陽)〔현〉衡陽郡〉형주〕232-233
익주(益州)①〔동한 13주의 하나〕47, 137, 143, 167, 178, 179-200, 201, 203, 206, 208, 210, 215-216, 217, 229, 231-233, 250, 265-266, 271, 323, 385, 387, 388, 394-396, 402, 413, 429, 434-437, 581, 616, 619, 620, 715; ~ 출신〔임안·임말·경란·두무·양인·동균〕182-183, 399, 430, 435, 437 ②〔군〕익주〕404-405, 409n, 410, 718 → '건녕' 참조
인물 품평 79-80, 559-561 → '월단평' 참조
일남(日南)〔군〕교주〕266, 344
임기(任岐)〔동한·관리, ?~?〕182
임력산(林歷山)〔豻縣〉新都郡〉양주〕331
임말(任末)〔동한·학자·叔本, ?~?〕430
임성(任城)〔군〉연주〕48, 264
임수(臨水)〔현〉吳郡〉양주〕332
임안(任安)〔동한·학자·定祖, 124~202〕430, 433, 434
임연(任延)〔동한·관리·長孫, ?~68〕343
임조(臨洮)〔현〉隴西郡〉옹주〕585, 705, 724; ~ 출신〔동탁〕58
임준(任峻)〔조위·관리·伯達, ?~204〕90-91, 280
임하(任嘏)〔조위·관리·昭先, ?~?〕276
임회(臨淮)〔군〉서주, 조위:下邳郡〕; ~ 출신〔노숙·보즐〕140, 359

〔ㅈ〕

자귀(秭歸)〔현〉建平郡〕형주〕 215, 248, 254, 717

자산(子産)〔춘추·鄭·사상가, ?~전522〕 307-308, 395, 425, 653

자오곡(子午谷)〔협곡, 익주·형주와 옹주(장안)의 경계〕 271, 414-415, 422-423, 595, 718, 726

자오도(子午道) → 자오곡

자장(子臧)〔춘추·趙·은사, ?~?〕 464

『자치통감』(資治通鑑)〔역사서, 북송·사마광 찬〕 23, 24, 84, 620

작피(芍陂)〔제방〕合肥북쪽·壽春남쪽〉淮南郡〉양주〕 219, 221, 283, 714, 721, 727

잠질(岑晊)〔동한·관리·公孝, ?~?〕 129

「잡시」(雜詩)〔시, 조위·조비 작〕 460

장가(牂牁)〔군〉익주〕 266, 399-402, 405, 409, 718

장각(張角)〔동한·황건적·영수, ?~184〕 34, 36-46, 73, 202, 203-204

장강(長江)〔=양쯔강〕 138, 141, 146, 151-153, 157, 196, 201, 217, 219-221, 237-238, 242, 250, 254, 258, 263, 284, 327-328, 346, 360, 366, 373, 528, 610, 616-617, 619, 620, 623, 626, 628-632, 717, 727; ~ 이남 157, 162-163, 188, 217, 233, 329, 385, 714; ~ 이북 157, 163, 188-189, 219, 233, 235, 256, 263, 328, 632, 714; ~ 일대·유역 90, 140-143, 146, 163, 179, 219, 246, 280, 323, 328, 613, 617, 622

장건(張騫)〔서한·여행가·子文, 전164~전114〕 35

장검(張儉)〔동한·관리·元節, 115~198〕 129

장교(張喬)〔서진·장수, ?~?〕 630

장기(蔣奇)〔동한·장수·義漢, 상관:원소 ?~200〕 121

장남(張南) ①〔촉한·장수·文進, ?~222〕 256-257; ②〔동한·장수, 상관:원희, ?~?〕

장당(張當)〔조위·환관, ?~?〕 502, 505

장돈(張惇)〔손오·관리, ?~?〕 347

장량(張梁)〔동한·황건적·영수, 형:장각, ?~184〕 41, 45-46

장로(張魯)〔동한·군벌·公祺, ?~216?〕 137, 169, 180, 182, 185, 190, 196, 201-210, 223, 713, 715, 716

장료(張遼)〔조위·장수·文遠, 169~222〕 219, 221, 223-227, 312

장릉(張陵)〔동한·종교인·輔漢, ?~?〕 202-203

장막(張邈) ①〔동한·관리·孟卓, ?~195〕 64; ②〔조위·관리, 부:장집, ?~?〕; ③〔서진·관리·叔遼, ?~?〕

장만성(張曼成)〔동한·황건적·수령, ?~184〕 43, 46

장무(張茂)〔조위·관리·彦林, ?~?〕 293

장무동(將無同)〔철학·개념〕 563, 572, 580

장반(蔣班)〔조위·장수, ?~?〕 546-547

장보(張寶)〔동한·황건적·영수, 형:장각, ?~184〕 41, 46

장비(張飛)〔촉한·장수·益德, 165~221〕 189, 194-196, 210, 215, 252, 385, 391, 715, 717

장빈(蔣斌)〔촉한·장수, 부:장완, ?~264〕 595-597

장사(長沙)〔군〉형주〕 132, 160, 163-164, 165, 232-233, 235, 266, 333, 385, 651, 714, 716

장사(長社)〔현〉潁川郡〕예주〕 44, 314

장상(張象)〔손오·장수, ?~?〕 630

장서(蔣舒)〔촉→위·장수, ?~?〕 597-598, 619n

장선(張羨)〔동한·장수·仲景?, ?~?〕 132

장성(長城)〔촌락〉扶風郡〉옹주〕588, 590

장소(張昭)〔손오·중신·子布, 156~236〕138-140, 152, 156, 218, 253, 324-325, 333, 356-358, 363

장송(張松)〔촉한·모사·子喬, ?~212〕184-186, 189, 192, 197

장수(漳水)〔위하·지류, 魏郡·鉅鹿郡 등〉기주〕125, 713

장수(張繡)〔조위·장수, ?~207〕75, 77, 95-96, 100, 106, 131, 460

장수(張脩) ①〔동한·장수, ?~?〕36-37, 202-204; ②〔조위·장수, ?~265〕

장숙(張肅)〔동한·관리·君矯, 제:장송, ?~?〕184, 192

장승(張承)〔손오·관리·仲嗣, 부:장소, 178~244〕333

장안(長安)〔陪都·西京〉京兆郡〉옹주〕64-65, 68, 70-72, 75, 78, 82, 129, 145, 167-169, 206, 213, 228-229, 270-271, 283, 301, 414-415, 420, 422, 423, 468, 469, 481, 482, 584, 588, 710, 711, 715, 716, 719, 722

장양(張讓)〔동한·환관, ?~189〕51, 57

장억(張嶷)〔촉한·장수·伯岐, ?~254〕410-412, 585

장엄(張儼)〔손오·학자·子節, ?~266〕397

장연(張燕)〔동한·흑산군·수령, ?~?〕78

장예(張裔)〔촉한·관리·君嗣, 165~230〕399, 409, 584

장온(張溫)〔손오·관리·惠恕, 193~230〕356-358

장완(蔣琬)〔촉한·중신·公琰, ?~246〕390, 418, 436, 581-584, 720, 721-722

장위(張衛)〔동한·장수·公則, 형:장로, ?~215?〕207-208

장윤(張允)〔손오·관리, 자:장온, ?~230〕357

장은(張隱)〔동한·은사, ?~?〕129

장의(張儀)〔전국·종횡가, ?~전309〕253, 530

장익(張翼)〔촉한·장수·伯恭, ?~264〕409, 586, 594-595, 599

장일(蔣壹)〔손오·장수, ?~222〕349

장임(張任)〔동한·장수, ?~213〕194

장자(張咨)〔동한·관리·子議, ?~190〕61

장자(莊子)〔전국·宋·사상가·莊周, ?~?〕554, 557, 562-564, 568, 571-573, 575

『장자』(莊子)〔전국, 莊周 작〕564, 571, 575

장제(張濟)〔동한·군벌, ?~196〕70, 75, 95, 131

장제(章帝)〔동한·황제·劉炟, 57~88〕; ~연간(75~88) 75

장제(張悌)〔손오·중신·巨先, 236~280〕607, 614, 618, 628-630, 632

장제(蔣濟)〔조위·중신·子通, 188~249〕219, 241, 272, 278, 491, 494-495, 498, 502-504, 514

장집(張緝)〔조위·대신·敬仲, ?~254〕518, 520, 724

장초(張超)〔동한·관리·孟高, 형:장막, ?~195〕64

장판(長坂)〔촌락·전장〉當陽縣〉南郡〉형주〕147, 150, 413, 714

장패(臧霸)〔조위·장수·宣高, ?~?〕94, 100, 117, 312

장포(張布)〔손오·장수, ?~264〕347, 380-381, 609-610

장하(章河)〔동한·농민반란군·영수, ?~?〕34

장합(張郃)〔조위·장수·儁乂, ?~231〕118-120, 124, 176, 208-212, 312, 416, 423-426, 685, 716, 719

장향(章鄉)〔촌락〉當陽縣〉南郡〉형주〕250

장형(張衡) ①〔동한·종교인·靈眞, 96~179〕202-203; ②〔동한·문인·平子, 78~139〕

467
장호(張虎) ①〔동한·종적, ?~?〕 131; ②〔조위·장수, 부:장료, ?~?〕
장화(張華) 〔서진·대신·茂先, 232~300〕 624, 631-632
장환(張奐) 〔동한·장수·然明, 104~181〕 59
장휴(蔣休) 〔손오·장수, ?~?〕 349
장휴(張休) 〔손오·장수·叔嗣, 부:장소, ?~?〕 363, 365
장흠(蔣欽) 〔손오·장수·公奕, ?~220〕 237, 346, 349
장희(張喜) 〔조위·장수, ?~?〕 218
재동(梓潼) 〔군〕익주〕 193, 266, 390; ~ 출신 〔두미·윤묵·이선〕 433, 435, 436
저수(沮授) 〔동한·모사, 상관:원소, ?~200〕 76, 78, 82-83, 86, 93-94, 103-104, 112, 114, 116, 121, 122-124
저왕(氐王) → 천만
저종(沮宗) 〔동한, 형:저수, ?~?〕 104
적도(狄道) 〔현〉隴西郡〕옹주〕 585-588, 595, 723, 724, 726
적벽(赤壁) 〔전장〉江夏郡〕형주〕 157, 168, 217
적벽대전(赤壁大戰) 〔조조vs손권·유비〕 160, 163-164, 167-168, 180, 184, 187, 217-218, 220, 231, 259, 261, 337, 356, 383-385, 633, 714
적송자(赤松子) 〔전설·신선〕 464
적판(赤阪) 〔산〕漢中郡〕익주〕 423
전(滇) 〔고대 이민족 국가〕 398
전국시대(戰國時代) 〔전475~전221〕 28, 273, 279, 296, 372, 430, 440, 545, 635-636
전기(全寄) 〔손오·관리, 부:전종 ?~250〕 365-366
전단(全端) 〔손오·장수, ?~?〕 538, 546-547
『전략』(典略) 〔야사, 조위 魚豢 찬〕 202-203

전박(錢博) 〔손오·반란군·영수, ?~?〕 340
전역(全懌) 〔손오·장수, 부:전종, ?~?〕 349, 538, 547
전의(全儀) 〔손오·관리, ?~?〕 547
전종(全琮) 〔손오·장수·子璜, ?~249〕 332-333, 346, 349, 353, 357, 364, 421, 721
전주(田疇) 〔조위·관리·子泰, 169~214〕 126, 486n, 713
전지(滇池) 〔현〉建寧郡〕익주〕 402-404, 718
전풍(田豊) 〔동한·모사·元皓, 상관:원소, ?~200〕 93-94, 99, 103-104, 114, 116, 122-124
전횡(田橫) 〔전국·齊·종친, ?~전202〕 148
전휘(全輝) 〔손오·관리, ?~?〕 547
점강(墊江) 〔현〕巴郡〕익주〕 189
점전제(占田制) 〔토지제도〕 295
접유(楪榆) 〔현〉雲南郡〕익주〕 398
정고(丁固) 〔손오·중신·子賤, 198~273〕 612
정군산(定軍山) 〔산〉沔陽縣〉漢中郡〕익주〕 213, 716
정도(鄭度) 〔촉한·은사, ?~?〕 193
정도(定陶) 〔현·치소〉濟陰郡〕연주〕 711
정무(鄭袤) 〔위진·장수·林叔, 189~273〕 528
정밀(丁謐) 〔조위·중신·彦靖, ?~249〕 492-494, 505, 508, 722
정밀(丁密) 〔손오·중신·子賤, 198~273〕 365
정보(程普) 〔손오·장수·德謀, ?~?〕 139, 156, 157, 162-163, 236
정봉(丁奉) 〔손오·장수·承淵, ?~271〕 380-381, 544, 727
「정사부」(征思賦) 〔賦, 조위·왕찬 작〕 467
정산(精山) 〔산〉西鄂縣〉南陽郡〕형주〕 46
정수(鄭邃) 〔동한·관리, ?~?〕 48
정앙(正昂) 〔촉한·관리, ?~223〕 399, 409
정양(湞陽) 〔현〉桂陽郡〕형주〕; ~ 출신〔왕금〕 340

정욱(程昱)〔조위·모사·仲德, 141~220〕134
정의(丁儀)〔조위·문인·正禮, ?~220〕461, 466
정이(丁廙)〔조위·문인·敬禮, ?~219〕461, 466
정작(定筰)〔현〉越嶲郡〉익주〕402-404, 411
정전제(井田制)〔토지제도〕286, 299
정중(鄭衆)〔동한·학자·仲師, ?~83〕436
정태(鄭泰[太])〔동한·대신·公業, 150~190〕54, 58, 61
정현(鄭玄)〔동한·학자·康成, 127~200〕434, 435n, 436
제갈각(諸葛恪)〔손오·권신·元遜, 부:제갈근, 203~253〕333, 335-337, 348, 363, 365-373, 376-381, 525, 536, 538, 585, 720, 721, 723, 725
제갈경(諸葛京)〔서진·관리·行宗, 조부:제갈량 ?~?〕618
제갈근(諸葛瑾)〔손오·중신·子瑜, 174~241〕139, 212, 231-232, 348, 352-353, 360, 363, 367, 426, 535, 721
제갈량(諸葛亮)〔촉한·승상·孔明, 181~234〕86, 142-143, 147-150, 160, 163, 179-180, 187-189, 194-200, 210-212, 216, 250, 252, 258-260, 367, 383-397, 430, 432-434, 437, 475-476, 535, 581-584, 602, 618, 630, 713, 714, 715, 717, 719, 720; ~과 유비의 관계 → '유비' 참조; ~에 대한 평가 387, 396, 397, 419-420, 427-430; ~의 군사적 역량 23-24, 259-260, 383, 385-387, 414-416, 420, 428-430; ~의 남중 정벌 399-413, 605, 718; ~의 법 집행 387-390, 395, 416, 418; ~의 북벌 376, 413-430, 582, 584, 718-720; ~의 인물 품평 258, 358, 581-582, 584; ~의 인재 기용과 용인술 216, 389-395, 416, 433-436, 581-582; ~의 사망 390, 427, 436, 581-582, 584, 720

제갈상(諸葛尙)〔촉한·장수, 부:제갈첨 244~263〕602
제갈서(諸葛緒)〔서진·관리, ?~?〕595, 599-600, 726
제갈융(諸葛融)〔손오·관리·叔長, 부:제갈근, ?~253〕348
제갈정(諸葛靚)〔손오·관리·仲思, ?~?〕538, 612, 628, 630, 727
제갈첨(諸葛瞻)〔촉한·장수·思遠, 부:제갈량 227~263〕602, 618
제갈탄(諸葛誕)〔조위·장수·公休, ?~258〕369, 486, 517-518, 525, 532, 534-548, 549, 588, 590, 593, 608n, 723, 725
제갈풍(諸葛豊)〔서한·관리·少季, ?~?〕535
제갈현(諸葛玄)〔동한·관리, ?~197〕135
제남(濟南)〔군〉청주〕48, 81, 264, 304, 309; ~ 출신〔당주·유절〕41, 303
제북(濟北)〔군〉연주〕48, 264
제수(濟水)〔황하·지류, 연주·청주〕116
제왕(齊王) → 조방
제자백가(諸子百家), ~서(書)〔선진·학술유파의 총칭〕311, 436, 437, 471
제장공주(齊長公主)〔조위·공주, 부:조예, ?~254〕518
제주(祭酒)〔동한·오두미도·신도〕37, 203-205
조가(刁嘉)〔손오·관리, ?~?〕361
조거(曹據)〔조위·종친, 부:曹操, ?~?〕522-524
조고(趙高)〔秦·환관, ?~전207〕502
조나(朝那)〔현〉安定郡〉옹주〕; ~ 출신〔황보규·황보숭·황보절〕49, 59
조등(曹騰)〔동한·환관·季興, 손자:曹操, 100~159〕79, 311. 469
조림(曹霖)〔조위·종친, 자:고귀향공, ?~251〕523

조모(曹髦) → 고귀향공

조방(曹芳)〔조위·황제·蘭卿, 232~274〕371, 483, 492, 500-502, 505, 516, 521-523, 524, 533, 721, 722;~ 연간〔239~254〕262, 494, 563, 596

조부(趙部)〔동한·관리, ?~?〕47

조비(曹丕)〔조위·황제·子桓, 부:曹操, 187~226〕66, 218, 229, 254, 261, 281-282, 285, 292, 300, 312, 318-320, 386, 396, 414, 456, 460-461, 466-467, 473-475, 488, 498, 501, 518-519, 523, 564, 568, 592, 608, 716, 717, 718;~ 연간〔220~226〕318, 320

조산(祖山)〔손오·반란군·영수, ?~?〕331

조상(曹爽)〔조위·권신·昭伯, 부:조진, ?~249〕293, 312, 480-484, 487-489, 491-495, 498-505, 508-509, 516, 518-519, 525-526, 533, 535, 539, 568, 569, 596, 721, 722

조서(洮西)〔지구, 隴西郡 서부〕옹주〕724

조성(洮城)〔성곽〉兆陽縣〉隴西郡〕옹주〕249

조수(洮水)〔황하·지류, 隴西郡〕옹주 일대〕586-587

조순(曹純)〔조위·장수·子和, 형:조인, 170~210〕311-312

조순(曹詢)〔조위·종친, 양부:조예, 231~244〕501

조숭(曹嵩)〔동한·중신·巨高, 자:曹操, ?~193?〕79, 311, 469, 711

조식(曹植)〔조위·문인·子建, 부:曹操, 192~232〕23, 456, 460-466, 467, 552, 719

조앙(曹昻)〔조위·태자·子脩, 부:曹操, ?~197〕95, 460

조양(洮陽)〔촌락〉隴西郡〕옹주〕725

조양(曹陽)〔촌락〉陝縣〉弘農郡〕사예〕72

조언(曹彦)〔조위·종친, 부:조진, ?~249〕492, 500

조엄(趙儼)〔조위·대신·伯然, 171~245〕247, 282

조예(曹叡) → 명제

조우(曹宇)〔조위·황제·彭祖, 부:曹操, ?~278〕480-483

조운(趙雲)〔촉한·장수·子龍, ?~229〕189, 194-196, 212, 259, 385, 415, 715, 718

조위(趙韙)〔동한·관리, ?~?〕182-183

조위(曹偉)〔조위·평민, ?~?〕490

조인(曹仁)〔조위·장수·子孝, 168~223〕116, 160, 178, 227-228, 236, 238-240, 244-245, 247, 251, 716, 717

조조(曹操)〔조위·군벌·孟德, 155~220〕18-19, 48, 75, 76, 84, 180, 184-188, 231-233, 235-239, 241, 245, 247, 251-253, 259, 292, 304, 337, 356, 360, 391, 414, 452, 461, 469-470, 480, 482, 487, 501, 505, 552, 561, 564, 568, 593, 710-716;~에 대한 평가 79, 80, 86, 96, 102-104, 133, 136, 145-146, 154, 559-560, 608;~와 동탁 65-68, 76, 82;~와 마초 168-178, 206, 288, 715;~와 손권 → '손권' 참조;~와 원소 76, 87-88, 93-95, 100, 101-128, 131, 134, 136, 168, 302, 309, 313, 511, 662, 712-713;~와 유비 → '유비' 참조;~와 유표 129, 133, 143, 146, 714;~와 장로 169, 185, 205-210, 715-716;~와 장수(張繡) 95-97;~와 헌제 72, 83-87, 97, 168, 711;~의 둔전 88-93, 219, 221-222, 280-281, 283, 285, 287-290, 711, 714;~의 사망 228-229, 261, 473, 717;~의 사상 310-311, 315-317, 512;~의 시문 456-460;~의 유년·청년 시절 79-82, 101, 308-309, 313, 559, 560;~의 인재 등용 90-91, 93, 96, 118, 145-146, 169, 187, 221-222, 276, 300, 302, 303, 309-317, 320, 332,

334, 470, 472-474, 477, 484-485, 714; ~의 집권기 319, 372, 515; ~의 출신 배경 79, 97, 313, 469, 511-512; ~의 황건군 격파 44-45, 47-48, 81, 92, 97, 106, 280, 283, 287, 710

조조(曹肇) 〔조위·중신·長思, ?~244〕 480, 482-483

조조(晁錯) 〔서한·관리·公治, 전200~154〕 30, 637-638

조지(趙祗) 〔동한·반란군·영수, ?~?〕 182

조지(棗祗) 〔조위·관리, ?~?〕 90-93, 280, 287

조진(曹眞) 〔조위·장수·子丹, ?~231〕 311-312, 422-423, 475, 480, 483, 504, 593, 717, 718, 719

조타(趙佗) 〔秦·장수, 남월국 창건자, 전240?~137〕 342, 343n

조표(曹彪) 〔조위·종친·朱虎, 부:曹操, 195~251〕 505, 507

조풍(趙酆) 〔서진·관리, ?~?〕 518

조홍(趙弘) 〔동한·황건군, ?~184〕 46

조홍(曹洪) 〔조위·장수·子廉, ?~232〕 118, 210, 314-315

조환(曹奐) 〔조위·황제·景明·常道鄕公, 246~302〕 347, 549; ~ 연간(260~265) 262-263, 268, 575, 595

조훈(曹訓) 〔조위·종친, 부:조진, ?~249〕 492, 500, 503, 505

조휴(曹休) 〔조위·장수·文烈, ?~228〕 311-312, 421, 475, 480, 717, 718

조희(曹羲) 〔조위·종친, 부:조진, ?~249〕 492-493, 500-501, 503-505

종리(鍾離) 〔현〉淮南郡〉양주〕 284

종리목(鍾離牧) 〔손오·장수·子幹, ?~?〕 333, 337, 350

종리위(鍾離禕) 〔손오·관리, ?~?〕 350

종부(宗部) 〔호족 가문의 무장조직〕 132, 338

종성후(宗聖侯) → 공선

종오(宗伍) → 종부

종요(鍾繇) 〔조위·중신·元常, 151~230〕 169, 229, 277, 715

종육(鍾毓) 〔조위·중신·稚叔, 부:종요, ?~263〕 293-294, 520

종적(宗賊) 〔반란을 일으킨 호족 세력〕 130-132

종제(鍾堤) 〔성곽〉隴西郡〉옹주〕 587, 724

종회(鍾會) 〔조위·대신·士季, 225~264〕 518, 527, 535, 547, 552, 567, 574, 576, 594-595, 597, 599-600, 606, 726

좌현왕(左賢王) 〔흉노족 귀족의 봉호〕 452

주(紂) 〔은상·군주, ?~전1046?〕 551

주거(朱據) 〔손오·장수·子范, 194~250〕 356, 362, 364-366

주경(周景) 〔동한·중신·仲饗, ?~168〕 358

주공(周公) 〔서주·정치가, ?~?〕 458, 514, 571-573

주관(珠官) 〔군〉교주〕 342

주광(朱光) 〔조위·관리, ?~?〕 221-222, 329

주군(周群) 〔촉한·학자·仲直, ?~?〕 434

주령(朱靈) 〔조위·장수·文博, ?~?〕 170, 174

주방(周魴) 〔손오·장수·子魚, ?~?〕 421

주보언(主父偃) 〔서한·중신, ?~전126〕 297-298

주부(朱符) 〔동한·관리, ?~195〕 338

주빈(周斌) 〔동한·관리, ?~?〕 41

주삭(朱鑠) 〔조위·장수·彦才, ?~226〕 474

주상(周尙) 〔동한·관리, 조카:주유, ?~?〕 358

주소(周邵) 〔손오·장수, 부:주태, ?~230〕 348-349, 351

주승(周承) 〔손오·장수, 부:주태, ?~230〕 349, 351

주아부(周亞夫) 〔서한·장수·林叔, 전199~전

143〕528
주애(珠崖)〔군〉교주〕266, 344, 374
『주역』(周易)〔선진·유가경전〕434, 436, 488n, 564
주연(朱然)〔손오·장수·義封, 원명:施然, ?~230〕250, 278, 353, 721
주우(州吁)〔춘추·군주, ?~BC719〕66, 301
주유(周瑜)〔손오·장수·公瑾, 175~210〕139-141, 154-163, 168, 180, 217, 233-236, 252-253, 324-325, 345, 351-353, 356-359, 366, 383-384, 544, 714
주윤(周胤)〔손오·장수·公瑾, 부:주유, ?~?〕351-353, 359
주이(周異)〔동한·관리, 자:주유, ?~?〕358
주이(朱異)〔손오·장수·季文, 부:주환, ?~257〕350, 378-379, 540-546
주이준(朱彝尊)〔청·학자, 호:竹垞, 1629~1709〕23
주제(朱提)〔군〉익주〕266, 398; ~ 출신〔맹염·맹획〕407
주준(朱儁)〔동한·장수·公偉, ?~195〕43-46
주준(周峻)〔손오·장수, 숙부:주유, ?~?〕359
주준(周浚)〔위진·관리·開林, ?~280〕630, 632
주지(周旨)〔서진·장수, ?~?〕626-628
주지(周祗)〔손오·장수·穎文, ?~237〕334-335
주직(周直)〔동한·호족, ?~?〕302
주천(酒泉)〔군〉涼州〕265; ~ 출신〔장환〕59
주충(周忠)〔동한·관리·嘉謀, ?~?〕358
주치(朱治)〔손오·장수·君理, 156~224〕273, 356n
주태(周泰)〔손오·장수·幼平, ?~225?〕346, 348-349, 351
주태(州泰)〔조위·장수, ?~261〕518, 543-545
주포(朱襃)〔촉한·관리, ?~225〕399, 409
주필(周珌)〔동한·관리·仲遠, ?~189〕61-62,

64-65
주호(周護)〔손오, 종조부:주유, ?~?〕359
주환(朱桓)〔손오·장수·休穆, 177~238〕350, 421
죽림칠현(竹林七賢)〔혜강·완적·산도·상수·劉伶·왕융·阮咸〕625
중구(中廐)〔동한·궁중관서, =車馬房〕43
중료(中遼)〔군〉유주〕477
중산(中山)〔군〉기주〕125, 265
중산정왕(中山靖王)〔서한·劉勝, 전165~전113〕97
중상방(中尚方)〔동한·궁중관서〕43
중어부(中御府)〔동한·궁중관서〕43
중장부(中藏府)〔동한·궁중관서〕42-43
중장통(仲長統)〔조위·사상가·公理, 180~220〕273, 298-299
지관(軹關)〔관문〉軹縣〉河內郡〕사주〕481-482
지절(持節)〔장군의 특권〕169, 492, 517
진공(陳恭)〔동한·호족, ?~?〕302
진국(陳國), 진군(陳郡)〔군〉예주〕44, 264; ~ 출신〔원휘〕339
진군(陳群)〔조위·관리·長文, ?~237〕272, 312, 320, 474, 475, 498, 504, 551, 718
진기(陳紀)〔동한·관리·元方, 129~199〕61
진랑(秦朗)〔조위·장수·元明, ?~?〕480
진령(秦嶺)〔산맥, 형주·옹주의 경계〕; ~산맥 201, 263, 415
진류(陳留)〔군〉연주〕81, 131, 264; ~ 출신〔고간·고유·공주·복양홍·오의·완우·완적〕61, 466
진류왕(陳留王) ①〔동한·황제·劉協〕→ 헌제; ②〔조위·황제·曹奐〕→ 조환
진림(陳琳)〔동한·문인·孔璋, ?~217〕54, 112, 466, 467, 469-470 → '건안칠자' 참조

진무(陳武) 〔손오·장수·子烈, 178~215〕 363
진번(陳蕃) 〔동한·관리·仲舉, ?~168〕 60
진복(陳僕) 〔손오·반란군·영수, ?~?〕 331
진복(秦宓) 〔촉한·학자·子敕, ?~226〕 434
진본(陳本) 〔조위·장수·休元, ?~?〕 518
진상(陳象) 〔손오·장수, ?~?〕 366
진생(陳生) → 진좌
『진서』(晉書) 〔역사서, 당·방현령 찬〕 472, 475
진송(秦松) 〔손오·모사·文表, ?~210〕 156, 253
진수(陳壽) 〔서진·역사가·承祚, 233~297〕 24, 188, 194, 254, 310-311, 329-330, 396, 427-430, 475, 479, 493-495, 498-499, 606
진시황(秦始皇) 〔진·황제·嬴政, 전259~210〕 18, 19, 296, 397, 558
진식(陳式) 〔촉한·장수, ?~?〕 24n, 210, 422
진원(陳元) 〔동한·학자·長孫, ?~?〕 436
진인각(陳寅恪) 〔현대·학자·鶴壽, 1890~1969〕 203, 510, 513, 643
진정(陳正) 〔손오·장수, ?~?〕 366
진좌(陳坐) 〔동한·종적, ?~?〕 131, 652
진창(陳倉) 〔현〉扶風郡〉옹주〕 206, 284, 421, 631, 716, 718
진천(秦川) 〔지구, 현:秦嶺 이북 섬서성·감숙성 일대〕 137, 143, 179, 250, 582, 588
진취(陳就) 〔동한·장수, 상관:황조, ?~208〕 235
진태(陳泰) 〔조위·관리·玄伯, 부:진군 ?~260〕 504, 517-518, 551, 585-587
진평(陳平) 〔서주·재상, ?~전178〕 310, 502n
진표(陳表) 〔손오·장수·文奧, 204~237〕 326, 363
진현(陳縣) 〔현〉陳郡〉예주〕 283, 527
진훈(陳勳) 〔손오·장수, ?~?〕 326
진힐(秦頡) 〔동한·관리·初起, ?~186〕 46
질현(銍縣) 〔현〉譙郡〉예주; ~ 출신〔혜강·혜희〕 570

〔ㅊ〕

착마족(捉馬族) 〔이민족〕 410
착융(笮融) 〔동한·호족·偉明, 불교도, ?~195〕 35, 711
찬습(爨習) 〔촉한·호족, ?~?〕 407-408
창간수(昌澗水) 〔洛水·지류, 弘農郡〉사예〕 294
창오(蒼梧) 〔군〕광주 266, 341-342; ~ 출신 〔사섭〕 338
채림(蔡林) 〔손오·장수, ?~?〕 378
채모(蔡瑁) 〔동한·장수·德珪, ?~?〕 130
채문희(蔡文姬) → 채염
채수(蔡水) 〔=沙水, 陳郡·譙郡·淮南郡 일대〕 718
채염(蔡琰) 〔삼국·여류시인·文姬, 부:채옹, ?~?〕 442, 452, 455
채옹(蔡邕) 〔동한·학자·伯喈, 133~192〕 452, 467, 568
책방진(翟方進) 〔서한·중신·子威, 전53~전7〕 32
책황(翟黃) 〔전국·관리, ?~?〕 355
척부인(戚夫人) 〔서한·후궁, 전224~194〕 441
천만(千萬) 〔동한·氏族·수령, ?~263〕 175
천사도(天師道) 〔동한, 도교의 일파〕 35-36, 203
천수(天水) 〔군〕옹주 196, 265, 416, 515, 584, 587, 685, 718; ~ 출신〔강유〕 583
천주거(泉州渠) 〔운하〉泉州縣〉漁陽郡〉유주〕 713
청강족(靑羌族) 〔이민족〕 406-408
청니(靑泥) 〔하천〉襄陽郡〉형주〕 190
청주(靑州) 〔동한 13주의 하나〕 38, 47, 48, 78, 81, 84, 94, 100, 117, 122, 126, 264, 305, 379, 530, 532, 539, 543, 545, 616, 618, 710, 712
청주병(靑州兵) 〔황건적 출신의 조조군 부대〕 47-48, 81, 710
초국(譙國), 초군(譙郡) 〔군〕예주, 213년 沛國에서 분리·신설〕 264, 285, 529; ~ 출신〔문

흠·조비·조조·허저·혜강) 285, 301, 570-571
초병(譙㛋) 〔동한·학자·榮始, ?~?〕 436
초사(楚辭) 〔시가·문체〕 440
초선(貂蟬) 『삼국연의』 속 허구인물〕 69
초이(焦彝) 〔조위·장수, ?~?〕 546-547
「초정부」(初征賦) 〔賦, 조위·왕찬 작〕 467
초주(譙周) 〔촉한·학자·允南, 201~270〕 396, 436-437, 590-591, 604-606
초중경(焦仲卿) 〔동한·관리, ?~?〕 442
초촉(焦觸) 〔동한·장수, ?~?〕 126
초현(譙縣) 〔현〕譙郡〉沛國〉예주〕 218-219, 227, 532, 714, 716; ~ 출신〔丁謐·조비·조조·허저〕 79, 301
초황(焦璜) 〔촉한·관리, ?~223〕 399, 410
촉군(蜀郡) 〔군〕익주〕 182-183, 197, 265, 389; ~ 출신〔두경·장송·장숙·장예〕 184, 399, 434
촉포(蜀布) 〔서한·촉·특산물〕 35
최식(崔寔) 〔동한·사상가·子眞, 103?~170?〕 308
최염(崔琰) 〔조위·모사·季珪, ?~216〕 76, 126
추림(鄒臨) 〔손오·반란군 영수, ?~?〕 330-331
『춘추』(春秋) 〔선진·유가경전〕 66, 301, 420, 433
『춘추곡량전』(春秋穀梁傳) 〔전국·유가경전, 穀梁赤 작〕 319
『춘추공양전』(春秋公羊傳) 〔전국·유가경전, 公羊高 찬〕 435
춘추시대(春秋時代) 〔전770~전476〕 187, 221, 296, 306, 366, 635
『춘추좌씨전』(春秋左氏傳) 〔서한·유가경전, 左丘明? 찬〕 338, 435-436
『춘추좌씨전조례』(春秋左氏傳條例) 〔경전주석서, 서한·유흠 찬〕 436

「출사표」(出師表) 〔表文, 촉한·제갈량 작〕 413, 718
충화(沖和) 〔철학·개념〕 567
치두대제주(治頭大祭酒) 〔동한·오두미도·신도〕 204
치려(郗慮) 〔동한·대신·鴻豫, ?~220〕 715
「칠애시」(七哀詩) 〔시, 조위·왕찬〕 468-469
칠종칠금(七縱七擒) 〔고사성어〕 400, 402-404
침령(沈嶺) 〔산맥〕長城〉扶風郡〉옹주〕 588

〔ㅌ〕

탁고기명(托孤寄命) 〔고사성어〕 86-87, 383, 386, 717
탁군(涿郡) 〔탁군〕유주, 范陽郡으로 개편〕; ~ 출신〔노식·노육·유비·장비〕 97
탁현(涿縣) 〔치소·현〕涿郡〉유주〕; ~ 출신〔노식·노육·유비〕 97
탑수(漯水) 〔황하·지류, 平原郡〉기주 → 濟南郡〉청주〕 116
탕왕(湯王) 〔은상·군주, ?~?〕 146n, 312, 370n, 571-572, 591
태곡관(太谷關) → 대곡관
태극전(太極殿) 〔正殿〉낙양〉河南郡〉사예〕 522
태사자(太史慈) 〔손오·장수·子義, 166~206〕 338, 345, 354
태산(泰[太]山) 〔군〕연주〕 47, 94, 117, 264; ~ 출신〔양호·우금·장패〕
태원(太原) 〔군〕병주〕 47, 265, 305; ~ 출신〔곽회·王昶·왕혼〕
태초궁(太初宮) 〔손오·황궁〉建業〉丹陽郡〉양주〕 612
태평도(太平道) 〔동한, 도교의 지파〕 34-39, 202, 203
『태평청령서』(太平淸領書) 〔도교경전, 동한·干吉 得〕 36

태학(太學) 〔동한·학교〕 319, 718; ~생(生) 557
태항산(太行山) 〔산〉河內郡〉사예·上黨郡〉병주 경계〕 116, 456
『태현지귀』(太玄指歸) 『태현』주석서, 촉한·이선 찬〕 436
「토조조격주군문」(討曹操檄州郡文) 〔격문, 동한·진림 작〕 112
투함(鬪艦) 〔대형 戰船〕 151

〔ㅍ〕

파구(巴丘) ①〔현〉廬陵郡〉양주〕 140; ②〔촌락〉長沙郡〉형주, 洞庭湖 부근〕 232, 714
파군(巴郡) 〔군〉익주〕 47, 189, 191, 266, 403; ~ 출신(감녕)
파산(巴山) 〔산〉樂鄉〉南平郡(옛南郡)〉형주〕 626
파서(巴西) 〔군〉익주〕 193, 196, 266; ~ 출신 〔공록·마충②·문립·주군·진수·초주〕 396, 434, 436, 618
파양(鄱陽) 〔군〉양주〕 154, 222, 266, 332-338; ~ 출신(우놀) 332
파재(波才) 〔동한·황건적·장수, ?~?〕 43-44
파종(巴賨) 〔이민족〕 131
파중(巴中) 〔지구, 고대의 파촉 중부 일대〕 208, 716
파한(巴漢) 〔지구, 파군과 한중〕 616
팔고(八顧) 〔유표·장은 등 8인〕 129
팔달(八達) 〔제갈탄 등 8인〕 486-487
팔우(八友) 〔유표·범방·장검·잠질 등 8인〕 129
팔준(八俊) 〔유표 등 8인〕 129
패국(沛國), 패군(沛郡) 〔군〉예주〕 264, 529; ~ 출신〔설종·장로·장릉·丁謐·조조·하후돈·하후연·환범〕 79, 202, 203, 342, 503
패릉(霸陵) 〔황릉〉문제〉서한〕 468
패우(貝羽) 〔동한·관리, ?~?〕 130

팽성(彭城) 〔군〉서주〕 264, 271, 711, 712; ~ 출신(장소) 152
팽성왕(彭城王) → 조거
팽양(彭羕) 〔촉한·관리·永年, 184~220〕 392-394
팽재(彭材) 〔손오·반란군·영수, ?~?〕 332
팽조(彭祖) 〔전설·신선〕 570
평강(平岡) 〔성곽〉右北平郡 이북〉유주〕 126, 713
평락관(平樂觀) 〔누각〉낙양〉河南郡〉사예〕 521
평로거(平虜渠) 〔운하〉東平舒縣〉河間郡〉기주〕 713
평원(平原) 〔군〉기주〕 117, 125-126, 265, 713
평이(平夷) 〔현〉牂牁郡〉익주, 현:畢節〕 398, 400-401, 410
평창문(平昌門) 〔성문〉낙양〉河南郡〉사예〕 503
포경언(鮑敬言) 〔서진·사상가, ?~?〕 573
포선(鮑宣) 〔서한·관리·子都, 전30~후3〕 32
포신(鮑信) 〔동한·관리, 151~192〕 48, 63-64
포야도(褒斜道) → 야곡
포중(褒中) 〔현〉漢中郡〉익주〕 414-415, 718
포판진(蒲阪津) 〔나루〉河東郡〉사예〕 170
포훈(鮑勛) 〔조위·관리·叔業, 부:포신, ?~226〕 320
풍담(馮紞) 〔서진·대신·少冑, ?~286〕 622, 624
풍습(馮習) 〔촉한·장수·休元, ?~222〕 256-257
풍익(馮翊) 〔군〉옹주〕 174, 265; ~ 출신〔이도·이풍·장집〕
풍칙(馮則) 〔손오·기병, ?~?〕 329
풍포(豊浦) 〔촌락〉新都郡〉양주〕 331
풍현(豊縣) 〔현〉沛國〉예주〕; ~ 출신〔장로·장릉〕 202-203
필궤(畢軌) 〔조위·관리·昭先, ?~249〕 493, 505, 508, 722
필규원(畢圭苑) 〔동한, 황실의 원림〕 270

〔ㅎ〕

하곡양(下曲陽)〔현〉鉅鹿郡〉기주〕 45-46

하관(河關)〔현〉隴西郡〉옹주〕 585

하구(夏口)〔촌락〉江夏郡〉형주, 현:武漢〕 147, 155, 217, 351, 593, 616, 623-625, 714

하남(河南) ①〔지구, 황하 남부 일대〕 46, 93, 103, 108, 167; ②〔군〉사예〕 264, 292, 319; ~ 출신〔극검·극정·맹광〕 435, 437

하내(河內)〔군〉사예〕 64-68, 117, 264, 282, 472; ~ 출신〔사마의·음부〕 184, 301, 471, 510

하동(河東)〔군〉사예〕 43n, 47, 73, 84, 169-171, 174, 264, 316-317, 715; ~ 출신〔가규①·관구검·관우·서황〕 524

하묘(何苗)〔동한·관리·叔達, ?~189〕 51, 53

하반(何攀)〔서진·장수·惠興, ?~264〕 619, 622

하변(下辨)〔현·치소〉武都郡〉익주〕 210, 422

하북(河北)〔동한·지구, 유주·기주의 병칭〕 43, 44, 46, 47, 49, 76, 88, 90, 99, 105, 108, 112, 118, 121, 122, 124, 145, 167, 237, 280, 521

하비(下邳)〔군〉서주〕 264, 618, 711, 712

하삭(河朔)〔지구, 황하 중·하류 이북 일대〕 78, 94, 112, 300

하서(河西)〔지구, 황하 이서의 옹주·양주 일대〕 47, 170-171, 715

하소(賀邵)〔손오·관리·興伯, 226~275〕 613-614

하소(何劭)〔서진·대신·敬祖, 236~301〕 568

하안(何晏)〔조위·대신·平叔, ?~249〕 487-489, 491-495, 498, 505, 508, 517, 519, 562-569, 575, 580, 722

하옹(何顒)〔동한·대신·伯求, ?~190〕 61, 300, 559

하작(何焯)〔청·학자·潤千, 1661~1722〕 131, 606

하제(賀齊)〔손오·장수·公苗, ?~227〕 226, 330-332, 337

하증(何曾)〔서진·공신·潁考, 199~278〕 282

하지(河池)〔현〉武都郡〉익주〕 206

하지(何祗)〔촉한·관리·君肅, ?~?〕 390

하진(何進)〔동한·외척·遂高, ?~189〕 41, 51-56, 62, 81, 487, 568, 710

「하천(下泉)」〔선진·민가,「曹風」·『시경』〕 468

하태후(何太后), 하황후(何皇后)〔동한·황후, 夫:靈帝, ?~189〕 51-53, 55-56, 66, 301

하후돈(夏侯惇)〔조위·장수·元讓, ?~220〕 79, 207, 227, 311, 414

하후무(夏侯楙)〔조위·장수·子林, 부:하후돈, ?~?〕 414, 420

하후상(夏侯尙)〔조위·장수·伯仁, ?~226〕 518-519

하후연(夏侯淵)〔조위·장수·妙才, ?~219〕 169, 175, 206, 208-210, 213, 228, 250, 508, 518, 715, 716

하후패(夏侯霸)〔위→촉·장수·仲權, ?~?〕 508, 586

하후헌(夏侯獻)〔조위·장수, ?~?〕 480, 482-483

하후현(夏侯玄)〔조위·관리·泰初, 209~254〕 278, 486, 488-490, 495, 498, 517-521, 525, 533, 535-536, 562, 565, 724

학계(郝溪)〔손오·촌락〕 227

학광(郝光)〔조위·관리, ?~?〕 304

학보(郝普)〔촉→오·관리·子太, ?~231〕 232

학소(郝昭)〔조위·장수·伯道, ?~?〕 421-422

한가(漢嘉)〔군〉익주〕 266, 412-413

한당(韓當)〔손오·장수·義公, ?~226〕 346, 349, 356

한맹(韓猛) → 한순

한복(韓馥)〔동한·관리·文節, ?~191〕 61-64.

한비(韓非)〔전국·사상가, 전280?~233〕311
『한비자』(韓非子)〔전국·법가저작〕437
한산(艮山)〔현〕武陵郡〈오:宜都郡〉〉형주〕256
『한서』(漢書)〔역사서, 동한·반고 찬〕363, 437
한섬(韓暹)〔동한·백파적·수령, ?~197〕73, 85
한성(漢城)〔성곽〕河陽縣〉漢中郡〉익주〕422, 595-597, 719
한수(漢水)〔장강·지류, 漢中郡〉익주, 南郡·襄陽郡〉형주〕135-136, 144-146, 148, 201, 213, 219, 421, 422, 526, 584, 616 → '면수' 참조; ~의 범람 229, 239, 251, 716
한수(韓遂)〔동한·군벌·文約, ?~215〕87, 95, 154, 167-175, 206, 271
한수(漢壽)〔현〕梓潼郡〉익주, 서진:'葭萌'으로 개정〕596 → 가맹
한순(韓奭[荀])〔동한·장수, 상관:원소, ?~?〕116-118, 121
한신(韓信)〔서한·제후, ?~전196〕172, 215, 311, 391
한안(韓晏)〔손오·관리, ?~273〕330
한약(韓若) → 한순
한양(漢陽)〔군〕涼州, 동한 말:天水郡〉옹주〕554, 685; ~ 출신(주필) 61
한융(韓融)〔동한·대신·元長, 126?~196?〕61
한종(韓綜)〔조위·장수, 부:한당, ?~252〕349, 356
한중(漢中)〔군〕익주〕36, 167, 169, 175, 178, 182, 201-216, 217, 228, 232, 239, 250, 259, 263, 265, 271, 283, 385, 391, 413, 415-418, 422-423, 426, 435-436, 582, 595-597, 599, 616, 713, 715, 716, 718, 720, 722, 726 → '양주'(梁州) 참조
『한진춘추』(漢晉春秋)〔역사서, 동진·습착치〕162, 480

한천(漢川)〔지구, 한중 일대〕132, 213, 391
한충(韓忠)〔동한·황건적, ?~?〕46
한호(韓浩)〔조위·장수·元嗣, ?~?〕90-91
한흥(漢興)〔현〕建安郡〉양주〕330
함곡관(函谷關)〔관문〕弘農郡〉사예〕42, 199, 453, 554
함양(咸陽)〔秦·도읍, 장안〉京兆郡〉옹주 일대〕296, 415, 718
합비(合肥)〔현·치소〕淮南郡〉양주〕①〔舊城〕217-221, 223-226, 291, 328, 505, 714, 716, 719; ②〔新城, 조위·滿寵 233년 築〕377-378, 426, 525, 585, 720, 723, 727
항우(項羽)〔秦·西楚霸王, 전232~202〕102, 115, 373
항현(項縣)〔현〕汝南郡〉예주〕507, 526, 723
해구(海口)〔현:베트남 북부의 삼각주 연해〕340
「해로편」(薤露篇)〔시, 조위·조식 작〕465
해서(海西)〔현〕廣陵郡〉서주〕300
해제(奚齊)〔춘추·군주, 전665~651〕366
해창(海昌)〔현〕丹陽郡〉양주〕326
해혼(海昏)〔현〕豫章郡〉양주〕338
허공(許貢)〔동한·관리, 150~?〕138
허도(許都)〔동한·도읍, 潁川郡〉예주, 曹操가 '허현'에 定都〕72, 94-96, 98-100, 103, 105, 112, 113, 115-116, 125, 213, 228, 241, 251, 281, 283-285, 711, 717
허상(許相)〔동한·관리, ?~189〕56-57
허소(許劭)〔동한·평론가·子將, 150~195〕80, 559-561
허유(許攸)〔동한·모사·子遠, 150~195〕118
허윤(許允)〔조위·관리·士宗, ?~254〕504, 519, 521
허자(許慈)〔촉한·학자·仁篤, ?~?〕434-435
허저(許褚)〔조위·장수·仲康, ?~?〕170, 207,

301, 312
허정(許靖) 〔촉한·중신·文休, ?~222〕 434. 559-560
허창(許昌) 〔(현)潁川郡〉예주, 조비의 낙양 遷都 후 개칭〕 283, 295, 474-475, 503-505, 521, 527-528, 534-535, 717, 724
허현(許縣) 〔(현)潁川郡〉예주〕 72, 82, 87, 88, 90-92, 97, 240-241, 280-281, 287, 315, 711
허훈(許勛) 〔촉한·관리, 부:허자, ?~?〕 435
헌공(獻公) 〔춘추·晉·군주, ?~전651〕 363, 593n
헌제(獻帝) 〔동한·황제·劉協, 181~234〕 47, 51-52, 57-59, 65, 69, 71-73, 75, 81-88, 90, 97, 115, 135, 167-168, 227, 254, 261, 270, 271, 460, 710-713, 715, 720; ~ 연간〔189~220〕 47, 318, 469, 575
『헌제전』(獻帝傳) 〔역사서, 작자 미상〕 83-84
현도(玄菟) 〔군〉유주〕 265, 524, 720
현명궁(顯明宮) 〔손오·황궁〉建業〉丹陽郡〉양주〕 612
현무지(玄武池) 〔인공호수〉鄴城〉魏郡〉기주〕 714
「현원부」(玄猿賦) 〔賦, 조위·서간 작〕 467
현학(玄學) 〔철학·개념〕 562, 569-570, 575, 580
협구(峽口) 〔장강·삼협산의 교착점〉南郡(→宜都郡)〉형주〕 248, 716
협석(夾石) 〔산〉廬江郡〉양주〕 223, 421
형문(荊門) 〔산·전장〉宜都郡〉형주〕 626
형양(衡陽) 〔군〉형주〕 266
형양(滎陽) 〔(현)河內郡〉사예〕 68, 115, 301
형주(荊州) 〔동한 13주의 하나〕 38, 40, 75, 95, 116, 128, 129-130, 132, 133, 135-137, 142-151, 153, 164, 165, 167, 168, 179-182, 184-189, 192, 194, 198, 200, 206, 208, 215, 216, 217, 219, 229, 231-238, 241-243, 248. 250-256, 258-260, 263, 264, 266, 271, 277, 303, 323, 330, 360, 366, 384, 385, 393, 420, 431, 436, 468, 469, 475, 476, 500, 526, 539, 544, 545, 614, 616, 618, 621, 622, 628, 631, 651, 714, 715, 716
형주차용설(荊州借用說) 162-163, 231-235, 253 → '손권과 형주' 참조
혜강(嵇康) 〔조위·사상가·叔夜, 224~263〕 559, 569-575, 578, 580, 625 → '죽림칠현' 참조
혜희(嵇喜) 〔서진·관리·公穆, 제:혜강, ?~?〕 570
「호걸시」(豪杰詩) 〔시, 조위·완적 작〕 578
호관(壺關) 〔(현)〉上黨郡〉병주〕 126
호분(胡奮) 〔서진·장수·玄威, 부:호준, ?~288〕 616n, 625, 628
호삼성(胡三省) 〔원·역사가, 호:梅磵 1230~1302〕 117, 400, 480, 484, 544-545, 549, 585, 597, 598, 624-625, 629-630
호수(胡脩) 〔동한·관리, ?~219〕 240
호열(胡烈) 〔서진·장수·玄武, 220~270〕 544, 597
호위(胡威) 〔조위·관리·伯武, ?~280〕 277-278
호재(胡才) 〔동한·백파적·수령, ?~?〕 73
호제(胡濟) 〔촉한·장수·偉度, ?~?〕 587, 596
호족(胡族) 〔이민족〕 175, 452, 453, 583, 587-588
호족(豪族), ~ 세력 53, 57, 62, 80, 125, 130, 132, 141, 170, 273, 279, 296-306, 312-315, 319-321, 353, 355-359, 389, 498, 511-512, 633, 637-638
호주(胡疇) 〔동한·장수, ?~?〕 555
호준(胡遵) 〔조위·장수, ?~256〕 369, 517, 532
호질(胡質) 〔조위·관리·文德, ?~250〕 277-278, 543
호표기(虎豹騎) 〔曹操의 호위부대〕 311
홍공(弘恭) 〔서한·환관, ?~?〕 491
홍농(弘農) 〔군〉사예〕 72, 264, 289; ~ 출신〔양수·왕준〕

홍농왕(弘農王) → 소제
홍명(洪明)〔손오·반란군·영수, ?~?〕 330-331
홍진(洪進)〔손오·반란군·영수, ?~?〕 330-331
화당(華當)〔손오·반란군·영수, ?~?〕 330-331
화용(華容)〔현〉南郡〉형주〕 130, 158
화용도(華容道)〔도로〉南郡〉형주〕 158-160, 714
화핵(華覈)〔손오·관리·永先, 219~278〕 326, 341, 727
확리(鑊里)〔촌락〉居巢縣〉廬江郡〉양주〕 544
환공(桓公)〔춘추·齊·군주, ?~전643〕 187n, 310, 387n, 419n, 714
환관(宦官) 28, 42, 44, 51-58, 61, 62, 79-81, 298, 313, 472, 510-512, 557, 608, 612, 613, 621
환구(皖口)〔환현 부근〉廬江郡〉양주〕 421
환도(丸都)〔고구려·도성〕 525
환범(桓範)〔조위·관리·元則, ?~249〕 282, 491, 499, 503-505, 508, 722
환성(皖城)〔성곽〉皖縣〉廬江郡〉양주〕 220-223, 328-329, 593, 718
환원관(轘轅關)〔관문〉侯氏縣〉낙양〉河南郡〉옹주〕 42, 66
환제(桓帝)〔동한·황제·劉志, 132~168〕; ~ 연간〔146~168〕 42, 57, 79, 271, 272, 311, 313, 314, 338, 469, 555, 561
환현(皖縣)〔현〉廬江郡〉양주〕 140, 221, 222, 283 → 환성
황개(黃蓋)〔손오·장수·公覆, ?~?〕 157-158, 337, 348
황건적(黃巾賊), ~의 난〔동한·농민반란〕 24, 27, 34, 40-41, 43-49, 51, 57, 73, 78, 92, 106, 182, 204, 269, 284, 439, 512, 638, 710
황란(黃亂)〔손오·반란군·영수, ?~?〕 333
『황람』(皇覽)〔類書, 조위·환범 등 찬〕 319
황랑(黃朗)〔조위·관리·文達, ?~?〕 282

황룡(黃龍)〔동한·농민반란군·영수, ?~?〕 73
황보규(皇甫規)〔동한·장수·威明, 104~174〕 49, 59
황보숭(皇甫嵩)〔동한·장수·義眞, ?~195〕 42-46, 49, 59
황보절(皇甫節)〔동한·장수, 자:황보숭, ?~?〕 49
황숭(黃崇)〔촉한·관리, ?~263〕 602
황오(黃吳)〔손오·반란군·영수, ?~?〕 341
황완(黃琬)〔동한·대신·子琰, 141~192〕 60, 69
황조(黃祖)〔동한·관리, ?~208〕 138, 141, 179, 217, 235-236, 329, 346, 360
황중(湟中)〔지구, 강족의 밀집지, 현:청해성 일대〕 58
황충(黃忠)〔촉한·장수·漢升, ?~220〕 189, 213, 385
황하(黃河) 46, 57, 72, 76, 78, 88, 94, 105, 107-113, 116-117, 170-172, 174-176, 201, 240, 284, 300, 514, 516, 712, 715
황호(黃皓)〔촉한·환관, ?~?〕 394, 591-592, 594-595, 725
황화(黃華)〔조위·관리, ?~253〕 506
회계(會稽)〔군〉양주〕 136, 139, 266, 324, 325, 330, 333-337, 340, 346, 350, 351, 381; ~ 출신〔낙통·종리목〕
회계왕(會稽王) → 손량
회남(淮南) ①〔지구, 회수 이남 및 장강 하류 일대〕 75, 98, 142, 217-219, 221-223, 230, 238, 283-284, 369, 377, 525-532, 534-539, 548, 549, 585, 588, 608, 721, 723; ②〔군〉양주〕 264, 527; ~ 출신〔장흠〕 → 구강
회무(會無)〔현〉越巂郡〉익주〕 404
회북(淮北)〔지구, 회수 이북 일대〕 283-284, 538-539, 721
회수(淮水)〔=淮河〕 90, 218-219, 280, 283-285, 353, 379, 426, 516, 526, 528, 530, 536, 616,

631, 714, 718, 720

회양거(淮陽渠) 〔수로〕陳縣〉陳郡〉예주〕 284

회음(淮陰) 〔현·치소〉廣陵君〉서주〕 98, 426, 720; ~ 출신〔보즐〕

횡강(橫江) 〔나루〉歷陽縣〉廬江郡〉형주〕 626-628

횡석(橫石) 〔淮南郡〉양주〕 284

효경리(孝敬里) 〔촌락〉溫縣〉河內郡〉사예〕 471

효무제(孝武帝) → 무제②

효정(猇亭) 〔촌락〉夷道縣〉宜都郡〉형주〕 256

후관(候官) 〔현〉建安郡〉양주〕 330

후성(侯聲) 〔조위·관리, ?~?〕 92, 287

후음(侯音) 〔동한·장수, ?~219〕 228

후주(後主) → 유선

『후한서』(後漢書) 〔역사서, 남조·宋·범엽 찬〕 83-84, 133, 430

후화(侯和) 〔촌락〉隴西郡〉옹주〕 588, 592

휴양(休陽) 〔현〉新都郡〉양주〕 331

흉노(匈奴) 〔이민족〕 58, 78, 297, 305

흑산(黑山) 〔촌락〉安陽縣〉魏郡〉기주〕 47; ~군(軍)·적(賊) 〔동한·농민반란군〕 47, 73, 78

흡현(歙縣) 〔현〉新都郡〉揚州〕 331

흥고(興古) 〔군〉익주〕 266, 405

흥세(興勢) 〔전장〉漢中郡〉익주〕 596, 722

희지재(戲志才) 〔동한·모사, ?~?〕 313-314